中华经典直解

淮南子直解

上册

刘康德 撰

复旦大学出版社

内容提要

本书是中国学术名著《淮南子》的今注今译及评析。全书由解题、原文、今译、注释、评析五个部分组成。(1)解题。用简略的语言阐述各卷的思想内涵和基本内容。(2)原文。列出经校点过的原著文句。(3)今译。在忠于原著的前提下,用现代汉语对原文加以直译。有些难懂之处则加以意译。(4)注释。对原著中难懂的字和句,以及重要的人名、地名、礼仪制度、文化典故作简略的注释。(5)评析。对各段原文的思想内涵和要点作画龙点睛式分析和介绍。全书译文流畅,通俗易懂,资料翔实,评点切理,是一部颇具学术价值的古籍读本。

目 录

前言 ··· 1

卷 一 原道训 ·· 1
卷 二 俶真训 ·· 39
卷 三 天文训 ·· 72
卷 四 地形训 ·· 154
卷 五 时则训 ·· 198
卷 六 览冥训 ·· 245
卷 七 精神训 ·· 274
卷 八 本经训 ·· 307
卷 九 主术训 ·· 338
卷 十 缪称训 ·· 414
卷十一 齐俗训 ·· 459
卷十二 道应训 ·· 514
卷十三 氾论训 ·· 598
卷十四 诠言训 ·· 664
卷十五 兵略训 ·· 711
卷十六 说山训 ·· 774
卷十七 说林训 ·· 828
卷十八 人间训 ·· 879

卷 十 九　修务训 ·· 960
卷 二 十　泰族训 ·· 1005
卷二十一　要　略 ·· 1077

主要参考书目 ·· 1101

前言

揣着高诱说的"学者不论《淮南》则不知大道之深"这段语录,笔者在复旦大学出版社的《中华经典直解》中毫不犹豫地选择了由西汉淮南王刘安召集苏飞、李尚、左吴、田由、雷被、毛被、伍被、晋昌等八位宾客集体编撰而成的《淮南鸿烈》(又称《淮南子》)一书[①],开始了长达数年的《淮南子》的译、注、解工作,想通过这译、注、解,达到对《淮南子》的理解和对精深大道的认识。

为了做好对《淮南子》的译、注、解这项工作,笔者选择了被胡适之先生称为"总账式"的刘文典的《淮南鸿烈集解》为底本,参用了庄逵吉的校刊本,并校以《道藏》本、《道藏辑要》本和茅一桂刻本等,想通过阅读诸本订真赝、举异同,使全书译文注释更为合理正确。

而书中的注语则较多地采用了王念孙、王引之、俞樾、孙诒让、陶方琦、吴承仕、杨树达、向宗鲁、马宗霍、于省吾等诸家之说;但由于笔者学识有限,其中难免有"亥豕"之误,有望方家教正指示。而对早在汉代就出现的许慎、高诱的原注,笔者也择善采用。为使行文方便,许、高之注一律称为"原注";同样为使行文方便,对注语也只称注家姓名而不标明出处名。书名出处一概放书后附录,以备读者查阅。

作为《淮南子》的"解"——评析,笔者处处小心谨慎,尽管有时也揣情摩事,但仍不敢邃下雌黄,妄出"新意",只是根据篇中字句之意,"直解"而已,还不知是否旨达《淮南》?

这译、注、解的过程,也是学习理解《淮南子》的过程。真是不读不知《淮南》之"鸿烈",一读方知《淮南》真"鸿烈";它广大悉备、浩荡汪

---

① 据高诱《叙目》称,参与编著《淮南鸿烈》的人除苏飞、晋昌等八位宾客(又称"八公")外,还有"诸儒大山、小山之徒",他们"共讲道德,总统仁义,而著此书"。

洋、娓娓千百言,其中自然宇宙、天文地理、阴阳造化、四季时则、鸟兽鱼虫、花草树木、四夷百蛮、世间人生、治术兵略、治乱祸福及诡异瑰琦之事,无不森然罗列,犹如文化库、博物馆。其间可与《史记》中《律历》、《天官书》等相质证之的《天文训》更是保存了三代古术,难能可贵。这一切诚如后人说的"自有子部以来,未有若是书(《淮南子》)有理而且备者"①;也诚如今人说的"《淮南子》是一部百科全书性质的论著"②。

它洋洋洒洒、缊缊总总,全书二十余篇是《原道》训道,《俶真》衍道,《天文》述天道,《地形》绘地理,《时则》论四时,《览冥》观幽变,《精神》论生命,《本经》述圣德,《主术》论君道,《缪称》定称谓,《齐俗》言俗变,《道应》证道德,《氾论》言兴衰,《诠言》论保身,《兵略》谈军事,《人间》论祸福,《修务》说学业,《泰族》总结篇,《说山》、《说林》则集箴言格语……如此构成沉博隽绝之书,够后人研读不已。

这总覆万略的《淮南子》又如类书,它剽剥诸子、取材百家,聚狐而成裘,按研究《淮南子》的专家看来,其书是"原道德则依庄、列,推阴阳则准星官,辨方舆则赅《山海》,纪四时则征《月令》,综政术则杂申、韩,以至《离骚》之奇,《尔雅》之正,文、邓之辩博,仪、秦之短长③,隽绝瑰琦,无所不有"④。《淮南子》是骈阗夏后、周官、老聃、庄周、列子、孙武、吴起、邓析、慎到、张仪、苏秦、吕氏、董子、贾谊,同冶而一铸。

那么,这总覆万略的《淮南子》其书的旨意又在何方呢?按《淮南子》的作者在《要略》中说来,其书的旨意是"纪纲道德,经纬人事";而注家高诱则在《叙目》里说得更直接明白:《淮南子》是"旨近《老子》,淡泊无为,蹈虚守静,出入经道"。粗阅之下,果真如此,诸如《原道》、《俶真》、《缪称》等篇章是说"道"衍"道":"道"是无所不能又无所不在,

---

① 郭子章语,见中立四子本《淮南子题辞》。
② 牟钟鉴语,见《〈吕氏春秋〉与〈淮南子〉思想研究》。
③ 申、韩,指申不害、韩非子。文、邓,指文子、邓析。仪、秦,指张仪、苏秦。
④ 许国语,见《淮南鸿烈》汪一鸾刻本序。

"道"是万物之宗、万事之源,"道"超越时空、超越物象,无始无终、无穷无尽、无声无形却又实有,弥漫四方而又浑然一体……如不打住,这说不清道不白的"道",可以被《淮南子》的作者无限地推衍下去;且差不多《淮南子》的每一篇章开始总有那么几句说"道"衍"道"的话。于是久而久之,这《淮南子》给人的感觉,似乎就是道家著作;裁剪八公的刘安,似乎就是老庄替身。

然而静下细细品味,其实不然。衍老庄之道,不等于懂老庄之旨;《淮南子》浸淫漫衍千百言的繁绮语言特征之形成,就似乎说明作者还是不通"多言数穷不如守中"的老子之旨;而强调要对"道""多为之辞以抒其情"①,就是不懂"书不尽言、言不尽意"的玄理;同样,著"刘氏之书"(刘安自称《淮南鸿烈》为"刘氏之书")非要著得"统天下、理万物、应变化、通殊类"②,将全书体系写得鸿鸿烈烈、万分廓宏,充填得壮壮实实、盈满非常,就是不懂老子"物壮则老"的学说;而《要略》中自夸"刘氏之书"能"置之寻常而不塞,布之天下而不窕",就是不懂天不自高、地不自深,"为而不恃、功成弗居"的老庄哲学;书稿撰成后又硬是献给汉武帝,就是想邀功领赏、彰显自身,这就恰恰犯了老子说的"大患若身"之忌……诸如此类,不一而足。由此使人怀疑起高诱之说,指出:《淮南》"非独老庄已也"③;更有人直截了当地指出:"《鸿烈》所论,莫非口尧舜而不诡于孔子之道"④;还有人具体分析:淮南王(刘)安所著书,"一篇之中,每有驳杂,又有重复,其患也博而寡要,旨而无序"⑤。如此一来,《淮南子》一书的旨意也就显得不纯,这《淮南子》"杂芜"、"驳乱"的结论也就呼之欲出。

《淮南子》的语言体系缤纷宏廓、观点旨意杂芜驳乱,早已引起人们的反感,于是就有人提出要对《淮南子》作裁剪,认为"(刘)安之语必

---

① ②《淮南子·要略》。
③ 张存心《鸿烈解序》,见《淮南鸿烈》明张弢如集评本。
④ 李太和《刻中都四子集叙》,见《淮南鸿烈》中立四子本。
⑤ 汪明际《淮南子删评序》。

不可无裁。裁诞也,裁习也,裁俚也,裁杂也,裁复也"①。然而真要将《淮南子》删烦去乱、剪裁合体也非易事,往往会导致剪裁太过则神韵不流、精华受损,而将它原封不动,则仍显杂芜驳乱。

设想,将秉有这种特征的《淮南子》献给当时正需旨意专一、精少管用统治理论的汉武帝,这汉武帝能怎么样? 只能碍于叔侄情分,将《淮南子》"爱"而秘藏,使得像太史公这样的人都不得见其书。

同时,这《淮南子》又字挟风霜,时不时地流露出厚古薄今的思想;且又"乍出乍进"(扬雄语),常表露出忧谗畏讥的心态;还自是自矜地探君道,谈治术,这一切能使汉武帝舒服吗? 所以《淮南子》被"爱"而秘藏、束之高阁是必然的。

这字挟风霜、乍出乍进、自是自矜在今天看来是算不了什么的,但在当时是要引起麻烦的。所以,随着这些"自是自矜、乍出乍进"且又"字挟风霜"等特征在《淮南子》作者身上的强化,其结局也就可想而知了。这"不务遵蕃臣职"(茅一桂语)的刘安最终因"谋反"之罪被迫自杀,而这其中的曲直是非又不是这篇短短的序言所能讲清的,同样这从自矜自夸到自杀的性格使然也不是三言两语所能说清的,只能留存以后再作探讨了。

但有一点是要说明的,《淮南子》在当时因这么一些特征(如杂芜)而遭汉武帝"爱"而秘藏、束之高阁,但随着时代的变化,《淮南子》却就因诸如"杂芜"这样的特征而赢得后人青睐,因为毕竟在《淮南子》书中保存了大量的文化信息。所以站在这个角度来看高诱说的"学者不论《淮南》则不知大道之深"的话是十分正确的。

刘康德　谨记

2001年3月5日

---

① 顾起元语,见《淮南鸿烈》明张烒如集评本。

卷一　原道训

【解题】

　　本卷作者接《老子》"道"的话题,在对超越时空、无始无终、无声无形、无穷无尽、弥漫四方、浑然一体、无所不能的"道"作解说之同时,还对落到人生实处的"道"——"自然无为"作疏解,故本卷被作者题为《原道训》①。高诱注解为:"原,本也。本道根真,包裹天地,以历万物,故曰原道,因以题篇。"

　　夫道者,覆天载地,廓四方,柝八极①,高不可际,深不可测,包裹天地,禀授无形。原流泉浡②,冲而徐盈③,混混滑滑④,浊而徐清。故植之而塞于天地⑤,横之而弥于四海,施之无穷而无所朝夕;舒之幎于六合⑥,卷之不盈于一握。约而能张⑦,幽而能明,弱而能强,柔而能刚。横四维而含阴阳,纮宇宙而章三光⑧。甚淖而滒⑨,甚纤而微。山以之高,渊以之深,兽以之走,鸟以之飞,日月以之明,星历以之行,麟以之游,凤以之翔。

【今译】

　　"道",覆盖天承载地,拓展至四面八方,高到不可触顶,深至无法测底,包裹着天地,无形中萌育万物。像泉水从源头处渤涌出来,开始时虚缓,慢慢地盈满,滚滚奔流,逐渐由浊变清。所以,它竖直起来能充塞天地,横躺下去能充斥四方,施用不尽而无盛衰;它舒展开来能覆盖天地四方,收缩卷起却又不满一把。它既能收缩又能舒展,既能幽

---

① 对于《原道训》的"训"字,姚范认为:"疑'训'字高诱自名其注解,非《淮南》篇名所有,即(高)诱序中所云'深思先师之训'也。要略无'训'字。"

暗又能明亮,既能柔弱又能刚强。它横通四维而含蕴阴阳,维系宇宙而彰显日月星辰。它既柔靡又纤微。因此,山凭藉它才高耸,渊凭藉它才深邃,兽凭藉它才奔走,鸟凭藉它才飞翔,日月凭藉它才光亮,星辰凭藉它才运行,麒麟凭藉它才出游,凤凰凭藉它才翱翔。

【注释】

① 廓、柝:扩张、拓展的意思。 ② 原:源。浡:渤涌。③ 冲:"盅"的假借字,意为"虚"。 ④ 混:"丰流也"(《说文·水部》)。混混:水流奔流急速。滑滑:汩汩,指水流急疾。 ⑤ 植:树立、竖直。 ⑥ 幎:帐幔,覆盖的意思。 ⑦ 约:收束。 ⑧ 四维:指东北、东南、西南、西北天区四角。纮:维也,作动词。 ⑨ 淖:烂泥。溺:黏稠多汁。淖和溺在这里形容"道"的柔靡状。

【评析】

这里,作者为了疏解"道",用了"植之、横之、舒之、卷之"等一系列词汇来说明"道"的弥漫性;还用"无所朝夕"、"幎于六合"来说明"道"的时空超越性;又将"约张"、"幽明"、"弱强"、"柔刚"等统一到浑然的"道"体身上,以说明"道"的无所不能。最后又以兽鸟得以走飞、山渊得以高深来说明"道"的功效。

泰古二皇,得道之柄①,立于中央,神与化游,以抚四方,是故能天运地滞②,轮转而无废③,水流而不止,与万物终始。风兴云蒸,事无不应,雷声雨降,并应无穷,鬼出电入,龙兴鸾集,钧旋毂转④,周而复匝⑤。已雕已琢,还反于朴。无为为之而合于道,无为言之而通乎德。恬愉无矜而得于和,有万不同而便于性。神托于秋毫之末,而大宇宙之总。其德优天地而和阴阳,节四时而调五行。呴谕覆育⑥,万物群生;润于草木,浸于金石;禽兽硕大,毫毛润泽,羽翼奋也⑦,角觡生也⑧;兽胎不䐜,鸟卵不毈⑨;父无丧子之忧,兄无哭弟之哀;童子不孤,妇人不孀⑩;虹霓不出,贼星不行⑪。含德之所致也。

【今译】

　　远古伏羲、神农,掌握"道"的根本,立身于天地中央,精神与自然造化融合,以此安抚天下四方,所以使天能运行,地能静凝,像轮绕轴转永不停息,水流低处永不休止,与天地万物共始同终。如风起感应云涌,雷隆相应雨降,又像鬼神闪电瞬间即逝,又如神龙鸾鸟显现兴集,还像钧旋毂转周而复始。已被雕琢却又还返质朴。行顺应自然之事来契合"道",言朴实无华之语来符合"德"。恬静愉悦,不矜不骄,求得和谐,包容万有,不求齐物,合于天性。其神既依托于细微毫末之中,又扩充至广大宇宙之内。其德性使天地柔顺而阴阳和谐,四时节顺而五行有序。煦育万物,繁衍生长;滋润草木,浸渗金石;禽兽长得硕大肥壮,毫毛丰泽光亮,翅翼坚壮有力,骨角生长正常;走兽不怀死胎,飞禽孵蛋成鸟;父无丧子悲痛,兄无失弟哀伤;孩童不会成孤儿,女子不会成寡妇;异常虹霓不会出现,荧惑妖星不会运行。这都是广怀德泽所致。

【注释】

　　① 泰古:远古。二皇:伏羲、神农。柄:根本。　② 滞:止、凝。天运地滞:天体绕地球运转。　③ 无废:不停息、不休止。　④ 钧:制陶的转轮。毂:车轮中插轴的部件。　⑤ 匝:周转。　⑥ 呴谕:温恤,通"煦妪",指关怀培育。　⑦ 奋:壮。　⑧ 角觡:麋鹿骨角。　⑨ 䐜:胎不成兽称"䐜"。毈:卵(蛋)不成鸟称"毈"。　⑩ 孤:幼而无父称"孤"。孀:妇女孀居称"孀",即寡妇。　⑪ 虹霓:天空中的水珠经日光照射产生的折射和反射作用而形成的一种光的现象。色彩鲜盛的称"虹",颜色比"虹"淡的称"霓"。贼星:妖星,指怪异之星,如陨星、彗星等。

【评析】

作者借助"立于中央"、得"道"以抚四方的伏羲、神农来说明施"道"用"德"于天下的功效,那就是自然界万物群生,草木植物润滋,禽兽动物硕大;社会无孤无孀,父无丧子之忧,兄无哭弟之哀,融融洽洽,天人之乐。因为施"道"用"德"于天下,所以自然界也就不会出现妖星、虹霓等怪异现象,社会领域也就如同"胎不殰、卵不殈"一样不会出现怪胎妖孽之事。反过来说,如不施"道"用"德"于天下,也就会出现奇事怪物来,这照作者看来施"道"用"德"于天下与否是相当应验的,就如同"风兴云蒸、雷声雨降"一样"并应无穷"。所以为了社会自然的正常,作者强调施"道"用"德"要像轮转无废、水流不止一样,不可有始有终,要"周而复匝",以符合"道"的"无穷无尽、无始无终"之特性。

既然施"道"用"德"于天下如此重要,那么,这如同轮转水流一样的施"道"用"德"又是如何运作的呢?以作者看来,这像"龙兴鸾集"那样不易描绘,但大致不离"神与化游"这一点。

夫太上之道,生万物而不有,成化而弗宰。① 跂行喙息②,蠉飞蠕动③,待而后生,莫之知德;待之后死,莫之能怨。得以利者不能誉,用而败者不能非;收聚蓄积而不加富,布施禀授而不益贫;旋县而不可究④,纤微而不可勤。累之而不高,堕之而不下;益之而不众,损之而不寡;斫之而不薄,杀之而不残;凿之而不深,填之而不浅。忽兮怳兮⑤,不可为象兮;怳兮忽兮,用不屈兮⑥;幽兮冥兮,应无形兮;遂兮洞兮⑦,不虚动兮;与刚柔卷舒兮,与阴阳俯仰兮。

【今译】

至高无上的道,生育了万物却不占为己有,造就成物象却不自为主宰。各种奔走、飞翔、蠕动、爬行的动物靠道而生,但都不知这是道的恩德;因道而死,但都不知怨恨道。而因道得利者也不赞誉"道",用道失败者也不非议"道";也不因收聚蓄积而富上加富,布施他人而越益贫穷;(这些"道"理)极其细微而无法探究,极其渺细而难以穷尽。累积它也不变高,堕减它也不会低;增益它也不见多,损减它也不会少;砍削它也不变薄,伤害它也不会残;开凿它也不见深,填充它也不见浅。惚惚恍恍,难见形象;恍恍惚惚,功能无限;幽幽冥冥,感应无形;深邃混洞,运动不虚;随刚柔卷缩和舒展,与阴阳俯伏和仰升。

【注释】

① 太上:至高无上。弗宰:不自为主宰。　② 跂行:用脚行走。喙息:用嘴呼吸。　③ 蠉飞:虫飞的样子。蠕动:虫爬的样子。④ 县:犹小也。　⑤ 恍、忽:指似有似无不可捉摸。　⑥ 屈:竭尽。⑦ 遂:邃。

【评析】

作者进一步描绘自然无为之"道"。因为自然无为,所以天下物性自足,"跂行喙息"、"蠉飞蠕动"等生物体不因生命生存而要对谁感恩戴德。反之,如育成某物,却要某物为此感恩戴德,这就不符合天道自然、物性自足之原则,也不符合《老子》说的"功成而弗居"、"衣养万物而不为主"的"道"之精神。也因为"自然无为"、"物性自足",所以天下之物不因你"有为"而"凿之则深"、"填之则浅",它还是"收聚蓄积而不加富","布施禀授而不益贫"。这种"生之而不执有、为之而不矜恃、长之而不宰制"的"道"的特性,被后人称之为"道的无人格的特性",并与"照上帝的旨意行事"形成对照(美国 A. J. 巴姆教授《论老子之"道"》)。

昔者冯夷、大丙之御也^①,乘云车,入云蜺^②,游微雾,骛恍忽^③,历远弥高以极往^④;经霜雪而无迹,照日光而无景^⑤;扶摇抮抱羊角而上^⑥。经纪山川^⑦,蹈腾昆仑,排阊阊，沦天门⑧。末世之御，虽有轻车良马，劲策利锻⑨，不能与之争先。是故大丈夫恬然无思，澹然无虑；以天为盖，以地为舆⑩，四时为马，阴阳为御；乘云陵霄，与造化者俱。纵志舒节，以驰大区。可以步而步，可以骤而骤⑪；令雨师洒道，使风伯扫尘⑫，电以为鞭策，雷以为车轮；上游于霄霓之野⑬，下出于无垠之门。刘览偏照⑭，复守以全；经营四隅⑮，还反于枢⑯。故以天为盖则无不覆也；以地为舆则无不载也；四时为马则无不使也，阴阳为御则无不备也。是故疾而不摇，远而不劳，四支不动⑰，聪明不损而知八纮九野之形埒者⑱。何也？执道要之柄而游于无穷之地。

【今译】
　　以前冯夷、大丙驾御，乘雷公之车，驾上六条彩虹为马，遨游于微朦的云雾之中，驰骋在渺茫迷朦之境，历远及高直到渺远之处；经过霜雪而不留印迹，日光照射而不映阴影；如飙风曲紫盘旋而上。经过高山大川，跨越昆仑之巅，推开天门，进入天宫。近世驾御，虽有轻捷车儿健骏良马，并有强劲鞭儿尖利鞭刺催赶，却无法与冯夷、大丙争高低优劣。所以大丈夫恬静坦然，无思无虑；以天为车盖，以地为车厢，以四季为良马，以阴阳为驭手；乘白云上九霄，与自然造化同往。放开思绪，随心舒性，驰骋天宇。可缓行则缓行，可疾驰则疾驰。令雨师清洒道路，唤风伯扫除尘埃；用电来鞭策，以雷做车轮；向上游于虚廓高渺区域，往下出入无所边际门户；虽然观览照视高渺之境，却始终保守着纯真；虽然周游经历四面八方，却仍然返还这"道"之根本。所以，用天作车盖就没有什么不能覆盖了，以地做车厢就没有什么不能承载了，用四季作良马就没有什么不可驱使的了，用阴阳做驭手就没有什么不完备的了。所以疾行而不摇晃，远行而不疲劳，四肢不疲惫，耳目不损伤而能知道整个宇宙天地的界域。这是什么原因呢？是由于掌握了"道"的根本而畅游于无穷无尽之中。

【注释】

①夷：或作"迟"。丙：或作"白"。冯夷、大丙：传说中两位得道且能御阴阳的天神。 ②云车：王念孙认为应作"雷车"（见何宁《淮南子集释》）。入：应作"六"（何宁《淮南子集释》）。 ③骛：驰骋。 ④极：远处。 ⑤景：影。 ⑥扶摇：旋风盘旋攀上。抮抱：缠绕转动。羊角：形容旋风如羊角转曲萦行。 ⑦经纪：经过、通过。 ⑧阊阖：升天之门。沦：进入。天门：上帝所居紫微宫门。 ⑨策：马鞭。锻：作锲，马鞭末端的尖刺。 ⑩舆：车厢。 ⑪骤：马疾步，指急驰。 ⑫雨师：司雨之神，如毕星。风伯：风神，如箕星。 ⑬霄雿：虚无寂寥、虚廓高渺。 ⑭刘：浏。 ⑮经营：周游往来。隅：方。 ⑯反：返。 ⑰支：肢。 ⑱纮：用绳维系。八纮：八根绳子维系着地。九野：指天。形埒：界域。

【评析】

作者借冯夷、大丙因得"道"而使驾御本领无穷无尽、出神入化来喻说"道"之无穷无尽、出神入化。又因为良马轻车、劲策利锻鞭策马儿的"有为"比不上以天为盖以地为舆、以四时阴阳为马御的"自然无为"，作者喻嘲"有为"之弊端。正因为"有为"弊端显而易见，那么，士大夫有何必要为有些事无端绞尽脑汁、苦思冥想？为此，作者提出：大丈夫该"恬然无思、澹然无虑"。

是故天下之事不可为也，因其自然而推之；万物之变不可究也，秉其要归之趣。①夫镜水之与形接也，不设智故而方圆曲直弗能逃也②。是故响不肆应③，而景不一设④，叫呼仿佛⑤，默然自得。人生而静天之性也。感而后动性之害也。物至神应，知之动也。⑥知与物接而好憎生焉⑦，好憎成形而知诱于外，不能反己而天理灭矣。故达于道者，不以人易天，外与物化而内不失其情。至无而供其求，时骋而要其宿。⑧小大修短，各有其具，万物之至，腾踊肴乱而不失其数。⑨是以处上而民弗重，居前而众弗害，天下归之，奸邪畏之。以其无争于万物也，故莫敢与之争。

【今译】

所以天下之事是不能有意人为地去做的，只能顺随事物的自然之性去推求；万物的变化是不能凭人的智慧去探究的，只能按事物发展趋势来把握其真谛。镜子和明净的水能映照物形，却并没有任何的奥妙的设置而使方、圆、曲、直等形状如实照映出来。因此回音也不是声音要它回应，影子也不是物体特意设置，这回音呼声、影子恍惚都是自然而然出现的。人天生喜欢恬静，这是人的本性。是受到外物诱惑后才动情欲的，这样本性也就受到了伤害。与外物接触使精神感应，这是人的智虑活动所造成的。智虑与外界事物接触后，好恶、爱憎之情也就产生，而好恶、爱憎之情一旦形成，这说明人的智虑已受外物迷惑，人也就不能返回本性而天理泯灭了。所以，通达于道的人是不以人间利欲而改变天性的，即使外随物化而内心都不会丧失原有的本性。要知道这"道"尽管虚无至极，但却能满足万物之需求，时时变化却能使万物归返自身。这"道"又具备应付万物的大小长短之能力，所以当万物纷至沓来、涓乱腾踊时，"道"都能处置有序。所以，得"道"者身居上位时民众不会感到有欺压之感，身处前列时民众不会感到有伤害之感，这样天下能归附他，奸邪要惧怕他。正因为他不和万物争先，所以也就没有什么能与他争。

【注释】

① 要归之趣：意为事物发展之真谛。　② 智故：意为"巧饰"。　③ 响：这里指"回音"。　④ 景：影子。　⑤ 仿佛：指影子晃动。　⑥ 知：通"智"。　⑦ 接：交往，接触。　⑧ 至无：虚无至极。时骋：随时变化。　⑨ 修：长。具：备。数：度、序。

【评析】

作者接上节"道"之"自然无为"这话题,在这里明确指出:"天下之事不可为也,因其自然而推之。"为了说明"物性自然",作者以"响不肆应、景不一设"来证明之。由"物性自然"推衍到"人性",强调人性也应虚静无为,不可受外物诱惑而动情欲,生好憎,要做到"不以人易天,外与物化而内不失其情"。只有保持心性虚静无为,即使"处上而民不重"、"处前而民不害"(《老子·六十六章》),天下归之,奸邪畏之。在这里,作者已明确将圣人"处上,居前"受人尊而以何尊与人性之虚静无为联系起来,从而充实《老子·六十六章》之内涵。

夫临江而钓,旷日而不能盈罗。虽有钩箴芒距①,微纶芳饵②,加之以詹何、娟嬛之数③,犹不能与网罟争得也④。射者扞乌号之弓⑤,弯棋卫之箭⑥,重之羿、逢蒙子之巧⑦,以要飞鸟⑧,犹不能与罗者竞多,何则?以所持之小也。张天下以为之笼,因江海以为罟,又何亡鱼失鸟之有乎!故矢不若缴⑨,缴不若无形之像。夫释大道而任小数,无以异于使蟹捕鼠、蟾蜍捕蚤⑩,不足以禁奸塞邪,乱乃逾滋。昔者夏鲧作三仞之城⑪,诸侯背之,海外有狡心。禹知天下之叛也,乃坏城平池,散财物,焚甲兵,施之以德,海外宾伏⑫,四夷纳职⑬,合诸侯于涂山,执玉帛者万国。故机械之心藏于胸中则纯白不粹、神德不全;在身者不知,何远之所能怀?是故革坚则兵利,城成则冲生⑭;若以汤沃沸⑮,乱乃逾甚。是故鞭噬狗⑯,策蹄马而欲教之,虽伊尹、造父弗能化⑰。欲寅之心亡于中⑱,则饥虎可尾,何况狗马之类乎!故体道者逸而不穷,任数者劳而无功。夫峭法刻诛者,非霸王之业也;垂策繁用者,非致远之术也。离朱之明⑲,察篾末于百步之外,不能见渊中之鱼;师旷之聪[20],合八风之调而不能听十里之外。故任一人之能,不足以治三亩之宅也。

【今译】

到江边钓鱼,一整天也不能钓满一鱼篓。虽有锋利的钓钩、细纶的钓线、芳香的鱼饵,再加上有詹何、娟嬛那样的钓技,但所钓获的鱼还是无法与用大网捕捞的鱼相比。射手张开的是乌号之弓,搭上的是棋卫之箭,再加上有后羿、逢蒙那样的射技,但所射得的飞鸟还是无法与用罗网捕捉的鸟相比。这是什么原因呢?因为钓鱼者、捕鸟者所用的器具太小。假如张开天穹作笼子,用江海做网罟,哪还会有漏网的鱼、飞逸的鸟?所以说光箭不如具有丝绳的缴(箭),而带有丝绳的箭又不如无形的天地之笼、江海之网。这就是说放弃大道而用小技来治理天下,无异于用螃蟹捉老鼠,以蛤蟆捉跳蚤,不但不能禁止奸邪,堵塞罪恶,反而会更加乱。过去夏鲧修作高的城墙来防范,但结果反而是诸侯叛乱,海外各国也都生狡诈之心。禹看到这点,就拆毁城墙,填平护城河,散发财物,焚烧兵器盔甲,广施仁德,结果四海臣服,夷族纳贡,禹在涂山会见成千上万带着玉器锦缎来朝会的诸侯。所以胸中藏有机巧奸诈之心,这纯白的道(天性)也就不纯粹了,纯粹专一的德也就不完备了;处理自身都不理智了,还能安抚感化其他远处的事和人?所以皮革铠甲坚硬,这兵器也随之锋利;城墙一旦筑起,这攻城战车也随之产生;这些如同用开水浇入滚烫的水中一样,非但不能制止沸腾,反而使水沸腾得更厉害。所以以鞭打咬人的狗、用鞭打踢人的马而想调教好它们,即使是伊尹、造父这样的人也无能为力,达不到教化的目的。如果心中不存害人的欲念,那么就是饥饿的老虎尾随也不可怕;更何况对付狗、马之类的动物!所以领悟道的人安安逸逸而没有办不到的事,玩弄巧诈之术的人辛辛苦苦却一事无成。实行严刑苛法治理国家,不是成就霸王之业的人所应做的;用锥子、鞭子频频刺激坐骑,不是赶远路的方法。离朱的眼力尽管能看百步之外的针尖,却看不到深渊中的鱼;师旷的耳力尽管能听辨各种声调,却听不见十里之外的声响。这就像单凭一人之能力不足以治理深宅大院一样。

【注释】

① 箴:同"针"。芒距:钓钩上锋利的倒刺。 ② 纶:钓丝。 ③ 詹何、娟嬛:传说中的术士,善钓。 ④ 罟:捕鱼网。 ⑤ 扜:拉开、张开。乌号之弓:用桑柘树木做的弓。 ⑥ 棋:棊,地名,生产好箭。 ⑦ 羿、逢蒙:传说中善射的英雄。 ⑧ 要:取。 ⑨ 缴:带有丝绳的箭。 ⑩ 蟾蜍:即蟾诸,似虾蟆(蛤蟆)。 ⑪ 夏鲧:夏禹的父亲。仞:古代长度单位。 ⑫ 宾伏:臣服。 ⑬ 职:贡品。 ⑭ 冲:冲撞城墙的战车。 ⑮ 沃:浇。 ⑯ 噬:咬。 ⑰ 伊尹、造化:古代善御者。 ⑱ 寅:"害"字之误。 ⑲ 离朱:黄帝时视力特别好的人。 ⑳ 师旷:春秋时晋平公的盲乐师,目盲而听力超人。

【评析】

形而上的"道"被作者颂扬一番后,在这里开始批判起形而下的"器"来。他以钓者、射手为喻,指出之所以钓者、射手不能捕捉更多的鱼鸟是因为用的"器"小,假如以天作笼、以海为网,哪会有逃逸的鸟漏网的鱼? 显而易见,形而上的东西("道")远胜于形而下的器什。但怕就怕在人们往往不懂这道理,常"释大道而任小数",弃本体而用枝末。从钓者、射手是捉不到更多的鱼和鸟,而联系到治理天下,用形而下的"器"(小数、枝末),非但"不足以禁奸塞邪",反而祸乱越滋,就像夏鲧治天下那样。因为治的是"末",用的是"器",而非治本用"道",所以这"器"越用则人心越机巧,犹如"革坚则兵利,城成则冲生"一样,导致"以汤沃沸",祸乱进一步滋生。由此作者指出"峭法刻诛者非霸王之业",因为这些"峭法刻诛"实际上是"器",治的是"末"。并由此发人深思地提出禹治天下之法:"坏城平池、散财焚甲,施之以德。"

修道理之数①,因天地之自然,则六合不足均也。是故禹之决渎也②，因水以为师；神农之播谷也，因苗以为教。夫萍树根于水，木树根于土，鸟排虚而飞，兽蹠实而走③；蛟龙水居，虎豹山处，天地之性也。两木相摩而然④，金火相守而流，员者常转⑤，窾者主浮⑥，自然之势也。是故春风至则甘雨降，生育万物，羽者妪伏⑦，毛者孕育，草木荣华，鸟兽卵胎：莫见其为者而功既成矣。秋风下霜，倒生挫伤⑧，鹰雕搏鸷，昆虫蛰藏，草木注根，鱼鳖凑渊：莫见其为者，灭而无形。木处榛巢⑨，水居窟穴，禽兽有芄⑩，人民有室；陆处宜牛马，舟行宜多水；匈奴出秽裘，于越生葛絺⑪：各生所急以备燥湿，各因所处以御寒暑，并得其宜，物便其所。由此观之，万物固以自然，圣人又何事焉！九疑之南⑫，陆事寡而水事众，于是民人被发文身⑬，以像鳞虫；短绻不绔⑭，以便涉游，短袂攘卷⑮，以便刺舟，因之也。雁门之北，狄不谷食⑯，贱长贵壮，俗尚气力，人不弛弓，马不解勒⑰，便之也。故禹之裸国，解衣而入，衣带而出，因之也。今夫徙树者，失其阴阳之性则莫不枯槁。故橘树之江北则化而为枳，鸲鹆不过济⑱，貉渡汶则死⑲。形性不可易，势居不可移也。是故达于道者反于清净，穷于物者终于无为。以恬养性，以漠处神，则入于天门。

【今译】
　　遵循道的规律，顺应天地自然，那么天地四方也不够他治理。所以夏禹疏通江河正是以顺随水流低处这一自然特性来进行的；神农播种五谷正是以循守苗之自长这一自然特性来耕作的。浮萍生于水面，树木扎根土中，鸟凌空而飞，兽踩地而跑，蛟龙居于水中，虎豹生于山中，这些均是天地自然本性。两木互相摩擦就会起火，金与火厮守就会熔化，圆的物件容易转动，空的器具容易飘浮，这也都是自然之势。所以当春风吹拂、甘露降临之时，万物就生长，长羽翼的开始孵卵，长毛发的开始怀胎，草木开花，鸟卵兽胎：这些并未发现春季在干什么而却恰恰在无形中化育万物。同样，当秋风乍起、霜降大地之时，草木就凋零，鹰雕搏击，昆虫伏藏，草木根部忙于吸储营养，鱼鳖开始凑潜深水之中：这些也并未发现秋季在干什么而却恰恰在悄然中挫灭万物。居于树上的筑巢，处于水中的靠窟，兽类卧草，人类居室；陆行适用牛马，水深适宜舟行；匈奴地产粗糙的皮毛，吴越地产透风的葛布：各自生产急需的东西来防备燥湿，各自依靠所处的环境来防御寒暑，并各得其所、各适其宜。由此看来，万物均按其本性生存发展，那么，你人又何必去干预呢！九嶷山以南的民众，从事陆地的活少而从事水中的活多，所以这里的民众剪发文身，模仿鱼龙形象；同样只围短裙不着长裤，以便于涉水游渡，着短袖衫或卷起袖子，以方便撑船，这些是由水上生活的特点所决定的。雁门以北的狄人不以谷类为主食，轻视老年人而看重青壮年，崇尚力量，不放下弓箭和不解下带嚼子的马笼头，这是由游牧生活的特点所决定的。所以禹到裸国去，脱掉衣服入境，出境后再穿上衣服，这是由当地的习俗所决定的。今天，移植树木的人，如果不顾树木对环境四时阴阳寒暖的适应性，那么其树没有不被弄死的。所以，橘移到江北就变成了枳，鸲鹆不能过济水，貉一过汶水便会死去。它们的形性特点是不能改变的，生活居处的环境是不能变移的。所以通达"道"的人必返于清净的天性，探究事物本性的人必归顺自然无为。以恬静养性，用淡漠修神，就能进入天然的境界。

【注释】

①修：遵循。　②决渎：疏通河道。　③蹠：踩、踏。　④然：燃。　⑤员：圆。　⑥窾：空。　⑦姁伏：鸟孵卵。　⑧倒生：草木。草木根皆在下，末在上，就似头朝下，故曰："倒生"。挫伤：凋零。　⑨榛巢：丛木中筑巢。　⑩芄：应作"芏"，野兽巢穴中的草垫。⑪秽：粗糙。葛绤：细葛布。　⑫九疑：山名。　⑬文：纹。被：

应作"劆","劆"即剪。　⑭ 绔：意为"袴"，指"犊鼻袴"。　⑮ 袂：袖子。　⑯ 狄：北方少数民族。　⑰ 勒：带嚼子的马笼头。　⑱ 鸲鹆：鸟名，即八哥。　⑲ 貈：即貉。

【评析】

本节作者用了大量的自然、社会中的事例来说明天地之性、自然之势。这些天地之性、自然之势是"不可易"也"不可移"。而人就要在这些天地之教、社会习俗中得知"自然无为"的道理，即"万物固以自然，圣人又何事焉"。知道这些道理后，你必会"返于清净"、"终于无为"、"以恬养性，以漠处神"，达到相当高的思想境界。

所谓天者，纯粹朴素，质直皓白，未始有与杂糅者也。所谓人者，偶䁆智故①，曲巧伪诈，所以俯仰于世人而与俗交者也。故牛歧蹄而戴角②，马披毛而全足者，天也；络马之口，穿牛之鼻者，人也。循天者与道游者也；随人者与俗交者也。夫井鱼不可与语大，拘于隘也；夏虫不可与语寒，笃于时也③；曲士不可与语至道，拘于俗束于教也。故圣人不以人滑天④，不以欲乱情；不谋而当，不言而信，不虑而得，不为而成；精通于灵府⑤，与造化者为人⑥。

【今译】

　　所谓"天然"，是指纯粹朴素，质真洁白，没有掺入杂质。所谓"人为"，是指参差不正，虚伪奸诈，以此曲意逢迎与世交往。所以牛蹄分趾而头上长角，马蹄完整而颈上生鬃，这就是"天然"；而用马笼头络着马嘴，用绳子穿过牛鼻，这就是"人为"。遵循天然就必然与"道"遨游；顺从"人为"就必定与世俗交往。那井中小鱼，无法与它谈论大海，是由于它受环境的局限；生活在夏季的虫，无法与它谈论寒冬，是因为它受季节的限制；寡闻少见的书生，无法与他谈论大道，是由于他受习俗、教义的束缚。所以,圣人是不会以"人为"的事去干扰"天然",不以欲念去扰乱本性;不用谋划就能将事处理得当,不必信誓旦旦就能显现信用,不必思虑就能得心应手,不必大动干戈就能大功告成;这是因为他精气与心灵融会贯通,和大道日夜相伴。

【注释】

①偶:隅、角,不正为隅。睚:差,也指不正。 ②歧蹄:足分趾。 ③笃:专一、固定,这里有局限的意思。 ④滑:乱。 ⑤灵府:心。 ⑥为人:相偶、相伴。

【评析】

作者进一步说明什么是"自然",什么是"人为"。由此决定了"道游者"与"俗交者"的差别。这差别犹如"井鱼不可与语大"、"夏虫不可与语寒",都是由于"拘于隘笃于时"、"拘于俗束于教"所造成的。而要做到"与道游",人就必须"不以人滑天"、"不以欲乱情",这样才能"精通于灵府,与造化者为人"。

夫善游者溺,善骑者堕,各以其所好,反自为祸。是故好事者未尝不中①,争利者未尝不穷也。昔共工之力②,触不周之山,使地东南倾。与高辛争为帝③,遂潜于渊,宗族残灭,继嗣绝祀④。越王翳逃山穴⑤,越人熏而出之,遂不得已。由此观之,得在时,不在争;治在道,不在圣。土处下不争高,故安而不危;水下流不争先,故疾而不迟。昔舜耕于历山,期年而田者争处垲埆⑥,以封壤肥饶相让⑦。钓于河滨,期年而渔者争处湍濑⑧,以曲隈深潭相予⑨。当此之时,口不设言,手不指麾⑩,执玄德于心而化驰若神。使舜无其志,虽口辩而户说之,不能化一人。是故不道之道,莽乎大哉!夫能理三苗⑪,朝羽民,徙裸国,纳肃慎⑫,未发号施令而移风易俗者,其唯心行者乎!法度刑罚何足以致之也?是故圣人内修其本而不外饰其末,保其精神,偃其智故⑬,漠然无为而无不为也,澹然无治也而无不治也。所谓无为者,不先物为也;所谓无不为者,因物之所为。所谓无治者,不易自然也;所谓无不治者,因物之相然也。万物有所生而独知守其根;百事有所出而独知守其门。故穷无穷,极无极;照物而不眩,响应而不乏。此之谓天解。⑭

【今译】

　　善于游泳的人容易淹死,善于骑马的人常会落马摔伤,他们各因自己的爱好特长而招致灾祸。所以放纵情欲的人没有不伤损自身的,争名夺利的人没有不穷困潦倒的。以前共工力大无比,一怒之下头撞不周山,使大地往东南倾斜,起因是与高辛氏争夺帝位,结果变成异物潜入深渊中,他的宗族也因此灭绝,后代死尽。越王翳为太子时,不愿继承王位而躲进山洞,但越国人用火将他熏出来,终于被迫为王。由此看来,有所得取决于时势,而不取决于争夺,治理天下取决于合道,而不取决于圣明。土处低而不争高,反而安全没有危险;水下流而不争先,反而迅流没有迟滞。过去舜在历山亲自耕种,一年后,耕田者都争着要耕贫瘠的土地而把肥沃的土地让给他人。舜在江边钓鱼,一年后,渔民都争着要在水浅流急的地方打鱼而将河湾深潭让给别人。那时的舜既不喋喋不休地说教,也不指手画脚地干预,他只是保持自然无为的信念和德行而感化民众无比神速。假如舜没有这种信念和德行,即使能言善辩而挨家挨户去劝说,也不能感化一人。因此,不可言说的"道",能量真是浩大无限!舜帝能治理三苗之乱,使羽国民众都来朝见,徙移裸国的习俗,接纳肃慎人,都未曾发号施令便能移风易俗,大概就是凭着这种自然无为的信念和德行来做事吧!靠法度刑罚哪能收到这样的效果?所以圣人注重内在本性的修养,而不修饰外表的枝节,保全精神,偃息奸巧,静漠无为按自然本性去办事,因而没有什么事办不成,坦然地不去刻意有为治理什么,反而什么都能治理好。所谓自然无为,是指不超越事物的本性人为地去做;所谓没有什么事办不成,是说顺应了事物的本性。所谓不去治理,是说不改变事物的本性;所谓没有什么治理不好,是指顺应于事物的必然性。万物都有其产生、生存的各种具体特性,百事都有其出现、存在的各种具体根据;圣人就是能掌握这些根本、关键的东西。所以能探究无穷无尽的事物,并能照观事物而不会眩惑,因顺响应而不会困乏。这就叫知晓"天然"。

【注释】

① 好:好为情欲之事。中:伤。　② 共工:古代神话中人物。③ 高辛:黄帝的曾孙。　④ 绝祀:祭祀断绝,指宗族灭亡。　⑤ 越王翳:战国时越国君。　⑥ 垆垹:土地贫瘠。　⑦ 封壤:本作封畔,指界域。　⑧ 湍濑:水流浅急处。　⑨ 曲隈:水湾。　⑩ 麾:古代指挥用的旗子,意为指挥。　⑪ 三苗:古代部落名,本在江淮、荆州一带,后作乱,被迁往西部。　⑫ 肃慎:古氏族名。　⑬ 偃:停息。⑭ 解:知晓。

【评析】

作者以有些"争"得不到"利"(如共工与高辛争帝),有些"不争"却反而得"利"(如越王翳不想为王反成王)为例来说明"无为而无不为"的重要性。当然,这些"无为而无不为"是有具体条件的,那就是"不先物为而因物之所为","不易自然而因物之相然"。而人一旦懂得这些道理,就能做到"无为而无不为",如"内修其本"的舜就能"口不设言,手不指麾"却可使民众得到感化。也正是在这个意义上,作者指出"法度刑罚何足以致之也"!强调法度刑罚只是治末,而非治本,其作用也相当有限。

故得道者志弱而事强①,心虚而应当。所谓志弱而事强者,柔毳安静②,藏于不敢,行于不能,恬然无虑,动不失时,与万物回周旋转,不为先唱③,感而应之。是故贵者必以贱为号,而高者必以下为基。托小以包大,在中以制外;行柔而刚,用弱而强,转化推移,得一之道而以少正多。所谓其事强者,遭变应卒④,排患扞难⑤,力无不胜,敌无不凌;应化揆时⑥,莫能害之。是故欲刚者必以柔守之,欲强者必以弱保之。积于柔则刚,积于弱则强,观其所积,以知祸福之乡。强胜不若己者,至于若己者而同。柔胜出于己者,其力不可量。故兵强则灭,木强则折,革固则裂,齿坚于舌而先之敝。是故柔弱者生之干也⑦,而坚强者死之徒也⑧。先唱者,穷之路也;后动者,达之原也。何以知其然也?凡人中寿七十岁,然而趋害指凑⑨,日以月悔也,以至于死。故蘧伯玉年五十而有四十九年非。何者?先者难为知,而后者易为攻也;先者上高则后者攀之,先者逾下则后者蹶之⑩,先者隤陷则后者以谋,先者败绩则后者违之。由此观之,先者则后者之弓矢质的也⑪,犹錞之与刃⑫,刃犯难而錞无患者,何也?以其托于后位也。此俗世庸民之所公见也,而贤知者弗能避也。所谓后者,非谓其底滞而不发⑬,凝结而不流,贵其周于数而合于时也。夫执道理以耦变⑭,先亦制后,后亦制先。是何则?不失其所以制人,人不能制也。时之反侧⑮,间不容息,先之则太过,后之则不逮⑯。夫日回而月周,时不与人游,故圣人不贵尺之璧而重寸之阴,时难得而易失也。禹之趋时也,履遗而弗取,冠挂而弗顾,非争其先也,而争其得时也。是故圣人守清道而抱雌节,因循应变,常后而不先,柔弱以静,舒安以定,攻大礧坚⑰,莫能与之争。

【今译】

　　所以得道之人意念柔顺而办事稳妥,心胸虚静而处事得当。所谓"志弱而事强",是说柔顺虚静,将自己隐藏在不敢有所作为之中,行动上好似无能为力,恬静无思无虑,举动不失时宜,顺随事物变化,不首先倡导,感而应顺事物。因此,高贵的总以谦卑的字眼来称呼自己,高大的总以低下的东西为基础。寄存于小处却能包容广大,保持于中间却能控制左右;行动看似柔弱而实际刚强,以此推移变化,掌握了"一"这道,就能以少制多。所谓"事强",是说在遭变故、遇突变,排御患难时,没有什么力量不可战胜、没有什么敌手不可制服的;应顺变化揆度形势,没有什么能够伤害他。所以,要想刚强有力,必须保守柔弱。积聚柔弱就会刚强,观察这种积聚的过程、状况,就可以预知祸福之所在。以强力取胜,只能胜过力量不如自己的,碰到和自己一样刚强的就只能势均力敌了。而用柔术胜过力量大于自己的人,这种"柔力"才是无法计量的。所以逞强军队一定会遭灭亡,如同坚硬木材容易折断,坚固皮革容易开裂一样,坚实的牙齿就比柔软的舌头先坏落。所以说"柔弱"才是生存的支柱,而"坚强"是"死亡"的同义语;先行倡导,容易导致穷途末路,随后而动,才是通达的源泉。怎么知道这样呢?大凡人中等寿命是七十岁,可是人们对自己的追求取舍、所作所为,每天都在自我悔恨,以至到死都是这样。所以卫国蘧伯玉活了五十岁,觉得前四十九年都做得不对。为什么会这样呢?因为先行者难以做得明智,后继者则容易取得成效;先行者爬上高处,后继者则可以跟着攀登而上,先行者越过低处,后继者则可以跟着踩踏前进,先行者跌进陷阱,后继者则可以考虑避免陷阱,先行者遭受失败,后继者则可以免蹈覆辙。由此看来,先行者就是后继者射箭的箭靶,犹如那矛戟的柄套和锋刃,锋刃受损而柄套却安然无事,这是为什么呢?因为是这柄套处在后面位置的缘故。这些现象、道理,世俗庸民都知道,可是那些"贤达"却就是不能避免这一"争先"。这里所说的"居后",并不是指停滞不动、凝结不流,而是要求居后者言行符合道数、适宜时势。如果能符合事物变化的道理和形势,那么先行者可以制驭后继者,后继者亦可以制驭先行者,这是什么道理呢?因为这样的人掌握着驾驭人的东西,所以别人就无法驾驭他。时间流逝快速短暂,快速短暂得呼吸间就引起变化,所以你如果争先便超越它太远,如果居后又难以赶上。日月不停地运转,时间不停地流逝而不迁就人。所以圣人不看重一尺长的玉璧而珍重一寸光阴,因为时机难得而易失。夏禹为追随时机,鞋子掉了也顾不上拾取,头巾挂落了也顾不上回头看,他并不是和谁在争先后,只是争得时机而已。所以圣人固守清纯之道、柔弱之节,因循变化,处后而不争先,柔弱而清静,安定而舒逸,然后能攻克巨大的难关,没有人能同他抗争。

【注释】

① 志弱:心志柔顺。 ② 毳:鸟兽的细毛,形容"柔软"。 ③ 唱:倡导。 ④ 卒:通"猝",意为突变。 ⑤ 扞:抵御。 ⑥ 揆:测度。 ⑦ 干:主干、本质。 ⑧ 徒:同、类。 ⑨ 指凑:犹言行止。 ⑩ 蹍:蹑、踩踏。 ⑪ 质的:箭靶。 ⑫ 镎:古代矛戟柄末端加的金属套。 ⑬ 底:止。 ⑭ 耦:合。 ⑮ 反侧:翻身,引申为瞬间变化。 ⑯ 逮:及。 ⑰ 礳:同"磨",攻破,碾碎。

【评析】

"木秀于林,风必摧之;堆出于岸,流必湍之"这类现象必为作者所熟视,所以本节中作者从这一自然现象出发反对争先、向上,强调"居后",并以大量的事例说明"居后"要优于"倡先":"先者隤陷后者以谋"、"先者败绩后者违之",指出"先倡者穷之路","后动者达之原"。与"居后"相联系的是"柔弱",作者也从"木强则折、兵强则灭、革固则裂"等现象出发,进一步强调"柔弱胜刚强":"柔弱者生之干、坚强者死之徒。"然而,这"居后"却并不是消极无为、"底滞不发、凝结不流",而是指静待有利时机而后动。正因为这样,这"时机"对人类说是相当重要,"圣人不贵尺之璧而重寸之阴","禹之趋时非争其先而争其得时"。

综上所述,作者总结道:"圣人守清道而抱雌节,因循应变,常后而不先;柔弱以静,舒安以定,攻大磨坚。"

天下之物,莫柔弱于水。然而大不可极,深不可测;修极于无穷,远沦于无涯;息耗减益,通于不訾①;上天则为雨露,下地则为润泽。万物弗得不生,百事不得不成;大包群生而无好憎,泽及蚑蛲而不求报②;富赡天下而不既③,德施百姓而不费;行而不可得穷极也,微而不可得把握也;击之无创,刺之不伤,斩之不断,焚之不然④;淖溺流遁⑤,错缪相纷而不可靡散⑥;利贯金石,强济天下;动溶无形之域,而翱翔忽区之上⑦,邅回川谷之间,而滔腾大荒之野;有余不足与天地取与,授万物而无所前后。是故无所私而无所公,靡滥振荡⑧,与天地鸿洞⑨;无所左而无所右,蟠委错紾⑩,与万物始终:是谓至德。夫水所以能成其至德于天下者,以其淖溺润滑也。⑪故老聃之言曰:"天下至柔,驰骋天下之至坚。出于无有,入于无间。吾是以知无为之有益。"⑫

【今译】

天下万物,没有比水更柔软的。然而它大无边际,深不可测;长无尽头,远至无涯;它的生息消耗,减损增益无法计量;它蒸发上天成雨露,降落大地滋润草木。万物得不到它就不能生存,百事缺少了它就难以办成;它滋润万物而无偏心,恩泽小虫不求回报;它富足天下而不枯竭,德泽百姓而不耗损;它行踪不定而无法查清,细微柔软而无法把握;砍它不显痕迹,刺它不留印迹,斩它斩不断,烧它不起燃;它流遁消融,错杂纷绕而不消散;它锋利得能穿刺金石,它强大得能浮载天下;它动溶在无形的区域,游翔在迷茫之境界,激荡在山川之峡谷,奔腾在广袤之原野;它的多少,全由天地来决定,它施予万物恩泽而不分先后远近。所以它没有私念也无公心,泛滥激荡和天地相通;它没有左也无右,纷绕错杂和万物始终。这就是"水"的最高的德行。水之所以能获得天下最高的德行,全由于它生性柔软而润滑。所以老子说:"天下至柔,驰骋天下之至坚。出于无有,入于无间。吾是以知无为之有益。"

【注释】

① 訾:计量。　② 蚑蛲:小虫。　③ 既:尽、竭。　④ 然:燃。　⑤ 淖溺:消融。　⑥ 错缪:错杂、交错。　⑦ 忽区:惚恍之区,引申为迷茫之境界。　⑧ 靡滥:散漫、泛滥。　⑨ 鸿洞:相通、贯通。　⑩ 蟠委错紾:纷绕错杂。　⑪ 淖溺:柔软。　⑫ 引《老子·四十三章》,文字略异。

【评析】

这是作者对《老子》之"水"的进一步描绘:"大不可极、深不可测","击之无创、刺之不伤、斩之不断、焚之不燃"。同时对《老子》所赋的"水德"作进一步的阐述:"富赡天下而不既,德施百姓而不费",强调"水"的"玄(至)德"功效。并从水"利贯金石"中强调柔弱胜刚强。

自《老子》给"水"赋予道德意义后,不断有人充实这一内容,《淮南子》的作者就是如此,以后宋苏辙也是如此,他在《老子解》中说到:"水无所不利;(水)避高趋下未尝有所逆,善地也;(水)空处湛静深不可测,善渊也;(水)挹而不竭施不求报,善仁也;(水)圆必旋方必折塞必止决必流,善信也;(水)洗涤群秽平准高下,善治也;(水)以载则浮以鉴则清以攻则坚强莫能敌,善能也;(水)不舍昼夜盈科后进,善时也……"这样,水的文化道德意义不断被强化凝固,使之成为中国文化中的一大奇观。

夫无形者物之大祖也；无音者声之大宗也。其子为光，其孙为水，皆生于无形乎！夫光可见而不可握，水可循而不可毁。①故有像之类莫尊于水。出生入死，自无蹠有②，自有蹠无，而以衰贱矣。是故清静者德之至也；而柔弱者道之要也；虚无恬愉者，万物之用也。肃然应感，殷然反本③，则沦于无形矣。所谓无形者，一之谓也。所谓一者，无匹合于天下者也。卓然独立，块然独处④；上通九天，下贯九野；员不中规⑤，方不中矩；大浑而为一，叶累而无根⑥；怀囊天地，为道关门⑦；穆忞隐闵⑧，纯德独存；布施而不既，用之而不勤。是故视之不见其形，听之不闻其声，循之不得其身。无形而有形生焉，无声而五音鸣焉，无味而五味形焉，无色而五色成焉。是故有生于无，实出于虚。天下为之圈，则名实同居。音之数不过五，而五音之变不可胜听也；味之和不过五，而五味之化不可胜尝也；色之数不过五，而五色之变不可胜观也。故音者，宫立而五音形矣；味者，甘立而五味亭矣；色者，白立而五色成矣；道者，一立而万物生矣。是故一之理，施四海；一之解，际天地。其全也，纯兮若朴；其散也，混兮若浊。浊而徐清，冲而徐盈；澹兮其若深渊⑨，泛兮其若浮云；若无而有，若亡而存。万物之总，皆阅一孔⑩；百事之根，皆出一门。其动无形，变化若神；其行无迹，常后而先。是故至人之治也，掩其聪明，灭其文章⑪，依道废智，与民同出于公。约其所守，寡其所求，去其诱慕，除其嗜欲，损其思虑。约其所守则察，寡其所求则得。夫任耳目以听视者，劳形而不明；以知虑为治者，苦心而无功。是故圣人一度循轨,不变其宜,不易其常,放准循绳⑫,曲因其当。

【今译】

　　无形是万物的祖始;无音是声音的祖先。无形的子孙是"光"和"水",光和水都由无形化育而成!这光看得见而抓不住,水摸得着而毁不掉。所以在有形物类中,没有比水更尊贵的了。至于那些有生也有死,从无到有,从有到无,以至衰亡的,就更被贱视了。所以清静是德的最高境界,柔弱是道的精华要害;虚无恬愉,万物之所用。肃然感应外界,毅然返于根本,就能进入无形的境界。所谓无形,就是达到浑然一体的状态。所谓浑然一体,就是天下独一无二。它卓然独立,昂然独处;它上通九天,下贯九野;圆而无法用规来度量,方而难以用矩来测量;浩大浑然为一体,积累成体而难见根底;它包裹天地为道之关键,静穆混沌独存纯德;它布施恩德而不会穷尽,作用万物而不会用尽。因此难以见到它的形状,无法听到它的声响和无法触摸它的身子。它无形却能产生有形,无声却能形成五音,无味却能生成五味,无色却能形成五色。所以说有形来自无形,实体出自虚空。将天下栏成一圈,使名实同居一处。音阶不过就是宫、商、角、徵、羽,但用这五音调配出来的声音却美妙动听;味道不过就是甜、酸、苦、辣、咸,但用这五味调配出来的味道却美味可口;颜色不过就是赤、黑、青、白、黄,但用这五色调配出来的颜色却美妙无比。所以就音调来说,宫调确立则五音便成;就味道来说,甜味确立则五味便成;就颜色来说,白色确立则五色便成;而对"道"来说,"一"之确立则万物就形成。因此这"一"之原理放之四海而皆准,"一"之要义可运用于天地之间。它完整纯粹得像没有雕凿过的林木;它逸散开来像混沌的浊泥。浑浊而能渐渐澄清,由虚空慢慢盈实;它宁静如同莫测的深潭,飘荡若似空中的浮云;似有似无,似存似亡。万物无不例外来自"一"之孔穴;百事根据理由出自"一"之门户。它活动时没有具体形状,变化奇妙;它行事时没有任何痕迹,常置身在后,却又常常领先。所以得"道"者治理天下,闭塞目耳,灭毁纹彩,废弃智慧,依道而行,与民众一律公平对待。他简化职守,减少追求,排除欲念,去掉嗜好,俭于思虑。简化职守则容易明察,减少追求则容易满足。相反,如果过分任用耳目视听则劳累身体且不明智;如果过分凭藉智虑理事则劳损心神且无功效。因此圣人一贯遵循法度,不轻易改变适宜的常规,遵循法度准则,尽力依顺事物的本性。

【注释】

① 揗:通"揗",触摸的意思。　② 躇:至,到。　③ 殷然:坚定、毅然。　④ 卓然:突出。块然:孤独。　⑤ 员:通"圆"。　⑥ 叶:"叶,聚也"(《广雅·释诂》)。　⑦ 关门:要害,关键。　⑧ 忞:不明。　⑨ 澹:平静。　⑩ 阅:经历。　⑪ 文章:色彩、花纹。　⑫ 放:仿效,依循。

【评析】

本节从道之无形说到道的浑然一体性:"视之不见其形,听之不闻其声,揗之不得其身","圆不中规,方不中矩,大浑而为一,叶累而无根","纯兮若朴,混兮若浊"。因为是"浑然一体",所以它是"布施不既,用之不勤",为万物之根本、五音五色五味之总门。落实到社会中,得道者也应体现"浑然一体",即"掩其聪明,灭其文章,依道废智",不表现自我;"约其所守,寡其所求,去其诱慕,除其嗜欲",不以情灭性,这样社会治理才有可能。

夫喜怒者,道之邪也;忧悲者,德之失也;好憎者,心之过也;嗜欲者,性之累也。人大怒破阴,大喜坠阳;薄气发喑①,惊怖为狂;忧悲多恚②,病乃成积;好憎繁多,祸乃相随。故心不忧乐,德之至也;通而不变,静之至也;嗜欲不载,虚之至也;无所好憎,平之至也;不与物散,粹之至也。

能此五者,则通于神明。通于神明者,得其内者也。是故以中制外,百事不废;中能得之,则外能收之。中之得,则五藏宁③,思虑平,筋力劲强,耳目聪明;疏达而不悖,坚强而不鞼④,无所大过而无所不逮;处小而不逼,处大而不窕⑤;其魂不躁,其神不娆⑥;湫漻寂寞,为天下枭⑦。

【今译】
　　喜怒无常是对"道"的偏离;忧伤悲痛是对"德"的丧失;喜好憎恶是对"心"的伤害;所以嗜好欲念是天性的累赘。人大发脾气则会破坏阴气,人高兴过分则会损伤阳气,气短急迫导致喑哑,惊慌恐怖导致发狂;忧悲过导致怨恨,疾病也由此积成;好恶太多,祸也就随之产生。所以圣人保持内心无忧乐,是"德"的最高境界;通达而不多变,是"静"的最高意境;无嗜好欲念,是"虚"的最高意境;没有爱憎,是"平和"的最高境界;精神不因物累,是"纯"的最高境界。能做到上述五点,就能与"神明"相通。和"神明"相通者,是有内性修养的人。所以用心性制外形,百事不废败;心性修养成功,就能保养外形。心性得到修养,人体五脏便安宁,思绪便平和,筋骨强劲,耳聪目明;通达而不乖乱,坚强而不折断;没有什么太过分也没有什么不及,处窄处不觉得逼迫,处宽处不觉得空旷;心神不急躁,精神不烦扰;清静恬淡可成天下之英豪。

【注释】
　　① 薄:迫。喑:哑。　② 恚:怨恨。　③ 藏:脏。　④ 鞼:折。　⑤ 窕:空旷。　⑥ 娆:扰,烦扰。　⑦ 湫漻:清静。枭:豪杰、英豪。

【评析】
　　本节接着讲得道者应浑然一体:不自我表现、不以情灭性,强调心性要保持平和虚静。如果喜怒无常、好恶繁多,这样既无益于社会治理也无益于自身健康。而大凡得道者都能保持心性平和虚静,这样既有益于健康,"筋力劲强,耳目聪明"。也有益于社会处事,"处小而不逼,处大而不窕","疏达而不悖,坚强而不鞼,无所大过而无所不逮",这才不愧为天下之英豪。

大道坦坦,去身不远;求之近者,往而复反。迫则能应,感则能动;物穆无穷①,变无形像;优游委纵,如响之与景;登高临下,无失所秉;履危行险,无忘玄伏②。能存之此,其德不亏;万物纷糅③,与之转化;以听天下,若背风而驰,是谓至德。至德则乐矣。古之人有居岩穴而神不遗者,末世有势为万乘而日忧悲者。由此观之,圣亡乎治人,而在于得道;乐亡乎富贵,而在于德和。④知大己而小天下,则几于道矣。所谓乐者,岂必处京台、章华⑤,游云梦、沙丘⑥,耳听《九韶》、《六莹》⑦,口味煎熬芬芳,驰骋夷道,钓射鹔鹴之谓乐乎⑧?吾所谓乐者,人得其得者也。夫得其得者,不以奢为乐,不以廉为悲;与阴俱闭,与阳俱开。故子夏心战而臞⑨,得道而肥。圣人不以身役物,不以欲滑和。是故其为欢不欣欣,其为悲不惙惙。⑩万方百变,消摇而无所定,吾独慷慨遗物而与道同出!⑪是故有以自得之也,乔木之下,空穴之中,足以适情;无以自得也,虽以天下为家,万民为臣妾,不足以养生也。能至于无乐者,则无不乐;无不乐,则至极乐矣!

【今译】
    大道平坦,离你自身不远;在身边寻找,转个身就能得到。得道者,有逼迫就有反应,有感触便有举动;他深邃无穷,变化没有形迹;优游悠闲,委曲顺从,就像回响呼声,又如物影随形;居高临下而不失所秉之"道";遭遇危机而勿忘玄妙之"道"。能保持这"道",他的"德"就不会亏损;万物纷糅复杂,也能与之周旋变化;凭"道"处事,就像顺风奔跑轻松快捷,这就是最高的德性。有了这最高的德性,也就有了快乐。古代有人住在岩洞里,但他们的精神道德没有丧失。随着世道衰败,有人虽然身居高位却天天忧愁悲伤。由此看来,圣明不在于治理人事,而在于得"道";快乐不在于富贵,而在于得到"平和"。懂得重视自身修养而看轻身外之物,那就接近于"道"了。所谓快乐,难道一定是住京台、章华,游玩云梦、沙丘,耳听《九韶》、《六莹》这些古乐,口尝美味食品,奔驰在平坦大道上,或者钓射奇异鸟禽那种快乐吗?我说的"快乐",是指每个人能够获得他所应获得的东西。但这里所说的"能够获得他所应获得的东西",是不以奢侈为快乐,不以清廉为清苦;他能身处阴暗逆境能忍让避开,身处光明顺境能开放顺应。所以,子夏由于处在循道还是贪欲的思想斗争而枯瘦,又因由于得道循道而日益肥胖。圣人就是不让自身受外物役使,不以贪欲来搅乱中和天性。所以,他高兴时不忘乎所以,悲伤时不愁云满面。万物尽管变化莫测,我只管胸襟坦荡不予理睬而和道共进出。因此,能够自得快乐之性,即使住在深山老林之中,栖身空旷山洞之内,也足以惬意舒心;如果不能自得快乐之性,即使君临天下,以万民为己臣妾,也不足以保养心性。能够达到"无乐"境界的人,就没有什么不快乐;无不快乐就是最大的快乐。

【注释】

① 物穆:深邃。　② 玄伏:道。　③ 纷糅:复杂。　④ 亡:通"无"。 德:通"得"。　⑤ 京台、章华:楚国的两个大台。　⑥ 云梦:楚地的云梦泽。沙丘:苑名,为商纣王所造。　⑦ 九韶:舜时的乐曲名。六莹:颛顼时的乐曲名。　⑧ 鵔鹔:水鸟名,其形似雁。⑨ 臞:瘦。　⑩ 慅:忧愁。　⑪ 慷慨:胸襟开阔。

【评析】

"道"高不可际、深不可测,然而作者又指出,寻"道"得"道"却就在眼前,近在身边,那就是返于自身寻看"至德"是否具备。这"至德"具体表现为"乐":这"乐"并非处京台、章华,游云梦、沙丘,尝美味佳肴即是"乐"。正因为这样,只要具备"至德则乐",所以即使身处乔木之下、空穴之中,也是适情欢乐的。在这个意义上说,能做到这点,也算是得道者。在这里,作者通过这些论述将抽象之"道"逐渐具体化,使"道"处于抽象与具体的统一之中,"道"由天上落实到人间,由远方难以把握推及近处可以掌握。

夫建钟鼓,列管弦,席旃茵①,傅旄象②,耳听朝歌北鄙靡靡之乐③,齐靡曼之色④,陈酒行觞⑤,夜以继日;强弩弋高鸟,走犬逐狡兔,此其为乐也,炎炎赫赫,怵然若有所诱慕。解车休马,罢酒彻乐⑥,而心忽然若有所丧,怅然若有所亡也。是何则?不以内乐外,而以外乐内,乐作而喜,曲终而悲,悲喜转而相生,精神乱营,不得须臾平。察其所以,不得其形,而日以伤生,失其得者也。是故内不得于中,禀授于外而以自饰也,不浸于肌肤,不浃于骨髓⑦,不留于心志,不滞于五藏⑧。故从外入者,无主于中,不止;从中出者,无应于外,不行。故听善言便计,虽愚者知说之⑨;称至德高行,虽不肖者知慕之。说之者众而用之者鲜⑩,慕之者多而行之者寡。所以然者何也?不能反诸性也。夫内不开于中而强学问者,不入于耳而不著于心,此何以异于聋者之歌也?效人为之而无以自乐也,声出于口则越而散矣。夫心者,五藏之主也,所以制使四支⑪,流行血气,驰骋于是非之境而出入于百事之门户者也。是故不得于心而有经天下之气,是犹无耳而欲调钟鼓,无目而欲喜文章也,亦必不胜其任矣。

【今译】

　　设置编钟组鼓,排列管弦乐队,铺上毡毯坐垫,陈列旄牛尾和象牙装饰的仪仗,耳听朝歌郊野的乐曲,眼看艳丽多姿的舞女,口品香甜的美酒,通宵达旦地饮酒取乐;或者用强弓硬弩来射杀高飞的鸟,用善跑的猎犬来追逐狡兔,这样作乐寻欢真是炽盛显赫,这诱人的情景使人醉痴难忘。然而,等到一旦遣散车马,停撤宴饮,心里就会感到惆怅若有所失。这是什么原因呢?因为这不是以内心的欢乐去感受外界欢快之境,而是以外界这种的欢快来刺激内心,所以奏乐则喜,曲终则悲,悲喜转换变化,扰乱了精神,没有片刻的平静。察其所以然,在于不懂"乐"之含义,因而日复一日地伤害着心性,丧失了本该有的平和本性。所以在你自身不能把持心性归向,只以外界刺激来装饰自我,这种外界刺激不可能浸滋肌肤,渗浃骨髓,不可能留存于心间,停伫于五脏的。所以从外界刺激感受到的欢乐不可能在心中占据地位,留下而不散逸;而从内部心性所产生的欢乐,因为不产生于外界的刺激,所以也不会散失。因此我们可以看到:当听到良言妙计,蠢人也懂得喜悦;谈到高尚道德,品行恶劣者也知道仰慕。可是为什么喜欢良言妙计的多而真采纳的少、仰慕高尚道德的多而真实施的少,原因是这些人不能返诸心性。那种不是从本性产生学习愿望的人而勉强去学习,所学的东西是不会进入耳中、留于心里的,这不就像聋子唱歌?聋子唱歌只是仿效人而无法自得其乐,歌声一出口便很快就散逸了。心是五脏的主宰,它控制着四肢的活动,使气血流通,并能辨别人间是非和弄清事物的原由。所以,假如不是从内心世界有所得("道")而空有治理天下之气概,这就像没长耳朵而想调节钟鼓,没生眼睛而想观赏纹彩那样无法胜任的。

【注释】

　　① 㲪茵:坐垫。㲪:通"毡"。　② 旄:旄牛。古代用旄牛尾装饰于旗杆顶端。　③ 鄙:郊外。　④ 靡曼:美丽。　⑤ 觛:古代饮酒的杯子。　⑥ 彻:通"撤"。　⑦ 浃:浸透。　⑧ 藏:通"脏"。

⑨ 说：悦。　⑩ 鲜：少。　⑪ 支：肢。

【评析】

本节开始讲为何有"建钟鼓列管弦"、"耳听朝歌"、"陈酒行觞"这等生活还是会有内心"若有所失"、惆怅迷茫的感觉？作者指出主要在于这些人不能"返诸心性"。只有养得内心平和虚静，"欢乐之情"也即随之产生。这样即使无外界欢乐之境刺激，也能做得欢乐无比，如颜回。在这里，作者在强调人之心性修养重要之同时，提出了一个认识论问题，即人之愉悦之情到底是客观的反映，还是主体的自我体验？

故天下神器不可为也，为者败之，执者失之。①夫许由小天下而不以己易尧者②，志遗于天下也。所以然者，何也？因天下而为天下也。天下之要，不在于彼而在于我；不在于人而在于我身。身得则万物备矣；彻于心术之论，则嗜欲好憎外矣。是故无所喜而无所怒，无所乐而无所苦。万物玄同也，无非无是，化育玄耀③，生而如死。夫天下者亦吾有也，吾亦天下之有也，天下之与我，岂有间哉！夫有天下者，岂必摄权持势，操杀生之柄而以行其号令邪？吾所谓有天下者，非谓此也，自得而已。自得，则天下亦得我矣，吾与天下相得，则常相有已，又焉有不得容其间者乎！所谓自得者，全其身者也。全其身，则与道为一矣。故虽游于江浔海裔④，驰要褭⑤，建翠盖⑥，目观《掉羽》、《武象》之乐⑦，耳听滔朗奇丽激抮之音⑧，扬郑、卫之浩乐，结激楚之遗风⑨，射沼滨之高鸟，逐苑囿之走兽，此齐民之所以淫泆流湎，圣人处之，不足以营其精神，乱其气志，使心怵然失其情性⑩；处穷僻之乡，侧溪谷之间，隐于榛薄之中⑪，环堵之室⑫,茨之以生茅,蓬户瓮牖⑬,揉桑为枢,上漏下湿,润浸北房,雪霜滚灖⑭,浸潭苽蒋⑮,逍遥于广泽之中,而仿洋于山峡之旁⑯,此齐民之所为形植黎累⑰,忧悲而不得志也,圣人处之,不为愁悴怨怼,而不失其所以自乐也⑱。是何也?则内有以通于天机,而不以贵贱、贫富、劳逸失其志德者也。故夫乌之哑哑、鹊之唶唶⑲,岂尝为寒暑燥湿变其声哉!

【今译】

　　所以"天下"是个神圣的东西,不可人为地去治理,人为地去治理就要败坏它,人为地去把持就会失去它。许由以天下为小而不愿接受尧让出的王位,是因为他将志向寄寓于整个天下。他之所以这样做的原因是什么?他懂得要顺随自然来治理天下。要取得天道,不取决于他人而取决于自身。自身能够得道则万物均为我所备。透彻地理解心性之术,这嗜欲好恶就不会侵入内心。所以这样的人无所谓喜也无所谓恶,无所谓乐也无所谓苦。万物玄同,无所谓是与非,这均由天道来化育,生死一回事。天下为我所有,我也为天下所有,我与天下之间哪有什么界限!统治占据天下,哪里是一定要抓住权势、操生杀大权而发号施令?我所谓的"天下",不是指这意思,而是指"自得"而已。"自得"则天下也就得到了我,我和天下融为一体:天下为我拥有,我为天下拥有,又怎么不能容身于天下呢!所谓"自得",是指保全自身的天性,能够保全自身天性的完美,便与"道"融合一体。所以虽然游悠于江边海滩,驰骋骏马,乘坐华丽车子,眼观《掉羽》《武象》之类的乐舞,耳听激荡清朗奇丽婉转的乐曲,高奏郑卫名曲,吟诵清凄高亢的流传民曲,射猎湖泊岸边惊飞的鸟儿,逐猎苑囿内奔跑的野兽,这些是凡夫俗子沉湎放荡的事情,但是圣人置身于这样的环境,却不足以惑乱精神意志,受诱惑而失去本性;同样处穷乡僻壤,置深山溪谷,居草野丛林,住简房陋室,茅草盖顶,柴草编门,桑枝为枢,上漏下湿,阴冷卧室,雪霜铺压,菰蒋蔓延,漂流在沼泽之中,徘徊在山峡之旁,这些都可以使凡夫俗子形体黑瘦疲惫,忧忧寡欢而感不得志,但是圣人处在这种环境中不会忧愁怨恨,并不失掉内心的愉悦。这是为什么呢?在于他们内心已领悟天机,因而不因贵贱、贫富、劳逸的不同而丧失天性。这就像乌鸦哑哑、喜鹊喳喳,哪会因寒暑燥湿的变化而改变它们天生的叫鸣声!

【注释】

① 这几句见《老子·二十九章》。 ② 许由:古代尧时的贤人。 ③ 玄耀:玄照,这里指"道"。 ④ 浔:水边。 ⑤ 要褭:骏马名。 ⑥ 翠盖:用翠鸟羽毛装饰的车盖。这里指华丽的车子。 ⑦《掉羽》《武象》:均周朝用于祭祀、朝贺等场合的舞乐名。 ⑧ 滔朗:激荡清朗。 ⑨ 遗风:余音、遗声。 ⑩ 怵:被诱惑的样子。 ⑪ 榛:丛木。薄:草。 ⑫ 环堵:四面土墙。 ⑬ 茨:用茅草盖屋顶。瓮牖:用破瓮做窗户。 ⑭ 滚瀌:霜雪满地。 ⑮ 浸潭:蔓延。苽蒋:植物名。 ⑯ 仿洋:彷徉,徘徊。 ⑰ 形植:形体。黎:黑。累:疲惫。 ⑱ 怼:怨恨。 ⑲ 哑哑、喳喳:象声词,泛指鸟鸣。

【评析】

本节讲到心性修养之术,即向内用功、自得"天道",做到心性恬静平和,遗"嗜欲好憎",这样无所喜也无所怒,无所乐也无所苦,也就能与道为一,即如作者所说:"所谓自得者,全其身者也。全其身则与道为一矣。"有了这点,即使处穷乡僻壤、住简房陋室,也不会"愁悴怨怼",不失所乐。这里,向内用功、自得天道的提出,似乎已回答了上述提出的问题,即这种处恶劣之境仍不失所"乐",实际上是修养到家者对主体心性的自我体验和体现。

是故夫得道已定,而不待万物之推移也,非以一时之变化而定吾所以自得也。吾所谓得者,性命之情处其所安也。夫性命者,与形俱出其宗,形备而性命成,性命成而好憎生矣。故士有一定之论,女有不易之行,规矩不能方圆,钩绳不能曲直。天地之永,登丘不可为修,居卑不可为短。是故得道者,穷而不慑,达而不荣;处高而不机①,持盈而不倾;新而不朗,久而不渝②;入火不焦,入水不濡③。是故不待势而尊,不待财而富,不待力而强,平虚下流④,与化翱翔。若然者,藏金于山,藏珠于渊,不利货财,不贪势名。是故不以康为乐,不以慊为悲⑤;不以贵为安,不以贱为危;形神气志,各居其宜,以随天地之所为。

【今译】

因此,一旦坚定地得道,就不受外物变化的影响,不因外物一时变化而来决定自我得道的态度。我所说的"得",是指生命中的本性处在安适的位置上。生命和形骸一起出自"道";形骸具有了,生命也就诞生了。生命一旦形成,好恶之情也就容易产生。所以士人有固定的行为准则,女子有不变的行为原则,规矩使他们不能或方或圆,钩绳使他们不能或曲或直。天地是无限的,所以登上山丘不能自以为站得很高,处在低处不必自以为地位卑微。所以得道者,穷困时不颇惧,显达时不炫耀;处高位而不危险,持满时而不倾覆,初起时不过分耀眼,长久后不至于衰变;放入火中烧不焦,下到水中打不湿。所以不凭权势而尊贵,不靠财富而富有,不以有力而强大,平和虚静处下不争,与造化一起翱翔。如果这样的话,仿佛金子埋于山中,珍珠藏于渊底,不以钱财为利,不贪权势名位。所以不以康安为乐,不以清俭为苦;不把尊贵看成安逸,不把贫贱看作危难;形、神、气、志,各得其所,以顺随天地的运转变化。

【注释】

① 机:通"几",危险的意思。　② 朗:明、亮。渝:变。

③ 濡：湿润。　④ 下流：意为低下。　⑤ 慊：俭。

【评析】

本节进一步描绘得道后的表现："穷而不慑，达而不荣"，"处高而不机，持盈而不倾"，"不以康为乐，不以慊为悲，不以贵为安，不以贱为危"……同时也进一步显示作者作《原道训》的目的，即将难以把握之"道"力图训解成可以把握之"道"，"天道"下落到"人道"，也即是将抽象之"道"具体化。

夫形者，生之舍也；气者，生之充也；神者，生之制也①。一失位，则三者伤矣。是故圣人使人各处其位，守其职，而不得相干也。故夫形者非其所安也而处之则废，气不当其所充而用之则泄，神非其所宜而行之则昧。此三者，不可不慎守也。夫举天下万物，蚑蛲贞虫②，蠕动蚑作③，皆知其所喜憎利害者，何也？以其性之在焉而不离也，忽去之，则骨肉无伦矣④。今人之所以眭然能视⑤，营然能听⑥，形体能抗，而百节可屈伸，察能分白黑、视丑美，而知能别同异、明是非者，何也？气为之充而神为之使也。何以知其然也？凡人之志各有所在而神有所系者，其行也，足蹪趎坎、头抵植木而不自知也⑦，招之而不能见也，呼之而不能闻也，耳目非去之也，然而不能应者，何也？神失其守也，故在于小则忘于大，在于中则忘于外，在于上则忘于下，在于左则忘于右。无所不充则无所不在，是故贵虚者以豪末为宅也⑧。

【今译】

　　形体是生命的居舍；气血是生命的支柱；精神是生命的主宰。一旦它们失去各应处的地位作用,就会使三者都受到伤损。就像圣人让人各安于自己的地位,各司其职而不允许互相干扰。所以形体如果处于不适的环境就会伤残,气血如果运行不当就会泄失,精神如果使用不当就会昏昧。对此三者,人们不能不谨慎对待。天下万物,小至细微昆虫、爬虫,都有喜好憎恶,都知趋利避害,这是为什么呢?因为它们的本性在身而没有离弃,如果一旦本性从形体中分离,那么骨肉形体也就不复存在了。人之所以眼能看远,耳听声音,形体能承受重力,关节能伸屈,并能辨察黑白美丑,智慧理性能辨别是非异同,为什么呢?是在于气血充满着形体、精神发挥着作用。怎么知道是这样呢?一般说来,人的心志分散而精神随之牵扯,如有人脚绊树桩洼坎跌倒、头撞直木而全无感觉,招手他看不见,叫喊他听不见,可眼睛耳朵并没有失去,但就是没有反映,为什么呢?是因为他的精神失去了应有的司职功能,所以精神集中在小处就会忘掉大处,精神集中在里面就会忘掉外面,精神集中于上面就会忘掉下面,精神集中于左面就会忘掉右面。精神是无不充满又无所不在,所以说重视修养虚静平和之神的人就能将精神(注意)贯注到极细微的事物之中。

【注释】

① 制:主宰。　② 贞虫:小昆虫。　③ 蠕动跂作:爬行的虫类。　④ 骨肉无伦:形体不存在。　⑤ 眭然:眼睛深视。　⑥ 昔:通"萦",环绕;是指耳廓弯曲环绕。　⑦ 蹎:跌倒。赽:通"株"。　⑧ 豪末:细微。

【评析】

作者进一步深化向内用功自得天道的心性修养之术,落实到本节则是将向内用功的心性修养具体为虚静平和的精神修养。为了突出养平和虚静之神的重要性,作者还借用他当时所能掌握的医学知识,从形、气、神三者的关系讲到"神"在其中所起的主宰作用,以此彰显在自得天道中"神"同样起积极作用,这样"养神存性"(天道)也就被作者联系起来了。

今夫狂者之不能避水火之难而越沟渎之险者,岂无形神气志哉? 然而用之异也。失其所守之位而离其外内之舍,是故举错不能当①,动静不能中,终身运枯形于连嵝列埒之门②,而蹎蹈于污壑阱陷之中③,虽生俱与人钧④,然而不免为人戮笑者,何也? 形神相失也。故以神为主者,形从而利;以形为制者,神从而害。贪饕多欲之人⑤,漠眠于势利⑥,诱慕于名位,冀以过人之智植于高世,则精神日以耗而弥远,久淫而不还,形闭中距⑦,则神无由入矣。是以天下时有盲妄自失之患,此膏烛之类也,火逾然而消逾亟。⑧夫精神气志者,静而日充者以壮,躁而日耗者以老。是故圣人将养其神,和弱其气,平夷其形,而与道沉浮俯仰,怡然则纵之,迫则用之,其纵之也若委衣⑨,其用之也若发机⑩。如是,则万物之化无不遇,而百事之变无不应。

【今译】
　　现在那些疯子不懂得避开水火的危害,敢跨越深沟险地,难道他们没有形、神、气吗? 不是,但他们的神和气的运用与常人不一样。他们的神、气失去了应有的职位,与形体分离了,因此他们的举止行为不能做得恰当,终身在坎坷不平的路上行尸走肉,而且不免跌进陷阱泥潭之中,虽然他们和常人一样活在世上,然而免不了被人羞辱耻笑,这是为什么呢? 因为这些人形神彼此分离。所以神为主宰,形依从神则对人生命有利;反之,以形为制约,神依从形则对人生命有害。贪婪多欲的人,被权势迷惑,受名位引诱,希望超常人的智慧跻身于社会上层,那么他的精神每日耗损而偏离应处的位置,长久迷惑而不能返回本位,形体闭塞而内心不开窍,精神就无法进入。所以天下常有愚昧狂妄者,患这类疾病者,如同膏烛之类,火烧得越厉害,这种膏烛就消融得越快。精神恬静平和而日益充实,人的身体就强壮;反之,精神躁动烦恼而日益耗损,人的身体就衰老。因此,圣人注重调养自己的精神,柔和气志,平稳身体,和大道一起运转变化,该恬静时就放松它,该急迫时就使用它;放松它就如同垂放衣服那样轻便,使用它就如同击发弓弩那样迅疾。这样的话,就没有什么不能相合万物的变化,没有什么不能适应万事的变动。

【注释】

①错:通"措"。　②枯形:枯萎无神的形体。连嵝:委曲。列埒:不平坦。　③蹈:作"陷"。蹟陷:跌倒、跌进。　④钧:均,相同。　⑤贪饕:贪婪。　⑥漠眠:是"颠冥","迷惑"的意思。⑦距:通"拒",阻止的意思。　⑧然:燃。逾:通"愈"。亟:急速。⑨委:垂放。　⑩机:弩机关。发机:击发弓弩,形容迅疾。

【评析】

本节深化养神之内涵,指出如果形神相失,就会导致"举措不能当,动静不能中,终身运枯形于连嵝列埒之门而蹟蹈于污壑阱陷之中",以此反证出养神之重要。当然,养其神是为了存其性,也为了得其道,所以作者在此点明其要害:"是故圣人将养其神,和弱其气,平夷其形而与道沉浮俯仰。"同样,养神存性自得天道最后还是要下落到社会"人道",那就是,一旦养神存性得道成功,人就不会"漠眠于势利,诱慕于名位,冀以过人之智植于高世"了,这社会也就太平多了。这大概也是作者《原道训》想要说明的要害问题。

卷二　俶真训

【解题】

本卷作者在追溯宇宙万物和人类产生发展的历史过程中,描绘了道散为德、德溢为仁义、仁义立而道德废的过程。这种仁义沦丧、道德废毁的社会与作者向往的理想社会尖锐对立,为了复归至德之世,作者提出返璞归真、无为而治、道德复兴,用篇名的话来说是"俶真"。而"俶真"的关键却又是个人的养神存性,这样又与上卷《原道训》相联系,使本卷与《原道训》产生内在关系。

有始者①,有未始有有始者②,有未始有夫未始有有始者③。有有者④,有无者,有未始有有无者⑤,有未始有夫未始有有无者⑥。

所谓"有始者",繁愤未发⑦,萌兆牙櫱⑧,未有形埒垠堮⑨,无无蠕蠕,将欲生兴而未成物类。"有未始有有始者",天气始下,地气始上,阴阳错合⑩,相与优游竞畅于宇宙之间⑪,被德含和⑫,缤纷茏苁⑬,欲与物接而未成兆朕⑭。"有未始有夫未始有有始者",天含和而未降,地怀气而未扬,虚无寂寞,萧条霄霏⑮,无有仿佛⑯,气遂而大通冥冥者也⑰。

"有有者",言万物掺落⑱,根茎枝叶,青葱苓茏⑲,萑蔰炫煌⑳,蠉飞蠕动,蚑行哙息㉑,可切循把握而有数量。"有无者",视之不见其形,听之不闻其声,扪之不可得也,望之不可极也,储与扈冶㉒,浩浩瀚瀚,不可隐仪揆度而通光耀者㉓。"有未始有有无者",包裹天地,陶冶万物,大通混冥;

深闳广大,不可为外,析豪剖芒,不可为内;无环堵之宇㉔,而生有无之根。"有未始有夫未始有有无者",天地未剖,阴阳未判,四时未分,万物未生,汪然平静㉕,寂然清澄,莫见其形。若光耀之间于无有㉖,退而自失也,曰:"予能有无,而未能无无也。及其为无无,至妙何从及此哉!"

【今译】

　　宇宙有一个开始的时候,有一个未曾"开始"的时候,更有一个尚未有那"未曾开始"的时候。宇宙存在着"有",也存在着"无",还有未曾产生"有"、"无"的东西,更有尚未有那"未曾产生'有'、'无'"的东西。

　　所谓"有始者",是指生命积聚盈满而还未迸发开来,如同新芽萌发还没有清晰形体,蠢蠢蠕动,将要生成而未成为物类。所谓"有未始有有始者",是指天空的阳气开始下降,地上的阴气开始上升,阴阳二气交错混合,互相流动在宇宙间飘逸游畅,承受着德泽的滋润和蕴育着协和之气,杂糅聚集,将要生成万物但还未出现征兆。所谓"有未始有夫未始有有始者",是指天蕴含的阳气还没有下降,地怀藏的阴气还没有上扬,天地间虚无寂寞,萧条幽深,模糊浑混,气只是生成后在幽深昏暗中流通。

　　所谓"有有者",是指这时万物生成繁茂、错落杂乱,植物根茎枝叶,青翠斑斓、郁郁葱葱、花儿鲜丽,昆虫螺飞爬行,禽兽用脚行走,用嘴呼吸,这些都可以触摸感觉得到,并可以数量计算。所谓"有无者",是指这时的宇宙空间,视之不见它的形状,听之不闻它的声音,触摸不到它的形体,望而难见它的尽头,广大无边,浩浩瀚瀚,难以用仪器测量计算而与光相通。所谓"有未始有有无者",是指这时天地包裹阴阳二气化育万物,向上畅通于混沌冥冥的宇宙空间;深远广大,无法弄清它的外部界域,深入微细,无法探明它的内部极限;没有四面八方的界限,但却有生产有形物质和无形事物的根源。所谓"有未始有夫未始有有无者",是指这时天地未开,阴阳未明,四时未分,万物未生,汪然平静,寂寞清澈,没人能见它的形状。就像"光耀"问"无有",过后感到若有所失、神情怅惘地说:"我具有'无'的特点,而不能做到连'无'都不存在。要是能达到连'无'都不存在的境界,再玄妙的东西都不能及得上它啊!"

【注释】

① 有:作名词,指物类。　② 这句前两个"有"作动词。未始:未尝,未曾。　③ 这句是说天地开始之前更前的时候。　④ 有有:前一个"有"作动词,后一个"有"指物类。　⑤ 有无者:指"有者"、"无者"。　⑥ 这句是说天地剖判之前的混沌清寂状态。　⑦ 繁愤:多而聚积。　⑧ 蘖:树枝被砍后长出的枝芽。　⑨ 形圩:清晰形体。垠堮:边际、界限。　⑩ 错合:交错混合。　⑪ 竟畅:通达、游畅。⑫ 被:承受。　⑬ 茏苁:郁结、聚集。　⑭ 兆朕:征兆。　⑮ 霄霓:幽深。　⑯ 仿佛:模糊。　⑰ 冥冥:混沌幽深。　⑱ 掺:众多树木。　⑲ 苓茏:茂盛。　⑳ 萑蕟:草木荣华。炫煌:明亮、鲜明。㉑ 哈:通"喽"。　㉒ 储与扈冶:广大无边。　㉓ 隐:凭、依、靠。㉔ 环堵:四周土墙。　㉕ 汪然:水平静不动。　㉖ 光耀、无有:《庄子·知北游》中的假托人名。间:应作"问"。

【评析】

本节由现实世界常见的"万物",开始追溯万物之始以前之更前的状况以呼应对社会历史的追溯;如果讲对万物之始的追溯最终落实到"道"的话,那么对社会历史的追溯就是为了"道"与"德"的复兴。这就是作者之所以引用《庄子·齐物论》这段话作本篇开头的缘由。这同样是以"天道"喻"人道"。

夫大块载我以形①,劳我以生,逸我以老,休我以死。善我生者,乃所以善我死也。夫藏舟于壑,藏山于泽,人谓之固矣。虽然,夜半有力者负而趋,寐者不知,犹有所遁。若藏天下于天下,则无所遁其形矣。物岂可谓无大扬攉乎?②一范人之形而犹喜③,若人者,千变万化而未始有极也。弊而复新,其为乐也,可胜计邪?譬若梦为鸟而飞于天,梦为鱼而没于渊,方其梦也,不知其梦也,觉而后知其梦也。今将有大觉,然后知今此之为大梦也。始吾未生之时,焉知生之乐也?今吾未死,又焉知死之不乐也?昔公牛哀转病也④,七日化为虎,其兄掩户而入觇之⑤,则虎搏而杀之。是故文章成兽,爪牙移易,志与心变,神与形化。方其为虎也,不知其尝为人也;方其为人,不知其且为虎也。二者代谢舛驰⑥,各乐其成形。狡猾钝惛⑦,是非无端,孰知其所萌。夫水向冬则凝而为冰,冰迎春则泮而为水⑧,冰水移易于前后,若周员而趋⑨,孰暇知其所苦乐乎。

是故形伤于寒暑燥湿之虐者,形苑而神壮⑩;神伤乎喜怒思虑之患者,神尽而形有余。故罢马之死也⑪,剥之若槁;狡狗之死也⑫,割之犹濡⑬。是故伤死者其鬼娆⑭,时既者其神漠⑮。是皆不得形神俱没也。夫圣人用心,仗性依神,相扶而得终始,是故其寐不梦,其觉不忧。

【今译】
　　自然赐我形骸让我生命有所寄舍,用生驱使我劳累,用年老让我悠逸,用死亡让我安息。羡慕我活着和羡慕我死去的依据是一样的。把船藏在深谷里,把山藏在沼泽中,人们会以为藏得牢固隐蔽。虽然如此,半夜里有大力士背起它逃走,睡着的人们还不觉察,这是因为自以为将小物藏于大处是安全的,但最终还是丢失。假如把天下万物藏存在天下这个大库房,那么就不存在丢失这问题了。事物哪能说没有一个基本的情形呢?造化只是偶然生成人类,如同造化万物一样,人不必沾沾自喜,天地造化出的物类千变万化不曾穷极,何止人一种。破敝的则更新,人为之高兴,这情形能数清吗?比如说你梦中变成鸟儿在天空飞翔,梦中变成鱼儿沉入深渊,当你处在梦里时不知道是在做梦,醒来才知道是一场梦。如果有一天你能彻底觉醒,你就会发觉今天的一切也就是一场大梦。当初我还没降生时,怎么知道生的快乐呢?现在我还没死,又怎么知道死的不快乐呢?以前公牛哀患有"转病",七天后变成了老虎,他的哥哥推开房门进去探望他,这老虎扑上来将其咬死。因此人外表变成了兽类,人的手脚变成了尖爪,人的牙齿变成了利齿,心志、性情、神形均为转变了。当公牛哀变为虎的时候,并不知曾经是人;当他还是人的时候,并不知将要变虎。两者更换代谢、背道而驰,但各自都喜欢自己既成的形体。所以可见狡猾和愚钝,谁是谁非是讲不清楚的,谁知道它们是怎样产生的。这就像水到冬天凝结成冰,冰到春天又融化成水,水和冰前后转易,好像是绕圈转,谁有闲工夫去探究其中的苦和乐。

所以形体被寒暑燥湿之类侵害而受伤的人,身形枯衰但精神健盛;精神被喜怒思虑折磨而受伤的人,精神耗尽但身形尚存。因此,疲惫之马死后,剥宰它时就像枯木;健壮之狗死后,割宰它时还很润泽。所以受伤夭折而死的人,他的灵魂还不能安宁;天年寿尽而死的人,他的精神宁静空寂。这二种人皆不能做到形神俱没的境地。而得道的圣人运用心思时依倚性神互相扶持而不分离,所以他睡时不做梦,醒时不犯愁。

【注释】

① 大块:天地。　② 扬攉:大体、基本。　③ 一:偶尔。 范:模具。这里是指"生成"、"铸造"。　④ 公牛哀:春秋时代人。转病:一种疾病。传说发病时可变成老虎吃人。　⑤ 觇:窥视,探望。 ⑥ 舛:相违,违背。　⑦ 憒:神志不清,糊涂。　⑧ 泮:溶化,解散。 ⑨ 员:圆。　⑩ 苑:形体枯竭的病。　⑪ 罢:疲惫。　⑫ 狡:少。

狡狗：少壮的狗。　⑬濡：湿润。　⑭娆：烦扰。　⑮漠：寂静。

【评析】

道德复兴的根本在于社会中的每个人能向内用功,养虚静之神存平和之性,于是为了这个目的,作者搬出《庄子·大宗师》"藏山于泽而被夜半有力者搬迁"之寓言来启迪人们争做真人：不必刻意追求、计算得失,不必为生而乐、为死而忧,这生与死不就像"水"与"冰"前后移易,哪有苦与乐？人在大自然的造化作用下,不就是一场大梦？尽管这些略显消极,但在作者看来真能打通牛角尖、死脑筋,人也真能在受到启发后向内用功、仗性依神、返朴归真、自得天道,起码能在平时做到"其寐不梦,其觉不忧"。

古之人有处混冥之中,神气不荡于外,万物恬漠以愉静,攩抢衡杓之气莫不弥靡①,而不能为害。当此之时,万民猖狂②,不知东西；含哺而游,鼓腹而熙③；交被天和④,食于地德；不以曲故是非相尤⑤,茫茫沉沉⑥：是谓大治。于是在上位者,左右而使之,毋淫其性；镇抚而有之,毋迁其德。是故仁义不布而万物蕃殖,赏罚不施而天下宾服。其道可以大美兴⑦,而难以算计举也。是故日计之不足,而岁计之有余⑧。

夫鱼相忘于江湖,人相忘于道术。⑨古之真人,立于天地之本,中至优游,抱德炀和⑩,而万物杂累焉⑪,孰肯解构人间之事⑫,以物烦其性命乎！夫道有经纪条贯⑬,得一之道,连千枝万叶。是故贵有以行令,贱有以忘卑,贫有以乐业,困有以处危。夫大寒至,霜雪降,然后知松柏之茂也；据难履危,利害陈于前,然后知圣人之不失道也。是故能戴大员者履大方⑭,镜太清者视大明⑮,立太平者处大堂⑯,

能游冥冥者与日月同光。是故以道为竿,以德为纶⑰,礼乐为钩,仁义为饵,投之于江,浮之于海,万物纷纷,孰非其有!夫挟依于跂跃之术⑱,提挈人间之际,撢掞挺挏世之风俗⑲,以摸苏牵连物之微妙⑳,犹得肆其志,充其欲。何况怀瑰玮之道㉑,忘肝胆,遗耳目,独浮游无方之外,不与物相弊捼㉒,中徙倚无形之域㉓,而和以天地者乎!若然者,偃其聪明而抱其太素,以利害为尘垢,以死生为昼夜。是故目观玉辂琬象之状㉔,耳听《白雪》清角之声㉕,不能以乱其神;登千仞之溪,临蝯眩之岸,不足以滑其和。譬若钟山之玉㉖,炊以炉炭,三日三夜而色泽不变。则至德天地之精也。是故生不足以使之,利何足以动之!死不足以禁之,害何足以恐之!明于死生之分,达于利害之变,虽以天下之大,易骭之一毛㉗,无所概于志也!

【今译】

　　古代有人处在混沌玄冥之中,精神气志不飘散在外,万物恬漠安静,彗星及妖气也时常有,但从不造成人间的灾害。这个时期,民众肆意而行、自由自在,也不分东和西;一边咀嚼着食物,一边拍打着肚皮游荡嬉戏玩耍;大家一起承受着苍天所赋的中和之气,享受着大地所赐的恩德;不以曲巧、是非互相怨恨,天下浩荡兴盛,这就叫"大治"。这时处高位的人虽然支配民众,役使他们,但不干扰他们恬静的本性;镇定四方占有他们,但不改变其天德。所以不必施仁义而万物自然繁衍,不必行赏罚而天下自然归附。这种治理的"道术",可以像对天地之美那样来颂扬,却难以用具体计算来说明。因此短时间里看似效果不明显,但从长远来看则效果显著。

　　鱼类处江湖中而互相遗忘,人化于大道而互不交往。古代的真人立身于天地根本,中正平和,优游自得,持抱至德,炙于和气,而万物自行积累,谁肯去干预造作人间之事,让外界事物来扰乱自己的本性和生命?道是有条理脉络的,得到把握这浑然一体之道,就能贯通千枝万叶。所以只要有了"道",尊贵时有行使号令的本领,低贱时有忘掉自卑的办法,贫穷时有乐于本行的途径,困厄时有处理危难的能力。严寒来临,霜雪铺地,这才能看出松柏的茂盛不凋;处境困难,面临危险,利害关系呈现眼前,这才能看出圣人不弃"道"的本性。因此,头顶青天才能脚踏大地,以天道作镜才能明察秋毫,创太平世道才能处坐明堂,与天道同游才能像日月一样光明。所以用道作钓竿,用德当丝线,用礼乐作钓钩,用仁义当钓饵,投放到江中,漂浮在海上,纷杂的鱼虾之类赶来吞食鱼饵,哪个不被他所占有!倚仗矜持造作之术,提挈人际关系,推动社会风俗,以摸索事物牵联之奥妙,尚可以放松心志,如愿以偿,并能满足其欲望。更何况有人心怀珍贵之道,心智思想不用于外物,独自遨游于无限之外,不与具体事物杂糅,在遨游中凭依着无形的区域,与天地自然相和谐!这种人偃息聪明怀抱质朴,视利害如垃圾尘埃,视死生如昼夜更替。所以他眼见美玉象牙、耳听《白雪》雅乐,是不会扰乱恬静的精神的;登上千仞之溪的山崖,临近蝘都晕眩的峭壁,也不足以扰乱其平和的心志的;就像钟山出产的美玉投炉火中烧炼,三天三夜玉之色泽都不变。这是因为这种人获得了天地之精华。所以生不足以诱惑驱使他,利难以触动他,死又不足以禁锢他,害又无法吓住他!他是明白了生死之分,通晓了利害之变,即使用整个天下来换取他小腿上的一根毫毛,他都不会心动。

【注释】

① 搀抢:彗星的别名。杓:星名。弥靡:弥漫。 ② 猖狂:肆意,自由。 ③ 哺:口中含嚼食物。熙:嬉玩。 ④ 交:俱,都。被:承受。 ⑤ 曲故:曲巧,指不正当的智术。尤:怨恨。 ⑥ 茫茫沉沉:这里指盛貌浩大。 ⑦ 大美:天地覆载万物,是最大的美,故称"大美"。 ⑧ "是故"二句出自《庄子·庚桑楚》。 ⑨ "鱼相忘"二句出自《庄子·大宗师》。 ⑩ 炀:烤、炙。 ⑪ 杂累:积累,积聚。

⑫ 解构:附会,造作,牵合。　⑬ 经纪:条理。　⑭ 员:圆。大员:天。大方:地。　⑮ 太清:天、自然,也指天道。　⑯ 大堂:明堂。⑰ 纶:丝线。　⑱ 侠依:倚仗。跂跃:踶跂,矜持造作的样子。⑲ 撢掞挺挏:"撢掞叠韵,挺挏双声,皆为连语,不得别义释之。"(何宁《淮南子集释》)　⑳ 摸苏:通"摸索"。牵连:联系,牵联。　㉑ 瑰玮:玉。引申为珍贵。　㉒ 弊揉:杂糅。　㉓ 徙倚:凭依,依靠。㉔ 辂:通"璐",玉名。琬:玉器。　㉕《白雪》:乐曲名。　㉖ 钟山:北方产玉的地方。　㉗ 骭:小腿。

【评析】

本节具体讲到"立于天地之本,中至优游,抱德炀和"的得道者——"真人"的表现:他能"贱有以忘卑,贫有以乐业,困有以处危",还能"偃聪明抱太素,以利害为尘垢,以死生为昼夜"……然而,作者在提出人之楷模——"真人"之际,似乎又感觉到这种"真人"的提出,实在是无可奈何之举,这就像鱼之"相濡以沫"也实在是因为泉涸水尽不得不如此,如鱼处江湖哪会有这种"相濡以沫"的表现?由此类推,人如处浑冥之中,大家神气不荡于外,"万物恬漠以愉静,不知东西含哺而游,鼓腹而熙,交被天和,食于地德,不以曲故是非相尤",哪会需要你这"真人"作楷模!所以浑冥社会是作者认为最好的社会。

夫贵贱之于身也,犹条风之时丽也①;毁誉之于己,犹蚊虻之一过也。夫秉皓白而不黑,行纯粹而不糅,处玄冥而不暗,休于天钧而不硙②;孟门、终隆之山不能禁③,唯体道能不败④,湍濑旋渊、吕梁之深不能留也⑤,太行、石涧、飞狐、句望之险不能难也⑥。是故身处江海之上,而神游魏阙之下⑦,非得一原⑧,孰能至于此哉?是故与至人居,使家忘贫,使王公简其富贵而乐卑贱,勇者衰其气,贪者消其欲;坐而不教,立而不议,虚而往者实而归,故不言而能饮人以和。是故至道无为,一龙一蛇,盈缩卷舒,与时变化;外从其风,内守其性,耳目不耀,思虑不营。其所居神者,台简以游太清⑨,引楯万物⑩,群美萌生。是故事其神者神去之,休其神者神居之。道出一原,通九门⑪,散六衢⑫,设于无垓坫之宇⑬;寂寞以虚无,非有为于物也,物以有为于己也。是故举事而顺于道者,非道之所为也,道之所施也。

【今译】

贵贱对人来说,就像春风从身边刮过一样;毁誉对自己来说,就像蚊虻叮一下而已。秉持皓白而不污黑,奉行纯粹而不杂糅,身处玄冥而不昏暗,顺从自然而不毁败;孟门、终隆这样的高山阻挡不住,急流旋渊、吕梁这样的深水滞留不住,石涧、太行、飞狐、句望这样的险隘难为不倒。所以真人虽然身处江海之上,但精神却仍然内守于心,如果不是获得了"道"这个本原,谁又能够达到此境界?因此,与圣人相处,家居贫寒之士会忘掉贫寒,王公贵族会看轻富贵而以卑贱为乐,勇武之人会减弱锐气,贪婪之人会消除欲望。得道真人静坐而不说教、立而不发议论,但可以使那些空手去学习的人满载而归,他不必言说就能使他人感受到祥和气氛。所以最高之道就是顺应自然无为,像龙似蛇,盈缩卷舒,随时顺势变化;外虽随风而变,内却持守本性,耳目不被声色诱惑、思想不被外物扰乱。他能把握持守自己的精神,掌握道的原则遨游在太空,促使万物发展,使各种新事物萌生。因此,使用精神过度的人,精神也将会远远离开他,而善养神者,神与形必相守。"道"从本原出发,通过九天之门,散布到四面八方,布施到无穷无尽的领域;它静寂而虚无,不刻意干预万物,而万物会自然而然有所作为。因此,办事举措顺"道"者,并不是说"道"对他做了些什么,而是"道"在布施中无形地影响了他。

【注释】

① 条风:春风。丽:经过。　② 天钧:自然。矹:通"毁"。

③ 孟门、终隆：山名，均为古代要塞。　④ 这句为注文掺进正文（王念孙语），故译文删去这句。　⑤ 湍濑：湍急水流。旋渊：水流湍急并旋转的深渊。吕梁：水名。　⑥ 太行：山名。石涧：溪谷名。飞狐：指飞狐关隘。句望：古代要塞名称，在雁门山。　⑦ 魏阙：原指古代宫门外的阙门，用以悬布法令。这里指"心下巨阙（穴位名），言神内守也"（《吕氏春秋·审为篇》）。　⑧ 一原：道。　⑨ 台：持，引申为掌握。　⑩ 引楯：拔擢，引申为促使。　⑪ 九门：天。传说天门有九重，故称"九门"。　⑫ 六衢：四面八方。　⑬ 垓垠：界限。　⑭ "物以"的"以"通"已"，"已经"的意思。

【评析】

本节作者尽力描绘得道真人之能量，"秉皓白而不黑，行纯粹而不糅，处玄冥而不暗，休于天钧而不毁"，并且"山不能禁"、"深不能留"、"险不能难"……这得道真人有着"道"所具有的一切特性。如上所述，"天道"必要下落为"人道"，同样得道真人也不可悬空八脚，他要对周边事物发生作用产生影响，所以作者又描绘到得道真人对他人的影响，"是故与至人居，使家忘贫，使王公简其富贵而乐卑贱，勇者衰其气，贪者消其欲"；得道真人会将养虚静之神存平和之性传授给他人。但这其中传授的方法却又与众不同，倒是像《老子》说的"不言之教"方法，所以作者说："不言而能饮人以和。"

夫天之所覆，地之所载，六合所包，阴阳所呴①，雨露所濡，道德所扶，此皆生一父母而阅一和也②。是故槐榆与橘柚合而为兄弟，有苗与三危通为一家③。夫目视鸿鹄之飞，耳听琴瑟之声，而心在雁门之间，一身之中，神之分离剖判，六合之内，一举而千万里。是故自其异者视之，肝胆胡、越④；自其同者视之，万物一圈也⑤。百家异说，各有所出。若夫墨、杨、申、商之于治道，犹盖之无一橑⑥，而轮之无一辐,有之可以备数,无之未有害于用也。己自以为独擅之,不通之于天地之情也。今夫冶工之铸器,金踊跃于炉中,必有波溢而播弃者,其中地而凝滞⑦,亦有以象于物者矣。其形虽有所小用哉,然未可以保于周室之九鼎也⑧,又况比于规形者乎? 其与道相去亦远矣! 今夫万物之疏跃枝举⑨,百事之茎叶条蘖⑩,皆本于一根而条循千万也。若此,则有所受之矣,而非所授者:所受者,无授也,而无不受也。无不受也者,譬若周云之茏苁⑪,辽巢彭濞而为雨⑫,沉溺万物而不与为湿焉。

今夫善射者有仪表之度,如工匠有规矩之数,此皆所得以至于妙。然而羿仲不能为逢蒙⑬,造父不能为伯乐者⑭,是曰谕于一曲而不通于万方之际也⑮。今以涅染缁则黑于涅⑯;以蓝染青则青于蓝⑰。涅非缁也,青非蓝也,兹虽遇其母而无能复化已!⑱是何则? 以谕其转而益薄也,何况夫未始有涅蓝造化之者乎! 其为化也,虽镂金石,书竹帛,何足以举其数! 由此观之,物莫不生于有也,小大优游矣。⑲夫秋豪之末,沦于无间而复归于大矣⑳;芦苻之厚㉑,通于无垫,而复反于敦庞㉒。若夫无秋豪之微、芦苻之厚,四达无境,通于无圻,而莫之要御夭遏者㉓;其袭微重妙,挺挏万物,揣丸变化㉔。天地之间何足以论之! 夫疾风勃木㉕,而不能拔毛发;云台之高,堕者折脊碎脑,而蚊虻适足以翱翔。夫与蚑蟯同乘天机㉖,夫受形于一圈;飞轻微细者,犹足以脱其命㉗,又况未有类也? 由此观之,无形而生有形亦明矣! 是故圣人托其神于灵府,而归于万物之初。视于冥冥,听于无声;冥冥之中独见晓焉,寂寞之中独有照焉。㉘其用之也以不用,其不用也而后能用之;其知也乃不知,其不知也而后能知之也。夫天不定日月无所载,地不定草木无所植,所立于身者不宁,是非无所形㉙。是故有真人然后有真知,其所持不明,庸讵㉚知吾所谓知之非不知欤?

【今译】

　　那天所覆盖的、地所承载的、六合所包容的、阴阳二气所孕育的、雨露所滋润的、道德所扶持的,全都产生于一个根源——天地,并共通着和谐之气。所以槐与榆、橘与柚可以结合而成为兄弟,有苗族和三危族可以相通而成为一家。眼看着鸿鹄飞翔,耳听着琴瑟之音,而心思却飞到了雁门关一带,一个人身形中的精神可以飞散到各处,甚至一下子飞千万里远。所以就事物的差异来说,紧挨着的胆、肝就会像胡地和楚越那么遥远;但就事物的相同来看,万物就如同生存在一个角落里那么亲近。战国时期诸子百家学说歧异,各有其产生的缘由。像那墨翟、杨朱、申不害、商鞅等学说对于治理国家来说,如同伞架上的一根骨子、车轮中的一根辐条那样,有了它可以凑数,没有它也不妨碍使用。如果自以为离开自己的学说主张就不行,那就太不通天地之常情了。那些冶炼金属的工匠在铸造器物时,金属在熔炉中翻滚熔化,也必定会有熔液翻腾流溢出来,溅落到地下,凝固后也有些和某种器物形状相似。这些器物虽然有点小用处,然而不可能像周王室的九鼎那样贵重,又何况同原型器物的用处相比呢?这些都与"道"相去甚远。万物如同树枝那样舒展散布,百事就像茎叶枝芽那样繁衍枝蔓,实际都是出自一个根源而有条不紊变化出千姿百态来。如此说来,蓬勃的万物是承受了什么后得以发展的,但其实没有谁有意授给它们什么:万物所承受到的,是没有谁有意授予的,可是没有什么物类不被授予。所谓没有什么物类不被授予,打个比方说,就像那浓云密布,翻滚蕴蓄聚集而化成大雨,洒遍大地,淋湿万物,而云本身并没有直接参与淋湿万物这一过程。

善于射箭的人有仪表作为尺度,就像工匠有规矩作法度一样,他们都是用了一定的尺度标准方达到技艺神妙的境界的。然而造车的奚仲却不能像逢蒙那样善射,善御的造父也不能像伯乐那样会相马,这只是说他们只掌握某一领域里的知识技能,而不能通晓四面八方无穷无尽的奥妙。现在用涅石做成黑色染料,这染料的黑色程度比原涅石更深;用蓼蓝制成靛青,这靛青的青色程度比原蓼蓝更深。黑染料已不是涅石,靛青也不是蓼蓝,它们就是再遇到涅石和蓼蓝也不可能变回去。这是为什么呢?因为它们经过制作加工后其质量比原体更稀薄了,更何况那些不曾有过涅石、蓼蓝变为黑色青色染料关系的事物呢?它们这些变化,即使用金石刻镂、竹帛书写,也难以记得清楚。由此看来,事物间的变化,新的物体莫不是从已有的原体事物中产生出来的,这样的事物大小繁多。秋天兽类新生的毫毛末端,尽管细小得能插进没有空隙的东西里,但与无形的"道"相比,又显得太大了;芦苇秆里的一层膜,薄到能飘飞到天空中,但与无形的"道"相比,又显得太厚了。所以既无秋毫之末又无芦苇之厚的"道"能够畅通于四面八方而无止境,又没有什么能遏制伤害它;它能生成精微奇妙事物,能促使万物生长、支配万物变化。天地之间没有什么能和它相提并论的!疾风能将大树刮倒,却不能吹掉长着的毛发;人从高耸入云的高台上摔下来会折断脊骨,迸裂脑壳,但蚊虻却能适足飞翔。这些轻微小虫靠着造化的作用,在同一个角落内获得了形体;轻微小虫尚可以靠这造化所赋予的形体寄托生命,更何况没有形体的东西呢?由此看来,无形产生有形的事物这一道理是再明白不过的了。所以,圣人将精神寄托于内心,而复归到万物初始时的境界。这种境界,看上去幽冥昏暗,听上去寂静虚无;但就是在这幽冥昏暗中能看到光明,在寂静虚无中能听到声音。他的"用"在于"不用",而正因为"不用"才能"用";他的"知"在于"不知",也正因为"不知"然后能"知"。天如不定则日月没有承载的依托,地如不定则草木没有生根的基础;人如安身立命的精神不安定,则是非标准就无法辨明。因此有了"真人"然后才有"真知",你所持守的东西都不明确,那么怎么知道自己所认为的"知"不是"不知"呢?

【注释】

①昫:吐气。 ②阅:总,贯通的意思。 ③有苗、三危:均古代部落的名称。 ④胡、越:北方的胡地和南方的越国。 ⑤圈:隅,指角落。 ⑥橑:古代伞盖或车盖的骨架。 ⑦中地:落地。 ⑧保:通"宝"。 ⑨疏跃:散布,舒展。 ⑩蘖:树枝被砍后长出的枝芽。 ⑪周云:密云,浓云。芄苁:郁结,聚集。 ⑫辽巢彭濞:"辽巢"叠韵,"彭濞"双声,形容雨云聚集。 ⑬奚仲:古车的发明者。逢蒙:古代善射者。 ⑭造父:周朝善御者。伯乐:春秋时相马专家。 ⑮谕:明白、理解。 ⑯涅:可制黑色染料的矿石。缁:黑色,这里指黑色染料。 ⑰蓝:草本植物,也称"蓼蓝"。青:前一个青指"靛青"。 ⑱母:本,这里指涅和蓝。 ⑲优:《小尔雅·广诂》曰"优,多也"。 ⑳间:空隙、间隙。 ㉑芦苻:芦苇秆里的薄膜。 ㉒垫:同"垠"。敦庞:厚宽。 ㉓夭遏:阻止、遏制。 ㉔袭微重妙:指道产生奇妙事物的功能。揣丸:这里指调弄、调和。 ㉕勃:拔。 ㉖蚑蛲:指微小生物。 ㉗脱:通"托"。 ㉘晓:明。照:假借为"晓",指听到看到的意思。 ㉙形:显现。 ㉚庸讵:怎么。

【评析】

本节继续描写"真人"所依之"道"的神妙处。作者指出"道"之学说与其他学说的不同处,那就是各家学说,如墨、杨、申、商等学说只是"谕于一曲",具有局限性,就像"奚仲不能为逢蒙、造父不能为伯乐"一样,所以这些有与无均无碍事物本身。而"道"却不是这样,它能处万方之际,能究万物之情(司马谈语),所以对"道"来说,"奚仲能为逢蒙、造父能为伯乐",事物间的有形界限被无形之"道"冲得不复存在:槐榆橘柚合为兄弟、有苗三危通为一家;同时事物间的远近(时空)界限也为之消失,肝胆胡越、万物一圈。更有甚者,事物间的大小、厚薄等界限也在"道"的作用下纷纷转变:"秋毫之末沦于无间而复归于大,芦苻之厚通于无朕而复反于敦庞"……

总之,"道"之功能作用是神奇的,万物对"道"来说是授受了什么,"道"对万物来说却又不是有意授受给它们什么,但没有什么物类不授受到这"道"的施予。这样,这关系的直接与间接也变得模糊起来。如此看来,其他学说又怎能与"道"相比。从"道"之本体来看,其他学说只是一种"末",就像工匠铸器过程中溅出炉外的金水冷凝为金属碎末。正因为这样,要想立身者又怎能不"托其神于灵府"呢?于是通过作者一番比较解说,这养虚静之神、存平和之性的得道重要性就被显突出来了。

今夫积惠重厚,累爱袭恩①,以声华呕苻妪掩万民百姓②,使知之欣欣然人乐其性者,仁也;举大功,立显名,体君臣,正上下,明亲疏,等贵贱,存危国,断绝世,决挐治烦③,兴毁宗,立无后者,义也;闭九窍④,藏心志,弃聪明,反无识,芒然仿佯于尘埃之外⑤,而消摇于无事之业,含阴吐阳,而万物和同者,德也。是故道散而为德,德溢而为仁义,仁义立而道、德废矣。

百围之木⑥,斩而为牺尊⑦,镂之以剞劂⑧,杂之以青黄,华藻镈鲜⑨,龙蛇虎豹,曲成文章。然其断在沟中,壹比牺尊、沟中之断,则丑美有间矣,然而失木性钧也⑩。是故神越者其言华⑪,德荡者其行伪;至精亡于中,而言行观于外⑫,此不免以身役物矣。夫趋舍行伪者⑬,为精求于外也,精有湫尽⑭,而行无穷极,则滑心浊神而惑乱其本矣。其所守者不定,而外淫于世俗之风,所断差跌者⑮,而内以浊其清明,是故踌躇以终而不得须臾恬憺矣。是故圣人内修道术,而不外饰仁义;不知耳目之宣⑯,而游于精神之和。若然者,下揆三泉⑰,上寻九天,横廓六合,揲贯万物⑱。此圣人之游也。若夫真人,则动溶于至虚,而游于灭亡之野⑲;骑蜚廉而从敦圄⑳,驰于外方,休乎宇内,烛十日而使风雨㉑,臣雷公,役夸父,妾宓妃,妻织女㉒。天地之间何足以留其志!是故虚无者道之舍,平易者道之素。

【今译】

积累宽厚的恩惠,将慈爱恩惠披及民众,用声誉和荣耀去爱抚百姓,使他们欣欣然而乐于保全应有的本性,这就叫"仁";建立丰功伟绩,树立显赫名望,确立君臣关系,端正上下之礼,明确亲疏远近,规定贵贱等级,挽救危难的国家,恢复灭绝的朝代,决断纷乱治理忧烦,振兴被毁的宗庙,择立绝后者的继承人,这就叫"义";闭绝情欲,匿藏心机,抛弃智慧,返朴归真,茫然游荡在尘世之外,逍遥于无为初始界域,呼吸阴阳之气,和万物融为一体,这就叫"德"。所以,"道"散逸就只能依靠"德","德"流溢就只得施"仁义","仁义"树立则意味着"道"、"德"的废弃。

百围粗的树木,砍断制成牺樽,用曲凿刻刀雕镂,涂上青黄相间的颜色,花纹华丽、金饰鲜亮,龙蛇虎豹的形象被精心雕刻成图案。然而将另一段被扔弃在水沟中的木头和这被雕成的华丽牺樽相比,尽管美丑相去甚远,但两段木头均失去了树木的质朴本性则是相同的。由此可见,精神流失的人就会表现为言语华而不实,德性荡飞的人就会表现为行为虚假不诚;至精至诚的精神一旦从心中流散,浮辞伪行就会显露在人们的眼前,并难免不受外界物质世界的驱使。人们的言行举止都是精神世界外化的表现,精神是会有耗尽的时候,而行为却不会终止的,假如神不守舍,就会心神不定迷失生命的根本方向。人的精神守持不定,就会沉溺于世俗的风气中,一旦失误失足,内在的纯洁本性就受到污染而浑浊,因而会彷徨一生,得不到片刻的宁静。所以圣人注重人的内在修养而不在乎外表装饰仁义。不宣泄情欲、显示聪明而遨游于精神的和谐。这样他可以下探三泉、上寻九天、横廓四方上下、贯通天下万物。这些就是圣德之人的行为表现。至于那"真人"更飘动在虚无的区域,遨游于无形的境界;他骑着蜚廉神兽,带着敦圄侍从,驰骋于世俗之外,休闲在宇宙之中,让十个太阳照明,使风雨听从使唤,让雷公当臣子、夸父为役仆,纳宓妃为妾,娶织女为妻。天地之间哪有什么可值得留恋的。所以说虚无是道的立足点,平易是道的本性。

【注释】

① 袭:重(chóng)。 ② 声华:声誉荣耀。呕荷:呕咐,抚育、培育的意思。姁掩:爱抚。 ③ 挐:纷乱、杂乱。 ④ 九窍:口、鼻、耳、眼及前后阴。 ⑤ 芒:茫。 ⑥ 围:双手合抱大树的长度。⑦ 牺尊:雕刻成牺牛状的酒器。尊:樽。 ⑧ 剞:雕刻用的刻刀。劂:雕刻用的曲凿。剞劂:双声双音词。带有"曲"、"屈"的意思。⑨ 镈:古代一种金饰物,如乐器、大钟。 ⑩ "百围之木……性钧也"这段文字出自《庄子·天地》。 ⑪ 越:散。华:浮华。 ⑫ 观:表现给人看的意思。 ⑬ 趋舍:取舍,指行为。 ⑭ 湫:尽。 ⑮ 差跌:失足跌倒,指失误。 ⑯ 宣:散,宣泄的意思。 ⑰ 三泉:地下深处。 ⑱ 揲:按照定数更迭数物,这里引申为"积累"。 ⑲ 灭亡:虚无、无形。 ⑳ 蜚廉:传说中的兽名。敦圄:传说中的兽名。㉑ 烛:照。 ㉒ 雷公、夸父:神话中的人物。宓妃:传说伏羲氏之女,因溺死于洛水,称洛水女神。

【评析】

作者借牺樽的出现是对质木的破坏来喻说"仁义"的出现是对质朴之"道"的破坏。而之所以会这样是因为随社会历史的变化而道德散逸的原故。以此推及个人,如果人的精神散逸,就会"言华行伪","以身役物",终生踌躇而不得安宁。晓得这些道理,那么人就该"内修道术",养虚静之神、存平和之性,所以说"虚无者道之舍,平易者道之素"。而人达到了这点,就不在乎世俗世界的花花绿绿,与修道圣人"妾宓妃、妻织女"相比,真不知天地间有何东西可留恋。在这里,"道"之虚无被作者发挥得淋漓尽致。

夫人之事其神而娆其精①,营慧然而有求于外②,此皆失其神明而离其宅也。是故冻者假兼衣于春,而暍者望冷风于秋。③夫有病于内者必有色于外矣。夫睥木色青翳④,而蠃瘉蜗睆⑤,此皆治目之药也。人无故求此物者,必有蔽其明者。圣人之所以骇天下者,真人未尝过焉;贤人之所以矫世俗者,圣人未尝观焉。⑥夫牛蹄之涔⑦,无尺之鲤;块阜之山⑧,无丈之材。所以然者何也?皆其营宇狭小而不能容巨大也,又况乎以无裹之者邪?此其为山渊之势亦远矣。夫人之拘于世也,必形系而神泄,故不免于虚。⑨使我可系羁者,必其有命在于外也。

【今译】
　　人们过度劳碌心志而扰乱自己的精神,费尽心思去追求物质利益,这些都会耗损人的精神元气而使精神离开了人的身心。所以,得寒症的人即使在春天还得借助衣服来御寒,而得热症的人就是在秋天还是希望冷风来解热。体内有病者,必定会在气色上有所体现。秒木浸水能治疗青翳,蜗牛唾液能治疗蜗睆,这些均是治疗眼疾的良药,但如果无缘无故使用一定会伤害人的眼睛。圣人之所以惊骇天下,真人从来不去过问;贤人之所以矫正世俗,圣人也从来不去过问。那牛蹄踩出的小水洼是容不下一尺长的鲤鱼的;土丘似的山坡是长不出参天大树的。这是什么原因呢?都是因为狭小的范围容不下巨大的东西,更何况要容纳无形的天地呢?它们离深渊高山的规模和气势还远着呢。人们沉溺于世俗社会,必定身形受系绊而同时精神散逸,所以不免会虚弱。如人被名利欲念所羁绊,必定是精神散逸在外,也必定会受系累。

【注释】

① 娆:挠乱,扰乱。 ② 营慧:运用智慧。 ③ 喝:中暑,这里指发烧。 ④ 栲木:木名,其皮浸水用于洗眼。栲木皮又叫秦皮。青翳:眼角膜病变后留下的疤痕组织,薄如云雾,故也叫"云翳"。 ⑤ 蠃:应指蜗牛,其涎液能清凉解毒。蜗睆:应当作"烛睆"(王引之说)。 ⑥ "圣人……未尝观焉"出自《庄子·外物》。过:过问,与"未尝观"的"观"相同。 ⑦ 涔:积水。 ⑧ 块阜:小土山。 ⑨ 虚:虚弱之症。

【评析】

本节继续描绘真人的修"道"之术,作者突出强调修"道"之中的"大"(包容性);唯有"大",就不会拘于"狭小营宇",也就必不会"形系而神泄"。也因为"大",所以真人对"圣人之所以骇天下"、"贤人之所以矫世俗"也并不怎么在乎。

至德之世,甘瞑于溷涊之域①,而徙依于汗漫之宇②,提挈天地而委万物,以鸿濛为景柱③,而浮扬乎无畛崖之际④。是故圣人呼吸阴阳之气,而群生莫不颙颙然仰其德以和顺。⑤当此之时,莫之领理决离⑥,隐密而自成⑦,浑浑苍苍,纯朴未散,旁薄为一⑧,而万物大优。是故虽有羿之知而无所用之。及世之衰也,至伏羲氏,其道昧昧芒芒然⑨,吟德怀和,被施颇烈⑩,而知乃始昧昧昒昒⑪,皆欲离其童蒙之心,而觉视于天地之间。是故其德烦而不能一。乃至神农、黄帝,剖判大宗⑫,窍领天地⑬,袭九窾⑭,重九䰞⑮,提挈阴阳,姷㧖刚柔⑯,枝解叶贯⑰,万物百族使各有经纪条贯。于此万民睢睢盱盱然⑱,莫不竦身而载听视⑲。是故治而不能和下。栖迟至于昆吾、夏后之世⑳,嗜欲连于物,聪明诱于外,而性命失其得㉑。施及周室之衰,浇淳散朴㉒,杂道以伪,俭德以行㉓,而巧故萌生。周室衰而王道废,儒墨乃始列道而议,分徒而讼。于是博学以疑圣㉔,华诬以胁众㉕;弦歌鼓舞,缘饰《诗》、《书》,以买名誉于天下;繁登降之礼㉖,饰绂冕之服㉗;聚众不足以极其变,积财不足以赡其费。于是万民乃始慲觟离跂㉘,各欲行其知伪,以求凿枘于世而错择名利㉙。是故百姓曼衍于淫荒之陂㉚,而失其大宗之本。夫世之所以丧性命,有衰渐以然,所由来者久矣!

【今译】
　　在道德最纯的时代,人们酣眠于虚无混沌的区域里,遨游在浩瀚无边的领域中,扶持天地而委弃万物,以鸿濛作圭表,飘浮在没有疆域的地方。因此圣人呼吸阴阳二气而众生仰慕归依、内心和顺。那时,没有人有意治理引导,但人和万物循性顺理悄然形成生长,浑浑然然,纯粹质朴的道德没有散逸,磅礴浑然一体而万物悠游自得。因此,即使有后羿的智慧也使用不上。时代发展到伏羲氏的时候,天下道术仍然浑厚茫然,蕴含道德和气,布施德泽颇为盛广,但人们的智慧开始萌发产生,似乎若有所知,并开始失去童稚蒙昧之心,观察起天地间的各种事物。所以伏羲氏的道德杂乱烦多而不专一。到了神农、黄帝时代,他们开始分离道统根本,通理天地,顺循自然法则制,掌握阴阳变化,调和阴阳刚柔,分解联贯,使万物百事均有秩序条理。这样百姓无不张目直视,无不踮脚仰视聆听君主命令,仰头察看君王脸色。所以神农、黄帝虽然能治理好天下,但却不能够和谐自然。社会延续到昆吾、夏后时代,人们的嗜好欲望被外界诱惑,聪明受外界引诱,因而失去了天然本性和赖以存在的道德。到了周室衰亡时期，敦厚淳朴的风气被冲淡散失，办事行为背离道德、偏离德性，因而奸巧狡诈也随之产生。周王室的衰败使王道废弛，墨、儒也开始宣传标榜起自己的学说来，招聚门徒争论是非。于是各家学说均以博学来比拟圣人，实际是用华而不实的言辞来欺骗胁迫民众；他们行施礼乐歌舞，拿《诗》、《书》来文饰门面，为的是在天下沽名钓誉。与此同时，他们又实行繁琐礼节，装饰绂冕礼服，并使之等级化；聚集民众变化着无穷无尽的花样，积聚财富来满足无法满足的消费。在这种社会风气下，老百姓也开始误入歧途，不明事理，却又想施展智巧，迎合世俗，不择手段捞取名利。这时人们都奔波于邪道斜路上，丧失了"道"之根本。世人之所以沦丧纯正的天性，并日益衰落，其产生根源由来很久了。

【注释】

① 瞑：通眠。澒涬：无垠、无边。 ② 汗漫：无边、无际。 ③ 鸿濛：日出处。景柱：影表，测日影用的圭表。 ④ 浮扬：飘浮。畛：界限。 ⑤ 颙颙：仰慕的样子。 ⑥ 领理：治理。 ⑦ 隐密：无痕迹、自然而然。 ⑧ 旁薄：通"磅礴"。 ⑨ 昧昧：浑厚。 ⑩ 烈：鸿大、广大。 ⑪ 琳琳：欲所知之貌。 ⑫ 宗：本源、道。 ⑬ 窍：通。 ⑭ 袭：依循。 窾：法则。 ⑮ 䎃：垠，通"形"。 ⑯ 妩捖：调和。 ⑰ 枝解：分解。贯：连贯、联贯。 ⑱ 睢睢盱盱：视听的样子。 ⑲ 载：接受。 ⑳ 栖迟：渐渐延续。昆吾：夏朝部落名称。 ㉑ 得：德。 ㉒ 浇：变薄。 ㉓ 俭：通"险"，有偏离的意思。 ㉔ 疑：通"拟"，见《庄子·天地》。 ㉕ 讴：欺骗的意思。 ㉖ 登降之礼：宾主相见的礼节。 ㉗ 绂：古代系印章的丝绳。冕：古代帝王、诸侯、卿、大夫戴的帽子。 ㉘ 愲：不明事理。 䞗：偏僻小道。离跂：自负，做作。 ㉙ 凿枘：凿、枘必须契合，即榫卯、榫头必须契合，比喻迎合。 ㉚ 陂：山坡，指邪道。

【评析】

这节是作者对"道散为德，德溢为仁义，仁义立而道德废"的历史考察，叙述得十分入理且严密，真是做到历史与逻辑的统一。对于作者这种为了突出"道"与"德"而否定"儒"之仁义的论述，现在看来当然不算什么，但在当时大概是要算什么的，尤其处在汉武帝要独尊儒术之时，作者公然非议儒之仁义，并于武帝建元二年入朝献书，其后果影响尽管不甚明了，但曲曲弯弯、千丝万缕，作者刘安以"谋反"自杀而告终，其中的关系似"有"还"无"？

是故圣人之学也，欲以返性于初而游心于虚也；达人之学也①，欲以通性于辽廓而觉于寂漠也。若夫俗世之学也则不然，擢德搴性②，内愁五藏，外劳耳目，乃始招蛲振缱物之豪芒③，摇消掉捎仁义礼乐④，暴行越智于天下⑤，以招号名声于世。此我所羞不为也。是故与其有天下也，不若有说也⑥；与其有说也，不若尚羊物之终始也⑦，而条达有无之际。是故举世而誉之不加劝⑧，举世而非之不加沮，定于死生之境，而通于荣辱之理，虽有炎火洪水弥靡于天下，神无亏缺于胸臆之中矣。若然者，视天下之间，犹飞羽浮芥也，孰肯分分然以物为事也！⑨

水之性真清而土汩之⑩，人性安静而嗜欲乱之。夫人之所受于天者，耳目之于声色也，口鼻之于芳臭也，肌肤之于寒燠⑪，其情一也。或通于神明，或不免于痴狂者，何也？其所为制者异也。是故神者智之渊也，渊清则智明矣；智者心之府也，智公则心平矣。人莫鉴于流沫⑫，而鉴于止水者，以其静也；莫窥形于生铁，而窥于明镜者，以睹其易也。夫唯易且静，形物之性也⑬。由此观之，用也必假之于弗用也。是故虚室生白，吉祥止也。⑭夫鉴明者尘垢弗能薶，神清者嗜欲弗能乱。精神已越于外，而事复返之，是失之于本而求之于末也。外内无符而欲与物接,弊其玄光而求知之于耳目⑮,是释其炤炤而道其冥冥也⑯。是之谓失道。心有所至而神喟然在之⑰,反之于虚则消铄灭息。此圣人之游也。故古之治天下也,必达乎性命之情,其举错未必同也,其合于道一也。⑱

【今译】

　　因此圣人学习,是要将心性返归到最初质朴状态而让心神遨游于虚无之境;达人学习,是要将心性与旷漠无边相通而在寂静淡漠中觉醒。若是世俗之人的学习就不是这样了,他们拔去德性,扰乱心胸,损伤耳目,老是纠缠、追求着事物的微小利益,为推行仁义礼乐奔走忙碌,在世上自我表现以求获得世俗的名声。这种事情我是感到羞耻而不屑做的。所以与其占有天下,还不如对此超脱一些;与其有超脱的思想,还不如彻底抛弃天下而逍遥流连在虚无境地、通达于事物有无之间。因此,全天下的人赞扬我,我也不会受到激励,全天下的人非议我,我也不会沮丧。对生死泰然处之,对荣辱通达处置,即使面对天下大火蔓延、洪水泛滥,我内心中的精神不会亏缺。像这样的话,就会将天下及天下之事看得轻如羽毛、浮泛如芥草,谁还肯忙忙碌碌将外物当回事!

　　水的本性清澈纯净,泥土掺入使它混浊;人的天性安寂宁静,嗜欲搅乱使它不安。人的天生本性是耳能听声、目能观色、口尝滋味、鼻闻气味、肌肤感受寒暑,这些天性都是一样的。但为什么有的人神志清醒,有的人不免痴狂?这就是因为制约他们的精神状况的不同。所以说精神是智慧的渊源,这渊源清静,智慧就可明察;而智慧却是心灵的城府,智慧公正不诈邪,人的心灵就平静。所以人都不用流动涌动着泡沫的水做镜,而用相对静止清明的水照形,就是因为它平静;同样人们没有用生铁来照自己的形影,而对着明亮的铜镜看自己的容貌,也是因为铜镜平整。只有平和静,才能显现事物的本性。由此看来,

"用"必借助于"不用"。所以说,虚静的心神产生纯白的光亮,这吉祥也就会降临了。镜子明亮,尘埃就不会玷污它,精神心志纯白清静,嗜欲也就难以搅乱它。如果精神心志超越散逸到身心之外,再去想法让它复归回来,这实际上是失去了根本而追求的是枝节。内在精神和外表行为相分离而与外界事物相接触,实际上是遮蔽了精神心志的纯白清静之光,任凭耳目听视来获得智慧,这就是抛弃了光明之道而走向黑暗,这也叫"失道"。人的心志往哪里,精神也会跟着跑去;反之,如心志返回虚静的境界,精神也就随之宁静,嗜欲也就灭息。这就是圣人的行为表现。所以古代圣人治理天下,一定是通达性命之情,尽管具体的行为措施不尽相同,但合乎"道"的原则是一致的。

【注释】

① 达人:通达的人。 ② 擢、搴:均是"拔"的意思。 ③ 招蛣、振缗:均有"纠缠"的意思。 ④ 摇消掉捎:即"摇掉",有摇摆、振奋的意思。这里指为推行仁义礼乐奔走忙碌。 ⑤ 暴:暴露、显露。 ⑥ 说:通"税",又通"脱"。这里作"脱"解。 ⑦ 尚羊:即"徜徉"。 ⑧ 劝:勉力。 ⑨ 分分:同"纷纷"。 ⑩ 汩:乱。 ⑪ 燠:热、暖。 ⑫ 沫:水泡。 ⑬ 形:表现。 ⑭ 虚室:虚静的心神。 白:明亮、光亮,喻"道"。 ⑮ 玄光:纯白清静之光,这里还蕴含着"道"的意思。 ⑯ 释:放弃,抛弃。 ⑰ 这句是指"神"随"心"动而动。 ⑱ 错:通"措"。

【评析】

本节进一步充实养神存性之术,具体提出对事物不必过分执著,要有所超脱;只有超脱具体物相,那么诸如荣辱、生死之类的问题就难以干扰你,你就能做到"举世而誉之不加劝,举世而非之不加沮",天下之事就像羽毛和芥草,不值得你煞费苦心。而要做到这点,除了是"游心于虚、返性于初"外,还是前面一句老话,即"养虚静之神存平和之性"。所以在这里作者以"镜"和"水"为喻,启发人们养神存性就要像

"镜"和"水"一样"平"和"静"。

夫夏日之不被裘者,非爱之也,燠有余于身也;冬日之不用翣者①,非简之也,清有余于适也。夫圣人量腹而食,度形而衣,节于己而已,贪污之心奚由生哉!故能有天下者,必无以天下为也;能有名誉者,必无以趋行求者也。②圣人有所于达,达则嗜欲之心外矣。孔墨之弟子,皆以仁义之术教导于世,然而不免于儡③,身犹不能行也,又况所教乎?是何则?其道外也。夫以末求返于本,许由不能行也,又况齐民乎!诚达于性命之情,而仁义固附矣,趋舍何足以滑心?若夫神无所掩④,心无所载,通洞条达,恬漠无事,无所凝滞,虚寂以待,势利不能诱也,辩者不能说也,声色不能淫也,美者不能滥也,智者不能动也,勇者不能恐也:此真人之道也。若然者,陶冶万物,与造化者为人⑤,天地之间,宇宙之内,莫能夭遏。夫化生者不死,而化物者不化;神经于骊山、太行而不能难⑥,入于四海九江而不能濡;处小隘而不塞,横扃天地之间而不窕⑦。不通此者,虽目数千羊之群,耳分八风之调,足蹀阳阿之舞⑧,而手会《绿水》之趋⑨,智终天地⑩,明照日月,辩解连环⑪,泽润玉石⑫,犹无益于治天下也。

【今译】

夏天不穿皮衣,并不是爱惜它,而是对身体来说温暖已是足够的了;冬天不用扇子,并不是因为简朴,而是对人来说清凉已是相当充分的了。所以圣人估量自己的饭量而进食,度量自己的体形而裁衣,对自己的物欲有所节制,恰如其分,这样哪会产生贪婪之心呢!因此,能够持有天下者,一定不是以天下作为追求的目标;能够享有名誉者,一定不是靠奔波忙碌追求得到的。圣人能够于道相通,因而嗜欲之心也必被排斥在外。孔子、墨子的弟子们都拿仁义的道理来教导人,然而不免于丧败。他们自身都不能实行仁义,更何况他们所教导的世人呢?这是为什么呢?是因为他们的学说是天道本性外的东西。用皮毛末节去谋求归返根本,即使像许由这样的高洁之士都办不到,又何况一般老百姓呢!如果真能通达性命之情,那么仁义自然会依附归顺,举止行为哪能扰乱得了人的心?假如精神不被掩遮伤害,心志没有压力负担,通畅恬静,淡漠无事,没有凝滞郁结,虚寂静漠对待外物,那么利禄权势就不能使他动心,巧辩之人不能说服他,声色不能使他淫乱,美妙之物不会使他丧志,智慧之人不会使他动摇,勇猛之人不会使他恐惧,这就是真人之道。这样的话,他就能陶冶万物,与自然造化相伴,天地之间,宇宙之内,没有什么能阻止他。化育生命的人不死,促使生物变化的人不变;他的精神经过骊山、太行不受阻拦,进入四海九江不会沾湿;处在狭窄之地不感到挤塞,横贯天地而充实无间。不能通达天道者,即使眼睛能够数清一群上千只的羊,耳朵能分辨八风之调,脚踏着"阳阿"之舞,手合着《绿水》的节拍,智谋能统贯天地,目光像日月样明亮,口才可以讲清复杂难题,言辞润泽动听如玉石,但对治理天下来说还是没有什么裨益的。

【注释】

① 翣:扇子。　② 趋行:奔走忙碌。　③ 僵:丧败,疲惫。　④ 掩:掩遮。　⑤ 人:偶,作"伴侣"讲。　⑥ 骊山:山名。　⑦ 扃:门闩,横木,引申为"横贯"。　⑧ 蹀:踏。阳阿:古代名倡。　⑨《绿水》:古代舞曲名。趋:节拍、节奏。　⑩ 终:当为"络"(刘文典语),笼罩、统贯的意思。　⑪ 辩解连环:比喻辩说、讲清难题。名家惠施有"连环可解"的名题。　⑫ 泽:当为"辞"(何宁《淮南子集释》)。

【评析】

本节仍然强调养虚静之神存平和之性的重要性,表现为"神无所掩、心无所载、通洞条达、恬漠无事、无所凝滞、虚静以待"的"真人之道"。有了"真人之道",社会中的势利、声色、美物在他面前均无意义,不起作用;自然天地宇宙也"莫能夭遏"他,对他不起作用。同样,他还"处小隘而不塞,横肩天地之间而不窕",时空也失去意义。这真人可谓超人。

静漠恬澹,所以养性也;和愉虚无,所以养德也。外不滑内,则性得其宜;性不动和,则德安其位。养生以经世,抱德以终年,可谓能体道矣。若然者,血脉无郁滞,五藏无蔚气①,祸福弗能挠滑②,非誉弗能尘垢,故能致其极。非有其世,孰能济焉? 有其人,不遇其时,身犹不能脱,又况无道乎? 且人之情,耳目应感动③,心志知忧乐,手足之攒疾痒、辟寒暑④,所以与物接也。蜂虿螫指而神不能憺⑤,蚊虻嚼肤而知不能平⑥,夫忧患之来,攖人心也,非直蜂虿之螫毒而蚊虻之惨怛也⑦,而欲静漠虚无,奈之何哉! 夫目察秋豪之末,耳不闻雷霆之音;耳调玉石之声,目不见太山之高。何则? 小有所志而大有所忘也。今万物之来擢拔吾性,攓取吾情,有若泉源,虽欲勿禀⑧,其可得邪! 今夫树木者,灌以瀿水⑨,畴以肥壤⑩,一人养之,十人拔之,则必无余糵⑪,又况与一国同伐之哉⑫! 虽欲久生,岂可得乎? 今盆水在庭,清之终日,未能见眉睫;浊之不过一挠,而不能察方员⑬。人神易浊而难清,犹盆水之类也,况一世而挠滑之,曷得须臾平乎!

【今译】

　　静漠恬澹是用以养性的;和愉虚无是用以养德的。外物不诱乱内在本性,那么本性就有安适的居所;性情保持平和,那么德就有安处的位置。人能够养性以处世,怀德以享天年,这样就可以说能够体察天道了。如是这样,人的血脉就不会郁积阻滞,五脏就不会受病气侵入,祸福也不能扰乱,毁誉也不能玷污,所以也能达到最高的道德境界。但是,如果不是处在一个有道德的时代,哪里能做到这点呢?有能体道的人,但如果没有遇上好的世道,就有可能摆脱不了乱世的干扰,更何况那些本身没有道德的人呢?况且人的本能性情是耳目易受外界感应而动,心思天生知道忧愁快乐,手脚会触摸疼痒、躲避凉热,这些都是因为与外界发生接触中必然发生的。被蜂蝎刺咬了手指精神就会不愉快,被蚊虻叮咬了皮肤人的心思就会不平静;而受忧患的骚扰,人更是揪心般的痛苦,就不只是像蜂蝎螫刺、蚊虻叮咬那样的皮肉之苦了,因此人就是想静寂淡漠,也只得徒唤奈何!眼睛能观察到秋毫之末,而耳朵却难以承受雷霆的巨响;耳朵能听玉石般的圆润乐声,眼睛却难以看到泰山的峰顶。这些是什么原因呢?因为它们已是习惯接受小的地方而不习惯接受大的地方。现在万事万物纷至沓来,扯拉拔取我们这些人的性情,就像泉水源头流淌过来的大水,那河川即使不想接纳,哪能办得到呢?今天有植树育林者,给树苗灌上足够的水,并培上肥沃的土,但如一人培育,却有十人去毁林拔树,那必定是连一枝新芽都保不住的,更何况举国上下一起来砍伐它呢?在这种情形下,虽想活得长久些,但哪能做得到?放一盆水在庭院里,用一整天时间来澄清,清澈度还不足以照清眉睫毛,而要使它变浑浊,只需轻轻搅动一下,就浑浊得连盆底是方还是圆都看不出来。以此联系到人的精神也是容易被搞浑浊而难以保持清明,就像上述提到的盆里的水一样,更何况可搅乱人精神的是整个世俗社会,你哪里可得到片刻的平静啊!

【注释】

① 蔚:病。蔚气:病气。 ② 挠滑:扰乱。 ③ 应感动:对外界感应而动。 ④ 攒:拂,意为"搔抓"。 ⑤ 虿:蝎子一类的毒虫。

螫：以毒刺刺人。憺：安。　⑥嚆：噆，意为"叮咬"。　⑦惨怛：痛苦。　⑧禀：承受，接纳。　⑨瀿：水暴溢。瀿水：充足的水。　⑩畴：壅土，培土。　⑪蘖：树枝被砍后长出的枝芽。　⑫与：同"举"。　⑬员：同"圆"。

【评析】

讲了那么多的养虚静之神、存平和之性，从中却显露出那么一点信息来，即凡事反反复复讲、方方面面叙，总说明此事十分不易。果真如此，在此作者不得不承认，人之"神易浊而难清"，养虚静之神并非如此简单；这"难清"就说明人之精神一不小心就会外溢，就像"耳目应感动、心志知忧乐、手足之攒疾痒"那么轻易。于是，向内用功、养神存性受到阻力，作者就不得不借助外界社会，希望有一个合适于得道体道之人的时空，即"遇其时，有其世"。并希望有一个"一人养之"，举国上下同培之的氛围，而不希望有一个"一人养之，十人拔之，一国同伐"的恶劣环境，从这当中流露出作者对举国丧败，一人独善其身相当困难的担忧。

古者至德之世，贾便其肆①，农乐其业，大夫安其职，而处士修其道。当此之时，风雨不毁折，草木不夭；九鼎重味②，珠玉润泽；洛出《丹书》，河出《绿图》③。故许由、方回、善卷、披衣得达其道。④何则？世之主有欲利天下之心，是以人得自乐其间。四子之才，非能尽善盖今之世也，然莫能与之同光者，遇唐、虞之时。⑤逮至夏桀、殷纣，燔生人，辜谏者，为炮烙，铸金柱⑥，剖贤人之心，析才士之胫，醢鬼侯之女，菹梅柏之骸⑦。当此之时，崤山崩，三川涸，飞鸟铩翼，走兽挤脚。⑧当此之时，岂独无圣人哉？然而不能通其道者，不遇其世。夫鸟飞千仞之上，兽走丛薄之中⑨，祸犹及之，又况编户齐民乎。由此观之，体道者不专在于我，亦有系于世矣。夫历阳之都，一夕反而为湖⑩，勇力圣知与罢怯不肖者同命；巫山之上，顺风纵火，膏夏紫芝与萧艾俱死⑪。故河鱼不得明目，稚稼不得育时，其所生者然也。故世治则愚者不能独乱，世乱智者不能独治；身蹈于浊世之中，而责道之不行也，是犹两绊骐骥而求其致千里也⑫；置猿槛中，则与豚同⑬，非不巧捷也，无所肆其能也。舜之耕陶也⑭，不能利其里；南面王则德施乎四海，仁非能益也，处便而势利也。古之圣人，其和愉宁静，性也；其志得道行，命也。是故性遭命而后能行，命得性而后能明。乌号之弓，溪子之弩⑮，不能无弦而射；越舲蜀艇⑯，不能无水而浮；今矰缴机而在上⑰，网罟张而在下，虽欲翱翔，其势焉得？故《诗》云："采采卷耳，不盈倾筐。嗟我怀人，寘彼周行。"⑱以言慕远世也！

【今译】

　　古代至德的时代，商人开店买卖，农夫耕种愉快，士人安心职责，处士修养道德。在这个时候，风雨不摧毁万物，草木也不会夭折；九鼎国宝分外厚重，珠玉格外光泽；洛水有神龟送呈《丹书》，黄河上浮显《绿图》。所以这时的许由、方回、善卷、披衣这些贤达之士能够成就他们的道德志向。为什么呢？因为一国君主怀有让天下所有人得利的心愿，所以人们能够在这世间自得其乐。许由等人的才德并非尽善尽美超过今世，但是今世没有谁能和他们相媲美，是因为许由等四人碰上了唐虞的好世道。到了夏桀、殷纣王之时，他们火烧活人，肢裂敢于劝谏的忠臣，设造炮烙、铸造铜柱之类的刑具，解剖忠贤之士的心脏，剖析分解才能之士的脚骨，将鬼侯奉献的女儿剁成肉酱，砍碎梅伯的骨骸。在这个时候，崤山崩塌，渭水、泾水和汧水枯涸，飞鸟折羽，走兽断腿。这个时候难道没有圣贤者？不,只是这些圣贤者没有碰上好世道来实现他们的主张。鸟高飞在天空、兽奔走在草丛,树林尚且有祸难落在它们的身上,更何况编户管理得很严的平民百姓呢！由此看来,能否体现道德不仅仅取决于本人,还与所处的世道好坏相联系。那历阳城,一个夜里就变成了湖泊,使勇夫、智者和胆怯之人、不肖之人一样落个葬身湖底的命运；同样,在巫山上烧荒,这其中的膏夏、紫芝和艾蒿一同烧毁。所以说黄河里的鱼无法做到眼睛明亮,稚幼的禾苗无法繁育后代,这都是由它们所处的生存环境所决定的。因此,世道圣明,愚奸者也不能独个儿搞乱社会；反之世道丧败,明智者也不能独个儿治理社会；身处浑浊动荡世道,而责备他实行不了道德,这就像用绳索绊套马的腿,却又要它日行千里一样荒谬。也如置于笼中的猿猴像笨猪一样,实际上不是它不灵巧敏捷,而是在笼中无法施展它的灵敏。当虞舜还是农夫陶匠之时,不能造福于乡间邻里,而当他接受了尧的禅让南面为王后,便施德泽于四海。这可以看出他的仁爱之情并没增加而是所处的地位便于他实施仁义道德而已。所以说,古代圣人尽管有着和愉宁静的天性,但他的志向能否实施运用却取决于"命运"。因此这种天性碰上了好的命运就能实施,好的命运和有和愉宁静天性的人相结合才能表现出清明来。这就像乌号之弓、溪子之弩需要有弦才能发射一样；也如同越国的小船和蜀地的小艇也非得有水才能漂浮一样；现在带有丝绳的利箭在空中乱射,网罟在大地上四处张设,这鸟兽尽管想飞翔奔走,但在这种险恶环境下又怎么能行呢？所以《诗》里说:"采摘卷耳野菜,采来采去不满箩筐。怀念远方的人,箩筐放在大路旁。"这是说思慕远古的清明世道啊！

【注释】

① 肆:店铺。　② 昧:无字义。王念孙认为是衍文。九鼎重:传说治政清明则鼎重,"奸回淫乱则鼎轻"(《太平御览》七十七引注)。

③ 洛:洛水。丹书:《洛书》。河:黄河。绿图:《河图》。　④ 许由、方回、善卷、披衣:四人均是传说中上古的隐士。　⑤ 唐、虞:为

上古贤帝王唐尧、虞舜的并称。 ⑥夏桀：夏代最后一个君主。殷纣：商朝最后一个君主。燔：烧。辜：一种分裂肢体的刑罚。炮烙：又称"炮格"。用火烧铜格，令人在架上行走，坠入火中烧死。金柱：炮烙所用的铜柱。 ⑦析：解剖。胫：小腿。醢：将人剁成肉酱的酷刑。菹：切碎。 ⑧峣山：山名。在今陕西省境内。三川：泾水、渭水、汧水。铩：通"杀"。挤：折断。"飞鸟铩翼，走兽挤脚"：指纣王田猎禽荒，无休止时，故飞鸟折翼，走兽毁脚，无不被害也。 ⑨丛薄：聚木叫丛，深草曰薄。这里指草丛树林。 ⑩历阳：县名。历阳一夕而为湖，是古代传说故事。 ⑪膏夏：大木，其树木纹理密如膏，故名。紫芝：贵重草木。萧艾：杂草。 ⑫两：绹。也作"绞"。指用两股线绞成的绳。骐骥：千里马。 ⑬豚：小猪。 ⑭陶：制陶器。 ⑮溪子：生产弓弩的国名。一说指郑国善制弓弩的工匠溪子阳，并以他的名字命名。 ⑯舲：小船。蜀艇：一木之舟，也指小船。 ⑰矰缴：带有绳子的短箭。机：发射。 ⑱引《诗》见《诗经·周南·卷耳》。此诗是写一位妇女在采野菜时对丈夫的思念。卷耳：植物名。寘：置放。

【评析】

作者接上节内容继续强调养虚静之神存平和之性的不易，并指出其客观条件，即"体道者不专在于我，亦有系于世矣"。还举了不少事例来说明之：同样的体道者因遇唐虞之时和遇夏桀殷纣之世的结果是不一样的。由此也显露出作者对唐虞之世的向往和对逮及夏桀殷纣以来社会的否定。这对唐虞之世的向往也反映了作者希望有一个适合于得道体道者的社会环境。然而整个社会的返璞归真并不是靠作者一人之力所能做到的，作者似乎也意识到这点，但同时又不愿意放弃一贯的得道体道之愿望，于是在这种矛盾心态下，作者只得将这种养存和愉宁静之性与"命"结合起来，这样，点滴的唯物观念又被淹没在唯心主义的"命"中了。

卷三　天文训

【解题】

本卷作者以当时所能掌握的古代科学知识为基础,全面论述日月星辰等天体运行的天文知识,并涉及历法、气象、音律、度量和数学等内容。然而,"善言天者必有征于人",作者也难免不落这一窠臼,于是天文、地文与人文相结合,构筑起天人感应体系,所以在这意义上说本卷原题解没错,即"文者象也。天先垂文象,日月五星及彗孛,皆谓以谴告一人"。也因为这样,所以本卷中唯物与唯心相糅和,科学与迷信相掺杂,这从淮南王刘安剪裁八公、《淮南子》本身"杂芜"这点上就决定了这一特性。

天地未形,冯冯翼翼,洞洞灟灟①,故曰太昭②。道始于虚廓③,虚廓生宇宙,宇宙生气。气有涯垠④,清阳者薄靡而为天⑤,重浊者凝滞而为地。清妙之合专易⑥,重浊之凝竭难⑦,故天先成而地后定。天地之袭精为阴阳⑧,阴阳之专精为四时⑨,四时之散精为万物。积阳之热气生火,火气之精者为日;积阴之寒气为水,水气之精者为月。日月之淫为精者为星辰⑩。天受日月星辰,地受水潦尘埃。⑪

昔者共工与颛顼争为帝⑫,怒而触不周之山⑬。天柱折,地维绝⑭,天倾西北,故日月星辰移焉;地不满东南,故水潦尘埃归焉。

天道曰圆,地道曰方。方者主幽,圆者主明。明者吐气者也,是故火曰外景⑮;幽者含气者也,是故水曰内景⑯。吐气者施,含气者化,是故阳施阴化。

【今译】

　　天地还没有形成的时候,混混沌沌,无形无象,所以叫做太昭。道最初的状态是清虚空廓,清虚空廓演化出宇宙,宇宙产生出元气。这种元气是有一定的边涯和形态的,其中清明部分飘逸扩散形成天,浊混部分凝结聚集形成地。清明部分的气汇合容易,浊混部分的气凝聚困难,所以天先形成而地后定形。天和地的精气融合起来产生了阴阳二气,阴、阳二气的精华融合集中产生春秋冬夏四季,四季各自的精气分散产生万物。阳气中的热气积聚便产生了火,而火气的精华部分形成太阳;阴气中的寒气积聚便产生了水,而水气的精华部分形成月亮。太阳、月亮溢出之气的精华散逸为星辰。天空容纳着日月星辰,大地承载着水潦尘埃。

　　以前共工和颛顼争当天帝,一怒之下头撞不周山。擎天的柱子撞折了,系地的绳子扯断了,天向西北方倾斜,所以日月星辰都向西北运行移动;地向东南方陷塌,所以水流尘土都向东南流泄沉淀。

　　天是圆的,地是方的。方的大地主宰幽暗,圆的天穹主宰光明。光明的天吐散阳气,所以火和日的光照耀在外;幽暗的地蕴含阴气,所以水和月的光泽内藏。吐散阳气的管给予,蕴含阴气的管化育,所以阴阳二气分管化育和给予。

【注释】

　　① 冯、翼、洞、灟:无形之貌。均指混沌未分,无形无象的状况。② 太昭:宇宙生成之前的原始混沌阶段。　③ 虚廓:形容太昭清虚空廓的形态。　④ 涯垠:这里指有一定的边涯和形态。　⑤ 薄靡:飘逸扩散。　⑥ 专:通"抟",与"合"同义。　⑦ 竭:作"结"解。有结聚、凝聚的意思。　⑧ 袭:有"重"、"合"的意思。　⑨ 专精:同"袭精"。　⑩ 淫:过度、过甚。"淫为精者":指(满而)溢出之气的精华。　⑪ 潦:积水。　⑫ 共工:神话中的天神名。颛顼:传说中的古代帝王名。　⑬ 触:撞。不周之山:神话传说中的山名。　⑭ 天柱:支撑天的柱子。地维:维系大地的绳子。　⑮ 火曰外景:应为"火曰外

景"(见何宁《淮南子集释》)。景：光。　⑯水曰内景：应为"水月内景"(见何宁《淮南子集释》)。

【评析】
本节是作者的宇宙天地发生论。由于"气"的作用，作者具体讲到天地、阴阳、日月星辰、四季的产生和形成。这种对天文的描绘，是为以后过渡到人文作准备，以便构筑天人感应体系。

天之偏气，怒者为风；地之含气，和者为雨。阴阳相薄，感而为雷，激而为霆①，乱而为雾。阳气胜则散而为雨露，阴气胜则凝而为霜雪。毛羽者，飞行之类也，故属于阳。介鳞者，蛰伏之类也，故属于阴。②日者阳之主也，是故春夏则群兽除③，日至而麋鹿解④。月者阴之宗也，是以月虚而鱼脑减⑤，月死而蠃蚌膲⑥。火上荨⑦，水下流，故鸟飞而高，鱼动而下。物类相动，本标相应。⑧故阳燧见日，则燃而为火，方诸见月，则津而为水。⑨虎啸而谷风至⑩，龙举而景云属⑪，麒麟斗而日月食，鲸鱼死而彗星出，蚕珥丝而商弦绝⑫，贲星坠而勃海决⑬。

人主之情，上通于天。故诛暴则多飘风，枉法令则多虫螟⑭，杀不辜则国赤地，令不收则多淫雨⑮。

四时者，天之吏也，日月者，天之使也，星辰者，天之期也⑯，虹霓、彗星者，天之忌也⑰。

【今译】
　　阴阳二气相偏离，形成怒气便产生风；阴阳二气相交合，便形成雨。阴阳二气相迫近，感应即成响雷，激荡而成闪电，散乱便成浓雾。如果阳气强盛，雾便散开成露水，如果阴气强盛，雾便凝结成霜雪。长有羽毛,在天空飞翔的鸟类,因而属于阳类。长有鳞甲,在地下冬眠的龟蛇,因而属于阴类。太阳是阳类的主宰,因此春夏两季兽类都要脱掉旧毛,夏至冬至时麋鹿都会脱落旧角。月亮是阴类的根本,因此月亮亏损时鱼的脑髓便减少,月亮晦死时螺蚌的肉便瘪缩。火往上炎,水向下流,所以属于阳类的鸟往高飞翔,属于阴类的鱼向下潜游。万物因同类而互相触动,本和末互相感应。所以取阳燧置阳光下就会聚光燃艾起火,将方诸放月光下就会气化成液为水。老虎咆哮就有东风吹来,蛟龙升飞就有祥云聚集,麒麟相斗就有日食和月食,鲸鱼死去就有彗星出现,蚕吐丝时则商弦易断,流星坠落则海水漫溢。

人间君主的性情与天相通,所以刑法暴虐就多暴风,法令酷苛就多虫灾,滥杀无辜就多旱灾,政令失时就多淫雨。

四季是天的差吏,日月是天的使节,星辰是上天的会合处,虹霓彗星是上天的禁忌表现。

【注释】

① 薄:迫。激:激荡。霆:应为"电"。　② 介:甲。蛰:伏藏。③ 除:指兽类脱落旧毛。　④ 解:脱落。古人认为夏至鹿角脱落,冬至麋角脱落。　⑤ 虚:亏。月虚:指月亮由圆变缺,逐渐亏损。⑥ 月死:农历每月的晦日月球处太阳和地球之间,因为月球的阴面向着地球,地球上看不到月光,所以叫"月死"。蠃蚌:螺蚌。膲:蠃蚌肉瘪缩。　⑦ 荨:通"覃"、"燂",有"延"、"炎"的意思。　⑧ 本标:本和末。　⑨ 阳燧:以聚光取火的凹镜。方诸:方珠、蚌镜(古称此为"鉴")。津:作动词用。津而为水:气化成液而为水。　⑩ 谷风:东风。　⑪ 举:飞升。属:会、集。　⑫ 珥:同"咡","吐"的意思。⑬ 贲星:流星。决:冲决堤岸。　⑭ 诛暴:刑法暴虐。飘风:暴风、巨风。螟:害虫。　⑮ 淫雨:久雨。　⑯ 期:指会合。　⑰ 虹霓:"虹为雄,霓为雌",古人认为虹有雌雄之分。虹霓异常是天灾的征兆。

【评析】

本节继续上述话题,讲风雨雷电的形成和产生。令人注目的是,作者在论述中使用了不少感情色彩浓厚的字眼,如"怒者为风、和者为雨,激而为霆、乱而为雾",这种字眼的出现,预示着天文、人文将要结合,感应体系将要成立。果真作者接下就论述到天道和人事、物象的关系:"虎啸谷风至、龙举景云属、诛暴多飘风、枉法令多虫螟。"这真是"物类相动,本标相应","人主之情,上通于天"。这也就是上述提到的"善言天者必有徵于人",作者有意识介绍天文的知识是着眼于现实的政治。

天有九野①,九千九百九十九隅,去地五亿万里;五星②,八风③,二十八宿④,五官⑤,六府⑥,紫宫、太微、轩辕、咸池、四守、天阿⑦。

何谓九野?中央曰钧天,其星角、亢、氐。⑧东方曰苍天,其星房、心、尾。⑨东北曰变天,其星箕、斗、牵牛。⑩北方曰玄天,其星须女、虚、危、营室。⑪西北方曰幽天,其星东壁、奎、娄。⑫西方曰颢天,其星胃、昴、毕。⑬西南方曰朱天,其星觜嶲、参、东井。⑭南方曰炎天,其星舆鬼、柳、七星。⑮东南方曰阳天,其星张、翼、轸。⑯

【今译】
　　天分成九个区域,共有九千九百九十九个小区,离大地五亿万里;天上还有五星、八风、二十八宿、五官、六府,以及紫宫、太微、轩辕、咸池、四守和天阿等。
　　什么是天的九个区域?中央区域叫钧天,这一区域分布着角宿、亢宿和氐宿。东方区域叫苍天,这一区域分布着房宿、心宿和尾宿。东北区域叫变天,这一区域分布着箕宿、斗宿和牵牛宿。北方区域叫玄天,这一区域分布着须女宿、虚宿、危宿和营室宿。西北区域叫幽天,这一区域分布着东壁宿、奎宿、娄宿。西方区域叫颢天,这一区域分布着胃宿、昴宿和毕宿。西南区域叫朱天，这一区域分布着觜觿宿、参宿和东井宿。南方区域叫炎天，这一区域分布着舆鬼宿、柳宿和七星宿。东南区域叫阳天，这一区域分布着张宿、翼宿和轸宿。

【注释】

① 野：分野，区域。　② 五星：岁星(木星)、荧惑(火星)、镇星(土星)、太白(金星)、辰星(水星)。　③ 八风：是在不同季节来自八方的风。本篇中的八风是指条风、明庶风、清明风、景风、凉风、阊阖风、不周风、广莫风。详见下文注。　④ 二十八宿：古代天文学家将黄道(设想中太阳周年运行的轨道)附近的恒星分成二十八个星座，作为观测时的标志，以便比较日、月、五星的运动。宿："停留"的意思，即日、月等运行中停留的星区。　⑤ 五官：指田、司马、理、司空、都。详见下文注。　⑥ 六府：指子午、丑未、寅申、卯酉、辰戌、巳亥。详见下文注。　⑦ 紫宫、太微等皆为星名。　⑧ 钩：通"均"。钧天：高诱注："钧，平也。为四方主，故曰钧天。"角：二十八宿之一，为东方苍龙七宿之第一宿，由室女座(Virgo)二星组成，一星处南，一星处北，联结起来，上小下大，形如角状，即为苍龙之角。亢：二十八宿之一，为东方苍龙七宿之第二宿，由室女座四星组成。亢为苍龙之颈。氐：二十八宿之一，为东方苍龙七宿之第三宿，由天秤座(Libra)星数四颗组成。氐为苍龙之胸。　⑨ 苍：深蓝或深绿的颜色。苍天：东方属木，木色青，故称"东方为苍天"。房：二十八宿之一，为东方苍龙七宿之第四宿，由天蝎座(Scorpius)星数四颗组成。房为苍龙之腹。心：二十八宿之一，为东方苍龙七宿之第五宿，由天蝎座星数三颗组成。为苍龙之心。尾：二十八宿之一，为东方苍龙七宿之第六宿，由天蝎座星数九颗组成，形成苍龙尾部。　⑩ 东北曰变天：东为阳，北为阴，东北处水之季(季冬十二月)，阴气将尽阳气上升，故曰"东北曰变天"。箕：二十八宿之一，为东方苍龙七宿之末宿，由人马座(Sagittarius)星数四颗组成，二为踵，二为舌，踵在上，舌在下，踵狭而舌广，形似簸箕，故名"箕"。为苍龙之末尾。斗：二十八宿之一，为北方玄武蛇龟之首

宿，由人马座星数六颗组成，形似斗状，故名。牵牛：二十八宿之一，为北方玄武七宿之第二宿，由摩羯座(Capricornus)星数六颗组成。

⑪ 玄：黑中带红的颜色。北方曰玄天：北方(仲冬十一月)属水，水色黑，故称为"北方曰玄天"。须女：亦称为"婺女"，二十八宿之一，为北方玄武七宿之第三宿，由宝瓶座(Aquarius)四颗星组成。虚：二十八宿之一，又叫天节，为北方玄武七宿之第四宿，由宝瓶座一颗星和小马座(Equuleus)一颗星组成。危：二十八宿之一，为北方玄武七宿之第五宿，由宝瓶座一颗星和飞马座(Pegasus)二颗星组成。营室：简称为"室"，二十八宿之一，为北方玄武七宿之第六宿，由飞马座二颗星组成。　⑫ 幽：暗。西北方曰幽天：西方季秋(九月)，将接近于阴气(太阴)将盛的冬天，故称"西北方曰幽天"。东壁：亦称"壁"，二十八宿之一，为北方玄武七宿之末宿，由飞马座一颗星和仙女座(Audromeda)一颗星组成。奎：二十八宿之一，为西方白虎七宿之首宿，由仙女座九颗星和双鱼座(Pisces)七颗星组成。"奎十六星，形如破鞋底"(《石氏星经》)。娄：二十八宿之一，为西方白虎七宿之第二宿，由白羊座(Aries)三颗星组成。　⑬ 颢：白。西方曰颢天：西方属金，色白，故称"西方曰颢天"。胃：二十八宿之一，为西方白虎七宿之第三宿，由白羊座星数三颗组成。昴：二十八宿之一，为西方白虎七宿之第四宿，由金牛座(Taurus)七颗星组成。毕：二十八宿之一，为西方白虎七宿之第五宿，由金牛座星数八颗组成。形似爪叉。

⑭ 朱：阳。西南方曰朱天：南方为火，西南方为火之末，炎气下降，为少阳，故称"西南方曰朱天"。觜觿：二十八宿之一，为西方白虎七宿之第六宿，由猎户座(Orion)星数三颗组成。三星呈鼎足形。参：二十八宿之一，为西方白虎七宿之末宿，由猎户座七颗星组成。东井：亦称"井"，二十八宿之一，为南方朱雀七宿之首宿，由双子座(Gemini)星数八颗组成。　⑮ 南方曰炎天：南方五月，火之中(仲夏五月)，火炎向上，故称"南方曰炎天"。舆鬼：亦称"鬼"，二十八宿之一，为南方朱雀七宿之第二宿，由巨蟹座(Cancer)星数四颗组成。柳：二十八宿之一，为南方朱雀七宿之第三宿，由长蛇座(Hydra)八颗星组成。柳

为朱雀之口,即鸟喙谓之柳。七星:二十八宿之一,为南方朱雀七宿之第四宿,由长蛇座星数七颗组成。七星为朱雀之颈。 ⑯ 东南方曰阳天:南方为太阳,东方为少阳,处两阳之间,故称"东南方曰阳天"。张:二十八宿之一,为南方朱雀七宿之第五宿,由长蛇座星数六颗组成。张为朱雀之嗉(鸟类消化器官的一部分,在食道下部,像个袋子,用来储存食物)。翼:二十八宿之一,为南方朱雀七宿之第六宿,由巨爵座(Crater)和长蛇座两星座中的二十二颗星组成。翼为雀翼,故名。轸:二十八宿之一,为南方朱雀七宿之末宿,由乌鸦座(Corvus)星数四颗组成。轸宿为车之象,故名。

【评析】

本节结合地球各季气候的变化及阴阳二气的盛衰,并配以五行、五色、五方等关系,全面论述天区二十八宿,为以后结合人文作准备。在这里,就天区二十八星宿之分布,作者的论述是相当科学的,这在中国天文学史上占有重要地位。

何谓五星①?东方木也②,其帝太皞,其佐句芒③,执规而治春④,其神为岁星,其兽苍龙⑤,其音角⑥,其日甲乙⑦。南方火也⑧,其帝炎帝⑨,其佐朱明⑩,执衡而治夏⑪,其神为荧惑,其兽朱鸟⑫,其音徵,其日丙丁。中央土也⑬,其帝黄帝⑭,其佐后土⑮,执绳而制四方,其神为镇星,其兽黄龙⑯,其音宫,其日戊己。西方金也⑰,其帝少昊⑱,其佐蓐收⑲,执矩而治秋⑳,其神为太白,其兽白虎㉑,其音商,其日庚辛。北方水也㉒,其帝颛顼㉓,其佐玄冥㉔,执权而治冬㉕,其神为辰星,其兽玄武㉖,其音羽,其日壬癸。

太阴在四仲㉗,则岁星行三宿㉘。太阴在四钩㉙,则岁星行二宿。二八十六,三四十二,故十二岁而行二十八

宿㉚。日行十二分度之一,岁行三十度十六分度之七,十二岁而周。㉛

荧惑常以十月入太微㉜,受制而出行列宿,司无道之国㉝,为乱、为贼、为疾、为丧、为饥、为兵。出入无常,辩变其色,时见时匿。

镇星以甲寅元始建斗㉞,岁镇行一宿。当居而弗居,其国亡土;未当居而居之,其国益地、岁熟㉟。日行二十八分度之一,岁行十三度百一十二分度之五,二十八岁而周。㊱

太白元始以正月建寅㊲,与荧惑晨出东方。二百四十日而入,入百二十日而夕出西方,二百四十日而入,入三十五日而复出东方。㊳出以辰、戌,入以丑、未。当出而不出,未当入而入,天下偃兵。㊴当入而不入,当出而不出,天下兴兵。

辰星正四时㊵,常以二月春分效奎、娄,以五月下以五月夏至效东井、舆鬼,以八月秋分效角、亢㊶,以十一月冬至效斗、牵牛。出以辰、戌,入以丑、未。出二旬而入。㊷晨候之东方,夕候之西方。一时不出㊸,其时不和;四时不出,天下大饥。

【今译】

　　什么是五星? 东方是木星,它的天帝是太皞,辅佐大臣则是句芒,句芒执规尺而治理春季。东方的护神是岁星,它的代表兽物是苍龙,它代表的音是角音,日干用的是甲乙。南方是火星,它的天帝是炎帝,辅佐大臣则是朱明,朱明执衡器而治理夏季。南方的护神是荧惑,它的代表兽物是朱鸟,它代表的音是徵音,日干用的是丙丁。中央是土星,它的天帝是黄帝,辅佐大臣则是后土,后土执绳墨而治理四方。中央的护神是镇星，它的代表兽物是黄龙，它代表的音是宫音，日干用戊己。西方是金星，它的天帝是少昊，辅佐大臣则是蓐收，蓐收执矩尺而治理秋季。西方的护神是太白，它的代表兽物是白虎，它代表的音是商音，日干用庚辛。北方是水星，它的天帝是颛顼，辅佐大臣则是玄冥，玄冥执权器而治理冬季。北方的护神是辰星，它的代表兽物是玄武，它代表的音是羽音，日干用壬癸。

太阴处在十二辰次的子午卯酉四辰次时，岁星每辰次行经二十八宿中的三星宿。太阴处在四角相连的辰次时，岁星每辰次行经二十八宿中的二星宿。二乘八得十六，三乘四得十二，所以十二年运行二十八宿一周。岁星一天运行 $\frac{1}{12}$ 度，一年运行 $30\frac{7}{16}$ 度，十二年环绕一周天 $365\frac{1}{4}$ 度。

荧惑星通常在十月进入太微垣，受天帝命令而出巡各星宿，监察无道的国家，使之有动乱、灾害、疾疫、丧亡、饥荒和战争。荧惑星的出入没有常规，自身不断改变亮度颜色，时而出现时而藏匿。

镇星在甲寅年正月从斗宿部位开始运行，每年镇守巡行一个星宿。如果它应处在某一星宿时而没有处在那里的话，那么这一星宿所分野的国家就要丧失疆土；如果还不该处在某一星宿时而处在那里的话，那么这一星宿所分野的国家就会扩大疆土，粮食丰收。镇星一天运行 $\frac{1}{28}$ 度，一年运行 $13\frac{5}{12}$ 度，二十八年环绕一周天。

太白金星于甲寅年正月和营室宿一起在早晨运行出现在东方。经过 240 天后消失，消失 120 天后又于傍晚出现在西方，240 天后又消失，消失 35 天后再次出现在东方。它出现时处在辰位、戌位，消失时是在丑位、未位。如果当它应该出现时却没有出现、不该消失时却消失了，那么天下兵戈止息。如果当它应该消失时却没有消失、不该出现时却出现了，那么天下战火燃起。

辰星的运行能确定一年四季，它通常在二月春分时运行在奎宿、娄宿之间，五月夏至时运行在东井宿、舆鬼宿之间，在八月秋分时运行在角宿、亢宿之间，在十一月冬至时运行在斗宿、牵牛宿之间。它出现时在辰、戌的方位，消失时在丑、未方位，出现20天后便消失。清晨候望在东方，傍晚候望在西方。如果哪一季它没有按时出现，那么这一季就不和谐；如果一年四季它都没有按时出现，那么天下就要闹饥荒了。

【注释】

① 五星：环绕太阳运行的五大行星，即岁星（木星）、荧惑（火星）、镇星（土星）、太白（金星）、辰星（水星）。 ② 木：金、木、水、土、火中的"木"。五行配五方，即东方配木，故称"东方木也"，也即木星为东方之星。 ③ 太皞：即伏羲氏，死托祀于东方之帝。句芒：上古主管树木之官，死后为木神。 ④ 规：圆规。规配春。 ⑤ 苍龙：四象之一。东方青色，故名"苍"；古代将二十八宿分属为四方，每方七宿，又将东方七宿想象成龙的形状，故名"苍龙"。 ⑥ 其音角：五行说将宫、商、角、徵、羽五音与五行相配，以角配木。 ⑦ 日：指甲乙丙丁戊己庚辛壬癸十干，也即天干。五行说又将甲乙、丙丁、戊己、庚辛、壬癸配五行、五方。甲乙配木、配东方。 ⑧ 南方火也：五行说以火配南方，火星为南方之星，故曰"南方火也"。 ⑨ 炎帝：即神农，死托祀于南方之帝。 ⑩ 朱明：即祝融，传说中古代掌管火的官，死后成为火神。 ⑪ 衡：秤。衡配夏。 ⑫ 朱鸟：四象之一。为南方之象。 ⑬ 中央土也：五行说以中央配土，故曰"中央土也"。又以土星为中央之星。 ⑭ 黄帝：即轩辕氏。死托祀于中央之帝。 ⑮ 后土：传说中古代掌管土地之官，死后为土神。 ⑯ 黄龙：以四象为四方，中央缺，遂以龙当土，土颜色黄，故称"黄龙"。 ⑰ 西方金也：西方配金，故太白金星为西方之星。 ⑱ 少昊：黄帝之子青阳。死托祀于西方之帝。 ⑲ 蓐收：西方金神，"左耳有蛇，乘两龙"（《山海经》）。 ⑳ 矩：测量方正的工具。五行说将此配秋。 ㉑ 白虎：四象之一，西方色白，故曰"白虎"。 ㉒ 北方水也：五行说以水配北方，

故曰"北方水也"。又以水星为北方之星。㉓ 颛顼：高阳氏。传说中帝王名。死托祀于北方之帝。　㉔ 玄冥：古代掌管水之官。死后成水神。　㉕ 权：秤锤。五行以此配冬。　㉖ 玄武：四象之一，其象为蛇龟相缠，为北方之象。　㉗ 太阴：《史记》称为"岁阴"，《汉书》称为"太岁"，是古代天文学中假设的和岁星相应的星名。岁星（木星）约十二年绕天运行一周天；人们将黄道附近周天分为十二分，用十二辰表示，岁星行经一辰次，故可以用岁星所在星次纪年和用岁星所在辰作为岁名。但岁星运行方向与太阳在黄道上运行方向相反，即自西向东，这给人们带来不方便，为了避免这种不方便，人们设想出太岁作与岁星运行方向相反的运动，这样当岁星和太岁的初始位置关系规定下来后，就可从任何一年岁星的位置推导出太岁所在的辰位，因而也就能用十二辰的顺序来纪年了。仲：中。四仲：十二辰中处中间辰的天区，即子午卯酉。　㉘ 岁星行三宿：指太岁在子午卯酉时，岁星行经二十八宿中的三星宿，如太岁在卯，岁星经须女、虚、危三宿。㉙ 钩：二辰为一钩。四钩：指四仲外的8个辰次。　㉚ 二八十六：2宿乘以四钩所含8辰等于16宿，计用八年。三四十二：3宿乘以四仲（4辰）等于12宿，计用四年。这样共用十二年走完二十八宿，故曰"十二岁而行二十八宿"。这是将太岁纪年法与岁星经二十八宿纪年法结合起来的表现。　㉛ 十二岁而周：古代分周天为 $365\frac{1}{4}$ 度。每年行 $30\frac{7}{16}$ 乘以 12 年正好等于 $365\frac{1}{4}$，所以说："十二岁而周。"

㉜ 太微：星官名，三垣（紫微、太微、天市）中之一，为天帝南宫。㉝ 受制：受命。行：巡。司：监察。　㉞ 镇星：土星二十八年一周天，这样每年经过一宿，似乎逐年镇巡（压）二十八宿，故称为"镇星"。甲寅元始：以甲寅年作为纪年开始。建斗：镇星运行起于斗宿。㉟ 岁熟：庄稼丰收。　㊱ 土星每天、每年运行的距离和一周天的时间，算法同上。　㊲ 太白：金星。光色亮炽，故名。又称"启明"，因晨出东方；又称"长庚"，因夕出西方。　㊳ 入：指行星在肉眼视线中

消失。金星从甲寅正月晨出东方又到复出东方正是金星运行周期：240＋120＋240＋35＝635 天。　㊴ 偃：止息。　㊵ 辰星：水星。正：定，决定、规定。　㊶ 效：在、现。春分、秋分：节气名。是日昼夜平分。　㊷ 二旬：二十天。　㊸ 一时：一季。

【评析】

由于金、火两星最接近地球，所以人们对它们的观测尤为准确，这里作者记录火星为：荧惑"常以十月入太微……出入无常，辩变其色，时见时匿"。这就是说，因火星同地球的距离不断变化，其光亮度也随之变化，在众星间的位置也不断变化，时而出现时而藏匿。然而问题是，作者并非到此为止，而是对这种原本客观的星象观测注入主观意识，那就是对呈火红色、亮度多变、位置不定的火星冠以感情色彩极浓的"荧惑"名字，这照《天官占》注说为"荧惑"其精为风伯，并能"惑童儿歌谣嬉戏"；这样也就使人文精神契入天文知识，形成颇具特色的中国天文知识，在这里作者则是要构筑起天人感应体系。所以这里的金、火两星的"出与入"，即所谓的顺逆留守（守犯）也就与人间社会相联系；于是，就有荧惑火星有主刑罚之星的说法，它能对无道国家处以"为乱为贼为疾为表为饥为兵"，以谴告人君：要看懂天体星象、要明白天地之教，不可无道残暴。

这金、火两星是如此，其他土、木、水星也是如此。如将土星冠以"镇星"就在其中隐含着某种主观杀气……总之，颇具特色的中国天文学是将天体五星分布位置观测得越精到、描绘得越细致，则天体五星运行的"守犯"对人间社会的感应也就越深刻越广泛，这就是作者从本节开始想要说的和将要说的话。

何谓八风？① 距日冬至四十五日，条风至②；条风至四十五日，明庶风至③；明庶风至四十五日，清明风至④；清明风至四十五日，景风至⑤；景风至四十五日，凉风至⑥；凉风至四十五日,阊阖风至⑦;阊阖风至四十五日,不周风至⑧;不周风至四十五日,广莫风至⑨。

条风至,则出轻系,去稽留。⑩明庶风至,则正封疆,修田畴。⑪清明风至,则出币帛,使诸侯。⑫景风至,则爵有位,赏有功。凉风至,则报地德,祀四郊。⑬阊阖风至,则收县垂,琴瑟不张。⑭不周风至,则修宫室,缮边城。⑮广莫风至,则闭关梁,决刑罚。⑯

【今译】

什么叫八风?冬至日以后四十五天立春时条风到;条风到后四十五天春分时明庶风到;明庶风到后四十五天立夏时清明风到;清明风到后四十五天夏至时景风到;景风到后四十五天立秋时凉风到;凉风到后四十五天秋分时阊阖风到;阊阖风到后四十五天立冬时不周风到;不周风到后四十五天冬至时广莫风到。

条风来临就要释放关押的轻罪犯。明庶风来临就要修整疆域田地。清明风来临就要派使者拿币帛慰问诸侯。景风来临就要给官员封爵和奖赏有功人员。凉风来临就要回报大地的恩德和祭祀四方神灵。阊阖风来临就要收起悬挂的钟磬和停止弹奏琴瑟。不周风来临就要修缮宫室和边疆城池。广莫风来临就要封闭关卡和桥梁,判决案件和执行刑罚。

【注释】

① 八风:八种来自不同季节不同方向的风。这里作者用八种风来表示节候时令。八风的名称有多种。八风又常和八卦、八方相联系。　② 条风:亦称为炎风或融风。指立春时来自东北方的化生万物的春风。　③ 明庶风:指春分时使万物萌生的东风。　④ 清明风:亦称熏风。指立夏时温暖的东南风。　⑤ 景风:亦称巨风。指夏至时南方吹来的炎热大风。　⑥ 凉风:亦称凄风。指立秋时西南

方吹来的清凉风。 ⑦ 阊阖风：亦称飂风。指秋分时的西风。
⑧ 不周风：亦称厉风。指立冬时西北方吹来的凛冽寒风。 ⑨ 广莫风：亦称寒风。指冬至时来自北方大漠的寒风。 ⑩ 轻系：轻罪犯人。稽留：停留，引申为拘留、关押。 ⑪ 封疆：疆界、疆域。田畴：田地。 ⑫ 币帛：古代的赠礼，泛指财物。 ⑬ 郊：离都城百里谓郊。四郊：指四方神灵。 ⑭ 县：通"悬"。县垂：指悬挂于架上的钟磬乐器。因秋分杀气，国君憯怆，故要去钟磬之乐以示仁慈。 ⑮ 缮：修补、修缮。 ⑯ 关梁：关卡和桥梁。

【评析】

上节讲到"星"，本节讲到"风"。表面上看自然之风有社会意义，能指示人事政令，而实际上是指与八风所代表的节候时令相关的人事和政令；其中具有合理性，如以明庶风所代表的春分时节需要整治田地，以不周风所代表的立冬农闲而使人有暇修理宫室城防。但也有些是不好理解的，如"景风至则爵有位赏有功"、"阊阖风至则收县垂琴瑟不张"。这同样应了前面所说的《淮南子》"杂芜"、醇驳不一。

何谓五官？东方为田，南方为司马，西方为理，北方为司空，中央为都。①

何谓六府？②子午、丑未、寅申、卯酉、辰戌、巳亥是也。

太微者，太一之庭也，紫宫者，太一之居也。③轩辕者，帝妃之舍也。④咸池者，水鱼之囿也。⑤天阿者，群神之阙也。⑥四宫者⑦，所以为司赏罚。太微者主朱雀⑧，紫宫执斗而左旋⑨，日行一度，以周于天。日冬至峻狼之山⑩，日移一度，凡行百八十二度八分度之五，而夏至牛首之山⑪，反覆三百六十五度四分度之一而成一岁。天一元始⑫，正月建寅，日月俱入营室五度⑬。天一以始建七十六岁，日月复以正月入营室五度,无余分,名曰一纪。⑭凡二十纪,一千五百二十岁大终,日月星辰复始甲寅元。⑮日行一度,而岁有奇四分度之一⑯,故四岁而积千四百六十一日而复合故舍⑰,八十岁而复故日⑱。

子午、卯酉为二绳。⑲丑寅、辰巳、未申、戌亥为四钩。东北为报德之维也⑳,西南为背阳之维,东南为常羊之维㉑,西北为蹄通之维㉒。日冬至则斗北中绳㉓,阴气极,阳气萌,故曰冬至为德。日夏至则斗南中绳㉔,阳气极,阴气萌,故曰夏至为刑㉕。阴气极则北至北极,下至黄泉,故不可以凿地穿井。万物闭藏,蛰虫首穴㉖,故曰德在室㉗。阳气极则南至南极,上至朱天,故不可以夷丘上屋。㉘万物蕃息,五谷兆长,故曰德在野。㉙

日冬至则水从之,日夏至则火从之。故五月火正而水漏,十一月水正而阴胜。㉚阳气为火,阴气为水。水胜,故夏至湿;火胜,故冬至燥。燥故炭轻,湿故炭重。㉛日冬至井水盛,盆水溢,羊脱毛,麋角解,鹊始巢。八尺之修,日中而景丈三尺。㉜日夏至而流黄泽㉝,石精出㉞,蝉始鸣,半夏生㉟。蚊虻不食驹犊,鸷鸟不搏黄口。㊱八尺之景,修径尺五寸。景修则阴气胜,景短则阳气胜。㊲阴气胜则为水,阳气胜则为旱。

【今译】

什么叫五官?东方木星是主持农事的田官,南方火星是主持军事的司马,西方金星是主持刑法的理官,北方水星是主持土木建筑的司空,中央土星是官之都总。

什么叫六府?是指十二辰中的子午相配、丑未相配、寅申相配、卯酉相配、辰戌相配和巳亥相配。

太微垣是天帝的宫廷。紫微垣是天帝的住处。轩辕是嫔妃的宫室。咸池是水神的鱼池。天阿是群神的城墙。四守则主管奖赏惩罚。太微主管朱雀,紫微宫持北斗而左旋,每天运行一度而环绕周天。太阳冬至这天在峻狼山这方位,每天运行一度,运行了 $182\frac{5}{8}$ 度时正值夏至日到达牛首山这方位,然后往回走完 $365\frac{1}{4}$ 度,时间正好一年。太岁纪年的开始是在斗柄指向寅的正月初一晨旦,太阳月亮一起出现在营室宿五度的部位。太岁纪年起经过76年,太阳月亮又在正月初一晨旦一起出现在营室宿五度的部位,而运行的时间没有余数,这就叫"一纪"。而二十纪,即一千五百二十年就是"大终",这时的太阳月亮星辰又回复到以甲寅年作为纪年的元年位置。北斗日行一度,一年就有 $\frac{1}{4}$ 的零头数,所以经过四年就积累1461天,北斗星又回复到原来的起点位置,经过八十年,又回复到第一个始用的记日干支。

子午和卯酉分别连成经纬两条互相垂直的线。丑寅、辰巳、未申、戌亥分别组成东北、东南、西南、西北四角,即"四钩"。东北位于由阴复阳,所以叫阳气恢复之角,西南位于由阳复阴,所以叫阳气背离之角,东南阳气不盛不衰,所以叫阳气徜徉之角,西北纯阴,阳气将萌,需号使通之,所以叫呼号疏通之角。冬至时北斗北指子辰部位,与子午经线相合,这时阴气达到极限,阳气开始萌动,所以说冬至是给万物带来阳德的节气。夏至时北斗南指午辰部位,与子午经线相合,这时阳气达到极限,阴气开始萌动,所以说夏至是给万物带来刑杀的节气。阴气达到极限时,北至北极、下至黄泉都充满着阴气,所以这时不宜凿地打井。这时万物幽闭深藏,虫类进洞穴冬眠,所以说阳德在室内。阳气达到极限时,南至南极、上至朱天都充满着阳气,所以这时不宜平整山丘、上房顶做事。这时万物生殖繁衍,五谷开始生长,所以说这时阳德在野外。

冬至时虽阴水旺盛，但阳火也随之相伴，夏至时虽阳火旺盛，但阴水也随之相伴。所以五月火气旺盛而水气渗源出来，十一月水气旺盛而火气伴随上升。阳气为火，阴气为水。水气上升，所以夏至时空气潮湿；火气上升，所以冬至时空气干燥。空气干燥则木炭吸湿少而显得轻，空气潮湿则木炭吸湿多而显得重。冬至时井水上升，盆水也膨胀，羊脱毛和麋换角，鸟鹊开始建窝筑巢。中午树立八尺长的圭表，能测出它一丈三尺长的日影。夏至时地流黄泽，石精也冒水气，蝉开始鸣叫而半夏长成，蚊虻不咬马驹牛犊，猛禽不抓雏鸟。中午树立八尺长的圭表，能测出它一尺五寸长的日影。日影长则说明阴气强而日离地远，日影短则说明阳气强而日离地近。阴气过强则多雨水，阳气过强则多干旱。

【注释】

① 五官：五星分别担任的官职。田：农官，亦称"司农"。司马：主管军事的官。理：司法、刑法之官。司空：主管土木营造的官。都：总，指统管四方之官。　② 六府：六合，与一年十二辰中互相配合的六组时令。　③ 太一：天帝。紫宫：紫微垣。三垣中的中垣，居北天中央位置。　④ 轩辕：星官名。　⑤ 咸池：星官名。有星三颗，属毕宿。囷：圈起来养畜种植的地方。　⑥ 天阿：星名。属昴宿，于昴宿西。阙：城楼。　⑦ 四宫：四守，是星名，但所指未详。　⑧ 朱雀：朱鸟。南方兽。因太微垣属南，故称"太微者主朱雀"。　⑨ 斗：指北斗七星。由天枢、天璇、天机、天权、玉衡、开阳、摇光七颗亮星在北天排成斗形，故名。左旋：左向右旋转。　⑩ 峻狼之山：传说中的山名，亦称"南极之山"。　⑪ 牛首之山：传说中的山名，亦称"北极之山"。　⑫ 天一：即太岁。天一元始：指太岁纪年的开始。　⑬ 是指太岁纪年的元年元月，太阳月亮同时运行到营室宿五度位置，这时天象是"日月如连璧、五星若贯珠，皆右行"（《开元占经》五引许慎注）。　⑭ 以：从，起。余分：日月运行时间的余数小分。无余分：是指古历以19年为一章（刘歆"三统历"），而每一章里日月入营室的时间的余

数积累是九十九日有余分四分之三$\left(99\frac{3}{4}=19\times5\frac{1}{4}\right)$,四章七十六年$(19\times4=76)$的余数累积则是三百九十九天$\left(399=99\frac{3}{4}\times4\right)$,这样分数部分的余分皆尽,故曰"无余分"。纪：亦称"部"。《后汉书·律历志》："部法七十六。" ⑮ 大终：大的周期。王引之认为"大终"下当有"三终"二字,"一终而建甲戌,二终而建甲午,三终而复得甲寅之元,积四千五百六十岁"$(4\,560=1\,520\times3)$。 ⑯ 奇：余数,零头数。四分度之一：即 $365\frac{1}{4}$（天）中的"$\frac{1}{4}$"。 ⑰ 故舍：原来的宿位。复合故舍：回复到起始的辰位。是指斗柄从子位起始,四年后才又回复到子位开始,即四年而积一千四百六十一日$\left(1\,461=4\times365\frac{1}{4}\right)$。 ⑱ 曰：应为"日"。八十岁而复故日：上述讲到"一千五百二十岁（年）",以十九岁一章计,正好得八十,故曰"八十岁而复故日"。又：一年三百六十五日四分之一$\left(365\frac{1}{4}\right)$,四年正好经历子、卯、午、酉,第五年复归子正冬至日；又因一年有大余五,小余一（即 $365\frac{1}{4}$ 的 $5\frac{1}{4}$）,四年则成二十一日$\left(21=5\frac{1}{4}\times4\right)$,八十年积四百二十日,即 $21\times(80\div4)=420$,用六十甲子除之恰尽$(420\div60=7)$,无余分,故曰"八十岁而复故日"。又："一年凡三百六十五日四分日之一,八十岁（年）计有四百八十七甲子$\left(487=365\frac{1}{4}\times80\div60\right)$,而余分皆尽,仍复故日干支",也就是说八十年才能回复到第一个始用的记日干支（均见何宁《淮南子集释》）。 ⑲ 二绳：指经纬二线。子午为经线,卯酉为纬线,两线垂直将天分成四区。斗柄指向子辰是冬至,指向午辰是夏至,指向卯辰是春分,指向酉辰是秋分。 ⑳ 维：角。 ㉑ 常羊：即徜徉。 ㉒ 蹄：疑"啼"字之误。"啼","号"也。 ㉓ 中绳：北斗斗柄指向北,与子午绳相合。 ㉔ 斗南中绳：北斗斗指向南,与子午绳相合。　㉕ 为刑：夏至时阴气上升，使万物凋残，所以说"为刑"。
㉖ 首：向。　㉗ 德在室：冬至以后万物闭藏，这时阳气转入室内，故曰"德在室"。　㉘ 夷：平。　㉙ 兆长：指开始成长。野：野外。
㉚ 日冬至则水从之，日夏至则火从之：俞樾认为"水"、"火"二字当互易。是说冬至阴气至极，阳气萌动，故"火从之"；夏至阳气至极，阴气萌动，故"水从之"。从，指"随"。漏：渗。阴：乃"火"字之误。胜：升也。　㉛ 炭轻、炭重：指古代悬炭验气法。　㉜ 八尺之修：指八尺长的测量日影的圭表。修：长。景：影。　㉝ 流黄泽：指夏至阴气动于下，地下流溢出含有矿物体的黄色液体。　㉞ 石精：矿石。
㉟ 半夏：植物名，可入药。　㊱ 黄口：雏鸟。　㊲ 景修：如日影长度超出正常值，就为景修(影长)。

【评析】
　　本节主要讲北斗的运行及与之相关的气象与物象，这也为以后讲及气候(气象)与物候(物象)奠定了基础，于是物候学这门学科也有可能成立。这也说明《淮南子》一书隽绝璟琦、无所不有。

　　阴阳刑德有七舍。①何谓七舍？室、堂、庭、门、巷、术、野。②十二月德居室三十日③，先日至十五日，后日至十五日而徙所居各三十日④。德在室则刑在野，德在堂则刑在术，德在庭则刑在巷。阴阳相德，则刑德合门。⑤八月、二月，阴阳气均，日夜分平，故曰刑德合门。德南则生，刑南则杀。⑥故曰二月会而万物生，八月会而草木死。

【今译】
　　主刑杀的阴气和主生长的阳气有七处居住地方。什么是七处居住地方？就是指室、堂、庭、门、巷、术、野。十一月份阳气在内室居留三十天，也即冬至前后各居留十五天，然后依次转移至各舍，每在一舍均居留三十天。阳气在内室时则阴气在郊野，阳气在厅堂时则阴气在街道,阳气在庭院时则阴气在巷里。阳气和阴气平衡时,它们便集合在大门。八月秋分和二月春分时,阴阳二气不盛不衰平衡相处则昼夜相等,所以说阴气阳气便集合在大门。阳气由南遍及北,万物就生长,而阴气由北遍及南,万物就萧杀。所以说阴阳二气聚合于二月春分时,万物就生长,阴阳二气聚合于八月秋分时,草木就枯死。

【注释】

① 阴阳刑德:"日掌阳,月掌阴;阳为德,阴为刑"(《管子·四时篇》),这是说阴气主刑杀,所以称为"刑";阳气主生长,所以称为"德"。② 七舍:是指阴阳二气在天空停留的七区,即自子至午有七辰,它们是子、丑、寅、卯、辰、巳、午,故曰"七舍"。古人又将日常起居行止的室、堂、庭、门、巷、术、野比附七辰,即室为子(对)午、堂为丑(对)亥、庭为寅(对)戌、门为卯(对)酉、巷为辰(对)申、术为巳(对)未、野为午(对)子。这其中以"门"为中心,所以在门内者为庭、堂、室,在门外者为巷、术、野。术(術),疑为街(道)。野:郊野。 ③ 十二月:应为十一月。德居室:指阳气行止子辰,也指阳气在室内。 ④ 徙:转移。⑤ 古人以阴阳刑德七舍说明刑德的关系:冬至阳气生发于子辰,依次日盛,到午辰(夏至)达到极点而转为渐衰;夏至阴气生发于午辰,依次日盛,到子辰(冬至)达到极点而转为渐衰。于是相应的阴阳刑德关系产生了:冬至十一月为德在室而刑在野、十二月为德在堂而刑在术、正月为德在庭而刑在巷、二月(八月)为刑德合门、三月为德在巷而刑在庭、四月为德在术而刑在堂、夏至五月为德在野而刑在室、六月如四月、八月如二月、九月如正月、十月如十二月,这样刑德关系周备了。相德:相合,集合。德,通"得"。合门:合于"门"。 ⑥ 德南则生:德向南则表示由冬而夏,万物生长。刑南则杀:刑向南则表示由夏而冬,万物萧杀。

【评析】

古人处处表现出天上人间一体化,在这里作者又将人间日常起居行止的室、堂、庭、门、巷、术、野比附于天上的子(对午)、丑(对亥)、寅(对戌)、卯(对酉)、辰(对申)、巳(对未)、午(对子)，来说明天体运行、气象变化及其与人事物象的关系，以便能区分人类和物类在不同季节活动的区域范围。而其中以阴阳二气的循环变化所构成的一年四季的气候变化，为人类物类的活动变化提供了客观基础，具有合理性。

两维之间，九十一度十六分度之五①，而升日行一度，十五日为一节，以生二十四时之变②。斗指子，则冬至，音比黄钟。③加十五日指癸，则小寒，音比应钟。④加十五日指丑，则大寒，音比无射。⑤加十五日指报德之维，则越阴在地。⑥故曰距日冬至四十六日而立春⑦，阳气冻解⑧，音比南吕⑨。加十五日指寅，则雨水，音比夷则。⑩加十五日指甲，则雷惊蛰，音比林钟。⑪加十五日指卯中绳⑫，故曰春分，则雷行，音比蕤宾⑬。加十五日指乙，则清明风至，音比仲吕。⑭加十五日指辰，则谷雨，音比姑洗。⑮加十五日指常羊之维，则春分尽。⑯故曰有四十六日而立夏，大风济，音比夹钟。⑰加十五日指巳，则小满，音比太蔟。⑱加十五日指丙，则芒种，音比大吕。⑲加十五日指午，则阳气极。故曰有四十六日而夏至，音比黄钟。加十五日指丁，则小暑，音比大吕。加十五日指未，则大暑，音比太蔟。加十五日指背阳之维，则夏分尽。故曰有四十六日而立秋，凉风至，音比夹钟。加十五日指申，则处暑，音比姑洗。加十五日指庚，则白露降，音比仲吕。加十五日指酉，中绳。故曰秋分，雷戒，蛰虫北乡⑳，音比蕤宾。加十五日指辛，则寒露，音比林钟。加十五日指戌，则霜降，音比夷则。加十五日指蹄通之维,则秋分尽。故曰有四十六日而立冬,草木毕死,音比南吕。加十五日指亥,则小雪,音比无射。加十五日指壬,则大雪,音比应钟。加十五日指子。故曰阳生于子,阴生于午。阳生于子,故十一月日冬至,鹊始加巢㉑,人气钟首㉒。阴生于午,故五月为小刑㉓,荠、麦、亭历枯㉔,冬生草木必死。

【今译】

东北和东南两角之间各是 $91\frac{5}{16}$ 度,而北斗每天运行一度,运行十五天为一个节气,产生出一年二十四节气的变化。斗柄指向子位时就是冬至,音律配黄钟。经过十五天斗柄指向癸位时就是小寒,音律配应钟。经过十五天斗柄指向丑位时就是大寒,音律配无射。经过十五天斗柄指向报德之维的丑寅之间,这时表示阴气已散扩到地底下。所以说距离冬至四十六天就是立春,阳气消融冰冻,音律配南吕。经过十五天斗柄指向寅位时就是雨水,音律配夷则。经过十五天斗柄指向甲位时就是惊蛰,春雷惊动万物,音律配林钟。经过十五天斗柄指向卯辰,与卯酉纬线相合,故这是春分而雷鸣发生,音律配蕤宾。经过十五天斗柄指向乙位时就是清明风到,音律配仲吕。经过十五天斗柄指向辰位时就是谷雨,音律配姑洗。经过十五天斗柄指向常羊之维的辰巳之间,这时表示春季时令结束。所以说春分以后四十六天就是立夏,大风止息,音律配夹钟。经过十五天斗柄指向巳位时就是小满,音律配太蔟。经过十五天斗柄指向丙位时就是芒种,音律配大吕。经过十五天斗柄指向午位时,这时阳气达到极点。所以说立夏以后四十六天就是夏至,音律配黄钟。经过十五天斗柄指向丁位时就是小暑,音律配大吕。经过十五天斗柄指向未位时就是大暑,音律配太蔟。经过十五天斗柄指向背阳之维的未申之间,这时表示夏季时令结束。所以说夏至以后四十六天就是立秋,凉风吹来,音律配夹钟。经过十五天斗柄指向申位时就是处暑。音律配姑洗。经过十五天斗柄指向庚位时就是白露,露水降临,音律配仲吕。经过十五天斗柄指向酉辰,与酉卯纬线相合,故这是秋分而雷鸣收藏,冬眠动物开始钻进面南的洞穴,音律配蕤宾。经过十五天斗柄指向辛位就是寒露,音律配林钟。经过十五天斗柄指向戌位时就是霜降,音律配夷则。经过十五天斗柄指向蹄通之维的戌亥之间,这时表示秋季时令结束。所以说秋分以后四十六天就是立冬,草木枯死,音律配南吕。经过十五天斗柄指向亥位时就是小雪,音律配无射。经过十五天斗柄指向壬位时就是大雪,音律配应钟。经过十五天斗柄指向子位时表示一年二十四节气运转完毕。所以说阳气生于子辰,阴气生于午辰。阳气生于子辰,所以冬至十一月,喜鹊开始筑巢建窝,人之阳气也运行升聚到头部。阴气生于午辰,所以五月有轻微的杀气,荠、麦、葶苈这时成熟枯萎,冬天长出的草木这时一定死亡。

【注释】

① 两维之间:即四分之一周天$\left(周天365\frac{1}{4}度\right)$,两维之间为$91\frac{5}{16}$度。 ② 升:应为"斗"。十五日为一节:以每十五天为一节气,一共二十四节气,即为三百六十天。但以现代观点推算二十四节气,并不是平均十五天为一节。 ③ 比:配合,从属。黄钟:十二律之第一律。原注为"钟者,聚也,阳气聚于黄泉之下也"。又,十二律为中国古代乐律,古人用三分损益法将一个八度分为十二个不完全相等的半音的一种律制。其名称为黄钟、大吕、太蔟、夹钟、姑洗、仲吕、蕤宾、林钟、夷则、南吕、无射、应钟。古人又往往将此与二十四节气相配:从小寒到夏至按十二律倒序一一比附节气,夏至到冬至则按十二律顺序一一比附节气。 ④ 应钟:原注为:"应钟,十月也。阴应于阳,转成其功,万物应时聚藏,故曰应钟。" ⑤ 无射:原注为:"无射,九月也。阴气上升,阳气下降,万物随阳而藏;无有射出见也。故曰无射。" ⑥ 越阴在地:指阴气扩散到地下。 ⑦ 故曰距日冬至四十六

日而立春：按十五天为一节的话，冬至到立春应是四十五天，而这里是四十六天，为何成四十六天？是因为每一节气长实际上不止十五天，是十五点二多天，这样为了每年三百六十五度四分度之一（$365\frac{1}{4}$ 天），所以在立春、立夏、夏至、立秋、立冬五个节气前加一天，故也就成了"冬至四十六日而立春"。 ⑧ 阳气冻解：立春阳气解地上之冻。 ⑨ 南吕：原注为："南吕，八月也。南，任也。言阳气内藏，阴侣于阳，任成其功，故曰南吕也。" ⑩ 夷则：原注为："夷则，七月也。夷，伤。则，法也。阳衰阴发，万物彫伤，应法成性，故曰夷则也。" ⑪ 林钟：原注为："林钟，六月也。林，众。钟，聚也。阳极阴生，万物众聚而盛，故曰林钟。" ⑫ 中绳：指卯酉绳。 ⑬ 蕤宾：原注为："蕤宾，五月也。阴气萎蕤在下，似主人，阳在上似宾客，故曰蕤宾也。" ⑭ 仲吕：原注为："仲吕，四月也。阳在外，阴在中，所以吕中于阳，助成功也。故曰仲吕也。" ⑮ 姑洗：原注为："姑洗，三月也。姑，故也。洗，新也。阳气养生，去故就新，故曰姑洗也。" ⑯ 春分尽：春季时令已尽。 ⑰ 济：止。夹钟：原注为："夹钟，二月也。夹，夹也。万物去阴夹阳地而生，故曰夹钟也。" ⑱ 太蔟：原注为："太蔟，正月也。蔟，簇也。阴衰阳发，万物蔟地而生，故曰太蔟。" ⑲ 大吕：原注为："大吕，十二月也。吕，侣也。万物萌动于下，未能达见，故曰大吕。所以配黄钟，助阳宣功也。" ⑳ 雷戒：雷鸣收藏，雷声禁匿。北：背。乡：通"向"。北乡：指冬眠之虫多选择坐北向南的洞穴。 ㉑ 加：架。加巢：筑巢。 ㉒ 钟：集中，聚集。 ㉓ 小刑：五月夏至阳之极，阴之初，即有轻微杀气，故曰"小刑"。 ㉔ 荠：荠菜。亭历：葶苈。

【评析】

本节根据北斗运行的规律与一年二十四节气的关系来说明相关的气象物象；又在将各音律特点与相应季节气象物候特征相通的基础上，用十二律配二十四节气，使原本被《吕氏春秋·音律篇》神秘化的音律再一次被涂上神秘色彩。

斗杓为小岁①,正月建寅,月从左行十二辰②。咸池为太岁③,二月建卯,月从右行四仲④,终而复始。太岁迎者辱,背者强⑤;左者衰,右者昌⑥。小岁东南则生,西北则杀⑦;不可迎也,而可背也;不可左也,而可右也。其此之谓也。大时者,咸池也;小时者,月建也。⑧天维建元,常以寅始。⑨起右徙,一岁而移⑩,十二岁而大周天,终而复始。淮南元年冬⑪,太一在丙子,冬至甲午,立春丙子⑫。二阴一阳成气二,二阳一阴成气三。⑬合气而为音⑭,合阴而为阳⑮,合阳而为律⑯,故曰五音六律。音自倍而为日,律自倍而为辰。⑰故日十而辰十二。月日行十三度七十六分度之二十六⑱,二十九日九百四十分日之四百九十九而为月⑲。而以十二月为岁,岁有余十日九百四十分日之八百二十七,故十九岁而七闰。⑳

【今译】
　　北斗七星中斗柄三星叫做小岁,它在正月指向寅辰时开始运行,每月从左至右运行,十二辰为一周天。咸池三星称为大岁,它在二月从卯位开始运行,每月从右至左运行,四仲为一周天,终而复始。就大岁而言,如果逆着它就会受辱、顺着它就会强盛;违反它则衰落、顺从它则昌盛。同样,小岁指向东南时万物生长,指向西北时万物萧杀;不可逆违它,只能顺从它;不可左行而只可右行。上述就是这个意思。用来确定大时四季的是大岁(咸池)的运行,用来确定小时月份的是小岁的运行。以太岁来纪年,通常是从寅辰部位开始的。从右运行,一年后移动到下一辰次,经过十二年走完一周天,终而复始。淮南王元年冬,太岁在丙子,甲午日冬至,丙子日立春。二阴一阳成阴气二,二阳一阴成阳气三。阴气二阳气三合成五行之气（水、火、木、金、土）而为宫、商、角、徵、羽五音，二阴合一阳为三（阳数），合二个阳数（三）便得六而为六律。所以五音六律就是这样的。而五音的倍数就是十，也就形成十日干数，六律的倍数就是十二，也就形成十二地支数。所以天干是十而地支是十二（辰）。月球每天运行 $13\frac{28}{76}$ 度，$29\frac{499}{940}$ 天为一个月。一年定为十二个月，这样一年就有余数 $10\frac{827}{940}$ 天，所以十九年积累的余数约合七个月，"故十九岁而七闰"。

【注释】

① 斗杓：北斗柄。北斗七星中第五至第七为杓，第一至第四为魁。小岁：斗杓三星确定小时月份，指无闰月的一年十二月。　② 正月建寅：斗柄指向寅辰位为元月。左行：顺时针方向运行，即从东向南向西向北谓"左行"。十二辰：以十二地支表示的十二区域，一辰为一个月。　③ 咸池：星官名。有星三颗，属毕宿。太岁：即大岁。　④ 二月建卯：指大岁在二月从卯位始行。右行：逆时针方向运行，即从西向南向东向北谓"右行"。四仲：十二辰中处中间辰的天区，即子午卯酉。四个月为一仲，一年四仲。　⑤ 迎：逆，向着、对着。背：指"顺"，跟"向着"相对（背部对着）。　⑥ 左：与"迎"义同。右：与"背"（顺）义同。　⑦ 小岁东南则生：北斗柄指向东南为春夏季节，为阳，故万物生长。西北则杀：斗柄指向西北为秋冬季节，为阴，故万物萧杀。　⑧ 大时：四季（四仲）。小时者，月建也：是以斗柄来确定月份，如指向午为五月，指向卯为二月。　⑨ 天维：指太岁。建元：纪年的元年。常以寅始：以正月寅辰为一年之始。　⑩ 一岁而移：一年移动一辰，也即是一年后移动到下一辰次。　⑪ 淮南元年：淮南王刘安受封为王的一年，即在汉文帝十六年，公元前164年。　⑫ 太一：太岁。　⑬ 气二：阴气二，即阴之数以二而偶。气三：阳气三，即阳之数以三而奇。二阴一阳成气三，二阳一阴成气三：俞樾认为："二阴一阳则二二如四，一三如三，（三、四相加）其数七。除（减去）

五(阴二阳三)生数,则得成数二,所谓二阴一阳成气二也。二阳一阴则二三如六(二个三等于六),一二如二(一个二等于二),(六、二相加)其数八。除(减去)五(阴二阳三)生数,则得成数三,所谓二阳一阴成气三也"(见何宁《淮南子集释》)。 ⑭ 合气而为音:即合阴气二和阳气三为五气,五气以土火金水木为宫徵商羽角。 ⑮ 合阴而为阳:合上述"二阴一阳"中的"二阴"和"二阳一阴"中的"一阴"为数"三","三"为奇数,也为阳数,故曰"合阴而为阳"。 ⑯ 合阳而为律:阳之数以三而奇,合二个"三"便得六;十二律中以黄钟、太蔟、姑洗、蕤宾、夷则、无射(六律)为阳律,又以大吕、夹钟、仲吕、林钟、南吕、应钟(六律)为阴律(阳律又称为"律",阴律又称为"吕",合称"律吕"),六即"六律"。故曰"合阳而为律。" ⑰ 音自倍而为日:即五音的倍数为十。日:即记日的十天干,故曰"音自倍而为日。"律自倍而为辰:即六律的倍数为十二。辰:十二地支。所以说"律自倍而为十二辰(地支数)。 ⑱ 二十六:当作二十八。"月日行十三度七十六分度之二十八"是这样得出的:一纪日周七十六年,月周千一十六(1016),以日周除月周(1016÷76),得十三度七十六分度之二十八$\left(13\frac{28}{76}\right)$,是以月周比日之月行得此数,故定为一日之月行也,即 $13\frac{28}{76}$ 是月的日行度数。 ⑲ "二十九日九百四十分日之四百九十九$\left(29\frac{499}{940}\right)$而为月"是这样得出的:一纪月数为九百四十,即 $12\times76+7\times4=940(7\times4$ 是闰月数),而日数为二万七千七百五十九,以月数除日数(27759÷940),得二十九日九百四十分日之四百九十九$\left(29\frac{499}{940}\right)$,是以纪月比一月之日分得此数,所以定为一月之日数。 ⑳ 十九岁而七闰:以每月日数为 $29\frac{499}{940}$ 计,一年为 $354\frac{348}{940}\left(354\frac{348}{940}=29\frac{499}{940}\times12\right)$,与实际 $365\frac{1}{4}$ 天比,还差 $10\frac{827}{940}$ 天,积十九年(一章)之差日为 $206\frac{673}{940}$

$\left(206\frac{673}{940}=10\frac{827}{940}\times19\right)$,而这 $206\frac{673}{940}$ 天约合七个月,所以说"十九岁而七闰"。

【评析】

本节除进一步叙述天体运行规律外,还就音律、干支与阴阳二气的关系作了阐述。这其中"合气而为音",即气生音的观点还是相当有道理的。在本篇《天文训》开头讲及阴阳二气以来,"气"就多次被论及,这说明作者已非常重视"气"在万物产生过程中的作用。

日冬至子午,夏至卯酉。① 冬至加三日,则夏至之日也。② 岁迁六日。③ 终而复始。壬午冬至,甲子受制④,木用事,火烟青⑤。七十二日,丙子受制,火用事,火烟赤。七十二日,戊子受制,土用事,火烟黄。七十二日,庚子受制,金用事,火烟白。七十二日,壬子受制,水用事,火烟黑。七十二日而岁终,庚子受制。岁迁六日,以数推之,七十岁而复至甲子。⑥

【今译】

冬至日通常在子日或午日,夏至日通常在卯日或酉日。冬至的日子加上三天就是夏至的日子。而从夏至到下一个冬至则日子移迁六天。这种加三迁六现象一年一循环,周而复始。如果冬至壬午日,那么甲子受命起行主管春季,这时木气为主宰,火烟呈青色。从冬至七十二天后,丙子受命起行主管季夏,这时火气为主宰,火烟呈红色。再过七十二天后,戊子受命起行主管季夏,这时土气为主宰,火烟呈黄色。再过七十二天后,庚子受命起行主管秋季,这时金气为主宰,火烟呈白色。再过七十二天后,壬子受命起行主管冬季,这时水气为主宰,火烟呈黑色。再过七十二天一年结束,下一年庚子受命起行主管春节。每年移迁六天,按这个数字来推算,七十年又回到冬至甲子受命起行主宰春季。

【注释】

① 子午、卯酉：这里是以干支记日。　② 冬至加三日，则夏至之日也：冬至子日到夏至卯日相隔三，如 1993 年冬至是农历十一月十日，到 1994 年夏至是农历五月十三日，十日到十三日相隔三。所以说"冬至加三日，则夏至之日也"。又：冬至距离夏至是百八十二日十六分日之十 $\left(182\frac{10}{16}\right)$，去百八十日，余二日过半 $\left(182\frac{10}{16}-180=2\frac{10}{16}\right.$ 天$\left.\right)$，取整数言三日。　③ 岁迁六日：是指由夏至到当年冬至，日子向前移动六日，如 2000 年夏至是农历五月二十日，到 2000 年冬至是农历十一月二十六日，二十日"迁六日"为二十六。所以说"岁迁六日"。又：这"六日"也是取整数。实际上这"迁六日"和"加三日"都是有多有少的。　④ 受制：受命。　⑤ 木用事，火烟青：这是指用五子（甲子、丙子、戊子、庚子、壬子）和五行（水、火、木、金、土）及一年（360 天整数）五个七十二日相配。这样冬至甲子受制（禀受天神命令）以木用事，配以五色（青赤黄白黑），故冒出的烟为"青色"。所以说"木用事，火烟青"。以下类推。又：这"青"既属"木"，也属"春"和"东"，所以这五子、五行、五色还和四季、五方相配。以下也作类推。　⑥ 七十岁而复至甲子：五子分一年（72×5＝360 天），余 $5\frac{1}{4}$ 天，取整数六天；又因为《淮南子》云"庚子受制"，庚子在甲子后三十六天，"是五子受制，岁迁三十六也"，这样七十岁则积二千五二十日（70×36＝2 520÷60＝42），"适盈四十二旬周，故复至甲子（60）"（见何宁《淮南子集释》）。又，王引之说："由甲子受制每岁以迁六日推之，至十岁而六十甲子，终而复始，则当作'十岁而复至甲子'。今本'十'上有'七'字，涉上文'七十二日'而衍也。"（同上书）

【评析】

作者承袭传统做法，将五子（甲子、丙子、戊子、庚子、壬子）、五行（水、火、木、金、土）、五色（青、赤、黄、白、黑）、五方（东、西、南、北、中）、四季(春、夏、秋、冬)和五个七十二天相配,使之程序化,目的是为了能受制于天命,这就如《管子·五行篇》中讲的:"日至(冬至),睹甲子木行御,天子出令(政令),七十二日毕。睹丙子火行御,天子出令,七十二日毕……"这样,天上人间一体化,人间社会每年每月每日的每一事每一物均有出处来源,具有合理性,帝王统治也就具有权威性,而生活在这种程式中的人也无必要探天究地、疑惑不断乃至影响朝政。

甲子受制,则行柔惠,挺群禁①,开阖扇②,通障塞③,毋伐木④。丙子受制,则举贤良,赏有功,立封侯,出货财⑤。戊子受制,则养老鳏寡⑥,行粰鬻⑦,施恩泽。庚子受制,则缮墙垣,修城郭⑧,审群禁,饰兵甲⑨,儆百官,诛不法⑩。壬子受制,则闭门闾,大搜客,断刑罚,杀当罪,息关梁⑪,禁外徙。

甲子气燥浊⑫,丙子气燥阳⑬,戊子气湿浊⑭,庚子气燥寒⑮,壬子气清寒⑯。丙子干甲子,蛰虫早出,故雷早行。⑰戊子干甲子,胎夭卵毈⑱,鸟虫多伤。庚子干甲子,有兵。壬子干甲子,春有霜。戊子干丙子,霆。庚子干丙子,夷。⑲壬子干丙子,雹。甲子干丙子,地动。庚子干戊子,五谷有殃。壬子干戊子,夏寒雨霜。甲子干戊子,介虫不为。⑳丙子干戊子,大旱,苽封熯。㉑壬子干庚子,大刚鱼不为。㉒甲子干庚子,草木再死再生。丙子干庚子,草木复荣。㉓戊子干庚子,岁或存或亡。㉔甲子干壬子,冬乃不藏。㉕丙子干壬子,星队。㉖戊子干壬子,蛰虫冬出其乡。㉗庚子干壬子,冬雷其乡。㉘

季春三月,丰隆乃出,以将其雨。㉙至秋三月,地气不藏,乃收其杀。㉚百虫蛰伏,静居闭户。青女乃出,以降霜雪,行十二时之气,以至于仲春二月之夕,乃收其藏而闭其寒。㉛女夷鼓歌,以司天和㉜,以长百谷禽鸟草木。孟夏之月,以熟谷禾,雄鸠长鸣,为帝候岁㉝。是故天不发其阴,则万物不生;地不发其阳,则万物不成。天圆地方,道在中央。日为德,月为刑。月归而万物死,日至而万物生。远山则山气藏,远水则水虫蛰,远木则木叶槁,日五日不见,失其位也,圣人不与也。㉞

【今译】
　　甲子受命的春季,应当实施仁慈和恩惠,解除各种禁令,敞开城门,疏通路障关卡,不要砍伐正在生长的树木。丙子受命的夏季,应当推举贤良之士,奖赏有功之臣,封立王侯,颁发财物。戊子受命的季夏,应当赡养老人及寡妇鳏夫,施舍黏稠米粥,广施恩泽。庚子受命的秋季,应当修缮院墙城廓,审察各种禁令,整治兵器装备,儆诫百官,惩治犯罪分子。壬子受命的冬季,应当关闭城门闾门,全面搜查外流人员,判定刑罚,处决死罪犯人,封锁关卡桥梁,禁止人员迁徙。
　　甲子之气干燥混浊,丙子之气干燥温热,戊子之气温热混浊,庚子之气干燥寒冷,壬子之气清冽寒冷。如果丙子之气犯甲子之气,则冬眠动物就会提早出来和春雷也提早出现。如果戊子之气犯甲子之气,则动物胎儿夭折,禽卵孵不出幼雏,以及虫鸟受伤害。如果庚子之气犯甲子之气,则会有战事兵祸。如果壬子之气犯甲子之气,则春有霜冻。如果戊子之气犯丙子之气,则有雷霆出现。如果庚子之气犯戊子之气,则会发生闪电。如果壬子之气犯丙子之气,则会有冰雹出现。如果甲子之气犯丙子之气,则会发生地震。如果庚子之气犯戊子之气,则五谷遭残害。如果壬子之气犯戊子之气,则夏天寒冷甚至下霜。如果甲子之气犯戊子之气,则介甲动物发育不正常。如果丙子之气犯戊子之气,则大旱和茭白枯死。如果壬子之气犯庚子之气,则鱼儿不能正常生长。如果甲子之气犯庚子之气,则草木死而复生。如果丙子之气犯庚子之气,则草木再次开花。如果戊子之气犯庚子之气,则收成或有或无。如果甲子之气犯壬子之气,则温暖如春冬天不利收藏。如果丙子之气犯壬子之气,则有流星坠落。如果戊子之气犯壬子之气,则冬眠动物在冬天会跑出洞穴。如果庚子之气犯壬子之气,则冬天响雷。

季春三月,丰隆便露面,开始行雨。季秋三月,地气向下伏藏,大自然有了收敛的萧杀之气。各种昆虫蛰伏起来,关闭门户静静地待在洞穴里。这时青女便露面,降霜下雪,施行十二时令之气,直到明年仲春二月下旬,才结束伏藏阳气而闭塞阴寒之气。女夷出来踏乐而歌,主管着上天自然温和之气,促使百谷禽鸟草木发育生长。孟夏四月,温和阳气使谷物成熟,雄鸠不断鸣叫,为天帝预报节候。因此,天如果不释放阴冷之气,则万物不能生育;地如果不散发阳热之气,则万物不能成熟。天圆地方,而道则在中央。太阳为德泽,月亮为刑杀。月刑到来则万物死亡,日德到来则万物生存。太阳如果远离山则山气就藏伏,如果远离水则水中鱼就蛰伏,如果远离树木则树叶就枯萎,这就是说太阳如果连续五天不出来露脸,就是失职,连圣人都不会高兴的。

【注释】

①挺:宽,缓。引申为放宽、解除。 ②阖、扇:用木做的门称"阖",用竹苇编的门叫"扇"。这里泛指门。 ③通障塞:冬天设的路障关塞,春天开通。 ④毋伐木:春天助生长发育,故古代规定春天保护树木。 ⑤出货财:古代认为丙子受命的夏季"生气方盛,阳气发泄"所以要打开府库颁发财物。 ⑥鳏寡:老而无妻曰鳏,老而无夫曰寡。 ⑦粝:馆,即稠粥。粝鬻:即馆鬻,意为黏稠米粥。 ⑧垣:矮墙。郭:廓。 ⑨饬:通"饬",整治的意思。 ⑩儆:告诫。 ⑪息:关闭、封锁。 ⑫甲子气燥浊:指甲子受制的七十二天(包括十一月、十二月和一月的小半),由于阴阳之气相交,故气干燥混浊。 ⑬丙子气燥阳:指丙子受制的七十二天(约包括一月的大半、二月和三月的大半),由于阳气兴盛,故气干燥温热。 ⑭戊子气湿浊:指戊子受制的七十二天(约包括三月的小半、四月、五月和六月

的小半),由于湿热,故气湿热混浊。 ⑮ 庚子气燥寒:指庚子受制的七十二天(约包括六月的大半、七月和八月的大半),由于阴气上升,故气趋于干燥寒冷。 ⑯ 壬子气清寒:指壬子受制的七十二天(约包括八月的小半、九月和十月),由于阴冷,故气清冽寒冷。 ⑰ 干:犯、冲。丙子干甲子:指"气"之相冲相克。这里是说燥阳之气冲犯燥浊之气,从而能引起气候物候的反常。下文"戊子干甲子"等也均是如此。 ⑱ 鷇:卵(蛋)孵不出鸟称"鷇",即孵不出鸟的坏蛋(鷇)。 ⑲ 夷:伤,也可为"电"。从上下文来看,以"电"为好,即上文为"霆",下文为"雹"(参见马宗霍《淮南旧注参正》)。 ⑳ 不为:不成。 ㉑ 菰:蓏,即茭白,草本植物,长于浅水中,嫩茎基部经某种菌寄生后膨大,可当蔬菜吃。熯:烤干,"旱"的意思。 ㉒ 大刚鱼不为:王引之认为"大"是衍文,"刚"是"则"之误,应当是"则鱼不为"四字连读。 ㉓ 荣:草木开花。 ㉔ 存、亡:有、无。 ㉕ 不藏:气候温暖不利收藏。 ㉖ 队:坠。 ㉗ 乡:地方,这里指洞穴之类。 ㉘ 其乡:"其乡"二字涉上文而衍(于鬯语)。 ㉙ 丰隆:神名。有的认为是"雷公",有的认为是"云师"。将:行。 ㉚ 不藏:"不藏""不"当为"下","不""下"形近,又涉上"冬乃不藏"而误也(何宁《淮南子集释》)。 ㉛ 青女:神名。高诱注曰:"青女,青霄玉女,主霜雪也。"故青女主管至秋到仲春这时间内的十二个节气的阴寒之气。 ㉜ 女夷:神名,主管春夏长养的神。司:主管。 ㉝ 鸠:鸟名。候:候望,预报、预告的意思。 ㉞ 与:古文中"豫"、"与",相通,喜悦、高兴的意思。

【评析】

本节一开头重复着与节候时令相关的人事和政令,所不同的是上述将这些与"八风"联系在一起,这里则将此与"五子"相联系;但不管是"八风"还是"五子",有一点是可以肯定的,那就是古代社会中人该干什么不该干什么被认为是与节候时令相联系的。所以,最后作者请出主管秋冬萧杀的青女和司职春夏长养的女夷,来喻说社会中的人既要看懂"日一南而万物死,日一北而万物生"(《太玄》)的自然道理,也要看懂"日(太阳)远山则山气藏、远水则水虫蛰、远木则木叶槁"的自然现象,总之须明白在二十四节气下人该干什么不该干什么。

那么,如果节候时令出现反常,人又该如何办呢?接下作者就讲到自然界因阴阳、燥湿、清浊之气的相克相冲(犯)而带来的反常的气候和物候,如丙子之气犯冲甲子之气就会导致春暖如夏、春雷早鸣、蛰虫早出的现象,这同样提醒人们要看懂这些反常的气候和物候,明白该干什么不该干什么……在这里作者处处使天人相应程式化、格式化,于是难免有牵强附会处,不可理喻的东西也必然出现。

日出于旸谷,浴于咸池,拂于扶桑,是谓晨明。① 登于扶桑,爰始将行,是谓朏明。② 至于曲阿,是谓旦明。③ 至于曾泉,是谓蚤食。④ 至于桑野,是谓晏食。⑤ 至于衡阳,是谓隅中。⑥ 至于昆吾,是谓正中。⑦ 至于鸟次,是谓小还。⑧ 至于悲谷,是谓铺时。⑨ 至于女纪,是谓大还。⑩ 至于渊虞,是谓高春。⑪ 至于连石,是谓下春。⑫ 至于悲泉,爰止其女⑬,爰息其马,是谓县车⑭。至于虞渊,是谓黄昏。⑮ 至于蒙谷,是谓定昏。⑯ 日入于虞渊之汜,曙于蒙谷之浦。⑰ 行九州七舍,有五亿万七千三百九里,禹以为朝、昼、昏、夜。⑱ 夏日至则阴乘阳,是以万物就而死。⑲ 冬日至则阳乘阴,是以万物仰而生。昼者阳之分⑳,夜者阴之分。是以阳气胜则日修而夜短,阴气胜则日短而夜修。

【今译】

太阳从旸谷出来,在咸池沐浴以后,掠过扶桑树木,这时叫晨明。升上扶桑树顶,于是开始启程,这时叫黎明。到达曲阿山时,叫旦明。到达水泽曾泉,正是用早点时间。而到达桑野是用午餐时间。到达衡阳山顶,正好接近中午。到达昆吾山时,日在正中。到达鸟次,这时是中午偏西。到了悲谷正是铺时,该用晚饭了。再到西北的女纪,太阳更是偏西。到达渊虞后,已是傍晚舂米时。再到连石山时,太阳也就快要隐没了。而到了悲泉,全天行程将完,于是让驭手卸车息马,悬车休息。到了虞渊,已是黄昏时分。再到蒙谷,天已黑,是黄昏之后的定昏了。这时太阳入息于虞渊水边,阳光余辉映照着蒙谷之畔。太阳每天行经九州、七舍,行程五亿万七千三百零九里,可将此分为早晨、白天、黄昏和夜晚四个阶段。夏至时阳气回落阴气上升,所以万物趋于死亡。冬至时阴气回落阳气上升,所以万物向往着而生长。白昼属阳气管辖,夜晚属阴气主管。因此,阳气为主时白天长而夜晚短,阴气为主时白天短而夜晚长。

【注释】

① 旸谷:日出的地方。咸池:传说中东方大泽。拂:掠过。扶桑:神木名。晨明:曙光初照。日行第一个时刻。作者将太阳一天中不同的位置分成十六个时刻。　② 朏:天将亮。　③ 曲阿:神话中的山名。旦明:天亮。　④ 曾泉:神话中的地名。其地多泉,故名。蚤:通"早"。　⑤ 桑野:神话中的东方地名。晏:迟。迟于早饭之时。　⑥ 衡阳:神话中的地名。隅中:近中午之时。　⑦ 昆吾:神话中的山名。正中:日正当空。　⑧ 鸟次:神话中的西南山名。小还:小"迁"。指日过正中,略向西偏(迁)。　⑨ 悲谷:神话中的西南之大壑,"言其深峻,临其上令人悲思,故曰悲谷"(见《淮南子》原注)。铺:又作"晡","食"的意思。铺时:吃晚饭的时候(申时)。　⑩ 女纪:神话中西北地名。大还:大迁。指日更偏西。　⑪ 渊虞:神话中的地名。高舂:指农家舂米大多在傍晚的时候。　⑫ 连石:神话中西北山名。下舂:傍晚舂米将结束,指时间更向后。　⑬ 悲泉:神话中的地名。其女:指神话中的驭手羲和(见《山海经·大荒南经》)。　⑭ 县:"悬"的古字。　⑮ 虞渊:神话中的地名。黄昏:这时因光线暗淡,视物昏黄。　⑯ 蒙谷:神话中北极山名。定昏:指天色全黑,视物不清。　⑰ 氾:水边。曙:日光、日辉。浦:水边。　⑱ 禹:应

作"离"。王念孙认为："禹"当为"離"。俗书"離"字作"离"，脱去右畔而为"禹"耳。离：分。　⑲乘：胜。　⑳分：职分，分管。还有"时分"的意思。

【评析】

因为天上人间一体化，所以作者在这里用了拟人化的语言，描绘太阳一天运行的轨迹场所，即自旸谷至虞渊的"九州七舍"、"十六所"。这日行"十六所"在王充那里被称为"日行天十六道"，他在《论衡·说日篇》中说道："五月之时，昼十一分、夜五分。六月昼十分、夜六分。从六月往至十一月，月减一分。岁日行天十六道也。"而这"十六所"和"十六道"又与"漏刻"(时刻)相关，即日以百刻，以十六所约之，得 6.25 刻为一所，如昼夜平分，就各行八所；如昼夜有长短，按其比率而损益。在这昼夜平分八所、50 刻的基础上，能损益得出夏至日昼长则多 8.75 刻，即 58.75 刻，约合 60 刻；冬至日昼短则少 8.75 刻，即 41.25 刻，约合 40 刻。所以会有这样的说法："古制刻漏，昼夜百刻；昼长六十刻，夜短四十刻；昼短四十刻，夜长六十刻；昼中五十刻，夜亦五十刻。"(马融语《尚书正义》)

有了这"漏刻"、"十六所"，也就可将时间配空间方位，所以"夏至昼六十刻，谓日出寅末，入戌初而此出寅中，入戌中；冬至昼四十刻，谓日出辰初，入申末而此出辰中，入申中，各较三十度故也。盖蒙谷子也，旸谷癸丑间也，咸池艮也，扶桑寅甲间也，曲阿卯也，曾泉乙辰间也，桑野巽也，衡阳巳丙间也，昆吾午也，鸟次丁未间也，悲谷坤也，女纪申庚间也，渊虞酉也，连石辛戌间也，悲泉乾也，虞渊亥壬间也"(见何宁《淮南子集释》)。这样，在时空相配之下，天人一体化也就显得更完善。在这网络下万事万物不出左右。

帝张四维，运之以斗。①月徙一辰，复反其所。正月指寅，十二月指丑，一岁而匝②，终而复始。指寅，则万物螾螾也③,律受太蔟,太蔟者,蔟而未出也④。指卯,卯则茂茂然⑤,律受夹钟,夹钟者,种始荚也⑥。指辰,辰则振之也⑦,律受姑洗,姑洗者,陈去而新来也⑧。指巳,巳则生已定也⑨,律受仲吕,仲吕者,中充大也⑩。指午,午者忤也⑪,律受蕤宾,蕤宾者,安而服也⑫。指未,未,昧也⑬,律受林钟,林钟者,引而止也⑭。指申,申者呻之也⑮,律受夷则,夷则者,易其则也,德以去矣⑯。指酉,酉者饱也⑰,律受南吕,南吕者,任包大也⑱。指戌,戌者灭也⑲,律受无射,无射,入无厌也⑳。指亥,亥者阂也㉑,律受应钟,应钟者,应其钟也㉒。指子,子者兹也㉓,律受黄钟,黄钟者,钟已黄也㉔。指丑,丑者纽也㉕,律受大吕,大吕者,旅旅而去也㉖。其加卯酉㉗,则阴阳分、日夜平矣。故曰规生矩杀,衡长权藏,绳居中央,为四时根。

【今译】

　　天帝张开周天四角,北斗循之旋转,每月移动一辰,运行十二个月又返回到原出发的部位。正月斗柄指向寅辰,十一月斗柄指向丑辰,一年环绕一周,终而复始。斗柄指向寅辰,寅是万物复苏蠕动的意思,音律用太蔟,太蔟的意思是万物聚集而尚未出土。斗柄指向卯辰,卯是草木茂盛的意思,音律用夹钟,夹钟的意思是种子破壳而出。斗柄指向辰时,辰是震动万物的意思,音律用姑洗,姑洗的意思是洗旧迎新。斗柄指向巳辰,巳是万物生长定型的意思,音律用仲吕,仲吕的意思是中间充实长大。斗柄指向午辰,午是阴阳交逢的意思,音律用蕤宾,蕤宾的意思是安柔阴气将为主、阳气将宾服。斗柄指向未辰,未是阴气已长万物稍衰的意思,音律用林钟,林钟的意思是阳气将止万物衰败。斗柄指向申辰,申是万物萧杀呻吟的意思,音律用夷则,夷则的意思是阳德已去阴气杀物。斗柄指向酉辰,酉是黍成饱满的意思,音律用南吕,南吕的意思是阴气助万物成熟,大收之际。斗柄指向戌辰,戌是阳气微弱万物尽灭的意思,音律用无射,无射的意思是阴气残杀万物尚未终止。斗柄指向亥辰,亥是阳气藏匿地下的意思,音律用应钟,应钟的意思是万物应时聚藏。斗柄指向子辰,子是万物孕育滋长的意思,音律用黄钟,黄钟的意思是阳气自黄泉而出。斗柄指向丑辰,丑是阳气尚未降于万物、万物厄纽未敢出的意思,音律用大吕,大吕的意思是助阳气升腾以萌万物。而当斗柄指向卯、酉时,正好阴和阳平分、春分秋分日和夜均等。所以说,规代表阳气助万物蠢动的春天主仁主生长,矩代表阴气迁落万物的秋天主义主刑杀,衡代表阳气养万物的夏天主礼主成长,权代表阳气伏下万物终藏的冬天主智主收藏,而绳代表的中央是端直通达,所以可成为春夏秋冬四季的总根本。

【注释】

①帝:天帝。四维:四角。运:旋。 ②匝:环绕一周。 ③螾:即"蚓"字,蚯蚓。引申为"蠕动"。 ④蔟:也可作"族"、"簇",是"凑"、"聚"的意思。 ⑤卯、茂:卯,冒也。二月万物冒地而出。茂,草木丰盛。所以"卯则茂茂然"是说草木茂盛。 ⑥种始荚:以夹钟附会"种荚",即"钟"为"种"、"夹"为"荚",以喻说种子在仲春二月裂荚破壳而出。 ⑦辰则振之也:"辰,震也。三月阳气动,雷电振,民农时也,物皆生。"(《说文》)振通"震"。 ⑧姑:为"故"、为"陈"。所以"姑洗"是洗旧(故、陈)迎新。 ⑨巳则生巳定也:《说文》释"巳也,四月阳气已出,阴气已藏,万物见,成文章"。 ⑩中充大:释"仲吕"之"仲"为"中"。《白虎通》说"言阳气将极,中充大也",即中间充实长大。 ⑪午:为忤。《史记·律书》:"午者,阴阳交。"午者,忤也,是指阴阳交逢、忤逆。 ⑫蕤:《说文》释"蕤,草木华垂貌",故这里释"蕤"为"安"。宾:这里释为"服"。安而服:指阴气将为主、阳气将为宾。 ⑬未,昧也:《五行大义》释为:"未者,昧也。阴气已长,万物稍衰,体菱昧也。" ⑭林:绲。《说文》又释"绲,止也。从糸林声"。所以会有"引而止也"这句话。 ⑮申:呻。"呻之者,谓阴气贼物,物呻吟

也。"(见何宁《淮南子集释》）⑯ 夷：易。则：法。夷则：阴气贼物为夷则，是指阳德已去阴气杀物，故下文曰"易其则也"。 ⑰ 酉：《说文》释为"酉，就也。八月黍成，可为酎酒"，指八月粮食成熟，有"饱"之含义，故曰"酉者饱也"。 ⑱ 南：任也。包：通"苞"、"饱"。任包大：指八月阴气助万物成熟。 ⑲ 戌：《说文》释为"戌，灭也。九月阳气微，万物毕成，阳下入地也。"《史记·律书》释："戌者，言万物尽灭。" ⑳ 射：释为"厌"。无射：无厌。厌：足、余。无厌：指阴气残杀万物不知厌足，即阴气残杀万物尚未终止。 ㉑ 亥：荄也，指草根。阂：外闭。亥者，阂也，指阳气像草根藏匿于地下。 ㉒ 应钟：十月阴应于阳，万物应时聚藏，故曰应钟。 ㉓ 子：《史记·律书》释"子者，滋也。滋者，万物滋于下也"。 ㉔ 黄钟：《史记·律书》释"言阳气踵黄泉而出也"。《韦昭》又释为"黄，中之色也。钟之言阳气钟（中）聚于下也"。 ㉕ 丑：纽也（《说文》）。丑者，纽也。《史记·律书》释为："言阳气在上未降，万物厄纽未敢出。" ㉖ 吕：旅也。"吕"又为"脊骨"，如《说文》："吕，脊骨也。昔太岳为禹心吕之臣，故封吕侯"，引申出"辅助"之义，所以《周语》说"助宣物也"。 ㉗ 卯：春分二月。酉：秋分八月。

【评析】

为了进一步构筑宇宙天人体系，作者将十二月与十二辰、十二律相配。在这里，其中的相配关系到底怎样，合理之处如何表现尚且不说；但将十二月与十二辰、十二律相配中的牵强附会则是相当明显的，如文中说"指寅则万物螾螾也"、"指卯则茂茂然"的"寅"与"螾"和"卯"与"茂"就是将音同的文字硬拉相配在一起的。除此以外，还以文字上的形似将它们硬拉相配在一起的，如"指巳则生已定也"的"巳"与"已"就是如此。

总之，这十二律与十二辰、十二月的相配有不少是硬配和牵强的，起码从上述原文的文字上看就是这样。当然，这也难怪那些撰写《淮南子》的作家们，因为古今中外，凡要建构所谓体系的，大都有这种毛病的,如遭恩格斯批评的德国哲学家杜林在建立其体系时就有这种表现。同样,处《淮南子》前后的不少人也有这种表现,如《汉志》就本节最后一段仅十几个字的话,就可牵强附会成这样:"权与物钧而生衡,衡运生规,规圆生矩,矩方生绳,绳直生准,准正则平衡而钧权矣。是为五则。以阴阳言之,太阴者,北方。北,伏也,阳气伏于下,于时为冬。冬,终也,物终藏,乃可称。水润下。知者谋,谋者重,故为权也。太阳者,南方。南,任也,阳气任养物,于时为夏。夏,假也,物假大,乃宜平。火炎上。礼者齐,齐者平,故为衡也。少阴者,西方。西,迁也,阴气迁落物,于时为秋。秋,䫉也,物䫉敛,乃成孰。金从革,改更也。义者成,成者方,故为矩也。少阳者,东方。东,动也,阳气动物,于时为春。春,蠢也,物蠢生,乃动运。木曲直。仁者生,生者圆,故为规也。中央者,阴阳之内,四方之中,经纬通达,乃能端直,于时为四季。土稼穑蕃息。信者诚,诚者直,故为绳也"……读了这段话后,再来读《淮南子》,也就没有什么不好理解的了。

　　道曰规始于一①,一而不生,故分而为阴阳,阴阳合和而万物生。故曰:"一生二,二生三,三生万物。"②天地三月而为一时,故祭祀三饭以为礼③,丧纪三踊以为节④,兵重三罕以为制⑤。以三参物⑥,三三如九,故黄钟之律九寸而宫音调⑦。因而九之⑧,九九八十一,故黄钟之数立焉。黄者土德之色,钟者气之所种也。⑨日冬至德气为土,土色黄,故曰黄钟。律之数六,分为雌雄⑩,故曰十二钟⑪,以副十二月。十二各以三成,故置一而十一三之,为积分十七万七千一百四十七,黄钟大数立焉。⑫凡十二律,黄钟为宫,太蔟为商,姑洗为角,林钟为徵,南吕为羽。⑬物以三成,音以五立。三与五如八⑭,故卵生者八窍⑮。律之初生也,写凤之音⑯,

故音以八生⑰。黄钟为宫,宫者音之君也,故黄钟位子,其数八十一⑱,主十一月。下生林钟,林钟之数五十四,主六月。⑲上生太蔟,太蔟之数七十二,主正月。⑳下生南吕,南吕之数四十八,主八月。㉑上生姑洗,姑洗之数六十四,主三月。㉒下生应钟,应钟之数四十二,主十月。㉓上生蕤宾,蕤宾之数五十七,主五月。㉔上生大吕,大吕之数七十六,主十二月。㉕下生夷则,夷则之数五十一,主七月。㉖上生夹钟,夹钟之数六十八,主二月。㉗下生无射,无射之数四十五,主九月。㉘上生仲吕,仲吕之数六十,主四月。㉙极不生。㉚徵生宫,宫生商,商生羽,羽生角㉛,角生姑洗㉜。姑洗生应钟,比于正音,故为和。㉝应钟生蕤宾,不比正音,故为缪。㉞日冬至,音比林钟,浸以浊㉟,日夏至,音比黄钟,浸以清㊱。以十二律应二十四时之变。甲子,仲吕之徵也;丙子,夹钟之羽也;戊子,黄钟之宫也;庚子,无射之商也;壬子,夷则之角也。㊲

【今译】
　　道初始于混沌不分的"一",但"一"还不能直接产生天地万物,所以要从混沌不分的"一"中分化出阴阳二气,阴阳二气交和合气便产生万物,因此说:"一生二,二生三,三生万物。"天地运行的时间以三个月为一季,所以祭祀时要以尸受"三饭"作为仪式,丧事要以"三踊"作为礼节,军事上要以"三军"作为制度。以"三"来参验计算事物,三三得九,所以黄钟的律管长九寸,以此来校正宫音的和谐程度。然后用九乘,九九八十一,这样黄钟律管的粗细和长度便确定了。"黄"是土德的颜色,"钟"是气相聚的意思。冬至时五行之气中的土气旺盛,而土的颜色是黄的,所以和冬至十一月相应的音律就叫"黄钟"。音律之数是六,分成阴阳雌雄两类,所以一共为十二律,用十二律配十二月。十二律的积数各自都可用三相乘而得之,所以设定一个首律,其余十一律逐一用三来乘,得积数为十七万七千一百四十七(177 147),这样,黄钟十二律管的积数就确定了。在所有的十二律中,黄钟定宫音,太蔟定商音,姑洗定角音,林钟定徵音,南吕定羽音。万物由(阴阳二气交合而成)"三"所产生,乐音由"五"(五行之气)所形成,"三"加"五"等于"八",所以用卵繁殖的动物都有八窍。音律最初产生的时候是古人摹拟凤凰的鸣唱声音来确定的,所以音律隔八相生产生,黄钟定宫音,而宫音又是五音中的主音,所以黄钟在(十二辰的)子位,其律管的粗细和长度的数是八十一,主管十一月。黄钟律下生林钟律,林钟的数是五十四,主管六月。林钟律上生太蔟律,太蔟的数是七十二,主管正月。太蔟律下生南吕律,南吕的数是四十八,主管八月。南吕律上生姑洗律,姑洗的数是六十四,主管三月。姑洗律下生应钟律,应钟的数是四十二,主管十月。应钟律上生蕤宾律,蕤宾的数是五十七,主管五月。蕤宾律上生大吕律,大吕的数是七十六,主管十二月。大吕律下生夷则律,夷则的数是五十一,主管七月。夷则律上生夹钟律,夹钟的数是六十八,主管二月。夹钟律下生无射律,无射的数是四十五,主管九月。无射律上生仲吕律,仲吕的数是六十,主管四月。到了仲吕,十二律也就到此为止,不再相生了。宫产生徵,徵产生商,商产生羽,羽产生角,角主姑洗,姑洗又产生应钟,是为"变宫",它不接近正音,因此称它为"和"音。应钟产生蕤宾,就是"变徵",它也不合正音,因此称它为"缪"音。冬至起音接近应钟,由冬至到夏至按十二律逆序逐一配合节气,律管依次增长,所以声音逐渐变浊;夏至起音接近黄钟,由夏至到冬至按十二律顺序逐一配合节气,律管依次减短,所以声音逐渐变清。这种十二律的顺逆排列是适应二十四节气阴阳盛衰变化的。以音、律配日,就有甲子为仲吕之徵,丙子为夹钟之羽,戊子为黄钟之宫,庚子为无射之商,壬子为夷则之角,六十律(六十天)为一周。

【注释】

① 日规:《宋书·律志》作"道始于一",故王念孙认为"日规"为

衍文。　②见《老子·四十二章》。　③三饭：古代祭祀祖宗，用一生者(活人)代替象征受祭死者，这一生者(活人)就叫"尸"；祭祀者请尸受祭，要献饭三次，每次三(口或碗)饭。故曰"三饭"。　④三踊：三次顿足大哭以示哀痛。　⑤罕：当为"军"。三罕：三军，或"三令"(见《五行大义》论律吕引《淮南子》)。　⑥参：参验，或作"叁"(三)解。　⑦黄钟：这里指律管。古代以管定音律，九寸黄钟律管定出宫音，所以说"黄钟之律九寸而宫音调"。　⑧九之：九倍。"九"这里作动词，用九乘。　⑨种：聚。　⑩雌雄：阴阳，即十二律分为阴阳各六律，阳律称"律"，阴律称"吕"。　⑪十二钟：十二黄钟律。　⑫"十二各"四句：这是说十二律都是由"三"这个数组成，方法是首先设定基准律为"一"("置一")，其他十一律都可在前一律之数上乘上三("十一三之")，这样就可得出"一"(十一月律)始动于"子"；参(乘上三)之于"丑"(十二月律)得"三"；又参之于寅(正月律)得"九"($3×3=9$)；又参之于卯(二月律)得"二十七"($9×3=27$)；又参之于辰(三月律)得"八十一"($27×3=81$)；又参之于巳(四月律)得二百四十三($81×3=243$)；又参之于午(五月律)得七百二十九($243×3=729$)；又参之于未(六月律)得二千一百八十七($729×3=2\,187$)；又参之于申(七月律)得六千五百六十一($2\,187×3=6\,561$)；又参之于酉(八月律)得一万九千六百八十三($6\,561×3=19\,683$)；又参之于戌(九月律)得五万九千四十九($19\,683×3=59\,049$)；又参之于亥(十月律)得十七万七千一百四十七($59\,049×3=177\,147$)。黄钟之数立焉：指黄钟十二律管的积数就此确定。　⑬"凡十二律，黄钟为宫"：这几句是讲"律"和"五音"相配。所谓"黄钟为宫"是指以黄钟律管的音来校正宫音的音；黄钟律管在十二律中最长，发音则最低沉浑厚，而宫音是五音之首，属最低音阶，故曰"黄钟为宫"。其他类推，所以有"太蔟为商、姑洗为角、林钟为徵、南吕为羽"的话语。　⑭三与五：三加五。　⑮窍：动物身上的器官孔洞。八窍：耳目鼻口及泄殖孔八窍。　⑯写：模仿，摹拟。律之初生也，写凤之音：相传古代黄帝命令伶伦(乐官)制定音律，伶伦自大夏之西到阮隃(即昆仑山)之阴，在嶰溪之谷取内空厚薄均匀、长三寸九分的竹管而吹之，以定黄钟律的宫音，又制作了十二只竹管在阮隃山下听凤凰鸣叫以辨别十二律(《吕氏春秋·古乐篇》)。 ⑰ 音以八生：因鸟有八窍，故附会"音以八生"。同时还指音律隔八相生。 ⑱ 其数八十一：黄钟管长九寸，再用九乘("九之")，得八十一。 ⑲ "下生林钟"：按十二律的排列次序为黄钟、大吕、太蔟、夹钟、姑洗、仲吕、蕤宾、林钟、夷则、南吕、无射、应钟，这黄钟下生林钟即隔八(隔八相生法)。林钟之数五十四：以黄钟之数八十一作为基数，三等分，林钟得其中二份，三分之二为五十四，这五十四就是林钟律管的粗细和长度之数。这就是《吕氏春秋·音律篇》中说的："三分所生，去其一分以下生"(八十一三等分，去其一份以下生，即五十四为林钟之数)。 ⑳ 上生太蔟：居十二律中第八的林钟其后不是八律，故只能上生，上生即五度相生法(林钟上生太蔟为五度相生)。太蔟之数七十二：以上林钟之数五十四，三等分，太蔟得一份十八，再加上以上基数五十四，得七十二，这七十二就是太蔟律管的粗细和长度之数。 ㉑ 下生南吕：太蔟下生南吕正好隔八(隔八相生法)。南吕之数四十八：以上太蔟之数七十二，减去三分之一(24)，得四十八，这四十八就是南吕律管的粗细和长度之数。 ㉒ 上生姑洗：居十二律中第十位的南吕上生(即五度相生法)姑洗。姑洗之数六十四：以南吕四十八为基数，加上四十八的三分之一(16)，得六十四，这六十四就是姑洗律管的粗细和长度之数。这也就是《吕氏春秋·音律篇》"三分所生，益之一分以上生。" ㉓ 下生应钟：姑洗下生(隔八相生法)应钟。应钟之数四十二：以姑洗六十四为基数，去其一分(即减去六十四的三分之一——21.33)，得四十二点六七，取整数为四十二，这四十二就是应钟律管的粗细和长度之数。 ㉔ 上生蕤宾：居十二律中末位的应钟上生(即五度相生法)蕤宾。蕤宾之数五十七：以应钟四十二点六七为基数，益之一分(加上四十二点六七的三分之一，即14.22)，得五十六点八九，取整数五十七，这五十七就是蕤宾律管的粗细和长度之数。 ㉕ 上生大吕：居十二律中第七位的蕤宾上生(即五度相生法)大吕。大吕之数七十六：以蕤宾五十七为基数，加上五十七的三分之一(19),得七十六,这七十六就是大吕律管的粗细和长度之数。 ㉖ 下生夷则:大吕下生夷则正好隔八(隔八相生法)。夷则之数五十一:以大吕七十六为基数,减去七十六的三分之一(25.33),得五十点六七,取整数五十一,这五十一就是夷则律管的粗细和长度之数。 ㉗ 上生夹钟:居十二律中第九位的夷则上生(即五度相生法)夹钟。夹钟之数六十八:以夷则五十一为基数,加上五十一的三分之一(17),得六十八,这六十八就是夹钟律管的粗细和长度之数。 ㉘ 下生无射:夹钟下生无射正好隔八(隔八相生法)。无射之数四十五:以夹钟六十八为基数,减去六十八的三分之一(22.66),得四十五点三四,取整数四十五,这四十五就是无射律管的粗细和长度之数。 ㉙ 上生仲吕:居十二律中第十一位的无射上生(五度相生法)仲吕。仲吕之数六十:以无射四十五为基数,加上四十五的三分之一(15),得六十,这六十就是仲吕律管的粗细和长度之数。到这里为止,经过下生五次,上生六次,共得十二律。同样这三分减一、三分加一,也叫"三分损益法"。 ㉚ 极:终。极不生:指十二律到此为止。 ㉛ 徵生宫,宫生商:应改为"宫生徵,徵生商",即黄钟之宫生林钟之徵,林钟之徵生太蔟之商(见刘文典《淮南鸿烈集释》引刘绩语)。同样以下"商生羽,羽生角",即是太蔟之商生南吕之羽,南吕之羽生姑洗之角。这些均符合上述隔八相生(三分损益)的方法原则。 ㉜ 生:当为主。角生姑洗:应是"角主姑洗"(王引之语)。 ㉝ 比:入、合(见何宁《淮南子集释》),也有"近"的意思。比于正音:王引之认为应作"不入于正音"。和:即"变宫",比宫音低半音的音阶。所以应钟被定为宫音的变音——"变宫"。 ㉞ 缪:即"变徵",比徵音低半音的音阶。所以蕤宾被定为徵音的变音——"变徵"。这样在五音基础上又加了"变宫"和"变徵",以补充五音音阶在使用中的不足,也使"五音"变为"七音",构成古代七音音阶中的七个音级。这样,七音音阶和十二律的对应关系是:黄钟——宫、太蔟——商、姑洗——角、蕤宾——变徵、林钟——徵、南吕——羽、应钟——变宫。当然这种对应关系不是固定不变的,每一律大都可以配五音或七音的,从而生成多种音调。 ㉟ 音比林钟,浸以浊:王引之认为"音比林钟"应是"音比应钟",才符合"浸以浊"的说法,即"冬至应钟,其数四十二,为最清。小寒无射,其数四十五,则浊于应钟矣。大寒南吕,其数四十八,则又浊于无射矣……芒种黄钟,其数八十一,则最浊矣"(何宁《淮南子集释》注引)。这里的"浊",在音乐中是低音,律管越长越粗音越低,黄钟律管最粗长,故音最低浊。所以由冬至到夏至按十二律逆序排列配合节气,律管依次增长,音也逐渐变浊。这里的"浸"是"逐渐"的意思。 ㊱ 日夏至,音比黄钟,浸以清:由夏至到冬至按十二律顺序逐一配合节气,律管依次减短,音也逐渐变清。王引之云:"日冬至音比应钟,浸以浊也。夏至以后,与此相反,故曰日夏至音比黄钟,浸以清也。"(见何宁《淮南子集释》) ㊲ "甲子,仲吕之徵也"这几句:这是用十二律与五音相配生成六十种不同的调式的音阶,又以这六十调式与记日的六十干支相配就有了"某干支与某律之某音"的对立关系,于是就有了"甲子,仲吕之徵也;丙子,夹钟之羽也"的说法;大致是甲子到壬子六十天为一周期。

【评析】

本节主要讲音律与历法的关系,以及五音、十二律、六十调式的生成变化,其中涉及不少数学计算的内容。也正是这些数学计算使音与律、律与历等关系变得更为周密、系统,成为作者力图构筑的天人体系中不可缺少的部分,也使之成为以后天文学爱好者和音乐爱好者需不断研究的一个内容。

古之为度量轻重①,生乎天道②。黄钟之律修九寸,物以三生,三九二十七,故幅广二尺七寸③。音以八相生,故人修八尺。④寻自倍⑤,故八尺而为寻。有形则有声,音之数五,以五乘八,五八四十,故四丈而为匹。⑥匹者,中人之度也,一匹而为制。⑦秋分蔈定⑧,蔈定而禾熟。律之数十二,故十二蔈而当一粟⑨,十二粟而当一寸。律以当辰,音以当日。⑩日之数十,故十寸而为尺,十尺而为丈。其以为量⑪,十二粟而当一分,十二分而当一铢⑫,十二铢而当半两。衡有左右⑬,因倍之,故二十四铢为一两。天有四时,以成一岁,因而四之,四四十六,故十六两而为一觔。⑭三月而为一时,三十日为一月,故三十觔为一钧。四时而为一岁,故四钧为一石。⑮其以为音也,一律而生五音,十二律而为六十音。因而六之,六六三十六,故三百六十音,以当一岁之日。故律历之数,天地之道也。下生者倍,以三除之;上生者四,以三除之。⑯

【今译】

古时候制定度量衡的标准,是从大自然的运动法则中产生的。黄钟律管长九寸,万物以"三"(和气)而生成,三三得九,三九二十七,所以布帛的宽幅为二尺七寸。音是隔八相生成,所以人身长一般是八尺。寻等于人之身长,所以一寻定为八尺。有了形体事物也就有了声音,音的数量是五,以五乘八,五八四十,所以布是四丈为一匹。匹是指一般人裁制衣服所需的用布量,所以裁制衣服以一匹为定制。秋分时节禾穗的芒尖长成,芒尖长成表示禾谷成熟。音律的数目是十二,所以十二根禾芒相当于一粟,十二粒粟的长度相当于一寸。十二音律与十二辰相配,五音与记日天干相配。日干数为十,所以十寸为一尺,十尺为一丈。用这种相似法制定重量标准,十二粒粟的重量就是一分,十二分等于一铢,十二铢等于半两。衡器分为左右两边,因而将十二铢翻倍,于是二十四铢为一两。天有四季而成一年,因此以四乘之,四四十六,所以十六两等于一斤。三个月成为一季,三十天成为一月,所以三十斤为一钧。四季合成一年,所以四钧为一石。就音律来说,一个音律可以生五音,十二音律就可以生成六十旋宫音调。以此乘以六,六六三十六,所以有三百六十音,相当于一年的天数。所以说音律历法的制定产生，符合天地运行的规律和法则。十二律中的律吕相生法是，下生是原律数乘二再用三去除；上生是原律数乘四再用三去除。

【注释】

①度：计算长短的标准。量：计算容量的标准。轻重：指衡，如秤，用以计算重量。 ②天道：自然法则。 ③物以三生：王引之认为"物以三生"下，本有"三三九"一句，这样才与下文"三九二十七"相承。幅：布帛的宽度。 ④尺：古之尺寸较今为短，秦汉间一尺约合23厘米左右。 ⑤寻：寻与寸、尺、咫等均为古代度量制。周制八寸一尺、十尺一丈，"人长八尺，故曰丈夫"（《说文》）。这里的"寻"即周制的"丈"，所以有这样的说法："人修一寻，故曰丈夫。"寻自倍：王引之认为这里有误，根据上下文应更定其文为："有形则有声。音以八相生，故人臂修四尺，寻自倍，故八尺而为寻。"《一切经音义》卷十七引《淮南》云："人臂四尺，寻自倍，故八尺曰寻。" ⑥匹：计量布帛的单位。 ⑦匹者，中人之度也：是指一般中等身材的人做一身衣服需一匹布帛。这是因为古代人衣服宽大，故用布量大。这里的"匹"特指布的长度，而不是用来表示人的高度。一匹而为制：是说裁制一身衣服所需一匹布。 ⑧秋分：秋分节气。颖：禾穗上的芒尖。 ⑨粟：黍、稷、粱、秫统称为粟。 ⑩辰：十二辰。音：五音。日：日干。音以当日：以五组天干与五音相配，其配法按钱塘说是这样的，甲己、徵、九相配，乙庚、商、八相配，丙辛、羽、七相配，丁壬、角、六相配，戊癸、宫、五相配。 ⑪量：重量。 ⑫分：这里也是指重量单位。铢：重量单位。 ⑬衡：秤。 ⑭䤨：斤。 ⑮石：重量单位的名称。一石合120斤。 ⑯"下生者倍"四句：即上文十二音律相生法。详见上文注。

【评析】

本节介绍与天道有关的度量衡制度，这就如《宋书·律历志》说的："古人为度量轻重，皆生乎天道。"为了论证生于天道的度量衡，作者用"数"将度量衡与律历联系配合起来,如"律长九寸,物以三生,三九二十七",故布帛幅宽为二尺七;尽管布帛的宽度并非仅此一种,还有2.2尺(《汉书·食货志》)和2.4尺(郑樵《通志》)的,但这说明作者将"数"把度量衡与律历联系配合的过程中是费了心机的。又如"音以当日,日之数十,故十寸而为尺",这样的律历与度量的联系配合也相当精妙。基于这些,作者不管这其中的牵强附会处,只是强调"度量轻重生乎天道",是为了进一步构筑他的天人一体网络。

这种"度量轻重生乎天道"的观点,在古代是相当普遍的,《汉书·律历志》还将此推进一步,认为度量制度还随音律而变动,如"度",《律历志》说:"度者,分、寸、尺、丈、引也,所以度长短也。本起黄钟之长。以子谷秬黍中者,一黍之广,度之九十分,黄钟之长,一为一分,十分为寸,十寸为尺,十尺为丈,十丈为引,而五度审矣。"这样,就将生于天地之道的律历之数与度量进一步联系起来,同时也暴露出古人在这个问题上的唯心倾向。

太阴元始,建于甲寅。① 一终而建甲戌②,二终而建甲午,三终而复得甲寅之元③。岁徙一辰,立春之后得其辰④,而迁其所顺。前三后五,百事可举。⑤ 太阴所建,蛰虫首定而处,鹊巢乡而为户。⑥ 太阴在寅,朱鸟在卯,句陈在子,玄武在戌,白虎在酉,苍龙在辰。⑦ 寅为建,卯为除⑧,辰为满,巳为平,主生⑨;午为定,未为执,主陷⑩;申为破,主衡⑪;酉为危,主杓⑫;戌为成,主少德;亥为收,主大德;子为开,主太岁⑬;丑为闭,主太阴⑭。

【今译】
　　太阴纪年建元开始于甲寅年,经过一千五百二十年一终而后开始于甲戌年,三千零四十年二终而后开始于甲午年,四千五百六十年三终而后又回复到甲寅年开始建元。它每年移动一辰,立春后处于新的一辰,顺次运行在应处的辰次。在它到达某一辰的前三天或后五天,什么事情都可施行。太阴建元之时,蛰虫头朝着这个方向而居,鹊鸟也向着这个方向建造巢穴门户。当太阴在寅辰之时,朱鸟就在卯辰,句陈星在子辰,玄武在戌辰,白虎在酉辰,苍龙在辰辰。太阴运行到寅辰时,是时为建,运行到卯辰时,是时为除,运行到辰辰时,是时为满,运行到巳辰时,是时为平,主管生长发育;太阴运行到午辰时,是时为定,运行到未辰时,是时为执,主管陷损;太阴运行到申辰时,是时为破,衡星主事;太阴运行到酉辰时,是时为危,斗枃主事;太阴运行到戌辰时,是时为成,主管少德;太阴运行到亥辰时,是时为收,主管大德;太阴运行到子辰时,是时为开,大岁咸池主事;太阴运行到丑辰时,是时为闭,主管某某。

【注释】

① 甲寅:纪年干支。下文"甲戌"、"甲午"相同义。 ② 一终:一个大的时间段落的终结。约一千五百二十年为一终。 ③ 三终:共四千五百六十年。按六十甲子计,从甲寅到甲戌、从甲戌到甲午、从甲午到甲寅,每余二十,"三终则余六十(年)",正好是"三终"——四千五百六十年的余数,即经过四千五百六十年,太阴建元又回复到甲寅年,故下文讲"三终而复得甲寅之元"。这也如钱塘《天文训补注》说的:"千五百二十岁为大终,其余数二十。凡言终者,皆举余数也。三终则余数六十,故复得甲寅之元。" ④ 得其辰:太阴每年移动一辰,一年走完得到当年应处之辰次,故曰:"得其辰。"和"超辰"或"不及"相对而言。 ⑤ 前三后五,百事可举:指太阴移到新一辰的前三天、后五天都是吉日,什么事都可施行。 ⑥ 定:有人疑"定"为"穴"字之误。"定"有定向的意思。乡:与"定"意思相近。 ⑦ "太阴在寅"六句:这是说太阴的位置移动与二十八星宿的对应关系。朱鸟、玄武、白虎、苍龙:分别是南、北、西、东七星宿。句陈:星座名,属紫微垣,近北极,共有六星。 ⑧ 建、除:建除十二神,又可称建除十二辰。古人

将建、除、满、平、定、执、破、危、成、收、开、闭十二字依次与十二地支相配,以占日子的吉凶。建除十二神有二法:《越绝书》从岁数,即以十二辰为表年之辰,《淮南子》及《汉书》从月数,即以十二辰为表月之辰。后人大多用月数。 ⑨ 主:主管、主事。主生:建除家认为"平"这日子主生长,万事大吉。 ⑩ 陷:破陷缺损。 ⑪ 衡:南宫中的衡星。 ⑫ 杓:斗杓。 ⑬ 太岁:即大岁咸池。 ⑭ 主太阴:王引之认为"主太阴"的"太阴"二字,乃下属为句,与下文"太阴在卯"之属相同。"主"下当别有所主之事,而今脱去。故译文用"某某"代替。

【评析】

本节作者先阐述了太阴运行与二十八星宿的对应关系;然后又具体阐述了太阴所处某辰时所"主"征兆的建除十二神(十二辰)内容,以充实作者业已建立起来的唯心主义天人感应体系。

太阴在寅,岁名曰摄提格。①其雄为岁星②,舍斗、牵牛③,以十一月与之晨出东方④,东井、舆鬼为对⑤。太阴在卯,岁名曰单阏。岁星舍须女、虚、危,以十二月与之晨出东方,柳、七星、张为对。太阴在辰,岁名曰执除。岁星舍营室、东壁,以正月与之晨出东方,翼、轸为对。太阴在巳,岁名曰大荒落。岁星舍奎、娄,以二月与之晨出东方,角、亢为对。太阴在午,岁名曰敦牂。岁星舍胃、昴、毕,以三月与之晨出东方,氐、房、心为对。太阴在未,岁名曰协洽。岁星舍觜巂、参,以四月与之晨出东方,尾、箕为对。太阴在申,岁名曰涒滩。岁星舍东井、舆鬼,以五月与之晨出东方,斗、牵牛为对。太阴在酉,岁名曰作鄂。岁星舍柳、七星、张,以六月与之晨出东方,须女、虚、危为对。太阴在戌,岁名曰阉茂。岁星舍翼、轸,以七月与之晨出东方,营室、东壁为对。太阴在亥，岁名曰大渊献。岁星舍角、亢，以八月与之晨出东方，奎、娄为对。太阴在子，岁名曰困敦。岁星舍氐、房、心，以九月与之晨出东方，胃、昴、毕为对。太阴在丑，岁名曰赤奋若。岁星舍尾、箕，以十月与之晨出东方，觜巂、参为对。

【今译】

　　太阴在寅辰时，这一年的年名叫摄提格。所对应的雄星是岁星，处在斗宿、牵牛宿之间，在夏历正月与斗宿、牵牛宿凌晨一起出现在东方，东井宿、舆鬼宿和它们遥遥相对。太阴在卯辰时，这一年的年名叫单阏。岁星处在须女宿、虚宿、危宿之间，在二月与须女、虚、危三宿凌晨一起出现在东方，柳宿、七星宿、张宿和它们遥遥相对。太阴在辰辰时，这一年的年名叫执除。岁星处在营室宿、东壁宿之间，在三月与营室、东壁二宿凌晨一起出现在东方，翼宿、轸宿和它们遥遥相对。太阴在巳辰时，这一年的年名叫大荒落。岁星处在奎宿、娄宿之间，在四月与奎、娄二宿凌晨一起出现在东方，角宿、亢宿与它们遥遥相对。太阴在午辰时，这一年的年名叫敦牂。岁星处在胃宿、昴宿、毕宿之间，在五月与胃、昴、毕三宿凌晨一起出现在东方，氐宿、房宿、心宿和它们遥遥相对。太阴在未辰时，这一年的年名叫协洽。岁星处在觜巂宿、参宿之间，在六月与觜巂、参二宿凌晨一起出现在东方，尾宿、箕宿和它们遥遥相对。太阴在申辰时，这一年的年名叫涒滩。岁星处在东井宿、舆鬼宿之间，在七月与东井、舆鬼二宿凌晨一起出现在东方，斗宿、牵牛宿和它们遥遥相对。太阴在酉辰时，这一年的年名叫鄂。岁星处在柳宿、七星宿、张宿之间，在八月与柳、七星、张三宿凌晨一起出现在东方，须女宿、虚宿、危宿和它们遥遥相对。太阴在戌辰时，这一年的年名叫阉茂。岁星处在翼宿、轸宿之间，在九月与翼、轸二宿凌晨一起出现在东方，营室宿、东壁宿和它们遥遥相对。太阴在亥辰时，这一年的年名叫大渊献。岁星处在角宿、亢宿之间，在十月与角、亢二宿凌晨一起出现在东方,奎宿、娄宿和它们遥遥相对。太阴在子辰时,这一年的年名叫困敦。岁星处在氐宿、房宿、心宿之间,在十一月与氐、房、心三宿凌晨一起出现在东方,胃宿、昴宿、毕宿和它们遥遥相对。太阴在丑辰时,这一年的年名叫赤奋若。岁星处在尾宿、箕宿之间,在十二月与尾、箕二宿凌晨一起出现在东方,觜嶲宿、参宿和它们遥遥相对。

【注释】

① 摄提格:太岁纪年中"寅"年的别名、异名。古天文学家用"摄提格"、"单阏"等十二个名称作为太岁在十二辰的年名,也即是纪年用十二支的异名。这套名称的含义,下文原注有解释。 ② 其雄为岁星:因太岁是根据岁星所处位置而假设出来的,所以岁星是本,为雄,太岁为雌,这也就导致古人"岁星为阳"、"太岁为阴"的说法。 ③ 舍:处、居。 ④ 以:在。十一月:王引之认为十一月当为正月。《汉书·天文志》、《史记·天官书》均证其十一月为正月,故译文改"十一月"为"正月",以下各月依次加两月,到"十月"改成"十二月"。这里《淮南子》之"十一月"为后人所改,成曲伪之说(参见刘文典《淮南鸿烈集释》)。 ⑤ 为对:对应。东井宿与舆鬼宿属申,与斗宿、牵牛宿方向正好相反,故曰"为对"。以下某宿为对皆指方向相反而对应。

【评析】

因岁星与设定的太岁逆向运行,所以作者于本节一开头就用岁星所处的星位以推定太岁所对应的辰位(反之亦可),来说明太岁纪年法,由此引出诸如"摄提格"等十二种纪年的别名。作者还进一步介绍每月与岁星同出和相对应的星宿,以说明岁星的位置尽管能推定太岁所处的辰位,但其本身运行的位置却又是由二十八星宿来判定的。在这一节的内容中,作者阐述的都是纯天文学方面的知识,这为以后将天文与人文结合起来打下了基础。

太阴在甲子,刑德合东方宫。①常徙所不胜②,合四岁而离,离十六岁而复合③。所以离者,刑不得入中宫而徙于木。太阴所居,日为德④,辰为刑⑤。德:纲日自倍因⑥,柔日徙所不胜⑦。刑:水辰之木,木辰之水⑧;金、火立其处⑨。凡徙诸神⑩,朱鸟在太阴前一,钩陈在后三,玄武在前五,白虎在后六。虚星乘钩陈,而天地袭矣。⑪

【今译】

　　太阴在甲子年时,刑与德会合于东方宫。按"刑"以东西南北为序运动,"德"以东西南北中为序运动的规律,"德"入中宫,则"刑"迁移离开它所不胜任的方位而转移到它所应处的方位,这样"刑"、"德"会合同行四年后偏离,而偏离十六年后又会合同行于东西南北四宫。如此算来,这种离、合为期二十年。而"刑"、"德"分离的原因是"刑"运行完东西南北四宫后,按规律不能进入中宫而只能移徙到属木的东宫。太阴所居方位,记日天干为"德"表月地支(十二辰)为"刑"。记日天干为"德"中,甲、丙、戊、庚、壬这五个奇数日为阳日,也即刚日;乙、丁、辛、巳、癸这五个偶数为阴日,也即柔日。作为刚日的阳德凭表自身的阳刚之气能自处其位,即甲德在甲主东宫、丙德在丙主南宫、戊德在戊主中宫、庚德在庚主西宫、壬德在壬主北宫;而作为柔日的阴德只有通过依从阳德才能运行于东西南北中五宫,即乙德从庚在庚(西宫)、丁德从壬在壬(北宫)、己德从甲在甲(东宫)、辛德从丙在丙(南宫)、癸德从戊在戊(中宫)。"刑"在卯位时,可以使原本属"木"的"寅、辰"变得像"水"辰"亥、子、丑"一样的"木";"刑"在子位时,可以使原本属"水"的"亥、丑"变得像"木"辰"寅、卯、辰"一样的"水";而当"刑"在戌申和巳未这二个辰位时,属"火"的巳、未二辰和属"金"的戌、申二辰都能不受"刑"的影响,各守其位。大凡诸神的运行序次和位置,以太阳为标准来确定:朱鸟在太阴所居前一辰,钩陈在太阴所居后三辰,玄武在太阴所居前五辰,白虎在太阴所居后六辰。钩陈如运行到子辰,并与子辰所对应的玄枵次中的虚星相接近,这时天地和顺平安。

【注释】

① 刑:阴气。德:阳气。刑德:这里指一种将刑德五行说与天干地支相结合的纪年法。一般是日干为德、地支为刑。合:会合,聚合。宫:星官处的天区。有东南西北中"五宫"之说。　② 胜:胜任。　③ "合四岁"两句:钱塘《天文训补注》说:"刑德有二:一是一岁之刑德,前言阴阳七舍是也;一是二十岁之刑德,此所说也……二十年之中,德以东西南北中为序,刑以东西南北为序,周而复始,故唯有四年之合。"这是说二十年中刑德会合同行四年,偏离十六年后又会合同行于东西南北四宫。　④ 日为德:原文为"日德",据钱塘认为"日德"二字当作"日为德",故改定为"日为德"。日:十天干。　⑤ 辰:十二辰,也即十二地支。　⑥ 纲:通"刚"。刚日:指十干记日中分刚柔阴阳,即甲、丙、戊、庚、壬五个奇数日(一、三、五、七、九)为"刚日",属阳德。倍:通"培","培"又通"凭",有凭借的意思。因:因袭。自倍因:即指阳德凭袭自身的阳刚之气能自处五宫之中。　⑦ 柔日:十天干记日中乙、丁、巳、辛、癸五个偶数日(二、四、六、八、十)为"柔日",属阴德。柔日徒所不胜:指柔日只有依从五个刚日才能运行于东西南北中五宫之中,这就如钱塘所说:"乙从庚,丁从壬,己从甲,辛从丙,癸从戊,为徒所不胜。"　⑧ 水辰之木:是说"像水辰一样的木";指"刑"处卯位时,使原本属"木"的"寅、辰"变得像水辰的"亥、子、丑"一样。木辰之水:是说"像木辰一样的水";指"刑"处子位时,使原本属"水"的"亥、丑"变得像木辰"寅、卯、辰"一样。　⑨ 金、火立其处:指"刑"在戌申和巳未这二个辰位时,属"火"的巳、未二辰和属"金"的戌、申二辰都能不受"刑"的干扰,各守其位。　⑩ 诸神:指朱鸟等主宰神。　⑪ 虚星:即二十八星宿中的虚宿,处危宿、须女宿之间,属玄枵次。袭:和顺。

【评析】

作者在本节中同样不厌其烦地介绍着古天文学知识,但其中"水辰之木、木辰之水"的说法却含有某些合理性。那就是"刑"处卯位时,使原本属"木"的春天(寅、辰)变得像属"水"的冬天(亥、子、丑)一样,所以处卯位的早春二月有时会出现倒春寒;这春天乍暖还冷,原因是此时的阴气尚盛、阳气较弱。同样"刑"处子位时,使原本属"水"的冬天(亥、丑)变得像属"木"的春天(寅、卯、辰)一样,所以处子位的仲冬十一月有时还冬暖如春,原因是此时阳气阴气相争,使冬天气候反常。在这个意义上说,这里的"水辰之木,木辰之水"的讲法,实际上是对天体气象万千的一种总结,其中含有辩证因素。

同时,在本节的最后,作者将天地和顺平安归结为"虚星乘钩陈",即归结为天体星宿的某种对应关系;反之,如这种天体星宿的对应关系发生变化,那么这天地平和安宁也将被打破,自然灾害也将可能发生,这里面同样含有某些合理性。

凡日,甲刚乙柔,丙刚丁柔,以至于癸①木生于亥,壮于卯,死于未,三辰皆木也②。火生于寅,壮于午,死于戌,三辰皆火也。土生于午,壮于戌,死于寅,三辰皆土也。金生于巳,壮于酉,死于丑,三辰皆金也。水生于申,壮于子,死于辰,三辰皆水也。故五胜生一,壮五,终九。③五九四十五,故神四十五日而一徙。④以三应五,故八徙而岁终⑤。

凡用太阴,左前刑,右背德。⑥击钩陈之冲辰⑦,以战必胜,以攻必克⑧。欲知天道,以日为主,六月当心⑨,左周而行,分而为十二月,与日相当,天地重袭⑩,后必无殃。

【今译】
　　十日天干中,甲为刚、乙为柔、丙为刚、丁为柔,依次类推,一直到壬为刚、癸为柔。五行中的木生于亥月,壮于卯月,死于未月,这亥、卯、未三辰都属木。五行中的火生于寅月,壮在午月,死于戌月,这寅、午、戌三辰都属火。五行中的土生于午月,壮在戌月,死于寅月,这午、戌、寅三辰都属土。五行中的金生于巳月,壮在酉月,死于丑月,这巳、酉、丑三辰都属金。五行中的水生于申月,壮在子月,死于丑月,这申、子、丑三辰都属水。五行相胜,在它们从生到死的整个时期中,生于第一个月,壮在第五个月,死于第九个月,整个时期为九个月。五九四十五,所以北斗天神四十五天迁移一时段(含三个节气,如春分到立夏)。以三辰对五行,即三应五得八,所以北斗天神迁移八个时段,正好是一年(45×8＝360)。

凡利用太阴刑德术来考察社会时事的关系,行事取左前方不吉利、取右后方吉利,攻击钩陈星所向星辰方位,一定战必胜攻必克。要想明白天道,应以太阳为主,太阳六个月运行完二十八宿的一半,正好对着天中的心宿,它从左环绕而行,将一年分成十二个月,如果太阴的运行和太阳的运行和合,这样天地阴阳和协,往后人间一定没有灾殃。

【注释】

① 以至于癸:按刚柔相对,作为癸(柔日)前还应有"壬"(刚日)。

② 三辰:指"亥、卯、未"三辰,共九个月,即生于第一月,壮在第五月,死于第九月。皆木:属木。　③ 五胜:五行相胜,五行相克。一、五、九:数词。指第一月,第五月,第九月。　④ 神:北斗天神。四十五日而一徙:指北斗天神四十五天迁移一时段。　⑤ 八徙:迁移八个时段。岁终:一年终结。　⑥ 用太阴:用太阴刑德术。左前刑,右背德:前有"左者衰,右者昌"的说法,与"左前刑、右背德"的说法相近。古代阴阳家中有"顺阴阳"的说法,认为太阴属阴,顺阴行事吉利,逆阴行事则凶。这里的"左、前"逆阴,为"阳","右、背"(后)为"阴",顺阴。所以行事取左前方不吉利,取右后方吉利。　⑦ 击:攻击。冲:向、朝、对。　⑧ 以战必胜,以攻必克:这是将刑德术推广运用于军事兵家。《汉书·艺文志》载兵家十六家,说:"阴阳者,顺时而发,推刑德,随斗击,因五胜,假鬼神而为助者也。"　⑨ 六月当心:指此时太

阳对着天中的心宿。　⑩ 重袭：调和、和协。

【评析】

本节作者除将阴阳、刑德与军事人事相结合，构成阴阳刑德术外，还将五行之气与十二辰相配，并从十二辰中所代表的不同季节讲述到五行之气的生成、发展到衰弱的变化规律。

对于这种将五行与时间（十二辰）相配的做法，后人则在此基础上将空间纳入其中，使五行与时空结合起来，如《汉书·翼奉传》注孟康曰："北方水，生于申，盛于子。东方木，生于亥，盛于卯。南方火，生于寅，盛于午。西方金，生于巳，盛于酉。辰，穷水也。未，穷木也。戌，穷火也。丑，穷金也。"从而构成更为完善的阴阳五行学说。

星：正月建营室①，二月建奎、娄，三月建胃，四月建毕，五月建东井，六月建张，七月建翼，八月建亢，九月建房，十月建尾，十一月建牵牛，十二月建虚。

星分度②：角十二，亢九，氐十五，房五，心五，尾十八，箕十一四分一，斗二十六，牵牛八，须女十二，虚十，危十七，营室十六，东壁九，奎十六，娄十二，胃十四，昴十一，毕十六，觜嶲二，参九，东井三十三，舆鬼四，柳十五，星七，张、翼各十八，轸十七，凡二十八宿也。

星部地名③：角、亢：郑；氐、房、心：宋；尾、箕：燕；斗、牵牛：越；须女：吴④；虚、危：齐；营室、东壁：卫；奎、娄：鲁；胃、昴、毕：魏；觜嶲、参：赵；东井、舆鬼：秦；柳、七星、张：周；翼、轸：楚。岁星之所居，五谷丰昌。其对为冲，岁乃有殃。⑤当居而不居，越而之他处，主死国亡。⑥

太阴治春，则欲行柔惠温凉⑦；太阴治夏，则欲布施宣明⑧；太阴治秋，则欲修备缮兵；太阴治冬，则欲猛毅刚强⑨。

三岁而改节⑩,六岁而易常⑪。故三岁而一饥⑫,六岁而一衰,十二岁一康⑬。

【今译】
　　日行的星次是:正月日在营室宿,二月日在奎宿、娄宿,三月日在胃宿,四月日在毕宿,五月日在东井宿,六月日在张宿,七月日在翼宿,八月日在亢宿,九月日在房宿,十月日在尾宿,十一月日在牵牛宿,十二月日在虚宿。

　　二十八宿的赤道距离是:角宿十二度,亢宿九度,氐宿十五度,房宿五度,心宿五度,尾宿十八度,箕宿十一又四分之一度,斗宿二十六度,牵牛宿八度,须女宿十二度,虚宿十度,危宿十七度,营室宿十六度,东壁宿九度,奎宿十六度,娄宿十二度,胃宿十四度,昴宿十一度,毕宿十六度,觜巂宿二度,参宿九度,东井宿三十三度,舆鬼宿四度,柳宿十五度,星宿七度,张宿、翼宿各十八度,轸宿十七度,一共二十八宿计三百六十五又四分之一度。

　　星部地名,即二十八宿的分野是:角、亢二宿对应诸侯国是郑国;氐、房、心三宿对应诸侯国是宋国;尾、箕二宿对应诸侯国是燕国;斗、牵牛二宿对应诸侯国是越国;须女宿对应诸侯国是吴国;虚、危二宿对应诸侯国是齐国;营室、东壁二宿对应诸侯国是卫国;奎、娄二宿对应诸侯国是鲁国;胃、昴、毕三宿对应诸侯国是魏国;觜巂、参二宿对应诸侯国是赵国;东井、舆鬼二宿对应诸侯国是秦国;柳、七星、张三宿对应的是周王室;翼、轸二宿对应诸侯国是楚国。如岁星所在星宿,其分野地就五谷丰登。如果分野地所对应的是冲犯的星宿,其当年就有灾祸。如果岁星按常理应该到某星宿而没有按时居留,反到别的星宿去了,这就意味着其星宿的分野国国君死亡、国家灭亡。

　　太阴治理春季的时候,国家当政者就宜推行柔惠温和的政令;太阴治理夏季的时候,国家当政者就宜广加施予,宣明圣旨;太阴治理秋季的时候,国家当政者就应修缮兵器城防;太阴治理冬季的时候,国家当政者就应施行猛严强硬的政令。太阴三年改变一次季节,六年改动一次常规。所以人间社会三年发生一次饥荒,六年就有一次疫疾,十二年就发生一次大灾荒。

【注释】

①星:指日行的星次,亦即指太阳一年运行所经的位置。建营室:即日在营室,《礼记·月令》说:孟春之月,日在营室。以下日行星次,经后人删节,"每月但存一星之名",独二月是列出全部星宿的(王引之语)。　②星分度:亦称星度,是指二十八宿间的相距度,也即指二十八宿和赤道所成的度数。　③星部地名:指二十八宿的分野。也即指天上星宿分布的区域和地上各州郡邦国的对应。这里将二十八宿分配对应给春秋战国时期的周王室及十二个诸侯国。④"斗、牵牛越,须女吴":王引之认为应作"斗、牵牛,须女吴、越"。因为这里分野之说,将郑、魏、赵并列,是在三家分晋之后,其时吴地已为越国占有,所以可合言吴、越。　⑤冲:冲犯的星宿。　⑥当居而不居:古人制定岁星(太岁)纪年法时认定岁星十二年一周,但岁星绕天一周的准确值并不是十二年,而是十一点八六年,这样就使岁星(太岁)纪年出现按常理应到某一星宿(某一辰)而没有按时居留,反到别的星宿(另一辰)去了的现象,这就是所谓的"当居而不居"。这种现象也被称之为"赢缩",如《汉书·天文志》说:"凡五星早出为赢,赢为客;晚出为缩,缩为主人。"主死国亡:是指岁星当居而不居,越而之他处,这样相应的分野国就会出现国君、死国家灭的现象。　⑦欲:应当、适宜的意思。凉凉:俞樾认为"凉"当作"良",故"温凉"应作"温良";"良"作"凉",声之误也。　⑧施:施予。　⑨这里的太阴治四季,按钱塘说来:"太阴各以其岁治其月,故月与太阴相应。治春者,寅卯辰之岁也;治夏者,巳午未之岁也;治秋者,申酉戌之岁也;治冬者,亥子丑之岁也。政必如其治,所以法天道。"　⑩改节:指气候反常,即实际节令与名义节令不一致,如春热似夏,冬暖如春等。　⑪易常:常规的气候有了变易。这里的"三岁而改节,六岁而易常"是指在一定周期下异常的天象导致反常的气候。这里的"三年"和"六年"只是一种

大致的提法，并不一定三年改节、六年易常。　⑫ 饥：荒年。　⑬ 十二岁：太阴运行一周天十二年，行经十二辰。康：古字通"荒"。大饥称"荒"，所以说：四谷不升(收)谓之荒(康)、三谷不升谓之馑，二谷不升谓之饥，一谷不升谓之嗛。

【评析】

本节首先介绍日行的星次，也即所谓日躔，列出太阳一年运行所经星位；其次讲二十八星宿的距度，以衔接二十八星宿的分野。这种"分野"——即所谓天上星宿对应地下区域，天上某星宿变异、地下必有相对应的区域发生大事，起源于春秋战国时期。而随着时代的变化，天上二十八星宿与地下区域的对应也相应变化，以附合占星术的需求。占星学家就是利用此来占验这些国家的吉凶；毫无疑问，说它具有科学的成分是不妥当的。然而历代就是乐此不疲，据记载当时春秋战国时期就有不少出名的天文学家擅长于此术，如周之苌弘、鲁之梓慎、宋之子韦、郑之裨灶、魏之石申……以后历代也盛行此事。

然而，这种尽管是不科学的占星术，却在天文学日益精确化、数量化之时起到了推动作用，也即是说，当这些具有占星技术的天文学家在确定地下区域——州与国的地域边疆之同时，也必须确定所对应的天上星宿的分界度量；反过来说，只有确定了天上星宿的分界度量之时，才有可能来对应地下州和国的域界边疆，才有可能来占卜这些国家的吉与凶，这样也必定促使天文学走上度量周天的这一过程。当然，不能说天文学走上度量周天完全是由这种分野说来推动、是由占星术来完成的，但这其中的作用想必是不容忽视的。

本节最后作者由太阴治四季推出"三岁而改节、六岁而易常"的结论来丰富中国文化体系中的"灾异说"，并想给这种"灾异说"找到其"客观"（天上）根据和"客观"（三年、六年、十二年发生一次）规律。这其中灾异发生的周期一定是三年、六年或十二年？看来不一定。但中国国土上不断发生的自然灾害与天体运行到底有什么样的关系这个问题是值得研究的。

甲齐①,乙东夷②,丙楚,丁南夷,戊魏,己韩,庚秦,辛西夷,壬卫,癸越。子周③,丑翟④,寅楚,卯郑,辰晋,巳卫,午秦,未宋,申齐,酉鲁,戌赵,亥燕。

甲乙寅卯,木也。⑤丙丁巳午,火也。戊己四季,土也。庚辛申酉,金也。壬癸亥子,水也。水生木,木生火,火生土,土生金,金生水。⑥子生母曰义⑦,母生子曰保⑧。子母相得曰专⑨,母胜子曰制⑩,子胜母曰困⑪。以胜击杀⑫,胜而无报⑬。以专从事而有功。以义行理,名立而不堕。⑭以保畜养,万物蕃昌。⑮以困举事,破灭死亡。⑯

【今译】
　　与天干相配的十区域分野说是这样的:甲代表齐国,乙代表东夷,丙代表楚国,丁代表南夷,戊代表魏国,己代表韩国,辛代表西夷,壬代表卫国,癸代表越国。与地支相配的区域分野说是这样的:子代表周王室,丑代表北翟,寅代表楚国,卯代表郑国,辰代表晋国,巳代表卫国,午代表秦国,未代表宋国,申代表齐国,酉代表鲁国,戌代表赵国,亥代表燕国。
　　甲乙、寅卯属木。丙丁、巳午属火。戊己居中土主四季,属土。庚辛、申酉属金。壬癸、亥子属水。它们的关系是:水生木,木生火,火生土,土生金,金生水。子生母的日子叫"义"日,母生子的日子叫"保"日;子和母投合的日子叫"专"日,母克子的日子叫"制"日,子克母的日子叫"困"日。在"制"日去攻击杀伐,即使胜利了也不会得到回报。在"专"日去从事各种事情就会取得成功。在"义"日去实施主张就会得到声望而不会失毁。在"保"日去养畜就会使万物昌盛繁荣。在"困"日去办事就会失败灭亡。

【注释】

①"甲齐"至"癸越"是用天干分配地域的分野说。 ②夷:古人对中原以外异族的称呼。 ③"子周"至"亥燕"是用地支分配地域的分野说。 ④翟:古人对北方地区少数民族的称呼。 ⑤甲乙寅卯,木也:这里作者开始以天干地支分配五行四季。 ⑥"水生木"至"金生水"讲五行相克相生的道理。这里讲的是五行相生,反映物质之间的关系,表现在一年四季中就有冬春夏秋递相生灭。 ⑦子:地支。母:天干。子生母:指干支五行相生中的下生上。曰义:指下生上(支生干)的日子;这种日子叫"义"日,表示此"日"是吉日。 ⑧母生子:指干支五行相生中的上生下。曰保:指上生下(干生支)的日子;这种日子叫"保"日,表示此"日"是吉日。 ⑨子母相得曰专:指干支上下性质相同的日子叫"专"日,如京房《易积算法传》曰:"同气为专爻。" ⑩母胜子曰制:指干支五行相克中的上克下的日子,叫"制"日。 ⑪子胜母曰困:指干支五行相克中的下克上的日子,叫"困"日。 ⑫以胜击杀:应为"以制击杀"。以:在。 ⑬胜:取胜。无报:无回报。 ⑭堕:毁。 ⑮蕃昌:繁荣昌盛。 ⑯以困举事:在"困"日去办事。古人认为"困"日和"制"日均为凶日,如在凶日去办事,都不会成功,所以《抱朴子内篇·登涉》引《灵宝经》说:"入山当以保日及义日,若专日者大吉。以制日、伐(困)日必死。"

【评析】

本节除了用地支和区域相配以外,还用天干与区域相配,这种与天干相配的区域分野说尽管能看出其中的东南西北中的方位联系,但因为没有相对应的星宿与区域的关系,所以这种分野说也就没有得以流传下来。

除了上述内容外,作者还将天干地支分配四季五行,使天干地支有了五行归属后,人们就能在这其中根据五行相生相克规律推断何日为吉、何日为凶,以决定能做什么,不能做什么。这,即谓民间流行的择黄道吉日(善日)。对此,《抱朴子内篇·登涉》作具体诠释:"所谓宝

(保)日者,谓支干上生下之日也,若用甲午乙巳之日是也。甲者,木也。午者,火也。乙亦木也,巳亦火也,火生于木故也。又谓义日者,支干下生上之日也,若壬申癸酉之日是也。壬者,水也。申者,金也。癸者,水也,酉者,金也,水生于金故也。所谓制日者,支干上克下之日也。若戊子己亥之日是也。戊者,土也。子者,水也。己亦土也;亥亦水也,五行之义,土克水也。所谓伐日者,支干下克上之日,若甲申乙酉之日是也。甲者,木也。申者,金也。乙亦木也,酉亦金也,金克木故也。他皆仿此,引而长之,皆可知之也。"这些,现在看来其科学成分近似于无,但在当时科学不发达之时,人们又不得不依此作为择善日的坐标、依据,如抱朴子葛洪入山择日就是如此,而且葛洪还不得不对此作这样的叹息:"天地之情状,阴阳之吉凶,茫茫乎其亦难详也,吾亦不必谓之有,又亦不敢保其无也。然黄帝、太公皆所信仗,近代达者严君平、司马迁皆所据用,而经传有治历明时刚柔之日。古言曰,吉日惟戊。有自来矣。王者立太史之官,封拜置立,有事宗庙,郊祀天地,皆择良辰;而近才庸夫,自许脱俗,举动所为,耻择善日,不亦戆愚哉?每伺今入山,不得其良时日交,下有其验,不可轻入也。"

北斗之神有雌雄①,十一月始建于子,月徙一辰②。雄左行,雌右行。五月合午谋刑;十一月合子谋德③。太阴所居辰为厌日。④厌日不可以举百事。⑤堪舆徐行⑥,雄以音知雌,⑦故为奇辰。

数从甲子始,子母相求⑧,所合之处为合⑨。十日十二辰,周六十日,凡八合。⑩合于岁前则死亡,合于岁后则无殃。⑪甲戌燕也⑫,乙酉齐也,丙午越也,丁巳楚也,庚申秦也⑬,辛卯戎也,壬子代也,癸亥胡也。戊戌、己亥韩也⑭,己酉、己卯魏也,戊午、戊子……八合天下也。太阴、小岁、星、日、辰五神皆合⑮,其日有云气风雨,国君当之⑯。天神之贵者,莫贵于青龙,或曰天一,或曰太阴。太阴所居,不可背而可乡;北斗所击,不可与敌。⑰天地以设,分而为阴阳,阳生于阴,阴生于阳。阴阳相错,四维乃通。或死或生,万物乃成。蚑行喙息⑱,莫贵于人,孔窍肢体,皆通于天。天有九重,人亦有九窍。⑲天有四时以制十二月,人亦有四肢以使十二节。⑳天有十二月以制三百六十日,人亦有十二肢以使三百六十节。㉑故举事而不顺天者,逆其生者也。

【今译】

　　北斗之神分雌雄两神,均是在十一月从子辰开始运行。每月移动一辰。雄神向左运行,雌神向右运行。它们到五月会合于午辰,准备转向阴刑;到十一月会合于子辰,准备转向阳德。雌神行宿所居辰位总在日(太阳)行所居位置的前一辰,对日总有压迫之势,所以将雌神所居辰代表的日月称为"厌"。在"厌"的日子里不宜做任何事情。雌雄两神循天比之道从容运行,虽逆向而行,但因两神有子午辰聚会的时候,所以根据雄神的运行也就可知雌神的行踪位置,反之亦然,故将此称为"奇辰"。记数(六十干支)从甲子开头,天干地支相配成对如同母子,雌雄两神所对的天干地支互相配合,叫做"合"。十天干、十二地支相配成六十干支,一周表示六十日,周而复始,一年有"八合"。合于太阴经过之前辰位时,是凶年,主会死亡,合于太阴经过之后辰位时,是吉年,就没有灾殃。雌雄两神三月甲戌之合配燕地,二月乙酉之合配齐地,十一月丙午之合配越地,十月丁巳之合配楚地,九月庚辰之合配秦地,八月辛卯之合配西戎,五月壬子之合配代地,四月癸亥配胡地。这是八大合所对应的地上区域。三月戊辰之合配某地,十月己亥之合配韩地,八月己酉之合配某地,二月己卯之合配魏地,五月戊午之合配某地,十一月戊子之合配某地……这是八小合所对应的地上中原区域。这也就是"八合"分野所对应的天下各区域。太阴、斗杓三星、岁星、日、辰五神会合的时候,就会出现云气、风雨,国君应注意这类异常天象。天神中最尊贵者,莫过于青龙,或称之为天一,或称之为太阴。太阴所处某辰,所对应的区域的人不能违背它,而只能顺应它。北斗斗柄指向区域的对应国家,不能与之对抗。天地设定之后,分为阴和阳,阳生于阴,阴生于阳。阴阳相错,天地四维才能通畅。有生有死,万物才能形成。用脚行走用嘴呼吸的动物中,没有比人类更高贵的,人的孔窍肢体都与天地自然相通。这就是,天有九重,人有九窍。天有四季以控制十二月,人也有四主脉以支配十二经脉。天有十二月以控制三百六十日,人也有十二经脉以控制三百六十小经络。所以办事不顺应天时,就是违反自然的生命养生原则。

【注释】

① 雌:阴建。雄:阳建,亦即北斗柄。钱塘《天文训补注》认为:"阳建(雄神)可见,阴建(雌神)不可见。" ② 徙:原文为"从",现据王念孙考定(王念孙认为"從当为徙,字之误也")而认为"徙"。 ③ "雄左行,雌右行"这几句是说:雄北斗左行,雌北斗右行,从十一月到下一年的五月(夏历)刚好会合于午辰,午为"刑",也即夏至阳极阴生,故曰"谋刑"。然后雄雌两神再一左一右运行到十一月(夏历)又回到子辰,午为"德",也即冬至阴极阳生,故曰"谋德"。 ④ 太阴:王引之认为"太阴"当作"雌","雌,北斗之神右行者也,月徙一辰。太阴(太岁)则左行而岁徙一辰,两者各不相涉"。厌日:应为"厌",而不应有"日"字。厌:即"压"的古字,有压迫、逼迫的意思。郑玄注《周官占梦》曰:"天地之会,建厌所处之日辰。"疏曰:"建谓斗柄所建,谓之阳建,故左还于天。厌谓日前一次,谓之阴建,故右还于天。"这是说,雌雄两神从子辰(十一月)逆向起行,当雌雄两神会于午辰时,太阳行至未辰;当雌雄两神会于子辰时,太阳行至丑辰。所以可以看出,雌神总在太阳前一辰次压迫着太阳的行踪。因此称雌神为"厌"。这也就是原文说的"太阴(实为'雌')所居辰为'厌'"。 ⑤ "厌"日不可以举百事:古人认为在"厌"的日子里不宜做任何事。"厌"日为凶。 ⑥ 堪舆:天地

之道。《后汉书·王景传》注引许注:"堪,天道也。舆,地道也。"古代占星术家所说的"堪舆"是将天干地支八卦二十四节气相配合起来的一种纪时、定凶吉的系统。后来又称相地形风水的迷信者为堪舆家。
⑦ 雄以音知雌:"音"为衍文,《文选·甘泉赋》李善注引无"音"字。
⑧ 数:以六十甲子记数。子:十二地支、十二辰。母:十天干。钱塘《天文训补注》说:"子为辰,母为日,《律书》言:'十母十二子'是也。"相求:干支相配成对。　⑨ 合:阳建所对之辰合于阴建所对之日。
⑩ 八合:是指天干八(因戊己居中,不用)和十二辰(地支。有四辰无合)相配,也即指八天干与相应的八支会合。具体是:二月乙酉合,三月甲戌合,四月癸亥合,五月壬子合,八月辛卯合,九月庚辰合,十月丁巳合,十一月丙午合。一、六、七、十二四个月无合。这照钱塘《天文训补注》说来:"十一月阳建子,阴建亦在子,子对午,午近丙(天干),故丙午为一合。二月阳建卯,阴建酉,酉对卯,卯对酉,卯近乙(天干),故乙酉为二合。三月阳建辰,阴建申,辰对戌,申对寅,寅近甲(天干),故甲戌为三合。四月阳建巳,阴建未,巳对亥,未对丑,丑近癸(天干),故癸亥为四合。五月阳建午,阴建亦在午,午对子,子近壬(天干),故壬子为五合。八月阳建酉,阴建卯,卯对酉,酉对卯,酉近辛(天干),故辛卯为六合。九月阳建戌,阴建寅,戌对辰,寅对申,申近庚(天干),故庚辰为七合。十月阳建亥,阴建丑,亥对巳,丑对未,未近丁(天干),故丁巳为八合。"　⑪ 岁:太岁、太阴。合于岁前则死亡:是指八合于太阴未历之辰时是凶年。合于岁合则无殃:是指八合于太阴已历之辰时是吉年。这里的太阴已历之辰,其限度为半周。这样,过半周则前后互换,所以会有《吴越春秋》说的"岁前合为吉,岁后合为凶"的讲法,也会有《淮南子·天文训》说的"合于岁前则死亡,合于岁后则无殃"的讲法。这是因为前后可以互称、转换,义相通。　⑫ "甲戌燕也……癸亥胡也":这几句是将"八合"分配于地上八个区域(国家)。　⑬ 庚申:钱塘认为"申"当为"辰",即庚辰。　⑭ "戊戌、己亥韩也……八合天下也":从"戊戌、己亥"到"八合天下"是讲"八小合"分配地上某区域。原文列出"戊戌、己亥、戊酉、己卯、戊午、戊子"六个"小合",还缺

"戊辰、己巳"二个"小合",从例推之,戊辰当在戊戌上,己巳当在己亥上。这八小合所主之国,原文也有脱漏,除韩、魏外,还有赵、宋、卫、中山及周,但不知分别对应为何国。这"八小合"的具体结合方法是:以天干戊己为土居中央而分王四时;这里戊为阳日与上述八大合中奇数月相配,己为阴日与上述八大合中偶数月相配,这样就得出二月己卯合,三月戊辰合,四月己巳合,五月戊午合,八月己酉合,九月戊戌合,十月己亥合,十一月戊子合这"八小合"。　⑮ 小岁:斗杓三星。星:岁星。日:太阳。　⑯ 当之:指注意、谨慎对待。国君当之:钱塘《天文训补注》解释为:"《越绝书·计倪内经》曰:阴阳万物,各有纪纲。日月星辰刑德,变为吉凶,金木水火土更胜,月朔更建,莫主其常,顺之有德,逆之有殃。是故圣人能明其刑而处其乡,从其德而避其衡(疑为衝——冲),必顺天地四时,参以阴阳。用之不审,举事有殃。"　⑰ "太阴所居……不可与敌":这几句是讲太阴所居辰位,人只能顺着它而不能背违它,北斗所指方位的国家不能与之对抗。乡:通"向",解释为"顺"。　⑱ 蚑行喙息:指用脚行走用嘴呼吸的动物。　⑲ 天有九重:钱塘在《天文训补注》中认为《太玄》言"九天",即《淮南子》说的"九野"。而这里说的"九重",其说不详。九窍:一六为前为耳,二七为目,三八为鼻,四九为口,五五为后。　⑳ 十二节:十二经脉。《灵枢·五乱篇》说:"经脉十二者,以应十二月。"　㉑ 三百六十节:是指小的经络。这里的"节"不是指"关节"。《灵枢·九针解》说:"节之交三百六十五会者,络脉之灌渗诸节者也。"

【评析】
　　本节由北斗雌雄两神逆向而行讲到"合",如合于午辰即"谋刑",合于子辰即"谋德",以说明天体宇宙阴阳两气的交替。然后又从雌雄两神逆向而行讲到大小"八合",以构筑宇宙天体之框架。这种天体大小八合的描绘为的是"合天下",即"合"天下各国诸侯,所以会有"甲戌燕也,乙酉齐也"这样的分野说。同样,这种"合"又称"会",落实到本节最后就有将天、人简单附会的表现,如作者说人之"孔窍肢体皆通于天",并"附会"说:"天有九重、人有九窍,天有四时、人有四肢,天有十二月、人有十二节,天有三百六十日、人有三百六十节",这一切为的是在构筑宇宙天体的框架同时,构筑天人感应体系,如董仲舒的"人副天数"一样。因为"人副天数",所以感应也就成为可能,这样,中国中世纪的一套特有的文化体系也就随之产生,并历数千年而不衰。

以日冬至数来岁正月朔日①,五十日者,民食足。不满五十日,日减一斗②;有余日,日益一升。有其岁司也③。摄提格之岁④,岁早水,晚旱,稻疾⑤,蚕不登⑥,菽、麦昌⑦,民食四升⑧。寅在甲曰阏蓬。⑨单阏之岁⑩,岁和,稻、菽、麦、蚕昌,民食五升。卯在乙曰旃蒙。⑪执徐之岁⑫,岁早旱,晚水,小饥,蚕闭,麦熟,民食三升。辰在丙曰柔兆。⑬大荒落之岁⑭,岁有小兵,蚕小登,麦昌,菽疾,民食二升。巳在丁曰强圉。⑮敦牂之岁⑯,岁大旱,蚕登,稻疾,菽、麦昌,禾不为,民食二升。午在戊曰著雍。⑰协洽之岁⑱,岁有小兵,蚕登,稻昌,菽、麦不为,民食三升。未在己曰屠维。⑲涒滩之岁⑳,岁和,小雨行,蚕登,菽、麦昌,民食三升。申在庚曰上章㉑,作鄂之岁㉒,岁有大兵,民疾,蚕不登,菽、麦不为,禾虫,民食五升。酉在辛曰重光。㉓掩茂之岁㉔,岁小饥,有兵,蚕不登,麦不为,菽昌,民食七升。戌在壬曰玄黓。㉕大渊献之岁㉖,岁有大兵,大饥,蚕开,菽、麦不为,禾虫,民食三升。困敦之岁㉗,岁大雾起,大水出,蚕、稻、麦昌,民食三斗㉘。子在癸曰昭阳。㉙赤奋若之岁㉚,岁有小兵,早水,蚕不出,稻疾,菽不为,麦昌,民食一升。

【今译】

　　从冬至日那天数到下一年的正月初一,如果满五十天,百姓的粮食就充足。如果不满五十天,那么粮食一天就要减少一升;如果多于五十天,那么粮食一天就要增加一升。这可以探候出一定年成好坏的。如岁名叫摄提格的年份,雨水来得早,秋季又干旱,稻子有病害,养蚕没有收获,而豆类和麦类长得倒茂盛,百姓口粮有四升。这一年寅在甲(甲寅)名叫阏蓬(摄提格)。又如岁名叫单阏的年份,全年气候和顺,稻子、豆类、麦子和蚕都长得茂盛。百姓口粮有五升。这一年是卯在乙(乙卯)名叫旃蒙(单阏)。又如岁名叫执徐的年份,春季旱、秋季涝,这样造成小的饥荒;同时蚕又孵化不出,而麦子倒成熟,百姓口粮有三升。这一年是辰在丙(丙辰)名叫柔兆(执徐)。又如岁名叫大荒落的年份,会有小规模的战争,蚕有小的收成,麦子长得茂盛而豆类有病害,百姓口粮有二升。这一年是巳在丁(丁巳)名叫强圉(大荒落)。又如岁名叫敦牂的年份,当年大旱,蚕有收成,稻子有病害,豆类和麦子倒长得茂盛,禾苗没有长成,百姓口粮有二升。这一年是午在戊(戊午)名叫著雍(敦牂)。又如岁名叫协洽的年份,会有小规模的战争,蚕丰收,稻子长得茂盛而豆类和麦子没有成熟,百姓口粮有三升。这一年是未在己(己未)名叫屠维(协洽)。又如岁名叫涒滩的年份,全年气候和顺,常有小雨降落,蚕丰收,豆类和麦子长得茂盛,百姓口粮有三升。这一年是申在庚(庚申)名叫上章(涒滩)。又如岁名叫作鄂的年份,会有大规模的战争,闹疾病瘟疫,蚕没有收成,豆类和麦子没有成熟,禾苗受虫害侵袭,百姓口粮有五升。这一年是酉在辛(辛酉)名叫重光(作鄂)。又如岁名叫掩茂的年份,全年会有小的饥荒,并会发生小规模的战争,蚕没有收获,麦子没有成熟,而豆类长得茂盛,百姓口粮有七升。这一年是戌在壬(壬戌)名叫玄黓(掩茂)。又如岁名叫大渊献的年份,当年会有大规模的战争和大的饥荒,蚕能孵化出来,但豆类和麦子生长不好,禾苗受虫害侵袭,百姓口粮有三升。又如岁名叫困敦的年份,年中有大雾,发洪水,但蚕、稻子、麦子却丰收,百姓口粮有三升。这一年是子在癸名叫昭阳。还如岁名叫赤奋若的年份,当年会有小规模的战争,春季雨水多,蚕孵化不出,稻子有病害,豆类生长不好,麦子倒长得茂盛,百姓口粮有一升。

【注释】

① 数:音为 shǔ。数一数有多少天。朔日:夏历每月初一。冬至日到下一年的正月初一的天数并不是每年相同,《淮南子》以"五十日"为计只是一个"中数",所以钱塘在《天文训补注》中说:"历法至、朔同日为章首,自此气差而后朔差,而前三岁一闰,五岁再闰,积十九岁(年)后而至、朔复同,则满一章。计章首之岁,至在朔日,去正月朔有五十九日,为极多;至第九岁,以十一月二十九日冬至。去正月朔仅三十一日,为极少。" ② 一斗:王念孙认为"一斗"应为"一升"。不满五十日,日减一斗(升):是说如果不满五十天,百姓的粮食则不足,每少一天,粮食就减少一升。下文"有余日,日益一升"是说每多一天,粮食就增加一升。 ③ 司:古"伺"字。"伺"又是"候"的意思。岁司:年成的探候。 ④ 摄提格之岁:原注为:"格起也,言万物承阳而起也。"《史记正义》孔文祥说:"以岁在寅,正月出东方,为众星之纪,以摄提宿,故曰摄提。以其为岁月之首,起于孟陬,故云格正也。" ⑤ 稻疾:稻谷有病害。 ⑥ 登:(收)成。 ⑦ 菽:豆类。 ⑧ 民食四升:指百姓所能获得的口粮。与年成丰歉相关。但下文提到的"作鄂"、"掩茂"年份是荒年,百姓的口粮却得以上升为"五升"、"七升",令人费解。故存疑。 ⑨ 阏蓬:岁阳名称。古天文学将阏蓬等十个岁阳名称与十天干组合纪年,所以岁阳也即是十天干的别称。但岁阳名称在古书中的记载多有不同。对"阏蓬",原注解释为:"言万物锋芒欲出,拥遏未通,故曰阏蓬。"指寅年寅月(正月初春)万物锋芒欲出但掩抑(拥遏)未通。 ⑩ 单阏:原注为:"单,尽。阏,止也。阳气推万物而起,阴气尽止也。"指仲春万物因阳气推动生长。 ⑪ 旃蒙:岁阳名称。《史记·历书》作"端蒙"。"端"、"旃"古音相近。原注为:"在乙,言万物遏蒙甲(甲壳)而出,故曰旃蒙也。" ⑫ 执徐:原注为:"执,蛰。徐,舒也。伏蛰之物皆散舒而出也。"指季春三月物候景象。 ⑬ 柔兆:岁

阳名称。原注为："在丙，言万物皆生枝布叶，故曰柔兆也。"《史记·历书》作"游兆"。　⑭ 大荒落：原注为："荒，大也，方万物炽盛而大出，霍然落落大布散。"指季夏四月的物候景象。　⑮ 强圉：岁阳名称。原注为："在丁，言万物刚盛，故曰强圉也。"《史记·历书》作"强梧"。⑯ 敦牂：原注为："敦，盛也。牂，壮也。言万物皆盛壮也。"指仲夏五月的物候景象。　⑰ 著雍：岁阳名称。原注为："在戊，言位在中央，万物繁养四方，故曰著雍也。"《史记·历书》作"祝犁"。　⑱ 协洽：原注为："协，和。洽，合也。言阴欲化，万物和合。"指夏六月的物候景象。　⑲ 屠维：岁阳名称。原注为："在己，言万物各成其性，故曰屠维。屠，别。维，离也。"《史记·历书》作"徒维"。　⑳ 涒滩：原注为："涒，大。滩，修也。言万物皆修其精气也。"这里的"修"当为"循"（桂馥语）。指七月秋天物候景象。　㉑ 上章：岁阳名称。原注为："在庚，言阴气上升，万物毕生(生命结束)，故曰上章也。"《史记·历书》作"商横"。　㉒ 作鄂：原注为："作鄂，零落也。万物皆移落也。"指秋天八月物候景象。　㉓ 重光：岁阳名称。原注为："在辛，言万物就成熟，其煌煌，故曰重光也。"《史记·历书》作"昭阳"。　㉔ 掩茂：原注为："掩，蔽。茂冒也。言万物皆蔽冒。"本卷前文将"掩茂"说成"阉茂"。这是指九月秋天物候景象。　㉕ 玄黓：岁阳名称。原注为："在壬，言岁终包任万物，故曰玄黓也。""玄黓"的字面解释是指幽暗黑色。《史记·历书》作"横艾"。　㉖ 大渊献：原注为："渊，藏。献，迎也。言万物终于亥，大小深藏窟伏以迎阳。"指冬天十月物种深藏以待阳气再复出的景象。　㉗ 困敦：原注为："困，混。敦，沌也。言阳气皆混沌，万物牙蘖也。"指冬天十一月万物初萌混沌。　㉘ "蚕、稻、麦昌，民食三斗"：王念孙认为"蚕"下漏"登"字，"稻"下漏"疾"字。这样"蚕登"为句，"稻疾"为句。"斗"当为"升"。　㉙ 昭阳：岁阳名称。原注为："在癸，言阳气始萌，万物合生，故曰昭阳。"《史记·历书》作"尚章"。钱塘《天文训补注》认为："子在癸"当为"亥在癸"。"子在癸曰昭阳"句可能在"大渊献之岁……民食三升"句后。　㉚ 赤奋若：原注为："奋，起也，若，顺也。言阳奋物而起之无不顺其性也。赤，阳色。"

指冬十二月阳气奋物之景象。

【评析】

本节用岁名(及岁名含义)来说明所在年的农业丰歉和人事吉凶,并将此格式化;按现在的眼光来看,这其中含有唯心主义的成分。同时也反映了在当时生产力低下的情况下,人们从事农业生产在很大程度上依靠天时、注重观察天象,以致将此神化而形成本节这段内容。当然,这其中并不排斥某些内容可能是人们对当时农业实践经验的总结,这就需要我们对此作深入研究的,亦即如笔者在上面评析中所说到的:在中国国土上不断发生的(农业)自然灾害与天体运行到底有什么样的关系这个问题是值得研究的。

正朝夕①:先树一表东方②,操一表却去前表十步以参望③,日始出北廉,日直入④。又树一表于东方,因西方之表以参望,日方入北廉则定东方⑤,两表之中,与西方之表,则东西之正也⑥。日冬至日出东南维,入西南维。⑦至春秋分日出东中,入西中。夏至出东北维,入西北维。⑧至则正南。⑨

【今译】

以朝夕确定东、西方向是:(夏至时面南)先在早晨树立一标竿(第一标竿)于东面作为观察基点,然后手持另一标竿(第二标竿)在第一标竿后(左)十步处配合参照观测,当太阳日升在东北角时,调整手中的标竿,使两标竿(第一、第二标竿)和太阳处一条直线,两标竿的重叠日影投向西南方时就可将手中的标竿(第二标竿)固定下来。到太阳日落于西北角时,又手持一标竿(第三标竿)在第一标竿的东面,以西面第一标竿为参照观测,使太阳和两标竿(第一、第三标竿)处一条直线,两标竿(第一、第三标竿)的重叠日影投向东南方时,将手中的第三标竿尽可能地固定在第二标竿的正南方,这样就可以测定出正东、正西的方向来了,即第二、第三标竿间的垂直线的中点与西面第一标竿的连接线的两端就分别指向正东和正西。冬至时,太阳从东南方升起,向西南方落下。在春分和秋分时,太阳从正东升起,正西落下。夏至时太阳从东北方升起,向西北方落下。冬至夏至日太阳在正午(子)的位置正好是正南和正北。

【注释】

①正:确定。朝夕:早晨与晚上。正朝夕:是说以朝夕确定东、西方向。　②表:古代测量日影的器具,是一根有一定长度的标竿。③操:手持,手执。却:退,后。去:离。参望:参照观测。　④廉:侧、角。日直入:是指太阳和两标竿成一直线。　⑤因:以、用。日方入:太阳日落下。北廉:此"北廉"是指太阳日落于西北角的"北"。上文的"北廉"则是指太阳日升起东北角的"北"。从太阳日升于东北角,落于西北角来看,此时当是夏至。　⑥两表之中:即第二、第三标竿的连接线的中点。"与西方之表,则东西之正也":是说"两表之中"(中点)与西南第一标竿的连接线的两端分别指向正东和正西。参见下图:

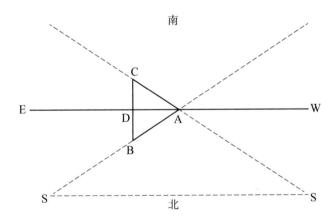

A:第一标竿。　B:第二标竿。　C:第三标竿。　D:中点。E:正东。　W:正西。　S:太阳　⑦冬至日出东南维入西南维:《周髀》说:"冬至昼极短,日出辰而入申,……日出巽而入坤,见日光少,故曰寒。"这是说冬至日出时太阳方位是东偏南,日入时太阳方位是西偏南;按现代计算,东偏南和西偏南均为二十八度多。　⑧ 夏至出东北维入西北维:《周髀》说:"夏至昼极长,日出寅而入戌,……日出艮而入乾,见日光多,故曰暑。"这是说夏至日出时太阳方位是东偏北,日入时太阳方位是西偏北;按现代计算,东偏北和西偏北均为三十度。　⑨ 至则正南:是说冬至夏至日太阳在正午(子)的位置正好是正南和正北。

【评析】

本节介绍了古代确定东西方向的测量法,即"正朝夕"——以太阳早晚方位来测定东西方向。此方法一旦发明,今古大致相同,照钱塘在《天文训补注》中说来:"日东表北廉则景入西表南廉。日入西表北廉则景入东南表南廉,定东方在东二表间也。所以日出入用表北廉者,日行十六所,登于扶桑为昢明,寅甲间也,顿于连石为下舂,辛戌间也,此夏至之日出入皆近北方。即以二分论之,至于曲阿为旦明,旦明,卯也,经于渊虞为高舂,高舂,酉也。而出则自北而南,入则自南而北,半出以前,半入以后,仍在北方。张胄元用后魏浑天铁仪测知,春、秋二分,日出入卯酉之北。不正当中,与何承天所测颇同,皆日出卯三刻五十五分,入酉四刻二十五分尽。具载《隋志》。此黄道邪行使然。古虽用盖天,其实测固无异也。"

欲知东西南北广袤之数者,立四表以为方一里岠。①先春分若秋分十余日②,从岠北表参望日始出及旦③,以候相应,相应,则此与日直也④。辄以南表参望之,以入前表数为法⑤,除举广⑥,除立表袤⑦,以知从此东西之数也⑧。假使视日出入前表中一寸⑨,是寸得一里也⑩。一里积万八千寸⑪,得从此东万八千里⑫。视日方入⑬,入前表半寸,则半寸得一里⑭。半寸而除一里,积寸得三万六千里。⑮除,则从此西里数也。⑯并之,东西里数也,则极径也。⑰未春分而直,已秋分而不直,此处南也。未秋分而直,已春分而不直,此处北也。分至而直,此处南北中也。⑱从中处欲知中南也,未秋分而不直,此处南北中也。⑲从中处欲知南北极远近;从西南表参望日⑳:日夏至始出与北表参㉑,则是东与东北表等也㉒。正东万八千里,则从中北亦万八千里也。倍之,南北之里数也。㉓其不从中之数也,以出入前表之数益损之。㉔表入一寸,寸减日近一里;表出一寸,寸益远一里。㉕

【今译】

要想知道大地东西南北的宽广度,可以树四根标竿组成每边长一里的正方形。在春分或秋分之前十多天,从正方形北前后两根标竿配合看观测刚出现并升临地平线的太阳,以观测随季节变化的太阳日出方位是否与节候相符,如相符合,则说明北前后两根标竿与太阳处同一条直线,然后立即用正方形南前后两根标竿配合着观测太阳,用太阳与南后标竿连线和南北前标竿连线相交的有关数值作为除数,去除南前后标竿的距离,除南北后标竿的距离,从而知道从此地到大地东极的距离了。假定测得出的日出时入前表数(即太阳与南后标竿连线和南北前标竿连线相交的有关数值)为一寸,这一寸就相当于一里,一里合一万八千,这样便可知道从观测点到大地东极的距离是一万八千里。用同样的方法观测太阳西落时的入前表数(根据上述,这里是方法相同、方向相反)假定为半寸,那么半寸就相当于一里。用半寸除一里(所合寸数),得三万六千里。此数就是从观测点到大地西极的距离。将东西两极的距离加起来,也就是大地东极到西极的距离了。如果还没有到春分时标竿与太阳成直线,或已到秋分时标竿与太阳不成直线,这说明观测点偏南。如果还没有到秋分时标竿与太阳成直线,或已到春分时标竿与太阳不成直线,这说明观测点偏北。如果春分、秋分时标竿与太阳成直线,说明观测点处南北正中点。如果处南北正中点来测南北极的距离,可以从南后标竿(西南方)朝北前标竿(东北方)观测太阳:夏至那天当太阳初升时,当南后标竿与北前标竿和太阳三者成一条直线时,观测的结果和从北后标竿经北前标竿向东观测日(太阳)成直线时测得的结果相同。测得的正东方距离是一万八千里,那么从南北正中点到北极的距离也是一万八千里。这个数乘上一倍,也就是南北极相距离的数,也即是三万六千里。假如不是处南北正中点来测量,而是处中点偏南或偏北来测量,那就可根据太阳和南后标竿连线进入或偏出北前后标竿连线和南北前标竿连线的多少来获得。如两连线相交点入一寸,入一寸则距离减少一里;如两连线相交点出一寸,出一寸则距离增加一里。

【注释】

　　① 广:东西为广。袤:南北为袤。方一里:每边一里。岠:同"矩",正方形。　② 先:在……前。若:或者。　③ 日始出及旦:太阳出现并升临地平线。此句开始具体解释东西南北宽广度的测量法,为了方便解说,作图示意:

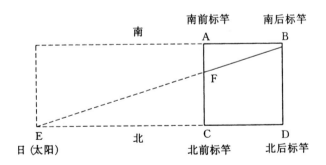

　　④ 候:节候。此与日直:即示意图中北前后标竿与太阳处同一直线。　⑤ 辄:立即。南表:示意图中南前后标竿。入前表数:即示意图中的 EB 连线与 AC 连线相交点 F 到 A 的距离数。法:古代数学名词。称被乘数或被除数为实,称乘数或除数为法。　⑥ 举广:即示意图

中A、B两标竿的距离。　⑦除立表表：以示意图中FA除BD。　⑧以知：以此法可算出。此：实际上是指示意图中的北后标竿D点。以知从此东西之数也：太阳到观察点（北后标竿D点）距离，以上述"除举广和除立表表"，可得出的算式是$ED=\dfrac{AB\times BD}{FA}=\dfrac{1\times 1}{FA}=\dfrac{1}{FA}$。下文假定FA为一寸，六十寸为一步，三百步为一里，$60\times 300=18\,000$（寸）。这一万八千就是观测点到大地东极的距离。　⑨日出入前表中一寸：即示意图中FA之长为一寸。　⑩寸得一里：一寸比一里。一寸合一里。　⑪一里积万八千寸：一里合一万八千寸。　⑫万八千里：按上述算式，并按一寸合一里，得一万八千里这个数。　⑬视日方入：用上述同样的方法观测太阳西入（方向相反）。　⑭半寸得一里：半寸比一里。半寸合一里。　⑮积寸得三万六千里：上述讲到一寸当一里得一万八千里，半寸当一里则得三万六千里，即原文讲的"半寸而除一里"所合寸数得三万六千里。　⑯除，则从此西里数也：是说按上述半寸除一里的比率去除，就可得出观测点到大地西极的距离。其算式为，假定FA是0.5寸，合$\dfrac{1}{36\,000}$里，$E'D'=1\div\dfrac{1}{36\,000}=36\,000$里。　⑰极径：大地东西两极的直径。　⑱"未春分而直……此处南北中也"：这几句是求南北"中点"的测量法。这是说如果未到春分时前后标竿与太阳成正东西直线，或已到秋分时前后标竿与太阳不成直线，说明观测点偏南，反之则说明观测点偏北。如果春分、秋分时前后标竿与太阳成直线，则说明观测点处南北中点。钱塘在《天文训补注》中解释说："未春分，日行其南（太阳在春分点以南运行），故处南（观测点偏南）则直（标竿与太阳成直线）。直在春分前，则直亦必在秋分后，虽已秋分，尚未直也。未秋分，日行其北（太阳在秋分点以北运行），故处北（观测点偏北）则直（标竿与太阳成直线）。直在秋分前，则直亦必在春分后，虽已春分，尚未直也。惟（春分、秋分节气）二气至而直，方处（观测点）南北之中，皆视日道之南北为定也。"　⑲"从中处……此处南北中也"：这几句与上述原文重复且意思不明,难以衔接上下文,故疑为衍文,译文中删去。　⑳ 西南表:按上述示意图来看,即指四根标竿组成的正方形中的南后标竿(西南方)。㉑ 日夏至始出与北表参:钱塘《天文训补注》解释:"夏至,日出东北维,故从西南(正方形中的南后标竿)表参望。(即)东北(正方形中的北前标竿),西南两表(标竿)与日(太阳)参。" ㉒ 则是东与东北表等也:钱塘《天文训补注》解释:"东北、西南两表与日参。如北前、北后两表与日参无异。"这是说夏至那天当太阳升起时,当南后标竿与北前标竿和太阳三者成一条直线时,观测结果与从北后标竿经北前标竿向东观测太阳成一直线时测得的结果相同。　㉓ 倍之,南北之里数也:观测点(中点)到北极距离加倍就是大地南北极的距离,即三万六千里。　㉔ 其不从中之数也:测量地如偏南或偏北,所测出的南北距离不等。以出入前表之数益损之:这里的"入前表"是指示意图中的 EB 连线与 AC 连线相交,并在 AC 连线内。这里的"出前表"是指示意图中的 EB 连线与 CD 连线相交,并在 CD 连线内。所以钱塘在《天文训补注》中说:"处南则表出,处北则表入。"这句话的意思是说可以根据太阳和南后标竿(EB)连线进入或偏出北前后标竿(CD)连线和南北标竿(AC)连线的多少来获得。　㉕ 寸减日近一里:每寸折合一里,这样测量点距离减去一里,反过来则加上一里,所以下文说"表出一寸,寸益远一里"。

【评析】

本节进一步介绍测日远等方法,这其中用的方法与现在说的勾股定理有关,所以钱塘在《天文训补注》中对"以入前表数为法,除举广,除立表袤,以知从此东西之数"的解释是:"北表参望日直,则南表参望日常不直,从日至南北后二表即勾股也。其弦斜至日处而截南前表于弦外,即是入前表之数,成一倒勾股也。而二勾股比例正等,故用以为率。何以明之?试以大勾股倒转,即小勾股必在其端,而比例正等矣。日入前表数为小勾,前后二表相去为小股,南北后二表相去为大勾,北后表至日下为大股。小勾者,大勾股之率也。除举广,谓以小勾除小股,知有几倍也。除立表袤,亦谓以小勾除大句,知有几倍也。知此,而以二勾股为比例,即知大股之长。盖小勾得小股几分之一,则大勾亦必得大股几分之一,故以此知从此东西之数也。"同样,《天文训补注》对"入前表中一寸,是寸得一里也,一里积万八千寸,得从此东万八千里"也以勾股定理解释之:"《周髀算经》云:周髀长八寸,勾之损益寸千里。注:勾谓景也,言悬天之景,薄地之仪,皆千里而差一寸。案:《周髀》以髀为股,以景为勾,日中立八尺之股,南北二千里,景差二寸。故寸有千里,故人以为通率,以测东西。于小勾股,则一里高远与平远之别,亦一表与四表之辨也。三百步为里,六十寸为步,寸乘步得万八千寸,此小股之长也。小勾一寸,小股长万八千寸,则大勾一里,大股即长万八千里。大股之于大勾,若小股之于小勾,而得从前表至日处之里数,以此知近世四率之法,古人已先有之。小勾首率,小股次率,大勾三率,求得大股为四率。"

欲知天之高,树表高一丈,正南北相去千里,同日度其阴。北表一尺①,南表尺九寸,是南千里阴短寸②,南二万里则无景,是直日下也③。阴二尺而得高一丈者,南一而高五也。④则置从此南至日下里数⑤,因而五之,为十万里,则天高也⑥。若使景与表等,则高与远等也。⑦

【今译】

要想知道天的高度,可以在南北相距一千里的地方各树高一丈的标竿,在同一天测得它们的日影。北标竿日影长二尺,南标竿日影长一尺九寸,由此可知向南一千里则日影短一寸,向南二万里则没有日影,也就是正处太阳的正下方。已知一丈高的标竿得到二尺长的日影,其比例是1∶5,用观测点向南到太阳正下方的里数(二万里)乘以五,得十万里,这就是天的高度。如果使标竿的高度与日影的长度相等,那么天的高度与标竿至日下的距离相等。

【注释】

①一尺:"一尺"当为"二尺"。 ②是南千里阴短寸:是为一寸千里说。钱塘《天文训补注》说:"表近日则阴短,表远日则阴长,二表相去千里。故北表阴二尺,南表阴尺九寸。即为寸差千里之通率。" ③是直日下也:按寸差千里的通率,则自北标竿南二万里,日光垂直照射,所以无日影,故文中说:"南二万里则无景。"景:通"影"。日下:太阳正下方。 ④"阴二尺而得高……":这是说树标竿一丈而得日影二尺,则地与天高的比例为一比五。 ⑤此:树标竿的地方。南至日下里数:即上文说的二万里。 ⑥五之:以五乘。为十万里:按上述一与五的比例来计算,二万里乘以五,得十万里,这就是天的高度。 ⑦景与表等:日影与标竿长度相等。高与远等:天高与地远的距离相等。

【评析】

本节介绍测量天高的方法。这方法同样可用勾股定理解释。钱塘在《天文训补注》中对此方法说道:"天高不可知,测之以景。树表所以求景也。此亦以勾股比例而知,盖同有大小两勾股也。"在对"从此南至日下里数,因而五之,为十万里则天高也"的解释时,钱塘又说:"二万里为实,高五为法,乘之得十万里,此天高之数。必知天高十万里者,以表高一丈,中有百寸,寸得千里,百之而成十万故也。然则表即天高之率,故以直日下无景为天高。《周髀》云:'周髀长八尺,夏至之日晷一尺六寸。髀者,股也;正晷者,勾也。正南千里,勾一尺五寸;正北千里,勾一尺七寸。日益表,南晷日益长,候勾六尺。从髀至日下六万里,而髀无影。从此以上至日则八万里。'即其理也……以千里差寸率之,则去日下十万里,景与表等。即可从日远以知天高,至此则勾股适均矣。"

卷四　地形训

【解题】

与上卷《天文训》的天人感应说对应的是，作者在本卷《地形训》中提出了地人相关说，即将地理与人相联系（人文地理），以水土、山川、气候等来说明人的生理、心理和风习等，以此强调人与其他动物一样是天地的派生物，提出人类应适应自然环境的思想。除介绍人文地理外，本卷还叙及了自然地理、经济地理等内容，使它成为我国古代重要的地理文献之一。作者根据古代天圆地方的盖天说，描绘了古代中国与周边世界的地理环境，并以九州为中心，按东西南北中的顺序记述了各地的地形地貌、山川土质水情和物产等情况……但是，由于当时科学知识有限，作者对上述有些内容的记叙大多沿袭《尚书·禹贡》和《山海经》等文献，有的还借助神话传说，使这些内容染上了神秘色彩。

地形之所载①，六合之间，四极之内②。照之以日月，经之以星辰，纪之以四时，要之以太岁。③

天地之间，九州八极，土有九山，山有九塞，泽有九薮④，风有八等，水有六品。何谓九州？⑤东南神州曰农土⑥，正南次州曰沃土⑦，西南戎州曰滔土⑧，正西弇州曰并土⑨，正中冀州曰中土⑩，西北台州曰肥土⑪，正北泲州曰成土⑫，东北薄州曰隐土⑬，正东阳州曰申土⑭。何谓九山？会稽、泰山、王屋、首山、太华、岐山、太行、羊肠、孟门。⑮何谓九塞？曰太汾、渑阨、荆阮、方城、殽阪、井陉、令疵、句注、居庸。⑯何谓九薮？曰越之具区、楚之云梦、秦之阳纡、晋之大陆、郑之圃田、宋之孟诸、齐之海隅、赵之巨鹿、燕之昭余。⑰何谓八风？⑱东北曰炎风，东方曰条风，东南曰景风，南方曰巨风，西南曰凉风，西方曰飂风，西北曰丽风，北方曰寒风。何谓六水？曰河水、赤水、辽水、黑水、江水、淮水。⑲

【今译】

　　大地所承载的范围，包括六合之间、四极之内。有太阳月亮照耀着它，星辰协调着它，四季治理着它，太岁制约着它。

　　天地之间，有九州八极，整个大地上有九座大山、九处要塞、九个湖泽，加上风有八类，水有六种。那么，什么是九州？东南神州叫农土，正南次州叫沃土，西南戎州叫滔土，正西弇州叫并土，正中冀州叫中土，西北台州叫肥土，正北泲州叫成土，东北薄州叫隐土，正东阳州叫申土。什么是九山？指的是会稽山、泰山、王屋山、首阳山、太华山、岐山、太行山、羊肠山、孟门山。什么是九塞？指的是太汾、渑阨、荆阮、方城、毂阪、井陉、令疵、句注和居庸。什么是九薮？指的是越国的具区、秦国的阳纡、晋国的大陆、郑国的圃田、宋国的孟诸、齐国的海隅、赵国的巨鹿、燕国的昭余。什么是八风？东北风叫炎风、东风叫条风、东南风叫景风、南风叫巨风、西南风叫凉风、西风叫飂风、西北风叫丽风、北风叫寒风。什么是六水？是指黄河、赤水、辽河、黑河、长江和淮河。

【注释】

　　① 形：王念孙认为"此篇皆言地之所载，'地'下不当有'形'字，此因篇名而误衍耳"。　② 六合：天、地及四方。这里的"六合"和"四极"一样，都是天地之间的意思。　③ 经、纪：指秩序、条理，有治理的意思。要：正、整，有制约的意思。原注为："要，正也，以太岁所在正天时也。"太岁：天文学家假设的与岁星（木星）作相反方向运动的星宿。见上卷《天文训》。　④ 塞：要塞。薮：泽、湖。　⑤ 九州：一指

古代中国之内的九州,有冀、豫、雍、扬、兖、徐、梁、青、荆(《尚书·禹贡》)。一指按整个中国划分的大九州。本书这儿指的是大九州。 ⑥ 东南神州曰农土:十二支"辰"配东南,时值三月,是农事之始,所以原注为:"东南辰为农祥。后稷之所经纬也,故曰农土。" ⑦ 正南次州曰沃土:十二支"午"配正南,时值五月,是庄稼盛长之时,所以原注为:"沃,盛也。五月建午,稼穑盛张,故曰沃土也。" ⑧ 西南戎州曰滔土:十二支"申"配西南,时值七月,是庄稼生长饱满时期,所以原注为:"滔,大也。七月建申,五谷成大,故曰滔土也。" ⑨ 正西弇州曰并土:十二支"酉"配正西,时值八月,是庄稼成熟期,所以原注为:"并犹成也。八月建酉,百谷成熟,故曰并土也。" ⑩ 正中冀州曰中土:原注为:"冀,大也。四方之主,故曰中土也。" ⑪ 西北台州曰肥土:西北为秋冬之交,处谷物丰收之时,故曰肥土。 ⑫ 正北泲州曰成土:正北为仲冬十一月,大地万物敛藏,故曰成土。 ⑬ 东北薄州曰隐土:原注为:"薄,犹平也。气所隐藏,故曰隐土也。" ⑭ 正东阳州曰申土:原注为:"申,复也。阴气尽于北,阳气复起东北,故曰申土。" ⑮ 会稽:山名,在浙江省绍兴东南,相传夏禹在此大会诸侯,论功封爵,故名。泰山:山名,在山东省境内,古代五岳之一,称东岳。王屋:山名,在山西垣曲、河南济源之间。首山:即首阳山,在山西永济县南,伯夷所隐居之处。太华:即华山,在今陕西省境内,古代五岳之一,是为西岳。其西有少华山,故又称太华山。岐山:山名,在陕西省岐山县东西。太行:山名,位于山西、河南、河北交界处。羊肠:羊肠坂,其位于何处说法不一,有说位于山西交城东北,有说位于山西太原晋阳西北。孟门:山名,在山西吉县西、陕西宜川东北,绵亘黄河两岸。 ⑯ 太汾:古代要塞名称,在山西。渑阨:古代要塞名称,在河南渑池县附近,一说即是河南信阳西南的平靖关。渑阨又称"冥阨"(《吕氏春秋·有始览》)。荆阮:古代要塞名称,在湖北武当山东南。方城:春秋战国时楚国所筑长城。崤阪:即崤山,在今潼关至河南新安一带,地势险要,是古代著名要塞。井陉:古代要塞名称,在河北井陉县。令疵:古代要塞名称,在河北滦城县和迁安县之间。句注:古代要塞名称,在山西代县西北。"句"同"勾"。居庸:古代要塞名称,在河北(北京)昌平县西北,是长城的重要关口之一。　⑰ 具区:又名震泽,即江苏太湖。云梦:古代楚地大泽,大致在湖北江陵至武汉一带。阳纡:古代大泽,一般认为在陕西境内。"阳纡"又称"杨纡"、"杨陓"。大陆:古代泽名,也称"巨鹿"泽,故地在河北巨鹿。圃田:古代泽名,故地在河南中牟。孟诸:古代泽名,又称盟诸、望诸,故地在河南商丘。海隅:指古代齐国滨海,所以原注说:"海隅犹崖,盖近海滨是也。"马宗霍又说:"九薮之名,八薮皆实指其地,惟此泛举海滨者,司马相如《子虚赋》言齐王畋于海滨,与楚之云梦对举。"(《淮南旧注参正》)巨鹿:即"大陆"泽,盖晋时称"大陆"、赵时称"巨鹿",是合晋、赵两薮为一矣。昭余:古代泽名,故地在山西祁县。"昭余"在《尔雅·释地》中又称"昭余祁"。　⑱ 八风:这里的"八风"与上卷《天文训》中的"八风"名称有所不同,现将"八风"的不同名称及"八风"与节气、卦气(象)、方位的关系罗列如下:

方位 \ 八风名称 \ 出处 \ 节气与卦气	《吕氏春秋·有始》	《说文》	《淮南子·地形训》	《淮南子·天文训》
东北	立春—艮气	炎风	融风	炎风	条风
东	春分—震气	滔风	明庶风	条风	明庶风
东南	立夏—巽气	熏风	清明风	景风	清明风
南	夏至—离气	巨风	景风	巨风	景风
西南	立秋—坤气	凄风	凉风	凉风	凉风
西	秋分—兑气	飂风	阊阖风	飂风	阊阖风
西北	立冬—乾气	厉风	不周风	丽风	不周风
北	冬至—坎气	寒风	广莫风	寒风	广莫风

⑲ 河水:黄河。赤水:下文有"赤水出其东南陬",其地难以确定。辽水:即辽河。黑水:原注为"黑水在雒州"。淮水:即淮河。

【评析】

仰望完天文,作者开始俯瞰起地理,于此节一开始就将整个地理情况和盘托出:"天地之间,九州八极,土有九山,山有九塞,泽有九薮,风有八等,水有六品",并分别一一介绍。在这里,"九州"除"冀州与《禹贡》九州偶同外",其余皆与《禹贡》违异,所以看得出这"九州"就是"邹衍所谓大九州也"(杨树达《淮南子证闻》)。而这"大九州"按邹衍说来:"儒者所谓中国者。于天下乃八十一分居其一分耳。中国名曰赤县神州。赤县神州内自有九州,禹之序九州是也,不得为州数。中国外如赤县神州者九,乃所谓九州也。于是有裨海环之,人民禽兽莫能相通者,如一区中者,乃为一州。如此者九,乃有大瀛海环其外,天地之际焉"(《史记》卷七十四)。这说明《淮南子》作者俯瞰地理的视野是相当开阔的。

为了更好地叙述这九州,作者还将各州与方位、季节相联系,构成了东西南北地形方位图。与此同时,还记述了在这块大地上的名山大川,使这块大地上的地形丰富起来,呈立体状,尽管有些山川现已无法确指位于何处。

阖四海之内①,东西二万八千里,南北二万六千里②,水道八千里,通谷其名川六百,陆径三千里③。禹乃使太章步自东极④,至于西极,二亿三万三千五百里七十五步⑤;使竖亥步自北极,至于南极,二亿三万三千五百里七十五步。凡鸿水渊薮⑥,自三百仞以上,二亿三万三千五百五十里有九渊⑦。禹乃以息土填洪水以为名山⑧,掘昆仑虚以下地⑨,中有增城九重⑩,其高万一千里百一十四步二尺六寸⑪。上有木禾,其修五寻。⑫珠树、玉树、琁树、不死树在其西⑬,沙棠、琅玕在其东⑭,绛树在其南,碧树、瑶树在其北⑮。旁有四百四十门,门间四里,里间九纯⑯,纯丈五尺。旁有九井玉横,维其西北之隅⑰。北门开以内不周之风。⑱倾宫、旋室、县圃、凉风、樊桐在昆仑阊阖之中⑲,是其疏圃。疏圃之池,浸之黄水⑳,黄水三周复其原,是谓丹水㉑,饮之不死。

河水出昆仑东北陬㉒,贯渤海,入禹所导积石山㉓。赤水出其东南陬,西南注南海㉔,丹泽之东㉕,赤水之东㉖。弱水出自穷石㉗,至于合黎,余波入于流沙㉘,绝流沙南至南海㉙。洋水出其西北陬,入于南海羽民之南。㉚凡四水者,帝之神泉,以和百药,以润万物。

【今译】

  合计四海之内,东西长二万八千里,南北长二万六千里,其中水路有八千里,大峡谷六处,大河六百条,内陆河三千条。于是禹派太章从东极走到西极,推算测量,长达二亿三万三千五百里又七十五步;又派竖亥从北极走到南极,推算度量,长达二亿三万三千五百里又七十五步。又总计大的湖泊深潭,深度在三百仞以上的,就有二亿三万三千五百五十九个。禹于是用息土填塞洪水,这样就造出了很多大山。禹在挖掘昆仑山土来填平地上的低洼之处时发现了昆仑山中有层叠之城九重,城高一万一千里,城厚一百一十四步二尺六寸。山上生长着木禾,它长三十五尺。珠树、玉树、璇树、不死树在木禾的西边,沙棠、琅玕在木禾的东边,绛树在木禾的南边,碧树、瑶树在木禾的北边。山旁有四百四十道门,每门相距四里,每门宽九纯,一纯是一丈五尺。旁边还有九个用玉做成栏杆的深井,环围在山的西北角。北门敞开着以接纳不周风。倾宫、旋室、县圃、凉风、樊桐都在昆仑山的阊阖门里面,是昆仑山的疏圃。疏圃里的水是从黄泉里渗透出来的,这种黄水(泉水)环绕三圈后又回复到它的源头,我们把它叫做白水,喝了它可以使人长生不死。

  黄河发源于昆仑山的东北山麓,穿过一处大海,流经禹所疏导的积石山。赤水发源于昆仑山的东南麓,向西南流,注入南海的丹泽之东。弱水发源于穷石山,流经合黎时,余波流进了沙漠,穿过沙漠,向南到达南海。洋水发源于昆仑山的西北麓,流入南海羽民国之南。这四条河是天帝的神泉,用它来调和各种药剂,可以滋润万物。

【注释】

① 阖:合、总、全。　② 东西二万八千里,南北二万六千里:是指东西、南北直径。这里东西直径长于南北直径,使中国大地呈椭形,所以《楚辞·天问》说:"东西南北其修孰多?南北顺橢(椭)其衍几何?"　③ 水道:水路。通谷:从两山之间穿过的水道,即峡谷。其:陈观楼、于省吾认为,"其"当为"六"。陆径:《吕氏春秋·有始》作"陆注三千"。陈奇猷认为当指内陆河。　④ 太章:太章与下文的竖亥均为禹臣,能推算测量天象。步:推,即推算。《文选》陆机《演连珠》注引郑玄注《尚书大传》说,"步,推也","推"谓"推算"。　⑤ 亿:"亿"有两种用法,一是指"万万",二是古代指十万为亿,这里当指"十万"。步:长度单位,一步合古五尺或六尺,三百步为一里。　⑥ 鸿:通洪,大的意思。　⑦ 王念孙认为:三百仞之"百",五十里之"里",九渊之"渊"皆衍文。　⑧ 息土:即神话传说中一种可以生长不息的土壤。在《山海经》中被称为"息壤"。　⑨ 昆仑虚:昆仑山,《山海经》有这样的说法:"海内昆仑之虚在西北,帝之下都。"　⑩ 增:读为"层"。　⑪ "其高万……":对这句话,俞樾认为:"万一千里,言城之高,则百一十四步二尺六寸当言城之厚。"　⑫ 上:昆仑山上。木禾:谷类植物。修:长。寻:古代七尺或八尺为一寻。　⑬ 琁:美玉。其西:在木禾之西。珠树、玉树、琁树、不死树皆为昆仑山上的植物。　⑭ 沙棠、琅玕:皆为玉树之名。其东:在木禾之东。　⑮ 绛:赤色。碧:青玉。瑶:美玉。这里的绛树、碧树、瑶树均指玉树。其南:在木禾之南。其北:在木禾之北。　⑯ 门间四里,里间九纯:俞樾认为,门间四里,言每门相距之数也。里间九纯,义不可通,疑本作"门九纯",言门之广也。　⑰ 九井玉横:《山海经·海内西经》说:"旁有九井,以玉为槛(栏)。"维:系、围。隅:角。　⑱ 内:通"纳",接纳。不周之

风：西北风，见《天文训》。 ⑲倾宫：高耸欲倾的宫殿。旋宫：一说是以琁玉装饰的宫殿，一说是设有机关的旋转宫殿。县圃、凉风、樊桐：皆为山名。阊阖：昆仑山的门名。 ⑳浸之：渗透出。黄水：黄泉的水。 ㉑原：源头，本源。丹水：王念孙认为"丹水"当为"白水"。 ㉒陬：山脚。 ㉓贯：穿。渤海：大海。积石山：一是指阿尼玛卿山，为大积石山。在青海省东南部，延伸至甘肃省南部边镜，是昆仑山脉东段中支，西北——东南走向，黄河绕流其东南侧。一是指小积石山，在甘肃省临夏县西北，距山西二十五公里处有积石关，是兰州循黄河谷道通青海省的交通要冲。前人认为禹导河积石，指小积石山。 ㉔赤水：其地因多种讲法而难以确定。南海：所指难明。 ㉕丹泽：下文有"西南方曰渚资，曰丹泽"，原注为："盖近丹水，因其名故曰丹泽也。" ㉖赤水之东：王引之认为此句是衍文。 ㉗弱水：指甘肃山丹河与甘州河合流后的黑河。"弱水"还有一种说法是指水浅不能胜舟，以至于浮不走鸿毛、芥草。穷石：山名。原注认为其山在甘肃"张掖北塞水也"。弱水出自穷石：丁引之认为"昆仑四隅为四水所出，说本《海内西经》。上文言东北陬、东南陬，下文又言西北陬，无独缺西南陬之理。此处原文当作'弱水出其西南陬，绝流沙，南至南海'"。 ㉘合黎：有说是山名，在甘肃张掖县北。有说是水名，源于合黎山，是张掖河下游合弱水的名称。流沙：指沙漠。沙漠因风而流动，故称流沙。另说"流沙"指含沙量很大的河流。 ㉙南海：南面之湖泊。这里多处提到"南海"，并不是指同一地方，也不是专称。 ㉚洋水：漾水。《水经注》引阚骃说："汉或为漾，漾水出昆仑西北隅，至氐道，重源显发而为漾水。"《尚书·禹贡》说，"嶓冢导漾，东流为汉"，是说漾水是其上游一源，东流为西汉水，即成为(西汉水是)嘉陵江上游的主要支流。羽民：传说中的地名。下文讲到海外三十六国中有羽民。

【评析】

本节作者进一步俯瞰地理、描绘地形，得出东西南北之长短，认为以子午为经的南北比以卯酉为纬的东西要短,以附合自古以来中国大地呈椭形的思想。又得出由太章、竖亥把筭推算出的(南北)极内等的观念。然后作者又描绘了昆仑山境及由昆仑山发源的四条神泉大河,以显示昆仑山上品物群生、希奇特出。又由昆仑山泉能润万物、饮之不死以彰显物类互应、天人相济。

　　昆仑之丘,或上倍之①,是谓凉风之山,登之而不死。或上倍之,是谓悬圃,登之乃灵,能使风雨。或上倍之,乃维上天,登之乃神,是谓太帝之居。②

　　扶木在阳州,日之所曊。③建木在都广,众帝所自上下④,日中无景,呼而无响,盖天地之中也⑤。若木在建木西,末有十日,其华照下地。⑥

【今译】

　　由昆仑山再向上攀登,就是凉风山,登上凉风山就可以长生不死。再向上攀登,就到悬圃山,登上悬圃山,就有了神灵,可以呼风唤雨。再向上攀登,就到达天庭,能登上天庭,就可成为天神。那儿是天帝居住的地方。

　　扶桑木在东方的阳州,太阳从这里开始照耀天下。建木在南方的都广,众天帝从那里上下天庭,日中心(正午)的太阳照不出影子来,呼喊时也没有回音,这大概就是天地的正中央。若木在建木的西边,其末端有十个太阳,光芒照耀着大地。

【注释】

　　① 或:假设之词,如果的意思。倍:通"培"、"陪",是"乘"、"登"的意思。孙诒让说:"倍之为言乘也,登也。"　② 太帝:天帝。
③ 扶木:即扶桑木。神话传说中的木名,在东方日出处。阳州:太阳于东方升起之处。曊:照耀。　④ 建木:神话传说中的木名。都广:

山名,在南方。众帝:众天帝。 ⑤ 景:通"影"。日中无景:以"一寸千里"说推算,南二万里为日之中,日中无影,因为"日中无影",所以"呼而无响"。 ⑥ 若木:神话传说中的木名,在西方。末:末端,末梢。十日:神话传说中说上古有十个太阳,遂有后羿射日之故事。华:光芒。

【评析】

作者始终怀有真人得道通神的信念,就是在叙述昆仑山地形、品貌之时还念念不忘要将此信念落到实处,即认为人如能顺昆仑之丘而攀登至凉风山、悬圃山到天庭就能成仙为神,这大概就是上述《俶真训》中讲到的内修道术之人还得借助外物才能得道通神为神仙。在此作者不惜将昆仑山作为引子,借"山"以表达这一思想。客观上将昆仑山像《山海经》那样将它神化,是显而易见的。

九州之大,纯方千里。① 九州之外,乃有八殥②,亦方千里。自东北方曰大泽,曰无通。③ 东方曰大渚,曰少海。④ 东南方曰具区,曰元泽。⑤ 南方曰大梦,曰浩泽。西南方曰渚资,曰丹泽。西方曰九区,曰泉泽。西北方曰大夏,曰海泽。北方曰大冥,曰寒泽。⑥ 凡八殥八泽之云,是雨九州。八殥之外而有八纮⑦,亦方千里。自东北方曰和丘,曰荒土。⑧ 东方曰棘林,曰桑野。⑨ 东南方曰大穷,曰众女。⑩ 南方曰都广,曰反户。⑪ 西南方曰焦侥,曰炎土。⑫ 西方曰金丘,曰沃野。⑬ 西北方曰一目,曰沙所。⑭ 北方曰积冰,曰委羽。⑮ 凡八纮之气,是出寒暑,以合八正,必以风雨。⑯ 八纮之外,乃有八极。自东北方曰方土之山,曰苍门。⑰ 东方曰东极之山,曰开明之门。⑱ 东南方曰波母之山,曰阳门。⑲ 南方曰南极之山,曰暑门。⑳ 西南方曰编驹之山,曰白门。㉑ 西方曰西极之山,曰阊阖之门。㉒西北方曰不周之山,曰幽都之门。㉓北方曰北极之山,曰寒门。㉔凡八极之云,是雨天下;八门之风,是节寒暑。八纮、八殥、八泽之云,以雨九州而和中土。㉕

【今译】

  九州的面积,四边缘各有千里。九州之外,还有八殥,也是边缘四方各有千里。从东北方起叫无通,叫大泽。东方的叫大渚,叫少海。东南方的叫具区,叫元泽。南方的叫大梦,叫浩泽。西南方的叫渚资,叫丹泽。西方的叫九区,叫泉泽。西北方的叫大夏,叫海泽。北方的叫大冥,叫寒泽。这八殥八泽的云气凝成雨水滋润九州。八殥之外还有八纮,也是边缘四方各有千里。从东北方起叫和丘,叫荒土。东方的叫棘林,叫桑野。东南方的叫大穷,叫众女。南方的叫都广,叫反户。西南方的叫焦侥,叫炎土。西方的叫金丘,叫沃野。西北方的叫一目,叫沙所。北方的叫积冰,叫委羽。这八纮的气流形成气候的寒冷暑热,和八风的风向结合,所以定能呼风唤雨。八纮之外,还有八极。自东北方起叫方土山,叫苍门。东方叫东极山,叫开明门。东南方叫波母山,叫阳门。南方叫南极山,叫暑门。西南方叫编驹山,叫白门。西方叫西极山,叫阊阖门。西北方叫不周山,叫幽都门。北方叫北极山,叫寒门。这八极的云气凝成雨水洒遍天下;这八门的风调节着四季的寒暑变化。八纮、八殥、八泽的云气都凝成雨水降落九州,滋润中土大地。

【注释】

  ① 纯:长度单位。这里指"边缘",原注为:"纯,缘也,亦曰量名也。" ② 殥:边远。 ③ 自:从。大泽、无通:俞樾认为应作"曰无通,曰大泽"。俞樾还认为这里的"无通"与下文的"大渚、具区、大梦、渚资、九区、大夏、大冥"为"八殥";"大泽"与下文的"少海、元泽、浩泽、丹泽、泉泽、海泽、寒泽"为"八泽"。 ④ 渚:水中可居住的小片陆地

叫渚。 ⑤具区：此为"八殥"之名，与上文"越之具区"不同。 ⑥冥：溟、海。寒泽：原注为"北方多寒水，故曰寒泽也"。 ⑦纮：绳；维系。八纮：传说大地由八根大绳维系着，故用八纮喻大地边缘。这里的"八纮"，指比"八纮"更远处。 ⑧和丘、荒土：神话传说中神鸟鸾凤歌舞的地方（《山海经》）。 ⑨棘林，桑野：古代东方的代名。 ⑩众女：庄逵吉说，《太平御览》下有注云"民少男多女"。 ⑪都广：国名。反户：其国民门户向北开，与传统门户向南相反，故称"反户"。 ⑫焦侥：原注为"焦侥，短人之国也，长不满三尺"。炎土：《述异记》卷上云"南方有炎火山，四月生火，十二月火灭，火灭之后，草木皆生枝条，至火生，草木叶落，如中国寒时也"；"炎土"即归此类。 ⑬金丘：西方配五行中的"金"，故称"金丘"。沃野：沃犹白，西方配"金"、配"白"，故称"沃野"。 ⑭一目：《山海经·海外北经》说："一目国，一目中其面而居。"沙所：流沙所出之处。 ⑮积冰：原注为"北方寒，冰所积，固以为名"。委羽：原注为"山名，在北极之阴，不见日也"。 ⑯八正：八风之正。指八风的风向。 ⑰苍门：东北方配五行中的"木"、五色中的"青"，所以叫"苍门"。 ⑱开明之门：原注为"明者，阳也，日之所出也，故曰开明之门"。 ⑲阳门：原注为"东南月建在巳(四月)，纯阳用事，故曰阳门"。 ⑳暑门：南方盛阳，积温(暑热)所在，故曰暑门。 ㉑白门：原注为"西南月建在申(七月)，金气之始也。金气白，故曰白门"。 ㉒闾阖之门：原注为"西方八月建酉，万物成济，将可及收敛。闾，大也。阖，闭也。大聚万物而闭之，故曰闾阖之门也"。 ㉓幽都之门：原注为"幽，阖也。都，聚也。玄冥将始用事，顺阴而聚，故曰幽都之门"。 ㉔寒门：原注为"积寒所在，故曰寒门"。 ㉕中土：冀州。

【评析】

此节同样是对地形的描述。由于俯瞰地理的视野相当开阔，所以作者从九州扩展至八殥、八泽、八纮和八极，这样就像给我们描绘了一幅中国周围世界的地形图。这些尽管是靠想象来维系的，但其中不乏真知灼见，如"南方曰都广，曰反户"的讲法，就相当符合实际地形地理：由中国往南至南北球的一些国家（如现在的澳大利亚），其民舍门窗就是北向朝阳的，与中国门窗南向朝阳相反。这说明《淮南子》的作者在对大地形的描绘中其想像力是有相当判断定力的。但这想像力大部分是不可理喻的，如"西南方曰焦侥"的说法就很荒谬。

东方之美者，有医毋闾之珣玗琪焉。①东南方之美者，有会稽之竹箭焉。②南方之美者，有梁山之犀象焉。③西南方之美者，有华山之金石焉。④西方之美者，有霍山之珠玉焉。⑤西北方之美者，有昆仑之球琳、琅玕焉。⑥北方之美者，有幽都之筋角焉。⑦东北方之美者，有斥山之文皮焉。⑧中央之美者，有岱岳以生五谷桑麻⑨，鱼盐出焉。

【今译】

东方出产的美好的东西，有医毋闾山上的珣玗琪。东南方出产的美好的东西，有会稽的箭竹。南方出产的美好的东西，有梁山的犀角和象牙。西南方出产的美好的东西，有华山的黄金和玉石。西方出产的美好的东西，有霍山的夜明珠和五色玉。西北方出产的美好的东西，有昆仑山上的各种美玉。北方出产的美好的东西，有幽都的筋角硬弓。东北方出产的美好的东西，有斥山的虎豹毛皮。中部地区出产的美好的东西，有泰山附近的五谷、桑麻和鱼盐。

【注释】

① 医毋闾：山名，在辽宁省西部，大凌河以东，主峰望海山在北宁市西北，以产"锦州石"著名。医毋闾又称"医巫闾"、"医无闾"。珣玗琪：玉名，大概就是"锦州石"。　② 竹箭：箭竹，竹的一种。晋戴凯之《竹谱》说："箭竹，高者不过一丈，节间三尺，坚劲中矢，江南诸山皆有之，会稽所生最精好。"　③ 梁山：山名。其地不止一处。陕西、

山东、安徽等地皆有梁山。这里的梁山泛指南方一带。犀象：原注为"梁山在会稽长沙湘南,有犀角、象牙。皆物之珍也"。 ④ 华山：山名。古五岳之一,为西岳。金石：黄金、玉石。 ⑤ 霍山：山名。又称霍太山、太岳山,在山西省霍州市东南,原注说："出夜光之珠、五色之玉也。" ⑥ 球琳、琅玕：美玉名称。 ⑦ 幽都：北方匈奴活动的区域。原注为："古之幽都在雁门以北,其畜宜牛羊马,出好筋角,可以为弓弩。" ⑧ 斥山：顾广圻说,"斥山,《御览》作徒格山,'徒格'盖'斥'字之音";所在地不详。文皮：虎豹之皮。 ⑨ 岱岳：泰山。古代王者禅代所祠,所以称岱岳。生：出产。五谷：麦菽稷麻黍为五谷。

【评析】

本节作者讲述各地的物产,其中特别强调的是各地名山所出产的珍奇宝物,如皮毛、犀角、珠宝、美玉、金石。这种指明产地的方位,强调物产与地方的关系是有一定道理的。

凡地形,东西为纬,南北为经。山为积德,川为积刑①；高者为生,下者为死；丘陵为牡,溪谷为牝②。水圆折者有珠,方折者有玉；清水有黄金,龙渊有玉英。土地各以其类生。③是故山气多男,泽气多女；障气多喑④,风气多聋；林气多癃⑤,木气多伛,岸下气多肿⑥；石气多力,险阻气多瘿⑦；暑气多夭,寒气多寿；谷气多痹,丘气多狂⑧；衍气多仁⑨,陵气多贪。轻土多利,重土多迟⑩。清水音小,浊水音大；湍水人轻,迟水人重；中土多圣人。皆象其气,皆应其类。故南方有不死之草,北方有不释之冰,东方有君子之国,西方有形残之尸。⑪寝居直梦⑫,人死为鬼。磁石上飞,云母来水⑬。土龙致雨,燕雁代飞。⑭蛤蟹珠龟,与月盛衰。⑮是故坚土人刚,弱土人肥⑯；垆土人大⑰,沙土人细；息土人美,耗土人丑⑱。食水者善游能寒⑲,食土者无心而慧⑳,食木者多力而奰㉑,食草者善走而愚㉒,食叶者有丝而蛾㉓,食肉者勇敢而悍㉔,食气者神明而寿㉕,食谷者知慧而夭㉖,不食者不死而神㉗。凡人民禽兽万物贞虫,各有以生。或奇或偶,或飞或走,莫知其情,唯知通道者能原本之。

【今译】

  大凡地形是,东西方向的叫纬,南北方向的叫经。山因高大沉稳而象征着仁爱宽厚的美德,水因流动不居而象征着奸巧伪诈;高而朝阳处促使万物生长,低而阴暗处加速生物衰亡;丘陵山峰因雄伟而透露阳刚之气,溪谷低洼因幽深而显示阴柔之情。水波圆转的区域藏有珍珠,水波方正的区域藏有玉石;清澈的水域中含有黄金,混浑的龙潭中含有玉之精华。土地各以它们不同的品类而影响着所出产的物品。因此,山中云气而使人多生男孩,沼泽雾气而使人多生女婴;湿热瘴气多使人喑哑,邪恶风气多使人耳聋;森林之气重使人腿瘸,木林之气重使人背驼,河岸之气重使人脚肿;居岩石地区的人力气大,险阻地区的人易患粗脖子病;暑热之气使人命短,寒冷之气助人长寿,山谷之气吹多使人肢体麻痹,丘陵之气吹多使人骨骼弯曲;平衍之气教人仁爱,土山之气诱人贪婪。土质松软的地方上的人行动敏捷,土质板结的地方上的人行动迟钝。水流清澈的地方上的人声音细柔,水流浑浊的地方上的人声音粗重;生活在水流湍急边上的人身体轻飘,生活在水流迟缓边上的人身体笨重;地处九州中心的人中多出圣人。总之,人的心理生理特征都和他们生活的地形气候特征相类似,并和这些地形气候特征相呼应。正因为这样,所以南方会有常绿不衰的草,北方会有长年不化的冰,东方会有长寿的君子,西方会有夭残的尸体。睡觉时做梦会有应验,人死后神灵会变成鬼,磁石能吸引金属物,云母可以引来露水。土龙可以使旱天降雨,燕子大雁可以按节气南来北往。蛤、蟹、珠、龟可以随着月亮盈亏而盛衰。因此,在坚硬土地上生活的人性格刚强，在松软土地上生活的人性格脆弱；黑硬土质上生活的人身材壮大，沙土上生活的人体形矮小；土地肥沃的地方上的人长得美丽，土地贫瘠的地方上的人长得丑陋。也因为这样，所以食水的鱼类善于游水而且耐寒，食土的蚯蚓类无心而不息，食木的熊罴类力大而爱发怒，食草的鹿类善于奔跑但愚蠢，食叶的蚕类抽丝作茧而最后化为飞蛾，食肉的虎豹鹰雕勇敢而且凶悍，食气的王乔、赤松神明而且长寿，食五谷的人类聪明但短命，什么都不吃的倒可以修炼为神。所以，凡人类、飞禽、走兽，乃至一切生物体，都各自有其产生的缘由和适应环境的生存本领，或奇或偶、或飞或走，没有人能够知道其中的奥秘、真情，只有通达"道"的人才能探寻出这里的本原。

【注释】

① 山为积德，川为积刑：这是以山和水的特点来比喻某些东西，给山和水赋予人文意义。　② 牡：雄，引申为阳刚。牝：雌，引申为阴柔。　③ 生：王念孙认为"生"字下应有"人"字。　④ 障气：瘴气。南方热带森林中湿热之气，能致人生病。喑：哑。　⑤ 癃：一指小便不通，二指腿瘸病。　⑥ 伛：背驼。肿：王念孙认为应作"尰"，指脚肿。　⑦ 瘿：颈部肿块，俗称粗脖子病。另指咽喉疾病，《吕氏春秋·尽数》，"轻水所多，秃与瘿人"，高诱注："瘿，咽疾。"　⑧ 痹：风湿麻痹。狂：通"尪"，指腿弯曲致跛，也泛指其他部位骨骼弯曲。"痹"与"狂"皆肢体之疾。　⑨ 衍：低平之地。　⑩ 轻土：土质松软。重土：土质板结。　⑪ 南方有不死之草：原注为"南方温，故草有不死者"。北方有不释之冰：原注为"北方寒，故冰有不泮释者"。东方有君子之国：原注为"东方木德仁，故有君子之国"。形残：即刑天。形即刑。"残"，古代与"天"音相近。形残之尸：原注为"形残之尸于是以两乳为目，腹脐为口，操干（盾）戚（斧）以舞，天神断其手，后天帝断其首也"；这里说的是《山海经·海外西经》关于"刑天"的神话传说。西方有形残之尸：这是说西方属金，主战刑杀，所以百姓死于非命的多，如传说中的刑天。　⑫ 寝居：睡觉。直：通"值"。直梦：人做梦

得到验证。 ⑬磁石上飞：大约指磁石在上，铁屑等金属物很快吸附上来。云母：矿石名。 ⑭土龙致雨：古代人以为雨从龙，故天旱求雨时，用土制龙以象龙来助祭。代：更替。指候鸟按季节交替南来北往。 ⑮蛤、蟹、珠、龟四物属阴，而月亮又是太阴之精，故二者能相应。如月圆时蛤蟹等肉丰满，月缺时蛤蟹等肉缩瘪。 ⑯弱土：松软土质。肥：脆，即脆。 ⑰垆：黑硬。 ⑱息土：肥沃土壤。耗：贫瘠土壤。 ⑲食水者：原注为"鱼龟鳖鹜之属是也"。能：通"耐"。 ⑳食土者：蚯蚓之类。无心：指蚯蚓因环节动物而无内脏器。慧：疑是"不息"二字之误。因蚯蚓之类不气息，故曰"食土者无心而不息"。 ㉑食木者：熊罴之类。羨：《诗·荡·毛传》曰"不醉而怒曰羨"。 ㉒食草者：如麋鹿之类。 ㉓食叶者：蚕类。 ㉔食肉者：如虎豹鹰雕之类。 ㉕食气者：原注为"仙人松、乔之属是也"。 ㉖食谷者：指人类。知：通"智"。 ㉗不食者不死而神：食气者虽长寿，但有期限，而什么都不食者倒可以长生不死，成为神仙；同样神仙不食人间烟火而没有生死期限。

【评析】

本节承上节内容继续论述物产与地形的关系："水圆折者有珠，方折者有玉；清水有黄金，龙渊有玉英。"犹如作者借《天文训》来阐述天人关系一样的是，这里是借《地形训》来阐述地人相关说。于是笔锋一转说道："土地各以其类生人"（王念孙认为"生"字下应加"人"字）。那么，这地与人是如何相关的呢？作者对此娓娓道来："山气多男，泽气多女，瘴气多喑，风气多聋……衍气多仁，陵气多贪……坚土人刚，弱土人肥……"总之，有什么样的地理环境就决定了有什么样的人种，有什么样的地形气候就决定了有什么样的生理心理和习性思想。可以这么说，作者能俯瞰到多少种地形地理，就有多少种人之种类及生理心理和习性思想（坚强、脆弱和仁爱、贪婪）。

对此，这样的论述，作者似乎还不满足，又以物理世界和生物世界间的相关性来证实地与人的相关性。在作者看来，这地与人的相关性就像物理世界的"磁石上飞,云母来水"一样确定不移,也像"蛤蟹珠龟与月盛衰"一样有迹可循、有规可遵。

然而,如同天人感应显得牵强附合一样,作者这里的地人相关也同样显得牵强。因为这人之仁爱和贪婪、人之君子和乡愿、人之刚强和脆弱,哪有这么简单地就由地形土质水情来决定?按唯物史观看来,这些往往是由生产关系、社会存在所决定的。显然,作者在此陷入了唯心主义。

但是,又如同上述物产与地形之关系尚有道理一样,这里的地人关系也有一定道理,如"暑气多夭,寒气多寿";同样因水土的不同影响生男生女也有其一定道理。可以这样讲,在这地人相关说中,凡讲到地与人之生理关系的,大多是有一定道理的,起码讲可以探究讨论其关系的;凡讲到地与人之心理性格及思想关系的,则大多是不可理喻的。

天一地二人三①,三三而九,九九八十一。一主日②,日数十,日主人,人故十月而生。八九七十二,二主偶,偶以承奇,奇主辰③,辰主月,月主马,马故十二月而生。七九六十三,三主斗,斗主犬,犬故三月而生。六九五十四,四主时④,时主彘,彘故四月而生。五九四十五,五主音⑤,音主猿,猿故五月而生。四九三十六,六主律⑥,律主麋鹿,麋鹿故六月而生。三九二十七,七主星⑦,星主虎,虎故七月而生。二九十八,八主风⑧,风主虫,虫故八月而化⑨。

【今译】

天是一为阳,地是二为阴,人生于天地,是为三,三三得九,九九八十一。是一为阳的天主管为阳的天干,天干数为十,又主管着人类,所以人怀胎十月而出生。八九七十二,二是偶数之首,偶数为阴而不能自主，须承阳（奇数）为主，奇数主管十二辰，十二辰主管月，月主管马，所以马怀胎十二月而出生。七九六十三，三主管北斗，北斗主管犬，所以犬怀胎三月而出生。六九五十四，四主管春夏秋冬四季，四季主管猪，所以猪怀胎四月而出生。五九四十五，五主管五音，五音主管猿猴，所以猿猴怀胎五月而出生。四九三十六，六主管六律，六律主管麋鹿，所以麋鹿怀胎六月而出生。三九二十七，七主管星宿，星宿主管老虎，所以老虎怀胎七月而出生。二九十八，八主管八风，八风主管虫类，所以虫类八天孵化出幼虫。

【注释】

① 天一地二人三：原注为："一，阳，二，阴也。人生于天地，故曰三也。" ② 日：十日干，即是甲乙丙丁戊己庚辛壬癸，所以下文说"日数十"。 ③ 偶以承奇：偶为阴不能自主，须承阳为主，故曰"偶以承奇"。辰：十二辰，代表十二月，所以下文说"辰主月"。 ④ 四时：四季。 ⑤ 五主音：音有五阶，所以说"五主音"。 ⑥ 六主律：音律十二，分为阴阳各六律，故曰"六主律"。 ⑦ 七主星：二十八宿配四方，每方七宿，故曰"七主星"。 ⑧ 八主风：风有八方之风，故曰"八主风"。 ⑨ 八月：应改为"八日"。《说文·风部》说："风动虫生，故虫八日而化。"《论衡·商虫篇》也说：虫"八日而化"。

【评析】

本节作者将天地阴阳、地支天干、日月星辰、四时自然、数字音律与各种动物相对应，似乎想构筑些什么体系和框架，也似乎想在其中表现些什么感应和相关的东西来，但由于其中缺乏必然的关系和一定的依据，所以显得非常牵强附会，可吸取的地方不多。唯一除外的是，其中讲到"风主虫"却包含着语言学的道理，即"风"是由"凡"与"虫"构成，所以"风"与"虫"联系在一起，"风"动必生"虫"，这是常识。这也说明远古仓颉造字知道以常识为基础。由此，王充在《论衡·商虫篇》中说："夫虫，风气所生，苍颉知之，故'凡'、'虫'为'风'之字。取气于风，故(虫)八日而化。"

当然,王充《论衡·商虫篇》并不仅仅局限于对"风"与"虫"的文字考证,他是想借此说明些其他道理。对此,人们也可借"风动虫生"来说明些其他道理,即只有社会风气的好转才得以使社会害虫无藏身之地,也只有消灭了社会害虫才能使社会风气根本好转,"风"与"虫"二者处于互动关系之中。这大概就是本节内容留给我们可思考的地方。

鸟鱼皆生于阴,阴属于阳①,故鸟鱼皆卵生,鱼游于水,鸟飞于云,故立冬燕雀入海化为蛤②。万物之生而各异类。蚕食而不饮,蝉饮而不食,蜉蝣不饮不食③,介鳞者夏食而冬蛰④。龁吞者八窍而卵生⑤,嚼咽者九窍而胎生⑥。四足者无羽翼,戴角者无上齿。⑦无角者膏而无前⑧,有角者指而无后⑨。昼生者类父,夜生者似母。至阴生牝,至阳生牡。夫熊罴蛰藏,飞鸟时移。

是故白水宜玉,黑水宜砥⑩,青水宜碧,赤水宜丹,黄水宜金,清水宜龟。汾水濛浊而宜麻⑪,沸水通和而宜麦⑫,河水中浊而宜菽⑬,雒水轻利而宜禾⑭,渭水多力而宜黍⑮,汉水重安而宜竹⑯,江水肥仁而宜稻,平土之人慧而宜五谷⑰。

【今译】

鸟类和鱼类都是卵生但又属于阳性动物,所以鱼类和鸟类尽管是卵生,但鱼在水里游,鸟在空中飞,所以立冬时节燕雀进入海中变成蛤。万物的生活习性是各不相同的:蚕只吃桑叶而不饮水,蝉却只喝水而不吃食物,蜉蝣则不吃也不喝,有鳞壳的龟、鱼又是夏天觅食冬天伏藏。整个吞吃食物的鸟类和鱼类生有八窍且是卵生,而靠咀嚼进食的哺乳类却生有九窍且是胎生;四足动物不长羽毛翅膀,而长角动物却不生上齿。无角的动物(如猪)脂肪松稀且前半部分细瘦,有角的动物(如牛)脂肪紧凝且后半部分细瘦。白天出生的孩子像父亲,晚上出生的孩子像母亲。阴气极盛的生雌性,阳气极盛的生雄性。熊罴冬眠伏藏,候鸟按时迁徙。

所以白色的水适宜生玉,黑色的水适宜产磨石,青色的水适宜产碧,赤色的水适宜生朱砂,黄色的水适宜产黄金,清澈的水适宜龟的生存。这样,汾水濛浊而适宜麻的生长,沸水通和适宜麦类作物,黄河水中和适宜豆类生长,洛水轻畅适宜谷类作物,渭水多力适宜黍子生长,汉水重安适宜竹子生长,江水厚仁适宜水稻生长,而平原上的人聪慧适宜播种五谷。

【注释】

① 阴属于阳:王念孙认为"阴"字衍文,就是"谓鸟鱼皆属于阳,非谓阴属于阳也"。　② 蛤:甲壳软体动物,蚌类。古人认为蛤是雀燕所化,这是古人的误解。　③ 蜉蝣:昆虫名。寿命极短,不食不饮,化生三天便死。　④ 介:甲壳。介鳞者:鱼龟之类。　⑤ 龁:咬。龁吞者:鱼鸟蛇之类。这些动物不经咀嚼而整吞食物。　⑥ 嚼咽者:以咀嚼下咽为进食方式的哺乳动物。　⑦ 戴角者:牛羊之类。⑧ 无角者:如猪、熊等动物。膏:相对"脂"来说的。一般说来,油脂凝结者曰脂,经稀释呈液状曰膏。无前:指身体前半部分细瘦,油脂及多肉部分集中于身体后半部分。刘文典释"无"为"兑"(即锐,细小、细瘦),并说:"《御览》八百九十九引正作'兑前'、'兑后'。又引注云:'豕马之属前小,牛羊后小。'是其证。"另有释"无前"为"无前齿",认为"无前"与下文的"无后"后脱"齿"字,并引《大戴礼记·易本命篇》作证:"戴角者无上齿,无角者膏而无前齿,有羽(角)者脂而无后齿。"待考(以上参见何宁《淮南子集释》)。　⑨ 有角者:如牛、羊等动物。指:应作"脂"。无后:如上所说与"无前"相对,指身体后半部分细瘦。⑩ 砥:磨刀石,呈青黑色。　⑪ 汾水:黄河第二大支流,源于山西省宁武县管涔山。　⑫ 沸水:即济水。　⑬ 中浊:中调,"中调"尤"中和"。　⑭ 雒水:即洛河。禾:泛指谷类。　⑮ 渭水:渭河,是黄河

最大支流。 ⑯ 汉水：为长江最大支流，源于陕西省南部宁强县。
⑰ 平土：平原或中原。

【评析】

本节仍然继续上述话题。讲述物产与水情的关系："白水宜玉，黑水宜砥，青水宜碧，赤水宜丹，黄水宜金……"这一切似乎像物产与地形土质一样有规可遵、有迹可循，互相对应。然而，作者感到物物之间、人物之间、天人之间、地人之间的相互关系、互相对应似乎又不是那么简单如此确定，所以说道："万物之生而各异类。"那就是"蚕食而不饮，蝉饮而不食"，"龁吞者八窍而卵生，嚼咽者九窍而胎生"，"无角者膏而无前，有角者脂而无后"，这一连串的"而"字说明自然界予夺殊致、亏盈互乖，事物之间的对立转化是复杂和多样的。

落实到"阴阳关系"，作者看到"鸟鱼皆生于阴而属于阳"，这阴阳关系的转化也似乎不可一味简单轮转；原本看来"至阴则生阳（雄、牡）、至阳则生阴（雌、牝）"也并非如此，倒是"至阴生牝，全阳生牡"，这说明思辨层面上的阴阳关系也被作者意识到是复杂和多样的。就其上述这些来说，看似作者是在描绘地形和物与人的关系，但其中却含有某些哲学思辨的成分。

东方川谷之所注，日月之所出。其人兑形小头①，隆鼻大口，鸢肩企行②；窍通于目，筋气属焉，苍色主肝③；长大早知而不寿④。其地宜麦，多虎豹。南方阳气之所积，暑湿居之。其人修形兑上，大口决眦⑤；窍通于耳，血脉属焉，赤色主心；早壮而夭。其地宜稻，多兕象⑥。西方高土，川谷出焉，日月入焉。其人面末偻⑦，修颈卬行⑧；窍通于鼻，皮革属焉，白色主肺；勇敢不仁。其地宜黍，多旄犀⑨。北方幽晦不明，天之所闭也，寒水之所积也⑩，蛰虫之所伏也。其人翕形短颈,大肩下尻⑪;窍通于阴,骨干属焉,黑色主肾;其人蠢愚禽兽而寿⑫。其地宜菽,多犬马。中央四达,风气之所通,雨露之所会也。其人大面短颐⑬,美须恶肥⑭;窍通于口,肤肉属焉,黄色主胃;慧圣而好治。其地宜禾,多牛羊及六畜。⑮

【今译】

　　东方是河流溪水汇聚的地方,也是日月升起的方位。居住在那里的人体形尖细,高鼻子大嘴巴,鹰肩耸起,走路踮着脚;身体的各个孔窍与眼睛相通,身上的筋络气血也连通眼睛,东方属青色主管肝脏;那里的人身材高大、智力早熟,但寿命不长。那里的土质适宜种麦但虎豹很多。南方是阳气聚集和暑热潮气停留的地方。居住在那里的人形体修长上部尖瘦,嘴大眼眶深陷;身体的各个孔窍与耳相通,身上的气脉也连通耳道,南方属赤色主管心脏;那里的人成熟得早,但也短命。那里的土质适宜种稻但犀牛大象很多。西方高山高原是河流发源和太阳月亮落下的地方。居住在那里的人脊背弯曲,脖子细长,走路昂着头;身体的各个孔窍与鼻相通,身上的皮肤也连通鼻腔,西方属白色主管肺;那里的人勇敢,但不仁慈。那里的土质适宜种黍子但旄牛犀牛很多。北方幽暗不明,是天地闭合,寒冰积聚,动物蛰藏的地方。那里的人体形短缩,脖子短,肩膀宽而臀部下垂;身体的各个孔窍与阴部相通,骨骼的发育也与阴部功能相关;北方属黑色主管肾脏;那里的人愚笨,但长寿。那里的土质适宜种豆类但马狗很多。中部地区四通八达,是风云流通、雨露汇聚的好地方。居住在那里的人脸大腮帮短,须髯美丽,但过于肥胖;身体的各个孔窍与口腔相通,身上的发达肌肉与口的作用相关连;中土属黄色主管胃;那里的人聪明有才、无所不通且善于治理国事。那里的地方适宜种五谷,并有很多牛羊及家畜。

【注释】

　　① 兑:通"锐",尖的意思。　② 隆:高。鸢:老鹰。企:踮起脚

跟。③窍：孔窍。筋气属焉，苍色主肝：这是作者将阴阳五行以配五方、五色、五脏、五体、五窍，根据内容，其对应关系是这样的：

阴阳五行与五方、五色、五脏等的对应关系表

五行	五方	五脏	五色	窍	体
木	东	肝	青	目	筋
火	南	心	赤	耳	脉
金	西	肺	白	鼻	皮
水	北	肾	黑	阴	骨
土	中	胃	黄	口	肉

④知：通"智"。 ⑤胅：王念孙认为"胅"当为"眲"，字之误也。"眲"指眼眶。 ⑥兕：雌性犀牛。 ⑦面：俞樾认为是衍文。向宗鲁认为"面"上漏掉"毛"字(见何宁《淮南子集释》)。末偻：脊柱弯曲。 ⑧卬：通"昂"，昂着头。 ⑨旄：旄牛，亦作"牦牛"。 ⑩寒水：王念孙认为"寒水"当为"寒冰"。 ⑪翕：短缩。尻：臀部。 ⑫其人、禽兽：王念孙认为这四字都是衍文。 ⑬颐：腮。 ⑭恶：过、甚、多。 ⑮六畜：牛马羊猪鸡狗。

【评析】

本节作者以五行、五方、五色配人之五脏、五窍和五体，并将东西南北中的人体特征、物产种类嵌入其中，还是希望通过这种搭配，构筑他的地人相关体系。

木胜土，土胜水，水胜火，火胜金，金胜木。故禾春生秋死①，菽夏生冬死②，麦秋生夏死③，荠冬生中夏死④。木壮，水老，火生，金囚，土死；火壮，木老，土生，水囚，金死；土壮，火老，金生，木囚，水死；金壮，土老，水生，火囚，木死；

水壮,金老,木生,土囚,火死。⑤

音有五声,宫其主也。色有五章⑥,黄其主也。味有五变,甘其主也。位有五材⑦,土其主也。是故炼土生木⑧,炼木生火,炼火生云⑨,炼云生水,炼水反土⑩;炼甘生酸,炼酸生辛,炼辛生苦,炼苦生咸,炼咸反甘。变宫生徵⑪,变徵生商,变商生羽,变羽生角,变角生宫。是故以水和土,以土和火,以火化金,以金治木,木复反土。五行相治,所以成器用。

【今译】

在五行的关系中,木胜土,土胜水,水胜火,火胜金,金胜木。所以属木的禾生在木气旺盛的春天而衰死在金气旺盛的秋天,属火的豆类生长在火气旺盛的夏天而衰死在水气旺盛的冬天,属金的麦子生长在金气旺盛的秋天而衰死在火气旺盛的夏天,属水的荠菜生长在水气旺盛的冬天而衰死在火气旺盛的夏天。天下事物莫不如此:属木旺盛的时间,水处于衰竭阶段,火处于生长时期,金处于抑制过程而土处于死亡时候。属火旺盛的时间,木处于衰竭阶段,土处于生长时期,水处于抑制过程而金处于死亡时候。属土旺盛的时间,火处于衰竭阶段,金处于生长时期,木处于抑制过程而水处于死亡时候。属金旺盛的时间,土处于衰竭阶段,水处于生长时期,火处于抑制过程而木处于死亡时候。属水旺盛的时间,金处于衰竭阶段,木处于生长时期,土处于抑制过程而火处于死亡时候。

音有"宫商角徵羽"五种,其中"宫"是主音。色有"赤青黄白黑"五种,其中"黄"是主色。味有"酸辛甘苦咸"五种,其中"甘"是主味。位有"东西南北中"(配"金木水土火"),其中和"中"相配的"土"是主位。因此,用土可生木,用木可生火,用火可生金,用金可生水,水又可返回到土。同样,用甘可生酸,用酸可生辛,用辛可生苦,用苦可生咸,咸又可返回到甘。还有,变化宫音可生成"徵",变化徵音可生成"商",变化商音可生成"羽",变化羽音可生成"角",变化角音又可生成"宫"。所以,以水可以调和土,以土可以调和火,以火可以融化金,以金可以处治木,木又能返回到土。这五行的相生相克就是如此,根据这些人们来制作各种器物。

【注释】

① 禾春生秋死:禾属木,春也属木,所以禾因木气旺盛而生长,又因秋天金气旺盛、金克木而死亡。 ② 菽夏生冬死:菽(豆)属火,夏也属火,所以豆因火气旺盛而生长,又因冬天水气旺盛、水克火而死。 ③ 麦秋生夏死:麦属金,秋也属金,所以麦因金气旺盛而生长,又因夏天火气旺盛、火克金而死亡。 ④ 中夏:应理解为"季夏之月,招摇指未,昏心中,旦奎中。其位中央,其日戊己,盛德在土"(《时则训》)。正因为"盛德在土",所以属水的荠菜生在水气旺盛的冬天,而衰亡于"盛德在土"的中夏,符合"土克水"的五行相克原则,故下文曰:"荠冬生中夏死。""中夏"的"中"不可认为是衍文。 ⑤ 木壮……:这几句是作者将事物分成生、壮、囚、老、死几个阶段,以表现事物的盛衰过程,所用的原则是五行相生相克。 ⑥ 章:色彩。章,通"彰"。 ⑦ 五材:五行。 ⑧ 炼:冶炼。这里指治理、处理等意思。 ⑨ 云:指"金",原注说:"云,金气所生也。" ⑩ 反:同"返"。 ⑪ 变宫:这是讲五音相生,参见上卷《天文训》。

【评析】

上文主要讲述五行相生相克的原则,反映了古人对自然界中"金木水土火"这几种基本物质间辩证关系及转化的认识,有一定的道理;其中对分属于五行的农作物盛衰(如《天文测》说的"生一壮五终九")的阐述,则不但有一定的道理,还具有相当的科学性。当然,这种五行生克原则是不可滥用于一切领域的,否则就显得荒谬了。

凡海外三十六国:自西北至西南方,有修股民①**、天**

民②、肃慎民③、白民④、沃民⑤、女子民⑥、丈夫民⑦、奇股民⑧、一臂民⑨、三身民⑩；自西南至东南方，结胸民⑪、羽民⑫、讙头国民⑬、裸国民⑭、三苗民⑮、交股民⑯、不死民⑰、穿胸民⑱、反舌民⑲、豕喙民⑳、凿齿民㉑、三头民㉒、修臂民㉓；自东南至东北方，有大人国㉔、君子国㉕、黑齿民㉖、玄股民㉗、毛民㉘、劳民㉙；自东北至西北方，有跂踵民㉚、句婴民㉛、深目民㉜、无肠民㉝、柔利民㉞、一目民㉟、无继民㊱。

【今译】

海外共有三十六国：从西北到西南方，有修股民、天民、肃慎民、白民、沃民、女子民、丈夫民、奇股民、一臂民、三身民；从西南到东南方，有结胸民、羽民、讙头国民、裸国民、三苗民、交股民、不死民、穿胸民、反舌民、豕喙民、凿齿民、三头民、修臂民；从东南到东北方，有大人国、君子国、黑齿民、玄股民、毛民、劳民；从东北到西北方，有跂踵民、句婴民、深目民、无肠民、柔利民、一目民、无继民。

【注释】

①修：长。股：脚、大腿。修股民：《山海经·海外西经》说："长股之国在雄常北，被发。一曰长脚。" ②天民：马宗霍认为"除天民、裸国民、豕喙民外"，其余三十三国均见于《山海经》。所以"天民国"不见于《山海经》。但《山海经·大荒西经》中有"先民之国"，而郝懿行认为"先"当为"天"，所以这"先民之国"就是"天民"。《山海经·大荒西经》说："西北海之外，赤水之西，有先民之国，食谷，使四鸟。" ③肃慎民：《山海经·海外西经》说："肃慎之国，在白民北，有树名曰雄常，先入(当为"人")伐(当为"代")帝，于此取之(其俗无衣服，取雄常树皮为衣)。" ④白民：《山海经·海外西经》说："白民之国在龙鱼北，白身被发。" ⑤沃民：《山海经·大荒西经》说："有沃之国，沃民是处。沃之野，凤鸟之卵是食，甘露是饮。" ⑥女子民：《山海经·海外西

经》说:"女子母在巫咸北,两女子居,水周之。一曰居一门中(谓女国所居同一聚落)。" ⑦ 丈夫国:《山海经·海外西经》说:"丈夫国在维鸟北,其为人衣冠带剑。" ⑧ 奇股民:"奇股"当为"奇肱"。《山海经·海外西经》说:"奇肱之国在其("一臂国")北,其人一臂三目,有阴有阳,乘文马,有鸟焉,两头,赤黄色,在其旁。"郭璞解说为:"其人善为机巧,以取百禽,能作飞车,从风远行。汤时得之于豫州界中,即坏之,不以示人。后十年西风至,复作遣之。" ⑨ 一臂民:《山海经·海外西经》说:"一臂国在其("三身国")北,一臂一目一鼻孔。有黄马虎文,一目而一手。"《三才图会》又说:"一臂国在西海之北,半体比肩,犹鱼鸟相合。" ⑩ 三身民:《山海经·海外西经》说:"三身国在夏后启北,一首(一头)而三身。" ⑪ 结胸民:《山海经·海外南经》说:"结匈国在其(天蒙鸟)西南,其为人结匈。""结匈(结胸),疑即今之所谓鸡胸"(袁珂语)。 ⑫ 羽民:《山海经·海外南经》说:"羽民国在其(比翼鸟)东南,其为人长头,身生羽。"郭璞注解:"能飞不能远,卵生,画似仙人也。" ⑬ 讙头国民:《山海经·海外南经》说:"讙头国在其(毕方鸟)南,其为人人面有翼,鸟喙,方捕鱼。"又《神异经·南荒经》说:"南方有人,人面鸟喙而有翼,手足扶翼而行,食海中鱼,有翼不足以飞,一名鴅兜……一名䧿兜。为人狠恶,不畏风雨禽兽,犯死乃休耳。"袁珂认为讙头国民就是丹朱国。 ⑭ 裸民国:古时中国南方国名,其人皆裸体。 ⑮ 三苗民:《山海经·海外南经》说:"三苗国在赤水东,其为人相随(远徙南海)。"这里的"三苗民"地处长江中游以南,为古代部落。"三苗"亦即"苗民"。《神异经》说:"有人面目手足皆人形,而胳(腋)下有翼,不能飞。为人饕餮,淫逸无理,名曰苗民。"这里轻诋尤甚,不足道矣。 ⑯ 交股民:《山海经·海外南经》说:"交胫国在其(贯匈国)东,为人交胫。"这里"交股"、"交胫"一个意思,指"脚相交切"。 ⑰ 不死民:《山海经·海外南经》说:"不死民在其(交胫国)东,其为人黑色,寿,不死。""不死民"是"不食"也"不死"。 ⑱ 穿胸民:是指穿胸国中的人"胸前穿孔达背"。元周致中《异域志》讲道:"穿胸国在盛海东,胸有窍,尊者去衣,令卑者以竹木贯胸抬之。"

⑲ 反舌民：是说其国民舌根在前，舌尖反向喉，与常人相反，故曰"反舌"。　⑳ 豕喙民：是指国民的嘴似猪嘴。《山海经》中无此国。㉑ 凿齿民：原注为："凿齿民，吐一齿出口下长三尺也。"　㉒ 三头民：即"三首国"，一身三首。传说三头人的三颗头能"递卧递起"，轮流休息，"以伺琅玕"（《艺文类聚》卷九十）。　㉓ 修臂民：《山海经·海外南经》说，"长臂国在其东，捕鱼水中，两手各操一鱼"，其国民衣两袖三丈。　㉔ 大人民：其国民皆长大。《山海经·海外东经》说："大人国在其北，为人大，坐而削船（操舟）。"　㉕ 君子国：《山海经·海外东经》说："君子国在其北，衣冠带剑，食兽，使二大虎在旁，其人好让不争。"　㉖ 黑齿民：《山海经·海外东经》说："黑齿国在其北，为人黑（齿），食稻啖蛇，一赤一青，在其旁。"郭璞解说："倭国东四十余里，有裸国，裸国东南有黑齿国，船行一年可至也。《异物志》说：西屠染齿，亦以放（仿）此人。"　㉗ 玄股民：其国民股黑，以鱼皮为衣，食鸥。《山海经·海外东经》有"玄股之国"。　㉘ 毛民：《山海经·海外东经》说："毛民之国在其北，为人身生毛。"郭璞注解："今去临海郡东南二千里，有毛人在大海洲岛上，为人短小，而体尽有毛。如猪，能穴居，无衣服。晋永嘉四年，吴郡司盐都尉戴逢在海边得一船，上有男女四人，状皆如此。言语不通，送诣丞相府，未至，道死，唯有一人在。上赐之妇，生子，出入市井，渐晓人语，自说其所在是毛民也。"　㉙ 劳民：《山海经·海外东经》说："劳民国在其（毛民国）北，其为人黑。"原注又说"劳民"是"正理躁扰不定也"。　㉚ 跂踵民：是指国民脚跟不着地，用脚趾行走。《山海经·海外北经》有"跂踵国"。　㉛ 句婴民：是指国民经常以一手持缨（瘿）。所以《山海经·海外北经》说："拘缨之国在其东，一手把缨。"袁珂解释为："缨正宜作瘿。瘿，瘤也，多生于颈，其大如悬瓠，有碍行动，故须以手拘之，此'拘瘿之国'之得名也。作拘缨（句缨）者，同音通假，实亦拘瘿……"　㉜ 深目民：是指其国民皆眼窝深陷。《山海经·大荒北经》说："有人方食鱼，名曰深目民之国。"　㉝ 无肠民：《山海经·海外北经》说："无肠之国在深目东，其为人长而无肠。"又《神异经》说："有人知往，有腹无五藏，直而不旋，食物径

过。" ㉞柔利民：是指其国民体柔无骨。《山海经·海外北经》说："柔利国在一目(国)东，为人一手一足，反膝，曲足居上。一云留利之国，人足反折。" ㉟一目民：《山海经·海外北经》说："一目国在其东，一目中其面而居。一曰有手足。" ㊱无继民：《山海经·海外北经》说："无继之国在长股东，为人无继。"又《博物志·异人》说："无继民，居穴食土，无男女，死埋之，其心不朽，百年还化为人。"

【评析】

本节叙述中国地域之外的三十六国。又因为古人一直认为中国疆土四面环海，所以中国以外的地域都被称为"海外"，这样也就有了本节开头的说法："海外三十六国。"照马宗霍在《淮南旧注参正》中说来："自此以下所述诸国，除天民、裸国民、豕喙民外，余并见《山海经》，其数适足三十六。"

因为这海外三十六国大多见于《山海经》，所以读本节的"海外三十六国"来，就非得借助《山海经》不可。所幸目前所存有的《山海经》除文字能看得外，我们还能看到不少后人为这"三十六国"国民形象所补充的图画。又因为《山海经》所记的是殊方异域的人，所以这"海外三十六国"的殊方异域之人因配有插图而使我们对此有感性认识，这世界正是无奇不有：有一只眼的，也有眼睛深陷的；有一头三身的，也有三头一身的；有鸡胸者，也有胸贯洞者；有长黑牙的，也有长大瘤的；有舌头反转的，也有嘴似猪样的……总之，要有怎样奇异就有怎样奇异。但是，这世上哪有这样的人？所以就这点来说《山海经》是部记述怪异神话的书没错（当然其中包含着不少有价值的内容，如动植物、古代地形地理、物产矿藏、医药等）。由此推衍开来，说《地形训》本节内容颇显怪异也是一点不过分的。

雒棠、武人在西北陬①，硔鱼在其南②。有神二人连臂，为帝候夜③，在其西南方。三珠树在其东北方④，有玉树在赤水之上。昆仑、华丘在其东南方⑤,爰有遗玉、青马、视肉、杨桃、甘悖、甘华⑥,百果所生。和丘在其东北陬⑦,三桑无枝在其西⑧,夸父、耽耳在其北方⑨。夸父弃其策,是为邓林⑩。昆吾丘在南方⑪,轩辕丘在西方⑫。巫咸在其北方⑬,立登保之山⑭。旸谷、榑桑在东方⑮。有娀在不周之北⑯,长女简翟,少女建疵⑰。西王母在流沙之濒⑱。乐民、拏闾在昆仑、弱水之洲⑲。三危在乐民西⑳。宵明、烛光在河洲,所照方千里㉑。龙门在河渊㉒。滀池在昆仑㉓。玄耀、不周、申池在海隅㉔。孟诸在沛㉕。少室、太室在冀州㉖。烛龙在雁门北㉗,蔽于委羽之山㉘,不见日,其神人面龙身而无足。后稷垅在建木西㉙,其人死复苏,其半鱼,在其间。流黄、沃民在其北方三百里㉚。狗国在其东㉛。雷泽有神㉜,龙身人头,鼓其腹而熙㉝。

【今译】

　　雒棠山和武人山在西北角,磝鱼在其南边。有两位神人,手挽手为天帝在西南方值夜放哨。三珠树就在它的东北方,有玉树在赤水边上。昆仑山和华丘在它的东南方,那里有宝玉、青马、视肉、杨桃、甘悖、甘华等神异之物,是各种果树生长的地方。和丘在它的东北角,无枝的三桑树在它西边,夸父山、耽耳国就在它的北边。夸父与日逐走时丢掉的拐杖化为邓林就在那里。昆吾山在南方,轩辕丘在西方。巫咸在它的北方,伫站在登保山顶。旸谷、榑桑在东方。有娀国在不周山的北面,国君的公主大的叫简翟,小的叫建疵。西王母住流沙边的昆仑山洞中。乐民国、拏闾在昆仑、弱水的洲上。三危山在乐民国的西边。宵明、烛光二女神在黄河的冰洲上,光明照耀着千里大地。龙门山处黄河之渊。滀池在昆仑山。玄耀山、不周山、申池在海边。孟诸泽则在沛郡。少室山和太室山在冀州。烛龙在雁门之北,隐蔽在委羽山中,不见太阳,那里的神是人面龙身,没有脚。后稷的坟墓在都广泽建木的西边,那里的人能死而复生,复生后身体一半是鱼形,处在中间。流黄和沃民在它的北边三百里。狗国在它的东面。雷泽中有种神,是龙身人头,拍打着肚子在嬉戏玩耍。

【注释】

① 雒棠、武人:皆为传说中的山名。 ② 磞鱼:传说中的鱼名,似鲤鱼,又曰鰕(大鲵)和鳖鱼,圣人能乘之行九野(《山海经·海外西经》)。 ③ 二人:应为"二八",是神名。《山海经·海外南经》说:"有神人二八连臂,为帝司夜于此野。"连臂:手挽手。 ④ 三珠树:《山海经·海外南经》说:"三珠树在厌火北,生赤水上,其为树如柏,叶皆为珠。一曰其为树若彗。" ⑤ 华丘:即《山海经·海外东经》中的"瑳(嗟)丘"。《海外东经》说:"瑳丘,爰有遗玉、青马、视肉、杨柳、甘柤、甘华,百果所生。在东海,两山夹丘,上有树木。一曰嗟丘,一曰百果所在,在尧葬东。" ⑥ 遗玉:一种黑色的玉石。青马:一种神马名。视肉:一种兽名,其肉被割后会复愈。《神异经》说:"南方有兽,名无损之兽。人割取其肉不病,肉复自复。"《山海经·海外南经》有注说。 ⑦ 和丘:原注说:"四方而高曰丘。鸾所自歌,凤所自舞,故曰和丘。" ⑧ 三桑无枝:《山海经·北山经》说:"至于洹山,其上多金玉。三桑生之,其树皆无枝,其高百仞,百果树生之。" ⑨ 夸父:即《山海经·中山经》中说的"夸父之山"。郝懿行注说:"山一名秦山,与太华相连,在今河南灵宝县东南。"耽:意为耳下垂。耽耳:国名,其民耳垂在肩。 ⑩ 夸父弃其策:《山海经·海外北经》记夸父追日。道渴而死,弃其杖(策),化为邓林(即桃林),故下文说:"是为邓林。" ⑪ 昆吾:即《山海经·中山经》说的"昆吾之山",此山产赤铜,作刃制剑能切玉如割泥,故称"昆吾之剑"。而高诱注解"昆吾"为"楚之祖,祝融之孙,陆终之子,为夏伯也"。夏伯的属地在河北濮阳一带。 ⑫ 轩辕:即《山海经·西山经》的"轩辕之丘",郭璞注解为:"黄帝居此丘,娶西陵氏女,因号轩辕丘。"轩辕丘在河南郑县。 ⑬ 巫咸:即《山海经·海外西

经》的"巫咸国"。 ⑭登保之山：神话传说中的山，是神巫上天下地的地方。 ⑮旸谷：日出之处。榑桑：即扶桑。 ⑯有娀：神话传说中的国名。不周：山名。 ⑰简翟、建疵：有娀国君的两个女儿。 ⑱西王母：神话传说中的女神。《山海经·西山经》说："西王母其状如人，豹尾虎齿而善啸，蓬发戴胜，是司天之厉及五残。"濒：通"滨"。 ⑲乐民、挚间：神话传说中的国名。 ⑳三危：即《山海经·西山经》的"三危之山"。 ㉑宵明、烛光：传说是舜妻登比氏的两个女儿，能放光芒，照耀千里（《山海经·海内北经》）。 ㉒龙门：龙门山。传说大禹治水时开凿此山，导河水穿山而过，地处山西河津县和陕西韩城县之间。 ㉓湍池：传说中地名。 ㉔玄耀：山名，一说水名。不周：即不周山。申池：池名。春秋齐国都城西门外左右有池，即申池。海隅：海边。 ㉕沛：汉郡名。汉高帝以秦泗水郡南部置郡。在今安徽濉溪县西北。 ㉖少室、太室：嵩高山之别名。嵩高山即嵩山。 ㉗烛龙：神名。原注为"龙衔烛以照太阴，盖长千里，视为昼，瞑为夜，吹为冬，呼为夏"，《山海经·大荒北经》有记录。 ㉘委羽：山名，在北方，终年不见太阳 。 ㉙后稷：传说是周民族的先祖。垅：坟墓、坟冢。《山海经·海内经》说："西南黑水之间，有都广野，后稷葬焉。"建木：上文说"建木在都广"，都广，南方泽名，也有说是"山名"，后稷埋葬的地方。《山海经·海内经》说："有都广野，后稷葬焉。夏有膏菽、膏稻、膏黍、膏稷，冬夏播琴(种)。鸾鸟自歌，凤鸟自舞，相群爱处。此草也，冬夏不死。" ㉚流黄：传说中部落名称。《山海经·海内西经》有记。沃民：《山海经·大荒西经》说："有沃之国，沃民是处。""沃"是指土地饶沃。 ㉛狗国：《山海经·海内北经》有"犬(狗)封国"。袁珂说："封、戎音近，故犬封国得称犬戎国。又'犬封国'者，盖以犬立功受封而得国，即郭(璞)注所谓'狗封国'也。伊尹《四方令》云：'正西昆仑狗国。'《淮南子·地形篇》云：'狗国在其(建木)东。'则狗国之传说实起源于西北然后始渐于东南也。" ㉜雷泽：泽名。高诱注曰："《禹贡》雷泽在济阴城阳西北。"《山海经·海内东经》记有"雷泽有雷神，龙身而人头，鼓其腹"。 ㉝熙：通"嬉"。

【评析】

本节继续沿袭《山海经》，叙述与地形有关的神话传说。

江出岷山，东流绝汉入海。① 左还北流，至于开母之北②，右还东流，至于东极。河出积石③，睢出荆山④，淮出桐柏山⑤，睢出羽山⑥，清漳出揭戾，浊漳出发包⑦，济出王屋⑧，时、泗、沂出台、台、术⑨，洛出猎山⑩，汶出弗其，西流合于济⑪，汉出嶓冢⑫，泾出薄落之山⑬，渭出鸟鼠同穴⑭，伊出上魏⑮，雒出熊耳⑯，浚出华窍⑰，维出覆舟⑱，汾出燕京⑲，衽出溃熊⑳，淄出目饴㉑，丹水出高褚㉒，股出蟗山㉓，镐出鲜于㉔，凉出茅卢、石梁㉕，汝出猛山㉖，淇出大号㉗，晋出龙山、结绐㉘，合出封羊㉙，辽出砥石㉚，釜出景㉛，岐出石桥㉜，呼沱出鲁平㉝，泥涂渊出横山㉞，维湿北流出于燕㉟。

诸稽、摄提㊱，条风之所生也。通视，明庶风之所生也。赤奋若，清明风之所生也。共工，景风之所生也。诸比，凉风之所生也。皋稽，阊阖风之所生也。隅强，不周风之所生也。穷奇，广莫风之所生也。

【今译】

长江发源于岷山，东流会融汉水而流入大海。途中左拐向北流，到达开母以北，又右拐再向东，直到流向东方之极而入海。黄河从积石山流出，睢水出自荆山，淮河发源于桐柏山，睢河发源于羽山，清漳河发源于揭戾山，浊漳河发源于发包山，济水出自王屋山，时水、泗水、沂水分别出自臺、台和术三处，洛河发源于猎山，汶河发源于马耳山，向西流汇合于济水，汉水发源于嶓冢山，泾水发源于薄落山，渭河发源于鸟鼠同穴的鸟鼠山，伊河发源于上魏，雒水出自熊耳山，浚河出自华窍，维水发源于覆舟山，汾水发源于燕京山，衽水出自溃熊山，淄水出自目饴,丹水发源于高褚山,股水出自嶕山,镐水出自鲜于,凉水发源于茅卢、石梁,汝河发源于猛山,淇水发源于大号山,晋水发源于龙山结绌,合水发源于封羊山,辽河出自砥石山,釜河出自景山,岐水出自石桥,呼沱出自鲁平,泥涂河发源于櫎山,维湿河北流出自燕山。

诸稽、摄提作为天神主管东北方,条风由此产生。通视作为天神主管东方,明庶风由此产生。赤奋若作为天神主管东南方,清明风由此产生。共工作为天神主管南方,景风由此产生。诸比作为天神主管西南方,凉风由此产生。皋稽作为天神主管西方,阊阖风由此产生。隅强作为天神主管西北方,不周风由此产生。穷奇作为天神主管北方,广莫风由此产生。

【注释】

① 岷山:山名,在四川北部,是嘉陵江、岷江的发源地。古人以为长江发源于岷山。绝:过。 ② 开母:原注为"开母,山名,在东海中",这里说"在东海中"似不对,不应在海中。具体位置不详。 ③ 积石:即积石山。 ④ 睢:水名,也作沮水,指源出南条荆山入长江的沮水,处湖北西部。荆山:在湖北西部。 ⑤ 淮:淮河。桐柏山:在河南、湖北两省交界处。 ⑥ 睢:水名,今已淤废。羽山:传说是舜杀鲧处,具体位置不详。 ⑦ 清漳、浊漳:均出山西省东南部,在河北省南部边境合漳镇汇合合称漳河。褐戾:山名,在山西长治一带。发包:山名,又名发鸠山(《水经》),在山西长子附近。 ⑧ 济:济水。王屋:王屋山,在山西阳城、垣曲、河南济源一带。 ⑨ 时:时水,上游发源于山东临淄西南乌河。泗:泗水,发源于山东泗水县蒙山。沂:沂水,发源于山东沂源县鲁山。臺、台、术:原注为"臺、台、术皆山名,处则未闻"。 ⑩ 洛:洛河,上源出于白于山西端,为渭河支流。猎山:原注为:"猎山在北地西北夷中。"大约就指处山西白于山一带。 ⑪ 汶:指源于山东莱芜县的大汶河。弗其:俞樾认为"弗其"应为"马耳",即指山东莱芜县的马耳山。 ⑫ 汉:汉水。嶓冢:山名。古人认为西汉水出自嶓冢山,在今甘肃天水、礼县之间。

后人既知西汉水并非汉水上源,因又指陕西宁强北汉源所出之山为嶓冢。　⑬泾:泾水,源于宁夏回族自治区南部六盘山,东南流经甘肃,至陕西高陵县境内入渭河。薄落之山:又称笄头山、崆峒山,属六盘山。　⑭渭:渭河,源于甘肃渭源鸟鼠山。鸟鼠山:因鸟鼠同穴而得名。　⑮伊:伊河,源于河南卢氏县。上魏:山名,处地不详。⑯雒:雒河,后作"洛河",源于陕西华山。熊耳:熊耳山,在陕西和河南交界处。　⑰浚:浚水,在河南开封一带。华窍:浚水发源地,处地不详。　⑱维:潍河,源于山东五莲箕屋山。覆舟:山名,处地不详。　⑲汾:汾水,源于山西宁武管涔山。燕京:即管涔山,古字"燕"、"管"、"京"、"涔"声近通用。　⑳衽:水名。溃熊:衽水发源地,但处地不详。　㉑淄:淄水,源于山东境内莱芜县铅山。目饴:即铅山。为后人在辗转传写《淮南子》时将"铅"误为"饴",又在"饴"上加"自"(后"自"又误为"目"),即变成"目饴"(见何宁《淮南子集释》)。㉒丹水:丹江,源于陕西商县冢岭山。高褚:即冢岭山。　㉓股:王引之认为"股"当为"殷",《水经·济水注》曰:"殷水出殷阳县东南龙山。"龙山盖嶵山也,古今异名耳。　㉔镐:"镐"可能是"薄"字,"亳"字之误。镐出鲜于:未详。　㉕凉、茅卢、石梁:所指不确。　㉖汝:即河南的北汝河。猛山:原注为"猛山一名高陵山,在汝南定陵县,汝水所出,东南至新蔡入淮"。　㉗淇:淇水,在河南北部。大号:山名。　㉘晋:晋水,源于山西太原西南。结绐:即结绌山,龙山的别名。　㉙合:合水。封羊:处地未详。　㉚辽:辽河,有东西两源,东辽河出吉林东辽吉林哈达岭,西辽河上游北源西拉木伦河出内蒙克什克腾西南白岔山,南源老哈河出河北平泉光头山;东、西辽河在辽宁昌图古榆树汇合称辽河。砥石:山名。　㉛釜:釜水,其浪沸涌,势如釜中汤,故曰釜水。出河北邯郸,流至磁县折向东北。景:山名,处邯郸西南。　㉜岐:岐水。石桥:处地不详。　㉝呼沱:滹沱河,源于山西五台山东北泰戏山,穿割太行山东流入河北平原,在献县附近和滏阳河汇合为子牙河。鲁平:山名。庄逵吉疑为"鲁乎",此山亦名"武夫",古声武鲁、夫乎相近。又考《山海经》名之为"泰戏","戏"

声亦与夫、乎近,皆通用字(见何宁《淮南子集释》)。故"鲁平"(鲁平、武夫)即为"泰戏"山。　㉞ 泥涂渊:处地不详。樠山:处地不详。"樠"当为"瞒"(向宗鲁语)。　㉟ 维湿:水名。庄逵吉认为"维湿"字当为"维灅"。"灅水"出右北平浚靡县,东南至无终入庚,庚水至雍奴入海。燕:燕山。　㊱ 诸稽、摄提:天神名称。下文的"通视、赤奋若、共工、诸比、皋稽、隅强、穷奇"皆为天神名称,并分别主管着东、东南、南、西南、西、西北、北等方位。

【评析】

本节一讲中国河流之发源,二讲八风之风源。从这对中国河流发源的描绘中,可以看出作者是在竭力勾勒出整个中国的水源系统。读者可以根据本节内容看到,这中国的"水"源于"山",所以中国文化讲"水"必讲"山",讲"山"必讲"水";而这源于"山"的"水",实际上是源于高山上的冰川积雪之融化。同样,读者还可以看到这整个中国水系的基本情况是河水大多是起源于西而流向东;根据这"水"源于"山"起于"西"、还根据"水往低处流"的道理,可以推知中国之山脉也必是西高而东逐渐走低,这符合中国地质构造的特点,即由青藏高原引申出的高山逐渐向东走低。

而根据"水"与"山"的联系,看"水系"也必然研究"山脉",笔者在注释这些"山"时,又常注意到中国有些山脉的走向恰恰是中国地理区域的重要分界线。同样,中国水系中不少由西向东的河流又造成了流域间南北自然条件的差别,这同样构成了中国地理上的重要分界线……这就是"山"、"水"与地形、区域的相互关系。

有"水"必有"山"(有"山"必有"水"),有"水"也必得联系"风",所以有"风水"说,对此作者又讲到八风之风源。而这八风之风源的吹刮又决定了中国的气候特征,那就是起于西和北的不周风、广莫风的吹刮必然裹挟着北面西面高山上的冰雪气息,使中国秋冬季节寒冷。反之,起于东和南的明庶风、清明风和景风的吹拂也必然携带着东面南面海洋上的暖湿气流,使中国春夏季节暖湿多雨。这就是不同方位中"风"与"水"的某种关连。同样,这八风的吹刮还因中国内陆山脉的走向使中国气候变得复杂多样。这就是不同方位中的"风"与"山"的某种关连。

胲生海人①,海人生若菌,若菌生圣人,圣人生庶人②。凡胲者生于庶人。③羽嘉生飞龙,飞龙生凤凰,凤凰生鸾鸟,鸾鸟生庶鸟。④凡羽者生于庶鸟。毛犊生应龙,应龙生建马,建马生麒麟,麒麟生庶兽。⑤凡毛者生于庶兽。介鳞生蛟龙,蛟龙生鲲鲠,鲲鲠生建邪,建邪生庶龟。⑥凡鳞者生于庶鱼。介潭生先龙,先龙生玄鼋,玄鼋生灵龟,灵龟生庶龟。⑦凡介者生于庶龟。暖湿生容,暖湿生于毛风,毛风生于湿玄⑧,湿玄生羽风,羽风生暖介,暖介生鳞薄,鳞薄生暖介⑨。五类杂种兴乎外,肖形而蕃。⑩日冯生阳阏,阳阏生乔如,乔如生干木,干木生庶木。⑪凡根拔木者生于庶木。根拔生程若⑫,程若生玄玉,玄玉生醴泉,醴泉生皇辜⑬,皇辜生庶草。凡根荄草者生于庶草。海闾生屈龙,屈龙生容华,容华生蓂,蓂生萍藻,萍藻生浮草。⑭凡浮生不根荄者生于萍藻。

【今译】

　　胲某生育海人,海人生育若菌,若菌生育圣人,圣人生育庶人。凡是有容貌者都是由庶人生育发展过来的。羽嘉生育飞龙,飞龙生育凤凰,凤凰生育鸾鸟,鸾鸟生育庶鸟。凡是有羽毛的鸟类都是由庶鸟生育发展过来的。毛犊生育应龙,应龙生育建马,建马生育麒麟,麒麟生育庶兽。凡是长毛的兽类都是由庶兽生育发展过来的。介鳞生育蛟龙,蛟龙生育鲲鲠,鲲鲠生育建邪,建邪生育庶鱼。凡是有鳞的鱼类都是由庶鱼生育发展过来的。介潭生育先龙，先龙生育玄鼋，玄鼋生育灵龟，灵龟生育庶龟。凡是长甲壳的龟类都是由庶龟生育发展过来的。暖湿之气生育了胈，而暖湿之气又是从毛风中产生，毛风又是从湿玄中产生，湿玄生育羽风，羽风生育暖介，暖介生育鳞薄，鳞薄生育暖介。以上五类复杂繁多的物种在外界自然环境下兴盛起来，并保留各自的外形生态特征而繁衍发展。日冯生育阳阏，阳阏生育乔如，乔如生育干木，干木生育庶木。凡是长根的树木都是由庶木生育发展过来的。招摇生育程若，程若生育玄玉，玄玉生育醴泉，醴泉生育皇辜，皇辜生育庶草。凡是有根的草类都是由庶草生育发展过来的。海闾生育屈龙，屈龙生育容华，容华生育薰，薰生育藻，藻生育浮草。凡是浮生水面无根的植物都是由萍藻浮草生育过来的。

【注释】

① 窔：俞樾认为应是"胈"，"其字本从'肉'，传写误从'穴'，后人以从'穴'之字多上形下声，因变为'窔'矣。""胈"，毫毛也。　② 庶：普通、常见、众多的意思。这里的"海人、若菌、圣人"均为作者设想的早期人类。　③ 凡窔者生于庶人：《道藏》本作"凡容者生于庶人"。　④ 羽嘉、飞龙：《太平御览》卷九百十四引注云："羽嘉，飞虫之先也。飞龙，龙之有羽者。"这里泛指早期鸟类。　⑤ 应龙：《山海经·大荒东经》中有"应龙"，《广雅·释鱼》说"有翼曰应龙"，指"龙"有翼。这里的应龙与毛犊及下文的建马、麒麟均为作者设定的早期兽类。　⑥ 介鳞：鳞类动物的最初形态。原注为："介鳞，鳞虫之先。"蛟龙：指有鳞甲的龙。鲲鲠：神鱼。《庄子·逍遥游》说："北冥有鱼，其名为鲲。"建邪：与上述几种也均为作者假设的早期鱼类。　⑦ 介潭：龟类动物的最初形态。鼋：神鳖。这里的"介潭、先龙、玄鼋"均为作者设想的早期龟类。　⑧ 暖湿：指宇宙间一种能孕育生命的温湿之气。容：即"胈"。毛风：指能孕育哺乳动物的空气。湿玄：一种湿润水气，能孕育生成一切有形生物体。作者认为这是生命之源。　⑨ 羽风：指一种能孕育羽类(鸟)生命的细微物质。暖介：能孕育甲

壳类动物的生命元素。鳞薄：指一种孕育鳞类动物的细微元素。　⑩ 杂种：复杂物种。外：指外界自然生态环境。肖：像。蕃：繁殖、繁衍。　⑪ 日冯、阳阏、乔如、干木：各种木类植物的名称，代表各个不同阶段。　⑫ 根拔：王念孙认为应是"招摇"，即一种根生草类。⑬ 程若、玄玉、醴泉、皇辜：均代表草类植物进化过程中的各个阶段、名称。　⑭ 海闾：最早的水浮植物。屈龙：游龙，浮草的一种。容华：原注为"容华，芙蓉草花"。藁：原注为"藁，流也"，即流水中的无根草。萍藻：王念孙认为"萍"字皆后人所加，即"藁生藻"；因为萍、藻为二物，所以下文也不能言"萍藻生浮草"。

【评析】

在本节为数不多的文字中，作者既叙述了生物的生命起源和进化，同时又对生物体的种类进行了划分。在作者看来，世界上的生物体大致可分为八种，即"庶人、庶鸟、庶鱼、庶龟、庶兽、庶木、庶草和无根藻类"这八种。而这八种中又大致可分为动、植物二类。在植物类中可分为"木类、草类和藻类"；而在动物类中又可区分为哺乳类和卵生类：人与兽归哺乳类，龟、鱼、鸟则归卵生类。这种对世上生物体的种类划分是符合现代生物学的道理的。与此同时，作者又对每一类的生物体的生命起源和进化过程作了描绘，如鸟类是"羽嘉生飞龙，飞龙生凤凰，凤凰生鸾鸟，鸾鸟生庶鸟"。这鸟类生命的起源和进化是否如此不得而知，但从"羽嘉"这种"飞虫之祖先"入手，逐级叙述到"鸾鸟生庶鸟"这点来说，作者强调生物体由低向高进化的过程则是可取的。

为了更好地说明生物体均由低级向高级的进化发展，作者又将每种生物体的进化过程划分为五个阶段；这生物体的进化是否均为五个阶段？显然不是。这只是作者为了说明生物体的进化发展而作的牵强和附会。这也同样说明《淮南子》的作者在叙述任何学说理论时均喜欢用一种模式和框架去构筑，这样使其学说理论多的是机械性，少的是有机性。作者除了想说明生物体由低向高的进化过程,似乎还想追根溯源,找出生物体生命存在的本原,本节中间的一段语言就反映了这种倾向:"暖湿生容,暖湿生于毛风,毛风生于湿玄。"这"湿玄"似乎就是作者找到的一种生命体之最原始状。与此同时,作者似乎不满意这种简单的八大类生物体的划分,还想触类旁通,找出这些生物体之间的同源同类现象,同样是本节中间的一段话语反映了这种倾向,即"湿玄生羽风(鸟类),羽风生暖介(龟类),暖介生鳞藻(鱼类),鳞藻生暖介",这一连串的相互生育蕴含,描绘了相互类(卵生类)之间的演化演变过程,还隐隐约约道出这样的道理——鱼鸟同类……

正土之气也御乎埃天①,埃天五百岁生缺②,缺五百岁生黄埃黄埃五百岁生黄濒③,黄濒五百岁生黄金④,黄金千岁生黄龙,黄龙入藏生黄泉⑤,黄泉之埃上为黄云⑥。阴阳相薄为雷⑦,激扬为电,上者就下,流水就通而合于黄海⑧。偏土之气御乎清天⑨,清天八百岁生青曾,青曾八百岁生青濒,青濒八百岁生青金,青金八百岁生青龙⑩,青龙入藏生青泉,青泉之埃上为青云⑪。阴阳相薄为雷,激扬为电,上者就下,流水就通而合于青海。壮土之气御于赤天,赤天七百岁生赤丹,赤丹七百岁生赤濒,赤濒七百岁生赤金⑫,赤金千岁生赤龙,赤龙入藏生赤泉,赤泉之埃上为赤云。阴阳相薄为雷,激扬为电,上者就下,流水就通而合于赤海。弱土之气御于白天⑬,白天九百岁生白礜⑭,白礜九百岁生白濒,白濒九百岁生白金⑮,白金千岁生白龙,白龙入藏生白泉,白泉之埃上为白云。阴阳相薄为雷,激扬为电,上者就下,流水就通而合于白海。牝土之气御于玄天⑯,玄天六百岁生玄砥⑰,玄砥六百岁生玄濒,玄濒六百岁生玄金⑱,玄金千岁生玄龙,玄龙入藏生玄泉,玄泉之埃上为玄云。阴阳相薄为雷,激扬为电,上者就下,流水就通而合于玄海。

【今译】

　　中央正土之气上升天空形成黄天的云气,这种云气经五百年化育生成砆石,砆石经五百年化育生成黄汞,黄汞经五百年化育生成黄金,黄金经一千年化育生成黄龙,黄龙潜藏地下之处形成黄泉,黄泉的精微气尘蒸发上升成为黄云。阴气和阳气接触相迫形成雷鸣,激烈撞击形成闪电,高处云气相遇低处云气、冷热气流相交形成雨水,降落大地集中于河流而汇融于黄海。东方偏土之气上升天空形成青天的云气,这云气经过八百年化育生成青曾,青曾经过八百年化育生成青汞,青汞经过八百年化育生成铅,铅经过一千年化育生成青龙,青龙潜藏地下之处形成青泉,青泉的精微气尘蒸发上升成为青云。阴气和阳气接触相迫形成雷鸣,激烈撞击形成闪电,高处云气相遇低处云气、冷热气流相交形成雨水,降落大地集中于河流而汇融于青海。南方牡土之气上升天空形成赤天的云气,这云气经过七百年化育生成赤丹,赤丹经过七百年化育生成赤汞,赤汞经过七百年化育生成红铜,红铜经一千年化育生成赤龙,赤龙潜藏地下之处形成赤泉,赤泉的精微气尘蒸发上升成为赤云。阴气和阳气接触相迫形成雷鸣,激烈撞击形成闪电,高处云气相遇低处云气、冷热气流相交形成雨水,降落大地集中于河流而汇融于赤海。西方弱土之气上升天空形成白天的云气,这种云气经过九百年化育生成白礜,白礜经过九百年化育生成白汞,白汞经过九百年化育生成白银,白银经过一千年化育生成白龙,白龙潜藏地下之处形成白泉,白泉的精微气尘蒸发上升成为白云。阴气和阳气接触相迫形成雷鸣,激烈撞击形成闪电,高处云气相遇低处云气、冷热气流相交形成雨水,降落大地集中于河流而汇融于白海。北方牝土之气上升天空形成玄天的云气,这种云气经过六百年化育生成玄砥,玄砥经过六百年化育生成玄汞,玄汞经过六百年化育生成黑铁,黑铁经过一千年化育生成玄龙,玄龙潜藏地下之处形成玄泉,玄泉的精微气尘蒸发上升成为玄云。阴气和阳气接触相迫形成雷鸣,激烈撞击形成闪电,高处云气相遇低处云气、冷热气流相交形成雨水,降落大地集中于河流而汇融于玄海。

【注释】

① 正土:中央大地。御:《太平御览》"御"作"仰",上升的意思,下同。埃天:中央,配黄色。　② 缺:应为"砄",《玉篇》说:"砄,音决,石也。"　③ 缺五百岁生黄埃五百岁生黄㵓:王念孙认为这其中的"生黄埃黄埃五百岁"八字皆因上下文而误衍。故译文中删去八字。㵓:水银,《说文·水部》说:"㵓,丹沙所化为水银也。""㵓"又通汞。　④ 黄金:《说文·金部》说"五色金也,黄为之长",即黄金,也是今天意义上说的黄金。　⑤ 黄龙:黄金之精为黄龙。黄泉:黄龙的液态状。　⑥ 埃:气尘。　⑦ 薄:接触相迫。　⑧ 上者就下:高处云气相遇低处云气、冷热气流相交形成雨水。黄海:指中央之海。以下的"青海、赤海、白海、玄海"分别指"东海、南海、西海、北海",这是作者将方位与五行、五色相配。　⑨ 清天:应作"青天",配东方。　⑩ 青曾:青石,即一种天然矿物。青㵓:这里也是指水银(汞),它与上文"黄㵓"和下文的"赤㵓、白㵓、玄㵓"构成五种不同颜色的水银。青金:铅,《说文·金部》说:"铅,青金也。"八百岁:为了使与上下文一致起来,应改为一千岁(王念孙语)。　⑪ 青龙、青泉:按上注"黄金之精为黄龙"、"黄泉为黄龙的液态状"而推衍"青龙为青金(铅)之精"、"青泉为青龙的液态状"。以下的"赤龙、赤泉"、"白龙、白泉"、"玄龙、玄泉"均作如此解。　⑫ 牡:王念孙认为应作"牝",这样能与下文的"牝"对应。赤天:配南方。赤金:铜,《说文·金部》说:"铜,赤金也。"　⑬ 弱土之气、白天:配西方。　⑭ 白礜:矿物名,有毒。　⑮ 白金:银,《说文·金部》说:"银,白金也。"　⑯ 牝土之气、玄天:配北方。　⑰ 玄砥:一种黑色矿物。　⑱ 玄:黑。玄金:黑金,铁也。《说文·金部》说:"铁,黑金也。"

【评析】

　　本节作者叙述了自然界中的气、土与矿物的生成转化关系,这其中是有一定道理的。同时,还论及矿物之间的转化关系,如"黄涊五百岁生黄金",这也是有一定道理的;古代炼丹术就认为能从汞(水银)中提炼出黄金来,宋《诸家神品丹法》中就介绍了这种用金汞齐制造金粉(黄金)的方法。因为能从其他矿物中提炼制作黄金来,所以后来就有人超出原先养生服食这一领域,为了谋利而专门从事这种提炼黄金的行当来;这也使懂这一行当的人秘藏此术,并连"金"都不称其"金",而称"庚辛"(见《抱朴子·黄白篇》)……而这恰恰说明了矿物间有其关系并能转化。但是不是像作者所设定的那样? 看来不是,有牵强附会的成分。同样,这矿物间的转化生成时间是不是像作者所说的那样? 看来也不是。因为作者设定的"五百年"由黄涊生成黄金的"五百年"是根据中央之数"五"而推衍出来的;而其他东南西北方位中矿物转化生成需要"八百年、七百年、九百年、六百年"也均由方位之数推衍出来的。这显然是一种唯心主义的构造。与此同时,作者在论述自然矿物间的转化生成时将五方、五色、五天、五金、五海等相配合,也带有这种性质。

卷五　时则训

【解题】

本卷承接《天文》和《地形》之后开始叙述起《时则》来。这"时则"用高诱的话说来是"则,法也,四时、寒暑、十二月之常法也,故曰时则";而用我们现在的话说来,"时则"是作者按四季十二月的时间顺序逐季逐月记叙相关的气候、物候、天象和农事,并在其中穿插介绍天子皇帝是如何依据时则来制定和实施政令的。在这里,作者是想通过上述天子依据时则制定实施政令来说明循天而行的重要性。但又因为作者的天人感应神学思想根深蒂固,所以不时有将天象简单附会人事的表现,也有将四季、五方配予天神的表现,而这些则是本卷的消极处。

孟春之月,招摇指寅①,昏参中②,旦尾中。其位东方,其日甲乙,盛德在木③。其虫鳞。④其音角,律中太蔟。⑤其数八,其味酸,其臭膻。⑥其祀户,祭先脾。⑦东风解冻,蛰虫始振苏,鱼上负冰,獭祭鱼,候雁北。⑧天子衣青衣,乘苍龙⑨,服苍玉,建青旗。食麦与羊,服八风水,爨萁燧火⑩。东宫御女青色,衣青采,鼓琴瑟⑪。其兵矛⑫,其畜羊⑬。朝于青阳左个⑭,以出春令,布德施惠,行庆赏,省徭赋。立春之日,天子亲率三公、九卿、大夫以迎岁于东郊⑮,修除祠位,币祷鬼神,牺牲用牡⑯。禁伐木,毋覆巢杀胎夭,毋麛⑰,毋卵,毋聚众置城郭,掩骼薶骴⑱。孟春行夏令,则风雨不时,草木早落⑲,国乃有恐;行秋令,则其民大疫,飘风暴雨总至,藜莠蓬蒿并兴⑳;行冬令,则水潦为败,雨霜大雹,首

稼不入㉑。正月官司空,其树杨。㉒

【今译】

　　孟春正月,招摇星指向十二辰的寅位,黄昏时参星位于正南方中天,黎明时尾星位于正南方中天。这个月的方位是东方,日干用甲乙,旺盛的德泽在于属木。所属的动物是鳞龙。代表的音是角音,所属的律是太蔟。代表的数是八,所属的味道是酸味,所属的气味是膻味。这个月祭祀户神,祭祀时先放上属木的脾脏。暖和的东风融解了冰冻,冬眠动物开始复苏活动,鱼儿靠近残冰游弋,水獭开始捕捉鱼儿,大雁开始飞往北方。天子穿青衣,骑青龙马,佩青色玉饰,树青色旗帜。吃麦面和羊肉,饮八风吹来的露水,烧饭用豆萁,用阳燧取火。东宫侍女穿青衣,衣裳绣有青色的花纹,弹琴鼓瑟。代表这个月的兵器是矛,代表这个月的家畜是羊。天子在青阳宫左侧室上朝召见群臣,发布春季的政令,布施德泽恩惠,施行庆喜的奖赏,减轻徭役和赋税。立春之日,天子亲率三公九卿和大夫等文武官员到东郊去迎接春天的到来,修整祭坛清扫神位,献上圭璧祈求鬼神降福,祭祀用的牺牲是公畜。禁止砍伐树木,不准捣毁禽鸟巢穴,不许捕杀怀胎的母兽和幼小的麋鹿,不要猎取禽卵,不征集民众修筑城墙,掩埋好暴露在荒野外的尸骨。如果孟春实施夏季的政令,就会风雨不调,草木提早枯萎,国家就会出现恐慌;如果孟春实施秋季的政令,百姓就会受瘟疫之灾,狂风暴雨一起袭来,各种杂草竞相丛生。如果孟春实施冬季的政令,洪水就会发生,寒霜冰雹一起降临,头茬作物不可能有收成。这正月的代表官是司空。代表的树是杨树。

【注释】

　　① 招摇:星名,北斗杓端第七星。招摇星指向十二辰的寅位为正月开始。　② 中:正南方中天,指星宿出现在子午线的位置。
③ 其日甲乙:将天干分为甲乙、丙丁、戊己、庚辛、壬癸五组与五行相配,故曰"甲乙,木日也"(高诱注)。盛德在木:东方属木,木气旺而主

万物生长,所以说"盛德在木"。 ④虫:泛指动物,并将五行与此相配;鱼龙类鳞虫与木、春相配,故曰"其虫鳞"。 ⑤其音角:五行说将五音配五行,角属木属春,徵属火属夏,宫属土属季夏,商属金属秋,羽属水属冬,参见《天文训》,下同此。律中太蔟:以十二月配十二律,正月配太蔟,表示万物蔟地而生,故曰"律中太蔟"。 ⑥其数八:古人以五行与五、六、七、八、九这五个数相配,这样造成五属土、季夏,六属水、冬,七属火、夏,八属木、春,九属金、秋。以八为木是五行之数五,加上排名五行之第三的木(第三),就得出"其数八"这样的结论。其味酸:五行说以五行分配五味,这里以酸配木,故曰"其味酸"。臭:气味。五行说以膻、焦、香、腥、腐这五味配五行,膻属木,焦属火,香属土,腥属金,腐属水,故曰"其臭膻"。 ⑦户:户祀,古代五祀之一,即春祀户,夏祀灶,季夏祀中无霤(室中央),秋祀门,冬祀井。祭先脾:古人将动物五脏与五行四时相配,脾属木属春,所以春祀祭品第一是脾脏。 ⑧獭:一种生活于水中的小兽,吃鱼类。獭有将捕杀到的鱼陈放水边的习性,古人认为这是獭的祭祀活动;春季开始水獭又捕鱼了,古人就此认为这是春季物候的象征。候雁北:大雁是一种随季节变更而迁徙的候鸟;这时春季,候鸟大雁又飞往北方繁殖后代。古人认为这也是一种物候。 ⑨天子衣青衣:东方、春季色主青,故"天子衣青衣"。苍:青色。这时天子服饰一律青色。 ⑩食麦与羊:这是古人以五谷五畜配五行,麦羊属木、春季,菽鸡属火、夏季,稷牛属土、季夏,麻犬属金、秋季,黍猪属水、冬季。服:食。服八风水:原注为"取铜槃中露水服之,八方风所吹也"。爨:炊。萁:豆茎。燧:用燧取火,这"燧"是取火器具。 ⑪东宫:春,东方,故处东面宫室。鼓琴瑟:原注为"琴瑟,木也,春木王,故鼓之也"。 ⑫其兵矛:原注为"矛有锋锐,似万物钻地生"。 ⑬其畜羊:原注为"羊土,木之母,故畜之也"。 ⑭青阳:皇宫中向东的宫室叫"青阳"。个:侧室。这是说天子在不同的季节于不同的宫殿办事。 ⑮三公:古代辅佐天子的三个高级官职,西汉以丞相、太尉、御史大夫为三公。九卿:古代政府中九个高级官职,秦汉以奉常、郎中令、卫尉、太仆、廷尉、典客、宗正、治粟内史、少府为九卿,名称代有更变。 ⑯ 祠位:神位。币:圭璧。牺牲:供祭祀用的牲畜。用牡:用洁净的雄性牲畜。 ⑰ 夭:幼弱的动物,原注说:"麇子曰夭。"麛:幼麋。 ⑱ 骼:枯骨。薶:埋。骴:尸骨。 ⑲ 旱:"旱"字是"早"字之误。《吕氏春秋》作"草木早槁"。 ⑳ 并:总。这里泛指杂草竞相丛生。 ㉑ 首稼:头茬庄稼。入:收成。 ㉒ 司空:古代官名,原注为:"司空主土,春土受嘉穑,故官司空也。"其树杨:古代杨柳通名,这是说杨柳"先春生",故曰"其树杨"。

【评析】

本节是《时则训》中的第一个时训和月令。作者先由孟春之月的天象、气象讲到物象(物候),再由天象、气象、物象引出人之农事和政令,最后讲到如孟春之月行夏令、秋令和冬令将会怎样。这实际上是作者给处于孟春之月的自然社会定下的一种模式,也即给人规定了处在这种时空下的行为准则:人必须做什么和不该干什么。

作者为了将这种模式构建得滴水不漏,于是将什么都纳入到这个模式框架中,这样也就造成一种牵强和附会。如"其味酸,其臭膻",其注释是这样的:"膻者羊臭,春物气与羊相类。木所以酸者,象东方万物之生;酸者钻也,言万物钻地而出生,五味得酸乃达也。"(《五行大义》三引许注)这就显得非常荒谬,这"酸"与"钻"又有什么关系?这"春物气"就与"羊气味"一样?诸如此类的牵强附会乃至荒谬随着《时则训》的展开还可随处见到。

仲春之月,招摇指卯,昏弧中,旦建星中。①其位东方,其日甲乙。其虫鳞。其音角,律中夹钟。②其数八,其味酸,其臭膻。其祀户,祭先脾。始雨水,桃李始华③,苍庚鸣,鹰化为鸠④。天子衣青衣,乘苍龙,服苍玉,建青旗。食麦与羊,服八风水,爨萁燧火。东宫御女青色,衣青采,鼓琴瑟,其兵矛,其畜羊。朝于青阳太庙⑤,命有司省囹圄,去桎梏⑥;毋笞掠,止狱讼;养幼小,存孤独,以通句萌⑦。择元日,令民社⑧。是月也,日夜分⑨,雷始发声,蛰虫咸动苏。先雷三日,振铎以令于兆民曰⑩:"雷且发声,有不戒其容止者⑪,生子不备⑫,必有凶灾!"令官市,同度量,钧衡石,角斗称,端权概⑬。毋竭川泽,毋漉陂池⑭,毋焚山林,毋作大事,以妨农功。祭不用牺牲⑮,用圭璧,更皮币⑯。仲春行秋令,则其国大水,寒气总至,寇戎来征⑰;行冬令,则阳气不胜,麦乃不熟,民多相残⑱;行夏令,则其国大旱,暖气早来,虫暝为害⑲。二月官仓⑳,其树杏。

【今译】

　　仲春二月,招摇星指向十二辰的卯位,黄昏时弧星位于正南方中天,黎明时建星位于正南方中天。这个月的方位是东方,日干用甲乙。所属的动物是鳞龙。代表的音是角音,所属的律是夹钟。代表的数是八,所属的味道是酸味,所属的气味是膻味。这个月祭祀户神,祭祀时先放上属木的脾脏。这时雨水开始多起来,桃李开始开花,黄莺鸟开始啼叫,鹰化成鸠。天子穿青衣,骑青龙马,佩青色玉饰,树青色旗帜。吃麦面和羊肉,饮八风吹来的露水,烧饭用豆萁,用阳燧取火。东宫侍女穿青衣,衣裳绣有青色的花纹,弹琴鼓瑟。代表这个月的兵器是矛,代表这个月的家畜是羊。天子在青阳宫中厅上朝,召见群臣,命令主管官员赦免轻罪囚犯,去除他们的手铐脚镣;停止拷打刑罚,调停诉讼争端;养育幼儿,抚养孤儿和孤老,以使万物在春天都能萌发生长。选择吉利的日子,让百姓祭祀土地神。在这个月中,因春分使那天昼夜长短相等,春雷开始轰鸣,冬眠动物都被振动苏醒。在预计要打雷的前三天,摇动铎铃通知百姓:"雷将要响了,如果谁不检点自己的仪容举止,所生的小孩将会残缺不全,一定会有灾祸降临。"并命令官府管理市场,统一度量标准,检查各种衡量器具是否标准。不要排干河川湖泽及池塘内的水,不要焚烧山林,不要征集民工从事其他事情,以免妨碍春耕春种等农事。祭祀时不必用牲畜,用圭璧、鹿皮和帛等来代替,保护家畜成长以符合春主生长、主仁的原则。如果仲春实施秋季的政令,就会使国家发生大水,寒潮不断袭来,敌国盗寇也会乘机侵犯;如果仲春实施冬季的政令,就会使阳气不能取胜,麦子就难以成熟,百姓则因饥荒而互相残杀;如果仲夏实施夏季的政令,就会使国家发生大旱,暖湿气流就会提前到来,螟虫会进一步危害农作物。这二月的代表官是仓官,代表的树是杏树。

【注释】

① 弧:星名,也称弧矢,有星九颗,形状如搭箭发射的弯弓。建星:有星六颗,属斗宿。　② 律中夹钟:二月配夹钟,表示万物去阴夹阳,聚地而生。　③ 华:花的古字,表示开花。　④ 苍庚:黄莺。鸠:鸟名,古代指布谷鸟。古人认为鹰二月时变得喙爪柔和,不搏击如同鸠鸟,仁而不鸷。　⑤ 太庙:正堂、中厅。　⑥ 省:赦。囹圄:原注为"法室",这里指囚犯。桎梏:足镣为桎、手铐为梏。　⑦ 笞:用鞭、杖抽打。掠:拷问。狱讼:讼事,以罪名告发叫狱,争执财产的叫讼。孤独:少而无父者叫孤,老而无子者叫独。句萌:草木出生,弯曲的叫句,挺直的叫萌。　⑧ 元日:吉利的日子。社:祭土地神。"社"这里作动词。　⑨ 分:等。这里指春分日昼夜相等。　⑩ 铎:原注为"铎,木铃也,金口木舌为铎,所以振告万民也"。兆民:万民。一万亿为兆。　⑪ 戒:检点,警惕。　⑫ 生子不备:原注为"以雷电合房室者,生子必有瘖聋通精痴狂之疾"。备:完好。这里指雷鸣惊吓对受孕有影响。　⑬ 同:统一。钧:通"均"。衡:秤。石:一百二十斤为一石。角斗称:指校正检查计量标准。端:正,动词。概:刮平斗斛的器具。权:秤锤。　⑭ 漉:水渗下,这里指水干涸。陂:池塘。　⑮ 不用牺牲:是指这个月尚生育,故祭祀时不用牺牲。⑯ 圭璧:祭祀时用作符信的玉器。更:交替、代替。皮:鹿皮。币:玄𬘘束帛。　⑰ 征:讨伐,征伐。　⑱ 残:指毁坏,引申为残害。

⑲ 螟：螟蛾的幼虫，专门吃庄稼物的心，所以原注说："食心曰螟。"
⑳ 仓：古代官名，掌握粮食入仓并能辨别谷物的人，也叫仓人。

【评析】

本节继续构筑框架，对仲春二月作时训，这样也就进一步表现出其中的牵强和附会，如将每月当值官的职事与每月的时令特点相结合而规定的"正月官司空"、"二月官仓"、"三月官乡"等就是如此，真不知道如果朝政为了附合这些规定而设置每月当值官后将会是怎样的。

在本节的内容中，除有牵强附合外，还有某种"天谴论"，即其中说的"雷且发声，有不戒其容止者，生子不备，必有凶灾"，然而，孩子出生残疾与否和孩子父母道德行为有什么必然联系？这只是一种对行为不轨者的恐吓，没有任何实际效果，也起不到任何道义上的规劝和约束。同时也反映了在法制不健全的社会中对不轨行为的一种无奈表现，即当人无法制约坏人时，只能借助"天谴"的力量来约束人，可悲而已。

当然，在本节中，不只是有上述这些消极的内容，也有积极处，如强调仲春二月要统一度量、检查衡器来规范市场交易，这就有它的可取性。同时，因春天主仁主生长，所以作者强调"养幼小，存孤独，以通句萌"，这也有它的合理性。又因为春天主仁主生长，所以作者还强调"不作大事以妨农功"和"祭不用牺牲"，诸如此类，也值得肯定。

季春之月，招摇指辰，昏七星中，旦牵牛中。其位东方，其日甲乙。其虫鳞。其音角，律中姑洗。其数八，其味酸，其臭膻。其祀户，祭先脾。桐始华，田鼠化为鴽，虹始见①，萍始生。天子衣青衣，乘苍龙，服苍玉，建青旗。食麦与羊，服八风水，爨萁燧火。东宫御女青色，衣青采，鼓琴瑟。其兵矛，其畜羊。朝于青阳右个。②舟牧覆舟，五覆五反③，乃言具于天子，天子乌始乘舟，荐鲔于寝庙④，乃为麦祈实。

是月也,生气方盛,阳气发泄,句者毕出,萌者尽达,不可以内⑤。天子命有司,发囷仓,助贫穷,振乏绝。⑥开府库,出币帛,使诸侯,聘名士,礼贤者。⑦命司空:时雨将降,下水上腾,循行国邑,周视原野⑧,修利堤防,导通沟渎,达路除道,从国始,至境上。田猎毕弋,置罘罗网⑨,喂毒之药,毋出九门⑩。乃禁野虞,毋伐桑柘。⑪鸣鸠奋其羽,戴鵀降于桑⑫,具扑曲筥筐⑬。后妃斋戒,东乡亲桑⑭,省妇使,劝蚕事。命五库令百工审金铁⑮、皮革、筋角、箭干、脂胶、丹漆,无有不良。择下旬吉日,大合乐⑯,致欢欣。乃合累牛、腾马、游牝于牧⑰。令国傩,九门磔禳⑱,以毕春气。行是月令,甘雨至三旬。季春行冬令,则寒气时发,草木皆肃,国有大恐;行夏令,则民多疾疫,时雨不降,山陵不登⑲;行秋令,则天多沉阴,淫雨早降,兵革并起。⑳三月官乡㉑,其树李。

【今译】

　　季春三月,招摇星指向十二辰的辰位,黄昏时七星位于正南方中天,黎明时牵牛星位于正南方中天。这个月的方位是东方,日干用甲乙。所属的动物是鳞龙。代表的音角音,所属的律是姑洗。代表的数是八,所属的味道是酸味,所属的气味是膻味。这个月祭祀户神,祭祀时先放上属木的脾脏。这时梧桐树开始茂华,田鼠变成鹌鹑,彩虹开始出现,浮萍开始生长。天子穿青衣,骑青龙马,佩青色玉饰,树青色旗帜。吃麦面和羊肉,饮八风吹来的露水,烧饭用豆其,用阳燧取火。东宫侍女穿青衣,衣裳绣有青色的花纹,弹琴鼓瑟。代表这个月的兵器是矛,代表这个月的家畜是羊。天子在青阳宫右侧室上朝,召见群臣。主管船只的官员将船反复检查多遍,确准无损,才禀告天子船只准备就绪,这时天子才乘船出发,奉献鲔鱼给宗庙祭祀,祈求上天保佑夏粮作物麦子颗粒饱满。在这个月里,化育万物生长的阳气正旺盛,散泄洋溢于各个方面,弯曲的小草和笔直的树木都呈现出难以抑制的蓬勃生机。天子下令官员打开仓库,资助救济贫困百姓。又下令打开财物仓库,拿出丝帛出使诸侯,还拜访名士、礼待贤人。命令司空,告诫他雨季将临,地下水将上升,有必要巡视大都小镇,察看郊外田野,加固堤防,疏通沟渠,清除路障,保证都城通往四方的道路畅通无阻。打猎用的各种弋射网具、诱毒兽物的药物一律不准携带出城门。同时又令主管山林农田的官员不许砍伐桑树、柘树。这时,斑鸠展翅飞翔,戴胜鸟停集在桑林中,表示养蚕季节来临,有必要准备好蚕箔箩筐。然后,后妃在斋戒之后亲自去东方采摘桑叶。视察妇女们的劳动,勉励她们致力于养蚕事业。又命令掌管各种仓库的官员,督促各种工匠检查金铁、皮革、筋角、箭杆、脂胶、朱砂漆等材料是否完好,而不许有劣品。选择本月下旬的吉日,让乐师演奏各种乐器,让大家欢欣鼓舞。这时该将公牛公马与母牛母马合在一起放牧,并命令在国都举行驱赶疫鬼的仪式,在九座城门宰杀牲畜祭神以驱除妖邪之气来结束春季时令。如果能在本季春中实施上述这些政令,那么甘雨就会及时降临在这段时间里。如果季春实施冬季的政令,就会出现寒冷的气温,草木也因此萎缩,国家会出现大恐慌;如果季春实施夏季的政令,人民就会有疾病瘟疫,该下的雨也就不降临,山上的植物就不能正常生长;如果季春实施秋季的政令,就会出现阴沉的天气,淫雨提早来到,战祸纷起。这三月的代表官是乡官,代表的树是李树。

【注释】

①桐:梧桐树。鴽:鹌鹑,其形体颜色像田鼠,故被误认为田鼠化为鹌鹑。见:现。 ②右个:右侧室。 ③舟牧:管理船只的官员。覆舟:将船翻过来检查船底。五覆五反:这里"覆"与"反"同义,指检查相当仔细,慎之又慎。 ④乌,应作焉。荐:进、献。鲔:鲟鱼。寝庙:古代宗庙中寝与庙的合称。古代宗庙分二部分,在前称庙,是迎神祭祖的地方;在后称寝,是放祖先衣冠的地方。 ⑤内:同纳,收藏、收敛,这里是有"压抑"的意思。 ⑥发:开。囷仓:粮

仓。古代粮仓圆形的称囷，方形的称仓。振：通赈，这里是"救济"的意思。贫穷、乏绝：《月令》孔颖达疏引蔡邕云："无财曰贫，无亲曰穷，暂无曰乏，不续曰绝。"又引皇侃云："长无谓之贫穷，暂无谓之乏绝。"

⑦ 府库：官府存藏财物的仓库。聘：拜访、探访。　⑧ 司空：原注为"司空主水土之官也"。下水上腾，循行国邑：原注为"是月下水（地下水）上腾（上升），恐有浸渍，伤害五谷，故循行遍视之也"。原野：广平曰原，郊外曰野。　⑨ 毕：一种用以捕捉禽鸟的长柄网，二十八宿中八星毕宿就因组合形似毕网而得名。弋：这里指是带丝绳的箭。罝罘：捕捉兔子的网。原注为："罝：兔网。罘：麋鹿网。网：其总名也。"　⑩ 九门：原注为"天子城门十二，东方三门，王气所在，喂兽之毒药所不得出，尚生育也。嫌余九门得出，故特解之如其毋出"。⑪ 野虞：主管田野山林的官。柘：柘树。　⑫ 鸣鸠：斑鸠鸟。戴鵀：即戴胜鸟。　⑬ 扑："撲"与"栱"相近，"栱"又与"栚"相近，故王念孙认为"扑"是"栚"的误字，而"栚"是架蚕薄的木架。曲，"薄也"，即蚕箔，用芦苇编成。筥筐：装蚕叶用的竹筐。这筐是"筥"为圆底，"筐"为方底。　⑭ 斋戒：在祭祀活动前，沐浴更衣，穿着整洁，戒除酒荤嗜欲，以示虔诚。乡：向。亲桑：亲自采桑。　⑮ 五库：蔡邕《月令章句》说："五库者，一曰车库，二曰兵库，三曰祭器库，四曰乐库，五曰宴器库。"郑玄《月令》注云："五库，藏此诸物（指文中金铁、皮革等诸物）之舍也。"　⑯ 大合乐：原注为"乐所以移风易俗也，故择吉日大合之，以致欢和"。　⑰ 犉牛：公牛。腾马：公马。牝：母、雌。这里指母牛、母马。合：这里指将公母牛马放一起以便交配。　⑱ 傩：驱散疫鬼。磔：分裂肢体。攘：禳。　⑲ 登：农作物成熟。　⑳ 兵革：战争、战祸。　㉑ 乡：乡官，管理乡间事务。

【评析】

作者对每个月所作的时训总不外乎既有合理处也有荒谬处，表现在这季春三月的时训中也是如此。当作者在强调与这个月相一致的政令时，往往有其合理性，如季春三月因青黄不接，天子就应"命有司发囷仓,助贫穷,振乏绝";又如季春三月"时雨将降,下水上腾",政令就该"命司空""循行国邑,周视原野";还如春季养蚕,后妃就应该"东乡亲桑"以便"省妇使,劝蚕事"……而当作者在天人感应的思想下构筑这时训时,其荒谬性也就被充分暴露,如季春行冬令,这季春也就必然出现与冬季政令相一致的天象、气象和物象,这就是"寒气时发,草木皆肃"。这只是作者在天人感应的思想下所作出的一种机械的唯心的推断。

孟夏之月,招摇指巳,昏翼中,旦婺女中。其位南方,其日丙丁,盛德在火。其虫羽。① 其音徵,律中仲吕。② 其数七③,其味苦,其臭焦。其祀灶④,祭先肺。蝼蝈鸣⑤,蚯蚓出,王瓜生,苦菜秀⑥。天子衣赤衣,乘赤骝⑦,服赤玉,建赤旗。食菽与鸡,服八风水,爨柘燧火。⑧ 南宫御女赤色,衣赤采,吹竽笙。⑨ 其兵戟,其畜鸡。⑩ 朝于明堂左个⑪,以出夏令。立夏之日,天子亲率三公、九卿、大夫以迎岁丁南郊。⑫ 还,乃赏赐,封诸侯,修礼乐,飨左右。命太尉,赞杰俊⑬,选贤良,举孝悌⑭,行爵出禄。佐天长养,继修增高,无有隳坏⑮。毋兴土功,毋伐大树。令野虞,行田原,劝农事,驱兽畜,勿令害谷。天子以彘尝麦,先荐寝庙。聚畜百药。⑯ 靡草死,麦秋至。⑰ 决小罪,断薄刑。孟夏行秋令,则苦雨数来,五谷不滋,四邻入保⑱;行冬令,则草木早枯,后乃大水,败坏城郭;行春令,则蠡蝗为败⑲,暴风来格⑳,秀草不实。四月官田㉑,其树桃。

【今译】

孟夏四月,招摇星指向十二辰的巳位,黄昏时翼星位于正南方中央,黎明时婺女星位于正南方中央。这个月的方位是南方,日干用丙丁,旺盛的德泽在火属。所属的动物是羽鸟。代表的音是徵音,所属的律是仲吕。代表的数是七,所属的味道是苦味,所属的气味是焦味。这个月祭祀灶神,祭祀时先放上属火的肺脏。这时蝼蛄开始啼鸣,蚯蚓钻出地面,王瓜长出,苦菜开花。天子穿赤红衣,骑赤红马,佩赤红玉饰,树赤红旗帜。吃豆类和鸡,饮八风吹来的露水,烧饭用柘木,用阳燧取火。南宫侍女穿赤红衣,衣裳绣有赤红的花纹,吹奏竽笙。代表这个月的兵器是戟,代表这个月的家畜是鸡。天子在明堂宫左侧室上朝,召见群臣,发布夏季的政令。立夏之日,天子亲率三公九卿和大夫等文武官员到南郊去迎接夏天的到来。返回后论功行赏,分封诸侯,举行隆重的礼仪,弹奏高雅的音乐,宴请左右近臣。命令主管军事的太尉,推举智勇超群的人才,选拔品行优秀的贤士,推荐孝悌父母兄弟的人士,授予他们爵位和赏赐他们俸禄。要辅佐上天养育万物,使万物生长正常而不至于出现毁坏夭折。不要大兴土木,不要砍伐大树。命令主管田野山林的官员,巡视田间原野,勉励农事,驱赶野兽和家畜,不使它们进入庄稼地危害谷物。天子将尝过新麦的猪献祭给宗庙,请祖先神灵尝新。积蓄采集各种药材。这时诸如葶苈草这样的靡草开始衰死,而麦子将成熟。对那些轻罪犯人进行判决,并处以轻微的刑罚。如果孟夏实施秋季的政令,就会使有害的雨下个不停,五谷不能很好地生长,郊外的百姓就要涌入都城内以求活命。如果孟夏实施冬季的政令,草木就会过早枯死,不久还会发生洪涝大水,毁坏城廓。如果孟夏实施春季的政令,就会有蝗虫为灾使庄稼歉收,而暴风还可使该抽穗的植物不能结果实。这四月的代表官是田官。代表的树是桃树。

【注释】

① 羽:羽毛类的鸟。　② 律中仲吕:四月配仲吕。　③ 其数七:五行中"火"排行第二,以二加五行之"五",得七,故曰"其数七"。④ 灶:灶神。汉以前是夏季祭祀灶神,汉以后逐渐变为腊月二十三、二十四祭祀灶神。　⑤ 蝼蝈:即蝼蛄。但《月令》郑玄注为:"蝼蝈,蛙

也。" ⑥秀:不荣而实曰秀。 ⑦赤:红色。但古代认为浅红色为赤,深红色为朱。赤骝:黑鬛黑尾的赤色马。 ⑧柘:柘木。 ⑨竽笙:竽、笙皆为古代管乐器,形状相似,只是竽稍大一些。 ⑩戟:一种合戈矛为一体的古代兵器。其畜鸡:原注为"鸡羽虫,阳也,故畜之"。 ⑪明堂:古代皇宫南面宫室之名,原注为:"南向堂,当盛阳,故曰明堂。" ⑫南郊:南郊是距都城七里的郊外。这"七里"是因为夏季的代表数是"七"。 ⑬太尉:古代主管军务的官。赞:选拔、推举、举荐的意思。 ⑭孝悌:孝顺父母为孝,敬爱兄长为悌。 ⑮修:长。靡:毁坏。 ⑯畜:同蓄。百药:各种药材。 ⑰靡草:原注为"靡草则葶苈之属"。麦秋至:麦子在孟夏时节成熟,又因秋的本义指谷物成熟收成,故曰"麦秋至"。 ⑱苦雨:指不合时令、有害的雨。邻:都城外的郊区。保:小城曰保,《庄子·盗跖篇》说:"所过之邑,大国守城,小国入保。"城、保对称成文。 ⑲螽:一种害虫,即螽斯。属蝗虫类。 ⑳格:到、至。 ㉑田:官名,主管农业,原注为:"四月勉农事,故官田也。"

【评析】

本节作者仍然不停地附会。如将竽笙这样的乐器附会于阳气盛旺的四月,为何要这样呢? 这照高诱解释是因为"竽笙空中,像阳",故在四月孟夏吹奏;又如将戟这样的兵器附会于阳气旺盛的四月,是因为"戟有枝干,像阳布散"(高诱注),所以孟夏四月所属兵器是戟。同样,如孟夏行冬令就会"苦雨数来,五谷不滋",那么为何会这样呢? 照高诱解释是因为"孟夏盛阳,当助长养,而行金(冬)气杀戮之令",所以会"苦雨杀谷,不得滋长"。这孟夏行秋令必出现与秋季一致的天象、气象和物象的附会,只是作者想对朝政中一些违逆行为作些谴责而已;或是想通过这样的解释附会来恐吓一下当政者:不可做出违反规律的事。

仲夏之月,招摇指午,昏亢中,旦危中。其位南方,其日丙丁。其虫羽。其音徵,律中蕤宾。①其数七,其味苦,其臭焦。其祀灶,祭先肺。小暑至,螳螂生,䴗始鸣②,反舌无声③。天子衣赤衣,乘赤骝,服赤玉,载赤旗。食菽与鸡,服八风水,爨柘燧火。南宫御女赤色,衣赤采,吹竽笙。其兵戟,其畜鸡。朝于明堂太庙,命乐师修鞀鞞、琴瑟、管箫④,调竽篪,饬钟磬,执干戚戈羽⑤。命有司,为民祈祀山川百源,大雩帝⑥,用盛乐。天子以雏尝黍,羞以含桃⑦,先荐寝庙。禁民无刈蓝以染,毋烧灰,毋暴布。⑧门闾无闭⑨,关市无索。挺重囚⑩,益其食。存鳏寡,振死事⑪。游牝别其群,执腾驹,班马政。⑫日长至⑬,阴阳争,死生分。君子斋戒,慎身无躁,节声色,薄滋味,百官静,事无径,以定晏阴之所成。⑭鹿角解,蝉始鸣,半夏生,木堇荣。⑮禁民无发火;可以居高明,远眺望,登丘陵,处台榭。⑯仲夏行冬令,则雹霰伤谷,道路不通,暴兵来至;行春令,则五谷不孰,百螣时起⑰,其国乃饥;行秋令,则草木零落,果实蚤成⑱,民殃于疫。五月官相⑲,其树榆。

【今译】

　　仲夏五月,招摇星指向十二辰的午位,黄昏时亢星位于正南方中央,黎明时危星位于正南方中央。这个月的方位是南方,日干用丙丁。所属的动物是羽鸟。代表的音是徵音,所属的律是蕤宾。代表的数是七,所属的味道是苦味,所属的气味是焦味。这个月祭祀灶神,祭祀时先放上属火的肺脏。这时小暑节气来到,螳螂出生,伯劳开始啼鸣,百舌鸟却寂寞无声。天子穿赤红衣,骑赤红马,佩赤红玉饰,树赤红旗帜。吃豆类和鸡,饮八风吹来的露水,烧饭用柘木,用阳燧取火。南宫侍女穿赤红衣,衣裳绣有赤红的花纹,吹奏竽笙。代表这个月的兵器是戟,代表这个月的家畜是鸡。天子在明堂宫中央宫室上朝,召见群臣,命令乐师修整好鞀鼙鼓、琴瑟和管箫,并调配好竽和篪,装饰好钟和磬,整治好盾、斧、戈和羽旗。命令主管的官员替百姓祈祷山峰河流和江河源头,举行大雩仪式祭祀上帝,为百姓祈求神灵赐福降雨,并使用盛大的古代音乐。天子用品尝过黍米的小鸡和成熟的樱桃,献祭给宗庙的祖宗神灵。发布禁令,不许割取尚未成熟的蓼蓝来制作染料,不许砍伐草木烧灰作肥料,不要暴晒葛布以免脆裂。巷里大门不必关闭,关卡集市不要征收税赋。缓轻重犯的刑罚,并增加他们的食物。抚养孤寡老人,救济为国牺牲的烈士的家属。将受孕母畜和畜群分开,单独喂养,给马驹套上络头进行调教,并颁布养马条令。夏至这天白天最长,而开始上升的阴气和正处鼎盛的阳气互相争抗着,这使万物生死界限分明,有些植物濒临死亡,有些植物旺盛生长。这时的君子应实行斋戒,做到谨慎恃身,言行稳重,节制声色之欲,并饮食清淡,让身体的所有器官平和恬静,处事周密不粗糙,遇事舒宽不烦躁,这样使自身来适应这阳气阴气相交的季节。同样,这时鹿角开始脱落,蝉鸣可以听到,半夏应时生长,木槿树正在开花。这时同样应发布禁令,要老百姓小心火烛;可以选高而明亮的地方作为居所,这样能登高望远,并能登上建于山坡土岗上的高台榭屋望云物占气祥。如果仲夏实施冬季的政令,就会发生冰雹霰雪砸伤五谷庄稼的事,并导致道路不通,战乱随时会发生;如果仲夏实施春季的政令,五谷就不会成熟,各种虫害就会发生,这时国家就要闹饥荒;如果仲夏实施秋季的政令,草木就会凋零,果实提早长成,百姓就要遭受瘟疫的祸害。这五月的代表官是相官,代表的树是榆树。

【注释】

① 律中蕤宾:十二月配十二律,五月配蕤宾。这是说"阴气萎蕤在下,似主人。阳在上,似宾客,故曰蕤宾也"。 ② 螳螂:昆虫名,以捕食害虫为生,初夏处繁殖期,故曰"螳螂生"。鵙:鸟名,即伯劳鸟,益鸟。 ③ 反舌:鸟名,即百舌鸟,叫鸣声婉转似效仿百鸟之鸣,夏至后却不再鸣叫,故曰"反舌无声"。 ④ 鞀:带柄的小鼓,似今之拨

浪鼓。鼙：是一种应和大鼓敲的小鼓，也叫应鼓，后来也指军鼓。管：簧管乐器名。箫：管乐器名，如用若干长短不同的竹管排列而成的叫排箫，单管直吹的叫洞箫。 ⑤篪：古代竹管乐器，单管横吹，有六孔。钟磬：均为古代击乐器，钟由青铜制成，磬由石或玉制成，悬于架上演奏。干：盾。戚：斧。羽：顶端饰有野鸡尾羽的旗竿，用以乐舞。 ⑥雩：一种旱天求雨的祭祀仪式。 ⑦雏：小鸡。羞：进献。含桃：即樱桃。 ⑧蓝：蓝草，古人用其叶子制成蓝色染料。暴：晒。布：麻、葛、苎等织物的通称，古代织成的布匹染色后要晒干，但五月酷暑，阳光下曝晒，布匹容易损坏，故曰"毋暴布"。 ⑨门：城门。闾：里门，即里巷门。 ⑩挺：缓解、放宽、减轻。 ⑪振：通"赈"。死事：为国而死。这里的"振死事"是指救济为国牺牲的家属。 ⑫别：分开。游牝别其群：是指季春之月，公母家畜交配受孕后，在仲夏之月，将受孕母畜从其他畜群中分开放牧，以防母畜受伤害。腾驹：指到需调教时间的公马。班：通"颁"。马政：有关养马的条例。 ⑬长至：说夏至那天白天最长。 ⑭径：偏激烦躁。晏：阳气、热气。晏阴：阳阴。 ⑮半夏：中草药名，居夏之半，故名半夏。木堇：一种落叶灌木。"堇"通"槿"。 ⑯台榭：用土堆砌成高而平的建筑叫台，在台上筑的屋叫榭。 ⑰孰：通"熟"。螣：昆虫名，以食禾苗为生，害虫。 ⑱蚤：通"早"。 ⑲相：辅佐帝王管理各种事务的大臣。

【评析】

前面讲及，当作者在强调与这个月一致的政令时，往往有其合理性，表现在这里就规定仲夏之月"禁民无刈蓝以染，毋烧灰，毋暴布"……但这些岂止是有合理性，其中还包括着科学性，如"毋烧灰"是指按植物生长规律来说，五月草木未成，故不可以将草木割了烧灰来粪田畴，美土壤，这烧灰粪田美土是六月的事。还如"禁民无刈蓝以染"是指可制蓝色染料的蓝草此时五月正值长出嫩枝新叶，为了保护蓝草这一资源，故不可在此时五月割下嫩枝来制染料。再如"毋暴布"是指五月酷暑，阳光威猛，太阳苦毒，故不可将布置于太阳下暴晒，以防脆裂……诸如此类均含有科学知识,是百姓劳动经验的总结。同时,又因仲夏五月处阳气阴气交替之际,所以作者提出君子应注意养生起居,那就是人要"节声色,薄滋味";反之,如人处这种季节交替变化中不知道节制声色,不注意饮食的清淡,就有可能生病得疾。同样,处季节交替之际,人的心理也会暴露出某些问题来,所以作者强调人要"慎身无躁,事无径",即调整稳定好自己的情绪……诸如此类也具有相当的合理性,且不失为是一种非常有效的养生方法。

但本节内容除上述这些可取之处外,还同样存有牵强附会荒谬处,如"其臭焦"是因为此时的燃烧物的焦味与夏气相同(《五行大义》三引许注),所以焦味也就被附会到夏季,成为一种特定的气味。同样,仲夏行冬令、行秋令、行春令所造成的一系列后果,也是作者所作的一种机械的比附。

季夏之月,招摇指未,昏心中,旦奎中。其位中央,其日戊己,盛德在土。其虫蠃。①其音宫,律中百钟。②其数五,其味甘,其臭香。其祀中霤③,祭先心。凉风始至,蟋蟀居奥,鹰乃学习,腐草化为蚈。④天子衣黄衣,乘黄骝,服黄玉,建黄旗。食稷与牛,服八风水,爨柘燧火。中宫御女黄色,衣黄采。其兵剑,其畜牛。朝于中宫,乃命渔人,伐蛟取鼍,登龟取鼋。⑤令漁人⑥,入材苇。命四监大夫令百县之秩刍以养牺牲⑦,以供皇天上帝、名山大川、四方之神、宗庙社稷,为民祈福。行惠令,吊死问疾,存视长老,行秠鬻,厚席蓐⑧,以送万物归也。命妇官染采,黼黻文章⑨,青黄黑白,莫不质良,以给宗庙之服,必宣以明⑩。是月也,树木方盛,勿敢斩伐。不可以合诸侯。起土功,动众兴兵,必有天殃。土润溽暑,大雨时行,利以杀草粪田畴⑪,以肥土疆。季夏行春令,则谷实解落,多风咳⑫,民乃迁徙;行秋令,则丘隰水潦,稼穑不孰,乃多女灾⑬;行冬令,则风寒不时,鹰隼蚤挚⑭,四鄙入保。六月官少内⑮,其树梓。

【今译】

　　季夏六月,招摇星指向十二辰的未位,黄昏时心星位于正南方中央,黎明时奎星位于正南方中央。这个月的方位是中央,日干用戊己。旺盛的德泽在于属土。所属的动物是裸虫中的麒麟。代表的音是宫音,所属的律是林钟。代表的数是五,所属的味道是甜味,所属的气味是香味。这个月祭祀中霤宅神,祭祀时先放上属土的心脏。这时凉风开始来到,蟋蟀转移到房屋西南角的墙缝里,雏鹰开始学习飞行搏击,腐败的草中孵化出萤火虫来。天子穿黄衣,骑黄骝马,佩黄色玉饰,立黄色旗帜。吃谷类和牛肉,饮八风吹来的露水,烧饭用柘木,用阳燧取火。中宫侍女穿黄衣,衣裳绣有黄色的花纹。代表这个月的兵器是剑,代表这个月的家畜是牛。天子在中宫上朝召见群臣,命令主管渔业的官员捕捉蛟龙,猎取鼍龙,收集神龟,捉拿鼋鱼。又命令掌管池泽的官员收缴成材的芦苇。还命令四监大夫汇集各地方按规定缴纳的饲草,来喂养祭祀用的牲畜,以便以后用这些牲畜祭奉皇天上帝、名山大川、四方神灵、宗庙社稷,为百姓祈求福祥。这时还要实施仁慈宽厚的政令,哀悼死者,吊唁丧事,慰问病人,探望拜访长者老人,施舍麸粥,提供蓐垫,使万物都有一个好的归宿。命令妇官染制彩帛,使各种花纹各种色彩的布帛质地优良,以便能制作成颜色多样、色彩鲜亮的祭祀宗庙的礼服。这个月树木正在繁盛生长,所以不能斩斫砍伐。不宜召集诸侯。这个月如果大兴土木,兴师动众,一定会受到老天爷的惩罚。这个季节土地湿润、温度高,并时常有大雨降临,所以可以割草烧灰,沤制肥田,以便能增加土地的肥沃度。如果季夏实施春季的政令,那么谷物果实就会早落,人也易受风寒而咳嗽气喘,百姓就要迁徙转移;如果季夏实施秋季的政令,那么不论是高地还是洼地都会受水淹,庄稼就不易成熟,而且还会发生不少对妇女有害的灾病;如果季夏实施冬季的政令,就会使风寒不合时宜地提早发生,鹰隼也会提早搏击禽鸟,四方边远地方的人就会涌入城里谋生。这六月的代表官是少内。代表的树是梓树。

【注释】

①嬴:通倮、裸,《吕氏春秋·季夏纪》就作"其虫倮",高诱又注为:"倮虫(之属),麒麟为之长。" ②百钟:林钟。以六月配林钟。 ③中霤:是五祀之一,代表宅神。 ④奥:房屋的西南角。蚈:萤火虫,生活在丛草中,昼伏夜出。 ⑤蛟:传说中一种能发洪水的龙。鼍:鳄鱼的一种。鼋:鳖。 ⑥渔人:官名,主管池泽。 ⑦四监大夫:监管四个郡的大夫。令:杨树达认为"令"是"合"字之误。秩:例规、规定。刍:喂牲口的草料。 ⑧秬䵼:麸皮米粥。荐:草垫。 ⑨妇官:古代掌管妇女纺织事宜的女官。采:同"彩"。黼黻文章:指布帛的色彩花纹。黑白相间的叫黼,青黑相间的叫黻,黑与赤相配的叫文,赤与白相配的叫章。 ⑩必宣以明:原注为"宣,遍也。明,鲜明也"。 ⑪润:潮湿。溽暑:湿热。粪:施肥。"粪"作动词。田畴:与下文的"土疆"一样,均指农田。 ⑫风咳:热伤风引起的咳嗽。 ⑬隰:低洼之处。潦:涝,指积水多。孰:通"熟"。女灾:指女子不能受孕或孕而不育。 ⑭隼:猛禽名,凶猛善飞,可驯养为猎禽。蚤:通"早"。挚:与"鸷"相通,搏击的意思。 ⑮少内:主管府藏的官。

【评析】

本节对季夏六月的时训,仍有不少可取之处,如其中的"杀草粪田畴"就记载下了古代农业的积肥法,这照《吕氏春秋·季夏纪》说来是:"是月也,土润溽暑,大雨时行,烧薙行水,利以杀草,如以热汤,可以粪田畴,可以美土疆。"对此高诱具体解释为:"夏至后三十日大暑节,火王也。润溽而潦重,又有时雨。烧薙,行水灌之,如以热汤,可以成粪田畴,美土疆。"这实际上就是烧除野草,并灌以潮热的雨水,使其发酵而用以肥田,也即是古代的"火耕水耨"法,也是在古代"翻肥法"(《诗经·周颂·良耜》中说除草后"荼蓼朽止,黍稷茂止",即将锄下的草沤腐作肥料,成为压绿肥)基础上发展出的另一种积肥粪田法。

但是,作者对季夏六月的时训,仍不离拼凑附会之特点,如将季夏与土、中央相配就是如此,这种相配已超出十二月与四季、四方、五行相配的原则,只是为了解决五行中的一个"土"和五方中的一个"中"而将季夏六月从中割裂出来与之搭配,这样就显得不伦不类。

孟秋之月,招摇指申,昏斗中,旦毕中。其位西方,其日庚辛,盛德在金。其虫毛。其音商,律中夷则。其数九,其味辛,其臭腥。其祀门①,祭先肝。凉风至,白露降,寒蝉鸣,鹰乃祭鸟,用始行戮。②天子衣白衣,乘白骆③,服白玉,建白旗。食麻与犬④,服八风水,爨柘燧火。西宫御女白色,衣白采,撞白钟。其兵戈,其畜狗。朝于总章左个⑤,以出秋令。求不孝不悌、戮暴傲悍而罚之,以助损气⑥。立秋之日,天子亲率三公、九卿、大夫以迎秋于西郊。⑦还,乃赏军率武人于朝。⑧命将率,选卒厉兵,简练桀俊,专任有功,以征不义,诘诛暴慢⑨,顺彼四方。命有司,修法制,缮囹圄禁奸塞邪,审决狱,平词讼。天地始肃,不可以赢。⑩是月农始升谷⑪,天子尝新,先荐寝庙。命百官,始收敛;完堤防,谨障塞,以备水潦⑫;修城郭,缮宫室;毋以封侯,立大官,行重币,出大使。行是月令,凉风至三旬。孟秋行冬令,则阴气大胜,介虫败谷⑬,戎兵乃来;行春令,则其国乃旱,阳气复还,五谷无实;行夏令,则冬多火灾,寒暑不节,民多疟疾。七月官库⑭,其树楝⑮。

【今译】

　　孟秋七月,招摇星指向十二辰的申位,黄昏时斗宿位于正南方中央,黎明时毕宿位于正南方中央。这个月的方位是西方,日干用庚辛,旺盛的德泽在于属金。所属的动物是毛类的老虎。代表的音是商音,所属的律是夷则。代表的数是九,所属的味道是辛味,所属的气味是腥味。这个月祭祀门神,祭祀时先放上属金的肝脏。这时凉风已经兴起,白露降落入地,寒蝉尚能鸣啼,老鹰开始捕捉鸟雀,这个季节顺秋气而始行杀戮刑罚。天子穿白衣,骑白骆马,佩白色玉饰,树白色旗帜。吃黍类和狗肉,饮八风吹来的露水,烧饭用柘木,用阳燧取火。西宫侍女穿白衣,衣裳绣有白色的花纹,敲白钟。代表这个月的兵器是戈,代表这个月的家畜是狗。天子在总章宫左侧室上朝,召见大臣,发布秋季的政令。要严惩那些不孝父母、不敬兄长、凶残蛮横的人,来张扬秋天刑杀之气。立秋那天,天子亲率三公九卿和大夫等文武百官到西郊去迎接秋天的到来。返回以后便在朝廷奖赏勇武有功的官兵。并命令将帅挑选精悍士兵,磨砺兵器,精选训练中杰出的将士,信用有才有功人员去讨伐那些不义的诸侯,惩治那些凶暴傲蛮的人,以安定四方天下。命令主管官员,修订严明法律制度,修缮牢房,禁绝奸邪,审理案件,处理诉讼。这时的秋季是天地自然到处显示肃杀收敛的时令,所以不许容忍有邪气霸道的现象存在。这个月农夫开始收割庄稼,天子将用新谷进献给宗庙中的祖宗神灵。命令各级官员开始征收赋税,加固堤防,兴修水利以防水患;修整城墙及修缮宫室;不要割地封侯、任命官员和施行重赏及派出使节。这个季节如果实施这些政令,那么凉风就会不时出现。如果孟秋实施冬季的政令,那么阴气就会过盛而使甲壳动物伤害谷物庄稼,敌兵就会来犯入侵;如果孟秋实施春季的政令,国家就会发生旱灾,阳气就会还复,五谷不能结果实;如果孟秋实施夏季的政令,到了冬天就会多火灾,寒暑失调,百姓会发疟疾。这七月的代表官是库官。代表的树是楝树。

【注释】

①门：五祀中的"门神"。这里的"门"指双扇的大门，如城门、里门，而单扇的门叫"户"。　②寒蝉：一种秋初鸣叫的蝉，比夏蝉体小，翅膀透亮。鹰乃祭鸟：与上述獭祭鱼一样，被认为这是鹰秋天开始捕杀禽鸟时的祭祀仪式。戮：杀。　③骆：白身黑尾黑鬣的马。④麻：陈奇猷认为"麻"是"䗩"的省文，是黍类的一种。　⑤总章：皇宫西面宫室之名。原注说："总章，西向堂也。西方总成万物而章明之，故曰总章。"　⑥损气：阴气。指秋天阴气伤物，故曰"损气"。⑦西郊：距离都城西九里之外的郊区。　⑧率：通"帅"。　⑨厉：砺。简：通"柬"，精选。专任：信任。诘：责问、讯问。诛：惩罚。⑩肃：通"缩"。赢：同"盈"。　⑪升谷：庄稼成熟开始收割。⑫谨：通"墐"，这里的"谨障塞"，是指修建堤防一类的水利设施。⑬介：甲壳。　⑭库：掌管兵库的官。　⑮楝：一种落叶乔木。

【评析】

前面讲及作者借春天仁德提倡"养幼小，存孤独，以通句萌"，即关怀万物以助生长。这里，作者借秋天肃杀强调要严惩那些不孝不悌、戮暴傲悍者，这就是文中说的"天地始肃"，要"禁奸塞邪"，使之"不可以赢"。这就是所谓刑、德学说的具体运用，也是一个社会的两个方面，即扶正压邪。作者明确指出对那些罪大恶极者就应严厉肃杀，不可宽缓以免违反天时，这样社会正气就会抬头。就这一点来说，不乏可取之处。

又因为秋天肃杀收敛，所以本节又提出一系列与之相对应的政策措施，如"毋以封侯，毋以立大官，毋以行重币，毋以出大使"，这些符合社会节俭原则，用高诱以五行说解释是符合"金气收敛"原则。又因为"金气收敛"，所以与之对应的其他政令是"完堤防，谨障塞，以备水潦，修城郭，缮宫室"，这同样符合社会治政原则，即秋天农事将息，有可能做些兴修水利之类的事……如果撇开本节中的牵强附会之说，诸如上述这些都是相当不错的治政经验的总结，值得肯定。

仲秋之月,招摇指酉,昏牵牛中,旦觜嶲中。其位西方,其日庚辛。其虫毛。其音商,律中南吕。其数九,其味辛,其臭腥。其祀门,祭先肝。凉风至,候雁来,玄鸟归,群鸟翔。①天子衣白衣,乘白骆,服白玉,建白旗。食麻与犬,服八风水,爨柘燧火。西宫御女白色,衣白采,撞白钟。其兵戈,其畜犬。朝于总章太庙。命有司,申严百刑,斩杀必当,无或枉挠②;决狱不当,反受其殃。是月也,养长老,授几杖③,行稃鬻饮食。乃命宰祝④,行牺牲,案刍豢,视肥臞全粹⑤,察物色,课比类,量大小,视少长⑥,莫不中度。天子乃傩,以御秋气。⑦以犬尝麻,先荐寝庙。是月可以筑城郭,建都邑,穿窦窖⑧,修囷仓。乃命有司,趣民收敛畜采⑨,多积聚,劝种宿麦。若或失时,行罪无疑。是月也,雷乃始收,蛰虫培户⑩,杀气浸盛,阳气日衰,水始涸。日夜分,一度量,平权衡,正钧石,角斗称,理关市,来商旅,入货财,以便民事。⑪四方来集,远方皆至,财物不匮,上无乏用,百事乃遂。仲秋行春令,则秋雨不降,草木生荣,国有大恐;行夏令,则其国乃旱,蛰虫不藏,五谷皆复生⑫;行冬令,则风灾数起,收雷先行,草木蚤死。八月官尉⑬,其树柘。

【今译】
　　仲秋八月,招摇星指向十二辰的酉位,黄昏时牵牛星位于正南方中央,黎明时觜嶲星位于正南方中央。这个月的方位是西方,日干用庚辛。所属的动物是毛类的白虎。代表的音是商音,所属的律是南吕。代表的数是九,所属的味道是辛味,所属的气味是腥味。这个月祭祀门神,祭祀时先放上属金的肝脏。这时凉风已经兴起,候雁飞来,燕子南飞,群鸟因寒气来临而长出羽毛并飞翔于空中。天子穿白衣,骑白骆马,佩白色玉饰,树白色旗帜。吃黍类和狗肉,饮八风吹来的露水,烧饭用柘木,用阳燧取火。西宫侍女穿白衣,衣裳绣有白色的花纹,敲白钟。代表这个月的兵器是戈,代表这个月的家畜是狗。天子在总章宫中央宫室上朝,召见群臣。命令主管刑法的官员,严明各种刑律,处死犯人一定要得当,依据事实而不可有一点冤屈;如果判决案件不合事实、处理不当,必将受到上天的惩罚。这个月里要赡养好老人,赐给他们可用的几案和手杖,施舍麨粥,保障他们的饮食。还要命令主管祭祀的官员,巡视检查那些准备用来祭祀的牲畜,察看肥瘦是否适中,首尾是否完好无缺,毛色是否纯正,体形大小是否符合等级类别,重量齿龄是否符合规定标准。天子将举行驱疫仪式,以抵御秋天的阴气。让狗品尝过黍子后进献给宗庙的祖宗神灵。在这个月中可以修筑城郭,建设都邑,疏通水道和挖好地窖,建造各种粮仓。又命令相关的官员,督促好百姓搞好收割、储藏、畜养和采摘,多多积聚并勉励百姓种好越冬麦子。如果此时谁耽误农时,则毫不迟疑地定这些人的罪。在这个月里,雷鸣将要停息,冬眠动物开始要准备它们的洞穴。肃杀的阴气越来越占上风,阳气将进一步衰竭,江河水资源也开始干涸。秋分日昼夜长短相等,所以有必要统一度量标准,检查衡器并校正重量标准和各种容器,整治关卡集市,使客商自由来往交易,互通有无,以方便百姓的生活。这样,四面八方的人都会聚集到这里来,随之带来的财物使市场丰富,人不受物品匮乏的困扰,各种事情就能称心如意。如果仲秋实施春季的政令,则秋雨就不会降落,草木反倒旺盛生长,这时国家就会发生大的恐慌;如果仲秋实施夏季的政令,国家就会发生旱灾,本应蛰伏的蛇虫反倒不伏藏,五谷又长出新苗;如果仲秋实施冬季的政令,那么风灾就会时常发生,雷鸣提前收停,草木过早死亡。这八月的代表官是尉官,代表的树是柘树。

【注释】

①候鸟来:指大雁从北方飞往南方。玄鸟:燕子,因身黑色,故曰"玄鸟"。翔:鸟飞行时翅膀不动称"翔"。这里"翔"又可作"养",即

养育其羽毛。②枉挠：指不依法判断使人受冤屈。这里的"挠"通"桡"，指弯曲。③几杖：案桌和手杖。④宰：掌管祭祀事宜的官员。祝：掌管祭祀祈祷的官员。⑤行：巡视、检查。案：检查、查看。刍豢：吃草的牛羊类吃刍，吃谷的猪叫豢。腥：瘦。全：指有没有缺陷。粹：纯一。⑥课：审核。少长：年齿长短。⑦傩：除。御：止，是说"止秋气不使为害"。⑧窦：下水道。窖：藏东西的地窖。⑨趣：通"促"，催促、督促。采：通"莱"。⑩培户：蛰虫修理洞穴，将挖出的土放在洞口，届时用来封堵洞口，叫培户。⑪日夜分：指秋分昼夜相等。正：校正。关市：市场。⑫复生：指将成熟的谷物又生出新苗，这样养分分散，影响收成。⑬官尉：武官，原注为："是月治兵，故官尉。"

【评析】

本节承上节内容继续展开。因为秋天肃杀，所以就该对那些罪大恶极者要严惩，否则就是违反天时。但作者却又相当有法律意识，在本节中提出要"申严百刑，斩杀必当"，不使冤案发生、冤屈鬼出现。同时，如同上述仲春二月，作者由春分昼夜相等而提出要统一度量、检查衡器以使买卖公平交易平等一样，在本节仲秋八月，作者也根据秋分日夜相等而提出要统一度量"平权衡、正钧石、角斗称"，以便买卖公平，交易平等，使市场繁荣发展。对于这点，同样有相当的可取性。

季秋之月，招摇指戌，昏虚中，旦柳中。其位西方，其日庚辛。其虫毛。其音商，律中无射。其数九，其味辛，其臭腥。其祀门，祭先肝。候雁来，宾雀入大水为蛤，菊有黄花，豺乃祭兽戮禽。①天子衣白衣，乘白骆，服白玉，建白旗。食麻与犬，服八风水，爨柘燧火。西宫御女白色，衣白采，撞白钟。其兵戈，其畜犬。朝于总章右个。命有司，申严号令，百官贵贱，无不务入，以会天地之藏②，无有宣出③。

乃命冢宰,农事备收,举五谷之要,藏帝籍之收于神仓。④是月也,霜始降,百工休。⑤乃命有司曰:寒气总至,民力不堪,其皆入室。上丁入学习吹。⑥大飨帝,尝牺牲。合诸侯,制百县,为来岁受朔日⑦,与诸侯所税于民,轻重之法,贡岁之数,以远近土地所宜为度⑧。乃教于田猎,以习五戎。⑨命太仆及七驺,咸驾戴苤,授车以级,皆正设于屏外。⑩司徒搢朴⑪,北向以赞之。天于乃厉服广饰⑫,执弓操矢以猎。命主祠,祭禽四方。⑬是月草木黄落,乃伐薪为炭。蛰虫咸俯。乃趋狱刑,毋留有罪,收禄秩之不当,供养之不宜者。⑭通路除道,从境始,至国而后已。⑮是月,天子乃以犬尝麻,先荐寝庙。季秋行夏令,则其国大水,冬藏殃败,民多鼽嚏⑯;行冬令,则国多盗贼,边竟不宁⑰,土地分裂;行春令,则暖风来至,民气解堕⑱,师旅并兴。九月官候⑲,其树槐。

【今译】

　　季秋九月,招摇星指向十二辰的戌位,黄昏时虚星位于正南方中央,黎明时柳星位于正南方中央。这个月的方位是西方,日干用庚辛。所属的动物是毛类的白虎。代表的音是商音,所属的律是无射。代表的数是九,所属的味道是辛味,所属的气味是腥味。这个月祭祀门神,祭祀时先放上属金的肝脏。这时候雁从北飞来,小家雀飞入大海而变成了蛤蜊,菊开出黄灿灿的花朵,豺在这时开始捕捉小的飞禽与走兽。天子穿白衣,骑白骆马,佩白色玉饰,树白色旗帜。吃黍类和狗肉,饮八风吹来的露水,烧饭用柘木,用阳燧取火。西宫侍女穿白衣,衣裳绣有白色的花纹,敲白钟。代表这个月的兵器是戈,代表这个月的家畜是狗。天子在总章宫右侧室上朝,召见群臣。命令主管官员,严明号令,各级官员无论级别高低,都必须致力于收敛纳藏大事,以顺应天地秋季肃杀,闭藏万物的旨意,不可有散逸外泄之事。还命令冢宰,农事结束之后,必须统计五谷收成情况并记入账簿,将天子籍田的收入藏入神仓之中。这个月,霜降开始,各种工匠应该停止工作。还命令有关的官员,对百姓宣明寒冷的气流将要来临,人忍受不了这样的寒冷,应住入家里室内避寒。在这个月的上旬丁日要组织大家进宫学习、练习吹奏竽笙等。举行祭祀上天的仪式,并奉献牺牲请上天享用。召集诸侯,制定百县的各种制度,颁布来年各月的朔日,以及确定各诸侯国税收的轻重、进贡朝廷的多少,均按这些诸侯国所处地域的远近和土质肥瘠的情况来确定。还要教会百姓田猎,使之能使用各种兵器。还命令太仆和七驺全都驾好猎车,插好各种旗帜,天子按不同的等级发给下属,然后让他们整齐地排列在天子营帐屏风外面。这时腰插鞭杖的司徒官面北训诫众官要遵守田猎规定。然后天子一身戎装并披挂打猎所需的饰物,手执弓箭开始打猎。打猎完毕,命令主祠官员将所猎取的禽兽祭祀四方神灵。这个月草木开始枯黄凋零,这时可以砍伐树木烧制木炭。蛰虫也开始伏藏冬眠。于是督促判决刑案,不要留下有罪当杀的人,没收那些不该享受俸禄者的俸禄,取消那些不该享受供养待遇者的待遇。疏通道路使边境到京都的道路都能畅通无阻。这个月天子还将尝过黍类的狗奉献给宗庙中的神灵。如果季秋实施夏季的政令,国家就会发生洪水,原本准备贮藏过冬的物品就会受损毁坏,百姓会患鼻阻塞的疾病;如果季秋实施冬天的政令,国内就多盗贼,边境也不得安宁,国土就会被分裂;如果季秋实施春季的政令,就会不断刮来暖气温风,百姓被吹得志气松懈及懒惰,战争就会到处兴起。这九月的代表官是候官,代表的树是槐树。

【注释】

① 候雁来:原注是:"是月时候之雁从北漠中来,南之彭蠡。盖以为八月来者,其父母也;是月来者,盖其子也。羽翼稺弱,故在后尔。"宾雀:麻雀,因常栖宿人家屋檐下,故称"宾雀"。入大水为蛤:是说鸟"随阳下藏"(九月阳气收藏,阴气盛),故入水为蛤。豻:形似犬,性凶残。豻乃祭兽戮禽,是说豻有时将猎物"四面陈之",后人称这为

"祭兽"。这里的"戮"犹"杀"也。 ② 百官贵贱：是说百官无论贵贱者。务：致力，从事。入：收敛纳藏。会：顺应，符合。 ③ 宣：散、泄。 ④ 冢宰：周代官名，相当于后来的宰相、丞相，辅佐天子总理百政。举：统计上报。要：账簿。帝籍：皇帝的籍田，其收获用于祭祀宗庙。皇帝在春耕前亲自去农田耕种，以达到劝农的目的。神仓：贮藏祭祀时用粮食的仓库。 ⑤ 百工休：是说天寒霜降，朱漆难成，所以百工（各种工匠）休止，不再制器。 ⑥ 上丁：每月上旬的丁日。入学习吹：入学宫吹习竽笙，练习礼乐。 ⑦ 飨：祭奉。尝牺牲：杀牺牲祭祀。制：制定制度。来岁：来年、明年。受：通"授"。朔日：农历每月初一日。受朔日：是指确定哪一天为朔日，是明年历书中的主要内容，也即是颁布确定的朔日称"受朔"。 ⑧ 贡岁：岁贡。度：标准。 ⑨ 五戎：指五种兵器，有刀、剑、矛、戟、矢。 ⑩ 太仆：掌管皇帝车马的官员。驺：掌管驾车马的官员。七驺：是说周制天子驾用六马，每匹马有一名驺马主管，另有一人总管六马，故称"七驺"。戴：通"载"。荏：刘绩认为应为"旌"。载旌，指插旗帜。级：等级。正：整齐。设：陈列。屏：屏障。 ⑪ 司徒：掌管教化的官员。揳：插。朴：通"扑"，指鞭杖。 ⑫ 厉：戎服，猎装。广饰：指披挂打猎所需的饰物。 ⑬ 主祠：主持祭祀的官员。禽：指禽兽。 ⑭ 趣：通"趣"，催促、督促的意思。收：收回，没收。禄秩：俸禄。收禄秩之不当，供养之不宜者：原注为"不当，谓无德受禄也。不宜，谓不孝也。一曰：所养者无勋于国，其先人又无贤德，所不宜养，故收也"。 ⑮ 从境始，至国而后已：王念孙认为"后"字是后人所加。"季春言从国始，至境止；季秋言从境始，至国而已。已亦止也。" ⑯ 鼽：鼻子不通。窒：堵塞不通。 ⑰ 竟：通"境"。 ⑱ 解：通"懈"。堕：通"惰"。 ⑲ 候：候望之官，负责迎送宾客、守备候望等。

【评析】

秋天肃杀，为合天地之藏，作者在本节中特别强调要人们务必做好藏纳储存工作，各级政府官员都要认识到这点，所以作者说："百官贵贱,无不务入",具体表现为"农事备收,举五谷之要,藏帝籍之收于神仓",及"伐薪为炭"……诸如这些,给我们提供了一幅深秋季节百姓忙于储藏物品准备过冬过年的画卷。在这个画卷中,作者还添加了其他内容,即因天寒农闲,百姓皆入室入宫练习礼乐,学习吹奏,这样使画卷中百姓的生活气息更加浓厚。与上节讲到"行糜鬻饮食"、"养长老"相对应的是,本节提出要一年一次检查那些拿国家俸禄、由国家供养的人的情况,如有不当、不宜处,就要收回俸禄,不予供养。这里的"夺"与上节的"予"成为明显对照,表现出作者的予夺观还是相当合理的。

孟冬之月,招摇指亥,昏危中,旦七星中。其位北方,其日壬癸,盛德在水。其虫介。①其音羽,律中应钟。其数六,其味咸,其臭腐。②其祀井,祭先肾。水始冰,地始冻。雉入大水为蜃,虹藏不见。③天子衣黑衣,乘玄骊④,服玄玉,建玄旗。食黍与彘,服八风水,爨松燧火。北宫御女黑色,衣黑采,击磬石。其兵铩⑤,其畜彘。朝于玄堂左个⑥,以出冬令。命有司,修群禁,禁外徙,闭门闾,大搜客,断罚刑,杀当罪,阿上乱法者诛。⑦立冬之日,天子亲率三公、九卿、大夫以迎岁于北郊。⑧还,乃赏死事,存孤寡。⑨是月,命太祝祷祀神位,占龟策⑩,审卦兆,以察吉凶。于是天子始裘,命百官谨盖藏,命司徒行积聚,修城郭,警门闾,修楗闭⑪,慎管籥,固封玺⑫;修边境,完要塞,绝蹊径;饬丧纪⑬,审棺椁衣衾之薄厚,营丘垅之小大高痹⑭,使贵贱尊卑各有等级。是月也,工师效功,陈祭器,案度程,坚致为上⑮。工事苦慢,作为淫巧⑯,必行其罪。是月也,大饮烝,天子祈来年于天宗,大祷祭于公社⑰,毕,飨先祖。劳农夫,以休息之。命将率讲武,肄射御,角力劲。⑱乃命水虞、渔师,收水泉池泽之赋,毋或侵牟。⑲孟冬行春令,则冻闭不密,地气发泄,民多流亡;行夏令,则多暴风,方冬不寒,蛰虫复出;行秋令,则雪霜不时,小兵时起,土地侵削。十月官司马⑳,其树檀㉑。

【今译】

　　孟冬十月,招摇星指向十二辰的亥位,黄昏时危星位于正南方中央,黎明时七星位于正南方中央。这个月的方位是北方,日干用壬癸。所属的动物是甲壳类的神龟。代表的音是羽音,所属的律是应钟。代表的数是六,所属的味道是咸味,所属的气味是腐朽味。这个月祭祀井神,祭祀时先放上属水的肾脏。这时水开始结冰,大地将凝冻。雉鸟进入江河变成蛤蜊,霓虹这时隐藏不露面。天子穿黑衣,骑玄骊马,佩黑色玉饰,树黑色旗帜。吃黍和猪肉,饮八风吹来的露水,烧饭用松木,用阳燧取火。北宫侍女穿黑衣,衣裳绣有黑色的花纹,敲击磬石。代表这个月的兵器是铩,代表这个月的家畜是猪。天子在玄堂宫左侧室上朝,召见群臣,发布冬季的政令。命令主管官员,执行各种禁令,禁止居民外流迁徙,关闭城门和里门,全面搜查外来流动人员,判决罪犯,执行刑罚,处决那些应当处决的罪犯,严惩逢迎上司扰乱法纪的人。立冬那天,天子亲自率领三公、九卿及大夫等文武百官到六里外的北郊去迎接冬天的来临。返回宫后即奖赏为国事献身的烈士的家属,抚恤孤儿寡妇。在这个月内,命令太祝祈祷、祭祀神灵,并用龟和蓍草占卜占筮,审视卦象以观察凶吉。这时天子开始穿上皮裘,下令百官谨慎地贮存好过冬的物品,并命令司徒巡视财力积聚的情况,修缮城墙,加强对城门的警戒,修理好门闩插销,保管好锁匙,加固印封;修治边境,筑好要塞,堵塞旁径小道;整治丧事规则,审定内棺外椁和随葬衣被的厚薄,测定坟垅的大小高低,使它们的规格符合贵贱尊卑的不同等级。在这个月里,主管工匠的官员考核工匠们的工作成效,将所制作的祭器陈列出来,并察看其规格质量,以坚固精致的为上品。

如果工匠的制作粗制草率、质量低劣以及过分奇巧、华而不实，就一定要追究他们的责职。在这个月中，将举行盛大的蒸祭，天子向各路天神祈求来年的福祥，还将在公共祭坛举行隆重的祭奠，祭祀天地神灵，然后再祭祀祖宗神灵。要慰劳农夫，在勤劳一年后能休养生息。命令将领操练武艺，练习射箭和驾驭车马，比试武艺、力量。还命令水虞渔师，收取河流湖泽池塘的赋税，并不准在这个收税过程中有贪污侵占现象。如果孟冬实施春季的政令，那么冰冻封闭就不严实，地气就会泄漏，百姓多有流亡；如果孟冬实施夏季的政令，就会有暴风发生，冬天也就不寒冷，冬眠动物又会出来活动；如果孟冬实施秋季的政令，那么霜雪就会不适时宜地降落，小规模的战争时有发生，国土就容易被侵占。这十月的代表官是司马，代表的树是檀树。

【注释】

① 介：甲。虫介：有甲壳的动物。古代以龟为介虫的代表。② 其数六：水排五行第一，由这"一"加五行之"五"，得"六"，故曰"其数六"。其味咸，其臭腐：原注为"水味咸也，水臭腐也"。 ③ 蜃：蛤，即蛤蜊。见：现。虹藏不见：古人认为虹是阴阳二气相持的结果，是月阴盛阳衰，故曰"虹藏不见"。 ④ 骊：黑色的马。 ⑤ 铩：一种如长矛的兵器。 ⑥ 玄堂：皇宫之北宫。 ⑦ 阿：逢迎，迎合。⑧ 北郊：距都城六里外的北郊区。 ⑨ 赏死事：奖赏为国事献身的烈士的家属。存：抚养、抚恤。 ⑩ 龟策：龟甲和蓍草，为占卜用品。⑪ 警：警戒、戒备。楗：关门用的木闩。闭：门闩上的插楗的孔。⑫ 管籥：锁匙，即钥匙。封玺：印封。 ⑬ 饬：其他版本作"饰"，有整治、修订的意思。 ⑭ 椁：套在棺材外面的外棺叫椁。丘垅：坟墓。痺：通"庳"，低下的意思。 ⑮ 工师：主管百工的官。度、程：指规格、程度。坚：坚固。致：精致，细致。 ⑯ 苦：粗劣。淫巧：过分奇巧。超出常情的叫"淫"。 ⑰ 蒸：通"烝"，一种祭祀的名称。天宗：天神。有以日月星辰为天宗，也有以春秋夏冬为天宗。祷：求。公社：原注为"公社，后土之祭也。生为上公，死为贵神，故曰公也"。

⑱ 讲：训练。肄：学习。角：较量、角逐。　⑲ 水虞：掌管水泽的官。渔师：掌管渔业的官。牟：取。　⑳ 司马：掌管军事的官。㉑ 檀：一种落叶乔木。

【评析】

本节讲述的是冬季三月中首月的时训。如上所述，与当月所对应的政事农事大都有它的合理性，表现在这里，因为是孟冬十月天寒农闲，所以作者在本节中明确规定"劳农夫，以休息之"，这与上述百姓入室入宫学习吹奏成为互补。除此之外，处冬季的政府职能也被充分表现出来，如"修群禁，禁外徙，闭门闾，大搜客，断罚刑，杀当罪"，"存孤寡，赏死事"……诸如此类是为了当年的社会安定。与此同时，政府职能还表现为"修城郭，警门闾，修楗闭，慎管籥，固封玺，修边境，完要塞，绝蹊径"，"率讲武，肄射御，角力劲"……诸如此类是为开创来年作准备。

对照上述这些所规定的政事农事来看，封建社会中政府的功能还是相当完备的；也因为有这些功能，所以封建社会得以在中国这块大地上生存延续达数千年之久。

所处何月就该所作何事，这是完备完善社会政府功能职能的先决条件，所以作者又用反证法来证明，如果政府不能履行所处当月的政令就会遭殃。这实际上是在强化政府履行当月政令的意识。这样也就有了每节后面的一大段反证话语，即"行夏令则……行春令则……"在这里，大部分的因果联系是没有必然性的，是由作者头脑中的天人感应思想任意构造的。但其中也有引人思考的地方，那就是孟冬行春令会造成冻闭不密，但现在孟冬行了冬令后还有这种冻闭不密的现象，那政府该如何处置？

仲冬之月，招摇指子，昏壁中，旦轸中。其位北方，其日壬癸。其虫介。其音羽，律中黄钟。其数六，其味咸，其臭腐。其祀井,祭先肾。冰益壮,地始坼,鹖鴠不鸣①,虎始交。天子衣黑衣,乘铁骊②,服玄玉,建玄旗。食黍与彘,服八风水,爨松燧火。北宫御女黑色,衣黑采,击磬石。其兵铩,其畜彘。朝于玄堂太庙。命有司曰:土事无作,无发室居③,及起大众,是谓发天地之藏,诸蛰则死,民必疾疫,有随以丧④,急捕盗贼,诛淫泆诈伪之人⑤。命曰畅月。⑥命奄尹⑦,申宫令,审门闾,谨房室,必重闭,省妇事。乃命大酋,秫稻必齐,曲蘖必时,湛熺必洁⑧,水泉必香,陶器必良,火齐必得,无有差忒⑨。天子乃命有司,祀四海大川名泽。是月也,农有不收藏积聚、牛马畜兽有放失者,取之不诘。⑩山林薮泽,有能取疏食、田猎禽兽者⑪,野虞教导之;其有相争夺,罪之不赦。是月也,日短至,阴阳争,君子斋戒,处必掩,身欲静,去声色,禁嗜欲,宁身体,安形性。是月也,荔挺出,芸始生,丘蚓结⑫,麋角解,水泉动,则伐树木,取竹箭。罢官之无事、器之无用者,涂阙庭门闾⑬,筑囹圄,所以助天地之闭。仲冬行夏令,则其国乃旱,氛雾冥冥⑭,雷乃发声;行秋令,则其时雨水,瓜瓠不成⑮,国有大兵;行春令,则虫暝为败,水泉咸竭,民多疾疠⑯。十一月官都尉⑰,其树枣。

【今译】

　　仲冬十一月,招摇星指向十二辰的子位,黄昏时壁星位于正南方中央,黎明时轸星位于正南方中央。这个月的方位是北方,日干用壬癸。所属的动物是甲壳类的神龟。代表的音是羽音,所属的律是黄钟。代表的数是六,所属的味道是咸味,所属的气味是腐朽味。这个月祭祀井神,祭祀时先放上属水的肾脏。这时冰更加坚硬,大地也开始冻到裂开的程度,鸦鸥鸟也不鸣叫了,老虎则开始交配了。天子穿黑衣,骑铁骊马,佩黑色玉饰,树黑色旗帜。吃黍和猪肉,饮八风吹来的露水,烧饭用松木,用阳燧取火。北宫侍女穿黑衣,衣裳绣有黑色的花纹,敲击磬石。代表这个月的兵器是铩,代表这个月的家畜是猪。天子在玄堂中央室上朝,召见群臣。命令有关的官员:土木工程不要开工,不要打开居家的地窖,更不可调动众多民众服劳役,如果兴土木开地窖就违背了这时天地闭藏的原则,就会导致各种冬眠动物冻死,百姓将会染上疾病,还会有丧事随之发生。这时应抓紧追捕盗贼,严惩诛伐那些胡作非为、虚伪奸诈之人。这些就使本月称为"畅月"。命令阍官的头目,申明宫中的禁令,仔细察看宫中各种门户,谨慎看护宫中各种房室,宫中门户都将定时关闭,以减省由妃嫔宫女所引起的一些麻烦事。还命令掌管酿酒的官员,酿酒用的秫和稻谷一定要备齐,酒曲投放必须适时,浸泡蒸煮的器具一定要洁净,酿酒用水必须清香,陶瓦器具一定要精良,火候必须掌握得恰到好处,所有这些都要符合规定,不能有差错。天子还命令主管祭祀的官员祭祀天下所有大河名川和名泽。在这个月里,如果有农夫不好好收藏积聚东西,或让饲养的牛马等牲畜走失,尽管可以认领回来,但必须受到告诫,警戒以防往后再发生此类事情。而对那些在山林湖泽中采摘蔬果、猎取禽兽的人,主管山林湖泽的官员必须对其加以教育引导。如果发生相互间侵占争夺,有关部门就必须追究责任加以惩处而不能宽赦。在这个月里,因冬至日白昼最短,阴阳二气抗争转化,所以君子养生必须实行斋戒,居室住处要隐掩安静,身心欲望要清静平和,还要去声色、禁嗜欲,使身体心性安宁平静。在这个月里,马荔破土而出,芸蒿开始生长,蚯蚓屈结蠕动,麋鹿脱角解堕,水泉涌动流淌,这时可以砍伐树木,削制竹箭。撤换无所事事的庸官和弃扔没有用处的器具,修补涂饰城楼、官门、厅堂、院门和里门,加固修补监狱以符合顺应当时的天地闭藏原则。如果仲冬实施夏季的政令,国家就会有旱灾,到处云雾弥漫、昏昏沉沉,雷声也会又轰鸣起来;如果仲冬实施秋季的政令,雨水就会过多,到时瓜瓠都不能成熟,国家还会发生大的战争;如果仲冬实施春季的政令，螟虫就会危害农作物，水源将枯竭，百姓有瘟疫。这十一月的代表官是都尉，代表的树是枣树。

【注释】

① 坼：裂开。鹖鴠：一种山鸟，也叫求旦之鸟，惯于夜里叫鸣。② 铁骊：黑色。 ③ 发室居：《吕氏春秋·仲冬纪》作："发盖藏。"所以"无发室居"是说不要打开居家的地窖盖，以防地气外泄。④ 随以丧：有丧事随之而来。 ⑤ 泆：放纵、乱来。 ⑥ 畅：充。畅月：是说这月不生而敛藏。 ⑦ 奄：通"阉"。尹：对主管官员的通称。奄尹：宦官头目。 ⑧ 大酋：掌酒官员。秫：高粱一类的谷物，可用来酿酒。曲糵：酿酒用的发酵物，即酒曲。湛：浸泡。熺：蒸煮。 ⑨ 火齐：火候。忒：差错。 ⑩ 诘：追究。 ⑪ 薮：水浅少为薮。泽：水深多为泽。疏：通"蔬"。 ⑫ 荔：马荔草。挺出：破土而出。芸：芸蒿。丘蚓：蚯蚓。结：屈结。 ⑬ 涂：涂饰。阙：城楼，牌门。 ⑭ 氛：云气。冥冥：昏沉迷茫。 ⑮ 瓠：一种草本植物。 ⑯ 疠：瘟疫。 ⑰ 都尉：掌管地方军事的官。

【评析】

仲冬十一月，天寒地冻，为了顺应天地闭藏原则，作者继续强调要积聚藏纳，乃至具体到规定不可兴土木、开地（窖）盖，以防地气泄散；因为地气一旦泄散，这收藏物品易毁还是小事，更为严重的是会引起"诸蛰则死，民必疾疫"的后果。与这天地闭藏原则一致的是，在这"畅月"里，皇宫房室也应重闭以助阴气；阙庭门乃至囹圄也应涂饰建筑以助天地之闭；就连君子养生也要斋戒、处掩、去色、禁欲，使身体心性清静平和以顺应季节之转换、阴阳之变化。诸如这些，均有它的合理性。然而，如同其他月份中的时训均有牵强附会一样，这里也难以摆脱牵强附会处，如与之相配的"其味咸，其臭腐"就是如此。

季冬之月，招摇指丑，昏娄中，旦氐中。其位北方，其日壬癸。其虫介。其音羽,律中大吕。其数六,其味咸,其臭腐。其祀井,祭先肾。雁北乡,鹊加巢,雉雊,鸡呼卵。①天子衣黑衣,乘铁骊,服玄玉,建玄旗。食麦与彘,服八风水,爨松燧火。北宫御女黑色,衣黑采,击磬石。其兵铩,其畜彘。朝于玄堂右个。命有司,大傩旁磔,出土牛。②命渔师始渔,天子亲往射渔,先荐寝庙。令民出五种,令农计耦耕事,修耒耜③,具田器。命乐师大合吹而罢。④乃命四监,收秩薪,以供寝庙及百祀之薪燎。⑤是月也,日穷于次,月绝于纪,星周于天⑥,岁将更始。令静农民,无有所使。天子乃与公卿大夫饰国典,论时令,以待嗣岁之宜。⑦乃命太史,次诸侯之列,赋之牺牲,以供皇天上帝社稷之飨。⑧乃命同姓之国,供寝庙之飨豢,卿士大夫至于庶民,供山林名川之祀。⑨季冬行秋令,则白露早降,介虫为妖,四鄙入保;行春令,则胎夭伤,国多痼疾,命之曰逆⑩;行夏令,则水潦败国,时雪不降,冰冻消释。十二月官狱⑪,其树栎⑫。

【今译】
　　季冬十二月,招摇星指向十二辰的丑位,黄昏时娄星位于正南方中央,黎明时氐星位于正南方中央。这个月的方位是北方,日干用壬癸。所属的动物是甲壳类的神龟,代表的音是羽音,所属的律是大吕。代表的数是六,所属的味道是咸味,所属的气味是腐朽味。这个月祭祀井神,祭祀时先放上属水的肾脏。这时大雁向北飞去,喜鹊开始筑巢,雉叫着求配偶,母鸡叫着预告下蛋。天子穿黑衣,骑铁骊马,佩黑色玉饰,树黑色旗帜。吃黍和猪肉,饮八方吹来的露水,烧饭用松木,用阳燧取火。北宫侍女穿黑衣,衣裳绣有黑色的花纹,敲击磬石。代表这个月的兵器是铩,代表这个月的家畜是猪。天子在玄堂宫右侧室上朝,召见群臣。命令有关官员在此腊月举行盛大的驱除疫鬼的仪式,将被杀死肢解的牺牲陈放在四方城门以驱赶邪气,并放出泥塑土牛以劝农民勤劳耕作。还命令渔业主管的官员可以开始捕鱼,天子也将亲自前往射渔,将射猎到的鱼进献给宗庙的祖先神灵。命令农民取出收藏的五谷种子,合计筹划好春耕播种事宜,并修理准备好耒耜和耕田用具。还命令乐师举行盛大的音乐演奏会:这是今年的最后一次。还命令四监大夫收聚各地例行缴纳的柴薪,以供以后宗庙祭祀及各种粢祀时作燃料和照明之用。在这个月里,太阳走完一年行程,月亮也完成了和太阳的最后一次相会,星宿绕天也运行了一周,新的一年也将来临。这时要下令让农民安静下来,为了来年的春耕,不要再增加他们的任何负担。天子和公卿大夫们一起讨论修订国典,并研究讨论与一年四季相应的政令法规,以待新的一年来到。还下令太史官,排定诸侯们的等级次序,并按等级次序向他们征收牺牲以供皇天、上帝、社稷祭祀之用。又下令与天子同姓的各诸侯,向天子供奉进献祭祀宗庙用的牛羊猪狗;诸侯国内的卿士大夫和普通百姓也要供奉进献祭祀山林名川用的祭品。如果季冬实施秋季的政令,那么白霜就会提早降落,甲壳类的虫就会兴妖作怪,四方百姓涌入都城以求避灾谋生;如果季冬实施春季的政令,那么正在怀胎的动物则胎儿夭折,国家就会出现许多顽固难治的疾病,这种反常的现象称之为"逆"。如果季冬实施夏季的政令,那么国家就水灾为害,并败坏国家,该下的雪不下,该结冰冻的却消融化解。这十二月的代表官是狱官,代表的树是栎树。

【注释】

① 乡:向。加:架,筑。雊:雉的鸣叫声。鸡呼卵:母鸡下蛋时发出的咯咯叫声,似在呼卵出生。　② 大傩:原注为:"今之逐阴驱疫,为阳导也。"旁磔:是说将被肢解分裂的牺牲放在四方各处以祭神驱鬼。土牛:泥塑的牛。农历十二月,有将土牛放置城门外以驱寒气劝农耕作的风俗。　③ 五种:五谷的种子。耦:合。指二人同耕。耒耜:古代一种似犁的翻土工具;耒是扶柄,耜是犁头部分。
④ 罢:是指乐师大合吹是当年最后一次音乐礼仪活动,所以说是

"罢"。　⑤秩薪：与上文"秩刍"意思相同。指地方上向朝廷缴纳的柴薪。百祀：指各种祭祀。　⑥次：宿也。纪：日月相会。星：二十八星宿。　⑦待：准备。嗣岁：来年。　⑧太史：官名。周朝时太史掌管起草文书，策命诸侯等。次：次序。赋：征收。刍享：祭祀供奉的物品。　⑨卿士大夫：春秋时职官等级名称。卿士为执政者，大夫其次。　⑩逆：与时令相违，称为"逆"。　⑪狱：主管刑狱的官。　⑫栎：通称"柞树"。

【评析】

这是十二月令中最后一个月令，所以作者强调指出："是月也，日穷于次，月绝于纪，星周于天，岁将更始。"在这最后的季冬十二月里，阳气上升，禽鸟感气而动，按作者描述为是"雁北向，鹊架巢，雉鸣叫，鸡呼卵"，这些都预示着春天即将来临。表现在这里的政令也是为明年春耕作准备："修耒耜，具田器"，"民出五种"，"农计耦耕事"。同时为了明年，天子与公卿大夫"饰国典，论时令"；还下"令静农民，无有所使"，以备来年春耕农忙；就这点来说，王朝帝国也知道不应竭泽而渔。为了社会的正常运作，季冬之月的政令就作此规定。

也出于作者想让整个王朝能年复一年正常运转，所以他是极力反对不按时令出政令（即季冬行秋令、季冬行春令的）；他把这种不按时令出政令的行为称为"逆"。在他看来，"逆"时令就不会有好结果，就这点来说，倒有它的合理性。

五位：东方之极，自碣石山、过朝鲜①，贯大人之国，东至日出之次，榑木之地，青土树木之野②，太皞、句芒之所司者③，万二千里。其令曰：挺群禁，开闭阖，通穷窒，达障塞，行优游④；弃怨恶，解役罪，免忧患，休罚刑；开关梁⑤，宣出财，和外怨，抚四方，行柔惠，止刚强。南方之极，自北户孙之外，贯颛顼之国，南至委火炎风之野⑥，赤帝、祝融之所司者⑦，万二千里。其令曰：爵有德，赏有功，惠贤良；救饥渴，举力农，振贫穷，惠孤寡，忧罢疾⑧；出大禄，行大赏，起毁宗，立无后，封建侯，立贤辅⑨。中央之极，自昆仑东绝两恒山⑩，日月之所道，江汉之所出，众民之野，五谷之所宜，龙门、河济相贯，以息壤堙洪水之州⑪，东至于碣石，黄帝、后土之所司者⑫，万二千里。其令曰：平而不阿，明而不苛，包裹覆露，无不囊怀，溥氾无私，正静以和⑬；行柔惠，养老衰，吊死问疾，以送万物之归。西方之极，自昆仑绝流沙、沉羽，西至三危之国⑭，石城金室，饮气之民，不死之野，少皞、蓐牧所司者⑮，万二千里。其令曰：审用法，诛必辜，备盗贼，禁奸邪，饬群牧，谨著聚⑯，修城郭，补决窦，塞蹊径，遏沟渎，止流水，雝溪谷⑰，守门闾，陈兵甲，选百官，诛不法。北方之极，自九泽穷夏晦之极，北至令正之谷⑱，有冻寒积冰、雪雹霜霰、漂润群水之野，颛顼、玄冥之所司者⑲，万二千里。其令曰：申群禁，固闭藏，修障塞，缮关梁，禁外徙，断罚刑，杀当罪，闭关闾，大搜客，止交游，禁夜乐，蚤闭晏开⑳，以塞奸人，已德㉑，执之必固。天节已几㉒，刑杀无赦，虽有盛尊以亲，断以法度。毋行水，毋发藏，毋释罪。

【今译】

　　东南西北中的五个方位是这样的：东方最远的范围，从碣石山到朝鲜，穿过大人国，往东到太阳升起的地方，即榑桑和青丘树木之野，是太皞、句芒所管辖的区域，共一万二千里。他们的政令是：解除各种禁令，打开关闭的门户，清除疏通堵塞之处，使之畅达无障碍，让万物优悠自在；抛弃怨恨和憎恶，解除劳役的惩罚，免除忧烦和祸患，停止惩处和刑法；开放关卡和津梁，散发库内财物，缓和周边国家的仇怨，安抚好四方的关系，实施柔惠政策，停止恃强凌弱。南方最远的范围是，从反户之外穿过颛顼国，向南到委火炎风之野，那是赤帝、祝融所管辖的地方，共一万二千里。他们的政令是：赐爵位给有德行的人，奖赏有功之臣，优待赠惠贤良之士；赈救贫穷百姓，优惠关心孤儿寡妇，优待照顾疲弱患病者；出高俸禄聘请高官，执行实施奖赏政策来振兴将濒临毁灭的宗族，选定将绝后无嗣的国家的继承者，分封建立诸侯国，确定贤能的辅佐大臣。中央这块广宽的土地范围是，从昆仑山以东，越过恒山，到达日月普照地带，这是长江与汉水的发源地和流域，又是人口稠密的地区，这里的土地适宜五谷生长，龙门、黄河、济水从这里穿过，是大禹用息壤堵塞洪水的地方，它东到碣石山，是黄帝、后土管辖的地域，共一万二千里。他们的政令是：处事要公正不阿、明察秋毫而不苛求，能包容宽怀而无不关心备至，博大而不偏私，这样就能使政治安定平和；要施舍麸粥，赈济贫困，扶养老弱病残，哀悼死者慰问病者，使万物都有一个好归宿。西方最远的范围，从昆仑山穿过流沙河、弱水，向西到到三危国，那里是石头为城、金属为屋的地方，居民以气为食而长生不死，是少皞、蓐收所管辖的地方，共一万二千里。他们的政令是：谨慎小心使用刑法，诛杀者必是死有余辜者，防备盗贼，禁绝奸邪，整治地方不正官员，慎重积聚收藏，修建城郭，填补河道决口、堤防漏洞，阻塞旁径小道，遏止阻绝泛滥洪水，堵填废弃沟渠而不使流水进入，还壅堵山涧，防守城门，陈列各种兵器，选任百官，严惩不法之徒。北方最远的范围，从九泽一直到大海之边，北至令止山谷，那里长年冰天雪地，雪雹霜霰不断，为漂润群水的水源之处，是颛顼、玄冥所管辖的地域，共一万二千里。他们的政令是：重新申述各种禁令，加强固定收藏封闭，修筑设立关卡障碍，修整关口桥梁，杜绝居民流徙，处理判定刑罚，处决那些罪大恶极者，关闭城门，全面搜捕外来流动犯罪分子，禁止交往游玩，不准夜间寻欢作乐，门户提早关闭，以便搜寻奸邪之徒，如抓获这些奸邪之徒，要严加看管拘押。这时一年的节令将结束，执行刑罚要严厉，对死刑不能宽赦，即使是势力庞大、地位尊贵的亲族犯罪，也要依法判决。这时不可搅动水源，不要打开动用封藏之物,不要释放罪犯。

【注释】

①极:远。碣石山:山名,在河北昌黎县。朝鲜:今朝鲜半岛。汉在朝鲜设置过乐浪郡。 ②贯:穿。大人之国:古代记载其国人皆长大,故曰"大人国"。日出之次:太阳升起的地方。榑木:榑桑。青土:王引之认为是"青邱"。 ③太皞:东方木德之帝。句芒:木神。"句"通"勾","曲"的意思;"芒"是直的意思,指草木萌芽时的形态。 ④挺:解除,放宽。穷窒:堵塞不通。障塞:指阻隔之物。优游:优悠自在。 ⑤关梁:关卡和津梁,指水陆交通要道。 ⑥北户:太阳在其北,所以皆为北向户,即《地形训》中的"反户"。孙:此字为衍字。颛顼:传说中的南方国名。委火炎风之野:指炎热风火吹袭之地。 ⑦赤帝:炎帝。祝融:火神。 ⑧振:通"赈"。忧:通"优"。罢:通"疲"。 ⑨辅:辅佐。 ⑩两:庄逵吉认为《太平御览》无'两'字。恒山:北岳恒山。 ⑪众民之野:中央之极是华夏发祥地,人口稠密,故曰"众民之野"。息壤:传说中一种能生生不息的土壤。堙:堵塞、堵填。 ⑫黄帝:中央之神。后土:句龙氏之子,能平九土,死祀为土神。 ⑬包裹:包容。囊怀:指关怀备至。溥氾:广泛、博大、普遍。正:通"政"。 ⑭沉羽:即弱水,是说河水不能浮起羽毛。三危之国:是因有三危山而得名。三危山是指其山有三峰耸立,势欲堕坠。 ⑮少皞:即黄帝之子青阳,以"金"德王天下,死为西方金德之帝。蓐收:金天氏之裔子,曰修,死祀为金神。 ⑯辜:罪。饰:整治。牧:古代称地方官员为牧。著聚:职聚,贮存。 ⑰决窦:决口。沟渎:沟渠。雝:通"壅"。 ⑱九泽:北方之泽。晦:应作"海"。夏晦:大海也。令正:令止,指北海胡地。 ⑲颛顼:黄帝之孙,以"水"德王天下,号高阳氏,死为北方水德之帝。玄冥:水神。 ⑳关闾:王念孙认为应是"门闾"。蚤:通"早"。 ㉑塞:王念孙认为"塞"应作"索"。"索"是寻索、搜索的意思。德:同"得"。 ㉒天节:时令、节令。几:终、尽。

【评析】

作者大概感到政令仅与上述时间相配还不够,于是从这里开始将政令与方位(空间)相配;但这里的方位又不仅仅是就方位而方位,它还包含着时间,即东——春、南——夏、西——秋、北——冬,所以本节又是政令与时空的相配。如东方,其政令是:"挺群禁,开闭阖,通穷窒,达障塞,行优游;弃怨恶,解役罪……诸如此类也符合春天主仁德助生长的原则。还如西方,其政令是:"审用法,诛必辜,备盗贼,禁奸邪","谨著聚,修城郭,补决窦,塞蹊径"……诸如此类又符合秋天收敛肃杀的原则。所以本节又是对上述各节的补充和完善。

六合①:孟春与孟秋为合,仲春与仲秋为合,季春与季秋为合,孟夏与孟冬为合,仲夏与仲冬为合,季夏与季冬为合。孟春始赢,孟秋始缩②;仲春始出,仲秋始内③;季春大出,季秋大内;孟夏始缓,孟冬始急④;仲夏至修,仲冬至短⑤;季夏德毕,季冬刑毕。故正月失政,七月凉风不至;二月失政,八月雷不藏;三月失政,九月不下霜;四月失政,十月不冻;五月失政,十一月蛰虫冬出其乡⑥;六月失政,十二月草木不脱;七月失政,正月大寒不解;八月失政,二月雷不发;九月失政,三月春风不济⑦;十月失政,四月草木不实;十一月失政,五月下雹霜;十二月失政,六月五谷疾狂⑧。春行夏令,泄⑨;行秋令,水;行冬令,肃。夏行春令,风;行秋令,芜;行冬令,格。⑩秋行夏令,华;行春令,荣;行冬令,耗。⑪冬行春令,泄;行夏令,旱;行秋令,雾。

【今译】

所谓"六合"是说:一年之中的十二个月,总有两个相对应的月份互相影响,互相制约并产生变化。这就是,孟夏一月与孟秋七月相合并对应,仲春二月与仲秋八月相合并对应,季春三月与季秋九月相合并对应,孟夏四月与孟冬十月相合并对应,仲夏五月与仲冬十一月相合并对应,季夏六月与季冬十二月相合并对应。接下来它们的关系是这样的,孟春万物开始生长,孟秋万物开始衰败;仲春开始播种,仲秋开始纳藏;季春万物发育高峰,季秋万物纳藏高潮;孟夏平和舒缓,孟冬肃杀急迫;仲夏日最长,仲冬日最短;季夏阳气将穷尽,季冬阴气将结束。所以,正月政令不当,七月凉风就不来;二月政令不当,八月雷鸣就不停;三月政令不当,九月霜就不下;四月政令不当,十月天无冰冻;五月政令不当,十一月冬眠动物就会钻出洞穴;六月政令不当,十二月草木就不适时凋落。反过来也是这样,七月政令不当,正月则严寒不散;八月政令不当,二月则春雷不响;九月政令不当,三月则春风不止;十月政令不当,四月则草木不实;十一月政令不当,五月则雹霜降落;十二月政令不当,六月则五谷狂长。由此看来,如果春季实施夏季的政令,春气就发泄失散;如果春季实施秋季的政令,就会有水灾发生;如果春季实施冬季的政令,就会充斥肃杀之气。如果夏季实施春季的政令,就会刮风不止;如果夏季实施秋季的政令,就会田野荒芜;如果夏季实施冬季的政令,就会草木零落。如果秋季实施夏季的政令,草木会开花繁茂;如果秋季实施春季的政令,草木持续茂盛;如果秋季实施冬季的政令,树木就过早衰落。如果冬季实施春季的政令,阴气就会布散发泄;如果冬季实施夏季的政令,便会出现旱灾;如果冬季实施秋季的政令,就会雾气弥漫。

【注释】

① 六合:一年十二月分成相互配合对应的六组。 ② 嬴:生长。缩:衰败。嬴与缩是一组相对应的范畴。 ③ 内:通"纳",指收纳、收藏,与"出"构成一组相对应的范畴。 ④ 缓:舒缓。急:急迫。缓与急是一组相对应的范畴。 ⑤ 修:长。这是说夏至白天最长。短:这是说冬至白天最短。 ⑥ 冬:杨树达说:"冬字无义,疑各之误。"(《淮南子证闻》)乡:居处。 ⑦ 济:止。 ⑧ 疾狂:原注为"不

华而实",这里指五谷因气候反常不结实而狂长。　⑨ 泄:指气发泄失散。　⑩ 格:王引之认为"格"读为"落","格"字从木各声,古读如"各"。"格"与"落"声相近,字相通。　⑪ 耗:零落。

【评析】

本节作者以十二个月两两组合配对成六组,即以月份一、三、五配对七、九、十一,二、四、六配对八、十、十二。这从形式上看是单月对单月,双月对双月,奇数对奇数,偶数对偶数;但从实质上看,反映的是春与秋、夏与冬的对应,即是气候季节中阴与阳的对应。因为是阴与阳的对应,所以是既有"对"又有"应",那就是:"孟春始赢,孟秋始缩;仲春始出,仲秋始内;孟夏始缓,孟冬始急;仲夏至修,仲冬至短。"诸如"赢缩"、"出内"、"缓急"、"修短"就是既"对"又"应",作者称之为"合"。就这一段的论述来看,作者对这其中的对应关系的揭示是符合气候季节中阴阳关系的变化的。

既然这"合"在于符合原本的气候、季节的变化和发展,所以与此相应的政令也要符合原本的气候季节之特点,如果政令不当不妥,就会造成"不合"(灾异)。接下来的一大段话就是作者为了证明政令与气候季节之"合"的重要性而说的,只不过用的是反证法。

制度阴阳,大制有六度①:天为绳,地为准②,春为规,夏为衡,秋为矩,冬为权。绳者,所以绳万物也;准者,所以准万物也;规者,所以员万物也③;衡者④,所以平万物也;矩者,所以方万物也;权者,所以权万物也。绳之为度也,直而不争⑤,修而不穷,久而不弊,远而不忘;与天合德,与神合明;所欲则得,所恶则亡;自古及今,不可移匡⑥;厥德孔密⑦,广大以容。是故上帝以为物宗。⑧准之为度也,平而不险,均而不阿⑨;广大以容,宽裕以和;柔而不刚,锐而不挫;

流而不滞,易而不秽⑩;发通而有纪⑪,周密而不泄,准平而不失。万物皆平,民无险谋,怨恶不生。是故上帝以为物平。规之为度也,转而不复,员而不垸⑫;优而不纵,广大以宽⑬;感动有理,发通有纪;优优简简⑭,百怨不起。规度不失,生气乃理。⑮衡之为度也,缓而不后,平而不怨;施而不德,吊而不责⑯;当平民禄,以继不足;勃勃阳阳⑰,唯德是行;养长化育,万物蕃昌;以成五谷,以实封疆。其政不失,天地乃明。矩之为度也,肃而不悖,刚而不愤⑱;取而无怨,内而无害⑲;威厉而不慑,令行而不度;杀伐既得,仇敌乃克。矩正不失,百诛乃服。⑳权之为度也,急而不赢,杀而不割㉑;充满以实,周密而不泄;败物而弗取,罪杀而不赦;诚信以必,坚悫以固㉒;粪除苛慝㉓,不可以曲。故冬正将行㉔,必弱以强,必柔以刚。权正而不失,万物乃藏。明堂之制,静而法准,动而法绳;春治以规,秋治以矩,冬治以权,夏治以衡。是故燥、湿、寒、暑以节至,甘雨膏露以时降。

【今译】

　　规定度量天地自然阴阳二气的规则制度有六种:天是绳,地是准,春天为规,夏天为衡,秋天为矩,冬天为权。"绳"是用来度量万物曲直的;"准"是用来衡量万物平正的;"规"是用来衡量万物圆曲的;"衡"是用来度量万物均衡的;"矩"是用来度量万物方正的;"权"是用来衡量万物权变的。"绳"作为一种量具制度,它是正直而不弯曲,修长而没有尽头,经久而不弊败,久远而不遗忘;它与天合德,与神合明;它所喜爱的则存在,它所厌恶的则消亡;从古到今,都改变不了它的框架尺度;它的功用德行十分周全填密,广大而兼容。所以上帝以它为万物的根本。"准"作为一种量具制度,它是平整而不起伏,平均而不偏袒;广大兼容,宽裕平和;柔顺而不刚强,锐利而不挫折;流畅而不停滞,简易而不伤害;开通而有律度,周密而不泄散,平稳而不偏失。万物公正平准,人们就没有险恶心机,怨恨也就无从生起。所以上帝以它为事物的标准。"规"作为一种量具制度,它是转运而不重复,圆滚而不乱转;优悠而不放纵,广大而兼容;感奋万物而秩序井然,发动万物而开通有序;宽容平和简约舒缓而使怨恨无从生起。有这种"规"度存在,则事物就能气顺理当而通畅顺达。"衡"作为一种量具制度,它是缓顺而不居后,公平而不怨悔;给予而不图回报,恤问而不责备;它公平恰当地平衡人们的收入,给济那些收入不足的人们;它清阳蓬勃、施行善德;养育生长,使万物繁荣昌盛;让五谷丰收,使国家强盛。它公正无偏,天地万事万物得以彰显明亮。"矩"作为一种量具制度,它是肃重而不乖悖,刚正而不昏愦;它拿取而不生怨恨,收纳而不会有害;威严而不可怕,令行而不废弛;征伐无不成功,仇敌必定制服。有这种"矩"平正不失的存在,所以使诸多受惩罚者得以信服认罪。"权"作为一种量具制度,它是急迫而不浮躁,伐杀而不剥夺;充满而诚实,周密而不疏散;毁物而不索取,诛杀罪犯而不宽赦;诚实守信决不含糊,坚定谨慎决不动摇;清除奸邪暴虐而不容歪曲。所以冬季的政令一旦实施推行,弱小事物必定逐渐变强,柔弱事物必定变得刚强。有这种"权"度的存在,万物得以收纳隐藏。明堂的制度,静则以"准"为法则制度,动则以"绳"为法则制度;春天则用"规"来治理,秋天就用"矩"来治理,冬天则用"权"来治理,夏天就用"衡"来治理。这样,干燥、潮湿、寒冷、暑热都会按季节适时出现,甘甜雨露也会按时节适时降落。

【注释】

① 制度:规定。大制:基本的规定、法则、制度。　② 绳:本指木工用的墨线,用来测量事物是否正直。准:水平仪。这里指用来衡量事物是否水平。　③ 员:通"圆"。　④ 衡:"衡"是指衡量(看)事物左右是否对称。　⑤ 争:通"绎",弯曲的意思。　⑥ 移:改变。

匡：即"钜"字。 ⑦厥：其。孔：大，甚，表示程度。 ⑧宗：根本。
⑨险：险要，引申为起伏不平。阿：偏袒。 ⑩易：简易。秒：马宗霍认为通"刎"，割伤的意思。 ⑪纪：原注为"道"，引申为规律、法度。 ⑫复：来回重复。原注为："复，遝也。"员：通"圆"。垸：转动。
⑬广大以宽：即"广大以容"。 ⑭优简：原注为："宽舒之貌。"
⑮理：原注为："气类理达。" ⑯施：施舍，给予。不德：不图回报。吊：优恤，恤问的意思。责：责难，责问。 ⑰勃：蓬勃。阳：和阳，清阳。 ⑱悖：乖悖。愦：昏愦。 ⑲内：纳。 ⑳百诛：诸多受惩罚者。 ㉑不赢：不过分。割：割取，剥夺。 ㉒悫：诚实、朴实。
㉓粪：扫除。慝：奸邪、邪恶。 ㉔正：政。

【评析】

本节作者用"绳"、"准"、"规"、"衡"、"矩"、"权"这"六度"来匡定天地自然中的万事万物。同时，这"六度"又可作为生活在天地自然中的人的行为准则，如"准"用之于社会，则"民无险谋，怨恶不生"；又如"衡"用之于社会，则"平而不怨，施而不德，吊而不责，当民平禄，以继不足"；还如"权"用之于社会，则"败物而弗取，罪杀而不赦，诚信以必，坚悫以固，粪除苛慝，不可以曲"……诸如此类，还是有它的合理性。但是，当本节最后将这"六度"固定分配给静、动、春、秋、冬、夏时又彻底暴露出作者构筑体系时的机械唯心主义来了。

卷六　览冥训

【解题】

本卷作者根据自然社会中存在的大量深微窈冥玄妙的现象入手，提出要"览观"这些"幽冥玄妙的变化"。这"览冥"的方法是做到保存人性中"至精"的部分，使之不涣散，这其中大概包括"消知能"、"绌聪明"，只有这样全性保真才能通于天，天才能感应人，人才能览冥观玄。这也就是作者说的"大通混冥，解意释神"。由此推向社会，作者认为也唯有"通于太和而持自然之应者"才能拥有天下社会。

昔者，师旷奏《白雪》之音①，而神物为之下降，风雨暴至，平公癃病，晋国赤地②。庶女叫天，雷电下击，景公台陨，支体伤折，海水大出。③夫瞽师、庶女，位贱尚菜，权轻飞羽④，然而专精厉意，委务积神，上通九天，激厉至精⑤。由此观之，上天之诛也，虽在圹虚幽闲⑥，辽远隐匿，重袭石室⑦，界障险阻，其无所逃之，亦明矣。

【今译】

以前师旷不得已而为晋平公演奏《白雪》乐曲，神物玄鹤被感召而从天降临，狂风暴雨骤然发作，晋平公因此得了重病，晋国还因此大旱，赤地三年。同样，齐国一位贫贱的寡妇含冤呼告苍天，引起雷鸣电闪，并击中齐景公的高台楼阁，坠入物砸伤景公的肢体，海水也随之汹涌漫溢到陆上。这些乐师、寡妇的地位比尚菜还低，权比羽毛还轻，但是由于他们精神专一，意志坚定，精力集中，全神贯注，所以最终上通九天，以精以诚感动神灵。由此看来，当上天要惩罚那些逆天意的人时，即使这些人处圹虚幽僻之中，远远地躲藏起来，或钻入层层重叠的石室里，相隔层层关隘险阻，也无法逃避这上天的惩罚，这是再清楚不过的了。

【注释】

①师旷：春秋时晋国宫廷乐师。白雪：原注为："太乙五十弦琴瑟乐名也。"师旷奏《白雪》之音：《韩非子·十过》载晋平公要师旷演奏之事，"师旷不得已，援琴而鼓"。 ②神物为之下降：是说师旷"一奏之，有玄鹤二八，道南方来，集于郎门之垝；再奏之，而列；三奏之，延颈而鸣，舒翼而舞。音中宫商之声，声闻于天"（《韩非子·十过》）。风雨暴至：这是说晋平公又要师旷奏"清角"乐曲，"一奏之，有玄云从西北方起；再奏之，大风至，大雨随之，裂帷幕，破俎豆，隳廊瓦，坐者散走"。平公癃病，晋国赤地：是说师旷演奏导致"神物下降"、"风雨暴至"，使"平公恐惧，伏于廊室之间，晋国大旱，赤地三年，平公之身遂癃病"。 ③"庶女叫天……海水大出"：原注为"庶贱之女，齐之寡妇，无子不嫁，事姑谨敬。姑无男有女，女利母财，令母嫁妇，妇益不肯。女杀母以诬寡妇，妇不能自明，冤结叫天，天为作雷电，下击景公之台（陨，坏也）。毁景公之支体，海水为之大溢出也"。 ④瞽：眼瞎。古代以瞽者作乐师。枲：枲。尚枲即《周官》里说的"典枲"。《周礼·天官》又说"典枲掌布缌缕纻之麻草之物"。所以，枲又称"麻枲"；尚枲（枲）、典枲是一种管理麻草的小官。飞羽：飞扬的羽毛。 ⑤专精：精神专一。厉：磨砺。激厉至精：原注为："以精诚感之。" ⑥诛：惩罚。圹虚：旷野。 ⑦袭：重。重袭：重叠。

【评析】

本节内容粗看的确玄妙，瞽师奏曲、庶女叫天能引起如此大的自然社会反应：风雨暴至、平公癃病；雷电下击、景公毁肢。作者就想览观这些幽冥变化。那么，这观察的结果到底怎样呢？作者解释是因为瞽师、庶女他们"专精厉意，委务积神"，所以能以精诚感动上天而造成这些感应。

但是，真的是凡事只要"专精厉意，委务积神"就能以精诚感动上天?并非如此!翻阅有关师旷奏曲、庶女叫天的背景材料知道,这其中掺杂着其他(诸如道德善恶)因素,那就是庶女叫天是因为有"冤屈",师旷被迫奏曲是因为"平公德薄";这样一来,师旷奏曲导致"平公癃病",庶女叫天导致"景公毁肢",实际上就是善恶因果报应,作者所要览观的是这种善恶因果报应(感应)的现象。所以作者在本节最后斩钉截铁般地说:"由此观之,上天之诛也,虽在圹虚幽闲,辽远隐匿,重袭石室,界障险阻,其无所逃之,亦明矣。"这样,也说明了作者名义上是览观"幽冥变化之端",实际上是在表述他的善恶观。

武王伐纣,渡于孟津,阳侯之波①,逆流而击,疾风晦冥,人马不相见。于是武王左操黄钺,右秉白旄,瞋目而撝之②,曰:"余任,天下谁敢害吾意者!"③于是风济而波罢。④鲁阳公与韩构难⑤,战酣日暮,援戈而撝之,日为之反三舍⑥。夫全性保真,不亏其身,遭急迫难,精通于天。若乃未始出其宗者⑦,何为而不成!夫死生同域,不可胁陵⑧;勇武一人,为三军雄。彼直求名耳,而能自要者尚犹若此,又况夫宫天地⑨,怀万物,而友造化,含至和,直偶于人形⑩,观九钻一⑪,知之所不知,而心未尝死者乎⑫!

【今译】
　　周武王讨伐纣王,在孟津渡黄河时,水神阳侯掀起大浪,迎面扑卷过来,狂风大作,天昏地暗,人马都看不清楚。这时周武王左手握着黄钺,右手掌着军旗,瞋目喝道:"由我在此,谁敢违逆我的意志!"于是风浪随话音平静而平静。还有后来鲁阳公与韩国结仇交战,战斗正处难分难解、太阳西沉之时,鲁阳公挥戈大喝,太阳竟为之退避三舍。这样看来,那些全性保真、不使身形损亏的人,当处危难时刻,他的精诚就能上通天帝而得到助佑。如果一个人从未曾偏离道之根本,那么做什么事都会成功。那些将生死视为同一的人,是无法将他胁迫欺凌的;同样威武勇猛的人是可以称雄三年的。当然,这样威武勇猛的人只不过是为了追求功名,那么,这些追求功名的人都能如此,更不用说有些包裹天地自然、胸怀容纳万物、与造化为友、内心蕴含中和之气的人了,他们这些人真是只将人的形体视为"道"所寄托的躯壳,钻研专一的"道",就能知道未曾知道的许多事情;他们真正做到了心性与道同存共在。

【注释】

① 武王伐纣:周武王讨伐殷纣王。孟津:古黄河渡口,在河南孟县西南。阳侯:原注为"阳侯,陵阳国侯也。其国近水,伏水而死(溺水而死),其神能为大波,有所伤害,因谓之阳侯之波"。　② 黄钺:用黄金装饰的钺。白旄:用旄牛尾装在竿头的一种旗帜。瞋目:瞪大眼睛。扔:"挥"的异体字。　③ 任:王念孙认为是"在"字之误。害:古字以"害"为"曷"。"曷",遏、止也。　④ 济:止。　⑤ 鲁阳公:战国时楚平王之孙,被封为鲁阳公。构难:结仇交战。　⑥ 反:迫,倒退。舍:次宿,即指二十八星宿运行的区宿。三舍:一舍为十度,三舍为三十度。　⑦ 出:偏离。宗:道。　⑧ 胁陵:胁迫欺凌。　⑨ 自要:自我要求,指追求功名的那些人。宫天地:包裹天地自然。　⑩ 偶:俞樾认为"偶"与"寓"通。直偶于人形:原注为:"外直偶与人同形,而内有大道也。"　⑪ 九:泛指世事繁多。钻:钻研。　⑫ 心未尝死者:原注为:"谓心生与道同者也。"

【评析】

如上所述,本节作者以"览观幽冥变化"为名来表述他的善恶观,那就是武王伐纣遇阳侯波神兴风作浪,武王瞋目怒斥使之风平浪静;而这之所以能产生这种风平浪静的感应,是在于武王伐纣是代表了一种正义战争。而所谓能"览观幽冥变化之端",在作者那里仍然离不开老庄一套的道德修养,即全性保真。按作者说来,只要能"宫天地,怀万物,而友造化,含至和"就能"知之所不知",这显然还是以唯心主义神秘观来解释"幽冥变化"。

昔雍门子以哭见于孟尝君①,已而陈辞通意,抚心发声,孟尝君为之增欷歍唈,流涕狼戾不可止②。精神形于内,而外谕哀于人心,此不传之道③。使俗人不得其君形者而效其容,必为人笑。故蒲且子之连鸟于百仞之上④,而詹何之鹜鱼于大渊之中⑤,此皆得清净之道、太浩之和也⑥。

【今译】

　　过去雍门子因善于悲歌而受到孟尝君的接见,见面后,雍门子叙述了人只有在悲切忧愁的环境中才能被悲歌哀乐触动的道理,然后雍门子手抚胸部开始唱起悲切的歌,这正好激发触动了孟尝君的原本悲痛处,于是也就情不自禁地欷歔叹息,后又泣不成声,眼泪纵横不能遏止。这说明人如果有悲惨经历就会在内心精神世界形成悲情,以后一旦触景生情就会在言语和歌声中流露出来,并引起有同类经历人的共鸣;因为这种悲惨经历、悲切感情都是每个个人的自身体验,所以是无法传授给人家的;同样无这种悲惨经历的人是无法向人学会这种悲切感情的。所以假使那些平庸的人不懂这道理而一味模仿别人的悲切表情想引起人的共鸣,这非但学不像反而会被人嘲笑。由此,蒲且子能射下百仞高空的飞鸟,詹何能钓取万丈深渊的游鱼,都是在于他们掌握了清静之道、和浩之志的缘故。

【注释】

　　① 雍门子:先秦齐国人,名周,住雍门,故名雍门子。《说苑·善说篇》记载雍门子以琴见孟尝君之事:"雍门子周引琴而鼓之,徐动宫徵,微挥羽角,切终而成曲。孟尝君涕浪汗增,欷而就之,曰:'先生之鼓琴,令文立若破国亡邑之人也。'"孟尝君:齐相田文,封于薛地。
② 增:指重复不停。欷:抽泣。歍唈:失声哭泣。狼戾:同"狼藉",

"纵横"的意思。 ③形：形成。谕：表露、表明。不传之道：原注为："言能以精神哀悲感伤人心，不可学而得之。" ④ 蒲且子：楚人，善射。连：取、得。 ⑤ 詹何：楚人，善钓。骛鱼：原注为："詹何，知道术者也。言其善钓，令鱼驰骛来趋钩饵，故曰骛鱼。" ⑥ 太浩之和：原注为："得其精微，故曰太浩之和也。"

【评析】

作者这里讲的玄妙感应开始有了些门道，那就是孟尝君因雍门子悲歌一曲而悲伤哭泣，是在于他有一种寒心酸鼻的心酸、先贵后贱、由富而贫的心境，所以是"精神形于内，而外谕哀于心"，哭泣不停、流涕沾衿（《说苑·善说篇》）。这说明作者这里讲的感应事是符合心理学乃至哲学原理的。作者由此还推衍开来，又以蒲且子善射、詹何善钓来说明精神形（主）于内的重要性；《列子·汤问篇》就记载了詹何自我介绍善钓善射的原因："蒲且子之弋也，弱弓纤缴，乘风振之"，"用心专，动手均也。臣因其事，放（仿）而学钓。五年始尽其道。当臣之临河持竿，心无杂虑，唯鱼之念；投纶沈钩，手无轻重，物莫能乱，鱼见臣之钩饵，犹沈埃聚沫，吞之不疑。所以能以弱制强，以轻致重也"。这种心无杂虑、唯鱼之念说明专心司事、精神主内是做好一件事的基础；同时辅于正确的方法：蒲且子、詹何手无轻重，"弱弓纤缴乘风振之、轻钩微饵因波运之"，所以会有这等感应——"蒲且子之连鸟于百仞之上，而詹何之骛鱼于大渊之中。"

夫物类之相应，玄妙深微，知不能论，辩不能解。① 故东风至而酒湛溢②，蚕咡丝而商弦绝③，或感之也④；画随灰而月运阙⑤，鲸鱼死而彗星出⑥，或动之也。故圣人在位，怀道而不言，泽及万民。⑦ 君臣乖心，则背谲见于天。⑧ 神气相应，征矣。⑨ 故山云草莽，水云鱼鳞，旱云烟火，涔云波水⑩，各象其形类，所以感之。夫阳燧取火于日，方诸取露于月。⑪ 天地之间,巧历不能举其数⑫,手徵忽恍,不能览其光⑬。然以掌握之中,引类于太极之上⑭,而水火可立致者,阴阳同气相动也。此傅说之所以骑辰尾也。⑮

故至阴飂飂,至阳赫赫⑯,两者交接成和而万物生焉。众雄而无雌,又何化之所能造乎?⑰所谓不言之辩,不道之道也。故召远者使无为焉,亲近者使无事焉⑱,惟夜行者为能有之⑲。故却走马以粪,而车轨不接于远方之外⑳,是谓坐驰陆沉㉑,昼冥宵明,以冬铄胶㉒,以夏造冰。

【今译】

　　各种事物间的互相感应,其中的奥秘玄妙深微,靠智慧无法讲清,用辩说不能解释。所以东风吹拂则酒满溢出,家蚕吐丝则商弦断绝,这或许就是事物间的互相感应。用芦苇灰在月光照射的地面上画圆留缺则月晕也会随之缺损,鲸鱼死于海边则彗星也会随之出现,这或许就是事物间的互相触动。所以圣人在位执政,怀道而无言,不作绝对肯定、绝对否定,这样反而恩泽所有大众百姓。君臣乖悖离心离德,则太阳旁就会出现异常云气。这神与气的互相感应,总会有一定的征兆和应验。所以山中云气像草莽,水上云气如鱼鳞,旱天云气似烟火,雨天云气若水波,各种云气的形状都和产生它们的环境相类似,这就是所谓的"感应"。这阳燧从太阳的日光那里取火,方诸从月亮的月光那里取露水。天地间的神奇玄妙的感应现象,正是使善计巧术者都无法弄清有多少,玄微惚恍不能览其兆。然而如果手中掌握了阳燧和方诸,由九天之上的太阳月亮中引出火与水,这说明阴阳同气同类是能互相感应触动的。也因为这样,所以傅说死后其英魂能飞升九天,坐骑辰尾星宿。

　　因此至阴寒冷,至阳酷暑,只有阴阳接触交融合成中和之气,万物才会产生。如果只有雄(阳)性而无雌(阴)性,又怎么能化育生成万物呢?这就是所谓的不言之辩,不道之道。所以召抚边远的四夷靠无为,亲附诸夏的诸侯凭无事,由无为无事推出只有舍弃作为者才能归服人心、占据天下。因为推行无为无事舍弃作为,所以战马有可能从战场上撤下而用于耕田,战车不至于出现在遥远的地方而用于战争。这实际上就是无为而无不为,犹如静坐而奔驰,陆地而沉没,白天而黑暗,黑夜而光明,冬天熔化胶,夏天能制冰。这也是无为而无不为这种至德所含有的功效。

【注释】

①知:智。辩:辩说。　②东风至而酒湛溢:王念孙解释为"酒性温,故东风至而酒为之加长(涨)"。这符合《春秋繁露·同类相动篇》说的"东风而酒湛溢",为阳益阳之原则。湛:漫。　③呝:同"珥"。蚕呝丝而商弦绝:原注为"老蚕上下丝于口,故曰呝丝。新丝出,故丝脆,商于五音最细而急,故绝也";原注又解释为:"商,西方金音也,蚕,午火也,火壮金困(囚),应商而已。或有新故(旧)相感者也。"这是用五行相克解释之。　④感:感应。　⑤随:指圈,还通"椭"和"卷",均指圆圈。月运:月晕,是月光通过云层中的冰晶时,经折射在月亮周围形成一个大圆圈。画随灰而月运阙:是说用芦苇灰在月光照射的地面上画圆并留缺口,月晕也会随之出现缺损。古代还将月晕与军事上的围守相联系,如《太平御览》引许眘注说"有军事相围守则月晕,以芦灰环,阙其一面,则月晕亦阙于上",这样围困也会随之被击破。　⑥鲸鱼死而彗星出:原注为"鲸鱼,大鱼,长数里,死于海边。鱼之身贱也,彗星为变异,人之害也,类相动也"。　⑦怀道而不言,泽及万民:是说圣人行自然无为之道,故泽及万民。　⑧背谲:也作"背穴"、"背璚"、"倍僪",皆为"背镭"之假字。古人将反常的日珥现象称为"背镭",原注是"日旁五色气,在两边外出为背,外向为谲,内向为珥,在上外出为冠"。　⑨征:征兆。　⑩涔:指雨水多。　⑪阳燧:也称"夫燧"。阳燧、方诸在《天文训》中均作过注,可参阅。　⑫历:数,计。　⑬手徵:蒋礼鸿认为应作"玄微",因为"玄"与"手"形近,"微"为"徵"形误。光:当为"兆"。　⑭以:以之。"之"代替阳

燧、方诸。引类：招引同类。太极：天。　⑮ 傅说：殷时人，为武丁访得任为相，死后升天为星宿，成为大辰之尾的傅说星，故曰"骑辰尾"。　⑯ 飂飂：寒气逼人的样子。赫赫：炎热逼人的样子。　⑰ 化：化育。造：生成。　⑱ 使：使用、凭靠。召远：召抚边远的四夷。亲近：亲附诸夏的诸侯。　⑲ 夜：于省吾认为应读作"舍"。这样"舍行"就与上文"无为无事"之义正相涵。"舍"：舍弃的意思。　⑳ 却：退下。走马：指善奔跑的战马。粪：指播种耕田。这句话来源于《老子·四十六章》。车轨：指战车。接：连接、出现。　㉑ 坐驰：静坐而奔驰。陆沉：指陆地无水而沉。　㉒ 铄：熔化。

【评析】

本节作者又例举出不少玄妙感应事，有"东风至而酒湛溢，蚕呀丝而商弦绝"，还有"画随灰而月运阙，鲸鱼死而彗星出"；大概作者还可以举出不少这等事来，所以归纳叹息："天地之间，巧历不能举其数。"又因为这些感应是"玄微惚恍"，所以作者又说"不能览其兆"，似乎有些悲观和绝望，这览冥观玄实属不易。好在作者想到"阳燧取火于日，方诸取露于月"，于是将这种感应归结为"阴阳同气相动"。阴阳同气都可相动相应，那么阴阳二气相接不更可以互相感应、互相触动？所以接下来作者就将事物间的互相感应又落实到阴阳二气："阴飂飂、阳赫赫，两者交接成和而万物生。"尽管只落实到本体（阴阳二气）层面而还未涉及具体领域和过程，但也总算对得起这颇费心机、很伤神思的览冥观玄了。

再接下来，作者又故伎重演，将阴阳二气相感相动推衍发展到更本体的"道"。"道"之至德就是"无为"，因为"无为"所以能召抚四夷、亲附诸侯；这"道"之至德的功效就是这样：无为而无不为，就像坐驰陆沉、昼冥宵明，看似无为不可能，实际上却是无为无不为，能达到"以冬铄胶、以夏造冰"的功效。

夫道者，无私就也，无私去也。①能者有余，拙者不足；顺之者利，逆之者凶。譬如隋侯之珠、和氏之璧②，得之者富，失之者贫。得失之度，深微窈冥，难以知论，不可以辩说也。何以知其然？今夫地黄主属骨③，而甘草主生肉之药也；以其属骨，责其生肉④，以其生肉，论其属骨，是犹王孙绰之欲倍偏枯之药而欲以生殊死之人⑤，亦可谓失论矣。若夫以火能焦木也，因使销金，则道行矣；若以慈石之能连铁也，而求其引瓦，则难矣，物固不可以轻重论也。夫燧之取火于日，慈石之引铁，蟹之败漆，葵之乡日⑥，虽有明智，弗能然也⑦。故耳目之察，不足以分物理；心意之论，不足以定是非。故以智为治者，难以持国，唯通于太和而持自然之应者，为能有之。故峣山崩，而薄落之水涸⑧，区冶生，而淳钩之剑成⑨，纣为无道，左强在侧⑩，太公并世，故武王之功立。由是观之，利害之路，祸福之门，不可求而得也。

【今译】
　　天道无私，是说它不会存心亲近谁，也不会存心疏远谁。能够掌握天道的功德有余，不能掌握天道的就功德不足；顺应天道就顺利，违逆天道就凶险。这就好比得到隋侯之珠、和氏之璧的人富裕，失去隋侯之珠、和氏之璧的人贫穷一样。这得和失的衡量标准非常精微玄妙，难以凭智慧来评价，也无法辩论清楚。怎么知道是这样的呢？那就是地黄用来生长骨骼，而甘草用来生长肌肉，但如果现在硬要原本生骨的去长肉，硬要原本生肉的去长骨，这就像王孙绰想用大剂量的治偏枯之症的药去救已死的人一样，是违背常理的。若因火能烧焦木而用火去销熔金，这样做是行得通的。但是如果用原本吸铁的磁石去吸瓦，这就既不可能也不合常理了，在这里是否能吸铁或吸瓦不是以物的轻重来决定的。对于这种阳燧取火、磁石吸铁、螃蟹败漆、葵花向阳等现象,还是一句话,即使你再聪明有智慧,还是不能解释这些现象的所以然。所以只凭耳目感官的考察,是无法分清认识事物这些原理的;同样就靠内心的分析也是无法确定这些事物的感应现象的。由此推衍开来,仅靠聪明或所谓的智力是难以治理好国家的,只有那些精通阴阳变化而又能掌握自然感应的人才能持国治政。崤山崩塌则随之薄落河干涸,区冶出生则淳钩之剑得以铸成,纣王无道则佞臣左强才会出现在他身旁,姜太公与武王同时并世,武王才能够建功立业。诸如此类看出,利害祸福的来龙去脉,是难以把握和预见的。

【注释】

① 就:指亲近。去:指疏远。　② 隋侯之珠:原注为"隋侯,汉东之国,姬姓诸侯也。隋侯见大蛇伤断,以药傅(敷)之,后蛇于江中衔大珠以报之。因曰隋侯之珠,盖明月珠也"。和氏之璧:原注为"楚人卞和得美玉璞于荆山之下,以献武王。王以示玉人,玉人以为石,刖其左足。文王即位,复献之,以为石,刖其右足。抱璞不释而泣血。及成王即位,又献之。成王曰:'先君轻刖而重剖石。'遂剖视之,果得美玉,以为璧,盖纯白夜光"。　③ 地黄:中药名。主:管,指药的功能所在。属:接。这里指"生长"。　④ 责:要求,有硬要的意思。⑤ 王孙绰:周人。另说王孙绰为卫人王孙贾之后。欲:王念孙认为第二个"欲"字因第一个"欲"字而衍。　⑥ 蟹之败漆:原注为"以蟹置漆中则败坏不燥,不任用也"。乡:向。　⑦ 然:明了。　⑧ 崤山:山名,在陕西蓝田县。薄落:水名,当为甘肃平凉西薄落山的泾水。⑨ 区冶:春秋时越人,善冶剑。淳钩:古代宝剑名称。　⑩ 左强:人名,商纣王身边的谀臣,教纣无道,劝以贪淫。

【评析】

上述讲到,作者尽管是要览观幽冥变化,但这现象界的感应变化也真是玄微惚恍,不能览其兆,所以"知不能论,辩不能解"是作者头脑中根深蒂固的认识。表现在这里,作者进一步举出的感应事例"磁石引铁,螃蟹败漆,葵花向阳",仍被作者视为"深微窈冥,难以知论,不可以辩说";乃至于社会领域中的利害、祸福被看成也是"不可豫求而得知,忽然来至,无形兆也"(高诱注解)。由于作者难以览观这感应现象的详尽具体过程,无法解释感应现象,所以也只能弃离具体,抽象上升到本体层面的"道",留下一句内涵很小、外延很大的话语:"唯通于太和而持自然之应者,为能有之。"所以"览冥"只是作者想叙述其他思想的一个外壳,或览冥即览"玄道"。

夫道之与德,若韦之与革。①远之则迩,近之则远②,不得其道,若观鯈鱼③。故圣若镜,不将不迎,应而不藏④,故万化而无伤。其得之乃失之,其失之非乃得之也?⑤今夫调弦者,叩宫宫应,弹角角动,此同声相和者也。⑥夫有改调一弦,其于五音无所比⑦,鼓之而二十五弦皆应,此未始异于声,而音之君已形也⑧。故通于太和者,惛若纯醉而甘卧,以游其中⑨,而不知其所由至也。纯温以沦,钝闷以终⑩,若未始出其宗,是谓大通。

【今译】

　　道与德的区别就如同革与韦的不同一样。"道",你感到它远不可及,有时却又觉得近在眼前,你感到它近在眼前,有时却又觉得远不可及,人们不得其道的感觉就如同观看深水中游的小鱼,可望不可及。所以圣道如铜镜,不送不迎,任凭物来来去去,不藏留物像于镜中,因此事物就是有千变万化也无法伤害到它。它得到的正是所失去的,失去的不正是要得到的吗?那些调整瑟弦的人,当他叩击这一宫弦,则另一瑟上的宫弦也会应和发声,当他弹奏这一角弦,则另一瑟上的角弦也会感应共鸣,这就是同音同声,互相应和的现象。同样,如改调一弦,它的声音就和五音不相合,但如果弹拨叩击,它却会引起二十五根弦都发声应和,这种改调后的音调就声乐音调来说并没有什么不同,因而它也能成为一定声乐音调的主音。所以,通达大道太和的人,昏昏然如同醉后酣睡,在这大道太和中遨游,而不深究如何到达这种境界。他纯朴温和地隐没在其中,无情蒙混地始终与道同在,就若从未离偏过"道"这个根本,这就叫大彻大悟的通达。

【注释】

①革、韦:均指经去毛加工后的兽皮。只是革是生皮,韦则是熟皮。这里以革喻道,以韦喻德。按高诱注解"革之质象道,韦之质象德"来看,这句应为"若革之与韦"。 ②迩:近。远:王念孙认为应是"疏",这样就可使"疏"与"鱼"押韵,与上文"德、革"押韵对应。远之则迩,近之则远:金其源认为"以韦革取喻……谓服韦革在身,则弓矢可不及身,故曰近之则远。不服韦革在身,则弓矢可及身,故曰远之则迩。言道德之可以远祸害,犹韦革之于弓矢也。故曰道之与德,若韦之与革"。录下备参考。而原注为:"革之质象道,韦之质象德。欲去远之,道反在人侧,欲以事求之,去人已远也。无事者近人,有事者远人。"这"无事者近人,有事者远人"是说无为者可得道,有为者难以得道。 ③鯈鱼:小白鱼。 ④将:送。应而不藏:语出《庄子·应帝王》。郭象注:"来即应,却即止。"意思是任凭事物来去,不藏留物影于镜中。 ⑤也:通"邪"。 ⑥调弦:杨树达认为应是"调瑟"。叩宫宫应:是说弹拨一瑟的某一弦,则另一瑟之同音弦会产生共鸣;叩击一瑟之宫弦,则另一瑟上的宫弦会发声应和。"弹角角动"同理。 ⑦改调一弦:杨树达认为这是"指道言之"(《淮南子证闻》)。比:合。 ⑧君:主。形:见,现。以上"今夫"诸句出自《庄子·应帝王》。 ⑨惛:通"昏"、"昏",迷迷糊糊。纯醉:大醉。中:指大道太和。 ⑩沦:隐没。钝闷:无情蒙混。终:指始终与"道"同在。

【评析】

上述讲到览冥观玄实属不易,作者的览冥只是想叙述其他思想的一个外壳,览冥观玄实际上是览观玄妙之"道"。本节作者接着这个话题说下去,他认为"道"是超越具体物相的,具体物相上的得与失、是与非,在"道"那里不是这般模样的,这就是文中所说的:"其得之乃失之,其失之非乃得之也?"所以人具"道心",就应像"镜"那样,无必要将物相留着镜内(内心),不必执著一得一失、一是一非,很多事物是此一时彼一时,今为得明为失,犹如利害祸福不可豫求而得知一样。由此作者认为高明之"道"就应超越物相,超越"叩宫宫应、弹角角动"这一具体层面,达到的是"鼓之(道)而(使)二十五弦皆应"这种境界。那么,怎样才能体这"道"用这"道"呢? 按作者说来是要"惛若纯醉"、"纯温以沦、钝闷以终"这样就能"通于太和",才能超越"叩宫宫应、弹角角动"这一具体层面,达到"改调一弦"(杨树达认为"改调一弦者,指道言之")而"二十五弦皆应"的境界。而这种境界,作者称之为"大通"。

今夫赤螭、青虬之游冀州也①,天清地定,毒兽不作,飞鸟不骇,入榛薄,食荐梅,嚼味含甘②,步不出顷亩之区。而蛇鳝轻之,以为不能与之争于江海之中。若乃至于玄云之素朝③,阴阳交争,降扶风,杂冻雨,扶摇而登之④,威动天地,声振海内,蛇鳝着泥百仞之中⑤,熊罴匍匐丘山暫岩⑥,虎豹袭穴而不敢咆⑦,猿狖颠蹶而失木枝⑧,又况直蛇鳝之类乎! 凤凰之翔至德也,雷霆不作,风雨不兴,川谷不澹,草木不摇,而燕雀佼之⑨,以为不能与之争于宇宙之间⑩。还至其曾逝万仞之上⑪,翱翔四海之外,过昆仑之疏圃⑫,饮砥柱之湍濑⑬,遁回蒙氾之渚⑭,尚佯冀州之际,径躡都广⑮,入日抑节⑯,羽翼弱水,暮宿风穴⑰。当此之时,鸿鹄鸧鹤莫不惮惊伏窜⑱,注喙江裔⑲,又况直燕雀之类乎! 此明于小动之迹,而不知大节之所由者也。⑳

【今译】

当那赤螭和青虬在冀州大地遨游的时候,天空晴朗,大地安宁,毒虫猛兽不作恶,飞鸟翱翔不惊骇,然后进入树林草丛,寻觅荐梅,品尝甘甜美味,活动范围不超过百亩区域。这时蛇和鳝就因此小看它们,认为赤螭、青虬无法与自己同在江海中争个高低。但待到赤螭、青虬在乌云密布的清晨,阴阳二气交相争斗、暴风骤雨兴起之际,乘风沐雨,腾空盘旋飞升,其威力震动大地、其声音振荡四海,这时使得鼍鼍都钻进百仞深的泥潭藏身,熊罴趴伏于山岗岩石间不敢动弹,虎豹钻入洞穴不敢咆哮,猿狖吓得从树枝上跌落——这些动物都被吓成如此,更何况是蛇鳝之类的小动物呢!同样,当凤凰飞翔在开明有德的国度时,雷霆收敛不发作,狂风骤雨不兴起,河流江海不掀浪,树木花草安稳挺立,这燕子麻雀因此轻侮凤凰,认为凤凰无法与自己同在屋檐梁柱间争雄。后来等到凤凰盘旋升飞到万仞高空,翱翔在四海之外,穿飞过昆仑山的疏圃,畅饮砥柱山下的湍急流水,又漫步徘徊于蒙氾之水洲,徜徉在冀州大地,飞越经过都广山岭,送夕阳回日落之地抑节后,到弱水之地沐浴洗刷羽翼,最后休息在风穴之中。在这个时候,鸿鹄、鸧鹤吓得无不惊慌逃逸,趴在江边藏头嘴于江滨不敢动弹——连鸿鹄、鸧鹤都被吓成这样,更何况燕雀之类的小动物呢!它们平时只处屋檐梁柱间,看到的都是一些琐碎小动作,哪里知道豪行壮举大动作是怎么回事!

【注释】

①赤螭、青虬:均为传说中的无角龙。入:原作"人",形近而误为,现依刘文典改定为"入"。 ②榛薄:树林草丛。荐梅:二种植物。荐为"蔗",梅为"莓"。嚼:噬、咬、吃的意思。 ③玄:黑。素:白。 ④降:刮起、兴起。冻雨:暴雨。扶风:暴风、疾风。扶摇:指旋风,盘旋而上。 ⑤蛇鳝:王念孙认为"蛇"当为"虵","鳝"当为"鼍",也即是"鼍鼍","鼍"为鳄鱼的一种,皮可作鼓。因为蛇鳝生活在浅水之中,所以不得言百仞。 ⑥碕岩:山岗岩石。 ⑦袭:隐藏。

⑧ 狖：长尾猿。颠蹶：跌落。 ⑨ 澹：水起伏晃动。佼：轻侮，看不起。 ⑩ 宇：屋檐。宙：栋梁。 ⑪ 曾：高，还通"层"，层层叠高。逝：飞。 ⑫ 翱翔：翼一上一下曰翱，不摇曰翔。疏圃：昆仑山上池名。 ⑬ 砥柱：山名。在河南三门峡市东北，山立黄河中如柱，故名。湍濑：急流。 ⑭ 遁回：转流、周流、徘徊。 ⑮ 径：过。都广：传说中地名，处南方。 ⑯ 入日抑节：原注为"送日入于抑节之地"，意思是说凤凰行及日之所入，而爱止爱息，行为之迟，稍作徘徊。 ⑰ 羽翼：王念孙认为应是"濯翼"。濯：洗。风穴：传说中洞穴，北方寒风从此风穴中出。 ⑱ 鸰鹤：即鸰鹤。 ⑲ 注喙：鸟将喙注地不敢动。裔：边。 ⑳ 小动：琐碎小动作。大节：壮举、大动作。

【评析】

本节作者直接由"览冥"深入到"玄道"本身，开始说"道"，讲"道"，以物喻"道"："道"如赤螭、青虬和凤凰，说它平常是平常得被蛇鳝燕雀看不起，说它超常又超常得连虎豹熊黑都害怕，所以"道"是"常与超常"的统一。"道"之超常如赤螭、青虬和凤凰那样能"扶摇而登之"，"翱翔四海之外，过昆仑之疏圃"，"尚徉冀州之际，径蹑都广，入日抑节"，"暮宿风穴"，所以这"道"又能出入（超越）时空，经久弥漫宇宙四面八方。"道"之超常又如赤螭、青虬那样能"扶摇而登之"，"威动天地，声振海内"，所以这"道"之能力是无穷无尽……这些就是作者所揭示的"道"之特征。

昔者，王良、造父之御也①，上车摄辔，马为整齐而敛谐，投足调均②，劳逸若一，心怡气和，体便轻毕③，安劳乐进，驰骛若灭，左右若鞭④，周旋若环⑤，世皆以为巧，然未见其贵者也。若夫钳且、大丙之御也⑥，除辔衔，去鞭弃策⑦，车莫动而自举，马莫使而自走也。日行月动，星耀而玄运⑧，电奔而鬼腾，进退屈伸，不见朕垠⑨。故不招指，不咄叱，过归雁于碣石,轶鹓鸡于姑余。⑩骋若飞,鹜若绝⑪,纵矢蹑风,追猋归忽⑫,朝发榑桑,日入落棠⑬。此假弗用而能以成其用者也⑭,非虑思之察,手爪之巧也;嗜欲形于胸中,而精神踰于六马⑮,此以弗御御之者也。

【今译】

　　过去,王良、造父两位驭手驾车,上车后就握着缰绳,马便随着他们的控制整齐和谐起步行进,步伐均匀,奔跑和慢行都不乱套,心怡气和,动作轻盈敏捷,安于劳苦,以进为乐,驾车奔驰瞬间消逝,或左或右如被鞭教过的那样,周旋绕圈似如圆规,世人都以为他们驾车技艺精巧,可人们还没有见到真正高明的驭术。像那钳且、大丙的驾驭技术才更高明,他们根本不用缰绳、马衔,也不用马鞭,车子不用起动就自行运转,马匹不必使唤就自己奔驰向前。像日月运行,自然而然;如星星闪烁,天体运作;又似电光急驰,鬼神腾飞,进退屈伸,无迹可寻。所以是无须招呼指挥,不用呵斥吆喝,瞬间在碣石山处超过归飞的大雁,转眼又在姑余处超过鹓鸡。奔跑如飞,驰骋疾速,像踩踏着飞箭大风,能赶上飙飚,清晨随旭日从扶桑出发,傍晚随夕阳归宿于落棠。他们是凭着"不用"而成其"大用",借"无为"而取得"有为",不靠思虑精细、手脚灵巧;他们是将欲念意愿藏在心中,而以精神感化支配六马,这便是用不御来达到驾驭,"无为"达到"有为"。

【注释】

　　① 王良:春秋时晋国善驭手,死而托精于天驷星。造父:周穆王时善驭手。　② 摄:执、捉、握。辔:缰绳。敛:收敛,这里指驯服。敛谐:指动作协调。投足:举足。均:均匀。　③ 毕:敏捷。④ 灭:指疾快消逝。鞭:鞭子。若鞭:就像被鞭教过的那样。⑤ 周旋:转圈。　⑥ 钳且、大丙:古代得道能以神气御阴阳的天神。⑦ 衔:马嚼子。策:一端有尖刺的赶马棍子。　⑧ 玄:天。运:行。⑨ 朕垠:形迹。　⑩ 过:超过。碣石:山名,大雁北飞以碣石为乡。

轶:超越。鹍鸡:鸟名,又作鹍鸡。姑余:山名,又叫姑苏山。 ⑪骋、骛:均指纵马奔驰。绝:喻指疾速、飞快。 ⑫纵:履、踩。蹠:踏。猋、忽:通作"飙飚",指疾风。 ⑬榑桑:扶桑,东方日出处。落棠:又称洛棠,西方日落处。 ⑭假:借、凭。弗用:无用、不用。 ⑮踰:当为"喻"字之误,喻:晓,是说马晓喻人意(陈观楼语)。

【评析】

前面讲到,高明之道是超越"叩宫宫应、弹角角动"这一具体物相,达到"鼓之而二十五弦皆应"的这种境界。本节作者进一步以物喻"道",认为这超越物相的"道"就如高明神驭手一样超越"虑思之察、手爪之巧",做到"精神喻于六马","除辔含衔,去鞭弃策",却能使"车莫动而自举,马莫使而自走",如日行月动、星耀玄运、电奔鬼腾、进退屈伸、不见朕垠……诸如这些用作者自己的话来说是"道""假弗用而能以成其用者",翻译成通俗的话来说是"道"用"无为"而达到"无不为"的。

昔者,黄帝治天下,而力牧、太山稽辅之①,以治日月之行律②,治阴阳之气,节四时之度,正律历之数,别男女,异雌雄,明上下,等贵贱,使强不掩弱,众不暴寡。人民保命而不夭,岁时孰而不凶③;百官正而无私,上下调而无尤;法令明而不暗,辅佐公而不阿。田者不侵畔,渔者不争隈④;道不拾遗,市不豫贾⑤;城郭不关,邑无盗贼;鄙旅之人相让以财⑥,狗彘吐菽粟于路而无忿争之心。于是日月精明,星辰不失其行;风雨时节,五谷登孰;虎狼不妄噬,鸷鸟不妄搏;凤凰翔于庭,麒麟游于郊;青龙进驾⑦,飞黄伏皁⑧,诸北、儋耳之国莫不献其贡职⑨。然犹未及虙戏氏之道也。⑩

往古之时,四极废,九州裂,天不兼覆,地不周载,火爁炎而不灭,水浩洋而不息,猛兽食颛民⑪,鸷鸟攫老弱。于是女娲炼五色石以补苍天⑫,断鳌足以立四极⑬,杀黑龙以济冀州⑭,积芦灰以止淫水⑮。苍天补,四极正,淫水涸,冀州平,狡虫死⑯,颛民生。背方州,抱圆天,和春阳夏,杀秋约冬,枕方寝绳。⑰阴阳之所壅沈不通者,窍理之⑱;逆气戾物、伤民厚积者,绝止之。当此之时,卧倨倨,兴眄眄⑲;一自以为马,一自以为牛⑳;其行蹎蹎,其视瞑瞑㉑;侗然皆得其和㉒,莫知所由生;浮游不知所求,魍魉不知所往㉓。当此之时,禽兽蝮蛇无不匿其爪牙,藏其螫毒,无有攫噬之心。考其功烈㉔,上际九天,下契黄垆,名声被后世,光晖重万物㉕。乘雷车,服驾应龙,骖青虬㉖,援绝瑞,席萝图㉗,黄云络,前白螭,后奔蛇㉘,浮游消摇,道鬼神㉙,登九天,朝帝于灵门,宓穆休于太祖之下㉚。然而不彰其功,不扬其声,隐真人之道,以从天地之固然。㉛何则? 道德上通,而智故消灭也。

【今译】
　　以前,黄帝治理天下,有力牧、太山稽两位贤臣辅佐他,所以能顺应日月运行、阴阳变化的规律来调节四季的法度,修正律历的标准,区别男女雌雄,明确上下贵贱等级,使社会强不凌弱、众不欺寡。人民百姓能保天命而不无故夭折,年成按时成熟丰收而不闹灾异;各级官吏公正无私、上下协调而无过失;法令严明而不昏暗,辅佐大臣公正不阿;耕田者间不互相侵犯田界,猎渔者间不争夺鱼多水域;路途无人贪拾失物,市场无人哄抬物价;城门昼夜敞开,城镇没有盗贼;穷乡僻壤之处的人还互相谦让财物,这时连猪狗都因粮食丰富而将豆谷吐弃在路旁,所以百姓无争论之心、怨恨之情。这样天下清平安定、日月明亮,星辰运行正常不偏离轨道,风调雨顺而五谷丰登;虎狼不随意扑咬，猛禽不随便搏击，凤凰都飞临庭院，麒麟都闲游郊外；青龙进献车驾，神马安伏马槽，诸北、儋耳等边远国家无不奉献贡品。但是，这些还比不上伏羲氏的道术。

远古时代，四根擎天大柱倾倒，九州大地裂毁，天不能覆盖大地，大地无法承载万物，大火蔓延不熄，洪水泛滥不止，猛兽吞食良民，凶禽捕击老弱。于是女娲冶炼五色石来修补苍天，砍下鳌足当擎天大柱，堆积芦灰来制止洪水，斩杀黑龙来平息冀州。苍天补好，四柱擎立，洪水消退，冀州平定，狡诈禽兽杀死了，这时善良百姓有生路了。女娲背靠大地、怀抱青天，让春天温暖，夏天炽热，秋天肃杀，冬天寒冷。她头枕着方尺，身躺着准绳，当阴阳之气阻塞不通时，便给予疏理贯通；当逆气伤物危害百姓积聚财物时，便给予禁止消除。到这个时候，天清平、地安定，人们睡时无忧无虑，醒时弃智无谋；或以为牛，或以为马，随人呼召；行动舒缓沉稳，走路漫无目的，视物若明若暗；瞳朦无知、天真幼稚与天道万物和协，谁也不知产生缘由，随意闲荡不知所归，不求所需，飘忽不定没有目标。到了这时，野兽毒蛇全都收敛藏匿爪牙、毒刺，没有捕捉吞食的欲念。考察伏羲氏、女娲他们的丰功伟绩，上可以通九天，下可以契合到黄泉下的垆土上，名声流传后世，光晖熏炙万物。他们以雷电为车，应龙居中驾辕，青虬配以两旁，手持稀奇的瑞玉，铺上带有图案的车垫席，上有黄色的彩云缭绕，前面由白螭开道，后有腾蛇簇拥追随，悠闲遨游，鬼神为之引导，上登九天，于灵门朝见天帝，安详静穆地在大道太祖那里休息。尽管如此，他们从来不标榜炫耀自己的功绩，从来不张扬彰显自己的名声，他们隐藏起真人之道，以遵从天地自然。为何这样呢？因为是道德上通九天，所以智巧奸诈就无法生存。

【注释】

① 力牧、太山稽：黄帝手下大臣。传说黄帝梦有人执千钧之弩，驱羊万群，依据占卜找寻，得力牧于大泽，任为将领。 ② 律：度。有人认为"律"应属下一句，而下句的"治"是衍文。还有人认为此句"治"

字应为"理",后人不知"治"字乃"理"字之误,以二"治"重复,拟改下"治"为"律",故书"律"字在侧,并为之注曰"律、度也",写者不知而并书之,故如今本耳(何宁《淮南子集释》)。　③ 人:刘家立认为"人"为衍文。孰:熟。下文"孰"同此。不凶:无灾害。　④ 畔:田界。隈:水流弯曲又深,鱼多聚藏处。　⑤ 豫:变动。贾:"价"的古字。豫贾:抬高物价。　⑥ 鄙:边远。　⑦ 青龙:传说中属神马一类的瑞祥动物。驾:皇帝的车乘。　⑧ 飞黄:又称"乘黄、腾黄、紫黄",其状如狐,背上有角,寿至千岁。有人释"飞黄"为神马。皂:枥,即马槽。⑨ 诸北:中原以北各夷族。儋耳:即耽耳国,又作瞻耳国;耽耳国在北方,瞻耳国在南方。贡职:贡献给天子的物品。　⑩ 虙戏氏:即伏羲氏、宓羲氏。　⑪ 爁炎:即爁焱,指火势蔓延。爁又与滥音同,水泛滥称滥,火蔓延叫爁。洋:漾,水大的样子。颛:善。颛民:善良百姓。　⑫ 女娲:传说中人类始祖,辅佐伏羲氏治国,还传说她抟土造人类。　⑬ 鳌:龟。　⑭ 黑龙:神话中的水精。　⑮ 芦灰:芦苇灰。淫水:泛滥的洪水。　⑯ 虫:狩,即"兽"。　⑰ 背:背靠。阳:疑为"炀",炽热、炙燥的意思。方:矩尺。绳:准绳。枕方寝绳:是形象地叙说女娲等想使社会自然变化发展有规律可循,按规律来治理。⑱ 窍:贯通。理:疏理。　⑲ 倡倡:无思虑、无忧虑。盹盹:木然斜视的样子,形容不用智谋。　⑳ 一:或者,成玄英注疏《庄子·应帝王》"一以己为马,一以己为牛"为"或马或牛,随人呼召"。　㉑ 蹎蹎:舒缓迟重。瞑瞑:若明若暗。　㉒ 侗然:无知的样子。　㉓ 浮游:随意闲荡。魍魉:即罔两,依违、徘徊、飘惚不定的样子。　㉔ 功烈:功绩。　㉕ 契:合。黄垆:黄泉下垆土。重:王念孙认为应作"熏",犹熏炙,谓"光晖熏炙万物"。　㉖ 服、骖:均指驾车的马,居中的称服马,在两旁的叫骖马。应龙:传说中有翼的龙。　㉗ 援:持、执。瑞:《说文》说"瑞,以玉为信也",指瑞玉。萝:于省吾认为应读为"箓",也作"录",萝图即"录图"。　㉘ 络:笼罩、缭绕。奔蛇:腾蛇,一种会飞的神蛇。　㉙ 道:导,引导的意思。　㉚ 宓:宁、安。休:休息。太祖:道之太宗也。　㉛ 彰、扬:均指标榜炫耀。固然:自然。

【评析】

本节顺着上节最后讲的"弗用而能以成其用"(即无为而无不为)的话题,开始讲"无为而治"了;作者首先从远古女娲补天导致"和春阳夏杀秋约冬"的正常自然环境讲到社会善良百姓由于绝圣弃智、绝巧弃利、神气不外荡,所以是"卧倨倨、兴昑昑","行蹎蹎、视冥冥,侗然皆得其和,莫知所由生,浮游不知所求,魍魉不知所往",犹如鱼相忘于江湖,人相忘于道术;这样导致"禽兽蝮蛇无不匿其爪牙、藏其螫毒"而"无有攫噬之心"。这一切用《淮南子》自己的话来说,社会尚处原道、俶真阶段,古朴纯真、道德上通。接下来的黄帝之治,尽管不及伏羲之"道",但总还算至德之世,所以是"强不掩弱,众不暴寡","民保命而不夭,岁时孰而不凶","百官正而无私,上下调而无尤,法令明而不暗,辅佐公而不阿。田者不侵畔,渔者不争隈,道不拾遗,市不豫贾"……导致的自然日月清明、星辰不失其行、风调雨顺、五谷丰登……这一切说明社会还处在道未散、德未溢的阶段。

逮至夏桀之时,主暗晦而不明,道澜漫而不修,弃捐五帝之恩刑,推蹶三王之法籍。① 是以至德灭而不扬,帝道掩而不兴。举事戾苍天,发号逆四时,春秋缩其和②,天地除其德。仁君处位而不安,大夫隐道而不言,群臣准上意而怀当③,疏骨肉而自容。邪人参耦比周而阴谋④,居君臣父子之间而竞载,骄主而像其意⑤,乱人以成其事。是故君臣乖而不亲,骨肉疏而不附;植社槁而裂,容台振而掩覆⑥;犬群嗥而入渊,豕衔蓐而席澳⑦;美人挐首墨面而不容,曼声吞炭内闭而不歌⑧;丧不尽其哀,猎不听其乐⑨;西老折胜,黄神啸吟⑩;飞鸟铩翼,走兽废脚⑪;山无峻干,泽无洼水⑫;狐狸首穴,马牛放失⑬;田无立禾,路无莎薠⑭;金积折廉,璧袭无理⑮;磬龟无腹,蓍策日施⑯。

晚世之时,七国异族。⑰诸侯制法,各殊习俗,纵横间之,举兵而相角。⑱攻城滥杀,覆高危安;掘坟墓,扬人骸;大冲车,高重京⑲;除战道,便死路⑳;犯严敌,残不义㉑。百往一反,名声苟盛也!是故质壮轻足者,为甲卒千里之外㉒,家老羸弱,凄怆于内㉓;厮徒马圉,軵车奉饷㉔,道路辽远,霜雪亟集,短褐不完,人羸车獘㉕;泥涂至膝,相携于道,奋首于路,身枕格而死㉖。所谓兼国有地者,伏尸数十万,破车以千百数;伤弓弩、矛戟、矢石之创者,扶举于路。故世至于枕人头,食人肉,菹人肝,饮人血,甘之于刍豢。故自三代以后者㉗,天下未尝得安其情性,而乐其习俗,保其脩命,天而不夭于人虐也㉘。所以然者何也?诸侯力征,天下合而为一家。㉙

【今译】

到了夏桀统治的时代,君主昏庸不明事理,政道散乱而不加治理,抛弃了五帝恩威并用的施政措施,又推翻了三王治政的正确法规。因此至高的道德被泯灭而无法弘扬,先帝的道统被遮掩而无法新兴。这时君主办事背离天意,号令施政又违逆时令,春秋藏匿起和顺之气,天地也停止了对世间的布施恩泽。仁义的君主身处君位却心神不宁,胸怀正道的大夫也不敢进谏直言,使群臣只能以揣测主上的意图而求迎合,疏离骨肉而求自保;奸佞之徒则三三两两结党营私,搞阴谋诡计,奔走于君臣父子之间而竞相惹是生非,骄纵主子以便能得宠,在混乱中谋取利益达到自身目的。这样一来,君臣离心离德尖锐对立,骨肉疏离各奔东西;庙堂社主因无人祭祀而枯朽破损,礼仪之台受震而动摇倒塌;丧家之犬成群结队,哀号着跳入深渊,而猪则自衔垫草躺在室内西南角;美女蓬头垢面不梳洗打扮,歌手自吞炭而致哑不肯歌唱;有丧事也不尽情流露悲哀,田猎游玩也不尽情欢乐;西王母折断美丽的玉质头饰,黄帝之神也长啸叹息;飞鸟折断翅翼受伤,走兽摔断肢骨残疾;山上树干砍尽,水中河水枯竭,鱼儿无法生存;死狐狸头朝巢穴躺着,牛马四处走失无法寻找;田里不见生长着的禾苗,连路旁都没有茂盛的野草,堆积着的金银器皿锈蚀并折断棱角,玉璧也因时间长了磨尽刻镂的花纹;昏君夏桀将占卜的龟壳钻得稀烂而不得吉兆,却还要每天使用蓍草来求神问鬼以求保佑。

  到了近世战国时代,天下分成七个不同姓氏的国家。各诸侯国制定各自的法令制度,依据各自的风俗习惯,纵横两家从中离间,因而各国互相兴兵争斗抢夺。他们攻略城市,滥杀无辜,高城夷为平地,平安化作危险;挖掘他人的坟墓,抛洒坟中的尸骨;攻城的战车越造越大,防御的城墙越垒越高;清理疏通战争通道、路径;进犯强劲对手,残杀无辜百姓。百人出征一人生还,换取所谓的盛名。那些体质强壮、行动敏捷的人被征为兵卒,在千里之外拼杀,而老弱病残者在家悲怆凄凉。那些服役的兵卒马伕,推拉着车子运送粮饷,道路遥远,一路风雪交加,破衣烂衫难以御寒,人困马乏车辆破损;遇到深达膝盖的泥泞道路,人们只能互相搀扶拉扯,拼命奋力向前,这样常常有人累冻而死,倒在挽车的横木上。所谓兼并别国领土,是以横尸几十万人、毁坏战车千百辆为代价的;还有无数被弓箭、矛戟、滚石致伤致残者,被扶被搀被抬着,一路可见。以致这些战犯竟到了枕骷髅、吃人肉,脍人肝、喝人血比吃牛肉猪肉都更觉甜美的地步。所以从三代以后的那些日子里,天下的人们再也不能安定他们的性情,无法享乐到纯朴的风俗民情,无法保全自己珍贵的生命以享天年而不夭折于战争人祸之中。造成这种现状的原因是什么呢?就是因为诸侯间的长年征伐讨战,天下不能融为一家。

【注释】

  ① 澜漫:应倒作"漫澜",杂乱分散的样子。捐:和"弃"义相同。五帝:或指黄帝、颛顼、帝喾、尧、舜;或指伏羲、神农、黄帝、尧、舜;或指少皞、颛顼、高辛、尧、舜。推蹶:推翻、推倒,毁坏的意思。三王:夏

禹、商汤、周文王。 ②缩：藏。 ③隐道而不言：原注为："隐仁义之道，不正谏直言也。"准：揣度、揣测、揣摩。怀：原注为"思"。当：合。 ④参耦：叁偶，三三两两。比周：拉帮结派。 ⑤载："载"犹"事"，又犹"生"。骄：骄纵。 ⑥植社：置社，社主，土地神的牌位。圬：为"墟"字之误，是"裂"、"坏"的意思。容台：古代讲习礼仪的高台。振：震动。 ⑦蓐：草垫。澳：隩，室的西南角。"犬群嗥……席澳"：这二句是说由君主倒行逆施而震怒上天，降灾难于人间，导致家畜不宁。 ⑧挐：凌乱。容：修饰打扮容貌。曼声：舒展悠长的歌声，这里用作名词，指善歌者。《战国策》有"豫让吞炭为哑"的记载。 ⑨听：聽，应为"德"，德通"得"。 ⑩西老：西王母。胜：头饰。啸吟：长啸叹息。 ⑪铄：残。废：使残废。 ⑫峻干：高大的树木。洼水：深水。 ⑬首穴：头朝巢穴。放失：走失、跑散。 ⑭莎薠：野草的名称。 ⑮积：堆积。廉：边角、棱角。璧：中间有空的平圆形的玉器。袭：积，时间长的意思。理：纹理。 ⑯罄：空。"罄龟无腹"是说频繁地灼龟甲占卜，以致使龟甲为之稀烂穿空。蓍策：蓍草占筮。 ⑰七国：战国末期的齐、楚、燕、韩、赵、魏、秦。异族：不同氏族，即指七国君主不同的姓氏，齐姓田，楚姓芈，燕姓姬，赵姓赵，韩姓韩，魏姓魏，秦姓嬴。 ⑱纵横：即合纵连横，南与北合为纵，东与西合为横；苏秦为合纵派代表，张仪为连横派代表。间：离间。角：斗。 ⑲大：动词，指加大。高：加高。重京：王念孙认为应为"重垒"。 ⑳除：清除。便：便利，这里"便"作动词，"使便利"。 ㉑严敌：劲敌。义：通"宜"。残不义：残害不应、不宜杀害的人。 ㉒甲卒：甲士步卒。 ㉓家老：年长者。羸：体弱者。 ㉔厮徒：服役的人。马圉：马夫。扗：推。 ㉕獘：通"弊"，破弊的意思。 ㉖涂：泥泞。奋首：拉车时倾前伸颈昂首奋力挣扎的样子。格：通"铬"，指挽车用的横木。 ㉗三代：夏、商、周。 ㉘虐：害。 ㉙天下合而为一家：王念孙认为"合"之前脱漏"不"字，《太平御览》引此句时有"不"字。

【评析】

前面讲到作者由"览冥"深入到"玄道",又讲到"道"之无为而无不为,推衍到社会,伏羲、黄帝时代就是最好的"无为而治"。本节,作者列举夏桀、战国时代因"德灭不扬,道掩不兴"而造成的人类灾害的可怕性,从反面证明伏羲、黄帝时代道之无为而治的优越性,以启示人们得"道"体"道"的重要性。

逮至当今之时,天子在上位①,持以道德,辅以仁义,近者献其智,远者怀其德,拱揖指麾而四海宾服②,春秋冬夏皆献其贡职,天下混而为一,子孙相代。此五帝之所以迎天德也。③

夫圣人者,不能生时,时至而弗失也。辅佐有能,黜谗佞之端④,息巧辩之说,除刻削之法⑤,去烦苛之事,屏流言之迹,塞朋党之门;消知能,修太常⑥,隳肢体⑦,绌聪明;大通混冥,解意释神,漠然若无魂魄,使万物各复归其根。则是所修伏牺氏之迹,而反五帝之道也⑧。夫钳且、大丙不施辔衔而以善御闻于天下,伏戏、女娲不设法度而以至德遗于后世,何则? 至虚无、纯一,而不喋苛事也。⑨《周书》曰:"掩雉不得,更顺其风。"⑩今若夫申、韩、商鞅之为治也,挬拔其根⑪,芜弃其本,而不穷究其所由生,何以至此也? 凿五刑⑫,为刻削,乃背道德之本,而争于锥刀之末,斩艾百姓,殚尽太半⑬,而欣欣然常自以为治,是犹抱薪而救火,凿窦而出水⑭。夫井植生梓而不容瓮,沟植生条而不容舟⑮,不过三月必死。所以然者何也? 皆狂生而无其本者也。⑯河九折注于海而流不绝者,昆仑之输也。潦水不泄,泞涔极望⑰,旬月不雨则涸而枯泽,受瀷而无源者⑱。譬若羿请不死之药于西王母,姮娥窃以奔月,怅然有丧,无以续[19],何则？不知不死之药所由生也。是故乞火不若取燧,寄汲不若凿井。

【今译】

　　到了当今时代,天子处最高地位,以道德治理天下,并辅以仁义,所以天子身边的大臣奉献出他们的智慧,广大百姓则感怀天子的恩德,天子从容指挥,天下便会归服,春夏秋冬四季都会按时节献上各自的贡品,天下统一为一个整体,子孙代代相传。这就是五帝顺从天意、应顺天德的做法。

　　实际上,圣人也无法创造时运,只不过当时运来到之际,他能及时地抓着它而不丧失机遇。还遇上贤能的人辅佐,就能贬斥谗佞之徒的歪门邪道,平息肃清巧辩之人的胡说八道,废除严酷的刑法,去掉繁杂的事务,屏弃堵塞流言蜚语的传播,阻塞营党结私的门径；消除所谓的智巧之能,循遵重大的礼法规则,根除禁绝各种情欲贪念,废弃小聪明,持守纯朴本性而彻底通悟,混混沌沌,解意释神,淡泊茫然如同丧魂落魄,不刻意干涉,使万事万物都能归复到它们的根本。这就是走上了伏羲氏所开辟的道路,返回到五帝所遵循的道统。那钳且、大丙不用缰绳马衔却以善于驾驭而闻名天下,伏羲、女娲不设法律制度却以至高德性而流传后世,为什么呢？是因为他们达到了虚静无为、纯粹专一的境界,而不是忙于琐碎的政事。《周书》中说到"如果捕猎不到雉鸡,就应该顺着它飞走的风向去寻找"。这说的是顺其道理的重要性。今天像申不害、韩非、商鞅等人的法家治国方针,只是在拔掉事物的根本,抛弃事物的本源,因为是不强调治本的重要,所以这些人也不会去追究社会弊端的由来根源、又为何能发展到这种状态？他们只就事论事地刻意制定各种刑法,并加以无情地实施,这样一来,真的是违背了道之根本,一门心思去追求竞争那些刀尖锥末样的利益,而不惜牺牲百姓利益,消耗殆尽他们的大半东西,却还欣欣然以为天下太平无事,这就像抱着柴草去救火、凿开孔洞来蓄水一样荒谬。那些井边树木生出的蘖枝经不起汲水瓦瓮的频繁碰撞,河边树木长出的弱枝受不了来回舟船的经常挤压,所以这些蘖枝弱枝不出三月必死无疑。为什么呢?都是由于这些枝条疯狂乱长而背离了它所能生长的根本条件。黄河九曲弯转才注入大海,河水流长不绝断,是因为有昆仑雪山输送了无尽的水源;积水不泄而发展到汪洋一片,一望无尽,但如果十天半月不降雨水的话,这一片积水就会干涸蒸发干净,这是因为积水没有得到水源补充。就像羿向西王母请求而得到的一点长生药被姮娥偷吃后飞往月宫,羿就为此惆怅若失,惋惜再也无法得到长生药,为什么会有这种感觉呢?是因为羿不知道这长生药是怎样炼成的。所以说凡事都应掌握根本为好,就像向邻居借火不如自己掌握取火的燧和技术,借别人的井汲水不如自己家院里凿口井。

【注释】

① 天子:汉武帝。　② 拱揖:拱手合掌。麾:同"挥"。指麾:指挥。拱揖指麾:形容轻松自知,从容指挥。　③ 迎:顺从、顺应。天德:上天的旨意,这里指道之无为而治。　④ 能:贤能、才能。黜:贬斥,废免,罢免。端:事端,指乱子、事故,这里引申为歪门邪道。　⑤ 刻削:这里指严酷尖刻。　⑥ 修:应作"循"。《文子·上礼篇》作"循太常"。太常:国家重大的礼法规则。汉时还设有"太常"的官职,掌管礼乐郊庙等事宜。　⑦ 隳:毁坏。隳肢体:引申为根除禁绝欲念。　⑧ 修:修复、恢复。反:返。　⑨ 噯喋:噯字疑为"唼"之异体;"唼喋",衔食也,指鸟或鱼衔食争物,形容忙于、热衷于某事。"噯喋"又可指话多,说不停,喋喋不休的样子。二者均可引申为热衷于忙乎繁琐的事情。　⑩ 掩:捕猎。更顺其风:原注为:"言掩雉虽不得,当更从其上风,顺其道理也。"　⑪ 申:申不害,战国时郑国人。韩:韩非,战国末韩国人。申不害、韩非、商鞅三人均为法家代表人物。抒:拔。　⑫ 凿:刻意制造。五刑:古代五种刑罚,有墨(即黥)、劓(割鼻)、荆(砍脚)、宫(阉割)、大辟(死刑)五种。　⑬ 艾:通"刈",割、砍的意思。太半:过半、大半。　⑭ 窦:孔洞。出:王念孙认为应是

"止"。　⑮ 植：直立的树木。梓：王念孙认为是"倅"字之误，"倅"是"櫱"的古字。櫱：树木砍断后再生的枝条。条：枝条。　⑯ 狂：妄。狂生：妄生，指乱长的意思。　⑰ 潦：积水。汸濊：同"汪洋"。　⑱ 瀷：水潦积聚。　⑲ 姮娥：嫦娥，为羿妻。无以续：原注为"言羿怅然失志，若有所丧亡，不能复得不死之药以续之"。

【评析】

前面讲及作者览冥观玄实际上只是览观玄妙之道，套用一句行话来说是"筌者所以在鱼"。而在本节内容中则更无"览冥"字样，被公然撇于一旁，直接深入到"道体"，"得鱼而忘筌"，大谈特谈得"道"、体"道"，无为而治的重要性，那就是本节中讲的"消知能，绌聪明，大通混冥，解意释神，漠然若无魂魄，使万物各复归其根"。作者认为如果这样"无为而治"，就能"修伏牺氏之迹，返五帝之道"，天下就能"黜谗佞之端，息巧辩之说，除刻削之法，去烦苛之事，屏流言之迹，塞朋党之门"，社会就能安定太平。

那么，当今社会谁最能体现这"虚静无为"之道呢？作者无法免俗，开始歌颂起当今天子汉武帝来，认为"天子在上位，持以道德，辅以仁义"，使"近者献其智，远者怀其德，拱揖指麾而四海宾服，春秋冬夏皆献其贡职"，真是天下清明，一片好气象。在这里，且不问作者对天子汉武帝的歌颂是否恰到好处，作者对此的歌颂和肯定是想对彼的揭露和否定。果然作者随后就对申、韩、商鞅的有为法治作否定，认为这种做法是"捽拔其根，芜弃其本，而不穷究其所由生，何以至此也？凿五刑，为刻削，乃背道德之本，而争于锥刀之末，斩艾百姓，殚尽太半"，而有为者还"欣欣然常自以为治"，实际上是一片黑暗，社会弊端无数。作者在此将清明与黑暗对比，天下太平与社会弊端无数对照，是想坚定作者一贯的道之无为的信念，提醒大家"乞火不若取燧、寄汲不若凿井"，有为不如无为，道之无为才是根本。

卷七　精神训

【解题】

本卷叙述了人的形体和精神的产生及对精神的持守。作者首先叙述了原始状态下的阴阳二气相互作用产生宇宙万物及生命体,这其中"烦气为虫,精气为人"。然后论述了人的产生与自然界的关系,认为"精神者,所受于天地;而形体者,所禀于地"。既然自然界的各种现象均受其运行规律的制约,那么产生于天地自然并支配人体的精神也应受到节制,具体的方法是"使耳目精明玄达而无诱慕,气志虚静恬愉而省嗜欲",这样就能使"五脏定宁充盈而不泄,精神内守形骸而不外越"。这实际上是强调保持清静无为之道而达到养生之目的。

反之,人之多数不能终其寿命而中途夭折,就是没有持守精神,没有达到"精神澹然无极不与物散"的状态。而能真正达到这种状态的是"真人"。于是作者用了大量的篇幅介绍真人之特点:明白太素、无为复朴、体本抱神……以死生为一化、以万物为一方……这"真人",实际上成了"道"的化身。接着作者又以历史上的事例来进一步证明持守精神、怀抱道体的重要性。

古未有天地之时,惟像无形①,窈窈冥冥,芒芠漠闵,澒濛鸿洞,莫知其门②。有二神混生,经天营地③;孔乎莫知其所终极,滔乎莫知其所止息④。于是乃别为阴阳,离为八极,刚柔相成⑤,万物乃形。烦气为虫,精气为人⑥。是故精神,天之有也,而骨骸者,地之有也。精神入其门,而骨骸反其根⑦,我尚何存?是故圣人法天顺情,不拘于俗,不诱于人,以天为父,以地为母,阴阳为纲,四时为纪。⑧天静以清,地定以宁,万物失之者死,法之者生。⑨

夫静漠者，神明之宅也；虚无者，道之所居也。⑩是故或求之于外者，失之于内；有守之于内者，失之于外。⑪譬犹本与末也，从本引之⑫，千枝万叶莫不随也。夫精神者，所受于天地；而形体者，所禀于地也。故曰："一生二，二生三，三生万物。万物背阴而抱阳，冲气以为和。"⑬故曰一月而膏，二月而胅⑭，三月而胎，四月而肌，五月而筋，六月而骨，七月而成，八月而动，九月而躁，十月而生。形体以成，五藏乃形⑮。是故肺主目，肾主鼻，胆主口，肝主耳。外为表而内为里，开闭张歙，各有经纪。⑯故头之圆也象天，足之方也象地。天有四时、五行、九解⑰、三百六十六日⑱，人亦有四支、五藏、九窍、三百六十六节⑲。天有风雨寒暑，人亦有取与喜怒。故胆为云，肺为气，肝为风，肾为雨，脾为雷，以与天地相参也，而心为之主。是故耳目者，日月也；血气者，风雨也。日中有踆乌，而月中有蟾蜍。⑳日月失其行，薄蚀无光；风雨非其时，毁折生灾；五星失其行，州国受殃。夫天地之道，至纮以大㉑，尚犹节其章光㉒，爱其神明，人之耳目曷能久熏劳而不息乎？精神何能久驰骋而不既乎？㉓

【今译】
　　上古还没有形成天地的时候，只有模糊不清的状态而无具体形状，这种状态是昏暗幽深、混沌不清，无法知道它的门道。那时有阴阳二神同时产生，一起营造天地；其深远得不知它的尽头，宽广得不知它的边缘。这时便分出天地阴阳，散离成四方八极，阴阳二气互相作用，万物才从中产生形成。这里，杂乱的气产生鱼鸟禽兽和昆虫，而纯精的气则产生人类。因此，人的精神归属于上天，而形骸归属于大地。如果人死以后，精神归属于上天，形骸归属于大地，那"我"还有什么存剩呢？所以圣人遵循天地的运行规则，顺应人的本性，不为世俗所拘束,不被人欲所诱惑,以天为父,以地为母,以阴阳变化、四时运行为准则。天清澈而洁静,地平定而安宁,万物离开它就死亡,依附它就生存。

　　静漠,是神明的住宅;虚无,是道的居所。因此,只追求身外之物,就会失去对内心精神世界的保养持守,反过来对某些事情一直耿耿于怀,就会影响人体外形的健康。这就好比树根与树梢的关系,从根本上牵引着树根主干,树的千枝万叶也就无不随之摇动。人的精神是从上天那里得到的;而形体则是从大地那里得到的。所以说"道生阴阳二气,阴阳二气产生出中和之气,万物均从中和之气中产生。万物背阴而抱阳,阴阳激荡而成和气"。所以说人的生命体产生的过程是:一个月成脂膏状态,二个月变成肿块形状,三个月成胎,四个月生肌肉,五个月长筋络,六个月长骨骼,七个月成人形,八个月胎儿会动弹,九个月则躁动于母腹,十个月就呱呱落地。人之形体一旦形成后,内在五脏也随之形成。所以是肺主管眼,肾主管鼻,胆主管口,肝主管耳。外表五官和内部五脏,开闭张合,各自互相联系着。所以人的脑袋呈圆形,象天,脚呈方形,象地。天有四季、五行、九大分野、三百六十六天,人则也有四肢、五脏、九窍和三百六十经脉。天有风雨寒暑,人则也有取予喜怒。所以这样又可将胆配云,肺配气,肝配风,肾配雨,脾配雷,以此来与天地自然相参验伍配,而这当中心脏是主宰物。因此人的耳目如同天上的日月,气血如同自然之风雨。日中有三足乌,而月中有蟾蜍。日月如果不按常规运行,就会出现昏淡无光的日月蚀;风雨如果不合时令降临,就会毁折农作物而生灾害;五星如果失常运行,它所对应的国家就会遭殃。天地之道宏大深邃,尚且还要节制,珍惜其光彩,人的耳目又怎能长久劳累而不休息呢?人的精神又怎能长久驰骋而不耗尽呢?

【注释】

　　①惟:只。像:象。　②窈窈冥冥:昏暗不明、幽深奥秘。芒芠漠闵,澒濛鸿洞:混沌不清。莫知其门:无法知道它的门道,是说对

某事物不明原委。　③ 二神：指阴阳之神。经营：营造。　④ 孔：深。滔：广阔、宽大。　⑤ 刚柔：指阴阳。　⑥ 烦：杂乱。精气：轻纯精气。　⑦ 门：归属、归宿，指天。反：返。根：根本，指地。　⑧ 纲、纪：指规律、准则。　⑨ 以：而。之：代天清静、地宁定。法：依附不违背。　⑩ 宅、居：指住所。　⑪ 外：身外、外形。内：内心。　⑫ 引：牵引、拉动。　⑬ 语出《老子·四十二章》。　⑭ 膏：生命的初始状态，有如膏脂。胅：肿块形状。　⑮ 以：已。藏：脏。　⑯ 歙：收、合。经纪：经管联系。　⑰ 解：分。九解：九大分野。　⑱ 三百六十六：王念孙认为应作三百六十。　⑲ 节：应指经络、经脉。　⑳ 踆乌：三足乌。蟾蜍：癞蛤蟆。　㉑ 纮：通"宏"。　㉒ 章：文采。　㉓ 熏：孙诒让认为"熏"当作"勤"。"熏"也可引申为焚灼的意思，所以"熏劳"也就指劳之甚。既：止。

【评析】

本节作者由"精气为人"谈到精神主内，这种精神主内对人的决定作用就像树干对树枝的决定作用一样，用作者的话来说是"从本引之，千枝万叶莫不随也"。人只有内守精神，使之不向外泄散，才能达到养生养性的目的。这就又回到了作者一贯强调的养虚静之神、存平和之性，内修道术的套路上来了。

是故血气者，人之华也；而五藏者，人之精也。夫血气能专于五藏而不外越，则胸腹充而嗜欲省矣。胸腹充而嗜欲省，则耳目清、听视达矣。耳目清、听视达，谓之明。五藏能属于心而无乖，则勃志胜而行不僻矣。①勃志胜而行之不僻，则精神盛而气不散矣。精神盛而气不散则理，理则均，均则通，通则神②，神则以视无不见，以听无不闻也，以为无不成也。是故忧患不能入也，而邪气不能袭。③故事有求之于四海之外而不能遇，或守之于形骸之内而不见也。

故所求多者所得少，所见大者所知小。

夫孔窍者，精神之户牖也；而气志者，五脏之使候也。④耳目淫于声色之乐，则五脏摇动而不定矣。五脏摇动而不定，则血气滔荡而不休矣。血气滔荡而不休，则精神驰骋于外而不守矣。精神驰骋于外而不守，则祸福之至，虽如丘山，无由识之矣。⑤使耳目精明玄达而无诱慕⑥，气志虚静恬愉而省嗜欲，五脏定宁充盈而不泄，精神内守形骸而不外越，则望于往世之前，而视于来事之后，犹未足为也⑦，岂直祸福之间哉！故曰："其出弥远者，其知弥少。"以言夫精神之不可使外淫也。⑧是故五色乱目，使目不明；五声哗耳，使耳不聪；五味乱口，使口爽伤⑨；趣舍滑心，使行飞扬⑩。此四者，天下之所养性也⑪，然皆人累也。故曰：嗜欲者，使人之气越，而好憎者，使人之心劳，弗疾去，则志气日秏。⑫

【今译】

所以说人的气血和五脏是人的精华。血气如能专注聚集在五脏之内而不外溢，那么这胸腹内的五脏就充实而嗜欲也随之减少。五脏充实而嗜欲减少，就能使耳目清明、视听畅达。耳目清明、视听畅达，叫做"明"。五脏能归属于心而不与心违逆，这样旺盛之气占优势而使人行为不乖悖、怪僻，人的精神就旺盛而精气不散泄。精神旺盛和精气不散泄则顺畅，顺畅就调匀，调匀则通达无阻，通达无阻就能产生出神奇的能力。这种能力能使人视无不见、听无不闻，没有什么事办不成的。这样，忧患祸害就不会侵入，邪气歪风也无法侵扰。因此有些事情到四海之外去追求寻找却不能得到，有些则持守在身体之内却不能见效。所以贪多则反而获得少，看见大的反而所知甚少。

人的五官七窍是精神的门窗，而气血则是五脏的使者。如果耳目沉溺在声色当中,那么五脏就会动荡不安。五脏动荡不安,那么血气就会激荡不休。血气激荡不休,那么精神就会驰骋在外而不能内守。精神驰骋在外不能持守,那么灾祸就会来临,即使祸大如山丘,你也没法感觉得到。所以,如果让耳目精明通畅而不受外界的诱惑,气志虚静恬愉而省却嗜欲、五脏安宁充盈而不外泄、精神持守于内心而不外越,那么即使是遥远的往事和未来的事情也不够你所认识的,更何况只是觉察眼前一些祸福之间的事情呢!所以说"精神逸出内心越远,所知道的就越少"。这就充分说明精神是不能外泄散逸的。所以,五色迷乱眼睛,使双目昏暗不明;五声哗乱耳朵,使双耳堵塞不聪;五味扰乱舌味,使口舌麻木无味;追逐名利而惑乱心性,使人行为放荡不羁。这四样东西,世间一般性的人是用来养生的,但实际上却是人生的累赘。所以说,嗜欲使人精气散逸,而爱憎之情则使人心力疲惫,假如不赶快清除它们,就会使人气血日耗殆尽。

【注释】

① 藏:脏。勃志:旺盛之气。僻:邪、乖。 ② 理:顺畅。匀:调匀。 ③ 袭:侵。 ④ 气志:王念孙认为"气志"当为"血气"。使:有"使者"的意思。 ⑤ 识:知道、感觉到。 ⑥ 玄达:通畅、通达。 ⑦ 未足:不够。 ⑧ 外淫:外泄散逸。 ⑨ 爽:伤也。以上几句语出《老子·十二章》。 ⑩ 趣舍:取舍、趋舍,二字义在"趣"上,指计较得失、追逐名利。滑:乱。行飞扬:指行为越轨,放荡不羁。 ⑪ 性:生。 ⑫ 耗:通"耗"。

【评析】

本节作者进一步强调持守精神的重要性。这照作者说来,"精神内守形骸而不外越",人就能遥知往世之前、来世之后的一切事情。持守精神还能使人"视无不见、听无不闻"、事无不成,"忧患不能入、邪气不能袭"。

但如果精神持守不住的话,就会灾祸降临。"精神驰骋于外而不守,则祸福之至。"那么,怎样才能做到精神守内这点呢?作者认为应从节制感官享受入手,"使耳目精明玄达而无诱慕,气志虚静恬愉而省嗜欲",这样就能使"五脏定宁充盈而不泄,精神内守形骸而不外越"。反过来如果"耳目淫于声色之乐",就会使"五脏摇动不定","血气滔荡不休",精神也就"驰骋于外而不守",这于人的养生养性来说是"大患"。所以作者强调要赶快抛弃这"嗜欲",以防血气日耗、心神荡漾、精神散逸。

夫人之所以不能终其寿命而中道夭于刑戮者,何也?以其生生之厚。①夫惟能无以生为者,则所以脩是生也。②夫天地运而相通,万物总而为一。③能知一,则无一之不知也④;不能知一,则无一之能知也。譬吾处于天下也,亦为一物矣。不识天下之以我备其物与?且惟无我而物无不备者乎?然则我亦物也,物亦物也,物之与物也,又何以相物也?⑤虽然,其生我也,将以何益?⑥其杀我也,将以何损?夫造化者既以我为坯矣,将无所违之矣。⑦吾安知夫刺灸而欲生者之非惑也?⑧又安知夫绞经而求死者之非福也?⑨或者生乃徭役也,而死乃休息也?天下茫茫,孰知之哉!其生我也不强求已⑩,其杀我也不强求止。欲生而不事⑪,憎死而不辞,贱之而弗憎,贵之而弗喜,随其天资而安之不极⑫。吾生也有七尺之形,吾死也有一棺之土。吾生之比于有形之类,犹吾死之沦于无形之中也。然则吾生也物不以益众,吾死也土不以加厚;吾又安知所喜憎利害其间者乎?

【今译】

人之所以不能享尽天年长寿而被刑戮夭折于中途,这是什么原因呢？是因为这些人养生的条件太优厚。也只有那些不过分追求生活条件优厚的人，才能长生。天地运行相通，万物归属总汇于天道。能懂得道的人，也就能无所不懂；不懂得道的人，也就什么都不懂。譬如我们处在天地之间，实际上也是万物中的一物种。不知天下万物是特为我们准备的呢？还是在没有我们之前万物就已具备了呢？然而，我们人也是"物"，其他事物也是"物"，"物"与"物"之间，有必要互称对方为"物"吗？正因为这样，所以天下生出我们，也不增加什么，杀灭我们，也不减少什么。天地既然将我们造化成人，我们也就没有必要违逆天地的造化。我怎么知道用针灸治疗想活命不是糊涂？我又怎么知道用绳上吊自缢轻生不是福气？也许活着的人倒像在服苦役，而死去的人倒像是在休息。真是天下茫然，谁能明白这其中的奥秘。所以，天地造化生出我，我也不会硬去阻止，天地造化灭杀我，我也不会硬去阻止。企盼活命，人之常情，只是不必为此而费事钻营；厌恶死亡，人之常理，但死到临头却谁又能推辞得掉？受到贬斥，不必怀恨在心，受到褒奖，也不必沾沾自喜。任随天意时运，本性安然悠闲而不必着急。我辈生有七尺身躯，死能入棺下地。生时并列于有形事物一类，死后则沦落为无形事物一类。这样，我活着，世界物质也不会因此显多，我死去，大地土壤也不会因此加厚；由此我又怎么知道这中间到底是该高兴呢还是该憎恶呢？是利呢还是害呢？

【注释】

①生生：前一生是动词，后一生是名词。"生生"即养生的条件。②脩：修，修即长。　③总：合。一：道。　④知一：知道懂得"道"。　⑤相物：互相以"物"视之。　⑥益：增加。　⑦为坯：造化制作成人，就如制作砖瓦、陶器一样，所以说"为坯"。违之：原注为"言既以我为人，无所离之。喻不求亦不避"。　⑧刺灸：针灸。⑨绞经：用绳索勒颈，如上吊。　⑩已：止、阻止。　⑪事：从事，谋求，追求。　⑫贱：看轻、受贬。贵：看重、褒奖。资：时、性。极：急。

【评析】

作者由上节主张持守精神转到本节强调内修道术上来。照作者看来,光讲人不受物质诱慕、省嗜欲还不够;人如要真正省嗜欲、无诱慕,还要懂得这些道术,即世上很多事情都具有相对性,那就是你能肯定说用针灸治疗求生一定就是好?用绳索上吊自杀一定就是坏?未必。说不定生存下来的却还要不断受到奴役,死去的却反而得到解脱休息。正因为世间事物都具有相对性,天下茫茫,孰知之哉,所以你就没有必要一定要执着于什么,要认识到"其生我也,将以何益?其杀我也,将以何损?"人如看到这点,就会做到"贱之而弗憎,贵之而弗喜";如能做到这点,那么他对外界物质的引诱就具有极强的抵御性,也就能自然而然做到嗜欲省、无诱慕,精神自然持守,五脏气血自然安定,人体自然健康安泰。

夫造化者之攫援物也①,譬犹陶人之埏埴也②,其取之地而已为盆盎也③,与其未离于地也无以异;其已成器而破碎漫澜而复归其故也④,与其为盆盎亦无以异矣。夫临江之乡,居人汲水以浸其园,江水弗憎也;苦洿之家⑤,决洿而注之江,洿水弗乐也。是故其在江也,无以异其浸园也;其在洿也,亦无以异其在江也。是故圣人因时以安其位,当世而乐其业。

夫悲乐者,德之邪也;而喜怒者,道之过也;好憎者,心之暴也。⑥故曰:"其生也天行,其死也物化⑦,静则与阴俱闭,动则与阳俱开。"⑧精神澹然无极,不与物散,而天下自服。故心者,形之主也;而神者,心之宝也。形劳而不休则蹶⑨,精用而不已则竭。是故圣人贵而尊之,不敢越也。

夫有夏后氏之璜者⑩,匣匮而藏之,宝之至也。夫精神之可宝也,非直夏后氏之璜也。是故圣人以无应有,必究其理;以虚受实,必穷其节⑪;恬愉虚静,以终其命。是故无所甚疏,而无所甚亲;抱德炀和⑫,以顺于天,与道为际,与德为邻;不为福始,不为祸先,魂魄处其宅,而精神守其根,死生无变于己⑬。故曰至神。

【今译】

　　造化者制作物体,就像陶匠制作陶器一样,那些从地里取土和泥做成盆盘器物的,和泥土还在地里没被挖出制成时没有什么不同;那些已经制成器具后又被敲碎散离回到泥土里去的,和制成的盆盘也没有什么不同。临江生活的百姓汲取江水灌溉菜园,江水也绝不会因此怀恨在心;受低洼污水侵袭的人家,将污水引入江里,污水也绝不会因此高兴。因为当水用来灌溉和水在江中时,这二者没有什么差别;同样当水在污沟里和水在江中时,这二者也没有什么差别。所以圣人顺应时势而安于自己的位置,适合时世而乐于自己的事业。

　　或悲或乐,是对德的偏离;喜怒无常,是对道的损坏;好恶分明,是对心的劳累。所以说"生就像天地自然运行,死就像物质自然变化,静时和阴气一同闭藏,动时和阳气一起开启"。精神澹泊无执,不随物质世界散逸,这样天下就会自然归服。所以心是形体的主宰;而精神又是心的宝贝。形体劳累而不休息就会损伤,精神使用而过度就会衰竭。因此,圣人很看重并遵循这一原则,不敢违背它。

　　人一旦拥有夏后氏的璜玉,就会用匣子来珍藏它,因为璜玉是最珍贵的珍宝。而精神的珍贵,就远非是夏后氏的璜玉所能相比的。所以圣人用虚无的精神来应对有形的物质,就必定能穷究其中的道理;以虚静来接纳实有,就必定能探究其中的真相细节;圣人恬愉虚静,以尽天年。因此他对外界事物没有什么特别的疏远,也没有什么特别的亲近;他只是持守天德怀拥中和,以顺随天性,与"道"一体,和"德"相伴;不为福始,不为祸先,魂魄安处于形骸之内,精神持守着它的根本,死生都无法扰乱他的精神。所以说,他达到了神的境界。

【注释】

①攫援:抓取,引申为制作、制造。 ②埏:用水和泥。 埴:粘土。 ③盎:古代一种腹大口小的器皿。 ④漫澜:义同"澜漫",散乱的样子。 ⑤洿:低洼地积起的污水。 ⑥暴:《文子·九守篇·守虚》作"累"。 ⑦天行:天地自然运行。物化:物质自然变化。 ⑧语出自《庄子·天道》、《庄子·刻意》。后两句语《庄子》作"静而与阴同德,动而与阳同波"。 ⑨蹶:损伤。 ⑩夏后氏:古代部落名称。璜:玉器,即半璧玉。 ⑪节:细节。 ⑫炀:原注为"炀,炙也,向火中炙和气以顺天道也"。 ⑬变:动,引申为"扰乱"。

【评析】

为了进一步叙述相对性,作者在此进而将事物间的界限都模糊取消。在作者看来,完整的盆盎和破损在地的盆盎碎片没什么差别;注入江中的污水与用来灌园的污水也没什么不同。正因为事物的相对性如此突出,那你就更没有必要执着于什么、诱惑于某物,即使是璜玉珠宝也是如此。所以作者在此又重申"精神澹然无极,不与物散",内修道术、抱德炀和,以无应有、以虚受实,喜怒、好恶不入内心,这样就能恬愉虚静,以终其命。

所谓真人者,性合于道也。故有而若无,实而若虚;处其一不知其二,治其内不识其外①;明白太素,无为复朴②,体本抱神,以游于天地之樊③,芒然仿佯于尘垢之外,而消摇于无事之业④。浩浩荡荡乎,机械知巧弗载于心。是故死生亦大矣,而不为变;虽天地覆育,亦不与之抮抱矣。⑤审乎无瑕,而不与物糅见事之乱,而能守其宗。若然者,正肝胆⑥,遗耳目,心志专于内,通达耦于一⑦。居不知所为,行不知所之,浑然而往,逯然而来。⑧形若槁木,心若死灰,忘其五藏,损其形骸;不学而知,不视而见,不为而成,不治而辩。⑨感而应,迫而动,不得已而往,如光之耀,如景之放。⑩以道为䌛,有待而然。⑪抱其太清之本而无所容与⑫,而物无能营。廓惝而虚,清靖而无思虑。⑬大泽焚而不能热,河、汉涸而不能寒也⑭,大雷毁山而不能惊也,大风晦日而不能伤也。是故视珍宝珠玉犹石砾也⑮,视至尊穷宠犹行客也,视毛嫱、西施犹颊丑也⑯。以死生为一化,以万物为一方⑰,同精于太清之本,而游于忽区之旁⑱。有精而不使,有神而不行,契大浑之朴⑲,而立至清之中。是故其寝不梦,其智不萌,其魄不抑,其魂不腾⑳。反复终始,不知其端绪。甘暝太宵之宅,而觉视于昭昭之宇㉑;休息于无委曲之隅,而游敖于无形埒之野㉒。居而无容,处而无所;其动无形,其静无体;存而若亡,生而若死;出入无间,役使鬼神;沦于不测,入于无间。以不同形相嬗也㉓,始终若环,莫得其伦㉔。此精神之所以能登假于道也。㉕是故真人之所游。

【今译】

所谓真人,其本性与道融合一体。所以他既有形而又无形,既实有而又虚无;他精神专一而不问其他,注重内心修养而不受外物诱惑;他洁明纯素,无为而归返朴质,体本抱神,遨游于天地之间,茫然徘徊于尘世之外,逍遥于宇宙初始混沌状态。他心胸浩荡,任何机巧奸诈不藏心内。所以就是生死这样的大事都不能使他有所变化;就是天翻地覆也都不能使他有所变动。他审慎看待无瑕的本性,不与外物杂糅,面对纷乱的世事而持守根本。就是如此,他忘其肝胆,遗其耳目,心志专于内心修养,使自己的精神和道融为一体。他居住时不知自己在做什么,行动时不知自己所往何处,浑浑然而去,恍恍惚惚而来。他形如槁木,心如死灰,忘其五脏,损其形骸;不用学就能懂,不用看就能见,不用做就能成,不用管就能治。他受感触才反应,受逼迫才行动,不得已才前往,如光之闪耀,像影仿物形。他以道为准绳,依凭"道体"才有如此表现。他抱守这天道根本而不放纵,因而外物无法扰乱他的心神。他开阔虚空,清静安宁而无思无虑。所以大泽焚烧而不能使他感到热气,河水冰冻而不能使他感到寒冷,雷炸山峰而不能使他受惊,天昏地暗的狂风也不能使他受伤害。因此,他视珍宝珠玉如石块,看至尊帝王像过客,视毛嫱、西施似丑女。他将死生视为一种变化,将万物看作同一物类,将精神同合于天道根本而遨游在恍惚无际的区域里。他有精气而不使用,有神功而不显示,与浑然质朴大道融合一体而立足于清静太虚之境地。所以真人是睡时不做梦,智巧不萌生,阴魄不抑制,阳魂不腾升。他周而复始,不知开端和终结。他尽管安睡于漫漫的长夜之中,却能明察到光明世界的一切;他能够在没有边涯的区域里休息,在没有形状的界域里遨游。他居处时没有具体的形貌,住下时没有具体的居所;他形动不留痕迹,静止不见形体;存而若亡,生而若死;他能出入于没有间隙的地方,也能役使魔鬼天神;他既能进入于不可测度的地方,也能处身于没有空间的地方。真人就是这样以不同的形态幻化着,从开始到结束像圆环转圈,使人无法弄清这其中的道理。这就是真人精神能够通达于"道"的奥秘所在。以上这些就是真人的行为表现。

【注释】

① 一:专一。二:指其他。内:内心修养、持守精神。外:外物诱惑。 ② 太素:朴素、纯素。复:返。 ③ 樊:樊篱,这里指界限。 ④ 仿佯:徘徊。尘垢:尘世。消摇:逍遥。业:始。 ⑤ 拸抱:转动、变动、改变。 ⑥ 正肝胆:《庄子·大宗师》作"忘其肝胆"。 ⑦ 耦:合。一:指"道"。 ⑧ 逯:任意。原注为"谓无所为,忽然往来也"。 ⑨ 治:管理。辩:疑是"辦"(办),治理、办成。 ⑩ 景:

影。放：仿，效。　⑪ 纮：通"训"，指法则、准绳。待：依凭。然：如此。　⑫ 太清：指天道自然。容与：放纵。　⑬ 廓惝：宽大、广阔。靖：安宁、安定。　⑭ 涸：通"冱"，冰冻的意思。　⑮ 砾：小石头。　⑯ 穷：至。宠：尊。穷宠：犹至尊。原注为"至尊谓帝王也，故曰'穷宠'也"。行客：行道过客。毛嫱、西施：古代春秋时美女子。颠丑：极丑陋。　⑰ 方：类、同类。　⑱ 忽区：恍惚无际的区域。　⑲ 契：合。浑：浑然不分。　⑳ 魄、魂：原注为"魄，阴神；魂，阳神。阴不沉抑，阳不飞腾，各守其宅也"。　㉑ 瞑：通"眠"。甘瞑：酣睡、安睡。宵：夜。太宵：长夜。昭昭：光明、明亮。　㉒ 无委曲之隅，无形埒之野：指没有边涯、没有形状的区域。敖：遨。　㉓ 嬗：演化、幻化。　㉔ 伦：道理。　㉕ 登假：上通、通达。

【评析】

在此作者描绘了与道体合一的真人品性，其品性首先是无规定性，也就是说真人是"有而若无，实而若虚"，"存而若亡，生而若死"，"居不知所为，行不知所之，浑然而往，逯然而来"，"反复终始，不知其端绪"。因为无规定性，也就没有物物之间的对应，所以对真人道体来说，"大泽焚而不能热，河、汉涸而不能寒也，大雷毁山而不能惊也，大风晦日而不能伤也"，尘世俗事也影响不了他；真人是"仿佯于尘垢之外，而逍遥于无事之业"，"休息于无委曲之隅，而游敖于无形埒之野"。

真人品性其次是相对性，即真人"视珍宝珠玉犹石砾也，视至尊穷宠犹行客也，视毛嫱西施犹颠丑也"，"以死生为一化，以万物为一方"。在这里，相对性和上述无规定性构成真人本性的二方面，且互为前提，即无规定性必从相对性引出，相对性必以无规定性为基础。

有了这二品性，也就必然引出前面说的无执着性；因为珍宝如石砾、西施犹丑女，那你有什么必要执着于珍宝、诱惑于西施？无执着才有可能内守精神、恬愉虚静，以终天命。

若吹呴呼吸,吐故内新,熊经鸟伸,凫浴猿躩,鸱视虎顾①,是养形之人也,不以滑心②。使神滔荡而不失其充,日夜无伤而与物为春,则是合而生时于心也。③且人有戒形而无损于心,有缀宅而无耗精④;夫癫者趋不变,狂者形不亏,神将有所远徙⑤,孰暇知其所为!故形有摩而神未尝化者,以不化应化,千变万抮而未始有极。⑥化者,复归于无形也;不化者,与天地俱生也。夫木之死也,青青去之也。夫使木生者岂木也?⑦犹充形者之非形也。⑧故生生者未尝死也,其所生则死矣;化物者未尝化也,其所化则化矣。轻天下,则神无累矣;细万物⑨,则心不惑矣;齐死生,则志不慑矣⑩;同变化,则明不眩矣⑪。众人以为虚言,吾将举类而实之。

【今译】

吹嘘呼吸,吐出污秽之气吸入新鲜空气,像熊悬吊,像鸟伸颈,如鸭浮水,如猿跳跃,像鹰环视,像虎回顾,做些动作的人只是想保养自己的身体,而真人却不必为这些导引之术烦恼。因为真人他即使精神飞扬激荡也不会丧失充实的精气,昼夜变化也不会伤害他,与万物一样有青春活力,这是在于他的品性合于道体,内心有着感应四时变化的能力。有的人形体变化了,但内在心神却无损,有的人生命结束了,但精神无损且永存;这就像生癫疮的人虽然形体受损但精神却无损,志趣也不变。反过来说,有些癫狂患者虽然看上去外形完好,但他的精神却已远离其身躯,谁有闲功夫去弄清他干了些什么!所以,如果有人形体尽管受磨损而精神未曾变化,那么这样的人就能以不变去应对变化;就是外物千变万化而变得没有结果,他还是能对应自如。所以能变化的形体最终要复归于无形,而精神不死倒能与天地同存。树木死后,其绿的颜色也随之消失。能让树木生存下来的哪里就是树木本身?这就像使形体充实的不是形体本身一样。因此,产生生命的东西是不死的,而它所产生的生命则会死去;化育万物的东西是不变的,而它所化育的万物则会变化。所以,看轻天下,你的精神就不会劳累;看小万物,你的心神就不会惑乱;将生死看得相同,那你就会无所畏惧;将变化看成没变化,那你的眼睛就不会昏花。平庸之辈或许认为我讲的都是虚狂的话,但我会举出这类事例来说明的。

【注释】

① 呴:吐气。内:通"纳"。经:吊。凫:野鸭。躩:跳跃。鸱鸢、鹍鹰。以上均指古代导引养生之法。 ② 滑:乱。 ③ 充:充实。日夜:昼夜或四季阴阳。春:指生命力、活力。生时于心:内心有着感应四时变化的能力。 ④ 戒:作"革",改变的意思。戒形:外形改变,如畸形、残废。缀:通"辍",停止、离开的意思。缀宅:指生命结束。耗:耗。 ⑤ 趋:通"趣",志趣。癞:或作"介","介"即"疥",疥疮。 ⑥ 摩:磨、磨灭、磨损。抮:转,变。 ⑦ 岂木:原注为"使木生者天地,故曰'岂木'也"。 ⑧ 充形者:原注为"充形者,气也"。 ⑨ 细:小。 ⑩ 慑:畏惧、恐惧。 ⑪ 明:眼睛。

【评析】

作者仍然强调持守精神的重要性,认为人如能持守精神,那么日夜、阴阳不管怎样变化都不能伤害到他,这就是文中说的"日夜无伤而与物为春",也像上节说的火焚不能热他,冰冻不能寒他。正因为这样,所以真人是重精神而轻形体的,真人情愿像癞者趣不变,不愿如狂者神远徙。也因为真人重精神,所以真人品性的相对性决定他"齐死生,同变化,轻天下,细万物";反过来,也只有"齐死生"、"同变化"、"轻天下"、"细万物",有此相对性作基础,真人才会不执着于什么、不诱慕于某物,才能真正做到"志不慑"、"明不眩"、"神无累"、"心不惑"。

人之所以乐为人主者,以其穷耳目之欲,而适躬体之便也。①今高台层榭②,人之所丽也,而尧朴桷不斫③,素题不枅④；珍怪奇异，人之所美也，而尧粝粢之饭，藜藿之羹⑤；文绣狐白⑥，人之所好也，而尧布衣掩形，鹿裘御寒⑦。养性之具不加厚，而增之以任重之忧⑧，故举天下而传之于舜，若解重负然，非直辞让，诚无以为也。此轻天下之具也⑨。禹南省，方济于江⑩，黄龙负舟，舟中之人五色无主，禹乃熙笑而称曰⑪："我受命于天，竭力而劳万民。生，寄也；死，归也。何足以滑和！"视龙犹蝘蜓，颜色不变，龙乃弭耳掉尾而逃。⑫禹之视物亦细矣。郑之神巫相壶子林⑬，见其徵，告列子⑭。列子行泣报壶子。壶子持以天壤，名实不入，机发于踵。⑮壶子之视死生亦齐矣。子求行年五十有四而病伛偻⑯，脊管高于顶，胭下迫颐⑰，两脾在上，烛营指天⑱；匍匐自窥于井曰："伟哉造化者！其以我为此拘拘邪？"⑲此其视变化亦同矣。故睹尧之道，乃知天下之轻也；观禹之志，乃知天下之细也⑳；原壶子之论㉑，乃知死生之齐也；见子求之行，乃知变化之同也。

【今译】

　　人之所以热衷于做天子君主，是因为天子君主可以穷极耳目的欲望，并能让身体舒舒服服。那些高耸的楼台、层叠的榭房，一般人都认为是壮丽的，但是尧帝住房却用不加砍削加工的树木做椽木，梁柱的端头也不加雕饰，更没有斗拱之类的复杂结构；还有那些珍奇的食品，一般人都认为是味道佳美的，但是尧帝却吃粗糙的饭菜，喝用野菜熬成的汤羹；再有那些绣有纹彩的锦衣和纯白狐皮裘衣，一般人都喜爱，但是尧帝却用麻布遮裹身体，用鹿皮御寒保暖。尧帝的养生条件并不比一般人来得优厚，却有着比一般人多得多的繁重事务所带来的忧虑，所以尧就将天下禅让给舜，就像卸下了重担一样，这实在不是出于一种谦让美德的名声，而是君主王位在尧看来不值什么，实在没有什么可留恋的。这便是"轻天下"的具体事例。夏禹到南方巡视,渡过长江时,一条黄龙游出水面并将夏禹他们所乘坐的船托起,船上的人都吓得神色大变,可禹却恬然地笑着说:"我受命于天,竭尽全力为百姓操劳。我活着是寄寓天地之间,死后是回归自然大地。哪里值得我为生死而来搅乱平静的心境!"在夏禹的眼里,这黄龙就像一条小小的蜥蜴,所以神色不变,而那黄龙最终耷拉着耳朵,掉转尾巴逃走了。这便是"细万物"的具体事例。郑国的神巫给壶子林看相,看到了壶子林脸上显示的凶兆,并将此事告诉了列子。列子哭着前去报告老师壶子。谁知壶子却向列子谈起人之生命起源于天地,复归于自然的道理来;在这种人生哲学下,"名利"根本不可能被放在心里,死亡之箭突然射来,害怕也没用。这就是壶子"齐死生"的具体事例。子求已有五十四岁了,得了伛偻病,脊椎骨高于头顶,胸前骨头贴近腮帮,大腿向上,下阴朝天;子求爬到井边照视自己的模样,然后说道:"伟大啊!造化者怎么将我变成这么奇妙的弯曲之形?"这就是子求"同变化"的具体事例。所以,看看尧让帝位,就可知道天子君位的轻微;看看禹的志向,就可知道万物的细小;推断壶子的言论,就可知道生死的相同;看了子求的行为,就可知道变与不变是一样的。

【注释】

①适:舒适、舒服。躬体:身体。 ②榭:盖在台上的木架屋。③朴:未经加工。桷:方形的椽子。 ④题:顶端。素题:椽、梁的顶端不加雕饰。枅:放在房屋柱梁之间的方木,即斗拱。 ⑤异:王念孙认为应作"味"。粝:粮食粗糙叫粝。粱:稷,也是粗粮。藜:野草名称,嫩叶可食。藿:豆叶。 ⑥文绣:绣有花纹的锦衣。狐白:狐狸腋下的皮毛,纯白色,这里指用多张狐白制成的贵重皮衣。⑦鹿裘:未经细加工的鹿皮衣。 ⑧性:生,生命。养性之具:养生的物质条件。增:增加、增多。 ⑨天下之具:指上述一些物质条件。 ⑩省:视察、巡视。济:渡。 ⑪五色无主:指人的面部神色大变。熙笑:悠然、恬然地笑。称:说。 ⑫蝘蜓:蜥蜴。弭:止,耷

拉下来。　⑬ 壶子林：春秋时郑国隐士,列子的老师。　⑭ 徵：征兆。列子：春秋时郑国人,名御寇。　⑮ 持：据,主张某种观点。天壤：天地自然。名实：名利。不入：不入内心,不放心里。机发于踵：原注为"机,喻疾也。谓命危殆不旋踵而至,犹不恐惧"。　⑯ 子求：楚国人。伛偻：驼背。　⑰ 脊管：脊椎骨。腸：臆,胸部。颐：颊、腮。　⑱ 髀：通"髀",大腿,也指大腿骨。烛营：指男子下身。　⑲ 拘拘：弯曲,拳曲。"拘拘"还可解释成"好貌"。　⑳ 天下：王念孙认为应作"万物",即上述说的"细万物"。　㉑ 原：推断,推求。

【评析】

本节作者对以上许的诺言一一兑现,分别例举出真人持守精神所依赖的"轻天下、细万物、齐死生、同变化"四则事例,这就是作者在本节最后归纳的："睹尧之道,乃知天下之轻也;观禹之志,乃知天下之细也;原壶子之论,乃知死生之齐也;见子求之行,乃知变化之同也。"

在这里,因为作者仅仅是为了论证这"轻天下"、"细万物"、"齐死生"、"同变化"四个论点,所以对用来证明论点的四则史料的可靠程度也就不作深究了。其实,这四则事例中除壶子可能对列子讲一番人生哲学外,其他三则史料的可靠性都有疑问。如尧之禅让果真像文中所述？未必。曹丕通过自己近乎是从不愿让位的汉帝手中夺过帝位而怀疑史上舜、禹"禅让"的真相。同样,原本出现于《庄子·大宗师》的子求(《淮南子》作者将《庄子》书中的子来改成"子求"),实际上只是个寓言,并非实有。还有,夏禹果真具有神力喝退黄龙和风浪？对于这些,作者也就顾不了那么多了。

夫至人倚不拔之柱,行不关之途①;禀不竭之府,学不死之师;无往而不遂,无至而不通;生不足以挂志,死不足以幽神②;屈伸俯仰,抱命而婉转;祸福利害,千变万紾③,孰足以患心！若此人者,抱素守精,蝉蜕蛇解④,游于太清,轻举独住⑤,忽然入冥。凤凰不能与之俪,而况斥鷃乎?⑥势位爵禄何足以概志也!⑦

【今译】

至人倚靠着不可动摇的柱子,走在没有关隘的路上;受用着取之不尽的宝库,从学于长生不老的老师;所以是无论往哪里都顺利,不管到哪里都通畅;不为生存而烦恼,不为死亡而伤神;屈、伸、俯、仰,持守天命而自然变化;祸、福、利、害,不管怎样千变万化,都不能使他伤神患心!像这样的人,拥抱纯素,持守精神,如同蝉脱壳、蛇蜕皮那样,从世俗中解脱而遨游于太清天道之中,轻飘升逸、独来独往,恍惚间进入那幽深冥暗处。凤凰也不能和他媲美,更何况那平庸的小鸟?权势地位、爵号利禄哪值得他牵绕心头。

【注释】

① 关:关隘。　② 幽:拘困。幽神:是指为某事某物伤神烦恼。③ 纾:变化。　④ 蝉蜕蛇解:是说蝉脱壳、蛇蜕皮。　⑤ 住:王念孙认为应是"往"。　⑥ 斥鷃:一种小鸟。　⑦ 概志:与上文"挂志"意思相同。

【评析】

本节作者将"真人"改说成"至人"。然而名称虽改,但二人品性是一样的;真人是"浑然而往、逯然而来",至人是"无往而不遂、无至而不通";真人是"以死生为一化,以万物为一方",至人是"生不足以挂志,死不足以幽神","福祸利害,千变万纾,孰足以患心";真人是"游遨于无形埒之野",至人是"游于太清"……真人、至人一回事,都是"道"的化身。

晏子与崔杼盟,临死地而不易其义。①殖、华将战而死,莒君厚赂而止之,不改其行。②故晏子可迫以仁,而不可劫以兵③;殖、华可止以义,而不可县以利④。君子义死,而不可以富贵留也;义为,而不可以死亡恐也。彼则直为义耳,而尚犹不拘于物,又况无为者矣!尧不以有天下为贵,故授舜;公子札不以有国为尊,故让位⑤;子罕不以玉为富,故不受宝⑥;务光不以生害义,故自投于渊⑦。由此观之,至贵不待爵,至富不待财。⑧天下至大矣,而以与佗人⑨;身至亲矣,而弃之渊。外此,其余无足利矣。此之谓无累之人。无累之人,不以天下为贵矣。上观至人之论,深原道德之意,以下考世俗之行,乃足羞也。故通许由之意,《金縢》、《豹韬》废矣⑩;延陵季子不受吴国,而讼闲田者惭矣⑪;子罕不利宝玉,而争券契者愧矣⑫;务光不污于世,而贪利偷生者闷矣⑬。故不观大义者,不知生之不足贪也;不闻大言者,不知天下之不足利也。今夫穷鄙之社也,叩盆拊瓴⑭,相和而歌,自以为乐矣。尝试为之击建鼓⑮,撞巨钟,乃性仍仍然⑯,知其盆瓴之足羞也。藏《诗》、《书》,修文学⑰,而不知至论之旨,则拊盆叩瓴之徒也;夫以天下为者⑱,学之建鼓矣。

【今译】

　　齐国的晏子和崔杼在祖庙盟誓,晏子面对死亡的威胁也不改变他不屈从弒君贼臣而忠于社稷的正义气节。杞梁和华周替齐国攻打莒国,被包围而身陷绝境,莒国君主念他们勇武,出重金想收买他们以便停止战斗,但他们两位至死都不改变效忠齐国的行为。所以,对晏子这样的人可以用"仁"来规劝,但不可以兵器武力来胁迫;对杞梁和华周这样的人可以用"义"来制约,但不可以财物来引诱。君子为义而死,是不能用富贵利禄来诱使他们偷生;为"义"而行动的人,是无法用死亡来恐吓他们的。这些为"义"而行动的人都尚且不受物欲的制约拘束,更何况那些什么都不为的人呢!尧不以占有天下为显贵,所以把君位禅让给舜；吴国公子季札不以拥有国家为尊贵，所以坚辞不受长兄让给他的王位；子罕不以拥有宝玉为富有，所以不接受别人送他的宝玉；务光不想用活命贪生而损害忠义，所以情愿自投深渊淹死。由此看来，获得最高的尊贵不是靠爵位来完成的，占有最大的财富不是以金钱来衡量的。天下够大的了，但尧却将天下让给他人；身躯生命够珍贵的了，但务光却将自身生命投入深渊。除了天下和生命，还有什么比它们更珍贵而值得留恋的，而尧和务光却不惜舍弃这些，真正做到不为物累。因为不为物累，所以他们也就不把天下看得无上珍贵的了。由此来考察上述真人或至人的那些理论，深入探究道德旨意，并将这种理论和旨意作标准来考察衡量尘世间世俗的很多行为，就会为这些世俗的所作所为感到羞愧。所以如果通晓许由让天下的思想，那么像《金滕》、《豹韬》之类的治国谋取天下的书籍就可以废弃；相比延陵季子不肯接受吴国君位，那些为夺得封余土地而争讼的人就该感到惭愧；同样，相比子罕不贪宝玉，那些争夺券契的人就显得很低级丑陋；想到务光不愿受到世俗玷污的气节，那些贪生图利的人就会感到不安。所以那些不懂持守伟大气节的人，也就不知道苟且偷生是不值得贪求的；那些从来没有接受过崇高思想、言论的人，也就不知道天下也是不值得留恋的。如今那些穷乡僻壤的地方祭祀社神，当地人敲盆击瓶而奏乐，相和而歌，自娱自乐。反过来，如果为这些人敲起大鼓、撞击大钟，他们就会感到不自在而茫然万分，并会认为自己所敲击的盆瓶是如此微不足道、丢人现眼。那些尽管藏有《诗》《书》，修行文学理论，却不懂大道宏旨的人，就跟这些敲盆击瓶者差不多；而那些不以天下为尊为贵者，就像这些敲鼓撞钟的人。

【注释】

① 晏子：春秋时齐国大夫。崔杼：春秋时齐国大夫。晏子与崔杼盟……：事载《左传·襄公二十五年》和《晏子春秋·内篇杂上第五》，说崔杼弑齐庄公，胁迫诸将军大夫盟誓忠于崔氏，晏子对天发誓只忠于社稷、不忠于权臣，崔氏用兵器威胁晏子，晏子"不易其义"。

② 殖、华：殖指杞梁，华指华周，均为齐国勇士。殖、华将战而死……：事载《左传·襄公二十三年》，说殖、华为齐国攻打莒国，后被莒国包围，莒人爱其勇武出重金劝降，殖、华不从，遂战而死，所以说"不改其行"。　③ 劫：胁迫。　④ 㚄：眩，引诱、迷惑的意思。　⑤ 公子札：即吴季札，为春秋时吴王寿梦之子，封于延陵，故又称延陵季子。公子札不以有国为尊……：事载《左传·襄公十四年》，说吴王寿梦死，嫡长子要让位给有才德的季札，季札认为应由嫡长子嗣位，坚决辞让，弃家隐耕。　⑥ 子罕：宋戴公六世之孙。子罕不以玉为富：是说宋人得玉，献给子罕，子罕辞不受；献者说此玉经过鉴定是珍玉，子罕说："我以不贪为宝，子以玉为宝，若与我，是皆丧宝也，不如人有其宝。"　⑦ 务光：商汤时隐士。务光不以生害义：事见《庄子·让王篇》，是说汤想将天下让给务光，务光认为汤取天下不义，辞而不受，并背负石头自沉于庐水之中。　⑧ 待：依赖、凭靠。　⑨ 佗：通"他"。　⑩《金滕》、《豹韬》：均为古代典籍篇名。《金滕》为《尚书》篇名。《豹韬》为兵书《六韬》篇名。这两种均是治国谋取天下的典籍。　⑪ 闲田：古代分封诸侯后分剩下的土地。　⑫ 券契：债务的凭据。　⑬ 闷：不安。　⑭ 穷鄙：穷乡僻壤。拊：轻轻击打。瓴：一种装水的瓶子。　⑮ 建鼓：一种大鼓。　⑯ 性：王念孙认为应为"始"，所以"乃性"应为"乃始"，"乃始"又应为"乃使"（何宁《淮南子集释》）。仍仍：惘然若有所失。　⑰ 文学：古代知识分子学的一种学科，内容包括各种社会科学知识。　⑱ 夫以天下为者：王念孙认为"夫"字下应有"无"字，为"夫无以天下为者"。

【评析】

作者仍然喋喋不休地强调持守精神的重要性，这里所举的事例也无非是说明这一点，如晏子不易其义、殖华不改其行、季札不以有国为尊、务光不以生害义、子罕不以玉为富……站在这个意义上说，所谓至贵、至富的标准就不是像世俗理解的那样了，所以作者指出"至贵不待爵，至富不待财"。作者认为如果能够持守道体精神、知晓大义大言者就会对那些争券契、讼闲田的行为感到羞愧；反过来说，如果要消除这些争讼行为，也只有持守道体精神、掌握至论大义。

尊势厚利①，人之所贪也；使之左据天下图而右手刎其喉，愚夫不为。由此观之，生尊于天下也。②圣人食足以接气，衣足以盖形，适情不求余。无天下不亏其性，有天下不羡其和③，有天下无天下一实也。今赣人敖仓④，予人河水，饥而餐之，渴而饮之，其入腹者不过箪食瓢浆⑤，则身饱而敖仓不为之减也，腹满而河水不为之竭也。有之不加饱，无之不为之饥，与守其箪笔⑥，有其井，一实也。人大怒破阴，大喜坠阳，大忧内崩⑦，大怖生狂。除秽去累⑧，莫若未始出其宗，乃为大通。清目而不以视，静耳而不以听，钳口而不以言⑨，委心而不以虑。弃聪明而反太素，休精神而弃知故。⑩觉而若眛，以生而若死⑪，终则反本未生之时，而与化为一体⑫。死之与生一体也。

【今译】

尊贵的权势和丰厚的利禄，是一般人所贪求的；假若让某人左手掌握着代表他所占有的天下版图，而右手却拿着刀来刎颈自杀，那么即使是最愚蠢者也是不肯这么做的。由此可见，生命还是要比占据天下来得重要。所以圣人进食只求维持生命，衣着只求遮蔽身体，满足人的基本需求而不求多余的东西。天下对他来说，不占有也不会亏损他的天性，占有也不会扰乱他的平和本性，真的是占有天下和不占有天下对圣人来说是一样的。假如现在赐给某人一座粮仓、一条大河，使他能在饿时去吃、渴时能喝，但是这吃进肚中、喝入腹内的，只不过是一竹筒饭和一瓢勺水，粮仓和河水也不因他吃饱喝足而减少涸竭。所以有无粮仓、河水与他的饥饱没有关系；有了粮仓河水，他也不会硬撑、死灌，没了粮仓河水，他也不会挨饿、受竭，有无粮仓、水井对他来说是一样的。人大怒就会破坏阴气，大喜就会损伤阳气，大忧就会摧残内脏，惊恐就会使人发狂。要想消除上述这些精神忧虑和负担，最好的方法是不偏离"道"体这个根本，如能做到这点，就称作为彻底的"通达"。所以，要使双眼明亮就最好是别看五光十色，要使耳朵清静就最好是别听靡淫之音，紧闭嘴巴最好是别多嘴多舌，要使心体坦荡就最好是别滋生忧虑邪念。抛弃聪明智巧而返朴到清洁纯素的境界，休养精神而摒弃智诈。醒着如同梦中，活着就像死去，最终返回到自然初始阶段，使人和造化者融为一体。因为生与死原本就相随相依不可分。

【注释】

① 势：权势。厚利：重禄。　② 尊：王念孙认为应为"贵"。　③ 羡：原注为"过"。这里是"乱"的意思。　④ 赣：赐。敖仓：古代粮仓名称，在河南荥阳东北。　⑤ 箪：古代盛饭用的竹器。浆：这里指"水"。　⑥ 篅笇：一种储藏粮食的圆囤，用篾席围成，可随装粮多少盘转升降高度。　⑦ 内崩：内脏崩裂。　⑧ 秽：杂草，这里引申为杂念、忧虑。　⑨ 钳口：闭口。　⑩ 知：通"智"。　⑪ 眯：王引之认为应为"䀹"，指梦魇。以：杨树达认为是衍文。　⑫ 化：造化。

【评析】

这里作者又将圣人与真人、至人等同，指出："圣人食足以接气，衣足以盖形，适情不求余。无天下不亏其性，有天下不羡其和，有天下无天下一实也。"就像有无粮仓、水井是一回事一样。这样，作者就进一步突出了持守精神所依赖的相对性，即"生而若死"。因为"生而若死"、"有天下无天下一实也"，所以圣人是不可能会有大怒、大喜、大忧、大怖这些心态和情绪的；圣人为了做到持守精神不使外泄散逸，还做到"清目而不以视，静耳而不以听，钳口而不以言，委心而不以虑"，这样方法与目的的一致，使圣人"反本未生之时，而与化为一体"，即"死之与生一体也"。

今夫徭者^①，揭钁锸^②，负笼土，盐汗交流，喘息薄喉^③。当此之时，得茠越下，则脱然而喜矣^④。岩穴之间^⑤，非直越下之休也。病疵瘕者^⑥，捧心抑腹，膝上叩头^⑦，踡跼而谛^⑧，通夕不寐。当此之时，哙然得卧^⑨，则亲戚兄弟欢然而喜。夫修夜之宁^⑩，非直一哙之乐也。故知宇宙之大，则不可劫以死生；知养生之和，则不可县以天下^⑪；知未生之乐，则不可畏以死；知许由之贵于舜，则不贪物。墙之立，不若其偃也^⑫，又况不为墙乎！冰之凝，不若其释也，又况不为冰乎！自无蹠有，自有蹠无^⑬，终始无端，莫知其所萌。非通于外内，孰能无好憎？无外之外，至大也；无内之内，至贵也。^⑭能知大贵，何往而不遂！

【今译】

那些服劳役的人，高举钁头铁锹挖土，背着笼筐运土，做得汗流浃背、气喘吁吁，喉咙生烟干痛。这个时候，能够在树荫下歇息片刻，他就会感到舒服而高兴。而要是能在洞穴里休息，那种快乐舒坦就不只是在树荫下休息的那点了。一个腹部长肿瘤的病人，痛得捧心按腹，弓身头膝相碰，卷曲着身子呼号呻吟，通宵达旦不能入睡。这种时候，如能畅快地安睡下来，那么他的父母兄弟就会欢天喜地。而要是能够彻夜安宁，侍候他的父母兄弟的欢乐轻松就不是那么一点儿了。所以，知晓宇宙之广大的人，是不能用生死来胁迫他的；知道以中和之气来养生的人，是不能拿天下权势利禄来引诱他的；懂得未降生时的快乐的人，是不能以死亡来吓唬他的；明白许由比虞舜高贵的人，是不会贪图物质享受的。墙竖立着不若倒塌了为好，更何况压根儿就没有墙呢！凝结了的冰不若融化了为好，更何况根本就没有冰呢！从无到有，从有到无，这种生死有无的转化没有穷尽，没有人知道它是怎样发生的。不通晓"内外"的人,怎能做到无爱憎呢?没有外界边缘的外界区域,是无限大的;没有内部极限的内部微妙,是珍贵的。如果能知晓这无限大和无限细微,还有什么不能遂心如意的!

【注释】

① 繇:服徭役,"繇"通"徭",即"役"。 ② 揭:举。钁:一种刨土的工具。锸:铁锹。原注为"钁,斫也。锸,铧也,青州谓之铧,有刃也,三辅谓之钐也"。 ③ 笼:装土的器具。盐汗:原注为"白汗咸如盐,故曰盐汗"。薄:迫,是说呼吸气急冲击咽喉。 ④ 庥:躲荫。樾:同"樾",指树枝交错,下多荫。脱:舒也。原注为"庥,荫也,三辅人谓休华树下为庥也。楚人树上大本小如车盖状为樾,言多荫。脱,舒也。言繇人之得小休息则气得舒,故喜也"。 ⑤ 岩穴:山洞。 ⑥ 病:患病,作动词用。痀瘘:一种腹部内生结块的疾病。 ⑦ 叩:按,按放。膝上叩头:是说因腹痛,弓身头膝相碰。 ⑧ 踡跼:弯曲着身体。谛:通"啼"。 ⑨ 哙:通"快"。 ⑩ 修夜:长夜。 ⑪ 县:通"悬",悬挂,这里是诱惑、引诱的意思。 ⑫ 偃:倒、伏。 ⑬ 自无蹠有,自有蹠无:原注为"自无蹠有,从无形至有形也,自有蹠无,从有形至无形也,至无形,谓死生变化也"。 ⑭ 无外之外,至大也:原注为"言天无有垠外,而能为之外,喻极大也"。无内之内,至贵也:原注为"无内言其小,小无内,而能为之内,道当微妙,故曰至贵也"。

【评析】

本节作者进一步讲述如何持守精神,掌握至大无外、至小无内的"道体"。照作者看来,凡事发生后,你只要对此事稍作超越,进一步想或退一步想,就会得出与原本不一样的感受和结论,那就是当你有了"樾下之休"后,再超越到"洞穴之休",这"脱然而喜"的感受就完全不同了。同样有了"一哙之乐"后再有"长夜之宁",这快乐的感受又完全不同了。清张廷玉每每碰到事务缠身、繁冗难耐之时就作进一步想(或退一步想):"事更有繁于此者,此犹未足为繁也",则心平而事亦就理(《澄怀园语》)。

正因为有这稍作超越,进一步想或退一步想,所以作者在文中有这样的推断:"冰之凝,不若其释也,又况不为冰乎!"由此再可进一步推想下去,一直推到一种"至大无外、至小无内"的境地,而一旦到了这种境地,也就是通达到"道体"。有了这"至大无外、至小无内"的"道体"作基础,你还会对世界上什么事情留恋不舍?这持守精神不散逸才有可能和保障。

衰世凑学①,不知原心反本②,直雕琢其性,矫拂其情③,以与世交。故目虽欲之,禁之以度,心虽乐之,节之以礼;趋翔周旋,诎节卑拜。④肉凝而不食,酒澄而不饮。外束其形,内总其德⑤,钳阴阳之和而迫性命之情,故终身为悲人。达至道者则不然。理情性,治心术;养以和,持以适。乐道而忘贱,安德而忘贫;性有不欲,无欲而不得⑥;心有不乐,无乐而不为⑦;无益情者不以累德,而便性者不以滑和⑧。故纵体肆意,而变制可以为天下仪。⑨

今夫儒者,不本其所以欲而禁其所欲⑩,不原其所以乐而闭其所乐,是犹决江河之源而障之以手也。夫牧民者⑪,犹畜禽兽也,不塞其圂垣,使有野心,系绊其足,以禁其动,而欲修生寿终,岂可得乎?夫颜回、季路、子夏、冉伯牛,孔子之通学也。⑫然颜渊夭死⑬,季路菹于卫⑭,子夏失明⑮,冉伯牛为厉⑯,此皆迫性拂情而不得其和也。故子夏见曾子,一臞一肥。⑰曾子问其故,曰:"出见富贵之乐而欲之,入见先王之道又说之。⑱两者心战,故臞;先王之道胜,故肥。"推此志,非能贪富贵之位⑲,不便侈靡之乐,直宜迫性闭欲⑳,以义自防也。虽情心郁殪㉑,形性屈竭,犹不得已自强也,故莫能终其天年㉒。若夫至人，量腹而食，度形而衣，容身而游，适情而行，余天下而不贪，委万物而不利㉓，处大廓之宇，游无极之野，登太皇，冯太一，玩天地于掌握之中㉔，夫岂为贫富肥臞哉！故儒者非能使人弗欲，而能止之；非能使人勿乐，而能禁之。夫使天下畏刑而不敢盗，岂若能使无有盗心哉！

【今译】

　　近世道德衰败，人们趋附那些舍本逐末的学说，不懂得推究天性、返朴根本，只是刻意雕琢、掩饰违逆人的本性，以此来与世俗交往。所以，他们眼睛本想观看五颜六色，却因为有法度禁止而不能不敢；内心虽然有所爱好，却因为有礼节制约而不敢不能；使人们只能左右趋附、上下周旋，卑躬屈膝。肉凝冻了不敢食、酒澄淀了不敢喝。束缚了正常的行为举止，捆束了内在的德性，钳制阴阳二气的调和、压抑生命的真情，所以最终成为一个悲剧人物。而通达道体的人就不是这样。他们理顺自己的性情，整理修治好自己的心术；用平和之气来保养心性，以闲适安宁来持守本性。他们乐于道而忘其贱，安于德而忘其贫；他们生性无欲，因而没有什么不能实现的；他们本心不追求快乐，因而没有什么不快乐；那些无益于本性的事，他不拿来累及德性，那些不适宜纯洁天性的事，他也不拿来扰乱内心的平和。所以通达道性的人是放松身体、舒缓意念，这种修养身性的法则可以成为天下人的示范。

　　今天的儒家就是这样不探究人们产生欲望的原缘而只是一味禁止人们的欲望，不探寻人们追求享乐的由来而只是一味阻止人们的享乐。这种做法就像挖开了江河的源头，而却又用手掌去阻挡江流一样。同样，管理百姓如同畜养禽兽，不好好地去堵塞苑囿围墙的缺口，让禽兽产生了逃走的野心，然后却去羁绊这些禽兽的腿脚不让逃跑，这样还想使他们修身养性得以长寿，哪能行呢？所以，尽管颜回、季路、子夏、冉伯牛都是孔子的高足，通晓学问的弟子，可是颜回早死，子路在卫国被砍成肉酱,子夏丧子悲哭导致失明,冉伯牛得了恶疾,他们之所以这样是因为逼迫本性违逆性情而损伤了中和之气。因此子夏见曾子,一时瘦一时胖,曾子感到奇怪,问子夏什么原因,子夏回答说:"我外出见富贵能带来很多快乐,所以也想富贵快乐;回家后学习先王之道,又喜欢上了先王之道。这二者在内心世界经常交锋,所以被折腾得瘦削不堪;最后是先王之道取得胜利,所以又胖了。"推究一下子夏的话的意思,就可知道子夏并不是不贪图富贵、不喜欢侈靡享受,只是在压抑自己的情感、封闭自己的欲望,用"义"来防范自我。这样心情忧闷压抑、人体本性扭曲畸形,就是这样还是不停强制压抑自我,所以不能享尽天年。而通达道体的至人就不是这样了,他们是根据饭量来进食,衡量体形来穿衣,容身而游、适情而行,遗弃天下而不贪得、抛弃万物而不求利,身处空旷无垠的天宇,遨游无边无际的区域,登上太空、凭藉天道,玩天地于手掌之中,哪里还会为贫富而伤得一会儿瘦一会儿胖!所以儒家是不能使人没有欲念,而只会禁止人的欲念;不能使人没有享乐的念头,而只会禁止人的享乐。这种让天下人只是因畏惧刑罚才不敢偷盗的做法,哪比得上使人从根本上不萌生偷盗念头的做法。

【注释】

① 衰世:道德衰败之世。凑:趋附。凑学:舍本逐末的学说。 ② 原:推究天性本原。 ③ 矫拂:掩饰违逆。 ④ 趋翔:趋附游走。诎节:屈曲气节。卑拜:卑躬屈膝。 ⑤ 总:束,聚束的意思。将东西聚束捆紧叫"总"。 ⑥ 无欲而不得:原注为"言其守虚,执持不欲之情性,则无有所欲而不得也"。 ⑦ 无乐而不为:原注为"言其志正,不乐邪淫之乐,则无有正乐而不为乐,言皆为之乐也"。 ⑧ 滑:乱。 ⑨ 纵:放。肆:缓。仪:法,示范的意思。 ⑩ 本:探寻本原、探究本原。下句"原"意义同此。 ⑪ 牧民:治理百姓、管理百姓。 ⑫ 颜回、季路、子夏、冉伯牛:均为孔子的学生。通学:通晓孔子学说。 ⑬ 颜渊:即颜回。 ⑭ 季路:即子路。季路葅于卫:是说季路在卫君父子争权的拼杀中被杀,剁成肉酱。 ⑮ 子夏失明:

子夏姓卜名商,长于文学,晚年因丧子痛哭而失明。 ⑯ 冉伯牛:长于德行,得恶疾而死。厉:通"疠",指恶疾。 ⑰ 曾子:名参,字子舆,孔子学生。臞:瘦削。 ⑱ 说:同"悦"。 ⑲ 非能贪富贵之位:王念孙认为"贪"上应加"不"字。 ⑳ 宜:王念孙认为是衍文。 ㉑ 郁殪:忧闷压抑。 ㉒ 虽情心郁殪……:原注为"义以自防,故情心郁殪不通,形性屈竭也。以不得止而自勉强,故无能终其天年之命"。 ㉓ 委:抛弃。 ㉔ 太皇:太空、上天。冯:依靠、凭藉。玩:玩弄。

【评析】

在强调要通达道体的作者眼里,其他学说是"凑学",均为舍本逐末。表现为儒学,作者对其的批判是"不本其所以欲而禁其所欲,不原其所以乐而闭其所乐","不知原心反本,直雕琢其性,矫拂其情",所以这儒家学说是"非能使人弗欲而能止之,非能使人勿乐而能禁之",即儒家学说不能从根本上解决问题。同时,这些儒家学说还对人"外束其形,内总其德,钳阴阳之和而迫性命之情",所以导致儒生均难以"修生寿终":颜回早死、子夏失明、冉伯牛为疠……

作者对儒家学说的批判否定,是为了对道家学说的颂扬肯定,所以作者最终又返回到对"道"的赞美:至道者"理情性,治心术;养以和,持以适。乐道而忘贱,安德而忘贫","余天下而不贪,委万物而不利,处大廓之宇,游无极之野,登太皇,冯太一,玩天地于掌握之中,夫岂为贫富肥臞哉!"

越人得髯蛇①,以为上肴,中国得而弃之无用。故知其无所用,贪者能辞之;不知其无所用,廉者不能让也。夫人主之所以残亡其国家,损弃其社稷,身死于人手,为天下笑,未尝非为非欲也。②夫仇由贪大钟之赂而亡其国③,虞君利垂棘之璧而擒其身④,献公艳骊姬之美而乱四世⑤,桓公甘易牙之和而不以时葬⑥,胡王淫女乐之娱而亡上地⑦。使此五君者,适情辞余,以己为度,不随物而动,岂有此大患哉?故射者非矢不中也,学射者不治矢也;御者非辔不行,学御者不为辔也。⑧知冬日之箑、夏日之裘无用于己,则万物之变为尘埃矣。⑨故以汤止沸,沸乃不止;诚知其本,则去火而已矣。⑩

【今译】

越人得到一条大蛇,会当成一顿上等的佳肴,而中原人得到一条大蛇,会因无吃蛇的习惯而将其扔弃掉。所以,如果知道一种东西没有用处的话,即使是一位相当贪婪的人也会推辞不要的;如果不知道一种东西没有用处的话,即使是一位相当廉洁的人也不能辞让给他人。有些国君之所以弄到国破家亡、毁掉社稷、身死于他人之手,被人耻笑的地步,没有不是因为过分追求非分的欲望而造成的。仇由贪得大钟的贿赂而亡了自己的国家;虞国国君贪得垂棘之璧而被晋军俘虏;晋献公贪恋骊姬的美貌而导致晋国四世动乱;齐桓公贪食易牙奉献的美味佳肴而死后尸体腐烂不能按时下葬;胡王沉溺于女乐之娱而丢失了大批上好的土地。假如这五位君主都能安适自己的本性,辞弃那些非分的欲望,以自己正常的本性需求为限度,不随外界物质的诱惑而动贪心,哪会造成这样大的祸害?所以说,射击没有箭就射不中目标,但学射箭者的根本不在于制箭;驾驭没有辔就驾不了御,但学驾驭者的根本不在于制辔。懂得扇子在冬天、皮衣在夏天对自己没有用处的道理,那么没有用的万物在你看来也变得像尘埃一样渺小,微不足道。所以舀汤来制止水沸,水是仍然会沸腾不止的;而只有懂得"根本"这词的含意,才能使水停止沸腾,那就是只需撤去炉膛里的火,即抽去火源,这水沸就停止了。

【注释】

① 髯蛇:大蛇,长数丈。　② 损:毁。非欲:非分的欲望。

③ 仇由：春秋时国名,狄族,与晋国相邻,其君贪大钟之赂而亡其国：原注为"仇由,近晋之狄国。晋智襄子欲伐之,先赂以大钟,仇由之君贪,开道来受钟,为和亲,智伯因是(乘机会借道)以兵灭取其国也"。
④ 虞：春秋时国名。利：贪利。垂棘之璧：晋国之垂棘,其地产的美玉。虞君利垂棘之璧而擒其身：原注为"晋大夫荀息谋于献公,以屈产之马、垂棘之璧,假道于虞以伐虢,虞君贪璧马,假(借)晋道。(晋国)既灭虢,还馆于虞,遂袭虞灭之"。　⑤ 献公：晋献公。骊姬：春秋时骊戎国君之女。献公艳姬姬之美而乱四世：原注为"晋献公伐骊戎,得骊姬及其娣(妹子)……艳(贪恋)其色而嬖之,生奚齐,其娣生卓子,遂为杀太子申生而立奚齐,杀嫡立庶故曰乱。四世者,奚齐、卓子、惠公夷吾、怀公圉也"。　⑥ 桓公：齐桓公,名小白,春秋五霸之一。易牙：齐桓公的宠臣。桓公甘易牙之和而不以时葬：原注为"齐桓好味,易牙蒸其首子而进之,遂见信用,专任国政,乱嫡庶。桓公卒,五公子争立,六十日而殡,虫流出户,五月不葬,故曰不以时葬也"。
⑦ 胡王：春秋时西戎国君。上地：上好的土地。胡王淫女乐之娱而亡上地：事载《史记·秦本纪》。说秦穆公欲伐西戎,先用女乐赠西戎国君以淫其志。其臣由余谏,不从,去戎来适秦,秦伐戎,得其上地(高诱注)。　⑧ 射者非矢不中……学御者不为辔也：这四句话的意思是,箭对射、辔对御来说固然十分重要,但学射学御的根本不在于治矢和为辔。这是以此事来喻说"根本"的重要,以呼应下文的"诚知其本,则去火而已矣"。　⑨ 箑：扇子。　⑩ 已：止,止沸。

【评析】

作者继续弘扬"道论",强调要知其本、崇其宗,认为仇由、虞君、献公、桓公、胡王等人均因为不当欲而欲,不知本崇宗、适情辞余,最终导致身败名裂、国破家亡。

卷八　本经训

【解题】

本卷作者阐述了社会治理原则,认为实行道治是天下长治久安的根本,就统治者自身而言,就需要通达道体、体本抱神,以道德为准绳修养身性,革去贪欲,端正自身,这样才有可能达到理想的太清之治。所以说,本卷实际上是上卷《精神训》的持守精神理论在治国原则上的体现。因为实行道治是根本,所以在作者眼里,历史上的仁义礼乐之治只是一种治标之术,"背本求末"的东西。作者再由这点出发,揭露了衰世以来统治者违背道治,以致达到穷奢极欲、丧尽天性的种种表现,以彰显社会实施道治的重要性。也在这个意义上说,本卷原题解没错:"本,始也。经,常也。本经造化出于道,治乱之由,得失有常,故曰本经。"

　　太清之始也①,和顺以寂漠,质真而素朴;闲静而不躁,推移而无故②;在内而合乎道,出外而调于义③;发动而成于文,行快而便于物④;其言略而循理,其行悦而顺情⑤;其心愉而不伪,其事素而不饰。是以不择时日,不占卦兆,不谋所始,不议所终;安则止,激则行。通体于天地,同精于阴阳,一和于四时,明照于日月,与造化者相雌雄。⑥是以天覆以德,地载以乐⑦;四时不失其叙,风雨不降其虐;日月淑清而扬光⑧,五星循轨而不失其行。当此之时,玄元至砀而运照⑨,凤麟至,蓍龟兆,甘露下,竹实满,流黄出,而朱草生⑩,机械诈伪莫藏于心。

【今译】

　　远古时代圣人治理天下,平和随顺事物本性、寂静无为,保持它们的质性纯真而不加雕饰；他娴静而不浮躁，任凭事物自然发展而不以规矩去限制；他内在精神与道体相符，外在行为与德行协调；他行为举动成顺法度，处事快捷便利事物；他的言论扼要简略而合循事理，行为洒脱简易而随顺常情；他心胸开阔愉悦而不伪作，行事朴实简约而不巧饰。因此，那时候干任何事情都用不着选择良日吉日，不必占卦问卜，不必慎重考虑如何开头，也不必仔细计划结果如何；事物安静不动则随之安然停止，事物激发变化则随之行动变化。他形体和天地自然相通，精神和阴阳二气同融，中和之气和一年四季相和谐，神明和日月相辉映，整个地和自然造化相伴随，交融合和。正因为这样，所以苍天将道德恩泽施予万物，大地将承载乐土养育众生；四时将不失其次序，风雨将不逞暴虐；日月清朗放射光芒，五星循轨不偏方向。在这样的社会盛世下，天道光辉浩荡普照，凤凰麒麟也会翔临门庭，占蓍卜龟也显示吉兆，甘露降临，竹实饱满，流黄宝玉露显，朱草生于庭院，而机巧伪诈没法潜入人的通体透明之心体。

【注释】

①始：王念孙认为"始"当为"治"。太清之治：指作者认定的理想社会。　②推移：变化。故：常，指常规、规矩。　③内：心志、精神。外：行为。义：作"德"释。　④发动：原注为"发，作也。动，行也"，指行为举动。文：文章，这里指规则或法度。快：快捷。便：便利。　⑤侻：简易。　⑥雌雄：原注为"雌雄犹和适也"。　⑦乐：原注为"生也"。这里是指大地承载乐土养育众生。　⑧淑清：清朗、纯净。　⑨玄元：天道。俞樾认为应作"玄光"。砀：通"旸"（唐的异体字），大的意思。运照：遍照、普照。　⑩兆：吉兆。甘露：甘雨。竹实：竹子所结的果实，古人认为竹子开花结实为吉兆。流黄：宝玉。朱草：一种红色的草。以上几种均为瑞应祥兆。

【评析】

本节作者首先描绘了一幅远古圣人清静无为而治的社会太清图：

一派清明安定、生机盎然、蓬勃有序、瑞应祥和,这为以后揭露衰世违逆道治提供了一个参照坐标。

　　逮至衰世,镌山石,锲金玉,擿蚌蜃,消铜铁,而万物不滋。①刳胎杀夭②,麒麟不游;覆巢毁卵,凤凰不翔;钻燧取火,构木为台;焚林而田③,竭泽而渔;人械不足,畜藏有余,而万物不繁兆,萌芽、卵、胎而不成者,处之太半矣。积壤而丘处,粪田而种谷④,掘地而井饮,疏川而为利,筑城而为固,拘兽以为畜,则阴阳缪戾⑤,四时失叙,雷霆毁折,电霰降虐⑥,氛雾霜雪不霁⑦,而万物夭燋⑧。菑榛秽,聚埒亩,芟野菼,长苗秀⑨,草木之句萌、衔华、戴实而死者⑩,不可胜数。乃至夏屋宫驾⑪,县联房植⑫,橑檐榱题⑬,雕琢刻镂,乔枝菱阿⑭,夫容芰荷⑮,五采争胜,流漫陆离⑯;修掞曲挍,夭矫曾桡,芒繁纷挐⑰,以相交持。公输、王尔无所错其剞劂削锯⑱,然犹未能澹人主之欲也⑲。是以松柏箘露夏槁⑳,江、河、三川绝而不流㉑;夷羊在牧,飞蛩满野㉒,天旱地坼;凤凰不下,句爪、居牙、戴角、出距之兽于是鸷矣㉓。民之专室蓬庐㉔,无所归宿,冻饿饥寒死者相枕席也㉕。及至分山川溪谷使有壤界,计人多少众寡使有分数,筑城掘池,设机械险阻以为备,饰职事㉖,制服等㉗,异贵贱,差贤不肖㉘,经诽誉,行赏罚㉙,则兵革兴而分争生,民之灭抑夭隐㉚,虐杀不辜而刑诛无罪,于是生矣。

【今译】
　　到了道德衰败的时代,统治者开凿山石采刻金石,雕刻金玉做饰品,挑开蚌蛤采取珍珠,熔铸铜铁制造器具,这样就使自然资源大量消耗而不得繁衍。剖开兽胎、扼杀幼兽，吓得麒麟不敢露面遨游；掀翻鸟巢、毁坏鸟卵，使得凤凰不愿出来飞翔；钻石取火，伐木造楼；焚火树林猎死禽兽，放尽池水捕捞鱼虾；人民使用的器械工具缺乏，而统治者国库内的物资储存却聚积有余；各种物类都不能繁衍，草木萌芽、鸟雀下蛋、兽类怀胎，在新生命将诞生时却遭到扼杀，中途夭折的情况占了大半。人们同时积土造山而住在山上高处，往田里施肥来播种谷物，往地下深处掘井取水，疏通河川以求水利，修筑城墙以求安全，捕捉野兽以求驯养成家畜，诸如此类便造成自然界阴阳错乱，四季气候失去次序，雷霆毁坏万物，雹霰降落造成灾害，大雾霜雪不散不停，万物因此枯萎夭折。铲除丛木来耕种田地，割除丛草以栽种禾苗，正处萌芽、绽花和结果的草木因此被毁掉的不计其数。以后发展到修建高楼大厦，重叠耸立，门户连绵相连，屋檐、椽头处处雕琢刻镂，绘刻着草木花纹图案，其枝条舒展修长，其枝节盘曲婉转，绘有的荷花菱角五彩争艳、绚丽斑斓；各种建筑装饰参差错落、屈伸叠曲、姿态万千、交相倚立。就是像公输、王尔那样的能工巧匠，面对这样的绝作也会不知道如何再去加上一凿一锯。然而这样还是不能满足统治者的贪欲。因此原本长青不衰的松柏、竹子竟在植物繁盛的夏季枯死，原本川流不息的大河大江也竟会干涸断流。神兽夷羊出现在牧野之地，蝗虫遮天盖地，天旱地裂；凤凰不再翔临，生有勾爪、尖牙、长角、距趾的凶猛禽兽却到处肆虐，捕杀生灵。百姓则拥挤在狭窄的茅房里，无家可归，受冻挨饿，以致饿死冻死者互相枕藉。而后又划分山川谿谷以区别国界，计算人口多少，修建城池，设置机关险隘以作防备，整治官吏制度，制订服饰等级，分别贵贱贤愚，定出善恶，实施赏罚，于是矛盾兴起、战祸迭起，人民百姓遭受冤屈隐痛，而统治者狂杀无辜、惩治无罪之人的情况也就发生了。

【注释】

　　①镌：凿。锲：雕刻。摘：挑开。万物不滋：万物因上述各种做法而不能正常繁衍。　②刳：剖。　③田：打猎。　④粪：施肥。

⑤缪戾：错乱。"缪"通"谬"。　⑥电：应为"雹"。　⑦氛：雾气。霁：云雾雨雪消散，天放晴。　⑧燋：同"焦"。燋天：枯焦夭折。　⑨畲：除。榛秽：芜杂的草木丛。垺：田界。芟：割，除。荚：一种草名。野荚：泛指野草。苗秀：谷类未抽穗扬花为苗，抽穗吐花为秀。这里泛指禾苗谷物。　⑩句萌：草木出土弯者为句，直者为萌。这里泛指初生植物。　⑪驾：通"架"。　⑫县联：绵联、连绵。植：指门外直立在两扇门交合部位以加锁的直木。　⑬橑：屋檐。榱题：屋檐的椽头。　⑭乔：高。菱：应为"凌"，向上伸。阿：应读作"柯"，二字古通。乔枝、菱阿：均指雕刻在橑檐榱题这些建筑物上的奇异图案。　⑮夫容：即"芙蓉"，荷花。芰：菱角。两角为菱，四角为芰。　⑯陆离：指色彩斑斓绚丽。　⑰修掞曲挍，夭矫曾桡，芒繁纷挐：原注为"皆屋饰"。这里均指建筑物装饰的样子或姿态。　⑱公输：鲁班。王尔：古代著名巧匠。错：通"措"，处置。剞：雕刻用的刀。劂：雕刻用的曲凿。削：雕刻用的刮刀。　⑲澹：通"赡"，满足。　⑳箘：竹名。露：通"簬"，竹名。　㉑三川：指泾水、渭水、汧水，皆在陕西境内。　㉒夷羊：一种神兽。传说夷羊出现为凶兆。牧：牧野、郊野。牧野又指古地名，在河南省淇县。飞蛩：蝗虫。　㉓句：通"勾"。居：通"锯"。居牙：指牙齿锐利。距：指鸡类足后突出像脚趾的部分。鸷：指搏杀逞凶。　㉔专室蓬庐：指窄小的茅草房。　㉕枕席：指死尸互相枕垫着。　㉖饰：整治。职事：官吏制度。　㉗服等：服饰等级。　㉘不肖：不贤。　㉙经诽誉，行赏罚：原注为"经，书也。诽恶誉善，赏可赏，罚可罚"。　㉚抑：冤屈。隐：隐痛。

【评析】

因为有以上太清之治这个参照系，所以太清以来的社会在作者眼里都是"衰世"。这种衰世之治，首先表现为统治者对物质占有的贪婪，即"镌山石，锲金玉，擿蚌蜃，消铜铁"，乃至发展到"焚林而田，竭泽而渔"，这样导致自然资源大量消耗，生态环境破坏，阴阳缪戾，四时失序,自然灾害也就随之发生:"雷霆毁折,电霰降虐,氛雾霜雪不霁,而万物夭燋。"

其次表现为统治者穷奢极欲的生活享受,就宫殿住房而言,就"县联房植,橑檐榱题,雕琢刻镂"……这种统治者竭其所有、穷其一切的违逆做法,直接导致被统治者生活的贫困:"专室蓬庐,无所归宿",冻饿饥寒死者无数。于是天人感应现象出现:松柏竹子枯死,大江河川干涸,"夷羊在牧,飞蛩满野,天旱地坼;凤凰不下"。

这种衰世之治,还表现为统治者有意地划分界限、区分贵贱、确定等级,从而导致社会纷争兴起。同时,统治者还滥用刑罚,使无数无辜无罪者受到伤害。作者对衰世统治者的抨击,实际上是在提醒现实社会中的统治者不要重蹈覆辙。同时,作者在抨击衰世之治的过程中,还含有一种否定人类正常生产活动的倾向,如"粪田而种谷,掘地而井饮,疏川而为利"等,也在作者反对否定之列中。

天地之合和,阴阳之陶化万物,皆乘人气者也。①是故上下离心,气乃上蒸;君臣不和,五谷不为。②距日冬至四十六日③,天含和而未降,地怀气而未扬;阴阳储与④,呼吸浸潭⑤;包裹风俗⑥,斟酌万殊⑦,旁薄众宜⑧,以相呕咐酝酿⑨,而成育群生。是故春肃秋荣,冬雷夏霜,皆贼气之所生。⑩由此观之,天地宇宙,一人之身也;六合之内,一人之制也。⑪是故明于性者,天地不能胁也;审于符者,怪物不能惑也。故圣人者,由近知远,而万殊为一,古之人,同气于天地,与一世而优游。⑫当此之时,无庆贺之利⑬,刑罚之威,礼、义、廉、耻不设,毁、誉、仁、鄙不立⑭,而万民莫相侵欺暴虐,犹在于混冥之中。逮至衰世,人众财寡,事力劳而养不足,于是忿争生,是以贵仁。仁鄙不齐,比周朋党,设诈谞,怀机械巧故之心,而性失矣⑮,是以贵义。阴阳之情莫不有血气之感⑯,男女群居杂处而无别,是以贵礼。性命之情⑰,淫而相胁⑱,以不得已则不和,是以贵乐。是故仁、义、礼、乐者,可以救败,而非通治之至也。⑲

【今译】

  天地混合之气融汇而产生阴阳二气,阴阳二气陶冶化育万物,之所以这样,全凭这纯一之气。因此,上位和下位如离心离德,这邪气就会上升;君臣不和,五谷也不能生长。从立冬到冬至四十六天,天含有的阳气还未下降,地怀有的阴气还未上扬;此时阴阳二气尚未融合,各自在空间游荡徜徉,逐渐互相吸收并浸润扩散成中和之气,包裹着极大范围,准备化育生成万物,遍及芸芸众生使之各得其宜,和气抚养着、酝酿着,最终将会化育众多生命。因此,如果春天像秋天那样肃杀,秋天像春天那样繁茂,冬天响雷,夏天降霜,这些反常气候都是由阴阳之气失调之后产生出的有害邪气所造成的。由此看来,宇宙天地的构成原理与运动变化法则,和人体结构与生命运动变化法则是相同的;所以也可说,明白天性道体的人,不会对天地自然的变异产生恐惧感;明察天象征兆、人事符验的人,不会对天地自然的怪异产生迷惑感。所以圣明的人能从身边的事推知遥远的事,将万物视为一,将千差万别视为无差别,他正气通天地,与整个宇宙世界一起悠闲遨游。在这样一个圣人神明治理的年代,既没有庆功奖赏的诱惑,也没有刑法惩处的威逼,更不必设置礼义廉耻,也无诽恶誉善的事情,百姓们互不侵犯、欺凌残害,就像生活在混沌社会之中。而到了社会道德衰败的时代,人多物少,人们付出的多、获得的少,于是心生怨恨,为生活而你争我夺,这时便要借助于"仁"这道德来制止纷争。同时,社会中有人仁厚,有人则不仁,不仁之人还结党营私,心怀机巧奸诈,失去原纯朴天性,这时便要借助"义"来制止这种情况。还有社会中男女都有情欲,且异性相吸引起情感冲动,这样男女混杂不加分隔就会引起淫乱,这时便要借助"礼"来限制男女交往。以及人的性情如果过分放纵宣泄就会威胁生命,心性不得平和之时,就必须借助"乐"来加以调节疏通,所以这时就产生了"礼"。所以,由此看来,仁、义、礼、乐这些东西,均是用来防范、制止某些方面的道德品行的衰败的,但不能说是修身养性的最佳方法。

【注释】

① 合和:融汇,融合。乘:凭藉。人气:庄逵吉认为应作"一气"。 ② 不为:不成,指不能生长。 ③ 四十六日:指从立冬到冬至这四十六天。 ④ 储与:原注为"尚羊(徜徉),无所主之貌"。这里指徜徉或徘徊。 ⑤ 浸潭:浸润扩散的意思,所以原注为"广衍也"。 ⑥ 风俗:指区域、范围。 ⑦ 万殊:各种各样事物,即万物。 ⑧ 旁薄:原注为"旁,并。薄,近"。指贴近。有遍及的意思。 ⑨ 呕咐:抚养。 ⑩ 贼气:指阴阳失调造成的有害邪气。 ⑪ 一:相同、一样。一人之制:与上文"一人之身"意思相同,指宇宙天地的构成原理与运动变化法则和人体结构与生命运动变化法则相同。 ⑫ 古之人……与一世而优游:俞樾认为"古之人"三字衍文,"同气于天地,与一世而优游"直接上文。 ⑬ 庆贺:陈观楼认为"贺"当为"赏","庆赏"与下文"刑罚"相对。 ⑭ 毁誉:"毁誉"景宋本作"诽誉",承上文"经诽誉"言之(何宁《淮南子集释》)。鄙:鄙薄,与宽厚仁慈相对。 ⑮ 谞:计谋。机械:引申为机巧、奸诈。性失:原注为"失其纯朴之性也"。 ⑯ 阴阳之精:指男女情欲。血气之感:指男女性欲冲动。 ⑰ 性命之情:指人的性情,为喜怒哀乐之类。 ⑱ 淫:过度、过分放纵宣泄。胁:威胁。 ⑲ 救:防范、制止。至:最好、最佳。

【评析】

本节值得一提的是,作者分析了产生晚世道德衰败的原因,即"人众财寡,事力劳而养不足",于是大家为了物质利益你争我夺;而为了能争夺到物质利益,人就费尽心机、竭其所能,这样机巧奸诈之心也就随之产生,人之纯朴天性也随之失去,社会道德衰败也就成为必然。

夫仁者,所以救争者;义者,所以救失也;礼者,所以救淫也;乐者,所以救忧也。神明定于天下而心反其初^①,心反其初而民性善,民性善而天地阴阳从而包之^②,则财足而人赡矣,贪鄙忿争不得生焉。由此观之,则仁义不用矣。道德定于天下而民纯朴,则目不营于色^③,耳不淫于声;坐俳而歌谣^④,被发而浮游,虽有毛嫱、西施之色不知说也^⑤,《掉羽》、《武象》不知乐也^⑥,淫泆无别不得生焉^⑦。由此观之,礼乐不用也。是故德衰然后仁生,行沮然后义立^⑧,和失然后声调,礼淫然后容饰^⑨。是故知神明然后知道德之不足为也^⑩,知道德然后知仁义之不足行也,知仁义然后知礼乐之不足修也。今背其本而求其末,释其要而索之于详,未可与言至也。^⑪

【今译】
　　这样,社会提倡"仁",是用来防范纷争的;提倡"义",是用来纠正狡诈不讲信用的;提倡"礼",是用来规范淫乱的;提倡"乐",是用来疏通忧愁的。依靠道体神明来安宁天下,这样人心就会返回到人类初始的那种清静无欲的质朴境界;人心一旦返回到这种境界,社会民性就会变善;民性善良就会和天地自然阴阳融会一致,这样四时阴阳和谐有序、万物繁茂、财物充裕,百姓需求一旦满足,贪婪鄙陋、怨恨争斗也就不易滋生。由此看来,以"道体"治理天下,这"仁义"就无须实施。用"道"、用"德"来安定天下,百姓就会纯真朴实,这样百姓眼睛就不易受美色迷惑、耳朵就不会沉溺于淫声;人们就有可能安闲地坐着歌唱,或悠闲地走着吟唱,或飘散着长发而游荡,眼前即使有毛嫱、西施这样的美女,也引不起他们的兴趣,演奏《掉羽》、《武象》这样动人的乐曲,也引不起他们的快乐,这样,荒淫放荡、男女混杂的事情就根本不可能在这当中发生。由此看来,用"道"、用"德"安定天下,净化人心,这"礼乐"就无需实施。所以可以这样说,"德"衰以后才有"仁"产生,品行败坏后才有"义"出现,性情失去平和才会用音乐来调节,淫荡风气盛行才会有法度的整治。因此,知道用"道体"来治理天下,这"德"就不值得提倡,明白"德"能净化人心,这"仁义"就不值得实施,懂得"仁义"有救败的作用,这"礼乐"就不值得修订。但如今却是相反:背弃了"道体"根本而去追求仁义礼乐这些末枝,放弃了简要的东西而去用繁琐的东西,这样的人是不能和他谈论高深的道理的。

【注释】

① 神明:指"道"。 反:返。下句"反"义同。 ② 包:融合、融会。 ③ 营:迷惑。 ④ 坐俳:是指或坐着或起身来回走动(许匡一《淮南子全释》)。 ⑤ 毛嫱、西施:二人为古代美女。 说:同"悦"。 ⑥《掉羽》、《武象》:皆为周王朝用于祭祀、朝贺场合的乐舞名。 ⑦ 淫泆:荒淫放荡。 ⑧ 沮:败坏。 ⑨ 容:指法度。饰:整治。 ⑩ 道德:这里应指"德"。下句"道德"也应指"德"。 ⑪ 至:至理,这里指"道"。

【评析】

本节作者接着上节讲:因为社会"道"衰"德"散,所以才会有仁义礼乐的产生;而仁义礼乐的产生是对社会衰败的一种匡救。但这种仁义礼乐对社会的匡救,作者认为不是最好的一种治理手段;治理天下的手段最好是以神明(道)定于天下,这样民性就会返朴、善良,贪婪鄙陋、怨恨纷争的现象就会消失。这当然是作者的一种理想境界,现实社会是不可能这样的。

天地之大,可以矩表识也^①;星月之行,可以历推得也;雷震之声,可以钟鼓写也^②;风雨之变,可以音律知也^③。是故大可睹者,可得而量也;明可见者,可得而蔽也④;声可闻者,可得而调也;色可察者,可得而别也。夫至大,天地弗能含也;至微,神明弗能领也。⑤及至建律历,别五色,异清浊,味甘苦⑥,则朴散而为器矣;立仁义,修礼乐,则德迁而为伪矣。及伪之生也,饰智以惊愚,设诈以巧上。⑦天下有能持之者,有能治之者也。⑧昔者苍颉作书而天雨粟,鬼夜哭⑨;伯益作井而龙登玄云,神栖昆仑⑩。能愈多而德愈薄矣。⑪故周鼎著倕,使衔其指,以明大巧之不可为也。⑫

故至人之治也,心与神处,形与性调;静而体德⑬,动而理通;随自然之性而缘不得已之化⑭;洞然无为而天下自和⑮,憺然无欲而民自朴;无机祥而民不夭⑯,不忿争而养足;兼包海内,泽及后世,不知为之者谁何。是故生无号,死无谥;实不聚而名不立⑰,施者不德,受者不让,德交归焉而莫之充忍也⑱。故德之所总,道弗能害也⑲,智之所不知,辩弗能解也。不言之辩,不道之道⑳,若或通焉,谓之天府,取焉而不损,酌焉而不竭,莫知其所由出,是谓瑶光㉑。瑶光者,资粮万物者也。㉒

【今译】
　　天地之大,可以用矩尺和圭表来测量;星球月亮的运行,可以用历法来推算;雷霆的声音,可以用钟鼓来模仿;风雨的变化,可以按音律来了解。因此,庞大而能看见的东西,总是能够测量的;明亮而能看清的东西,也总是能够观察的;声音能听到的,也总是能够调节把握的;颜色能看到的,也总是能够区别分辨的。但是,那种大到没有极限的东西,天地也就包容不下了;细到不能再细微的东西,神明也就领略不了了。等到制定律历、区分五色、五音清浊、辨别甘苦以后,这至大至微的纯朴之道就散逸了,也就所谓的"朴散为器";而到提出仁义、制定礼乐以后,这"德"也被遗弃而成为虚伪了。当虚伪产生,就有以智谋来愚弄人、以诈术来蒙骗君王的事发生。在这样的情况下,尽管有人能占有天下,却未能治理好天下。以前苍颉创造文字,上天担心从此诈伪萌生、去本趋末、弃耕作而务锥刀、天下缺粮,于是降粟雨;鬼恐怕被书文所揭发,故夜哭。伯益发明掘井,龙担心水源干枯而登空离去,山川百神也迁移昆仑栖身。这正是智能越多,德行越薄。所以周朝制造的鼎上铸着巧匠倕的图像,让他衔着自己的手指,以说明过分的智巧是不可取的。

所以,至人对天下的治理,心与神相依处,形与性相谐调;静处时依照"德",行动时合附"理";顺随事物的自然本性、遵循事物的自身规律;他浑然无为,而天下却自然和顺;他恬澹无欲,而百姓纯朴无华;他不用求神祈福,百姓生命不会夭折;人们之间不必怨恨纷争而给养充足;他的德泽遍及海内外,并延及后世,但人们却不知道施予恩德的是谁。所以,这样的至人活着没有名号,死后没有谥号;他不聚敛财物,也不追求名誉,施恩的人不自以为有恩德而求报答,受恩惠者也不故作姿态而谦让;美德聚集归附于他身上,却不显出盈满。所以,德行聚集的人,说三道四是伤害不了他的;智慧所不能明了的事,能说会道也无法解释清楚。不说话的辩才、不能具体规定的"道",如若有人能通达这种境界,那就叫作进入到天府,这里面取之不尽,用之不竭,无法知道它产生的缘由,这就是瑶光。所谓瑶光,就是养育万物的意思。

【注释】

① 表:测量标竿。矩:方形。测量天地广袤的方法见《天文训》。 ② 震:王念孙认为应作"霆"。写:模仿。 ③ 风雨……知之:古人认为音乐来源于"气",音律是模仿风声产生的。 ④ 蔽:原注为"或作察"。 ⑤ 领:领略。 ⑥ 清浊:指音色清浊。味:辨味。 ⑦ 巧:原注为"欺上也"。 ⑧ 有能治之者也:王念孙认为当作"未有能治之者也"。 ⑨ 天雨粟、鬼夜哭:原注为"苍颉始视鸟迹之文造书契则诈伪萌生,诈伪萌生则去本趋末、弃耕作之业而务锥刀之利,

天知其将饿,故为雨粟,鬼恐为书文所劾,故夜哭也"。　⑩ 龙登玄云,神栖昆仑:原注为"伯益佐舜,初作井,凿地而求水。龙知将决川谷,漉陂池,恐见害,故登云而去,栖其神于昆仑之山"。刘文典认为"神"不应指龙之"神",高诱原注为准确,这"神"应是"百神"。　⑪ 能:智能。　⑫ 倕:原注为"倕,尧之巧工也。周铸鼎,著倕像于鼎,使衔其指。假令倕在见之,伎巧不能复踰,但当衔啮其指,以明巧之不可为也"。　⑬ 体:依照的意思。　⑭ 缘:循。　⑮ 洞然:浑然。　⑯ 禨祥:求神祈福的活动。　⑰ 实:财物。　名:名誉。　⑱ 归:归附。忍:通"牣",盈满的意思。　⑲ 总:聚集。道:说。　⑳ 不道之道:第一个"道"作动词,说的意思。　㉑ 以上八句,文本《庄子·齐物论》。瑶光:星名,北斗第七颗星。　㉒ 资粮:资助粮食,供给粮食,"养育"的意思。

【评析】

作者继续批判道衰德散后的社会,认为"立仁义,修礼乐则德迁而为伪矣"。而社会中伪善一旦产生,这智巧奸诈事也就多起来。如同人存机心,鸥鸟不下一样,作者认为天降粟雨、龙登玄云、神栖昆仑,都在于人存机心,智巧愈多,这样"德"也就越薄。只要社会中一旦有这种"别五色、异清浊"的区分区别、规定肯定的倾向,就已经构成对"道"的威胁,这叫"朴散为器"。

由此,作者又歌颂起太清之治、至人之治来了,"心与神处,形与性调,静而体德,动而理通,随自然之性而缘不得已之化,洞然无为而天下自和,憺然无欲而民自朴,无禨祥而民不夭,不忿争而养足,兼包海内,泽及后世"……这同样是作者的一种理想。

振困穷,补不足,则名生;兴利除害,伐乱禁暴,则功成。世无灾害,虽神无所施其德;上下和辑,虽贤无所立其功。昔容成氏之时①,道路雁行列处②,托婴儿于巢上,置余粮于亩首③,虎豹可尾,虺蛇可蹍④,而不知其所由然。逮至尧之时,十日并出,焦禾稼,杀草木,而民无所食。猰貐、凿齿、九婴、大风、封豨、修蛇皆为民害。⑤尧乃使羿诛凿齿于畴华之野⑥,杀九婴于凶水之上⑦,缴大风于青丘之泽⑧,上射十日而下杀猰貐,断修蛇于洞庭,禽封豨于桑林⑨。万民皆喜,置尧以为天子。于是天下广狭险易远近始有道里。⑩舜之时,共工振滔洪水,以薄空桑,龙门未开,吕梁未发,江、淮通流,四海溟涬⑪,民皆上丘陵,赴树木。舜乃使禹疏三江五湖,辟伊阙,导廛、涧,平通沟陆⑫,流注东海。鸿水漏⑬,九州干,万民皆宁其性。是以称尧、舜以为圣。晚世之时,帝有桀、纣,为琁室、瑶台、象廊、玉床⑭;纣为肉圃、酒池,燎焚天下之财⑮,罢苦万民之力⑯;刳谏者,剔孕妇,攘天下⑰,虐百姓。于是汤乃以革车三百乘伐桀于南巢,放之夏台⑱;武王甲卒三千破纣牧野,杀之于宣室⑲。天下宁定,百姓和集。是以称汤、武之贤。由此观之,有贤圣之名者,必遭乱世之患也。今至人生乱世之中,含德怀道,拘无穷之智,钳口寝说⑳,遂不言而死者众矣。然天下莫知贵其不言也。故道可道,非常道;名可名,非常名㉑;著于竹帛,镂于金石,可传于人者,其粗也㉒。五帝三王,殊事而同指,异路而同归。㉓晚世学者,不知道之所一体,德之所总要㉔,取成之迹,相与危坐而说之,鼓歌而舞之。故博学多闻而不免于惑。《诗》云:"不敢暴虎,不敢冯河。人知其一,莫知其他。"㉕此之谓也。

【今译】

赈济生活贫困的人,补助食用不足的人,这样名声就会树立起来;

兴办利民之事，消除社会弊病，讨伐叛乱，禁止凶暴，这样功业就会成功。如果世上没有灾害，那么即使是神也无处表现他的德泽；如果上下和睦团结，那么即使是贤人也无法建树他的功业。以前古帝容成氏的时代，人们像大雁一样有序地在大道上行走，干农活时将婴儿放在巢里也没危险，余粮放在田头也不会丢失；可以尾随虎豹，可以脚踩毒蛇而不受其害，人们也不知道为什么能够这样太平。而到了尧帝的时代，十个太阳一起出来，烤焦了庄稼禾苗，晒死了树木花草，使百姓没有可吃的食物。狻猊、凿齿、九婴、大风、封豨、修蛇这些凶猛禽兽一起出来残害百姓。于是尧帝让羿在畴华这地方杀死凿齿，在凶水这地方杀死九婴，在青丘泽射死了大风，又往天射落九个太阳，在地下杀死狻猊，在洞庭斩断修蛇，在桑林擒获了封豨。这样，百姓都高高兴兴，推举尧为天子。于是天下不管是广阔的地方还是险峻的地方，不管是远的地方还是近的地方，都有了道路和村落。舜帝的时代，共工兴起洪水，大水逼近空桑，这时龙门尚未凿开，吕梁还没挖通，长江、淮河合流泛滥，天下四海一片汪洋，百姓都逃往山上，爬上大树。于是舜便让禹疏通三江五湖，开辟伊阙，疏导瀍水和涧水，整治疏通大小沟渠，使水流入东海。洪水排泄了，九州大地平静了，百姓们都能各安其生。所以他们都称尧舜为圣人。近代的时候，出了桀、纣两个暴君，夏桀修建了璇室、瑶台、象廊、玉床；商纣设置了肉圃、酒池，并耗尽了天下财物，使百姓精疲力尽；纣王还挖出比干的心脏，剖开孕妇的胎腹，正是天下受到骚扰，百姓受到残害。于是商汤率三百兵车在南巢讨伐夏桀，最终将夏桀放逐囚禁在夏台；周武王率三千甲卒在牧野征伐纣王，在宣室杀死了纣王。这样天下才得以安定，百姓得以和乐。因此他们都称商汤、武王为贤人。由此可见，有贤圣名声的人，必定遭逢过乱世的祸患。现在至人生活在乱世之中，胸怀道德，藏匿着无数的智慧，闭口不说，一直到死，所以这世上没有将智慧表露出来而死去的人多着呢！然而天下却没有人懂得珍重这种不喜言说的行为。所以说，可以用言词表达的"道"并非常"道"，可以用文字叙述的"名"并非常"名"；而那些写在竹帛上刻在金石上，可传后人的文字内容，都是粗糙简单不完整的。五帝三王,他们做的事情不一样,但宗旨是相同的,所走的道路不一样,但归宿却是一致的。近代求学问的人,不懂得混元一体之"道",总括精要之"德",而只是拿取一些已经成功了的事迹,相聚在一起,正襟危坐而津津乐道,奏着鼓乐、跳着古舞,彼此歌功颂德。所以他们自称博学多闻,但却不能免于糊涂和困惑。《诗经》说:"不敢徒手打虎,不敢无舟渡河。人只知道这一类事(危险),却不知道其他的(危险)事还多着呢!"这正是说的那些所谓的博学多闻之徒。

【注释】

① 容成氏:黄帝时造历术者。 ② 雁行:喻说大雁飞行长幼有序。 ③ 亩首:田头。 ④ 虺:毒蛇。蹍:踩。虎豹可尾,虺蛇可蹍:原注为"虎豹扰(古"柔"字)人,无害人之心,故可牵尾。虺蛇不螫毒,故可蹍履也"。 ⑤ 猰貐:怪兽名。原注为"兽名也。状若龙首,或曰似狸,善走而食人,在西方也"。凿齿:怪兽名。原注为"兽名。齿长三尺,其状如凿,下彻颔下而持戈盾"。九婴:一种能喷水火的怪物。大风:一种如鸷鸟样的大鸟,其飞行时有大风伴随,能毁坏房舍。封豨:即一种大野猪。楚人谓"豕"为"豨","封"有大的意思。修蛇:原注为"大蛇。吞象三年而出其骨之类"。 ⑥ 羿:古代传说中的善射者。畴华:南方泽名。洪亮吉认为,当即《国语》"依畴"、"历华"二地。 ⑦ 凶水:原注为"北狄之地有凶水"。 ⑧ 缴:用系有绳线的箭射鸟。青丘:东方泽名。"泽"或作"野"。 ⑨ 洞庭:南方泽名。禽:同"擒"。桑林:原注为:"汤所祷旱桑山之林。" ⑩ 道里:道路和村落。 ⑪ 共工:神话传说中的人物,为水神。振滔:振荡兴起。薄:逼近。空桑:地名,在山东鲁地。龙门:指在山西河津、陕西韩城之间黄河两岸的龙门山。吕梁:山名。在山西境内,南与龙门山相接。黄河流经此地,水流湍急。通流:合流。溟滓:洪水浩大、茫茫无边的样子。 ⑫ 伊阙:山名。在河南洛阳西南。廛:水名。在河南境内。涧:水名。也在河南境内。陆:《太平御览》八十一作"洫"。

⑬ 鸿：洪。漏：排泄。　⑭ 琁室：用琁玉作装饰的房子。瑶台：用瑶玉饰的楼台。象廊：用象牙装饰的廊殿。玉床：用玉装饰的床。　⑮ 肉圃、酒池：原注为"纣积肉以为园圃，积酒以为渊池"。《史记·殷本纪》说："（商纣王）以酒为池，悬肉为林，使男女倮相逐其间，为长夜之饮。"燎焚：俞樾认为"燎焚"当作"撩聚"。　⑯ 罢：通"疲"。　⑰ 刳谏者：《史记·殷本纪》记载：比干谏纣，"纣怒曰：'吾闻圣人心有七窍'，剖比干，观其心"。剔孕妇：指纣王曾活活解剖临产孕妇，以观其胞胎。攘：乱。　⑱ 南巢：在安徽巢县。夏台：在河南禹县。夏桀囚汤于此。　⑲ 牧野：地名。在朝歌城外，今天的河南汲县附近。宣室：原注为"殷宫名。一曰：宣室，狱也"。　⑳ 拘：拘束，这里是藏匿的意思。钳口：闭口不说。寝：止、停息。　㉑ 故道可道……：《老子》第一章中的话。　㉒ 粗：粗糙简单。　㉓ 指：旨。同归：原注为"同归修仁义"。　㉔ 总要：原注为"总，凡也。要，约也"。　㉕ 《诗》：见《诗·小雅·小旻》。

【评析】

作者继续数落着道衰德散以来社会的种种不足，这次干脆逐朝逐代分析批判，结论是一代不如一代。就是作者所处的时代，也因社会不清明，那些含德怀道者也只能"钳口寝说"，一直到死；作者还认为，这样的人还不在少数。

帝者体太一①，王者法阴阳②，霸者则四时③，君者用六律④。秉太一者，牢笼天地⑤，弹压山川，含吐阴阳，伸曳四时⑥，纪纲八极，经纬六合⑦，覆露照导⑧，普汜无私⑨，蠉飞蠕动，莫不仰德而生。阴阳者，承天地之和，形万殊之体⑩，含气化物，以成埒类⑪；赢缩卷舒，沦于不测，终始虚满，转于无原⑫。四时者，春生夏长，秋收冬藏；取予有节，出入有时；开阖张歙，不失其叙；喜怒刚柔，不离其理。六律者，生之与杀也,赏之与罚也,予之与夺也,非此无道也。[13]故谨于权衡准绳[14],审乎轻重,足以治其境内矣。是故体太一者,明于天地之情,通于道德之伦;聪明耀于日月,精神通于万物;动静调于阴阳,喜怒和于四时;德泽施于方外,名声传于后世。法阴阳者,德与天地参,明与日月并,精与鬼神总;戴圆履方,抱表怀绳[15],内能治身,外能得人[16],发号施令,天下莫不从风。则四时者,柔而不脆,刚而不鞼[17];宽而不肆,肃而不悖;优柔委从[18],以养群类。其德含愚而容不肖,无所私爱。用六律者,伐乱禁暴,进贤而退不肖,扶拨以为正[19],壤险以为平[20],矫枉以为直,明于禁舍开闭之道[21],乘时因势以服役人心也。帝者体阴阳则侵[22],王者法四时则削,霸者节六律则辱,君者失准绳则废[23]。故小而行大,则滔窊而不亲[24];大而行小,则狭隘而不容[25]。贵贱不失其体[26],而天下治矣。

【今译】

　　称帝者应遵循天道,无为而治;称王者应效法阴阳,实施仁义;称霸者应以四季为准则,依法治理;而那些小国君则应以刑律法制管理国家。所谓天道,它以纯朴元气包裹牢笼天地,控制山川,含蕴阴阳二气,调和四季,经纪八极,管理六合,覆盖润滋,昭示引导万物,广泛无私而遍施物类,各种生物无不仰承它的德泽而生长发展。所谓阴阳二气,承受着天地自然中和之气,形成万物千差万别的形体,含蕴着的和气能化育万物;它伸缩舒卷,深入到无法测度的境域,开始时虚空,终至于盈满,周转于没有终始的时空中。所谓四时,春主生育,夏主成长,秋主收敛,冬主藏纳;予取有节,出入有时;它开张合闭不失次序,喜怒刚柔不违原理。所谓六律,是指"生与杀、赏与罚、予与夺"这六种;除此之外,别无他道。所以,谨慎地持守这些权衡准绳,审察这些法度的轻重，就足以治理好所管辖的国家了。因此遵循天道、无为而治天下的人，则能明白天地之性情，通晓道德之条理；他的聪明能照耀日月，精神与万物相通；动静与阴阳协调，喜怒与四时和谐；他的德泽施及四方以外的区域，名声流传到子孙后代。效法阴阳的人，他的德行和天地相配，英明与日月同辉，精气与鬼神相合；他头顶天穹、脚踏大地，手握圭表墨绳等法度，内能修养心性，外能获得人心，发号施令，天下百姓无不闻风而动。效仿四季的人，柔顺而不脆弱，刚强而不折断；宽缓而不放纵，急速而不紊乱；优柔宽容，以养育各种物类。他的德行可以容纳愚昧不贤之人，没有私心和偏爱。使用六律的人，则能讨伐叛乱、禁止强暴，进用贤才而贬斥不贤者，扶拨以为正，除险以持平，矫枉以成直；懂得禁止、赦免、开启、关闭的道理，顺应时势以驾驭人心。假如称帝者效法阴阳，就会受到诸侯的侵侮；称王者依循四季，就会被削弱国力；称霸者使用六律，就会受到凌辱；那些小国君如失去准绳法度，就会被废黜。所以，由此得出，小国国君实施大国方略，就会显得空疏失体而百姓不会亲附。大国国君实行小国方略，就会显得狭隘紧迫而无法包容天地社会。应当是贵贱都不失自己的体统，这样天下就容易治理了。

【注释】

① 体：法，这里指"遵循"。太一：《吕氏春秋·大乐篇》说"万物所出，主之以太一"。高诱注"太一，道也"。也有谓"太一"是天地未分之混沌元气。　② 王者：儒以"仁义"治天下为"王者"。　③ 霸者：与王者相对，以刑法治天下。四时：四季。　④ 六律：下文"六律者，生之与杀也，赏之与罚也，予之与夺也"，指刑律法治，不是指音乐上的"六律"。　⑤ 牢笼：笼罩的意思。　⑥ 伸曳：调和的意思。　⑦ 纪纲、经纬：经纪、管理、治理的意思。　⑧ 覆露：覆盖滋润。照导：昭示引导。　⑨ 普氾：普遍广泛。　⑩ 形：形成。体：形体。　⑪ 垺：形界。垺类：各种有形的物类。　⑫ 沦：入。无原：无法度量、没有始终的境界或时空。　⑬ 道：这里指方法。　⑭ 权衡：指

称量物体重量的器具。准绳：准是指测量平面的水准器，绳是指测量垂直的墨线。这里的权衡准绳代指法度。　⑮ 表，绳：也指准则、法度。　⑯ 外能得人：王念孙认为应为"外得人心"。　⑰ 鞿：折。　⑱ 肃：原注为"急"。从：应作"纵"。"委纵"指宽容放纵，任物自然而然。　⑲ 拨：不正。　⑳ 壤：通"攘"，排除的意思。　㉑ 舍：通"赦"。　㉒ 侵：侵侮。原注为"为诸夏所侵凌"。　㉓ 君者失准绳则废：原注为"为臣所废绌，更立贤君"。　㉔ 滔窕：原注为"不满密也"。窕：空隙、空疏。　㉕ 容：包容。　㉖ 体：体统。

【评析】

伴随着上述逐朝逐代分析批判社会种种弊病的是，此节作者对治政方法逐个地分析批判其得失。首先列出各个治政方法，即"帝者体太一（体道），王者法阴阳，霸者则四时，君者用六律"。然后又挨个地指出这些治政方法所适用的范围。最后，将最好的治政方法落实到与"太清之治"相应的"帝者体道，无为而治"上面，认为"秉太一者（秉道、体道）"能"牢笼天地，弹压山川，含吐阴阳，伸曳四时，纪纲八极，经纬六合，覆露照导，普氾无私"，使各种生物体都无不仰承他的德泽而生存，这样"太清之治"才能实现。

天爱其精，地爱其平，人爱其情。①天之精，日月、星辰、雷电、风雨也；地之平，水火金木土也；人之情，思虑、聪明、喜怒也。故闭四关，止五遁，则与道沦。②是故神明藏于无形，精神反于至真③，则目明而不以视，耳聪而不以听，心条达而不以思虑；委而弗为，和而弗矜，冥性命之精④，而智故不得杂焉。精泄于目则其视明⑤，在于耳则其听聪，留于口则其言当，集于心则其虑通。故闭四关则身无患，百节莫苑。⑥莫死莫生，莫虚莫盈，是谓真人。

【今译】

　　天爱惜其精气,地爱惜其平静,人爱惜其性情。天之精是指日月、星辰、雷电、风雨;地之平是指水火金木土;人之情是指思虑、聪明、喜怒等。所以闭目塞耳、缄口静心,防止精神因物欲而散逸,这样就和"道"融合了。因此,将神明保存于一种静穆虚无的状态中,精气就会返回到至真纯朴的本性内,就可以做到眼睛尽管明亮却什么也不去看,耳朵尽管聪敏却什么也不去听,心体透亮而什么也不去想;委顺事物而不作为,保持平和而不骄矜,冥性命之精,不思虑、不喜怒,不运用聪明,保持心体平静,这样智巧就难以混杂在其中了。人之精通于眼睛,这视觉就明亮;通于耳朵,这听觉就聪敏;滞于口中,这言词就恰当;聚集在内心,这思虑就通达。所以,闭塞目、耳、心、口这四道关口,人体就无忧虑,周身经络畅通不会萎缩。这不死不生、不虚不实,叫作真人。

【注释】

　　① 精:指"精气"。情:指"性情"。　② 四关:指"耳目心口"。遁:散逸。沦:入。指融合。　③ 精神:王念孙认为"精神当为精气"。　④ 冥:有深藏的意思。　⑤ 泄:原注为"通"。　⑥ 苑:原注为"病也"。指萎缩、枯萎之病。

【评析】

　　上文提到实现"太清之治"需要相应的"秉太一"、无为而治的方法,这里作者接下去讲贯彻这方法的统治者自身需要端正,革去贪欲,这样才能实现"太清之治"。照作者说来,统治者要闭塞眼耳口心这四关,防止沉溺于金木水火土五个方面的物欲,不使精神散逸,真正做到与"道"融汇一体,这样才能处处事事体"道",无为而治,实现太清之治。作者把这样的统治者称为"真人"。

　　凡乱之所由生者,皆在流遁。流遁之所生者五。大构驾①，兴宫室；延楼栈道，鸡栖井干②；樗栎欀栌③，以相支持；木巧之饰，盘纡刻俨④，蠃镂雕琢，诡文回波⑤，淌游瀷㴸，菱杼紾抱⑥；芒繁乱泽，巧伪纷挐⑦，以相摧错：此遁于木也。凿污池之深，肆畛崖之远⑧；来溪谷之流，饰曲岸之际；积牒旋石，以纯脩碕⑨，抑减怒濑⑩，以扬激波，曲拂邅回，以像湡、浯⑪，益树莲菱，以食鳖鱼⑫；鸿鹄䴅鹅⑬，稻粱饶余，龙舟鹢首⑭，浮吹以娱：此遁于水也。高筑城郭设树险阻；崇台榭之隆，侈苑囿之大，以穷要妙之望⑮；魏阙之高，上际青云；大厦曾加⑯，拟于昆仑；修为墙垣，甬道相连⑰；残高增下⑱，积土为山；接径历远⑲，直道夷险；终日驰骛，而无跬踬之患⑳：此遁于土也。大钟鼎，美重器；华虫疏镂，以相缪纱㉑，寝兕伏虎，蟠龙连组㉒，焜昱错眩㉓，照耀辉煌；偃蹇寥纠㉔，曲成文章，雕琢之饰，锻锡文铙㉕；乍晦乍明，抑微灭瑕㉖，霜文沈居，若箪篷簬，缠锦经冗，似数而疏㉗：此遁于金也。煎熬焚炙，调齐和之适，以穷荆、吴甘酸之变㉘；焚林而猎，烧燎大木，鼓橐吹埵㉙，以销铜铁，靡流坚锻，无猒足目㉚，山无峻干，林无柘梓㉛；燎木以为炭，燔草而为灰，野莽白素㉜，不得其时；上掩天光，下殄地财㉝：此遁于火也。此五者一，足以亡天下矣。

【今译】

　　大凡祸乱产生的原因，都在沉溺于物质享受而丧失纯朴本性。沉溺于物质享受有五个方面。竹木搭架，建造宫殿；高楼甬道相连，甬道栏杆交错连接如鸡舍围栏；梁柱斗拱，互相支撑；木料上精细装饰，有盘曲神龙、昂首卧虎；木料上精雕细琢，奇异的花纹如同回旋的流水，或舒缓游动，或湍急奔流，其中有菱草缠绕；花纹光彩繁缛耀眼，奇巧纷乱,互相错杂:这就是使本性丧失的有关"木"的享受。开凿的池湖越挖越深,湖面延伸得很远很远;引来溪谷的流水,沿着漫长的岸边装饰玉石,给曲岸镶边;遏制着湍急的流水,激起水浪飞流;水渠曲折回旋,以模仿水乡河渠纵横交错的情景;水池湖塘中,种植莲花菱角,用以饲养龟鳖鱼群;湖面上天鹅、鹔鹴嬉戏,岸边稻谷茂盛;坐着刻有龙形、鹢鸟的船舟,浮泛在水中寻欢作乐:这就是使本性丧失的有关"水"的享受。筑起高高的城墙,设置险要的阻碍;建起高高的楼台,修起范围广大的苑囿,以满足观赏神奇美景的欲望;魏阙台观高耸云天,层层叠加起来的高楼大厦可与昆仑山争高低;修筑起的城墙用甬道相连;削高填低,积土为山;曲处改成直道,险地改成平地,以便能捷径疾速通向远方;整天策马奔驰,不必担心颠覆,跌落坑间:这就是使本性丧失的有关"土"的享受。铸造大型的钟鼎,装饰华美的重器;刻镂着花鸟图形,互相缠绕纠结;卧着的犀牛、趴着的老虎、蟠龙则如同锦丝连结;光彩炫目耀眼,照耀辉煌;曲折缭绕,婉转巧妙地组成精美纹彩;雕琢上的精细装饰,烙在锡器上的图纹和刻在铙上的花纹,阴阳交错、明暗相间,掩饰着金属器物铸造时留下的细微斑点和裂纹;纹色如霜与器物色纹浑然一体,像竹席编织、纹路交错,似缠绵经丝、疏密相宜:这就是使本性丧失的有关"金"的享受。煎熬烧烤,调配合适的口味,以穷尽楚地吴地的酸甜烹调风味;焚烧树林以便打猎,烧毁无数参天大树;鼓动风箱,熔化铜铁;铁水奔流,铸造锤打,没有停息的日子;这样致使山上没有高大的树木,林中没有可用的木材;烧木为炭、烧草为灰,使原野山丘一片白茫光秃,草木不能适时生长;这大火使日月无光,财资毁尽:这就是使本性丧失的有关"火"的享受。以上五种使人精神散逸、丧失本性的物质享受,只要沾染上这其中的一种,就足以使你丢失天下。

【注释】

① 驾:通"架"。 ② 延楼:高楼。栈道:连接楼阁、凌空架设的通道、天桥。鸡栖:指鸡舍(见许匡一《淮南子全译》)。井干:高楼通

道上类似井边围栏的栏杆。　③ 標林：木柱。槫栌：斗拱。　④ 盘：盘龙。纡：屈曲。俨：昂首。　⑤ 嬴镂：精细刻镂。诡：奇异。回波：回旋的流水。　⑥ 涡游：水流动的样子。瀷淢：水流湍急。菱杼：菱类水草。绐抱：通"拎抱"，扭曲缠绕的样子。　⑦ 芒：光。巧伪：奇巧。挐：纷乱。　⑧ 污池：蓄水深池。肆：极。畛崖：边界。这是说湖面边界。　⑨ 牒：通"叠"。积牒：堆积。旋：通"璇"，美玉名称。纯：边缘。碕：曲折的池岸、湖岸。　⑩ 抑：遏制。淢、濑：均指湍急的流水。　⑪ 拂：逆。曲拂：指曲折。遭回：来回徘徊，指回旋。像：模仿。渭、浯：原注为"渭，番隅。浯，苍梧。之二国多水，江湖环之……故法而象之"。　⑫ 树：种。食：饲养。　⑬ 鸿鹄：天鹅。鹔鹎：雁类的一种。　⑭ 鹢：一种水鸟的名称。龙舟鹢首：原注为"龙舟，大舟也，刻为龙文。鹢，大鸟，画其像著船头，故曰鹢首"。　⑮ 崇：高。作动词用。台榭：原注为"积土高丈曰台，加木曰榭也"。隆：高。侈：广。苑囿：畜养禽兽的园林。有墙的叫苑，无墙的叫囿。要妙：神奇美妙的样子。　⑯ 曾：通"层"。　⑰ 甬道：楼阁之间的通道。　⑱ 残：削。增：益、填。　⑲ 接：疾，通"捷"。接径历远：王念孙认为应在"直道夷险"之下。　⑳ 蹪蹈：应为"蹪陷"，跌落坑间、陷阱的意思。　㉑ 华虫：指绘有花草鸟虫的图案。缪纱：互相缠绕纠结。　㉒ 兕：兽名。指雌犀牛。组：结。　㉓ 焜昱：光彩明亮。　㉔ 偃蹇：曲折缭绕的样子。寥纠：缠绕纠结。　㉕ 锻锡：冶炼家的一种常用语。指将图案铸入器具表面。文铙：刻在铙（一种打击乐器）上的花纹。锻锡文铙：何宁《淮南子集释》说"曰锻锡文铙，谓锻锡而铙文遂生，即言铁之含锡量不同而雕饰之色彩浅深自异"。　㉖ 微：孙诒让认为"微"为"蠹"（简化字为"衅"），缝隙、裂纹的意思。瑕：斑点。　㉗ 霜文：指器具上的纹色如霜。沈居：指各种图纹渗入器具之中，浑然一体。沈通"沉"。簟：竹席。籧篨：比簟粗的席子。缠锦：杨树达怀疑"锦"当作"绵"。经冗：经线般长。数：密。　㉘ 以穷荆、吴甘酸之变：原注为"荆、楚也。言二国善酸咸之和而穷尽之"。　㉙ 橐：风箱。埵：指风箱与炉子相连的通风管子。　㉚ 靡流：熔化成液态。坚锻：锤打坚实。猒：通"厌"。目：应为"日"。　㉛ 峻干：高大的树木。柘：桑。柘梓：桑梓。这里泛指各种可用木材。　㉜ 野莽：野草。白素：形容白茫茫一片。　㉝ 殄：尽。

【评析】

本节作者又逐个揭示精神散逸、沉溺于木水土金火五个方面物质享受的种种表现，最终得出结论：统治者如果沾染上这其中的一种物质享受、穷奢极欲，就足以使天下丧失。

是故古者明堂之制①，下之润湿弗能及，上之雾露弗能入，四方之风弗能袭；土事不文，木工不斫，金器不镂；衣无隅差之削②，冠无觚蠃之理③；堂大足以周旋理文④，静洁足以享上帝、礼鬼神：以示民知俭节。

夫声色五味，远国珍怪，瑰异奇物⑤，足以变心易志，摇荡精神，感动血气者，不可胜计也。夫天地之生财也本不过五⑥，圣人节五行，则治不荒。凡人之性，心和欲得则乐；乐斯动，动斯蹈，蹈斯荡，荡斯歌，歌斯舞，歌舞节则禽兽跳矣⑦。人之性，心有忧丧则悲，悲则哀，哀则愤，愤斯怒，怒斯动，动则手足不静。人之性，有侵犯则怒，怒则血充，血充则气激，气激则发怒，发怒则有所释憾矣。⑧故钟鼓管箫，干戚羽旄，所以饰喜也；衰绖苴杖⑨，哭踊有节⑩，所以饰哀也；兵革羽旄，金鼓斧钺，所以饰怒也。必有其质，乃为之文。

【今译】

　　所以，古代明堂的建筑设计，只求下能防地气潮湿，上能遮挡天降雾露雨雪，周围能挡四面八方的风吹；这样土木工程不讲究华丽的装修，木构件不加以砍削雕琢，金属器具不加以精细刻镂；衣裳服饰不精工裁剪缝制，冠冕帽子无修饰觚及螺形纹理；明堂规模仅够应酬、处理政事就行，静穆清洁仅够祭祀天帝鬼神即可：以此来向百姓作出节俭的示范。

声色五味、异国他乡的奇珍怪物，这些东西足以使人改变思想、动摇精神、感动气血，这种现象多得数也数不清。天地合成的财物不过这金、木、水、土、火五种，而圣人要节制的也不过是这五种物质享受，所以治国处事不会失败。大凡人的性情，心体平和欲望得到满足就快乐；快乐就引起心理活动，人的感情由兴奋而激荡，兴奋激荡便引起唱歌和以手舞足蹈来宣泄感情，手舞足蹈时还会像鸟兽一样活蹦乱跳。人的性情，如内心有忧愁便会产生悲伤情感，悲伤聚集到一定程度便会变成哀痛，哀痛不止便转化为愤懑，愤懑又会转化为恼怒，恼怒发泄便表现为有所动作，有所动作则手脚一定不安宁。人的性情，受到侵犯就会产生怒气，怒气上升则血随之上冲，血越往上冲则越气激，气激则越发怒火冲天，这种情况下非得有宣泄才有可能消除心中的怨恨。所以，演奏钟鼓管箫，舞动干戚羽旄旗帜，是用来表达喜悦的；穿戴孝服、使用居丧竹杖、号哭顿足的礼节，是用来表现悲哀的；兵器甲胄、羽旄军旗、金鼓斧钺，是用来表示愤怒的。一定得有某种真实的情感内容，才会有相应的礼仪形式。

【注释】

① 明堂之制：原注为"明堂，王者布政之堂，上圆下方，堂四出，各有左右房，谓之个，凡十二所。王者月居其房，告朔朝历，颁宣其令，谓之明堂。其中可以序昭穆，谓之太庙。其上可以望气祥，书云物，谓之灵台。其外圆，似辟雍。诸侯之制半天子，谓之泮宫，诗云'矫矫虎臣，在泮献馘'，是也"。　② 隅差：指斜角。隅，角也，差，邪（斜）也。衣无隅差之削：是指衣裳用全幅布做成，不加裁剪。　③ 觚：古代一种酒器。蠃：螺。　④ 周旋理文：原注为"升降揖让修礼容，故曰周

旋。理文,理政事文书也"。　⑤瓌:通"瑰"。奇异、奇特的意思。　⑥五:指金木水火土五行。　⑦斯:连接词,起承接作用。禽兽跳:像禽兽一样地跳。　⑧憾:怨恨。　⑨衰:也为"缞",指丧服,用麻布做成,居丧期间披在胸间。绖:居丧期间系在头上或腰间的带子。苴杖:孝杖,一种粗糙的竹杖,居父丧时用。　⑩哭踊:号哭顿足,表示悲痛的动作。古代居丧哭踊皆有规矩,故曰"哭踊有节"。

【评析】

古代圣人知道金木水土火五种物质享受中只要沾染其一,就足以丧失天下,所以本节作者讲到"圣人节五行",表现为"土事不文,木工不斫,金器不镂",以示民知俭节,这样治国处事也就不会失败。也因为五种物质享受中沾染其一,就足以毁天下,显得如此严重、可怕,所以作者在这里分析起这声色五味、异国珍奇是如何导致人之精神散逸的,即人满足物欲后是怎样在心理生理上表现出来的:"心和欲得则乐,乐斯动,动斯蹈,蹈斯荡,荡斯歌,歌斯舞,歌舞节则禽兽跳",而人一旦表现出这种状态,实际上说明此人精神已散逸,其后果可想而知。

古者圣人在上,政教平,仁爱洽;上下同心,君臣辑睦;衣食有余,家给人足;父慈子孝,兄良弟顺;生者不怨,死者不恨;天下和洽,人得其愿。夫人相乐,无所发贶①,故圣人为之作乐以和节之。末世之政,田渔重税,关市急征②;泽梁毕禁③,网罟无所布,耒耨无所设④;民力竭于徭役,财用殚于会赋⑤;居者无食,行者无粮;老者不养,死者不葬;赘妻鬻子⑥,以给上求,犹弗能澹;愚夫蠢妇皆有流连之心⑦,凄怆之志。乃使始为之撞大钟⑧,击鸣鼓,吹竽笙,弹琴瑟,失乐之本矣。

古者上求薄而民用给,君施其德,臣尽其忠,父行其慈，子竭其孝，各致其爱而无所憾恨其间。夫三年之丧⑨，非强而致之，听乐不乐，食旨不甘，思慕之心未能绝也。晚世风流俗败，嗜欲多，礼义废，君臣相欺，父子相疑，怨尤充胸，思心尽亡⑩，被衰戴绖⑪，戏笑其中，虽致之三年，失丧之本也。

【今译】

　　古时候圣人在上位，政教平和，仁爱和洽；上下同心，君臣和睦；百姓衣食有余，家家丰裕，人人富足；父母慈爱，子女孝敬，兄长温良，弟弟恭顺；活着的人没有怨气、死去的人没有遗恨；天下和洽，人人都能实现自己的愿望。每人都充满欢乐，但不知如何表现、抒发，所以圣人为他们制定了音乐来调和节制。而末世的政治，农民渔民被课以重税，关卡集市中的买卖人也被征收苛刻赋税；水泽渔梁全被关闭，渔民渔网也无处可撒，农夫犁锄也没处可使；民力被徭役折腾得精疲力尽，财物被赋税搜刮耗尽；居家时没有食物，外出时没有干粮；老人得不到赡养，死者得不到安葬；典妻卖子以供上司随时随处的勒索，但即使如此，还不能满足统治者的欲望；这样导致即便是愚夫蠢妇也有依恋之情及因骨肉分离而导致的凄怆之情。人民百姓处在这样一种悲惨情境下，再为他们撞洪钟、击鸣鼓、吹竽笙、弹琴瑟，也没什么用，因为这已丧失了作为音乐的根本意义和作用了。

　　古时候在上位的圣人需求微薄而百姓倒是十分富足，君施恩德而臣尽忠心，父行慈爱而子尽孝心，各自奉献自己的爱心而使人与人之间没有怨恨和遗憾。对服丧三年的人来说，并不是强迫他这样做；三年守孝的过程中，听音乐也不快乐，吃东西也不感到甜美，这完全是因为思念敬慕逝者的真情还在他心头萦绕。可近世就不是这样了，淳朴世风散逸流失，人们贪欲嗜好增多，礼义废弃，君臣相欺，就连父子之间也互相猜疑，怨尤之情充塞心胸，对逝者的思念哀悼之情也全都消失，虽然披麻戴孝，却照样谑戏取笑，这守孝三年也就失去了作为丧礼的根本意义和作用。

【注释】

① 贶:赐予。发贶:抒发表达。　② 关市:关卡集市。　③ 泽梁:水中捕鱼处。梁:指在水中筑起的堤坝,用以拦水捕鱼。　④ 罟:网。耒耜:古代翻土的农具,类似后来的"犁"。木柄部分叫耒,犁头部分叫耜。　⑤ 会赋:按人口数量交纳赋税。　⑥ 赘妻:赁妻,指将妻子抵押给他人,即典妻。鬻子:卖子。　⑦ 流连:依恋。　⑧ 使:刘文典认为"使"衍文,《群书治要》引无"使"字。　⑨ 三年之丧:礼法规定子孙应为父母、祖父母服丧三年。　⑩ 亡:无。消失的意思。　⑪ 被:披。

【评析】

作者在一连串的"古者……而末世"、"古者……而晚世"的对比中,给人强烈的感觉是:现在不如过去。这种厚古薄今的思想表现,真不知在当时作者所处的时代是否吃得开。而实际上是没有一个统治者是厚古薄今的。所以同样想为统治者提供思想武器,以期获得座上宾的待遇,这董仲舒的日子就要比刘安的日子好过得多。

古者天子一畿①,诸侯一同②,各守其分,不得相侵。有不行王道者,暴虐万民,争地侵壤,乱政犯禁,召之不至,令之不行,禁之不止,诲之不变,乃举兵而伐之,戮其君,易其党,封其墓,类其社③,卜其子孙以代之④。晚世务广地侵壤,并兼无已,举不义之兵,伐无罪之国,杀不辜之民,绝先圣之后;大国出攻,小国城守,驱人之牛马,僇人之子女⑤,毁人之宗庙,迁人之重宝⑥,血流千里,暴骸满野,以澹贪主之欲,非兵之所为生也。

故兵者所以讨暴,非所以为暴也;乐者所以致和,非所以为淫也；丧者所以尽哀，非所以为伪也。故事亲有道矣⑦，而爱为务；朝廷有容矣⑧，而敬为上；处丧有礼矣，而哀为主；用兵有术矣⑨，而义为本。本立而道行，本伤而道废。

【今译】

　　古时候天子国土方围一千里，诸侯领地方围一百里，各自持守本分，互相不得侵扰。如果有不行王道的诸侯，暴虐百姓，侵占土地，扰乱政治，触犯禁令，征召他来朝拜他不来，颁布命令他不执行，有禁令他又不停止，教诲引导他也不变好，这样天子就不得不发兵来讨伐他，杀死作乱的君主，改变其行政组织，修建被暴君残害的贤者的坟墓，祭祀社稷，择立他们的贤德子孙继承爵位。近世诸侯热衷于扩张地盘，侵夺他人的国土领地，无休止地扩张兼并；发动不义战争，征伐无过失的国家，杀戮无辜百姓，灭绝圣贤的后代；大国发动进攻，小国被迫防守，赶走他人的牛马，掳夺别人的子女，毁掉别国的宗庙，搬走他国的国宝，血流千里，尸骨遍野，以满足贪婪国君的欲望，这些不是最初建立军队的目的。

　　因此说军队是用来讨伐暴乱的，并不是用来制造暴乱的；音乐是用来陶冶情操、中和性情的，并不是用来助长淫乱的；丧礼是用来表达哀情的，并不是用来作摆设的；所以侍奉父母的孝道，其真心敬爱为最重要；朝廷君臣相见的仪式法度，其敬重君主为首要；居丧讲一定的礼节，但其表达内心的哀思之情为主；用兵讲究一定的战略战术，但坚持正义战争为根本。所以也可这么说，确立根本是主要的，根本确立，这"道"也就能行得通，根本无法确立，这"道"也就被废弃。

【注释】

　　① 畿：古代天子所领属的土地，方围一千里为"一畿"。　② 同：诸侯所拥有的土地，方围一百里为"一同"。　③ 党：古代地方组织，五百家为党。封：堆土为坟叫"封"。类：指一种祭祀。社：社稷。④ 卜：原注为"卜，择立其子孙之贤也"，故"卜"有"选择"的含义。卜

其子孙以代之：是指按古礼，灭国后仍划出一块土地安置所灭国的一位贤德子孙以延续其宗祀社稷，这就是古礼说的"天子不灭国，诸侯不灭姓"。　⑤ 僇：指拘系，拘押。　⑥ 重宝：宝鼎这类象征国家权力的宝物。　⑦ 事：侍奉。亲：父母。　⑧ 容：法度。　⑨ 术：原注为"术，数也，阴阳天生（刘文典怀疑"生"应作"地"）虚实之数也"。是指一种战术。

【评析】

作者继续将"古者……而晚世"作对比，同样给人的感觉是"今不如昔"：兵者原是用来讨伐暴乱的，而现在却成了暴乱制造者；音乐是用来陶冶情操、中和性情的，而现在却反过来助长了淫乱；丧礼是用来寄托哀思的，而现在却成了一种无真实哀思内容的虚假摆设……鉴于此，作者最后又不得不回到他上述的观点，即要返其本（道、太一）而弃其末（仁义礼乐），只有这样才能从根本上解决问题，"本立而道行"，太清之治才有可能。

卷九　主术训

【解题】

本卷作者详尽地阐述了君主"为君之道",即统治术,就像高诱解题说的那样:"主,君也。术,道也。君之宰国,统御臣下,五帝三王以来,无不用道而兴,故曰主术也。"

这"为君之道"的根本原则和方针是"无为而治",所以本卷开宗明义就提出"人主之术,处无为之事,而行不言之教。清静而不动,一度而不摇;因循而任下,责成而不劳"。其原则和方针不外乎是,君主在把持权力之柄同时,要有效地驾驭群臣百官,要"总海内之智、尽众人之力",最大限度地调动发挥群臣百官的积极性和作用,这就是所谓的"君臣异道"。只有这样,整个国家机器才会以君主为轴心而运转开来,社会职能也就能充分体现。这中间当然离不开君主对属下人才的因材施用,使之各得其宜。

同样,要使以君主为轴心的国家机器能正常运转,还必须辅以公正、宽缓、简约的法制及相应的仁义礼乐,这样才能使国家安定大治、百姓才能安居乐业,从而达到国强民富的目标。也正在这个意义上说,本卷作者所论述的君主无为而治之道,实际上是在以道家为主体下兼融了儒法等其他学说。

而君主要真正做到上述这些关键还是在于自身素质,所以作者在本卷中提出君主的道德规范"处静以修身,俭约以率下",即必须以"道"、"德"为自身修养的标准,清静寡欲、去奢尚俭,这样才能作出表率。群臣百姓有可能守正去邪、净化精神。同时,君主还要做到智圆而行方、心细而志大,办事简约,这样才能使群臣百姓归附依顺,仰慕敬佩。

诸如此类,作者对为君之道的详尽论述和描绘,使人们对古代帝王的统治术有了一个全面的认识。

人主之术，处无为之事，而行不言之教。①清静而不动，一度而不摇②；因循而任下，责成而不劳③。是故心知规而师傅谕导④，口能言而行人称辞⑤，足能行而相者先导⑥，耳能听而执正进谏⑦。是故虑无失策，谋无过事⑧；言为文章，行为仪表于天下⑨；进退应时，动静循理；不为丑美好憎，不为赏罚喜怒⑩；名各自名，类各自类；事犹自然，莫出于己。故古之王者，冕而前旒⑪，所以蔽明也；黈纩塞耳⑫，所以掩聪；天子外屏，所以自障⑬。故所理者远，则所在者迩⑭；所治者大，则所守者少⑮。

夫目妄视则淫，耳妄听则惑，口妄言则乱。夫三关者，不可不慎守也。若欲规之，乃是离之⑯；若欲饰之，乃是贼之⑰。天气为魂，地气为魄⑱；反之玄房，各处其宅⑲，守而勿失，上通太一⑳。太一之精，通于天道。㉑天道玄默㉒，无容无则㉓，大不可极，深不可测；尚与人化㉔，知不能得。

【今译】
　　君主治理天下，应实施无为而治，推行无须说教就能使人明白的原则。君主自身应清静而不浮躁，坚持自然法度而不动摇；以顺循事物固有特性的态度任用下属，充分发挥群臣百官的作用，使他们各尽其责而自己不必亲自操劳和费心。所以根据上述的原则，君主心里明白，藏有韬略却让国师来晓喻开导，能说会道却让行人去陈说，脚腿灵便却让相者引导宾客，耳朵聪敏却由执政官员来转达百官意见或计谋。因而，君主考虑问题便不会失策，行动计划便不会过错；言论合理，行为可作天下之表率；进退适合时宜，动静遵循原理；也不会因事物的美丑而产生好恶之情，更不会因赏罚而喜怒；事物叫什么名称就随它叫什么名称，事物属什么类别就让它属什么类别；事物是什么样子都是自然而然的，并不是由个人意志所决定的。所以，古代帝王君主,带的冠冕前面装饰一串珠玉,这是用来遮挡视线的;冠冕两侧垂悬的绵丸球,这是用来堵塞耳朵的;皇帝宫外设立的屏风,这是用来阻隔自己、远离小人的。因此君主管辖的范围越远,所审察的范围却越近;治理的事情越大,所操持的事情却越小(越简约)。

眼睛乱看则易淫邪,耳朵乱听则易迷惑,嘴巴乱说则易失序。这三道关口,平时不可不谨慎把持。如果要去规范它,则是离散了它;如果要去修饰它,则是伤害了它。接受天之阳气的叫魂,接受地之阴气的叫魄;魂魄返聚心体玄房,各自所处自己位置,持守而不散失,人的精神就能上通太一元气。这太一元气是与天道融会相通。天道沉静玄妙、没有形貌也没有常态规则,其大不可极,其深不可测;它常与人一起化育,而人的智慧却无法把握它。

【注释】

① 处无为之事,而行不言之教:见《老子·二章》。处:实施、实行。事:治。 ② 一度:坚守自然法度。 ③ 因循:指顺循事物固有的特性。 ④ 规:原注为"谋也"。指计谋韬略。师傅:指辅导、辅佐国君或太子的官,如太师、太傅。谕:晓谕。 ⑤ 行人:官名。掌管朝见礼仪、出使外交等事务。 ⑥ 相者:官名。负责司仪、引导宾客。 ⑦ 执正:通"执政",即执政官,主管政务。 ⑧ 谋:王念孙认为应作"举","举"犹"动",指举动、行动。过:过失、错误。 ⑨ 行为仪表于天下:原注为"为天下人所法则也"。俞樾认为"于天下"为衍文,因为《文子》中就作"行为仪表"。可参考。 ⑩ 喜怒:杨树达认为应作"怒喜",这样"喜"与上文"理"及下文"己"押韵。 ⑪ 冕:帝王、诸侯、大夫所戴的帽子。前旒:冕前下垂的玉珠,用以遮目,表示目不妄视。 ⑫ 鞋纩:黄色的丝绵球丸。古代帝王冠冕两边悬垂下来的黄色丝绵球丸,用以塞耳,表示耳不妄听,故曰"掩聪"。 ⑬ 外屏:设在帝王居处门外的屏风。自障:用屏风阻隔自己,表示远离小人。 ⑭ 迩:近。 ⑮ 少:王念孙认为"少"当为"小"。 ⑯ 若欲规之,乃是离之:原注为"言嗜欲有所规合,乃是离散也"。 ⑰ 贼:伤

害。　⑱魂：古人认为能够离开人形体而存在的精神为魂，而精神由天之阳气所产生，故曰"天气为魂"。魄：古人认为依附着人形体而存在的精神为魄，而形体由地之阴气所产生，故曰"地气为魄"。　⑲反：返。玄房：心体。也有将"玄房"释为"墓穴"、"墓室"的（见许匡一《淮南子全译》）。　⑳太一：元气。　㉑通于天道：王念孙认为"通于天道"本作"通合于天"。　㉒玄默：玄妙沉静。　㉓容：形貌。则：常规。　㉔尚：通"常"。知：通"智"。

【评析】

本节作者开宗明义提出为君之道——无为而治。因为"无为而治"，所以能做到"因循而任下，责成而不劳"，"进退应时，动静循理"；更能做到"心知规而师傅谕导，口能言而行人称辞，足能行而相者先导，耳能听而执正进谏"。而之所以能做到这些，是在于君主持守精神不散失，使之上通太一、合于天道；这"天道"原本玄默无为，所以"道"之推衍出的君主"德行"也必定是"无为而治"。

昔者神农之治天下也①，神不驰于胸中，智不出于四域②，怀其仁诚之心。甘雨时降，五谷蕃植③，春生夏长，秋收冬藏。月省时考，岁终献功，以时尝谷④，祀于明堂。明堂之制，有盖而无四方⑤，风雨不能袭，寒暑不能伤。迁延而入之⑥，养民以公。其民朴重端悫⑦，不忿争而财足，不劳形而功成。因天地之资，而与之和同。是故威厉而不杀⑧，刑错而不用，法省而不烦，故其化如神⑨。其地南至交趾，北至幽都，东至旸谷，西至三危⑩，莫不听从。当此之时，法宽刑缓，囹圄空虚，而天下一俗，莫怀奸心。末世之政则不然。上好取而无量，下贪狠而无让⑪；民贫苦而忿争，事力劳而无功；智诈萌兴，盗贼滋彰；上下相怨，号令不行；报政有司⑫,不务反道,矮拂其本⑬,而事修其末;削薄其德,曾累其刑,而欲以为治,无以异于执弹而来鸟,捭梲而狎犬也⑭,乱乃愈甚。夫水浊则鱼唅⑮,政苛则民乱。故夫养虎豹犀象者,为之圈槛,供其嗜欲,适其饥饱,违其怒恚⑯,然而不能终其天年者,形有所劫也。是以上多故则下多诈⑰,上多事则下多态⑱,上烦扰则下不定,上多求则下交争。不直之于本⑲,而事之于末,譬犹扬堁而弭尘⑳,抱薪以救火也。故圣人事省而易治,求寡而易澹㉑;不施而仁,不言而信,不求而得,不为而成;块然保真㉒,抱德推诚;天下从之,如响之应声,景之像形:其所修者本也。刑罚不足以移风,杀戮不足以禁奸,唯神化为贵,至精为神㉓。

夫疾呼不过闻百步,志之所在,逾于千里。㉔冬日之阳,夏日之阴㉕,万物归之而莫使之然。故至精之像,弗招而自来,不麾而自往㉖;窈窈冥冥,不知为之者谁而功自成;智者弗能诵,辩者弗能形㉗。昔孙叔敖恬卧而郢人无所害其锋㉘,市南宜辽弄丸而两家之难无所关其辞㉙。鞅鞈铁铠,瞋目扼腕,其于以御兵、刃,县矣!㉚券契束帛㉛,刑罚斧钺,其于以解难,薄矣!待目而照见,待言而使令,其于为治,难矣!蘧伯玉为相㉜,子贡往视之,曰:"何以治国?"曰:"以弗治治之。"简子欲伐卫㉝,使史黯往觌焉㉞。还报曰:"蘧伯玉为相,未可以加兵。"固塞险阻,何足以致之?故皋陶喑而为大理㉟,天下无虐刑,有贵于言者也;师旷瞽而为太宰㊱,晋无乱政,有贵于见者也。故不言之令,不视之见,此伏羲、神农之所以为师也。

【今译】

　　过去神农氏治理天下，精神沉静而不躁动驰骋于胸中，智慧藏匿而不显露于身外，只怀着一颗仁爱真诚之心。因而自然界甘雨及时降落，五谷繁茂生长，春生夏长，秋收冬藏。按月检查，每季考察，到年底向祖宗神灵汇报丰收成功的喜讯，按季节尝吃新谷，在明堂祭祀祖宗神灵。明堂的建制式样，有天穹一样的圆形顶盖而无四面墙壁，但风雨却不能侵袭，寒暑也不能伤害。每当祭祀祖宗神灵时，怀着公心养育民众的神农氏率领随从胸襟坦荡、步履从容地进入明堂。他的民众朴素稳重、正直诚实，不用互相争夺，因为财物富足，不用过分劳累身体而能大功告成。他凭借着大自然的资助，而与天地自然融会一体。尽管他身处威厉地位，却从不逞威逞凶；制定刑法政令，却不必动用；法令简略而不烦杂，所以对民众的教化功效神奇。他的管辖范围南到交趾，北到幽都，东到旸谷，西到三危，各处无不听从归附。在这个时候，法律宽厚，刑罚轻缓，监狱空虚，而天下风俗却纯一，谁也不怀奸诈之心。而晚世的政治就不是这样了。君主热衷于索取而没有休止，官吏贪婪得不懂得半点谦让；民众因贫困而被迫互相怨恨争夺，费尽辛劳而不得报酬；智巧奸诈从此萌发兴起，盗贼从此滋生泛滥；上上下下互相怨恨，法规号令不能推行实施；政府各级官员不致力于归依天道，而是违逆治国的根本，只注意修饰枝节、小事；这时德政受到砍削，而刑罚却得到加强增重，而想这样来治理好天下，无异于手拿弹弓却想招引鸟雀，挥动木棍却想与狗玩耍，那只会乱上添乱。水混浊则鱼儿就会浮出水面呼吸喘气，政令烦琐苛刻则民众烦躁不安。所以那些驯养虎、豹、犀牛、大象的人，尽管给这些动物修建了栅栏，供给这些动物喜爱吃的食物，并适时投放不让这些动物挨饿，改变这些动物的暴怒性情，使之驯驯服服，但就是不能使它们享尽自然寿命，原因何在？这是因为这些动物的身体受到了强制的约束和胁迫。因此，在上的君主多智巧，在下的臣民就多奸诈；在上的君主多事情，在下的臣民易生事；在上的君主好烦扰，在下的臣民必受干扰而不安定；在上的君主多贪欲，在下的臣民好争斗。不立足根本而去追求末节，就好像扬起尘土去制止飞尘,抱着薪柴去救火一样。所以,圣人简省事务而治理容易,欲求少而容易满足;不需布施而能表示仁爱,不须信誓旦旦反能显示诚实,不需索取就能获得,不用做什么反能收到成效;他安然不动保守纯真,怀抱道德以诚待人;天下人都归顺跟随他,如同回音应和声音,物影跟随形体:这些都在于圣人修养根本的缘故。刑罚不足以移风易俗,杀戮不足以禁绝奸邪;唯有从精神上纯化才是根本,那至精的无为之道才有神奇作用。

大声呼喊只能传到百步之远,而心志精神却能超越千里之外。冬天的阳光、夏天的荫凉,万物都向往和喜欢它,却又没有谁要万物这样子。所以,最纯精的东西,你不用召唤它就会自然到来,不用挥手它就会自然离去;它幽深玄妙,神不知鬼不觉地就使事物自然成功;有智慧者无法说清楚,善辩者又无法形容它。以前,孙叔敖安然静卧,使楚国不用刀枪却能称雄天下;楚都城南的勇士宜辽熊面对白公胜举剑威逼,心志不惧,泰然自若地转动着手中的球丸,表达自己保持中立的立场,使自己在白公胜和令尹子西两家的战难中免受牵连。披挂着皮革护胸甲和铁制铠甲,怒目扼腕、情绪激愤、立马横刀来抵御敌兵的刀枪,其功效要比以德服人差远了!以钱财笼络、刑法镇慑,这样来解决危难,其作用要比以德感化小得多!凭眼睛观察事物,靠言辞发号施令,这样治理天下比无为而治难得多!过去蘧伯玉做卫国的丞相,子贡前去拜访他,问:"你是如何治理国家的?"蘧伯玉回答说:"靠不治来治理。"赵简子准备征伐卫国,先派史墨前去侦察。史墨回来报告说:"蘧伯玉担当卫国的丞相,所以不可以出兵。"由此看来,坚固的要塞和险峻的关隘又怎么能起到这种功效呢?所以皋陶尽管聋哑,但就是凭着哑疾而做上了舜帝的司法官,天下没有暴虐的刑罚,哑巴却有着比语言更值得珍贵的地方;师旷眼瞎而当上晋国的太宰,晋国便没有混乱的政局,瞎子有着比明目者更珍贵的东西。所以说,不动嘴说话就能实行政令,不睁眼观看就能明察秋毫,这就是伏羲和神农能成为后人师表的缘故。

【注释】

① 神农：传说中的上古帝王名，又称炎帝。他尝百草教民栽种，号神农氏。　② 四域：四方。泛指身外事物。　③ 蕃：繁茂。植：通殖，生长。　④ 尝谷：原注为"谷，新谷也。荐之明堂，尝之也"。尝谷即尝食不同季节下收获的不同谷子，也叫尝新。　⑤ 四方：四面墙壁。因为堂上四面无墙壁，所以明亮，"明堂"的称呼也随之产生。　⑥ 迁延：原注为"犹倘佯也"。入之：指进入明堂。　⑦ 悫：朴实、诚实。　⑧ 杀：王念孙认为应作"试"。《说文》："试，用也。"　⑨ 神：神奇、神妙。　⑩ 交趾：也称"交阯"。古地名，指五岭以南一带。幽都：即幽州，指雁门以北一带。旸谷：神话中日出的地方。三危：传说中的西方地名。　⑪ 贪狼：庄逵吉本作"贪很"，指贪婪得很。　⑫ 报政：庄逵吉本作"执政"。　⑬ 拂：违逆。　⑭ 曾：通"增"。弹：弹弓。来鸟：招引鸟类。来，使动用法。捭：通"摆"，挥动。陈观楼认为"捭"是"挥"字之误。梲：木棍。狎：玩弄、戏弄，态度亲近但不庄重。　⑮ 唅：鱼因缺氧气而浮出水面呼吸喘息的样子。　⑯ 恚：发怒。　⑰ 故：指"巧"。　⑱ 态：事态。指生出事态来。　⑲ 直：通"植"，"立"的意思。　⑳ 埃：尘土。弭：止、息。　㉑ 澹：通"赡"，满足。　㉒ 块然：安然。　㉓ 神化：精神纯化、精神感化。至精：最精粹的部分。　㉔ 疾：猛、大。闻：使听到。志：指思想精神。　㉕ 阴：荫凉处。　㉖ 麾：通"挥"。　㉗ 诵：指说清楚，说明白。形：形容、描绘。　㉘ 孙叔敖：人名，春秋楚国令尹。郢：地名，楚国都城。害：损坏。锋：锋刃，代指兵器。原注为"郢，楚国都也。孙叔敖，楚大夫也。盖乘马三年不知其牝牡，言其贤也。但恬卧养德，折冲千里之外，敌国不敢犯害，故郢人不举兵出伐，无所害其锋于四方也"。　㉙ 无所关其辞：原注为"宜辽，姓也，名熊，勇士，居楚市南。楚平王太子建为费无忌所逐，奔郑，郑人杀之。其子(太子建之子)胜在吴，令尹子西召之以为白公。请伐郑以报仇，子西许之，而未出师。晋人伐郑，子西救之。胜怒曰：'郑人在此，仇不远矣。'欲杀子西。其臣石乞曰：'市南熊宜辽，得之可以当五百人。'乃往视之，告其故，不从。举之以剑而

不动而弃丸不辍,心志不惧,曰:'不能从子为乱,亦不泄子之事。'白公遂杀子西。故两家虽有难,不怨宜辽。故曰'无所关其辞'"。此事例说明宜辽熊在两家纷争冲突中保持中立、不参与,所以没有受到牵连。　㉚ 鞅:套在牛马颈上用以负轭的皮带。鞈:护胸的皮甲。"鞅鞈",孙诒让认为应作"鞲鞈",泛指精制的皮革护胸甲。瞋目:怒目。扼腕:一手握着另一手腕,表示激愤。县:通"悬",表示悬殊、悬远。　㉛ 券契:各种证券、凭证。束帛:古代聘问礼物。这里的"券契束帛"泛指钱财。　㉜ 蘧伯玉:人名,春秋时卫国人。　㉝ 简子:人名,即赵鞅,晋国卿大夫。　㉞ 史黯:史墨,晋国太史。"黯"、"墨"相通。　㉟ 皋陶:传说中舜臣,掌管刑狱。喑:哑。大理:官名,掌管刑法,类似司法官。　㊱ 师旷:春秋晋平公的乐师。瞽:盲。太宰:官名,掌管王室内外事务。

【评析】

为了说明上节提出的"无为而治",本节作者开始举例说明,首先列举神农氏,他的"无为而治"是"神不驰于胸中,智不出于四域",所以能使"甘雨时降,五谷蕃植",民众朴重端悫,"不忿争而财足,不劳形而功成","天下一俗,莫怀奸心",而社会是法宽刑缓、囹圄空虚。然而晚世就不对了,要说怎么乱就怎么乱,原因当然是没有遵循无为而治的原则。

但实际上作者所举的神农氏的无为而治,只记载于书本传说中,所以接下来作者就对这"无为而治"的方法作具体疏解,认为"无为而治"是"圣人事省而易治,求寡而易澹"。举例说,那就是"孙叔敖恬卧而郢人无所害其锋,宜辽弄丸而两家之难无所关其辞",这些均附合作者所规定的"无为而治":不施而仁,不言而信,不求而得,不为而成。也因为这样,所以皋陶哑可为大理,师旷瞽可为太宰,人之有用无用超出常人理解范围,这大概就是"道"之作用所致。

故民之化也①,不从其所言,而从所行。故齐庄公好勇,不使斗争,而国家多难,其渐至于崔杼之乱。② 顷襄好色,不使风议,而民多昏乱,其积至昭奇之难。③ 故至精之所动,若春气之生,秋气之杀也,虽驰传骛置,不若此其亟。④ 故君人者,其犹射者乎？于此豪末,于彼寻常矣。⑤ 故慎所以感之也。夫荣启期一弹,而孔子三日乐,感于和。⑥ 邹忌一徽,而威王终夕悲,感于忧。⑦ 动诸琴瑟,形诸音声,而能使人为之哀乐。县法设赏,而不能移风易俗者,其诚心弗施也。宁戚商歌车下,桓公喟然而寤⑧,至精入人深矣！故曰：乐听其音则知其俗,见其俗则知其化。孔子学鼓琴于师襄,而谕文王之志,见微以知明矣。⑨ 延陵季子听鲁乐而知殷、夏之风,论近以识远也。⑩ 作之上古,施及千岁而文不灭⑪,况于并世化民乎？汤之时,七年旱,以身祷于桑林之际,而四海之云凑,千里之雨至。抱质效诚,感动天地,神谕方外；令行禁止,岂足为哉！古圣王至精形于内,而好憎忘于外；出言以副情⑫,发号以明旨；陈之以礼乐,风之以歌谣；业贯万世而不壅,横扃四方而不穷⑬；禽兽昆虫与之陶化,又况于执法施令乎？

【今译】

民众受感化,不是根据君主的言传,而是根据君主的身教。所以,齐庄公好养武士和穷兵黩武,尽管他并没有要百姓互相争斗,但国家就是多灾多难,致使后来崔杼弑君作乱。楚襄王专淫好色,尽管他并没有公开宣传色情,但民众却淫乱昏昧,最后发展到国土丧失、逃离京城的灾难发生。所以最精粹的精神感化作用,就像春天生长、秋天肃杀一样,哪怕是驿马传递,都不如它快速。所以,治理国家的君主,大概就像射手一样,瞄准发射时的毫毛之差,都会造成误差极大的后果。所以要慎重地对待精神感化这一事情。荣启期弹奏一支乐曲,孔子听了快乐三天,这是因为孔子受到了曲调平和之情的感染。邹忌挥手弹拨一曲,齐威王听了悲伤一整夜,这是因为齐威王受到了曲调忧伤之情的感动。人在琴瑟上的弹奏,感情通过乐曲声音表现出来,人听了后就会引起悲哀或快乐。颁布法令、设置奖赏而不能达到移风易俗的目的,这是在于实施赏罚制度的人没有随之推行他的诚心。宁戚在牛车下唱起商调歌曲,齐桓公听后感叹醒悟,明白了宁戚的苦衷,终于任他为官,可见最精粹的精神感化作用是多么地大啊! 所以说,能听懂看懂音乐舞蹈,也就能知道了解这其中所包含的思想内容和风俗习惯,也就明白它所具有的感化作用。孔子向师襄学习鼓瑟弹琴,并从中明白了周文王的志向,这是孔子通过音乐语言而领悟出的主题内涵。同样,延陵季子从聆听欣赏鲁国的传统音乐中了解知道殷商的风俗习惯,这是延陵季子通过今天近世而认知到遥远的过去。这些创作完成于上古的音乐诗篇,流传千年而不磨灭,还能给人以启迪和影响,更不用说这些音乐在当时的感化作用了。商汤的时候,连续七年干旱,汤王亲自到桑林向神祈祷,以自责来感化天神,因而很快乌云密布四海,大雨降临千里大地。所以说,怀着质朴真诚之心,就能感动天地,神奇般地感化所有一切;所以靠行政命令来规定人们干什么不可干什么,哪有上述如此神奇的功效! 古代圣王将最精粹的精神形成保存在内心,又将好憎之情抛到九霄云外;他言论符合真情,号令则阐明仁慈的旨意;他通过礼乐来陶冶民性,用歌谣来讽喻民风;他的这种精神感化功业持续贯通万代而不会停止,横贯跨越四方而不会穷尽;就连禽兽昆虫也随之受到陶育感化,更何况由这样的圣王执法施令,天下谁不听从感化?

【注释】

　　① 故:这里"故"起承接作用,无因果关系。民之化也:王念孙认为应为"民之化上",下句"其"字正指"上"而言。《文子·精诚篇》就作"民之化上"。　② 齐庄公:齐国国君,名光,灵公之子,公元前553—公元前548年在位。崔杼:齐国大夫。曾有宠于齐惠公,后

乘灵公染疾,拥光即位(即齐庄公)。齐庄公好养勇士,并恃勇频频发动战争,政见又和崔杼不一,后又与崔杼妻私通,为崔氏射杀。崔杼另立杵臼为君(即齐景公)。事见《左传·襄公·二十五年》。　③顷襄:楚襄王,名横,楚国国君,公元前299—公元前263年在位。《战国策·楚策四》记有襄王专淫好色之事。昭奇:楚国大夫。　④传、置:均指驿站的车马。驰、骛:均指快跑。亟:疾,快速。　⑤豪:通"毫",长细的毫毛。寻常:古代长度单位。八尺为寻,十六尺为常。　⑥荣启期:春秋时隐士。《列子·天瑞篇》记有荣启期与孔子讨论"三乐"之事。　⑦邹忌:战国时齐国大夫。徽:通"挥",指用手弹奏。威王:齐威王。《史记·田敬仲完世家》记载邹忌以鼓琴游说齐威王,被任为国相之事。　⑧宁戚:春秋时卫国人,穷困潦倒,为商人赶车;听说齐桓公称霸,赶着车去见齐桓公,适逢齐桓公出城,宁戚敲击牛角唱起商调歌曲,桓公为之感动,认为宁戚非常人,遂召拜为上卿。商歌:古人认为商调悲凉。寤:通"悟"。　⑨师襄:春秋时鲁国乐师。孔子学鼓琴于师襄:事见《史记·孔子世家》,孔子向师襄子学弹琴,反复练习一支没有名称的曲子;开始只学会曲调,以后才掌握技巧,最后领会了曲子的主题,即明白了文王志向和文王形象。这时师襄才说,此曲正是歌颂周文王的《文王操》。　⑩延陵季子:春秋吴国公子季札,曾封于延陵,故称"延陵季子"。《左传·襄公·二十九年》记载季札出使鲁国观赏周代古乐,并一一评论。　⑪施:延及、流传。　⑫副:符合。　⑬贯:通。壅:堵塞、中止。业:王念孙认为应作"叶",聚集的意思。业,这里译为"功业"。扃:从外关门用的门栓。横扃:这里指"横贯"。

【评析】

上文讲到圣人之所以能"无为而治",是在于持守精神不散逸,使之上通太一、合于天道,这样使原本玄默无为的天道与圣人无为而治的德行天然合一。本节作者着重论述持守精神的重要性和精神感化的可能性。荣启期一弹而孔子三日乐,邹忌一挥而威王终夕悲,汤王抱质效诚而感动天地。"圣王至精形于内而好憎忘于外",那么圣王麾下的臣民又何尝不陶化？无为而治又何尝不可能？

故太上神化①,其次使不得为非,其次赏贤而罚暴。衡之于左右②,无私轻重③,故可以为平；绳之于内外④,无私曲直,故可以为正；人主之于用法,无私好憎,故可以为命⑤。夫权轻重,不差蚊首⑥；扶拨枉桡,不失针锋⑦；直施矫邪,不私辟险⑧；奸不能枉,谗不能乱；德无所立,怨无所藏,是任术而释人心者也⑨,故为治者不与焉⑩。

【今译】
　　所以治理天下,最上策的是从精神上感化,其次是用礼制方法来约束民众使他们不做错事,而用奖赏贤才惩罚暴虐的方法来治理天下是最下策的。秤对于所称之物来说,不会根据自己的私心来改变它们的轻重；墨绳对于所量之物来说,也不会凭自己的私心来决定它们的曲直,所以秤和绳是公平、正直的。君主用法也是如此,不能因爱好、憎恶而改变执法的标准、量刑的尺度,正因为这样,所以他能实施法制政令。权衡轻重,哪怕是蚊子头那么小的误差也不能发生；矫正枉屈,哪怕是针尖那么大的误差也不能发生；纠正歪邪,不以私心回避风险；奸诈小人不能使他枉法,逸侈之人不能使他乱法；因为执法公正严明,所以怨恨也不会产生藏匿,恩德也无从谈起；这种凭借法术治国而不重视人心改造的做法,真正治理天下的君主是不采用的。

【注释】
　　① 太上：次第语,最重要的意思。　② 衡：和下文的"绳"来比喻法度。左右：既指所称之物,也可喻指君主身边的官员。　③ 无私：不凭私心。　④ 内外：既指所量之物的不同部分,也可喻指朝廷内外的各种官员。　⑤ 命：命令、政令。　⑥ 蚊首：蚊子头。比喻分量轻微。　⑦ 扶拨：矫正。枉桡：弯曲。这里指枉法导致的冤屈。

针锋：针尖。比喻分量细微。 ⑧ 直：使直。施：邪、歪邪。辟："避"的古字。也可通"僻"。 ⑨ 任：凭、用。术：治国之术。这里根据上下文意思，"术"当指"法术"。释：释放。释人心：这里指放弃对人心的重视。 ⑩ 不与：不用。

【评析】

鉴于上述既说明又举例，本节作者开始归纳总结，认为治理天下最好的方法是"无为而治"，从而达到精神感化（神化），而其他的方法均是次一等的。结论是用"法"尽管可使社会现象"平和正"，但也因此将一切都变得像铁制衡器那样冷冰冰，使"德也无所立，怨也无所藏"，这当然不可与强调精神感化的治理方法相比。

夫舟浮于水，车转于陆，此势之自然也。木击折辕①，水戾破舟，不怨木石而罪巧拙者，知故不载焉②。是故道有智则惑，德有心则险，心有目则眩。③兵莫憯于志而莫邪为下，寇莫大于阴阳而桴鼓为小。④今夫权衡规矩，一定而不易，不为秦、楚变节，不为胡、越改容⑤，常一而不邪，方行而不流⑥，一日刑之⑦，万世传之，而以无为为之。故国有亡主，而世无废道；人有困穷，而理无不通。由此观之，无为者，道之宗。故得道之宗，应物无穷；任人之才，难以至治。汤、武，圣主也，而不能与越人乘干舟而浮于江湖⑧；伊尹，贤相也，而不能与胡人骑骠马而服騊駼⑨；孔、墨博通，而不能与山居者入榛薄险阻也⑩。由此观之，则人知之于物也，浅矣；而欲以遍照海内⑪，存万方，不因道之数，而专己之能，则其穷不达矣⑫。故智不足以治天下也。桀之力，制觡伸钩，索铁歙金，椎移大牺⑬，水杀鼋鼍，陆捕熊罴，然汤革车三百乘，困之鸣条，擒之焦门⑭。由此观之，勇力不足以持天下矣。⑮

　　智不足以为治,勇不足以为强,则人材不足任,明也。而君人者不下庙堂之上⑯,而知四海之外者,因物以识物,因人以知人也,故积力之所举,则无不胜也;众智之所为,则无不成也。坎井之无鼋鼍,隘也;园中之无修木,小也。夫举重鼎者,力少而不能胜也,及至其移徙之,不待其多力者。故千人之群无绝梁⑰,万人之聚无废功。夫华骝、绿耳⑱,一日而至千里,然其使之搏兔,不如豺狼⑲,伎能殊也。鸱夜撮蚤蚊,察分秋豪,昼日颠越⑳,不能见丘山,形性诡也。夫螣蛇游雾而动,应龙乘云而举,猿得木而捷,鱼得水而骛。㉑故古之为车也,漆者不画,凿者不斫㉒;工无二伎,士不兼官,各守其职,不得相奸㉓;人得其宜,物得其安,是以器械不苦,而职事不嫚㉔。夫责少者易偿,职寡者易守,任轻者易权。㉕上操约省之分,下效易为之功,是以君臣弥久而不相厌。㉖

【今译】

　　船航行在水面,车行走在陆地,这是自然之势决定的。行车时由树木撞断车轴,行船时急流暗礁撞破船只,人们不抱怨树木和礁石,而怪罪撑船者和驾车人的拙劣驾驭技术,这是因为木石本身不含有像人那样的智巧和心计。所以,人在遵"道"、循"道"中一旦掺杂了智巧心计就会使人惑乱,人在守"德"、行"德"中一旦加掺了心计智谋就会使人陷入危险,总之,人有了小心眼就会迷惑昏乱。心计智谋比兵器还厉害,莫邪宝剑与其比较也就算不了什么;战争中没有比运用战略战术、智谋计策更重要的了,与它相比较,临阵击鼓、进军冲锋就显得微不足道了。现在人们使用的那些权衡规矩,一旦制定就不再变更了,它不因秦、楚强权政治而改变,也不因胡、越地域差异而变化,永远保持一致而不偏斜,公正地度量一切而不走样,一旦定型,便万世传下去,它们就是在无知无觉中为人们做着度量物体的事情。所以,世上会有被废弃的亡国君主,却不会有被废弃的道术;人会有穷困潦倒的时候,而事理却不会有困阻行不通的时候。由此看来,"无为"是道之根本。人能掌握无为之道,就能应对任何变化;只凭个人的才智,是难以实现天下大治的。汤王、武王都是圣明的君主,但习惯于陆地生活的他们却不能像南方越人那样乘小舟而游泛于江湖;伊尹是贤明的宰相,但生活在中原地方的他却不能像北方胡人那样骑着骏马去驯服野马;孔子、墨子尽管博学多才,却不能像山民那样自由自在出入草莽丛林、高山峻岭。由此看来,人的智能对事物的认知和驾驭,是有限的;想以个人的有限智能光照四海、施震海内、保护四方,而不因循道术,只凭一己之能,那么他离走投无路的日子也就不远了。所以,"智"不足以治理天下。夏桀算得上勇武有力,能徒手折断骨角、拉直铁钩、绞铁成索、揉合金块;桀王手下的推侈、大牺,下水能杀大鳖和鼍龙,上山能擒熊罴;但是一到商汤率兵车三百于鸣条围着夏桀,擒困推侈、大牺于南巢时,这些勇武有力最终有力无用处。由此看来,凭恃个人的勇力是保不住天下的。

　　智慧不足以治国,勇力不足以逞强,那么个人的才智也不值得依恃,这是明摆着的道理。但反过来说,君主是不出朝廷,却能知道天下大事,这是因为他能以身边的事物推知其他事物,以身边的人推知其他个人,这就是说积集体力量、聚集体智慧,所以能战无不胜,事无不成。井里、小水坳内之所以没有鼋鼍,就在于它们太狭窄;园囿中之所以没有参天大树,就在于园囿太有限。一个人举重鼎,力气小而举不起,但等到众人合力将鼎举起移开,就不一定要等待大力士来完成了。所以千人之中必有栋梁之材,万人聚集没有办不成的事。骅骝、绿耳这样的骏马,一天跑上千里不在话下,但如果让它们去捕捉兔子的话,那还不如猎犬,这是因为各自的技能不同的缘故。猫头鹰晚上能抓得着蚤子和蚊子,真是明察秋毫,但一到白天,即使两眼圆睁,却连山丘这样的庞大物体都看不清,这是因为猫头鹰的生理特性所决定。这也就像腾蛇在游雾中升腾、应龙乘云气上升、猿猴在树林里敏捷跳跃一样,均由这些生物体的生理特性所决定。所以古时候造车子,漆工不管画图,雕匠不管砍削,各类工匠只擅长一种技能,就像士人不兼官职一样,这样各守其职,反而相安无事、互不侵犯、各尽其职;这样人得其宜,物得其安,器具不受损伤,事情不会耽误,职责明确不得懈怠。债少,容易还清;职位职责少,容易守职尽职;担子任务轻,容易完成且大家乐意承担。所以在上的君主持守简约,下在的官吏就容易做好本职事情,这样君臣虽然长处一起,但不会产生厌倦之感。

【注释】

① 㩒:车轴头。 ② 水戾:水流湍急。巧拙:指撑船者、驾车人的技术拙劣。知:通"智"。载:承受、含有。 ③ 心有目:指心眼太多或小心眼。 ④ 兵:兵器。憯:原注为"犹利也"。莫邪:宝剑名称。寇:原注为"寇亦兵也",这里指战争。阴阳:指战争中的战略战术智谋计策等。枹:鼓槌。 ⑤ 秦、楚:战国时两个强国。胡、越:一北(胡)一南(越)、地域差异很大的两个部落。 ⑥ 邪:通"斜"。方行:方正,指公正。流:有偏斜、走样的意思。 ⑦ 刑:通"型"。 ⑧ 干舟:原注为"小船也,危险,越人习水,自能乘之,故汤武不能也"。 ⑨ 伊尹:商朝大臣。骠:原注为"黄马白腹曰骠"。一说"骠"为"原",指国家名,在益州西南,出千里马。駃騠:野马。 ⑩ 榛薄:聚木为榛,深草为薄。 ⑪ 遍:刘文典认为是"衍文"。《群书治要》引此文无"遍"字。 ⑫ 达:王念孙认为应作"远"。 ⑬ 制:读为"折","制"与"折"古字通。觡:骨角。索:原注为"绞"。歙:合、糅合。椎:应为"推"。牺:"犠"应作"戯"(戏)。推移:应作"推侈"。大犠或大戯,即大牺或大戏。推侈、大牺(大戏)为夏桀王手下的两名大臣,以骁勇有力著称。一说"大牺"为"牺樽"(见许匡一《淮南子全译》)。另一说"大戏"为大的"旌旗"。录下供参考。 ⑭ 鸣条:地名。相传商汤伐夏桀的地方。在今山西运城东北,或谓在今河南封丘县东。焦:或作"巢","焦"与"巢"古字通。焦门:巢门,即南巢。 ⑮ 力:为衍文。

《群书治要》引此文无"力"字。　⑯ 庙堂：指朝廷。　⑰ 无绝：双重否定，等于说"不会没有"，即必有(见许匡一《淮南子全译》)。⑱ 华：通"骅"。骅骝：骏马名称。绿耳：骏马名称。　⑲ 豺狼：《太平御览》引此"豺狼"为"狼契"，狼、契皆为"犬"名。　⑳ 鸱：鸟名，猫头鹰。撮：抓取。颠越：《庄子·秋水篇》作"昼日瞋目"，故王引之疑"颠越"为"颠目"之误。瞋目，两眼圆睁的意思。　㉑ 腾蛇：传说中一种会升飞的蛇。应龙：神话传说中一种有翼的龙。骛：急驰，迅驰。㉒ 凿：雕凿。斫：砍削。　㉓ 奸：干扰。这里的"奸"当读为"干"。㉔ 苦：指被过分使用而受损。嫚：读成"慢"，也通"慢"，指延缓、耽误。　㉕ 责：通"债"。权：原注为"谋也"，俞樾认为"权"有"劝"字之义。录下供参考。　㉖ 猒：饱、足，引申为厌倦。

【评析】

本节作者继续强调"无为而治"的方法，并认为这是"道"之根本。由此出发，作者认为就该排斥一切人为因素，包括"智巧心机"，因为"道有智则惑，德有心则险，心有目则眩"。你就是智力非凡，但这"智"与"道"相比还是有限的，就像汤武、伊尹和孔、墨，尽管圣贤博学，但总还有"智"所不及的地方。因此用"智"是不可能"遍海内、存万方"的，唯有"道"才有可能"应物无穷"，所以作者强调指出"智不足以治天下"。

与"智"对称的是"勇"，于是作者同样也强调应排斥所谓的"勇武有力"。勇武有力的桀王尽管能"折骼伸钩，索铁歙金"，但碰到汤王甲车三百还是不能保住天下，"勇力不足以持天下"。诸如此类，作者无非是想突出"道"之作用的无穷。

因为"道"之无穷，所以你就不能"狭隘"，想想"坎井无鼋鼍"、"园中无修木"就能知道"狭隘"不足以任物成事。也因为不"狭隘"，所以做君主的就能在知道物性(如"鸱夜撮蚤"、"昼出瞋目")之同时，还能兼容并蓄、为我所用，使各种不同特性的人和物都能在一部车子上发挥作用，"各守其职，不得相奸"，这样"人也得其宜，物也得其安，器械也不苦",整部车子(象征国家机器)在君主无为而治下缓缓运行。

　　君人之道,其犹零星之尸也①,俨然玄默,而吉祥受福。是故得道者不为丑饰,不为伪善。②一人被之而不褒,万人蒙之而不褊。③是故重为惠,若重为暴④,则治道通矣。为惠者,尚布施也。无功而厚赏,无劳而高爵,则守职者懈于官,而游居者亟于进矣。⑤为暴者,妄诛也。无罪者而死亡,行直而被刑,则修身者不劝善,而为邪者轻犯上矣。故为惠者生奸,而为暴者生乱;奸乱之俗,亡国之风。是故明主之治,国有诛者而主无怒焉,朝有赏者而君无与焉。⑥诛者不怨君,罪之所当也;赏者不德上,功之所致也。民知诛赏之来,皆在于身也,故务功修业,不受赣于君。⑦是故朝廷芜而无迹,田野辟而无草,故太上下知有之。

　　桥直植立而不动⑧,俯仰取制焉;人主静漠而不躁,百官得修焉⑨。譬而军之持麾者⑩,妄指则乱矣。慧不足以大宁,智不足以安危⑪;与其誉尧而毁桀也,不如掩聪明而反修其道也⑫。清静无为,则天与之时;廉俭守节,则地生之财;处愚称德,则圣人为之谋。是故下者万物归之,虚者天下遗之。⑬

【今译】

　　治理民众的方法,就应当像祭祀灵星时的尸主那样:庄重静默、端坐无言,使祭祀的人在不知不觉中吉祥受福。所以,得"道"之君不为丑陋掩饰,不为美善隐藏。一个人承受到君主的恩惠,不会觉得太大;万人分享这种恩惠,也不会觉得太小。因此君主慎重对待恩惠和慎重对待惩暴,他不轻易施予人恩惠,就像他不轻易对人惩处一样。

这样,使他治国之道畅通无阻。因为施行恩惠,就会热衷于施舍给予,以致无功者得到奖赏,无劳者得到爵位,这样一来,轻易得到爵位官职的人会玩忽职守、松懈职责,而那些闲居游荡的士人也会极力谋取爵位官职。同样,施行惩暴,就会随意诛杀惩罚,以使那些无罪者得以屈死,品行端正的人受到惩罚,这样一来,那些注重自我修性的人不愿再努力为善,而那些行为不轨者倒反而敢于犯上作乱了。所以轻易广施恩惠容易助长奸邪,轻易施行惩罚容易滋生动乱;而一旦有这种奸邪、动乱,就是亡国的征兆。因此,英明的君主治理天下,他不因为国家有受诛罚之事而恼怒,也不会因朝廷有奖赏活动而赞誉高兴。这是因为受诛罚者没有必要怨恨国君,这是他们罪有应得;受奖赏者也没必要感谢国君,这是他们劳动所得、功劳所致。而民众一旦知道明白这赏罚的由来——均取决于自身表现,也就会努力工作,建功立业而不指望君主个人会恩赐什么。这样一来,政府机构——朝廷反而人迹稀少,大家都去从事自己的工作,使开辟出来的荒地都无杂草。这就是远古时代的"无为而治",现在大家都知道。

桔槔的立柱直立而不活动,控制着横木杠杆上下运动汲水取物;君主如同立柱庄重静穆而不躁动,下属百官就能办好政事。这也好像军队中拿指挥旗帜的将领,这旗帜乱挥妄指就会导致部队混乱、阵脚动摇。所以,治国如施以小恩小惠,是不足以使天下得到安宁的;施用智力聪慧也难以使国家转危为安;与其赞誉尧帝而诋毁桀王,不如现在就收起所谓的聪明而归返到无为而治之道。奉行清静无为的话,连上天都会赐给时运;推行廉俭守节,连大地都会助育生财的;而君主守朴处愚,办事合情合理,就连圣人也会为他出谋献策的。所以说处于低处、谦卑自居的人,万物都会归附他,天下也会归他所有。

【注释】

① 零:灵。零星:灵星。又称天田星,古人认为此星主稼穑,于辰日祀于东南,以祈祷年成或报告事功。尸:祭祀时作为神灵化身受祭的人。　② 不为伪善:王念孙认为应作"不伪善极","伪"即"为"

字。极：藏匿、隐藏，由"穷尽"义引申出来。　③ 被、蒙：均指受到恩惠。褒：宽大的意思。褊：原指衣裳窄小，引申为泛指"小"。
④ 重：慎重、不轻易。杨树达就释"重"为"难"。　⑤ 游居者：闲居游荡的人。　⑥ 与：誉。　⑦ 赣：赐予。　⑧ 桥：即"桔槔"，是一种利用杠杆原理制成的汲取井水的工具。由"立柱"和"横木"(杠杆)两部分组成，固定着的立柱直立以控制横木(杠杆)上下运动以汲水。植：立柱。直植：杨树达认为应作"植直"，即指立柱直立。　⑨ 修：治。　⑩ 麾：军中指挥旗。　⑪ 慧：原注为"小惠"，即恩惠。智：原注为"小智"，即小智慧。　⑫ 反：返。　⑬ 遗：原注为"与也"，有施与、给予的意思。与上文"归"义同。

【评析】

随着作者对君主术的不断展开，"无为而治"再也不显空疏，所含内涵越发丰富，上述讲到君主"无私曲直、无私轻重、无私好憎"，这里又进一步讲到"不为丑饰、不为善极"，不轻易施舍给予也不轻易施行惩罚，一切听任自然本性。社会上诛者是因为罪有应得，不必怨君怨人；赏者是因为功之所致，也不必对谁感恩戴德。这样，社会上是"德无所生、怨无所藏"；怨恨、载德事一少，社会也就必定清静安定、人心也就必定平和安详，找政府机关解决问题的人和事也必定减少。一旦到"朝廷芜而无迹，田野辟而无草"，也就离"无为而治"不远。所以君主国王要像"桥直植立而不动"那样做到"静漠而不躁"；而一旦做到"静漠而不躁"、"清静无为"，这天地都会配合、万物都会归顺、天下社会也就归你所有。

夫人主之听治也^①，清明而不暗，虚心而弱志，是故群臣辐凑并进^②，无愚智、贤不肖，莫不尽其能。于是乃始陈其礼，建以为基。是乘众势以为车，御众智以为马，虽幽野险途则无由感矣。人主深居隐处以避燥湿，闺门重袭以避奸贼。③内不知闾里之情,外不知山泽之形;帷幕之外④,目不能见十里之前,耳不能闻百步之外,天下之物无不通者⑤,其灌输之者大,而斟酌之者众也⑥。是故不出户而知天下,不窥牖而知天道。⑦乘众人之智,则天下之不足有也;专用其心,则独身不能保也!⑧

是故人主覆之以德,不行其智,而因万人之所利,夫举踵天下而得所利。⑨故百姓载之上弗重也,错之前弗害也,举之而弗高也,推之而弗猒也。⑩主道员者⑪,运转而无端,化育如神,虚无因循,常后而不先也。臣道员者运转而无方者⑫,论是而处当,为事先倡⑬,守职分明,以立成功也。是故君臣异道则治,同道则乱⑭;各得其宜,处其当,则上下有以相使也⑮。夫人主之听治也,虚心而弱志,清明而不暗,是故群臣辐凑并进,无愚智贤不肖,莫不尽其能者⑯,则君得所以制臣,臣得所以事君,治国之道明矣。

【今译】
　　君主治理天下,清明而不昏昧,心胸虚静而心志温和,这样,群臣就会像车辐聚集到车轴一样入朝辅佐君主,不管是愚笨的还是聪明的,贤能的还是不才的,无不各尽其能、各尽其力。达到这种君臣和谐的境界,才能谈得上君臣之礼节,也才能建立起治理天下的基础。于是,君主凭借众人力量作为车,驾驭众人智慧作为马,这样即使是行走在幽暗险要的道路上,也不会使君主迷失方向。君主深居隐处以避开燥热寒湿,室门关闭以避奸佞之徒。他内没有亲眼看到过巷里民情,外没有亲自巡视过山川湖泽;居室以外的地方,他两眼只能看到十里以内的东西,两耳只能听到百步之内的声音,可是天下事物却无所不知、无所不通,这是因为向君主输送信息知识的渠道广宽畅通,与君主一起商讨并出谋划策的人又很多。所以他足不出户而能知天下事,眼不窥牖而能知天象。这就是说充分聚集、发挥众人的智力才能，这天下就不够他治理了；而只凭借个人的智力，就有可能连自己的命都难保。

所以君主用道德来治理天下，而不只运用个人的才智，依顺万民之利益来办事处事，因而他稍抬脚便能让天下人获得利益。这样，百姓即使将君主顶在头上也不会感到压迫，放在眼前也不会感到碍事，举过头顶也不会感到高不可攀，推崇他也不会产生厌恶感。君主治国方法灵活圆通，周而复始而运转不停，孕育万物神妙无比，虚静无为而因循天道，常居后而不争先。而下属大臣办事处事方方正正，言论得体、处事恰当；遇事先行倡导，职责分明而不推诿，以此来建立功绩。所以君行无为之道、臣行有为之道，君臣异道天下太平；反之君臣同道则天下大乱；这就是说君主清静无为，臣则恪守职位，各自处在应处的位置上，这样上下便能默契合作、互相制约和促进。这样君主能充分驾驭下属大臣，下属大臣能充分事奉效力君主，治国之道就是这样明了。

【注释】

①听：指听政，这里指"治理"。 ②辐凑：车轮的辐条聚集于轴心。 ③闱门：内室的门。 ④帷幕：指君主居室。 ⑤《吕氏春秋·任数篇》说"十里之间而耳不能闻，帷幕之外而目不能见"。故向宗鲁认为"百步之外"四字衍文，这句话应是"帷幕之外目不能见，十里之前耳不能闻"。录下供参考（见何宁《淮南子集释》）。 ⑥灌输之者：传递信息知识的渠道。斟酌：出谋献计。 ⑦是故不出户而知天下……：见《老子·四十七章》。 ⑧保：原注为"保犹守也"。 ⑨举踵：抬脚。比喻轻易，不费力。 ⑩之：指君主。错：放置。猒：厌。 ⑪员：圆。 ⑫臣道员者：应作"臣道方者"。"员者运转而无"六字是因上文而误衍。 ⑬先倡：干在前面。 ⑭同道则乱：原注为"君所谓可，臣亦曰可；君所谓否，臣亦曰否，是同也。莫相匡弼，故曰乱也"。 ⑮相传：指上下互相制约，互相促进。 ⑯上述

六句：刘家立认为"有此六句，与上下文义不相属，此由写者误衍也"（何宁《淮南子集释》）。

【评析】
　　本节作者在强调君主"清静无为"之同时，还具体讲到君主统御之术。首先提出君主要"乘众势以为车，御众智以为马"，这样就能"积力之所举则无不胜，众智之所为则无不成"。其次提出君臣异道的统御之术，那就是"主道圆，臣道方"，这样就能"各得其宜"，"上下相使"，"守职分明，以立成功"。作者认为"君得所以制臣，臣得所以事君"，全仗上述二则统御之术。

　　文王智而好问，故圣；武王勇而好问，故胜。夫乘众人之智，则无不任也；用众人之力，则无不胜也。千钧之重，乌获不能举也①；众人相一，则百人有余力矣。是故任一人之力者，则乌获不足恃；乘众人之制者②，则天下不足有也。禹决江疏河，以为天下兴利，而不能使水西流；稷辟土垦草，以为百姓力农，然不能使禾冬生。岂其人事不至哉？其势不可也！夫推而不可为之势③，而不修道理之数，虽神圣人不能以成其功，而况当世之主乎？夫载重而马羸，虽造父不能以致远；年轻马良，虽中工可使追速。是故圣人举事也，岂能拂道理之数，诡自然之性④，以曲为直，以屈为伸哉？未尝不因其资而用之也。是以积力之所举，无不胜也；而众智之所为，无不成也。聋者可令嚼筋⑤，而不可使有闻也；喑者可使守圉，而不可使言也⑥。形有所不周，而能有所不容也。是故有一形者处一位，有一能者服一事。⑦力胜其任，则举之者不重也；能称其事，则为之者不难也。毋小大修短，各得其宜，则天下一齐，无以相过也。圣

人兼而用之,故无弃才。

【今译】

　　周文王聪明而且好向别人请教,所以他圣明;周武王英勇而且好向他人讨教,所以他能取得胜利。所以说凭借利用众人的智慧就没有什么不能成功的;利用借助众人的力量就没有什么不能胜任的。千钧的重量,大力士乌获不能举起来;众人一起用力,那么上百人就够了。所以只用一个人的力量,那么像乌获这样的大力士也不值得去炫耀;而借用众人的智力,那么天下也就小得不够你治理。大禹疏通长江、引导黄河,替天下人兴修水利,然而他却不能使江河西流;后稷开垦荒地,引导百姓致力于农业生产,然而他却不能让禾苗冬天生长。这难道是他们还没有将本事全部发挥出来?不是的,而是自然的趋势不允许!如果勉强去做那些自然趋势不允许的事情,不遵循事物客观规律,那么你尽管是圣人神仙也是无法将事情办成功的,又何况你还只是当今的普通君主呢?车载负荷沉重而马又疲弱,这时你就是高明的驾驭手——造父都难以驾车赶路去远方;反过来说,如果车辆轻便、马儿健壮,你就是一般性的驾驭手都能驾车疾驰。所以,圣人办事岂可违背事物规律,乖悖自然本性,将生来弯曲的变为笔直的,将原本卷屈的变为舒展的?他无不依循事物的本性天资而加以利用的。所以积聚众力来办事,没有什么不能胜任的;利用众人的智慧来做事,没有什么不能成功的。聋人可以让他去嚼生牛筋,而不能派他去伺听;哑巴可以叫他去看守马圈,而不能派他去传话。这是因为他们生理形体上有缺陷,因而有些功能就不具备。所以有哪种功能的,就安排他处在合适这种功能的岗位上,有哪种技能的,就让他干合适这种技能的事情。他的能力能胜任这项事情工作,那么他就不会感到压力重;他的能力和他做的这项事情相称,那么他就不会觉得困难。所以,不论能力大小、水平高低,让他们干适宜自己能力和水平的事,那么天下人都可以一样发挥各自的作用,以至于不会有因无法胜任而出现的过失。这就是圣人兼容并蓄使用各种人才,所以天下也就没有什么无用的人。

【注释】

① 钧：古代重量单位，三十斤为一钧。乌获：原注为"乌获，秦武王之力士也。武王试其力，使举大鼎，腕脱而不任，故曰不能举也"。　② 制：杨树达认为应是"智"。王念孙认为应作"刑"。何宁认为应作"势"。　③ 而：王念孙认为"而"字衍文。　④ 诡：违逆、乖悖。　⑤ 嶉：由"嶉"变为"嗺"，"嗺"即"嚼"，所以"嶉"为"嚼"。嚼筋：是指对生牛筋椎打使之柔熟以便能缠弓弩。所以"嶉筋"也有人解释为"椎筋"。　⑥ 圉：养马的地方。不可使言：王念孙认为应作"不可使通语"，这样"语"、"圉"为韵。　⑦ 服：从事，干或做。

【评析】

本节作者继续讲君主统御之术。第一，君主要"乘众人之智"、"用众人之力"，以便达到"无不任"和"无不胜"的目的。第二，君主要看懂像"禾不能冬生、水不能逆流"那样的"势"；因为光懂"法"、有"术"而无"势"，这事情还是难以成功的。"法、术、势"中重要的恰恰是"势"，难以把握的也恰恰是"势"。如果说"术"是君主自身主观的东西的话，那么"势"却是蕴含在客观对象物中的内在的东西。第三，君主要知人善用，而聋子只能"嶉筋而不可使有闻"，哑巴只能"守圉而不可使通话"，这样才能"各得其宜，天下一齐"。

人主贵正而尚忠，忠正在上位，执正营事①，则谗佞奸邪无由进矣，譬犹方员之不相盖，而曲直之不相入。夫鸟兽之不可同群者②，其类异也；虎鹿之不同游者，力不敌也。是故圣人得志而在上位，谗佞奸邪而欲犯主者，譬犹雀之见鹯而鼠之遇狸也③，亦必无余命矣。是故人主之一举也④，不可不慎也。所任者得其人，则国家治，上下和，群臣亲,百姓附;所任非其人,则国家危,上下乖,群臣怨,百姓乱。故一举而不当,终身伤。得失之道,权要在主。⑤是故绳正于上,木直于下,非有事焉,所缘以修者然也。⑥故人主诚正,则直士任事,而奸人伏匿矣;人主不正,则邪人得志,忠者隐蔽矣。夫人之所以莫抓玉石而抓瓜瓠者⑦,何也?无得于玉石,弗犯也。使人主执正持平,如从绳准高下,则群臣以邪来者,犹以卵投石,以火投水。故灵王好细要,而民有杀食自饥也⑧;越王好勇⑨,而民皆处危争死。由此观之,权势之柄,其以移风易俗矣。⑩尧为匹夫,不能仁化一里⑪;桀在上位,令行禁止。由此观之,贤不足以为治,而势可以易俗明矣!《书》曰:"一人有庆,万民赖之。"⑫此之谓也。

【今译】
　　君主看重和推崇正直忠诚的人,让他们身处高位,担任要职,执政理事,那么谗佞奸邪之徒就无机会往上爬,这就好像方圆不能相合、曲直不能相入。鸟兽不能同群,是因为他们不是同类;虎鹿不能同游,是因为他们力量不等。所以圣人受重视处高位,这谗佞奸邪之徒如果想要干扰破坏,那就像小鸟碰到鹞鹰、老鼠遇到狸猫一样,必定要丧命的。所以君主的每一个举动,都不可不慎。如果君主用人得当,那么国家就能治理得好,上下和洽,群臣亲和,百姓归附;如果君主用人不当,那么国家就有危险,上下乖悖,群臣怨恨,百姓动乱。所以君主一次政策失误,便会终身受害。这国政的得失,关键在于君主。这就好比上面的绳墨取得正,下面的木材就必定直,这并不需要工匠花费多少力气的,只要按拉直的墨线顺势修整就可以了。所以君主如果诚信正直,那么国家政权也必定由正直人士来执掌,谗佞奸邪之徒就没有活动的市场;反之,君主如果不诚信正直,那么得志者必定是谗佞奸邪之徒,忠贞之士就隐退藏匿。人之所以不去剖裂玉石而去剖裂开瓠瓜做瓢,这是什么原因呢?因为剖裂玉石没有什么用处,再加上玉石坚硬不易剖裂。如果君主公平正直,就像用绳墨水准测定曲直高低一样,那么大臣中尽管有人敢搞歪门邪道,但这结果必定是像以卵击石、以火投水那样。这就说明君主在治理国家中的主导作用。正因为这样,所以楚灵王喜欢杨柳细腰,楚国百姓则纷纷效仿缩食减肥;越王崇尚勇武,越国百姓则纷纷处危争死。由此看来,君主的权势,足以产生影响以致移风易俗。当尧还只是一个平头百姓时,他的仁慈感化不了同一巷子里的邻居;而夏桀占据了帝位,便能令行禁止,推行他的一套。再由此看来,贤明倒反而治理不了天下,而权势却能移风易俗,这也是再清楚不过的事实了。《尚书》说:"一个人做了善事,万民都依仗着他。"说的就是这种情况。

【注释】

① 正:通"政"。营:治,引申为经营、管理、治理。王引之认为"营"应为"管"。　② 鸟兽之不可同群:王念孙认为"不可同群"的,"可"字后人所加。鸟兽不同群,虎鹿不同游,相对为文。　③ 鹯:一种捕食小鸟的猛禽,类似鹞鹰。狸:兽名,似狐而小,以鼠兔等为食。④ 一举:王念孙认为"此谓举贤不可不慎,'举'上不当有'一'字,盖因下文'一举不当'而衍"。　⑤ 权要:关键。　⑥ 所缘以修者:按拉直的墨线来修整。　⑦ 抓:王念孙认为此字是"振"字之误,《广雅》"振,裂也。""劈"的意思。瓜瓠可劈而玉石不可劈,故曰"玉石坚,振不能入"。茅一桂释"抓"为"抓",误也。　⑧ 灵王:楚灵王。灵王好细腰,事见《晏子春秋·外篇第七》,又见《墨子·兼爱中》。杀食:省食。杀,减少的意思。　⑨ 越王:越王勾践。越王好勇,事见《墨子·兼爱中》及《管子》、《荀子》等书。　⑩ 其以移风易俗矣:王念孙认为"其以移风易俗矣"应改为"其以移风易俗易矣",这样第一个"易"为变易之"易",第二个"易"为难易之"易"。这样能与下文"摄权势之柄,其于化民易矣"相符。　⑪ 仁化:以仁感化。里:古代基层组织。

五家为邻,五邻为里,故称"邻里"。　⑫书:指《尚书》。庆:指善。赖:依赖,依仗着。

【评析】

本节作者提出君主用人应用"忠正之士"。"忠正之士"执掌朝政,朝政就清明,社会就安定,谗佞奸邪之徒就没有活动市场。而在这当中,君主自身的正直诚信又是最重要的,"人主诚正则直士任事而奸人伏匿矣"。这是因为君主的行为表现有导向作用,就像"灵王好细要,而民有杀食自饥"一样,所以君主对此一定要有充分认识:"权势之柄,其以移风易俗矣。"

天下多眩于名声,而寡察其实,是故处人以誉尊①,而游者以辩显。察其所尊显,无他故焉,人主不明分数利害之地,而贤众口之辩也。②治国则不然,言事者必究于法,而为行者必治于官;上操其名以责其实,臣守其业以效其功;言不得过其实,行不得逾其法;群臣辐凑,莫敢专君。③事不在法律中,而可以便国佐治,必参五行之阴考以观其归④,并用周听以察其化;不偏一曲,不党一事⑤。是以中立而遍⑥,运照海内;群臣公正,莫敢为邪;百官述职,务致其公迹也⑦。主精明于上,官劝力于下,奸邪灭迹,庶功日进。⑧是以勇者尽于军。⑨乱国则不然。有众咸誉者无功而赏,守职者无罪而诛;主上暗而不明,群臣党而不忠;说谈者游于辩,修行者竞于往⑩;主上出令则非之以与⑪,法令所禁则犯之以邪;为智者务于巧诈,为勇者务于斗争;大臣专权,下吏持势,朋党周比,以弄其上。国虽若存,古之人曰亡矣!且夫不治官职,而被甲兵,不随南亩⑫,而有贤圣之声者,非所以都于国也⑬。骐骥、骙骍,天下之疾马也,驱之不前,引之不止,虽愚者不加体焉。⑭今治乱之机,辙迹可见也,而世主莫之能察⑮,此治道之所以塞。

【今译】
　　天下人常常被一些表面的名声所迷惑,而很少去考察这些名声的实际内容。所以那些隐士就常常借着人们对他的称誉而获得尊贵,游士则常常凭着善辩而显达。考察他们之所以尊贵、显达的原由,实在是没有什么其他的原因,只是由于君主没有很好地明察他们的真实本领而一味相信众人的溢美之辞而已。但如果要治理好一个国家就不能这么简单了,那就需要君主对谈论国事的说客一定要深究他们的言论是否符合国法,对那些仕人一定要放在官职上来考校他们是否真有才干胜任;君主也一定要以官职的名分来要求下属百官必须名实相符、克守本职来奉献功绩;而下属百官也一定要言论符合实际,行为符合法规;这样才能使群臣紧密团结在君主身边,没人敢挟制君主。如果下面官吏所做的事不合常规,但只要于国有利,能辅佐国政,就必须加以反复检验、考校后加以推行,君主还应暗中查访官吏来观察他们的归向,并全面地听取多方意见来观察他们的变化;不偏听偏信片面之辞,也不偏私地根据偶然一事作出结论。因此,君主能够站得中正,看得全面,洞察一切;群臣们都公平正直,不敢做出邪恶事情;百官们都忠于责职,致力于政绩功绩。在上的君主精明审察,在下的百官勉力从事,奸佞之徒灭绝,众人的功业日益进步。这样,有智者勤于职事、有勇者尽力于军事。动乱的国家就不是这样了,只要是众人称誉的人,没有功劳也受到奖赏;忠于职守的人,反而无罪受到惩罚;君主昏庸糊涂,群臣百官结党营私没有忠心;说客们摇唇鼓舌争辩标榜,仕人们争先恐后追逐名利;君主发布政令,下属官员就开始非议诽谤;法令明禁的东西,下属官员就用歪门邪道加以触犯;凭智谋混饭吃的人就热衷于搞计巧,靠勇力谋职位的人就全力以赴搞争斗;大臣专权,下吏持势,结党拉派,戏弄君主。这时国家表面上掌握在君主手里,但按古人的说法是早已名存实亡了。再说那些不称官职、不能披甲上阵、不懂稼穑而徒有"贤圣"虚名的人,是不能由他们来实施国家教化的。骐骥、騄駬是闻名天下的千里马,但如果驱赶它,它不前止,勒住它,它不停止,那么这种情况下,笨蛋也知道不能去骑它。现在国家治乱的关键像车辙那样清楚地摆着,可是当代君主却不能察觉,这就是治国之道阻塞不通的原因。

【注释】

①处人:隐者,处士。 ②分数利害:真实本领,才干。贤:认为,相信正确。 ③专:制。 ④法律:常规。便:有利。参五:叁伍,反复验证、检验。必参五行之阴考以观其归:顾广圻认为"行之"二字疑衍。应为"参五阴考"四字连读,与下句"并用周听"四字对文。 ⑤一曲:片面的言论。党:偏私。 ⑥遍:全面。 ⑦迹:通"绩"。 ⑧劝:勉。庶:众。 ⑨俞樾、何宁认为"勇者尽于军"此句上应有"智者尽于事"这句话,这样才能与下文"为智者务于巧诈,为勇者务于斗争"相对应并举。 ⑩往:宋本作"住",向宗鲁认为"住"犹处也,"修行者竞于住"即上所谓"处人以誉尊"也。李哲明则认为"住"当作"位"。 ⑪与:类、党。非之以与:在同党内进行非议。 ⑫而:王念孙认为应作"不"。"而被甲兵"应为"不被甲兵"。被:披。随:修。南亩:代指农业劳动。不随南亩:谓"不治南亩",喻说不懂稼穑农事。 ⑬都:王念孙认为当是"教"字之误。"教"、"都"草书相似。 ⑭加:通"驾",乘、骑的意思。 ⑮莫之能察:莫能察之。

【评析】

本节作者在"治国则不然"、"乱国则不然"的强烈对比中得出:要治好国,必须要选真才实学、品行高尚的人任官掌事,而不要被那些所谓的"名声"所迷惑;具体选用人才的方法是"言事者必究于法、为行者必治于官"、"参伍阴考以观其归,并用周听以察其化";在具体的考校选用人才时,不能"偏一曲,党一事",要公正客观。这样君主精明于上,百官才会勉力于下,奸邪无处藏匿,庶功日进而治国定邦。

权势者,人主之车舆;爵禄者,人臣之辔衔也。① 是故人主处权势之要而持爵禄之柄,审缓急之度而适取予之节,是以天下尽力而不倦。夫臣主之相与也,非有父子之厚,骨肉之亲也,而竭力殊死,不辞其躯者,何也?势有使之然也。昔者豫让,中行文子之臣。② 智伯伐中行氏,并吞其地,豫让背其主而臣智伯。智伯与赵襄子战于晋阳之下,身死为戮,国分为三。③ 豫让欲报赵襄子,漆身为厉④,吞炭变音,摘齿易貌⑤。夫以一人之心而事两主,或背而去,或欲身徇之,岂其趋舍厚薄之势异哉?⑥ 人之恩泽使之然也。纣兼天下,朝诸侯⑦,人迹所及,舟楫所通,莫不宾服。然而武王甲卒三千人,擒之于牧野,岂周民死节而殷民背叛哉?其主之德义厚而号令行也。夫疾风而波兴,木茂而鸟集,相生之气也。⑧ 是故臣不得其所欲于君者,君亦不能得其所求于臣也。君臣之施者,相报之势也。是故臣尽力死节以与君,君计功垂爵以与臣。是故君不能赏无功之臣,臣亦不能死无德之君。⑨ 君德不下流于民而欲用之,如鞭蹄马矣⑩,是犹不待雨而求熟稼,必不可之数也⑪。

【今译】

权力帝位是君主的车子,爵位利禄是君主驾驭人臣的缰绳和嚼头。因此,君主掌握着权要害和控制着封赏爵禄的权柄,所以能谨慎地把握着处事缓急的分寸、施予剥夺的节奏,因此天下人也能竭尽能力而不倦息。君臣相处,关系和感情没有像父子那样亲密深厚,也没有骨肉之间的亲情,但下属官员却能竭尽全力、不惜为君主牺牲生命,这是为什么呢?这是国家君主所利用的权势而导致他们这样做。以前有个豫让,本是晋国范氏中行文子的家臣。智伯攻打中行氏,吞并了中行氏的领地,豫让背叛了原先的主子中行文子而投奔智伯。后来智伯为争夺土地与赵襄子开战,在晋阳城智伯惨败被杀,由他掌握的晋国也因此分为韩、赵、魏三国。豫让为了报答智伯的知遇宠爱之恩,决心向赵襄子报杀主之仇。他用油漆涂满全身,让身上生出恶疮,并吞下木炭改变自己的声音,又敲掉门牙,改变容貌以便能行刺赵襄子。同样是长着一颗心的豫让却先后侍奉两个主子,对先前主子背叛离弃,而对后来主子却甘心奉献生命,难道是豫让根据主子的权势大小厚薄来决定自己的取舍?不是的,而是主子的恩泽决定了豫让的取舍去留。纣王占据整个天下,使诸侯无不对他朝拜,凡有人迹的地方、车舟相通的区域,无不称臣降服。然而,周武王只率三千甲卒就将纣王打败,难道是周朝百姓愿为君主效死、殷朝民众生就背叛的个性所决定?不是的,而是周武王对民众德义深厚导致他们能听从号令并加以执行。风大则波浪自然兴起,林大则鸟雀自然聚集,自然界的现象就是如此。因此,下属官员如果不能从君主身上获得自己想要的东西,那么君主也就休想从下属官员那里获得自己想要的东西。君臣之间的施予,就是这样有施有报。所以下属大臣竭尽全力、不惜牺牲生命来侍奉君主,那君主就该按功劳大小赐爵封位对待臣下。因此君主就不该赐赏无功臣子,臣子也不会替无德之君拼死卖力,君主的恩泽如果不能遍洒人民群众,却想要他们乖乖听驱使,这就像用鞭子去降服烈马一样,也好比不降雨水就希望庄稼成熟丰收一样,根本不可能有这种统御之术的。

【注释】

①辔:驾驭牲口用的缰绳。衔:马嚼子,安放在马口中用来控制马行止的器具。 ②豫让:春秋末晋国人。中行文子:晋国大夫,姓荀,名寅,故又称中行寅。"中行"原指晋国步兵的编制,后成官名。 ③豫让之事见《战国策·赵策一》:"晋毕阳之孙豫让,始事范中行氏,不说(悦),去而就知伯,知伯宠之。及三晋(韩、赵、魏)分知氏,赵襄子最怨知伯,而漆其头以为饮器。豫让遁山中,曰:'嗟乎!士为知己者死,女为悦己者容,吾其报知氏矣。'" ④报赵襄子:向赵襄子报仇。

厉：恶疮。　⑤ 擿：捶、敲。　⑥ 徇：通"殉"，牺牲生命。趋舍：取舍。厚薄之势：指两家势力大小。　⑦ 朝：使朝服。　⑧ 疾风：王念孙认为应作"风疾"，"风疾"与下文"木茂"相对为文。相生之气：喻指自然界的一种现象、趋势。　⑨ 死：替(为)……而拼死。　⑩ 蹄马：烈马，指难驯服。　⑪ 数：术，指方法。

【评析】

本节主要讲君主如何利用"权势"和"爵禄"来驾驭臣下。作者认为当君主高高在上，处权势之要时，一般人常常会表现积极，以换取君主对他的赏识；这是因为处于高位的君主其权势产生的效应。但一旦当臣下尽力为君主工作效劳时，君主就一定要给予相应的爵禄；否则臣下的尽力效劳不可能持续下去。这就是文中说的"臣尽力死节以与君，君计功垂爵以与臣"。正因为这样，君主就一定要明白"臣不得其所欲于君者，君亦不能得其所求于臣也"的道理；其道理相当浅白：不降雨水哪有庄稼成熟之事？懂得这道理，那么处权势之要、持爵禄之柄的君主就好统御下属百官了。

君人之道，处静以修身，俭约以率下。静则下不扰矣，俭则民不怨矣。下扰则政乱，民怨则德薄。政乱则贤者不为谋，德薄则勇者不为死。是故人主好鸷鸟猛兽、珍怪奇物，狡躁康荒①，不爱民力，驰骋田猎，出入不时，如此则百官务乱②，事勤财匮，万民愁苦，生业不修矣。人主好高台深池、雕琢刻镂、黼黻文章、绨纷绮绣③、宝玩珠玉，则赋敛无度，而万民力竭矣。尧之有天下也，非贪万民之富而安人主之位也，以为百姓力征，强凌弱，众暴寡，于是尧乃身服节俭之行，而明相爱之仁，以和辑之。是故茅茨不翦，采橼不斲④，大路不画，越席不缘⑤；大羹不和，粢食不毇⑥；

巡狩行教，勤劳天下，周流五岳。岂其奉养不足乐哉？举天下而以为社稷⑦，非有利焉。年衰志悯，举天下而传之舜，犹却行而脱屣也。⑧衰世则不然。一日而有天下之富，处人主之势，则竭百姓之力，以奉耳目之欲，志专在于宫室台榭、陂池苑囿、猛兽熊罴、玩好珍怪。是故贫民糟糠不接于口，而虎狼熊罴猒刍豢⑨；百姓短褐不完，而宫室衣锦绣。人主急兹无用之功⑩，百姓黎民憔悴于天下，是故使天下不安其性⑪。

【今译】

　　统治人民的方法，应用处静以修养身心，以勤俭节约为下属作出表率。君主如果处静以修身则民众就不受骚扰，君主如果勤俭节约则民众就不抱怨。因为民众骚扰不安，政局就混乱；民众怨声载道则说明君主恩德薄浅。接下来就是，政局混乱则贤能人士就不会替君主出谋献策，君主恩德浅薄则勇武之士就不会替君主卖命拼死。所以，君主若是喜好收养观赏猛兽凶禽，收藏怪异奇特之物，性情暴躁，好乐昏乱，不惜民力，驰马打猎，出入不按时节，这样朝政百官必定随之混乱不堪，事务辛苦，财钱贫乏，万民愁苦而生产荒废。君主如果喜好高楼深池，雕琢刻镂及华丽的纹彩，各种精美织物和珍宝珠玉，就必定要想方设法搜刮以致赋敛无度，这时民众就会被弄得财穷力尽、疲惫不堪。尧帝拥有天下，不是为着贪求万民百姓的财富，利用君位来享受安乐的，而是为百姓改变连年征伐战争，以强凌弱、以多欺少的混乱局面的，因此尧帝亲自带头实行节俭，向民众昭示仁爱之心，让人们和睦相处。所以他的住房是茅草盖顶，不加修剪，柞木为梁、不加砍削；乘坐的车子不加绘画，蒲草席垫不镶花边；祭祀用的食物不调五味，吃的主食不舂捣细；巡视狩猎只为推行教化，辛劳地奔波于三山五岳。这些难道是他所应得的奉养还不足以使他享乐而为此辛劳奔波？不是的，是因为尧帝一心为的是国泰民安、天下社稷，他在这当中并未获得任何利益好处。而到他年老衰弱、精力不济的时候，便将整个天下传给舜，这犹如倒退脱鞋一样简单容易。而到衰败时代，情况就不是这样了。有些君主哪怕是只有一天拥有天下，处在君主位子上，也要竭尽全力来消耗百姓的财力和精力，以供养满足他的声色享乐，一心用在宫殿楼阁、池塘苑林、奇兽怪物、珍宝奇物这些事上。这样导致贫苦百姓连酒糟、谷糠都吃不到，而皇宫里畜养的虎狼熊罴却吃厌了猪羊牛肉。贫苦百姓连粗布短衣都没一件完整的，而官室里的人却穿的是锦缎。君主忙乎的都是些于社会民事无用的事情，从而使黎民百姓疲于奔命于天下，弄得憔悴不堪、精疲力尽，整个天下人都无法安生。

【注释】

① 狡躁：残暴浮躁。康荒：好乐昏乱。"狡躁康荒"指人君之失德。这里的"康"通"糠"，好乐怠政曰"糠"。"荒"即"乱"。　② 务：通"骛"，乱跑的意思，引申为混乱不堪。　③ 黼黻：衣服上黑白相间谓之黼，青赤相间谓之黻。绤：细葛布。绤：粗葛布，这里的"葛"是指用葛藤的纤维织成的布。绮：有花纹的丝织品。绣：有精美图案的织物，这里绨绤绮绣泛指精美织物。　④ 采：通"採"，即柞木。斲：应作"斫"，字之误。　⑤ 大路：驾四匹马的大车。"路"通"辂"。画：文饰。越：编结。越席：用蒲草编结的席。缘：镶边。　⑥ 大羹：祭祀用的肉汁。粢：稷的别名。毇：将谷物舂细。　⑦ "举天下而"：俞樾认为此四字涉下文"举天下而传之舜"句而衍。　⑧ 却行：后退、倒退。屣：草鞋。惘：通"惛"，"忘"的意思。　⑨ 糟：酒滓。猒：饱，由"饱"引申出"厌"的意思。刍豢：食草牲口为刍，吃肉牲口为豢。　⑩ 兹：通"滋"。　⑪ 憔悴：憔悴。性：通"生"。

【评析】

讲了一通具体仔细的统御之术之后，本节作者又跳空大谈君主清静无为的为君之道，即"处静以修身，俭约以率下"，反对君王喜好"宫室台榭、陂池苑囿、猛兽熊罴、玩好珍怪"的行为，认为这是造成天下不安,"百姓短褐不完"、"贫民糟糠不接"的原因所在。

人主之居也,如日月之明也,天下之所同侧目而视,侧耳而听,延颈举踵而望也。是故非澹薄无以明德①,非宁静无以致远,非宽大无以兼覆,非慈厚无以怀众,非平正无以制断②。是故贤主之用人也,犹巧工之制木也③:大者以为舟航柱梁,小者以为楫楔④,修者以为榱榱,短者以为朱儒枅栌⑤;无小大修短,各得其所宜,规矩方圆,各有所施。天下之物,莫凶于鸡毒⑥,然而良医橐而藏之,有所用也。是故林莽之材,犹无可弃者,而况人乎!今夫朝廷之所不举,乡曲之所不誉⑦,非其人不肖也,其所以官之者非其职也。鹿之上山,獐不能跂也⑧,及其下,牧竖能追之⑨,才有所修短也。是故有大略者不可责以捷巧,有小智者不可任以大功。⑩人有其才,物有其形,有任一而太重,或任百而尚轻。是故审豪厘之计者⑪,必遗天下之大数;不失小物之选者⑫,惑于大数之举,譬犹狸之不可使搏牛,虎之不可使搏鼠也。今人之才,或欲平九州,并方外⑬,存危国,继绝世,志在直道正邪,决烦理挈,而乃责之以闺阁之礼,奥窔之间⑭;或佞巧小具,谄进愉说⑮,随乡曲之俗,卑下众人之耳目,而乃任之以天下之权,治乱之机⑯:是犹以斧劗毛,以刀抵木也⑰,皆失其宜矣。

【今译】
　　君主所处的地位,就像天空中发射光明的日月,天底下的人都侧目仰视、侧目恭听、伸长脖子抬起脚跟来眺望。所以,君主只有淡泊才能显示美德,只有宁静才能维持久远,只有宽大才能容纳一切,只有仁慈才能怀拥民众,只有公正才能明断是非。因此贤明的君主任用人才,就像高明的工匠裁取木料一样:大的用来做舟船柱梁,小的拿来做船桨楔子,长的用来做屋檐椽条,短的拿来做短柱斗拱;无论大小长短,都将它们派上用场,规矩方圆都恰到好处。天下毒物,没有比乌头更毒的了,然而良医就是将它装在袋里收藏起来,因为有用得着它的时候和地方。所以,莽莽森林中的野草树木,尚且没有可抛弃的,更何况是人呢!今天那些朝廷不荐举、乡里不赞誉的人,并不是他们无才缺德,而是这些人用非所能。鹿上山时,快得连獐子都赶不上,但等到鹿下山时,牧童都可以追上它。这说明一种能耐有其长处也有其短处。所以有雄才大略者不可用雕虫小技来苛求他,而只能耍小聪明者不可委以大任。人有各种各样的才干,物有各种各样的形状,有人任一份工就嫌太重太累,但有人任多份工都不嫌吃力。所以能计较弄清毫厘小数的人,一定弄不清天下这大数;盘算精明到小数目都不会出差错的人,碰到大数目就会糊涂困惑。这些就像不能让狸猫去与牛搏斗,让虎去捕鼠一样。今天有些人的才能,可以平定九州、兼并域外,挽救危难中的国家,恢复濒临灭绝的世族,这些人的志向在于宏扬正气纠正邪恶,决断处理烦难杂乱的问题,而现在却要他们去管理一些官内家庭事务;有些人只具备一些小本事,却相当机巧奸诈、善于奉承献媚、讨好主子,追随浅陋习俗,低三下四哗众取宠,却被交付委任以天下大权,参与治理国家的机要大事:这种大才小用、无才重用的做法,就像是用斧头去剪毛发、用剃刀去砍树木一样,都失去了它们所适宜的东西。

【注释】

①澹:淡。薄:泊,漠。　②制断:指裁决、明断是非。　③制木:裁取木料。　④航:泛指船。另指两船并联组成浮桥或并体船称为"航"。楫:船桨。楔:填入器物空隙或木榫缝中起固定作用的木片木橛。　⑤榍:通"檐"。榱:椽子。朱儒:也称棳儒,为梁上短柱。枅:柱上方木。栌:大柱柱头上承托栋梁的方木,即斗拱。

⑥鸡毒:奚毒,附子,又名"乌头"。《广雅》说:"燺奚,附子也。一岁为萴子,二岁为乌喙,三岁为附子,四岁为乌头,五岁为天雄。"乌头茎叶根均有毒。但入药可以毒攻毒,能治多种恶疾。 ⑦乡曲:乡里、乡间。 ⑧鹿之上山:说鹿善于上山。獐:似鹿而小的一种动物。跂:及。 ⑨牧竖:牧童。 ⑩责:要求、苛求。大功:大事。 ⑪豪:同"毫"。 ⑫小物之选:杨树达认为应为"小物之算",与"豪厘之计"为对文。 ⑬方外:域外。 ⑭烦:烦扰、烦难。挐:纷乱、杂乱。闺阁:内宫。奥窔:《尔雅·释宫》"(室)西南隅谓之奥,西北隅谓之屋漏,东北隅谓之宧,东南隅谓之窔",这里以"奥窔"来泛指家庭事务。 ⑮具:才能。说:悦。 ⑯机:枢要、机要。 ⑰劗:剪。抵:王念孙认为应作"伐"。

【评析】

本节继续讲述处高位的君主其权势产生的效应,那就是"天下之所同侧目而视,侧耳而听,延颈举踵而望"。正因为权势所致,有导向作用,所以君主除"处静以修身,节俭以率下"外,还必须具备这些素质:淡泊明德、宁静致远、宽容兼覆、慈厚怀众、公平决断。在用人选人上,"贤主之用人,犹巧工之制木",最终达到的目的和效果是"大为柱梁、小为榱楔、长为榈榱、短为枅栌",要使大小长短各得所宜,规矩方圆兼而用之,无有废才。同时君主要看到物有其形、人有其才,各有特殊性,不可给小智者委以大任、大略者责以捷巧。讲了一通道理后,作者对现实用人制度作了批判,认为当今用人是完全不按上述这些原则来操作,导致的结果是大才小用、庸才重用,这就像以斧剪发、以刀伐木一样倒错、荒谬。

人主者,以天下之目视,以天下之耳听,以天下之智虑,以天下之力争。是故号令能下究,而臣情得上闻;百官修同,群臣辐凑;喜不以赏赐,怒不以罪诛。是故威立而不废,聪明先而不檿①;法令察而不苛,耳目达而不暗;善否之情②,日陈于前而无所逆。是故贤者尽其智,而不肖者竭其力;德泽兼覆而不偏,群臣劝务而不怠;近者安其性,远者怀其德③。所以然者何也?得用人之道,而不任己之才者也。故假舆马者④,足不劳而致千里;乘舟楫者,不能游而绝江海。夫人主之情,莫不欲总海内之智,尽众人之力,然而群臣志达效忠者⑤,希不困其身。使言之而是,虽在褐夫刍荛⑥,犹不可弃也;使言之而非也,虽在卿相人君,揄策于庙堂之上⑦,未必可用。是非之所在,不可以贵贱尊卑论也。是明主之听于群臣,其计乃可用⑧,不羞其位;其言可行,而不责其辩⑨。暗主则不然。所爱习亲近者,虽邪枉不下,不能见也;疏远卑贱者,竭力尽忠⑩,不能知也。有言者穷之以辞,有谏者诛之以罪。如此而欲照海内、存万方,是犹塞耳而听清浊,掩目而视青黄也⑪,其离聪明则亦远矣!

【今译】

　　君主应凭借天下人的眼光观看事物,借助天下人的耳力聆听声音,凭借天下人的智慧考虑问题,依仗天下人的力量争取胜利。因此,君主发布的号令能够向下贯彻,群臣的情况能够上达;百官同心协力,群臣紧密聚集;君主不凭一时喜怒而实施赏赐和诛罚;所以君主树立起来的权威不易废弃,聪明广远不易蒙蔽;法令明察而不苛刻,耳目通达而不闭塞;善恶是非每天出现在眼前而不会弄错。因此,贤能的人能充分地发挥他们的智慧,能力差的也竭尽全力;君主的恩德施予普遍而不偏私,群臣勤奋工作而不懈怠;附近居民安居乐业,边远民众归顺德政。能够有这样的结果其原因何在?是在于君主采用了正确的用人选人方法,而不是只靠君主一个人的才能。所以借助车马的人,脚腿不辛苦而能到达千里之外,乘坐舟船的人,不会游泳而能横渡江河大海。君主在主观思想上,没有一个不想集天下人智慧、用众人力量去处事办事的,然而那些对君主表达效忠之心的人,却很少不使君主产生困惑的。因此,君主对那些言论正确的,即使是役民樵夫,也不能弃之不用、拒之千里;对那些言论错误的,即使是常给朝廷出谋的卿相,也不一定非用不可。是非曲直,不是以地位贵贱尊卑来确定的。所以英明的君主听取群臣意见时,如果他的计策管用,就没有必要因他的地位低微而羞于采纳;如果他的意见可行,就没有必要嫌他嘴笨而不去采纳。但是,昏庸的君王却不是这样。他喜欢那些熟悉的习性相近的人,即使是行为不正派,也装作不看见;而那些他所疏远、被看不起的人,即使是为他竭力效忠努力工作,也只当不知道。或者将那些进善言的人抢白得哑口无言,或者对直言进谏的人套以罪名无辜诛杀。像这样的昏主还想光照四海、抚慰万方,这就像堵塞耳朵听音乐、蒙着双眼看颜色,实际上他离耳聪目明还远着呢!

【注释】

① 威立而不废:庄逵吉认为应作"威厉立而不废","威厉"连文,与下"聪明"、"法令"、"耳目"相对。先:王念孙认为应是"光"。燮:通"蔽",遮蔽、蒙蔽。 ② 否(pǐ):丑恶。 ③ 性:生。怀:归。 ④ 假:作"驾"。 ⑤ 志达:王念孙认为应作"达志"。 ⑥ 褐夫:粗布衣、粗麻衣均称为"褐",贫穷者所穿。故"褐夫"指卑贱贫穷者。刍荛:割草打柴的人,即樵夫。 ⑦ 揄:出。策:谋。庙堂:朝廷。 ⑧ 乃:如果,通"若"。 ⑨ 其言可行,而不责其辩:王念孙认为应作"其言而可行,不责其辩"。"而"和"乃"一样,是"如果"的意思。 ⑩ 竭力尽忠:刘文典认为"竭力尽忠"前有"虽"字。 ⑪ 清浊:清为商、浊为宫,这里指音乐。青黄:指颜色。

【评析】

在明白做好事情必须要"总海内之智,尽众人之力"的大道理下,作者继续讲述用人之道。这里具体讲到君主如何对待"言论",指出

"使言之而是,虽在褐夫刍荛,犹不可弃也;使言之而非也,虽在卿相人君,揄策于庙堂之上,未必可用"。认为是非之所在,不取决于人的卑贱尊贵。君主若要用好人选好人,就不可犯塞耳听音、掩目视色的错误。

　　法者,天下之度量,而人主之准绳也。县法者,法不法也①;设赏者,赏当赏也。法定之后,中程者赏,缺绳者诛②;尊贵者不轻其罚,而卑贱者不重其刑;犯法者虽贤必诛,中度者虽不肖必无罪③。是故公道通而私道塞矣。古之置有司也④,所以禁民使不得自恣也。其立君也,所以剬有司⑤,使无专行也。法籍礼义者,所以禁君,使无擅断也。人莫得自恣,则道胜,道胜而理达矣,故反于无为。无为者,非谓其凝滞而不动也,以其言莫从己出也。⑥夫寸生于秒⑦,秒生于日,日生于形,形生于景,此度之本也⑧。乐生于音,音生于律,律生于风,此声之宗也。法生于义,义生于众适,众适合于人心,此治之要也。故通于本者不乱于末,睹于要者不惑于详。法者,非天堕,非地生,发于人间而反以自正。是故有诸己不非诸人,无诸己不求诸人⑨;所立于下者不废于上,所禁于民者不行于身⑩。所谓亡国,非无君也,无法也;变法者,非无法也,有法者而不用⑪,与无法等。是故人主之立法,先自为检式仪表⑫,故令行于天下。孔子曰:"其身正,不令而行;其身不正,虽令不从。"⑬故禁胜于身⑭,则令行于民矣。

【今译】

　　法是天下社会的度量标准,也是君主手中的准绳。社会制订颁行刑法,是为了依法惩处犯法者;设置实行奖赏制度,是为了奖赏有功之士。这种刑法和制度一经制定,符合奖赏制度的就要嘉奖,触犯法律的就要受罚。尊贵者触犯法律也不得减轻处罚,卑贱者犯了法也不会加重处罚。犯法者尽管贤能也一定严惩,守法者虽然无能也不可无端治罪。所以秉公执法风气盛行,徇私枉法之路就被堵塞。古代设置理官,是用来制约民众,不让他们恣意放纵。设立君主,是用来制约官员,不让他们专行妄为。而宗法礼义的制定,又是用来限制君主的,不让他独断专横。这样,在这个社会中没有人可以不受限制而放纵专行,那么"道"就占了主导地位、取得胜利,"道"取得胜利,这事理就通畅,于是便可返回到无为而治的境地。这里说的"无为",不是说什么都凝滞不动,而是说不要任何事情都由君主一个人说了算而不考虑事物本身的规律和特点。"寸"的度量是根据禾穗的芒长来制定的,而穗的芒又产生于有形的植物,植物生长又离不开阳光,这就是"度"的本原。同样,音乐产生于五音,五音产生于十二律,十二律产生于风,这就是声音的根本原理。法的情况也一样,它产生于公众的道义,这道义产生于公众生活的需要,并符合最广大民众的心愿,这就是法治社会的要害。所以,与这些"根本"、"本原"、"要害"相通,就不会被末节搞乱,掌握了这些"根本"、"本原"、"要害",就不会被繁琐搞糊涂。法,不是从天上掉下来的,也不是从地下冒出来的,而是产生于人间社会又转过来制约人们使之正派。所以,自己身上有这样的缺点过错,就不要非难他人身上有的同样缺点过错;自己身上没有的优点美德,也就不要要求别人有这种优点美德。由此推出,要求下层民众遵循法律,那么上层君主百官也应遵循法规;禁止百姓民众不能做的事,那么君主自身也不能做。这才叫法制社会。所谓"亡国",不是说这个国家没有君主,而是说这个国家没有"法";现在说变更法制,并不是没有法,而是有法不用,有法不用等于没有法。因此,君主立法,首先自己要作出执法守法的榜样,这样法令就能施行于天下。孔子说:"其身正,不令而行;其身不正,虽令不从。"所以,还是一句话,君主如能用法严格地约束自身,那么法令政令就能够在百姓中施行无阻。

【注释】

　　① 县：同"悬"。县法：颁行法令。法不法：法办不法之徒。第一个"法"作动词用。　② 中：符合。程：指奖赏制度、奖赏程序。缺：触犯、破坏。绳：指刑法。　③ 中度者：符合法度的人，这里指守法者。　④ 有司：理官，主狱者也。相当于现在说的司法官。　⑤ 剬：通"制"，控制、制约。　⑥ 以其言：王念孙认为当作"以言其"，与"非谓其"相对为文。　⑦ 穛：王引之认定是"穮"的讹误之字。"穮"是禾穗上的芒，又可作"藨"和"秒"。《天文训》说"秋分藨定，藨定而禾熟。律之数十二，故十二藨而当一粟，十二粟而当一寸"。　⑧ 俞樾认为这几句应作"寸生于穮，穮生于形，形生于景，景生于日"。"景"这里应理解为"光"，阳光的意思。译文据此而定。　⑨ 有诸己不非诸人，无诸己不求诸人：杨树达认为"文谓己有其失，则不求人之无，己无其善，则不责人之有，所谓恕以待人也"。　⑩ 所禁于民者不行于身：马宗霍认为"本文之意，盖谓所禁于民之事，己身亦不得行之"。上文"所立于下者不废于上"同义。　⑪ 有法者而不用：这其中的"者"字，王念孙认为应在"所谓亡国"句下，这样"亡国者"与"变法者"相对为文。　⑫ 自：自身。检式仪表：榜样表率。　⑬ 语见《论语·子路》。　⑭ 禁胜：是指用法来约束。

【评析】

本节主要讲"法"及"法治"，这被作者看成是"天下之度量，人主之准绳"，相当重要，涉及以下若干方面和内容。

　　第一是"法"的产生和发生。作者认为"法者，非天堕，非地生，发于人间而反以自正"，"法生于义，义生于众适，众适合于人心"。这种认为"法"产生于人间社会，并规范人间社会的观点是相当合理的。

　　第二是"法"的作用。作者认为颁布刑法，就是惩处不法之徒："悬法者，法不法也。"而社会设置司法部门、官员也是为了禁止人们的恣意妄为。这样"法定之后，中程者赏，缺绳者诛"。因为"法"有如此作用，所以"亡国"实际上是不讲法（"无法"）所导致的。

第三是执法应公正。"犯法者虽贤必诛,中度者虽不肖必无罪",同样,"尊贵者不轻其罚,而卑贱者不重其刑"。

第四是君主要成为执法守法的楷模。既然君主代表社会国家立法,那么他在要求别人守法之同时,自己也要遵法,这就是文中说的"人主之立法,先自为检式仪表","所立于下者不废于上,所禁于民者不行于身"。身正才能令行。

除此之外,本节作者对"无为"作新的解释,即"无为者,非谓其凝滞而不动也,以言其莫从己出也"。用现在的话来说,"无为"是最大限度地遵循客观规律,自然而然,排斥自我主观意愿。同时,文中还进一步强调"恕以待人"的做人原则:"有诸己不非诸人,无诸己不求诸人"。

圣主之治也,其犹造父之御:齐辑之于辔衔之际①,而急缓之于唇吻之和②;正度于胸臆之中,而执节于掌握之间③;内得于心中,外合于马志。是故能进退履绳,而旋曲中规,取道致远,而气力有余,诚得其术也。是故权势者,人主之车舆也;大臣者,人主之驷马也④。体离车舆之安而手失驷马之心,而能不危者,古今未有也。是故舆马不调,王良不足以取道⑤;君臣不和,唐虞不能以为治⑥。执术而御之,则管、晏之智尽矣⑦;明分以示之,则蹠、跷之奸止矣⑧。夫据除而窥井底,虽达视犹不能见其睛⑨;借明于鉴以照之,则寸分可得而察也⑩。是故明主之耳目不劳,精神不竭,物至而观其象,事来而应其化,近者不乱,远者治也。是故不用适然之数⑪,而行必然之道,故万举而无遗策矣⑫。今夫御者,马体调于车,御心和于马,则历险致远,进退周游,莫不如志。虽有骐骥騄駬之良,臧获御之⑬,则马反自恣,而人弗能制矣。故治者不贵其自是,而贵其不得为非也。故曰："勿使可欲,毋曰弗求;勿使可夺,毋曰不争。"如此,则人材释而公道行矣。⑭美者正于度,而不足者建于用⑮,故海内可一也。夫释职事而听非誉,弃公劳而用朋党,则奇材佻长而干次⑯,守官者雍遏而不进。如此,则民俗乱于国,而功臣争于朝。故法律度量者,人主之所以执下,释之而不用,是犹无辔衔而驰也,群臣百姓反弄其上。是故有术则制人,无术则制于人。吞舟之鱼,荡而失水⑰,则制于蝼蚁,离其居也;猿狖失木⑱,而擒于狐狸,非其处也。

【今译】

　　圣明君主治理天下,就好像造父驾驭马车:善于控制缰绳、调节辔头来使马儿步伐整齐和谐,通过他平和的吆喝来调节车辆的快慢;驾驭马车的法术熟谙于胸中,而竹鞭又紧紧地握在手里;那缰绳的松紧、吆喝声的高低、竹鞭的使用等无不传达他的意旨,而马儿也能领会他的意思。所以马车的进退、转弯都能符合规矩,取道上路多远都能到达,可人马不会感到精疲力竭,这都应当归功于神奇的驾驭术。所以说,王位和权力是君主的车辆;而大臣则是君主的驾车马匹。身体还没在车上坐稳,马儿又不听使唤,就开始启动而不出车毁人亡的危险,从古到今好像还没有过。所以车、马不协调,即使是王良也不敢驱车上路;同样君、臣不和谐,即使是唐虞也不能治理好天下。掌握驾驭法术,使管仲、晏婴的才智得以最大限度地施展出来;明确君臣名分,使盗跖、庄𫏋这样的大盗也难以作乱耍奸。趴在井栏朝着井水照脸,眼睛视力再好也不易看清自己的眼珠子;而用明镜来照脸,脸上的毛孔和斑点都能看得一清二楚。所以英明的君主耳目不劳累,精神不耗竭,物体来到时能看清它们的形象,事情发生了能应对它们的变化,不论远近都能治理得井井有条。因此不靠偶然的机会而遵循必然规律,所以无论做什么事,都不会有失误。那优秀的驾驭手,使马儿的体形动作和车子协调一致,驭手的心思想法又和马儿沟通一致,那么就是经过险阻,到达远方,进退转弯,没有不称心的。反过来说,即使有骐骥、骡骊这样的良马,但让臧获这样的愚者去驾驭,那良马反而变得暴躁放纵起来,没法控制它了。所以治理政务的官吏,不贵在其自身行为的正确与否,而贵在不能做坏事。所以说:"不要助长人的贪欲,但也不要压抑人的正常要求;不要鼓励人争名争利,但也不要人放弃合理的竞争。"这样恰到好处,人欲能合理释放,真正的公正合理之道才得以实行。才德皆佳的人按法度正确使用,才德欠佳的人也应放适当的位置使用,这样,天下就成一个和谐的整体。如果不是根据人的才能是否称职,而是根据他人的非议或赞誉来评品人之优劣,抛弃勤于公职努力工作的人而任用结党营私之徒,那么奇异之才就会躁进跻身而处在与他才能不相称的位置,忠于职守的官员反被堵塞而不得提拔晋升。这样一来,全国的民间风气就被搞乱,有功之臣也因不得提拔晋升而争于朝廷。所以法律准则是君主用来控制下面群臣百官、民众百姓的,如果放弃不用,就好像不用缰绳嚼子、骑光背马疾驰一样,百官百姓反过来会戏弄君主。所以说君主有法术就可制御群臣百姓,不用法术或无法术就要被群臣百姓控制。吞舟的大鱼,离开水面跳到陆上,就会被蝼蛄、蚂蚁欺侮,这是因为它离开了赖以生存的水域;猿猴离开树林,就会被狐狸擒获,这是因为它处在它不该处的地方。

【注释】

①齐辑:指驾车整齐和谐。 ②唇吻:口。唇吻之和:这里指驾车时驭手发出的平和吆喝声。 ③节:策,用竹做成的马鞭。 ④驷马:古代同驾一车的四匹马。这里泛指驾车的马。 ⑤王良:春秋时晋国善驾驭马车者。 ⑥唐虞:即尧舜。 ⑦管:管仲,春秋时齐国政治家,辅佐齐桓公成为春秋霸主。晏:晏婴,春秋时齐国政治家,以节俭力行,名显诸侯。尽:尽量发挥才智。 ⑧蹠、跻:盗跖、庄跻。前者为春秋时齐国奴隶起义领袖,后者为战国时楚国农民

起义领袖,都被诬称为"盗"。 ⑨除:王引之认为是"干"字之误,繁体"干"字与"除"字相似。这里的"干"指井边的栏杆。达:决。达视:决眦视之,是说竭目力而视之。睛:目瞳子、眼珠子。 ⑩鉴:镜。分:毛也。一曰疵。 ⑪适然:偶然。 ⑫遗策:失策、失误。 ⑬臧获:原注为"古之不能御者,鲁人也"。"鲁人"为"鲁纯之人",鲁通卤,卤莽之人。 ⑭释:解、消的意思。人材:何宁认为当作"人欲"。 ⑮美:王念孙认为应是"羡"。正:是"止"之误。建:"逮"之误。王念孙认为"羡谓才有余也。'羡者止于度,而不足者逮于用'谓人主有一定之法,则才之有余者,止于法度之中而不得过,其不足者,亦可逮于用而不患其不及也。羡与不足正相反"。 ⑯奇材佻长:原注为"奇材,非常之材。佻长,卒非纯贤"。而向宗鲁则认为:"'佻长'与'雍遏'对文。佻长盖躁进之意,注非。"译文取向注。次:官职等级。 ⑰失水:指离开水面蹦弹到陆上。 ⑱犹:猴的一种。

【评析】

本节作者以驾驭马术来喻说统御群臣百官:驾驭手是缰绳马鞭执于手中、正度存于胸中、吆喝含于唇间,而君主则是"法律度量"存于胸中、权势权术爵禄执于手中;驾驭之术只有"马体调于车、御心和于马",才能历险致远、进退周游;统御之术只有使"君臣和谐",才能"唐虞以为治";驾驭手有了驾驭术,故能进退履绳、旋曲中规、取道致远;而君主"执术御之,则管晏之智尽矣、蹠跷之奸止矣"。反之,如果没有驾驭之术,即使有骐骥䮒駬这样的良马,人也不能制之;君主如无"统御之术",就会被百官百姓所制服。

君人者释所守而与臣下争^①,则有司以无为持位,守职者以从君取容^②,是以人臣藏智而弗用,反以事转任其上矣。夫富贵者之于劳也,达事者之于察也,骄恣者之于恭也,势不及君。^③君人者不任能而好自为之,则智日困而自负其责也。数穷于下则不能伸理，行堕于国则不能专制。④智不足以为治，威不足以行诛，则无以与天下交也。⑤喜怒形于心者欲见于外⑥，则守职者离正而阿上，有司枉法而从风，赏不当功，诛不应罪，上下离心而群臣相怨也。是以执正阿主，而有过则无以责之；有罪而不诛，则百官烦乱，智弗能解也；毁誉萌生，而明不能照也。不正本而反自然，则人主逾劳，人臣逾逸，是犹代庖宰剥牲⑦，而为大匠斫也。与马竞走，筋绝而弗能及；上车执辔，则马死于衡下。⑧故伯乐相之，王良御之，明主乘之，无御相之劳而致千里者，乘于人资以为羽翼也。是故君人者，无为而有守也，有为而无好也。⑨有为则谗生，有好则谀起。昔者齐桓公好味而易牙烹其首子而饵之，虞君好宝而晋献以璧马钓之，胡王好音而秦穆公以女乐诱之⑩，是皆以利见制于人也。故善建者不拔⑪。夫火热而水灭之，金刚而火销之，木强而斧伐之，水流而土遏之，唯造化者物莫能胜也。故中欲不出谓之扃，外邪不入谓之塞。⑫中扃外闭，何事之不节？⑬外闭中扃，何事之不成？弗用而后能用之，弗为而后能为之。精神劳则越，耳目淫则竭。故有道之主，灭想去意，清虚以待；不伐之言⑭，不夺之事；循名责实，使有司⑮。任而弗诏⑯，责而弗教；以不知为道，以奈何为宝⑰，如此，则百官之事各有所守矣。

【今译】

　　统御臣民的君主如果放弃君主本应持守之道，去干涉下属官员分内的事，这样使下属官员反而感到不好办，以无为的态度来对待自己职能范围内的事；而那些忠于职责的官员也只能顺从君主的意愿、看着君主的脸色行动以讨君主欢心；他们也只得收藏起自己的主观能动性和智慧不用，反将自己分内的事，乃至责任全都推到君主身上。在这种君主事必亲躬、包揽一切的情况下，那些尊贵的卿相对于勤劳政事，通达事理的官员对于考察事理，骄横放纵的官僚对于恭谨守职，势必不如君主。君主不很好地运用群臣的才能而喜欢每事必亲躬，就会每天伤透脑筋、背着所有的责任包袱无法摆脱。这样，君主原本有限的统御群臣之术就在日常事务中被削弱，办事处事就不能合理有效；君主每天陷于繁琐具体的国务之中，就不能很好地控制掌握天下大事。君主的个人智慧不足以治理天下，君主的威严不足以施行惩罚，这样就无法与群臣百官产生交往。还有，君主如果在内心世界产生喜怒情感，就会在外表神态、言语中表现出来，这样使那些忠于职守的人偏离正道而转到逢迎阿附君主，有些官吏就会出于私心破坏法律来顺从不正之风，于是奖赏与功劳不相符合，处罚与罪行不相对称，上下离心离德、君臣互相埋怨。所以执政官员阿附逢迎君主，那么当他们有过失时，君主就无法责备他们；而有罪不加以惩处，百官群臣就会议论纷纷心情烦躁而思想混乱，这时君主再有智慧也无法解决这些思想问题；当诽谤和吹捧风气一旦滋生，君主再英明也无法照亮人们。不正本清源返回自然无为，那么君主是越辛劳而下属百官是越安逸，这就像代替厨师宰杀牲口，取代木匠斫削木料。你与马赛跑，筋骨跑断也追不上马；但坐上马车手操缰绳辔头，那么马就不得不听你的使唤，以至累死马儿也是相当简单的。所以让伯乐去相马、由王良来驾驭，英明君主只须稳坐马车厢里，无须亲手驾驭就能到达千里之外，这就是在于能利用他人的特长才智来作为自己驰骋的羽翼。所以统御民众的君主就该持清静无为之道而守着根本，有治国平天下的才能而无个人贪欲偏好。君主要知道，处处想插手表现自我，那么逸佞就会产生；而有个人偏好贪欲，那么阿谀就会兴起。过去齐桓公喜爱美食，易牙就蒸煮了他的长子献给齐桓公以骗取宠信；虞国国君贪好璧玉良马，晋献公就用璧玉良马来满足他的欲望以便能借道进军；西戎国王爱好音乐，秦穆公就用歌女诱惑使之丢失土地。这些均因国君好利贪欲而被人算计。所以只有从内心世界建立起某种信念,只要自我不变质,外界是没有什么力量能将此拔去的。反观物质世界:那火虽然热得灼人,但水能泼灭它;金属虽然坚硬无比,但火能销熔它;树木虽然结实,但利斧能砍伐它;水虽然漫溢渗透,但土能堵遏它;只有自然造化的东西才没什么能制服它。所以心中的欲念不外逸,就叫做把住了门户,外界的邪气不能入侵攻心,就叫做守住了关卡。心欲不外逸、邪气不入侵,还有什么事情不能节制?什么事情不能成功?那才是不用然后能用,无为然后有力。人的精神劳累就会离散,耳目淫荡精气就会衰竭。所以得道体道的君主是熄灭欲火、抛弃杂意,以清静无为来对付所有一切;他不替任何人说三道四,他不将他人的事务揽于手中;他只是按照各种名分来落实实际事务,使各种官吏完成各自分内的事情。任用他们而不瞎指挥,提出责职权益而不多下指令;以无法规定、无可奈何的"道"作为法宝,这样百官群臣就能各守自己的岗位而尽心尽力了。

【注释】

① 与臣下争:是说君主放弃无为而治,行臣职和行臣事。 ② 从君取容:原注为"随君之欲以取容媚"。 ③ 于:对。势:势必的意思。 ④ 数穷于下:指君主统御之术消耗于日常事务之中而导致"不能伸理"。行堕于国:意思与上相同,也是指君主陷于繁琐的国务之中而导致"不能专制"。 ⑤ 下:指群臣。王念孙认为"下"字上不应有"天"。 ⑥ 见:表现。 ⑦ 庖宰:两连用指厨师。剥牺:宰杀牲口。 ⑧ 衡:车辕上的横木。 ⑨ 有为:王念孙认为"有为"本作"有立"。 ⑩ 以上三则故事在《精神训》均有注释,请参阅。 ⑪ 善建者不拔:语见《老子·五十四章》。 ⑫ 扃:关门,关闭。塞:闭塞、堵塞。 ⑬ 节:节制。 ⑭ 伐:王念孙认为"伐"当为"代"。"不代之言",是说君不代之言。 ⑮ 使有司:是谓让官员"各有司"——有职有权。 ⑯ 诏:令。 ⑰ 奈何:有"无可奈何"的意思,这里指自然、人无法干涉的"道"。

【评析】

本节所叙内容还是不离君主统御之术。其一强调高高处上的君主不要抛开自己的本分去抢臣下的分内职责,绝对不可做"代庖宰剥牲"的蠢事;如果做这种"代庖宰剥牲"的事,就会导致"人主愈劳,人臣愈逸"、"人臣藏智而弗用,反以事转任其上"的局面。其二强调君主不要轻易暴露自己的内心意图和喜好,以免被他人钻空子,造成上下离心、君臣相怒,并以三个历史故事说明之。由此作者强调指出君主要"中扃外闭,外闭中扃",这样就能"善建者不拔"。其三继续强调要用众人之智和众人之力,要善于借用他人的特长才能来为自己服务,也即文中说的"伯乐相之、王良御之、明主乘之,无御相之劳而致千里者,乘于人资以为羽翼也"。

摄权势之柄,其于化民易矣。卫君役子路,权重也①;景、桓公臣管、晏,位尊也②。怯服勇而愚制智,其所托势者胜也。故枝不得大于干,末不得强于本,则轻重大小有以相制也;若五指之属于臂,搏援攫捷,莫不如志,言以小属于大也。是故得势之利者,所持甚小,其存甚大③;所守甚约,所制甚广。是故十围之木,持千钧之屋;五寸之键,制开阖之门。岂其材之巨小足哉?④所居要也。孔丘、墨翟修先圣之术,通六艺之论,口道其言,身行其志,慕义从风,而为之服役者不过数十人。使居天子之位,则天下遍为儒、墨矣。楚庄王伤文无畏之死于宋也,奋袂而起⑤,衣冠相连于道,遂成军宋城之下⑥,权柄重也。楚文王好服獬冠⑦,楚国效之;赵武灵王贝带鵕鸃而朝⑧,赵国化之。使在匹夫布衣,虽冠獬冠、带贝带、鵕鸃而朝,则不免为人笑也。

夫民之好善乐正,不待禁诛而自中法度者,万无一也;

下必行之令，从之者利，逆之者凶，日阴未移⑨，而海内莫不被绳矣。故握剑锋，以离北宫子、司马蒯蒉不使应敌⑩；操其觚，招其末⑪，则庸人能以制胜。今使乌获、藉蕃从后牵牛尾⑫，尾绝而不从者，逆也；若指之桑条以贯其鼻⑬，则五尺童子牵而周四海者，顺也。夫七尺之桡而制船之左右者⑭，以水为资；天子发号，令行禁止，以众为势也。夫防民之所害，开民之所利，威行也，若发城决唐。⑮故循流而下易以至，背风而驰易以远。⑯桓公立政，去食肉之兽、食粟之鸟、系罝之网，三举而百姓说⑰；纣杀王子比干而骨肉怨⑱，斮朝涉者之胫而万民叛⑲，再举而天下失矣。故义者，非能遍利天下之民也，利一人而天下从风；暴者，非尽害海内之众也，害一人而天下离叛。故桓公三举而九合诸侯，纣再举而不得为匹夫。⑳故举错不可不审。㉑

【今译】
　　君主如果能掌握利用好权势，那么对于教化民众这点来说，就非常容易了。过去，无能的卫国君之所以能役使勇武的子路，就在于他掌握了权力的缘故；而平庸的齐桓公和齐景公能让精明能干的管仲、晏婴做他们的臣子，也是因为桓、景两公身处君位的缘故。这怯懦的制服勇武的、愚庸的制服聪明的，是因为怯懦、愚庸的身处地位要超过勇武聪明的。所以树枝不能大于树干，树梢不能强于树根，这样大的重的就能够制约小的、轻的；就像五指属于臂控制，手指的搏拉抓取十分敏捷灵巧，没有不随心所欲的，这就是说小的属于大的控制。正因为这样，谁获得重要位置、有利形势就显得很重要，这样他尽管掌握持有的很小，但所能胜任的却很大；他尽管掌握守持的很小，但所能掌握的却很广。因此，十围粗的木柱，却能支撑千钧重的房屋的重量；五寸长的插销，却能控制大门的开关。这难道是木柱和插销的粗细长短足以胜任房屋重量和大门开关？不是的，而是因为它们处的位置太重要关键了。孔丘和墨翟研究先圣的学问、通晓六艺的理论，但是后来继承传播他们的言论思想、亲身实践他们的志向、仰慕追随他们的义理和风格，并为他们奔走效劳的门徒只不过数十人。假使孔丘和墨翟处在天子的位置，那么天下儒、墨的门徒就不是数十个人了，可能天下到处都是儒、墨的门徒了。楚庄王为文无畏在宋国被害而感到悲伤，并为之挥袖而起，领兵攻打宋国，一路上跟随前往的追随者接连不断，浩浩荡荡攻到宋国都城、并取得胜利，这一切因为楚庄王掌握权势而导致的。楚文王喜好戴獬豸冠，使楚国人都仿效他；赵武灵王佩着贝带、戴着鵔鸃冠上朝，整个赵国人都被他同化。假如楚文王、赵武灵王只是一个平民百姓、处平民百姓的地位上，即使也戴着獬豸冠、佩着贝带、戴着鵔鸃冠而上朝，就不免被人耻笑了。

在整个社会中，能够自觉爱好善良，乐意正派，不靠禁令惩罚而就能遵守法规的老百姓，大概是一万人当中也没有一个。因为这样，所以君主发布法令就应坚决、实行就应坚定，服从者就让他得到好处，违逆者就叫他遭殃，这样，转眼工夫，天下就没有不遵守法规的了。所以如果手握剑锋，将剑倒着迎战敌人，即使是像北宫子和司马蒯蒉这样的勇士恐怕也难以去与敌人交战；而手握剑柄、以剑锋对准敌人，即使是武功平庸的人也能战胜敌人。这也可以这样讲，如果让乌获、藉蕃这样的大力士去牵拉牛尾巴，你就是将牛尾巴拉断，这牛还是不听你的话，原因是在于你违逆了牛的本性；如果你用手指粗细的枝条贯穿牛的牛鼻，这样即使是弱小的五尺牧童也能牵着牛周游天下，使牛服服帖帖，原因是顺应了本性。七尺船桨能够控制船只的左右方向，是由于凭借水的作用力；天子君主发号施令能够令行禁止，是依靠民众的势力。能够堵塞防止危害民众的事，开发推行有益于民众的事，这样君主的威信，就像挖开池堤池水畅通灌溉田地一样深入人心。所以说顺流而下是很容易到达目的地，背对着风奔跑是容易跑得远的。齐桓公登基执政，下令不许畜养食肉的猛兽和吃粮食的鸟儿，撤除捕捉动物的网罗，仅这三项措施实施就使百姓心悦诚服；而殷纣王残杀王子比干就使骨肉间产生怨恨,斩断早晨趟水过河人的胫骨就引起万民叛乱,仅这二项罪行就使他丢掉了天下。所以君主的义举,用不着使天下所有人同时都获得利益,而其中只要有一人得利获益,就能使天下人从中受感化;纣王的暴行,并没有使天下所有人同时受害,但只要残害了一人,天下人就会离心背叛。所以齐桓公靠办三项事件便九次会合诸侯;殷纣王只做二件蠢事就遭灭亡,此时想做名普通老百姓都不可能了。所以君主的一举一动都不可不慎重。

【注释】

① 卫君:指春秋卫国君出公,名辄。曾几次被赶下君位,逃难他国。子路:孔子弟子。卫出公第一次在位时,子路任卫大夫孔悝的邑宰。出公出逃鲁国时,子路在战斗中为报君恩而战死。　② 景、桓公臣管、晏:王念孙认为其中"公"字为后人所加,应取掉。　③ 存:王念孙认为应作"任"。　④ 围:人两手合抱为围或直径一尺为围。巨小:大小、粗细。　⑤ 楚庄王:春秋时楚国国君,名侣。文无畏:楚大夫。事见《左传·宣公十四年》:楚庄王派文无畏出使齐国,要文无畏经过宋国时不借宋道而径直通过,以向宋国挑衅,后文无畏果遭宋国杀害,楚庄王乘机发兵攻打宋国。　⑥ 衣冠相连于道:是说楚庄王听到文无畏死讯后愤怒至极,来不及穿鞋、佩剑,只身冲向街市欲发兵攻宋,随从者纷纷追随其后送鞋、送剑。这里指追随庄王出征的人很多。成军:成事,指胜利。　⑦ 楚文王:春秋时楚国国君,即楚武王熊达之子熊庇。獬冠:用獬豸皮做成的冠帽。獬豸是传说中的一种神兽,能帮助法官分辨曲直,以此皮做成的冠叫做"御史冠"。　⑧ 赵武灵王:战国初赵国国君,曾从服装入手,提倡"胡服骑射",改革国政。贝带:用贝壳做成的装饰佩带。鵕鸃:一种雉鸡,这里是指用鵕鸃羽毛装饰的帽子。　⑨ 日阴未移:古代以日影移动来推断时间。"日阴未移",说明时间很短。　⑩ 离:是"虽"字之误。以离(虽):应为"虽以"。不使应敌:"使"上当有"可"字,应为"不可使应敌"。　⑪ 觚:剑柄。招:举。末:指剑锋。　⑫ 乌获、藉蕃:古代

大力士。　⑬若指之桑条：是说桑条若指粗细。　⑭桡：船桨，固定于船两侧。　⑮碱：堤岸。唐：同"塘"。　⑯背风：背对着风，顺风。　⑰罝：捕捉动物的网。说：悦。　⑱比干：纣王臣，为纣王的叔父。《史记·殷本纪》载，纣王荒淫无道，比干强谏之，"纣怒曰：'吾闻圣人心有九窍。'剖比干，观其心"。　⑲斩：同"斫"，斩断。　⑳再：指"二"、"两"。　㉑错：通"措"。

【评析】

作者反反复复地强调君主权势对统治的重要，并认为如果孔丘、墨翟占有天子之位，那么他们的门徒就不是数十人，而可能是天下遍为儒墨者了。因为君主有高高在上的君位权势，它本身就是一种统治力量，所以作者非常强调君主要利用好这个天子之位和这股统治力量，如君主利用得好，就能"所持甚小、其存甚大，所守甚约、所制甚广"。作者还透彻地指出：君主因为有君位权势，所以他所做之事，很容易被人接受同化；而一般性平民百姓做同样的事却会遭人耻笑。这同样是因为君主有君位权势的缘故。

人主租敛于民也①，必先计岁收，量民积聚，知饥馑有余不足之数②，然后取车舆衣食供养其欲。高台层榭，接屋连阁，非不丽也，然民有掘穴狭庐所以托身者③，明主弗乐也④；肥酞甘脆⑤，非不美也，然民有糟糠菽粟不接于口者，则明主弗甘也；匡床蒻席⑥，非不宁也，然民有处边城、犯危难、泽死暴骸者⑦，明主弗安也。故古之君人者，其惨怛于民也⑧，国有饥者，食不重味；民有寒者，而冬不被裘；岁登民丰，乃始县钟鼓⑨，陈干戚⑩，君臣上下同心而乐之，国无哀人。故古之为金石管弦者⑪，所以宣乐也；兵革斧钺者，所以饰怒也⑫；觞酌俎豆，酬酢之礼，所以效善也⑬；衰绖菅屦,辟踊哭泣⑭,所以谕哀也。此皆有充于内,而成像于外⑮。及至乱主,取民则不裁其力⑯,求于下则不量其积,男女不得事耕织之业以供上求,力勤财匮,君臣相疾也⑰。故民至于焦唇沸肝⑱,有今无储,而乃始撞大钟,击鸣鼓,吹竽笙,弹琴瑟,是犹贯甲胄而入宗庙,被罗纨而从军旅⑲,失乐之所由生矣。

夫民之为生也,一人蹠耒⑳,而耕不过十亩,中田之获,卒岁之收,不过亩四石。妻子老弱仰而食之,时有涔旱灾害之患,无以给上之征赋车马兵革之费㉑。由此观之,则人之生悯矣!夫天地之大,计三年耕而余一年之食,率九年而有三年之畜㉒,十八年而有六年之积,二十七年而有九年之储,虽涔旱灾害之殃,民莫困穷流亡也。故国无九年之畜谓之不足,无六年之积谓之悯急㉓,无三年之畜谓之穷乏。故有仁君明王,其取下有节,自养有度,则得承受于天地,而不离饥寒之患矣。㉔若贪主暴君,挠于其下㉕,侵渔其民,以适无穷之欲,则百姓无以被天和而履地德矣㉖。

食者,民之本也;民者,国之本也;国者,君之本也。是故人君者,上因天时,下尽地财,中用人力,是以群生遂长㉗,五谷蕃植。教民养育六畜,以时种树,务修田畴,滋植桑麻,肥墝高下㉘,各因其宜。丘陵阪险不生五谷者,以树竹木,春伐枯槁,夏取果蓏,秋畜疏食,冬伐薪蒸㉙,以为民资。是故生无乏用,死无转尸。㉚故先王之法,畋不掩群,不取麛夭㉛,不涸泽而渔,不焚林而猎。豺未祭兽㉜,罝罦不得布于野;獭未祭鱼㉝,网罟不得入于水;鹰隼未挚㉞,罗网不得张于溪谷;草木未落,斤斧不得入山林;昆虫未蛰,不得以火烧田㉟。孕育不得杀,鷇卵不得探㊱,鱼不长尺不得取,兽不期年不得食。是故草木之发若蒸气㊲,禽兽之归若流泉,飞鸟之归若烟云,有所以致之也。故先王之政,四海之云至而修封疆㊳;虾蟆鸣、燕降而达路除道㊴;阴降百泉则修桥梁㊵;昏张中则务种谷㊶;大火中则种黍菽㊷;虚中则种宿麦㊸;昴中则收敛畜积㊹,伐薪木。上告于天,下布之民。先王之所以应时修备,富国利民,实旷来远者㊺,其道备矣。非能目见而足行之也,欲利之也。欲利之也不忘于心,则官自备矣。心之于九窍四支也㊻,不能一事焉,然而动静听视皆以为主者,不忘于欲利之也。故尧为善而众善至矣;桀为非而众非来矣。善积则功成,非积则祸极。㊼

【今译】

　　君主要向人民征收赋税,一定要事先盘算一下年成好坏,估计一下人民手中的积蓄,弄清百姓是饥还是饱、有余还是不足,做到心中有数,然后才酌情征收供君王车马衣食所需的赋税。高耸的楼台、层叠连片的榭屋和宫室,十分壮观漂亮,但是老百姓还挤在土房窄屋里栖身,那么英明的君主就不会以住入这些华丽的宫室楼台里为快乐;肥酽醇厚、甘甜酥脆的酒食,也十分味美可口,但是老百姓还过着糟糠粗粮都吃不上的日子,那么英明的君主就不会以享用这些美味佳肴为甜美;安适的床榻、细软的席垫,也十分舒适,但是老百姓还过着戍守边境、遭受危难、战死野外、尸骨暴露的日子,那么英明的君主就不会以寝卧舒适为安适。所以古时候的君主,他对百姓的痛苦而担忧、悲伤,只要国家里有挨饿的人,他就不会对食物挑东拣西;只要国家中还有挨冻的人,他就不会身穿裘皮;只有当年成丰收百姓富足时,君主才悬挂钟鼓、陈设干戚,君臣上下与民同乐,国家因此无一人悲哀。所以,古代制造铜钟、石磬、箫琴,是用来表达快乐之情的;制造兵器、铠甲、斧钺,是用来表示愤怒的;制定祭祀、应酬礼节,是用来传递互相友善、喜悦的;而穿丧服系麻绳着草鞋、捶胸顿足、号啕痛哭,是为了表述哀悼之情的。这些喜怒哀乐之情,都是发自内心世界,又以一定的外在形式表现出来。到了乱世昏主,搜刮民脂民膏时不顾百姓的承受力、聚敛财富时不看百姓的家底积蓄,民众从事的男耕女织根本无法供给上面君王的奢求,这样导致民力疲乏,财源枯竭,君臣互相怨恨。因此人民是被弄得唇焦舌燥、心急火燎,吃了上顿没有下顿,在这样一种生活状态下却去撞击大钟、擂击响鼓、吹奏竽笙、弹拨琴瑟,就好像是披戴盔甲进入宗庙祭祀神灵、穿着细软华丽的锦衣出征打仗一样,完全失去了原本制定音乐的目的了。

百姓维持生计主要靠农业生产,一个男性劳动力所耕种的土地不过十亩,中等土质的地一年每亩收获不过四石。妻子儿女老老少少都靠这些收获过日子,有时还要碰到水旱虫灾,就无法缴纳赋税供给政府朝廷的车马军队的费用。由此看来,人民百姓的生活也够令人忧愁的。全国可耕种面积,按三年耕种积余一年粮食来计算,九年只有三年积蓄,十八年则有六年的储备,二十七年就有九年的储备积累。这样如遇水旱虫灾,人民百姓就不至于陷入困境流亡逃荒。所以,一个国家如无九年的储备积累,就叫不足;一个国家如无六年的积蓄储备,就叫悯急;一个国家如无三年的积蓄,就叫穷乏。正因为这样,有的英明君主,取用民财知道节制,自己消费知道限制,这样就能承受天地的施予和奉养,而不至于会遭受饥寒的灾难。反过来,如果是贪婪残暴的君王,那么他可能是不停地骚扰百姓,侵夺吞没百姓的财物以满足他的无穷贪欲,这时,百姓们就无法承受天恩地德所赐的福利。

食是人民的根本,而人民又是国家的根本,国家则是君主的根本。知道这道理,治理国家的君主就应上循天时、下尽地财、中用民力,这样万物就能顺利生长,五谷就能繁茂生长。君主还应指导人民养育六畜,按季节种植各种树木植物,致力于农业耕种,发展桑麻业,按各种不同肥沃贫瘠的高原山地来种植相宜的农作物。而对那些丘陵险地及不能种植五谷的地域,则种以竹木,春季可以砍伐枯林,夏季可以摘收瓜果,秋季可以积蓄蔬菜杂粮,冬季可以砍伐薪柴以供民用。因此,活着不会缺少用品,死后不至于抛尸荒野。所以,先王治国的方法是:畋猎时不得杀绝成群的野兽,不捕捉幼小的麋鹿,不放干池湖之水而捕鱼,不焚烧森林打猎。不到能捕杀弱兽的时间,不让在野外设置捕捉的罗网;没到水獭捕捉鱼群的时间,不得在水中撒网;不到老鹰隼鸟捕杀兔等食物的时间,不得在山谷安装罗网;草木还没凋落之前,不许进山林砍伐;昆虫还没开始蛰伏之前,不准放火烧荒。不准捕杀怀胎的母兽,不准掏取孵化着的鸟蛋,不许捕捞长不足一尺的鱼,不得宰杀不满一年的幼猪。正因为这些规定,保护了生态环境,所以草木生长如气一样蒸蒸升腾,禽兽归山如泉水一样奔流,飞鸟入林如烟云聚集,所有这些均归功于君主保护生物的措施得当。所以先王执政理事,雨季将到之时就要农民修整田疆;虾蟆鸣叫燕子归来之时就组织劳力修整道路;阴气降临百川之时就发动民众修建桥梁;黄昏张星宿位于正南方中天的时候,就要抓紧种植谷物;大火星宿位于正南方中天的时候,就要抓紧播种黍豆;虚星宿位于正南方中天的时候,就要抓紧种好越冬麦子;昂星宿位于正南方中天的时候,就要做好收敛储藏、砍伐薪柴以便过冬。这些政令,上告苍天,祈求保佑,下达万民,令其实施。先王之所以能顺应天时,处事周全,富国利民,使国库民囷财物充盈,让远方异族归顺,是因为他的道性完备的缘故。这道性不能显现目见,但能付之履行;想使百姓得利获益不忘于心,这样道性的器官功能就自然具备了。人心对于人体的九窍四肢来说,尽管它(人心)不能代替九窍四肢这样具体器官的功能,但手脚的一举一动和耳目的视听都以心为主宰,并不忘记心给予它们的主宰作用和好处。所以尧帝心地善良,众人的心地也随之善良起来;夏桀心狠手辣,胡作非为,众人也就随之为非胡乱起来。善行积累则功业告成,恶贯满盈则祸害来临。

【注释】

①租:赋税,租税。　②饥馑:王念孙认为应作"饶饥",这样

"饶"与"馑","有余"与"不足",皆相对为文。 ③ 掘穴:王念孙认为应作"堀室"、"堀"古"窟"字。这样"窟室"与"狭庐"事相类。明主弗乐:原注为"不乐其大丽也"。 ⑤ 酎:浓醇的美酒。 ⑥ 匡:安适的床,原注作"安也"。蒻:指嫩细的香蒲。蒻席:这里指细软精致的蒲席。 ⑦ 泽死:死于野外。 ⑧ 惨怛:忧伤悲痛。 ⑨ 县:通"悬"。 ⑩ 干戚:盾与斧。 ⑪ 金:钟类。石:磬类。管弦:管乐器和弦乐器。 ⑫ 钺:古代兵器。饰:表现。 ⑬ 觞酌:饮酒、酒器。俎豆:祭器,均用以盛放食物。酬酢:古代主客互相敬酒的礼节;主敬客称为"酬",客敬主称为"酢"。善:王念孙认为应是"喜"。 ⑭ 衰:古代丧服。绖:居丧时披在头上或系在腰间的麻带。菅:草名,其茎可用来编织草鞋。菅屦:用菅草织成的草鞋。辟:通"擗",捶胸的意思。辟踊:捶胸顿足表示哀痛。 ⑮ 充:实,指内心世界的感情。像:指表情、言行等形象。 ⑯ 裁:度量。 ⑰ 疾:怨恨。 ⑱ 焦唇沸肝:形容生活痛苦难熬。 ⑲ 罗纨:质地细软的丝织品。 ⑳ 蹠:踩。蹠耒:指耕种。 ㉑ 涔:涝。无:王念孙认为应是"有",又通"又"。录下供参考。 ㉒ 率:大致、一般。畜:通"蓄"。 ㉓ 悯急:忧愁的意思。 ㉔ 离:通"罹",遭受的意思。 ㉕ 挠:扰乱。 ㉖ 天和、地德:指人活在世上承受天恩地德。 ㉗ 群生:指万物。遂:顺利。 ㉘ 六畜:牛马羊猪鸡狗六种牲畜。田畴:耕熟的土地。肥:肥沃的土地。垆:贫瘠的土地。高:地势高的土地。下:低洼处。 ㉙ 果蓏:植物果实;一说有核的为果、无核的为蓏,一说木本植物果实叫果、草本植物果实叫蓏。畜:蓄。疏食:原注为"菜蔬曰疏,谷食曰食"。薪蒸:粗柴为薪,细柴为蒸。 ㉚ 转尸:指尸体被弃于荒野,形容死无葬身之地。 ㉛ 畋:打猎。掩:尽。麛夭:原注为"鹿子曰麛,麋子曰夭"。 ㉜ 豺未祭兽:原注为"十月之时,豺杀兽四面陈之,世谓之祭兽也"。 ㉝ 獭未祭鱼:原注为"獭,猭也。《明堂月令》:'孟春之月,獭祭鱼。'取鲤四面陈之水边也,世谓之祭鱼。" 罝罦:捕鸟兽的网。 ㉞ 挚:捕杀、攫取。古人认为鹰隼等猛禽到秋天才开始捕杀动物。 ㉟ 不得以火烧田:原注为"十月蛰虫备藏,未蛰,不得用烧田也"。王念孙认为"烧"字是因"烧田"(火田)而衍。 ㊱ 鷇:指已孵化的鸟卵或指刚出壳的小鸟。 ㊲ 蒸气:指草木生长很快,如气上升。 ㊳ 四海之云至:这里是说立春之后,雨季来临。原注为"立春之后,四海出云",认为立春后四海会产生云层。修封疆:指修治田地,准备春播。 ㊳ 虾蟆鸣:指三月之时。 ㊵ 阴降百泉:指十月阴气盛而河流水位下降,便于修桥。 ㊶ 昏张:三月份;"昏张"与下文的"大火、虚、昴"均为二十八宿中的星宿,详见《天文训》和《时则训》。中:指星宿出现在天空正南中天。 ㊷ 大火:指四月份。 ㊸ 虚:指八月份。 ㊹ 昴:指季秋九月出现于正南方。 ㊺ 实:充实。旷:空。实旷:指使人民富足起来。来:使归附。 ㊻ 九窍:指眼、耳、鼻、口和前后阴。支:同肢。 ㊼ 极:至。

【评析】

讲了太多的权术——统御之术后,作者似乎感到,统治社会的方略权术不管怎样精到,总离不开有些基本的东西。在这里,作者开始揭示这些基本的东西,即"食者,民之本也;民者,国之本也;国者,君之本也"。也就是说,社会物质生产条件是君主赖以统治社会的基本条件;一个君主如果撇开这些基本的物质生产,而去讲究钻研所谓的统御之术,是没有意义的,也最终要失败的。于是,作者提醒人君者,要"上因天时,下尽地财,中用人力",注意重视农业生产,这样才能"群生遂长,五谷蕃植";人君者还要"教民养育六畜,以时种树,务修田畴,滋植桑麻……"而且为了能使农业生产持续发展下去,君主绝对不可做那些"涸泽而渔,焚林而猎"的蠢事;更不能做那些违逆时令的事情。这样,才有可能富国利民。

而就是这些农业生产,在作者看来也是十分艰难的。作者算过这笔账:"一人蹠耒而耕不过十亩,中田之获,卒岁之收。不过亩四石",而全家老少却全靠这些收成过日子,碰到水旱虫灾就根本无法缴纳赋税了。基于此,所以就要以二十七年农业生产来积九年的储备,以防自然灾害。这样,"取下有节,自养有度",才有可能使社会百姓不至于遭受饥寒。

但现实社会却是相反,贪主暴君"挠于其下,侵渔其民","取民不裁其力,求下不量其积",这样导致君主大臣住高楼大厦、穿绫罗绸缎、吃美味佳肴,而百姓是住土屋茅房、穿破衣烂衫、吃酒糟米糠。在这种社会状况下,君主再怎么会玩权术,也是难以维持统治的。为了防止这种状况再现,作者假托英明君主来表达他的善良愿望,即英明君主是看到百姓住土房就不会住高楼、看到百姓吃糟糠就不会吃佳肴……总之,英明君主就应始终急人民所急、想人民所想,"其惨怛于民也"。

凡人之论:心欲小而志欲大①;智欲员而行欲方②;能欲多而事欲鲜。所以心欲小者③,虑患未生,备祸未发,戒过慎微,不敢纵其欲也。志欲大者,兼包万国,一齐殊俗,并覆百姓,若合一族,是非辐凑而为之毂。④智欲员者,环复转运,终始无端,旁流四达,渊泉而不竭,万物并兴,莫不响应也。行欲方者,直立而不挠,素白而不污,穷不易操,通不肆志。能欲多者,文武备具,动静中仪,举动废置,曲得其宜,无所击戾⑤,无不毕宜也。事欲鲜者,执柄持术,得要以应众,执约以治广,处静持中⑥,运于璇枢⑦,以一合万,若合符者也⑧。故心小者禁于微也,志大者无不怀也,智员者无不知也,行方者有不为也,能多者无不治也,事鲜者约所持也。

【今译】

圣明之人所具备的条件,是这样的:考虑问题要细致,处事要谨慎,同时胸襟要开阔,志向要远大;智谋要圆通灵活而品行要端正;才能要广泛多样而处事要简约。所谓心要细,是说要在祸害尚未发生或形成之前就要有所预见而加以防备,警惕和谨慎地对待可能会出现的过失及萌芽状态中的危险,不敢放松自己的思想。所谓胸襟开阔,志向远大,是说能兼容所有的诸侯国,统一四方边远的异邦,庇护恩及天下百姓,让他们亲密聚合如同一个宗族的人;无论是和你一致的还是和你不一致的人,都要能将他们团结在你的身边,就像车辐聚合在车毂周围一样。所谓智谋圆通灵活,是说智慧如圆环那样反复运转、始终无端;像江河那样到处奔流,四面畅达;又像深渊泉水那样永不枯竭;这样万物因此兴盛,没有不响应随从的。所谓品行端正,是说站得直、不弯腰屈服,朴素洁白而不受污染;穷困时不改变操守,通达时不放纵自满。所谓才能广泛多样,是说文武具备,动静符合法度,举止恰如其分,没有阻碍和抵触,没有不完全适宜的。所谓处事简约,是说掌握权柄、运用权术,以简约驾驭繁琐、以少制多,处静执中,如同璇枢掌握斗柄运转一样,以一合众,就像符节相合。所以心细谨慎者就应将错误禁绝于微细萌芽中,胸襟开阔、志向远大者就应无所不容,智谋圆通者就应无所不知,品行端正者必有所不为,才能广泛者必无事不能,处事简约者必持简要原则。

【注释】

① 心欲小:指小心谨慎地处理事情。志:志向,或指胸襟。② 员:圆。智欲员:智谋圆通灵活。　③ 所以:何宁认为当为"所谓",是解释"心欲小者"、"志欲大者"、"智欲圆者"、"行欲方者"、"能欲多者"、"事欲鲜者"。　④ 辐:车轮的辐条。毂:车轮中车轴插入处的部分,周围连接车辐。　⑤ 曲:周全、无不。曲得其宜:无不恰到好处、恰如其分。戾:乖悖、违逆。击:通"隔"。无所击戾:没有什么阻碍、抵触。　⑥ 执中:有保持中正平衡的意思。　⑦ 璇枢:原指北斗星中的第一颗星天枢和第二颗星天璇星,和天玑、天权组成"斗"形,控制斗"柄"三星的运行。　⑧ 符:古代用以传令的凭证,用竹、木或金属,刻上文字后分为两半,用时以两半相合为凭。

【评析】

本节规定作为英明君主所应具备的条件有哪些,作者将此规定为以下这"六反",即"心欲小而志欲大,智欲圆而行欲方,能欲多而事欲鲜"。在作者看来,只有具备了这"六反"条件的人才有可能拥有天下、统御社会。如果讲上述的社会物质生产是君主统御天下的外在客观条件的话,这里的"六反"则是君主之所以能统御天下的内在主观条件,两者缺一不可。

古者天子听朝①,公卿正谏,博士诵诗②,瞽箴师诵③,庶人传语④,史书其过,宰彻其膳⑤,犹以为未足也。故尧置敢谏之鼓⑥,舜立诽谤之木⑦,汤有司直之人⑧,武王立戒慎之鞀⑨,过若豪厘,而既已备之矣。夫圣人之于善也,无小而不举;其于过也,无微而不改。尧、舜、禹、汤、文、武,皆坦然天下而南面焉。⑩当此之时,馨鼓而食⑪,奏《雍》而彻,已饭而祭灶⑫;行不用巫祝⑬,鬼神弗敢祟,山川弗敢祸:可谓至贵矣。然而战战慄慄,日慎一日。由此观之,则圣人之心小矣。《诗》云:"惟此文王,小心翼翼,昭事上帝,聿怀多福。"⑭其斯之谓欤?武王伐纣,发巨桥之粟,散鹿台之钱⑮;封比干之墓,表商容之闾,朝成汤之庙,解箕子之囚⑯;使各处其宅,田其田;无故无新,惟贤是亲,用非其有,使非其人,安然若故有之⑰。由此观之,则圣人之志大也。⑱文王周观得失,遍览是非,尧、舜所以昌,桀、纣所以亡者,皆著于明堂。⑲于是略智博问⑳,以应无方。由此观之,则圣人之智员矣。成、康继文、武之业㉑,守明堂之制,观存亡之迹,见成败之变,非道不言,非义不行,言不苟出,行不苟为,择善而后从事焉。由此观之,则圣人之行方矣。孔子之通,智过于苌弘,勇服于孟贲,足蹑郊菟,力招城关㉒,能亦多矣。

然而勇力不闻,伎巧不知,专行教道,以成素王㉓,事亦鲜矣。春秋二百四十二年,亡国五十二,弑君三十六,采善锄丑㉔以成王道,论亦博矣。然而围于匡㉕,颜色不变,弦歌不辍,临死亡之地,犯患难之危,据义行理而志不慑,分亦明矣㉖。然为鲁司寇㉗,听狱必为断。作为《春秋》,不道鬼神,不敢专己。夫圣人之智固已多矣,其所守者有约,故举而必荣;愚人之智固已少矣,其所事者多㉘,故动而必穷矣。吴起、张仪,智不若孔、墨,而争万乘之君,此其所以车裂支解了。㉙夫以正教化者,易而必成;以邪巧世者㉚,难而必败。凡将设行立趣于天下,舍其易成者,而从事难而必败者,愚惑之所致也。凡此六反者㉛,不可不察也。

【今译】

　　古代天子上朝听政,有公卿正面进谏,博士朗诵读歌,乐师规劝告诫,平民百姓的街市议论由有关官吏报告君主,史官记载天子的过失,宰臣减少天子膳食以示思过,尽管这样,天子对这些监督仍嫌不足。所以尧设置供进谏者敲击的鼓,舜树立了供人们书写意见的木柱,汤设立了监察官员,武王树立了警戒自己谨慎的摇鼓,哪怕出现细微的过失,他们都已做好了防备的措施。这些圣人明主,对于善事,无论有多小也必定去做;对于过失,不管有多小也一定去改。所以,尧、舜、禹、汤、文王、武王,都能心胸坦荡而称王拥有天下。在那个时候,君主饭前要先击鏊鼓,饭毕演奏完《雍》乐后再撤席,用过饭后还要祭灶神;他们办事处事时不用巫祝通鬼神,而鬼神却不敢作祟,山川之神也不敢为祸作乱,这可以称得上最可贵的德政了。但是他们仍然战战兢兢,一天比一天谨慎小心。由此看来,圣人君主是多么地小心啊。《诗经》说:"就是这位周文王,言行谨慎小心,心胸光明地事奉上帝,给国家百姓带来很多福利。"说的大概就是这种情况吧?武王讨伐纣王,打开巨桥粮仓将粮食分发给百姓,将鹿台府库里的钱财分发给民众;同时修整忠臣比干的坟墓,在商容的故里表彰商容的贤德,朝拜商汤的宗庙以示敬仰,并解除对箕子的囚禁;让人们都返回家园,耕种自己的田地;没有故旧、新人之分,只要贤能就亲近他们,任命使用的并不都是他自己原有的亲信旧臣,但安然地如同本来就拥有他们一样,使他们能像原有的亲信旧臣一样各安其位。由此看来,圣人君主的胸怀是多么地博大啊、志向是多么地远大啊。文王全面考察先王施政的得和失,广泛地研究以往治国的是和非,尧舜之所以昌盛、桀纣之所以灭亡的教训,都记录在册存放明堂以供借鉴。然后广泛求教、集思广益,以便能处理应对所碰到的天下大事。由此看来,圣人君主的智谋是多么地圆通啊。周成王、周康王继承文王、武王的事业,恪守祖宗留下的制度成法,研究观察前人存亡的事迹,看清了成败演变的规律,不合乎道的话不说,不符合义的事不做,一言一行都不随随便便,有所选择后才去做。由此看来,圣人君主的品行是多么地端正啊。孔子算得上通才,他的智慧超过苌弘,勇力压倒孟贲,腿脚灵敏能追上野兔,力气能举起城门门门的横木,他的才能够多的了。然而孔子的勇力并不为常人所知,孔子的技艺也并不为人们所了解,他专门推行政教之道,终被人们尊称为"素王",可见他的处事原则是强调简约的。春秋二百四十二年中,被灭亡的国家有五十二个,被臣下杀掉的国君有三十六,孔子收集善事、隐去丑事,编写《春秋》以弘扬王道,其中阐述的理论也够广博的。然而孔子在宋国被人围困,却面不改色、弦歌不停,身临死亡境地、遭受患难危险,仍根据义理行事而心无恐惧,这说明孔子对命运的理解也相当透彻的。到孔子担任鲁国司寇时,处理案件诉讼总能谨慎决断。著述《春秋》,又不言及鬼神、也不敢专任己意主观臆断。圣人的智慧已经够多的了,再加上他处事简约,所以使他的事业兴旺发达;而那些愚蠢的人,智慧本来就少,却又喜欢卷入过多的繁琐事务,处事又不简约,所以一举一动均行不通办不成。正因为这样,所以智慧不如孔子墨子的吴起和张仪,却想使大国君主互相争斗,结果导致自己被车裂肢解。所以,凭着正道实施教化,则容易且一定能成功;以邪道欺蒙世人,则困难且必定要失败。大凡想在天下实施自己志向,却又舍弃容易且一定能成功的简约方法,而选择采用繁琐困难且必要失败的方法的,都是由愚昧惑迷所造成的。这上述讲的六种相成相反的处事原则,不可不察呀。

【注释】

①听朝:天子主持朝廷听政。 ②博士:古代教授之官,掌古今史事侍问,始置于战国,秦汉因袭。诵:朗读、朗诵。 ③瞽:乐师;古代以瞽者(眼瞎者)作乐官,所以称乐官(乐师)为"瞽"。箴:规劝、告诫。师:乐师、乐官。 ④庶人:春秋时代的劳动者,后泛指一般平民。传语:有关官吏将庶人平民所议论的内容报告君王,称为"传语"。 ⑤宰:掌管膳食的官员。彻:通"撤"。 ⑥敢谏之鼓:指设在宫门外的鼓,臣民可击鼓进谏。 ⑦诽谤之木:指设在宫门外的木柱以供人们书写对朝政的意见。 ⑧司直之人:负责监察的官员。 ⑨鞀:一种有柄的摇鼓。以摇鼓警戒君王言行谨慎。 ⑩皆坦然天下而南面焉:王念孙认为应是"皆坦然南面而王天下焉"。禹:王引之认为"禹"字为衍文,"文"字也是后人所加。《吕氏春秋·自知篇》作"尧舜汤武"。 ⑪馨鼓:一种大鼓。馨鼓而食:指君主进食时要奏钟鼓音乐。 ⑫雍:古代贵族在饭毕撤膳时用的音乐。灶:灶神。 ⑬巫祝:从事通鬼神迷信活动的人。 ⑭引诗见《诗经·大雅·大明》。聿:语气词,无义。 ⑮伐纣:王念孙认为本作"克殷"。下文讲述的六事,皆在克殷之后。巨桥:殷纣王的粮仓所在地,在河北曲周县东北。鹿台:纣王所筑的高台,故址在河南境内,纣王钱财府库。 ⑯表商容之闾:原注为"商容,殷之贤人,老子师,故表显其里"。商容为纣王大夫,因直谏被贬。《缪称训》中记载"老子学商容,见舌而知守柔矣"。"商容"在《文子·上德篇》中作"常樅",这是因为"商"、"常"、"容"、"樅"声近而通借。闾:闾里。成汤:商朝开国君主。箕子:纣王叔父;封国于箕,故称箕子;纣王暴虐,箕子屡谏无效,乃披发装疯为奴,被纣王囚禁,武王灭商后释放了箕子。 ⑰非

其有、非其人：指不是武王原有的亲信旧臣。若故有之：像武王原有的亲信旧臣一样。 ⑱也：应改为"矣"，这样与下文"则圣人之智员矣"等语气一律。 ⑲著：记录。 ⑳略：取。 ㉑成：周成王，名诵，武王子。康：周康王，名钊，成王子。 ㉒苌弘：周敬王大夫，号知天道。孟贲：古代勇士。蹑：追上。菟：通"兔"，古时又称良马为"菟"。郊：通"狡"。招：举。城关：城门闩门的横木。 ㉓素王：有帝王之德而未居帝王之位的人。后以素王称孔子。 ㉔钼：通"锄"，除掉。 ㉕匡：春秋宋邑。在今河南陈留。孔子围于匡：事见《史记·孔子世家》，孔子自鲁定公十三年起离开鲁国周游世界，路过匡，被匡人拘禁五天。 ㉖分：指天命、命运。孔子被围时说："天生德于予，匡人其如予何？" ㉗鲁：指鲁定公。司寇：掌管司法的官。 ㉘其所事者多：应为"其所事者又多"。"又"与上文的"其所守者有约"的"有"相通。 ㉙吴起：战国时卫人，曾仕魏，后为权臣所忌，奔楚相楚悼王，实行法治，富国强兵，触犯权贵利益后遭权贵杀害。张仪：战国魏人，著名纵横家；史书无张仪被车裂的记载，是苏秦之误，或是商鞅之误。 ㉚巧：欺蒙、欺骗。 ㉛六反：指上述六种相成相反的事："心欲小而志欲大，智欲员而行欲方，能欲多而事欲鲜。"

【评析】

这里，作者用具体的事例来解释"六反"，进一步强调君主具备这"六反"主观条件的重要性。

遍知万物而不知人道不可谓智，遍爱群生而不爱人类不可谓仁。仁者，爱其类也；智者，不可惑也。仁者，虽在断割之中，其所不忍之色可见也；智者，虽烦难之事，其不暗之效可见也。内恕反情，心之所欲，其不加诸人①；由近知远，由己知人。此仁智之所合而行也。②小有教而大有存也，小有诛而大有宁也，唯恻隐推而行之，此智者之所独断也。③故仁智错,有时合④;合时为正,错者为权⑤:其义一也。

　　府吏守法⑥,君子制义。法而无义,亦府吏也,不足以为政。耕之为事也劳,织之为事也扰。扰劳之事而民不舍者,知其可以衣食也。人之情不能无衣食,衣食之道必始于耕织,万民之所公见也。⑦物之若耕织者,始初甚劳,终必利也,众愚人之所见者寡;事可权者多,愚之所权者少。⑧此愚者之所多患也。⑨物之可备者,智者尽备之;可权者,尽权之。此智者所以寡患也。故智者先忤而后合⑩,愚者始于乐而终于哀。今日何为而荣乎,旦日何为而义乎,此易言也;今日何为而义,旦日何为而荣,此难知也。问瞽师曰:"白素何如?"曰:"缟然。"曰:"黑何若?"曰:"黮然。"⑪援白黑而示之,则不处焉。⑫人之视白黑以目,言白黑以口,瞽师有以言白黑,无以知白黑,故言白黑与人同,其别白黑与人异。入孝于亲,出忠于君,无愚智、贤不肖皆知其为义也,使陈忠孝行而知所出者鲜矣。

【今译】

　　全面了解万物而不知道社会人情世故,就不能叫做"智";普遍地爱护各种生物而不爱护人类本身,就不能叫做"仁"。所谓"仁",就是要爱护人的同类;所谓"智",就是不可糊涂。仁慈的人,虽然有时不得不割爱,但他那不忍心的神色还是会流露出来。聪慧的人,虽然有时碰到烦难之事,但他那聪慧的心志还是会呈现出来。心地宽厚的人能经常反躬自省,自己所不愿意的,就不会强加给别人;由近而知远,由己而知人。这就是仁智结合运用的结果。对小的毛病加以管教,是为了使他大了有出息,对小的错误加以责罚,是为了使他大了能安宁,只是出于爱护同情之心才推行这种做法的,也就是智者的决断做法。

而一味讲仁的人是难以做到这点的。所以仁和智有时是错开有矛盾的,有时又结合相一致的。仁和智结合,就是正道做法,有时仁和智错开不相合,就是权变做法。这两者的含义则是一样的,都是出于知人爱人。

一般官吏遵守法度,而一般君子则受义制约。如果光遵守法度而不讲道义,就像一般的官吏那样,是没有资格主持国家大政的。耕作农田之事是相当辛苦的,纺纱织布之事也是相当麻烦的,但老百姓就是在这辛苦麻烦中也不放弃耕织,是因为他们知道只有靠耕织才能过日子。吃饭穿衣是人之常情,而要获得衣食的途径只能从事耕织,这道理平民百姓看得清清楚楚。他们还知道,这种耕田织布像其他事物一样,开始时是辛苦麻烦,但最终是会获利的,然而在众多蠢人中间能明白这一点的人是很少的。事情可以变通灵活处置的方法很多,然而蠢人能变通灵活处置事情的很少。这也就是愚蠢人之所以多灾多难的原因。事物所具备的物性,聪明人也都具备;事物可以变通,聪明人也都能灵活变通。这也就是聪明人之所以顺顺利利的原因。所以聪明人往往是先处逆境而后顺遂如意,愚蠢人常常是开始得意高兴而后悲哀痛苦。所以你告诉他今天干什么便能成功享受荣华富贵、明天再考虑怎样做合符道义的事,他很能听得进;但你告诫他应该先做些合符道义的事,以后再考虑享受荣华富贵,他就很难听得进你的话。这就是愚蠢人之所以愚蠢的地方。当问盲乐师:"洁白的颜色是怎样的?"他会说:"就像洁白的丝绸那样。"又问:"黑色是怎样的?"他会说:"就像熟透的桑葚一样。"但你真的拿出白与黑两种颜色的东西叫他分辨,他就无法分辨了。这是因为分辨白与黑靠眼睛,而说出白与黑则靠口,盲乐师可以用口来描述白与黑色,但无法用眼来辨别白与黑,所以当他用口描述白与黑时,其能力与常人一样;但当他要用眼睛来辨别白与黑时,其能力就与常人不一样。在家孝顺父母,外出做官忠于君王,这道理无论是聪明人愚蠢人、贤德者不肖者都知道是合符道义的,但要他们讲清楚怎样尽孝尽忠、为何要尽孝尽忠,那就很少有人能做到这点。

【注释】

①内恕：心地慈仁宽厚。心之所欲：杨树达认为："所欲"疑当作"所不欲"。这几句的意思与"其恕乎！己所不欲，勿施于人"(《论语·卫灵公》)相近。　②仁智之所合：这里的"仁"指"内恕"，"智"指"由近知远，由己知人"。所谓"仁智之所合"是指内恕包含着推己及人的(智)内容。　③小有教而大有存也，小有诛而大有宁也：原注为"小教之以正，故大有存也；小责之以义，故大有宁也。非正则不存，非义则不宁"。恻隐：同情心。智者之所独断：是指上述"小教"、"小责"的做法。　④故仁智错，有时合：王念孙认为当作"故仁智有时错，有时合"。　⑤正：正道常法。权：灵活变通。　⑥府吏：一般官吏。　⑦公：道藏本"公"字作"容"。王念孙认为"容"与"公"古字通。　⑧事可权者多，愚之所权者少：王念孙认为当作"事之可权者多，愚人之所权者少"。　⑨之所：应作"之所以"。　⑩忤：逆，不顺。　⑪黮：《说文》："黮，桑葚之黑也。"是指桑葚熟透后呈现出的黑颜色。　⑫不处：指无法区别、分辨。

【评析】

所谓"统御之术"，讲到底是"智慧"的表现。所以作者在这里接着讲"智"、"智慧"及"智者"。这"智与愚"，"智者与愚者"的差别，就在于智者处事办事不逆物性，智者灵活、知道变通，这就是文中讲的"物之可备者，智者尽备之；可权者，尽权之"。还有，智者往往比愚者看得远，并能掌握事物发展的趋势，所以能"先忤而后合"；智者往往能认识明了人道社会⋯⋯

但出于上述的"智欲圆而行欲方"，作者认为君主统御之术尽管强调"智"，但在对待民众百姓群臣百官时，却还得以"仁"为正道，辅以"智"术；而这种对以"仁"为正道的认识，实际上也是智慧的表现。作者认为，只有仁与智的有机结合，才算完备，这就是作者说的："遍知万物而不知人道不可谓智，遍爱群生而不爱人类不可谓仁。仁者，爱其类；智者，可不惑。"这样才能统御社会拥有天下。

凡人思虑，莫不先以为可而后行之，其是或非，此愚智之所以异。凡人之性，莫贵于仁，莫急于智。仁以为质，智以行之；两者为本，而加上以勇力辩慧、捷疾劬录①、巧敏迟利②、聪明审察，尽众益也。身材未修，伎艺曲备，而无仁智以为表干③，而加之以众美④，则益其损。故不仁而有勇力果敢，则狂而操利剑；不智而辩慧怀给⑤，则弃骥而不式⑥。虽有材能，其施之不当，其处之不宜，适足以辅伪饰非，伎艺之众，不如其寡也。故有野心者，不可借便势；有愚质者，不可与利器。⑦

鱼得水而游焉则乐；塘决水涸，则为蝼蚁所食。有掌修其堤防，补其缺漏，则鱼得而利之。国有以存，人有以生。国之所以存者，仁义是也；人之所以生者，行善是也。国无义，虽大必亡；人无善志，虽勇必伤。治国上使不得与焉⑧；孝于父母，弟于兄嫂⑨，信于朋友，不得上令而可得为也。释己之所得为，而责于其所不得制，悖矣！士处卑隐，欲上达，必先反诸己。上达有道，名誉不起，而不能上达矣。取誉有道，不信于友，不能得誉。信于友有道，事亲不说⑩，不信于友。说亲有道，修身不诚，不能事亲矣。诚身有道，心不专一，不能专诚⑪。道在易而求之难，验在近而求之远，故弗得也。⑫

【今译】

　　大凡人们考虑问题，总是首先认为可行的，然后才去实施，但最后的结果是，有人收到预期的效果，有人却没有收到预期效果，这是由于聪明和愚蠢所造成的。就人的本性来说，没有比仁更珍贵的、没有比智更重要的。将"仁"作为主体,用"智"去实施它;这样以"智"、"仁"作为基础根本,再加上勇力和辩才,处事迅速勤快、灵巧机敏,聪明地审察分析,这样就集中了所有长处,十分完美了。如果自身的才能没有多少,却学会了一些雕虫小技,又没有仁和智来作为主干表现在外,而拥有的上述这些"捷疾、钦录"等,只会增加它的危害性。所以不"仁"却勇武有力、果断敢为,就会像疯子握利剑一样,后果难测;没有"大智"却能言善辩、机敏乖巧,就会像骑着骏马驰骋而漫无目标。所以虽然有才能,但使用不当,所处不适宜,那就会被用来助长虚伪、粉饰错误,这样,所具有的技艺多还不如少些好。所以不仁且有野心者,是不能让他获得有利地位、处有利形势的。而那些天质愚笨者,是不能授予重要权力的。

  鱼得到水才能游得快乐;如果池塘决口水干涸,脱离了水的鱼就可能被蝼蛄蚂蚁所吞食。所以要有人负责修理池塘堤防,补好缺口,这样鱼就能得水而获利。国家有赖以生存的东西,人也应有赖以生存的东西。这国家赖以生存下来的东西是"仁义",而人赖以生存的东西则是"行善"。一个国家一旦到了不讲"仁义",那即使大国也必亡无疑;一个人一旦没有了"善心",就是勇武有力也必定会受到伤害。治理国家是上面君主的事,一般人难以参与;而在家孝敬父母、顺从兄嫂、取信朋友这些事却用不着君主发布命令就可去做的。撇开自己所能做、所应做的事,而要求自己去做那些自己无法控制的、自己不应做的事,这实际上是违背了事理。士人处在卑微隐逸的地位时,要想上进有所表现,必须首先从自我修身养性做起。所以进取为官是有门道的,你如果名气声誉不佳,还是不能被选中任用的。同样获取名誉也是有门道的,如果你不能取信于朋友,也是难以获得好声誉的。同样取信于朋友也是有门道的,你在家侍奉孝敬父母都不能让父母愉悦,那又怎么会使你在交朋友中取信于友?能让父母愉悦舒坦也是有条件的,你自身的修养都不真诚,又怎么能侍奉好父母双亲?同样,修身真诚也是有准则的,如果心不专一,就难以做到心性真诚。上述这些做人的道理相当浅易,并且就在你的身边,就看你是做还是不做;但有些人却要到远处去寻找这些道理,所以总是无法得到。

【注释】

① 劬录:勤劳、勤快。《泰族训》作"劬禄"。其他篇章里又作"劬录"、"钩录"、"拘录"、"劬劳"等,字异义同。　② 迟:王念孙认为应作"犀"。　③ 表:外表。干:主干。　④ 众美:指上述说的"众益"。　⑤ 怀:王念孙认为应是"儇"字;儇,慧也,小聪明;"儇"又有"利"、"疾"之义;"儇给"有机敏乖巧的意思。　⑥ 弃骥而不式:这里的"弃"应为"乘"。"式"是"或"之误。"或"又与"惑"相通。后人并在"式"(或)字上加上"不"。所以"弃骥而不式"应作"乘骥而惑"。　⑦ 利器:指国家权力。《老子·三十六章》说:"国之利器不可以示人。"　⑧ 使:于省吾认为"使"字同"事"字。治国上事不得与焉:于省吾认为应是"治国上事,言治国乃主上之事,故曰不得与焉"。　⑨ 弟:通"悌"。　⑩ 说:悦。　⑪ 不能专诚:王念孙认为应作"不能诚身"。　⑫ 顾广圻认为:篇末似非《主术》文,恐有错简。

【评析】

本节作者接上述话题,继续讲"仁与智"结合的重要性,认为"凡人之性,莫贵于仁,莫急于智",只有以"两者(智与仁)为本",才能做好事情。反之,如不能将二者结合,就会对社会造成危害:"不仁而有勇力果敢,则狂而操利剑;不智而辩慧怀给,则乘骥而惑。"正因为这样,所以对愚蠢者不能委以重任、不仁者不能让他得势。

最后作者又从治国之术转入修身之术,经过层层推衍,最终得出"欲上达,必先反诸己"。正因为有这么一段文字,所以有人认为《淮南子》的作者强调"治国要从修身做起","吸取了儒家的修身、齐家、治国、平天下的思想",使《主术训》具有了以道为本、博采各家的特点(见许匡一《淮南子全译》)。也有人从《主术训》的主题出发,认为"篇末似非《主术》文,恐有错简"(顾广圻语)。但在笔者看来,这段文字倒是作者在为那些"士"(包括作者本人)设定"上达"的门路、通道和方法:当你不能参与治国大事之时,不妨先做些基础性的工作,诸如孝敬父母、顺从兄长、取信于友等方面的事,以便能获取社会好名声,即"士处卑微,欲上达,必先反诸己"。而一旦有了名气,你离参与治理国家大事的路也就不远了。

但同时也带来问题,即当大家都清楚明白这统治术后,这统治术是否还有效管用?这在本卷中显然没有答案。而实际上,真正的统治术是难以用文字语言来表述的。因为君位权势如此重要,所以作者多方面多角度地论述、反反复复地砸嗦,从而构成本卷《主术训》,专讲此门学问。

卷十 缪称训

【解题】

在结束了君主统御之术的论述之后,本卷紧接着对君主自身的道德修养作了具体、琐细的论述。因为在作者看来,一个君主要达到先圣的功绩,除必须具备的统御之术外,还必须重视自身主观的道德修养。

就君主道德修养的最高境界来说,仍然不离"道"与"德",即清静无为。同时君主还必须具有仁爱之心。所以本卷在以"道、德"为本的前提下,引用了不少儒家的学说和观点,对诸如"仁义礼乐"等作了充分的肯定。如强调君主的道德修养必须从身边的小事做起,"积小善成大德";要注意持守独处时的"慎独",以及道德修养的专一不二、持之以恒、终身不懈等。

这样,使本卷《缪称训》有了它的真实含义,即作者在坚持道家学说的前提下,将与道家相异差错("缪")的儒家学说引述叙说("称")其中,糅合兼用。

此外,作者还特别强调对性情的修养。认为人的言行在很大程度上受情的支配,即所谓"情系于中,行形于外";正因为情对人的影响作用很大,所以是美情美德致善果、丑情恶德出恶果。

道至高无上,至深无下;平乎准,直乎绳,圆乎规,方乎矩①;包裹宇宙而无表里②,洞同覆载而无所碍③。是故体道者,不哀不乐,不喜不怒;其坐无虑,其寝无梦;物来而名,事来而应。④

【今译】

道高到没有顶点,深到没有底部;它比水准平,比墨绳直,比规圆,比矩方;它包容宇宙天地无内外之分,混沌覆载万物没有阻碍。所以领悟"道"体的人能不哀不乐、不喜不怒,坐时无思虑、睡时不做梦,物体来到能叫得出名称,事物发生能应对自如。

【注释】

① 乎:比。　② 表里:内外。　③ 洞同:混沌的意思。
④ 名:名称。应:应对。

【评析】

慢慢地使人感到,作者在文中不管论述的是什么思想内容,但"道"与对"道"的论述总要讲上几句的,似乎不讲不足以突出作者道家的特征。这里,《缪称训》在一开头就将"道"论述一番、描绘一下,其"道"的内涵和特征,与其他场合下的阐述差不多:"道至高无上,至深无下","包裹宇宙而无表里,洞同覆载而无所碍"。

主者,国之心。心治则百节皆安①,心扰则百节皆乱。故其心治者,支体相遗也②;其国治者,君臣相忘也③。黄帝曰:"芒芒昧昧,从天之道,与元同气。"④故至德者,言同略,事同指⑤,上下一心,无岐道旁见者。遏障之于邪,开道之于善,而民乡方矣。⑥故《易》曰:"同人于野,利涉大川。"⑦

【今译】

　　君主是国家的心脏,心脏健全正常,全身的脉络就畅通安康,心脏功能紊乱,全身的血脉也随之紊乱。所以,一个人的心脏如果正常,肢体也就相安无事;同样,一个国家治理得好,君臣之间就各守其位,各司其职。黄帝说得好:"至德者纯厚广大,能承顺上天的道德,精气能与上天的元气相通。"所以,至德者其谋略与臣民意见相吻合,办事的旨意与臣民意思相一致,这样君主与臣民同心同德,没有意见上的分歧和偏邪见解,也就能堵塞歪门邪道,开启行善之道,使人民都能朝正道上走。所以《易经》上说:"君主在郊外聚集民众准备出征,由于上下一心,就一定能跋涉山川渡过难关而取得胜利。"

【注释】

① 节:指脉络。　② 遗:忘。指不相干扰、各安其位。　③ 君臣相忘:指君臣各安其位,互不干扰。　④ 黄帝:古帝王名,所引黄帝语出自《吕氏春秋·应同篇》。芒:通"茫"。芒芒昧昧:纯厚广大的样子。道:王念孙认为应作"威",《广雅》曰:"威,德也。"元:天。　⑤ 略:谋略。指:通"旨",意旨、意图的意思。　⑥ 乡:通向。方:方正、正道。　⑦ 语见《周易·同人》卦辞。意思是说君和臣民上下同心同德,所以能无险不克、无往不胜。

【评析】

对"道"的论述是为了向下落实到得道体道的君主身上,而得道体道的君主外在表现即为"至德者"。所以本节作者就强调"至德者"在治国中的作用:他的言行与下属臣民相吻合,他的意愿代表下属臣民的意愿;他能"开道之于善,而民向方矣";他能与下属臣民同心同德,"利涉大川"……

道者,物之所导也;德者,性之所扶也;仁者,积恩之见证也;义者,比于人心而合于众适者也。① 故道灭而德用,德衰而仁义生。故上世体道而不德②,中世守德而弗坏也③,末世绳绳乎唯恐失仁义④。君子非仁义无以生,失仁义则失其所以生;小人非嗜欲无以活,失嗜欲则失其所以活。故君子惧失仁义,小人惧失利;观其所惧,知各殊矣。《易》曰:"即鹿无虞,惟入林中。君子几不如舍,往吝。"⑤

其施厚者其报美,其怨大者其祸深。薄施而厚望,畜怨而无患者⑥,古今未之有也。是故圣人察其所以往,则知其所以来者。圣人之道,犹中衢而致尊邪?⑦过者斟酌,多少不同,各得其所宜。是故得一人,所以得百人也。人以其所愿于上以交其下,谁弗戴?以其所欲于下以事其上,谁弗喜?《诗》云:"媚兹一人,应侯慎德。"⑧慎德大矣,一人小矣;能善小,斯能善大矣。

【今译】

　　道是万物的先导;德是对人本性的扶助;仁是积聚恩德的见证;义是合和人心、合乎众人的心愿。所以道被泯灭就以德来取代,德衰微了就产生了仁义。因此,远古圣人之治是依靠"道"而不靠德,中古圣王之治是谨守"德"而不怀仁爱之美。近代君王治国是小心谨慎抱持仁义而恐怕失去"仁义"。君子没有了仁义就无法生存下去,丧失了仁义就丧失了生存的条件;小人没有了嗜欲就无法生存下去,丧失了嗜欲就等于要他的命。所以君子害怕失掉仁义,小人则害怕失去利益;观察他们所害怕什么,就知道了君子与小人的不同了。《周易·屯卦》说:"追逐鹿而得不到向导的帮助,就是追进深山老林也得不到。君子知道追逐不到手不如舍弃,因为继续追逐深入,危险就在前头。"

　　如果施予人丰厚,那么得到的别人的回报也丰厚;如果结怨深大,那么招致的祸害也必然深大。施予别人的相当浅薄而得到厚报、积怨深厚却无灾患,从古到今还没碰到过这样的事。所以圣人知道自己怎样和人交往,也就知道别人将怎样回报自己。圣人为人处事的方法,就像在四通八达的道路中央设置酒樽,以酒款待行人,行人喝酒多少,按自己的酒量来决定,喝多喝少以每人的适量为标准。所以能够赢得一个人的心,也就能因此影响百人来拥戴。如果一个人能够用他希望上司对待他的态度来对待自己的下属,那么他的下属谁不爱戴他?如果一个人能够用他要求下属对待他的态度来对待自己的上司,那么他的上司又有哪个不喜欢?《诗经》说:"(周武王)能从爱护每个人做起,所以能够积聚成崇高的功德。"崇高的功德是伟大的,关爱人的善举是微不足道的；但正因为能从积累每一件小的善行开始，才能形成崇高的美德。

【注释】

①比：和。众适：合众人的心愿。　②不德：不用德、不靠德。　③坏：俞樾认为应作"怀"，不怀仁爱之美。　④绳绳乎：小心翼翼的样子。　⑤《易》曰：语见《周易·屯卦》的"六三"的爻辞。此卦的卦辞是说人处险难之境，不可有所往。即：就、追逐。鹿：喻利。虞：掌管山林的官员。舍：弃。吝：难，危险。　⑥畜：蓄，积聚的意思。　⑦衢：四通八达的道路。致：杨树达认为通"置"，设置。尊：樽，装酒的器具。　⑧《诗》云：引诗见《诗经·大雅·下武》。媚：喜爱。兹：此。侯：语助词，"乃"的意思。慎：顺，指美好。这句诗的意思"是说明圣人能从小处、个别事情上表现出仁爱之心，便能积聚成大的美德，得到臣民的拥戴"（许匡一《淮南子全译》）。

【评析】

在这里，作者重复上述"道散为德"（《俶真训》）、"德衰仁生"（《本经训》）的观点，认为近世社会是"绳绳乎唯恐失仁义"。因为是讲"仁义"的社会，所以与小人唯恐失去利益不同的是君子唯恐失去仁义，也由此能用仁义来使下属臣民归顺。

君子见过忘罚，故能谏；见贤忘贱，故能让；见不足忘贫，故能施。情系于中，行形于外。凡行戴情①，虽过无怨；不戴其情，虽忠来恶。后稷广利天下，犹不自衿；禹无废功，无废财，自视犹觳如也。②满如陷，实如虚，尽之者也。③

凡人各贤其所说④，而说其所快。世莫不举贤，或以治，或以乱，非自遁⑤，求同于己者也。己未必得贤⑥，而求与己同者，而欲得贤，亦不几矣⑦。使尧度舜，则可；使桀度尧,是犹以升量石也。⑧今谓"狐狸",则必不知狐,又不知狸。⑨非未尝见狐者,必未尝见狸也。⑩狐、狸非异,同类也,而谓"狐狸",则不知狐、狸。是故谓不肖者贤,则必不知贤;谓贤者不肖,则必不知不肖者矣。圣人在上,则民乐其治;在下,则民慕其意。小人在上位,如寝关曝纩⑪,不得须臾宁。故《易》曰:"乘马班如,泣血涟如。"⑫言小人处非其位,不可长也。物莫无所不用⑬,天雄乌喙⑭,药之凶毒也,良医以活人。侏儒瞽师,人之困慰者也⑮,人主以备乐。是故圣人制其剸材⑯,无所不用矣。

【今译】
　　君子看到他人的过失就忘掉了批评他人可能会招致责罚,所以他敢于直言进谏;君子看到贤才便忘记举荐贤才可能会使别人地位超过自己,所以他乐意让贤;君子看到衣足不足者会忘记给济别人会穷了自己,所以他能慷慨解囊给予施舍。内心世界维系着真情,就会在外在行动中表现出来。凡是言行饱含真情、流露真意,即使有过过失,别人也不会怨恨;言不由衷、行为虚假,就是装出一付忠诚的样子,也会招人讨厌、憎恶。后稷为天下人谋利,但却从来不自我夸耀;夏禹治水没有白费民力也没有白用钱财,但他从不自满。他们就是这样在完满中看到缺陷,在充实中看到不足,所以能使自己尽善尽美起来。
　　一般而言,人们都欣赏自己所喜欢的人,而所喜欢的又是自己感到愉快的人和物。世上没有人不举荐自以为贤能的人,但所举荐出的人,有的能把事办理好,有的却把事办砸了;这些并不是举荐人时自己欺骗自己,而是所举荐的人只求合适自己的口味。可是当你自己的水平并不是很高的情况下,按你自己的水平去寻求人才时,所得的人才就并不一定是真正的贤才。这就好比,让尧去鉴识度量舜,当然是可以的;但如果让桀去衡量识别尧,就好像用升去量石一样,是没法量清的。现在一般人都在说"狐狸",实际上他们既不知道"狐"是什么、也不知道"狸"是何物;他们不是没有见过"狐",就一定是没有见过"狸"。"狐"与"狸"不是异类,但因习性相近而属同一大类。可是日常中的人混称"狐狸",可见他们根本不知什么是"狐"、什么是"狸"。所以,把不贤的人称为"贤人",就足见他一定不明白什么叫"贤";反过来将贤才说成是"不贤",那也能知道他一定不明白什么叫"不贤"。圣人处于上位,那么百姓乐意接受他的管理;圣人即使不在位上,百姓也会仰慕他的思想和志向。而小人占于统治地位,那么百姓就像睡在机器的发动机上、或像穿着棉袄暴晒,没有片刻的安定。所以《易经》说:"骑马徘徊不安,面临血泪淋淋的险境。"是说小人处在他不该处的位置,导致人民百姓日子难过,同时小人也不可能长久处于这种统治地位。物没有什么是无用的,天雄和乌头尽管是草药中的剧毒药,但良医却能用这种剧毒药来救治人的性命。侏儒和盲人,是人中间最困窘愁郁的人,但君主却用他们作乐官和乐师。所以君主圣人对待人物如同巧匠裁取砍削木材一样,没有什么可以被弃舍不用的。

【注释】

①戴:载。"载情",是说言行饱含真情、流露真意。 ②觖:不满。 ③陷:缺少,欠缺。尽:极,尽善尽美。 ④说:悦。 ⑤遁:欺骗。《群书治要》引此文,许慎注"遁,失也"。 ⑥得:王念孙认为"得字因下文'得贤'而衍"。 ⑦几:近。不几:差得远。 ⑧升、石:皆为容量单位。十升为一斗,十斗合一石。以升量石:是指以小量大,比喻不可度量。 ⑨狐、狸:指两种动物名称。"狸"指狸子、山猫,属猫科。"狐"即后世所说的"狐狸",属犬科。"狐"、"狸"习性相近,故人们混而称之,这种称呼实际上混淆了"狐"与"狸";作者以此比喻贤愚不分。 ⑩非……必:不……就。表示一种不相容关系的选言判断。 ⑪关:机关,机械上的发动处;一说,"关"指"门栓",古时常用长木条作门栓。曝:晒。纩:棉絮。曝纩:穿着棉袄在烈日下暴晒;又原注为"纩,蚕茧。"曝茧"是指曝晒蚕茧,蛹虫挣扎其内,至死方休。两者解释均可,比喻小人处上位,百姓生活不安定,这

样小人处上位的"势"也必不长久。 ⑫语引《易经·屯卦》上六的爻辞。其爻辞本意是说处危亡之境,危在旦夕。 ⑬莫:王念孙认为"莫"即"无",这句应是"物无所不用"。 ⑭天雄:中药药名,有剧毒。乌喙:即乌头,《主术训》作"鸡毒"。参见《主术训》注释。 ⑮侏儒:身体畸形者、特别矮小的人。古时以侏儒为取笑耍玩对象。困慰:困窘愁郁。 ⑯制:裁取。剟:砍削。

【评析】

本节作者进一步描绘圣人、君子的表现,突出与小人的差异,由此得出:"圣人在上则民乐其治,在下则民慕其意。小人在上位,如寝关曝纩,不得须臾宁。"这反映了对社会圣人之治的期盼。又讲及世上社会举贤之事,强调举贤者自身素质的重要性,认为如果举贤者自己都不贤,又如何能求得贤人?

勇士一呼,三军皆辟①,其出之也诚。故倡而不和,意而不戴,中心必有不合者也。②故舜不降席而王天下者③,求诸己也。故上多故则民多诈矣。身曲而景直者④,未之闻也。说之所不至者,容貌至焉;容貌之所不至者,感忽至焉。⑤感乎心,明乎智,发而成形,精之至也。可以形势接,而不可以昭誋。⑥戎、翟之马⑦,皆可以驰驱,或近或远,唯造父能尽其力⑧;三苗之民⑨,皆可使忠信,或贤或不肖,唯唐、虞能齐其美:必有不传者⑩。中行缪伯手搏虎,而不能生也,盖力优而克不能及也。⑪用百人之所能,则得百人之力;举千人之所爱,则得千人之心;辟若伐树而引其本⑫,千枝万叶则莫得弗从也。慈父之爱子,非为报也,不可内解于心⑬;圣人之养民,非求用也,性不能已;若火之自热,冰之自寒,夫有何修焉?及恃其力赖其功者,若失火舟中。⑭故君子见始,斯知终矣。媒妁誉人,而莫之德也⑮;取庸而强饭之⑯,莫之爱也。虽亲父慈母,不加于此,有以为,则恩不接矣。⑰故送往者,非所以迎来也;施死者,非专为生也。诚出于己,则所动者远矣。锦绣登庙,贵文也;圭璋在前,尚质也。⑱文不胜质之谓君子。故终年为车,无三寸之辖不可以驱驰⑲;匠人斫户,无一尺之楗不可以闭藏⑳。故君子行斯乎其所结。㉑

【今译】
　　勇士一声呼喊,三军为之退避,这是因为他的呼喊发自肺腑的真诚。所以,有领唱的人、却没有人应和,上有此意图、却没有人领会执行,这些都必定是因为双方的内心思想感情没有得到交流融洽。所以,舜不离开坐席而能匡正天下,这是因为他自身要求严格。所以,在上的君主大臣喜爱玩弄权术,那么下面的人也必定跟着玩弄智巧、变得狡诈起来。正因为这样,所以还从来没有听说过身子弯曲而影子却直的这样事情。用言辞所不能表达的,却可靠表情动作来表达;用表情动作所不能表达的,却能用至诚的精神来感化别人。内心世界产生了真情,意识随之明智起来,然后必定在外表流露出来,这就是至诚的精神所至;人正是用这种至诚的精神来影响、感化别人,而不是用一种苍白空洞的说教来告诫别人。戎、翟出产的良马,都是善于奔驰的,不论远近,但只有像造父这样的驭手才能让马儿充分发挥出它们全部的力气;三苗族的人民,都是能被教化得忠诚老实,不论贤愚,但只有像尧舜这样的圣主才能使他们具有这样的品德——这说明像造父和尧舜他们必定有着无法言传的奥妙法术。中行缪伯尽管能徒手与老虎搏斗,但是不能驯养老虎,这是因为他只具备力气而不具备驯养老虎的才能。能够运用百人的才能,就能得到百人的力量;办理一件上千人关爱的事,就能得到上千人的拥戴之心;这就好比砍伐大树、拖累到树的根部,这样树的千枝万叶也不得不跟着拖累。慈父关爱儿子,并非是想得到子女的报答,而是因为无法抛开内心的那颗爱心。同样,圣人养育百姓,并非是想奴役百姓,而是在尽爱民的天职;这就如同火的本性是热,冰的本性是寒的一样,用不着特地加以修炼。等到需要依靠子女赡养、百姓出力时,他们也会自然而然尽孝尽忠,这就像江中之舟失火一样,全体船员和乘客都会一起尽力灭火。所以君子在事物的开始就能知道事物的结果了。媒人撮合婚事,婚姻的男女双方都不会感激媒人,因为知道媒人称誉双方撮合婚事只是为了钱财;雇佣农工的东家劝佣工吃饱,不会使佣工感激东家,因为知道东家劝他们吃饱只是为了让他们以后多卖力气多做事情。正因为这样,所以即使是父母亲,如在关爱子女过程中充斥了某种私心而不具备真诚的爱心,那么,作为子女也不必一定要牢记养育之恩。所以,赠送厚礼给客人,不能怀有企盼客人某天回赠的想法;同样,对死者加以厚葬,不应只求死者在天之灵能保佑现在活着的人。如果真的出自一颗至诚的心,那么所感化的作用就会相当深远的。披戴锦绣进入庙堂,这是推重文饰;而摆放圭璋玉器,则是表示内在质朴纯情。不以文饰的东西掩胜过内在质朴的纯情,这才称得上君子。所以用一年的时间来制作一部车子,但又唯独缺少一根一寸长的车辖,那么车就无法正常运行;木匠做门,但到时又唯独缺少一根五寸长的门闩,那么门就无法关闭紧合。所以,君子做事就一定要考虑到事情的最终结局。

【注释】

①辟:通"避"。 ②意:意思,意图。戴:通"载",行、用的意思。中心:即"心中"。 ③降席:离开坐席。王:王念孙认为"王"当为"匡","匡"是"正"的意思。 ④景:影。 ⑤说:指"言语"。容貌:指"表情"。感忽:指"精神"。 ⑥接:交往、接触,指影响。昭记:杨树达认为"昭(照)记犹告诫也"。 ⑦戎、翟:古代对北方一种游牧民族的称呼。 ⑧造父:为周穆王的御者,以善御而著名。 ⑨三苗:古代南方部族的名称。 ⑩必有不传者:原注为"心教之微,眇不可传也"。 ⑪中行缪伯:人名,晋国大力士;"缪"亦可作

"穆"。生：指"驯养"。克：才能、能力。及：应为"及"，即"服"。
⑫ 辟："譬"的古字。 ⑬ 解：解除。 ⑭ 若失火舟中：原注为："言舟中之人同心救火，不想为赐也"。 ⑮ 媒妁：媒人。男为媒，女为妁。 ⑯ 取庸：雇佣工。强饭：勉力强劝他人多吃饭。 ⑰ 恩不接：即说不领情，因为父母"有以为"——私心，不必牢记养育之恩。 ⑱ 登：进、入。圭、璋：指帝王、诸侯举行朝典时用作瑞信的玉器。 ⑲ 辖：一种插入车轴空内、以固定车轮和车轴位置的销钉。三寸：当为"一寸"。 ⑳ 楗：关门的木闩。一尺：应为"五才"。 ㉑ 斯：王念孙认为"斯"当为"期"。结：最终结果。

【评析】

本节继续讲述君子、圣人的德行，而诸如像舜帝这样的人之所以能有"不降席而匡天下"的能耐，是因为他们能"求诸己"，且"爱人以诚"。所以君子、圣人的德行，其根本在于"诚"；只有出乎诚，才能明乎智，以诚情真心感动人，才会有："圣人在上则民乐其治，在下则民慕其意。"

心之精者，可以神化，而不可以导人；目之精者，可以消泽①，而不可以昭誋②。在混冥之中，不可谕于人。故舜不降席而天下治，桀不下陛而天下乱③，盖情甚乎叫呼也。无诸己，求诸人，古今未之闻也。同言而民信，信在言前也；同令而民化，诚在令外也。圣人在上，民迁而化，情以先之也。动于上，不应于下者，情与令殊也。故《易》曰："亢龙有悔。"④三月婴儿，未知利害也，而慈母之爱谕焉者⑤，情也。故言之用者，昭昭乎小哉！不言之用者，旷旷乎大哉！身君子之言⑥，信也；中君子之意，忠也。忠信形于内，感动应于外⑦。故禹执干戚舞于两阶之间，而三苗服⑧。鹰翔川，鱼鳖沈，飞鸟扬，必远害也。⑨子之死父也⑩，臣之死君也，世有行之者矣，非出死以要名也⑪，恩心之藏于中，而不能违其难也⑫。故人之甘甘，非正为蹠也，而蹠焉往⑬；君子之惨怛，非正为伪形也⑭，谕乎人心，非从外入，自中出者也。义正乎君，仁亲乎父。故君之于臣也，能死生之，不能使为苟简易⑮；父之于子也，能发起之，不能使无忧寻⑯。故义胜君，仁胜父，则君尊而臣忠，父慈而子孝。圣人在上，化育如神。太上⑰曰：我其性与！⑱其次曰：微彼其如此乎！⑲故《诗》曰："执辔如组。"⑳《易》曰："含章可贞。"㉑运于近，成文于远。夫察所夜行，周公惭乎景，故君子慎其独也。㉒释近斯远，塞矣！㉓

【今译】

　　精诚真心可以用来神妙地感化他人，但不可用来说教他人；明亮精粹的眼睛可以在无形中察知事物，但无法用它来教导告诫他人。心和眼的这种功能既无形迹、也无法把握，不能使人知道这其中的奥妙。所以舜不离坐席而天下大治，桀不下台阶而天下大乱，这些都是由于感情的影响作用所致，并且远远要超过人的呼喊作用。自己无法做到的事，却要求别人做到，这在古今都是闻所未闻的事。百姓赞同你的言论并且说话诚实，是由于你在对百姓作说教前一向说话诚实；百姓服从执行你的命令并且被教化好，是由于你的发号施令也同样出于真诚。圣人处于上位，百姓归顺并被感化，同样是由于圣人对百姓动之真情实意。反过来，君王处在高位发布政令而下面百姓不响应，这是由于君王的真情与政令不一致。所以《易经》会说这样的话："身处高位的君主为自己的骄傲横蛮带来的恶果而后悔。"三个月大的婴儿，还不知利害关系，但慈母的爱心却能感受到，这是由于母子间的真情相通所致。由此看来，言教的作用真是小之又小，而不言之教的功效却是大之又大！能够亲身践履君子说的话，这叫"信"；能够符合君子的意向，这叫"忠"。"忠"和"信"在内心形成之后，就会对外界产生感化作用。所以禹手执盾牌、大斧在宫廷台阶前跳起古舞，表示为德治而武力征讨，使作乱的三苗很快就臣服。老鹰在江河上空盘旋飞翔，使鱼鳖慌忙沉入水底、鸟也高飞远走，这些都在于它们能感知到老鹰有伤害之心，所以远远地躲避起来。儿子能为父亲去死、大臣能为君主舍命，这些事情每个朝代都有，这当然不是为了以死来邀取名利，而实在是他们内心有感恩之情。所以不怕也不想躲避这种死难。所以，人们情愿去做一件自己想做的事情，这并非是为了实现某种意愿和目的，可这种意愿常常会实现；同样，君子的忧伤悲痛，也并非只是做做样子，因而能够使人理解通晓。这些都在于他们的这种情感不是迫于外力，而是真的产生于内心世界。"义"的重要性要超过君王的重要性，同样，"仁"的位置应置父亲之上。所以，君王对臣下，可以有权决定他们的生死，但不能让重"义"的臣下迎合君主而改变道义；父亲对儿子，可以呼来唤去使用他们，但不能让讲仁行孝道的儿子不为父母亲忧虑挂念。所以，我们将"义"和"仁"置于君与父之上，由此也导致社会是君尊而臣忠、父慈而子孝。圣人在上位，他的教化应验如神灵。远古的明主说："我只是顺其自然、无为而治地治理天下。"以后的德治社会中的五帝说："没有百姓的拥护，天下哪能治理得如此太平。"所以《诗经》如此说："手执驾驭缰绳，如同丝线织帛。"《易经》上说："怀有高尚情操，行为就能走上正道。"所以说能够注意自身的修养，就能获得深远的美好结果。也因为这样，周公能在黑夜里省察自己的行为，做到身正影正毫不愧色。这就是君子的"慎独"。反过来说，不注意自身的修养，却想企盼远大目标的实现，这是行不通的。

【注释】

①泽：通"释"，散解、消融的意思。消泽：消融，指在无形中感知事物。　②昭：照。昭(照)忌：告诫。　③陛：宫殿的台阶。　④"亢龙有悔"：语见《易经·乾卦·上九》，意思是说居高位的君主

骄傲横蛮,故难以长久,由此产生悔意。　⑤谕:使心中感知到。焉:之,指婴儿。　⑥身君子之言:原注为"身君子之言,体行君子之言也"。　⑦感动:指感化触动。　⑧干戚:盾牌、大斧。三苗服:传说禹时三苗叛动,禹修礼乐使三苗归服。　⑨必远害:原注为"鹰怀欲害之心,故鸟鱼知其情实,必远之"。　⑩死父:为父而死。下句"死"字用法相同。　⑪要:通"邀"。"取得"的意思。　⑫违:避、躲。　⑬甘甘:第一个"甘"作动词,"乐意"的意思;第二个"甘"作名词,指"乐意做的事"。正:仅,只是。蹢:愿、愿望。焉:助词。往:至,达到。　⑭惨怛:忧伤悲痛。伪:刘文典疑是衍文。为形:指为了给他人看而做出这样子。　⑮简:王念孙认为"简"字为后人所加。苟易:原注为"苟合易行",指迎合君主意图而改变道义。　⑯发起之:使儿子有所行动。忧寻:是指子女对父母的忧虑挂念。　⑰太上:指远古无为而治的时代。　⑱我其性与:原注为"我性自然也"。　⑲其次:五帝时代。微彼其如此乎:原注为"其民如此,故我治之如彼"。微:连词,有"如果没有"的意思。彼:指百姓。　⑳此诗出自《诗经·邶风·简兮》。执辔:手执缰绳。组:丝线织帛。　㉑含章可贞:语见《易经·坤卦》六三爻辞。此语引申为"怀有美好的情操,行为就能走上正道"(参见许匡一《淮南子全译》)。　㉒惭:应是"不惭"。景:影。此句是说周公平时能"慎独",所以夜行无愧。"慎独"是儒家修身的重要内容。　㉓斯:应作"期"。塞:不通。

【评析】

本节从"以诚感人"讲到以"真情"感人。认为"以情感人"的作用要远远超过以说教规劝人的作用,"故言之用者,昭昭乎小哉! 不言之用者(以情感化),旷旷乎大哉!"作者还力图找出这种无迹可寻的"以情感化"的内在基础,如指出"恩心之藏于中","谕乎人心,非从外入,自中出者也"。并认为这种"以情感化"是自然界和社会的普遍现象,"三月婴儿未知利害,而慈母之爱谕焉者","鹰翔川,鱼鳖沈,飞鸟扬,必远害也"。作者同时还认为,要做到"以情感化"他人,自身的修养是相当重要的,本节的最后,突出强调了儒家的"慎独"修养方法。

闻善易,以正身难。夫子见禾之三变也①,滔滔然曰:"狐乡丘而死,我其首禾乎?"②故君子见善则痛其身焉。身苟正,怀远易矣。故《诗》曰:"弗躬弗亲,庶民弗信。"③小人之从事也曰苟得,君子曰苟义,所求者同,所期者异乎。击舟水中④,鱼沈而鸟扬,同闻而殊事,其情一也。僖负羁以壶餐表其闾⑤,赵宣孟以束脯免其躯⑥。礼不隆而德有余,仁心之感,恩接而憯怛生,故其入人深。俱之叫呼也,在家老则为恩厚⑦,其在责人则生争斗。故曰:"兵莫憯于意志,莫邪为下;寇莫大于阴阳,桴鼓为小。"⑧圣人为善,非以求名而名从之,名不与利期而利归之。⑨故人之忧喜,非为蹠⑩,蹠焉往生也。故至人不容,故若眯而抚⑪,若跌而据。圣人之为治,漠然不见贤焉,终而后知其可大也。若日之行,骐骥不能与之争远。今夫夜有求,与瞽师并⑫;东方开,斯照矣。动而有益,则损随之。故《易》曰:"剥之不可遂尽也,故受之以复。"⑬

【今译】

　　知道行善的道理是容易的,但亲身行善就难了。孔夫子看到庄稼由种子变成禾苗、又长出穗谷的生长过程后,感慨地说:"狐狸头朝着山丘而死,那么人类也不应忘本吧?"所以君子看到善事,就感到自身也应从善去恶。自身如果正直,那么安抚远方的人就容易了。所以《诗经》就这样说:"君主如果不能亲自行正道,那么百姓就不可以信赖他。"小人办事叫做只求得到好处就行,君子办事则只求符合道义。他们在追求这一点上是相同的,但追求的目标则是不一样的。由船上摇桨击水的响声导致鱼沉入水底、鸟飞往高处,在这里听到的响声是一样的,而躲避的地方则是不同的,但鱼鸟都为了避害则是一致的。春秋时曹国的僖负羁因送一壶饭给晋公子重耳而被重耳立旌表彰功德;赵盾因送一束干肉救济过灵辄而后受到灵辄的保护。僖负羁和赵盾所赠送给他人的物品并不丰厚,但得到的回报却相当厚重,这是因为他们的行为出于仁爱之心并以恩德待人,其怜悯之情是油然而生,所以使受恩者刻骨铭心、永不忘记。同样是吆五喝六的大声呼喊,在家中如是长辈对晚辈如此,则被认为是对晚辈的爱护;如果用这种呼喊对待陌生外头人,则有可能会引起争吵并为之争斗殴打。所以说:"兵器锋利所造成的威力比不上以情感化的威力;如此一比,就是莫邪宝剑也显得钝愚不堪了。同样,武力攻打的功效也比不上神奇兵法的功效;如此一比,击鼓进军就真的是小事一桩、不在话下。"圣人为善行善,并不是为了什么名,但恰恰会使名望随之而来,求名也并不是为了利,但利禄又会自然归于他。所以一个人发自内心的忧喜,产生和表现出来后并不希望能感染别人,但感染的作用却会自然而然产生。所以至德的人从来不修饰自己的外表,所以他的表现又像用手下意识地揉搓睐眼一样、又像快要跌倒自然地用手支撑一样。但就是这样,圣人的无为而治,开头看不出有什么能耐、漠然寂静,但到后来就知道了他的伟大。就像太阳运行,骏马都无法和它赛跑。人们在暗夜里寻找东西就像盲人一样,但等到东方旭日升起,就将一切照得光明通亮。任何人的举动都会带来利益,但它的反面——损害也会随之而来。所以《易经》这样说:"事物的衰败剥落不是无尽头的,正因为这样,所以《序卦》将代表复生的《复卦》来承接《剥卦》。"

【注释】

① 禾之三变:指谷粒长成苗,苗又长出穗,穗又形成谷粒的生长过程。　② 滔滔然:感慨、感叹的样子。乡:同"向"。我其首禾乎:原注为:"禾穗垂而向根,君子不忘本也。"　③ 诗引见《诗经·小雅·节南山》。躬:亲身。　④ 击舟水中:指划船而引出的声音。　⑤ 僖负羁以壶餐表其间:原注为"厘(即僖字)负羁,曹臣。晋重耳出

过曹,负羁遗以壶餐。重耳反晋伐曹,令兵不入其闾"。事见《左传·僖公二十三年》。表:树立标记以作表彰。 ⑥ 赵宣孟以束脯免其躯:事见《左传·宣公二年》,记载时任春秋晋国卿的赵盾尝赐肉饭给济饿倒路旁的灵辄,后赵盾为晋灵公追杀,得到担任卫士的灵辄拼死相救,才得以免难。束脯:一束干肉。 ⑦ 俱:全,"都是"、"同样"的意思。家老:家中年长者。 ⑧ 此句《主术训》有注,可参阅。 ⑨ 此句强调的是不刻意追求反而能得到的无为而无不为思想。 ⑩ 觊:希望、冀幸的意思。 ⑪ 容:修饰仪表。眯:微细的异物进入眼睛。 ⑫ 求:指寻找物件。并:同、像。 ⑬ 引文出自周易《序卦》:"物不可以终尽剥,穷上反下,故受之以《复》。"

【评析】

本节作者继续强调以情感人的主张,并用僖负羁与赵宣孟二事例来说明之,还指出以情感人的特点:"仁心之感,恩接而憯怛生,故其入人深。"由此作者反对世俗间的纯粹利益关系,认为过分追求利益反而会招损,并用《周易》中《序卦》的话来说明这种"求益招损"的普遍现象:"动而有益则损随之。故《易》曰:剥之不可遂尽也,故受之以复。"而反过来说,那些无意追求名利的人倒反而能获得名利,"圣人为善,非以求名而名从之,名不与利期而利归之"。人如能看懂这种现象,也就会自然而然得出一种无为而无不为的思想,所以作者最后归结为"至人不容,故眯而抚,若跌而据。圣人之为治,漠然不见贤焉,终而后知其可大也"。

积薄为厚,积卑为高。故君子日孳孳以成辉,小人日怏怏以至辱。①其消息也②,离朱弗能见也。文王闻善如不及,宿不善如不祥③,非为日不足也,其忧寻推之也④。故《诗》曰:"周虽旧邦,其命维新。"⑤怀情抱质,天弗能杀,地弗能埋也,声扬天地之间,配日月之光,甘乐之者也。苟乡善,虽过无怨；苟不乡善，虽忠来患。故怨人不如自怨，求诸人不如求诸己得也。声自召也，貌自示也，名自命也，文自官也⑥，无非己者。操锐以刺，操刃以击，何怨乎人？故管子文锦也，虽丑登庙⑦；子产练染也，美而不尊⑧。虚而能满，淡而有味，被褐怀玉者。故两心不可以得一人，一心可以得百人。男子树兰，美而不芳⑨，继子得食，肥而不泽⑩，情不相与往来也。生所假也，死所归也。故弘演直仁而立死⑪，王子闾张掖而受刃⑫，不以所托害所归也。故世治则以义卫身，世乱则以身卫义。死之日，行之终也，故君子慎一用之。无勇者，非先慑也，难至而失其守也；贪婪者，非先欲也，见利而忘其害也。虞公见垂棘之璧，而不知虢祸之及己也。故至道之人，不可遏夺也。⑬人之欲荣也，以为己也，于彼何益？圣人之行义也，其忧寻出乎中也，于己何以利？故帝王者多矣，而三王独称⑭；贫贱者多矣，而伯夷独举⑮。以贵为圣乎，则圣者众矣；以贱为仁乎，则贱者多矣。何圣、仁之寡也？独专之意，乐哉忽乎，日滔滔以自新，忘老之及己也，始乎叔季，归乎伯孟⑯，必此积也。不身遁，斯亦不遁人，故若行独梁，不为无人不兢其容。⑰故使人信己者易，而蒙衣自信者难。

【今译】

　　薄的积多了可以变厚，低的积多了可以变高。所以君子每天勤勉地行善以成光辉的美德，小人每天因贪心不足而怏怏不乐，以致品德败坏而受辱。这里面变化的道理，就是像离朱那样的人也看不清楚。周文王听到善事可行，唯恐自己赶不上，而对自己的不善之处，如果留宿一晚都会感到不安详，这并不是只为偶然不足而不满意，而是深深忧虑如长此下去将变得不可收拾。所以《诗经》说:"周国虽然是古老之邦,但它的国运却正在新兴。"怀着真情,拥抱质朴,上天不能扼杀,大地无法埋没,声威传播于天地之间,可与太阳、月亮的光辉相比配,这是美好而又快乐的事啊。如果能向善从善,虽然做错事,别人不会埋怨;如果不能向善从善,即使忠诚也会招致祸患。所以怨天尤人不如埋怨自责自己,要求别人不如要求自己。声音是自己发出来的,容貌模样是自己显示出来的,名声好坏是自己确定下来的,文辞言语也是自己日长势久确定的,没有什么不取决于自己的努力。拿着锐利的刀剑攻击刺伤他人,惹下如此大的祸怎么可以怨别人不避让你的刀剑?所以管子尽管平时有不少不拘小节的丑行,但他胸怀立功名扬天下的壮志,终于能锦衣玉食,政绩被记载在齐国的宗庙里;子产尽管平时仁慈宽厚,但此美德不过被人贬为妇人之心、如人之母,最终自己也享受不到尊严富贵。很多时候,看上去空荡荡,实际上却很充实,咋一口品尝清淡无味,细细品尝却回味无穷,那些身着粗布短衣却怀揣宝玉的人就是这样。所以,心有二心、情不专一的人连一个朋友都难以得到,而那些诚心专一、感情专一的人却能得到上百人的喜欢。男子汉种出的兰草,看似艳丽却无芳香;由后娘养的小孩,看似壮实却无神采,这是因为双方都缺乏内在天生的情分沟通和培育滋润。生命只是人世间的一种寄寓物,死亡才是必然的归宿。所以弘演为了申张仁义而毫不犹豫地站着捐躯牺牲,王子闾为扶助正义而毫无惧色地蒙受刀砍剑刺,他们都不为偷生而妨害到死得其所。所以处于治世则用义来维护自己的洁身自好,处于乱世则用自身来维护正义,乃至不惜牺牲生命。这条原则要坚持到死的那天为止。所以君子在这生死问题上是毫不含糊的。没有勇气的人,并不是先天就胆怯恐惧的,只是到灾难来临时才丧失了应有的操守;贪婪的人,也并不是生来就欲壑难填,只是看到了利益而忘掉了贪利的危害。虞国国君在看到了晋国送上的垂棘璧石时就忘掉了虢国亡国的灾难将很快会殃及自身这一点。所以只有达到"道"的境界的人,才不会改变,也无法遏止他的信念。一般人都想得到荣耀好处,也都是为了自己,对别人是没有什么好处的。圣人做善事行义事,这忧思出自圣人的内心,所以对他本人有什么好处?所以自古以来做帝王的够多的了,但只有夏禹、商汤、周文王受人称颂;社会上贫贱的人够多的了,但只有伯夷被抬举得很高。如果现在我们将凡地位尊贵者都等同于圣人的话,那么天下的圣人就该多得不得了了;如果现在我们将地位贫贱者都等同于仁者的话,那么天下的仁者就该多得不得了了。但实际上圣人、仁者少之又少,这是为何原因呢?这是因为要想成为圣人、仁者,你就得专心致志、全心全意、心甘情愿地行善从善,如滔滔奔流的江河,每天都得有发展、长进和进步,乃至关注行善而忘乎衰老将降临自身,开始时收获不大,最终的成果则很大很多,这种为圣人做仁者的过程也是长期坚持不懈行善从善的积累过程,一般人又谁能做到这点?不欺骗自己,也就不会欺骗别人和被别人欺骗,就像过独木桥,他不会因为没有旁人就不显得谨慎小心的样子。不过让旁人相信自己容易,而蒙上眼睛相信自己困难。

【注释】

① 孳孳:通"孜孜",勤勉的样子。怏怏:郁郁不乐的样子。　② 消息:消长变化。　③ 宿:留宿一晚。　④ 忧寻:忧虑挂念。　⑤ 诗引自《诗经·大雅·文王》。　⑥ 文:文辞、言辞。官:取法、确定。　⑦ 管子:名夷吾,字仲,谥号"敬",又称管敬仲。文锦:锦衣玉食,指生活奢侈。虽丑登庙:刘文典说:"《御览》四百四十七引注:'(管子)相桓公,以霸功成事,衣文锦之服,大书在明堂,故曰虽丑登庙也。'"　⑧ 子产:公孙侨,字子产,谥号成子。春秋郑国执政大臣,实行改革,铸法律条文于鼎。练染:将生丝煮熟,使之柔白。美:指子产的仁义美德。不尊:指仁者不贪,故清贫(参见许匡一《淮南子全译》)。又,刘文典说:"《御览》引'练'作'绢'。又引注云:'子产相郑,以乘车济朝涉者。孟子曰:惠而不知为政。绢染者,以子产喻母人。《月令》曰:命妇官染绢。温暖其民,如人之母也。'"　⑨ 兰花芳草是女子所喜欢的佩饰物,如由男子去种植,则美而不芳。　⑩ 继子:女子改嫁的丈夫前妻所生之子。继子和继母无血缘关系,所以缺乏真

情；继子尽管被养得肥壮，但无神采，故曰"肥而不泽"。泽：通"怿"，指心情。　⑪弘演直仁而立死：原注为"弘演，卫懿公臣。狄人攻卫，食懿公，其肝在，弘演剖腹以盛之"。事载《吕氏春秋·仲冬纪·忠廉》。　⑫王子闾张掖而受刃：原注为"楚白公欲立王子闾为王，不可，刺之以兵，子闾不受"。事见《左传·哀公十六年》。掖：通"腋"。　⑬遏：止。夺：改变。　⑭三王：夏商周三代开国之君。　⑮伯夷：商代末孤竹国君的长子，和弟叔齐互让君位，后投奔周武王，武王伐纣，伯夷叔齐耻食周粟，饿死于首阳山。封建统治者以他们为"仁"者的典范。　⑯叔季：兄弟中排行最小，这里指少和小。伯孟：兄弟中排行为长，这里指多和大。　⑰遁：欺。独梁：独木桥。兢：即兢兢，这里指小心的样子。

【评析】
本节主要讲如何通过行善从善、修养善德而成圣为仁。作者认为要成圣为仁，必须从自身修养善德做起；要从每件点滴的小事做起，所谓"声自召、貌自示、名自命、文自官"，每一件与自身有关联的事情都要注意。即使稍有挫折，也不可怨天怨地及怨人，而只能怨责自己，这就是传统伦理所说的："求诸人不如求诸己。"还认为对自身修养善德，必须持之以恒，且"独专之意"，而不可三心二意，"两心不可以得一人，一心可以得百人"。这样时间一长，"日滔滔以自新"，自然而然会有收获，这样成圣为仁也为期不远。

情先动，动无不得；无不得则无莙①；发莙而后快②。故唐、虞之举错也，非以偕情也，快己而天下治；桀、纣非正贼之也③，快己而百事废。喜憎议而治乱分矣④。圣人之行，无所合，无所离。⑤譬若鼓，无所与调，无所不比，丝、管、金、石，小大修短有叙，异声而和；君臣上下，官职有差，殊事而调。夫织者日以进，耕者日以却⑥，事相反，成功一也。

申喜闻乞之歌而悲,出而视之,其母也。⑦艾陵之战也⑧,夫差曰:"夷声阳,句吴其庶乎!"⑨同是声,而取信焉异⑩,有诸情也。故心哀而歌不乐,心乐而哭不哀。夫子曰:"弦则是也⑪,其声非也。"文者,所以接物也;情,系于中而欲发外者也。以文灭情则失情,以情灭文则失文,文情理通,则凤麟极矣⑫,言至德之怀远也。输子阳谓其子曰:"良工渐乎矩凿之中。"⑬矩凿之中,固无物而不周。圣王以治民,造父以治马,医骆以治病⑭,同材而各自取焉⑮。上意而民载,诚中者也。未言而信,弗召而至,或先之也。恀于不己知者⑯,不自知也。矜怛生于不足,华诬生于矜。⑰诚中之人,乐而不恀⑱,如鹑好声,熊之好经,夫有谁为矜⑲。春女思,秋士悲⑳,而知物化矣;号而哭,叽而哀㉑,而知声动矣;容貌颜色,理讪拽倨佝㉒,知情伪矣。故圣人栗栗乎其内,而至乎至极矣。㉓

【今译】
　　凡人的情感都首先在内心世界形成并活动起来,活动着的情感均会通过一定的方式(如言行举止)流露出来,流露或宣泄出来以后就不会凝结壅塞在内,心情也就畅快愉悦。所以,尧舜的言行举措,不只是伴以尧舜他们的真情实感,而且还使尧舜他们自己因情感散发心情畅快、民众百姓也因受之感染而达到天下大治。反过来说,怀有罪恶情欲的桀纣并不只是偶然干些伤天害理的事,只要有这种罪恶情欲就会必然地表现出来;但表现出来后,桀纣他们自己是痛快了,而天下的种种事情都被搞乱了。所以说君主帝王的善恶情感的流露、宣泄,决定着天下的治和乱。正因为这样,圣人君主的行为(实际上是情感的流露),就不能顽强地以自己的情感意愿去做。它应当是无所迎合,也无所分离。它应当是好比"鼓",没有什么和它相调和,但也没有什么和它相不合,在鼓点的控制下,琴瑟箫笛、金钟石磬,大大小小、长长短短都能井然有序,各种声音互相协调应和,奏出美妙的乐曲。同样,君主身处上位,群臣自处下位,尽管官职各不相同、事务各有区别,但配合协调得就像一支乐章。这就像织布是向前进展的,翻耕是往后倒退的,劳动的方式不一样,但成功事情是相同的。申喜由听到乞丐的歌而能动了悲情,出门一看,歌唱者竟然是失散多年的母亲。先秦艾陵之战,吴王夫差说:"我们吴军的士气高昂、呼喊声激昂喜悦,吴国准能打胜仗。"同样是声音,但从中获得的信息却是不同的,这是因为声音中含有不同的情感。所以心情悲哀,这歌声就不欢乐;内心快乐,那么即使哭泣也不哀痛。也正因为这样,所以当闵子骞在守完三年孝后拿琴弹奏时,孔子会说这样的话:"琴还是这把琴,但弹出的琴声音调却不一样了。"所谓礼仪形式是用来和人交往的,但这外在的礼仪形式必定要有情感系于中。它们二者是内容和形式的统一。如果只讲礼仪形式忽视内在的情感,就会表现得失情虚伪;如果只讲内在情感忽略礼仪形式,就会显得文雅不足。如果能形式和内容的统一,即以必要的礼仪形式来表达内在的真情实感,这凤凰和麒麟都会降临庭院;这是说怀有善德的情感能感化远方的人。输子阳对他的儿子说:"高明的匠工应熟习运用矩凿这些技艺。"能掌握这些矩凿技艺,就没有什么事不能办得周全圆满。圣王就是凭着它来管理民众,造父就是靠着它来调理车马,医骆就是根据它来诊治疾病的,他们均是从匠工运用矩凿的技艺中吸取一定的方法和治术的。君王的意图使下面的人很快就接受领会并执行,这是因为发自内心世界的真诚之情感化了大家。还没说什么,就取得了互相的信任;也没有发什么号召,就使人主动前往,这是因为事先就有了感应和默契。有些人总是埋怨人家不了解自己,实际上有这种认识的人首先是缺乏自知之明。所以之所以骄傲,实际上在于自身只是半罐子水;而之所以浮夸虚华又在于自傲骄横。内心真诚的人,他的快乐发自内心自然而然,如同鹀鸟喜欢歌唱、狗熊喜欢树上悬吊一样,它们又哪有故作姿态保持矜持的成分?春女感阳则思春,秋士感阴则悲秋,从中也能知道季节物候的变化;

有时嚎啕大哭,有时悲叹而哀,从中也能知道其人的声音和心态间的关系;而某人容颜及身体动作,从中也能反映其人的意识和情感。正因为这样,所以圣人总是战战兢兢、小心翼翼、毫不松懈,从而使自己修养达到极高的境界。

【注释】

① 菳:郁结,阻塞。《要略篇》有"菳凝天地",菳凝与菳结同意,也与郁结同义。 ② 发:散发开。快:畅快。 ③ 正:只是。贼:伤害,残害。 ④ 议:俞樾认为"议"通"仪",有"形"的意思,即"见"或表现和流露。 ⑤ 无所合、无所离:这里指圣人不人为地干涉事物。 ⑥ 却:往后倒退。这里指农夫翻地或插秧等皆倒退操作。 ⑦ 事见《吕氏春秋·季秋纪·精通》:"周有申喜者,亡其母,闻乞人歌于门下而悲之,动于颜色。谓门者内(纳)乞人之歌者,自见而问焉,曰:'何故而乞?'与之语,盖其母也。" ⑧ 艾陵:地名,在今山东莱芜东北。一说在山东泰安南边。公元前484年,吴军败齐于此。 ⑨ 夫差:春秋吴国国君,公元前496年到前473年在位。夷声:这里指吴国的歌曲。阳:原注为"吉也"。句吴:原注为"夷语,不正言'吴',加以'句'也"。庶:差不多,原注为"几"。 ⑩ 信:指信息。 ⑪ 弦则是也:原注为"闵子骞三年之丧毕,援琴而弹,其弦是也,其声切切而哀"。王引之认为:"上文申喜遇母及艾陵之战,皆直叙其事。此未叙其事,而忽之'夫子曰:弦则是也,其声非也',则不知所指为何事矣。疑闵子骞三年之丧毕援琴而弹十二字,本是正文,在夫子曰上。" ⑫ 极:至,来到。 ⑬ 输子阳:人名,其事不详。渐:熟习。矩凿:矩尺和凿子。这里喻技艺、法度。 ⑭ 医骆:古代越国医师。 ⑮ 同材而各自取焉:原注为,"自,从也。矩凿之中,各取法度,或以治民,或以治马,或以治病,同材而各往从取治法之也"。 ⑯ 伋:急。 ⑰ 矜:骄傲自负。怛:王念孙认为"怛"当为"怚",《说文》:"怚,骄也。"华:浮夸不实。 ⑱ 诚中之人:原注为,"忠信之人,自乐为之,非伋伋也,如鹓自好为声耳"。伋伋:这里通"伋",伋伋。 ⑲ 谁为:为谁。

⑳ 春女思,秋士悲:原注为,"春女感阳则思,秋士见阴而悲"。
㉑ 叽:叹。　㉒ 理:衍文。佁:"伸"字之误。佝:应作"句"。诎伸:屈伸。伛句:直曲。诎(屈)伸伛句:指人的身体动作。　㉓ 栗栗:战战兢兢的样子。至极:最高的道德境界。

【评析】

本节仍然叙述"以情感人",并进一步用"申喜闻歌而悲"此事例证明之。同时,作者还深入地考察了产生于人内心"情感"的活动表现,那就是"情先动,动无不得;无不得则无著;发著而后快"。指出,正因为人一旦产生了"情感"就不得不通过言行举止流露出来、表现于外,所以会有尧舜的行为举措;饱含着真情实感的言行举措,不但使尧舜他们因散发真情而畅快愉悦,同时还使百姓为之受到感染,导致天下大治。作者将"以情感人"提高到能决定天下治乱的高度来认识。

功名遂成,天也;循理受顺,人也。① 太公望、周公旦②,天非为武王造之也;崇侯、恶来③,天非为纣生之也;有其世,有其人也。教本乎君子,小人被其泽;利本乎小人,君子享其功。昔东户季子之世④,道路不拾遗,耒耜余粮宿诸晦首⑤,使君子小人各得其宜也。故一人有庆,兆民赖之。凡高者贵其左,故下之于上曰左之,臣辞也⑥;下者贵其右,故上之于下曰右之,君让也⑦。故上左迁则失其所尊也,臣右还则失其所贵矣。⑧ 小快害道,斯须害仪。⑨ 子产腾辞,狱繁而无邪。⑩ 失诸情者,则塞于辞矣。⑪ 成国之道,工无伪事,农无遗力,士无隐行,官无失法。譬若设网者,引其纲而万目开矣。⑫ 舜、禹不再受命,尧、舜传大焉,先形乎小也。⑬ 刑于寡妻,至于兄弟,禅于家国⑭,而天下从风。故戎兵以大知小,人以小知大⑮。君子之道,近而不可以至,卑而不可以登,无载焉而不胜,大而章,远而隆。⁽¹⁶⁾知此之道,不可求于人,斯得诸己也。释己而求诸人,去之远矣。君子者乐有余而名不足,小人乐不足而名有余,观于有余不足之相去,昭然远矣,含而弗吐,在情而不萌者,未之闻也。君子思义而不虑利,小人贪利而不顾义。子曰:"钧之哭也。⁽¹⁷⁾曰:'子予奈何兮乘我何!⁽¹⁸⁾其哀则同,其所以哀则异。'"故哀乐之袭人情也深矣。凿地漂池⁽¹⁹⁾,非止以劳苦民也,各从其蹠而乱生焉⁽²⁰⁾。其载情一也,施人则异矣。故唐、虞日孳孳以致于王,桀、纣日快快以致于死,不知后世之讥己也。凡人情,说其所苦即乐⁽²¹⁾,失其所乐则哀,故知生之乐,必知死之哀。有义者不可欺以利,有勇者不可劫以惧,如饥渴者不可欺以虚器也。人多欲亏义,多忧害智,多惧害勇。嫚生乎小人,蛮夷皆能之⁽²²⁾;善生乎君子,诱然与日月争光⁽²³⁾,天下弗能遏夺。故治国乐其所以存⁽²⁴⁾,亡国亦乐其所以亡也。金锡不消释则不流刑,上忧寻不诚则不法民。⁽²⁵⁾忧寻不在民,则是绝民之系也。⁽²⁶⁾君反本,而民系固也。至德小节备,大节举。齐桓举而不密,晋文密而不举。晋文得之乎闺内,失之乎境外;齐桓失之乎闺内,而得之本朝。水下流而广大,君下臣而聪明。君不与臣争功,而治道通矣。管夷吾、百里奚经而成之⁽²⁷⁾,齐桓、秦穆受而听之。照惑者以东为西,惑也,见日而寤矣。⁽²⁸⁾卫武侯谓其臣曰:"小子无谓我老而羸我,有过必谒之。"⁽²⁹⁾是武侯如弗羸之必得羸⁽³⁰⁾,故老而弗舍,通乎存亡之论者也。

【今译】

功成名就,取决于天命;循顺事理,则靠人力。姜太公吕望、周公姬旦，不是上天专门为武王而造出的；崇侯虎、恶来，也不是上天特意为纣王而生出的；这是在于有那种世道，便有那种人产生。君子的天职是实行教化治理，小人就能承受到他们的恩泽；小人的职责则是生产财富、提供物质利益，能让君子享用。过去君王东户季子的时代，路不拾遗，农具、粮食留在田头过夜也不会遗失，这是在于东户季子让君子、小人各守自己的职责。所以说一国国君秉有美德，亿万国民也就有了依靠。凡君位高贵都以"左"方为尊，所以臣下对君主来说是"辅佐"，这是臣的谦辞；在下位的都以"右"方为贵，所以君主对臣下就说是"佑助"，这是君的谦让。所以，如果君主迁离"左"位，就会失去他的尊严；臣下离别"右"位，就会失去他的贵重。贪图一时的痛快会伤害道义，只图眼前利益会损害原则。子产颁布新法而受到不少流言的责难，但是实行新法尽管案件刑狱增多，却遏止着了邪气。如果在治理国家的措施中丧失了真情慈仁，就会受到舆论的抵制而无法实施。在成功的治国之道下，应该是，工匠不偷工减料、弄虚作假，农夫不惜劳力、努力耕种，士人不隐居避世，官吏不犯法乱纪。这些就好比撒置网，抓着了网绳就能张开所有的网眼。舜、禹不再受天命而登基，是由于尧传位给舜，舜再传位给禹；尧为舜创立了基业，舜又继承弘扬了这基业，而这些基业都是从小的方面慢慢积累起来的。这就像他们在家为正妻做出表率，又示范于兄弟，再影响传播遍整个国家，这样天下也就形成了好风气，好习俗。所以，兵器知道大的，就能推知小的，对人来说则是从小处就可知道他的以后。君子治世之道，看似近处也无法控制，低处也登不上去，可是却无所不能容载，无事不能胜任，越久越显伟大，越远越显崇高。要掌握这种治世之道，不能求助于别人，而只能从自身做起。离开自己而求之于人，那就离它太远了。君子快乐有余而名誉不足，而小人则是快乐不足而名誉有余。看看他们之间的有余和不足，就能知道他们间的差距。内心形成情感而不吐露、有真情而不流露在外，这种情况还没听说过。君子考虑的是义而忽略的是利，而小人贪求的是利而不顾义。孔子说："子予说同样是哭，有什么不一样。我对他说：'子予，你这样的问题怎么奈何得了我呢！尽管他们的哭是一样的,但哀哭的原因却是不一样的呀!'"所以哀和乐触及侵入人的感情是多么地深呀。有些人想凿穿池子,另一些人又想将池子填上,这些人并不一定存心想折腾百姓、劳役民众,只是各自按自己的意愿去做而搞出的乱子。这就说明每人都具有的意愿和情感是一样的,但给别人造成的影响却是不一样的。所以尧舜每天都孜孜不倦地修养德行,终于达到天下大治;桀纣每天贪心不足,郁闷不乐而导致死亡,还不知后世人在讥笑自己。大凡人之常情是这样的:解脱了痛苦的事便快乐,丧失了快乐的事和物就感到哀伤,所以知道生的欢乐,就一定知道死的悲哀。对于坚守道义的人是不能用利去诱骗他的,对于勇敢的人就别想以恐惧来威胁他,就像对饥渴者不能用空罐子来蒙骗他一样。人的贪望多了,道义就会亏损;忧虑多了就会损害智慧,畏惧多了就会伤害勇气。傲慢蛮横产生在小人身上,不开化的蛮夷都是这样做的;善良仁慈产生在君子身上,这些美德可与日月争光辉,天下没有什么东西能遏止改变它。所以达到大治的国家的国君喜欢的是使国家赖以长治久安的美德,亡国的国君爱的是致使国家灭亡的东西。铁矿物不能溶化成液态,就不能浇入模子,君主的忧思不诚恳就无法规范民众。忧思的不是广大百姓的事,也就无法和民众取得联系。君主如能返归到治国的根本,那么与民众的联系就牢固了。君主最好的德行是既注重大节,也不忽略任何小节。齐桓公注重大节而不注意小节,晋文公与此相反,是不注意大节而注重小节。所以晋文公官内的事处理得很好,但和各国的国际关系处理得不好;齐桓公对内宫的事处理失误,但对本朝朝政治理得很好。水朝低处流而越积越浩淼,君王如能谦恭下问便能聪明。君王不争抢下属大臣职责分内的事,这治国的道路就通畅了。管夷吾和百里奚策划国家大事成功,在于齐桓公和秦穆公能听取采纳他们的主张。告诉迷路者时将东当成西,因为自己还没弄清楚,到太阳出来才醒悟过来。卫武侯对他的下属大臣们说:"年青人不要看我年迈而以为我不中用,就让我这样衰败下去。你们还是要发现我的过错,并给我指明。"这说明卫武侯虽然被大家普遍认为是年迈了,但他却不认为自己老迈力衰,还能做到年老而不放松对自己的德行修养；而能做到年老不松懈修养自己的德行，也就离通晓生存和死亡道理不远了。

【注释】

① 天：天然，指不依人的主观意志为转移的客观规律，和"人为"相对。理：客观事理。　② 太公望：姜太公，被周文王尊以为师。周公旦：姬旦，文王子。　③ 崇侯：殷纣王的诸侯。恶来：纣王的大臣。此二人善进谗言，助纣为虐。　④ 东户季子：传说中的古代君主。　⑤ 耒耜：指农具。宿：过夜。晦：同"亩"。　⑥ 左：第一个"左"指左方。西南而立，左东右西；"东"为"阳"，所以为"左"、为"阳"也代表"天"、"君主"，古人也因此以"左"为尊贵。第二个"左"指"佐"，"辅佐"的意思。　⑦ 右：第一个"右"指右方。第二个"右"指"佑"，"佑助"的意思。　⑧ 左迁：迁离君位。右还：离别臣位。　⑨ 斯须：片刻、短暂，引申为眼前。　⑩ 腾辞：原注为"腾，传也。子产作刑书，有人传词诘之"。这里的"腾"指"传播、传递、散布"的意思。狱繁而无邪：原注为"繁，多也。狱虽多而下无邪也"。是说子产的法治成功地制止了歪门邪道。　⑪ 失诸情者，则塞于辞矣：原注为"失之事情，则为世人辞所穷塞也"。是指的一种不好的治政之道。　⑫ 纲：提网的绳。目：网眼。　⑬ 舜、禹不再受命：是说舜受命于尧，禹受命于舜，不再受命于天，故曰"不再受命"。先形乎小也：原注为"形，见也。先见微小以知大"。　⑭ 刑：礼法，法度，这里引申为"表率"。寡妻：正妻，嫡妻。此几句出自《诗经·大雅·思齐》"刑于寡妻，至于兄弟，以御于家邦"。　⑮ 戎兵以大知小：俞樾认为，"戎兵以器言，犹曰器以大知小，人以小知大耳"。故下句曰"人以小知大"。　⑯ 无：无论什么东西。载：容载，承载。胜：胜任。大：王念孙认为应是"久"。章：彰显。隆：高。　⑰ 钧：通"均"，相同的意思。子：孔子。　⑱ 子予：指孔子学生宰我。宰我名予，字子我。宰我是《论语》中记载的"十大人才"中能言善辩的两个之一。他曾多次拿"仁"、"表礼"等问题与孔子辩论(参见许匡一《淮南子直解》)。另一说认为

"子"是"叹辞","予"亦"子"字之误,是指其所哭之人(于鬯语)。本书取第一种说法。 ⑲凿地漂池:原注为"人或有凿穿,或有填池,言用心异也"。 ⑳止:王念孙认为应作"正"。蹠:愿,意愿,愿望。 ㉑说:通"脱"。 ㉒嫚:通"慢",傲慢。蛮夷:指边远未开化的部族。 ㉓诱:原注为"诱:美称也"。 ㉔所以存:赖以生存的东西。 ㉕消释:消溶为液体。刑:通"型",模子。法民:规范百姓。 ㉖忧寻:忧思、忧虑。 ㉗管夷吾:即管子。百里奚:春秋时秦穆公相,曾佐穆公成就霸业。 ㉘照:原注为"照,晓",告诉的意思。寤:通"悟",醒悟。 ㉙卫武侯:春秋卫国君,名和,公元前 812 年—前 758 年在位,享年九十五岁。羸:老弱无用。谒:陈述。 ㉚羸之:自以为老了。得羸:客观上是老迈了。

【评析】

本节一开头就强调"功名遂成,天也",指出有不少东西是既定存在的、人无法改变的客观事实和规律。人只能循理受顺、遵从和适应它。但这并不影响人的自我改造,从每件小事做起,修养善行,即"求诸己"。修养善行如能从小事开始做起,慢慢就能成就大业,作者举例到尧舜这样的圣人是"刑于寡妻,至于兄弟,禅于家国",并能与日月争光辉。

但实际上这种修养善行是相当艰难的,所以大部分人是放弃不为的,而只有少数人能持之以恒,日滔滔以自新,积薄为厚、积卑为高,最终成圣为仁。如卫武侯至老迈体弱还修身养性。但总的来说,社会上的圣人和仁者是少之又少,而小人是多之又多。但这同样不妨害小人和君子各得其宜,"教本乎君子,小人被其泽;利本乎小人,君子享其功"。君子、圣人因修养达到极高境界,所以能执政治国,并能使社会"工无伪事,农无遗力,士无隐行,官无失法"。这正是"一人有庆,兆民赖之"。君子、圣人还因修养到家,思考忧虑的总是广大百姓之事,所以与民众的关系相当密切,并也能以此情感化民众百姓,达到天下大治。

当然达到天下大治,还需要君臣异道、各守其位,做到"高者贵其左"、"下者贵其右",这被作者看成是"至德小节备"以外的"大节举"。

人无能作也①,有能为也;有能为也,而无能成也。人之为②,天成之。终身为善,非天不行;终身为不善,非天不亡。故善否③,我也;祸福,非我也。故君子顺其在己者而已矣。④性者,所受于天也;命者,所遭于时也。有其材,不遇其世,天也。太公何力?比干何罪?循性而行指⑤,或害或利,求之有道,得之在命。故君子能为善,而不能必其得福⑥;不忍为非,而未能必免其祸。君,根本也;臣,枝叶也。根本不美,枝叶茂者,未之闻也。有道之世,以人与国;无道之世,以国与人。尧王天下而忧不解,授舜而忧释。忧而守之,而乐与贤终,不私其利矣。凡万物有所施之,无小不可;为无所用之,碧瑜粪土也。⑦人之情,于害之中争取小焉,于利之中争取大焉。故同味而嗜厚膊者⑧,必其甘之者也;同师而超群者,必其乐之者也。弗甘弗乐而能为表者,未之闻也。君子时则进,得之以义,何幸之有!⑨不时则退,让之以义,何不幸之有!故伯夷饿死首阳之下,犹不自悔,弃其所贱,得其所贵也。福之萌也绵绵⑩,祸之生也分分⑪。福祸之始萌微,故民嫚之,唯圣人见其始而知其终。故传曰:"鲁酒薄而邯郸围,羊羹不斟而宋国危。"⑫

【今译】
　　人不能从无中创造出些什么,但有能力做些可做的事;有能力做些可做的事,但没有能力决定最终事情的成功。人只能顺应天理做事,并由天来决定成功。人一辈子为善行善,但没有天时条件就行不通；人一辈子为恶行恶，但没有天时条件就不会灭亡。所以行善行恶，取决于人本身；但是福是祸，则不是由人所能决定的。因此君子非常谨慎地对待自己所能做的事罢了。人本性秉赋于天；而命运，就要与你所逢的世道时运一致起来。有才能而遇不上好世道，这就是天命。姜太公有何力量？比干又有何罪过？他们都由各自秉赋的特性而实行自己的志向，但一个得利、一个遇害。追求实现自己的志向是各有各的做法，而能否达到自己的理想则在于天命。所以君子能为善行善，但却不能一定得到幸福；同样，不忍心做恶事坏事，但也不是一定能避免灾祸。君王是根本，群臣是枝叶。根不健壮而枝叶却繁茂，这是从来没有听说过的事。有道之世，是将人给予国家；无道之世，是将国家"送"给他人。尧统治天下时忧虑没有解除过，后来将政权平安移交授给舜后，忧虑才解脱。忧虑缠身时尧毫不松懈地坚守君位，最后又乐于将君位传授给贤人，始终不将天下的利益占为私有。凡物都是有用的，没有什么东西因小而不能用的；如果不懂得它的用处，那么碧玉也会成粪土。人之常情，总是对祸害力求挑小的，而对利益好处总力图捞大的。所以同样味道的熟肉，人总是喜欢吃大块的肉，那一定是个觉得大块肉好吃的人。同拜一个老师而又能超群的学生，那一定是一个以学习为快乐的人。不乐意去做一件事，却能做得好，这是从来没有听说过的事。君子处世，碰到好时运好机遇便进取，凭着道义得到重用，这是没有什么可值得庆幸的。世道不好时运不好就避开，避开也是符合道义，又有什么不幸可言！所以伯夷饿死首阳山，也并不后悔，因为他抛弃了他所鄙贱的东西，而保持了他所认为可珍贵的东西。幸福萌生时是相当细微，如游丝；灾祸初发之时也是相当微弱，如尘埃。因为祸福萌发之时总是细微不明显，所以百姓忽略不当一回事，而只有圣人才能做到见微知著，预见事物的未来，所以古书中说到："鲁国送楚王的酒不如赵国献的酒醇厚，可赵国邯郸反而被楚军包围；华元宰羊慰劳部队，因忘了多舀点给驭手，结果被驭手出卖，遭郑军擒捉而危及宋国。"

【注释】

①作:杨树达认为"作谓创造"。 ②人之为:杨树达疑当作"人为之"。 ③否(pǐ):恶。 ④顺:杨树达认为应作"慎"。 ⑤指:通"旨",旨意、志向。 ⑥必其得福:王念孙认为应作"必得其福"与下句"必免其祸"相对为文。 ⑦瑜:玉。 ⑧脾:王念孙认为应作"膞",指切成块的肉。 ⑨何幸之有:应是"有何幸"。 ⑩绵绵:细微、微弱。 ⑪分分:王念孙认为应作"介介",指纤微的尘埃。 ⑫鲁酒薄而邯郸围:依原注,鲁、赵两国皆献酒给楚王,鲁国酒味淡而赵国酒浓醇。楚国主酒吏向赵使者讨酒喝,赵使不给,楚吏怀恨在心,将鲁、赵两国的酒调换了后献给楚王。楚王嫌赵酒"薄",发兵围攻赵都邯郸。羊羹不斟而宋国危:按原注,宋将华元与郑国交战,战前宰羊犒军,忘了多舀点给他的驭手。驭手怀恨在心,次日作战时故意将华元的战车赶进郑军阵地,致使华元被擒,危及宋国。羊羹:带汁的羊肉。不斟:俞樾认为"斟"是添加,"凡相益而又少谓之不斟"。译文从此说。又,《左传·宣公二年》叙述此事时以"羊斟"为人名。梁玉绳又认为:"《左传》羊斟,姓羊名斟字叔牂,故《潜夫论·衰制》称羊叔牂。"

【评析】

上文讲到修养善行十分不易,是要持之以恒、独专之意才行。那么,是不是持之以恒、独专之意、日长势久就能成功?本节作者说了"泄气"话,认为即使终身为善,能否成功,还在于天时条件允不允许,有没有这个"命"。又说:"君子能为善,也不能必得其福","不忍为非,也未能必免其祸"。如此一来使社会修养善行者更少了。这真得使社会上的君子少之又少,小人多之又多。

明主之赏罚,非以为己也,以为国也。适于己而无功于国者,不施赏焉;逆于己便于国者,不加罚焉。故楚庄谓共雍①曰:"有德者受吾爵禄,有功者受吾田宅。是二者,女无一焉②,吾无以与女。"可谓不逾于理乎!其谢之也,犹未之莫与。③周政至,殷政善,夏政行。④行政善,善未必至也。⑤至至之人,不慕乎行,不惭乎善,含德履道,而上下相乐也,不知其所由然。有国者多矣,而齐桓、晋文独名;泰山之上有七十坛焉⑥,而三王独道。君不求诸臣,臣不假之君。修近弥远,而后世称其大,不越邻而成章⑦,而莫能至焉。故孝己之礼可为也⑧,而莫能夺之名也,必不得其所怀也。义载乎宜之谓君子,宜遗乎义之谓小人。⑨通智得而不劳⑩,其次劳而不病,其下病而不劳。古人味而弗贪也,今人贪而弗味。歌之修其音也,音之不足于其美者也⑪,金石丝竹,助而奏之,犹未足以至于极也⑫。人能尊道行义,喜怒取予,欲如草之从风。召公以桑蚕耕种之时弛狱出拘⑬,使百姓皆得反业修职;文王辞千里之地,而请去炮烙之刑⑭。故圣人之举事也,进退不失时,若夏就绤绤,上车授组绥之谓也。⑮老子学商容,见舌而知守柔矣⑯;列子学壶子,观景柱而知持后矣⑰。故圣人不为物先,而常制之,其类若积薪樵,后者在上。

【今译】

　　英明的君主实施赏罚,不是为了自己,而是为了国家利益。合自己的心意但对国家无功劳的人,便不给予赏赐;逆自己的心意但对国家有贡献的人,便不加惩罚。所以楚庄王对共雍说:"有德的人接受我赐封的爵禄,有功的人接受我赏赐的田宅。而这二条你没有一条符合,所以我无法赏你。"楚庄王的这些话可以称得上不违背常理原则呀!庄王拒绝了共雍的邀赏,没有赏赐给他任何东西,但给了他一种要争取获赏的勉励,也算是一种赏赐。周代政治达到道治标准,殷商政治是好的,夏代政治是行得通的。但行得通的政治未必是好的,好的政治又未必能达到道治的标准。具有至德水平的圣王是不会满足于行得通的政治，也不会只限于只要是"好的"能问心无愧就够了，他是蕴怀着德而遵循着道，能使君民融洽愉快而臣民却不知这快乐高兴是君王给的。占据天下，拥有君位的君王是够多的了，但只有齐桓公、晋文公出名；泰山上留有的古代七十二个帝王祭坛，但只有三王为人称颂。君王不对臣下提出苛烦的要求，臣下也不凡事依托君王。从自己身边的每件小事做起，就能产生深远的影响，而且后世的人也会称颂他的伟大，这样不出家门就能成就事业、彰显光明，当然很少有人能达到这种境地。所以殷高宗之子孝己在被流放中仍坚持礼节，一般的人也能做到这点，但无法超过他的美名，这是因为一般的人无法拥有像孝己这样的胸襟和境界。行为适宜而充满义节的是君子，贪图私利而忘乎义节的是小人。具有智慧的人有所获得而不辛苦，次一等的人是辛劳但不劳累不堪，再次一等的人是终身劳累痛苦而又不愿辛劳。古人品尝滋味而不贪食，今人贪食而不懂品尝，制作歌乐来修饰一般的声音，但是修饰出来的音乐还是难以达到教化的作用，就是配上金石丝竹协助演奏，还不足以达到教化的最高境界。使人们尊崇道、实行义，那么改变他们的喜怒、取予情，就像草随风倒一样容易。周朝召公在养蚕、耕种的季节里放宽刑狱，将在押犯释放出来，使百姓都能返回家园从事农业生产；周文王让出千里封地，以此作为条件请求纣王废除炮烙之刑。所以圣人办事处事，均能做到进退不失时机，这就如同夏天换穿葛衣、上车拉着绳索一样自然而然。老子拜商容为师，商容张开嘴吐出舌，使老子从中领悟到"守柔"的道理；列子向壶子学习，从形影相生、形亡影不伤的现象中悟出"持守为后"的道理。所以圣人不处事物之先，然而却能控制万物，这有点像堆积柴薪，后放的却压在先放的上面。

【注释】

①楚庄：即楚庄王，名侣，公元前614年到公元前591年在位。共雍：楚国大臣。　②女：汝。　③谢：谢绝，这里指拒绝。莫：

勉,勉励、鼓励、激励。 ④ 周政至:原注为"至于道也"。殷政善:原注为"善施政,未至于道也"。夏政行:原注为"行,尚粗也"。 ⑤ 王念孙认为这里应作"行政未必善,善政未必至也"。 ⑥ 泰山之上有七十坛:原注为"封于泰山,盖七十二君也",所以原文"七十"应改为"七十二"。坛:用来祭天、祭祖的一种高台。 ⑦ 邻:古代的一个基层组织单位。五家为一邻,五邻为一里。 ⑧ 孝己:殷高宗之子,被放逐而不失礼。 ⑨ 宜:事宜、适宜。一般认为处事办事适宜,也就称之"义"。所以,义者,宜也。 ⑩ 通智:原注为"通智,达道之人"。 ⑪ 音之不足于其美者也:原注为"此音不足以致美化也"。 ⑫ 极:治化之极,即道治。 ⑬ 召公:周武王臣,姬姓,名奭,封于召(陕西岐山西南)故称召公,又称邵公、召康公。 ⑭ 请去炮烙之刑:原注为"纣拘文王,文王献宝于纣,纣赏以千里之地。文王不受,愿去炮烙之刑"。 ⑮ 绨:细葛布。绤:粗葛布。绥:上车时拉手的绳索,以便能站稳。 ⑯ 见舌而知守柔:原注为"商容",神人也。商容吐舌示老子,老子知舌柔齿刚。 ⑰ 观景柱而知持后矣:原注为"先有形而后有影,形可亡而影不可伤";事见《列子·说符》。景:同"影"。此句谓先有柱而后有影,柱可伤而影无伤,故悟出持后的道理。

【评析】

本节首先讲到君主要赏罚分明,这样才能激励人们上进。其次又将社会政治分为"至、善、行"三等,从中竭力推崇至上的道治社会。接下又讲及"义"、"宜"与君子、小人的关系,音乐对民众教化的作用和不足等。最后,提到老子见舌知柔、列子观影知持后的不言之教。内容显得较为杂芜。

人以义爱,以党群,以群强。①是故德之所施者博,则威之所行者远;义之所加者浅,则武之所制者小矣。矢铎以声自毁②,膏烛以明自铄;虎豹之文来射,猿狖之捷来措③。

故子路以勇死,苌弘以智困。④能以智知,而未能以智不知也。故行险者不得履绳,出林者不得直道⑤,夜行瞑目而前其手,事有所至而明有所害⑥。人能贯冥冥入于昭昭,可与言至矣。鹊巢知风之所起,獭穴知水之高下,晖目知晏,阴谐知雨⑦,为是谓人智不如鸟兽,则不然。故通于一伎,察于一辞,可与曲说⑧,未可与广应也。宁戚击牛角而歌,桓公举以大政⑨;雍门子以哭见孟尝君,涕流沾缨⑩。歌哭,众人之所能为也;一发声,入人耳,感人心,情之至者也。故唐、虞之法可效也,其谕人心不可及也。简公以懦杀,子阳以猛劫⑪,皆不得其道者也。故歌而不比于律者,其清浊一也;绳之外与绳之内,皆失直者也。纣为象箸而箕子叽,鲁以偶人葬而孔子叹⑫,见所始则知所终。故水出于山,入于海;稼生乎野,而藏乎仓;圣人见其所生,则知其所归矣。

【今译】

　　人应该以基本的道义去爱人,用善良正直的语言去团结人,依靠群体的力量来强盛自己。所以,如果德泽恩爱施布广泛,这威力就遍及深远;如果缺乏仁义,想用武力镇服人的作用就很小了。吴国产的铃铎因为发音响亮而终被自己的铎舌撞破,蜡烛油灯因为能照明而终将自己熔尽销毁。虎豹因有美丽的皮毛而招来射杀,猿猴因为敏捷而招刺杀。所以子路因为骁勇而死于卫国的战争,苌弘因为智谋聪慧而被杀害。这些人都是能依靠智力去认识事物,但却不能做到虽有大智而自知之明。所以走在险道上的人是不能走直路的,穿过深山老林的人总要走不少弯路,夜间行走时眼睛看不清,只得伸出双手摸索着行进。事物各有它适宜的范围,聪明有时也未必有用处。人如果是通过黑暗迷惑而达到光明悟醒的,是可以和他谈论至道的。鸟鹊筑巢知道风向而选择合适的位置,水獭建穴是根据水位的高低来决定的,雄鸠叫鸣将预报天要放晴，雌鹊鸣唱将预报天要下雨。从中就可知人的智慧不如鸟兽的看法是不对的。因为这些鸟兽出于身体本能的"聪明"总是有限的。所以只是通晓一种技艺、只能分辨片言只语的真伪，这样的人只能与他说些浅陋的道理，而不能与他作广泛的应对。宁戚敲击牛角而悲歌，感动了齐桓公，被齐桓公任命为大田官。雍门子以哀歌使孟尝君悲从心起，流下眼泪以至打湿帽带。悲歌、痛哭对一般性的人来说是都会的；但一发悲声就能使人听了动真情，那就要有精诚的感情才行。所以唐尧、虞舜的治国方法可以仿效，但他们用情感化人心的效果是常人无法企及的。齐简公因为懦弱而被陈成常杀害，子阳因为施行猛政而遭劫难，这些都是因为他们不得其道的原因。所以唱歌如果不合音律，那么他的歌声就会变得清浊不分；墨绳不能切中、三点一线，就不能取直。纣王用象牙筷而使箕子哀叹不已，并预感到纣王的贪欲将导致国家灭亡；鲁国用木偶人殉葬使孔子心痛叹息，诅咒不仁者将绝子绝孙。所以圣人看到事物的征兆就能预知到事物的结局。发源于高山的江河流水必定要注入大海，庄稼长在田野，最后一定会归入贮藏到粮仓。正是圣人看到事物如何生成，就将知道事物会如何归宿。

【注释】

①党：通"谠"，正直的言语。　②矣：梁履绳认为"矣"当为"吴"。吴铎：原注为"铎，大铃，出于吴"，古时用这种铃铎来传令或用于战时。　③狖：长尾猿。措：原注为："措，刺也。"　④子路：孔子弟子，以勇力而著名。仕于卫，后在卫君父子的争权拼杀中丧命。苌弘：《氾论训》说到："昔者苌弘，周室之执数者也，天地之气，日月之行，风雨之变，律历之数，无所不通，然而不能自知，车裂而死。"是谓苌弘卷入公室纷争而被周人杀害。　⑤履绳：走直路。出林：出入山林。　⑥至：俞樾认为"至，当作宜"。害：俞樾认为"害，当作容"；容，用也，并与"庸"相通。明有所害：应改为"明有所不容"，整句应是"事有所宜而明有不容"，以喻智慧作用的有限。　⑦鹊巢知风之所

起:鹊筑巢时可预知当年风灾大小,如鹊在较低又坚实的树枝上建巢,可能有大风。獭穴知水之高下:水獭在水边筑穴,如当年有洪水,筑穴就较高。晖目:庄逵吉认为"目"应为"日",即晖日,也即是鸠鸟。阴谐:雌性鸠鸟。《广雅》说:"雄曰晖日,雌曰阴谐。"晏:无云的晴天。据说天将放晴时晖日先鸣,将阴雨时阴谐先叫。 ⑧ 曲:一偶。曲说:一孔之见。 ⑨ 宁戚:春秋卫国人,穷困潦倒,后在一次机会中边喂牛边敲着牛角唱起商调歌曲,感动齐桓公,被任为大田官。政:王念孙认为应作"田"。"举以大政"应作"举以为大田"。"大田"是一种官名。 ⑩ 雍门:齐人,名周,以善哭闻名;雍门子见孟尝君,事见《说苑·善说篇》;《览冥训》也提到此事,可参阅其注。缨:系在脖子上的帽带。 ⑪ 简公:齐简公,齐国国君;有人劝简公除掉陈成常,简公不忍心,后反被陈成常杀害。子阳:郑子阳,郑国国君,一说是郑国国相。《氾论训》说:"郑子阳刚毅而好罚,其于罚也,执而无赦。舍人有折弓者,畏罪而恐诛,则因猘狗之惊以杀子阳。" ⑫ 象箸:象牙筷子。叽:哀叹。纣为象箸而箕子叽:事见《韩非子·喻老》。偶人:用木、土制成的偶人,代替活人殉葬。孔子以为偶人太逼真,像真人,认为这是不仁义的做法,故咒骂说:"始作俑(即偶人)者,其无后乎。"(《孟子·梁惠王上》)

【评析】

本节继续强调"以情感知",还以"宁戚击牛角而歌"和"雍门子以哭见孟尝君"的事来证明之。而人之所以能互相间以情感知,是在于互相间有真情存在。"歌哭,众人之所能为也;一发声,入人耳,感人心,情之至者也。"正因为人互相间有真情存在,能互相沟通感知,所以"以情感知"的范围要远远超出人们用智慧去认知世界的范围。智慧是"能以智知,而未能以智不知",它的作用是有限的。由此推广到社会治政,以智治人不如以情感人来得好。

本节还提到广义上的"感知"现象,那就是"鹊巢知风之所起,獭穴知水之高下,晖日知晏,阴谐知雨"。这大概是想从另一个角度来证明

"以情感知"客观性和普遍性。

正因为有这种"以情感知"的存在,所以对国家怀着真切感情的箕子能从纣王进食用象箸这事中感知到奢侈无度必将衰败,深深地为国家前途而担忧。这也就是本节最后提到的,并为此提倡圣人要有"见其所生则知其所归矣"的素质。

水浊者鱼唫,令苛者民乱,城峭者必崩,岸崝者必陀。①故商鞅立法而支解,吴起刻削而车裂。②治国譬若张瑟,大弦组③,则小弦绝矣。故急辔数策者,非千里之御也。有声之声,不过百里;无声之声,施于四海。是故禄过其功者损,名过其实者蔽。情行合而名副之,祸福不虚至矣。身有丑梦,不胜正行;国有妖祥④,不胜善政。是故前有轩冕之赏⑤,不可以无功取也;后有斧钺之禁,不可以无罪蒙也。素修正直,弗离道也。君子不谓小善不足为也而舍之,小善积而为大善;不谓小不善为无伤也而为之,小不善积而为大不善。是故积羽沉舟,群轻折轴,故君子禁于微。壹快不足以成善,积快而为德;壹恨不足以成非,积恨而成怨。⑥故三代之善,千岁之积誉也;桀、纣之谤,千岁之积毁也。

【今译】

河水混浊鱼儿就会口露出水面喘气,法令苛繁百姓就会混乱,城墙陡峭必定会崩溃,堤岸高峻必定崩塌。所以,商鞅制定苛法而招致自己被肢解,吴起施行酷法而遭车裂。治理国家好像调琴瑟,大弦绷得太急则小弦就会断绝。所以一味勒紧缰绳,不断挥动鞭子的人,不是一个能驾驭千里的驭手。能够听得见的声音,传播不过百里地;而没有响声的声音,可以传遍四海。所以,俸禄已远远超出他的贡献的人,就必定会受到伤害;名过其实的人也必定会受到蒙蔽。如果贡献和品德合乎实际再加上与之相适的名誉，一般来说，祸患不会无缘无故降临到他头上。人有噩梦缠身，就无法胜任正常行动；国有恶事先见之征，就无法胜任善政的实施。所以前面放着高官厚禄的赏赐，是不可以靠无功来获取它的。后面有严刑峻法，也不可能因无罪而蒙受诛罚。你平时修身养性保持正直纯洁，做一个正派人而不偏离正道，就会相安无事。君子不以为小的善事不值得做而就舍弃它，因为小善积累起来也就能成为大善；也不以为小的坏事做做也无妨而去做，因为小恶积累起来也就成为大恶。所以说，羽毛堆积到一定程度也能将船压沉，很多轻东西放在车上也能将车轴压断，所以君子是绝对禁止自己做微小的坏事的，这就是平时说的君子谨戒于微细之处。做一件令人愉快的好事还不足以形成美德，但坚持做好事，日长势久就能形成好的品德；做一件令人悔恨的坏事还不足以败坏品德，但经常做坏事就会成恶棍。所以夏禹、商汤、周文王周武王的善政美德，受千秋万代人称赞，夏桀、纣王的恶行暴政，遭千年万代人唾骂。

【注释】

①唅：鱼因河水缺氧而浮出水面呼吸。峥：同"峥"，峻峭。陀：崩塌。　②商鞅：战国卫人，后入秦助秦孝公变法，得罪保守势力；秦孝公死后也就被保守势力杀害。吴起：战国卫人，后奔楚助楚悼王变法，触犯旧势力利益；后保守势力趁悼王死的机会，发动叛乱，射死吴起。　③组：王念孙认为应作"组"，紧、急的意思。　④妖祥：凶兆。　⑤轩：古代卿大夫乘坐的车子。这里的"轩冕"是指高官厚禄。　⑥怨：王念孙认为应作"恶"，"桀纣之谤"的"谤"也应作"恶"。

【评析】

作者从社会道治的观点出发，反对社会的法治，认为治国若张瑟，不可将弦绷得太紧太急，如将法令制定得太苛刻，就有可能导致民乱；而制定严厉法令者也无好下场，"商鞅立法而肢解，吴起刻削而车裂"。作者作如此强调，无非是想突出他的道治及"以情感化"的作用。又认为修养善行是一个积累过程,只有积"小善"才能"为大善","积羽沉舟,群轻折轴",这"小善"量的积累会导致"大善成"的质变,"三代之善,千岁之积誉也"。

天有四时,人有四用。何谓四用?视而形之莫明于目,听而精之莫聪于耳,重而闭之莫固于口,含而藏之莫深于心。目见其形,耳听其声,口言其诚,而心致之精,则万物之化咸有极矣。地以德广,君以德尊,上也;地以义广,君以义尊,次也;地以强广,君以强尊,下也。故粹者王,驳者霸①,无一焉者亡。昔二皇凤凰至于庭②,三代至乎门,周室至乎泽。德弥粗,所至弥远;德弥精,所至弥近。君子诚仁,施亦仁,不施亦仁。小人诚不仁,施亦不仁,不施亦不仁。善之由我,与其由人若,仁德之盛者也。故情胜欲者昌,欲胜情者亡。欲知天道,察其数③;欲知地道,物其树④;欲知人道,从其欲。勿惊勿骇,万物将自理;勿挠勿撄⑤,万物将自清。察一曲者,不可与言化;审一时者,不可与言大。日不知夜,月不知昼,日月为明而弗能兼也,唯天地能函之,能包天地,曰唯无形者也。骄溢之君无忠臣,口慧之人无必信⑥;交拱之木无把之枝⑦,寻常之沟无吞舟之鱼⑧。根浅则末短,本伤则枝枯。福生于无为,患生于多欲,害生于弗备,秽生于弗耨。⑨圣人为善若恐不及,备祸若恐不免。蒙尘而欲毋眯,涉水而欲无濡,不可得也。是故知己者不怨人,知命者不怨天。福由己发,祸由己生。圣人不求誉,不辟诽⑩,正身直行,众邪自息。今释正而追曲,倍是而从众⑪,是与俗俪走⑫,而内行无绳,故圣人反己而弗由也。道之有篇章形埒者,非至者也;尝之而无味,视之而无形,不可传于人。大戟去水,亭历愈张⑬,用之不节,乃反为病。物多类之而非,唯圣人知其微。善御者不忘其马,善射者不忘其弩,善为人上者不忘其下。诚能爱而利之,天下可从也;弗爱弗利,亲子叛父。天下有至贵而非势位也,有至富而非金玉也,有至寿而非千岁也;原心反性则贵矣,适情知足则富矣,明死生之分则寿矣。言无常是,行无常宜者,小人也;察于一事,通于一伎者,中人也;兼覆盖而并有之,度伎能而裁使之者⑭,圣人也。

【今译】

　　天有春夏秋冬四个季节,人有四种可用的器官。何谓四种有用的器官呢?一是眼睛,没有什么能像眼睛那样明察秋毫;二是耳朵,没有什么能像耳朵那样听得那样精确;三是嘴,没有什么能像嘴巴那样闭守牢靠;四是心,没有什么能像心那样深含莫测。眼睛能看清事物的形状,耳朵能听清事物的声响,嘴巴能说出真情话,而心则能达到精妙的境地,这样万物的化育变化便全能被掌握了。国家的领土是靠德政来扩展的,君王的尊严是靠德政来提高的,这是上等的治国之道;而国家的领土是靠义来扩大的,君主的威望是靠义来提升的,这是次一等的治国之道;国家的领土是靠武力强权来扩张的,君王的威严是靠武力强权维持的,这是下等的治国之道。所以治国之道纯粹是德治的可以尊奉为王,治国之术驳杂的可以称霸为王,而这两方面都不具备的只能是亡国了。过去伏羲、神农两位圣王治理天下,凤凰都飞临皇室的庭院;夏禹、商汤、周文王管理天下时,凤凰能飞临皇室的大门口;周朝以后,凤凰飞到郊外的湖泽中。这正是君王德行越粗糙,凤凰飞临的地方越远;君王的德行越精粹,凤凰飞临的地方越亲近。内心具有仁爱的君子,施恩于人时是仁爱的,就是不施予人也是仁爱的;内心根本不具备仁爱的小人,就是施小恩小惠于人也是不仁爱的,如不施予人就更不仁爱了。君子自己身上有的善行美德,也像别人身上有的善行美德一样,因为他能感染别人,这就是君子仁德盛大的地方。所以崇高情操战胜贪欲则昌盛,贪欲战胜情操则丧亡。要想知道天道,就要观察天道的运行;要想知道大地之道,就要观察大地上所种植的物类;要想知道人之道,就要考察人的欲念。不必惊慌也不用恐惧,万物自会自生自灭;不去骚扰也不要触犯,万物自会清静安宁。只看到事物一角一隅的人,是不能和他讨论万物的变化的;只关注一段短暂时间的人,是不能和他谈论天地之大的。白天月亮不露脸,黑夜太阳不露头,所以是"日不知夜,月不知昼";尽管它们都能给人间带来光明,可是都无法兼容对方的功效,唯有天地才能包容万物。而能包容天地的,又只能是无形的道。骄横霸道的君主不会有忠臣,信口开河乱许诺的人不会讲信用。缠绕而长的藤类树木长不出一握粗的枝干,狭小的水沟不会有能吞舟的大鱼。根浅的树木必然是长出短的树干;根如受伤则枝叶也就枯萎。福来自无为,祸生于多欲;灾害来自无防备,荒芜是因为没除草。圣人为善行善唯恐赶不及,防备祸患唯恐避不开。灰尘蒙脸却不想眯眼,涉水过河又想不打湿脚,这种事是不可能的。所以有自知之明的人是不会胡乱埋怨人的,知天命者是不会胡乱埋怨天的。幸福由自己创造,灾祸是自己招惹。圣人是不追求赞誉,也不逃避非议诽谤,他立身正道,所以各种邪气无法兴起,奸邪自然平息。如果放弃正道而追求邪曲,背离正确而随波逐流,这就是与世俗同流合污,失去行为准则,所以圣人是返回原秉有的本性不随俗同流。原本纯粹的道,如加上一些不必要的东西,使之有形迹可寻,就不算是最纯最好的道了。最纯粹的道是品尝起来清淡无味,看上去无形无象无迹,并且无法用言语传授给他人。大戟草可消除水肿、亭历草能消除肿胀,但如果使用不加节制,反而会加重病情。世界上的事物有很多是看上去相似,而实际上则不同,这些只有圣人才能分辨出其中的细微差别。善于驾驭的人心中不会没有马的印记,善于射箭的人是十分注重弓弩的,善于为人君的人是不会忘记他的臣民的。诚心诚意地爱护臣民,并且为他们谋利益,那么天下人就会归顺追随。如果既无爱心又无利益，就是亲生儿子也要背叛他的父亲。天底下有最珍贵的东西，但它绝对不是权势和地位；有最大的财富，但它不是指宝石、金子；有最长寿的，但不是说活到一千岁；回归本性道体，就是最尊贵的，适情知足就是最富有的，明白生死之分就是最长寿的。说话没准，行为反复无常，这是小人；能明察事理，精通某种技艺，这算中等之人；兼容覆盖一切，无所不能，并能度量人的才能后决定如何运用的人，才称得上是圣人。

【注释】

①粹：纯粹。驳：驳杂。 ②二皇：指伏羲、神农。 ③数：原注为"谓律历之数也"。 ④物：观察。树：种植、栽种。 ⑤撄：扰乱、纠缠、触犯。 ⑥口慧：即"口惠"。指空口许诺给人好处而不兑现。 ⑦交拱之木：指互相缠绕的藤类木。 ⑧寻常：八尺为寻，二寻为常。这里喻指狭小。 ⑨耨：除草。 ⑩辟：通"避"。诽：诽谤。 ⑪倍：背。 ⑫儷：并。儷走：指随波逐流，随俗同流。 ⑬大戟、亭历：中药名。水：水肿。张：通"胀"。 ⑭度：度量、估量。伎：技。

【评析】

《缪称训》到最后又从以上儒道糅并中回到道家思想上来。强调社会治理以道家"德治"为上："地以德广，君以德尊，上也。"无形之道是无所不能、无所不包："日不知夜，月不知昼，日月为明而弗能兼也，唯天地能函之，能包天地，曰唯无形（之道）者也。""道体"之特征是："道之有篇章形埒者，非至者也；尝之而无味，视之而无形，不可传于人。"最后又宣传起道家的"富贵"观和"长寿"论，说："原心反性则贵，适情知足则富，明死生之分则寿。"落实到圣人、君子身上，作者希望圣人具有"善"心、"诚"心（"圣人为善若恐不及"和"君子诚仁"），还企盼圣人、君子秉有"道"性：兼覆盖而并有之，度伎能而裁使之。

中华经典直解

淮南子直解

下册

刘康德 ◎ 撰

复旦大学出版社

卷十一　齐俗训

【解题】

本卷《齐俗训》中的"齐"是"齐同"的意思,而"俗"则是指礼俗(礼节、习俗)。作者认为,不同的时间和空间,即不同的时代和地区,乃至不同的国家和民族,都有不同的礼俗;这些礼俗均是对一定生活环境、社会伦理、人际关系的反映,并服务于它们。不同的礼俗均有着它存在的合理性。

正因为这样,作者认为就不能以某种礼法标准来衡量这些礼俗的贵贱和是非,也不能用某种礼法来齐一天下社会,更不能强迫人们接受一种繁琐而无实用的礼俗。反过来说,倒是圣人、至人应尊重这些反映不同情况的礼俗,要入乡随俗,在不同的时代、到不同的地域,要执行不同的礼俗。这就是作者说的"行齐于俗"。在这个意义上说,高诱撰写的题解将"齐俗"解释为是将"四宇之风,世之众理"齐为"一"是欠妥的。

当然,作者在反对以某种硬造出来的繁琐礼法来齐一天下之同时,也提出以能覆盖一切"至是无非"的"道"作为判断一切的标准,认为"以道论者,总而齐之",天下百姓就能做到"返性体道",这样纯朴的民情和习俗就会形成,社会就能达到大治。从这个角度来看高诱对本卷的题解又未尚不妥,只不过这"齐一"是齐到这"本体道性"上来而已。

率性而行谓之道,得其天性谓之德。① 性失然后贵仁,道失然后贵义。是故仁义立而道德迁矣,礼乐饰则纯朴散矣;是非形则百姓眩矣,珠玉尊则天下争矣。② 凡此四者,衰世之造也,末世之用也。夫礼者,所以别尊卑,异贵贱;义者,所以合君臣、父子、兄弟、夫妻、朋友之际也。今世之为礼者,恭敬而忮③;为义者,布施而德。君臣以相非,骨肉以生怨,则失礼义之本也,故搆而多责。④夫水积则生相食之鱼,土积则生自宂之兽⑤,礼义饰则生伪匿之本⑥。夫吹灰而欲无眯,涉水而欲无濡,不可得也。

　　古者,民童蒙不知东西,貌不羡乎情⑦,而言不溢乎行⑧。其衣致暖而无文,其兵戈铢而无刃⑨,其歌乐而无转,其哭哀而无声。凿井而饮,耕田而食。无所施其美,亦不求得。亲戚不相毁誉,朋友不相怨德。及至礼义之生,货财之贵,而诈伪萌兴,非誉相纷,怨德并行,于是乃有曾参、孝己之美,而生盗跖、庄𫏋之邪。故有大路龙旂,羽盖垂緌⑩,结驷连骑,则必有穿窬拊楗、抽箕逾备之奸⑪;有诡文繁绣,弱绤罗纨,必有菅屩跐踦⑫,短褐不完者。故高下之相倾也,短修之相形也,亦明矣。

【今译】
　　遵循天性而行叫做道,得到这种天性叫做德。天性丧失以后才崇尚仁,道丧失以后才崇尚义。所以仁义树立起来也就说明道德蜕化。礼乐制定施行也就说明纯朴散逸;是非显示反而使百姓迷惑,珠玉尊贵起来致使人们为之互相争夺。所以说,仁义、礼乐、是非、珠玉这四者的产生,说明世道衰落,是末世所利用的东西。礼原本是用来区别尊卑、分别贵贱的;义原本是用来协调君臣、父子、兄弟、夫妻、朋友间关系的。但今天讲礼节的人,外表恭敬而内心嫉恨;讲义理的人,施舍他人却希望得到回报。君臣之间互相非难,骨肉之间互相怨恨,这样就失去了原本提倡礼义的目的和意义,反而使人们因结怨而互相责难。水积聚得深广就会产生能互相吞食的大鱼,土堆积成山则会产生互相伤残的猛兽,礼义的制定和施行则会产生伪善君子。尘土飞扬、灰尘蒙脸却不想眯眼,过河涉水却不想打湿脚,这实际上是不可能的。

　　远古时代,人们混沌幼稚不知"东南西北",憨厚质朴无虚伪表情,言词诚实而不夸夸其谈。他们衣着朴素只求保暖,兵器迟钝无需开口,歌谣直抒欢乐不用婉转修饰,哭泣只为表达悲哀故无需故意放声。他们凿井而饮,耕田而食。大家无需用美物来互相赠送以笼络感情,也不想从别人那里得到馈赠。亲戚间不互相毁谤也不互相赞誉,朋友间不互相怨恨也不互相感恩。但一到礼义产生,有了货物财产的价值观念后,这欺诈伪善就产生了,诋毁赞誉就纷纷兴起,怨恨感恩就结伴而行了,于是也就有了曾参和孝己的所谓"美德",也就产生了盗跖、庄蹻的所谓"邪恶"。所以是,有了绣龙、垂缨伞盖的大车和结驷连骑的马车,也就有了翻越墙壁、撬门入室、盗墓翻墙的偷窃奸恶行为;有了穿锦绣衣服的人,也就必定有了衣冠破烂不堪的人。这就是我们平时说的高低互相依存、长短互相形成的道理,这是再清楚不过的了。

【注释】

　　① 率性:遵循天性。这里的天性在作者看来是"清静恬愉"。② 眩:迷惑。珠玉:可引申为财物。　③ 忮:嫉恨。　④ 搆:结怨。责:责难。　⑤ 宄:刘文典认为"宄,疑当为'肎',古肉字"。⑥ 伪:诈。匿:通"慝",奸。古字"匿"、"慝"相通。本:王念孙认为应作"士"。　⑦ 童蒙:混沌幼稚。羡:溢、过、超。　⑧ 言不溢于行:指不说做不到的大话。　⑨ 致和戈:王念孙认为是衍文。铢:原注为"楚人谓刃顿(钝)为铢"。　⑩ 路:通"辂"。龙旂:绘有交错龙纹的旗子。羽盖:用羽装饰的车盖。緌:一种车盖或帽子的下垂物。⑪ 踰:通"逾",穿过、越过。拊:拍击。楗:门闩。抽箕:王引之认为是"扣墓"之误,扣是"掘"的意思,"扣墓"即"盗墓"。备:墙垣。⑫ 弱緆:一种细软的麻布。罗纨:一种柔软的白色绢绢。菅屩:一种茅草做的草鞋。跐跂:这里指不齐全。

【评析】

作者又像在以往的章节中那样,从怀念远古道德治世转向对仁义、礼乐的批判。在他看来,仁义、礼乐、是非、珠玉这四者的产生,实在是社会衰败的表现。因为仁义礼乐的产生,非但没有提高人的境界,反而使人变得更虚伪、人间结怨更深广。这就是作者指出的:"礼义饰则生伪匿之士。"

同时,作者还指出,社会一旦尊贵起某种东西来,则必定导致诈伪萌生、非誉相纷、怨德并行;也必然强化了人的价值观念和货财意识,并会纷纷追求起物质利益来。一旦造成人们对物质利益的追求,其必然结果是导致人之间的贫富悬殊。"有诡文繁绣,弱緆罗纨,(也)必有菅屩跐跂,短褐不完者。"这种"高低相倾、短修相形"的社会,作者是绝对不认同的,于是就出现了本节开头的那段激烈的批判词。

夫虾蟆为鹑,水蚤为蟌蕊①,皆生非其类,唯圣人知其化。夫胡人见麖②,不知其可以为布也;越人见毳,不知其可以为旃也③。故不通于物者,难与言化。昔太公望、周公旦受封而相见④,太公问周公曰:"何以治鲁?"周公曰:"尊尊亲亲。"太公曰:"鲁从此弱矣!"⑤周公问太公曰:"何以治齐?"太公曰:"举贤而上功。"周公曰:"后世必有劫杀之君!"⑥其后,齐日以大,至于霸,二十四世而田氏代之⑦;鲁日以削,至三十二世而亡⑧。故《易》曰:"履霜,坚冰至。"圣人之见终始微言!⑨故糟丘生乎象櫡,炮烙生乎热斗。⑩子路撜溺而受牛谢⑪,孔子曰:"鲁国必好救人于患。"⑫子赣赎人而不受金于府⑬,孔子曰:"鲁国不复赎人矣。"子路受而劝德,子赣让而止善。孔子之明,以小知大,以近知远,通于论者也。由此观之,廉有所在,而不可公行也。故行齐于俗,可随也;事周于能,易为也。矜伪以惑世,伉行以违众⑭,圣人不以为民俗。

【今译】

　　虾蟆变成鹌鹑,水蚕变为蜻蜓,这是不同类之间的变化。也只有圣人知道这之间的变化的道理。胡人看到粗麻,不知道可用它来织布;越人见到氄毛,不知道可用它来制作毛毡。所以不能通晓物性的人,就很难和他来谈论变化。以前姜太公吕望、周公姬旦分别受封后见了面,太公问周公:"你打算怎样来治理鲁国?"周公回答说:"尊敬尊长,亲爱爱人。"太公说:"鲁国从此要衰弱了。"周公问太公:"那你又打算怎样来治理齐国呢?"太公说:"我要举荐贤能,崇尚功绩。"周公说:"齐国后代一定有被篡夺弑杀的君主。"从那以后,齐国一天天强盛,一直到齐桓公称霸,传二十四代时国政被田氏篡夺;而鲁国日益衰弱,传三十四代亡国。所以《易经》上说:"踩在深秋的薄霜上,便就知道结硬冰的寒冬就快到了。"圣人就是能从开头细微的迹象预见到事物发展的结果。所以,酒糟堆积成山肇始于用象牙为筷,炮烙之刑肇始于用熨斗烙人。子路救起溺水者而接受主人答谢的牛,孔子对此事评论说:"鲁国一定会兴起助人为乐的好风气。"子赣用钱财赎救出奴隶而不接受官府的钱财,孔子对此事评论说:"鲁国再也不会有自己掏钱财来赎救人的事了。"子路接受谢礼而能鼓励人们修养善德,子赣推辞赏钱却停止了人们行善。孔子之所以伟大,是能从小处看到大处,从近处看到远处,在这个意义上说,孔子真是一位通晓事理的圣人。由此看来,廉洁也有它所适用的范围,而不可不分场合机械地推行。所以上述讲到圣人行为要齐同当时当地的礼俗是有道理的,这样可以处事更随顺。同样,圣人应按能力将事处理得更缜密一些,这样办事也可更容易些。反过来说,如装出一副矜持、以虚伪的廉耻模样来欺惑世人,行为上又自视清高、违背民俗,这些行为,圣人认为不是一种齐同习俗的行为。

【注释】

　　① 虾蟆:青蛙、蟾蜍的统称。䳺:鹌鹑。古人认为虾蟆会变成鹌鹑。水蚕:蜻蜓等昆虫的幼虫,常浮游于水面。蟌䖟:王念孙认为

"螅"为"螉"之误。"螉",蜻蜓。 ②麐:一种粗麻,可以用来织成布。 ③毳:鸟兽的细毛。旃:通"毡"。 ④太公望:姜太公。建周后被封于齐。周公旦:姬旦,建周后被封于鲁。 ⑤鲁从此弱矣:原注为"尊尊亲亲,仁者弱也"。 ⑥后世必有劫杀之君:原注为"举贤上功则民竞,故劫杀"。 ⑦二十四世:齐国从姜太公受封到战国齐康公,正好二十四代。齐简公四年,齐臣田氏杀简公,使吕氏之齐变为陈(田)氏之齐。 ⑧三十二世:刘文典认为"二"当为"四",即"三十四世"。从鲁伯禽(周公之子)到鲁顷公,正好是三十四代。鲁顷公被楚考烈王所灭。 ⑨言:孙诒让认为"言"当为"矣"。 ⑩糟:酒糟;糟丘:是说纣王长期饮酒,使酿酒所造成的酒滓堆积成山,故曰"糟丘"。楮:同"箸",筷子。热斗:熨斗。炮烙生乎热斗:是说纣王看到熨斗可以烂人手,故制造出炮烙来。 ⑪撜:原注为"撜,举也。扔出溺人。主谢以牛也"。这撜和扔又是"拯"的异体字,即"拯救"的意思。 ⑫刘文典认为:"救人于患"下当有"矣"字,与下文"鲁国不复赎人矣"一致。 ⑬子赣:即孔子学生子贡。《道应训》说:"鲁国之法,鲁人为人妾于诸侯,有能赎之者,取金于府。" ⑭伉行:不同平常的行为。

【评析】

本节强调圣人除应具有善德之外,还应具备一种不同常人的认知能力,即能"以小知大,以近知远",能"视阴入阳,从阳入阴"。也就是说圣人能从开始细微的迹象中预见到事物发展的结果。只有具备这种认知能力的人(当然同时还应具有"善德"),才能治理好国家。在这里,作者提出了中国古代哲学中的认知方法,即"知化",也就是文中提到的"言化"。用另一种传统的说法是"研几"。

广厦阔屋,连闼通房①,人之所安也,鸟入之而忧;高山险阻,深林丛薄②,虎豹之所乐也,人入之而畏;川谷通原,积水重泉,鼋鼍之所便也,人入之而死;《咸池》、《承云》、《九韶》、《六英》③,人之所乐也,鸟兽闻之而惊;深溪峭岸,峻木寻枝,猿狖之所乐也,人上之而栗。形殊性诡,所以为乐者,乃所以为哀;所以为安者,乃所以为危也。乃至天地之所覆载,日月之所照诡④,使各便其性,安其居,处其宜,为其能。故愚者有所修,智者有所不足;柱不可以摘齿⑤,筐不可以持屋⑥;马不可以服重,牛不可以追速;铅不可以为刀,铜不可以为弩;铁不可以为舟,木不可以为釜⑦。各用之于其所适,施之于其所宜,即万物一齐,而无由相过。夫明镜便于照形,其于以函食,不如箪⑧;牺牛粹毛,宜于庙牲,其于以致雨,不若黑蜧⑨。由此观之,物无贵贱。因其所贵而贵之,物无不贵也;因其所贱而贱之,物无不贱也。夫玉璞不厌厚,角䚩不厌薄⑩;漆不厌黑,粉不厌白。此四者相反也,所急则均,其用一也。今之裘与蓑,孰急?见雨则裘不用,升堂则蓑不御,此代为常者也。⑪譬若舟、车、楯、肆、穷庐⑫,故有所宜也。故《老子》曰"不上贤"者⑬,言不致鱼于木,沉鸟于渊。

【今译】
　　高大的大厦、开阔的房屋、相通相连的房,这是人们安居的地方,但鸟儿飞入以后,就会感到忧虑不安;高山、险阻、深林、草丛,这是虎和豹的乐园,但人进入以后,就会产生畏惧;山涧湖泊、渊潭重泉,这是鼋鼍自由翔游的地方,但人一旦跌入其中就会淹死;《咸池》、《承云》、《九韶》、《六英》,这是人喜欢的乐曲,但鸟兽闻之就会受到惊吓而逃跑;深溪峭岸、大树长枝,这是猿猴喜欢的地方,但人一旦攀登上去就会感到心惊肉跳。这正是形殊性异,人类引以为快乐的,鸟兽则以为是哀悲的;鸟兽以为安全的,人类则认为是危险的。好在上天覆盖、大地承载、日月照亮，才使万物各便其性、各安其居、各处其宜、各为其能。所以，愚者也有他的长处，智者也有他的不足；木柱是不可以用来剔牙的，发簪是不可以用来撑屋的；马是不宜驮物的，牛是难以追速的；铅不能用来铸刀，铜不能用来制弩，铁不能用来造船，木不能用来制锅。这正好说明事物各有它所适宜的范围，只有将它们放在适宜的地方，才能发挥它们的有用性，而在它们的有用性这点上来看，它们又是一致的。所以对物不能说长道短、厚此薄彼。明镜用来照人是再好也不过的，但将它放在甑里用以蒸食物，其功效就不如炊箅；牺牛毛色纯一，用来作为祭祀的牺牲是再合适不过了，但用它来求雨，就不如神蛇了。由此看来，事物无所谓贵贱，如从它们的有用性、可珍贵这一点来断定它们的贵重，那么就没有什么东西不是贵重的；如抓着它们的无用性、低贱性来判断它们的低贱，那么就没有什么不是低贱的。对于玉璞，人们希望它越厚越好；对于角觯，人们希望它越薄越好；同样，对于漆，人们不会嫌它黑；对于粉，人们不会嫌它白。这四样东西，人们对它们的要求完全相反，但当人们急需用到它们时，就有用性来说又是一致、一样的。这就好比裘和蓑，对人来说哪一件更急需？这要看情形而定，下雨了就用不上裘衣，而一进屋室就用不到蓑衣。这是因为特殊的环境决定了它们的更替使用。这也就像船、车、楫、肆、穷庐本来就有它们所适宜的地方一样。所以《老子》说"不要崇尚贤能（即不要有意识创导某种东西）"，其意思是说不要将鱼赶到树上、把鸟沉到深渊。

【注释】

①囚：小门。　②薄：草木丛生处。　③《咸池》、《承云》：黄帝所用的乐曲。《九韶》：舜所用的乐曲。《六英》：帝颛顼所用的乐曲。　④照忌：这里指照耀。与上述释为"告诫"相异。　⑤摘：剔。　⑥筓：小簪。　⑦釜：锅。　⑧函：王念孙认为"承"，读为"烝"（蒸）。箅：王念孙认为当作"箅"，一种蒸物用的炊箅。　⑨牺牛：祭祀用的纯色牛。粹：刘文典认为应是"骍"，"粹毛"应是"骍毛"。

黑蜧：一种能兴风雨的神蛇。　⑩ 璞：尚未雕琢的玉。角䚩：刀剑鞘外的角质装饰。　⑪ 常：陈观楼认为"常当为帝,字之误也。代为帝,谓袭与蓑迭为主也"。　⑫ 楯：通"輴",古代泥泞路上的行走工具。肆：王念孙认为应作"𨬝",一种沙地行走的工具。穷庐：穹庐。一般指用于野外生活用的毡帐。许匡一认为："穷庐"、"穹庐"即指"轿"(参阅许匡一《淮南子全译》)。对于这些,原注释为："水宜舟,陆地宜车,沙地宜肆,泥地宜楯,草野宜穷庐。"　⑬ 不上贤：出自《老子·三章》。"上"应作"尚"。

【评析】
本节作者从自然界和社会领域中抽取大量的事例来叙述相对性观念,似乎蕴含着作者还想将这种相对性观念赋予君主圣人的倾向。

故尧之治天下也,舜为司徒,契为司马,禹为司空,后稷为大田师①,奚仲为工②。其导万民也,水处者渔,山处者木,谷处者牧,陆处者农。地宜其事,事宜其械,械宜其用,用宜其人。泽皋织网③,陵阪耕田,得以所有易所无,以所工易所拙。是故离叛者寡,而听从者众。譬若播棋丸于地④,员者走泽,方者处高,各从其所安,夫有何上下焉？若风之遇箫⑤,忽然感之,各以清浊应矣。夫猿狖得茂木,不舍而穴；狟狢得埵防⑥,弗去而缘。物莫避其所利而就其所害。是故邻国相望,鸡狗之音相闻,而足迹不接诸侯之境,车轨不结千里之外者,皆各得其所安。故乱国若盛,治国若虚,亡国若不足,存国若有余。虚者非无人也,皆守其职也；盛者非多人也,皆徼于末也⑦；有余者非多财也,欲节事寡也；不足者非无货也,民躁而费多也。故先王之法籍,非所作也,其所因也；其禁诛,非所为也,其所守也。

【今译】

所以尧帝治理天下,是任命舜为司徒,主管教化;任命契为司马,主管军务;任命禹为司空,主管工程建筑;任命后稷为大田,主管农业;任命奚仲为工师,掌管百工。尧帝就是这样,特殊情况特殊处理,让住水边的从事渔业,让住山林的从事林业伐木,让住川谷的从事牧业,让住平原的从事农业。各种地方均有适合它的行业,各种行业又有适合它的器械工具,各种器械工具又均有它的适当用途,各种用途又有适合使用器械的人。湖泽地区的人编织鱼网,捕鱼捉虾;丘陵地带的人耕种田地,生产衣食。这样就能用自己所有的物品去换回自己所没有的物品,用自己能够生产的物品去换回自己不会生产的物品。因此,离叛的人少而听从的人多。这就好像将棋子和弹丸倒撒在地上,圆形的滚入低洼处,方形的停留在高处,它们各自有了自己的适宜安稳归宿,在这个意义上说,它们有什么高低贵贱之分?如同疾风吹过箫管,忽然振动空气,使长短不一的竹管发出高低、清浊不同的乐音。那猿猴得到一片茂密的树林,就不愿舍弃而去打洞;貉与豪猪有了在堤防上挖的洞穴,就不愿离开再去攀援树木筑巢建窝。万物都不会避开对自己有利的、而去接受对自己有害的东西。所以会有邻国居民互相张望、鸡犬之声相闻、足迹无须踏进邻国、车辆不必达到千里、人民各自按本性舒适生活的状况。所以混乱的国家好像很兴盛,政治安宁的国家好像很空荡;将灭亡的国家总感不足,长存的国家总觉得有余。空空荡荡,并不是人烟稀少,而是人们都在各自持守着他们的本职;兴盛热闹,并不是人丁兴旺,而是人们都在离开本职追求末业。觉得有余,并不是财富特别多,而是人们的欲望相当有限和节制,浪费的事也很少发生;感到不足,并不是说国家财物匮乏,而是人们的欲望相当大且无法控制,浪费的事也经常发生。所以先王的法典,并不是他们凭主观创造出来的,而是他们因循事物的规律制定出来的;他们的禁止、惩罚的措施,也不是任意编造的,而是在严格遵守某种客观实际而设定的。

【注释】

① 师：刘文典认为"师"应在"工"之下，即"工师"。　② 奚仲：相传是车的发明者。工师：官名，掌管百工。　③ 泽皋：沼泽、湖沼。　④ 棋丸：棋子和弹丸。　⑤ 遇：陈观楼认为是"过"。　⑥ 狟：豪猪。狢：同"貉"，形似狸。埵防：堤防。　⑦ 徼：追求。

【评析】

作者在此将相对性观念赋予圣人君主。因为这些圣人君主有相对性观念作底，所以在对事物作考虑时均能照顾到它的特殊性，由此出现尧帝治理天下是，以"舜为司徒，契为司马，禹为司空，后稷为大田，奚仲为工师"，使他们这些人都能发挥其特殊才能。同样在引导万民时，也能从中考虑到他们的相对性和特殊性，即"水处者渔，山处者木，谷处者牧，陆处者农"，这样使他们各守其职，于是导致"治国若虚"，社会太平无事。作者强调圣人君子在必具超凡的认知能力之外，还需具有相对性和特殊性这样的哲学理念，以便能治理好国家。

凡以物治物者不以物，以睦①；治睦者不以睦，以人；治人者不以人，以君；治君者不以君，以欲②；治欲者不以欲，以性③；治性者不于性，以德；治德者不以德，以道。原人之性，芜秽而不得清明者，物或堁之也。④羌、氐、僰、翟，婴儿生皆同声，及其长也，虽重象狄鞮⑤，不能通其言，教俗殊也。今三月婴儿，生而徙国，则不能知其故俗。由此观之，衣服礼俗者，非人之性也，所受于外也。夫竹之性浮，残以为牒⑥，束而投之水则沉，失其体也。金之性沉，托之于舟上则浮，势有所支也。夫素之质白，染之以涅则黑；缣之性黄⑦，染之以丹则赤；人之性无邪，久湛于俗则易⑧，易而忘本，合于若性。故日月欲明，浮云盖之；河水欲清，沙石㕮之;人性欲平,嗜欲害之。唯圣人能遗物而反己。夫乘舟而惑者不知东西,见斗极则寤矣。⑨夫性,亦人之斗极也。有以自见也,则不失物之情;无以自见,则动而惑营。譬若陇西之游⑩,愈躁愈沉。孔子谓颜回曰:"吾服汝也忘,而汝服于我也亦忘。虽然,汝虽忘乎,吾犹有不忘者存。"⑪孔子知其本也。夫纵欲而失性,动未尝正也。以治身则危,以治国则乱,以入军则破。是故不闻道者,无以反性。

【今译】

　　万物的生存发展,不在于万物本身,而取决于土地;而治理土地又不在于土地本身,而取决于人;同样治理人本身不在于人,而在于君王;君王要调治的是欲念,而摒弃欲念不在于消极地压制欲念,是在于对性情的修养;修养性情不限于性情本身,而是想达到"德"的要求和境地;达到"德"的境地还不是最高的境界,能与道体融合才是最好最高的境地。追究一下人性的发展变化,可以知道,人性变得杂乱污浊而不清净洁明,是在于受到外界灰尘的污蒙。羌、氐、僰、翟,他们生出的婴儿哭声相同,但等到他们长大以后,只能通过翻译才能互相通话,离开翻译就不能沟通,这是由于他们从小受的教养和习俗的不同。由此看来,衣饰礼仪风俗,不是人生而有之的,而是接受外界的影响后形成的。竹子的特性是能浮于水面,但一旦被砍削成竹简,捆成一束扔入水中,就会沉下去,这是因为经过砍削破坏了竹子中空的特性。金属物入水便沉,但将它们放在船上,有船依托就会随船飘浮水面,这是因为金属物有了船的依托所致。原本洁白的绢绸,用涅染过便变黑,原本黄色的绢绸,用朱砂一染就变成了红色。人的本性本来清正无邪,但长期处于坏的习俗中就会濡染而改变,一旦改变也就遗忘掉了原本的本性,反而能和他周围的人群合拍了。所以说,日月总是想发光明的,但浮云遮盖了它;河水原本应是清澈的,但泥沙污浊了它;人的天性应是平和的,但欲念扰乱了它。正因为这样,只有圣人能抛开外物的诱惑而归回到原本平和的本性。乘船夜航迷失方向而不辨东西南北，在看到了北斗星和北极星后才醒悟。这人的平和淡泊的本性是人心中的北斗星和北极星。能够发现自己的平和淡泊本性，就不会丧失事物的常情和常理；不能发现自己的平和淡泊本性，就会在外物的诱惑下扰乱。就好像陇西之游，越急躁越沉重。孔子对颜回说："我以前的那些言行，你可以忘掉；你向我学到的那些言行，我也要忘掉。虽然如此，你忘掉以前的我，我还有可值得记取的新精神保存着呢！"这说明孔子是一个懂得返归根本之"道"的人。如果放纵贪欲而丧失本性，行为举止就不会端正。用这种贪欲来修养心性就更危险，用这种贪欲来治国就会乱套，用这种贪欲来治军就会失败。所以不懂"道"的人，是没办法返归本性的。

【注释】

① 以物：王念孙认为"以物"二字因下文而衍。陸：通"陆"，土地。　② 以：介词，用法同"于"。欲：贪欲，物欲。　③ 性：性情。　④ 原：推究，追原。泲：秽，污浊。埒：尘土。　⑤ 羌、氐：古代西部民族的名称。僰：古代西南地方的部族的名称。翟：古代北方部族的名称。象、狄鞮：皆为古代的翻译官员。《礼记·王制》曰："五方之民，言语不通，嗜欲不同。达其志，通其欲，东方曰寄，南方曰象，西方曰狄鞮，北方曰译。""鞮"即"鞮"。　⑥ 牒：竹简。　⑦ 素：白色的生绢。涅：黑色染料。縑：黄色的细绢。　⑧ 湛：浸泡。　⑨ 寤：通"悟"。斗极：指北斗星和北极星。　⑩ 陇西：古郡名。在今甘肃省东南部一带。　⑪ 颜回：孔子弟子，字子渊。孔子对颜回说的话出自《庄子·田子方》，原文是庄周编写的贬儒扬道的寓言。在这里，孔子已是一位道家。

【评析】

在强调了圣人君子所应具有的各种特性（如善性、超凡的认知能力、相对性观念）之后，作者又重新强调圣人君子所应具有的最根本的道体本性,指出:"治君者不以君,以欲;治欲者不以欲,以性;治性者不于性,以德;治德者不以德,以道。"认为,圣人君子"唯有遗物而反己",从自身做起,返归清静平和的天性,遵循无为,才能使天下万物得以治理,社会政治得以安宁。

故古之圣王,能得诸己,故令行禁止,名传后世,德施四海。是故凡将举事,必先平意清神。神清意平,物乃可正,若玺之抑埴①,正与之正,倾与之倾。故尧之举舜也,决之于目;桓公之取宁戚也,断之于耳而已矣。为是释术数而任耳目,其乱必甚矣。②夫耳目之可以断也,反情性也。听失于诽誉,而目淫于采色,而欲得事正,则难矣。夫载哀者闻歌声而泣,载乐者见哭者而笑。③哀可乐者笑可哀者④,载使然也,是故贵虚⑤。故水击则波兴⑥,气乱则智昏。智昏不可以为政⑦,波水不可以为平。故圣王执一而勿失,万物之情既矣⑧,四夷九州服矣⑨。夫一者至贵,无适于天下。⑩圣人托于无适,故民命系矣。

【今译】

所以古代的君王能持守道体本性,因此能做到有令即行,有禁即止,名声留传后世,德泽遍及四海。所以凡办事处事,一定要平心静气。只有平心静气才能正确处事办事,这就像用玉玺按印泥一样,按端正了,留下的图形是正的,按邪歪了,留下的图形也是邪歪的。所以,尧举荐舜,取决于尧用眼睛对舜的观察,齐桓公任用宁戚,取决于齐桓公用耳朵对宁戚哀歌的倾听。如果从上述两件事中得出可以抛弃术数只凭耳目就能判断事物的是与非,那么就一定会出大乱子。要知道凭耳目能对事物作出判断的前提是必须要返归道体本性。如果听觉迷惑于诽谤和赞誉,眼睛沉溺于五颜六色,却还想将事情办好,这是不大可能的。内心充满哀情的人,即使听到欢歌也会流泪哭泣;内心充满喜悦的人,即使看到别人哭也会发笑高兴。面对欢歌仍然悲哀,看到痛哭还是高兴,这是因为内心所怀的感情使他这样子。从这喜悲对立反复的现象中可以得出,保持虚静平和的心态是多么地重要啊!所以是水流激荡就兴起波浪,神气惑乱就会头脑昏庸,头脑昏庸的人又怎可治理国家,这就像动荡的水不能做水准一样。所以圣人君主是抓着这一"道体"根本而不丧失,于是万事万物的情理均在他掌握之中,四夷九州也就归顺降服。这说明这一"道体"根本是何等地珍贵啊!掌握就能无敌于天下。正因为圣人君主依据这无敌于天下的治国法宝,所以广大民众才肯将自己的命运交付给他。

【注释】

①玺:印。埴:印泥。　②术数:这里的术数是指用阴阳五行相生相克的术数来推断人事吉凶,并不是指权术。　③载:梁玉绳认为"载"当作"戴"。　④哀可乐者:王念孙认为"哀可乐者"的"者"字因下个"者"字而衍。　⑤贵虚:原注为"虚者,心无所载于哀乐也"。　⑥水击:水激。　⑦智昏:王念孙认为"智昏"当为"昏智",与"波水"相对为文。　⑧一:指道体根本。既:尽。　⑨四夷:指四方边远的少数民族:东夷、西戎、南蛮和北狄。九州:泛指中国。　⑩适:通"敌"。

【评析】

在重新强调圣人君子应具有的道体本性下,作者讲到圣人君子的表现行为,即"古之圣王,能得诸己,故令行禁止,名传后世,德施四海"。同时突出这种道体本性与内心修养的关系,即"凡将举事,必先平意清神。神清意平,物乃可正,若玺之抑埴,正与之正,倾与之倾"。认为保持这种内心的平和虚静的性情,即"贵虚"是做好一切事情的基础:"故水激则波兴,气乱则智昏;昏智不可以为政,波水不可以为平,故圣王执一而勿失,万物之情尽矣,四夷九州服矣。夫一(即道体本性、平和虚静)者至贵,无敌于天下。"

为仁者必以哀乐论之①,为义者必以取予明之。目所见不过十里,而欲遍照海内之民,哀乐弗能给也②;无天下之委财,而欲遍澹万民③,利不能足也。且喜怒哀乐,有感而自然者也。故哭之发于口,涕之出于目,此皆愤于中而形于外者也,譬若水之下流,烟之上寻也④,夫有孰推之者!故强哭者虽病不哀⑤,强亲者虽笑不和,情发于中而声应于外。故鳌负羁之壶餐,愈于晋献公之垂棘⑥;赵宣孟之束脯,贤于智伯之大钟⑦。故礼丰不足以效爱,而诚心可以怀远。故公西华之养亲也⑧,若与朋友处,曾参之养亲也⑨,若事严主烈君,其于养一也。故胡人弹骨,越人契臂,中国歃血也⑩,所由各异,其于信一也。三苗髽首,羌人括领,中国冠笄,越人劗鬋⑪,其于服一也。帝颛顼之法,妇人不辟男子于路者,拂之于四达之衢。⑫今之国都,男女切踦⑬,肩摩于道,其于俗一也。故四夷之礼不同,皆尊其主而爱其亲,敬其兄;猣狁之俗相反⑭,皆慈其子而严其上。夫鸟飞成行,兽处成群,有孰教之?故鲁国服儒者之礼,行孔子之术,地削名卑,不能亲近来远。越王勾践劗发文身,无皮弁搢笏之服⑮,拘罢拒折之容,然而胜夫差于五湖⑯,南面而霸天下,泗上十二诸侯皆率九夷以朝⑰。胡、貊、匈奴之国,纵体拖发,箕倨反言⑱,而国不亡者,未必无礼也。楚庄王裾衣博袍⑲,令行乎天下,遂霸诸侯。晋文君大布之衣,牂羊之裘,韦以带剑⑳,威立于海内。岂必邹鲁之礼之谓礼乎?㉑是故入其国者从其俗,入其家者避其讳,不犯禁而入,不忤逆而进,虽之夷狄倮之国㉒,结轨乎远方之外,而无所困矣。

【今译】

　　提倡从事仁的人一定是通过哀伤喜乐之情去影响他人的,提倡实施义的人一定是通过施予剥夺让人明白义理的。眼睛所能看到的距离不过十来里地,而想以仁慈普照天下百姓,这仅用哀、乐之情是远远不够的;没有积聚到天下所有财富,而想满足天下所有百姓的需求,这仅靠这些利益是远远不够的。况且喜怒哀乐之情,都是人们有了感触才自然形成和流露出来的。所以哭声发之于口、泪水出之于眼,这都是内心的悲愤之情在外部的表现,这就好比水往低处流,烟往上边冒一样,又有谁去人为地推动它? 所以勉强哭的人,即使哭得精疲力竭,也不会显得悲哀;勉强做出亲善友好的态度,即使脸上堆满了笑容,也不会显得善和。这些都说明只有真情出自内心,外表的声音和行为才会表现得真诚而不虚伪。所以輋负羁馈赠的一壶水泡饭要远远强过晋献公的垂棘之璧;赵宣孟的一束干肉脯要远远胜过智伯的大钟。这都说明礼物的丰厚不足以反映爱心,而赤诚的爱意倒足以使远方的人都为之感动而归顺。所以公西华奉养父母,就如同和朋友相处那样随和;曾参侍奉父母,就像侍奉暴烈的国君那样小心翼翼,他们表现出的态度尽管不同,但在奉养父母上的孝心是一样的。所以,胡人盟誓用头骨装酒,越人盟誓刺臂流血,中原人是歃血而盟,在这里,表现的形式各异,而在表现真诚信义上是一致的。三苗人束发,羌人领口打结,中原人插簪戴冠,而越人剪短发,在这里,他们装饰打扮各异,但服饰和装扮的实用性是一致的。古代颛顼帝时有法规定,如果妇女在路上不回避男子,就要在四通八达的道口驱除邪气。而如今的大都市里,街上行人如潮,男女间摩肩接踵也不算什么伤风败俗。在这里,古今礼节尽管不同,但各有其风俗习惯这是一致的。所以四夷的礼节形式不同,但表现在尊崇君王、爱护亲人、敬重兄长上却又是一样的。而猃狁的风俗则相反,表现出对子孙相当慈爱,对父辈却相当威严。那飞鸟成行、兽类群处,这又是谁教它们的?所以鲁国采用儒家礼节,施行孔子学说,结果反而国土被削减,名望被削弱,不能使近者亲附,远者归服。越王勾践剃发文身,没有戴皮帽、插笏板上朝的朝服,也没有规规矩矩的仪态,但在太湖一带战胜吴王夫差后,就南面而坐,称霸天下,使泗水之滨的诸侯都率各自管辖的边远小国来朝拜。北方的胡貉和匈奴,衣服胡乱缠裹,披头散发,又是席地叉腿而坐,说话叽哩呱啦,但国家不会灭亡,这是因为我们看似无礼,实质他们有他们的礼节。楚庄王身穿宽衣长袍,照样发号施令于天下,并终于称霸诸侯。晋文公衣着粗布,身披羊皮,皮带系宝剑,但照样威名天下。由此看来,哪能说邹鲁的儒家礼节才一定算礼节?所以到了别的国家就该遵随他们的习俗,到了人家家里就应回避人家的忌讳;不要违反当地的禁令,也不要触犯当地的习俗,这样你就是到了像夷狄这样赤足裸体的落后国家、荒远异域,也不会感到窘困。

【注释】

① 论:杨树达认为:"论"疑"喻"字之误。　② 给:足。　③ 委财:积聚财富。澹:通"赡"。供养、满足、富足。　④ 寻:通"燖",指火势上腾。　⑤ 病:这里指哭得精疲力竭。　⑥ 鳌负羁:即僖负羁,春秋时曹国大夫,曾送壶饭给晋公子重耳,后得到重耳的保护。垂棘:春秋晋国垂棘出产的美玉。　⑦ 赵宣孟:春秋晋国卿。曾赐肉饭给饿倒在地的灵辄,后在遇难时得到灵辄相助。智伯:春秋末晋国卿。智伯欲伐仇由,先赂以大钟,仇由贪钟,开道来受钟,智伯乘机以兵消灭仇由。　⑧ 公西华:孔子弟子。原注为"与朋友处,睦而少敬"。　⑨ 曾参:孔子弟子。古代出名的孝子。　⑩ 胡人弹骨:原注为"胡人之盟约,置酒人头骨中,饮以相诅"。契臂:刻臂出血。歃:用嘴饮吸。歃血:中原地区会盟时,双方以牲畜的血涂口唇上,或口含牲畜的血,以表示诚信。　⑪ 三苗:古代南方部族的名称。髽首:以麻束发。括:束。括领:领口系结。杨树达说:"今欧洲人服结领,殆羌人之遗制欤。"笄:发簪。剔髯:都是指剪剃头发。　⑫ 辟:避。

拂：庄逵吉认为：《太平御览》引"拂"作"袚"，有注云"除其不祥"。
⑬ 蹞：足。　⑭ 猃狁：我国古代少数民族，处北方。战国后称匈奴。
⑮ 勾践：春秋末越国君。皮弁：古代用皮革制成的帽子。搢：插。笏：古代上朝时所执的手板，有时则书写在笏板上，以防遗忘。
⑯ 拘罢：指圆规一类制圆的工具。拒折：作方形的工具。五湖：指江苏太湖一带的湖泊。　⑰ 泗上十二诸侯：泛指泗水之滨各诸侯国。九夷：指中原以外的受各诸侯国控制的边远部族。　⑱ 貉：通"貊"，指古代东北部的少数民族。纵体：指衣不束体。拖发：长发披散。箕倨：两腿伸开而坐，如箕形。按中原礼节，认为是一种傲慢无礼的姿势。反言：因听不懂边远地区的方言和少数民族语言，故中原地区说通语的人称此为"反言"。　⑲ 裾衣：指宽大的衣服。博袍：宽大的长袍。　⑳ 晋文君：春秋晋国君，名重耳。大布：粗布。牂羊：母羊。韦：经过加工的熟皮。带：系。　㉑ 邹、鲁：代指孔孟儒家学说。因为邹是孟子的故乡，鲁是孔子的故乡。　㉒ 之：往。袒：通"袒"。倮：同"裸"。徒倮：不穿衣。

【评析】

本节重复前述"以情感人"的言论，并还是以"鳌负羁之壶餐、赵宣孟之肉脯"事例来说明之，强调"强哭者虽病不哀，强亲者虽笑不和，情发于中而声应于外"。又用大量的事例来说明不同的时代、不同的区域，有着不同的习俗，圣人至人就要"入国从其俗，入家避其讳"，而不能用某种礼法来齐一天下社会之礼俗。作者在文中诘问道："岂必邹鲁之礼之谓礼乎？"

礼者，实之文也；仁者，恩之效也。故礼因人情而为之节文，而仁发饼以见容。①礼不过实，仁不溢恩也，治世之道也。夫三年之丧，是强人所不及也，而以伪辅情也；三月之服②，是绝哀而迫切之性也。夫儒、墨不原人情之终始，而务以行相反之制,五缞之服。③悲哀抱于情,葬埋称于养。④不强人之所不能为,不绝人之所能已⑤,度量不失于适,诽誉无所由生⑥。古者非不知繁升降槃还之礼也⑦,蹀《采齐》《肆夏》之容也⑧,以为旷日烦民而无所用,故制礼足以佐实喻意而已矣。古者非不能陈钟鼓,盛管箫,扬干戚,奋羽旄⑨,以为费财乱政,制乐足以合欢宣意而已,喜不羡于音⑩。非不能竭国糜民,虚府殚财,含珠鳞施,纶组节束⑪,追送死也,以为穷民绝业而无益于槁骨腐肉也,故葬埋足以收敛盖藏而已。昔舜葬苍梧,市不变其肆⑫;禹葬会稽之山,农不易其亩。明乎生死之分,通乎侈俭之适者也。乱国则不然。言与行相悖,情与貌相反;礼饰以烦,乐优以淫⑬;崇死以害生,久丧以招行⑭。是以风俗浊于世,而诽誉萌于朝,是故圣人废而不用也。

【今译】

礼仪是现实生活中人际关系、感情的表现形式;而仁慈的行为则是内心恩德的真实效验。所以礼仪是依据人的感情而制定,并和感情契合,而仁慈是内心仁爱在人容颜上的流露。正因为这样,礼仪形式不可能超出实际感情,而仁慈的行为也无法超越内心仁德的范围。这是治世的一般道理。规定子女为父母服三年之丧,这就是勉强人们去做难以做到的事,而人们为了做到这点,就只能以虚假的感情来应付这三年之丧;实际上规定子女为父母服丧三个月倒是切合人性:人们在这三个月中能充分表达哀情。这正说明,儒墨两家不研究人的感情活动的规律,硬是制定出违反人之常情的礼节,并硬性规定丧服等差和期限。表达悲哀的仪式要合乎实情,安葬父母的葬礼要对得起养育之恩。不强求人做不能做到的事,也不强行阻绝人所不能停止的事,所有礼仪形式的规定要恰如其分,这样就不太会受人非议。古人并不是不知道繁琐的尊卑谒见礼节,跳《采齐》、《肆夏》那样的舞蹈,而是认识到用这种繁文缛节旷日烦民,实在毫无意义,所以制定礼仪只要能表达真情实意就行。古人也并不是不会陈设钟鼓、吹奏管箫、舞动干戚、挥动羽旄、纵情欢乐,而是认识到这样太浪费财物、扰乱政事,所以制定乐礼只要能抒发感情就行而不至于喜庆得沉溺于歌舞之中不能自拔。古人也并不是不会消耗国力、劳民伤财,为达官贵人举行葬礼,让死者口含珠玉、衣着玉衣,用绵丝裹束,以追悼死者,而是认识到这样做只能使百姓更穷困、事业受破坏,而对死者的枯骨腐肉毫无益处,所以安葬只求能够收埋掩盖就行。过去舜南巡去世于苍梧,就地埋葬,而且也无国葬仪式,都市店家照样开门营业;禹视察江南死后埋于会稽山,农民照常在田间耕作劳动。他们这些人是真的懂得生死之分的道理,也通晓奢侈和节俭之间的界限。乱国就不是这样了,他们说的和做的不一样,内心想的和外表表现不一样;礼仪形式花头花脑,音乐花俏而失去节度;看重死者而损害活人,而服丧三年以孝行哗世则更是束缚人的本性行为。因此世风浑浊,诽谤朝政的事也就时有发生,所以英明的君主就废除他们的那一套而不用。

【注释】

① 节:"符节"的意思,引申出契合、符合、相合的意思。伾:原注为:"伾,色也。"于省吾:"伾与进通。《文选·海赋》:'海水迸集'注,《字书》曰:'迸,散也。''发伾'乃谜语,散与发义相因。此言而仁发散以见容也。"见:表现,流露。 ② 三月之服:夏禹时期推行的一种丧制,要求家人为尊亲服丧三月。 ③ 五缞之服:古代的一种丧服制度,以亲疏为等差,分为斩缞、齐缞、大功、小功、缌麻五等。 ④ 抱:怀、合。葬埋称于养:是说安葬与育养相称。 ⑤ 能已:陈观楼认为,"能已"上亦当有"不"字。 ⑥ 诽誉:主要是指"诽"。 ⑦ 槃还:盘旋、周旋。⑧ 蹀:蹈。《采齐》、《肆夏》:皆是乐曲名称。 ⑨ 管箫:指各种乐器。干戚:乐舞时所持的盾和斧。羽旄:乐舞时所执的雉羽和旄牛尾。 ⑩ 制乐:刘文典认为"制乐"前应加"故",因为上

下文都有"故"字。羑：滥、乱。 ⑪含珠：古代贵族葬礼将珠玉放在死者口中。大概是天子用珠，诸侯用玉，大夫用碧，士用贝。鳞施：是指用玉片编成玉衣，穿着于死者身上。纶组：丝绳纽带。节束：捆缚、捆束。 ⑫肆：集市贸易处、店铺。 ⑬饰：修饰，指花样多。优：王念孙认为应作"扰"。 ⑭招行：许匡一认为，"释'招行'为'束缚行动'更合原意"（《淮南子全译》）。

【评析】

上节作者提出诘难：难道天下只有邹鲁（孔孟）礼节才算礼节？此节进一步批判儒墨制定的繁文缛节，认为这些礼仪实在是"不原人情之终始"，只是徒有虚名而已。由"人之情"为内容、为出发点，作者进而认为"礼"只要能"足以佐实喻意"即可，"乐"也只要能"足以合欢宣意"就可，其他如"葬"礼也只要能"足以收敛盖藏"就可。由此得出结论，凡礼节如不能合人情，且"旷日烦民而无所用"的，均应"废而不用"，这其中包括"不原人情之始终"的儒墨的繁文缛节。

义者，循理而行宜也；礼者，体情制文者也。义者宜也，礼者，体也。①昔有扈氏为义而亡②，知义而不知宜也；鲁治礼而削，知礼而不知体也。有虞氏之祀③，其社用土，祀中霤，葬成亩④，其乐《咸池》、《承云》、《九韶》⑤，其服尚黄。夏后氏其社用松，祀户，葬墙置翣⑥，其乐《夏籥》、《九成》、《六佾》、《六列》、《六英》⑦，其服尚青。殷人之礼，其社用石，祀门，葬树松，其乐《大濩》、《晨露》⑧，其服尚白。周人之礼，其社用栗⑨，祀灶，葬树柏，其乐《大武》、《三象》、《棘下》⑩，其服尚赤⑪。礼乐相诡，服制相反，然而皆不失亲疏之恩，上下之伦。今握一君之法籍，以非传代之俗，譬由胶柱而调瑟也。⑫故明主制礼义而为衣，分节行而为带。衣足以覆形,从《典》《坟》⑬,虚循挠⑭,便身体,适行步,不务于奇丽之容,隅眥之削⑮。带足以结纽收衽,束牢连固,不亟于为文句疏短之鞻。⑯故制礼义,行至德,而不拘于儒墨。

【今译】

　　所谓"义",就是依循事理而又行为适宜;所谓"礼",就是为体现真实感情而制定的仪式。"义"本来的含意就叫"宜"(适宜),"礼"本来的含意就是体现情感。过去扈氏就是死抱着过时的"义"而被启杀害,这是因为他只知道"义"而不知道"义"还要适合时宜;鲁国是以孔孟儒家的礼法来治国的,但结果国力日益衰弱,这是因为鲁国国君不知道"礼"是要体现真情实意的。有虞氏的礼法是:他们用土堆成社神,季夏六月祭祀宅神,人死后埋于耕地下面,音乐则有《咸池》、《承云》和《九韶》,而服饰崇尚黄色。夏后氏的礼法是:他们用松木做成社神,于春天祭祀户神,丧葬时灵车棺柩四周围上帐幔,并装饰着翣扇样的饰物,音乐则有《夏篇》、《九成》、《六佾》、《六列》和《六英》,而服饰崇尚青色。殷人的礼法是:他们用石头做成社神,在秋季祭祀门神,有在坟上种上松树的丧葬礼法,音乐则有《大濩》和《晨露》,而服饰崇尚白色。周人的礼法是:他们用栗木做成社神,在夏季祭祀灶神,葬礼有在墓上种松树的习惯,音乐则有《大武》、《三象》和《棘下》,而服饰崇尚赤色。这上述四代的礼乐因时代变迁而发生很大变化,同样服饰也各不相同,但是他们的礼法都体现了亲疏的感情和上下的人伦。现在如果死抓住一国之礼法或一君之法籍,以它来否定、非难世代变化了的礼俗,这就好像胶住弦柱而想调瑟一样。所以英明的君主制定礼仪就像做衣裳,规定节行就像做衣带。衣能遮身就行,合乎常规即可,能宽松舒适、行走方便就更好;不必追求奇异的外表和裁剪上的花哨。衣带能够打成纽结、束紧衣襟就行,不必讲究绣上什么别致的花纹图案。所以说,制定礼义的根本要求,是帮助人规范思想、道德;在这意义上说,我们也没有必要拘泥于儒墨的那一套伦理了。

【注释】

①义者宜也,礼者体也:王引之认为,"上二句即是训'义'为'宜',训'礼'为'体',不须更云义者宜也,礼者体也'矣。疑后人取《中庸》《礼器》之文记于旁,而写者因误入正文也"。但于鬯则认为根据上下文,这二句实不可少。 ②有扈氏:原注为"有扈,夏启之庶兄也。以尧、舜举贤,禹独与子,故伐启,启亡之"。 ③有虞氏:古代部落名称。祀:王念孙认为应作"礼"。 ④社:社神。用土:用土堆成社神。中霤:祭名,指宅神。葬成亩:指尸体埋葬在耕地下面,以不影响生产。 ⑤《咸池》《承云》:原注为"舜兼用黄帝乐"。《九韶》:原注为"舜所作也"。 ⑥夏后氏:夏朝,也即禹受舜禅位建立起来的夏朝。墙:装饰灵柩的帐幔。翣:古代棺木的饰物,垂于棺的两旁,形似扇。 ⑦《夏篇》《九成》《六佾》《六列》《六英》《九成》:均是古代乐名。 ⑧《大濩》《晨露》:古代乐名,相传为汤所作。 ⑨栗:栗树。 ⑩《大武》《三象》《棘下》:周代乐名。 ⑪尚赤:原注为"火德,故尚赤也"。以上有虞氏"尚黄",是土德,故尚黄;夏后氏"尚青",是木德,故尚青;殷人"尚白",是金德,故尚白。 ⑫胶柱而调瑟:即成语"胶柱鼓瑟";是说用胶粘住弦柱而无法调整音瑟。比喻固执拘泥而不知变通。 ⑬《典》《坟》:《典》指《尚书·舜典》;《坟》指上古的书籍。这里则泛指准则、常规。 ⑭循挠:马宗霍认为,"循挠者,遵而行之之意"。虚循挠:许匡一认为"当指衣着宽松得体,感到舒适方便。下二句'便身体'、'适行步'和这句意思相近,强调衣服要实用"(《淮南子全译》)。 ⑮隅眥之削:隅眥也作隅差;"隅眥之削"是指裁剪上的花哨。 ⑯袿:衣襟。文句:圆曲花纹。疏短:孙诒让认为"疏短"疑当为"疏矩"。这样"文句"者,圜文也;疏矩者,方文也。这里当指雕饰的花纹图案。鞻:"鞋"的古字。孙诒让认为此字有误,因为"上文并说带,不宜忽及鞮(鞻)屦,此必有讹挽也"。所以何宁认为"鞻"字疑"韄"字形误,"韄,韦绣也"(《说文》)。

【评析】

作者继续批判儒墨的礼义观,明确提出"制礼义,行至德,而不拘于儒墨"。同时,从历史发展的角度来考察礼义的演变,认为历史上尽管"礼乐相诡,服制相反",但就礼仪反映的"亲疏之恩,上下之伦"则是一致的;所以切不可以"一君之法籍,以非传代之俗"。最后,作者提出他自己的礼义观,认为礼义无须花哨繁琐,只须像衣服一样能"覆形"、适体,便行步就可;礼义也只须像衣带一样能"结纽收衽,束牢连固"就行。主张"明主制礼义而为衣,分节行而为带"。

所谓明者,非谓其见彼也,自见而已;所谓聪者,非谓闻彼也,自闻而已①;所谓达者,非谓知彼也,自知而已。是故身者道之所托,身得则道得矣。道之得也,以视则明,以听则聪,以言则公,以行则从。故圣人裁制物也,犹工匠之斫削凿枘也,宰庖之切割分别也②,曲得其宜而不折伤。拙工则不然,大则塞而不入,小则窕而不周,动于心,枝于手③,而愈丑。夫圣人之斫削物也,剖之判之④,离之散之。已淫已失,复揆以一⑤;既出其根,复归其门;已雕已琢,还反于朴⑥。合而为道德,离而为仪表。⑦其转入玄冥,其散应无形。⑧礼义节行,又何以穷至治之本哉?世之明事者,多离道德之本,曰礼义足以治天下,此未可与言术也。

【今译】

　　所谓"明",不是说能看清别人,而是说能认识自己。所谓"聪",不是说能听见声音,而是说能倾听自己的心声。所谓"达",不是说能了解别人,而是说能自知之明。所以说只有自己的身心才是"道"所依托的寓所,身心修养得通体透明,那么道也就必定能定居下来。"道"如能与你身心融合,那么凭着它就能视察清晰,凭着它就能聆听聪灵,凭着它就能言论公正，凭着它就能行动顺畅。所以圣人处理事物，就如同巧匠砍削木楔，良厨分解牲畜，砍削分解得恰到好处而不损伤刀斧。但笨拙的工匠则不然，木楔砍削得不是大就是小，大的则壅塞而不入，小的则空落不严实。正是心神不宁则手势散乱，越折腾越离谱。圣人处理事物能判剖自如，处置有序；散乱了则有办法使它整合，离开了则有办法使它复归，雕琢过的可以使它返归质朴。整合而为道德，离散而为仪表。这样就能转入玄冥之中，散应一切而不留痕迹。而靠礼义来制约人的行为，又怎么能从根本上治理好社会？世界上有很多所谓的明事理者，实际上大多是离开这一"道德"根本的，说什么"礼义足以治天下"，这种人是不可以和他谈治国方略的。

【注释】

① 以上几句出自《庄子·骈拇》。　② 凿：榫眼。枘：榫头。分别：是指分清楚，和今天讲的"分别"（离别、辨别）意义不一样。　③ 宛：细小。枝：散。　④ 判剖：二字同义连用。　⑤ 淫：散乱。失：通"泆"。揆：整理的意思。　⑥ 反：返。　⑦ 仪表：指规范事物的一种尺度或标准。　⑧ 玄冥：一种玄妙幽深的境界。应无形：应对事物不留痕迹。

【评析】

在以上大量讨论礼乐仪式之后，作者又返回到"道体"上来。认为治民不能单靠礼义，那种认为"礼义足以治天下"的言论是不对的。而对社会的根本治理最终还得靠"道治"。这样，即使社会是散和乱，但依靠"道治"还是有办法治理它的。"已淫已失，复揆以一；既出其根，复归其门；已雕已琢，还返于朴。"而要达到这一点，关键是圣人要首先注重自身修养，使"道"能寄寓自身；然后才能引导民众归返"道体"。只有达到这点，社会才能得到根本的治理。

所谓礼义者，五帝三王之法籍风俗，一世之迹也。譬若刍狗土龙之始成①,文以青黄,绢以绮绣,缠以朱丝,尸祝袀袨,大夫端冕②,以送迎之。及其已用之后,则壤土草蘮而已③,夫有孰贵之?故当舜之时,有苗不服,于是舜修政偃兵,执干戚而舞之。禹之时,天下大雨④,禹令民聚土积薪,择丘陵而处之。武王伐纣,载尸而行⑤,海内未定,故不为三年之丧始⑥。禹遭洪水之患,陂塘之事⑦,故朝死而暮葬。此皆圣人之所以应时耦变⑧,见形而施宜者也。今之修干戚而笑镢插⑨,知三年非一日⑩,是从牛非马,以徵笑羽也。以此应化,无以异于弹一弦而会《棘下》。⑪夫以一世之变,欲以耦化应时,譬犹冬被葛而夏被裘。夫一仪不可以百发⑫,一衣不可以出岁。仪必应乎高下,衣必适乎寒暑。是故世异则事变,时移则俗易。故圣人论世而立法,随时而举事。尚古之王,封于泰山,禅于梁父⑬,七十余圣,法度不同,非务相反也,时世异也。是故不法其已成之法,而法其所以为法。所以为法者,与化推移者也。夫能与化推移为人者⑭,至贵在焉尔!故狐梁之歌可随也⑮,其所以歌者不可为也;圣人之法可观也,其所以作法不可原也;辩士言可听也,其所以言不可形也。淳均之剑不可爱也,而欧冶之巧可贵也。⑯今夫王乔、赤诵子⑰,吹呕呼吸,吐故内新,遗形去智,抱素反真,以游玄眇⑱,上通云天。今欲学其道,不得其养气处神,而放其一吐一吸,时诎时伸,其不能乘云升假亦明矣。⑲五帝三王,轻天下,细万物,齐死生,同变化,抱大圣之心,以镜万物之情⑳,上与神明为友,下与造化为人㉑。今欲学其道,不得其清明玄圣,而守其法籍宪令,不能为治亦明矣。故曰:"得十利剑,不若得欧冶之巧;得百

走马,不若得伯乐之数。"㉒

【今译】
　　所谓礼义,实际上是五帝三王制定的法典和习俗,各适合于他们的时代。这就好比祭祀时用的刍狗和祈雨时用的土龙,开始扎塑它们的时候,用青黄色彩涂上装饰,然后用锦绣包裹和丝帛镶边,再用红色丝线缠扎起来,尸祝穿上黑色的祭服,大夫戴着礼帽,非常庄重地迎送它们。但等到使用过它们之后,就如同泥土草芥一样被扔掉,还有谁贵重珍惜它们?所以,在舜的时代,有苗不归服,于是舜修治德政,并停止战争讨伐,将盾牌和大斧用于歌舞之中。在禹的时代,天下洪水泛滥,禹命令民众堆聚土壤和积集柴草,选择丘陵高处居住。武王讨伐纣王时,用车载着去世不久的父亲的灵柩前去讨伐,等消灭纣王后,海内还没安定下来,所以武王为文王守三年孝,以表示发扬文王的美德,这样才有了服三年之丧的做法。禹时天下洪水成灾,禹忙于修筑陂塘水库,所以只得早上死人晚上即安葬。这些均是圣人为了顺应时代和客观情况而采取的权宜措施。今天如果只赞美干戚之舞而嘲笑锄耰之舞,只知道三年服丧而非议一日丧期,这就好像只赞美牛而非难马一样,也像用徵音来取笑羽音一样。以一种呆板凝固的礼法来对待日益变化的社会,和以一根琴弦就想弹奏出《棘下》的乐曲没有什么不同。而根据时世的变化而制定的礼法,再用于变化了的时世,就很难做到恰当适宜;如不变化礼法,就会像冬天穿葛布衣、夏天穿皮大衣一样可笑。所以调整一次弓弩上的瞄准器是不可能用它来发射一百次的,同样一件衣服也不可能一年穿到头。这说明瞄准器必须根据目标的高低不断调整,人穿的衣服也必须根据气候的变化不断更换。所以说是"世异则事变,时移则俗易"。因此,圣人是根据世道来制定法规,随应时代来治理国家。古代帝王在泰山上祭过天,在梁父山上祭过地的,有七十多位,他们的法度各不相同,并不是他们有意标新立异,而是因为时代社会变了。因此,不能照搬他们那些现成的法令,而应该是效法他们制定法令的原则。而他们制定法令的原则就是根据变化了的时世不断改变法令。能够根据时世变化而不断变法,这就是最可贵的精神之所在。所以,古代狐梁的歌是可以学着唱的,但他唱得如此动人的奥妙却是难以掌握的;古代圣人的法规是可以观摩的,但他们制定法规的缘由却是难以探究的;古代雄辩之士的辩词是可以模仿的,但他们如此善辩的内涵却是难以揭示的。淳钧之剑是不值得爱惜的,可爱惜珍贵的倒是欧冶的铸剑技术。那王乔和赤诵子吹嘘呼吸、吐故纳新、忘却形骸、摒弃智虑、抱守素朴、返回真纯,遨游于玄眇境地,与上天相通而成仙。今天如果有人想学到他们的成仙之道,只模仿他们的一吐一吸、时伸时屈的动作,而没有掌握他们涵养元气、修炼精神的奥妙,要想腾云驾雾升天成仙是不可能的。五帝三王他们轻天下,渺视万物,齐生死和同变化,他们怀着无所不容的圣明之心来观照事物的真谛,上与天道为友,下和造化作伴。今天如果有人想学到他们的处世之道,只死守着他们的法典条文,而没有他们那种清静玄冥的精神境界,要想治理天下是不可能的。所以说,"得十把利剑,不如掌握欧冶的铸剑技术;得百匹骏马,不如掌握伯乐的相马技术"。

【注释】

① 刍狗:草扎的狗。土龙:泥塑的龙。均用于祭祀活动。
② 绢:杨树达谓,"绢"当读为"缘",绢以绮绣,谓以绮绣缘之也,"绢、缘"音近,故通用耳。绮绣:带花纹的丝织品。朱丝:红色的丝线。尸祝:祭祀时,代表鬼神受祭的人叫尸,传达鬼神言语的人叫祝。袀袨:纯黑色的祭服。端冕:朝祭礼服,为黑色的帽子。 ③ 荾:庄逵吉认为是"芥"的奇字。王念孙认为是"蓟"的坏字。"草荾"即"草芥"。
④ 大雨:王念孙认为应是"大水"。 ⑤ 载尸而行:是说无暇顾及亲人安葬而载着灵柩伐纣。 ⑥ 故不:王念孙认为"不"字应删去,这样上下文的意思能一致起来。因为下面有"知三年非一日"的文字。
⑦ 陂塘之事:是指兴修水利设施,诸如修筑堤防等。 ⑧ 耦:合。
⑨ 钁:锄。插:通"臿"和"锸",指铁锹。 ⑩ 三年:指三年服丧。一日:指朝死而暮葬。 ⑪ 会:指弹奏、演奏。《棘下》:古乐曲名称。

⑫ 仪：弓弩上安装的瞄准器。　⑬ 尚：通"上"。禅：古帝王祭地叫禅。梁父：又称梁甫，山名。　⑭ 推移为人：王念孙认为："推移"下不当有"为人"二字，盖涉下文"与造化为人"而衍。　⑮ 狐梁：也作"瓠梁"，古代善歌者。可随：学着唱，或跟着唱。　⑯ 淳均之剑：古代宝剑名称。欧冶：春秋时著名的冶匠，淳均宝剑就是他铸造的。　⑰ 赤诵子：赤松子、王乔、赤诵子：均为神话传说中的仙人。　⑱ 吹呕：吹嘘。内：通"纳"。玄眇：玄妙。　⑲ 放：通"仿"，模仿。诎：通"屈"。假：通"遐"，远的意思。升假：飞升上天，指人升天成仙。　⑳ 镜：洞察、观照。当动词用。　㉑ 为人：为偶。相俱、相伴的意思。　㉒ 伯乐：春秋时秦穆公手下的人。以善相马著称。

【评析】

本节以大量的事例说明任何的礼俗不是一成不变的，就服丧来说，三年之丧和"朝死暮葬"都是圣人"应时耦变"、"见形施宜"的表现。正是因为"世异则事变，时移则俗易"，世上没有一成不变的礼俗，所以圣人君主治理国家就要做到"论世而立法，随时而举事"。谁要是以为能用制定出来的礼法一劳永逸地适用社会时事，就会犯大错误。这就好像以一仪发百发、以一衣穿四季、以一弦奏《棘下》那样不可能和愚蠢。

正因为这样，圣人君主对以往的礼俗只能学习观摩而不可照搬套用，就是要真的学习观摩，也只能从中学到它的精神实质，那就是"与化推移"。反之如不能掌握这"与化推移"的精神实质，你即使有再多的法籍宪令也是无法治理好国家的。这种精神实质就像铸剑中的欧冶之巧和相马中的伯乐之数，圣人君主就应掌握这种精神实质，要明白"得十利剑不若得欧冶之巧，得百走马不若得伯乐之数"的道理。

朴至大者无形状①，道至眇者无度量。故天之圆也不得规，地之方也不得矩。往古来今谓之宙，四方上下谓之宇。道在其间,而莫知其所。故其见不远者,不可与语大;其智不闳者②,不可与论至。昔者冯夷得道③,以潜大川;钳且得道,以处昆仑④;扁鹊以治病,造父以御马,羿以之射,倕以之斫⑤。所为者各异,而所道者一也。⑥夫禀道以通物者,无以相非也,譬若同陂而溉田,其受水均也。今屠牛而烹其肉,或以为酸,或以为甘⑦,煎熬燎炙,齐味万方⑧,其本一牛之体。伐楩楠豫樟而剖梨之⑨,或为棺椁,或为柱梁,披断拨㩧⑩,所用万方,然一木之朴也。故百家之言,指奏相反,其合道一体也⑪,譬若丝、竹、金、石之会乐同也,其曲家异而不失于体。伯乐、韩风、秦牙、管青⑫,所相各异,其知马一也。故三皇五帝,法籍殊方,其得民心均也。

　　故汤入夏而用其法,武王入殷而行其礼,桀、纣之所以亡,而汤、武之所以为治。故刨劂销锯陈⑬,非良工不能以制木;炉橐埵坊设⑭,非巧冶不能以治金。屠牛吐一朝解九牛,而刀以剃毛⑮;庖丁用刀十九年⑯,而刀如新剖硎⑰。何则？游乎众虚之间。若夫规矩钩绳者,此巧之具也,而非所以巧也。故瑟无弦,虽师文不能以成曲⑱;徒弦,则不能悲。故弦,悲之具也,而非所以为悲也。若夫工匠之为连鈗、运开、阴闭、眩错⑲,入于冥冥之眇,神调之极⑳,游乎心手众虚之间,而莫与物为际者㉑,父不能以教子。瞽师之放意相物,写神愈舞㉒,而形乎弦者,兄不能以喻弟。今夫为平者准也,为直者绳也。若夫不在于绳准之中可以平直者,此不共之术也。故叩宫而宫应,弹角而角动,此同音之相应也。其于五音无所比,而二十五弦皆应,此不传之道也。故萧条者形之君,而寂寞者音之主也。㉓

【今译】

　　最大的"朴"是没有形状的,最玄妙的"道"是无法度量的。所以天是圆的,而没有什么圆规能够度量它;地是方的,而没有什么方矩能够丈量它。古往今来叫做宙,四方上下称做宇。道在宇宙间,但不知它的具体所在。所以目光不远大者,是不可以和他谈论大的;智慧不宏大者,是不能和他谈论道的。以前冯夷得了道后便潜入河中成河神;钳且得了道后便升上昆仑山成仙人;扁鹊靠着道来治病,造父凭着道来驾驭车马,羿凭着道成了神射手,工倕靠着道成了能工巧匠。在这里,他们所做的具体事情各不相同,但得道用道是一致的。秉受了道而通晓万物事理的人,彼此间是不会产生矛盾和非议的,这就好像用同一个水塘的水来灌溉农田一样,所得到水源是相同的。现在屠宰牛而制作牛肉,有的做成酸的,有的做成甜的,煎熬烧烤,做出各种各样醇美之味,然而它们都出自同一条牛。砍下梗楠豫樟,剖开加工,有的做成棺,有的做成柱,剖开锯断,做出各式各样的木器,然而它们都出自同一树木这原料。所以百家的言论,旨趣相反,但合乎道理是一致的,这就好比丝竹金石各种乐器合奏乐曲,曲子和弹奏不管怎样变换,但它们都不可能脱离曲谱和乐曲本身。同样,伯乐、韩风、秦牙、管青,他们相马的方法各不相同,但了解马性是一致的。所以三皇五帝的法令典籍尽管有差异,但他们都得民心是一致的。

　　所以商汤推翻夏朝以后则用夏朝的基本法规,武王推翻殷朝以后则用殷朝的基本法礼,夏桀和殷纣王用这些礼法导致灭亡,而商汤和武王则凭着这些礼法治理好了天下。所以有了各种雕刻的工具,没有优秀的工匠来用它处理木材,还是白搭;有了各种冶炼铸造的设备,没有灵巧的工匠来用它铸炼金属,还是不行。屠牛吐一早晨宰杀九头牛,可是他的刀还是能锋利得可以剃下毛发;庖丁的刀用了十九年,可是刀刃还像刚开过口的新刀一样。这是为什么呢?这是由于他们掌握牛体骨骼的规律,使用刀时根本不会碰到骨节,游刃有余。至于那些规矩钩绳,只是发挥技巧的工具,而它们本身并不会产生技巧。所以说,瑟如果没有弦,即使是师文这样的高明乐师也不可能弹出乐曲来；但如果光有瑟弦，又不能使人悲伤。所以，瑟和弦只是弹奏悲曲的工具，但它们本身并不能产生悲曲。高明的工匠制造各种机械，其中有明暗机关，错综连通，进入到神奇莫测的境地，运用心神和手的配合来使用工具，根本不须用眼睛去接触具体物件，这种出神入化的技巧就是父子相传也是不可能的。盲乐师靠想象观察事物，运用乐舞的形式来表达它们的神态，配合乐曲的节奏，这种出神入化的技术，即使做兄长的也无法传授给弟弟。现在一般人都用水准仪器来测准水平，用墨绳来测定直线，如果不使用这些仪器来测平取直，这就不是人人都会的技术了。所以叩击宫音而另一只的宫弦也就随之应和起来，叩击角音而另一只的角弦也就随着应和起来，这是同音律应和的现象。如果改调成一种与宫、商、角、徵、羽不相对应的音调，当弹奏起这种音调时，另外的同一音调的弦照样会产生应和现象，其中的奥妙道理是无法用言语传授的。所以说虚静的精神是形体的主宰，而一旦进入到这种静寂的状态，那就什么细微的声音都能感知。

【注释】

① 朴：指尚未加工过的木材，这里喻"道"。　② 闳：宏大。　③ 冯夷：传说中人物，因服食得道成仙，成河神。　④ 钳且：原注为"钳且得仙道，升居昆仑山"。　⑤ 扁鹊：战国时名医，后为秦太医令所杀。造父：传说是周穆王时的驾驭手。羿：传说中的善射手。倕：传说是黄帝时期的巧匠，始造规矩钩绳等。　⑥ 所道：何宁说"此'所道'疑当为'得道'，涉上'所'字而误"（《淮南子集释》）。　⑦ 以为：把什么制成。　⑧ 煎熬燔炙：均为烹调方法。齐味：王念孙认为"齐"同"剂"，"味"应作"和"，剂和指调配、调和。　⑨ 梗楠豫樟：均树木名。梨：裂，剖开。这里的"梨"通"离"。　⑩ 拨：剖开、分开。拨：原注为"析理也"，指分开。檖：通"遂"，"顺"的意思。　⑪ 指奏：旨趣。这里"奏"通"趣"。　⑫ 韩风、秦牙、管青：都是古代著名的相马者。　⑬ 剞劂：刻镂用的曲刀。销：通"削"，即木工用的削木工具。　⑭ 橐：冶炼时用的风箱。埵：冶炼炉上的送风管。坊：铸造

器物的土模。　⑮屠牛吐：齐国的屠夫。有些古籍将"吐"作"坦"。　⑯庖丁：见《庄子·养生主》。　⑰剖：开。硎：磨刀石。　⑱师文：乐师名字。　⑲钒：同"机"。连钒：指机械发动的机关。运开：指机关的连通。阴闭：指机关的自动关闭。眩错：原注为"因而相错"，这里指机械部件的交错相连。　⑳冥冥之眇：指一种微妙高深的境界。眇通"妙"。　㉑众虚：王念孙认为"众虚"是涉上文"游乎众虚之间"而衍。际：交接。　㉒放意：纵意，想像。相：模仿，模拟。写：摹画。愈：通"喻"。　㉓萧条：寂静。

【评析】

　　上节讲到对礼俗不可凝固化，要"与化推移"来适应变化中的社会环境。此节接着讲：礼俗不管怎样"与化推移"，其中有一点是不变的，即礼法的制定和实施一定要得民心，这就像牛肉可为酸，也可为甘，但不管怎样"煎熬燎炙，齐味万方"，其本一牛（肉）这是不变的。"三皇五帝，法籍殊方，其得民心均也。"正因为这样，所以"汤入夏而用其法，武王入殷而行其礼"，得民心而使社会得到治理，桀纣不得民心而使国家灭亡。由此作者指出，这礼法是死的，还得看人如何来利用它，这就像"剞劂销锯陈"、"炉橐埵坊设"都是死的，还得需要优秀的工匠来使用才能铸出好的器物一样。那么，怎样才能将礼俗运用实施好呢？作者站在"道"这个角度，认为实施礼法者也要像优秀工匠一样"入于冥冥之眇，神调之极，游乎心手众虚之间"。强调在得民心这一前提下要对礼法灵活实施和利用。

　　天下是非无所定，世各是其所是而非其所非，所谓是与非各异，皆自是而非人。由此观之，事有合于己者，而未始有是也；有忤于心者，而未始有非也。故求是者，非求道理也，求合于己者也；去非者，非批邪施也①，去忤于心者也。忤于我，未必不合于人也；合于我，未必不非于俗也。

至是之是无非，至非之非无是，此真是非也。若夫是于此而非于彼，非于此而是于彼者，此之谓一是一非也。②此一是非，隅曲也③；夫一是非④，宇宙也。今吾欲择是而居之，择非而去之，不知世之所谓是非者，不知孰是孰非。⑤《老子》曰："治大国若烹小鲜。"⑥为宽裕者曰勿数挠，为刻削者曰致其咸酸而已矣。⑦晋平公出言而不当，师旷举琴而撞之，跌衽宫壁，左右欲涂之。⑧平公曰："舍之！以此为寡人失。"孔子闻之曰："平公非不痛其体也，欲来谏者也。"韩子闻之曰："群臣失礼而弗诛，是纵过也。有以也夫⑨，平公之不霸也！"故宾有见人于宓子者⑩，宾出，宓子曰："子之宾独有三过：望我而笑，是攓也⑪；谈语而不称师，是返也⑫；交浅而言深，是乱也。"宾曰："望君而笑，是公也⑬；谈语而不称师，是通也；交浅而言深，是忠也。"故宾之容一体也，或以为君子，或以为小人，所自视之异也。故趣舍合⑭，即言忠而益亲；身疏，即谋当而见疑。亲母为其子治扢秃而血流至耳⑮，见者以为其爱之至也；使在于继母，则过者以为嫉也。事之情一也，所从观者异也。从城上视牛如羊，视羊如豕⑯，所居高也。窥面于盘水则员，于杯则隋，面形不变其故，有所员有所隋者，所自窥之异也。今吾虽欲正身而待物，庸遽知世之所自窥我者乎！⑰若转化而与世竞走，譬犹逃雨也，无之而不濡。常欲在于虚，则有不能为虚矣；若夫不为虚而自虚者，此所慕而不能致也。故通于道者如车轴，不运于己而与毂致千里，转无穷之原也。不通于道者若迷惑，告以东西南北，所居聆聆⑱，一曲而辟，然忽不得⑲，复迷惑也，故终身隶于人，辟若倪之见风也⑳，无须臾之间定矣。故圣人体道反性,不化以待化,则几于免矣。

【今译】
　　天下是非没有固定的标准,世人各自以自己的是当成是,把自己的非当成非。他们所认为的是与非各不相同,都以自己为是而以别人为非。由此看来,事情符合自己心意的就是"是",这"是"未必是真正的"是";事情不合自己心意的就是"非",这"非"未必是真正的"非"。所以,追求"是"(正确)的人,不真是在追求真理,而只不过是在找符合自己意思的东西;寻找"非"(错误)的人,不真是在剔除错误,而只不过是在排除违逆自己心意的东西。所以说,违逆自己心意的,就不一定不符合别人的心意;符合自己心意的,就不一定不遭世俗所非难。最正确的"是"是不存有错误的,最荒谬的"非"是无正确可言的,这才是真正的"是"与非。如果"是"在此是对的,而在彼则是"非"的;如果"非"在此是错的,而在彼则是"是"的,这就叫或是或非,是非相对。这种是与非,只适用于一隅、部分;而真正的"是"与"非"则适用于整个宇宙。现在我想选择对的("是")来遵循保持它,确定错的("非")来避开它,可又不知道世人说的是与非,到底哪是"是",哪是"非"。《老子》说"治理大国如像烹制小鱼一样"。这意思是说,为政宽和的人不会老去翻搅,他懂得翻搅过多会搅烂小鱼的;而为政苛刻的人就一定要做得符合自己的口味才罢休,别的什么也不管。晋平公讲话不妥,师旷举起琴撞击平公,琴掠过平公的衣襟撞到墙上,平公身边的人准备将撞破的墙补上,平公说:"算了,别补了,留着它可以记着寡人的过失。"孔子听到此事后,说:"平公不是不爱惜自己的身体,而想要用这种宽宏大量的态度来鼓励群臣的进谏。"但后来的韩非却作这样的评价:"群臣失礼而不惩罚,这是在纵容过失。以后平公之所以不能称霸就是由此引起。"有位门客给宓子贱引见一位宾客,宾客离开后,宓子贱对他的门客说:"你引见的宾客有三条过失,第一他看到我就嘻皮笑脸,这就是傲慢无礼;第二在谈话中不称我老师,这是违背师道;第三他和我交情浅却无话不谈,这是说话没有分寸。"但门客却这样说:"他看到你便笑,这是恭敬而平和;谈话中不称你为师,这说明他通达;交情浅却无所不谈,这说明他忠厚。"那位宾客的容貌举止就这样,但有人认为他是君子,而又有人认为他是小人,这是由于各人都从自己的立场、观点来看问题,由此引出不同的结论。所以,志趣投合,言语越忠恳则越亲近;关系疏远,计谋越恰当则越被猜忌。亲生母亲为儿子治头疮,弄得鲜血流到耳朵上,看见的人认为这是母亲对儿子的关爱;若是继母做这件事,看见的人就会认为这是继母在嫉恨儿子。事情原本就是这样,但由旁观者看来就有很大的差异。所以,从高处城墙上看地上的牛只有羊那么大,羊只有小猪那么大,这是由于观察者从高处往下看造成的。在水盆中看脸的形状是圆的,而在杯子里的脸则是椭圆的。这是由于用来照脸的器具不同造成的。现在我想端正自身而处世待人,但不知道世人又是怎么看待我的?所以如果你想用不断改变自己的处世态度来趋附世俗,这就好像躲避下雨,实际上没有哪个地方是会不被淋湿的。你经常想处于虚静的状态,可它不是靠人为的力量所能达到的;那不是靠人为力量,而是一种自然形成的虚静状态,是一般人所羡慕而难以达到的虚静状态。也只有通达"道"的人才能达到这种虚静状态。所以通达"道"的人就好像车轴,自己并不运转而是随车毂的转动运行千里,运转于无穷无尽的境地。而不通达"道"的人就像心神迷惑,你告诉他东西南北,他在这地方明白方向,但拐个弯进入偏僻的地方又迷惑了;这种人就像风标随风转动,一辈子为人所奴役,没有片刻的宁静。而圣人是与"道"融为一体,返归本性,以不变之"道体"应付万变之世界,这样也就达到免受世俗奴役的境地。

【注释】

① 批:排除。施:原注为"施,微曲",这里指不正,邪。　② 一:或。　③ 隅曲:角落,偏僻处。　④ 夫一是非:是指"真是非"。夫:彼。⑤ 不知:陈观楼认为:"不知"两字,因上句而衍。　⑥ 语见《老子·六十章》。小鲜:小鱼。　⑦ 为宽裕者:指为政宽和者。数:经常。挠:搅动。为刻削者:指为政苛刻者。咸酸:各种味道。已:停

止。　⑧晋平公：春秋晋国君。《韩非子·难一》说：晋平公喝酒时说"莫乐为人君,惟其言而莫之逆",大意是说以臣民唯君是从为最大的快乐。跌：越、穿的意思。衽：指晋平公的衣襟。涂：原注为"欲涂师旷所败壁也"。　⑨有以：有来由。　⑩宾：刘文典认为这个"宾"当为"客"。宓子：宓子贱,孔子弟子。此事出自《战国策·赵策四》。　⑪擅：傲慢。　⑫返：反,《太平御览》引作"叛"。　⑬宾曰：当指"客曰","客"为"门客"。公：杨树达认为"公"盖为"颂","颂"犹今言有礼貌,引申为"恭敬"。　⑭趣：志趣。舍：王念孙认为是衍文。　⑮疙秃：一种皮肤病,即头疮。　⑯豕：豚,古代泛指猪。　⑰庸遽：怎么,何以。　⑱聆聆：知道,明白。　⑲一：一旦。曲：拐弯,转弯。辟：通"僻",偏僻。然忽：王念孙认为应为"忽然"。　⑳倪：綄,古代一种候风(测风)器,根据风吹动羽毛的方向、形状来测定风向和风力。

【评析】

本节作者用大量的篇幅来说明人在认识事物和处置事物过程中的主观表现,即"求是者,非求道理也,求合于己者也;去非者,非批邪施也,去忤于心者也"。正因为这样,所以"事有合于己者,而未始有是也;有忤于心者,而未始有非也","忤于我,未必不合于人也;合于我,未必不非于俗也"。接着又用宓子贱和亲母给子治暂秃的事例来说明人在认识事物和处置事物过程中的主观性,即同样一件事,由于各人所处的角度、立场和观点有异,所以得出的结论也各异。由此作者得出结论："天下是非无所定,世各是其所是而非其所非,所谓是与非各异,皆自是而非人。"正因为人在认识过程中或处置事物过程中存在着大量的主观表现,有时会出现以"非"为"是",以"是"为"非",所以就得注意在对礼法运用中出现的这种主观偏差,因为前面提到过对礼法的利用还得看人。

治世之体易守也①,其事易为也,其礼易行也,其责易偿也②。是以人不兼官,官不兼事,士农工商,乡别州异。是故农与农言力,士与士言行,工与工言巧,商与商言数。是以士无遗行,农无废功,工无苦事③,商无折货,各安其性,不得相干④。故伊尹之兴土功也,修胫者使之跖钁,强脊者使之负土,眇者使之准⑤,伛者使之涂,各有所宜,而人性齐矣。胡人便于马,越人便于舟。异形殊类,易事而悖;失处而贱,得势而贵。圣人总而用之,其数一也。

夫先知远见,达视千里,人才之隆也,而治世不以责于民。博闻强志,口辩辞给⑥,人智之美也,而明主不以求于下。敖世轻物⑦,不污于俗,士之伉行也⑧,而治世不以为民化。神机阴闭,剞劂无迹,人巧之妙也,而治世不以为民业。故苌弘、师旷,先知祸福,言无遗策,而不可与众同职也;公孙龙折辩抗辞⑨,别同异,离坚白,不可与众同道也;北人无择非舜而自投清泠之渊⑩,不可以为世仪;鲁般、墨子以木为鸢而飞之,三日不集⑪,而不可使为工也。故高不可及者,不可以为人量;行不可逮者⑫,不可以为国俗。夫挈轻重不失铢两,圣人弗用,而县之乎铨衡⑬;视高下不差尺寸,明主弗任,而求之乎浣准⑭。何则?人才不可专用,而度量可世传也。故国治可与愚守也⑮,而军制可与权用也。夫待騕袤、飞兔而驾⑯,则世莫乘车;待西施、毛嫱而为配⑰,则终身不家矣。然非待古之英俊,而人自足者,因所有而并用之。夫骐骥千里,一日而通,驽马十舍,旬亦至之。⑱由是观之,人材不足专恃,而道术可公行也。乱世之法,高为量而罪不及,重为任而罚不胜,危为禁而诛不敢。⑲民困于三责,则饰智而诈上,犯邪而干免。⑳故虽峭法严刑不能禁其奸。何者？力不足也。故谚曰："鸟穷则啄，兽穷则触，人穷则诈。"此之谓也。

【今译】

　　在治世，人们坚守本职岗位，它的事情也容易完成，它的礼仪也容易实施，人们间的债务也容易偿还。所以，一人不兼任多种官职，一官也不兼任多种事务，士农工商各行其职，在不同的领域从事不同的工作内容。因此，农夫们在一起谈论劳动力之强弱，士人们在一起讨论德行的高低，工匠们在一起研究工艺技术的精巧，商人们在一起交流生意经。是时，士人没有失检的行为，农夫没有白费的劳动，工匠没有伪劣的产品，商人没有亏损的买卖，各行各业都安于本性，不得互相干扰。所以伊尹兴建土木工程时，腿长的被安排去踩锹，背力强的被安排去背土，独眼的被安排去测水准，驼背的被安排去铺抹地坪，各种特性特点都被用得恰到好处，所以此时人性无贵贱优劣之分。胡人善于骑马，越人善于泛舟。具体的形状种类不同，如改变他们不熟悉的事情，就会乱套；丧失他们应处的地位和环境，就会变得毫无用处，而得到适当的位置，就会变得十分有用。圣人能综合他们的情况，统筹安排，合理使用，使人们都能发挥出自己的才干和能力。

　　能够先知先觉、深谋远虑，这自然是人才中的杰出人物，但治世的君主不能用这样的标准去苛求人们。博闻强记、能言善辩，这同样是聪明人中的精英，这圣明的君主同样不能用这种标准去要求下属百官。高傲自负，不和世俗同流合污，这是士人的高洁品行，但治世的君主却不能拿这样的品行去教化民众。制造连枳运开的神奇机械，并不留雕凿的痕迹，这是能工巧匠中的高手，但治世的君主同样不能要求所有百姓掌握这种技巧。所以苌弘、师旷，他们能预先知道祸福，提出的建议也无大失策，因而他们不可能和普通人一样做同一种工作；公孙龙能言善辩，分辨同异、分析坚白，因而他们不能和众人一样掌握同一种学说；北人无择非议指责舜的德行而自投清凉之渊，但这不能以此作为世人的榜样；鲁班、墨子用木料做成鸢鸟，并使鸢鸟在天空飞行三天三夜,但不能让他们做一般的工匠。所以高不可及的要求,不能以此作为普通民众的标准;高尚的品行,不能拿来作为一国民众的风俗。那些能用手掂量物体轻重不差铢两的人,圣人也无法来任用他,而只能采用秤来衡量;那些能用眼目测物体高低不差分寸的人,明主也无法任用他,而只能采用仪器来测量。这是为什么呢?因为不可能长期依赖这些有特殊才能的人,而度量仪器倒是可以世代相传和使用的。所以太平盛世可以靠愚钝来保持,而指挥军队打仗则要靠权变的策略来完成。如果一定要等到有了骐骥和飞兔这样的骏马才驾车,那么天下人就别想乘车了;如果一定要等到有了西施和毛嫱这样的美女才婚配,那么终身也别想成家了。所以不要指望要出现古代那样的俊才,就当前的这些人才就够了,只是要广泛网罗并充分利用即可。骐骥这样的骏马能一日千里,但这千里路,一般性的马也能在数日里走完。由此看来,治理国家无须专靠特殊人才,而以"道"术治理国家则可以普遍实施长期适用。而乱世治国的用人方法就不是这样,它将标准提得极高,并要问罪于那些达不到标准的人;它将任务定得很重,并要惩罚那些完不成任务的人;它将事情复杂化和困难化,并要诛杀那些不敢去做这些事情的人。广大民众被上述这三种不切实际的责难弄得窘困万分,于是必然要用智巧来欺诈上面,也必然要用邪道来避免惩罚。所以这样一来,就是有严刑峻法也无法禁止这些邪门奸诈。为什么呢?因为人的能力实在难以达到所定的那些标准和要求。所以谚语这样说:"鸟到穷困时会啄敌,兽到穷困时会触顶,人到穷困时会使诈。"

【注释】

① 体:王念孙认为"体"当为"职"。《群书治要》也引"体"作"职"。 ② 责:"债"的古字。 ③ 遗行:失检的行为。苦:粗劣。 ④ 折货:亏损的生意。干:干犯、冒犯。 ⑤ 伊尹:商汤时期的大臣。修胫者:腿长的人。跖:踩。镬:王念孙认为应作"铧",也即"舌"(锸)。强脊者:脊梁有力的人。眇者:瞎一只眼的人。 ⑥ 志:

记。给：言语便捷。 ⑦敖：通"傲"。 ⑧亢：高。 ⑨公孙龙：战国时名家的代表人物。著有《坚白论》、《白马论》,提出过"白马非马"等名题。折辩抗辞：以能言善辩而挫败辩者。 ⑩北人无择：传说是舜时代的隐士,曾对舜提出过批评。事见《庄子·让王篇》。清泠：水名。 ⑪鲁般：即鲁班。春秋时鲁国著名木匠。墨子：墨翟,先秦墨家学派的创始人。鸢：鹰。集：指鸟停歇于树上。 ⑫逮：及。 ⑬挈：提。铢：古代重量单位。县：通"悬"。铨衡：衡量轻重的器具。 ⑭浣准：古代测量水平的器具,类似今天的水平仪。 ⑮与：以、靠。 ⑯骐骥、飞兔：均为古代骏马的名称。 ⑰西施、毛嫱：均为古代著名美女。 ⑱舍：古代称宿营为"舍",《左传·庄公三年》说"凡师一宿为舍",十舍即十日。旬：一旬十天。 ⑲禁：王念孙认为应作"难"。"危为难"是指难度很高的事,要人去做。 ⑳干：求。

【评析】

本节作者又强调起圣人君主应根据特殊性而合理使用人才,要像伊尹兴建土木工程那样,"修胫者使之跖钁,强脊者使之负土,眇者使之准,伛者使之涂",这样才能"各有所宜","各安其性,不得相干",社会才能得以治理。因为事物各有特殊性,所以从大的方面来说,天下是无法"齐同"的;从具体的各个特殊人物来说,他们之间又是不可互相替代的。"北人无择非舜而自投清泠之渊,不可以为世仪;鲁般墨子以木为鸢而飞之,三日不集,而不可使为工。"

那么,有了这些特殊人物以后,是否就可将这些人物作为标准来要求普通人也向他们看齐呢?作者认为无此必要："人才之隆也,而治世不以责于民","人智之美也,而明主不以求于下","士之亢行也,而治世不以为民化","人巧之妙也,而治世不以为民业"。也正因为这样,治理社会也就不可将一切寄托于这些特殊人物身上,如将治理社会完全寄托于这些人身上就会出问题,这无疑像"待西施毛嫱而为配,则终身不家矣"一样。要靠"道术"而公行也。

道德之论①,譬犹日月也,江南河北不能易其指,驰骛千里不能易其处。趋舍礼俗,犹室宅之居也,东家谓之西家,西家谓之东家,虽皋陶为之理②,不能定其处。故趋舍同,诽誉在俗;意行钧③,穷达在时。汤、武之累行积善,可及也;其遭桀、纣之世,天授也。今有汤、武之意,而无桀、纣之时,而欲成霸王之业,亦不几矣。昔武王执戈秉钺以伐纣胜殷,搢笏杖殳以临朝。④武王既没⑤,殷民叛之,周公践东宫,履乘石⑥,摄天子之位,负扆而朝诸侯⑦,放蔡叔,诛管叔,克殷残商⑧,祀文王于明堂,七年而致政成王⑨。夫武王先武而后文,非意变也,以应时也;周公放兄诛弟,非不仁也,以匡乱也。故事周于世则功成⑩,务合于时则名立。昔齐桓公合诸侯以乘车,退诛于国以斧钺⑪;晋文公合诸侯以革车,退行于国以礼义⑫。桓公前柔而后刚,文公前刚而后柔,然而令行乎天下,权制诸侯钧者,审于势之变也。颜阖,鲁君欲相之而不肯,使人以币先焉,凿培而遁之⑬,为天下显武⑭。使遇商鞅、申不害,刑及三族,又况身乎!世多称古之人而高其行,并世有与同者而弗知贵也,非才下也,时弗宜也。故六骐骥、四騄駬,以济江河,不若窾木便者,处世然也。⑮是故立功之人,简于行而谨于时。

今世俗之人,以功成为贤,以胜患为智,以遭难为愚,以死节为戆⑯;吾以为各致其所极而已。王子比干非不知箕子被发佯狂以免其身也⑰,然而乐直行尽忠以死节,故不为也。伯夷、叔齐非不能受禄任官以致其功也,然而乐离世伉行以绝众,故不务也。许由、善卷非不能抚天下、宁海内以德民也⑱,然而羞以物滑和,故弗受也。豫让、要离非不知乐家室、安妻子以偷生也⑲,然而乐推诚行,必以死主,故不留也。今从箕子视比干,则愚矣,从比干视箕子,则卑矣;从管、晏视伯夷,则戇矣;从伯夷视管、晏,则贪矣。趋舍相非,嗜欲相反,而各乐其务,将谁使正之?曾子曰:"击舟水中,鸟闻之而高翔,鱼闻之而渊藏。"故所趋各异,而皆得所便。故惠子从车百乘以过孟诸⑳,庄子见之,弃其余鱼㉑。鹈胡饮水数斗而不足,鳣鲔入口若露而死㉒;智伯有三晋而欲不澹,林类、荣启期衣若县鹑而意不慊㉓。由此观之,则趋行各异,何以相非也!夫重生者不以利害己,立节者见难不苟免;贪禄者见利不顾身,而好名者非义不苟得。此相为论,譬犹冰炭钩绳也㉔,何时而合?若以圣人为之中,则兼覆而并有之,未有可是非者也。夫飞鸟主巢,狐狸主穴;巢者巢成而得栖焉,穴者穴成而得宿焉;趋舍行义,亦人之所栖宿也,各乐其所安,致其所蹠,谓之成人。㉕故以道论者,总而齐之。

【今译】

　　以道和德作为事物的规律和秩序,就好比日月行空,广至江南河北而不改变方向,驰骋千里之外而不变更行迹。而人们所取舍的礼俗,就好像你所居住的住处,从东边看,它在西边,从西边看,它又在东边,是没有固定的方位,就是叫公正的法官——皋陶来裁决,也无法确定其方位。所以同样的一种取舍,是得到诽谤还是得到赞誉,取决于习俗;而志向德行相同,是穷困潦倒还是腾达显赫,取决于时世。像汤武那样广积善行,这是人们都能做到的事,但他们碰到像桀纣那样的乱世而得以大显身手,这恰恰是天赐的机遇。如果只有汤武那种志向,无桀纣那样的乱世,要想成就除暴平天下的事业,也只能是空想。

过去武王手持戈钺,以武力讨伐纣王,并战胜殷朝建立周朝,以后便插着笏板、拿着殳杖上朝视事。武王病逝后,殷遗民乘机背叛周朝,周公摄政辅佐成王,登东宫代行天子职权,背靠屏风坐在天子的宝座上接受诸侯的朝拜,流放参与叛乱的蔡叔,诛杀作乱的管叔,降服叛乱的殷民,收拾商纣王的侄子武庚,在明堂祭祀文王,并在七年后归政于成王。周武王先是用武力而后用文治,不是志向改变了,而是为了顺应时势;周公放逐兄长诛杀兄弟,不是不仁,而是为了拯救危难中的国家。所以事情合于时世便能成功,行为符合时宜便能树立名声。过去齐桓公会合诸侯时用的文车,回到国内又用武力巩固政权;晋文公会合诸侯用的兵车,回到国内又用礼义治理国家。这齐桓公先柔后刚,而晋文公先刚后柔,可他们都能做到号令天下,控制诸侯,这是因为他们能审时度势,随机应变。还有,鲁国的隐士颜阖,鲁国君想用他为相,颜阖不愿意,鲁君又赠给他重礼以想使他转意,但颜阖却凿穿房屋的后墙而溜之大吉,并成为天下著名的人物。鲁君也没有追究他的违逆行为。假使颜阖碰到商鞅和申不害这样的法家人物,必定会遭到诛灭三族的惩罚,更何况颜阖自身呢!世人都称颂古代的圣贤,并推崇他们的德行,而对同时代也具有的这种圣贤人都不知道爱崇他们,这倒不是现代圣贤比不上古代圣贤,而是他们的才德不合时宜。所以驾六匹骐骥或四匹駃騠来渡河,倒不如用一条独木舟来得便当,这是因为所处的环境决定的。所以能建立功绩事业的人,必定行事简约、合于时世。

而今的世俗观点是,以完成功业与否作为贤能的标准或尺度,以战胜祸患与否作为聪明的尺度或标准;以为遭灾的必定愚笨,认为死于节义的必定愚戆;但是我们认为以上各种人都达到了自己的目的,无所谓优劣和贤愚。王子比干不是不知道如像箕子那样披头散发、装疯卖傻可以保全自己,但他就是乐意以直行尽忠来为节义献身,所以他不像箕子那样装疯卖傻。伯夷、叔齐不是不能接受奉禄、官职来建功立业,但他们就是乐意用高洁的品行远离尘世以绝世俗,所以他们不接受高官厚禄。许由、善卷不是无能力安抚天下,使天下太平、造福于民,但他们就是羞于因外物搅乱平和的本性,所以不肯接受帝位。豫让、要离不是不知道享受天伦之乐,让妻儿平平安安来苟且偷生,但他们就是乐意忠诚赤胆,为主人献身,所以不留恋人间生活。今天如果我们从箕子的角度来看比干,那么比干就显得愚蠢了;从比干的角度来看箕子,那么箕子就显得低卑;从管仲、晏子的角度来看伯夷,那么伯夷就显得愚戆了;从伯夷的角度来看管仲和晏子,那么管仲、晏子就显得贪婪了。人们的追求、取舍不同,嗜欲爱好相反,而各自都以所做的事为欢乐,在这里又有谁能使他们改弦易辙?又有谁能对他们所做的事定是非、别优劣?所以曾子这样说:"同是因敲击船板而发出的声音,鸟听了高飞而去,鱼听了藏入深渊。"这说明行动各不相同,而为了使自己便利的目的是相同的。所以惠施带着百辆车子经过孟诸泽时,正在钓鱼的庄子看到惠施的那副神色,把自己钓到的鱼都倒到水里去了。鹈胡饮水数斗都不够,而鲜鲔只须吸入一些露水就足够了;智伯拥有三晋还不满足,林类和荣启期衣衫破烂得像蓑衣都毫无遗憾。由此看来,人们的追求、取舍各不相同,又有什么必要互相责难和非议呢?看重生命的人,不会为了利益而损害自己;坚持名节操行的人,不会看到危难而苟且逃避的;贪得无厌的人,看到利益就会不顾一切;而珍爱名声的人,是不会随便取获不合道义的东西。将这些相比较而论,真好比是炭与冰、钩和墨绳,真不知什么时候能使它们吻合相容呢?假使让圣人来仲裁,就有可能将此调和、兼容、并蓄、覆盖为一体,无所谓肯定此、否定彼。飞鸟习惯筑巢而栖息,狐狸习惯洞穴而歇宿;在这里,无论是筑巢栖息还是洞穴歇宿,都是为了找到一个归宿。而社会中的人们取舍什么、行动什么,也都想找一种寄托和归宿,各人都在找一个自己乐意舒适的安身之处;而能够实现自己的愿望的人,就算是完人。所以,从"道"的角度来看万事万物,就会将它等而视之、总而齐之。

【注释】

① 论:通"伦",秩序、规律。 ② 皋陶:传说是舜时掌握刑狱的

理官。　③钧：同"均"。　④铍：兵器名称。搢：插。杖殳：以殳作为手杖。这里的"殳"是一种木头杖。　⑤没："殁"的古字。　⑥践：登。登东宫：是指辅佐太子成王。乘石：君王上车用的垫石。这里指周公代行天子职权。　⑦负扆：这里指天子王位。"负"指靠着。"扆"指古代宫中放在门窗之间的屏风，而王位就在屏风的前边。⑧蔡叔、管叔：均为周武王之弟，分别分封于蔡、管，故称为蔡叔、管叔。周公摄政辅成王，蔡、管挟纣王之子武庚作乱，后被周公平息，放逐蔡叔，诛死管叔。克殷：指平息作乱的殷遗民。残商：指杀纣王子武庚。　⑨致政：归还政权。　⑩周：合。　⑪乘车：文车。诛：这里指刑罚。　⑫革车：兵车。　⑬颜阖：鲁国隐士。币：泛指馈赠的礼物，通常有束帛、车马、皮革等。培：屋后墙。　⑭武：楚人称"士"为"武"，这里指文士。　⑮䮲騠：原注为"北翟之良马也"。㯻：空。㯻木：木凿空后为舟。处世：王念孙认为本作"处势"。　⑯戆：愚笨，不明智。　⑰箕子：王念孙认为此二字依下句"从箕子视比干"而衍。　⑱许由、善卷：为传说中的隐士，尧曾让位于许由，舜曾让位于善卷，二人皆不受而去。　⑲要离：春秋时刺客名，为了替吴公子光刺杀庆忌，使吴公子光断其手、杀其妻，以取得庆忌信任，事未成，后亦自杀。　⑳惠子：惠施。战国名家代表人物，宋国人。孟诸：泽名。在河南商丘东北。　㉑余鱼：指庄子钓到的鱼。　㉒鹈胡：即鹈鹕，一种水鸟的名称，体大嘴长，嘴下有皮囊可以伸缩。鲜䱜：孙诒让认为"鲜䱜生于水，无入口若露而死之理。窃疑此'鲜䱜'当作'蝉蜕'"；《荀子·大略篇》说："饮而不食者，蝉也。"死：当为"饱"。草书二字相似。　㉓智伯：春秋末晋国卿，掌握朝政，并拥有最大的领地。三晋：公元前453年，赵、韩、魏三家灭智伯，晋一分为三，故曰"三晋"。澹：通"赡"，满足。林类、荣启期：古代隐士。事见《列子·天瑞篇》，称他们贫穷而自得其乐。县：通"悬"。衰：縗衣。慊：遗憾。　㉔冰炭：冰冷而炭热。钩绳：钩曲而绳直，比喻相左不合。㉕蹠：愿望。成人：无缺陷的人，即完人。

【评析】

这里,作者将上述"与时推移"的观点进一步拓展到应时宜和审时势上来。认为社会中有很多人尽管志向品行相同,但却有穷困潦倒和飞黄腾达的差别,这实际上取决于他们所处的时世如何,"意行钧而穷达在时"。同样具有一种才能的人,有些被人极力推崇,而有些则根本不为人所知,这就要看他们的才能是否合乎时宜。"世多称古之人而高其行,并世有与同者而弗知贵也,非才下也,时弗宜也。"

然后,作者由上述人之思想品行才能相同,而处境则截然相反中得出这样的观点,即做任何事都要"应时宜"。他还举"武王先武后文,周公放兄诛弟"这两件事来说明"应时"的重要性。因为要"应时宜",就得学会"审时势"。作者又举"桓公前柔后刚,文公前刚后柔"的事例,来说明"审于(时)势之变"的重要性。从中可以看出作者在"时"这个观念上的独到见解。

本节的最后一段,作者又重复强调人的特殊差别,诸如比干与箕子不同,伯夷与管晏相反……正因为社会上有这种取舍相非、嗜欲相反的情况,所以也就不能用一种世俗的眼光来看待,不能"以功成为贤,以胜患为智,以遭难为愚,以死节为戆"。由此也说明不能用一种观念来"齐正"天下社会:"趋舍相非,嗜欲相反,而各乐其务,将谁使正之?"因为社会中每人"各乐其务"、"各乐其所安",所以也就更无必要互相非议、诋毁,这就像"飞鸟主巢、狐狸主穴"一样,没有必要以"巢"非议"穴"、以"穴"诋毁"巢"。

作者认为,如能达到上述这种认识,也就算达到了"成人"境界,也算是"以道论者";既是"成人",也是"圣人"。这圣人是"兼覆而并有之"、"总而齐之";他兼容并蓄,在他眼里"未有可是非者也"(没有什么值得肯定和否定的)。这样,社会上的各种各样的世俗习惯无所谓好坏,它们各有其存在的合理性,所以是无法"齐俗"的。如真要"齐俗",也只能以兼容并蓄、总而齐之的"道"来"齐俗"。这是作者《齐俗训》的要害所在。

治国之道,上无苛令,官无烦治,士无伪行,工无淫巧,其事经而不扰①,其器完而不饰。乱世则不然。为行者相揭以高②,为礼者相矜以伪;车舆极于雕琢,器用逐于刻镂③;求货者争难得以为宝,诋文者处烦挠以为慧④。争为佹辩,久稽而不诀⑤,无益于治;工为奇器,历岁而后成,不周于用。故神农之法曰:"丈夫丁壮而不耕,天下有受其饥者;妇人当年而不织,天下有受其寒者。"故身自耕,妻亲织,以为天下先。其导民也,不贵难得之货,不器无用之物。是故其耕不强者,无以养生;其织不强者,无以掩形;有余不足,各归其身;衣食饶溢⑥,奸邪不生,安乐无事而天下均平。故孔丘、曾参无所施其善,孟贲、成荆无所行其威。⑦哀世之俗,以其知巧诈伪,饰众无用,贵远方之货,珍难得之财,不积于养生之具;浇天下之淳⑧,析天下之朴,牿服马牛以为牢⑨;滑乱万民,以清为浊,性命飞扬,皆乱以营;贞信漫澜⑩,人失其情性。于是乃有翡翠犀象、黼黻文章以乱其目⑪,刍豢黍粱、荆吴芬馨以嗛其口⑫,钟鼓管箫、丝竹金石以淫其耳,趋舍行义、礼节谤议以营其心。于是百姓糜沸豪乱⑬,暮行逐利,烦挐浇浅⑭,法与义相非,行与利相反,虽十管仲弗能治也。

【今译】

　　盛世太平国家的治理方法是,君王没有苛刻的法令,官吏没有烦琐的政务,士人没有虚伪的品行,工匠技艺没有淫巧的成分;事务合乎常规而不混乱,器物完美而不雕饰。而乱世就不是这样。饰伪品行的人互相吹捧抬高身价,施行礼义的人互相虚伪造作;车辆极力雕琢,器物竞相刻镂;求取财物的人争抢难得之物,并把它们当作宝贝;以文辞互相诋毁的人纠缠于冗长烦琐的事中而自以为聪明。官吏们互相争吵诡辩,将政务工作久拖而不处理,这些对治理国家毫无益处;工匠们处心积虑要制作奇异的器具,累月经年才完成,却不适合于使用。所以古代神农的法令这样说:"成年男子如果不从事耕种,那么天下就会有人因此而挨饿;年轻妇女如果不从事纺织,那么天下就会有人因此而挨冻。"因此神农自己亲自耕种,他的妻子亲自纺织,为天下人作出了榜样。神农教导人民,不要有意地珍贵难以得到的货物,不要过分器重无用的物件。所以那时代男子非得努力耕种不可,否则将要饿肚子;女子非得勤奋织布不可,否则将无法遮蔽身体;有余和不足,都直接关系到每个人自身;丰衣足食,邪奸就不会产生,大家安居乐业而天下太平。所以太平盛世使得孔子和曾参那样的善人没有地方好行善,使得孟贲和成荆这样的勇士没有地方好显威武。而衰败的社会风俗完全不同,大家凭着智巧而弄虚作假,矫饰各种无用的器物,有意珍贵远方的奇货,珍惜难以得到的财宝,却不积聚生活必需品;淳厚的民风被破坏得乱七八糟,纯朴的民性被破坏得支离破碎,牛马被关进栏圈后也没人管理;百姓被弄得心神不定,是非被颠倒,清澈变混浊,人们就像风中蓬草,被刮得飞扬躁乱;忠诚信义的品德流失殆尽,人也跟着失去善良本性。于是社会出现了另一幅情景,用翡翠、犀牛角、象牙和美丽的花纹图案来迷惑人的眼睛;以牛羊犬猪、面米细粮和各种风味小吃来满足人的食欲;用钟鼓管箫、丝竹金石等乐器来淫荡人的耳朵;又以讲究礼仪形式、各种流言蜚语来搅乱人的心神。这样,百姓被搅得纷扰狂乱,日夜为利益奔波追逐,人变得烦躁浅薄,礼法和道义相违,德行和利益冲突,这样的社会,即使有十个管仲也无法治理好。

【注释】

①经:常。 ②揭:举、抬。 ③逐:向宗鲁认为"逐"与"遽"同,"遽",极的意思。 ④诋文:吕传元说:"诋文当作调文,调文犹文调也。" ⑤争:吕传元认为"争"当为"士",这里指官吏。佹:诡。

稽：《群书治要》作"积"。诀：决也。 ⑥溢：《群书治要》作"裕"。 ⑦孟贲、成荆：古代勇士。 ⑧浇：浅薄,使薄。 ⑨牿：圈养牛马的栏圈。 ⑩漫澜：离散、流失。 ⑪黼黻：古代礼服上绘绣的花纹图案。文章：指多彩。 ⑫刍豢：草食家畜如牛羊为"刍",谷食家畜如狗猪为"豢"。荆吴芬馨：古代认为楚吴二地擅长烹调饮食之道,所以以荆吴芬馨代指地方风味小吃的美味。嗛：原注为"贪求也",这里指贪食。 ⑬糜沸：粥在锅中沸腾,指混乱不堪、纷扰百分。豪乱：如豪毛之乱。形容狂乱。 ⑭烦挐："挐"指纠缠纷乱。"烦挐"指乱上加乱。浇浅：更加浅薄。这里的"烦"、"浇"作动词用,有"使……"的意思。

【评析】

作者通过治世和乱世的比较,揭示出乱世社会降临的标志。首先是社会互相吹捧标榜的事多了("为行者相揭以高,为礼者相矜以伪")；其次是不必要的雕凿装饰多了("车舆极于雕琢、器用逐于刻镂")；再次觅宝猎奇的事多了("求货者争难得以为宝")……这样,淳朴民性变薄了,忠贞信义流散了,于是人也变得"智巧诈伪"、"糜沸豪乱,暮行逐利",社会变得一塌糊涂。这时,就是有十个管仲也无法治理得好。作者对乱世的揭露和批判,是为了对治世的歌颂；在作者眼里,太平盛世是这样的："不贵难得之货,不器无用之物",社会"衣食饶裕,奸邪不生,安乐无事而天下均平"。在这里,作者是在极力营造"道"治社会的形象。

且富人则车舆衣纂锦,马饰傅旄象①,帷幕茵席,绮绣绦组②,青黄相错,不可为象③；贫人则夏被褐带索,含菽饮水以充肠,以支暑热,冬则羊裘解札④,短褐不掩形,而炀灶口⑤。故其为编户齐民无以异,然贫富之相去也,犹人君与仆虏,不足以论之。⑥夫乘奇技伪邪施者,自足乎一世之间,守正修理,不苟得者,不免乎饥寒之患,而欲民之去末返本,由是发其原而壅其流也。⑦夫雕琢刻镂,伤农事者也;锦绣纂组,害女工者也。农事废,女工伤,则饥之本而寒之原也。夫饥寒并至,能不犯法干诛者,古今之未闻也。⑧

【今译】

富人的车辆外用彩绣的车衣围裹,马则用牦牛尾和象牙作装饰,车上的帷幕和褥垫都配用绣绘丝织品,各种色彩交错着,无法形容它的华丽。而穷人夏天穿着粗布短衣,索着粗麻绳,吃豆类食品,喝凉水来填饱肚子,以便能熬过酷暑;冬天则穿着破烂的羊皮衣,粗布衣袍无法遮蔽身体,只得蹲在灶炉口取暖。同是编入户籍的人,会出现如此大的贫富差别,就如同君主和仆人的差别,这真的使人无法比较和言说。那些凭着奇异技巧、伪诈歪邪门道的人,却能在世上过着富裕的日子;而那些品行正道、不肯苟且得利的人,却免不了饥寒的灾患,在这种社会不公平的情况下,要想使人民摒弃末业、返归农业根本,这就像掘开了水源却又堵塞了水流一样。社会有意导向雕琢刻镂,必然迫使农民弃农从工,妨碍了农业生产;社会讲究服饰秀美,必然致使妇女精于刺绣,也必然妨碍了一般意义上的纺织业。这农事荒废、纺织受损,必然会有饥寒出现。饥寒一旦降临,人们能不触犯法令和禁令,这是从古到今都没有听说过的事。

【注释】

①纂:绘、绣。傅:通"附","附着"的意思。旄:牦牛尾。象:象牙。　②茵席:褥垫。绨组:指丝带。　③象:形容,描绘。　④菽:豆类。支:支撑,这里指支撑、熬过酷暑。解札:这里指衣服缝线脱裂,衣服破败。　⑤炀:烘烤。　⑥论:"伦、论",古字相通。"伦"有"比"的意思。　⑦由是:王念孙认为应作"是由"。由:同"犹"。　⑧古今之未闻也:《群书治要》作"古今未之闻"。

【评析】

作者继续批判乱世现象:"富人则车舆衣纂锦,贫人则夏被褐带索。"这种贫富差别的悬殊,就像人君与仆奴的差别,使人无法比也无法说清。正是由于社会上不必要的雕琢刻镂现象增多,这使农民弃农从工,这样妨碍了农事;同样由于社会讲究锦绣纂组,使得妇女精于刺绣疏于纺织。在这种"农事废、女工伤"的情况下,必定会出现饥寒现象,这样也加剧了社会贫富差别,也导致社会动乱。这时再有礼法也无济于事。

故仕鄙在时不在行①,利害在命不在智。夫败军之卒,勇武遁逃,将不能止也;胜军之陈②,怯者死行,惧不能走也③。故江河决沉,一乡父子兄弟相遗而走④,争升陵阪,上高丘,轻足先升⑤,不能相顾也;世乐志平,见邻国之人溺,尚犹哀之,又况亲戚乎!故身安则恩及邻国,志为之灭;身危则忘其亲戚,而人不能解也。游者不能拯溺,手足有所急也;灼者不能救火,身体有所痛也。夫民有余即让,不足则争。让则礼义生,争则暴乱起。扣门求水⑥,莫弗与者,所饶足也;林中不卖薪,湖中不鬻鱼,所有余也。故物丰则欲省,求澹则争止。秦王之时,或人菹子⑦,利不足也;刘氏持政,独夫收孤,财有余也。故世治则小人守政⑧,而利不能诱也;世乱则君子为奸,而法弗能禁也。

【今译】

所以说人的仁或鄙取决于时势而不取决于个人行为,人得利或受害取决于天命而不取决于人的智力。败军中的士卒,一旦败下阵来,连勇敢的也跟着败逃,这时将领统帅怎么制止都制止不了;胜军的队伍,一旦获胜,连胆怯的也会跟着冲锋陷阵,拼死前进,生怕赶不上趟。

所以江河决堤,一乡的父子兄弟弃亲人而不顾,各自逃命,争先恐后跑上高坡山丘,腿脚灵便的先上去,也不顾别人;盛世太平的时候,人们心平气和,看到邻国的人溺水,尚且同情相助,更何况是自己的亲人溺水呢!所以由此可见,自身安稳,恩情就会施及邻国,躁乱的自私心态也会随之消失;反之如自身处在危难之中,就会连亲人都不顾,外人就更不可能去帮助解救了。正在忙于游水的人是不可能去解救溺水的人,因为他自己的手脚都忙于划水,没有空闲时间。被火灼伤的人是不可能去救火的,因为他自己受伤疼痛万分。由此推出,人民丰衣足食就会互相谦让,而人民衣食不足就会互相争抢。互相谦让则礼义产生,互相争抢则暴乱兴起。过路人敲门讨水喝,主人没有不给的,因为有的是水。在山林中柴薪难以出售,在湖区鱼虾不易出让,因为这种地方有的是这类东西。所以说物质丰富了,人们的贪欲会减省;要求得到满足,争夺的事就会止息。秦始皇时代,有人宰食自己的儿女,这是因为物财不足;当今刘家执政,独身男子也能收养孤儿,这是因为财物富裕。所以,天下太平,小人也能规规矩矩过日子,因为没有什么物质利益能驱动他去做坏事;但如世道混乱,君子都会做越轨之事、犯法之事,这时法令也无法制止他。

【注释】

① 仕鄙:陈观楼认为应作"仁鄙",这样"仁与鄙相反,利与害相反"。 ② 陈:"阵"的古字。 ③ 死行:拼死前进。何宁认为"死行",当为"先行"。 ④ 江河决沉:王念孙认为是"江河决流"。 ⑤ 轻足先升:《群书治要》为"轻足者先",无"升"字。 ⑥ 扣:通"叩"。 ⑦ 菹:剁成肉酱。 ⑧ 政:通"正"。

【评析】

讲了那么多的"礼治天下"和"道治天下"后,作者似乎感到治理天下还得以物质为基础,于是在《齐俗训》的最后一节,明确提出"民有(物)余则让,让则礼义生"。并举例说到:过路客"叩门求水,莫弗与者",为什么呢？因为主人家里有的是水。同样"林中不卖薪,湖中不鬻鱼",也是由于物有余而造成的。于是,在物质第一性、财物富裕的情况下,一切问题迎刃而解:"物丰则欲省","财有余则独夫收孤","利不诱人则小人守正"……一幅太平盛世的画面被作者勾勒了出来。由此,所谓"礼治天下"和"道治天下"谁优谁劣的问题,在这幅物质富裕天下太平的画面下显得毫无意义。

卷十二　道应训

【解题】

《原道训》已对"道体"作了理论阐发,本卷则用了五十六则历史故事和寓言故事来形象解说"道体"。作者似乎还感到"道"只有被古往今来的无数史实所验证,才能说明"道"是放之四海而皆准的原始体,也是万物之本原和社会自然发生发展的根本,所以本卷也被称之为《道应训》。这正如曾国藩所说的:"此篇杂征事实,而证之以老子《道德》之言,意以已验之事,皆与昔之言道者相应也,故题曰《道应》。"

为了应"道",所以本卷的体例是每则故事之末(亦即每节之末),皆引《老子》语录证之,以点明主旨。而所引的《老子》语录达五十多条,涉及《老子》一书中的三十多章内容。所杂征的历史故事和寓言故事,以出自《吕氏春秋》和《庄子》为最多,其他分别出自《晏子春秋》、《韩非子》和《荀子》等,从中可见《淮南子》和《老子》、《庄子》、《吕氏春秋》的道家渊源关系。

还有,所杂征的五十多则故事,也有不少被作者加工过,取舍的痕迹随处可见;但所杂征的故事大多十分精彩,读过这些被《老子》语录印证过的故事后,会给人留下深刻的印象。

　　太清问于无穷①曰:"子知道乎?"无穷曰:"吾弗知也。"又问于无为②曰:"子知道乎?"无为曰:"吾知道。""子之知道亦有数乎?"无为曰:"吾知道有数。"③曰:"其数奈何?"无为曰:"吾知道之可以弱,可以强;可以柔,可以刚;可以阴,可以阳;可以窈,可以明④;可以包裹天地,可以应待无方。此吾所以知道之数也。"太清又问于无始⑤曰:"乡者⑥,吾问道于无穷。无穷曰:'吾弗知之。'又问于无为。无为曰:

'吾知道。'曰：'子之知道亦有数乎？'无为曰：'吾知道有数。'曰：'其数奈何？'无为曰：'吾知道之可以弱，可以强；可以柔，可以刚；可以阴，可以阳；可以窈，可以明；可以包裹天地，可以应待无方。吾所以知道之数也。'若是，则无为知与无穷之弗知，孰是孰非？"无始曰："弗知之深⑦，而知之浅；弗知内，而知之外；弗知精，而知之粗。"太清仰而叹曰："然则不知乃知邪？知乃不知邪？孰知知之为弗知，弗知之为知邪？"无始曰："道不可闻，闻而非也；道不可见，见而非也；道不可言，言而非也。孰知形之不形者乎？"⑧故《老子》曰："天下皆知善之为善，斯不善也。"⑨故"知者不言，言者不知"也⑩。

【今译】
　　太清问无穷："你知道'道'吗？"无穷说："我不知道。"太清又问无为："你知道'道'吗？"无为回答说："我知道'道'。"太清又问："你所知道的'道'有特征吗？"无为接着回答："我所知道的'道'有它的特征。"太清问："'道'的特征是怎样的呢？"无为回答："我所知道的'道'可以弱也可以强，可以柔也可以刚；可以阴也可以阳，可以暗也可以明；可以包裹天地也可以应对无穷。这就是我所知道的'道'的特征。"太清又对无始说："刚才我问无穷有关'道'的问题，无穷说：'我不知道。'我又问无为，无为说：'我知道。'我又问：'你能说出它的特征吗？'无为说：'我能说出它的特征。'我说：'这特征是怎么样的呢？'无为回答说：'它是可以弱也可以强，可以柔也可以刚；可以阴也可以阳，可以暗也可以明；可以包裹天地也可以应对无穷。这就是它的特征。'这样的话，你是否能回答无为知道和无穷不知道哪个对哪个错呢？"无始回答说："说不知道的恰恰说明他知道的深奥，说知道的恰恰说明他知道的肤浅；说不知道的恰恰说明他知道了它的实质，说知道的恰恰说明他只知道它的外表；说不知道的恰恰说明他知道了它的精粹,说知道的恰恰说明他只知道它的大概。"太清听后仰天叹息说："这么说来,不知道的却是知道,知道的却是不知道。谁晓得知道的却是不知道,不知道的却是知道呢？"无始接着说："'道'是不可闻的,能听闻到的就不是'道'；'道'是不可见的,能看得见的就不是'道'；'道'是不可言说的,能言说规定的就不是'道'。谁晓得生成有形物体的是无形的'道'？"所以《老子》说："天下人都知'善'之所以'善'时,也就会显出不'善'来。"所以说"智者不言,言者不智"。

【注释】

① 太清：原注为"元气之清者也"。太清、无穷,以及下文的无为、无始皆是作者虚构假托的人物。这段对话出自《庄子·知北游》。无穷：原注为"无形也"。　② 无为：原注为"无为有形,故知道"。③ 数：道理,特征。　④ 窈：幽,暗。　⑤ 无始：原注为"未始有之气也"。　⑥ 乡：通"向"。乡者：指刚才。　⑦ 之：王念孙说,"之"字当在上文"无为"下。　⑧ 形之不形：《庄子》作"形形之不形"。第一个"形"作动词。　⑨ 语见《老子·二章》。　⑩ 知：智。

【评析】

本节用原本就体现"道"之特征的太清、无穷、无为、无始这些虚构人物之间的对话来解说"道体"。认为,仅仅承认"道"既可弱又可强,既可柔又可刚,既可阴又可阳,既可暗又可明,既包裹天地又应对无穷还不行,原本就"无所不能"的"道"决定了它的不可言语性,因为不管你用什么言语去规定它和描绘它都是不完善的,所以也决定了对"道"的掌握的最好方法是不去言语它、不去规定它。站在这个角度来看,无始说的话十分有道理,即说不知道"道"的人实际上是知道"道"的,说知道"道"的人实际上是不了解"道"的。而作者还因此引出一个人生道理来,即"智者不言,言者不智",让人们体会和琢磨去。

白公^①问于孔子曰:"人可以微言?"^②孔子不应。^③白公曰:"若以石投水中,何如?"曰:"吴、越之善没者能取之矣。"曰:"若以水投水,何如?"孔子曰:"菑、渑之水合,易牙尝而知之。"^④白公曰:"然则人固不可与微言乎?"孔子曰:"何谓不可!谁知言之谓者乎!夫知言之谓者,不以言言也。"^⑤争鱼者濡,逐兽者趋,非乐之也。故至言去言,至为无为。夫浅知之所争者,末矣!白公不得也,故死于浴室。^⑥故老子曰:"言有宗,事有君。夫唯无知,是以不吾知也。"^⑦白公之谓也。

【今译】

　　白公问孔子:"人可以密谋吗?"孔子不回答。白公又问:"假若像石头一样扔到水里,怎么样?"孔子说:"吴越地区善于潜水的人可以把它捞起来。"白公又说:"假若像水一样泼入水中,怎么样?"孔子说:"菑水和渑水汇合一起,但辨味专家易牙能尝辨出来。"白公于是说:"这么说来,人就根本不能和他们密谋了?"孔子说:"怎么说不可以啊!那些能明白你说话意思的人就可以和他密谋呀!但话又说回来,那些能明白你说话意思的人,你不去和他说,他也会明白。"争夺鱼的人没有不湿衣服的,追逐野兽的人没有跑得慢的,他们并不是乐意这样做,而是利欲之心驱动他们这样做。所以,最高妙的话是不说出来别人就已领悟,最好的行为是不做什么却能样样成功。那些才智浅薄的人才会去争夺那些枝末小利(才会想到与人密谋这样末流的事)。白公就是不懂这其中的道理,所以导致最后因事败走投无路而自缢于浴室之地。所以《老子》说:"言论有宗旨,行事有根据,因为人们无知顽钝,所以也不理解我说的道理。"这无知顽钝的人说的就是白公啊。

【注释】

　　① 白公:春秋时楚平王之孙,太子建之子。太子建被费无忌谗

害,白公随伍子胥奔吴。后令尹子西因他"信而勇",从吴召回,任为巢大夫,号白公。后曾举兵攻杀令尹子西等,最后被叶公子高打败,奔入山中自缢而死。 ② 微言:密谋。当指白公欲兴兵叛乱,又怕事情败露,故就此事问孔子。 ③ 孔子不应:原注为"知白公有阴谋,故不应也"。 ④ 菑:同"淄",水名。渑:水名。二水均在山东境内,相传二水味异。易牙:齐桓公臣,传说他能辨别味道。 ⑤ 谁:王念孙认为"谁当为'唯'字之误也"。不以言言:原注为"不以言,心知之"。
⑥ 浴室:地名。又作"浴室","法室"。一曰浴室为"澡浴之室"。
⑦ 语见《老子·七十章》。

【评析】

本节通过白公胜欲举事又怕败露而求教于孔子这一事情来强调两点。第一,争名夺利没有不受伤害的,这就像"争鱼者濡,逐兽者趋"一样,白公胜就是因争名夺利的事情败露而被迫自杀的。所以,最好的行为是"无为"。第二,任何的微言(密谋),尽管做得像"石投水中"、"水投水中"那样不留痕迹,但最终都是要泄露的;"水投水中"都会被人辨别,何况这微言(密谋)呢! 所以最好的言语是不言却能使人领悟。

惠子为惠王为国法,已成而示诸先生①,先生皆善之。奏之惠王,惠王甚说之,以示翟煎②,曰:"善。"惠王曰:"善,可行乎?"翟煎曰:"不可。"惠王曰:"善而不可行,何也?"翟煎对曰:"今夫举大木者,前乎邪许③,后亦应之。此举重劝力之歌也。岂无郑、卫激楚之音哉?④然而不用者,不若此其宜也。治国有礼,不在文辩。"故《老子》曰:"法令滋彰,盗贼多有。"⑤此之谓也。

【今译】

惠施为魏惠王制定国家法令,制定出来后拿给德高望重的各位年长儒生征求意见,儒生们都称赞法令制定得好,惠施于是将法令上呈给魏惠王,惠王十分高兴,拿去给墨煎看。墨煎说:"很好。"惠王说:"既然法令制定得好,那么就拿出去颁布实行了吧?"墨煎说:"不行。"惠王说:"好却不能颁布实行,这是为什么?"墨煎说:"如今那些扛大木头的人,前面的呼喊'嗨哎',后面的也同声应和。这是人们在扛举重物时为鼓劲而唱喊的歌声。现在难道没有郑国、卫国那样的高亢激越的乐曲?有的,但就是不用它,这是因为它不如那种号子歌声来得适用。同样,治理国家,在于礼法的实际内容和有效性,而不在于这法令的文辞修饰如何。"所以《老子》说:"法令越详明,盗贼就越多。"说的就是这种情况。

【注释】

①惠子:惠施,战国时宋人,名家代表人物。惠王:魏惠王。先生:指年长而又有德的人。 ②墨煎:魏臣。 ③邪许:抬重物时人喊的号子声。 ④郑、卫:指春秋战国时的郑国和卫国的民间音乐,被认为是与传统雅音不一样的"淫声"。激楚:激越凄清。 ⑤语见《老子·五十七章》。彰:详明。

【评析】

本节以惠施为惠王制定法令之事,说明治理国家的法令不在于其文辞修饰如何,而在于治理国家的礼法是否有实际效果。认为,就是有效的法令也不可能十全十美,总有它的不完善处和有空子可钻处,所以老子说的"法令滋彰,盗贼多有"的现象倒是完全有可能发生。言下之意是与其"法令滋彰、盗贼多有",倒不如不用礼法治国,而以"道"治国来得好。

田骈以道术说齐王①,王应之曰:"寡人所有,齐国也。道术难以除患。愿闻国之政。"②田骈对曰:"臣之言无政,而可以为政。譬之若林木无材,而可以为材。愿王察其所谓,而自取齐国之政焉。已虽无除其患害③,天地之间,六合之内,可陶冶而变化也。齐国之政,何足问哉? 此老聃之所谓'无状之状,无物之象'者也。④若王之所问者,齐也;田骈所称者,材也。材不及林,林不及雨,雨不及阴阳,阴阳不及和,和不及道。"⑤

【今译】

　　田骈用道术游说齐宣王,齐宣王回答说:"我所拥有的是齐国。你向我说的道术难以消除当前齐国的祸患。所以我倒希望听到一些好的治政高见。"田骈回答说:"我说的道术尽管不直接涉及政事,但可以运用到政事。这就好比说树林里没有成材的树木,但它可以培育出好的树木,供人们使用。所以希望大王能仔细考察我说的话的旨意,能否从中领悟出些能治理齐国政事的道理来。虽然我说的道术中没有关于消除齐国祸患的内容,但是天地之间、六合之内都可以用'道'来陶冶变化,那你齐国的政事又何足道呢? 这就是老子说的'无状之状,无物之象'。像你大王所说的只不过是一个齐国,而我田骈所说的也不过是树木的培育而已。而实际上树木比不上树林,树林比不上雨水,雨水比不上阴阳,阴阳比不上中和之气,而中和之又怎么比得上这'道'呢!"

【注释】

　　① 田骈:战国时齐国学者,《史记》谓其"学黄老道德之术"。曾师事彭蒙,后讲学稷下,与彭蒙、慎到为一学派。主张"贵齐"。著作《田子》二十五篇,已佚。齐王:齐宣王。　② 国之政:应为"齐国之政"。　③ 害:向宗鲁认为不应有此"害"字。　④ 语见《老子·十四章》。　⑤ 以上文字出自《吕氏春秋·执一篇》。

【评析】

田骈以道术说齐王,齐王对此不以为然,认为"道术难以除患"。

这说明"道体"实在是"无状之状，无物之象"，跨越时空，超越物相，难以把握；如此"恍惚"的"道"确实使齐王难以相信它有什么功效。于是田骈开导说：这"道"尽管"无状之状，无物之象"，但它并不悬空在万物之上，超越于万物之外，它实际上是融入在万物之中，就像庄子说的"道"在"天地日月，蝼蚁稊稗，瓦甓屎溺"之中一样，所以它在"天地之间，六合之内"均有陶冶变化作用，更何况你齐王这小小的齐国了。"材不及林，林不及雨，雨不及阴阳，阴阳不及和，和不及道。"

白公胜得荆国，不能以府库分人。① 七日，石乙② 入曰："不义得之，又不能布施，患必至矣。不能予人，不若焚之，毋令人害我。"③ 白公弗听也。九日，叶公入④，乃发大府之货以予众，出高库之兵以赋民⑤，因而攻之，十有九日而擒白公⑥。夫国非其有也而欲有之，可谓至贪也。不能为人，又无以自为，可谓至愚矣。譬白公之嗇也，何以异于枭之爱其子也？⑦故《老子》曰："持而盈之，不如其已；揣而锐之，不可长保也。"⑧

【今译】
　　白公胜取得楚国的政权后，不肯将府库内的粮食和兵器分发给民众。七天以后，石乞进见白公胜说："我们现在得到的是不义之财，又不肯将不义之财布施给民众，我看祸害必定会降临。既然不肯布施给民众，不如用火一烧了之，千万别叫人家利用这些东西来害我们。"白公胜不听。到了第九天，叶公子高从方城攻入楚都，立即将府库里的财物和兵器分发给民众，依靠民众的向心力攻打白公胜，等到第十九天就彻底打败白公胜。这国家本不该白公胜所有而白公胜却想占有它，这可以说是最贪婪的了。不能为他人着想和谋利益，又无能耐保住自我，这可以说是最愚蠢的了。白公胜的吝啬，与枭鸟爱养其子最后被长大的枭子吃掉又有什么不同呢？所以《老子》说："执持盈满，不如作罢；锤尖太细，难保长久。"

【注释】

① 白公胜：即白公。参阅前注。府库：国家贮藏财物之处为"府"，贮藏兵器之处为"库"。　② 石乞：又称石气，为白公胜的党羽。　③ 毋令人害我：谓毋令人以府库之财害我。　④ 叶公入：是指楚大夫叶公子高自方城之外入杀白公。　⑤ 大府：太府，即贮藏财物的仓库。高库：楚国贮藏兵器库。赋：予。　⑥ 擒：指打败，因为白公是战败后逃出郢城在山中自缢死的。　⑦ 枭之爱其子：《意林》引桓子《新论》："枭生子，长食其母，乃能飞。"　⑧ 语见《老子·九章》。

【评析】

本节录用的《老子》语录是"持而盈之，不如其已；揣而锐之，不可长保"；接下来《老子》的语录是"金玉满堂，莫之能守；富贵而骄，自遗其咎"(《老子·九章》)，但这却被《淮南子》作者省略。而实际上，应将这两段语录加在一起用到白公胜的身上才显得更合适。

《老子·九章》的内容无非是说"盈满富贵不知足"是灾祸的根源，而白公胜恰恰是犯了这种错误，他将用不义手段获取的不义之财持守在手而不肯"散物聚人"，从而导致他的失败。在这里，石乞的见解都比白公胜要高明。所以在《淮南子》作者看来，白公胜的那种"至贪、至愚"，哪会使他不失败？因为白公胜实在是不懂这"持而盈之，不如其已；金玉满堂，莫之能守"的道理。

　　赵简子以襄子为后①，董阏于②曰："无恤贱，今以为后，何也？"简子曰："是为人也，能为社稷忍羞。"③异日，知伯与襄子饮而批襄子之首④，大夫请杀之。襄子曰："先君之立我也，曰能为社稷忍羞，岂曰能刺人哉！"处十月，知伯围襄子于晋阳⑤，襄子疏队而击之，大败知伯，破其首以为饮器。

故老子曰:"知其雄,守其雌,其为天下溪。"⑥

【今译】

　　赵简子选中庶子无恤,即以后的赵襄子为继承人,董阏于说:"无恤低贱,现在选立他为继承人,这是为什么呢?"赵简子回答说:"无恤这个人,以后一定能为国家忍辱负重。"后来有一次智伯与赵襄子一起饮酒,智伯趁着酒兴向赵襄子头上猛击一掌,赵襄子手下的人请求杀了智伯,赵襄子却说:"先君立我为继承人时说我将会为国家社稷忍辱负重,却未曾说过我好杀人啊!"过了十个月,智伯举兵将赵襄子包围在晋阳,赵襄子分兵出击智伯军,大败智伯,并剖开智伯的头颅作壶器。所以《老子》说:"虽然知道什么是刚强,但却谨守柔弱。甘心处于天下的低卑处。"

【注释】

　　① 赵简子:春秋末晋国卿,名鞅。襄子:赵简子庶子,名无恤。后:指继承者。　② 董阏于:赵简子臣。　③ 是:指赵襄子。
④ 知伯:即智伯。批:用手猛击。　⑤ 晋阳:今山西太原西南。公元前455年,智伯联合韩、魏两家攻打赵襄子,赵襄子退守晋阳;后赵襄子暗中联络韩、魏两家反攻智伯,消灭智伯,并将晋分裂为韩、赵、魏三家。　⑥ 语见《老子·二十八章》。

【评析】

由老子的"道性"决定,在"雌雄相对"中,老子宁愿取"雌"。当然老子这种取"雌"的做法,是在知"雄"后才得出的,也就是说,老子在对"雄"的一面有了透彻的了解后才取"雌"的一方。这样,使老子的"守雌"并非只是简单地一味退缩和回避,而是一定条件下的内收和敛藏(参阅陈鼓应《老子注译及评介》)。所以当赵襄子被智伯所批后能柔忍敛藏、为社稷忍辱;但一旦条件允许,这本身就"知雄"的内收敛藏的"守雌"就会变得刚强起来,所以当智伯久攻晋阳不下时,赵襄子却反攻得手,将智伯消灭。正是由于这点,在《淮南子》作者的眼里,赵襄子是懂得老子说的"知其雄,守其雌,其为天下溪"的道理的。也就是说,尽管不是一定要你做到人唾其面而不较,但必要的柔忍还是需要的;如果不懂柔忍,祸患即倾,历史上汉代的项羽送命就为不能柔忍,魏晋石崇家破也为不能柔忍。这不断地被历史和现实所证明。

啮缺问道于被衣①,被衣曰:"正女形,壹女视,天和将至。②摄女知③,正女度,神将来舍。德将来附若美④,而道将为女居。蠢乎若新生之犊⑤,而无求其故。"言未卒,啮缺继以雠夷。⑥被衣行歌而去曰:"形若槁骸,心如死灰;直实不知⑦,以故自持;墨墨恢恢⑧,无心可与谋。彼何人哉⑨!"故《老子》曰:"明白四达,能无以知乎?"⑩

【今译】

啮缺向披衣问"道",披衣说:"端正你的形体,集中专一你的视觉,这样天然和气将降临。敛藏你的智慧,端正你的思虑,神明就会留宿在你心中。德将为你显得更美,道将留居你身上。你将纯朴得像新生的牛犊,不探求所有事物的缘由。"披衣的话还没说完,啮缺还是像先前那样显得目光呆滞不言不语。披衣唱着歌而离去,说:"形若槁骸,心如死灰;真实地知道了天道,不以智巧故作矜持;看上去混混沌沌毫无心机,不能与他谋议什么,那是什么样的人啊!"所以《老子》说:"悟彻明白事理,能不使心机(智)掺杂其间吗?"

【注译】

① 啮缺、被衣:庄子虚构的上古得道贤人。"被衣"也为"披衣"。这段文字出自《庄子·知北游篇》。　② 女:汝。壹:专一。　③ 摄:收敛、敛藏。知:同"智"。　④ 德将来附若美:《庄子》原文作"德将为女美"。　⑤ 蠢:纯朴无知。犊:小牛。　⑥ 雠夷:原注为:"熟视不言貌。"　⑦ 直实不知:依《庄子》应作"真其实知"。"真"误为

"直"。　⑧ 墨墨恢恢：《庄子》作"媒媒晦晦"。指混混沌沌、憎憎懂懂。　⑨ 彼何人哉：这是赞美啮缺的语言，指啮缺是个不异常的人。　⑩ 语见《老子·十章》。

【评析】

"道"如真依附你身上，将会是怎样的呢？本节作者通过"啮缺"这个人物描绘出是：形若槁骸，心如死灰；收敛智慧，端正思虑；混混沌沌，憎憎懂懂；对事不作深究探索，不寻缘由原因；不凭智巧故作矜持，更无心机参与谋议策划。这就是"得道"之人的具体形象。

赵襄子攻翟而胜之，取尤人、终人①，使者来谒之②，襄子方将食而有忧色。左右曰："一朝而两城下，此人之所喜也。今君有忧色，何也？"襄子曰："江河之大也③，不过三日；飘风暴雨，日中不须臾④。今赵氏之德行无所积，今一朝两城下⑤，亡其及我乎？"孔子闻之曰："赵氏其昌乎！"夫忧所以为昌也，而喜所以为亡也。胜非其难也，持之者其难也。贤主以此持胜，故其福及后世。齐、楚、吴、越皆尝胜矣，然而卒取亡焉，不通乎持胜也。唯有道之主能持胜。孔子劲构国门之关⑥，而不肯以力闻。墨子为守攻，公输般服⑦，而不肯以兵知。善持胜者，以强为弱。故《老子》曰："道冲，而用之又弗盈也。"⑧

【今译】

　　赵襄子派兵攻打翟国获胜，夺取了尤人和终人两座城镇，使者前来报告赵襄子，赵襄子正准备吃饭，听后露出忧虑的神色。他身边的人看到后就说："一个早上就攻下两座城镇，这是人们所高兴的事。现在您反而显得忧愁，这是为什么呢？"赵襄子回答说："长江黄河发大水，也不过三天就退下去了；狂风暴雨，太阳当头照，也都是片刻的现象。现在我们赵氏的德行没有积累多少，而这么轻松夺取两座城镇，衰败也大概会接踵而来了吧？"孔子知道此事后说："赵氏将要昌盛了。"取得胜利后反而忧虑、反思，这恰恰说明会进一步取胜和昌盛；而为了一点胜利就沾沾自喜则说明非但不会进一步取胜，还会导致失败。取得胜利并不难，难的是如何保持胜利。贤明的君主知道这个道理，所以能保持胜利，并将所缔造的胜利果实传给后代。而历史上的齐、楚、吴、赵四国都曾战胜过诸侯，称霸过天下，但最终都走向衰亡，这是因为四国君主都不懂如何保持胜利果实的道理。只有有"道"的君主才能保持胜利果实。孔子的力气大得能拉开城门的门栓，但他却不愿意以力大而著称；墨子善于守御攻城，这种技术连公输般都不得不佩服，但是墨子就是不愿意以善于用兵而出名。所以，善于保持胜利的人，尽管处于强势，但却表现出柔弱，以防止物壮则老。所以《老子》说："道体虚空，但它的作用无穷无尽。"

【注释】

① 尤人、终人：指翟国的二邑。"尤"又作"左"。　② 谒：这里指"报告"。　③ 大：涨水、洪水。　④ 日中：太阳当头照，这里指正中午。不须臾：不过片刻。　⑤ 一朝两城下：王念孙认为本作"一朝而两城下"。　⑥ 扚：拉开。关：门栓。　⑦ 公输般：即鲁班。⑧ 语见《老子·四章》。冲：虚空。盈：满。

【评析】

这故事是接着上文讲的。同样是赵襄子，在这以前对智伯的事能做到"知雄守雌"，而在自己取得胜利、强大之时，又能做到反思忧虑，显得十分柔弱，以防"物壮则老"，所以也就能保持胜利、福及后世。在作者看来，赵襄子是真的懂得"道"的人。"道"看起来十分虚空，但将它用于人事却真能使人得益匪浅、受惠无穷，用《老子》的话来说是"道冲，而用之或不盈"。

惠孟见宋康王,蹀足謦咳①,疾言曰:"寡人所说者,勇有功也,不说为仁义者也。②客将何以教寡人?"惠孟对曰:"臣有道于此:人虽勇,刺之不入;虽巧有力③,击之不中。大王独无意邪?"宋王曰:"善!此寡人之所欲闻也。"惠孟曰:"夫刺之而不入,击之而不中,此犹辱也。臣有道于此:使人虽有勇弗敢刺,虽有力不敢击。夫不敢刺、不敢击,非无其意也。臣有道于此:使人本无其意也。夫无其意,未有爱利之心也。臣有道于此:使天下丈夫女子莫不欢然皆欲爱利之心。④此其贤于勇有力也,四累之上也。⑤大王独无意邪?"宋王曰:"此寡人所欲得也。"惠孟对曰:"孔、墨是已。⑥孔丘、墨翟,无地而为君,无官而为长,天下丈夫女子莫不延颈举踵而愿安利之者。⑦今大王,万乘之主也。诚有其志,则四境之内皆得其利矣,此贤于孔、墨也远矣!"宋王无以应。惠孟出,宋王谓左右曰:"辩矣,客之以说胜寡人也!"故《老子》曰:"勇于不敢则活。"⑧由此观之,大勇反为不勇耳。

【今译】

惠孟拜见宋康王,康王跺着脚、咳嗽着,大声说:"我所喜欢的是勇猛有力的人,不喜欢那些讲仁义的人。你这位客人对此有何高见指教我?"惠孟回答说:"我这里有一种道术,能够让你有这种功夫:再骁勇的人也刺不进你的身体,再有力的人也击不倒你。大王难道不想具有这种功夫吗?"康王说:"好。这种功夫我倒想听你介绍介绍。"惠孟于是接着说:"刺你而刺不进身体,击打你而击不倒你,但这还是使受刺击的你感到是一种侮辱。我这里的一种道术,能够让你有这种本事:再骁勇的人不敢刺你,再有力的人不敢击打你。但不敢刺你,不敢击打你,不等于他没有这种想刺击你的意图。所以,我这里还有一种道术,能够让你有这种品行:使别人就根本没有这种想伤害你的意图。但是没有这种想伤害你的意图,不等于说他就有一种爱护你、使你得利的心。由此,我这里再有一种道术,能够使你有这种德行,即别人非但没有伤害你的意图,还无不欣喜愉悦地爱你,使你得利。这种德行要远远超过勇武有力,在这四种情况中属于最好的一种。大王难道不想获得这种德行吗?"康王听后说:"这正是我想获得的。"惠孟接下说:"孔子、墨子就是具有这种德行的人。所以,他们尽管没有任何领地但却成为众人敬仰的精神领袖,他们尽管没有任何官职但却能成为人们的主宰。天下男男女女无不伸长脖子踮着脚跟仰望他们、并希望他们平安幸福。今天你大王是一个大国的君主,如果你真有孔墨这样的德行,那么,全国范围内的人、包括你自己,都能得到利益,这不比孔墨强多吗?"听了之后,宋康王无话可答。惠孟出去之后,宋康王对身边的人说:"这位客人很会说话,他的辩说使我十分佩服。"所以《老子》说:"勇于柔弱就不会陷于死地。"由此看来,大勇反而成了不勇了。

【注释】

① 惠孟:战国时宋国人。宋康王:宋国国君,名偃,公元前329年到公元前286年在位。跶足:踮脚。謦欬:咳嗽。 ② 功:王念孙认为"功"是"力"字之误。《吕氏春秋·顺说篇》也作"勇有力"。说:同"悦"。 ③ 人虽勇:王念孙认为"人虽勇"上当有"使"字。巧:王念孙认为不应有"巧"字。 ④ 心:王念孙认为不当有此"心"字。 ⑤ 四累:曾国藩认为"四累"即"四层",即"刺不入、击不中,一层也;弗敢刺,弗敢击,二层也;无其意,三层也;欢然爱利,四层也"。 ⑥ 已:通"矣"。 ⑦ 延颈:伸长脖子。举踵:踮起脚跟。 ⑧ 语见《老子·七十三章》。

【评析】

本节引用《老子·七十三章》的"勇于敢则杀,勇于不敢则活"的语录,是想说明老子"以柔克刚、藏刚于柔"的道术。因为这里的"敢"相当于"坚强、大胆","不敢"相当于"谨慎、柔弱"。所以,作者站在老子这个"以柔克刚,藏刚于柔"的道术立场上看"大勇(敢于)",就会认为"大勇反为不勇"了。接下来作者借用惠孟这个人物来解说这"道术",从惠孟对宋康王的解说中也确能看到这"柔术"能使勇武有力者无可奈何,达到以柔克刚的目的。但遗憾的是,惠孟最后将这"道术"归结为"孔墨是矣",那就有些使人费解了。

昔尧之佐九人①,舜之佐七人②,武王之佐五人③。尧、舜、武王于九、七、五者,不能一事焉,然而垂拱受成功者,善乘人之资也。④故人与骥逐走则不胜骥,托于车上则骥不能胜人。北方有兽,其名曰蹶,鼠前而兔后,趋则顿,走则颠⑤,常为蛩蛩駏驉取甘草以与之⑥,蹶有患害,蛩蛩駏驉必负而走。此以其能,托其所不能。故《老子》曰:"夫代大匠斫者,希不伤其手。"⑦

【今译】
　　过去尧帝的辅佐大臣有九个人,舜帝的辅佐大臣有七个人,武王的辅佐大臣有五个人。尧帝、舜帝和武王跟他们这些辅佐大臣相比,并不具有辅佐大臣那样的本事,但却能相当轻松地取得成功,这是因为尧、舜、武王都能善于充分利用各人的能力。所以人和千里马赛跑是跑不过千里马的,但乘坐在由千里马拉的车子上,情况就不一样了。北方有一种兽,名叫"蹶",前肢短如鼠脚,后腿却长如兔,快步走就会叩倒,跑起来就会跌倒,常常为善走而不善觅食的蛩蛩駏驉采摘甘草,但反过来如"蹶"碰到祸害时,蛩蛩駏驉就会背着"蹶"逃跑。这二种兽都以自己的长处能力来帮助、弥补对方的短处不足。所以《老子》说:"那些硬代替工匠去砍木头的人,很少有不自伤其手的。"

【注释】

① 尧之佐九人：指禹、皋陶、稷、契、伯夷、倕、益、夔、龙。　② 舜之佐七人：原注为"皆与尧同臣其七人也"。　③ 武王之佐五人：周公旦、召公奭、太公望、毕公高、苏公忿生。　④ 垂拱：垂衣拱手，指无所事事，轻轻松松。乘：利用。资：指才能。　⑤ 蹶：兽名，又名"蟨"。顿：以头或脚叩地。颠：跌倒。　⑥ 蛩蛩距虚：兽名。相传和"蹶"相反，前腿长，后肢短，善走而不善觅食，故常与蹶合作。蛩蛩也作"邛邛"。距虚又作"距虚"。　⑦ 语见《老子·七十四章》。斫：砍削。

【评析】

作者强调君王要善于发挥他人的才能来为自己服务，只有"善乘人之资"，以他人之"能"来托自己的"不能"，这样才能垂拱受成功。反之，如果君王不是"善乘人之资"，而是亲自去做大臣应做的事，就会乱套，就像《主术训》中说的"君臣异道则治，同道则乱"。这时你君王也会受到伤害，这就如《老子·七十四章》说的："夫代大匠斫者，希不伤其手。"

薄疑说卫嗣君以王术①，嗣君应之曰："予所有者，千乘也，愿以受教。"②薄疑对曰："乌获举千钧，又况一斤乎？"③杜赫以安天下说周昭文君④，文君谓杜赫曰："愿学所以安周。"赫对曰："臣之所言不可⑤，则不能安周；臣之所言可，则周自安矣。此所谓弗安而安者也。"故《老子》曰："大制无割"⑥，"故致数舆无舆也"⑦。

【今译】

薄疑拿着王道之术游说卫嗣君，卫嗣君对他说："我所拥有的只是一个千乘小国，希望先生能拿治理小国的方法指导我。"薄疑回答说：

"大力士乌获能举起千斤重的东西,又何况这一斤重的东西呢?"杜赫拿着安邦天下的方法游说周昭文君,周昭文君对杜赫说:"我只希望学习安定周朝的具体方法。"杜赫回答说:"如果你认为我说的安邦方法不管用,那么没有别的方法可以安定周朝了;如果你认为我说的安邦方法可行,那么周朝就自然会安定。这就是所谓的认为不能安邦的方法恰恰是可以安邦的。"所以《老子》说:"用大道治理天下无所伤害","所以过多地计较称誉不称誉反而得不到称誉"。

【注释】

① 薄疑:战国时卫国人。卫嗣君:战国末卫国国君。 ② 千乘:拥有千辆兵车之国。 ③ 乌获:战国时秦人,以力大著称。钧:古代重量单位,三十斤为一钧。一斤:喻千乘小国。 ④ 杜赫:春秋战国时游说于各国间的谋士。周昭文君:东周国君。 ⑤ 所言:即指安邦天下的方法。 ⑥ 语见《老子·二十八章》。制:治制、治理、管理。 ⑦ 语见《老子·三十九章》。致:读为"至"。数:衍文。舆:当读为"誉"。《庄子·至乐篇》引此文为"至誉无誉"。

【评析】

薄疑和杜赫在兜售自己的治政方法时碰壁,被卫嗣君和周昭文君认为是大而无当的方法,不适宜卫国和东周这样的小国家。但杜赫他们为了能给这些治政方法落实载体,即国家,说了一番这样的道理:薄疑说:"我这方法连万乘大国都可以治理,又何况你这千乘小国?"("乌获举千钧,又况一斤乎?")而杜赫则说:"你所认为的不能安邦治国的方法恰恰是可以安邦治国的。"("此所谓弗安而安者也")与这种论调对应的《老子》语录是:"大制无割"("用大道治理天下无所伤害")和"故至舆无舆也"("所以过分地计较称誉不称誉反而得不到称誉")。

鲁国之法,鲁人为人妾于诸侯^①,有能赎之者,取金于府^②。子赣赎鲁人于诸侯,来而辞不受金。^③孔子曰:"赐失之矣！夫圣人之举事也，可以移风易俗，而受教顺可施后世④，非独以适身之行也。今国之富者寡而贫者众，赎而受金，则为不廉；不受金，则不复赎人。自今以来，鲁人不复赎人于诸侯矣。"孔子亦可谓知礼矣。⑤故《老子》曰："见小曰明。"⑥

【今译】
　　鲁国的法律规定，鲁国人中有给诸侯作臣妾的，可以将他们赎身为平民，所需的赎金可以由国家的金库来支付。子贡从别的诸侯国那里赎回了作臣妾的本国人，但回来后推辞不受国库的赎金。孔子知道后说："赐这样做就不对了。圣人做事情，能够起到移风易俗的作用，他的行为所起的教化作用能够影响到后世，并不是自以为品行高尚就行了。如今我们鲁国是富人少而穷人多，赎回了臣妾而拿国库的赎金和奖金，自然会被人们看轻，认为是不廉洁。但问题是，大家都赎回了臣妾后不接受赎金和奖金，以后谁还会去赎人呢？由此也可推知，鲁国将不会再有从诸侯那里赎回臣妾的人了。"事情也正如孔子预料的那样。所以说孔子也可以算得上一个懂得事物变化发展的人了。这就是《老子》说的："能观察细微的叫做'明'。"

【注释】
　　①妾：王念孙认为"妾"上有"臣"字。臣妾：指男女家奴。　②府：国库。　③子赣：又作子贡，姓端木，名赐，字子赣。孔子弟子，以经商致富。　④受：王念孙认为是衍文。教顺：教训，也即是教化。　⑤知礼：王念孙认为是"知化"，即"谓知事理之变化也。见子赣之不受金，而知鲁人之不复赎人，达于事变，故曰知化"。　⑥语见《老子·五十二章》。

【评析】
孔子见子赣之不受金，便知鲁人不复赎人，这种"以小知大，以近知远"(《齐俗训》),"见之以细,观化远也"(《吕氏春秋》)的认知能力,被《老子·五十二章》称之为"见小曰明"。换另一种讲法是"见微知著",如"箕子见象箸以知天下祸"一样,类似他们常说的"知化"和"研几"。

魏武侯问于李克①曰:"吴之所以亡者,何也?"李克对曰:"数战而数胜。"②武侯曰:"数战数胜,国之福,其独以亡,何故也?"对曰:"数战则民罢,数胜则主憍③;以憍主使罢民,而国不亡者,天下鲜矣。憍则恣,恣则极物④;罢则怨,怨则极虑⑤。上下俱极,吴之亡犹晚矣!夫差之所以自刎于干遂⑥也。"故《老子》曰:"功成名遂,身退,天之道也。"⑦

【今译】

魏武侯问李克:"吴国灭亡的原因是什么?"李克回答说:"屡战屡胜。"武侯问:"屡战屡胜,这是国家的福气,吴国偏偏为此而灭亡,这又是什么原因呢?"李克解释说:"经常打仗,百姓必然感到疲惫不堪;而屡战屡胜必然导致君主骄傲;让骄横的君主去指挥役使疲惫的百姓,不亡国这样的事情是很少见的。君主骄傲就会放肆,放肆纵欲就会穷奢极欲;百姓疲惫就会产生怨恨,怨恨多了就会去动足脑筋谋求摆脱疲惫痛苦,以致会用到谋反的手段。这样上下都将事物推向极端,吴国现在才灭亡已经算晚的了。吴王夫差就是因为这个才败在越王勾践手下,自杀身亡的。所以《老子》说:"功成名就,引身告退,这才符合天之道。""

【注释】

① 魏武侯:战国魏国国君,名击,魏文侯之子。公元前396年到公元前370年在位。李克:魏国政治家,辅佐魏武侯,政治上多有建

树。　②数：屡次。　③罢：通"疲"。憍：同"骄"。　④极物：将事物发展到极限,等于说穷奢极欲。　⑤极虑：动足脑筋、挖空心思。　⑥干遂：战国吴地名,据说在今江苏吴县西北。　⑦语见《老子·九章》,原文为"功遂身退,天之道也"。

【评析】

这种"功遂身退",在老子看来就像昼出夜没、寒来暑往、花草开谢一样,符合天道变化。因为世上无不败的花,也无不散的筵席。所以在功成名就之时,应像花果草木盛后悄然谢逝,这样才可"无咎"。但吴王夫差就不懂这道理,也看不懂这"天道",更没有赵襄子胜而忧虑的德行,一味想持续他的辉煌和优越,这样也就走向反面,导致失败亡国、自刎身亡。

宁越欲干齐桓公①,困穷无以自达,于是为商旅,将任车②,以商于齐,暮宿于郭门之外③。桓公郊迎客,夜开门,辟任车,爝火甚盛④,从者甚众。宁越饭牛车下,望见桓公而悲,击牛角而疾商歌。⑤桓公闻之,抚其仆之手曰:"异哉,歌者非常人也!"命后车载之。桓公及至,从者以请,桓公赣之衣冠而见⑥,说以为天下。桓公大说,将任之。⑦群臣争⑧之曰:"客,卫人也。卫之去齐不远,君不若使人问之。问之而故贤者也,用之未晚。"桓公曰:"不然。问之,患其有小恶也。以人之小恶而忘人之大美,此人主之所以失天下之士也。"凡听必有验,一听而弗复问,合其所以也。⑨且人固难合也⑩,权而用其长者而已矣。当是举也⑪,桓公得之矣。故《老子》曰:"天大,地大,道大,王亦大。域中有四大,而王处其一焉。"⑫以言其能包裹之也。

【今译】

　　宁戚想向齐桓公谋求官职,以便能施展自己的才能,但是穷困得没有办法去齐国见桓公,于是给去齐国经商的商人赶运货车,晚上停宿在齐国都城外。这时,齐桓公去郊外迎接客人,打开城门后,随从让宁戚赶的那辆车回避到一边去;桓公一行人所举的火把将四周照得如同白昼,而随从的人又很多。在车旁给牛喂草料的宁戚看了后,悲从心中起,于是敲击着牛角唱起悲凄激越的歌曲,桓公听到这突如其来的悲曲,情不自禁地拍着仆人的手说:"奇妙,那唱歌的人一定是位不寻常的人。"于是命令随从的车将宁戚载返回去。到了朝廷,随从人员就宁戚的事请示桓公。桓公赐给宁戚衣裳和帽子,并接见了他。宁戚拿治理天下的道理游说桓公,桓公听了后大喜,打算任用宁戚。大臣们纷纷规劝:"这位客人是卫国人,卫国离我们齐国不远,君王你不如派人到卫国去查访一下,如查访的结果说明宁戚是位贤者,再任用他不迟。"桓公说:"不妥。去查访他只不过担心他有什么小毛病而已;而因人家的小毛病却忽视人家的大优点,这正是贤明君主失去天下士人的原因。"大凡听一个人说话,必定会产生某些心理反应;如与人谈话一次后,便不再去深究其人的底细,这正说明这人的言谈投合听者的心意,产生了强烈的共鸣。再说,人无完人,只要经过权衡认为说话者的长处能发扬就行。在这件事上,桓公做对了,因此他果真得了一位人才。所以《老子》说:"天大、地大、道大、王亦大。宇宙间的四大,而王居其中之一。"这是说君王应像天地大道那样包容一切。

【注释】

　　① 宁越:《主术训》、《齐俗训》、《氾论训》前后皆作"宁戚"。"越"乃"戚"字之误。宁戚为春秋卫国人,齐桓公任为上卿。干:求,指谋求官职。　② 为:替。将:送,这里指赶车送货。任车:装载货物的车。　③ 郭门:指外城门。　④ 辟:通"避",回避。这里的"辟"为使动用法。爟:指用芦苇等物捆束成的火把。　⑤ 饭牛:喂牛。疾:急,这里指大声唱歌。商歌:悲凄激越的歌。因为商音凄清。《文

赋·啸赋》注引此文"商歌"下有"曲"字。又云商歌内容为："出东门兮厉石班,上有松柏兮青且兰,粗布衣兮缊缕,时不遇兮尧舜。牛兮努力食细草,大臣在尔侧,吾当与尔适楚国。"　⑥ 及：应作"反","返"也。至：到朝廷。从者：随从人员。赣：赐。　⑦ 说：悦。　⑧ 争：通"诤",规劝、规谏。　⑨ 马宗霍说："本文'验'字与'合'字相应,'所以'二字,指意中所欲者言,'问'字承上文'不若使人问之'言。此盖谓凡听人之说,必先验其说之是否有当,一听而不复使人问之者,当初听之时,已验其说与己意中所欲者相合也。"　⑩ 合：王念孙认为："合"当为"全",言用人不可求全也。　⑪ 当：恰当。当是举：是说"是举当"。　⑫ 语见《老子·二十五章》。

【评析】

浩大浑成的"道"能包裹天地、周普万物,就像日月普照大地一样。所以得"道"之人待人也应有雅量,能宽容对待,涵容不周;他不应"以人之小恶而忘人之大美",他更不应求全责备、苛求于人。对于这点,齐桓公是"得道"的,他知道不能"以人之小恶而忘人之大美",他也知道人无完人,所以他能对宁戚放心用其长。作者认为齐桓公的行为符合《老子》"天大、地大、道大、王亦大"的说法。

　　大王亶父居邠①,翟人攻之。事之以皮帛珠玉而弗受,曰：翟人之所求者地,无以财物为也。大王亶父曰："与人之兄居而杀其弟,与人之父处而杀其子,吾弗为。皆勉处矣!②为吾臣,与翟人奚以异?③且吾闻之也,不以其所养害其养。"杖策而去,民相连而从之,遂成国于岐山之下。④大王亶父可谓能保生矣。虽富贵,不以养伤身;虽贫贱,不以利累形。今受其先人之爵禄,则必重失之⑤;所自来者久矣⑥,而轻失之,岂不惑哉!故《老子》曰："贵以身为天下,焉可以托天下;爱以身为天下,焉可以寄天下矣。"⑦

【今译】

大王亶父住在邠的时候,翟国人经常来侵扰。于是大王亶父拿着皮革、布帛和珍珠玉石赠送给翟国人以求和好太平,但翟人不肯接受,说他们要的是地盘而不在乎财物。大王亶父向百姓解释说:"和人家的兄长一起生活而杀死他的弟弟,和人家的父亲一起生活而杀害他的儿子,这样的事情我是做不出的。大家都好好地在这个地方生活下去吧!当我的臣民和当翟国人的臣民有什么不同呢?况且我听说了,不能因贪得养生之物而伤害性命。"于是大王亶父拄着手杖离开了邠地,百姓们成群结队地跟随着他离去,后来在岐山下建立了周朝。大王亶父可称得上保重生命的人。即使富贵,也不因财物而伤害自身;即使贫贱,也不因为贪利而拖累形体。现在有人从祖先那里接受了爵禄,就生怕会丧失,而对来之不易的生命却轻易地抛弃,这难道不糊涂吗?所以《老子》说:"看重自身而为天下人,有这种美德的人可以将天下托付给他;爱惜自身而为天下人,有这样美德的人可以将天下寄托给他。"

【注释】

① 大王亶父:亦称古公亶父,周文王祖父。邠:地名,在今陕西省境内。　② 勉:努力的意思。　③ 为吾臣,与翟人奚以异:《吕氏春秋·审为篇》作:"为吾臣与狄人臣奚以异。"奚:何。　④ 岐山:今陕西岐山东北。　⑤ 重:把……看得重要。　⑥ 所自来者久矣:王念孙认为"所自来者"上当有"生之"二字。　⑦ 语见《老子·十三章》。焉:乃、则,又通作"若"。

【评析】

对于"以身为天下",高亨是这样解释的:"以身为天下者,视其身如天下人也","视其身如天下人,是无身矣,是无我矣,是无私矣。如此者,方可以天下寄托之"。所以,《老子·十三章》的这段话前是这样说的:"所以有大患者,为吾有身,及吾无身,吾有何患?"接下来才是:

"故贵以身为天下,若可寄天下;爱以身为天下,若可托天下。"因为"无我"、"无私",所以能做到"宠辱不惊,富贵不淫,贫贱不移"。对于这样的人,你将天下事情托付于他,还有什么不放心的?平民百姓将天下社会托付于他,又有什么不对?这故事中的大王亶父就是这样的人。

中山公子牟谓詹子①曰:"身处江海之上,心在魏阙之下,为之奈何?"②詹子曰:"重生。重生则轻利。"中山公子牟曰:"虽知之,犹不能自胜。"③詹子曰:"不能自胜则从之。从之,神无怨乎!④不能自胜而强弗从之,此之谓重伤;重伤之人,无寿类矣!"故《老子》曰:"知和曰常,知常曰明;益生曰祥,心使气曰强。"⑤是故"用其光,复归其明"⑥也。

【今译】

中山公子魏牟对詹何说:"我虽身处江湖过着隐居避世的生活,但心中还是老惦记着朝政,我该如何办才好呢?"詹何回答说:"就珍惜生命吧!能珍惜生命也就能轻视利欲。"中山公子魏牟又说:"我虽然知道这个重生轻利的道理,但还是无法战胜这名利的欲念。"詹何回答说:"你不能自制欲念,那么就听其自然、顺随它。听其自然、顺随它,你的精神就不会出毛病。反过来,你既不能自制欲念,又要勉强压制不愿顺随,这才会受到双重损伤;如受到这双重损伤的人就不会长寿。"所以《老子》说:"知道保持平和纯厚之气的道理叫做'常',懂得这种'常'的称为'明智'。纵欲贪生就会有灾殃,欲念支配淳和之气就会逞强。"因此,运用涵蓄着的"光",返复到观察细微的"明"。

【注释】

① 中山公子牟:战国时魏国公子,即魏牟,魏攻下中山后,封魏牟于中山,故称中山公子牟。詹子:即詹何。　② 身处江海之上:喻指隐居江湖。魏阙:古代宫门外的阙门,是颁布政令的地方,后作为

朝廷的代称。　③ 自胜：自我克制。　④ 怨：向宗鲁认为"怨读为苑"，苑，指枯病。　⑤ 语见《老子·五十五章》。曰：刘文典认为这里的"曰"皆当为"日"。益：贪生纵欲过度。祥：古代可用作吉祥，也可用作妖祥。　⑥ 语见《老子·五十二章》。明：指察微的能力。

【评析】

《老子·五十五章》的大意是说，人要像无知无欲的婴儿那样保持着旺盛的天然精气和淳厚的平和之气，这样就会有无限的生命力。但这前提就是人不能贪欲过分，如贪欲过分就会伤害到人体内的精和之气。所以当詹何向中山公子魏牟介绍养生术时就讲到"重生轻利"的道理。这样，人为了保持自身的精和之气，就会拼命压制欲望。然而这欲望又不是能轻易压制得了的，于是出现了中山公子魏牟所说的"犹不能自胜"的情况。这时詹何又从养生的角度出发，指出过分压制欲望也不是件好事，它也会伤害到人体中的精和之气，不会使人长寿；同时提出听其自然（"从之"）的主张，认为只有听其自然，精神才不会出毛病，保持体内的精和之气才有可能。从中可以看出，詹何说的养生方法均与老子道家学派的养生术是相一致的。

　　楚庄王问詹何①曰："治国奈何？"对曰："何明于治身，而不明于治国。"②楚王曰："寡人得立宗庙社稷③，愿学所以守之。"詹何对曰："臣未尝闻身治而国乱者也，未尝闻身乱而国治者也。故本任于身④，不敢对以末。"楚王曰："善。"故《老子》曰："修之身，其德乃真也。"⑤

【今译】

　　楚庄王问詹何："怎样才能治理国家？"詹何回答说："我只明白修养自身，而不知道怎样治理国家。"楚庄王又说："我现在能够登位为君执掌朝政，希望学习一些持守国家的方法。"詹何于是接着说："我还没有听说过自身修养得很好而国家却乱哄哄的事例呢!我还同样没有听说过自身不修养而国家治理得很好的事例呢!所以治国之本在于治身养性,我不敢以一些枝末的内容来回答您。"楚庄王听后说:"说得好。"所以《老子》说:"修养好自身,他的'德'就会纯真。"

【注释】

① 詹何:即上节说的詹子。 ② 何明:这里的"何"是詹何的自称。 ③ 立:杨树达认为应是"涖",或作"莅",是"临"的意思。莅宗庙社稷:指登临君位掌握朝政。 ④ 任:王念孙认为应作"在"。 ⑤ 语见《老子·五十四章》。

【评析】

道家的养生原本就和养性相关联,而这"养性"又和儒家的修身养性相一致,儒家的修身养性又与治国于天下相联系。所以当楚庄王向詹何请教治国之道时,詹何就直接将治身和治国相联系,明确指出:"未尝闻身治而国乱,未尝闻身乱而国治者也。"最后,作者请出老子来归纳:"修之身,其德乃真也。"(《老子·五十四章》)

桓公读书于堂,轮人斫轮于堂下①,释其椎凿而问桓公曰:"君之所读者何书也?"桓公曰:"圣人之书。"轮扁②曰:"其人在焉?"桓公曰:"已死矣。"轮扁曰:"是直圣人之糟粕耳!"桓公悖然作色③而怒曰:"寡人读书,工人焉得而讥之哉!有说则可,无说则死。"轮扁曰:"然,有说。臣试以臣之斫轮语之:大疾,则苦而不入④;大徐,则甘而不固⑤。不甘不苦,应于手,厌于心⑥,而可以至妙者,臣不能以教臣之子,而臣之子亦不能得之于臣。是以行年七十,老而为轮。今圣人之所言者,亦以怀其实⑦,穷而死,独其糟粕在耳!"故《老子》曰:"道可道,非常道;名可名,非常名。"⑧

【今译】

　　齐桓公正在堂上读书，一位做车轮的工匠在堂下砍削车轮，他放下手中的椎子和凿子，问齐桓公："君王您正在读的是什么书？"桓公说："是圣人的书。"这位叫轮扁的工匠又问："这位圣人还活着？"桓公回答说："已经死了。"轮扁马上说："那您读的只能是圣人的糟粕了。"桓公听了，一下变了脸色，怒道："我读圣贤书，你这工匠凭什么讥笑我？你说出理由来也就罢了，如说不出理由来，就处死你。"轮扁不慌不忙地说："好的，我说出道理来。我试试拿我做车轮的体会来说说这其中的道理：如果榫头大，榫眼开小了，就会涩滞安不进去；如果榫眼开大了，榫头做小了，太松滑动不牢。不松不紧，得心应手，达到神妙境界的技术，我无法传授给我的儿子，而我的儿子也无法从我这里学到这技术；所以我尽管年逾古稀、年老无力，但还得亲自做车轮。由此可见，圣人的话中如果有高深神妙的精华，但由于不能言传，所以也必定会随着圣人死去而带走，而只有那些可以言传的糟粕留下来。"所以《老子》说："可以用言词表达的'道'并非常'道'；可以用文字叙述的'名'并非常'名'。"

【注释】

　　① 桓公：齐桓公。轮人：做车轮的工匠。斫：砍削。　② 轮扁：即上文的"轮人"。"扁"是他的名。　③ 悖然：忿怒的样子。作色：指脸色变化。　④ 大：太。疾：紧、急。苦：粗糙、涩滞。　⑤ 徐：宽松。甘：滑。　⑥ 厌：满。此处《庄子·天道篇》作"不徐不疾，得之于手而应于心"。　⑦ 实：指精华。　⑧ 语见《老子·一章》。

【评析】

　　故事中的轮扁说了这样一个道理，即很多高超的技艺，光靠言教耳听还不够，必须通过长期艰苦的实践才能达到"不徐不疾、不甘不苦"，"得之于手而应于心"的境地。这种客观存在的情况符合《老子》说的"道可道非常道"的精神。同样，也有很多学问，即很多事物的道理,本来面貌和内在精华难以用语言来表达,或无法用文字记述,这也就是《老子》说的"名可名非常名"。正因为这样,所以作者像庄子一样借轮扁的话说到圣人之书"是直圣人之糟粕耳"。在《本经训》中说到:凡"著于竹帛、镂于金石,可传于人者",都是粗糙残缺、不完善的。

昔者,司城子罕相宋①,谓宋君曰:"夫国家之安危,百姓之治乱,在君行赏罚。夫爵赏赐予,民之所好也,君自行之;杀戮刑罚,民之所怨也,臣请当之。"②宋君曰:"善!寡人当其美,子受其怨,寡人自知不为诸侯笑矣。"国人皆知杀戮之专,制在子罕也,大臣亲之,百姓畏之。居不至期年,子罕遂却宋君而专其政。③故《老子》曰:"鱼不可脱于渊,国之利器,不可以示人。"④

【今译】

　　从前,司城子罕辅佐宋君,一次他对宋君说:"国家的安危,百姓的治理,均取决于君王施行赏罚。这爵禄的赏赐,是人民所喜爱的,就请您国君亲自执掌;那诛杀刑罚,是人民所怨恨的,就由我来担当这角色。"宋君听后说:"好。我受百姓赞美,你受百姓怨恨,这样一来我知道诸侯们就不会嘲笑我了。"但实际上宋国人知道生杀大权掌握在子罕手里后,大臣们就亲附子罕,百姓们都畏惧子罕,不到一年时间,子罕就将大权旁落的宋君杀掉而篡夺了宋国的政权。所以《老子》说:"鱼不可脱离池渊,国家的'利器'不可随便让人知道。"

【注释】

　　① 司城:官名,掌管土木建筑。子罕:战国时宋国的司城皇喜,字子罕。子罕任宋司城,后杀君篡位。　② 当:担当。　③ 期年:一年。却:王念孙认为"却"当为"劫",但《韩非子·外储说右下》作"子罕杀宋君而夺其政"。　④ 语见《老子·三十六章》。示:显示,让

人知道。

【评析】

自老子提出"国之利器不可以示人"之后,对"利器"的看法有好几种。有认为"利器"指"权道"(如河上公),也有认为"利器"即"赏罚"(如韩非子),更有认为"利器"为政权的(如高亨)……这里不管对"利器"作何种解释,认为"利器"泛指一种治国方略大概是不错的。正因为是一种治国方略,就应该慎重对待,不可随随便便制定,也不可随随便便颁布;而这治国方略中的赏罚制度及赏罚权力更不可随随便便由人胡乱制定和执行,这就是老子所谓的"国之利器不可以示人"。而宋国国君之所以被废君位,就是在于将此轻易示人和轻易放弃。

王寿负书而行,见徐冯于周。①徐冯曰:"事者应变而动,变生于时。故知时者无常行。书者言之所出也,言出于知者,知者藏书。"②于是王寿乃焚书而舞之。③故《老子》曰:"多言数穷,不如守中。"④

【今译】

王寿背着书走路,在周国的大路上碰到隐士徐冯。徐冯说:"人的行为应随变化而变化,变化产生了时机。所以识时务者没有固定不变的行为。书记载着人的言论,言论当然出自智者,但有智慧的人是不藏书的。"王寿听了徐冯的开导说后将自己的藏书全部烧掉,然后轻松地手舞足蹈起来。所以《老子》说:"议论太多,反而使人无所适从,自己也会感到困惑,所以不如持守虚静之道。"

【注释】

① 王寿:原注为"古好书之人"。徐冯:原注为"周之隐者也"。周:《韩非子·喻老篇》"周"下有"涂"字,"周涂"犹"周道"。 ② 知:通"智"。知者藏书:应作"知者不藏书"。 ③ 焚书而舞之:原注为

"自喜焚其书,故舞之也"。　④ 语见《老子·五章》。中:通"盅",虚空、虚静的意思。

【评析】
以上述圣人之书是"糟粕"为出发点,信奉道术的隐士徐冯必然会诱导王寿焚书毁册的。他的理由十分简单,即智者是识时务者,识时务者的最大特点是随时空条件变化而变化,所以智者行为是"无常行"。而书本知识只是一定时空下的知识,掌握这些一定时空下的知识体系而不知变化更新,就有可能犯教条主义的错误。所以徐冯是反对看书读书乃至藏书的。再则,以上说到很多高深的学问因为无法言传,就随着圣人、高手的去世而消失;而能"著于竹帛、镂于金石"的东西都是粗糙残缺和不完善的。这由徐冯看来非但不值得收藏这些书,还该焚烧这些书。再加上可以留下来的文字言论又是"多言数穷",使人无所适从和困惑,也该烧掉。于是,王寿"乃焚书而舞之"。

令尹子佩请饮庄王①,庄王许诺②。子佩疏揖北面立于殿下③,曰:"昔者君王许之,今不果往④,意者臣有罪乎?"庄王曰:"吾闻子具于强台。⑤强台者,南望料山⑥,以临方皇⑦,左江而右淮,其乐忘死。若吾薄德之人,不可以当此乐也。恐留而不能反。"故《老子》曰:"不见可欲,使心不乱。"⑧

【今译】
　　楚国的令尹子佩请庄王饮酒,庄王答应了。于是子佩在强台这个地方准备了酒席,但庄王又不肯前往了。第二天子佩赤着脚拱手站在殿下,问朝南坐的庄王:"先前君王答应出席酒宴,但又不践约前往,我想大概我有什么地方不对了?"庄王回答:"我听说你将酒席设在强台。这强台是南望料山,靠近方皇湖,左边是长江,右边是淮水,这样好的自然环境能使人高兴得忘掉死的悲哀。像我这样德行微薄的人是无法消受这种欢乐的。我还害怕去了以后会流连忘返呢!"所以《老子》说:"不去看或不去接触那些能惹人之欲望的事与物,以致使人的心神不散乱。"

【注释】

① 令尹:春秋战国时楚国官名,即国相。子佩:人名,楚庄王时任令尹。 ② 庄王许诺:庄逵吉认为《太平御览》引下有"子佩期之于京台,庄王不往,明日",共十三字,当是脱文。今补入。"京台"即"强台"。 ③ 疏:通"足",赤脚的意思。揖:拱手礼。 ④ 果:诚、成。说话算数叫"果"。 ⑤ 具:准备酒席。 ⑥ 强台:楚国高台名。料山:山名,又作"猎山"。 ⑦ 方皇:水名。一曰山名。 ⑧ 语见《老子·三章》。

【评析】

本节是说楚庄王知道自身德行修养和消除欲念,所以他不去强台这样能惹人贪欲和使人愉悦的好地方,这照老子说来是"不见可欲,使心不乱"。如果由这样的君主来执掌朝政,他就不会有意识地去"贵难得之货",也不会有意识地去"尚贤"。这样"不尚贤",就能使民不争;"不贵难得之货",就能使民不为盗。这样常使民无知无欲,则天下无为而治了。

晋公子重耳出亡①,过曹,无礼焉②。釐负羁之妻谓釐负羁③曰:"君无礼于晋公子,吾观其从者,皆贤人也,若以相夫子反晋国④,必伐曹。子何不先加德焉?"釐负羁遗之壶飧而加璧焉。⑤重耳受其飧而反其璧。及其反国,起师伐曹,克之,令三军无入釐负羁之里。故《老子》曰:"曲则全,枉则直。"⑥

【今译】

　　晋公子重耳流亡国外，经过曹国，曹国君对他很不礼貌。这时，釐负羁的妻子对釐负羁说："我们的国君对晋公子重耳相当不礼貌。但我观察到跟随重耳公子流亡的几位都是贤人，如果这些人能帮助重耳公子回到晋国执掌朝政，必定会讨伐我们曹国的。你为何不乘现在先给晋公子重耳施加恩德呢？"于是釐负羁遵照妻子的话给重耳他们一壶稀粥和璧玉。重耳他们接受了稀粥而将璧玉退回给釐负羁。等到重耳他们返回晋国并执掌朝政后，就发令讨伐曹国，在攻克曹国以后，特地命令三军不许侵扰釐负羁所居住的里巷。所以《老子》说："委曲反能保全，屈就反能伸直。"

【注释】

　　① 重耳：春秋晋献公子，流亡各国多年，后返国为君。　② 过曹，无礼焉：原注为"曹共公闻重耳骈胁，使袒而捕鱼，设薄以观之"。事见《左传·僖公二十三年》。　③ 釐负羁：曹国大夫。　④ 君：指曹共公。夫子：指重耳。从者：指随重耳流亡狐偃、赵衰、胥臣。　⑤ 遗：赠送。飧：一种柔烂的稀粥。璧：一种平圆带孔的玉器。　⑥ 语见《老子·二十二章》

【评析】

　　"曲则全，枉则直"译成白话文是："委曲反能保全，屈就反能伸直"，这实际上是一种辩证法。按陈鼓应《老子注译及评介》说来，"事物常在对待关系中产生，我们必须对于事物的两端都能加以彻察。我们必须从正面去透视负面的意义，对于负面意义的把握，更能显现出正面的内涵。所谓正面与负面，并不是两种截然不同的东西，它们经常是一种依存的关系，甚至于经常是浮面与根底的关系"。这釐负羁和他的老婆大概是懂辩证法的，所以能从事物的负面观照到事物的正面，即重耳现在落难，不等于以后落难，说不定还会登基为王。而辩证法又使他们懂得，"将欲取之，必固予之"，于是他们就先对重耳作投资

("遗之壶飡而加璧"),以便将来能得到回报("重耳令三军无入釐负羁之里")。这就是以上说的负面意义的把握是为了显现正面内涵的辩证过程。

越王勾践与吴战而不胜,国破身亡,困于会稽。①忿心张胆②,气如涌泉,选练甲卒,赴火若灭③。然而请身为臣,妻为妾,亲执戈为吴兵先马走④,果擒之于干遂。故《老子》曰:"柔之胜刚也,弱之胜强也,天下莫不知,而莫之能行。"⑤越王亲之⑥,故霸中国。

【今译】

越王勾践与吴国交战失败,国家破残,人民伤亡,自己又被围困在会稽。这时勾践是内心愤恨、胆气豪壮,激情豪气像涌泉,训练选拔士兵,决心赴汤蹈火与吴国决一雌雄。但经过大臣文种的劝说,以屈辱条件和吴国达成协议,勾践亲自为吴王作臣仆,妻子为吴王作奴仆;又亲自执戈为吴王牵马开道,经过这样多年的卧薪尝胆,终于在干遂将吴国打败,并擒获吴王夫差。所以《老子》说:"柔可以胜刚,弱可以胜强,天下没有人不知道这个道理,但是没有谁能够亲自实施。"而越王勾践亲自去实行了,所以他最终称霸了中原。

【注释】

① 公元前494年,吴王夫差为报勾践杀父之仇,交战于夫椒,结果吴王率兵攻入越国,勾践大败,以残军五千退守会稽。会稽:这里指会稽山,在今浙江绍兴。 ② 忿心:内心愤恨。张胆:鼓足勇气。 ③ 赴火若灭:这里指勾践经过文种的劝说,决定以委曲求全的策略和吴国讲和,这样赴汤蹈火的决心也就破灭。 ④ 吴兵:王念孙认为应为"吴王"。先马走:即在车马前开道。 ⑤ 语见《老子·七十八章》。 ⑥ 亲之:亲身实行这种道理。

【评析】

越王勾践之所以能称霸中国，按作者看来他是在知道"柔弱胜刚强"的道理下做别人难以做到的事，即卧薪尝胆、忍辱负重，这样硬是将一个积弱的越国振兴起来，使"柔弱胜刚强"的道理在他身上得到验证。

赵简子死，未葬，中牟入齐。①已葬五日，襄子起兵攻围之②，未合而城自坏者十丈，襄子击金而退之③。军吏谏曰："君诛中牟之罪，而城自坏，是天助我，何故去之？"襄子曰："吾闻之叔向④曰：'君子不乘人于利⑤，不迫人于险。'使之治城，城治而后攻之。"中牟闻其义，乃请降。故《老子》曰："夫唯不争，故天下莫能与之争。"⑥

【今译】

赵简子死后还没落葬，中牟的守将就叛变投靠齐国了。赵襄子将父亲简子下葬料理停当后，第五天发兵征伐中牟城，但包围还没完全合拢，中牟城的城墙突然自行倒塌十来丈，赵襄子下令鸣金收兵。军吏们劝谏说："君王亲率兵马征讨中牟守将的罪行，城墙自行倒塌，这说明老天爷帮助我们去讨伐这些天理难容的罪人，为什么我们要撤退呢？"赵襄子解释道："我听叔向说过：'君子不该在自己有利的形势下去欺凌别人，君子也不该在别人处险境时去逼迫他。'所以让他们将城墙修好后我们方开战进攻吧！"中牟城内的守将听到赵襄子这番如此仁义的话后，便请求投降。所以《老子》说"正因为不与别人争，所以天下也没有人能争得过他"。

【注释】

① 赵简子：赵鞅。中牟：地名，在今河南、河北、山东之间，当时的黄河东岸。入齐：指中牟守将乘赵简子死去的机会投靠齐国。
② 襄子：赵襄子，赵简子的儿子，名无恤。　③ 合：指合拢包围。

金：钲，古代一种乐器，作战时击钲表示收兵。 ④ 叔向：春秋时晋国大夫。 ⑤ 乘：欺凌。利：有利形势，这里指己方所处形势。 ⑥ 语见《老子·二十二章》。

【评析】

赵襄子在与中牟叛军的作战中，做到了"不战而屈人之兵，拔人之城而非攻"，是真正意义上的"善之善者"，也是一种"上兵伐谋"的典型表现(《孙子兵法·谋攻篇》)。所以在这个意义上说，赵襄子是一个善用兵者和得道之人。因为"得道"，这按老子说来"以道佐人主者，不以兵强天下"(《老子·三十章》)。所以赵襄子尽管欲诛中牟之罪，但却能做到"不乘人于利，不迫人于险"(即"不以兵强天下")，这样反倒使中牟叛军深感其中的道义，于是打开城门投降。这种不仗恃兵力而逞强天下的做法客观上给人一种"不争"的印象，但恰恰是这种"不争"，使天下无人能和他相争，也"必以全争于天下"(《孙子兵法·谋攻篇》)。赵襄子就是如此。

秦穆公谓伯乐①曰："子之年长矣。子姓有可使求马者乎？"对曰："良马者，可以形容筋骨相也。相天下之马者，若灭若失，若亡其一。②若此马者，绝尘弭辙。③臣之子，皆下材也，可告以良马，而不可告以天下之马。臣有所与供儋纆采薪者九方堙④，此其于马，非臣之下也。请见之。"穆公见之，使之求马。三月而反报曰："已得马矣，在于沙丘。"⑤穆公曰："何马也？"对曰："牡而黄。"使人往取之，牝而骊。⑥穆公不说，召伯乐而问之曰："败矣，子之所使求者！⑦毛物、牝牡弗能知⑧，又何马之能知！"伯乐喟然大息曰："一至此乎？⑨是乃其所以千万臣而无数者也。⑩若堙之所观者，天机也。⑪得其精而忘其粗，在内而忘其外，见其所见而不见其所不见,视其所视而遗其所不视。若彼之所相者,乃有贵乎马者。"马至,而果千里之马。故《老子》曰:"大直若屈,大巧若拙。"⑫

【今译】

　　秦穆公对伯乐说:"你的年纪很大了,你的同族的子弟中有可以派去相马的人吗?"伯乐回答:"一般的良马,可以凭马的外貌骨架来识别。但真的要识别天下难得的良好,就得注意到马身上存在着的若隐若现的神韵,就不能光注意到马的形体和骨架。像这样的马,真是绝世超尘,奔驰如飞,不留痕迹。我的儿孙和弟子,都是下等人才,可以相一般的良马,但没有相千里马的功夫。我倒有一位在一起打过柴的朋友,叫九方堙,此人相马的本领不在我之下,让我来引见给您君王。"秦穆公于是接见了九方堙,并让他外出寻找千里马去。三个月以后,九方堙回来禀报秦穆公,说:"我已找到一匹千里马,在沙丘那个地方。"秦穆公问:"是怎么样的马?"九方堙回答道:"是一匹黄色的雄马。"秦穆公派人去沙丘牵马,一看却是一匹黑色的雌马。秦穆公不高兴了,召来伯乐责问:"败兴得很。你那个朋友相马连毛色和雌雄都分不清,又怎么能相千里马?"伯乐听后叹息说:"九方堙的相马术竟到了这种神妙境地? 正说明他的本领要超出我不知多少倍。像九方堙这样的相马术,相的是马原本所赋有的内在灵性和实质。他正是相中了马的内在精华而忘却了马的外表粗疏,他看到的是马的素质而不强调马的外形。九方堙只注意应该注意的地方,而那些不重要的地方,他根本不去注意它;他只强调应该强调的地方,而那些不必注重的地方,他根本不去强调。像他这样的相马术,本身就比千里马珍贵。"这马经过骑试,果然是千里马。所以《老子》说:"最直的好像是弯曲的,最灵巧的好像是笨拙的。"

【注释】

　　① 秦穆公:春秋秦国君。伯乐:秦穆公时善相马者。　② 若灭

若失：隐隐约约，若隐若现。若亡其一：指不注意马的外貌形体。"一"指形体。　③ 绝尘弭辙：指马奔跑如飞，足不沾地，不留足迹。　④ 供：王念孙认为是"共"。儋：通"担"，挑的意思。缠：缠绕、捆束。这里的"儋、缠、采"都可看作动词，共一个宾语"薪"，指挑柴、捆柴、砍柴，泛指打柴（许匡一《淮南子全译》）。九方堙：古代善相马者。复姓九方，"堙"又作"皋"。　⑤ 沙丘：地名。传说纣王在此筑台，畜养禽兽。　⑥ 骊：黑色。牝：雌性禽兽。相对以上"牡"——雄性禽兽而言。　⑦ 求：王念孙认为"求"下脱"马"字。　⑧ 毛物：毛的颜色。　⑨ 一：乃，竟然。　⑩ 千万臣：指超出伯乐千万倍。无数：无法估量。　⑪ 天机：天赋的本性。　⑫ 语见《老子·四十五章》。

【评析】

"大直若屈，大巧若拙"，是《老子·四十五章》提出的相反相成的辩论命题，即老子已看到有些事物表面看来是一种情况，实质上又是一种情况，表面情况与实际情况完全相反。实质上是"大直"，却以"若屈"的现象表现出来。诸如"大巧若拙，大智若愚"均是如此。这说明老子很早就接触到了事物的本质与现象（假象）的问题，事物的本质有时以假象曲折反映出来。

由此引申到人的问题，也有这种表面情况与实际情况相反的情形，这就如《刘子·心隐篇》中说到的，有的"心刚而内怯"，有的"容强而质弱"，有的"貌愿而行慢"……这样就要求在认识人时要透过现象看本质，即其人"色柔"，说不定是个"心刚者"；其人"外勇"，说不定是个"内怯者"……再引申相马上，也不可凝固在马的形体筋骨这些外表上，而要注意观察马的"若灭若失，绝尘弭辙"的内在神韵上。对于这点，伯乐的朋友九方堙是懂得的，所以作者也就将老子的相反相成的辩证命题赋予他。

吴起为楚令尹①，适魏，问屈宜若②曰："王不知起之不肖,而以为令尹。先生试观起之为人也。"③屈子曰:"将奈何?"吴起曰:"将衰楚国之爵而平其制禄④,损其有余而绥其不足⑤,砥砺甲兵,时⑥争利于天下。"屈子曰:"宜若闻之,昔善治国家者,不变其故,不易其常。今子将衰楚国之爵而平其制禄,损其有余而绥其不足,是变其故,易其常也,行之者不利。宜若闻之曰:'怒者,逆德也;兵者,凶器也;争者,人之所本也。'今子阴谋逆德,好用凶器,始人之所本⑦,逆之至也。且子用鲁兵,不宜得志于齐,而得志焉。⑧子用魏兵,不宜得志于秦,而得志焉。⑨宜若闻之,非祸人,不能成祸。吾固惑吾王之数逆天道⑩,戾人理⑪,至今无祸,差须夫子也⑫!"吴起惕然⑬曰:"尚可更乎?"屈子曰:"成形之徒⑭,不可更也。子不若敦爱而笃行之。"《老子》曰:"挫其锐,解其纷;和其光,同其尘。"⑮

【今译】

吴起任楚国的令尹,一次到魏国去,对流亡魏国的屈宜谷说:"君王还认为我很贤能,任用我做楚国令尹。先生试试看我吴起怎么样来做好这个令尹。"屈宜谷问道:"你打算怎样做呢?"吴起说:"我打算削减楚国贵族的爵位,平抑法定的俸禄制度,损有余以补不足;精心训练军队,等待机会和各国争霸天下。"屈宜谷说:"我屈宜谷听说过,以前善于治国的人是不改变原有的制度和常规的,你吴起今天要削减楚国贵族的爵位和平抑法定的俸禄制度,损有余以补不足,这实际上是改变了原有的制度和常规。我屈宜谷又听说:'激怒是违逆天德的事;兵器则是杀人的凶器;而争斗又是该抛弃的。'你现在阴谋策划违逆天德的事,又好用兵器,并挑起人们之间的争斗,这就是最大的倒行逆施。再说,你先前任鲁国的将领,不应该动用鲁军打齐国,而你却以打败齐国来满足你的意愿。你又指挥过魏军,做过魏国西河郡守,本不应该动秦国的脑筋,而你却使秦国不敢东犯魏界,这样又实现了你的志愿。我听说过,不危及别人,也就不会给自己带来祸害。我现在就感到纳闷,我们的君王屡次违逆天道,背弃人理,怎么至今还没遭受灾祸。唉!这灾祸可能正等着你呢!"吴起听了后惊惧地问:"还可以改变吗?"屈宜咎说:"已经形成的局势无法改变。你不如现在真心实意地做些敦厚仁慈的事,或许能有所改观。"所以《老子》说:"不露锋芒,超脱纠纷,敛和光耀,混同尘世。"

【注释】

① 吴起:战国著名军事家、政治家,法家代表人物。初任鲁将,入魏为西河郡守,后奔楚为楚悼王令尹。 ② 屈宜若,即屈宜咎,原为楚国大夫,后流亡魏国。 ③ 为人:王念孙认为是"为之"。 ④ 衰:削减。平:抑制、平抑使之降低。 ⑤ 绥:于省吾认为应是"委"、"付"、"补"的意思。 ⑥ 时:伺,伺机,等待机会。 ⑦ 始:俞樾认为应作"治"。本:弃,去;一曰作"末"。 ⑧ 这是说吴起早年事鲁君,鲁以吴起为将,率军攻入齐国(见《史记·吴起传》)。 ⑨ 这是说因人在鲁君面前诋毁吴起,吴起奔魏,魏文侯用吴起击秦,攻克秦国五座城池(《史记·吴起传》)。 ⑩ 数:屡。 ⑪ 戾:违逆。 ⑫ 差须夫子也:应作"差!须夫子也"。"差",叹词,"嗟"。须:等待。 ⑬ 惕然:惊惧的样子。 ⑭ 成形之徒:原注为:"成形之徒,形祸已成于众。"一曰"徒"通"途"。 ⑮ 语见《老子》四章、五十六章。

【评析】

这是屈宜咎在向吴起讲授"木秀于林风必摧之,堆出于岸流必湍之"的道理,要吴起"挫其锐,解其纷;和其光,同其尘"。这话当然没错。但作为法家的吴起在楚国实施富国强兵的政策,尽管能犯旧贵族的利益,乃至遭受杀身之祸,但却是当时的时代潮流;你如不求革新,就有可能在纷争的战国局势中被淘汰出局,被别国消灭吞并,所以革新是各国不可不为的事。这样,"挫其锐,解其纷;和其光,同其尘"就代表不求革新,意味着落后乃至被别国吞并消灭。在这个意义上说,屈宜咎代表着保守势力。

晋伐楚,三舍不止。①大夫请击之,庄王曰:"先君之时②,晋不伐楚,及孤之身而晋伐楚,是孤之过也。若何其辱群大夫?"曰:"先臣之时,晋不伐楚,今臣之身而晋伐楚,此臣之罪也。请三击③之。"王俯而泣涕沾襟,起而拜群大夫。晋人闻之曰:"君臣争以过为在己,且轻下其臣④,不可伐也。"夜还师而归。《老子》曰:"能受国之垢,是谓社稷主。"⑤

【今译】

晋国讨伐楚国,连续推进九十里地还不停止。楚国的大夫们请求楚庄王与晋国正式交战,楚庄王说:"先王在世时,晋国不敢征伐楚国,现在到了我执政,晋国却不断地征伐楚国,这说明我存在着错误。怎么能让诸位大夫跟着我蒙受屈辱呢?"众大夫说:"前朝的大臣在世的时候,晋国不敢进犯楚国,现在轮到我们当大臣了,晋国却敢进犯我们楚国,这是我们群臣的罪过啊!请君王下令反击晋军吧!"楚庄王听了难过得低头而泣,泪水都沾湿了衣襟,起身揖拜各位大夫。此事被晋国人知道后议论说:"楚国的君臣争着承担过失的责任,而且楚王还很谦恭地对待大臣,这样的国家我们不可继续征伐下去了。"于是晋军连夜撤兵回国。所以《老子》说:"能够承担国家的屈辱,这才配称国家的君主。"

【注释】

① 三舍:古代以三十里为一舍,三舍即九十里。 ② 先君:指楚庄王的父亲和祖父,楚庄王的父亲是楚穆王商臣,祖父为楚成王。楚成王执政时,曾盛情款待过流亡至楚的晋公子重耳;重耳也为此表

示如有朝一日成为晋国国君,万一在战场上与楚相遇,晋军将退避三舍以谢成王之恩。　③ 三击:刘文典认为"三"应是"王"字之误。　④ 轻下其臣:是指楚庄王在群臣面前表现得谦恭卑下。　⑤ 语见《老子·七十八章》。

【评析】

作者借楚庄王的言行继续宣扬老子的柔弱胜刚强的观念。楚庄王先在晋楚开战之时检讨自己的过错:由于无能而受到晋国的征伐,并陪以"泣涕沾襟",然后又向诸大臣行跪拜礼,这样既使君臣间得到互相谅解,又使晋国人为之产生同情感,于是一场你死我活的战争在楚庄王的柔让表演下化为乌有。楚庄王的君位不受丝毫损伤。所以老子会说这样的话:"能受国之垢,是谓社稷主。"

宋景公之时,荧惑在心^①,公惧,召子韦而问焉^②,曰:"荧惑在心,何也?"子韦曰:"荧惑,天罚也;心,宋分野^③,祸且当君。虽然,可移于宰相。"公曰:"宰相,所以治国家也,而移死焉,不祥。"子韦曰:"可移于民。"公曰:"民死,寡人谁为君乎?^④宁独死耳!"子韦曰:"可移于岁。"公曰:"岁,民之命。^⑤岁饥,民必死矣。为人君而欲杀其民以自活也,其谁以我为君者乎?是寡人之命固已尽矣,子韦^⑥无复言矣!"子韦还走,北面再拜曰:"敢贺君!天之处高而听卑。君有君人之言三,天必有三赏君,今夕星必徙三舍^⑦,君延年二十一岁。"公曰:"子奚以知之?"对曰:"君有君人之言三,故有三赏。星必三徙舍,舍行七里^⑧,三七二十一,故君移年二十一岁。臣请伏于陛下以伺之。^⑨星不徙,臣请死之。"公曰:"可。"是夕也,星果三徙舍。故《老子》曰:"能受国之不祥,是谓天下王。"^⑩

【今译】

　　宋景公的时候,荧惑星停留在心宿的位置,景公很害怕,召见太史子韦询问这件事:"荧惑在心宿,这是怎么回事?"子韦说:"荧惑是表示上天惩罚的;心宿是宋国的分野。正因为这样,所以灾祸将要降临到君王身上。虽然如此,但可以将灾祸转嫁到宰相身上的。"宋景公说:"宰相是任命来治理国家的,把死转移到他身上,不吉利。"子韦又说:"那可以转嫁到百姓身上。"景公马上说:"老百姓都死光了,我当谁的君主?我倒情愿我自己一个人死了。"子韦又说:"可以转移到年成上。"景公接着话题说:"年成是百姓的命根子,年成不好闹饥荒,百姓必定没活路,做人君的让百姓的死来换取自己的性命,那还有谁要我做君主?好了,我的性命也注定要完结了,你也不必再说转嫁灾祸的事了。"子韦听了这话后,起身转向北面,对景公行了个大礼说:"我谨向你表示祝贺,苍天在上能听到人间的一切,君王刚才讲了做人君的应该如何对待臣民的三条原则,上天也必定会给你三个赏赐,今晚荧惑星一定会移动三舍(心、氐、房),你也必定会延年二十一年。"景公不解地问:"你凭什么说这样的话?"子韦说:"你讲的做君主的三条原则,所以上天也必有'三'赏,荧惑星移动三舍,每移动一舍就经过七个星座,三七二十一,所以君王能延长寿命二十一年。我愿爬伏在陛阶下等候着,如果荧惑星呆在原处不移徙,我情愿替君王去死!"景公说:"可以。"当天晚上,荧惑星果然移徙三舍。所以《老子》说:"能够承担国家祸殃的,才配做天下的君王。"

【注释】

　　① 宋景公:春秋宋国君,名栾。荧惑:火星。心:心宿。　② 子韦:宋国太史,掌星相。　③ 分野:古星相家将天上星宿与地下州国位置相对应,就地下说则称"分野"。　④ 谁为君:为谁作君。⑤ 岁:年成。　⑥ 子韦无复言矣:应为"子无复言矣","韦"字为衍文。　⑦ 天必有三赏:应作"天必三赏君"。"有"字为衍文。舍:星宿运行所到之处。　⑧ 七里:王念孙认为应改为"七星"。　⑨ 陛

下：指宫殿的台阶下。伺：等候、守候。　⑩ 语见《老子·七十八章》。

【评析】

古星相学家将天上星宿与地下州国相对应，认为天象的吉凶，指示着相对应的分野地区的吉凶，这实际上是一种伪科学。同样，认为一个人的精诚能感动上天，使原本要发生的灾祸不发生，这实际上也属宗教迷信。所以整段故事讲的就是这种宗教迷信的占星术。但宋景公能宁可自己去死而不愿殃及臣民的精神则是可贵的，在这个意义上，作者才套用老子的话："能受国之不祥，是谓天下王。"

昔者，公孙龙在赵之时①，谓弟子曰："人而无能者，龙不能与游。"有客衣褐带索而见曰："臣能呼。"公孙龙顾谓弟子曰："门下故有能呼者乎？"对曰："无有。"公孙龙曰："与之弟子之籍。"后数日，往说燕王，至于河上，而航在一汜②，使善呼者呼之，一呼而航来。故曰圣人之处世，不逆有伎能之士。③故《老子》曰："人无弃人，物无弃物，是谓袭明。"④

【今译】

从前，公孙龙在赵国的时候，对弟子们说："一个人如果无技能，我是不会和他交往的。"这时，有位身穿粗布短衣，腰际索着粗麻绳的客人来见公孙龙，说："我能大声呼喊。"公孙龙回头问弟子："我门下可有能大声呼喊的弟子吗？"弟子们回答："没有。"于是公孙龙说："那么就让这位客人入我门下吧！"几天以后，公孙龙带着弟子前往燕国游说。到了黄河边，看到渡船在河对岸，便叫那位能呼喊的弟子呼喊摆渡船上的艄公，此人只呼喊一声，渡船便摇了过来。所以圣人处世，不拒绝每一位有一技之长的人士。这也就是《老子》说的："人没有无用的人，物没有废弃的物,这就叫做含藏着的聪明智慧。"

【注释】

① 公孙龙:战国末赵国人,名家的代表人物。 ② 航:船。汜:水边。在一汜:河对岸。 ③ 曰:王念孙认为"曰"是衍文。逆:拒绝。伎:通"技"。 ④ 语见《老子·二十七章》。

【评析】

"圣人之处世,不逆有伎能之士",所以先秦的孟尝君与公孙龙一样,不因盗狗之士、捕鼠之人、鸡鸣之客而弃之不养,他是无所不容、无所不包、无所不养,他知道说不定哪天能派上这些人的用处而随时成务。果真时值过关,恰用鸡鸣之客。所以《老子》说"人无弃人"。同样,"物无弃物",所以知道这道理的魏晋陶侃不因竹根、木屑"无用"而弃之,在他眼里竹根木屑皆为家什,这"家什"说不定哪天能派上用场,果真恰逢雪后放晴,这木屑就被铺于地上以防打滑,恰逢组装船只,这竹根就被制成竹钉而用于造船。这些表现,在老子看来,都是聪明智慧的表现。这公孙龙也不例外。

子发攻蔡,逾之。^①宣王郊迎,列田百顷而封之执圭。^②子发辞不受,曰:"治国立政,诸侯入宾^③,此君之德也;发号施令,师未合而敌遁,此将军之威也;兵陈战而胜敌者,此庶民之力也。夫乘民之功劳而取其爵禄者,非仁义之道也。"故辞而弗受。故《老子》曰:"功成而不居。夫惟不居,是以不去。"^④

【今译】

楚将子发率军攻打蔡国,胜利而归。楚宣王亲自到郊外迎接子发,封给他百顷良田和执圭的爵位。子发推辞不接受,说:"治理好楚国的国政,使各诸侯都来楚国朝拜,这是君王的德行所致;发号施令,军队还没会合上去敌军就逃跑了,这是将军的声威所致;兵卒上阵打败敌军,这是百姓的力量所致。利用百姓的功劳而取得爵禄,是不仁义的。"因此子发是坚持推辞不接受。所以《老子》说:"功成业就而不居功夸耀,正因为不居功,所以这功绩也就不会泯灭"。

【注释】

① 子发:战国时楚宣王、楚威王的将领。蔡:蔡国。逾:胜。② 列:分割。执圭:指一种爵位。 ③ 入宾:指诸侯归服。 ④ 语见《老子·二章》。

【评析】

这是说子发尽管获得极大的成就,但却能不居功自恃,不图报答,就像大地培育植物庄稼,慷慨赐予一切而不恃望回报一样。这在老子看来能做到这点的就是"圣人"。正因为能做到这点,所以人们反倒会将功绩归结于他,其功绩也不会泯灭。反之如居功矜傲,就会适得其反。

晋文公伐原,与大夫期三日①,三日而原不降,文公令去之。军吏曰:"原不过一二日将降矣。"君曰:"吾不知原三日而不可得下也,以与大夫期。尽而不罢,失信得原,吾弗为也。"原人闻之曰:"有君若此,可弗降也?"遂降。温人闻②,亦请降。故《老子》曰:"窈兮冥兮,其中有精。其精甚真,其中有信。"③故"美言可以市尊,美行可以加人"④。

【今译】

晋文公征伐原邑,和大夫们约定三天攻克。但打了三天,原人还没投降,于是文公依约下令撤兵离去。身边的军官们就说了:"再坚持一、二天原人就会投降了。"文公说:"我当初不知道原邑不可能三天内攻克,但我与大夫们约定三天内攻克,现在三天已过,如果继续攻下去,就会失去信用,这样即使得到原邑,我也不会做这样的事的。"这事被原人得知了,说:"有这样讲信用的君王,还不投降干什么?"于是纷纷投降。温邑人听说原人投降,也就请求投降了。《老子》说:"深远幽昧之中,却有它的精质;这精质非常真诚,真诚中有它的诚信。"所以,"美好的言辞可以博取尊敬,美好的行为可以超越众人"。

【注释】

① 原:原注为:"原,周邑。"在今河南济源西北。周襄王将原、温等四邑赐给文公,晋文公回国即位,原人和温人谋反,所以晋文公发兵征伐。期:约定。 ② 温:地名,与原这个地方相连。在今河南济源西南。 ③ 语见《老子·二十一章》。 ④ 语见《老子·六十二章》。市:博取。加:超越、胜过。

【评析】

作者通过这个故事继续强调"精诚感人"的治民之术。原、温两邑的人就是被晋文公的这种"精诚"所感化,所以降服归顺。反之,晋文公如果一味硬攻,尽管能攻克原、温两邑,但未必能使两地区的人彻底心服口服,投降归顺。

公仪休相鲁①,而嗜鱼。一国献鱼,公仪子弗受。其弟子谏曰:"夫子嗜鱼,弗受,何也?"答曰:"夫唯嗜鱼,故弗受。夫受鱼而免于相,虽嗜鱼,不能自给鱼②;毋受鱼而不免于相,则能长自给鱼。"此明于为人为己者也。故《老子》曰:"后其身而身先,外其身而身存。非以其无私邪?故能成其私。"③一曰:"知足不辱。"④

【今译】

公仪休担任鲁国的国相,非常喜欢吃鱼。全鲁国的人都向他献鱼,公仪休一律谢绝不收。他的弟子劝他说:"先生你喜欢吃鱼,又不接受别人送的鱼,为什么呢?"公仪休回答说:"正因为喜欢吃鱼,所以才不接受别人送的鱼。如果你收下了别人送的鱼,就有可能被君王罢免相位,这样反倒吃不到官府供给的鱼;不接受别人献的鱼,也就保住了相位,反倒能长期吃到官府提供的鱼。"这位公仪休真算是懂得为人也为己的人。《老子》说:"置自身于最后,结果反而能占先;置自身于度外,结果反而能安存。这不正是由于他没有私心?所以能成就他的私心。"换一种说法是:"知道满足,就不会受到侮辱。"

【注释】

① 公仪休:鲁国博士,曾任鲁国国相。本则故事出自《韩诗外传》、《韩非子·外储说右下》。 ② 给:供给。 ③ 语见《老子·七章》。 ④ 语见《老子·四十四章》。

【评析】

知足的公仪休对别人敬献的鱼,一条不受,并说出了一段颇具哲理的人生道理,即"受鱼而免于相,不能自给鱼;毋受鱼而不免于相,则能长自给鱼"。这被作者看来是深得老子的"后其身而身先,外其身而身存"的精粹。

狐丘丈人谓孙叔敖①曰:"人有三怨,子知之乎?"孙叔敖曰:"何谓也?"对曰:"爵高者士妒之,官大者主恶之,禄厚者怨处之。"孙叔敖曰:"吾爵益高,吾志益下;吾官益大,吾心益小;吾禄益厚,吾施益博。是以免三怨,可乎?"故《老子》曰:"贵必以贱为本,高必以下为基。"②

【今译】

狐丘的一位老人对孙叔敖说:"人有三件容易招怨恨的事情,你知道吗?"孙叔敖说:"哪三件?"老人回答说:"爵位高了,士人就会嫉妒他;官做大了,君王便会嫌恶他;俸禄丰厚了,怨恨就会找上门来。"孙叔敖说:"我爵位越高,我的态度越卑恭;我官做得越大,我的心欲越小;我的俸禄越丰厚,我的布施越广泛。我用这种方法来避免三方面怨恨,你看可以吗?"所以《老子》说:"尊贵必以贱卑为根本,高大必以低下为基础。"

【注释】

① 狐丘:地名。丈人:指年长者。孙叔敖:春秋时楚国令尹。
② 语见《老子·三十九章》。

【评析】

这种"爵高,士妒之;官大,主恶之;禄厚,怨处之"的情况是客观存在的,所以也就有人专门研究如何避免这种情况。最早提出解决方法的是老子,他就提出"贵必以贱为本,高必以下为基"。这就是说,你官做大了,但态度却越要谦卑;你俸禄越丰厚,你却越要广泛布施……这样方可"无咎"。谁要是真的以尊自处、以贵自高,也必然会遭挫折、跌跟头;也说明他是一点不懂人生辩证法的。而故事中的孙叔敖却是一位深得人生辩证法精粹的行家。也正因为这样,侯王尽管至高无上,但却常自称"寡"、"孤"。当然,侯王这种"谦下"的态度,无非是想继续保持着他的王位。

大司马捶钩者,年八十矣①,而不失钩芒。大司马曰:"子巧邪?有道邪?"曰:"臣有守也。臣年二十好捶钩,于物无视也,非钩无察也。"是以用之者必假于弗用也②,而以长得其用,而况持无不用者乎,物孰不济焉!③故《老子》曰:"从事于道者同于道。"④

【今译】

楚国的大司马有位捶制钩的工匠,年纪已经八十岁了,可是制造出来的钩仍然锋芒锐利。大司马问他:"你是有技艺呢?还是有别的道术呢?"老工匠回答说:"我是坚守着一种信念的。我从二十岁起就喜欢上捶制钩了,这样,我对别的事物均不关心,除了钩钩我什么都不留意。"所以这位工匠是把所有的精力都用到捶制钩上来,这样也就能长期管用,何况又把握了无论什么都管用的道,那么什么事情不能从"道"那里得到帮助?所以《老子》说:"从事于'道'的,便同于'道'。"

【注释】

①大司马:官名。钩:名器名称。 ②用之者:指用在捶钩上的精力。弗用:指不用心于其他事情上。 ③无不用者:指"道"。济:利用、帮助。 ④语见《老子·二十三章》。

【评析】

故事中的工匠几十年如一日,潜心锻钩,就是在年方八十时,还能做到"不失钩芒"。究其原因,在于一心钻研锻钩,"非钩无察",以致发展到对外界事物都不关心的地步——"于物无视",把不用于其他事物上的精力(即"用之者必假于弗用")都用到锻钩上,所以能锻出好钩来。这种"用之者必假于弗用"的精神,被作者喻为"从事于道者同于道",认为老工匠实际上是掌握"道体"的,是"无不为而无为"的另一种表现形式。

文王砥德修政,三年而天下二垂归之。①纣闻而患之曰:"余夙兴夜寐,与之竞行,则苦心劳形;纵而置之,恐伐余一人。"②崇侯虎曰:"周伯昌行仁义而善谋③,太子发勇敢而不疑④,中子旦恭俭而知时⑤。若与之从,则不堪其殃;纵而赦之,身必危亡。冠虽弊,必加于头。及未成,请图之。"屈商乃拘文王于羑里。⑥于是散宜生乃以千金求天下之珍怪,得骊虞、鸡斯之乘⑦,玄玉百工,大贝百朋⑧,玄豹、黄罴、青犴、白虎文皮千合⑨,以献于纣,因费仲而通⑩。纣见而说之⑪,乃免其身,杀牛而赐之。文王归,乃为玉门,筑灵台,相女童⑫,击钟鼓,以待纣之失也。纣闻之曰:"周伯昌改道易行,吾无忧矣!"乃为炮烙⑬,剖比干,剔孕妇,杀谏者。文王乃遂其谋。⑭故《老子》曰:"知其荣,守其辱,为天下谷。"⑮

【今译】

　　周文王还是诸侯的时候,就磨砺德行,修明政事,只三年功夫,天下三分之二的诸侯就归顺了他。纣王知道后忧心忡忡地说:"我如果起早摸黑地和他竞争,那就会费尽心思,劳累形体;我如果对此放纵他置之不理,又担心他以后会讨伐到我的头上来。"这时崇侯虎说:"周伯姬昌仁慈仗义而且足智多谋,他的大太子姬发勇敢且果断,二太子姬旦恭谦节俭且知道时变。如果我们任其发展,那就难以忍受他们的祸殃;如果我们对他们放纵和宽容,以后我们必将遭受危险和灭亡。帽子再破,还得戴在头上。所以还是趁他们还没形成大气候时,请尽快制止他们。"于是纣王让屈商把文王拘囚在羑里的大牢中。这时候,周臣散宜生用重金来收买天下的珍奇宝物,收得骓虞、鸡斯良马、玄玉百玨、大贝百朋、玄豹、黄黑、青犴、白虎毛皮上千盒,通过费仲疏通,送到纣王手里。纣王见了礼物十分高兴,于是赦免了文王,并杀牛赏赐文王。文王回去后,便用玉来装饰屋门、修筑起灵台,并挑选了不少美女,经常在灵台上奏乐寻欢,以此来等待纣王的进一步失误。而此时的纣王被假象所迷惑,却说:"周伯姬昌终于改弦易辙了,放弃了野心,我不必担忧了。"于是更加荒淫无耻、残暴无道,以致发展到设置炮烙酷刑、挖比干心、剖孕妇腹,杀死直言劝谏的大臣。此时,文王终于可以实施他的计划了。所以《老子》说:"虽然知道什么是荣耀,却安守卑辱,甘愿处于天下低微的地位。"

【注释】

　　① 文王:周文王。砥:磨砺。垂:远边、边疆。"垂"以后用作

"陲"。一曰"垂"乃"分"字之误。　②余一人：古代帝王之自称。　③行：俞樾认为"行"是衍文。若有"行"字，则与下两句不一律。崇侯虎：纣王时诸侯名。　④发：即周武王姬发。　⑤旦：周公姬旦。　⑥屈商：纣王臣。羑里：古地名，在今河南汤阴。　⑦散宜生：周臣，与太公望一起辅佐周文王。驺虞：传说中的仁兽，不吃活兽，能日行千里。鸡斯：神马名。　⑧玄玉：黑色的玉。玒：俞樾认为应为"珏"，又作"瑴"，二玉相合为一"珏"。大贝：一种贝类。朋：二贝为一朋。　⑨玄豹：黑色的豹子。罴：兽名，熊。犴：原注为"犴，胡地野犬"。文皮：色彩鲜艳的兽皮。合：盒。　⑩费仲：纣王的佞臣。　⑪说：悦。　⑫玉门：原注为："以玉饰门，为柱枢也。"灵台：高台名，用来观天象或游乐。相女童：物色美丽的女孩。　⑬炮烙：一种酷刑，用炭火烧热铜柱，令人爬行柱上，坠入火中烧死。　⑭遂：指实现愿望。　⑮语见《老子・二十八章》。

【评析】

本节讲砥德修政的文王因为害怕被纣王陷害，假装"改道易行"，筑灵台、相女童、玉饰门，沉溺于享受之中，以便能迷惑纣王，伺机遂其愿。这种用假象掩盖真相的权术被作者贴上"知其荣，守其辱"、"柔弱胜刚强"的标签。

　　成王问政于尹佚①曰："吾何德之行②，而民亲其上？"对曰："使之时，而敬顺之。"③王曰："其度安在？"④曰："如临深渊，如履薄冰。"⑤王曰："惧哉，王人乎！"⑥尹佚曰："天地之间，四海之内，善之则吾畜也⑦，不善则吾雠也。昔夏、商之臣反雠桀、纣而臣汤、武，宿沙之民皆自攻其君而归神农⑧，此世之所明知也，如何其无惧也？"故《老子》曰："人之所畏，不可不畏也。"⑨

【今译】

　　周成王向太史佚请教为政之道说:"我要具备怎样的德行,才能使百姓亲附我?"尹佚回答说:"用民要适合时宜,而且要恭敬谨慎地对待他们。"成王接着问:"如何才能达到这种敬慎呢?"尹佚说:"好像面临深渊,犹如行走在薄冰上。"成王说:"做个君王,如此可怕!"尹佚说:"天地之间,四海之内,你善待百姓,他们就会热爱你顺从你;你不善待百姓,他们就有可能成为你的仇敌。过去夏商的臣民起来反抗桀纣而自愿臣服汤武,宿沙民众自发起来攻打宿沙君王而归顺神农,这些历史事实大家都很清楚,所以怎么能不害怕这民众的力量呢?"这就是《老子》所说的"人们所畏惧的,也不能不畏惧"。

【注释】

　　① 成王:周成王姬涌,武王子。尹佚:即太史佚,周成王时的史官。　② 吾何德之行:即"吾行何德"。"之"字无实义。　③ 顺:与"慎"同。　④ 其度安在:王念孙认为"在"是"至"之误。"其度安至",谓敬慎之度何所至,犹言当如何敬慎。　⑤ 语出《诗经·小雅·小旻》。　⑥ 王人:指君王。　⑦ 畜:这里指驯服顺从。　⑧ 宿沙:上古部落名。　⑨ 语见《老子·二十章》。

【评析】

　　"如临深渊,如履薄冰"是用来说一个脑子清醒、有远见的人常能保持小心谨慎的态度,害怕祸患随时降临。推衍到这种人做君主的话,也常害怕祸患突然降临、臣民突然"自攻其君"而归顺他君,就像夏商之臣、宿沙之民那样。所以他能记取历史教训,小心翼翼,恭谨国政,善待百姓。因为他知道君与民的关系是舟与水的关系,水可载舟,亦可覆舟。他更懂得背离民心的后果是什么;背离民心的可怕后果使他不得不恐惧戒慎、小心翼翼,这照老子说来是"人之所畏,不可不畏也"。

　　跖之徒问跖①曰:"盗亦有道乎?"跖曰:"奚适其无道

也!②夫意而中藏者③,圣也;入先者,勇也;出后者,义也;分均者,仁也;知可否者,智也。五者不备,而能成大盗者,天下无之。"由此观之,盗贼之心必托圣人之道而后可行。故《老子》曰:"绝圣弃智,民利百倍。"④

【今译】
　　盗跖的门徒问盗跖:"强盗也有道吗?"盗跖说:"到哪里会没有道?能够猜中人家家中有什么财物,就是圣明;带头进入人家,就是勇敢;最后一个离开现场就是有义气;分赃平均,就是仁爱;知道行动是否成功,就是智慧。这五条不具备而能成为大盗的,天底下还没有。"由此看来,盗贼的用心只有依托圣人之道然后才能实行。所以《老子》说:"抛弃聪明和智巧,人民才能获得百倍的利益。"

【注释】
　　① 跖:春秋时期著名的盗贼。　② 奚适:到哪里,何处。适:往。　③ 意:猜测。藏:指事主家中所藏财物。　④ 语见《老子·十九章》。

【评析】
　　文中提到的盗跖尽管有"道术",但作为有盗贼这个现象来说,总不是好事情。那么,怎样才能消除这个现象呢? 这在老子看来,倒不是设定法律、捕捉盗贼、依法查办,而是认为应是"绝巧弃利",才能使"盗贼无有"。为什么这样说呢? 这是因为按老子的一贯看法,诸如仁义孝慈,均在于原本的"大道废"了后才产生的;同样"盗贼"也在于社会讲"智巧"、谋"利益"后才产生的。就像人丧"道"所以亲爱、鱼失水所以呴濡一样。假若"大道不废",这仁义孝慈就不会产生;这智巧不讲、利益不谋,这盗贼就没有产生的基础。所以《老子·三章》就明确讲"不贵难得之货,使民不为盗";而则庄子说得更彻底:"擿玉毁珠,小盗不起。"只有真正做到"绝巧弃利",才能彻底断绝盗贼;盗贼彻底断绝,民众才能真正获利,所以老子最后总结说:"绝圣弃智,民利百倍。"

楚将子发好求技道之士①,楚有善为偷者往见曰:"闻君求技道之士。臣,偷也,愿以技赍一卒。"②子发闻之,衣不给带,冠不暇正,出见而礼之。左右谏曰:"偷者,天下之盗也,何为之礼?"③君曰:"此非左右之所得与。"④后无几何,齐兴兵伐楚,子发将师以当之,兵三却。楚贤良大夫皆尽其计而悉其诚,齐师愈强。于是市偷进请曰:"臣有薄技,愿为君行之。"子发曰:"诺。"不问其辞而遣之。偷则夜解齐将军之帱帐而献之。⑤子发因使人归之,曰:"卒有出薪者,得将军之帷,使归之于执事。"⑥明又复往取其枕⑦,子发又使人归之。明日又复往取其簪,子发又使归之。齐师闻之,大骇,将军与军吏谋曰:"今日不去,楚君恐取吾头!"⑧乃还师而去。故曰无细而能薄⑨,在人君用之耳。故《老子》曰:"不善人,善人之资也。"⑩

【今译】

楚将子发喜欢网罗有一技之长的人士,楚国有位擅长偷窃的人前来会见子发,他对子发手下的人说:"我听说子发将军要寻求一技之长的人士,我呢,是楚国集市上的小偷,愿以这偷窃的技艺充当子发手下的一名小卒。"子发听到禀报后,来不及束好衣带、戴正帽子就出来以礼接见这位小偷。子发身边的人看见后说:"小偷是天下公认的盗贼,将军你为什么要如此礼待他?"子发解释说:"这不是你们所能预知的事。"这事过了没多久,齐国兴兵攻打楚国,作为将领的子发率兵抵御齐军。然而楚军接连败退。楚国的贤良之士和大夫们都献计献策,竭尽诚心地想打退齐国,挽回败局,可是齐军就是越战越勇,日益强大。在这关键时刻,那位集市上的小偷来到子发的军帐中请缨说:"我的这点微不足道的技艺,愿为将军你表演表演。"子发说:"好。"也不问清小偷说的话的意思是什么就派他去了。当天夜里,小偷就将齐军将领用的帷帐拆了来,连夜献给子发。第二天子发就将这帷帐派人送回齐军将领,并传话说:"我们楚军中的一位士兵外出打柴,得到了将军的帷帐,特派人送还。"是夜,小偷又潜入齐军将领的营帐中偷走了他的枕头。天明时候,子发又派人将枕头送还给齐军将领。第三天晚上,小偷照例偷回了齐将的簪子,子发还是照例派人送还。这事一下子在齐军传开,引起一片惊慌,将军与手下的军官们商量,说:"今天我们如果还不撤军,楚军恐怕就要来取我们的脑袋了。"于是立即撤兵回国。所以,人的技艺和能力无所谓高低贵贱,就看你人君如何使用罢了。所以《老子》说得好:"就是不好的人也能作为一面镜子,可供我们借鉴。"

【注释】

① 子发:楚国将领。技道:技艺,技术。 ② 偷也:王念孙认为应是"楚市偷也"。赍:原注为:"赍,备也。"具备、充当的意思。 ③ 之礼:王念孙认为应为"礼之"。 ④ 君曰:应为"子发曰"。与:通"预"。 ⑤ 帱帐:帷帐。 ⑥ 执事:乃是对方的敬称,表示不敢直指对方。 ⑦ 明又:"明又"与下文的"明日又",王念孙认为应作"明夕"和"明日夕"。"夕"与"又"字相近而误。 ⑧ 楚君:王念孙认为"楚君"应为"楚军",二字音近而误。 ⑨ 曰:衍文。无细而能薄:应作"技无细而能无薄"。 ⑩ 语见《老子·二十七章》。

【评析】

作者通过本则故事继续宣传他的用人原则和人才观,即君主要善于运用各种不同的人才,对人才要无所不包、无所不养,无论是鸡鸣之客、捕鼠之人、盗狗之士,还是呼者、偷儿,都应广纳悉备,为我所用。说了难听些,就是罪大恶极者也可留着供人借鉴,所以老子说:"不善人,善人之资也。"

颜回谓仲尼曰:"回益矣。"① 仲尼曰:"何谓也?"曰:"回忘礼乐矣。"② 仲尼曰:"可矣,犹未也。"③ 异日复见,曰:"回益矣。"仲尼曰:"何谓也?"曰:"回忘仁义矣。"仲尼曰:"可矣,犹未也。"异日复见曰:"回坐忘矣。"④ 仲尼遽然⑤曰:"何谓坐忘?"颜回曰:"隳支体,黜聪明⑥,离形去知,洞于化通⑦,是谓坐忘。"仲尼曰:"洞则无善也⑧,化则无常矣⑨。而夫子荐贤⑩,丘请从之后。"故《老子》曰:"载营魄抱一,能无离乎?专气至柔,能如婴儿乎⑪!"

【今译】
颜回对孔子说:"我近来颇有长进。"孔子问道:"这话怎么说?"颜回说:"我忘掉了礼乐了。"孔子接着说:"好啊,但还不够。"过了几天,颜回又去拜访孔子,说:"我颜回又有新的长进了。"孔子问:"此话又如何解释?"颜回说:"我忘掉了仁义了。"孔子还是这样回答:"好啊,但还是不够。"过了若干天,颜回又去拜访孔子,说:"我已经达到坐忘的境界了。"孔子猝然变了脸色说:"那你说说什么叫'坐忘'呢?"颜回回答说:"我静坐时忘掉我自己,无所闻也无所见,好像远离形体,无知无觉、浑然一体,这就叫'坐忘'。"孔子说:"无知无觉,浑然一体就不会有嗜欲,融道为一体就不拘泥于常理。由此看来,你的境界已远远超过我们,我也只能跟随在你的后面了。"所以《老子》说:"精神与形体浑然一体,能不相分离吗?积聚精气以致柔顺,能像无欲的婴儿吗?"

【注释】
① 益:长进。　② 回忘礼乐矣:原注为"回忘礼乐,绝圣弃智,入于无为也"。　③ 犹未也:指还不够。　④ 坐忘:指通过静坐,达到物我两忘的境界。　⑤ 遽然:指脸色神态突然变化。　⑥ 隳:废弃。黜:清除。　⑦ 洞:浑同、混同。化通:指"道"。　⑧ 善:好。这里指偏好。　⑨ 常:执著常理而不变通。　⑩ 夫子:这里指颜

回。荐：先。　⑪语见《老子·十章》。载：为"哉"字。营魄：魂魄。抱一：指形体。专气：结聚精气。

【评析】
本节以虚构出的颜回"坐忘"来叙述道家养生观,即通过端坐入静,达到物我两忘的状态。而一旦达到这种状态,就会出现一种虚静恬愉的精神状态,这对于养生来说是大有好处的。同时,道家"养生"又是"养性"。这"养性"是说人要时常想想看人之精神情感思绪是否游离人身而外感于物,如精神情感思绪游离人身而外感于物,就要马上收敛端坐入静,使"营魄抱一",这样才能养得"专气至柔",于养生修性大有帮助。

秦穆公兴师,将以袭郑。①蹇叔②曰："不可。臣闻袭国者,以车不过百里,以人不过三十里,为其谋未及发泄也,甲兵未及锐弊也③,粮食未及乏绝也,人民未及罢病也④,皆以其气之高与其力之盛至,是以犯敌能威⑤。今行数千里,又数绝诸侯之地⑥,以袭国,臣不知其可也。君重图之！"穆公不听。蹇叔送师,衰绖而哭之⑦,师遂行。过周而东,郑贾人弦高矫郑伯之命⑧,以十二牛劳秦师而宾之⑨。三帅乃惧而谋曰："吾行数千里以袭人,未至而人已知之,其备必先成,不可袭也。"还师而去。当此之时,晋文公适薨,未葬,先轸言于襄公⑩曰："昔吾先君与穆公交⑪,天下莫不闻,诸侯莫不知。今吾君薨未葬,而不吊吾丧,而不假道⑫,是死吾君而弱吾孤也⑬。请击之。"襄公许诺。先轸举兵而与秦师遇于殽⑭,大破之,擒其三帅以归。穆公闻之,素服庙临,以说于众。⑮故《老子》曰："知而不知,尚矣；不知而知,病矣。"⑯

【今译】

　　秦穆公发动军队，准备去袭击郑国。蹇叔说："不能这样做。我听说凡要袭击他国，都应该是用兵车行军不得超过一百里，而士兵步行不得超过三十里，这是因为只有这样行动计划才不会泄露，部队官兵才不至于过分疲劳，军队的给养也不至于耗尽，国内的百姓也不至于疲惫不堪，前线后方都能斗志高昂，部队战斗力旺盛，到这时候去攻击敌人，就能消灭他们。现在我军行军数千里，还得多次穿越其他几个诸侯国的地盘，这样去袭击郑国，我不知道行得通行不通。我提请君王慎重考虑此事。"秦穆公不听蹇叔的意见。蹇叔只得到郊外给部队送行，他披麻戴孝、哭哭啼啼，部队在这种气氛中出征了。部队经过周都向东进发，郑国商人弦高假借郑国君的命令，拿出十二头牛来犒劳秦军，并代表郑国君用宾客礼节欢迎他们。秦军的三位将领以为事情已经败露，惊恐地一起商量："我军行走千里来偷袭人家，还没到达目的地，人家郑国已经知道，他们也一定事先有准备，看来我们不能再去袭击了。"于是率军回撤。正在这个时候，晋文公刚去世，还没下葬，晋军主帅先轸对晋襄公说："早先我们先君与秦穆公交好，天下没有人不知道这件事的，诸侯中也没有人不知道这件事的。现在我们先君去世还没下葬，秦国非但不派人来吊丧，而且偷袭郑国途经我国也不借道，这无异是欺侮我们新君孤幼。请允许我率军伏击他们吧。"晋襄公答应了。于是先轸领兵在殽山与秦军相遇，经过一番激战，大败秦军，并俘获秦军三位将领，胜利返回。秦穆公听到部队惨败，穿着丧服来到祖庙哭告，以获取大家对他的谅解。所以《老子》说："知道自己不知道，是好的；不知道而自以为知道，就不好了。"

【注释】

　　① 秦穆公：春秋秦国国君。秦穆公伐郑事见《左传·僖公三十二年》。　② 蹇叔：秦国国相。　③ 发泄：泄露。甲兵：车兵，与"步卒"相对。锐：急剧。弊：疲惫。　④ 罢：通"疲"。　⑤ 至：极。威：威慑，使之畏惧。　⑥ 绝：穿过。　⑦ 衰绖：古代丧服。"衰"是

缀在胸前的麻布,"绖"是系在腰上或头上的麻带。 ⑧ 贾:商人。矫:假托、假称。郑伯:郑穆公。 ⑨ 劳:慰劳、犒劳。宾之:以客礼相待。 ⑩ 先轸:晋国大臣。襄公:晋文公子,名欢。 ⑪ 是指晋文公重耳流亡在外,在秦国时得到秦穆公的帮助。 ⑫ 假:借。不假道:是指秦军奔袭郑国途经晋国没有向晋国借道。 ⑬ 死吾君:以为我们君王已死。弱:幼小。孤:指襄公。 ⑭ 殽:山名,在今河南省洛宁西北。 ⑮ 素服:白色的丧服。临:哭吊。说:解说、说明。 ⑯ 语见《老子·七十一章》。尚:通"上"。

【评析】

所谓"不知而知",即不知而自以为知,老子认为就是一种"病",所以也无法取得真知识,有时还会引出祸害来,这就如故事中的秦穆公因为不懂军事常识而遭失败,所以老子说:"不知而知,病矣。"《吕氏春秋·谨听篇》说得更明确:"不知而自以为知,百祸之宗也。"所谓"知而不知",是说人要明白人之所知相当有限;人生天地间,仰不知天,俯不知地,外难知他人,内不知自我的事时会发生,所以老子说人只有知道自己有所不知,才能知不知后知,才能不断地在求知领域中拓宽前进。老子认为人能做到这点,就是好。故事中的秦穆公自知失误,就能认错改正,这在老子看来也是"上"。

齐王后死①,王欲置后而未定,使群臣议。薛公欲中王之意②,因献十珥而美其一③。旦日,因问美珥之所在,因劝立以为王后。齐王大说,遂尊重薛公④。故人主之意欲见于外⑤,则为人臣之所制。故《老子》曰:"塞其兑,闭其门,终身不勤。"⑥

【今译】

　　齐威王的王后死了,想立一位新王后,但一直无法确定。于是便让群臣来商议此事。薛公很想迎合威王的心意,于是献上十枚玉珥,并特意说明其中哪一枚玉珥为最好的玉珥。第二天,薛公打听到被赐予最好的玉珥的妃嫔是谁,便认定这位获得最好玉珥的妃嫔就是威王最宠爱的,于是就劝威王立这位妃嫔为王后,而这也正合威王之意,威王十分高兴,从此就更加看重薛公了。所以,君王的意图和欲望轻易流露在外,被大臣们掌握后,君王就会受到臣属的挟制。由此《老子》说:"塞着泄露欲念的通道,关闭接触外物的门户,便能终身不受劳疾困扰。"

【注释】

①齐王:指齐威王。 ②薛公:战国齐相田婴,号靖郭君,封于薛,称薛公。 ③珥:用玉做成的耳饰,为女子佩用。 ④尊:衍文。因为"尊"即"重"。 ⑤意欲:意图欲念。见:现。 ⑥语见《老子·五十二章》。兑:孔穴,这里指"通道"。勤:劳疾。

【评析】

这老子的"塞其兑闭其门",可理解为一种养生方法,即"塞兑闭门",使心意不驰于外,物欲不扰其中,这样虽外物纷纷,但也能寂然不动,所以能"终身不勤"。同样,这老子的"塞其兑闭其门",也可理解为一种权术,即"塞兑闭门",使内心世界不驰于外,意图想法不流露在外,这样寂然不动,使旁人难以窥察你的意图,也就不敢轻举妄动,从而帝王达到统治目的。这也就是老子说的"终身不勤"。而故事中的齐威王就在于意图想法已外泄流露,所以为薛公所利用并挟制。

卢敖游乎北海①,经乎太阴②,入乎玄阙③,至于蒙谷之上。见一士焉,深目而玄鬓,泪注而鸢肩④,丰上而杀下,轩轩然方迎风而舞⑤。顾见卢敖,慢然下其臂,遁逃乎碑⑥。卢敖就而视之,方倦龟壳而食蛤梨⑦。卢敖与之语曰:"唯敖为背群离党⑧,穷观于六合之外者,非敖而已乎?敖幼而好游,至长不渝。⑨周行四极,唯北阴之未窥。今卒睹夫子于是⑩,子殆可与敖为友乎?"若士者䎅然而笑⑪曰:"嘻!子中州之民,宁肯而远至此,此犹光乎日月而载列星,阴阳之所行,四时之所生,其比夫不名之地⑫,犹窔奥也⑬。若我南游乎冈㟿之野,北息乎沉墨之乡⑭,西穷窅冥之党,东开鸿濛之光⑮,此其下无地而上无天,听焉无闻,视焉无眴⑯。此其外,犹有汰沃之氾⑰,其余一举而千万里⑱,吾犹未能之在⑲。今子游始于此,乃语穷观,岂不亦远哉!⑳然子处矣,吾与汗漫期于九垓之外㉑,吾不可以久驻。"若士举臂而竦身㉒,遂入云中。卢敖仰而视之,弗见,乃止驾,柸治,悖若有丧也㉓,曰:"吾比夫子,犹黄鹄与壤虫也。㉔终日行,不离咫尺,而自以为远,岂不悲哉!"故《庄子》曰:"小年不及大年,小知不及大知,朝菌不知晦朔,蟪蛄不知春秋。"㉕此言明之有所不见也。

【今译】

卢敖漫游到了北海,经过太阴,进入玄阙,到达蒙谷山。发现有个人在那里,此人眼眶深陷,鬓发乌黑,脖子粗短,双肩耸起像老鹰,上身丰满,下身瘦削,正迎着风翩翩起舞。此人回头看见了卢敖,慢慢放下手臂停止舞动,逃避到山脚后面。卢敖走近去观察,此人正蹲在龟壳上吃蛤蜊。卢敖于是上去与他搭话:"唯有我卢敖离乡背井,远离人群,观览遍六合之外的所有地方,这样的人恐怕难找第二个吧?我卢敖从小喜欢周游四方,长大以后这种兴趣也没改变。我游遍了四方极远的地域,只是还没见过北阴。今天我在这里突然与你相遇,不知你愿意与我为友吗?"这时这位人士露齿而笑说:"嘿嘿,您是中原人,竟然远道来到这个地方。不过这里仍然日月照耀,满天星辰,阴阳运行,四季变化,这儿与那个叫不出名称的地方相比,还只是个小角落。像我向南游过的无边无际的空旷之地,在北方休息在寂静幽暗的地方,向西跑遍幽深边远的地方,往东一直来到日出之处。这些地域是下无地而上无天,听不到任何声音,看不清任何物件。此外还有水天相连的海洋的边岸,我尽管一动就是千万里,但我还是无法达到那里。现在你才游历到这里,就认为看尽了一切地方,与我上述说的那些地方比,你不觉得差远了吗?不过你呆在这里好了,我与汗漫先生已约好在九垓之外会面,所以我无法在这里久留陪你。"说完,此人一举臂、一耸身便飞入云端。卢敖仰面瞭望,已看不见此人的身影;于是卢敖停下了马车,惊惧困惑,若有所失,自言自语说:"我和这位先生相比,就如同黄鹄与小虫一样。我整天奔波不停,却还在咫尺之地漫游,但我却自以为很遥远了,这不是显得很悲哀吗?"所以《庄子》说:"寿命短的不了解寿命长的,小聪明不理解大智慧,朝生暮亡的菌类不知月的晦朔,蟪蛄不知一年中的春和秋。"这是说视力好的也有他无法看到的东西。

【注释】

① 卢敖:原注为"卢敖,燕人,秦始皇召以为博士,使求神仙,亡而不反(返)也"。北海:北方边远地区。　② 太阴:北方为阴,故太阴为极北处。　③ 玄阙:原注为"北方之山"。　④ 泪注:王念孙认为应作"渠颈"。"渠"通"巨"。"巨颈"是说脖子粗短。鸢:老鹰。鸢肩:指肩脖耸起如鹰。　⑤ 丰:丰满。杀:瘦削。轩轩然:翩翩起舞的样子。　⑥ 慢然:慢慢地。下:放下。遁逃:躲避。乎:于。碑:岬,山脚。　⑦ 倦:原注为"楚人谓'倨'为'倦'"。倨或倦均指蹲坐。龟壳:龟甲。蛤梨:蛤蜊;"梨"通"蜊"。　⑧ 唯:只。党:指家乡。⑨ 渝:王念孙认为作"渝解","改变"的意思。　⑩ 卒:通"猝",突然,忽然。　⑪ 卷然而笑:是说露齿而笑。　⑫ 不名之地:叫不出名称的地方。　⑬ 窔奥:房屋的角落。东南隅叫窔,西南隅叫奥。　⑭ 冈㝗:空旷。沉墨:沉寂、寂静。　⑮ 窅冥:幽深。党:处所。开:王念孙认为是"关",开与关的繁体字字形相近而误,"关"指"贯

通"、"通达"。鸿濛:东方日出之处。 ⑯ 焉:之。眴:目眩、目摇。无眴:马宗霍认为"无眴,犹言无足以动摇其目者,引申之亦即目无所见之意"。 ⑰ 汰沃:原注为"四海与天之际水流声也"。汜:原注为"涯也",指水边岸。 ⑱ 其余:指在汰沃之外。举:动,指腾飞。 ⑲ 未能之在:原注为"尚未至此地"。 ⑳ 始于此:杨树达认为应在"始"下加"至"字,即"始至于此"。穷观:看尽一切,尽观一切。远:相差远。 ㉑ 处:留下、呆在。汗漫:虚构出的仙人名。这"汗漫"本身就有虚无飘渺之意。 ㉒ 竦:耸。 ㉓ 杯治:于省吾说:"杯治二字乃叠韵谜语,亦即'诶诒'之转语。'诶诒,失魂魄也'。按失魂魄即恐惧之意。"悖若:困惑,迷惑。 ㉔ 黄鹄:鸟名,指天鹅。壤虫:原注为"虫之幼也"。 ㉕ 语见《庄子·逍遥游》。年:寿命。知:同"智"。朝菌:一种朝生暮死的菌类。晦:每月最末一日为晦。朔:每月初一日为朔。蟪蛄:寒蝉。春秋:代表一年,寒蝉夏生秋死,只经历二个季节,所以不知"春秋"。

【评析】

作者从自然界常见的"朝菌不知晦朔,蟪蛄不知春秋"的现象出发,喻指人因受时空、常识的限制,只拥有狭小天地、有限知识,从而无法产生或理解那种与"沉墨之乡、冈食之野、窅冥之党、鸿濛之光、汰沃之汜、九垓之外"相应的"道体"和境界。就像卢敖只因终日不离咫尺而无法理解汗漫一样。

季子治亶父三年①,而巫马期绻衣短褐,易容貌往观化焉②。见得鱼释之③,巫马期问焉曰:"凡子所为鱼者,欲得也。④今得而释之,何也?"渔者对曰:"季子不欲人取小鱼也。所得者小鱼⑤,是以释之。"巫马期归以报孔子曰:"季子之德至矣!使人暗行,若有严刑在其侧者。季子何以至于此?"孔子曰:"丘尝问之以治,言曰'诚于此者刑于彼'⑥。

季子必行此术也。"故《老子》曰:"去彼取此。"⑦

【今译】

宓子贱治理亶父三年,孔门弟子巫马期穿上粗劣的麻布衣,化装前去察访宓子贱的教化情况。巫马期看到有人捕鱼,但捕到鱼后又放回水中去,就上前询问:"你之所以来捕鱼,是为了捕到鱼。今天你将捕到的鱼又放生回水,这是为什么呢?"渔夫回答说:"宓子贱不希望人们捕捉那些没长成的小鱼。我刚才之所以将捕到的鱼都放回河中,因为捕捉的都是小鱼。"巫马期回去将此事报告给孔子,说:"宓子贱的品德教育达到这么好的程度,他能让人暗中做事都不敢胡来,就像刑法放在他身边一样。他是怎样达到这种效果的呢?"孔子说:"我曾经询问过宓子贱的治政方法,他告诉我'诚爱之心一旦扎根于内心世界,就会在任何其他事情上体现出来'。宓子贱一定是实施了这种方法。"所以《老子》说:"去彼取此。"

【注释】

① 季子:即宓子贱,名不齐。王念孙认为:"季"当为"孚"字之误,而"孚"与"宓"声相近。亶父:单父,在今山东单县。 ② 巫马期:人名,与宓子贱同为孔子弟子。绖:古代一种用麻布做的丧服,这里泛指粗劣丧服。褐:粗布衣。易容貌:改变容貌,即化装。化:教化。 ③ 见得鱼释之:其他古籍引作"见夜渔者得则舍之"或"见夜鱼者释之"。 ④ 鱼者:刘文典认为应是"渔者"。 ⑤ 小鱼:原注为"古者,鱼不盈尺不上俎也"。 ⑥ 诚:应作"诚"。各本皆作"诚"字。刑:通"形",古"刑"、"形"通用。故"诚于此者刑于彼",在《水经·泗水注》作"诚彼形此"。 ⑦ 语见《老子·十二章》。

【评析】

古代规定"鱼不盈尺不上俎",所以渔夫捕捉到小鱼就放回水中放生。但如果认为渔夫这种行为仅仅是害怕刑法制裁而不得不为,那就低估了宓子贱的德政教化了。大概宓子贱也知道任何规定(刑法)都有不完善的地方，而且强制性的规定（刑法）能对人起多少制约作用也是个问题。所以宓子贱是更多地从仁爱之心、精诚之情的教化入手，这被老子称为是"去彼取此"。

而人一旦具有仁爱之心、精诚之情，也就会在任何地方、任何事情上表现出来，这也就是宓子贱所说的："诚于此者形于彼。"他会从仁爱之心、精诚之情出发爱护弱小，其中包括不捕杀幼小生物（如小鱼、嫩叶等）。正因为他（如渔夫）是从内心的仁爱之心、精诚之情出发来完成放生小鱼的行为，所以外界是否有不得捕杀小鱼的刑法规定对他来说是无须考虑的。也就是说，外界即使无这种规定，他也照常完成放生小鱼的行为。这就是作者一贯强调精诚感人的作用要大于刑法的制约作用之所在。

罔两问于景①曰："昭昭者神明也？"②景曰："非也。"罔两曰："子何以知之？"景曰："扶桑受谢③，日照宇宙，昭昭之光，辉烛四海④。阖户塞牖⑤，则无由入矣。若神明，四通并流，无所不及，上际于天，下蟠于地⑥，化育万物而不可为象，俯仰之间而抚四海之外⑦，昭昭何足以明之？"故《老子》曰："天下之至柔，驰骋天下之至坚。"⑧

【今译】

罔两问影子："那明亮的日光就是神明？"影子回答："不是。"罔两又问："你怎么知道的？"影子说："太阳每天从扶桑升起又从西边落下去，它照耀在宇宙间，那明亮的阳光照耀四海。可是将门窗紧闭，阳光就无法照射进来。但那神明却能四通八达，无所不及，上至九天，下居大地，生育万物而不露痕迹，仰俯之间便能抚及四海之外，这明亮的日光哪有这样的神通？"所以《老子》说："天下最柔弱的东西，能穿越于最坚硬的东西中。"

【注释】

①罔两：指影子外层的淡影，即影子的影子。景：同"影"。②昭昭：指太阳光。 ③扶桑：神话中东方日出处的神木。受：承受日光照射。谢：太阳落下。 ④烛：照。 ⑤阖：合、关。牖：窗。 ⑥蟠：蟠居。 ⑦俯仰之间：片刻之间。 ⑧语见《老子·四十三章》。

【评析】

作者通过罔两与影子的对话来说明道之神明要远远超过太阳光辉。太阳光辉尽管能日照宇宙、辉烛四海，但它还总有达不到的地方。而"道体"却能上际天下蟠地，四通并流，无所不及，能化育万物而不留迹象，片刻之间而抚及四海之外……总之，"道体"至柔，却能驰骋于天下之至坚，即无所不及、无所不在、无所不能。

光耀问于无有^①曰："子果有乎？其果无有乎？"无有弗应也。光耀不得问，而就视其状貌^②：冥然忽然，视之不见其形，听之不闻其声，搏之不可得^③，望之不可极也！光耀曰："贵矣哉！孰能至于此乎？予能有无矣，未能无无也。及其为无无，又何从至于此哉！"故《老子》曰："无有入于无间，吾是以知无为之有益也。"^④

【今译】

光耀问无有："你果真有呢？还是果真没有呢？"无有不吭声。光耀听不到无有的回答，于是上前去观察无有的模样，只觉得是：黑呼恍惚，看它看不见形状，听它听不到声响，触摸它又触摸不到，一眼望不到头。光耀于是说："珍贵啊，有谁能达到这种神奇的状态？就我光耀来说，还只是达到'无形'和'无声'，只能给人以抓不住和听不见的感觉，还不能达到连光都没有的状态。至于达到无一切的状态，那又是怎么样达到这样的呢!"所以《老子》说:"这个什么都没有的东西能渗透穿越没有间隙的东西,我因此知道'无为'的益处。"

【注释】

① 光耀、无有:《庄子·知北游》中虚拟的人名。　② 就视:《庄子·知北游》作"孰视"。　③ 搏:触摸。　④ 语见《老子·四十三章》。

【评析】

作者通过虚拟出的光耀和无有两人的对话来描述"道"的超凡特征,即"冥然忽然,视之不见其形,听之不闻其声,搏之不可得,望之不可极"……以至"无无",乃"真无"。

白公胜虑乱①,罢朝而立,倒杖策,锐上贯颐②,血流至地而弗知也。郑人闻之曰:"颐之忘,将何不忘哉!"③此言精神之越于外,智虑之荡于内,则不能漏理其形也。④是故神之所用者远,则所遗者近也。⑤故《老子》曰:"不出户以知天下,不窥牖以见天道。其出弥远,其知弥少。"⑥此之谓也。

【今译】

白公胜欲报杀父之仇,一心想发动兵变,退朝后站立不走,手中拿的马鞭倒挂着自己的面颊,以至于鞭梢的尖针穿透了面颊,血流到地上都不知道。郑国人听到这件事以后说:"白公胜连自己的面颊都给忘了,还有什么不会忘掉呀!"这是说人的精神一旦脱离开人的心身,而智虑又在内心激荡,那么人就不能充实气血、调理形体。因此,精神思虑的范围越远,那么就越不能顾及近在咫尺的形体。所以《老子》说:"不出门外,能知天下事;不望窗外,能认识天道。越向外竞逐,知道得越少。"说的就是这个道理。

【注释】

①白公胜：楚平王孙。虑：谋。虑乱：原注为"白公将为父报仇,起兵乱,因思虑之也"。　②策：马鞭。锲：马鞭端的尖刺。贯：穿、透。颐：面颊。　③将何不忘哉：原注为"白公之父死,郑人预之,故惧之"。　④漏：补空、补足、充实。理：调理、疏理。　⑤遗：忘。近：指形体。　⑥语见《老子·四十七章》。窥：望、看。牖：窗。弥：越。

【评析】

从养生的角度来看,人思虑过度是会伤神损形的。所以道家养生术是反对"精神之越于外,智虑之荡于内"的。道家养生术同时还认为,人之返观内省的精神不淫于外,除能存神养性养生外,还能开启出一种认知能力来,也即是内守精神、虚静恬愉,能在净化欲念之同时,清除心灵的蔽障,将人之本明的慧根开启出来去览照外物,以了解事物、体认天道,达到老子说的"不出户以知天下,不窥牖以见天道"。

秦皇帝得天下,恐不能守,发边戍,筑长城,修关梁,设障塞,具传车①,置边吏。然刘氏夺之,若转闭锤。②昔武王伐纣,破之牧野,乃封比干之墓,表商容之闾,柴箕子之门③,朝成汤之庙,发巨桥之粟,散鹿台之钱④；破鼓折枹,弛弓绝弦⑤；去舍露宿以示平易⑥；解剑带笏以示无仇⑦。于此天下歌谣而乐之,诸侯执币相朝,三十四世不夺。⑧故《老子》曰："善闭者,无关键而不可开也；善结者,无绳约而不可解也。"⑨

【今译】

秦始皇得天下之后,唯恐江山守不住,于是派遣大量的民兵守卫边疆,并修筑长城,建造关口津梁,设置要塞障碍,装备驿站车马,派遣边疆官吏。然而刘家夺取秦之天下,却如同翻转轴锤那样便易。以前武王讨伐纣王,在牧野打败了纣王,推翻殷朝,建立起自己的政权。于是修整了比干的坟墓,旌表商容的故里,保护了箕子的旧宅,朝拜了商汤的宗庙,散发了巨桥的粮食和鹿台的财物;砸破战鼓、折断鼓槌、松开强弓、拉断弓弦;搬离房舍、露宿野外,以示生活俭朴;松懈佩剑,带着笏板,以示不再有仇敌。这时候天下百姓都编出歌谣来庆贺天下太平,诸侯均带着厚礼前来朝拜,江山传了三十四代也没被篡夺。所以《老子》说:"善于关闭的,不用门闩却使人无法打开;善于捆缚的,不用绳索却使人无法解开。"

【注释】

① 关梁:关口津梁。传车:古代传递公文的马车。 ② 闭锤:原注为"闭锤,格也。上之锤,所以编薄席,反覆之易"。 ③ 牧野:地名。封:堆土修整坟墓。表:刻有褒扬铭记的木柱。商容:古代贤人。间:指故里。柴:通"寨",指保护、护卫。 ④ 巨桥:殷代粮仓所在地。鹿台:纣王筑的大台,以贮藏财物。 ⑤ 鼓:战鼓。枹:鼓槌。弛:放松、松开。 ⑥ 去:离开。 ⑦ 笏:古代上朝时所执用以记事的手板。 ⑧ 币:这里泛指玉、马、皮、帛等礼物。三十四世:指周传国世代,从周武王到周赧王三十四代。 ⑨ 语见《老子·二十七章》。关键:门闩。约:也作绳解。

【评析】

治理天下难道只局限于"发边戍、筑长城、修关梁、设障塞"……作者认为,非也。你看那过去武王治理天下是"封比干之墓、朝成汤之庙、发巨桥之粟、散鹿台之钱、破鼓折枹、弛弓绝弦、去舍露宿以示平易,解剑带笏以示无仇",件件事情深得人心,所以周朝三十四世不夺。这说明善治天下者,不在乎有多少兵卒、设多少障塞、修多少城关,而在于是否得人心。政权不得人心,就是有再多的兵、再多的法,其政权的更替也易如反掌,像刘氏汉朝取代秦朝若转闭锤。所以作者由此想到老子的话:"善闭者无关键而不可开也",善治天下者,不仅仅在于强权专政,穷兵黩武,明白这点的人,才是高明者。

尹需学御①,三年而无得焉,私自苦痛,常寝想之。中夜,梦受秋驾于师。②明日,往朝。师望之,谓之曰:"吾非爱道于子也③,恐子不可予也。今日教子以秋驾。"尹需反走④,北面再拜曰:"臣有天幸,今夕固梦受之。"⑤故《老子》曰:"致虚极,守静笃。万物并作,吾以观其复也。"⑥

【今译】

尹需拜师学习驾驭术,三年过去还是没有收获,内心十分痛苦,经常是睡觉时还在思虑这件事。一天半夜时分,他从梦中学会了"秋驾"的技术。第二天,尹需去拜访老师,老师望着他说:"我不是舍不得将驾驭术传授给你,只是怕你没有能力学会它。今天我就教你秋驾技术吧。"尹需听后,兜了一个圈子,朝北向老师行了再拜礼,说:"我有天赐幸运,昨天夜里我已在梦中接受了老师教的秋驾技术了。"所以《老子》说:"致虚与守静的主体修养工夫,要做到极点和专笃。万物都在生长发展,我从而可以观察其往复循环。"

【注释】

① 尹需:古代善御者。 ② 秋驾:陈奇猷认为是一种类似杂技中的飞车术(《吕氏春秋校释》)。 ③ 爱:吝啬,舍不得。道:指驾驭之术。 ④ 反走:返走,指兜了一个圈子。 ⑤ 今夕:昨夜。"夕"通"昔"。 ⑥ 语见《老子·十六章》。虚:心灵空明无欲。极:极点、极度。静:无为安静。笃:彻底。作:生长。复:往复循环。

【评析】

"致虚"、"守静"在中国文化中是相当重要的东西。理学家认为"致虚"、"守静"能增加德操品行,如吕坤就说:"躁心、浮气、浅衷、狭量此八字,进德者之大忌也。去此八字只用得一字曰:主静。静则凝重,静中境自是宽阔。"(《呻吟语》卷一《存心》)医学家认为"致虚"、"守静"能养生治病,如高濂说:"静可以固元气,万病不生,百岁可活。"(《遵生八笺》)更为重要的,中国士人还认为"致虚"、"守静"可以通神明,如方孝孺在《静斋记》中就说到:"静则明,动则眩。"表现在这里,就有尹需"梦学秋驾"的事。作者认为这与《老子》说的"致虚极,守静笃"相关。

昔孙叔敖三得令尹①,无喜志,三去令尹,无忧色;延陵季子,吴人愿一以为王而不肯②;许由,让天下而弗受③;晏子与崔杼盟,临死地不变其仪④。此皆有所远通也。精神通于死生,则物孰能惑之!荆有佽非,得宝剑于干队。⑤还反度江。⑥至于中流,阳侯之波,两蛟挟绕其船。⑦佽非谓枻⑧船者曰:"尝有如此而得活者乎?"对曰:"未尝见也。"于是佽非瞑目勃然⑨,攘臂拔剑,曰:"武士可以仁义之礼说也,不可劫而夺也。此江中之腐肉朽骨,弃剑而已⑩,余有奚爱焉!"赴江刺蛟,遂断其头。船中人尽活,风波毕除。荆爵为执圭。⑪孔子闻之曰:"夫善哉!⑫腐肉朽骨弃剑者⑬,佽非之谓乎!"故《老子》曰:"夫唯无以生为者,是贤于贵生焉。"⑭

【今译】
　　以前孙叔敖三次得到令尹的官职而不露喜悦之情,三次失去令尹的官职而没有忧愁之色;延陵季子,吴国人要立他为王,但他坚决不肯;许由,尧准备将天下让给他,但他不接受;晏子与崔杼盟誓,面临着死亡威胁而不改变他的原则。这些人都能对事物作长远思考。人的精神能够认识到死生之分,那么还有什么外物能诱惑他!楚国有位佽非,在干遂得到一宝剑。返回时渡长江,船到江中心时,波浪涌起,两条蛟龙挟持缠绕着船。伩非对船艄公说:"你见过在这种险境中逃生的人吗?"艄公回答:"没见过。"这时伩非怒目圆睁、血气勃涌、捋起衣袖、拔出宝剑,喝道:"武勇之士可以用仁义之礼来说服,但不能威逼强夺他的志向。人总是要变为腐肉朽骨的,就是弃剑而能保全性命也没什么意义,所以生命又有什么值得吝惜的呢!"说完便跳入江中搏杀蛟龙,终于将蛟龙的头斩断,使一船的人全得以保全性命,风浪也平息下来。楚王于是封给了伩非执圭爵位。孔子听到这件事后说:"好啊!不因为吝惜生命而弃掉宝剑,伩非称得上这样的人。"所以《老子》说:"只有那不贪生怕死的人,才胜过厚养生命的人。"

【注释】

①孙叔敖:春秋时楚国人。令尹:楚官名称。 ②延陵季子:春秋吴国吴王寿梦少子,名札,曾封于延陵,故称延陵季子;鲁襄公十二年七月,寿梦死,嫡长子诸樊继位,要让位给有才德的季子,季子坚辞不受,弃家隐居。一:《吕氏春秋·知分篇》无"一"字,当据删。 ③许由:相传尧欲让天下给许由,许由不受,遁耕于箕山之下。 ④晏子:春秋齐国大夫。崔杼:春秋齐国大夫。事见《左传·襄公二十五年》,可参阅《精神训》注释。仪:法度、原则。 ⑤伩非:人名,楚国人。又称为"次非",或"伩飞"、"兹非"。干队:干遂,吴邑名,地处苏州西北。 ⑥度:渡。 ⑦阳侯:传说中的波浪之神,本是陵阳国君,溺水身亡成为波神。蛟:江海中的龙。 ⑧枻:船桨。 ⑨瞑目:王念孙认为应作"瞋目"。"瞑目勃然"应是"勃然瞋目"。 ⑩弃剑而已:《吕氏春秋》作"弃剑而全已"。 ⑪爵:赐爵。执圭:楚国的一种封爵。 ⑫载:俞樾认为"载"当为"哉"。"载"、"哉"相通。 ⑬腐肉朽骨弃剑者:《吕氏春秋》作"不以腐肉朽骨而弃剑者"。这里补上"不以"。 ⑭语见《老子·七十五章》。

【评析】

老子说的"唯无以生为者,是贤于贵生"的话中包含着人生哲理或辩证法,即是说不过分养生保命反倒能养生保命。表现在本则故事中的佽非身上,他知道在阳侯之波、两蛟挟船的形势下必不得活,自身也将成为江中腐肉朽骨,宝剑也将成为江中遗剑。明白这点,于是彻底想通:何惜此身此剑,不如与蛟争顷刻之命。倒反将蛟龙斩首,保全了性命。这有点像老子说的:"所以有大患者,为吾有身,及吾无身,吾有何患?"也有点像兵家说的"置死地而后生"的道理。

齐人淳于髡以从说魏王,魏王辩之。^①约车十乘,将使荆。^②辞而行,人以为从未足也^③,复以衡说,其辞若然^④。魏王乃止其行而疏其身。失从心志^⑤,而又不能成衡之事,是其所以固也^⑥。夫言有宗,事有本,失其宗本,技能虽多,不若其寡也。故周鼎著倕,而使齕其指^⑦,先王以见大巧之不可也^⑧。故《慎子》曰:"匠人知为门,能以门,所以不知门也。故必杜,然后能门。"^⑨

【今译】
　　齐国人淳于髡用合纵策略游说魏惠王,魏惠王认为淳于髡的辩说有道理。于是为他准备了十乘车子,派他出使楚国实施合纵。但在淳于髡告辞将要出发之际,他又觉得合纵策略不是十分完善,于是又用连横策略游说魏惠王。言辞同样说得雄辩有理。但魏惠王却认为淳于髡有些反复无常不可信,就不让他出使楚国了,并有意疏远了他。这样,淳于髡既没有实施合纵的意愿,也无法施行连横的策略,这正是他的鄙陋之处。这说明说话要有宗旨,办事要抓着根本;失去了宗旨和根本,就是有再多的技能也无济于事;还不如技能少些为好。因此周朝的鼎上铸有工倕的像,还特意让他咬着自己的手指头,是想告诫人们过分智巧不可取。所以《慎子》说:"工匠知道做门,但如果不知道怎样使门能开能关,这就等于不知道做门的关键所在。所以一定要知道这门之关键所在,才能算会做门。"

【注释】

　　① 淳于髡：战国时齐国人，以博学善辩而著称，齐威王时曾为大夫。从：通"纵"，合纵。魏王：魏惠王。辩之：认为淳于髡辩说有理。② 约车：套车准备。荆：楚国。　③ 人：孙诒让认为应作"又"。④ 衡：连衡、连横。若然：指像说合纵策略那样雄辩有理。　⑤ 心：王念孙认为应是"之"。"失从心志"为"失从之志"。　⑥ 固：鄙陋。⑦ 著：铸。倕：传说是尧时的能工巧匠。龁：咬。　⑧ 不可：王念孙认为"不可"下脱"为"字。　⑨《慎子》：战国法家慎到的著作，此处引文不见于今本《慎子》。知为门、能以门……：孙诒让解释为"门以开闭为用，若匠人为门，但能开而不能闭，则终未知为门之要也"，也即许注说的："门之要在门外。"杜：关键。

【评析】

　　作者通过此则故事来说明处事办事要有根据、言语说话要有宗旨，也即如《老子·七十章》说的："言有宗，事有君。"这就像做门要知道门的关键（如门楗、门闩）之所在一样。如像淳于髡那样既说"纵"又说"横"，就会被人认为主题不清，宗旨不明，徒弄口舌，是一种"固"的行为。尽管淳于髡的原意是想通过既说"纵"又说"横"来使魏王明白战国纵横说是不足取也不足恃的（参见陈奇猷《吕氏春秋校释》），但魏王不理解，却有意疏远他。

　　墨者有田鸠者，欲见秦惠王①，约车申辕，留于秦周年不得见②。客有言之楚王者，往见楚王。楚王甚悦之，予以节③，使于秦。至，因见予之将军之节④，惠王见而说之。出舍，喟然而叹，告从者曰："吾留秦三年不得见，不识道之可以从楚也。"物故有近之而远，远之而近者。故大人之行，不掩以绳⑤，至所极而已矣。此所谓《管子》"枭飞而维绳"⑥者。

【今译】

墨家弟子中有位叫田鸠的人,想见秦惠王,他套好车、绑好车辕来到秦国,可是在秦国一待就待三年还未见到秦惠王。有位门客于是将田鸠引荐给楚威王。田鸠到了楚国见到楚王,楚王很喜欢他,并赐给他将军的符节,派他出使秦国。田鸠到了秦国,见到了秦惠王,秦惠王也同样十分喜欢他。田鸠离开秦惠王的馆舍后,深深地叹息,对他的随从人员说:"我呆滞在秦国三年而不能见到秦王,当时还真不知道会见秦王的门路可以从楚国这里打通。"所以说,事物有时想接近它却反而疏远了它,疏远它却反而接近了它。因此,有大家风范的人,他的行为不会死守一定规矩、机械呆板,只要能达到最终目的就行。这就是《管子》一书中说的:"鸟飞虽不必像绳之直,意南而南,意北而北,但最终会集期于它们的栖宿处。"

【注释】

① 田鸠:即田俅子,墨子的弟子,战国齐国人;"鸠"、"俅"音近。秦惠王:战国时秦国国君。 ② 申:束、绑。周年:应作"三年"。 ③ 节:符节,古代使臣出使之凭证。 ④ 予之将军之节:陈观楼认为是误入此句中,当删去。 ⑤ 掩:俞樾认为"掩"乃"扶"字之误。扶以绳:按一定规矩、机械呆板。一说"掩"应该作"按","按以绳"和"扶以绳",意思一样。又说"掩"作"弹"讲,指弹墨绳取直,也通。 ⑥ 语见《管子·宙合篇》。枭:应泛指鸟。维:"准"误成"维"。

【评析】

对于"枭飞而维绳",陈观楼解释为:"鸟飞虽不必如绳之直,然意南而南,意北而北,总期于还山集谷而后止,则亦与准于绳者无异,所谓'苟大意得,不以小缺为伤也'。"意思是说,只要能达到最终目的,道路、过程可以灵活掌握。

表现在这里,作者是想通过此则故事来说明适应时势,灵活权变的重要性;如果田鸠继续呆在秦国,可能一辈子都难以见到秦王,而变通一下,却从楚国出使秦国,见到秦王。所以田鸠深叹道:"物故有近之而远,远之而近者。"这真是上下无常、进退无恒,谁要是呆板、保守、不知变通,准会被这辩证法所抛弃。

沣水之深千仞而不受尘垢,投金铁针焉①,则形见于外,非不深且清也,鱼鳖龙蛇莫之肯归也②。是故石上不生五谷,秃山不游麋鹿,无所阴蔽隐也。③昔赵文子问于叔向④曰:"晋六将军⑤,其孰先亡乎?"对曰:"中行、知氏。"文子曰:"何乎?"对曰:"其为政也,以苛为察,以切为明,以刻下为忠,以计多为功。譬之犹廓革者也⑥,廓之,大则大矣,裂之道也。"故《老子》曰:"其政闷闷,其民纯纯;其政察察,其民缺缺。"⑦

【今译】

沣水深达千仞,不受尘垢污染,河水清得丢一根金属针都可以现出形状来,不能说它不清不深,但正因为这样,鱼鳖龙蛇都不肯在那里生活。因此石头上不长五谷,这光秃秃的山上就没有麋鹿出没游动,因为那里无法掩蔽藏身。从前赵文子问叔向:"我们晋家的六将军,你看他们哪家先灭亡?"叔向回答:"中行氏和智氏两家。"文子又问:"这为什么呢?"叔向答道:"这两家处理政事,将苛求当作明察,把严厉当成英明,以苛刻当作忠君,以计多当作功劳。这就好比扩撑皮革,死劲地扩拉,大是大了,但这同时也正是撕裂皮革的蠢办法。"所以《老子》说:"政治宽容,人民就淳厚;政治严苛,人民就狡诈。"

【注释】

①沣水:水名,源出陕西秦岭山中,流入渭水。金铁:泛指一般金属。针:王念孙认为是衍文。《文子·上礼篇》作"金铁在中,形见于外"。 ②见:现。莫之肯归:即"莫肯归之",意谓没有愿意在沣

水生长的。　③隐：王念孙认为"隐"字盖"蔽"字之注而误入正文的。　④赵文子：春秋晋国卿赵武，又称赵盈。叔向：春秋时晋国大夫羊舌肸。　⑤晋六将军：指当时晋国六位世卿：范氏、中行氏、智氏、韩氏、赵氏、魏氏，各率领一军。后中行氏被智氏所灭，智氏被韩、赵、魏所灭，其地三家瓜分。知同"智"。　⑥廓：扩展、扩张。　⑦语见《老子·五十八章》。闷闷：浊，这里指宽厚、广大。纯纯：淳淳、淳厚、质朴。察察：清、明。缺缺：通"狹","狹"又与"狯"同，指狡诈。

【评析】

与其他每节先征引故事、末引《老子》语以为证所不同的是，本节作者先设譬喻，然后引赵文子问六将军于叔向，即以水清无鱼喻中行、智氏待人苛求，为政做人以苛为察以切为昭之必败。由此引出做人与其"昭昭察察"不如"闷闷淳淳"。闷闷淳淳、悠悠惚惚、漠漠落落、平平坦坦，远比一个昭昭察察的人过得舒服，还引不来祸害。

由此还可引出"其政闷闷，其民淳淳"的无为政治。这是因为其政可察为昭，政令禁忌有为制作，必然导致肯定此否定彼、赏赐这处罚那，于是在这种政策的导向作用下，民众就纷纷有意远罚邀赏、求福避祸、计较得失、权衡利害，变得狡诈起来。到此时再要治理社会就难了。

景公谓太卜①曰："子之道何能？"对曰："能动地。"晏子往见公，公曰："寡人问太卜曰：'子之道何能？'对曰：'能动地。'地可动乎？"晏子默然不对。出，见太卜曰："昔吾见句星在房、心之间②，地其动乎？"太卜曰："然。"晏子出，太卜走往见公曰："臣非能动地，地固将动也。"田子阳③闻之曰："晏子默然不对者，不欲太卜之死；往见太卜者，恐公之欺也。晏子可谓忠于上而惠于下矣！"故《老子》曰："方而不割，廉而不刿。"④

【今译】

　　齐景公问太卜："你的道术有何能耐？"太卜回答："能使大地震动。"这时晏子前去见景公，景公说："我曾问太卜：'你的道术有何能耐？'他回答：'能使大地震动。'地真的能叫它动吗？"晏子听了默不作声。出去后去找太卜，说："早先我观察到客星处在房、心二宿之间，大概要地震了吧？"太卜回答说："是这样的。"晏子走了以后，太卜连忙赶到景公那里，说："不是我能叫地动，而是大地本来就要震动了。"齐臣田子阳听到这件事后说："晏子默然不回答景公，是不想太卜因谎言而被处死；又去见太卜，是想叫太卜自觉承认说谎以免使景公受蒙骗。晏子真可谓称得上忠于君主又爱护下属啊。"所以《老子》说："行为方正而不绝情，虽有棱角而不伤人。"

【注释】

　　① 景公：齐景公。太卜：掌管占卜的官。这里的太卜以观天象卜人事凶吉。　② 句星：原注为"句星，客星也"。又作钩星。房、心：均星宿名称。古人认为客星（钩星）处房、心之间，将有地震，如《史记·天官书》说："兔，一名钩星，出房、心间，地动。"　③ 田子阳：齐国大臣。　④ 语见《老子·五十八章》。方：方正。割：断，引申为绝情。廉：棱，棱角。刿：利伤也。

【评析】

这是作者在褒扬晏子的圣贤人格。晏子在碰到太卜谎称能动地这件事上，先以默然不对景公的提问来保全太卜性命；因为晏子一旦说出天象已呈地震征兆，揭穿太卜"能动地"的谎言，怕景公以欺君之罪杀太卜。但晏子然后又向太卜说穿天象已呈地震征兆，是让太卜知道把戏已揭穿，赶快去向景公说明更正，以使景公不受欺骗。这样晏子真正做到了君臣俱得，也符合圣人的"方而不割，廉而不刿"的做人原则。

魏文侯觞诸大夫于曲阳。①饮酒酣,文侯喟然叹曰:"吾独无豫让以为臣乎!"②蹇重举白而进之,曰:"请浮君!"③君曰:"何也?"对曰:"臣闻之,有命之父母不知孝子④,有道之君不知忠臣。夫豫让之君,亦何如哉?"文侯受觞而饮釂不献⑤,曰:"无管仲、鲍叔以为臣,故有豫让之功。"⑥故《老子》曰:"国家昏乱,有忠臣。"⑦

【今译】

魏文侯在曲阳设酒宴招待诸位大夫。酒兴正浓时,魏文侯深深叹息道:"我偏偏没有像豫让这样的忠烈之士来作大臣么!"这时蹇重捧着一杯罚酒敬给魏文侯,说:"请罚君王一杯。"魏文侯不解地问:"为什么罚我?"蹇重回答说:"我听说,命运好的父母不知道什么是孝子,有道的国君不知道什么是忠臣。那豫让的君主又怎么样呢?"文侯接过罚酒一饮而尽,不再回劝对方饮酒,表示认同,说:"这是因为智伯没有管仲、鲍叔那样的贤才辅佐,所以才有了豫让誓死为他报仇的功名。"所以这也如《老子》说的:"国家昏乱,才会有忠臣。"

【注释】

① 魏文侯:战国时魏国君,公元前 445 年—公元前 396 年在位,在位期间致力改革,任用贤才,富民强国。觞:饮酒器。这里指设酒宴招待。曲阳:地名。　② 豫让:春秋末晋国人,事智伯,智伯被杀,豫让变化容貌来为智伯报仇。　③ 蹇重:魏文侯臣。白:指罚酒的酒杯。浮:罚酒一杯。　④ 有命:是说父母双方生活很好,难显出子女的孝顺。　⑤ 觞:这里指酒。釂:一饮而尽。献:主人敬客人酒。⑥ 管仲、鲍叔:春秋齐桓公大臣。　⑦ 语见《老子·十八章》。

【评析】

只有家庭不和睦,才会有子孝父慈的讲法;只有国家昏乱,才会有忠臣的出现。设想家庭和睦,融融乐乐,长老晚幼各得其所,有什么必要强调子孝父慈？同样，设想国家清平安定、君臣有道，会有岳飞、文天祥这样的忠臣产生？表现在本则故事中，塞重就说明了这个道理，即正因为你魏文侯英明廉洁、为君有道，任贤举能使天下太平，所以也就没有条件产生出像豫让这样为君效死的忠烈之臣。反过来说，他智伯就是没有任贤举能，致使贪暴失国身亡，才会有豫让这样的忠烈之士。那么，魏文侯说自己没有豫让这样的忠烈之臣，也在暗自庆幸自己不是智伯；同时也在暗自得意自己能任贤举能，有李悝、西门豹这样的人辅佐，使国强民富、天下太平。

孔子观桓公之庙，有器焉，谓之宥卮。①孔子曰："善哉！予得见此器。"顾曰："弟子取水！"水至，灌之，其中则正，其盈则覆。孔子造然②革容曰："善哉，持盈者乎！"子贡在侧曰："请问持盈。"曰："益而损之。"③曰："何谓益而损之？"曰："夫物盛而衰，乐极则悲；日中而移，月盈而亏。是故聪明睿智④，守之以愚⑤；多闻博辩，守之以陋；武力毅勇，守之以畏；富贵广大，守之以俭；德施天下，守之以让。此五者，先王所以守天下而弗失也。反此五者，未尝不危也。"故《老子》曰："服此道者不欲盈。夫唯不盈，故能弊而新成。"⑥

【今译】
　　孔子参观鲁桓公的庙堂，看到庙中有一器具，叫做宥卮。孔子说："好啊！我能够看到这种器物真荣幸。"回头对他的随行弟子说："取水来吧！"水随即取到，灌入宥卮之中，灌得适中的时候，这宥卮就平平正正，但一旦灌满时，这宥卮就倾倒了。这时，孔子突然神情严肃地说："这宥卮器具告诉了我们对待盈满的态度了。"子贡马上问："请问这盈满的态度是什么？"孔子回答："这器具告诉我们，盈满了就得减损。"子贡又问："为什么盈满了就得减损呢？"孔子解释说："事物兴盛了就会转向衰败，这就好像乐极生悲一样；自然界也是这样，太阳到正午后便西斜，月亮圆后便慢慢残缺。所以，聪明有智慧，要靠愚笨来持守；见多识广口才好，要靠寡闻孤陋来持守；勇武刚强有力气，要靠怯懦胆小来持守；富贵宽裕，要靠朴素节俭来持守；德泽施及天下，要靠退让谦逊来持守。这五方面是先王用以保住天下而不丧失的法宝。违背这五方面，没有不危险的。"所以《老子》说："遵循此道的人不求盈满，正因为不过分盈满，所以才能做到虽敝旧却能更新成功。"

【注释】

① 桓公：春秋鲁桓公。宥卮：也叫欹器，古代的一种容器，水放到正中则平正，水放满则倾覆。古人常以置座右，以警戒勿太过、自满。所以宥卮又叫"宥坐"，"宥"通"右"，"坐"通"座"。　② 造然：突然。　③ 益：溢。　④ 睿：聪明。　⑤ 守之以愚：以愚守之。　⑥ 语见《老子·十五章》。服：保、复。

【评析】

本则故事是用"器"来喻"道"，即用"宥卮之器"喻"虚而不盈"之道。这"不盈"是告诉人们不能锋芒毕露、锐气十足、富贵而骄……要见素抱朴、和光同尘、功遂身退，这样才能"敝而新成"。

武王问太公①曰："寡人伐纣天下，是臣杀其主而下伐其上也。吾恐后世之用兵不休，斗争不已，为之奈何？"太公曰："甚善，王之问也！夫未得兽者，唯恐其创之小也；已得之，唯恐伤肉之多也。王若欲久持之，则塞民于兑②，道全为无用之事③，烦扰之教，彼皆乐其业，供其情④，昭昭而道冥冥⑤。于是乃去其瞀而载之木⑥，解其剑而带之笏。为三年之丧，令类不蕃⑦；高辞卑让，使民不争。酒肉以通之，竽瑟以娱之,鬼神以畏之,繁文滋礼以弇其质⑧,厚葬久丧以亶其家⑨,含珠、鳞施纶组以贫其财⑩,深凿高垄以尽其力。家贫族少,虑患者贫。⑪以此移风,可以持天下弗失。"故《老子》曰:"化而欲作,吾将镇之以无名之朴也。"⑫

【今译】

　　周武王问姜太公:"我兴兵讨伐夺取纣王的天下,这是臣杀君、下伐上的事情。我担心以后这类的战争将会继续下去,人们相互间的斗争就不会停止,对此你看怎么办?"太公说:"好! 君王你提的问题很重要。这真是没有获得猎物时唯恐射杀野兽不力;但一旦获得猎物时又唯恐射杀野兽太厉害,影响猎物的质量。君王你如果想长久地持有天下,唯一的办法是堵塞人民的眼耳口鼻,不使他们有任何欲望产生,引导他们做些无用的事情,并施以烦琐纷扰的说教,让他们乐于本业,安逸于现实生活,使他们由清醒明白转向糊涂愚昧。这样就可能摘下他们的头盔、给他们戴上鹬冠,解下他们的宝剑、让他们带上笏板上朝。又制定守丧三年的礼制,让他们不能繁衍后代;提倡推崇人们之间的互相谦让,使之不争斗。用酒肉使他们心情通畅,以音乐让他们自娱自乐,用鬼神使他们敬畏,用繁文缛节来掩盖他们的本质,以厚葬服丧来耗尽他们的家财,用一些贵重的随葬物使他们贫穷,用深挖墓穴、高筑坟地来耗尽他们的体力。这样家族贫穷、部族衰弱,图谋作乱的人便少了。用上述这些方法来改变世俗,就可以保住天下而不丧失。"所以《老子》说:"自然变化到贪欲萌发,我就用'道'的真朴来镇服它。"

【注释】

　　① 武王:周武王。太公:姜太公。　② 兑:原注为"兑,耳目鼻口也"。　③ 道:通"导",引导。全:俞樾认为"全乃令字之误","令"犹"使"也。　④ 供:王念孙认为"供"当为"佚","佚"与"逸"同,安也。⑤ 昭昭:向宗鲁、顾广圻认为"昭昭"上脱"释"字,释与舍相同。⑥ 瞀:鍪,一种类似头盔的帽子。载:通"戴"。木:当是"术"字之

误。术即"鹬",是一种知天时的水鸟,这里指鹬鸟冠,古代掌管天文的官员所戴的帽子。　⑦ 蕃:生殖繁茂。　⑧ 滋:多。弇:掩盖、遮蔽。　⑨ 亶:单,通"殚",耗尽的意思。"亶"又有"虚"义。　⑩ 含珠:一种厚葬仪式,将珠玉放死者口中,据说可以防腐。鳞施:用鳞状玉片编织成玉衣,穿在死者身上。纶组:纶指丝棉,组指丝带,纶组即为死者入殓时穿着华丽的衣服。　⑪ 贫:当为"寡"。少的意思。　⑫ 语见《老子·三十七章》。欲:欲望。作:兴起、萌发。无名之朴:即"道"。

【评析】

这里的周武王表现出的矛盾心态是:未得天下"唯恐其创之小",得了天下"唯恐伤肉之多";并且知道我周武王可以从殷纣王那里夺取天下,难道别人就不可以从我这里夺得天下?所以他请教起姜太公的治理天下之方法来。而姜太公的所谓治理天下的方法,一是对百姓民众实施闭目塞耳之政策,使之不见可欲使心不乱;二是对百姓民众实施愚民政策,使之由"昭昭而道冥冥"、糊涂愚昧、只图享乐(酒肉以通之,竽瑟以娱之);三是对百姓民众实施弱民政策,以厚葬等方法来削弱人之财力,使之"家贫族少,虑患者贫"。这样无知无欲、无力无财,也就无能力夺取天下,周王朝也就可长治久安。

卷十三　氾论训

【解题】

作者在本卷中泛论博说世间古今之得失,所以题为《氾论训》。这"氾论"并非泛泛而论,其中也有它的内涵宗旨,这就如高诱注说的那样:"以道为化,大归于一,故曰氾论。"

这"以道为化",是说圣人知道"太刚则折,太柔则卷",所以圣人是处"刚柔之间"为"得道之本";因为处"刚柔之际",圣人就"能阴能阳,能弱能强"。同样,圣人明白"此之是,非彼之是;此之非,非彼之非",所以圣人不会机械地非此即彼,他能"因时变而制适宜"、"随时而动静,因资而立功","物动而知其反,事萌而察其变"。这"因时变而制适宜"、"随时而动静"是圣人的大方向,也即高诱说的"大归于一"。而这种"随时而动静",用现在的话说即辩证法。

由这"大归于一"——"因时变而制适宜"、"随时而动静",推衍泛论到其他领域,也就有了相应的主张和观点。比如在"礼法"问题上,作者认为"天下岂有常法?""常故不可循,先王之法度有移易者矣","礼法"是"法与时变,礼与俗化",即"因时变而制礼乐者"。在治政方针上,作者提出"权变"方法,认为"唯圣人为能知权"——权变。所以"圣人论事之曲直,与之屈伸偃抑,无常仪表,时屈时伸,乘时应变",这样才能治理好天下。在是非的评判上,作者认为无绝对的是与非,是非评判的标准随时空变化而变化,"于古为义,于今为笑;古之所以为荣者,今之所以为辱也;古之所以为治者,今之所以为乱也"。在人才问题上,作者也认为"人考其才,而时省其用",即强调时常省察他们的表现来决定如何任用他们,反对凝固地看待人才。同时主张"人有厚德,无问其小节",反对求全责备,并要求以发展的眼光看人才,由"小"知大体。

总之,在作者看来,圣人认准一个基本点("以道为化,大归于一"),即天下哪有"常法"、"常规",同时只有"乘时应变"、"审动静之变"、"适受与之度"、"当于世事,得于人理,顺于天地,祥于鬼神,则可以正治矣"。这就是《氾论训》的基本思想。作者在表述以上这些观点时运用的论据十分有力,且展开层次相当清晰。

古者有鍪而绻领以王天下者矣①,其德生而不辱,予而不夺②,天下不非其服,同怀其德③。当此之时,阴阳和平,风雨时节,万物蕃息④,乌鹊之巢可俯而探也,禽兽可羁而从也⑤,岂必褒衣博带,句襟委章甫哉⑥!古者民泽处复穴⑦,冬日则不胜霜雪雾露,夏日则不胜暑热蚊虻。圣人乃作为之筑土构木以为宫室,上栋下宇⑧,以蔽风雨,以避寒暑,而百姓安之。伯余之初作衣也,緂麻索缕⑨,手经指挂,其成犹网罗⑩;后世为之机杼胜复以便其用⑪,而民得以掩形御寒。古者剡耜而耕,摩蜃而耨⑫,木钩而樵,抱甀而汲⑬,民劳而利薄;后世为之耒耜耰鉏⑭,斧柯而樵,桔皋而汲⑮,民逸而利多焉。古者大川名谷冲绝道路,不通往来也,乃为窬木方版,以为舟航⑯,故地势有无得相委输⑰。乃为靻屩而超千里,肩荷负儋之勤也⑱,而作为之楺轮建舆⑲,驾马服牛,民以致远而不劳;为鸷禽猛兽之害伤人而无以禁御也,而作为之铸金锻铁,以为兵刃,猛兽不能为害。故民迫其难则求其便,困其患则造其备⑳,人各以其所知㉑,去其所害,就其所利。常故不可循,器械不可因也,则先王之法度有移易者矣。㉒

【今译】
　　远古时代,君王尽管衣冠不整齐,但却能治理好天下,他的德政使百姓生活得好且有尊严,他给予百姓财富而不聚敛民财,所以天下也无人来讥笑非议他的服饰,而纷纷被他的思德所感化而归服。在那时候,阴阳二气平和,风调雨顺,万物繁衍生息,乌鸦喜鹊低处筑巢也不会有人去掏窝伤害它们,禽兽驯服得只须用绳系着就可牵走,那时候的人哪需要袍衣宽带,穿曲襟衣、戴章甫帽!古时候人住在水乡泽国,于堤岸山崖上打洞栖身,冬天难以忍受霜雪雾露的侵袭,夏天难以忍受暑热和蚊虫的叮咬。于是圣人就为百姓筑土构木建成房舍,这样上有瓦梁,下有屋檐可以用来遮风挡雨、躲避寒暑,百姓从此得以安定。伯余开始制作衣服、搓麻绳、捻麻线,手缠指绕编结成像罗网那样粗糙的衣服;后来又发明了织布机,这样就方便人纺织布帛,使百姓得以遮体御寒。古时候人们磨利石头当犁来耕地,又磨快蛤蜊当锄头来除草,用木钩刀来砍柴,抱着瓦瓮来汲水,这时的人既劳累辛苦又获利微薄;后来发明了耒耜锄头来耕翻土地播种,又制造出斧头砍柴,利用桔槔来汲水,人既轻松又获利丰厚。古时候河流深谷阻绝交通道路,人们交往不方便,于是人们挖空树木,拼合木板做成舟船,使各地的人和物产得以运输,互通有无。又因为人们到千里之外全靠徒步行走,肩挑背驮非常劳累,于是发明了车子,用马牛拉拖,这样人坐车到远方也不显得劳累;还因为猛兽凶禽伤害人,无法防御抵抗,于是人就熔铸金铁,铸成兵器、刀具,这样凶猛的禽兽就不再危害百姓了。所以人是被迫逼艰难就会寻找合适的解决方法,被祸害困扰就会发明防备的器具,人们是各以自己的聪明才智,去避开有害的东西,趋于有益的东西。既然常规不可遵循,器械不能因袭,那么先王留下的法度也不是不能改变的。

【注释】

① 鍪:原注为"鍪,头著兜鍪帽,言未知制冠也。"这里指一种形似头盔的帽子。一说鍪,放发也。绻领:原注为"绻领,皮衣屈而纨之,如今胡家韦袭反褶以为领也。"一说绻,绕领而已。这里的"放发"和"绕领"皆指无修饰,也即是说远古帝王无后世那样的衣服。

② 予而不夺：原注为"予，予民财也。不夺，无所征求于民也"。
③ 非：原注为"非，犹讥呵也"。服，服饰、服装。怀：归也。　④ 蕃息：原注为"政不虐生，无夭折也"。　⑤ 从：原注为"从犹牵也"。
⑥ 褒：衣襟宽大，如袍。博：大。句襟：曲襟。委：原注为"委貌冠"，委貌是一种帽檐弯曲的帽子，据说是周代的一种礼帽。章甫：也是一种冠的名称。以上用褒衣博带、句襟委章甫来喻指儒家礼教。
⑦ 泽处：住在江湖边。复穴：原注为"复穴，重窟也。一说穴，凿堤防崖岸之中以为窟室"。　⑧ 作：原注为"作，起也"。构：架也。宫室：王念孙认为应是"室屋"。栋：房屋的梁。宇：屋檐。　⑨ 伯余：原注为"伯余，黄帝臣"，传说是发明衣裳的人。缘：用于搓麻成线索。索：捻，用手指搓转。缕：麻线。　⑩ 手经指挂：形容用手指缠绕编结。网罗：捕鱼捉鸟的网。　⑪ 机杼：织布机上的部件，"机"是转动滚轴的机关，"杼"是机梭。胜复：胜通"滕"，指织布机上持经线的轴；"复"通"梭"，指织布机上敲击使经线与纬线结合紧密的部件（段玉裁语）。这里用"机杼胜复"来代指织布机。　⑫ 剡：锐利，锋利。耜：一种农具，类似犁头。摩：通"磨"。蜃：大蛤蜊。耨：一种锄草的农具。这里指除草。　⑬ 木钩：类似木镰刀那样的钩刀。樵：砍柴。甀：一种小口的瓦器。　⑭ 耒耜：用以翻土的农具。耒是柄，耜用来犁地翻土。耰：一种用来捣碎土块的农具。钼：通"锄"。　⑮ 斧柯：斧子。桔槔：一种利用杠杆原理制作成的井上汲水工具。　⑯ 窬：空。窬木：将树木中间挖空，制成独木舟。方：并。版：通"板"。航：二舟相连称为"航"。　⑰ 委输：运输。装上货物称为"委"，转运交卸称为"输"。　⑱ 乃：衍文。靼：靻的误字。"靻"指柔软的皮革。屝：鞋子。儋：通"担"。　⑲ 楺：通"揉"。指用火烤或重压等手段使木变形。楺轮：用弯木制成木轮。舆：车子。　⑳ 迫：逼迫。困：受困。　㉑ 知：智。　㉒ 循：随也。器械：指各种具体用具的总称。

【评析】

通过本节对人类社会的演变、进化的描述，可以看出人类就是这样以自身的力量和智慧不断地"去其所害,就其所利",变化发展自我来适应不断变化的自然和社会。正因为一切均在变化发展,所以作者得出"常故不可循,器械不可因","先王之法度有移易者矣"。

古之制,婚礼不称主人①,舜不告而娶②,非礼也;立子以长,文王舍伯邑考而用武王③,非制也;礼三十而娶,文王十五而生武王④,非法也。夏后氏殡于阼阶之上,殷人殡于两楹之间,周人殡于西阶之上⑤,此礼之不同者也;有虞氏用瓦棺,夏后氏塈周,殷人用椁,周人墙置翣⑥,此葬之不同者也;夏后氏祭于暗,殷人祭于阳,周人祭于日出以朝⑦,此祭之不同者也。尧《大章》,舜《九韶》,禹《大夏》,汤《大濩》,周《武象》,此乐之不同者也。故五帝异道而德覆天下,三王殊事而名施后世⑧,此皆因时变而制礼乐者,譬犹师旷之施瑟柱也⑨,所推移上下者无寸尺之度,而靡不中音⑩。故通于礼乐之情者能作音,有本主于中,而以知榘彟之所周者也。⑪

【今译】

按照古代的各种礼制,子女婚姻是由父母作主、媒人牵合,虞舜不禀报父母就娶了娥皇和女英,这是不符合古礼的;确立嗣子要立长子的制度,文王不立长子伯邑考而立伯邑考的弟弟武王为嗣子,这是不符合古制的;同样,古代规定男子三十岁才能娶妻,文王十五岁就生下了武王,这是不符合古法的。夏后氏时代的人死后将灵柩停放在堂屋的东阶上,而殷朝人死后将灵柩停放在厅堂的楹柱之间,周朝人死后则将灵柩停放在西阶上,这些都是殡礼不同的地方;有虞氏时人死后用瓦棺,夏后氏时代人死后用土棺,而殷朝人死后用椁,周朝人死后用的灵柩还需用布帐装饰成翣扇的形状,这些都是葬礼不同的地方;夏后氏时代人在黄昏祭祀,殷朝人在中午祭祀,而周朝人则在早晨祭祀,这些都是祭祀习俗的不同。尧帝时用《大章》,舜帝时用《九韶》,夏禹时用《大夏》,商汤时用《大濩》,武王时用《武象》,这些都是音乐舞曲上的不同。所以五帝治理天下的方法、制度各异,但他们的德泽都能遍及天下,三王治理政事的方法、制度各异,但他们都能名扬四海流传百世,这些都是因为他们能够根据时势的变化而来制定礼乐,就好像师旷调整瑟柱、上下移动时没有尺度来衡量,却无不符合音律。所以能通达礼乐情理的人制作出恰当的礼乐,这是说他内心世界有一个谱作主宰,因而能对规矩法度掌握得非常恰当合适。

【注释】

① 婚礼不称主人:原注为"当婚者之身,不称其名也,称诸父兄师友",即"意思就是儿女婚事得父母作主、媒人牵合"(见许匡一《淮南子全译》)。 ② 舜不告而娶:原注为"尧知舜贤,以二女妻舜。不告父,父顽,常欲杀舜,舜知告则不得娶也"。 ③ 伯邑考:武王之兄。史书记载,伯邑考被纣王杀害。原注为"伯邑考,武王之兄。废长立圣,以庶代嫡,圣人之权尔"。 ④ 礼三十而娶:古礼规定男三十而娶,女二十而嫁。文王十五而生武王:古代国君十二岁而冠,冠而娶,故十五岁可生子。 ⑤ 殡:停放灵柩。阼阶:古厅堂前的两排台阶,东面的称为"阼阶",西面的称为"西阶";阼阶为主人之位,西阶为宾客之位。楹:厅堂前面的柱子。原注为"殷殡之于堂上两柱之间,宾主共"。西阶:原注为"盖以宾道远之"。这几句的意思是说,夏人停柩于主位,殷人停柩于主宾之间,周人停柩于宾位,证明人们离别死者的心态日益开化。 ⑥ 瓦棺:原注为"瓦棺,陶瓦"。墼:烧成的土块或土砖。墼周:是说用烧成的砖块砌成的棺椁。原说:"夏后氏,禹世,无棺椁,以瓦广二尺,长四尺,侧身累之以蔽土,四墼周。"椁:外棺。墙:装饰灵柩的布帐。翣:一种类似扇状的装饰物。原注为"周人兼用棺椁,故墙设翣,状如今要扇,画文,插置棺车箱以为饰。多少之差,各从其爵命之数也"。 ⑦ 暗:黄昏。阳:白天中午。朝:日

出时分,指早晨。这里的"祭"是指郊外设坛而祭。 ⑧ 道:治理天下的方法、制度。事:治理政事的方法、制度。 ⑨ 师旷:春秋时晋国乐师。施:调整、设置。瑟:古代一种拨弦乐器,形似琴。 ⑩ 寸尺:指尺度。度:衡量、度量。靡:无。中:恰当、符合。音:音律。 ⑪ 音:王念孙认为"音"当为"言"。"言"承上句而释其义。这样"言"属下句,即为"言有本主于中"。榘:方。彟:度法。榘彟:是说规矩、法度。周:合。

【评析】

以上作者讲到因社会和自然在变化和发展,所以"常故不可循,器械不可因"。这里作者通过对远古以来的礼乐变化发展的考察,得出"因时变而制礼乐"的结论。正因为器械、礼乐、常故随社会变化而变化,所以作者又提醒社会中的造器制乐立法者,要他们在内心世界树立这种变化观念,不必循旧,只有"有本主于中",才有可能因时变而造器、制乐和立法。

鲁昭公有慈母而爱之①,死为之练冠,故有慈母之服②;阳侯杀蓼侯而窃其夫人,故大飨废夫人之礼③。先王之制,不宜则废之;末世之事,善则著之。④是故礼乐未始有常也。故圣人制礼乐而不制于礼乐,治国有常而利民为本,政教有经而令行为上。⑤苟利于民不必法古,苟周于事不必循旧。⑥夫夏、商之衰也,不变法而亡;三代之起也,不相袭而王。故圣人法与时变,礼与俗化,衣服器械各便其用,法度制令各因其宜。故变古未可非,而循俗未足多也。⑦

百川异源而皆归于海,百家殊业而皆务于治。王道缺而《诗》作⑧,周室废、礼义坏而《春秋》作⑨。《诗》、《春秋》,学之美者也,皆衰世之造也,儒者循之以教导于世,岂若三代之盛哉！⑩以《诗》、《春秋》为古之道而贵之，又有未作《诗》、《春秋》之时。夫道其缺也，不若道其全也。⑪诵先王之诗书，不若闻得其言；闻得其言，不若得其所以言。⑫得其所以言者，言弗能言也。⑬故道可道者，非常道也。⑭

【今译】
　　鲁昭公有位奶妈，昭公十分敬爱她，奶妈去世以后，昭公破例为她守孝，所以就有了为奶妈守孝的礼节。阳陵国侯杀死了蓼侯，并抢走了蓼侯的夫人，所以从此以后举行大飨祭典时废除了由夫人执豆的礼仪。由此看来，先王的制度，不适宜的就废除它；而近代的处事方法，如果是好的，就加以继承发扬。所以是礼乐从来就不是一成不变的。礼乐是圣人制定的，并不是圣人受礼乐限制的；治理国家虽有常规，但必须以便利民众为根本；政令教化虽有常法，但必须以切实有效为最好。如果对民众有利，就不必非要效法古制；如果适合实际情况，就不必一定要遵循旧法。夏朝、商朝到了末世，桀纣不改变陈法导致了灭亡；夏禹、商汤、周武王不因袭旧法却兴旺发达而称王。所以圣人的法度是随时势的变化而变化，礼节随着习俗的不同而改变；衣服、器械各自方便其使用，法令、制度各自适合时宜。所以改变古法无可非议，因循守旧不值得赞美。
　　百川源头各不相同，但最后都归于大海。百家学说事业各不一样，但都以治理好天下社会为目的。"王道"残缺才产生了《诗》；周王室衰微、礼义崩溃才有《春秋》产生。《诗》和《春秋》虽然是学问中的极品，但却都是衰世的产物，儒家用它们来教导世人，哪里比得上用三代盛世的事情来教育世人！如果认为《诗》、《春秋》是讲古代的道理而推崇它们，那么还有没产生《诗》和《春秋》的远古时代呢！与其称颂王道破残时代产生的《诗》和《春秋》，不如称颂更早的王道完整的时代。与其诵读先王的诗书，不如听他们的言论；与其听他们的言论，不如了解他们说这些言论的根据理由；而这些言论的根据和理由，又是难以用言语表达的。所以是"道可道,非常道"。

【注释】
　　① 鲁昭公:春秋末鲁国国君。慈母:原注为"慈母者,父所命养己者也",这里指乳母、奶妈。　② 练冠:古代一种丧服。服:指为奶妈守孝。　③ 阳侯:古阳陵国侯。蓼侯:皋陶之后,古诸侯国君。大飨:古代一种祭祀。大飨废夫人之礼:原注为"古者,大飨饮酒,君执爵,夫人执豆。阳侯见蓼侯夫人美艳,因杀蓼侯而娶夫人,由是废夫人(执豆)之礼"。　④ 著:使显著,发扬。　⑤ 经:常,常法、常规。　⑥ 苟:如果、假使。　⑦ 多:指称颂、赞美。　⑧《诗》:《诗经》,被奉为儒家经典。　⑨ 坏:败坏。《春秋》:是由孔子所撰的一部先秦编年体史书。　⑩ 三代:夏、商、周。　⑪ 其缺:指"王道缺"。道其全:指三代王道完整时代。　⑫ 闻得:闻得的"得"是衍文。以上的"闻得"的"得"也是衍文。　⑬ 言弗能言也:原注为"圣人所言微妙,凡人虽得之,口不耐以言"。　⑭ 语见《老子·一章》。原注为"常道,言深隐幽冥,不可道也。犹圣人之言,微妙不可言"。

【评析】
　　作者继续强调明白"时变"的重要性。认为只有明白"时变",才能做到"先王之制,末世之事","不宜则废,善则著之";才能做到因时变而制礼乐。也只有明白"时变"则法变,才能做到"不法古、不循旧",这样衣服器械才能各便其用,法度制令才能各因其宜,天下才能治理、社会才能进步。反之,如果谁认定凡古必好,那就是犯了大错误,就像儒家认定《诗》与《春秋》是教导于世的最古最好的经典,实际上是犯了大错,因为他们不知道《诗》与《春秋》是衰世的产物,而并非是最好最古的。

　　周公事文王也,行无专制①,事无由己②,身若不胜衣,言若不出口,有奉持于文王③,洞洞属属④,而将不能,恐失之,可谓能子矣⑤!武王崩,成王幼少,周公继文王之业,履天子之籍⑥,听天下之政,平夷狄之乱,诛管、蔡之罪,负扆而朝诸侯⑦,诛赏制断,无所顾问⑧,威动天地,声慑四海,可谓能武矣!成王既壮,周公属籍致政,北面委质而臣事之⑨,请而后为,复而后行⑩,无擅姿之志,无伐矜之色⑪,可谓能臣矣!故一人之身而三变者,所以应时矣。何况乎君数易世⑫,国数易君。人以其位达其好憎,以其威势供嗜欲,而欲以一行之礼,一定之法,应时偶变,其不能中权⑬,亦明矣。故圣人所由曰道,所为曰事。道犹金石,一调不更⑭;事犹琴瑟,每弦改调⑮。故法制礼义者,治人之具也,而非所以为治也。⑯故仁以为经,义以为纪⑰,此万世不更者也。若乃人考其才,而时省其用,虽日变可也⑱,天下岂有常法哉!当于世事⑲,得于人理,顺于天地,祥于鬼神,则可以正治矣。

【今译】

　　周公侍奉文王的时候,行动不擅自决定,办事不自作主张;他在文王面前柔顺得好像禁不起衣服的重量,说话轻言细语好像没有发出声音,每当有东西要捧给文王时,总是相当柔顺小心、恭恭敬敬,好像捧着重物力不胜任,生怕有所闪失,这真可谓能尽孝之之道啊!武王去世后,成王尚年幼,周公为了继承文王的事业,履行天子的职责,以摄政王的身份处理天下政事,平息夷狄的叛乱,诛杀惩处了谋反的管叔、蔡叔,坐在天子的位子上接受诸侯的朝拜,诛杀赏赐、处置决断都由他亲自做出,不必请示成王和不必与他人商量,这样威风震动天地、声势慑服四海,这真可谓威武刚毅啊!成王长大以后,周公将政权归还给成王。以臣礼面北恭谦地侍奉成王,遇事必报告请示成王后才去执行,没有任何擅断专横的意思,也没有任何居功骄傲的神态,这真可谓能行臣之道啊！所以周公一人前后三次改变身份和为人作风,这都是为了顺应时势啊！何况同一君王多次变化治政方法,同一国家多次改换君王。凡人都凭借着他的地位来做他所喜欢的事和去除他所憎恶的事,以便借助他的威势来满足自己的嗜好欲望。然而却想用一定的礼法来应对千变万化的时势,这种不符合权变的原则,是明摆着的。所以圣人所遵循的原则叫道,所做的叫事。这道就好比金钟石磬,一旦定了调就无法改换;而事就好比琴瑟,每根弦的音都可以随时调整。所以法制礼义这些东西,只是治理国家的工具、方法,而不是治理好国家的最终的东西。所以以"仁"为经,以"义"为纪,这倒是万世不变的。至于说考察人才,以省察他们的行为来决定对其使用与否,对于这类的事情,即使每天有变动也是可以的,天底下哪有一成不变的常规法度！只要符合世事,适合情理,顺应天地,协祥鬼神,就可以治理好天下了。

【注释】

① 专：独。制：断。专制：是指独断。 ② 事无由己：原注为"请而后行"。 ③ 奉持：捧持。是说捧持东西,侍候文王时一派小心恭敬的神态。 ④ 洞洞属属：原注为"洞洞属属,婉顺貌也。而将不能胜三恐失之,慎之至也"。 ⑤ 而："而"与"如"古通用,故为"如将不能"。 ⑥ 籍：原注为"籍,图籍也",这里指地图,代表江山、国家,也可指"位",即"天子之位"。 ⑦ 管、蔡：指管叔、蔡叔,为周公兄弟。原注为"二叔(夏叔、蔡叔)监殷而导纣子禄父为流言,欲以乱周。周公诛之,为国故也"。扆：指屏风。负扆：面向南方,背靠屏风,比喻坐在天子位置上执政。 ⑧ 顾问：这里指就某事请示、请教于人。
⑨ 属籍：交还政权。致政：归还政事。委质：原注为"北面委玉帛之质,执臣之礼也",这里指臣见君时委身于地,拜见君主。 ⑩ 复而后行：原注为"每事必请。复,白"。 ⑪ 擅姿：姿通"恣",擅断专横放肆的意思。伐矜：骄傲自夸。 ⑫ 世：杨树达认为"世字无义,字当'法',字之误也",《诠言训》说"又况君数易法,国数易君",是为证也。

⑬偶:合,对。中:符合。原注为"一行之礼,非随时礼也,一定之法,非随时法也,故曰不能中权;权则因时制宜,不失中道也"。 ⑭金石:钟磬。一调不更:是说如钟磬这样的乐器,一旦浇铸成型、定下音调就固定不变了。 ⑮每弦改调:指琴瑟的弦可以改变、调整,音调也随之改变。 ⑯具:工具、手段、方法。 ⑰经:常规、法则。纪:纲纪。 ⑱考:考察。省:省察。日:每天。 ⑲当:合。

【评析】

此节作者还是强调"时变"中"应时"的问题,并举周公一身三变为例来说明"应时之变"的重要性。由此指出,统治者不可以"一行之礼,一定之法"来应对日益变化着的时局,谁要是这样做,就是不懂"权变"。最后重申"天下岂有常法哉"!

古者人醇工庞,商朴女重①,是以政教易化,风俗易移也。今世德益衰,民俗益薄,欲以朴重之法,治既弊之民,是犹无镝衔橛策錣而御駻马也。②昔者神农无制令而民从,唐、虞有制令而无刑罚③;夏后氏不负言,殷人誓,周人盟④。逮至当今之世,忍訽而轻辱⑤,贪得而寡羞,欲以神农之道治之,则其乱必矣。伯成子高辞为诸侯而耕,天下高之⑥;今时之人,辞官而隐处,为乡邑之下⑦,岂可同哉!古之兵,弓剑而已矣,槽矛无击,修戟无刺。⑧晚世之兵,隆冲以攻,渠幨以守,连弩以射,销车以斗。⑨古之伐国,不杀黄口,不获二毛⑩,于古为义,于今为笑。古之所以为荣者,今之所以为辱也;古之所以为治者,今之所以为乱也。夫神农、伏羲不施赏罚而民不为非,然而立政者不能废法而治民;舜执干戚而服有苗⑪,然而征伐者不能释甲兵而制强暴。由此观之,法度者,所以论民俗而节缓急也⑫;器械者,因时变而制宜适也。

【今译】

古时候,人们淳朴忠厚,工匠制作的器具坚固耐用精致美观,商贾诚实不欺诈,女子纯真稳重,因此教政容易感化,风俗容易改变。如今社会道德日益衰败,民风习俗日益浅薄,想用质朴纯厚的方法去治理日益腐败的民风,就像不用马嚼子和马鞭去驾驭烈马那样困难。过去神农氏时代没有法令制度而民众却自觉服从,唐尧、虞舜时代尽管制定了法令但无人触犯刑罚;夏朝人说话守信用,殷朝人通过发誓、周朝人通过歃血为盟来达到守信。而到今天这世道,人反而习惯忍受耻辱,为贪得财物而不顾廉耻,在这种情况下还想用神农时代的方法来治理,那就必定要乱套。过去伯成、子高不愿做官,拒绝封为诸侯,情愿归乡隐居种田,天下人都称赞他;如今的人如果拒绝做官,就会被乡里人瞧不起,这哪能相提并论啊!古代兵器,只是弓和剑,木矛没有铁枪头,长戟没有锋尖。而近代的兵器,冲车做得高又大以备攻城,沟堑和蟾帐用来防御,连发的机弩用来射杀,装有尖刀的战车用来战斗。古时候征讨别的国家,不杀小孩、不捉老人,这被认为是那时候的人道主义,而现在这样做就会被人嘲笑。古时候认为是一件光荣的事,在今天有可能被认为是一件耻辱的事;古时候用来治理天下的方法,今天用来治理天下就会乱套。神农、伏羲不实施赏罚,人民也不会去做坏事,而现在的执政者就不可能去废除法令来治理百姓;虞舜执干戚而舞使有苗族臣服。但现在带兵征伐的将领却哪能可以放弃武器去制止暴乱。由此看来,制定法度,是用来反映百姓的习俗,应当宽严缓急适度;器械用具同样要根据时代的变化而变化,使之适宜使用。

【注释】

① 醇:淳朴忠厚。庞:指器物坚固耐用。商朴:原注为“不为诈”。重:原注为“贞正无邪也”,重通“憧”、“童”。 ② 镝衔橛:即马嚼子。指马口中所含的铁质器,用来控制马。策:马鞭。錣:马鞭端

部的尖刺。犴马：烈马。　③ 无制令而民从：原注为"无制令,结绳以治也",这里指尚无成文的法令制度。有制令而无刑罚：原注为"有制令,焕乎其有文章也。其政常仁义,民无犯法干诛,故曰'无刑'也",这里指虽有法令条文,但无需动用。　④ 负：背。不负言：是说言而有信。誓：原注为"以言语要誓,亦不违"。盟：歃血为盟,会盟。　⑤ 询：同"诟",耻辱。　⑥ 伯成、子高：原注为"尧时人也"。事见《庄子·天地篇》。高：称赞。　⑦ 为乡邑之下：被乡里人所看不起。下：低贱。　⑧ 槽矛：原注为"木矛"。无击：原注为"无铁刃"。"矛"又作"柔"。"槽"通"酋"。"槽柔"即"酋矛"。修：长。戟：一种既可直刺又可横击的兵器。刺：原注为"锋也"。　⑨ 隆：高也。冲：冲车。渠：沟堑。幨：幌。幨与幌都是帐幕。连弩：可以连发的机械弓。销车：一种装有飞刀的战车。　⑩ 黄口：幼儿、小孩。二毛：指有白发的老人。因为头发黑中有白,故称为"二毛"。　⑪ 有苗：南方部族的名称。　⑫ 论：杨树达认为当作"俞",通"喻"。"喻民俗"的意思是制定的法度,要反映习俗。节：调节、节制。

【评析】

作者继续通过对历史的考察,看"时变"的普遍性。在作者看来,不断的"时变"使社会道德也日益败坏,"世德益衰,民俗益薄"。然而,作者的着眼点并不在于对日益败坏的风气的批判,而在于"应时而变"这点上。因为"应时而变",所以作者认为人的观念也随时空的变化而变化,那就是"于古为义,于今为笑。古之所以为荣者,今之所以为辱也;古之所以为治者,今之所以为乱也"。总之,无绝对的是与非。就这点来说,作者是具有辩证法思想的。

夫圣人作法而万物制焉①,贤者立礼而不肖者拘焉。制法之民,不可与远举②;拘礼之人,不可使应变③。耳不知清浊之分者,不可令调音;心不知治乱之源者,不可令制法。必有独闻之耳,独见之明,然后能擅道而行矣。④夫殷变夏,周变殷,春秋变周,三代之礼不同,何古之从!大人作而弟子循。知法治所由生,则应时而变;不知法治之源,虽循古终乱。今世之法籍与时变,礼义与俗易。⑤为学者循先袭业,据籍守旧教,以为非此不治,是犹持方枘而周员凿也⑥,欲得宜适致固焉,则难矣。今儒墨者称三代、文武而弗行,是言其所不行也⑦;非今时之世而弗改,是行其所非也。称其所是,行其所非,是以尽日极虑而无益于治,劳形竭智而无补于主也。⑧今夫图工好画鬼魅而憎图狗马者,何也?鬼魅不出世,而狗马可日见也。⑨夫存危治乱,非智不能;道而先称古⑩,虽愚有余。故不用之法,圣王弗行;不验之言圣王弗听。⑪

【今译】

　　圣人制定法令制度,使普通人受到制约;贤人确立礼节,使无能的人拘泥于礼节。受法制约的人是不可以有远大行为的;拘泥于礼节的人是难以适应变化的。耳朵听觉不能分辨清浊的人,是不可以让他去调整音律的;内心不明白国家治乱根源的人,是不可以让他去制定法令的。具有能听别人难以听到的声音的听觉和能看别人难以看到的东西的视觉的人,才能随心所欲择道前进。殷朝改变了夏朝的礼法,周朝改变了殷朝的礼法,春秋各国又改变了周朝的礼法,三代的礼法各不相同,哪还有什么古礼法可以遵从呢!如果遵从古礼法,就像长辈立法、晚辈遵从照搬。如果知道法治产生的缘由,那么就有可能应时而变法;如果不明白法治产生的根源,那么因循守旧,套用古礼古法,就有可能最终导致大乱。现在的法典已经根据时势变化而变化了,礼仪也已经随习俗变化而变化了。而那些学者还是因袭旧业,死守法典旧教,以为离开这些就无法治理天下,这实在是像拿着方榫头去装圆榫眼,还想套装牢固适宜,那就难了。现在的儒、墨、言必称三代、文武二王的一套,可自己又不实施,这无疑是在宣扬一套根本行不通的东西。现在的儒、墨,非议眼前的现实,但又不去改变它,这实际上是听任不合理的东西存在下去。这真是称赞是他们认为正确的事,做的却是他们认为错误的事,因此整天用尽心思伤透脑筋却对治国毫无益处,劳损形体竭尽智力,如此却无补于时。如今的那些画匠总爱画鬼怪而讨厌画狗马,这是什么道理呢?这是因为鬼怪不可能在世上出现,而狗与马倒是能天天见到,画鬼容易画狗(马)难啊!挽回危局、治理乱世,没有聪明才智是无法做到的;但只是复述古人、称道古代,即使让笨蛋来做也是绰绰有余。所以无用的方法和法规,圣王是不采用的;不符合实际的言论和事情,英明君主是不听取的。

【注释】

①物:刘文典认为当为"民"。制:受制约、被控制。　②远举:远大行为。　③使:以。　④独闻、独见:能听、能看常人难以听到、看到的声音和东西。擅:随意、任意。　⑤义:仪。"义"本作"宜"。这里的"义"指"仪","礼仪"。　⑥枘:榫头。周:合。员:通"圆"。　⑦是言其所不行:原注为"不耐行,但言之而已",这是说儒、墨只称赞古法但不去实施,所以只是说说而已,批评儒墨不务实际。　⑧主:刘家立认为应为"时",即"无补于时",与"无益于治"为韵。　⑨图工之事见于《韩非子·外储说左上》。　⑩道而:王念孙认为是"而道"。这样"道先称古"与"存危治乱"相对。　⑪圣王弗听:《群书治要》引作"明主弗听",当从之。

【评析】

作者正是有这种"时变"的观念,才会主张"法籍与时变,礼仪与俗易",并反对因循守旧。认为儒、墨这些学者就是一种"循先袭业,据籍守旧教"的人;他们的言行既"无益于治",也"无补于时"。强调对那些"不知治乱之根源、法治之缘由"的人,是不可以让他们去制定法度、执行法令的。因为让他们来制定法度、执行法令,只能导致进一步的混乱。

天地之气,莫大于和。① 和者,阴阳调,日夜分,而生物。春分而生,秋分而成,生之与成,必得和之精。故圣人之道,宽而栗,严而温,柔而直,猛而仁。太刚则折,太柔则卷,圣人正在刚柔之间,乃得道之本。积阴则沉,积阳则飞;阴阳相接,乃能成和。夫绳之为度也,可卷而伸也②;引而伸之,可直而睎③。故圣人以身体之。夫修而不横,短而不穷,直而不刚,久而不忘者,其唯绳乎?故恩推则慑,慑则不威;严推则猛,猛则不和;爱推则纵,纵则不令;刑推则虐,虐则无亲。昔者齐简公释其国家之柄,而专任大臣将相,摄威擅势,私门成党,而公道不行,故使陈成田常、鸱夷子皮得成其难④,使吕氏绝祀而陈氏有国者。此柔慑所生也。郑子阳刚毅而好罚⑤,其于罚也,执而无赦。舍人有折弓者,畏罪而恐诛,则因猘狗之惊以杀子阳⑥。此刚猛之所致也。今不知道者,见柔慑者侵,则矜为刚毅⑦;见刚毅者亡,则矜为柔慑。此本无主于中⑧,而见闻舛驰于外者也,故终身而无所定趋⑨。譬犹不知音者之歌也,浊之则郁而无转,清之则燋而不讴⑩。及至韩娥、秦青、薛谈之讴,侯同、曼声之歌⑪,愤于志,积于内,盈而发音,则莫不比于律而和于人心。何则?中有本主以定清浊,不受于外而自为仪表也。今夫盲者行于道,人谓之左则左,谓之右则右;遇君子则易道⑫,遇小人则陷沟壑。何则?目无以接物也。⑬故魏两用楼翟、吴起而亡西河⑭,湣王专用淖齿而死于东庙⑮,无术以御之也；文王两用吕望、召公奭而王⑯，楚庄王专任孙叔敖而霸⑰，有术以御之也。

【今译】
　　天地之间的气，没有比中和之气更珍贵的了。所谓中和之气，就是阴阳协调，昼夜分明，这样万物才能生长。万物是在春分时节生长、秋分时节成熟，这生长和成熟都离不开这精纯的中和之气。所以圣人的处事原则是：宽松而又坚决，威严而又温和，柔软而又刚直，威猛而又仁慈。因为如果太刚硬则容易折断，如果太柔软则容易卷曲，所以圣人是处刚柔之间，为得道之根本。积阴过多则沉，积阳过多则飞，只有阴阳交融才能达到融和状态。墨绳作为一种尺量的器具，既可以卷曲起来怀抱一团，又可以牵直伸长来测直瞄准。所以圣人亲身体现这种墨绳能伸能曲的特性。虽长但不横阻，虽短但不穷尽，虽直但不刚坚，长久但不被遗忘，这大概就是墨绳的特性吧？所以只用恩德来治政便显得懦弱了些，因为懦弱就没有了威信；只靠严厉来治政便显得凶猛了些，因为凶猛就没有了和睦；只以仁爱来治政便会放纵，因为放纵就无人听从命令；只用刑罚来治政便显得暴虐了些，因为暴虐就无人来亲附归顺。过去齐简公放弃了国家的权柄，而一味宠信大臣将领，以致使他们形成威势，结党营私，而导致国家的正式条令无法贯彻下去，让陈成常、鸱夷子皮能够实现了篡政的阴谋，使太公吕望传下来的齐国断了继嗣、亡了国家，吕氏的齐国变成了陈氏的齐国。这正是齐简公柔弱懦怯造成的后果。郑国子阳刚毅而好刑罚，他实施刑罚，非常坚决，一旦抓获该惩罚时从不宽赦。子阳门客中有一人将弓折断了，他惧怕因这过错而被处死，就趁街市人们追杀疯狗的机会将子阳杀死了。这正是刚毅凶猛造成的悲剧。如今一些人不知道处刚柔之间为得道根本的道理，看到柔弱懦怯会被人侵凌，就追求起刚毅凶猛来；看到刚毅凶猛导致灭亡，就强调起柔弱懦怯来。这实际上是这些人内心根本没有这种处刚柔之间为道之根本的观念，让外界的所见所闻支配自己的思想，所以是一辈子都摇摆不定，无固定的归宿。这就好比不懂乐理的人唱歌,唱低音时沉浊滞凝而不婉转悠扬,唱高音时脆弱枯涩而不圆润激亮。但像韩娥、秦青、薛谈、侯同、曼声这些歌手,他们无论是随便的哼吟,还是合乐的歌唱,都能在内心积聚着感情,这种充盈于内心的感情通过音乐表现出来,因此没有不合音律、不和谐动人的。这是为什么呢?这是因为他们内心有着一个根本的东西作主宰来确定音调的高低清浊,而不受外界事物的影响,能自成标准法度。现在那些盲人在路上行走,别人叫他往右走他便往右,别人让他往左走他便往左;情况好些的话,碰到君子引路会引他走上平坦安全的路,情况不好的话,碰到小人引路会引他走进深沟陷阱中去。这是为什么呢?这是因为他眼睛看不见外界事物。所以是,魏国两用楼廪、翟强而丧失了黄河以西的土地,齐湣王专用淖齿一人而被淖齿杀死在东庙,这些都在于没有权术来驾驭下属大臣;周文王同时任用姜太公和召公奭而天下得以治理,楚庄王专用孙叔敖一人而称霸天下,这些都在于有权术驾驭下属大臣。

【注释】

① 大:珍贵。和:中和之气。　② 伸:王念孙认为应作"怀"。　③ 睎:原注为"望"。　④ 陈成田常:即陈成常,或田成常。"陈"、"田"古音同。鸱夷子皮:是越国范蠡到齐国的称呼。范蠡辅助越王灭吴以后,移居齐国经商,有鸱夷子皮的称呼。但这陈成常弑君之年,越国还未灭吴,范蠡不可能入齐,这是《淮南子》之误。　⑤ 郑子阳:人名,郑国国君,一曰为郑国相。　⑥ 舍人:家臣、门客。猘狗:疯狗。　⑦ 侵:被欺侮、被欺凌。矜:王念孙认为当为"务"。下句的"矜为柔懦"也当为"务为柔懦"。　⑧ 本无主于中:陈观楼认为当作"无本主于中",这样"无本"与下文的"有本"相对为文。　⑨ 见闻:何宁说:"见闻"景宋本作"闻见"。舛:乖悖,违背。趋:归宿、方向。　⑩ 浊:低音。郁:阻滞、滞凝。转:婉转。清:高音。燋:通"憔",这里指声音脆弱无力。讴:通"煦",这里指声音圆润。　⑪ 韩娥、秦青、薛谈、侯同、曼声:均为古代善歌者;韩娥为韩国人,秦青、薛谈为齐国

人,"薛谈"也谓"薛谭",韩娥、秦青、薛谭三人事见《列子·汤问篇》。一曰"曼,长歌声也",即"曼声"非指人,而指舒缓悠扬的歌声。讴、歌:"讴"是指没有伴奏的随意哼唱,"歌"是指按照一定曲子演唱,可有伴奏(许匡一《淮南子全译》)。　⑫　易道:刘文典认为"易道"上当有"得","得易道"与下文"陷沟壑"相对为文。　⑬　接:见。　⑭　楼翟、吴起:顾广圻认为"吴起"两字衍文。又认为楼翟即指"楼𪎮"和"翟强"。《魏策》云:"魏王之所用者,楼𪎮、翟强也。"又云:"翟强欲合齐、秦外楚以轻楼𪎮,楼𪎮欲合秦、楚外齐以轻翟强。"又云:"𪎮之与强,犹晋人之与楚人也。"西河:指黄河以西地区。　⑮　湣王:齐湣王。淖齿:楚国将军。原注为"湣王,田常之后,代吕氏为齐侯,春秋之后,僭号称王。淖齿,楚将,奔齐为臣。湣王无道,淖齿杀之,擢其筋悬庙门之梁三日而死"。　⑯　召公奭:又称邵公、召康公,封于召(陕西岐山西南),故称召公,"奭"是他的名。召公"善理民物",吕望太公"善用兵谋"。　⑰　楚庄王:春秋楚国君。孙叔敖:楚庄王时令尹。

【评析】

作者讲了那么多的"时变"、"应时"后开始讲哲学了。那就是既然一切都在变,"法籍与时变,礼仪与俗易",就连"器械者"也"因时变而制宜适",那么你就该跟着变,千万不能凝固、呆板。

但跟着变是否就意味着"见柔懦者侵",你就马上"务为刚毅"?"见刚毅者亡",你就立即"务为柔懦"? 这在作者看来这还是一种"无所定趋"的表现,还是一种"非此即彼"的思维,还属于"无本主于中",还没有哲学的思辨。作者提出,圣人的哲学思辨该是处"刚柔之间"为"得道之本"。因为只有这样将此"本主于中",圣人才既能"应时"而不会被"时变"所抛弃,又能做到"修而不横、短而不穷、直而不刚","宽而栗、严而温、柔而直、猛而仁"。因为圣人知道"非此即彼"会坏事情,如"积阴则沉、积阳则飞"一样;只有"阴阳相接,乃能成和"。

由此推导到社会政治上,如能懂得处"刚柔之间"为"得道之本",就有可能做到将相反之事之人相接而相成,如文王两用太公(善用兵谋)和召公(善理民物)而称王于天下;反之如不懂得处"刚柔之间"为"得道之本",就有可能无法将相反之事之人相接而相成,如魏王就因无法将主张联秦楚以抗齐的楼廛和主张联齐秦以抗楚的翟强相接调和,从而导致丢失西河的政治恶果。

夫弦歌鼓舞以为乐,盘旋揖让以修礼①,厚葬久丧以送死,孔子之所立也,而墨子非之;兼爱尚贤,右鬼非命②,墨子之所立也,而杨子非之③;全性保真,不以物累形,杨子之所立也,而孟子非之。趋舍人异,各有晓心。④故是非有处⑤,得其处则无非,失其处则无是。丹穴、太蒙、反踵、空同、大夏、北户、奇肱、修股之民⑥,是非各异,习俗相反,君臣上下,夫妇父子,有以相使也。此之是,非彼之是也;此之非,非彼之非也⑦;譬若斤斧椎凿之各有所施也。禹之时,以五音听治,悬钟鼓磬铎,置鞀⑧,以待四方之士,为号曰:"教寡人以道者击鼓⑨,谕寡人以义者击钟⑩,告寡人以事者振铎⑪,语寡人以忧者击磬⑫,有狱讼者摇鞀⑬。"当此之时,一馈而十起,一沐而三捉发,以劳天下之民⑭;此而不能达善效忠者,则才不足也。秦之时,高为台榭,大为苑囿⑮,远为驰道,铸金人⑯,发适戍,入刍稾⑰,头会箕赋,输入少府⑱。丁壮丈夫,西至临洮、狄道⑲,东至会稽、浮石⑳,南至豫章、桂林㉑,北至飞狐、阳原㉒,道路死人以沟量㉓。当此之时,忠谏者谓之不详,而道仁义者谓之狂。逮至高皇帝㉔,存亡继绝,举天下之大义,身自奋袂执锐㉕,以为百姓请命于皇天㉖。当此之时,天下雄携豪英暴露于野泽㉗,前蒙矢石,而后堕溪壑,出百死而给一生㉘,以争天下之权,奋武厉诚，以决一旦之命。当此之时，丰衣博带而道儒墨者，以为不肖。逮至暴乱已胜，海内大定，继文之业，立武之功，履天子之图籍，造刘氏之貌冠㉔，总邹、鲁之儒墨，通先圣之遗教，戴天子之旗，乘大路，建九斿㉚，撞大钟，击鸣鼓，奏《咸池》，扬干戚。当此之时，有立武者见疑。一世之间，而文武代为雌雄㉛，有时而用也。今世之为武者则非文也，为文者则非武也，文武更相非，而不知时世之用也。此见隅曲之一指㉜，而不知八极之广大也。故东面而望，不见西墙；南面而视，不睹北方；唯无所向者，则无所不通。

【今译】

　　以弹琴唱歌、击鼓跳舞算作"乐"，用回旋周转作揖谦让来讲"礼"，用丰厚陪葬、长期服丧来送别死者，这些都是孔子所提倡的，但墨子是反对的；互相亲爱、推崇贤能、敬崇鬼神、不信天命，这些都是墨子所提倡的，但杨子是反对的；保全本性的真纯，不以外物拖累形体，这些都是杨子所提倡的，但孟子是反对的。这真是各人的取舍各不相同，每人只知道自己的想法和心思。所以确定是与非是离不开一定条件和环境的，处在一定条件和环境里是对的，离开了一定条件和环境就变得错了。丹穴、太蒙、反踵、空同、大夏、北户、奇肱、修股这些九州之外的国家，他们的是非观念各异、习俗相反，君臣上下，夫妇父子，也都按一定的礼节相处、支使。在这里是正确的，到那里就可能是错误的；在这里是错误的，到那里就不一定是错误的。这就好像斧刀椎凿各有各的用处一样。夏禹的时代，依据五音来处理政务，悬挂钟鼓磬铎，设置鞀鼓来接待四方之士，并发布命令说："拿道来指教我的请击鼓，用义来教诲我的请敲钟，有事情要告诉我的请摇铎，有忧愁事想告诉我的请击磬，有官司诉讼的请摇鞀鼓。"在那时，夏禹吃一顿饭有可能被打断十次，洗一次澡有可能三次拧干头发起来处理事务，他就是这样劳累、忧虑为人民服务；这样做还不足以为人民行善效忠的话，那就是才能不足的问题了。秦始皇时代,垒筑高高的台榭,修建大型的苑囿,驰道通向四方远道,铸造金属铜像,调派囚徒戍守边疆,强行收缴草料供部队使用,征收人头税来搜刮民财,运进皇帝私库以供享用。被征调服役、守边防的青壮年,西到临洮、狄道,东到会稽、浮台,南到豫章、桂林,北到飞狐、阳原,一路上死去的服役青壮年多得可以填满沟壑。当时,尽忠进谏的人被看成扫帚星,讲仁义的人被当成疯子。而到汉高帝起兵时,使将衰败的东西得以保存,使将绝嗣的族种得以延续,发扬了天下正义,手执兵器,振臂高呼,为百姓向皇天请命。在这个时候,天下英雄豪杰,风餐露宿于荒原野外,冲杀时冒着迎面而来的利箭和飞石,撤下后退时冒跌落深沟的危险,这真是经历了百次的死亡才换得一次生存的机会,以争取夺得天下的统治权,奋发勇武精神,激励忠诚之情,豁出生命以决一死战。在这样的时代,那些穿着丰衣博带,谈论儒、墨的人,被认为是无能之辈。等到暴虐的秦朝灭亡后,天下安定下来后,汉高帝继承文治的事业,建立了雄伟勇武的功绩,登上了天子宝座,当年的委貌冠以"刘氏冠"而风靡天下,聚集起邹、鲁的儒墨学者,贯彻古代圣人的遗教,树立起天子大旗,乘坐天子的大车,建置九旒旗,撞击大钟,敲响鸣鼓,演奏《咸池》乐曲,举着盾牌大斧起舞。在这个时候,谁要是继续提倡武力,会被人怀疑居心叵测。这期间,文治、武功交替主宰时局,这是根据时势的变化而采用的不同策略。而现在的尚武派非议文治者,或文治者非议尚武派,他们之间的文武互相指责非议,实在是不懂文与武各适宜于一定时局。这些人只看到一个角落中的一小部分,而根本不知道四方八极之天下广大。所以是朝东看,就不知西墙;朝南望,就不见北方;只有不偏倚某一方,才能无所不通、无所不知。

【注释】

① 盘旋:回旋周转,形容礼节繁琐复杂。 ② 右:推崇、敬崇;《墨子》有《明鬼》三篇,今存下篇,主张人死为鬼。非命:否定、不信天命;《墨子》有《非命》三篇,否定天命。 ③ 杨子:即杨朱。战国时魏

国人。其学说重在爱己,拔一毛以利天下而不为。　④ 趋舍:取舍。晓心:晓于心。　⑤ 处:是指环境、条件。　⑥ 丹穴、太蒙、反踵、空同、大夏、北户、奇肱、修股:原注为"丹穴,南方当日下之地。太蒙。西方日所入处也。反踵,国名,其人南行,武迹北向。空同,戴胜极下之地。大夏在西方。北户在南方。奇肱、修股之民在西南方。凡此八者,皆九州之外,八寅之域者也"。　⑦ 此之是,非彼之是也:原注为"此,近喻诸华也。彼,远喻八寅也。于诸夏之所是,八寅之所非而废也;于诸华所非,八寅所是而行也"。　⑧ 五音:宫商角徵羽,这里泛指音乐。听治:听政、处理政务。铎:古代一种类似大铃的乐器,宣政令时摇铎以警示民众。鞀:一种有柄的小鼓,像今天的拨浪鼓。⑨ 教寡人以道者击鼓:原注为"道和阴阳,鼓一声以调五音,故击之",这是说"鼓"的作用是控制乐队的节奏,所以用"鼓"来喻"道"。⑩ 谕寡人以义者击钟:原注为"钟,金也。义者断割,故击之"。⑪ 告寡人以事者振铎:原注为"铎,铃。金口木舌,合为音声。事者非一品,故振之"。　⑫ 语寡人以忧者击磬:原注为"磬,石也。声急,忧亦急务,故击之"。　⑬ 有狱治者摇鞀:原注为"狱亦讼。讼一辩于事,故取小鞀摇也"。　⑭ 馈:食,指进食用饭。捉发:指中断洗发,用手拧或搓干头发。劳:忧,忧劳。　⑮ 台榭:筑土高起者为台,台上所盖之屋称榭。苑囿:古代养禽兽的园林:大的叫苑,小的叫囿。

⑯ 驰道:可供马奔驰的大道。铸金人:原注为"秦皇帝二十六年,初兼天下,有长人见于临洮,其高五丈,足迹六尺。放写其形,铸金人以象之,翁仲、君何是也"。　⑰ 发:派遣、调派。戍:守边防、边疆。适戍:以罪被罚守边疆,这里多指囚犯。入:收缴。刍稁:喂牲口的干草。　⑱ 头会:人头税。头会箕赋:这里指征收各种苛捐杂税,搜刮民财。会:聚集。箕:畚箕。这里是喻指像用畚箕收聚尘土那样聚积财物。"箕赋"也可称为"箕会"、"箕敛"。少府:官名,掌管国家税收,供皇帝享用,属皇帝的私府。　⑲ 临洮:秦县名。狄道:秦县名,治所即今甘肃临洮县。　⑳ 会稽:山名,在今浙江绍兴。浮石:东海中的岛屿。原注为"浮石,随水高下,言不没"。　㉑ 豫章:秦郡名。

桂林：秦郡名，治所在今广西桂平县西南。 ㉒飞狐：山名，古代要隘。在今河北蔚县东南，地势极为险要。阳原：县名，原注为"阳原盖在太原，或曰：代郡广昌东五阮关是也"。 ㉓以沟量：指死人多得可以填满山沟来计量。 ㉔高皇帝：原注为"汉高祖刘季也"，刘季即刘邦。 ㉕袂：衣袖。奋袂：振臂。 ㉖皇天：天。 ㉗携豪英：原注为"才过千人为携，过百人为豪，过万人为英"，"携"为"俊"之借字。 ㉘给：至、求得。"给"读为"代"，或"逮"。 ㉙图籍：指天下地图，代指天子之位。貌冠：冠名。刘邦为亭长时，以竹皮为冠，为帝后也时常冠之，物以人贵，这竹皮冠也被称之为"刘氏委貌冠"。 ㉚九斿：即"九旒"，一种天子用的旌旗。 ㉛一世：一时间、一期间。代：更换、交替。代为雌雄：指文与武随时间变化交替成为主宰，战时重武，得天下后重文。 ㉜隅曲：角落。一指：喻极小部分；一曰"指"通"旨"，意向、见解。

【评析】

作者在对学术和历史的考察中继续他的哲学阐述。首先作者从横向先秦诸子互相诋毁非议的事实中得出："是非各异，习俗相反"，"取舍人异，各有晓心"；在这里被认为是"正确"的，在那里就有可能被认为是"错误"的："此之是，非彼之是也；此之非，非彼之非也"，即无绝对的"是与非"。而这无绝对的"是与非"，被作者进一步认定是在于"是与非"是与一定的环境和条件（"处"）相联系，脱离开一定的"处"，这"是与非"就有可能倒置，那就是"是非有处，得其处则无非，失其处则无是"。所以是无绝对的"是与非"，这"是与非"随时空条件的变化而变化。

其次作者从纵向秦汉历史中"文武代为雌雄"的事实中得出：在整个历史发展过程中，"文治"和"武功"对治理天下来说都有它们的必要性和合理性，只不过"文治"和"武功"分别适用于各个不同的历史时期，战时重武、战后重文。所以，为武者不必非议为文者，为文者也不必非议为武者，没有必要"文武更相非"。反过来说，谁要是认准为武一定要比为文好,或认定为文一定要比为武好,那实际上是将自己的"是非"观念凝固了。

正因为"是与非"随时空、条件变化而变化,所以你的意识就不能呆滞,唯有无所定向,才能无所不通、无所不晓。也唯有处"刚柔之间",才能应对来自"刚或柔"的多方面,才能随"时"而"变"、"应时"而变。

国之所以存者,道德也;家之所以亡者,理塞也。① 尧无百户之郭,舜无置锥之地②,以有天下;禹无十人之众,汤无七里之分③,以王诸侯。文王处岐周之间也④,地方不过百里,而立为天子者,有王道也;夏桀、殷纣之盛也,人迹所至,舟车所通,莫不为郡县⑤,然而身死人手,而为天下笑者,有亡形也⑥。故圣人见化以观其征。德有盛衰,风先萌焉。⑦ 故得王道者虽小必大,有亡形者虽成必败。夫夏之将亡,太史令终古先奔于商,三年而桀乃亡;殷之将败也,太史令向艺先归文王,期年而纣乃亡。⑧ 故圣人之见存亡之迹,成败之际也,非待鸣条之野、甲子之日也。⑨ 今谓彊者胜则度地计众⑩,富者利则量粟称金,若此,则千乘之君无不霸王者,而万乘之国无不破亡者矣⑪;存亡之迹,若此其易知也,愚夫蠢妇皆能论之。赵襄子以晋阳之城霸,智伯以三晋之地擒⑫;湣王以大齐亡,田单以即墨有功⑬。故国之亡也,虽大不足恃;道之行也,虽小不可轻。由此观之,存在得道而不在于大也,亡在失道而不在于小也。《诗》云:"乃眷西顾,此惟与宅。"⑭ 言去殷而迁于周也。故乱国之君,务广其地而不务仁义,务高其位而不务道德,是释其所以存而造其所以亡也。故桀囚于焦门⑮,而不能自非其所行,而悔不杀汤于夏台⑯;纣居于宣室⑰,而不反其过,而悔不诛文王于羑里⑱。二君处疆大势位⑲,修仁义之道,汤、武救罪之不给,何谋之敢当⑳!若上乱三光之明㉑,下失万民之心,虽微汤、武,孰弗能夺也?今不审其在己者,而反备之于人。㉒天下非一汤、武也,杀一人,则必有继之者也。且汤、武之所以处小弱而能以王者,以其有道也;桀、纣之所以处疆大而见夺者,以其无道也。今不行人之所以王者,而反益己之所以夺,是趋亡之道也。武王克殷,欲筑宫于五行之山㉓,周公曰:"不可!夫五行之山,固塞险阻之地也。使我德能覆之,则天下纳其贡职者回也㉔;使我有暴乱之行,则天下之伐我难矣。"此所以三十六世而不夺也。周公可谓能持满矣。

【今译】

国家之所以能长存,是在于得道;国家之所以灭亡,是在于悖理。尧原先都没有百户人家的城郭,舜原先连立锥之地都没有,但后来却拥有了天下;禹原先连十个人的势力都没有,汤原先也没有哪怕是七里大的封地,但后来还是称王于诸侯。周文王原先处在的岐周一带,土地方圆也不过百里,可是最终立为天子。诸如此类都是因为"得道"和实施"王道"。夏桀、殷纣原本十分强盛,凡是人的踪迹所到之处、车舟所通之地,没有不成为他们的郡县属地的。但是最终他们却死在别人手里,还被天下人所耻笑,这是因为他们行不仁而造成的后果。所以圣人是通过观察细微迹象来知道事物变化的征兆的。德政的兴盛和衰败,最先的变化苗子是从社会风气中显露出来的。因此,实施王道德政的尽管开始弱小,但最终会强大起来;有灭亡迹象的尽管暂时成功,但到头来必定失败。当夏朝将要灭亡的时候,朝中的太史令终古就事先投奔了商汤,三年后夏桀果然灭亡;殷朝将要破败的时候,朝中的太史令向艺事先就归顺了周文王,一年之内殷纣王果真灭亡。所以圣人总是能在存亡、成败转变之际就能发现衰败的迹象了,而不是像夏桀、殷纣王那样,非得等到出现了鸣条之野、甲子之日时才知道身处绝境、大祸临头。现在有人认为强大的就必定会胜利,于是就一门心思盘算着怎样扩地增人;认为富有的必定会获利,于是就醉心于积粮聚钱;如按这样的逻辑来说,那么千乘小国将永远无法称王称霸了;万乘大国则永远不会灭亡了;国家的存亡道理如果是这样简单的话,那么社会上的笨男蠢女都可成为理论家了。赵襄子只是凭借着晋阳小城就称霸于天下,而智伯拥有三晋却被俘虏消灭;齐湣王并不因为有偌大的齐国而不死于非命,田单并不因为只有一座即墨城而不立大功。所以说,一个国家要灭亡,即使国家再大也无法挽回灭亡的命运;反之一个国家实施王道,即使国家再小也不可轻视它的变化发展。由此看来,国家的生存取决于得道,而不取决于土地面积的广大;国家的灭亡取决于失道,而不取决于土地面积的狭窄。《诗经》上说:"天帝顾视西方岐山,这里周人居住最适宜。"这是说连上天也要将气数已尽的殷王朝抛弃而转向周朝。所以乱国的国君只追求对领土的扩张而不谋求施行仁义,只追逐提高自己的权位而不谋求实施道德,这就是抛弃了国家赖以生存的根据而制造了国家走向灭亡的条件。所以到夏桀被关押在南巢时,还不能否定过去的所作所为,而只是后悔当初没有在夏台将汤杀死;殷纣王被围困在宣室,也不知道反省过去所做的坏事,而只是后悔没有将周文王杀死在羑里。假如这两位君王能处在势力强大之时,实施或遵循仁义之道,那么商汤、周武弥补自己的过错都来不及,哪还有功夫图谋什么!反之,如果上乱日月星辰的光明,下失民众之心,即使没有商汤、周武王,谁个不能夺取天下呢?现在夏桀、殷纣王非但不审察自己身上的责任,还反而防备别人夺取天下。天下不是只有一个商汤和周武王,杀掉了商汤和周武王,还必有人接踵而起,继承他们的事业。况且商汤、周武王之所以处在弱下地位而最终称王于天下,是在于他们手中有道义。夏桀、殷纣王之所以处在强势地位而最终天下被人夺取,是在于他们无道。今天有人不效仿采纳前人之所以称王于天下的经验,反而变本加厉地增加可能导致自己灭亡的因素,这实际上是在走向灭亡。武王消灭殷王朝后,想在太行山上修建宫殿,周公马上说:"不可。这太行山区是固塞险阻之地,如果我们能够实施德政,那么天下各地来朝拜进贡的人就要走很多迂回曲折的路,不利于他们前来;如果我们实施暴政,那么就使讨伐我们的正义之师难以完成他们的使命。"这就是周王朝延续三十六代而不被侵夺的根本原因。而周公也真可谓是一个能正确处理盈满而不覆的人。

【注释】

① 德:通"得"。实际上是说"得道"。家:国家,不是指家庭。② 郭:城,城郭。这是说尧、舜没有部落首领之前的情况。 ③ 分:分封,这里指汤无分封的土地。 ④ 岐:山名。在今陕西岐山县东北。周的发源地。 ⑤ 郡县:行政区域划分的名称,始于周代。周制县大于郡,秦汉时郡大于县。 ⑥ 形:形迹,指行不仁。 ⑦ 风:风气。 ⑧ 太史令:官名,古代为史官、历官之长。终古、向艺:古代的贤者。期年:一年。 ⑨ 鸣条:地名,相传商汤伐夏,在鸣条击败夏桀的军队。甲子之日:周武王在牧野击败殷纣王的日子。 ⑩ 彊:强。 ⑪ 不:王念孙认为"不"字皆后人所加,应是"千乘之君无霸王者,而万乘之国无破亡者"。千乘、万乘:战国时以拥有万辆战车的国家为大国,拥有千辆战车的国家为小国。 ⑫ 赵襄子:春秋末晋国卿。智伯:春秋末晋国卿。智伯当时是诸卿大夫中最有势力者,拥有晋国最大的领地。智伯先向赵襄子索地,未成后即率韩、魏攻赵,赵襄子退守晋阳。后来赵襄子反联合韩、魏攻打智伯,杀智伯后尽分其地。晋阳:古邑名,在今山西太原。三晋:晋国,因赵魏韩三分晋国,故称。 ⑬ 湣王:即齐湣王,被淖齿所杀。田单:战国时齐人。原注为"燕伐齐而灭之,得七十城,唯即墨未下。田单以市吏率即墨市民以击燕师,破之,故曰'有功'也"。这次伐齐的燕军由乐毅率领;田单在这次战争中用了反间之计和火牛阵打败燕军,收复城池七十余座,被齐襄公封

为安平君。 ⑭ 诗引《诗经·大雅·皇矣》。意思是说天帝(上天)也因殷纣王气数已尽而转向周朝。眷：顾、回头看。西顾：顾视西方。因为商都朝歌在东，周在西岐山。此：周。与：给予。宅：居，安居的意思。 ⑮ 焦门：地名，即南巢。夏桀被放逐的地方。 ⑯ 夏台：古台名，在今河南禹县南，相传夏桀囚汤于此。 ⑰ 宣室：商纣王宫室名。周武王伐纣时，纣王败逃鹿台，自焚而死。这宣室就是鹿台里的宫室。 ⑱ 羑里：殷监狱的名称，在今河南汤阴；纣王尝囚文王于此。 ⑲ 二君：夏桀和商纣王。彊大势位：王念孙认为本作"彊大之势"。 ⑳ 救罪：改过、补救。当：王念孙认为应是"虑"，即"何谋之敢虑"。俞樾认为"当"应为"蓄"。 ㉑ 三光：日、月、星辰。 ㉒ 审：审察、明察。备：防备、防范。 ㉓ 五行之山：太行山，在今山西、河南、河北交界处。 ㉔ 覆：盖。使我德能覆之：实际上说是执行贯彻德政。贡职：赋税。回：迂回曲折。

【评析】

本节作者继续强调圣人应处"刚柔之间"为"得道之本"。认为只有处"刚柔之间"为"得道之本"，才能"见存亡之迹、成败之际"，才能"见化以观其徵"，才能稍见坏事苗子即加以扼杀。如此，大概就不会有夏桀、殷纣的亡败之事了。夏桀、殷纣之亡败，其根本原因还在于"失道"、"无道"，而汤、武能取天下，其根本原因还在于"得道"、"有道"。"汤、武之所以处小弱而能以王者，以其有道也；桀、纣之所以处强大而见夺者，以其无道也。"进而作者又归纳总结："得王道者虽小必大，有亡形者虽成必败"，"存在得道而不在于大也，亡在失道而不在于小也"。这样，作者又从上述哲学认识层面转到了政治观点这一层面上来了。

昔者，《周书》有言曰："上言者，下用也；下言者，上用也。上言者，常也；下言者，权也。"①此存亡之术也，唯圣人为能知权。②言而必信，期而必当，天下之高行也。③直躬其父攘羊而子证之④，尾生与妇人期而死之⑤。直而证父，信而溺死⑥，虽有直信，孰能贵之？夫三军矫命，过之大者也。秦穆公兴兵袭郑，过周而东，郑贾人弦高将西贩牛，道遇秦师于周、郑之间，乃矫郑伯之命，犒以十二牛，宾秦师而却之，以存郑国。⑦故事有所至，信反为过，诞反为功。⑧何谓失礼而有大功？昔楚恭王战于阴陵，潘尪、养由基、黄衰微、公孙丙相与篡之。⑨恭王惧而失体，黄衰微举足蹴其体，恭王乃觉，怒其失礼，夺体而起⑩，四大夫载而行。昔苍吾绕娶妻而美，以让兄。⑪此所谓忠爱而不可行者也。是故圣人论事之局曲直⑫，与之屈伸偃抑，无常仪表，时屈时伸。卑弱柔如蒲韦，非摄夺也⑬；刚强猛毅，志厉青云，非本矜也⑭。以乘时应变也。夫君臣之接，屈膝卑拜，以相尊礼也；至其迫于患也，则举足蹴其体，天下莫能非也。是故忠之所在，礼不足以难之也。孝子之事亲，和颜卑体，奉带运履⑮；至其溺也，则捽其发而拯，非敢骄侮，以救其死也⑯。故溺则捽父，祝则名君⑰，势不得不然也，此权之所设也。故孔子曰："可以共学矣，而未可以适道也。可与适道，未可以立也。⑱可以立，未可与权。"权者，圣人之所独见也。故忤而后合者，谓之知权⑲；合而后忤者，谓之不知权⑳。不知权者，善反丑矣。故礼者，实之华而伪之文也㉑，方于卒迫穷遽之中也，则无所用矣㉒。是故圣人以文交于世，而以实从事于宜，不结于一迹之途，凝滞而不化，是故败事少而成事多，号令行于天下而莫之能非也。

【今译】

以前，《周书》上有这样几句话："经典之言，为臣下采用；权变之言,为君王采用。这经典之言说的是正常的道理;而权变之言说的是权变的道理。"这些关乎到国家的生存灭亡的学问,只有君子圣人才知道权变的道理。说话一定要恪守信用,约定的事一定要履行约言并付诸行动,这是天下公认的高尚品行。直躬的父亲偷了别人的羊,直躬检举证实了父亲的偷盗行为;尾生和一女子相约在桥下见面,但女子失约,而尾生为了守信约,站在桥下任上涨的河水淹死。正是直躬为正直而检举父亲、尾生为守信而被河水淹死,他们虽然正直和守信,但又有谁来推崇看重他们的行为?作战中伪造命令、假传军令,这是错误中最大的一种。但秦穆公发兵偷袭郑国时,经过东周向东进发,郑国的商人弦高恰往西去贩牛,在途中碰到了秦军,于是弦高假托郑国君的命令,用十二头牛犒劳秦军、礼待秦军,使秦军以为郑国已知道这次偷袭计划而不敢贸然前进,只得撤退,从而保存了郑国,使之不至于沦为秦国的"殖民地"。所以说,当紧急事情来临的时候,你不知道权变,忠厚老实,反而会酿成大错,而像弦高那样欺诈一下倒能立下大功。什么叫失礼却反有大功劳?过去楚恭王在鄢陵与晋国交战,被晋将吕锜射伤眼睛后被俘,这时楚国的潘尪、养由基、黄衰微、公孙丙冒死冲入敌军中将恭王抢出;而这时的恭王已吓得瘫在地上失去威仪,黄衰微为使恭王不失去君王的威仪,情急之中狠踢恭王一脚,恭王猛然清醒,并被黄衰微的失礼行为所激怒,挣脱了众人的搀扶而站立起来,于是四大夫簇拥着恭王上了战车逃了回来。还有,以前的苍吾绕娶了个漂亮的妻子,就将妻子让给了兄长哥哥。这种"爱兄"方法和上进"忠君"的做法在通常的情况下是行不通的。但是知道权变的圣人就能根据事情实际情况,能随之伸缩俯仰,没有一定的可做不可做的框框,时而屈曲时而伸展。当应该柔弱时,他就柔弱得像蒲苇一样,但他这柔弱并不是慑于威势;而当应该刚强猛毅时,他就刚强猛毅得能气冲云天,但他这刚强猛毅也绝对不是狂妄骄暴。他的这两种态度均是为了应对时势的变化。通常情况下,君臣相见,臣屈膝下拜,这是为了表示尊敬和遵守君臣之礼;而到特殊情况下(如恭王面临祸患时),黄衰微抬腿踢君王的身体,天下人就不必非议他了。因此,真正有忠心的人,礼法是不能阻止他尽忠的。孝子侍奉父亲,真正是做到神情和悦,体态谦卑,为父亲穿衣系带、提鞋穿鞋;但一旦碰到父亲溺水的时候,他为了救父亲性命,顾不了这么多,就直接揪住父亲的头发将其拉上岸来,这种揪发硬拉就不能算骄横侮辱父亲,他实在是为了救父亲性命。所以这种将溺水父亲揪发拉上岸和祭奠亡父时称父为"君"是一样的,是情势所迫不得不这样。这也就是"权变"的地方。所以孔子说:"可以在一起学习的人,不一定可以一同获得真理;可以一同获得真理的,不一定可以一起建功立业;可以一起建功立业的,不一定可以一样知道通达权变。"通达、运用权变,只有圣人才具有的独到胆识。所以先处逆境而后顺遂合意的,叫做懂得权变;反之先是一切顺利而后接连不断的倒霉的,叫做不懂得权变。不知权变的,好事也会被他做坏。所以礼仪形式就像果实之花一样,是人为的修饰,当人们处在紧急困窘的情况下,这礼仪形式是一点都没用的。所以圣人只是将礼仪形式用于一般的人际交往,而以实际的态度来做该怎样就怎样的事,不拘泥于条条框框,不凝固呆板,所以是失败的事少,成功的事多,政令通行于天下而不被人非议。

【注释】

①《周书》:原注为"周史之书"。上言者:经典之言。下言者:权变之言。所引《周书》文即是《逸周书》文。 ②权:变通、权变。 ③期:约会、约定。当:履行相约之事之言。高:高尚品行。 ④直躬:原注为"直躬,楚叶县人。叶公子高谓孔子曰:'吾党有直躬者,其父攘羊而子证之。'孔子曰:'吾党之直者异于是,父为子隐,子为父隐,直在其中矣。'凡六畜自来而取之曰攘也","攘"指扣押自己跑上门的家畜,这里指偷窃。证:检举。 ⑤尾生:战国时鲁国人。相传尾生与一女子相约于桥下见面,女子食言不来,而尾生为了践约不肯离去,抱着桥柱任猛涨的河水淹死。 ⑥信而溺死:王念孙认为应是"信而死女",即说"信而为女死"。这样"信而死女"与"直而证父"相对为文。 ⑦秦穆公兴兵袭郑:事见《左传·僖公三十二年》。周:东周

都城。贾人：商人。弦高：郑国商人。矫：假托、伪造。郑伯：郑国国君。犒：以酒肉慰劳。宾：以礼相待。却：退。 ⑧ 诞：谩，欺诈的意思。 ⑨ 楚恭王：春秋楚国君。阴陵：地名，即鄢陵，在今河南鄢陵县西北。公元前575年晋楚于鄢陵发生战争，即历史上有名的鄢陵之战，结果楚国大败。潘尫、养由基、黄衰微、公孙丙：为楚国四大夫。相与：一起。篡：夺回，《说文》曰："逆而夺取曰篡。"楚恭王战于阴陵：原注为"恭王与晋厉战于阴陵，吕锜射恭王中目，因而禽（擒）之。过而能改，故曰'恭'也"。 ⑩ 恭王惧而失体：原注为"威仪不如常，坐不能起也"。于鬯认为"失体，当谓蹬地而不醒"。蹴：用脚踢。失礼：原注为"谓举足蹴君"，指用脚踢君谓失礼。夺体：指挣脱众人的搀扶。 ⑪ 苍吾绕：原注为"苍吾绕，孔子时人，以妻美好，推与其兄，兄则爱矣，而违亲迎曲顾之谊，故曰不可行"。 ⑫ 局：王念孙认为是衍文。 ⑬ 卑：王念孙认为不当有此字。韦：杨树达认为应作"苇"。摄：慑。 ⑭ 本：王念孙认为当为"夸"。这样"夸矜"与"摄夺"相对为文。 ⑮ 运：提、拿。 ⑯ 捽：揪。拯：原注为"拯，升也，出溺曰拯。""拯"盖为"抍"之俗书。 ⑰ 祝则名君：指祭祀亡父时，在祝祷词中称先父为"君"，表示尊敬。 ⑱ 孔子语见《论语·子罕篇》。 ⑲ 忤：不顺、违逆。 ⑳ 舛：何宁认为"舛"是"忤"之形伪，故"舛"、"忤"意思相近。 ㉑ 华：花。伪之文：人为的文饰或修饰。 ㉒ 卒：通猝，紧急、急促。遽：困窘、窘迫。

【评析】

上文讲到，既然"法籍与时变"、"礼仪与俗易"，就连器械也"因时变而制宜适"，那么你就该跟着变，千万不能凝固、呆板。而到本节，作者就明确将这种不"凝滞不化"的"变"称之为"权变"。因为是"权变"，所以原先那些认识也就该随之改变、修正，如捽发而拯溺水之父，就不能算骄侮；迫于患急而举足蹬踢君王，也就不该受到非议；同样，为拯救处危难之中的国家而做的"欺诈"行为，也不能算作欺诈。反之，你如不懂得"权变"，倒有可能将原本"善"的反变成"丑"的了，如因拘泥于"男女授受不亲"之礼而不拯救将要淹死的溺水嫂子,就将善(讲礼)变成了"丑与恶",所以孟子所说:"嫂溺而不拯,是豺狼也。"

总之,圣人就要"乘时应变"——"权变",要随时局"屈伸揠抑",千万不可"结于一迹之途,凝滞而不化",如果"结于一迹之途,凝滞而不化",就会闹出"尾生信而死女"的悲剧来。

猩猩知往而不知来①,干鹄知来而不知往②,此修短之分也③。昔者苌弘,周室之执数者也④,天地之气,日月之行,风雨之变,律历之数,无所不通,然而不能自知,车裂而死。苏秦,匹夫徒步之人也,靰跻赢盖⑤,经营万乘之主,服诺诸侯⑥,然不自免于车裂之患⑦。徐偃王被服慈惠⑧,身行仁义,陆地之朝者三十二国,然而身死国亡,子孙无类⑨。大夫种辅翼越王勾践⑩,而为之报怨雪耻,擒夫差之身,开地数千里,然而身伏属镂而死⑪。此皆达于治乱之机,而未知全性之具者。故苌弘知天道而不知人事,苏秦知权谋而不知祸福,徐偃王知仁义而不知时,大夫种知忠而不知谋。圣人则不然,论世而为之事,权事而为之谋,是以舒之天下而不窕,内之寻常而不塞。⑫使天下荒乱,礼义绝,纲纪废,强弱相乘,力征相攘,臣主无差,贵贱无序,甲胄生虮虱,燕雀处帷幄⑬,而兵不休息,而乃始服属臾之貌⑭,恭俭之礼,则必灭抑而不能兴矣。天下安宁,政教和平,百姓肃睦,上下相亲,而乃始立气矜⑮,奋勇力,则必不免于有司之法矣。是故圣人者,能阴能阳,能弱能强;随时而动静,因资而立功;物动而知其反,事萌而察其变;化则为之象⑯,运则为之应。是以终身行而无所困。故事有可行而不可言者,有可言而不可行者,有易为而难成者,有难成而易败者。所谓可行而不可言者,趋舍也^⑰;可言而不可行者,伪诈也;易为而难成者,事也;难成而易败者,名也。此四策也,圣人之所独见而留意也。

【今译】

  猩猩知道过去而无法预见未来,干鹊能预见未来而无法记起过去的事,这是它们的长短优劣的区别。过去苌弘是周王室执掌历数的官员,天地之气、日月运行、风雨变化、律历度数,苌弘他无所不知,然而他却就是不能预见掌握自己的命运,所以最终还是死于非命,被人斩于刀下。苏秦原是一个出门只靠步行的平民百姓,经常是脚蹬草鞋、肩背行囊,周旋游说在诸大国之间,想凭三寸不烂之舌说服诸国采纳他的合纵策略,但最终还是难免车裂的祸害。徐偃王亲自推行实施仁义慈爱,天下朝拜他的国家多达三十二个,然而最终还是身死国亡、子孙灭绝。越国大夫文种,辅佐越王勾践,为越国报仇雪耻,还生擒吴王夫差,使越国的疆域扩大了数千里,但最终还是死在属镂利剑之下。应当讲,这些人都是通晓国家治乱的计谋的,但遗憾的是,他们却不懂怎样保护自己。所以可以这样讲,苌弘是只知天道而不懂人道,苏秦是只懂权谋而不知避祸,徐偃王是只懂仁义而不知时宜,文种是只知尽忠而不知谋退、留生路。而圣人就不是这样,他能分析世上各种事情,权衡这其中的利和弊,然而才决定权谋计策,所以能做到施展开来可以充塞天下而不显得空旷,紧缩起来可以身处窄狭而不显得壅塞。假若到天下荒乱、礼义弃绝、纲纪废弛、以强凌弱、武力征讨、君臣倒置、贵贱无序、甲胄生虱、燕雀处帷幄而兵卒无休息之时才想起实施恭谨俭朴的儒家学说,那么必定会被压抑消灭而不得兴盛。如果天下安定、政教平和、百姓恭顺和睦、君臣王相亲善,在这时你如果显露骄横气焰,展示蛮横暴力,那么也必定难逃法律的制裁。因此,所谓圣人是既能阴又能阳,既能弱又能强,顺随时势而动静,根据资源而行事;同时圣人还能在事物一运动起来就能知道事物的转向,事物稍有萌芽苗子就能察觉事物的变化;变化了的事物,圣人能知道它的变化形象,运动了的事物,圣人有办法应对它。因此圣人是终生顺利而无困窘。所以有些事情是可以做但不能说的,有些事情是可以说但不能做的,有些事情是容易做但难以成功的,有些事情是既难做成又相当容易做坏的。这里所谓有些事情可以做而不可以说的,是指取舍;有些事情可以说而不能做的,是指欺诈;有些事情是容易做但难以成功的,是指事业;有些事情既难做成又相当容易做坏的,是指名声。这四方面的策略,只有圣人有独到的见解并且时刻留意。

【注释】

①猩猩知往而不知来:按原注解释,猩猩能说人话,并能记人的名字,所以是"知往";但猩猩又好饮酒,人们利用这一点诱捕它,猩猩不知饮酒当醉而被捕,所以是"不知来"。 ②干鹊知来而不知往:原注解释为,乾(干)鹊,喜鹊也;喜鹊能给人报喜忧,所以是"知来",但喜鹊每年筑巢的位置都不一样,有时筑的巢很低便于人采而取卵,它似乎会忘记这种事情,所以是"不知往"。 ③修短:长短。 ④苌弘:原注为"苌弘,周宣王之大夫。晋范、中行氏之难(晋国公族内讧),以叛其君也。周刘氏与晋范氏世为婚姻,苌弘事刘文公,故周人助范氏。至敬王二十八年,晋人让周,因为杀苌弘以释之,故曰不能自知,车裂而死"。执数:执掌历数。 ⑤鞎:即"鞇",指柔软的皮革。蹻:草鞋。蠃:原注为"籯囊七",是指箱笼行囊之类的东西。盖:原注为"盖,步盖也",许匡一怀疑"步盖就是护膝"。 ⑥经营:周旋游说他的合纵说。服诺:说服。原注为"苏秦相赵,赵封之为武安君。初带蠃囊,襜步盖,历说万乘之君,合东山之从,利病之势,无所不下,使诸侯服从,无有不服诺者,故曰服诺诸侯"。 ⑦车裂之患:一般认为苏秦是反间计败露后遭齐车裂的。但《史记·苏秦列传》记载是苏秦在齐受到重用后,与苏秦争权的齐大夫指使刺客将苏秦刺成重伤,苏秦临死时建议齐湣王将他处车裂示众,并宣布"苏秦为燕作乱于

齐",以便能逮着刺伤苏秦的刺客。其反间计是在苏秦死后才败露的。 ⑧ 徐偃王:西周穆王时徐国国君。治国时只修仁义而不设武备,诸侯尊为偃王。但在列国纷争之际必须尚武,不可行仁义,所以徐国被楚国所灭。 ⑨ 无类:绝嗣。 ⑩ 大夫种:即文种,越国大夫。辅翼:辅佐。勾践:越王。公元前494年吴国伐越,越国大败,勾践退守会稽山。文种出使吴国求和,挽救了越国,并最终打败吴国。文种功成不退,勾践听信谗言后逼文种自杀。 ⑪ 属镂:宝剑名。原注为"文种佐勾践,报怨于吴王夫差,获千里之地,而越王终已疑之,赐属镂以死"。 ⑫ 窕:空旷。内:通"纳"。是紧缩纳入的意思。寻常:古代八尺为寻,二寻为常,形容窄狭。 ⑬ 生虮虱:原注为"生虮虱,不离体",这"不离体"是指"甲胄"不离体,形容战争持久。"胄"指头盔。燕雀处帷幄:是说到处是军营,燕雀也只能在军帐上筑巢,形容战争造成人烟稀少,田野荒芜。帷幄:军帐。 ⑭ 属臾:恭谨的样子。 ⑮ 气矜:气焰骄横。 ⑯ 象:形象。 ⑰ 趣舍:取舍。

【评析】

本节继续讲圣人"应时而变"的"权变"。因为能权变,所以圣人是"能阴能阳,能弱能强,随时而动静,因资而立功","论世而为之事,权事而为之谋"。也因为"权事而为之谋",所以"事一动",圣人就能"知其反","事一萌",圣人就能"察其变","终身行而无所困"。他根本不可能像苌弘那样只知天道而不知人道,也不可能像苏秦那样只知权谋而不知祸福,更不可能像文种、徐偃王那样只知仁义忠贞而不知变化适宜。

诎寸而伸尺^①,圣人为之;小枉而大直,君子行之。周公有杀弟之累,齐桓有争国之名。^②然而周公以义补缺,桓公以功灭丑,而皆为贤。今以人之小过掩其大美,则天下无圣王贤相矣。故目中有疵,不害于视,不可灼也^③;喉中有病,无害于息,不可凿也。河上之丘冢,不可胜数,犹之为易也④;水激兴波,高下相临,差以寻常,犹之为平⑤。昔者曹子为鲁将兵⑥,三战不胜,亡地千里。使曹子计不顾后,足不旋踵,刎颈于陈中⑦,则终身为破军擒将矣。然而曹子不羞其败,耻死而无功。柯之盟,揄三尺之刃,造桓公之胸⑧,三战所亡,一朝而反之,勇闻于天下,功立于鲁国。管仲辅公子纠而不能遂,不可谓智;遁逃奔走,不死其难,不可谓勇;束缚桎梏⑨,不讳其耻,不可谓贞。当此三行者,布衣弗友,人君弗臣。然而管仲免于累绁之中,立齐国之政,九合诸侯,一匡天下。使管仲出死捐躯,不顾后图,岂有此霸功哉!今人君论其臣也,不计其大功,总其略行,而求其小善,则失贤之数也。⑩故人有厚德,无问其小节;而有大誉,无疵其小故。夫牛蹄之涔不能生鳣鲔⑪,而蜂房不容鹄卵,小形不足以包大体也。夫人之情,莫不有所短。诚其大略是也,虽有小过,不足以为累。若其大略非也,虽有闾里之行⑫,未足大举。夫颜啄聚,梁父之大盗也⑬,而为齐忠臣。段干木,晋国之大驵也⑭,而为文侯师。孟卯妻其嫂,有五子焉,然而相魏,宁其危,解其患。⑮景阳淫酒,被发而御于妇人,威服诸侯。⑯此四人者,皆有所短,然而功名不灭者,其略得也。季襄、陈仲子立节抗行⑰,不入污君之朝,不食乱世之食,遂饿而死,不能存亡接绝者何?小节伸而大略屈。故小谨者无成功,訾行者不容于众⑱;体大者节疏,蹠距者举远⑲。自古及今,五帝三王,未有能全其行者也。故《易》曰:"小过亨,利贞。"⑳言人莫不有过,而不欲其大也。

【今译】

小事委曲、大事伸张,圣人是这样的处事原则;小处可以弯曲,大处必须站直,圣人是这样的行事原则。周公有杀害亲兄弟管蔡的精神负担,齐桓公有和公子纠争夺国政的恶名,但是周公以匡扶周室的正义行为弥补了杀害兄弟的缺憾,齐桓公用称霸天下的功绩抵消了他的丑事恶名,所以两位还都算是圣贤者。假使因为其人有些小的过失而抹杀了他的优点,那么天下就再也难以有圣王和贤相了。所以,眼睛稍有疵点,但只要不妨碍看东西,就不必用火炙烤;咽喉稍有不适,只要不妨碍呼吸,就不必凿开喉管。黄河流域的平原地带,尽管小土丘多得数都数不过来,但这一地带仍不失平坦;水流急得会激起波浪,有时浪头高达数尺之高,但河水仍不失平静。过去曹沫为鲁国带兵打仗,屡战屡败,丢失国土数千里。假使曹沫不作长远打算,不转身往后撤退,拔剑刎颈自杀,那么他就永远是个败军中的败将。然而,曹沫并不为一时的失败而害臊,他所感到的耻辱是不能很好地建立功绩。于是他在后来的齐鲁柯地会盟中,拿着三尺宝剑,逼着齐桓公归还夺走的土地,这样使他在多次战争中丧失的土地于片刻之间便收了回来。他的大智大勇也传遍天下,并为鲁国立下了功绩。管仲辅佐公子纠并不成功,是不能说他聪明的;管仲又在公子纠和小白争权斗争失败后自顾逃命,不能为公子纠而敢于牺牲性命,这就不可以称他为勇敢;管仲在被小白关押期间,并不感到这是耻辱,这就不能称他为贞节。有了这上述三种行为,一般的平民都不愿意与他交朋友。君子更不愿意以他为臣子了。但管仲却能使自己从牢狱中解放出来,并受到齐桓公的重用,执掌了齐国大政,九次会合诸侯,一举匡正天下。假使管仲在当初身处绝境,身陷囹圄之时就献出了生命,不从长计议,那就哪会有以后助桓公称霸天下的功绩!今天如果君王评价他的下属,不考虑他的功绩,不看到他的主要优点,而只是计较他的小节问题,这便是失去贤才的做法。所以其人只要有大德,就不必非议计较他的小节;如果有他的可称赞的地方,就不必对他的不足之处吹毛求疵。牛蹄踩出来的水塘是长不出鱼来的,蜂巢里是容不下鹅蛋的,这说明狭小的东西是容不下大东西的。人之常情是谁人没有短处？如果他的大处主流是好的，即便有些小错误，也不应成为他的累赘。反之如果他的主流大处不好，就是有一些被乡邻称赞的品行，也不值得重用。颜啄聚曾是梁父山中的大盗，但最终却成为齐国的忠臣。段干木原是晋国的一名市侩，后来却成为魏文侯的老师。孟卯娶嫂子为妻，还生下了五个小孩，但后来却做了魏相，替魏国排除了不少危难。景阳一生好饮，沉溺于酒色之中，常蓬头散发混迹于女人群中，但后来却率领楚军救助燕国，声望威震天下。以上这四人，都有着短处和不足，可就是功名留传后世，这是因为他们的好的长处得到了施展。季襄、陈仲子品行高尚，坚守节操、行为清高，不肯混迹于污浊的朝廷，还不肯吃乱世的粮食，结果却活活饿死，不能拯救衰亡的社会，延续将要断绝的宗祀，原因何在？这是因为只注意了小节的保持而将大的才干忽略了。所以在小事上处处谨慎的人是不会有大作为的，而那些专爱对别人吹毛求疵的人也大都不为众人所容；身体魁梧的人骨骼自然大，腿长脚大的人步子也必定大。从古到今，三王五帝，没有哪个是十全十美的。所以《易经》上说："小的过失无伤大体，照样吉利亨通。"是说人没有不犯错误的，只是不要将小错铸成大错就可。

【注释】

① 诎：屈。寸、尺：喻小、大。　② 杀弟之累：原注为"诛管、蔡"，因为通常"管"、"蔡"并举。齐桓：小白，为公子时与兄公子纠出奔，齐襄公死后，公子纠在管仲的帮助下自鲁返国，而小白在鲍叔牙的帮助下抢先自莒入国登上君位，逼鲁杀公子纠、囚管仲。下文说到管仲"束缚桎梏"就是指此。　③ 灼：炙烧。　④ 河：特指黄河。丘冢：小山丘。河上之丘冢：原注为"言河上本非丘垄之处，有易之比犹多，以大言之也，以喻万事多覆于少"，这里是说黄河流域的平原地区，即使丘垄再多，但还总是平坦地为多。易：平。　⑤ 水激兴波，犹之为平：原注为"虽有激波，犹以为平，平者多也。犹橘柚冬生，人曰冬死，死者众也；荞麦夏死，人曰夏生，生者多也"，这里是说河水虽有

激波兴起,但总的说来河水平静的时候多。差以寻常:指浪峰和浪谷之间的差距有"寻常"之远。 ⑥曹子:曹沫,也叫曹刿,春秋时鲁国人。 ⑦陈:阵。 ⑧柯:地名,在今山东阳谷东。揄:执、持、拿。造:逼近。柯之盟:是说齐君和鲁君在柯地相见,曹沫持剑相随,劫持威逼齐君订立盟约,归还曹沫三败所亡之地。 ⑨桎梏:脚镣手铐。 ⑩略行:大的美德、品行。数:这里指做法、方法。 ⑪鳣鲔:原注为"鳣,大鱼,长丈余,细鳞黄首,白身短头,口在腹下。鲔,大鱼,亦长丈余",有人认为"鳣"即鳇鱼或鲤鱼,"鲔"即鲟鱼。牛蹄之涔不能生鳣鲔:是说雨水(涔)落满牛蹄迹中的地方,是不可能生出大鱼来的。 ⑫闾里之行:得到乡里人称赞的行为。 ⑬颜喙聚:人名,春秋齐景公大夫,《晏子春秋·外篇》说颜为齐景公管养鸟雀的事。喙:王念孙认为"喙"当为"啄"。又可作"烛"、"涿"等。梁父:山名,又可称梁甫,在今山东泰安。 ⑭段干木:战国初魏国人。驵:原注为"驵:市侩也",市侩指古代市场上买卖的中间人,即现在说的经纪人。大驵:指市侩这方面的负责人或代表人物。 ⑮孟卯:战国时齐人,为魏臣,有能将危亡局势转变为安宁的本事。《战国策》称"孟卯"为"芒卯",古音孟、芒音同。 ⑯景阳:战国时楚将,曾应燕国之请,率楚军用计救燕国。 ⑰季襄:春秋鲁国人。王念孙认为"襄"为"哀"字之误,即孔子弟子公皙哀,字季次。《史记·仲尼弟子传》记载孔子的话:"天下无行,多为家臣,仕于都。唯季次未尝仕。"《史记·游侠传》又说:"季次、原宪怀,独行君子之德,义不苟合当世,终身空室蓬户,褐衣疏食不厌。"这说法与本书说法相符。陈仲子:春秋齐人,孟子弟子,隐居于於陵,号陵仲子。 ⑱訾:诋毁。訾行者:原注为"好揜人之善,扬人之短"。 ⑲蹢:足。距:大也。 ⑳语见《易·小过》。

【评析】

作者从圣人"能阴能阳,能弱能强",讲到圣人"能屈能伸"。文中的管仲和曹沫就是"能屈能伸"的典范。他们"不羞其败、不讳其耻"——"能屈"方"能伸",做出大事业来,管仲使齐国称霸天下,曹沫为鲁国立下功绩。假设管仲和曹沫不"能屈",一有挫折、耻辱就想不通,拔剑自杀,刚烈尽管刚烈,但能会有这以后的功绩吗?所以这"能屈能伸"就是另一种形式的"权变"。如果,不知"权变",其命运就像季襄和陈仲子,"遂饿而死"。

因为圣人"能阴能阳,能弱能强,能屈能伸",秉有两方面或多方面的特征,所以由圣人来认定评判下属大臣时,就知道不会从一个方面或片面地去看待他们,而是能从多方面或从整体上去看待他们,评判他们,"诚其大略"就行;不会去苛求他们,不会因小疵而对他们弃之不用,也不会因小过而抹杀他们的优处,因为圣人知道人"莫不有短"。"以人之小过而掩其大美,则天下无圣王贤相矣。"只有"计其大功,总其略行",才能纳集天下之贤才。而要做到这点,又需要圣人能在"能阴能阳、能弱能强"中开出大气度来;只有大度、大器才能容下天下之万物。因为圣人同样知道,"蜂房不容鹄卵,小形不足以包大体",牛蹄之涔是生不出鳣鲔来的。

夫尧、舜、汤、武,世主之隆也,齐桓、晋文,五霸之豪英也。①然尧有不慈之名②,舜有卑父之谤③,汤、武有放、弑之事,五伯有暴乱之谋④。是故君子不责备于一人。⑤方正而不以割,廉直而不以切⑥,博通而不以訾,文武而不以责。求于一人则任以人力,自修则以道德。责人以人力,易偿也;自修以道德,难为也。难为则行高矣,易偿则求澹矣。夫夏后氏之璜不能无考,明月之珠不能无颣⑦,然而天下宝之者,何也?其小恶不足妨大美也。今志人之所短,而忘人之所修⑧,而求得其贤乎天下则难矣。夫百里奚之饭牛⑨,伊尹之负鼎⑩,太公之鼓刀⑪,宁戚之商歌⑫,其美有存焉者矣。众人见其位之卑贱,事之污辱,而不知其大略,以为不肖。及其为天子三公,而立为诸侯贤相,乃始信于异众也。⑬夫发于鼎俎之间,出于屠酤之肆,解于累绁之中⑭,兴于牛领之下,洗之以汤沐,祓之以爟火⑮,立之于本朝之上,倚之于三公之位,内不惭于国家,外不愧于诸侯,符势有以内合⑯。故未有功而知其贤者,尧之知舜;功成事立而知其贤者,市人之知舜也。⑰为是释度数而求之于朝肆草莽之中,其失人也必多矣。⑱何则？能效其求,而不知其所以取人也。⑲

【今译】
　　尧、舜、汤、武是君王中的杰出者,齐桓公、晋文公则是春秋五霸中的英豪。然而尧有不慈爱儿子的名声,舜因贬抑父亲而遭人非议,汤和武有放逐、弑君的反叛行为,春秋五霸则要负起以暴力挑起战乱的责任。所以人无完人,君子就不可以对人求全责备。君子端正耿直但不锋芒毕露,有棱有角但不刻薄尖切,博学多才但不嘲讽讥刺,文武双全但不因此苛求别人。他委以别人的任务时是根据其人的能力大小来决定的,而对自己则是以道德修养上来要求的。根据别人的能力来委以任务,别人就容易完成;而要求自己具有道德修养,就不是一件容易的事。难做的事而去做,就显出品行的高尚,容易完成任务,也就使要求得到满足。那夏朝的璜玉是不可能无瑕斑的,就连明亮的夜明珠也不可能无疵点斑痕,但天下人就是十分珍贵它们,为什么呢？因为它们的这些小毛病无损于它们整体的长处和美感。假若老记着别人的缺点而忘记别人的优点长处,要想求得天下贤才是相当难的。过去百里奚喂过牛、伊尹曾做过厨师、姜太公操过屠刀、宁戚为谋官而唱过悲切的歌,但他们身上都有着更美好的品质。但一般性人只看到他们地位低微,又干过不光彩的事,认为他们都是无能之辈而没有看到他们身上的美好品质。而等到他们做了天子的三公,担任了诸侯的贤相时,人们才知道他们与众不同。伊尹实在是从砧板、灶边锅旁发迹的,姜太公是从屠宰场显身的,管仲是从牢狱中解放出来后立下功绩的,百里奚从牛棚中兴起的,在用香汤沐浴洗尽身上的污垢,举行祓除仪式消除身上的晦气后,被提拔到朝廷,封给三公高位,委以重权,对内无愧于国家,对外无愧于诸侯;他们之所以能在卑贱低微时被人看中,是因为他们身上的某些品质的显露正合君王的心意和时代的特征。所以能在尚未显山露水之时就被人发现识别是贤才,尧发现舜就是这种类型;如果等贤人显山露水、建功立业后才被识别是贤才,这就像市民百姓认识舜一样。如果按上面说的贤才大都出自民间、出身低微,我们也就放弃评判识别人才的标准,一头钻到街市小巷、深山野林中去寻找贤人,那会失掉更多的选才机会。为什么呢?这是因为这只是摹仿君王寻找贤才的做法,而不知道选贤才的标准和原则。

【注释】

① 五霸:春秋诸侯国的五位霸主,以秦穆、齐桓、晋文、宋襄、楚庄为五霸。 ② 尧有不慈之名:是说尧将天下传给舜,不传给儿子丹朱,故曰"不慈"。 ③ 舜有卑父之谤:是说舜母死后,舜父瞽叟另娶妻,不爱舜,并欲杀之。舜为天子后便放逐瞽叟,视同庶人平民,故曰:"卑父"。 ④ 放弑之事:是指商汤放逐夏桀于南巢,武王杀纣王于宣室。五伯有暴乱之谋:五伯同"五霸",原注为"齐桓、晋文、宋襄、楚庄、秦穆,德未能纯,皆有争夺之验,故曰有暴乱之谋"。 ⑤ 责备:要求人做得尽善尽美。 ⑥ 廉:通"棱"。 ⑦ 夏后氏:夏朝。璜:半璧玉为"璜"。考:瑕,指"斑点"。明月之珠:宝珠名,能夜晚放光。颣:丝织品上的结头、疵点,引申为瑕疵、缺点。 ⑧ 志:记。修:长。 ⑨ 百里奚:春秋时人,原为虞国大夫,后虞国被消灭,百里奚为陪嫁之臣被送入秦国。百里奚逃往楚国,被楚国捉获,秦穆公闻其贤,用五张羊皮赎回,用为大夫;百里奚助秦穆公成就霸业。 ⑩ 伊尹之负鼎:伊尹欲向商汤陈说政见而没门路,便充当厨师以接近商汤。鼎:古代烹调用的锅。 ⑪ 太公:太公望、姜太公。鼓刀:操刀。是说姜太公曾操刀屠牛于朝歌,后为文王太师,佐武王伐纣。

⑫ 宁戚之商歌：参阅前注。　⑬ 信：知。于：其。异众：异于众，是说和普通人不一样。　⑭ 俎：砧板。鼎俎之间：指从事厨师工作。这里是指伊尹。酤：买卖。肆：市场。这里是指姜太公。累绁：牢狱。这里是指管仲。　⑮ 颔：下巴。这里是指百里奚喂牛。祓：一种消灾祈福的仪式。爟火：祭祀时点燃的火炬，以便祓除不祥。
⑯ 内合：原注为"内合于君"。是说这些卑微人物身上所显示的某些特性正合君王心意，所以被君王重用。　⑰ 市人：指一般人。　⑱ 释：弃。度数：评判识别标准。朝肆草莽：街市乡间。　⑲ 所以取人：即评判识别标准。

【评析】

作者用物理喻伦理，既然"夏后氏之璜不能无考，明月之珠不能无颣"，那么你又有什么必要苛求于人？要求人尽善尽美、十全十美？况且天下实在没有十全十美、尽善尽美的事与人，就连尧舜汤武都有"不慈之名、卑父之谤、放弑之事、暴乱之谋"，更不要说其他人了。所以，落实到识别评判人才这点上，如果只计人之小过，不知人之大略，只"志人之所短，忘人之所长"，就无法觅得天下之贤才。

同时，作者认为，在识别评判人才时，如不以发展的眼光来看待，同样难以觅得天下之贤才，即如果只以"百里奚之饭牛、伊尹之负鼎、太公之鼓刀、宁戚之商歌"而认定他们不过如此，只是无能之辈而已，那就不可能得以选拔任用他们，也就不可能会有他们以后的功绩和伟业。要在百里奚这些人尚未发达显露之时就能识别出他们的与众不同处，这样的"伯乐"才算识别人才的高手，也就像"尧之知舜"，就属此类。这是因为尧本身就是贤才，所以他有可能具有识别贤才的能力。那就是文中所说的"符势有以内合"。反之，如等到百里奚这些人功成事立之后才认为这些人确有与众不同处，这就不能算会识别人才，因为他本身就是平庸市民一个，又如何能识别出贤才来？

夫物之相类者,世主之所乱惑也;嫌疑肖象者,众人之所眩耀。①故狠者类知而非知,愚者类仁而非仁,憨者类勇而非勇。②使人之相去也,若玉之与石,美之与恶③,则论人易矣。夫乱人者,芎䓖之与藁本也④,蛇床之与麋芜也⑤,此皆相似者。故剑工惑剑之似莫邪者,唯欧冶能名其种⑥;玉工眩玉之似碧卢者,唯猗顿不失其情⑦;暗主乱于奸臣小人之疑君子者⑧,唯圣人能见微以知明。故蛇举首尺⑨,而修短可知也;象见其牙,而大小可论也。薛烛庸子,见若狐甲于剑⑩,而利钝识矣。臾儿、易牙,淄、渑之水合者,尝一哈水而甘苦知矣。⑪故圣人之论贤也,见其一行而贤不肖分矣。孔子辞廪丘,终不盗刀钩⑫;许由让天子,终不利封侯⑬。故未尝灼而不敢握火者,见其有所烧也;未尝伤而不敢握刃者,见其有所害也。由此观之,见者可以论未发也,而观小节可以知大体矣。⑭故论人之道,贵则观其所举,富则观其所施,穷则观其所不受,贱则观其所不为,贫则观其所不取。视其更难⑮,以知其勇;动以喜乐,以观其守;委以财货,以论其仁;振以恐惧,以知其节:则人情备矣。

【今译】
　　事物中的相似性,使世上的君王迷惑不解;有些事物彼此酷似、疑惑难明,令一些人眼花缭乱。有些刚愎自用的人,貌似聪明,实际上并不聪明;愚昧的人好像仁慈,实际上并不仁慈;戆头戆脑的人看似勇敢,实际上是鲁莽。假若人与人之间的差别,就像石头和美玉、葵菜和苋菜那样明显,那么识别评判人的优劣就容易得多了。使人迷惑不清的是,好像芎䓖和藁本、蛇床和麋芜,都是那样地相似。所以普通的铸剑工匠都因宝剑像莫邪宝剑而感到困惑,而只有欧冶这样的工匠才能识别出它们的不同种类;普通的玉工又常将一般的玉当成碧卢美玉,而只有专家猗顿才能不混淆它们之间的差别；同样，昏庸的君主也常常把伪装成君子的小人奸臣当成君子，而只有英明的君主才能不被蒙骗，并能从细微的迹象中看清真相。所以根据蛇抬起头的高度，可以推知它的长度；根据象牙的长短，可以推知它的大小。薛地的烛庸氏之子，只要看到爪甲那么长的短剑，就能知道其剑的利钝情况。淄河与渑水混在一起，奕儿和易牙只要尝一口水，便能根据河水的甜苦来分辨出哪是淄河水、哪是渑河水。所以圣人也能根据人的行为表现，知道人的贤与不贤。孔子连廪丘封邑都推辞了，那么据此可以认定孔子不可能会去偷刀钩一类的小玩艺；许由连天子都不要做，据此可以断定许由绝不会稀罕封侯之类的事。所以，不曾被火灼伤的人是不敢去抓火的，是因为他看到过火是会伤人的；不曾被刀剑伤过的人是不敢去抓刀刃的，是因为他看到过刀刃是会伤人的。由此看来，可以从已经知道的现象中推知还未显露发生的事，以观察小节来推知大体。所以识别评判人的方法是：对地位等贵者是观察他怎样兴办事情的，对富有者是观察他怎样施害人家的，对穷困者是观察他不受什么，对卑贱者是观察他不愿意做什么，对贫穷者是观察他不拿取他人的什么。将他处于危难的时候，就能观察到他的勇气如何；用他喜好的东西去打动他，就能观察到他的操行如何；将货物钱财交付给他，就能观察到他的仁爱如何；用恐惧的事物来触动他，就能观察到他的气节如何；这样从多方面来对一个人的反复观察考查，就能知道这个人的大概情况了。

【注释】

① 嫌疑：疑惑难明。肖象：相似、酷似。　② 狠者：专横、刚愎自用的人。知：智。愚者：原注为"愚者不能断割，有似于仁，非真仁也"。戆者：原注为"戆者不知畏危难，有似于勇，非真勇"。　③ 美之与恶：王念孙认为"美之与恶"，本作"葵之与苋"。　④ 芎䓖：草本植物，全草有香气，根茎可入药。藁本：香草名，根茎可入药。　⑤ 蛇床：草本植物，其实（蛇床子）可入药。麋芜：蘼芜。《本草纲目》说此

草"茎叶靡弱繁芜"故名。　⑥莫邪：古宝剑名。传说春秋吴国冶匠之妻莫邪以身投炉中铸成此剑，故曰"莫邪"。欧冶：古代著名冶匠。　⑦碧卢：美玉名。猗顿：原注为"鲁之富人，能知玉理"，猗顿以经营盐业等致富，和陶朱公齐名。　⑧疑：通"拟"。　⑨尺：尺寸、高度。　⑩薛：地名，齐国邑名。烛庸子：薛人，通晓利剑鉴别术。狐甲：狐之爪甲，形容剑短小。　⑪臾儿、易牙：皆为古代知味者。淄渑：齐地二水名，传说二水味道各异，一有苦味，一有甜味，合在一起难以分辨。哈：用嘴尝一口。　⑫廪丘：地名，春秋齐邑，在今山东郓城西北。原注为"齐景公养孔子，以言未见从，道未得行，不欲虚禄，辞而不受，故不复利人刀钩"，是说孔子因"言"未被采纳，所以不愿凭空享受齐景公的廪丘之封。终：必定。刀钩：相对封地来说，是指一些不值钱的东西。　⑬许由：原注为"许由，隐者，阳城人。尧欲以天下与之，洗耳而不就，故曰不利于封侯"，是说许由连天子都不想做，区区封侯，必无利之之理。　⑭可：何宁认为当为"足"，即"观小节足以知大体矣"。　⑮更：处，《文子·上义篇》作"视其所处难"。

【评析】

本节作者紧承上节，提出知人及知人方法。认为如同芎藭与藁本、蛇床与麋芜相似难辨一样，人也嫌疑肖象，难以识别，所以会有人将小人认定为君子的现象出现。但难辨不等于不能辨别，还是可以从某些细微迹象中识别出人之优劣来的，这就像能从"蛇举首尺而修短可知，象见其牙而大小可知"一样，圣人论贤是"见其一行而贤不肖分矣"。

那么，怎样叫"见其一行"而知贤与不贤呢？作者具体分析道：孔子连廪丘之封都推辞掉，那么你说他偷盗刀钩之类的东西，谁会相信？也即说明孔子根本不可能是位盗贼。同样，许由连天子皇帝都不想做，你说他对封侯感兴趣，谁会相信？也即说明许由对封侯之利不屑一顾，是位贤者。这就叫"见其一行而贤不肖分矣"。与之并行的知人方法是"观小节足以知大体"，那就是"贵则观其所举，富则观其所施，穷则观其所不受,贱则观其所不为,贫则观其所不取"……从多方面对人观察考查,就能大致上掌握一个人的总体情况了。

古之善赏者,费少而劝众①;善罚者,刑省而奸禁;善予者,用约而为德;善取者,入多而无怨。赵襄子围于晋阳,罢围而赏有功者五人,高赫为赏首。②左右曰:"晋阳之难,赫无大功,今为赏首,何也?"襄子曰:"晋阳之围,寡人社稷危,国家殆,群臣无不有骄侮之心,唯赫不失君臣之礼。"故赏一人而天下为忠之臣者莫不终忠于其君③,此赏少而劝善者众也。齐威王设大鼎于庭中,而数无盐令④曰:"子之誉,日闻吾耳。察子之事,田野芜,仓廪虚,囹圄实。⑤子以奸事我者也。"乃烹之。齐以此三十二岁道路不拾遗。此刑省奸禁者也。秦穆公出游而车败,右服失马⑥,野人得之。穆公追而及之岐山之阳,野人方屠而食之。穆公曰:"夫食骏马之肉,而不还饮酒者,伤人。⑦吾恐其伤汝等。"遍饮而去之。处一年,与晋惠公为韩之战⑧,晋师围穆公之车,梁由靡扣穆公之骖,获之。⑨食马肉者三百余人,皆出死为穆公战于车下,遂克晋,虏惠公以归。此用约而为德者也。齐桓公将欲征伐,甲兵不足,令有重罪者出犀甲一戟⑩,有轻罪者赎以金分⑪,讼而不胜者出一束箭⑫。百姓皆说,乃矫箭为矢,铸金而为刃⑬,以伐不义而征无道,遂霸天下。此入多而无怨者也。故圣人因民之所喜而劝善,因民之所恶而禁奸,故赏一人而天下誉之,罚一人而天下畏之。故至赏不费,至刑不滥。孔子诛少正卯而鲁国之邪塞,子产诛邓析而郑国之奸禁⑭,以近谕远,以小知大也。

故圣人守约而治广者,此之谓也。

【今译】

　　古代善于奖赏的君王,花费少但激励的人多;善于惩罚的君王,刑罚简省而能禁止奸邪;善于赐予的君王,费用不多而感受恩德的人多;善于获取的君王,收得多而没有人怨恨。赵襄子被围困在晋阳城内,突破包围后赏赐五位有功之臣,第一位就是高赫。身边的人说:"晋阳危难之时,高赫并没有立下什么大功,现在他却奖赏得最多,为什么?"赵襄子说:"晋阳之危难的时候,国家、社稷处在危险关头,大臣们无不对我流露出骄纵轻侮之意,而只有高赫仍然不失君臣之礼节。"所以赵襄子赏赐高赫,就是要使他手下的大臣无不对他们的君王尽忠到底。这就是叫奖赏少数、激励多数。齐威王在厅堂前摆了一只大鼎,列举数落无盐县令的罪状:"称赞你政绩的好话每天都能传到我的耳朵里,但去视察你的政绩却见到田野荒芜、仓廪空虚,而监狱牢房人满为患。你这是在用奸诈之术欺骗我。"于是下令烹了无盐县令。这样使齐国在以后的三十二年中真的是"路不拾遗",社会清平安定。这就是叫刑罚简省而奸邪禁绝。秦穆公外出游玩,马车坏了,右边的服马挣脱了缰绳跑了,被山里人捉去。穆公带人随后追到岐山南边,山里人正把那匹马杀了煮着吃。穆公对他们说:"吃这种骏马的肉,如果不喝酒,是会伤身子的。我特地赶来告诉你们是怕你们吃伤了身体。"说完就让随从人员拿酒给他们一一喝过以后才离开。过了一年,秦穆公和晋惠公在韩源交战,晋军包围了穆公的指挥车,晋国大夫梁由靡已经牵住了穆公指挥车两边的马,正要活捉秦穆公。这时,去年吃穆公骏马的一伙人率着三百多号人,都冒死为保卫秦穆公而在指挥车周围拼杀,终于战胜了晋军,保卫了秦穆公并俘虏了晋惠公凯旋而归。这真可谓是费用不多而得到的回报却不少。齐桓公准备出兵征伐诸侯中的叛乱者,但一时铠甲兵器不足,于是发布命令,让犯重罪的人每人出一副犀牛皮铠甲和一支戟抵罪,让犯轻罪的人按犯罪轻重程度拿出不同分量的铜铁赎罪,而让输了官司的人出一束箭。这一命令发布后,百姓们都很高兴，纷纷将箭竹加工成箭，将铜铁熔化后铸成各种兵器；齐桓公就用这些武器征讨了不义之君和无道之国，终于称霸了天下。这就是叫征收得多却没有人怨恨。所以英明的君主是根据民众的喜好来劝他们向善从善的，依据民众的憎恨来禁绝奸邪的，所以能奖赏一人而天下人都称赞、惩罚一人而天下人都惧怕。所以说最有效的赏赐是不浪费的，最有效的惩罚是不泛滥的。这就是我们看到的，孔子杀少正卯而堵塞了鲁国的歪门邪道，子产杀邓析而禁绝了郑国的奸邪活动；他们都能够由近喻远、由小知大。所以圣人是掌握要领持守简约，但却能收到广泛的效果，说的就是这个道理。

【注释】

①劝：勉励、激励。 ②赵襄子：春秋末晋国国卿。晋阳：古邑名。"赵襄子围于晋阳"之事，前已有注。高赫：赵襄子臣。赏首：最高的奖赏。 ③终：尽。终忠：尽忠到底。 ④齐威王：战国齐国君。数：数落、列举过错。无盐：地名，战国齐邑。在今山东东平县东。 ⑤仓廪：储存粮食的仓库。囹圄：监狱。 ⑥车败：车坏。右服：四马拉的车，中间的两匹叫服，旁边的两匹叫骖。右服是指居中两匹中靠右侧的那匹马。失：通"佚"，逃走。 ⑦还：通"旋"，"随即"的意思。 ⑧晋惠公：春秋晋国君。韩：地名。韩之战：即秦晋韩原之战。原注为"晋惠公夷吾倍秦纳己之赂，秦兴兵伐晋，战于晋地韩原也"。 ⑨梁由靡：晋大夫。扣：原注为"扣犹牵"；一曰用环套住或拢住也叫"扣"。获："获"字上脱"将"字。 ⑩犀甲：用犀牛皮做成的铠甲。戟：古兵器，可直刺也可横击，合戈矛为一体。 ⑪以金分：以罪行的轻重，定出不同的赎金。 ⑫一束箭：古代以十二支箭为一束。 ⑬矫：纠正、使直。箭：专门用来做箭竿的竹子，如会稽山出产的箭竹。矢：箭。刃：原注为"刃，五刃也，刀、剑、矛、戟、矢也"。 ⑭少正卯：春秋鲁国人。孔子任鲁司寇，以乱政罪诛杀少正卯。子产：春秋郑国人，在郑简公、定公、献公数朝执掌国政。邓析：春秋郑国人，春秋末期的名家，善辩说，创办过私学，宣传法治，并作

《竹刑》,相传为子产所杀。子产杀邓析后仍用其《竹刑》。

【评析】

以上作者讲到圣人君主如何识人知人,这里作者讲到圣人君主如何用人处事。作者先以赵襄子、齐威王二位君主的用人处事之事例来说明会用人处事就能做到"赏一人而天下誉之,罚一人而天下畏之",即所谓"至赏不费、至刑不滥"。然后又以秦穆公、齐桓公二位君主根据"民之所喜"和"民之所恶"的具体情况处理问题来说明会用人处事就能做到"用约而为德,入多而无怨"。最后总结说,如果圣人君主会用人处事,就能做到"善赏者,费少而劝众;善罚者,刑省而奸禁;善予者,用约而为德;善取者,入多而无怨"。

天下莫易于为善,而莫难于为不善也。①所谓为善者,静而无为也;所谓为不善者,躁而多欲也。适情辞余②,无所诱惑,循性保真,无变于己,故曰为善易。越城郭,逾险塞,奸符节,盗管金,篡弑矫诬③,非人之性也,故曰为不善难。今人所以犯囹圄之罪而陷于刑戮之患者,由嗜欲无厌,不循度量之故也。何以知其然?天下县④官法曰:"发墓者诛,窃盗者刑。"此执政之所司也。夫法令者罔其奸邪,勒率随其踪迹⑤,无愚夫蠢妇皆知为奸之无脱也,犯禁之不得免也。然而不材子不胜其欲,蒙死亡之罪,而被刑戮之羞。然而立秋之后⑥,司寇之徒继踵于门,而死市之人血流于路⑦。何则?惑于财利之得而蔽于死亡之患也。夫今陈卒设兵⑧,两军相当,将施令曰:"斩首拜爵,而曲挠者要斩。"⑨然而队阶之卒皆不能前遂斩首之功⑩,而后被要斩之罪,是去恐死而就必死也⑪。故利害之反,祸福之接,不可不审也。

【今译】

天下没有比做善事更容易的了，而做坏事却很难。所谓做善事，只要清静无为便能做到；所谓做坏事，是说躁动而多欲。性情安适，去除多余的欲望，不受诱惑，依循本性，保存纯真，不让自己变异，就能为善，所以说做善事容易。而做坏事要翻越城墙，穿过险要的关卡，偷盗符节、印章、钥匙，又要篡位杀人、伪托君命、编造谎言，这些事情都不是人的本性，所以说做坏事也不易。现在有人之所以会被关押或蒙受刑罚的磨难，是因为这些人欲望无限膨胀、不知节制的缘故。怎么知道是这样呢？天下颁布的国法是："盗墓的处死，偷盗的判刑。"这些是执法的范围。这法令针对着奸邪之徒，法网随时追寻着这些奸邪之徒的踪迹，即使是愚昧的男女都懂得触犯刑法是逃脱不了法律制裁的，违反禁令是不能免除惩罚的。但就有一些不成器的人，无法克制自己的欲望，冒着有可能被判死罪的危险去干坏事，最终还是受到了法律的严惩，蒙受刑罚的耻辱。因而每年在立秋以后，司法机关执法人员会接连不断地来到牢房提取死囚，将其处死，以致使被处死的人血流满地。为什么会有这样的情况呢？这是因为这些死囚被利欲之心冲昏头脑，因而看不到死亡的祸患正等着他呢！现在假设战场上两军对阵，两方将交战，将领于是下军令："冲上前去斩下敌首的授予爵位，后退逃跑的腰斩。"但是阵营中的士兵都不冲锋前进争立斩敌首的功劳，却后退蒙受腰斩的惩处，这是害怕冲上前去被敌人杀死，却往往忽视违反军法也是要处死这点。所以说利和害是相反相成的，祸与福是互相承接的，这个道理不能不弄清楚啊！

【注释】

① 原注为"为善，静身无欲，信仁而已，顺其天性，故易。为不善，贪欲无厌，毁人自成，戾其天性故难也。"　② 辞余：推辞抛弃本性之外的需求。　③ 奸：盗。符节：古代朝廷用作凭证的信物。管：锁匙。金："玺"字之误，指官印。矫诬：伪托君命、编造谎言。　④ 县：通"悬"，悬挂，指颁布法令。　⑤ 者：王念孙认为是衍文。罔：网。

勒率：这里也指"法网"。《说文·革部》说："勒，马头络衔也"；《说文·率部》又说："率，捕鸟毕也。"这里引申为法网。　⑥然而：王念孙认为是衍文。　⑦继踵：接连不断。死市：死于街市。　⑧夫今：今夫。陈：阵。　⑨拜爵：授予爵位。要斩：腰斩。　⑩队阶：队伯。《通典·兵一》引司马穰苴曰"五人为伍，十伍为队"，二队为伯。故"队阶"为"队伯"，指部队的一种编制。　⑪后：后退。恐死：怕死。

【评析】

作者由知人用人深入到叙述人的自知。认为人要自知自己的本性，即人的本性应是"适情辞余，循性保真，无变于己"；反之如人"躁而多欲"，做出"越城郭、逾险塞、奸符节、盗管金、篡弑矫诬"等事，那就不是人之本性。这些违反人之本性的事，看似是获得了利益好处，但实际上是给自己带来了灾难祸害，"惑于财利之得而蔽于死亡之患"。但人就是嗜欲无厌，为了财利而敢冒死亡之罪，最终导致"犯囹圄之罪而陷于刑戮之患"。对于这些人来说，就是不知人之本性是什么，同样也是不懂得"利害之反"（看似是"利"，实际上是"害"）、"祸福之接"（看似是"福"，实际上是"祸"）的哲学道理。

事或欲之，适足以失之；或避之，适足以就之。楚人有乘船而遇大风者，波至而自投于水。①非不贪生而畏死也，惑于恐死而反忘生也。故人之嗜欲，亦犹此也。齐人有盗金者，当市繁之时，至，掇而走。②勒问其故曰："而盗金于市中③，何也？"对曰："吾不见人，徒见金耳！"志所欲，则忘其为矣。是故圣人审动静之变，而适受与之度；理好憎之情，和喜怒之节。夫动静得，则患弗过也；受与适，则罪弗累也；好憎理，则忧弗近也；喜怒节，则怨弗犯也。故达道之人,不苟得,不让福;其有弗弃,非其有弗索;常满而不溢,恒虚而易足。今夫霤水足以溢壶榼④,而江、河不能实满卮⑤,故人心犹是也。自当以道术度量,食充虚,衣御寒,则足以养七尺之形矣;若无道术度量而以自俭约,则万乘之势不足以为尊,天下之富不足以为乐矣。⑥孙叔敖三去令尹而无忧色,爵禄不能累也;荆佽非两蛟夹绕其船而志不动,怪物不能惊也。圣人心平志易⑦,精神内守,物莫足以惑之。

【今译】
　　事情有时就是这样,你本想得到它,但恰恰因此而失去了它;有时你想避开它,但恰恰因此而碰到了它。楚国有个人在乘船过江时遇上了大风,波涛汹涌,此人十分惊恐,为了避开劈头打来的浪头竟自己跳入了江中。他并不是不贪生和怕死,但在一时怕死的念头冲昏头脑时反而忘了怎样活命这一点。所以说人的嗜欲也如同这样。有个齐国人偷金子,在街市正繁华热闹的时候,看到金子拿着就走,被捉住后问他:"你怎么敢在集市里偷金子?"那人回答说:"我没看到人,只看到金子。"这正是满脑子里装的都是自己想要的东西,而忘了自己到底是什么和在干什么。所以圣人是明察动与静的变化,恰如其分地掌握接受和给予的分寸,理顺爱与憎的情感,调和喜与怒的情绪使之有节制。如果动静得当,祸患就不会降临;接受和给予适度,罪孽就不会来纠缠;爱憎理顺,忧虑就不会产生;喜怒节制,怨恨就不会侵犯。所以通达于道的人,是不随随便便捞取好处的,也不会无故推辞应得的福利;自己该有的不放弃,不该有的不索取;这样永远充实而不溢出,恒常虚空而易满足。因为有满足感,所以屋檐漏下的水就足够装满盆盂酒壶;因为没有满足感,所以就是有江河之水也不足以装满盆盂酒杯。人心就是这样。人并要自觉地用道术来衡量:只求吃饱穿暖就足以怡养你的七尺之躯了;反过来说,你如不用道术来衡量、检束自己,那么即使给你万乘之国的权势,你也会嫌不尊贵;即使给你天下所有的财富,你也不会感到高兴。孙叔敖三次失去令尹的官职而没有忧伤的神色,这是因为爵禄不能拖累他;荆伙非在两蛟龙挟持缠绕他所坐的船的危急情况下,神志不动摇,这是因为怪物不能吓倒他。所以圣人是心志平静,精神内守,外物不能惑乱他的神志。

【注释】

①波至:王念孙认为"波至而"下应加上"恐"字,即"波至而恐,自投于水"。 ②掇:拿取。 ③勒:抓住,"勒"本指马络头,引申为逮住。而:尔、你。 ④霤:屋檐。壶榼:古代盛水或盛酒的器具。 ⑤卮:酒器。 ⑥俭:向宗鲁认为"俭"当为"检",谓不以道术度量检束其身心,则虽为天子,犹不知足也。易:平。

【评析】

因为"利害之反,祸福之接",所以很多事情是"或欲之,适足以失之;或避之,适足以就之",也即是说你想得到它,但恰恰因此使你失去它,你想避开它,但恰恰因此使你碰上了它。那么,人又是如何去把握这种情况呢?除了应"顺时而变"外,还要向内用功,"圣人审动静之变,而适受与之度;理好憎之情,和喜怒之节"。只有"动静得"、"受与适"、"好憎理"、"喜怒节",才能使"患弗过"、"罪弗累"、"忧弗近"、"怨弗犯",也就能在利与害、祸与福这二极中保持平衡和平静。

与此同时,作者还认为对这种"利害之反,祸福之接"的情况的把握,还需人自身要有满足感,心志平易、精神内守,不为功名利禄所诱惑,不刻意追求,索取那些不该你所有的东西,这样也就能避免出现当要获取之际,恰恰又是受伤害之时的情况。

夫醉者,俯入城门,以为七尺之闺也①;超江、淮,以为寻常之沟也:酒浊其神也。怯者,夜见立表,以为鬼也②;见寝石,以为虎也③:惧掩其气也④。又况无天地之怪物乎!⑤夫雌雄相接,阴阳相薄,羽者为雏鷇⑥,毛者为驹犊⑦,

柔者为皮肉,坚者为齿角,人弗怪也;水生蚖蜃⑧,山生金玉,人弗怪也;老槐生火,久血为磷⑨,人弗怪也。山出枭阳,水生罔象,木生毕方,井生坟羊⑩,人怪之,闻见鲜而识物浅也。天下之怪物,圣人之所独见⑪;利害之反覆,知者之所独明达也;同异嫌疑者,世俗之所眩惑也。

夫见不可布于海内,闻不可明于百姓⑫,是故因鬼神机祥而为之立禁,总形推类而为之变象⑬。何以知其然也?世俗言曰:"飨大高者而彘为上牲⑭,葬死人者裘不可以藏⑮,相戏以刃者太祖軵其肘⑯,枕户橉而卧者鬼神蹠其首⑰。"此皆不著于法令,而圣人之所不口传也。⑱夫飨大高而彘为上牲者:非彘能贤于野兽麋鹿也,而神明独飨之。何也?以为彘者家人所常畜而易得之物也,故因其便以尊之。裘不可以藏者:非能具绨绵曼帛温暖于身也⑲,世以为裘者难得贵贾之物也,而不可传于后世⑳,无益于死者,而足以养生,故因其资以詟之㉑。相戏以刃太祖軵其肘者:夫以刃相戏,必为过失,过失相伤,其患必大,无涉血之仇争忿斗㉒,而以小事自内于刑戮㉓,愚者所不知忌也,故因太祖以累其心㉔。枕户橉而卧,鬼神履其首者:使鬼神能玄化,则不待户牖之行㉕,若循虚而出入,则亦无能履也㉖。夫户牖者,风气之所从往来,而风气者,阴阳相捔者也,离者必病㉗,故托鬼神以伸诫之也。凡此之属,皆不可胜著于书策竹帛而藏于官府者也,故以机祥明之,为愚者之不知其害,乃借鬼神之威以声其教,所由来者远矣。而愚者以为机祥,而狠者以为非。㉘唯有道者能通其志。今世之祭井灶、门户、箕帚、臼杵者㉙,非以其神为能飨之也,恃赖其德,烦苦之无已也。是故以时见其德，所以不忘其功也。触石而出，肤寸而合㉚，不崇朝而雨天下者，唯太山；赤地三年而不绝流，泽及百里而润草木者，唯江、河也：是以天子秩而祭之㉛。故马免人于难者，其死也葬之；牛其死也，葬以大车为荐。㉜牛马有功，犹不可忘，又况人乎！此圣人所以重仁袭恩。㉝故炎帝于火，死而为灶㉞；禹劳天下，死而为社㉟；后稷作稼穑，死而为稷㊱；羿除天下之害，死而为宗布㊲。此鬼神之所以立。

【今译】

　　喝醉酒的人，会低着头走进城门，他还以为走进了七尺高的房门呢！而渡过长江淮河，他还以为是过一条几尺宽的小水沟呢！这些表现都因为他醉得不省人事而造成的。胆小的人，晚上看见立着的圭表，还以为是鬼；看见地上躺着的石头，还以为是老虎。这些都因为恐惧吓散了他的魂魄，何况这种人真的碰上天地间的怪物呢！雌雄相配、阴阳交迫，羽翼类的生成雏鸡、小鸟，毛类的生成驹犊，柔软的是皮肉，坚硬的是齿角，这些人们见了并不感到奇怪；老槐树会发天火，人死后血气会发出磷光，这些人们见了也不感到奇怪。但山里出现山精夔阳，水中出现水精罔象，树木中产生木精毕方，井里生出土精坟羊，人们就会感到奇怪了，这是因为平时看得少、听得少，对这方面事物的认识比较浅薄。天下的怪异之事物，只有圣人能认识；利害之间的转化，只有聪明的智者能看透。而那些似同似异，难以分辨清楚的事物，真把世俗的平庸人给弄糊涂了。

　　在这个社会中，有些事情不便公布于海内外，有些消息对老百姓来说又不是十分明确，因此就借助于鬼神吉凶祸福等迷信的观念来定出种种禁戒，并汇合各种情形，加以类推，为民众提供解释现象、传闻的征兆依据。怎么知道是这样呢？例如世俗社会说："祭祀祖先神灵的牺牲，猪是上等的祭品；安葬死者时不可将裘皮随着陪葬；拿着兵器刀剑嬉戏打闹，祖宗神灵会推拉开他的臂肘；枕着门槛睡觉，鬼神会踩他的脑袋。"这些说法在法令中都没有记载，但在圣人间倒有口传。祭祀祖先神灵以猪为上等祭品：并不是说猪就一定比麋鹿之类要好，但神明偏偏享用它，这是为什么呢？原因在于猪这样的牲畜为一般人家普遍饲养，并容易得到，所以是因其方便易得而提高了猪的尊贵地位。同样，裘皮不可以随死者埋葬于地下，并不是它没有丝绵帛绢那样的保暖性，而是世人认为裘皮是难以得到的昂贵物品，可以世代相传，它对死者毫无益处，倒可以用来给生者保养身体，所以根据它的作用而订出忌讳它作随葬衣服。拿着兵器刀剑嬉戏打闹，祖宗神灵会推开他的臂肘：这是因为拿着兵器刀剑嬉戏打闹，难免失手伤人，因失手而互相伤害，这样的祸患就大了；再加上双方都无血海深仇而要争斗，只因闹着玩这样的小事而陷于刑杀之中，实在不应该。而愚昧的人却不懂这个道理，不忌讳这种事，于是就搬出祖宗神灵来吓唬他们，让他们有所禁忌。枕着门槛睡觉，鬼神会踩他的脑袋：假若鬼神能变化莫测，那它就不必一定要通过门窗而进来；如果鬼神是循空虚而入，也就不会踩着门槛上的你。那么为什么要订出这样的忌讳呢？这是因为门窗过道是风所通过的必由之路，而风又是阴阳激荡冲突的，遭门风吹袭就要生病，所以人们借助鬼神踩头的说法来达到告诫的目的。凡此种种说法，当然不可能载入法典书策而收藏在官府之中，所以利用吉凶观念来解释它们，为的是愚昧的人不知道这些事情的危害性，于是借助鬼神的威严神圣来达到宣传教育的目的，实际上这种做法由来已久。而愚昧的人却又以为真有鬼神致吉凶福祸的事，那些根本不信鬼神的人又认定这是假的而加以否定。只有得道的人才能了解它的意义。如今世上人们祭祀井神、灶神、畚箕扫帚神、门户神、杵臼神等，并不是这些神真能享受到祭祀，只是平时过日子的人们每天要没完没了地麻烦辛苦它们，所以碰到过年过节，人们就会感念它们的好处，用这种祭祀的方式来表示不忘它们的功德而已。高山地带的空气接触冰凉的岩石就会凝成水珠，并形成云气产生雨带，用不了多少时间这雨就会降临大地，这种情况只有像泰山这样的高山地带才会发生；大旱三年都不会断流，泽水灌溉百里滋润着大地草木，这只有长江、黄河才能做到这点，所以天子将天下的山川都列入祭祀范围。按照这种观念，凡在危难中挽救过主人的战马，其死后人们就用被褥蒙裹后埋入地下；同样，耕牛一生为人们勤劳耕作，所以牛死后人们用大车拖着掩埋掉。牛马有功劳，人们尚且能不忘怀，更何况人本身呢！这就是圣人为什么要人注重仁爱恩德的原因。炎帝因教会人们使用火，所以他死后被尊为灶神；大禹为天下操劳，所以他死后被尊为土地神；后稷因教会人们种庄稼，所以他死后被尊为谷神；羿为人们除掉了害人精，所以他死后被尊为宗布神。以上这些便是产生鬼神观念的原因。

【注释】

①俯：低头。闱：小门。　②表：用以测量日影记时的圭表。　③以石为虎：汉名将李广出巡时见草丛之石，以为是虎，射而中矢没箭头；走近一看，方知是石。　④掩：夺。　⑤无：向宗鲁认为"无"当为"夫"。　⑥鷇：需母哺食的幼鸟。　⑦驹：小马。犊：小牛。　⑧蛈：同"蚌"。《说林训》注："蛈，大哈"。蜃：蛤蜊。　⑨磷：磷火，是由尸体腐烂时分解的磷化氢自燃形成。　⑩枭阳：原注为"枭阳，山精也。人形，长大，面黑色，身有毛，足反踵，见人而笑"，又记为"枭羊"。罔象：原注为"水之精也"。《法苑珠林》引夏鼎志："网象如三岁儿，赤目，黑色，大耳，长臂，赤爪，索缚则可得食。""罔"同"网"。"罔"又作"蝄(蜽)"。毕方：原注为"木之精也。状如鸟，青色，赤脚，一足，不食五谷"。坟羊：原注为"土之精也。鲁季子穿井(挖井)，获土缶，其中有羊，是也"。　⑪天下之怪物：何宁认为应是"天地之怪物"，这样才能与上文"又况夫天地之怪物"相应。　⑫见、闻：指上述一些怪异现象。　⑬祲祥：吉凶。禁：禁戒。总形：汇合各种情形。推类：类推。变：通"辨"，说明，解释。　⑭袷：祭祀名，即集祖先祖宗的神灵于太庙合祭。大高：原注为"祖也。一曰上帝"。豨：猪。牲：祭祀用的家畜。　⑮藏：指死者穿着裘皮衣随葬埋下。　⑯相戏以刃：以兵器刀刃嬉戏打闹。太祖：指祖宗神灵。扐：推拉。

⑰ 户橉：门槛。蹠：踩。　⑱ 不：向宗鲁认为："'不'字衍文。谓世俗之言，虽不著于法令，而含义甚深，乃圣人之所口传也。观下文可知。"　⑲ 藏：刘文典认为"藏"即"葬"字之或体。《说文》"葬"篆说解"臧也。""臧"当为"藏"。绨：粗厚平滑有光泽的丝织品。绵：丝绵。杨树达认为"绵"当为"锦"。曼帛：细帛。杨树达认为"曼"假为"缦"。《说文》："缦，缯无文也。"　⑳ 贾：同"价"。不：王念孙认为是衍文。许匡一"疑此'不'字即'非不能'的'不'误置于此"（《淮南子全译》）。㉑ 耆：原注为"忌也"。"耆"有畏惧义，引申出"禁忌"。　㉒ 涉：涉及。血之仇：是说血海深仇。　㉓ 内：通"纳"，指陷入。　㉔ 累：原注为"恐"，恐吓、吓唬的意思。　㉕ 之：王念孙认为当为"而"。㉖ 虚：原注为"孔窍也"。无能履：庄逵吉认为"无'能'字"。㉗ 拘：抵触，冲突。离：遭受。　㉘ 狠者：指根本不信鬼神的人。㉙ 今世：指汉代。箕：畚箕。臼：舂米谷的器具。杵：舂米谷用的棒槌。　㉚ 出：云气产生。合：指云聚合产生雨带。肤寸："肤"也可作"扶"。肤寸为古代长度单位，四指宽为肤（扶），一指宽为寸。这里"肤寸"比喻极薄且小。崇：终。崇朝：终朝，指天亮到早饭一段时间。雨：降雨。太山：泰山。这里指像泰山一样的高山。　㉛ 秩：次序、品级。指纳入天子祭祀之列。　㉜ 《意林》引此文作"马免人于难者，死，葬之以盖，蒙之以衾；牛有德于人者，死，葬之以大车"。译文据此译出。　㉝ 袭：重。　㉞ 炎帝：原注为"炎帝神农，以火德王天下，死托祀于灶神"。　㉟ 禹：原注为"劳天下，谓治水之功也。托祀于后土之神。"　㊱ 稼穑：种曰稼，敛曰穑。稷：谷神。　㊲ 羿：此羿是指尧时的羿，而非有穷后羿。原注为"羿，古之诸侯。河伯溺杀人，羿射其左目，风伯坏人屋室，羿射中其膝。又诛九婴、窫窳之属，有功于天下，故死托祀于宗布"。宗布：孙诒让认为"宗布"是一种禳除灾害的祭祀活动。译文中将此译作"宗布神"。

【评析】

本节作者分析了鬼神观念产生的根源，认为形成鬼神观念的原因有以下几种：其一，当人们神志有问题时容易产生鬼神观念。那就是"醉者俯入城门，以为七尺之闺也"，那么"怯者夜见立表，以为鬼也"。其二，由于人们少见多怪的这种认识观念而造成鬼神观念的形成，即"山出枭阳，水生罔象，木生毕方，井生坟羊，人怪之，闻见鲜而识物浅也"。其三，由于人"托鬼神以伸诫"，所以会有"枕户橉而卧者鬼神蹠其首"这样的鬼神观念。其四，鬼神产生于人们的报答功德观念，那就是"炎帝于火，死而为灶；禹劳天下，死而为社；后稷作稼穑，死而为稷；羿除天下之害，死而为宗布，此鬼神之所以立"。同样，灶神、门神等被人们秩而祭之，也是为了表达一种"不忘其功"的感情而已。

  作者在对上述鬼神观念形成原因的分析过程中，始终贯彻了一种对鬼神既不像患者那样盲目迷信，也不像"狠者"那样简单否定的态度，所以使他得出的结论显得较为合理。同时，作者在文中还对那些彻底的有神论者提出了诘难，那就是既然鬼神有"玄化"的能力，能"循虚而出入"那么就没有必要从门窗出入，即使从门窗出入，鬼神的"循虚"，也必定不会踩着门槛上的人，所以有神论者提出的"枕户橉而卧者鬼神蹠其首"，实在是一种"托鬼神以伸诫"，"借鬼神之威以声其教"而已。如此，谁要是真的"以为鬼神机祥"，那才真的是"愚者"呢！

  北楚有任侠者①，其子孙数谏而止之，不听也。县有贼，大搜其庐，事果发觉②，夜惊而走。追，道及之，其所施德者皆为之战，得免而遂反，语其子曰："汝数止吾为侠。今有难，果赖而免身。而谏我，不可用也。"知所以免于难，而不知所以无难。论事如此，岂不惑哉！宋人有嫁子者③，告其子曰："嫁未必成也。有如出④，不可不私藏。私藏而富，其于以复嫁易。"其子听父之计，窃而藏之。若公知其盗也，逐而去之。其父不自非也，而反得其计。知为出藏财，而不知藏财所以出也。为论如此，岂不勃哉！⑤今夫僦载者⑥,救一车之任⑦,极一牛之力,为轴之折也,有如辕轴其上以为造,不知轴辕之趣轴折也⑧。楚王之佩玦而逐兔,为走而破其玦也,因佩两玦以为之豫,两玦相触,破乃逾疾。⑨乱国之治,有似于此。夫鸱目大而眎不若鼠,蚈足众而走不若蛇。⑩物固有大不若小,众不若少者。及至夫彊之弱,弱之彊,危之安,存之亡也,非圣人,孰能观之!大小尊卑,未足以论也,唯道之在者为贵。何以明之?天子处于郊亭,则九卿趋,大夫走;坐者伏,倚者齐。⑪当此之时,明堂太庙,悬冠解剑,缓带而寝。⑫非郊亭大而庙堂狭小也,至尊居之也。天道之贵也,非特天子之为尊也,所在而众仰之。⑬夫蛰虫鹊巢,皆向天一者⑭,至和在焉尔!帝者诚能包禀道⑮,合至和,则禽兽草木莫不被其泽矣,而况兆民乎!

【今译】

　　北楚有位行侠义的人,他的子孙多次劝他不要再做行侠的事了。他不听。有一次县里发生了盗贼偷盗事件,官府彻底搜查了他的住宅,他和盗窃案有牵连的事被察觉,于是这位侠士吓得连夜逃跑。官府的差吏追踪搜捕他,在半路上追赶上了他,但那些平时接受过这位侠士恩德的人都为他抗拒追捕,使他免遭逮捕,安全地返回了家里;到家后的侠士对他的子孙说:"你们多次阻止我行侠,现在有了灾难,果然靠那些受过我接济的人免去了祸患,说明你们平时劝我的话是不能听从的。"这位侠士正是只知道怎样免除灾祸,而不知道怎样从根本上不发生灾祸。像他这样看问题,怎么会不迷惑呢?宋国有一个人嫁女儿,他对女儿说:"这桩婚事我看未必能保持长久,假若夫家把你遗弃,赶你出门,你就不能不早点作准备多私藏些钱财。私藏的钱财多了,到时候被赶出门后再去嫁人也容易些。"他女儿果然听从了父亲的计谋,在婆家经常偷窃夫家的钱物藏起来。后来这女子的公公发现了这媳妇的偷盗行为,就将她赶出了家门。而她的父亲非但不觉得这件事做错了,反而自以为得计。这位父亲只知道为防女儿被遗弃而教其偷藏财物,却不知道正是偷藏财物才导致被遗弃这点。像这位父亲那样考虑问题,哪能不荒谬呢?现在有人租用车子来运货,他将货车装得满满的,想最大限度地使用车子和牛的气力,还为了怕压断车轴,专门备了一副车轴和车辕放在车上,但这样一来,更加重了车的重量;他不知道正是这加上去的一副车轴和车辕加重了车的重量而导致车轴折断。楚国国君身佩戴着一块玉玦去追赶兔子,在追赶兔子过程中碰碎了玉玦;以后他为了防备奔跑中碰碎玉玦,就佩戴两块玉玦来预备其中一块破碎,谁知因为是两块玉玦,所以在奔跑中两块玉玦互相碰撞,碎得更快。使国家混乱不堪的做法,就像这种情况。那鸱鸟的眼睛很大,但视力不如老鼠;蚼虫的脚很多,但不如无脚的蛇走得快。事物本来就有大的不如小的,多的不如少的情况。至于说到从强变弱,由弱变强,危转为安,存变成亡的这些情况,不是圣者,谁能看得清!大小尊卑,是不能笼统而论的,只有道的存在才是最珍贵的。怎么说明这一点呢?天子处在郊外行宫的时候,九卿、大夫都为此奔走忙碌着,坐着的人就得为天子到来而趴伏在地,而原本可斜靠一会的人也不得不赶紧站得整整齐齐,毕恭毕敬。而这个时候,留在朝廷值班的官员们倒可挂上官帽,解下佩剑,放松衣带而安舒躺下。这不是说郊外的行宫比朝中的明堂太庙更大、更尊贵,而是因为至尊的天子在那里居住。这道的尊严,不只是像天子尊严那样只当天子出现的时候民众才敬仰他。这道的尊严能使蛰伏着的昆虫和巢穴中的喜鹊都向着它,这是因为它们之间有一种天然的和调啊!帝王君主如果能禀受到天道,融合和谐,那么禽兽草木就没有不受到他的恩泽的,更不用说千千万万的广大民众了。

【注释】

① 任侠:仗义行侠。　② 庐:住宅。发觉:被发现、察觉。

③ 子：指女儿。　④ 有如：或许、假若。出：古代遗弃妻子叫"出"；后来也叫"休"。　⑤ 勃：通"悖"，荒谬、谬误。　⑥ 僦：租赁。　⑦ 救：马宗霍认为"救"与"逑"通。逑：聚集、敛聚。任：装的货物。救一车之任：是说将货车装得满满的。　⑧ 有：又。如：杨树达认为是"加"字之误。造：通"簉"，副，这里指备用附件。趣：促成，这里引申为导致。　⑨ 玦：半圆形，有缺口的玉器。为走：刘文典认为《太平御览》九百七引为"楚王佩玦逐兔，马速玦破"，据此，"为走"应为"马走"。逾：通愈。　⑩ 际：视。蚈：昆虫名，指百脚虫。　⑪ 郊亭：天子在郊外祭祀时用的行宫。九卿：古代中央政府高级官职。趋：疾走。在尊者面前快步行走，以示尊敬。伏：低头趴伏。倚：靠。齐：整齐肃穆。　⑫ 明堂：古代帝王举行朝会、宣政、祭祀的地方。太庙：天子的祖庙。　⑬ 天：向宗鲁认为是"夫"字之误。"天道之贵"应"夫道之贵"。　⑭ 天一：杨树达认为"天一"疑当作"太一"。　⑮ 禀：受。

【评析】

以上作者讲到书上很多事情是"或欲之，适足以失之；或避之，适足以就之"，即是说很多事情你想得到它，但恰恰因此而失去了它；你想避开它，但恰恰因此而碰上了它。这说明事物间的变化实在不易把握。本节进一步指出事物间的"强之弱，弱之强，危之安，存之亡"的变化复杂性，认为"非圣人，孰能观之"。正因为只有圣人明主才能明了事物"利害之反，祸福之接"的变化，所以普通人也就在这个问题上常常出错，如本节故事中的任侠者、嫁女人、僦载者和佩玉之楚王均是"欲避祸，适足以致祸"。那么，到底怎样才能把握这种变化情形呢？作者仍然认为处"刚柔之际"为"得道之本"，"唯道之在者贵矣"，只有禀道至和，顺应自然，乘时应变，才能无咎。

卷十四　诠言训

【解题】

所谓"诠言",是指解释阐明事理的语言。本卷通篇讲的是"无为"两字,所以《诠言训》实际上是一卷解释阐明"无为"的诠言。"无为"在作者看来是道之根本,也是道之精髓,要想持守虚静之道体,就必须遵循"无为"之原则:"循天之理,不豫谋,不弃时,与天为期;不求得,不辞福,从天之则",对待祸福之类的东西,要不求不攘,不喜德不喜予,"灭迹于无为而随天地自然";而平时处事则要"常后而不先,常应而唱和"……总之,一切顺其自然,无所事事才是真谛。而要做到这些,灭欲养性是关键。作者认为如能持守虚静道体,遵循无为原则,灭欲养性,修养道德,遇上暴乱之世就能成为圣贤,即使不遇暴乱之世,成不了圣贤也可全身保命。

洞同天地①,浑沌为朴,未造而成物,谓之太一。同出于一,所为各异,有鸟有鱼有兽,谓之分物。方以类别②,物以群分,性命不同,皆形于有。隔而不通,分而为万物,莫能及宗。③故动而谓之生,死而谓之穷。皆为物矣,非不物而物物者也,物物者亡乎万物之中。④

稽古太初⑤,人生于无,形于有,有形而制于物。能反其所生,若未有形,谓之真人。真人者,未始分于太一者也。圣人不为名尸,不为谋府,不为事任⑥,不为智主;藏无形,行无迹,游无朕⑦;不为福先,不为祸始;保于虚无,动于不得已⑧。欲福者或为祸,欲利者或离害。⑨故无为而宁者,失其所以宁则危;无事而治者,失其所以治则乱。星列于天而明,故人指之;义列于德而见,故人视之。人之所指,动则有章⑩;人之所视,行则有迹。动有章则词⑪,行有迹则议。故圣人掩明于不形,藏迹于无为。王子庆忌死于剑⑫,羿死于桃棓⑬,子路菹于卫⑭,苏秦死于口⑮。人莫不贵其所有,而贱其所短⑯;然而皆溺其所贵,而极其所贱。所贵者有形,所贱者无朕也。⑰故虎豹之强来射,猿狖之捷来措。⑱人能贵其所贱,贱其所贵,可与言至论矣。

【今译】

天地浑然未分,整个地呈现出未分的混沌整体,当时还没有形成生出有形的万物,这种状态称之为"太一"。万物都出自于这个"太一"状态,成形以后各不相同,有飞禽、走兽、游鱼,这就称之为"分物过程"。以后又可根据不同的种类将它们区分开来,它们的物种、群体和生命形态也各不相同,但表现为有形这点上是一致的。各类物种因种类不同而互相阻隔不贯通,于是显示出它们的千差万别,并再也无法返回到它们原本那种混一的状态。所以万物均处于它们的生命运动状态,这也就有了"生",而"死"便是万物生命运动的终结。这些物种无论处在何种生命状态下都属有形物体,而不是虚无的物质,创造物的东西,造物者似乎已消失在万物之中了。

考察天地未分的时候,人类从无中产生,表现为有形,一旦有了形体,就受物质的制约。如果能够再返回到产生人的根本境地,就像没有形体的人那样,这样的人就叫"真人"。真人是尚未与"太一"分离。圣人不做名誉的承受者,也不做谋略的储藏者,不做事情的执行者,更不做智谋的主人;他隐蔽时没有形体,行动时没有影迹,遨游时没有征兆。他不为福先也不为祸始;他保持着无形状态,行动完全出于自然。想要获得幸福的人有时却获得了灾祸,想要获得利益的人有时却遭受了损害。所以不如"无为","无为"倒能使人安宁,失去"无为"倒反而危险。这就像无事治理天下,有事天下混乱一样。星辰排列在天空上闪闪发光，所以人们能够对它指指点点；义通过品行道德表现出来，所以人们总关注着它。人们所指点的星辰，运行有它的轨迹；人们所关注的行义，行动有它的规矩。因为星辰运行有它的轨迹，所以就引起人对星辰的评论；因为行义有它的规矩，所以就引起人对行义的议论。而圣人则将自己的光辉掩藏在无形之中，将形迹隐藏在无为之中。王子庆忌因勇武死于刀剑之下，后羿因喜猎而被桃木棍子打死，子路则因勇忠而被人剁成肉酱，苏秦因摇唇鼓舌被人杀害。人没有不是推重张扬他的长处，而掩盖看轻他的短处的；因而常常沉醉得意于他自以为的长处和优点，而掩饰遮盖自以为低贱的短处和缺点。那些值得推重张扬的长处往往因表现出来而显得有具体特征，而那些短处缺点因被掩饰遮盖而不为人所见。然而正是由于推重张扬长处，显得有具体特征而导致祸害：虎豹就因具有勇猛强大的长处和特征而招致射猎，猿猴就因具有敏捷灵巧的长处和特征而招致捕捉。那么反过来，如果一个人能推显他的短处而不张扬他的长处优点，就可以和他谈最高深的"道"的理论了。

【注释】

①洞同：浑然。 ②方：品类、种类。 ③万物：王念孙疑为"万殊"。及：当为"返"。宗：本。 ④不物：原注为"不物之物,恍惚虚无"。物物者：前一"物"是动词，后一"物"为名词，原注为"造万物者也"；"物物者"是指"造物者"，也即是"道"。 ⑤稽：考查、考察。太初：天地未分之时。 ⑥尸：主宰、承担、承受。谋府：谋略的聚集处，谋略的储藏库，这里是指出谋划策的人，所以译成"谋略的储藏者"。事任：事务的执行者。 ⑦朕：征兆、迹象。 ⑧不得已：指自然使然。 ⑨离：遭受。 ⑩章：章法、规律。这里指行星运行的轨迹。 ⑪词：王引之认为应作"诃"，这样可与"议"押韵。这里还作"言词评论"解。 ⑫王子庆忌：春秋吴王僚之子，武勇过人，吴公子光杀了吴王僚后夺取了王位。其时庆忌在卫国，吴公子光为除后患，派刺客要离刺杀庆忌。"要离"这人物《齐俗训》有注。 ⑬羿：这

里指有穷氏时代的羿。传说中的"羿"喜欢射猎。桃棓：段玉裁认为"棓"是"棒"的异体字。"桃棓"即"桃棒"，桃木棒子。一说"桃棓"为地名，或为弓名。这里还作"桃棒"解。原注说"以桃木击杀羿。由是以来，鬼畏桃也"。 ⑭ 子路：春秋时人，孔子弟子。曾任卫大夫孔悝邑宰，因不愿跟从孔悝迎立蒉聩为君而被杀。菹：将人剁成肉酱。
⑮ 苏秦：战国时人，合纵家，游说各国联合抗秦，曾佩六国相印，后被齐国所杀。口：杨树达认为应是"齐"，即"苏秦死于齐"，这样可与"子路菹于卫"相对为文。这里仍译为"好说"（口）。 ⑯ 有：王念孙认为"有"当为"修"，"长"的意思。这是因为淮南王避父讳，故不言长而言"修"，"修"又误为"有"。 ⑰ 朕：无形，不显形迹。 ⑱ 狖：长尾猿。措：处置，这里指捕捉。

【评析】

与上述"或欲之，适足以失之"同一论调的是"欲福者或为祸，欲利者或离害"。对于这种"利害之反，祸福之接"的把握，前文以处"刚柔之际"为"得道之本"来应对。在这里，以"无为"来应对，即"藏无形，行无迹，游无朕；不为福先，不为祸始；不为名尸，不为谋府，不为事任，不为智主"，"故无为而宁者"。

作者认为能做到这些"无为"的唯有"真人"；因为他从"未始分于太一者"，他不像鸟鱼走兽那样产生后便分以类别，隔阻不通而无法返回其原本那种混一的状态，他是能够返回到那种混沌太一的境界的，所以会有上述这些"无为"的表现，也因此能在这种"利害之反，祸福之接"的状况中保全性命。

而大多数人是无法做到这点的，他们不会像真人圣人那样"掩明于不形、藏迹于无为"，反而是拼命有为、张扬长处、表现自我，结果是"王子庆忌死于剑，羿死于桃棓，子路菹于卫，苏秦死于口"；在这里，他们连"虎豹之强来射，猿狖之捷来措"的基本道理都不懂，又哪来这种道之"无为"的认识？而只有那些能从"虎豹之强来射，猿狖之捷来措"中体悟出"贵其所贱，贱其所贵"的人才能接近道体，遵循无为。

自信者不可以诽誉迁也，知足者不可以势利诱也。故通性之情者不务性之所无以为，通命之情者不忧命之所无奈何①，通于道者物莫不足滑其调②。詹何③曰："未尝闻身治而国乱者也，未尝闻身乱而国治者也。"矩不正不可以为方，规不正不可以为员，身者事之规矩也，未闻枉己而能正人者也。原天命，治心术，理好憎，适情性，则治道通矣。原天命则不惑祸福，治心术则不妄喜怒，理好憎则不贪无用，适情性则欲不过节。不惑祸福则动静循理，不妄喜怒则赏罚不阿，不贪无用则不以欲用害性④，欲不过节则养性知足。凡此四者，弗求于外，弗假于人，反己而得矣。天下不可以智为也，不可以慧识也，不可以事治也，不可以仁附也，不可以强胜也。五者⑤，皆人才也，德不盛，不能成一焉。德立则五无殆，五见则德无位矣。⑥故得道则愚者有余，失道则智者不足。渡水而无游数，虽强必沉，有游数，虽羸必遂，又况托于舟航之上乎！⑦

【今译】
　　自信的人是不能用诽谤赞誉来改变他的志向的，知足的人是不能用权势利益来诱发他的欲望的。所以通达天性的人是不会追求天性所做不到的事情的，懂得命运的人是不会担忧命运本身所无法左右的事情的，通晓道体的人是没有外物能够搅乱他的内心和平的。詹何说过："还不曾听说过自身修养很好而国家治理得很差的事，也不曾听说过自身修养很差而国家治理得很好的事。"矩尺不正就不能划出方形，圆规不标准就无法画出圆形来。自身的修养就像上述说的矩尺圆规，没听说过自身不正而使别人端正的事。溯源天性、端正心术、理顺好憎感情、调适情性，那么治国之道就通畅了。溯源天性就不会被祸福迷惑，端正心术就不会喜怒无常，理顺好憎感情就不会贪求那些于本性无用的东西，调适情性这欲念就不会没有节制。不被祸福所迷惑则行为就能动静循理，不喜怒无常这赏罚就不会出偏差，不贪求于本性无用的东西就不会因物欲而伤害本性，欲念有节制就可怡养天性而知足。这四个方面，都不能从外界求得，也不必借助别人的力量，只须立足自身就能得到。天下的事情是不能单凭智力就能做成的，也不能单靠聪明就能认识清楚的，更不能只靠人的本事能办成的，同样不能只以仁术就能使人归顺的，单凭强力取胜更不可能。这智力、聪明、本事、仁术、强力五项都归属人的才能范畴，但如果只有这些才能而德行不高，就不能做成每一件事情。只有德行修养好了，这五项才能也就随之能发挥作用；反之只强调突出这五项才能，那么德行修养也就被忽略了。所以只有获得了"道"，才会使愚笨无能的人都会感到力量无穷；反之失去了"道"，就会使聪明者都感到力不从心。这就好像泅渡江河而没有游泳技术，即使身强体壮也一定会沉没；而有了游泳技术，即使身体瘦弱也一定会顺利渡过，更何况托身于舟船之上呢！

【注释】

①　无奈何：无可奈何，无法左右、支配。　②　莫不足滑其调：王念孙认为当作"物莫足滑其和"。这里"不"是衍文，"调"应是"和"。③　詹何：上古有道术的人，据说以善钓闻名。　④　阿：徇私，偏袒。这里指偏差。用：王念孙认为第二个"用"字因第一个"用"字而衍。⑤　五者：即"智为"、"慧识"、"事治"、"仁附"和"强力"。　⑥　见：表现、突出。　⑦　游数：游泳技术。赢：瘦弱。舫：两艘船连接起来的大船。

【评析】

作者继续强调作为"道"之精髓的"无为"和与此相关的修身养性。认为如能"通性"、"通命"就能做到"不务性之所无以为"、"不忧命之所无奈何"；而如能"通于道"则更上一个境界，即外物都无法扰乱人之内心平和。具体表现为是"适情性"、"理好憎"、"治心术"和"原天命",而"原天命则不惑祸福,治心术则不妄喜怒,理好憎则不贪无用,适情性则欲不过节"。人如能达到这种性情道德修养,就会在行动处事上表现为"不惑祸福则动静循理,不妄喜怒则赏罚不阿,不贪无用则不以欲用害性,欲不过节则养性知足"。这样,身亦正、国亦治、道亦通,哪会有灾祸降临?

　　为治之本,务在于安民;安民之本,在于足用;足用之本,在于勿夺时;勿夺时之本,在于省事;省事之本,在于节欲;节欲之本,在于反性;反性之本,在于去载①;去载则虚;虚则平;平者,道之素也;虚者,道之舍也。能有天下者必不失其国,能有其国者必不丧其家,能治其家者必不遗其身,能修其身者必不忘其心,能原其心者必不亏其性②,能全其性者必不惑于道③。故广成子④曰:"慎守而内,周闭而外,多知为败;毋亲毋听⑤,抱神以静,形将自正。"不得之己而能知彼者,未之有也。故《易》曰:"括囊,无咎无誉。"⑥能成霸王者,必得胜者也;能胜敌者,必强者也;能强者,必用人力者也;能用人力者,必得人心也;能得人心者,必自得者也;能自得者,必柔弱也。强胜不若己者,至于与同则格⑦;柔胜出于己者,其力不可度。故能以众不胜成大胜者,唯圣人能之。⑧

【今译】

　　治国的根本,务必要使人民安定;安定人民的根本,在于衣食充足;衣食充足的根本方法,在于不失农时;使人民不失农时的根本,在于减少徭役;减少徭役的根本,在于节制物欲;节制物欲的根本,在于归返虚静平和的天性;归返天性的根本,在于抛弃内心世界那些多余的精神压力;去掉抛弃了这些精神压力,心胸就会虚静;心胸虚静就平和;平和是道的基本素质,虚静则是道的居所宅舍。能够拥有天下的天子,必定不会失去诸侯国;能够拥有诸侯国的诸侯王,必定不会失去他的家族;而能够治理好自己家族的,也必定不会不注意自身的修养的;能够自身修养的人,也必定不会忽略自身的心性;而能够使自己心体返归本原的,必定不会亏损本性;不亏损本性的人,必定不会迷失"道体"的。所以广成子说:"谨慎地持守着你的内心,周密地封闭与外界的接触,智慧过多不是一件好事情;不要看不要听,以虚静平和的心态拥有精神,那么形体就会自然端正。"不能把握自身的虚静平和而能通晓道体,这是从未有过的事情。所以《易经》说:"收束口袋,没有过错也不会有赞誉。"能够称霸成王的人,一定是获得胜利的人;能够战胜敌人的人,一定是个强大的人;而能够强大,一定是利用了民众的力量;能利用民众的力量的人,也必定是得人心的;能得人心,也一定自身修道得道的;而能够得其道的,一定是以柔弱处世处事的。强硬尽管能胜过不如自己的人,但碰上力量与之相等的人就互相抗衡而难以取胜了。而柔弱可以胜过比自己强大的人,它的无形的柔性之力是无法计算的。所以能从多次失败中转变为大胜利,这只有圣人才能做到。

【注释】

① 载:是指内心世界的一种精神负担。 ② 原:使回到本原。 ③ 不惑于道:不迷失道,即得道循道。 ④ 广成子:传说中人物,原注作"黄帝时人"。 ⑤ 亲:当作"视",《庄子·在宥篇》说:"广成子曰:无视无听,抱神以静,形将自正。" ⑥ 语见《易经·坤卦》"六四"爻辞。括:束结、收束。囊:口袋。高亨释此爻辞为:"括,束结也。束结囊口,则内无所出,外无所入。此喻遇事缄口不言,塞耳不听,如此则无咎亦无誉。" ⑦ 与同:若己,指势均力敌。格:抗衡。 ⑧ 语本《庄子·秋水篇》:"故以众小不胜为大胜也,为大胜者,唯圣人能之。"

【评析】

本节作者指出修身向外向上能治家、治国平天下,而修身向内向下则能全性体道;这整个链条是这样的:"能有天下者必不失其国,能有其国必不丧其家,能治其家者必不遗其身,能修其身者必不忘其心,能原其心者必不亏其性,能全其性者必不惑于道。"在这里,作者不但阐述了修身与治家、治国平天下的关系,更为重要的是阐述了修身与得道体道的关系,那就是"省事之本在于节欲,节欲之本在于反性,反性之本在于去载,去载则虚,虚则平",而这"平与虚"正好是"道"的基本素质和特征,即如文中说的"平者,道之素也;虚者,道之舍也"。而得道之后也就会体现"道"之"无为",表现在这里就是"柔弱";"柔弱"的功效就是能胜刚强,这就是文中说的"柔胜出于己者,其力不可度"。"柔弱胜刚强"则是"无为而无不为"的另一种形式。

善游者,不学刺舟而便用之①;劲筋者,不学骑马而便居之②;轻天下者,身不累于物,故能处之。泰王亶父处邠③,狄人攻之,事之以皮币珠玉而不听,乃谢耆老而徙岐周④,百姓携幼扶老而从之,遂成国焉。推此意,四世而有天下⑤,不亦宜乎?无以天下为者,必能治天下者。霜雪雨露,生杀万物,天无为焉,犹之贵天也;厌文搔法⑥,治官理民者,有司也,君无事焉,犹尊君也。辟地垦草者,后稷也;决河浚江者⑦,禹也;听狱制中者,皋陶也⑧——有圣名者,尧也。故得道以御者,身虽无能,必使能者为己用;不得其道,伎艺虽多,未有益也。方船济乎江,有虚船从一方来,触而覆之,虽有忮心,必无怨色。⑨有一人在其中,一谓张之,一谓歙之,再三呼而不应,必以丑声随其后。⑩向不怒而今怒,向虚而今实也。人能虚己以游于世,孰能訾之!⑪释道而任智者必危,弃数而用才者必困。有以欲多而亡者,未有以无欲而危者也;有以欲治而乱者,未有以守常而失者也。故智不足免患⑫,愚不足以至于失宁。守其分,循其理,失之不忧,得之不喜。故成者非所为也,得者非所求也;入者有受而无取,出者有授而无予⑬;因春而生,因秋而杀,所生者弗德,所杀者非怨,则几于道也⑭。

【今译】

　　善于游泳的人,不学撑船技术,只须运用游泳术便能渡河了;脚力强健的人,不学骑马技术,凭着强健脚劲便能行走了;看轻天下的人,因不受外物的诱惑,所以能安然处之。亶王亶父居住在邠地,狄族人常来骚扰,亶父拿出皮革、帛币、珍珠玉器来进贡给狄人,但狄族人照样不断地侵扰。亶父于是辞别了邠地的父老长者迁移到岐周,百姓们扶老携幼跟随他,终于在岐周建立了国家。由亶父这种志向意愿推论,经过四代人的努力终于拥有了天下,这不是也相当合时宜的事吗?这也说明不将占有天下作为目的的人,就必定能治理好天下。霜雪雨露,它使万物生长死亡,这些并不是上天有意而为,只是一种自然过程,而人民照样尊重上天。操持日常事务,主持执行法令,管理百官民众,这些是具体官员、有关部门做的事,君王并没有做这些事,但人们还是尊崇君王。拓垦荒地、开辟耕地的是后稷,挖掘黄河、疏导长江的是大禹,审理刑狱、裁决公正的是皋陶,但是有圣王之名的却是尧帝。所以掌握道术,以此来驾驭天下的君王,他自己即使没有才能,但一定能使有才能的人为他服务、使用;而没有道术的人,技能就是再多也无济于事。乘着筏船渡江,有条空船随风飘来,把筏船撞翻,这时筏上的人尽管恼怒万分,但也没法向人泄愤怒。现在假设那空船上有人,这情况就不同了,筏上的人有的会喊那船上的人赶快撑开,避免相撞,有的会叫那船上的人往一边靠,让出河道来,如那船上的人毫无反应,这时筏上的人必定会骂出难听的话来。这前一种情况无处发怒,后一种情况发怒谩骂,这是因为前一种情况是空船,后一种情况是船上有人。那么现在设想人如果虚无缥缈地在世上遨游,又有谁能诋毁他? 放弃道而依靠智慧那是危险的,抛弃术数而单凭才能是会窘迫的;所以,只有因欲念多而灭亡的,没有因无欲而危险的;只有以欲治国而乱天下的,没有因守常道而亡天下的。因此,智慧不足以免除祸患,愚蠢倒不足以致使失去安宁。持守本分,遵循事理,失去了不忧虑,得到了不兴奋。所以成功并不是所要做的,获得并不是所追求的,收入的只是接受而不是索取,付出的只是施授而不求回予;万物因春天而生长,随秋天而死亡,所生育的万物不因此而感激春天的恩德,所死亡的万物不因此而怨恨秋天的刑杀,这就接近"道"了。

【注释】

① 刺:撑。　② 筋:肌腱。劲筋:这是指脚力强健。　③ 亶父:周文王祖父。邠:今陕西彬县。　④ 谢:辞别。耆老:老人。岐周:即岐山。周族定居岐山下,故称为岐周。《道应训》中有亶父的辞别演说。　⑤ 推此意:由此意推论。四世:四代,指太王、王季、文王、武王。　⑥ 厌:有疲倦、操持等意思。一曰"厌"为"案"。搔法:执法、操法。　⑦ 浚:疏通。　⑧ 听狱:审理刑狱、审理案子。制中:裁决公正。皋陶:也称咎繇,舜时掌管刑狱的大臣。　⑨ 方:拼、并。方船:拼并起来的筏或船。忮心:指内心的一种恼怒。怨色:这里指愤怒的语言。　⑩ 张:撑开。歙:原注为"持舟檝者谓近岸为歙,远岸为张也",这里指靠边。丑声:辱骂之声。　⑪ 訾:诋毁、责难。　⑫ 智不足:刘文典认为"足"下当有"以"字,即"智不足以免患"。　⑬ 无予:是指不求回报。　⑭ 几:近也。

【评析】

作者由强调"无为",深入到分析"无为"的特征:一、"无为"是指自然而然,无意干涉事物,如自然界是"霜雪雨露,生杀万物,天无为焉,犹之贵天也",社会领域是"厌文搔法,治官理民者,有司也,君无事,犹尊君也"。因为不有意干涉事物,所以万物"因春而生,因秋而杀,所生者弗德,所杀者弗怨"。君王如以无为治天下就要达到这种状态。二、"无为"具体表现为"无欲",即"有以欲多而亡者,未有以无欲而危者也"。三、"无为"还表现为不"任智"、不"崇智",即"智不足以免患,愚不足以至于失守","任智者必危,用才者必困"。四、因为世上很多事物是"成者非所为也,得者非所求也",所以"无为"表现为不刻意追求,受取、授予任其自然。作者认为,如能有上述这些"无为","则几于道矣"。

圣人不为可非之行,不憎人之非己也;修足誉之德,不求人之誉己也;不能使祸不至,信己之不迎也;不能使福必来,信己之不攘也。祸之至也,非其求所生,故穷而不忧;福之至也,非其求所成,故通而弗矜。①知祸福之制不在于己也,故闲居而乐,无为而治。②圣人守其所以有③,不求其所未得。求其所无④,则所有者亡矣;修其所有⑤,则所欲者至。故用兵者,先为不可胜,以待敌之可胜也;治国者,先为不可夺,以待敌之可夺也。舜修之历山而海内从化,文王修之岐周而天下移风。使舜趋天下之利而忘修己之道,身犹弗能保,何尺地之有!故治未固于不乱而事为治者⑥,必危;行未固于无非而急求名者,必挫也。福莫大无祸,利莫美不丧。动之为物⑦,不损则益⑧,不成则毁,不利则病,皆险也,道之者危⑨。故秦胜乎戎而败乎殽⑩,楚胜乎诸夏而败乎柏莒⑪。故道不可以劝而就利者⑫,而可以宁避害者。故常无祸,不常有福;常无罪,不常有功。⑬

【今译】
　　圣人不做那些能让人非议的事,但不憎恨他人对自己的非议;修养值得赞誉的品德,但不要求他人对自己的赞誉;他不能使祸不来到,但相信自己是不会去惹祸的;他不能使福必定会降临,但相信自己也不至于会排斥降临的福。灾祸的产生,不是他招惹产生的,所以陷入困境也不忧虑;幸福的降临,不是他刻意追求得到的,所以即使顺利、显达也不自傲。知道祸福的临界不在于本人,所以能悠闲自在快乐生活,无所作为地处置各种事情。圣人是守着自己所拥有的东西,而正去追求他尚未得到的东西。如果去追求尚未得到的那一份,就有可能连原有的那一份也会失去;保持着已有的一份,那么所希望的东西自然会来到。所以用兵打仗就是这样,先做出不能打赢的样子,以等待可战胜敌人的机会;治国也是这样,首先要做出不想夺取他国的姿态,然后等待敌国可被夺取的机会。舜在历山修养德行,天下所有的人都被他感化归顺。周文王在岐周修养德行,天下风气随之被他改变。如果舜只顾追求天下的利益而忘掉修养德性,那么连他自身都难以保住,哪还会有尺寸的地盘可占有!所以,当天下未必不乱时而去人为治理,必定是危险的;当品行还招非议时而急于去追求名声,一定是要受到挫折的。什么是"福",没有祸就是最大的幸福;什么是"利",不丧失既得的利益就是最大的利。"有为"这个东西,常常导致不是有益而是有损,不是成功而是毁坏,不是有利而是有害,都充满着危险,如果按"有为"去做的人也会危亡。所以秦穆公战胜西戎但却在崤山败于晋军之手,楚昭王战胜中原诸国却在栢莒被吴国打败。因此"道"是不能用来规劝那些追逐名利者的,而倒可以安宁那些想避害躲祸者的。所以,应当是崇尚无祸而不是崇尚有福;应当是崇尚无罪而不是崇尚有功。

【注释】

　　① 通:发达、显达。矜:自傲。　② 制:通"至",来到、临界。③ 以:通"已",已经。　④ 求其所无:王念孙认为本作"求其所未得"。　⑤ 修其所有:王念孙认为本作"修其所已有"。　⑥ 固:必。未固:未必。于:助词,无实义。未固于不乱:即"未必不乱",是说还

是有动乱。下句"固"字同义。《国策·齐策》说"固不求生",注:"固,必也。" ⑦ 动:原注为"动,有为也"。《群书治要》引许注正同此。 ⑧ 不损则益:杨树达、马宗霍等认为应作"不益则损"。译文据此改正。 ⑨ 道:通"蹈",指人践履、执行。 ⑩ 戎:西戎,春秋时西北地区游牧民族。崤山:山名,在今河南洛宁西北,西接陕县,东接渑池。秦穆公战胜西戎后,在开拓大片土地之时派军队长途偷袭郑国,未成,在返回途中经过崤山遭晋军伏击,大败。秦穆公败于崤山之事参见《道应训》。 ⑪ 柏莒:地名,也称柏举,地处今湖北麻城县东北。败于柏莒:是指吴国大败楚国于柏莒。 ⑫ 而:王念孙认为是衍文。 ⑬ 常:通"尚",崇尚。

【评析】

作者由"祸福之接"推出"祸福之制不在于己"的结论,即祸福的降临和到来不在于人之如何。正因为这样,正确的态度应是"祸之至也,非其求所生,故穷而不忧;福之至也,非其求所成,故通而弗矜";而正确的处事方法应是"无为"。即"知祸福之制不在于己也,故闲居而乐,无为而治"。由于"无为"能"闲居而乐",所以作者反对"有为"。认为在这种祸福之接的链条中,你去"有为"地追求"益"、"成"和"利",结果往往是"不益则损,不成则毁,不利则病"。明白上述事理的人应以无祸为最大的福,以不损原有的利为最大的利,不要去崇尚有福有功,而要去崇尚无祸无罪,这才是"道"之根本,只有这样,才能避害而安宁。

圣人无思虑,无设储。①来者弗迎,去者弗将。②人虽东西南北,独立中央。故处众枉之中③,不失其直;天下皆流,独不离其坛域④。故不为善⑤,不避丑,遵天之道;不为始,不专己⑥,循天之理;不豫谋,不弃时,与天为期⑦;不求得,不辞福,从天之则。不求所无,不失所得,内无旁祸,外无旁福。⑧祸福不生,安有人贼!⑨为善则观,为不善则议;观则生贵⑩,议则生患。故道术不可以进而求名,而可以退而修身;不可以得利,而可以离害。⑪故圣人不以行求名,不以智见誉;法修自然,已无所与。⑫虑不胜数,行不胜德,事不胜道。为者有不成,求者有不得。人有穷,而道无不通,与道争则凶。故《诗》曰:"弗识弗知,顺帝之则。"⑬有智而无为,与无智者同道;有能而无事,与无能者同德。其智也,告之者至,然后觉其动也⑭;使之者至⑮,然后觉其为也。有智若无智,有能若无能,道理为正也。故功盖天下,不施其美⑯;泽及后世,不有其名。道理通而人伪灭也。

【今译】
　　圣人没有思虑,没有储备。对到来的他不迎接,对离开的他不送别。人们处东南西北,而他却独个站在中央。所以他能在大家都曲膝的环境之中不丧失他的正直;他能在大家都随流的趋势之下不偏离他的立足点。所以不有意显美为善,不有意掩避丑陋,只是遵循着天道自然;他不首先创造,不独断专行,只是遵循自然之理;他不预先策划,不错失时机,与自然天道和合;不求获得,不辞让幸福,只是顺从自然法则。他不追求自己所没有的,也不失去自己所拥有的,使内没有意外的祸害,外没有意外的福利。祸福都不产生,哪会有人来伤害你!行善事则引起人们的注意,做坏事则引起人们的非议;在人们的注意中必定会有责备的言论,而人们的非议一多必定会产生祸患。所以道术是不能用来进取求得功名的,而只可以用来隐退修身的;不能用来获取利益的,而只能凭它来避害的。所以圣人是不用品行去求功名的,不靠智慧去获取赞誉的;他是遵随自然,不加干预。思虑不胜术数,行为不胜"德",行事不胜"道"。做事有不成功的,追求有得不到的。有了走投无路的时候,而"道"无处不通,与"道"抗争则凶险。所以《诗经》上说"无知无觉,顺随天的法则"。有智慧而无所作为,与无智慧的人"道"相同;有才能而无所作为,与无才能的人"德"一样。这样的"智者",呼喊他他才过来,这时才被人家觉得他在活动;这样的"能人",指使他他才来到,这时才被人家觉得他在行动。有智慧就像无智慧,有能耐好像无能耐,"道"理就是这样。所以尽管功盖天下,却从不夸耀自己的美德;恩泽传及后代,却从不拥有名声。所以是"道"的理通达了,人为做作的事就灭绝了。

【注释】

① 设储:储备、积聚。 ② 将:送。 ③ 枉:曲。 ④ 坛域:范围,这里指立足点。 ⑤ 善:王念孙认为"善"当为"好"。 ⑥ 专己:独断专行。 ⑦ 期:和合、会合。 ⑧ 旁:王念孙认为"旁"是"奇"字之误。奇,意外的意思。 ⑨ 贼:害。 ⑩ 贵:王念孙认为:"贵"当为"责"字之误也。此言为善则观之者多,观之者多则责之者必备。 ⑪ 离:离开。 ⑫ 修:循。与:参与、干预。 ⑬ 语引《诗经·大雅·皇矣》。则:法则。 ⑭ 告:通"嗥",大声呼唤。 ⑮ 使之者至:俞樾认为其上当有"其能也",与"其智也"相对。 ⑯ 施:通"侈",夸耀。

【评析】

作者在这里仍然强调"无为"原则,即"不为善"、"不避丑"、"不为始"、"不专己"、"不豫谋"、"不弃时"、"不求得"、"不辞福"、"不求所无"、"不求所得"、"不以行求名"、"不以智见誉",这样"内无旁祸,外无旁福",祸福无从发生,怎么会有人为的伤害?这"无为"的功效也就被彰显出来了。

名与道不两明,人受名则道不用①,道胜人则名息矣。道与人竞长,章人者②,息道者也。人章道息,则危不远矣。故世有盛名,则衰之日至矣。欲尸名者必为善③,欲为善者必生事,事生则释公而就私,货数而任己④。欲见誉于为善,而立名于为质⑤,则治不修故⑥,而事不须时⑦。治不修故,则多责;事不须时,则无功。责多功鲜,无以塞之,则妄发而邀当⑧,妄为而要中⑨。功之成也,不足以更责⑩;事之败也,不足以獘身⑪。故重为善若重为非,而几于道矣。

【今译】

　　名声与"道"不能同时彰显,人如爱名声,这"道"就不被重视;"道"战胜人的欲望,这"名声"就消失。"道"与名声竞相争长,人如显身扬名,这"道"就被止息。所以人名彰显,"道"就止息,这样离危险也就不远了。因此,世上到处张扬名声的时候,也就是"道"衰败之日将到来。想要获取名声的人,就一定要去做善事,而一做善事也就必定会生出事端来,事端一旦滋生,就会放弃公道而迁就私情,背理而自私。想通过做善事来获取赞誉,想通过表现贤能来树立名声,这样办事中因渗透了私心就不会遵循事理,急于表现自我而不待时机成熟。因为办事不遵循事理,被人指责就会多起来;急于表现自我而不待时机成熟就会徒劳无功。指责多而功劳少,没有办法解决,于是就任意乱来以求得成功。但以乱来而取得的成功,也不足以改变所遭受的责难和非议;如果乱来而使事情没有成功,那就会使自己身败名裂。所以要谨慎地对待行善和谨慎地对待行恶,如能明白这点,就离"道"不远了。

【注释】

　　① 受:王念孙认为当为"爱",爱名就不爱道,故曰"道不用"。② 人:应为"名"。下文"章人"、"人章"的"人"均应作"名"。本节以"名"、"道"对举为主。章:彰显。　③ 尸名:为名声所主宰,即指想获得名声。　④ 货:王引之认为应为"背"字之误。　⑤ 质:王念孙认为应作"贤"。　⑥ 修:循。修故:遵循事理。这里的"故"指事理、常规。　⑦ 须:待,等待。　⑧ 妄行:任意乱来。邀:求。邀当:求取切合要求。　⑨ 要中:求得符合要求。"邀当"和"要中"意思相似。　⑩ 更:改变。　⑪ 獘:弊,也即"蔽","庇护"、"保护"的意思。不足以弊身:不足以庇护自己,亦即身败名裂的意思。

【评析】

讲了那么多的"无为"和"无为"的功效后,作者在这里批判起"有为"来了。认为"有为"的发作是在于"欲望"之心尚未泯灭,是想通过做些善事来获取名誉和声望;但这些"有为"者不知道一旦为善行善也"必观之者多,观之者多则责之者必备"(王引之语),亦即上一节说的:"为善则观,观则生责",有责难也就有事端,就使行善和为恶一样,做事不遵事理、不待时机,这样危险性就离你不远了。所以作者提醒这些有为者,若重为善就像重为非一样,离"道"远了,离"危"近了。就像不必为非为恶一样,也不必为善行善,有为做作。

天下非无信士也,临货分财必探筹而定分①,以为有心者之于平,不若无心者也②。天下非无廉士也,然而守重宝者必关户而全封③,以为有欲者之于廉,不若无欲者也。人举其疵则怨人,鉴见其丑则善鉴。④人能接物而不与己焉⑤,则免于累矣。公孙龙粲于辞而贸名⑥,邓析巧辩而乱法⑦,苏秦善说而亡国⑧。由其道则善无章,修其理则巧无名。⑨故以巧斗力者,始于阳,常卒于阴⑩;以慧治国者,始于治,常卒于乱。使水流下,孰弗能治?激而上之,非巧不能。故文胜则质掩,邪巧则正塞之也。

【今译】

天下并不是没有诚实的人,但面临分配钱财、货物时就一定要用筹码来确定份额,因为人们总认为人心公平总不如无心客观的筹码来得公平。天下并不是没有廉洁的人,但看管重宝的人总将门窗关好,并加上密封条,因为人们总认为人不管怎样廉洁总不如原本就没有物欲的门窗封条来得廉洁。别人如指出这人的毛病,这人就会怨恨人家,但镜子如能清楚地照出这人的毛病,这人就会认为这镜子是一面好镜子。人如果在和外物接触时能像对待镜子的态度一样不掺杂一丝一毫的私心成见,那就能免却很多麻烦。公孙龙善于辩说而扰乱了名实关系,邓析辩说乖巧而搞乱了法律问题,苏秦善于游说而丧生。所以遵循"道",那么就不会张扬特长;遵循"理",那么巧诈就不会显示。所以,用巧诈来斗力的,常常是始于善、终于恶;以智慧来治国的,常常是始于治、终于乱。让水往低处流,你不用干涉它,它就能做到。但要使水激扬而往上喷涌,不用机械、巧妙的技术是做不到的。所以也说明一旦文采、花头花脑的东西占上风,那么质朴也就被掩盖了;奸邪机巧被施用,那么正直也就被阻塞了。

【注释】

① 探:抽取。筹:筹码。 ② 以为:认为。有心者:指人。无心:指筹码。 ③ 全封:密封。一曰"全"是"玺"字之误(俞樾语)。 ④ 举:指出,说出。疵:缺点,毛病。鉴:镜子。善鉴:好镜子。 ⑤ 与:参与。不与己:不掺杂私心。 ⑥ 公孙龙:战国名家代表人物,赵国人;有"白马非马"等名题。粲:指词藻华丽,这里是说善于辩说。贸名:扰乱名实概念。 ⑦ 邓析:春秋时郑国人,原注为"邓析教郑人以讼,讼不俱回,子产诛之也"。 ⑧ 苏秦:战国时合纵家。亡国:王念孙认为当作"亡身"。 ⑨ 由其道:遵循"道"。章:通"彰",这里指"张扬"。修:循。修其理:遵循"理"。名:明。与"章"对文同义,这里指"显示"。 ⑩ 原注为"言智巧之所施,始之于阳善,终于阴恶"。

【评析】

本节作者继续上述"有为"之事,谈"有为者"的表现特征。认为因"有为者"欲念未灭,所以他必定有张扬,激而上之,表现自我这一特征,并以此来获取名誉、声望。这不用智巧能行吗?这就像将水引高喷涌,不用机械、巧妙技术不行一样;所以"有为者"又必定是"任智"、"崇智"的。它带来的负面影响也是显而易见的:"文胜则质掩,邪巧则正塞。"所以"有为者"常常是"始于阳,常卒于阴;始于治,常卒于乱",且无好下场,即"公孙龙粲于辞而贸名,邓析巧辩而乱法,苏秦善说而亡国"。

德可以自修,而不可以使人暴;道可以自治,而不可以使人乱。虽有圣贤之宝①,不遇暴乱之世,可以全身,而未可以霸王也。汤、武之王也,遇桀、纣之暴也。桀、纣非以汤、武之贤暴也,汤、武遭桀、纣之暴而王也。故虽贤王,必待遇。②遇者,能遭于时而得之也,非智能所求而成也。君子修行而使善无名,布施而使仁无章,故士行善而不知善之所由来,民澹利而不知利之所由出③,故无为而自治。善有章则士争名,利有本则民争功;二争者生,虽有贤者,弗能治。故圣人掩迹于为善,而息名于为仁也。外交而为援④,事大而为安,不若内治而待时。凡事人者,非以宝币,必以卑辞。⑤事以玉帛则货殚而欲不魇⑥;卑体婉辞,则谕说而交不结⑦;约束誓盟⑧,则约定而反无日⑨。虽割国之锱锤以事人⑩,而无自恃之道,不足以为全。若诚外释交之策⑪,而慎修其境内之事,尽其地力以多其积,厉其民死以牢其城⑫,上下一心,君臣同志⑬,与之守社稷,敦死而民弗离⑭,则为名者不伐无罪,而为利者不攻难胜,此必全之道也。

【今译】
　　德可以用来自我修养,而不能用来使人暴虐;道可以用来治理自身,而不能用来使人昏乱。即使有做圣贤的资质,但如没遇上残暴动乱的世道,道与德也只能用来保全自身,而不能靠它们称霸称王。汤、武之所以能称王天下,是因为碰上了桀、纣的残暴。桀、纣不是因为汤、武的贤圣而残暴的,汤、武倒是碰上了桀、纣的暴政才称王的。所以即使是圣贤,也必须等待一定的机遇才行。机遇就是指遇到时机能把握它,这不是靠智能的追求所能做到的。君子修行而不谋求善名,施舍而不张扬仁爱,所以做到士人行善而不知"善"是从哪里来的,民众得到了利而不知"利"从何处出的,所以是"无为而自治"。反过来说,谋求善名就容易导致士人们争夺名声,知道"利"之本源就容易引起民众间争夺功劳;争名夺利的风气一旦形成,就是有贤明的君王也不容易治理好社会。所以明白这种道理的君王大多是行善不留痕迹、施仁不留名声。对外交好以求得援助,事奉大国以求得安定,不如将国内的事治理好以待时机到来。大凡侍奉别国,不是送去珍宝钱财,就是对人家低三下四。用珍宝钱财侍奉别国,就是将钱财耗尽也未必使人家的欲望得到满足;低三下四、态度谦卑、好话说尽也未必能和别国建立友好关系;就是签订条约、立誓结盟,但说不定哪一天毁约撕盟。即使只拿出极少的钱财侍奉别国,但如果自身没有可依赖的基础,也还是不足以保全自己的。如果放弃对外交结的策略,一心一意治理好国内的事务,充分利用土地资源和挖掘土地潜力,增加国家积累,勉励人民不怕牺牲以巩固城防,上下一心,君臣同一志向,团结广大民众保卫社稷国家,人民效死力也不离弃,那么想张扬名誉的不必去讨伐没有罪过的国家,想获得利益的不必去攻打难以取胜的对手,这才是保全国家的较好方式。

【注释】

① 宝:俞樾认为当作"资"。一曰"宝","道也"。　② 遇:机遇。　③ 澹:得到满足。　④ 外交:对外交好。援:援助、救助。　⑤ 非以……必以:不是……就是。币:指作为馈赠宾客的礼物。　⑥ 殚:尽。餍:满足。本义是指吃饱。　⑦ 谕说:讲明事理。　⑧ 约束:订立条约、签订条约。誓盟:立誓结盟。　⑨ 反:违反。无日:不久,或谓"说不定哪天"。　⑩ 锱锤:六两为锱,十二两为锤。锱锤即

"铢两",是比喻数量微小。　⑪ 外释交之策：陈观楼认为当为"释外交之策"。　⑫ 厉：激励、勉励。　⑬ 同志：何宁认为当为"一志"。　⑭ 敩：通"效"。

【评析】

本节作者首先将"无为"、"有为"对举、比较，指出"无为而自治"的优处是："君子修行而使善无名，布施而使仁无章，故士行善而不知善之所由来，民澹利而不知利之所由出，故无为而自治。"而这"有为"的劣处是："善有章则士争名，利有本则民争功；二争者生，虽有贤者弗能治。"

其次作者将社稷内修和外交对举、比较，指出"内修"，即"慎修其境内之事"的优处是："尽其地力以多其积，厉其民以牢其城，上下一心，君臣同志共守社稷。"而这"外交"的劣处是"凡事人者，非以宝币必以卑辞，事以玉帛则货殚而欲不餍，卑体婉辞则谕说而交不结"，最终是一场空。从中可以看出作者的政治观点之如何。

民有道所同道，有法所同守。^①为义之不能相固，威之不能相必也^②，故立君以一民。君执一则治^③，无常则乱。君道者，非所以为也，所以无为也。何谓无为？智者不以位为事，勇者不以位为暴，仁者不以位为患^④，可谓无为矣。夫无为，则得于一也。一也者，万物之本也，无敌之道也。凡人之性，少则猖狂^⑤，壮则暴强，老则好利。一身之身既数变矣^⑥，又况君数易法，国数易君！人以其位通其好憎，下之径衢不可胜理^⑦，故君失一则乱，甚于无君之时。故《诗》曰："不愆不忘，率由旧章。"^⑧此之谓也。

君好智，则倍时而任己，弃数而用虑。^⑨天下之物博而智浅，以浅澹博^⑩，未有能者也。独任其智，失必多矣。故好智,穷术也。好勇,则轻敌而简备,自负而辞助。⑪一人之力以御强敌,不杖众多而专用身才⑫,必不堪也。故好勇,危术也。好与,则无定分。⑬上之分不定,则下之望无止。⑭若多赋敛,实府库,则与民为雠。少取多与,数未之有也。故好与,来怨之道也。仁智勇力,人之美才也,而莫足以治天下。由此观之,贤能之不足任也,而道术之可修明矣。

【今译】
　　人民有了前进的道路便会一起走在这道路上,有了法规就会一同遵守。当然单靠义理不能使人民牢固地团结在一起,同样单凭威势也不能使人民紧密地集聚在一起,所以要设立君王来使民心统一。君王掌握"一"就能治理好天下,如没有常规天下就大乱。君王治理国家之道,不是靠有所作为,而是靠无为。那么,什么是"无为"?即聪明的人不借用权位来生事,勇武的人不凭靠权势来施暴,仁慈的人不利用地位来施恩惠,这些可以称为"无为"。做到这种"无为",就算得到"一"。"一"是万物的根本,所向无敌的法宝。大凡人的禀性是年轻时浮躁妄为,年壮时凶狠逞强,而到年长就追求起私利钱财来。这可说人一生中是经历多次性格改变,又何况一个君主多次改更法令、一个国家多次更换君主呢!每人都是从自己的地位立场出发来表达自己的爱憎,这种爱憎观因社会的错综复杂而变得五花八门,是难以一一理顺清楚的,所以君王失去了"一"就会乱套,这种乱套比没有君主时的混乱更厉害。因此,《诗经》上这样说:"不出差错,不忘过去,按照老规矩行事。"说的就是这种情况。

　　君王如果喜欢运用智术,就会违背时令而放任自我,抛弃道理而运用心计。但实际上天下的事情广博而人的智术浅薄,用浅薄的智术去应对广博的事情,是不可能做好事情的。只想依靠个人的智慧来办事,失误必定不少。所以"任智"、"崇智",是死路一条。同样崇尚勇武,就会轻视敌人而忽视防备,只凭自身力量而拒绝相互间的帮助。

用一个人的力量去抵抗强大的敌人,不凭借众人的力量而只凭自身力量,必定不能胜任。所以崇尚勇武,是一条危险的道路。喜欢施舍,但无一定的标准,上面的分配没有标准,下面的奢望就没有止境。如果多施舍而增加赋税以充实国库,这实际上是与百姓过不去。但如果是赋税收得少,施舍却又多,这国库里的财钱数量就不足以开销。所以喜欢施舍,是一种招致怨恨的做法。因此,仁、智、勇、力虽说是人的美好才能,但不足以治理天下。由此看来,贤能是不值得依靠利用的,而道术却是可以遵循和发扬光大的。

【注释】

①道:第一个"道",指"道路";第二个"道"指"行道",即同而行。法:法则、常规。　②相固:这里指民众间的牢固团结。必:固。相必:与相固意思一样。　③一:常规、法则,这里指"道"。　④位:权位、权势。患:王念孙认为应作"惠"。这样"为惠"与"为暴"相对。　⑤少:年轻。猖狂:任性,不稳重。　⑥一身:一人。　⑦径衢:大路和小路。这里指错综复杂。　⑧语见《诗经·大雅·假乐》。愆:过错、过失。率由:遵循。旧章:旧法规、老规矩。　⑨倍:背,违反、违背。数:道理。　⑩澹:通"担",承担。这里指应对。　⑪简备:忽视防备、疏于防备。自负:自恃其能。辞:让,这里指拒绝。　⑫杖:仗,凭借的意思。身才:自己之才能。　⑬好与:施舍。定分:按一定标准分配。　⑭望:奢望。

【评析】

怎样才算是一个"无为者"? 作者指出应是"智者不以位为事,勇者不以位为暴,仁者不以位为患"。联系到社会政治上,君主就不能"好智"("崇智"、"任智"),因为相对广博的天下事物来说,"智"总是浅薄的,"智"总是不够用的,谁要是"独任其智",失之必多;要明白"好智"必"穷术"。同样,君主也不能"好勇",因为相对众人的力量来说,个人的勇力总是有限的,用"一人之力以御强敌,必不堪",所以"好勇"

是"危术"。还有，君主也不能因要表现"仁爱"而好施与，因为施与中总有厚此薄彼的不均现象存在，这就容易招致怨恨的产生；同时施与会因国库钱财不够而进一步向民众敛取财物，这也进一步加剧民众的怨恨。综上，"仁智勇力"，尽管是一种好的资质，但不足以治理天下，唯有"道术"、"无为"方能修明。

圣人胜心，众人胜欲。①君子行正气，小人行邪气。内便于性，外合于义，循理而动，不系于物者，正气也。重于滋味，淫于声色，发于喜怒，不顾后患者，邪气也。邪与正相伤，欲与性相害，不可两立，一置一废，故圣人损欲而从事于性。②目好色，耳好声，口好味，接而说之，不知利害嗜欲也③；食之不宁于体，听之不合于道，视之不便于性。三官交争，以义为制者，心也。割痤疽非不痛也④，饮毒药非不苦也，然而为之者，便于身也。渴而饮水非不快也，饥而大餐非不澹也，然而弗为者，害于性也。此四者⑤，耳目鼻口不知所取去，心为之制，各得其所。由是观之，欲之不可胜，明矣。凡治身养性，节寝处，适饮食，和喜怒，便动静，使在己者得，而邪气因而不生，岂若忧瘕疵之与痤疽之发⑥，而预备之哉！夫函牛之鼎沸而蝇蚋弗敢入⑦，昆山之玉瑱而尘垢弗能污也⑧。圣人无去之心而心无丑，无取之美而美不失。⑨故祭祀思亲不求福，飨宾修敬不思德⑩，唯弗求者能有之。

【今译】

圣人凭心处事，众人以物欲行事。君子施行正气，小人施行邪气。内心观念符合本性，外在行为符合义理，遵循事理而行动，不受外物的牵累，这就叫"正气"。热衷于滋味、沉溺于声色，喜怒无常，行动不考虑后果，这就叫"邪气"。邪气与正气互相伤害，物欲与本性互相损伤，二者不可并立，一方树立，另一方必废弃，所以圣人是抛弃物欲而依顺本性。眼睛喜看美色、耳朵喜听音乐、嘴巴爱尝美味，接触这些东西就喜欢上它们，这就是不懂嗜欲的害处；贪吃暴食不利于身体安宁，听淫声不合于大道，看美色不利于天性。这口、耳、眼三种器官争着接受物欲，而能制约它们的是义理，即"心"。割除毒疮不是不痛，喝下有毒性的药汤不是不苦，但是病人愿意忍受，这是因为对身体健康有帮助。渴了喝下生水也很痛快，饿了大吃一顿也很惬意，但是人们不这样做，这是因为对身体健康没有好处。以上四种情况，耳、目、鼻、口这些器官是不知取舍的，只有用"心"才能够控制它们，让它们适可而止，各得其所。由此看来，欲望不可任用，以物欲行事是不行的，这十分清楚地摆在我们面前。大凡调养身体保养天性，就要做到调节起居、适量饮食、平和喜怒、劳逸结合，让这种养生之道始终落实贯彻，这样邪气就很难入侵到你的身体中来，哪像因担心肿瘤产生、毒疮发作而预防着那样伤神费心！那能够盛下整头牛的沸腾大鼎，蚊蝇是不敢靠近的；那昆仑美玉纹理精细，尘埃是无法污损的。圣人丑不内萌而心灵纯洁、美不外致而心灵善美。所以祭祀只是为了思念亲人而不是为了祈求神灵降福，宴请只是为了对宾客表达敬意而不是为了回报，唯有不汲汲追求才能够得到想得到的东西。

【注释】

①胜：任。心：本性、天性。　②事于：王念孙认为是衍文。　③嗜：顾广圻认为"嗜"当作"者"，即"不知利害者欲也"。因为"者"与"耆"相近而误。　④痤疽：毒疮。　⑤四者：指"割痤疽"、"饮毒药"、"渴而饮水"、"饥而大餐"。　⑥瘕：腹中肿瘤。　⑦函：容纳、盛下。蚋：蚊。　⑧缜：缜，缜密的意思。　⑨马宗霍说："此文两'之'字犹'于'也，言圣人无去于心而心无丑，无取于美而美不失也。丑不内萌，故曰无去于心。莫不外致，故曰无取于美。质言之，即丑

者圣人所本无,美者圣人所固有也。"　⑩ 飨宾:大宴宾客。

【评析】
"无为"的表现为"无欲",而"无欲"又与修养身心联系在一起。作者认为如按人的感官来说,目好色、耳好声、口好味,但人却还有心(性),所以这好色、好声、好味,还受"心"制约。因为有"心为之制"(制约),所以人明白有些感官性的嗜欲是不可为的,就像"饥而大餐,渴而饮水",这对人的身体没有好处;正因为这样,人从一开始就要"损欲而从性",他要"治身养性,节寝处,适饮食,和喜怒,便动静",只有这样"邪气因而不生"。反之如人"重于滋味,淫于声色,发于喜怒,不顾后患者",就会有邪气入侵。

　　处尊位者,以有公道而无私说①,故称尊焉,不称贤也;有大地者,以有常术而无钤谋②,故称平焉,不称智也。内无暴事以离怨于百姓③,外无贤行以见忌于诸侯,上下之礼,袭而不离,而为论者莫然不见所观焉,此所谓藏无形者。非藏无形,孰能形?④三代之所道者,因也。⑤故禹决江河,因水也;后稷播种树谷,因地也;汤、武平暴乱,因时也。故天下可得而不可取也,霸王可受而不可求也。在智则人与之讼,在力则人与之争。⑥未有使人无智者,有使人不能用其智于己者也;未有使人无力者,有使人不能施其力于己者也。此两者常在久见。⑦故君贤不见,诸侯不备;不肖不见,则百姓不怨。百姓不怨则民用可得,诸侯弗备则天下之时可承。⑧事所与众同也,功所与时成也,圣人无焉。⑨故《老子》曰:"虎无所措其爪,兕无所措其角。"⑩盖谓此也。
　　鼓不灭于声,故能有声;镜不没于形,故能有形。⑪金石有声,弗扣弗鸣;管箫有音,弗吹无声。⑫圣人内藏,不为物先倡,事来而制,物至而应。饰其外者伤其内,扶其情者害其神,见其文者蔽其质。⑬无须臾忘为质者⑭,必困于性;百步之中不忘其容者,必累其形。故羽翼美者伤骨骸,枝叶美者害根茎⑮,能两美者,天下无之也。

【今译】

　　处在尊贵地位的人,因为有公道而没有私见,所以称他为尊,而不称为贤。拥有大地的人,因为遵循常规而不玩权谋,所以说他公平,而不说他聪明。对内没有残暴的事情招来百姓的怨恨,对外不以贤能的行为招致诸侯的猜忌,上下礼节遵循而不偏离,想评说的人因为看不到想看到的形迹而无法评头品足,这就叫做藏匿于无形之中。如果不是藏匿于无形之中,谁不能知道他的情况呢?夏商周三代君王所遵循的道路,就是因顺。所以大禹疏导江河,是因顺水性;后稷种植谷物,是因顺地力;汤武平定暴乱,是因顺时势。所以天下可以得到但不是靠强力来夺取,霸王的地位可以接受但不可强求。任用智慧则容易导致与人争讼,任用武力则容易导致与人竞争。不能使他人没有智慧,但能使他人无法在你身上使用智慧;不能使他人不崇尚武力,但能使他人无法在你身上使用武力。这两种情况崇尚的就是无形不现。所以君王的贤能不显露则使诸侯不戒备;不贤的事情不显露则使百姓怨恨无从产生。百姓不怨恨,那么民众的力量你就可以利用、得到,诸侯不戒备,那么夺取天下的时势就可以利用。事情是与众人一起做的,功业是靠时势运用而生的,而圣人就要在这其中销声匿迹,看不出他参与了什么、做了什么。所以《老子》说"老虎用不上它的利爪,犀牛用不上它的尖角"。大概说的就是这种情况。

　　鼓不藏身于声,所以敲击时会发出声音;镜不没形于其中,所以外物照镜时会映出影像。金钟石磬可以发声,但不叩击它就不会鸣响;管箫可以发音,但不吹奏它就不会有乐音。圣人深藏不露,不做倡导的事,事物来到时才加以控制,外物降临时才作出应对。修饰外表会伤害内质,放纵情感会伤害精神,表现文采会遮蔽质朴。一刻都不忘掉表现贤能,这必定会困扰本性;走一百步路一直注意自己的步态仪容,这必定会劳累他的身体。所以羽毛翅翼美丽的飞鸟,因善飞而伤损它的骨骸;枝叶繁茂的树木,因枝叶消耗而损害它的根部,能够两全其美的,整个天下都难以找到。

【注释】

①私说:偏私的主张,这里指"私见"。 ②铃谋:权谋、计谋。 ③离:罹,遭受、招来。 ④孰能形:应改为"孰弗能形"。 ⑤三代:夏、商、周。因:因顺,有"因势利导"的意思。 ⑥在:王念孙认为应作"任"。 ⑦常:尚。久:蒋礼鸿认为"久"当作"不"。见:现。 ⑧承:通"乘",利用。 ⑨无:应理解为"无为"或"无与"。 ⑩语见《老子·五十章》。兕:兽名,指犀牛。措:置、放,这里指使用。 ⑪灭:王念孙认为应作"藏"。"没"应作"设"。这是说鼓不以声自见,人击之始发声;镜不以形自现,物靠近之始有影像。 ⑫无声:王念孙认为应改为"弗声",这样可与上文"弗鸣"相类。 ⑬扶:扶持。扶情:指纵情、放纵情感。见:现。 ⑭质:王念孙认为应是"贤"。无须臾忘为质者:《文子·符言》作"夫须臾无忘其为贤者",故何宁认为"无"为"夫",而这"无"应在"忘"字上。 ⑮茎:孙诒让认为应作"荄"。这样与下文的"之"和上文的"骸"押韵。"荄"也指根部。

【评析】

鼓不以声自见,所以能敲之有声。镜不以形自现,所以能照之有形。以物理喻事理,人就不能自我表现、张扬过分,如张扬、表现、有为过分就会出现这种情况:"饰其外者伤其内。扶其情者害其神。见其文者蔽其质。"这样于人于事都无好处。接着作者提醒大家设想一下:连走路都不忘表现自我、注意仪容的人,会不累吗?所以最好是不表现、张扬自我,不有为做作。如君王能做到这些,就能"内无暴事以离怨于百姓,外无贤行以见忌于诸侯",这样就能在"百姓不怨"之中利用民众,在"诸侯弗备"之时乘机而行。这就是从"鼓不灭于声,镜不没于形"之中喻晓出的事理,即"无为"和"无形"。

作者同样提示大家看看历史:这夏商周三代之所道哪里是拼命有为做成的,这"三代之所道"都是因势、因时、因顺自然而成的,所以人们同样要明白"天下可得而不可取也,霸王可受而不可求也",硬做、有为是成不了事的。

天有明,不忧民之晦也,百姓穿户凿牖,自取照焉①;地有财,不忧民之贫也,百姓伐木芟草,自取富焉②。至德道者若丘山,嵬然不动,行者以为期也。③直己而足物④,不为人赣⑤,用之者亦不受其德,故宁而能久。天地无予也,故无夺也;日月无德也,故无怨也。喜德者必多怨,喜予者必善夺。唯灭迹于无为,而随天地自然者,唯能胜理而无受名。⑥名兴则道行,道行则人无位矣。⑦故誉生则毁随之,善见则怨从之。⑧利则为害始,福则为祸先;唯不求利者为无害,唯不求福者为无祸。侯而求霸者必失其侯,霸而求王者必丧其霸。⑨故国以全为常,霸王其寄也;身以生为常,富贵其寄也。⑩能不以天下伤其国,而不以国害其身者,焉可以托天下也。⑪不知道者,释其所己有,而求其所未得也,苦心愁虑,以行曲故⑫,福至则喜,祸至则怖,神劳于谋,智遽于事⑬,祸福萌生,终身不悔,己之所生,乃反愁人⑭。不喜则忧,中未尝平,持无所监。谓之狂生。⑮

【今译】

天本有明,不忧虑百姓在黑暗中生活,而百姓也自会开门户、凿牖窗,从天上采光照亮房屋;地本有财,不忧虑百姓的贫穷,而百姓自会伐木砍草,从大地获取财物丰富生活。得道的人就像山丘、巍然不动,而行路人将它作为目标来攀登。这巍然不动的山丘只是自然而然地自给自足,它也不对人有过什么有意的施与,取用山丘财货的人也不必以为受了山的恩德而要去回报它,所以这山能安宁长久。天地也是这样不赐予,所以也就无剥夺;就像日月那样无恩施,故也不招惹怨恨。喜欢施恩的必定多怨恨,喜欢施予的必定会剥夺。唯有在无为中隐匿自己踪迹、顺随天地自然的人,才能理解这个道理而不爱名。名誉兴盛起来这道就行不通,道行得通则人就无须名位。所以称誉产生,这诋毁也就随之而来;善行显示,这恶恨也就跟着而至。利是害的开始,福是祸的先导;唯有不追求利的人没有害,唯有不追求福的人没有祸。是诸侯却要去谋求当霸主,就会连诸侯都保不住;是霸主却要想统治天下当天子,就会连霸主的位子都保不牢。所以国家以保全自己为长久之计,称王称霸只是一种暂时的寄托;人生也以活命为长久之计,大贵大富只是一种暂时的寄托。能够不因为拥有天下而伤害国家,能够不因为拥有国家而伤害身体,这样的人可以将天下托付给他。不懂"道"的人,放弃自己已拥有的,而去追求自己所没有得到的,煞费苦心玩弄智巧邪行,幸福来临就高兴,灾难临头就恐怖,策划计谋弄得疲劳不堪,事务纠缠得智困虑苦,灾祸由此产生也终身不悔,一切是自作自受,却反而埋怨人家。不是沾沾自喜,就是忧心忡忡,心里总是不平衡,行为没有原则标准,这就叫做"狂妄之徒"。

【注释】

① 明:指日光。晦:黑暗。牖:窗。 ② 芟:除草。 ③ 德道:得道。嵬然:高大的样子。行者:原注为"行道之人,指以为期",是说以山为攀登的目标。 ④ 直己而足物:是说山自然而然地自给自足。 ⑤ 赣:赐予、施与。 ⑥ 胜理:指理解这个道理。无受名:当作"无爱名"(许匡一《淮南子全译》)。 ⑦ 名兴则道行:应为"名兴则道不行"。 ⑧ 怨:王念孙认为应作"恶",与"善"相对为文。 ⑨ 侯:诸侯。霸:霸主。 ⑩ 寄:寄托。 ⑪ 焉:则。 ⑫ 曲故:

曲巧、智巧。⑬ 遽：通剧，"智剧"是指用智过度，智虑困苦。
⑭ 愁人：怨人。原注为"祸福皆生于己，非旁人也"。 ⑮ 监：通"鉴"，借鉴，引申为原则标准。狂生：狂妄之徒。

【评析】
作者认为，很多人仍然不懂"誉生毁随，善见恶从"、"利为害始，福为祸先"的道理，还在拼命有为做作，乃至于从事着"侯而求霸，霸而求天下"的事情；这种人为有所作为是"苦心愁虑，以行曲故"；这种人为"求其所未得"的东西是"神劳于谋，智遽于事"；这种人有时是成了事情而伤了身体还终身不悔。而人一旦达到了这种地步，真的是无药可救，为"狂生"。与"有为"相对的是"无为"。作者认为"无为"应像天地日月与万物的关系那样"无予、无夺、无德、无怨"；人只有"灭迹于无为"，随天地自然，才能"宁而能久"。

人主好仁，则无功者赏，有罪者释；好刑，则有功者废，无罪者诛。及无好者①，诛而无怨，施而不德；放准循绳，身无与事②；若天若地，何不覆载？故合而舍之者君也③，制而诛之者法也。民已受诛，怨无所灭④，谓之道。道胜，则人无事矣。圣人无屈奇之服⑤，无瑰异之行；服不视，行不观，言不议；通而不华，穷而不慑，荣而不显，隐而不穷，异而不见怪，容而与众同⑥。无以名之，此之谓大通。

升降揖让，趋翔周游⑦，不得已而为也，非性所有于身，情无符检⑧。行所不得已之事，而不解构耳，岂加故为哉？⑨故不得已而歌者，不事为悲；不得已而舞者，不矜为丽。⑩歌舞而不事为悲丽者，皆无有根心者。⑪善博者不欲牟⑫，不恐不胜，平心定意，捉得其齐⑬，行由其理，虽不必胜，得筹必多⑭。何则？胜在于数，不在于欲。驰者不贪最先⑮，不恐独后，缓急调乎手，御心调乎马⑯，虽不能必先载⑰，马力必尽矣。何则？先在于数，而不在于欲也。是故灭欲则数胜，弃智则道立矣。贾多端则贫⑱，工多技则穷，心不一也。故木之大者害其条⑲，水之大者害其深。有智而无术，虽钻之不通⑳；有百技而无一道，虽得之弗能守。故《诗》曰："淑人君子，其仪一也。其仪一也，心如结也。"㉑君子其结于一乎？

【今译】

　　君主如果喜好仁慈，就会对无功者奖赏、将有罪者释放；君主如果喜爱刑罚，就会废弃有功者，诛杀无罪者。而没有偏好的君主，如施行刑罚就没有人怨恨，如施舍恩德就没有人感戴；因为他效法水准，遵循墨绳，自身不参与事情本身；就像天地一样，什么事物不被覆盖和承载？所以将万物融合起来使之平平和和是君主的职责，制裁和诛杀罪犯是法律的功能。人如受惩罚而不表示怨恨遗憾，这就说明事情处理得合乎天道。道能占上风，这人间社会省却不少麻烦事。圣人不穿奇异服装，没有怪异行为；他的服饰不引起众人的议论，他的行为不引起众人观察，他的言论不引起众人的评论；通达时不浮华，困窘时不沮丧，荣贵时不炫耀，隐逸时不困窘，超凡脱俗而不被人感到怪诞，仪容和普通人一样。难以用名称来命名他，就叫做"大通"。

　　升阶下堂的举止，拱揖谦让的礼节，小跑疾走，盘绕周旋，都是不得已而去做的，并不是出于人的本性，内心的情绪并不同这些举止行为符合。做到这种不得已的事情，而且一定要这样做，哪里是特意这样安排的？所以不得已而唱歌的人，是难以表露悲情的；不得已而跳舞的人，是不会努力展示优美舞姿。唱歌、跳舞不能表露悲情，展示优美舞姿，都是由于内心没有真情。善于博弈的人，不一心想赢，他不担心不会赢，只是平心定意，投箸落子符合心意，行走棋子遵循规则，虽然不一定最后胜利，但得到的筹码一定不少。为什么呢？这是因为博弈的胜负取决于术数技艺,而不取决于人主观愿望。同样,善于赛马的人,不贪求跑在最前边,他也不害怕单独落在最后,只是通过双手调节快慢,驾驭者的意图和马匹协调,虽然不一定跑在最前面,但马匹的能量被最大限度地调动起来了。为什么呢?这是因为跑马领先,是在于技巧而不在于主观愿望。因此,消除欲念这技术就能发挥出来,同样抛弃智慧这道术就能确立起来。商人多方钻营就会失败、工匠技艺太繁就会困窘,这是因为他们心不专一。所以树木粗大妨碍它的高度,水流阔广影响它的深度。有智慧而没有权术,即使钻营也不能通达;有百种技艺而没有纯一之道,即使获得了也不能持守。所以《诗经》上说:"贤人君子,他们的仪态总是一定不变的。仪态不变,因此诚心坚定不渝。"君子的诚心大概就是这样专一坚定的。

【注释】

① 无好:指没有偏好。　② 放:通"仿",效仿、效法。准绳:墨绳,指法度。无与:没有什么,不参与施仁和刑罚。　③ 舍:和。《文子·道德篇》作"合而和之"。　④ 怨无所灭:王念孙认为应是"无所怨憾"(《文子·道德篇》)。　⑤ 屈奇:王念孙认为"屈奇"为双声字,似不当分为两义也。故"屈奇"其实就是"奇",以"奇"为长。　⑥ 见:被。容:仪容。　⑦ 升:登台阶。降:下堂恭候。揖让:拱揖谦让。这里的"升降揖让"是指古代宾主相见的一套礼仪。趋翔:小跑疾行。周游:周旋交游。　⑧ 符验:切合、符合。　⑨ 解构:邂逅,不期而会。不解构:马宗霍认为:"邂逅"即"不期而会",为偶然之事。"不(非)邂逅",犹言非偶然也。加:姚广文认为"加"为衍文。岂故为:指不是故意这样安排的。　⑩ 矜:蒋礼鸿认为当为"务"(务)。　⑪ 无有根心:原注为"中无根心,强为悲丽"。　⑫ 博:古代一种用下棋方式的赌博游戏。牟:谋取双倍的利益。　⑬ 捉:王念孙认为当作"投",投箸。齐:适当、中意。　⑭ 行由其理:王念孙认为"谓行某也",《楚辞·招魂》注曰"投六箸,行六棊,故为六博"。筹:筹码。以计算筹码多少计算博棋输赢。　⑮ 驰:赛马。"驰"的古音为"逐",

"逐"即角逐、竞赛。　⑯ 御心：驾驭者的心思。　⑰ 载：通"哉"。　⑱ 贾：商人。端：头绪。多端：指多方钻营。　⑲ 条：杨树达认为"条"当读为"修"，长的意思。　⑳ 钻：钻营。通：达。不通：何宁认为应为"不能通"（达）。　㉑ 语见《诗经·曹风·鸤鸠》。淑：贤、善。仪：仪态。心如结：比喻内心专一不渝。这里的"鸤鸠"为布谷鸟。

【评析】

作者继续"无为"的话题。认为"灭迹于无为"的圣人因无偏私爱好，所以他对赏罚的实施推行不会引起不必要的恩怨，一切都是那样地和合完美，就像天地对万物的覆盖和承载一样自然，无人会提出异议。配以圣人"无为"的是，圣人还应"无屈奇之服，无瑰异之行"，能"通而不华，穷而不慑，荣而不显，隐而不穷，异而不见怪，容而与众同"。这称之为"大通"。

由"无为"引出的是"无欲"。作者认为圣人就应像善博的高手、善驾的驭手那样，不着意于追求取胜、领先，但恰恰是不着意于追求取胜、领先，倒能取胜、领先。由此作者要大家心如磐石那样地坚定"无欲"信念，要明白世上许多事情并非是"故为"而能成的。而谁有意、刻意去做某些事，常常会适得其反，这就像"贾多端则贫，工多技则穷"一样。

舜弹五弦之琴而歌《南风》之诗①，以治天下；周公毂膹不收于前②，钟鼓不解于县③，以辅成王而海内平。匹夫百畮一守，不遑启处④，无所移之也。以一人兼听天下，日有余而治不足⑤，使人为之也。处尊位者如尸，守官者如祝宰。⑥尸虽能剥狗烧彘，弗为也，弗能无亏⑦；俎豆之列次，黍稷之先后，虽知弗教也，弗能害也⑧。不能祝者，不可以为祝，无害于为尸；不能御者，不可以为仆，无害于为佐⑨。故位愈尊而身愈佚,身愈大而事愈少。⑩譬如张琴,小弦虽急,大弦必缓。

无为者,道之体也;执后者,道之容也。⑪无为制有为,术也;执后之制先,数也。⑫放于术则强,审于数则宁。⑬今与人卞氏之璧,未受者⑭,先也;求而致之,虽怨不逆者,后也⑮。三人同舍,二人相争。争者各自以为直,不能相听。一人虽愚,必从旁而决之⑯,非以智,不争也。两人相斗,一赢在侧。⑰助一人则胜,救一人则免。⑱斗者虽强,必制一赢⑲,非以勇也,以不斗也。由此观之,后之制先,静之胜躁,数也。倍道弃数,以求苟遇,变常易故,以知要遮⑳,过则自非,中则以为候,暗行缪改㉑,终身不寤:此谓狂人。有祸则诎,有福则赢,有过则悔,有功则矜,遂不知反㉒,此谓狂人。

员之中规,方之中矩,行成兽,止成文㉓,可以将少,而不可以将众。蓼菜成行,瓶瓯有堤㉔,量粟而舂,数米而炊,可以治家,而不可以治国。涤杯而食,洗爵而饮,浣而后馈㉕,可以养家老,而不可以飨三军。非易不可以治大,非简不可以合众。大乐必易,大礼必简。易故能天,简故能地。大乐无怨,大礼不责,四海之内,莫不系统㉖,故能帝也。

【今译】
　　舜只需弹奏五弦琴,吟诵《南风》诗歌,就能治理好天下了;周公则进餐时还要忙于政务,钟鼓悬挂着不解下来,辛勤地辅佐成王平定天下。平民百姓一家子守着百亩土地,没有空暇时间,也无法摆脱赖以生存的土地。而君王一人执掌天下,政事不够他处理而时间还有剩余,因为他将事情分派给百官去办了。处于尊位的君王就像尸主,处在官位上的百官就像祝宰。尸主虽然会扎刍狗烧猪,但他不去做这些归他人的事,即使不会做这些事也没有什么损失;俎豆摆放顺序、黍稷上供先后,尸主尽管知道也不去指指点点,即使不懂这些规矩也没有什么影响。但一定要做到,不懂"祝"的人,不能让他担任祝者,但并不妨害他做尸主;不会驾车的人,不能让他担任驭手,但并不影响他处于主位。所以地位越尊贵就越安逸,身份越高杂事越少。这就像弹琴,小弦虽然音调急迫,而大弦声音一定舒缓。

　　无为是道的本体;处后是道的功能。无为驾驭有为,叫做"术";处后制约占先,叫做"数"。效仿"术"就强大,审察"数"就安宁。现在将卞氏之璧给人,不能接受这一点的,是先得到它的人;寻求才得到它,虽有所埋怨却不反悔,是最后得到它的人。三个人住在一起,其中两人为事争吵起来。争吵双方都认为自己正确,听不进对方的话。另外一人虽然愚钝,也一定会从旁判定谁是谁非,这不是因为他聪明,而是因为他没有卷入这其中的争吵。同样,两人斗殴,另一瘦弱者站在旁边,如果他帮其中的这个人忙,这个人就必定会获胜;如果他将两人中的一人拉开,这场相打就此平息。参加斗殴的双方都十分强壮,但却都受这一瘦弱者制约,不是因为瘦弱者骁勇,而是因为瘦弱者本身没有参与这场相打斗殴。由此看来,后来的制约着居先的,文静的胜过躁动的,这是一种规律。背道弃数而寄希望于偶然,改变常规更易旧俗,凭小聪明来碰运气机会,有了过失就责难自己,侥幸碰中机会就认为是掌握了时机,行动愚昧且又荒谬更改,一辈子都不醒悟:这就叫做"狂妄"。有了灾祸就屈服,有了一点福就自满,有了过失就追悔,有了功劳就骄傲,始终不知返回心意,这就叫做"狂人"。

　　圆阵符合圆规,方阵符合方矩。行军排成兽阵,站立形成列队,这样可以率领少量人马而不能统率千军万马。蓼菜长成行,瓶瓯有底座,量粟而舂,数米而炊,这样的人可以管家务而不能治理国家。洗净杯盘进食,洗好爵来饮酒,洗涤干净以后侍候长辈用饭,这样的人可以在家赡养长者,但不能管理三军的伙食。不平易不能办大事,不简约不能聚合众人。大型的音乐必定平易,重大的礼仪必定简略。平易简约能成天地。大型音乐平易而没有怨伤,重大礼仪简略而不受责难,四海之内都能统领,所以这样的人能成为天子皇帝。

【注释】

① 五弦:宫、商、角、徵、羽五音。《南风》:古诗名。《礼记·乐记》说:"昔者舜作五弦之琴,以歌《南风》。"郑玄注:"《南风》,长养之风。"孔颖达疏:"舜有孝行,故以此五弦之琴歌《南风》之诗而教天下之孝也。" ② 殽臑:泛指食物。"臑"为"臑",一种动物前肢。王引之认为"殽,俎实也,臑,豆实也。殽臑犹言俎豆耳",这句的意思和"周公一饭三吐哺"的意思一样。 ③ 县:悬挂。 ④ 晦:通"亩"。百晦一守:古代井田制,一农夫耕种百亩土地。逞:空暇。 ⑤ 治不足:是说政事不够他处理的;比较农夫百晦一守无空暇时间来说君王空余时间很多。 ⑥ 尸:古代祭祀时代表鬼神受祭的人。祝:祭祀时向鬼神祷告,传鬼神言辞的人。宰:祭祀时负责宰杀牲口的人。 ⑦ 剥:许匡一认为"剥"疑通"包",包扎。狗:刍狗,指古代祭祀用的草扎的狗,用过即弃。亏:亏损,损失。 ⑧ 俎豆:古代祭祀、宴客时用的礼器。俎能盛放较大的肉,豆能盛放较小的食物,似高脚盘。列次:排放的次序、摆放的顺序。黍稷:两种谷物名称,可用以祭祀。弗能害:应作"弗能无害",与"弗能无亏"相同。 ⑨ 仆:这里指驾车的人。佐:俞樾认为应作"左",指君位。《礼记》说:"车行则有三人,君在左,仆人中央,勇士在右。"(《曲礼篇·正义》) ⑩ 身:蒋礼鸿认为"身"应为"官"。 ⑪ 容:通"庸",用,功能的意思。 ⑫ 执后:这里的"执"为衍文。 ⑬ 放:仿,效仿。审:审察。 ⑭ 卞氏之璧:春秋楚人卞和发现了一块玉璞,他先后献给楚厉王、楚武王,两国君不识其宝,反诬卞和欺君,将卞和双脚砍去。楚文王即位,卞和抱玉璞哭于荆山之下,文王命人加工玉璞,才知是稀世之宝,遂名卞氏之璧。未受者:指楚厉王和楚武王。 ⑮ 虽怨不逆者:指楚文王、卞和。 ⑯ 决:裁决,裁判。 ⑰ 羸:瘦弱。 ⑱ 救:止也。是说阻止打斗,即劝架。

⑲必制一嬴：应是"必制一嬴"。　⑳倍：背。遇：偶合。苟遇：侥幸碰到。知：智。要遮：拦遮，也指碰运气。　㉑过：过失，错误。候：时令，引申为时机。缪：通"谬"。　㉒诎：屈服。嬴：通"盈"，满足。反：返。　㉓员：同"圆"。规：圆规。矩：矩尺。行成兽：古代行军布阵的阵式。《礼记·曲礼上》说："行，前朱鸟而后玄武，左青龙而右白虎。"郑玄注云："以此四兽为军阵，象天也。"止：停，指停止站立。文：原注为"文谓威仪文采"。　㉔蓼菜：植物名，生在水边。瓯：盆盂一类的瓦器。堤：瓶瓯的底座。原注为"堤，瓶瓯下安也"，"下安"即下坐，也即底座。一说"堤"为"提"，谓瓶瓯有两耳，可以用绳提挈也。　㉕爵：古代的一种饮酒器。浣：洗。馈：进食。　㉖系统：是指统率、统领。

【评析】

讲了那么多"无为"，作者在这里总结道："无为者，道之体"，应"无为制有为"，除"非以智，不争"，"非以勇，不斗"外，还应"执后，外静，行简易"。作者认为"后之制先，静之胜躁"是一般事理，生活中随处可见。"行简易"同样是"无为"的主要特征，凡能成大器的都是"行简易"的，这就是"非易不可以治大，非简不可以合众"。联系到君主身上，就不能只限于琐碎小事；如只限于琐碎小事，必不能系统四海，成为天子。只有超越琐碎小事，君主才能"位愈尊而身愈佚，身愈大而事愈少"，哪会像匹夫农妇那样百晦一守，终日忙碌，还只够混口饭吃的。

　　心有忧者，筐床衽席弗能安也①，菰饭牦牛弗能甘也②，琴瑟鸣竽弗能乐也。患解忧除，然后食甘寝宁，居安游乐。由是观之，生有以乐也，死有以哀也。今务益性之所不能乐，而以害性之所以乐，故虽富有天下，贵为天子，而不免为哀之人。凡人之性，乐恬而憎悯，乐佚而憎劳。③心常无欲，可谓恬矣；形常无事，可谓佚矣。游心于恬，舍形于佚，以俟天命,自乐于内,无急于外,虽天下之大,不足以易其一概,日月㢠而无溉于志。④故虽贱如贵,虽贫如富。大道无形,大仁无亲,大辩无声,大廉不嗛⑤,大勇不矜,五者无弃,而几乡方矣⑥。

【今译】

　　心里有忧愁的人,即使有安适的床榻松软的垫席也不能让他安睡;即使有菰米饭牛羊肉吃也不能使他感到甘甜;即使有琴瑟竽的吹奏也不能使他快乐。而一旦内心的忧愁消除,就吃得香甜、睡得安稳、住得舒适、玩得快乐了。由此看来,活着有它的乐趣,死去有它的哀伤。现在有些人致力于增加人本性所不乐意的东西,而损害了本性快乐的东西,因此即使富有得拥有天下,尊贵到做了天子,但还是免不了成为悲哀的人。大凡人的天性,喜欢恬愉而讨厌忧虑,喜欢安逸而讨厌辛劳。内心始终保持无欲,可称为恬愉;身体保持无事,可称为安逸。身心处于恬愉舒适之中,身体处于安逸闲适之中,等待天命的安排,内心自寻快乐,不着急身外的琐事,虽天下之大也不足以变易他的生活模式,日月隐藏也不能干扰他的生活态度。所以虽然低贱但他觉得尊贵,虽然贫寒他觉得富足。大道无形象,大仁无偏爱,大辩无声音,大廉无贪心,大勇无矜夸,这五者被保存下来,就差不多接近正道了。

【注释】

　　① 筐床:方正安适的床榻。衽席:松软的垫席。　② 菰:一种生于浅水的植物,也叫茭白。牺:食草一类的牲畜叫牺,也即指牛羊类家畜。　③ 佚:通"逸"。　④ 概:古时量米粟时刮平斗斛的器具。引申为一种模式。㢠:隐藏。溉:原注为"溉,灌也"。指淹没,引申为干扰、侵扰。　⑤ 嗛:指用口衔物,"嗛"、"衔"同义,指贪婪。
⑥ 几:庶几,差不多。乡:通"向"。方:原注为"方,道也,庶几向于道也"。

【评析】

要能做到"无为",很大程度上取决于"无欲";而能做到"无欲",又在很大程度上取决于人对本性的明白程度之如何。在这里,作者明确指出人之本性是"乐恬而憎悯,乐佚而憎劳"。那么,什么叫"恬"和"佚"呢?"心常无欲,可谓恬矣;形常无事,可谓佚矣。"这样,作者就将"无欲"与人之本性打通、衔接,并嵌入其中,即"无欲"原本就是人之本性。因为"无欲",所以"游心于恬,舍形于佚,以俟天命,自乐于内,无急于外",天地宇宙间再大的利益、再大的灾祸都无法让这无欲清静之心变易更改。这样就能做到虽贱如贵,虽贫如富,"食甘寝宁,居安游乐",哪会像心有欲念忧愁者那样"筐席衽席弗能安,菰饭牺牛弗能甘,琴瑟鸣竽弗能乐"?!作者认为,无欲一旦成为人之本性,就能做到"大勇不矜,大廉不嗛,大辩无声,大仁无亲,大道无形",这样也就差不多接近"道体"了。

军多令则乱,酒多约则辩。①乱则降北,辩则相贼。②故始于都者常大于鄙,始于乐者常大于悲。③其作始简者,其终本必调。④今有美酒嘉肴以相飨,卑体婉辞以接之,欲以合欢,争盈爵之间反生斗。⑤斗而相伤,三族结怨⑥,反其所憎,此酒之败也。《诗》之失僻⑦,乐之失刺⑧,礼之失责⑨。徵音非无羽声也,羽音非无徵声也,五音莫不有声,而以徵羽定名者,以胜者也。⑩故仁义智勇,圣人之所备有也,然而皆立一名者,言其大者也。⑪阳气起于东北,尽于西南;阴气起于西南,尽于东北。阴阳之始,皆调适相似。⑫日长其类,以侵相远⑬,或热焦沙,或寒凝水。故圣人谨慎其所积。水出于山而入于海,稼生于野而藏于廪⑭,见所始则知终矣。席之先雚簟⑮,樽之上玄酒⑯,俎之先生鱼⑰,豆之先泰羹⑱,

此皆不快于耳目,不适于口腹,而先王贵之,先本而后末⑲。圣人之接物,千变万轸,必有不化而应化者。夫寒之与暖相反。大寒地坼水凝,火弗为衰其暑⑳;大热铄石流金㉑,火弗为益其烈:寒暑之变,无损益于己,质有之也㉒。

【今译】

军令多变或不统一就会导致部队混乱,酒令太多或混乱就会导致酒席吵闹发生争执。部队混乱就容易临阵败逃或投降,酒席吵闹发生争执就容易互相伤害。所以事情常常是开头美好,最终却变得丑鄙;事情常常是开头快乐,最后以不高兴收场。简简单单的事,最终变得繁琐不堪。现在有人准备好美酒佳肴宴请宾客,以卑恭的态度和委婉的言辞接待客人,想以此来交结朋友欢聚一场,但在饮酒过程中却以饮酒多少而发生了争执,并打斗起来造成伤害,为此双方族人结下仇怨、变成仇人,出现了原本不想见到的局面,这就是酗酒在坏事。《诗》的偏差在于后来的邪僻,《乐》的失误在于后来的怨刺,礼的偏差在于后来的苛责。徵音中并不是没有羽音掺杂,羽音里也并不是没有徵音掺杂,五音中没有哪种声音不掺杂,但仍然以"徵"、"羽"等等来给五音定名,因为五音分别以本音调为本体来确定的。所以仁义智勇四种品质,圣人都具备,然而对具体某个圣人用一种名号命名,是针对他身上的那种品质特别突出而言的。阳气在东北方产生,到西南方消失;阴气在西南方形成,到东北方衰弱。阴气和阳气在产生之初都是协调和适的,又非常相似的。它们随着时间的变化而各自增长本身的成分,以至渐渐拉大它们的差距,或者阳气极盛时热得沙石烤焦,或者阴气极盛时冷得河水结冰。因此圣人是谨慎地对待事物量的积累。河水发源于高山而最终流注大海,庄稼生长于田野而最终收入粮库,这就是看到它们的开始便知道它们的归宿了。祭祀时,崇尚草编的席垫、装在樽中的玄酒、放在俎上的生鱼、盛在盘中的肉汁,这些物品是既不赏心悦目,也不合人胃口,但先王们就是看重它们,这是因为先王们重视的是祭祀之根本而不看重一些枝末的东西。圣人与外界事物打交道,在千变万化的环境中,圣人一定掌握着能应付千变万化的不变之道。那寒与暖正相反,当大寒冻裂大地滴水成冰的时候,燃烧着的火却不因此降低它的热度;当大暑高温热得能使金属熔化的时候,燃烧着的火却也不因此增加它的热度。寒暑的变化对火本身没有影响,这是因为火有它自己的特质。

【注释】

①约:这里指喝酒猜拳的规矩。辩:争论。　②北:"北"有"背"义,打败仗向后逃叫败北。贼:伤害。　③大:王念孙认为两个"大"字应作"卒"、"终"的意思,与"始"相对。都:本指都市,引申为美好。鄙:本指边远地区,引申为丑恶、丑鄙。　④本:王念孙认为应作"卒"。调:通"䮻",《玉篇·多部》"䮻,丁幺切,多也,大也";《庄子·人间世》作"巨"。　⑤爵:酒杯。盈爵:斟酒的浅满。　⑥三族:父、子、孙三族,这里泛指家族。　⑦僻:邪僻不正。失:失误、偏差。原注为"《诗》者,衰世之风也,故邪而以之正"。　⑧刺:讽刺、怨刺。原注为"乡饮酒之乐歌《鹿鸣》,《鹿鸣》之作,君有酒者,不召其臣,臣怨而刺上者非也"。　⑨礼之失责:原注为"礼无往不复,有施于人则责之",作者认为礼发展到后来追求繁文缛节,使人难以实行,有害性苛责的表现。　⑩胜:是说在定"徵"、"羽"等五音之名时,是以音的本音为本体来确定的。　⑪皆立一名:是说对圣人都用一种名称命名,或称"仁",或谓"义"。　⑫是说阴阳二气开始时双方力量相等,难以分辨,故曰"相似"。　⑬侵:通"浸",渐渐。　⑭廪:粮库、米仓。　⑮先:杨树达认为"先"与"上"义相同。"上"又通"尚","推重"、"崇尚"。席:垫席。萑:萑同"莦",即芦苇之类的水草。蕈:苇类植物。这里的"萑蕈"指草类编的席垫。　⑯樽:古人盛酒器。上:尚,崇尚。玄酒:水。古代未发明酒时以水代酒。　⑰俎:祭祀时放祭品的器具。生鱼:指未经烹煮的鱼。　⑱豆:祭祀时盛放食物的器具,类似高脚盘。先:上,崇尚。泰羹:指不带味道的肉汁。

⑲ 贵：以为贵，珍视，看重。先本：崇尚根本、重视根本。　⑳ 坼：裂开。暑：王念孙认为应为"热"。　㉑ 热：王念孙认为应为"暑"，这是因为"火可言热，不可言暑，且热与烈为韵"。　㉒ 质：本质。

【评析】

作者认为既然不少事物均为"始于都而卒于鄙，始于乐而卒于悲"，事物发展会走向反面，所以作为圣人就要注意这种事物的变化，即"谨慎其所积"，最好能防止事物走向反面；即使不能防止事物走向反面，也起码能"见所始则知终"，能有相应的应对措施。但又鉴于事物的两极变动不居（如祸福之接、寒暑之变、利害之反），所以作者认为这种应对两极变动的最好方法是"必有不化而应化"，即以不变应万变；而这"不变"、"不化"在作者一贯的信念中应是"道体无为"。

　　圣人常后而不先，常应而不唱①；不进而求，不退而让。随时三年，时去我先②；去时三年，时在我后。无去无就，中立其所。天道无亲，唯德是与。③有道者，不失时与人；无道者，失于时而取人。④直己而待命，时之至不可迎而反也⑤；要遮而求合；时之去不可追而援也⑥。故不曰我无以为而天下远，不曰我不欲而天下不至。⑦古之存己者，乐德而忘贱，故名不动志；乐道而忘贫，故利不动心。名利充天下，不足以概志，故廉而能乐，静而能澹。⑧故其身治者，可与言道矣。自身以上至于荒芒尔远矣⑨，自死而天下无穷尔滔矣⑩。以数杂之寿⑪，忧天下之乱，犹忧河水之少，泣而益之也；龟三千岁，浮游不过三日⑫，以浮游而为龟忧养生之具，人必笑之矣。故不忧天下之乱，而乐其身之治者，可与言道矣。君子为善不能使福必来，不为非而不能使祸无至。福之至也，非其所求，故不伐其功；祸之来也，非其所生，故不悔其行。内修极⑬，而横祸至者，皆天也，非人也。故中心常恬漠，累积其德⑭；狗吠而不惊，自信其情。故知道者不惑，知命者不忧。万乘之主卒，葬其骸于广野之中，祀其鬼神于明堂之上⑮，神贵于形也。故神制则形从，形胜则神穷。聪明虽用，必反诸神，谓之太冲。⑯

【今译】
　　圣人常处后而不争先，常应和而不倡导；既不前进追求，也不退后谦让。跟随时间三年，时去我走；离开时间三年，时在我后。没有离开也没有趋就，居中站于应处的地位。天道没有偏心私情，它只帮助有德之人。有道之人，不失时机地去帮助他人；无道之人，丧失时机被人剥夺。自身正直而等待天命，时机来到不能迎上去而违逆它；拦截时机而强求合时；时机离去不能追上去而拉住它。所以一般不说我无所作为，天下离我这么远；也不说我不想得天下，天下不会落在我手里。古代那些会保存自我的人，乐于道德而忘却贫贱，所以名誉不能改变他的志向。乐于道体而忘掉贫寒，所以利益不能改变他的心性。名利就是充斥天下，都不足以牵动他的心，所以清廉而能快乐，虚静而能知足。所以这样修心养性的人，可以和他谈论道体。从自身现在往上推算到上古时代，时间是够久远的了；又从自身死后往下推算世界，无穷无尽也够遥远的了。以一个几十年仓猝的一生，去忧虑天下的治乱，就像担心黄河水会减少、以泪水去增加它的水量一样。神龟寿长三千年而蜉蝣不过活三天，以短命蜉蝣去替神龟养生条件担忧，这一定会引起人们的嘲笑。所以不必要忧虑天下的治和乱，只以自身颐养为乐事就够了；如能这样，便可与他谈论道体了。君子行善，不一定能使福必到；君子不做坏事，也不一定能使祸不降临。福的到来，不是靠自己追求的，所以得到幸福也不夸耀自己的功劳；祸的降临，不是自己招惹的，所以遭受不幸也不后悔自己的行表。内在的心性修养遵循一定的准则，如横祸降临，那就是天意了，不是人为的。所以应时常内心静漠恬淡,不要因外物牵累对德的修养;做到狗吠而不惊,对自己纯真的性情充分相信。所以懂得道的人不迷惑,知晓命运的人不忧虑。万乘大国的君主死后,人们将他的尸骸埋在旷野地里,而在庙堂上祭祀他的神灵,这是因为精神比形体贵重。所以精神处于制约地位,形体就服从精神,如形体制约精神,精神就会耗尽。聪明虽然管用,但还必须返归到精神上来,达到这种虚静中和境界的叫做"太冲"。

【注释】

① 唱:倡,倡导。　② 先:吕传元认为"先"当为"走"。　③ 与:相与,帮助的意思。　④ 取人:即取于人。　⑤ 直:自身正直。时:时机。反:返,违逆的意思。　⑥ 要遮:拦截。援:拉曳、拉住。⑦ 无以为:没什么作为。　⑧ 概:通"溉",震撼,牵动。澹:满足。⑨ 荒芒:远古时代。尔:亦。下句"尔"字同此。　⑩ 滔:漫长,遥远。　⑪ 杂:原注为"匝也。从子至亥一匝"。"杂"或作"卒","数卒"为双声连语,声转即为仓猝,迫急的意思(于鬯语)。　⑫ 浮游:蜉蝣,一种昆虫,寿命短者出生数小时即死,长者亦不过几天。　⑬ 极:中也。引申出"准则"、"标准"。　⑭ 累积其德:王引之认为应作"不累其德"。　⑮ 广野:旷野。明堂:原注为"庙之中谓之明堂也"。⑯ 聪明虽用:原注为"聪明虽用,于内以守,明神安而身全"。冲:一种虚静中和的境界。

【评析】

这是《诠言训》的最后一节,对《诠言训》中的"无为"作了些总结。作者认为生活在时空中的人对时机实在不易把握,"随时三年,时去我先;去时三年,时在我后",所以最好的把握方法是人"无去无就,中立其所","常后而不先,常应而不唱"。而且,人在这时间面前实在是无能为力的:"时之至不可迎而反也,时之去不可追而援也。"鉴于这些情况,作者认为最好的方法是"无为",只有"无为",宇宙天地才会掌握在自己的手里。

又鉴于"无为"取决于"无欲",所以接下来作者就强调起"灭欲养性"来。说"中心常恬漠,累积其德","乐德而忘贱,故名不动志;乐道而忘贫,故利不动心。名利充天下,不足以概志,故廉而能乐,静而能澹"。认为只有"乐其身之治者"(灭欲养性者),方可言"道体",才可行"无为"。

卷十五　兵略训

【解题】

本卷《兵略训》是一卷集中阐述古代兵家思想的军事论著。与其他的军事著作所不同的是，它不但继承、发扬了先秦兵家军事学说，还在其中融入了"道"的思想，从而构成了以"道"为中心的军事理论体系，这样使本卷成为继《孙子兵法》之后的又一部相当有特色的、且非常重要的古代军事论著，其中不少创见值得人们重视，还有不少内容值得人们进一步发掘。

作者在本卷中首先讨论了战争产生的根源。认为战争是由于财物不敷需要而产生的。在因财物不足、分配不均引起的纠纷过程中，贪婪凶暴者以强凌弱、以勇欺怯，残害天下，造成极大的社会动乱；这时"圣人"出于安良除暴平天下的目的，以正义战争来"存亡继绝，平天下之乱，而除万民之害"。作者认为这种"正义战争"由来已久且必不可少，因为它可以讨伐暴乱、造福民众。在此基础上，作者反对那种以战争来"利土壤之广"、"贪金玉之略"的不义战争。由此可见作者对战争的态度是既不是一味地"偃兵"，也不是一味地好战。

本卷还讨论了战争和政治的关系问题。作者认为兵之强弱和战争胜负根本取决于政治的清明："兵之胜败本在于政。政胜其民，下附其上。则兵强矣。"同时认为战争是政治的继续和一种辅助手段，那就是对危害社会和百姓的残暴势力，先"教之以道、导之以德"，如不听"则临之以威武"，再不听"则制之以兵革"；而对那些凶恶残暴者还应尽早用武力对付，斩草除根不使之酿成大害。同时，作者还将"道"融入其中，提出"兵失道则弱，得道则强"的观点。这样就将遵循"道"之原则施行的政治与兵之强弱联系起来了。

本卷还阐述了赢得战争胜利的条件。作者认为取得胜利的条件除战争的正义性和政治的清明外，最为根本的条件是要取得民众的支持,而这更为关键的是民众的民心和士气。鉴于此,君主和将领要千方百计"因民欲",鼓士气。还认为如能政治清明而得到民众的拥护支持,那么就可以做到"不战而止",这是战争的最好结局。

作者在本卷中还以大量的篇幅论述了用兵原则、战略战法、天时地利、军务将官等战争要素。认为这些要素都必须以"道"为指导才能起作用,诸如无为制有为、无为而应变、以静制躁、以后制人、以逸待劳等,均是"道"在战争中的运用。

总之,在本卷中涉及的军事内容十分丰富,这样使本卷成为了我国古代军事文章中一篇重要的文献,值得我们重视和研究。

古之用兵者,非利土壤之广而贪金玉之略①,将以存亡继绝,平天下之乱,而除万民之害也。凡有血气之虫,含牙带角,前爪后距。②有角者触,有齿者噬,有毒者螫,有蹄者趹③;喜而相戏,怒而相害:天之性也。人有衣食之情,而物弗能足也,故群居杂处,分不均,求不澹,则争。④争则强胁弱而勇侵怯。人无筋骨之强,爪牙之利,故割革而为甲,铄铁而为刃。贪昧饕餮之人⑤,残贼天下,万人摇动,莫宁其所有。圣人勃然而起,乃讨强暴,平乱世,夷险除秽⑥,以浊为清,以危为宁,故不得不中绝⑦。兵之所由来者远矣!黄帝尝与炎帝战矣⑧,颛顼尝与共工争矣⑨。故黄帝战于涿鹿之野⑩,尧战于丹水之浦⑪,舜伐有苗,启攻有扈⑫。自五帝而弗能偃也⑬,又况衰世乎?

夫兵者,所以禁暴讨乱也。炎帝为火灾,故黄帝擒之⑭;共工为水害,故颛顼诛之⑮。教之以道,导之以德而不听,则临之以威武。临之威武而不从,则制之以兵革。故圣人之用兵也,若栉发耨苗⑯,所去者少,而所利者多。杀无罪之民而养无义之君，害莫大焉；殚天下之财而澹一人之欲^⑰，祸莫深焉。使夏桀、殷纣有害于民而立被其患^⑱，不至于为炮烙；晋厉、宋康行一不义而身死国亡^⑲，不至于侵夺为暴。此四君者，皆有小过而莫之讨也，故至于攘天下^⑳，害百姓。肆一人之邪而长海内之祸，此大伦之所不取也。^㉑所为立君者^㉒，以禁暴讨乱也。今乘万民之力而反为残贼，是为虎傅翼，曷为弗除！^㉓夫畜池鱼者必去猵獭^㉔，养禽兽者必去豺狼，又况治人乎！

【今译】

　　古时候人的用兵，不是为了谋求扩大地域的利益和贪图获取金玉财宝，而是为了存亡继绝，平息天下暴乱，铲除百姓的祸害。凡是有生命的动物，有的嘴长牙齿、有的头长犄角、有的脚上生着前爪后距。这样，长着犄角的就用角触撞、长着牙齿的就用牙噬咬、长着毒刺的就用刺螫、长着蹄脚的就用蹄踢蹬。这些动物高兴时互相嬉戏，发怒时互相伤残：这些均为天性。人类也有衣食的欲求本能，但这些物资又不能充分满足，所以人们相聚杂处，分配不均匀，需求又不能满足，于是便发生了争斗。争斗时，强壮的就胁迫弱小的，勇猛的就欺凌怯懦的。但同时人类又没有强健的筋骨和锋利的爪牙，于是就裁割兽皮做成甲胄、熔炼金属制成刀枪。而那些贪婪财物且蛮横残暴的人残害天下百姓，使人民受到侵扰而不能安生。这时圣人挺身而出，毅然兴兵讨伐强暴、平定乱世、铲除险恶、清除混乱，使混浊变得清平、将危亡成为安宁，所以使那些凶恶强暴者不得不停止作恶行为。战争的由来已经很久远了，那就是黄帝曾经和炎帝打过仗，颛顼曾经和共工发生过战争。所以是黄帝在涿鹿之野打败蚩尤，尧帝在丹水之浦消灭楚伯，舜帝讨伐过叛乱的有苗，夏启攻打过不服的有扈。这说明战争即使在五帝时代也没有停息过，那就更不用说衰乱的时代了。

　　战争是用来制止凶暴和讨伐祸乱的。炎帝造成了火灾，所以黄帝将他擒获；共工制造了水患，所以颛顼将他诛灭。对这些事情的处理一般性是这样的：先用道理教育这些坏人，并用德行开导这些恶人，如果不听劝导，就用武力威势震慑他们，武力威势仍然不足以震慑他们，就只能用兵来对他们作出制裁了。所以圣人用兵，如同梳头锄草，清除的是少数害虫，保护的是多数百姓的利益。杀害无辜的百姓来保护不义的君主，祸害之中没有比这更大的了。穷尽天下的财物来满足一个暴君的欲望，灾难之中没有比这更深的了。假若桀和纣危害百姓的事一开始就被及时扼杀，就不会有以后制造炮烙酷刑的事；假若晋厉公和宋康王推行第一件不义的事时就被制止扼杀，就不会有以后侵略别国施强暴的事了。这四位暴君，都是在于只有小过错的时候没有去声讨他们，以至于发展到搞乱天下的地步、祸害百姓的境地。所以，放纵一个暴君的邪恶，实际上就是增加了天下的祸乱，也实际上对百姓造成了祸害，因此按天理人伦来说是不允许放纵一个邪恶的暴君的。之所以要确立君主，为的是禁止强暴讨伐叛乱，但现在设立了可统治万民的君主之后却来残害百姓，这实在不应该；如是这样设立残害百姓的君主，这就像给恶虎添翼，为什么不除掉他。养鱼的人都知道只有清除池塘里的猵獭才能养好鱼，养家禽家畜的人也知道只有消灭豺狼才能养好家禽家畜，更何况是治理百姓的君主呢！

【注释】

① 略：通"掠"，掠夺、夺取、获取。　② 血气之虫：有生命的动物。虫：泛指动物。带：戴，头顶的意思。距：足后突出如趾的尖骨。　③ 触：撞。噬：咬。螫：刺人。趹：用后蹄踢蹬。　④ 澹：通"赡"，满足、充足。　⑤ 饕餮：传说中的一种凶恶的兽。这里比喻凶恶贪婪的人；有时指贪吃的人。　⑥ 夷：平。秽：原指田野间荒草。这里引申为丑恶行为。　⑦ 中绝：中途停止、中途断绝。俞樾认为此当作"故人得不中绝"，言圣人勃然而起，夷险除秽，故人类不至于中绝也。　⑧ 黄帝尝与炎帝战矣：原注为"炎帝，神农之末世也，与黄帝战于阪泉，黄帝灭之"。阪泉即下文的涿鹿，在今河北涿鹿。

⑨ 颛顼尝与共工争矣：原注为"共工与颛顼争为帝，触不周山"。 ⑩ 黄帝战于涿鹿之野：原注为"黄帝与蚩尤战于涿鹿。涿鹿在上谷"。 ⑪ 尧战于丹水之浦：原注为"尧以楚伯受命，灭不义于丹水。丹水在南阳"。丹水：水名，在今河南西南部。之浦：水边、水滨。 ⑫ 有苗：又称三苗。启攻有扈：原注为"禹之子启伐有扈于甘。甘在右扶风郡"。"郡"当为"鄂"字之误。 ⑬ 自：杨树达认为作"虽"讲；"虽"，即使。偃：停息、停止。 ⑭ 传说炎帝与黄帝交战，炎帝放火，黄帝以水灭之。 ⑮《本经训》说："舜之时，共工振滔洪水，以薄空桑。" ⑯ 栉：梳头。耨：除草。 ⑰ 殚：耗尽。澹：通"赡"，满足。 ⑱ 立：立刻、马上。被：被盖、覆盖。引申为扑灭、扼杀。释为"使遭遇、使遭受"也可。 ⑲ 晋厉：晋厉公，春秋晋国国君，在位期间用小人，诛忠臣，被大夫栾书等杀死。宋康：宋康公，战国宋国国君，行为暴虐，淫于酒色。 ⑳ 攘：搞乱。 ㉑ 大伦：王念孙认为应作"天伦"。"天伦"即天理人伦。 ㉒ 为：以。所为：所以。 ㉓ 乘：利用，这里指统治。傅：添加。曷：何。 ㉔ 猵獭：一种水獭，以捕食水中鱼为生。

【评析】

作者认为含牙戴角的动物天性就好斗，即"有角者触，有齿者噬，天之性"。而人类当然不至于这样，但在"分不均，求不澹"的情况下，这争斗就难免了；再加上人群当中的凶残强暴者以强凌弱、以勇欺怯，就使这种"分不均"的现象更甚，由此也进一步加剧了争斗。当然，社会中也必有人看不惯这种分配不均和以强凌弱的现象，于是就勃然而起，讨伐强暴，平定乱世；作者认为这样的人就是圣人，他为了讨伐强暴、平定乱世而导致的战争也是正义战争。但圣人在讨伐强暴时不只是一味地征伐，他主要还是对一些恶势力"教之以道，导之以德"，如这些强梁者实在不听劝导，就"制之以兵革"。这说明战争在作者眼里只是一种手段。

故霸王之兵,以论虑之①,以策图之,以义扶之,非以亡存也②,将以存亡也。故闻敌国之君有加虐于民者,则举兵而临其境,责之以不义,刺之以过行。兵之其郊,乃令军师曰:"毋伐树木,毋抉坟墓,毋爇五谷③,毋焚积聚,毋捕民虏④,毋收六畜。"乃发号施令曰:"其国之君,傲天侮鬼,决狱不辜⑤,杀戮无罪,此天之所以诛也,民之所以仇也⑥。兵之来也,以废不义而复有德也。⑦有逆天之道,帅民之贼者⑧,身死族灭!以家听者,禄以家⑨;以里听者,赏以里;以乡听者,封以乡⑩;以县听者,侯以县⑪。"尅国不及其民⑫,废其君而易其政⑬,尊其秀士而显其贤良⑭,振其孤寡恤其贫穷⑮,出其囹圄赏其有功⑯。百姓开门而待之,淅米而储之⑰,唯恐其不来也。此汤、武之所以致王,而齐桓之所以成霸也。故君为无道,民之思兵也,若旱而望雨,渴而求饮,夫有谁与交兵接刃乎!故义兵之至也,至于不战而止。晚世之兵,君虽无道,莫不设渠堑,傅堞而守⑱,攻者非以禁暴除害也,欲以侵地广壤也。是故至于伏尸流血,相支以日⑲,而霸王之功不世出者,自为之故也⑳。

夫为地战者不能成其王,为身战者不能立其功。举事以为人者众助之,举事自为者众去之。众之所助,虽弱必强;众之所去,虽大必亡。兵失道而弱,得道而强;将失道而拙,得道而工㉑;国得道而存,失道而亡。所谓道者,体圆而法方㉒,背阴而抱阳,左柔而右刚,履幽而戴明㉓。变化无常,得一之原㉔,以应无方㉕,是谓神明。夫圆者,天也;方者,地也。天圆无端,故不可得而观㉖;地方而无垠,故莫能窥其门㉗。天化育而无形象,地生长而无计量,浑浑沉沉,孰知其藏！凡物有朕，唯道无朕。㉘所以无朕者，以其无常形势也。轮转而无穷㉙，象日月之运行，若春秋有代谢㉚，若日月有昼夜㉛，终而复始，明而复晦，莫能得其纪㉜。制刑而无刑㉝，故功可成；物物而不物，故胜而不屈㉞。

【今译】

　　所以能够称霸的诸侯用兵，用伦理来考虑，用策略来谋取，用正义来扶持，目的不是用来消灭存在着的国家，而是用来保存将要灭亡的国家。所以当听到敌国君主有对人民实行暴政的事，就发动军队来到该国边境，谴责暴君的不义行为，列举暴君的罪状过失。部队到达该国国都的郊外，便传令部队"不得砍伐树木、不得挖掘坟墓、不得烧毁庄稼、不得焚毁库存财物、不得俘获人民、不得没收家畜"。接着又向该国的民众发布文告："你们这个国家的君主傲视天命，欺侮神灵，制造冤狱，滥杀无辜，这就是上天要惩处他、人民仇恨他的原因。今天我们正义之师来到你们国家，就是为了废除不义的昏君，恢复道德，让有德人士执掌朝政。谁要是敢违背天意，保护害民国贼的，一旦抓获，本人处死、家族灭绝；谁能带领全家听从我军命令的，则赐给全家人俸禄；谁率领一里居民顺从我军的，则赏赐全里；谁率领全乡服从我军的命令，就将该乡赐封给领头人；谁率领全县归顺我军，就封他为县侯。"攻克该国不牵连到该国人民，废除该国的昏君、替换该国的公卿、选拔优秀贤良的人士、赈济孤儿寡妇、抚恤贫穷家庭、释放监狱中无辜的冤民、奖赏有功人士。对于这样正义之师、解放大军，百姓是敞开家门等待着，淘好米准备烧饭，唯恐义军不到自己家里来。这就是汤、武能取天下的原因，也是齐桓公能成霸主的原因。所以若一国君主无道暴虐，该国的民众就思念义军的到来，这就像旱天盼及时雨、口渴想饮水一样，又有谁拿着刀枪来抵抗呢！所以义军所到之处，往往不交战就可以达到制止动乱、取得胜利的目的。后世用兵打仗，某国国君尽管无道，但民众还是开挖壕沟，依靠城墙来防守，为什么这样呢？这是因为来进攻的部队不是为了铲除无道废除暴君的,而是借除暴安良的名义来侵占该国的土地以扩大自己的领土。因此仗打得尸横血流、旷日持久,但是能称王称霸平天下的事业还是不能在世上出现,这是因为战争只是为了少数人利益的缘故。

为了扩张领地而发起的战争是不能实现称王平天下的目标的;同样,为了自己的私利而发起的战争是不能建立丰功伟绩的。发起战争是为人民的,人民就会帮助他;兴起战争是为自己的,人民就会抛弃他。得到民众的支持,尽管弱小也必定会强大;被民众唾弃,即使强大也必定会灭亡。军队失去了道就会衰弱,军队得到了道就会强大;部队将领失去了道就会变得笨拙,得到了道就会变得灵巧;国家得到了道就能长存,国家失去了道就会衰败。所谓"道",就是体现"圆"又取法"方",背靠"阴"而怀抱"阳",左手执"柔"而右手持"刚",脚踩"幽"而头顶"明"。事物变化没有常规,掌握纯一的本原——"道",就能应对无穷,这就叫做"神明"。那"圆"是天、那"方"是地。圆圆的天穹没有开端,所以不可能看到它的形状;方方的大地没有界限,所以没法窥视它的门户。上天化育万物没有形迹,大地生育万物无法计量,浑厚而深沉,谁知道其中的蕴藏!所有有形事物均有征兆,而唯独"道"没有。"道"之所以没有征兆,是由于它没有固定的形态。就像车轮转动没有止境,又像日月行空,还像四季更替、日月运动形成昼夜;它是终结了又开始了,明亮了又晦暗了,没有谁能找得出它其中的规律。它制约有形的事物但自身却不受任何制约,所以能完成功业;它产生万物但自身却不归属物类,所以能战胜一切而不失败。

【注释】

① 论:通"伦"。　② 策:策略,谋略。存:存在着的国家。③ 抉:挖掘。爇:烧。　④ 民房:俘获敌国的人民。　⑤ 决狱:判案。不辜:无辜。决狱不辜:是说判决无辜者,制造冤狱。　⑥ 以:俞樾认为两"以"字皆衍文。　⑦ 复:作"授",恢复、传授道德。⑧ 帅:俞樾认为"帅"应作"卫",当由"衛"误作"衛",因改为"帅",即帅

的正字"衞"和卫的繁体字"衞"形近而误。　⑨ 以：带领,率领。听：服从。以下几句相同。　⑩ 封以乡：将乡赐封给领头人作采邑。　⑪ 侯：封以侯。　⑫ 剋：同"克",攻克。　⑬ 政：杨树达认为"政谓公卿"。　⑭ 尊、显：指选拔。秀士：优秀的人士。　⑮ 振：通"赈"。　⑯ 图圄：代指"犯人"。　⑰ 淅：淘米。储：准备。　⑱ 渠堑：壕沟。傅：靠,附,这里指依靠。堞：城墙上加筑的齿状矮墙,这里泛指城墙。　⑲ 相支以日：即"旷日持久"的意思。　⑳ 自为：为自己利益,这里指为少数人的利益。　㉑ 工：灵巧。　㉒ 体：体现。法：取法。圆、方：天圆地方,这里指自然规律。　㉓ 履：踩。　㉔ 一之原："一"这个本原,指"道"。　㉕ 无方：没有方位,没有极限,也指"无穷"。　㉖ 不可得而观：王念孙认为本作"不得观其形"。　㉗ 无垠：没有界限。门：门户。　㉘ 朕：征兆。　㉙ 轮转：如车轮转动。　㉚ 春秋：指四季。若、有：两字当删。　㉛ 若、有：当删。　㉜ 纪：规律。　㉝ 刑：通"形"。制形：制约有形的事物。　㉞ 物物：创造万物。屈：失败。

【评析】

为"利土壤之广,贪金玉之略"的战争导致的是"相支以日,伏尸流血",这样也就歪曲了用兵在于"平天下之乱,除万民之害,存亡继绝"的宗旨了。

那么,这种"平天下之乱,除万民之害"的用兵究竟是怎样的呢？作者认为大致是在"闻敌国之君有加虐于民者"的情况下,"举兵而临其境,责之以不义,刺之以过行",并发布各项军队纪律和注意事项,即"毋抉坟墓,毋焚积聚,毋捕民虏"等；然后一旦攻克敌国,做到"剋国不及其民,废其君而易其政,尊其秀士而显其贤良,振其孤寡恤其贫穷,出其图圄赏其有功"。因为能做到这些,所以部队所到之处百姓"开门而待之,淅米而储之",谁还会为暴政抵抗卖命？这样也就能做到"不战而止"。

作者进而认为,这样的正义战争实在是因为得"道"所致,换言之,所谓正义战争是在于符合"道义"。因为"得道"(道义),所以能得到"众助之",也能使国家由弱变强、由危转安。

除正义战争符合"道义"外,作者还认为,要使正义战争取得胜利,用兵还必须合"道"才行。于是在本节最后详细地描绘了"道体"在用兵上的体现:体圆法方、背阴抱阳、左柔右刚、履幽戴明、变化无常、以应无方、无端无垠、浑浑沌沌、无形象无计量,孰知其藏!

刑,兵之极也①;至于无刑,可谓极之矣②。是故大兵无创,与鬼神通。五兵不厉③,天下莫之敢当;建鼓不出库④,诸侯莫不慴悇沮胆其处⑤。故庙战者帝⑥,神化者王。所谓庙战者,法天道也;神化者,法四时也。⑦修政于境内而远方慕其德,制胜于未战而诸侯服其威,内政治也。古得道者静而法天地,动而顺日月,喜怒而合四时,叫呼而比雷霆,音气不戾八风,诎伸不获五度。⑧下至介鳞,上及毛羽,条修叶贯⑨,万物百族,由本至末,莫不有序。是故入小而不偪⑩,处大而不窕;浸乎金石,润乎草木;宇中六合,振豪之末,莫不顺比⑪。道之浸洽,渐淖纤微⑫,无所不在,是以胜权多也。夫射,仪度不得,则格的不中⑬;骥,一节不用,而千里不至⑭。夫战而不胜者,非鼓之日也,素行无刑久矣。⑮故得道之兵,车不发轫⑯,骑不被鞍,鼓不振尘,旗不解卷,甲不离矢⑰,刃不尝血;朝不易位⑱,贾不去肆⑲,农不离野;招义而责之⑳,大国必朝,小城必下。因民之欲,乘民之力而为之,去残除贼也。故同利相死,同情相成,同欲相助。顺道而动,天下为响;因民而虑,天下为斗。猎者逐禽,车驰人趋㉑,各尽其力,无刑罚之威,而相为斥闉要遮者㉒,同所利也。同舟而济于江,卒遇风波,百族之子,捷捽招杼船㉓,若左右手,不以相德,其忧同也。故明王之用兵也,为天下除害,而与万民共享其利,民之为用,犹子之为父,弟之为兄,威之所加,若崩山决塘,敌孰敢当! 故善用兵者,用其自为用也㉔;不能用兵者,用其为己用也㉕。用其自为用,则天下莫不可用也;用其为己用,所得者鲜矣。

【今译】

消灭敌军是战争用兵的最终目的;至于能够做到没有伤亡便使敌军屈服则可称作最理想的结局。所以真正的战争并不造成伤害,这是因为战争的艺术性极高,已能与鬼神相通了。在这种情况下,不用秣马厉兵,天下没人敢与之对抗;战鼓用不着推出兵械库,因为诸侯无不闻风丧胆。因此能够在朝廷中通过决策取胜的人可以称为"帝",能够在精神上感化别人的人可以称为"王"。所谓在朝廷中通过决策取胜,是指效法天道;所谓在精神上感化别人,是指效法四季变化。在国内整治政务,远方的异族就会仰慕你的德政,战争还没发生就已稳操胜券,诸侯也被你的声威所震慑,这是因为国内政治清平安定的缘故。古代得道之君静时效法天地,动时顺应日月,喜怒变化符合四时规律,呼喊与雷霆相应,声音气脉不逆八风,收缩伸展不乱五行。下至甲鳞之虫,上达羽类飞鸟,欣欣向荣,生意盎然,万物林林总总,从本到末,无不井然有序。因此,进入狭小而不感到逼迫,处于阔大而不感到空荡;它浸润金石,滋润草木;大到宇宙天地,小至毫毛尖端,无不顺应有序。"道"的浸润,柔和细微,无所不在,所以得道者的谋略就多。射箭如要领掌握不得法,就不能射中靶心;千里马如对它驾驭不好,就不能日行千里。同样,战争不能取得胜利,原因不在于交战时有什么不妥,而在于平时治军训练就长期没有搞好。所以得道的军队,其军事行动是战车不必启动,马匹不必套鞍,战鼓不振动尘埃,军旗不必展开,铠甲不遭箭射,兵刃不沾血腥;官员不必更改职位,商人不必离开店铺,农夫不必离开田地;举示正义而斥责不义,这样大国必定归服朝拜,小国必定不战而降。顺应民众的意愿,凭借人民的力量,铲除残暴奸贼。所以说利益一致的人就会拼死相报,情感相投的人会互相成全,愿望相同的人就会互相帮助。遵循天道而行动,天下人就会向往应和;按人民的意愿而行事,天下人就会为之奋战。打猎的人追逐禽兽,马车疾驰,随从奔跑,各尽其力,这里并没有刑罚,命令威逼,却能齐心协力追捕,堵截猎物,这是因为大家利益一致——能共享猎物。同船渡江,突遇风浪,平时素不相识的乘客都纷纷拿桨操篙,齐心协力帮助船工摆脱困难,这期间大家配合得就像左右手那样默契,他们并不是为了互相报恩德,而是因为共处危难忧虑之中。所以英明的君王用兵,是为天下百姓除害,和万众百姓共享战争的利益,民众也为之前赴后继,这就像儿子为父亲,弟弟为兄长那样;这样产生的战争能量、威势加到对方敌人头上,有如山峰崩塌,河堤决口,哪个敌军能抵挡得住!所以善于用兵的人,是会让士兵知道他们是在为自己的利益而战斗;不善于用兵的人,是让部队为君主将帅的私利而卖命。让士兵知道他们是在为自己的利益而战斗,那么天下就没有不可以被利用的;让部队为君主私利而卖命,那么所能得到的支持是少之又少。

【注释】

①刑:杀伤、消灭敌军。极:目的。　②极之:最好的结果。王念孙认为:"刑"并与"形"同。"可谓极之矣"当作"可谓极之极矣"。形者兵之极,至于无形,故曰极之极。录下供参考。　③五兵:五种兵器,如矛、戟、弓、剑、戈。这里泛指兵器。厉:通"砺",磨快。　④建鼓:古代召集军队或发布号令用的鼓。库:兵械储放处。　⑤慴:恐惧。悗:惊恐。沮:沮丧。　⑥庙战:指在朝廷内部决定的策略,以期不战而止、不战而胜。　⑦神化:用精神感化。　⑧戾:乖背、违逆。八风:八方之风,参见《地形训》。诎:通"屈"。获:原注为"误",引申为"乱"。五度:五行。一曰五度为分、寸、尺、丈、引五级度量单位,泛指标准。　⑨修:循、长。贯:贯通。条修叶贯:比喻万物生长欣欣向荣,生意盎然。　⑩偪:同"逼",逼迫。　⑪宇中:宇

宙天地。振毫：新长的毫毛。比：有序排列。 ⑫ 浸洽：浸润。渭淖：黏稠的稀泥，这里引申为柔和。 ⑬ 格心：箭靶的中心，泛指箭靶。 ⑭ 骥：千里马。节：节制，驾驭。 ⑮ 鼓之日：原注为"谓陈兵击鼓斗之日也"。素：平时。无刑：没有法规，没有规矩。 ⑯ 轫：刹车用的木头。发轫：启动车辆。 ⑰ 离：通"罹"，遭受。 ⑱ 朝：朝廷，这里指朝廷官员。位：官职。一日朝廷不必撤离避难。 ⑲ 肆：店铺。 ⑳ 招：举。 ㉑ 趍：奔跑。 ㉒ 斥：守候。阐：堵塞、堵截。 ㉓ 卒：突然。百族之子：指船上来自各方、不相识的人。捷捽：马宗霍认为是"疾取"之意。招：杨树达认为通"櫂"，一种类似桨的划船工具。抒：持，撑。杨树达认为"谓疾持楫以引船耳"，"抒"作"引"。马宗霍释："招"读为"翘"，"翘"犹"悬"，高悬曰"招"，因之高悬之物亦谓之招。舟中帆樯即招也。录下供参考。 ㉔ 自为用：指士兵为自身的利益而战。 ㉕ 为己用：指士兵为君主将帅的私利而战。

【评析】

作者承上节内容继续讲用兵合道与战争得道。对于用兵合"道"，作者认为，用兵如能"静而法天地，动而顺日月，喜怒合四时，叫呼比雷霆，音气不戾八风，屈伸不获五度"的话，那么取胜的谋略就多得多，部队就能做到"入小而不偪，处大而不窕"。

对于战争得"道"，作者指出，要使"制胜于未战而诸侯服其威"，首先是要"修政于境内"；只有国内政治清平安定，得道之兵才能"车不发轫，骑不被鞍，鼓不振尘，旗不解卷，甲不离矢，刃不尝血，朝不易位，贾不去肆，农不离野，招义责之，大国必朝，小城必下"。其次，还在于"因民之欲，因民而虑"，即正义战争之所以得道义，是在于符合广大人民群众的利益，这样才能使天下为之响应，天下为之奋斗。只有使战争"与万民共享其利"，民众的力量才能为之利用，民众在"同利相死、同情相成、同欲相助"的一致性下，其人民战争的威力如"崩山决塘"，势不可挡，部队所向披靡，战无不胜。

兵有三诋①：治国家，理境内，行仁义，布德惠，立正法，塞邪隧，群臣亲附，百姓和辑②，上下一心，君臣同力，诸侯服其威而四方怀其德，修政庙堂之上而折冲千里之外③，拱揖指㧑而天下响应④，此用兵之上也⑤。地广民众，主贤将忠，国富兵强，约束信⑥，号令明，两军相当，鼓锋相望⑦，未至兵交接刃而敌人奔亡，此用兵之次也。知土地之宜，习险隘之利，明奇正之变⑧，察行陈解赎之数⑨，维枹绾而鼓之⑩，白刃合，流矢接，涉血属肠⑪，舆死扶伤，流血千里，暴骸盈场，乃以决胜，此用兵之下也。今夫天下皆知事治其末，而莫知务修其本，释其根而树其枝也。

【今译】

用兵打仗大致有三种基本情况：治好国政，理顺要事，施行仁义，广布恩惠，健全法制，堵塞邪道，群臣亲附，百姓和睦，上下一心，君臣同力，诸侯臣服于他的威势，天下感怀他的恩德，在朝廷上修明政治就能使千里之外的敌军不敢进犯，从容指挥、轻松自如而天下纷纷响应，这是用兵的最高境界。地广人多，主贤将忠，国富兵强，纪律严格，号令严明，两军对阵，双方鼓锋都能看清，但还没冲杀交手，敌军就吓得奔走逃亡，这是次一等的用兵境界。知道作战区域的相适环境，熟悉有利的险要地形，懂得灵活机变及正面交锋的变化，审察行军布阵，明白兵力分散和集中的规律，然后击鼓进军，刀刃相拼，飞箭进撞，踩着血水，踏着伤亡者流出的肚肠，抬回牺牲者的尸体，扶下伤员，流血千里，尸骸遍野，经过这样残酷的恶战才决出胜负，这是用兵的最下等的结局。如今天下人都只知道致力于用武力来解决问题的下策，而不懂得下功夫抓好精神感化和以德服人的根本方略，这真是砍去了树根而栽种树枝。

【注释】

①诋:通"柢",基本,大要。 ②隧:道,路。和辑:协调和睦。 ③折冲:指敌军撤退。这里的"冲"原指古代攻城的冲车。 ④拱挹:合掌抱拳拱手,指从容安舒、轻松自如。伪:通"挥"。 ⑤用兵之上:指前文说的"至于无刑,可谓极之矣"。 ⑥约束:这里指纪律。 ⑦镎:古代一种军乐器,常与鼓配合,用以指挥部队进退。 ⑧奇正:古代兵法用语。对阵交锋为"正",设计袭击为"奇"。"奇"指灵活多变、变化莫测。 ⑨行陈:行阵。"陈"即"阵"。解赎:分散和集中。数:术,技术。 ⑩维:衍文,《一切经音义》二十引此为"绾枹而鼓之",无"维"字。枹绾:王念孙认为应用"绾枹"。绾:贯联,有"维系"之义。枹:鼓槌。 ⑪涉:涉水,指湮浅水。涉血:流血很多,湮着血水走。属:顾广圻认为"属"疑"履"。属肠:何宁认为古残卷作"屦肠"。屦,履也。

【评析】

作者在这里仍然推崇"不战而屈人之兵"(《孙子兵法·谋攻》)的兵家思想。认为如能"修政于境内",施仁于天下,导致群臣亲附,百姓和睦,上下一心,就能使诸侯服其威,四方怀其德,千里之外的敌军就不敢进犯。凡不发生直接的正面军事冲突,就是"用兵之上"。反之,一旦到了战场上正面冲突,导致"白刃合,流矢接,涉血属肠,流血千里,暴骸盈场"后,即使获得战争的胜利,这还是"用兵之下"。从这里我们可以看出作者的战争观。

夫兵之所以佐胜者众①,而所以必胜者寡。甲坚兵利,车固马良,畜积给足,士卒殷轸②,此军之大资也,而胜亡焉③。明于星辰日月之运、刑德奇赍之数、背乡左右之便④,此战之助也,而全亡焉。良将之所以必胜者,恒有不原之智⑤,不道之道,难以众同也。夫论除谨⑥,动静时,吏卒辨⑦,兵甲治,正行伍,连什伯⑧,明鼓旗,此尉之官也⑨。前后知险易,见敌知难易,发斥不忘遗⑩,此候之官也⑪。隧路亟,行辎治⑫,赋丈均,处军辑⑬,井灶通,此司空之官也⑭。收藏于后,迁舍不离,无淫舆⑮,无遗辎,此舆之官也⑯。凡此五官之于将也,犹身之有股肱手足也,必择其人,技能其才⑰,使官胜其任,人能其事。告之以政,申之以令,使之若虎豹之有爪牙,飞鸟之有六翮⑱,莫不为用。然皆佐胜之具也,非所以必胜也。兵之胜败,本在于政。政胜其民,下附其上,则兵强矣;民胜其政,下畔其上⑲,则兵弱矣。故德义足以怀天下之民,事业足以当天下之急⑳,选举足以得贤士之心㉑,谋虑足以知强弱之势,此必胜之本也。

【今译】

　　战争取胜的因素很多,但战争必胜的决定因素却很少。铠甲坚固,兵器锋利,战车结实,马匹精良,储备丰富,给养充足,士卒众多且年轻体壮,这些都是战争取胜的重要因素,但战争胜利并不取决于这些条件。同样,知晓日月星辰运行规律、阴阳刑德变化道理、用兵诡秘之术、行军列阵、安营扎寨的方位选择等,这些对战争取胜都有帮助,但战争取胜仍然不决定于这些因素。优秀的将帅打仗之所以常常取胜,总是因为有不可深究的智谋和不可言传的法术,是很难和普通人一样的。那选择任命军吏谨慎、动静适合时宜、军吏士卒管理有方、兵器铠甲装备齐全,这是司马的职责。军队行伍什佰编制齐整、组织严明、战鼓令旗明确,这是尉官的职责。了解部队行军前方是否安全、敌军是否难以对付、始终不忘侦察瞭望敌情,这是候官的职责。保持道路畅通、及时运输辎重并使之安全到达、军垒大小均平、营帐搭扎安稳、军灶水井齐备,这是司空的职责。做到部队收容断后、转移驻扎时保证无人员离散、无流失的军车和无遗失的辎重,这是军舆的职责。

这五种官员的职责对于将帅来说,就像身体和手足的关系,一定要挑选恰当的人来担任,使被挑选的人的才能能胜任其职责,并保证做好这些职责范围内的事情。告诉他们的政务,向他们申述其军令,使他们像有爪牙的虎豹、有健翅的鹰鸟来为将帅效力。然而这些仍然是取得胜利的辅助因素,不是必胜的决定因素。战争的胜负,根本在于政治。政治能够驾驭民众,人民能亲附君主,那么军队也必然会强大;反之民众反对其现实政治,百姓又背叛君主,那么军队也必然会弱小。所以德政、道义最为关键,德政道义足以感怀天下百姓,其事业就足以能应对天下的当务之急,选用的贤才足以得到天下贤士的拥戴,计谋智虑足以掌握敌我双方力量的强弱,这些才是取得胜利的根本因素。

【注释】

①佐胜:取胜因素。 ②殷轸:众多。 ③胜亡焉:曾国藩认为"犹言胜不系乎此也,全不系乎此也"。"亡"当"不在"讲;"焉",兼词"于此"的意思。"亡焉"即说"不在于此"。 ④刑德:古人以刑德来说明阴阳二气在一年四季中的消长变化。冬至为"德",因为冬至是阴气之末、阳气之初;夏至为"刑",因为夏至是阳气之末、阴气之初。赍:通"该"。奇赍:原注为"阴阳奇秘之要"。乡:向,方向。 ⑤原:源。《广雅·释诂》"諏,度也","度"犹"测"。不原之智:于省吾认为"犹言藏于不测也"。这是作者在强调智慧的神奇和莫测。 ⑥论,通"抡",择也,"选择"的意思。除:授予官职,任命官吏。谨:慎也。 ⑦辨:治理、整顿、管理。 ⑧兵甲治:王引之认为"兵甲治"下当有"此司马之官也"一句。什伯:什佰。古代军队编制,五人为"伍",十人为"什",二十五人为"行",百人为"佰"。 ⑨尉:古代武官名。《通典·兵类》说尉官管辖八百人。 ⑩发:原注为"发,有所见"。斥:斥度,候视,侦察。 ⑪候:原注为"军候,候望者也"。 ⑫隧:道。亟:原注为"言治军隧道疾也"。是说快速,引申为"畅通"。行辎:部队行动时携带的军用物资。 ⑬赋丈均:原注为"赋治军垒,尺丈均平也"。处军辑:许匡一认为是"营帐搭得安稳。军:古代用兵车围成

营垒驻宿叫军,'军'由'勹(包的初文)'、'车'会意"。　⑭ 司空:原注为"军司空,补空修缮者"。　⑮ 收藏:部队断后收容。注:过失。舆:装载。　⑯ 舆:古代官名。　⑰ 股:大腿。肱:手臂。技能:作动词用,考察、检验人的才能。　⑱ 翮:鸟类翅脖上粗硬的羽毛。　⑲ 畔:通"叛"。　⑳ 事业:这里指治理国家的成就。　㉑ 选举:选用的贤才。

【评析】

作者深化"修政于境内"为"用兵之上"的理论。认为"甲坚兵利、车固马良、畜积给足、士卒殷轸"及"明于星辰日月之运"和阴阳奇秘之要等是取得战争胜利的条件和因素。但是,取得战争胜利又并不完全决定于上述这些条件和因素,它还取决于军队下属官员与上层将帅的配合之如何,如果司马、尉官、军候、司空、舆官等都能积极配合将帅制定的军事目标,各司其职,各负其责;五官与将帅的配合就像身体与手足那样默契等。

然而,这还不是取得战争胜利的根本条件。作者认为取得战争胜利的根本条件是在于"修政于境内",即作者说的"兵之胜败,本在于政。政胜其民,下附其上,则兵强矣"。这也就是上节所说的"治国家,理境内,行仁义,布德惠,立正法,塞邪隧",这样就能使"群臣亲附,百姓和辑,上下一心,君臣同力",这才是"必胜之本"。

地广人众,不足以为强;坚甲利兵,不足以为胜;高城深池,不足以为固;严令繁刑,不足以为威。为存政者,虽小必存①;为亡政者,虽大必亡②。昔者楚人地,南卷沅、湘③,北绕颍、泗④,西包巴、蜀⑤,东裹郯、淮⑥;颍、汝以为洫,江、汉以为池⑦;垣之以邓林,绵之以方城⑧;山高寻云,溪肆无景⑨。地利形便,卒民勇敢;蛟革犀兕,以为甲胄,修铩短鈹⑩,齐为前行;积弩陪后,错车卫旁,疾如锥矢⑪,合如雷电,解如风雨。然而兵殆于垂沙,众破于柏举。⑫楚国之强,大地计众,中分天下。⑬然怀王北畏孟尝君,背社稷之守而委身强秦,兵挫地削,身死不还。⑭二世皇帝,势为天子,富有天下,人迹所至,舟楫所通,莫不为郡县。⑮然纵耳目之欲,穷侈靡之变,不顾百姓之饥寒穷匮也,兴万乘之驾而作阿房之宫⑯,发闾左之戍,收太半之赋⑰,百姓之随逮肆刑、挽辂首路死者⑱,一旦不知千万之数。天下敖然若焦热,倾然若苦烈⑲,上下不相宁,吏民不相憀⑳。戍卒陈胜兴于大泽,攘臂袒右㉑,称为大楚,而天下响应。当此之时,非有牢甲利兵劲弩强冲也,伐棘枣而为矜,周锥凿而为刃㉒,剡撕箠,奋儋钁㉓,以当修戟强弩,攻城略地,莫不降下。天下为之麋沸蚁动㉔,云彻席卷,方数千里。势位至贱而器械甚不利,然一人唱而天下应之者,积怨在于民也。㉕武王伐纣,东面而迎岁㉖,至汜而水,至共头而坠㉗。彗星出而授殷人其柄。㉘当战之时,十日乱于上,风雨击于中。㉙然而前无蹈难之赏,而后无遁北之刑,白刃不毕拔㉚,而天下得矣。是故善守者无与御,而善战者无与斗。明于禁舍开塞之道㉛,乘时势,因民欲,而取天下。

【今译】

　　土地辽阔、人口众多,不足以成为强国;铠甲坚固、兵器锋利,不足以成为取胜的条件;高大城池、深深壕堑,不足以说明牢固;政令严酷、刑罚繁苛,不足以说明威严。而实行仁政,即使是小国也必定能长存;实施暴政,即使是大国也必定要灭亡。从前楚国的地盘:南方席卷沅水、湘水,北方有颍水、泗水环绕,西边包含巴郡、蜀郡,东面包裹着郯、邳;把颍水、汝水当作壕沟;将长江、汉水当作护城河;把邓林险塞当作城墙；用方城作为环绕北疆的屏障；高山耸入云端，深溪不见日影。地理形势十分有利，士卒百姓又非常勇敢。用蛟龙犀牛的皮制成甲胄，长矛短枪整齐排列在前，连发的弓弩陈放在后，纹彩的战车护卫在旁，冲锋有如飞箭，集合如同雷电，散开有似风雨。然而楚军却在垂沙陷入险境，又在柏举遭受挫败。楚国的强大，如果丈量土地、计算人口的话，可算占天下的一半。然而楚怀王北面畏惧齐国的孟尝君，又背弃社稷而将自身委于强悍的秦国，结果兵败地削，自己到死都不能回到自己的国家。秦二世胡亥，论权势则身为天子，论富裕则拥有天下，凡人迹能到的地方、舟船通航的处所，都成为秦国的郡县。但是二世放纵声色贪欲，穷尽奢侈糜烂的各种生活，不顾百姓的饥寒贫乏，调动万乘车辆修建阿房宫，征调贫苦百姓戍守边防，收敛天下一大半的财富作为赋税，百姓不断被捕处死，以至于拉着车子服劳役死在路上的，每天不计其数。天下百姓的痛苦煎熬，如同在火上烧烤，难以忍受的痛苦使人奄奄待毙；这时全国上下都不安宁，小官吏和百姓一样不得安生。戍卒陈胜被迫在大泽乡揭竿而起，振臂高呼号召反秦，自称"大楚"，天下于是纷纷响应。开始的时候，起义军没有坚固的铠甲、锋利的兵器、强劲的弓弩和坚固的战车，他们砍下酸枣树作为矛柄，按上椎子凿子作矛刃，挥舞着削尖的竹竿、扁担、锄头去抵抗秦军的长戟和硬弩，但起义军照样能攻城掠地，所到之所，没有不能攻克的。天下也因此沸腾动荡起来，起义军如风卷残云，席卷震撼几千里。陈胜当时的地位极低贱，而且部队的器械也十分简陋，但是就他陈胜能登高一呼，使天下为之响应，这是因为百姓们的心头早就积满了对秦王朝的怨恨和愤怒。周武王讨伐纣王，向东进发而迎着太岁，到达汜水时遇大洪水，到达共头山时遇山崩。接着又有彗星出现，其星柄指向殷，好像要助殷人一臂之力。两军交战时，战斗异常激烈，真是天昏地暗、狂风乱作、骤雨肆虐。但是武王的部队硬是在前无"蹈难之赏"、后无"遁北之刑"的引诱和威逼之下奋勇杀敌，使得许多后到的将士来不及拔出刀剑，天下就被武王得到了。所以，善于防御的人无须设防，善于战斗的人无须动真格。知道禁塞邪恶、扶助正气的治国之道，充分顺应时势，因顺民众的愿望,天下便能取得。

【注释】

① 存政:使国家生存的政治措施,如仁政。 ② 亡政:使国家灭亡的政治措施,如暴政。 ③ 卷:席卷。沅:水名,源出贵州,流入洞庭湖。湘:水名,即湘江,在湖南境内。沅湘流域在古代属楚国。 ④ 颍:水名,源出河南登封,向南流入淮河。泗:水名,源出山东泗水,流经江苏,至洪泽湖附近入淮河。 ⑤ 巴、蜀:古代巴郡和蜀郡,在四川境内。 ⑥ 郯:古地名,在今山东郯城。淮:王念孙认为应作"邳",即今江苏邳县。 ⑦ 汝:水名,源出河南鲁山,流入淮河。洫:沟,这里指护城河。汉:汉水。池:城壕,这里也指护城河。 ⑧ 垣:城垣、城墙。邓林:原注为"沔水上险",毕沅《山海经校注》正以"邓林"为楚之北境,一曰"邓林"指今湖北武当山东南部地区。绵:缠绕、环绕。方城:指战国时楚长城,大致北起河南方城至邓县这一带。 ⑨ 寻云:耸入云端。肆:延伸、深入。景:日光。 ⑩ 蛟:传说中的龙,大概指鳄鱼一类。兕:雌犀牛。铩:古兵器,长矛一类。钛:古兵器,短矛一类。 ⑪ 积弩:一种可以连发的弓弩。错车:纹彩的战车。锥矢:王引之认为应作"镞矢",指一种用于近射的箭,原注为"金簇翦羽之矢也"。 ⑫ 垂沙:地名,战国时楚地。柏举:地名,在今湖北麻城市,市东北有柏子山,市东有举水,故名"柏举";公元前506年吴军败楚师于此,攻入郢都。 ⑬ 大:王念孙认为应作"支",支即"计"的意思。中分:对半分。 ⑭ 怀王:楚怀王。公元前299年,秦昭王邀怀王入秦,然后将他扣留,怀王于公元前296年死于秦。孟尝君:战国齐人,姓田名文。 ⑮ 二世:秦二世胡亥。楫:船桨。 ⑯ 兴:征集、调动。乘:车辆。驾:车马。阿房之宫:秦宫殿名,在今陕西西安市西南。 ⑰ 闾:古代以二十五家为"闾"。闾左:秦制以富贵人家居住在闾里右边,贫穷人家居住在闾里左边;所以闾左是乡里贫穷人家的代称。戍:守边。太半:大半。 ⑱ 随逮:相继被捕、不断被逮。肆刑:极刑,指处死。挽:拉、牵引。辂:挽车用的横木;

缚在车辕上的横木,供拉车使用。首路:上路、路上。 ⑲ 敖:通"熬",煎熬。倾然:奄奄待毙。若焦热、若苦烈:以火烧、燎烤作比喻,形容痛苦。 ⑳ 憀:指依赖。吏民不相憀:是说小官吏和百姓一样失去生活依靠,不得安生。 ㉑ 陈胜:字涉,公元前209年,被征发屯戍渔阳,途中与吴广及同行戍卒九百人发动反秦起义。大泽:地名,陈胜、吴广发动起义的地方。攘:捋。攘臂:捋起衣袖。袒右:脱去右边衣袖,露出右肩。 ㉒ 棘枣:酸枣树。矜:矛柄。周:纳,安装。 ㉓ 刻:削尖。㪅:原注为"㪅锐也"。筴:一种竹名。儋:通"担",扁担。镢:锄头。 ㉔ 糜:通"糜",粥。糜沸、蚁动:形容混乱、沸腾。 ㉕ 唱:倡。应:和。于:古残卷无"于"字。 ㉖ 太岁:古代天文学假设的星名。东面而迎岁:《天文训》说:"太岁迎者辱。" ㉗ 氾:氾水,在河南境内。共头:山名,在河南境内。坠:指山崩,也指陨石坠落。 ㉘ 原注为"时有彗星,柄在东方,可以扫西人也"。星相家认为星柄指向东方殷人,殷人可持扫帚扫荡西方周人,故对武王来说是不吉利之天象。 ㉙ 十日乱于上:形容战争激烈异常,杀得天昏地暗。中:何宁认为应作"下"。 ㉚ 毕拔:拔出刀剑。 ㉛ 禁舍开塞:指一种禁塞邪恶、扶助正气的治国方略。

【评析】

说是《兵略训》,但作者大部分讲的还是施行仁政、修政庙堂之事的重要性。作者指出,楚国算得上强大了,地大物博,中分天下;二世皇帝算得上厉害的了,"势为天子,富有天下"。但就是因为不"修政于境内","积怨在民",所以最终还是被人家消灭、吞并。由此总结说:"地广人众不足以为强,坚甲利兵不足以为胜,高城深池不足以为固,严令繁刑不足以为威",这是在于"为亡政者,虽大必亡"。

反之,陈胜起义、武王伐纣,既不"地广人众",也不"坚甲利兵",但却能"一人唱而天下应",攻城掠地,云彻席卷数千里,并最终得天下,这是在于"为存政者,虽小必存"。所以作者最后指出,取天下并非靠"坚甲利兵",而靠的是清明太平政治,禁舍开塞之道,"乘时势和因民欲"。

故善为政者积其德,善用兵者畜其怒;德积而民可用,怒畜而威可立也。故文之所以加者浅,则势之所胜者小①;德之所施者博,而威之所制者广。威之所制者广,则我强而敌弱矣。故善用兵者,先弱敌而后战者也,故费不半而功自倍也。汤之地方七十里而王者,修德也;智伯有千里之地而亡者,穷武也。②故千乘之国行文德者王,万乘之国好用兵者亡。故全兵先胜而后战③,败兵先战而后求胜。德均则众者胜寡,力敌则智者胜愚,智侔则有数者禽无数。④凡用兵者,必先自庙战:主孰贤?将孰能?民孰附?国孰治?蓄积孰多?士卒孰精?甲兵孰利?器备孰便?故运筹于庙堂之上,而决胜于千里之外矣。

【今译】

所以善于为政者是注意积蓄仁义德行,善于用兵者是注重积聚民众愤怒;仁义德行积蓄得多民众就可以使用,愤怒积聚得充分威严就可以确立。因此,文治(仁义德行)对民众的影响浅少,这威势所能产生的慑服力就小;恩德施予的面广泛,这威势所能产生的慑服力就广。威势慑服的面广,那么我方就强大,敌方就弱小。所以善于用兵的人是先使敌方衰弱,然后方与敌方交战,这样就起到事半功倍的效果。商汤原先的领地只有七十里,但却能称王于天下,这是因为修德政的缘故。智伯拥有千里领地,但却被消灭,这是因为穷兵黩武的缘故。所以千乘小国如能施行仁政就能称王天下,万乘大国如好战就必然会灭亡。因此胜利之师总是在政治上胜过对方后才开战的,而败军总是一味诉诸武力以求获胜,而实际结果并非如此。交战双方的德政相同,这时人多的一方能战胜人少的一方;交战双方的兵力相等,这时有智谋的一方能战胜愚蠢的一方;交战双方的智谋相似,这时懂术数的一方能战胜不懂术数的一方。大凡用兵作战,一定先要在朝廷内谋划好:双方君主哪个贤明?双方民众哪方亲附?双方将领哪方能干?国家政权哪方稳定?双方积蓄储备物资哪方充足?双方士兵哪方精悍?双方铠甲兵器哪方精锐?双方器械装备哪方完善精良?诸如此类都将一一在朝廷计算谋划好,这样才能决定千里之外的战场胜利。

【注释】

①以:王念孙认为是衍文。胜:王念孙认为应作"服"。　②智伯:春秋末晋国大夫,拥有晋国最大的领地,后被赵襄子联合韩、魏攻灭,三家分晋。穷武:穷兵黩武。　③全兵:胜兵。先胜而后战:原注为"德先胜之,而后乃战,汤、武是也"。　④胜愚:唐钞本作"制遇"。智:刘文典本作"势",唐钞本作"智",这里取"智"字。侔:相等。数:术数,指兵法。禽:通"擒"。　⑤运筹:计算谋划。

【评析】

修德政、施仁义被作者看成是战胜敌国的根本条件和因素,只有"德之所施者博",才能"威之所制者广";"威之所制者广",才能"我强敌弱"。谁要是不懂这道理,谁就会走上亡国道路,上节提到的胡亥和这里说到的智伯就是如此。

作者认为所谓兵多将广、器械精良只有在"德均、力敌、智侔"之下才有意义。反之不考虑国与国之间的德政等问题,一味穷兵黩武,即使是万乘大国也会被人消灭。这样的事,历史上还少见吗?所以,作者仍然认为战争不仅仅就战争而战争,它是各种因素的综合体;战场上的胜负取决于千里之外的朝廷德政和运筹。这才是战争观中的真理。

夫有形埒者,天下讼见之①;有篇籍者②,世人传学之。此皆以形相胜者也,善形者弗法也。③所贵道者,贵其无形也。无形,则不可制迫也,不可度量也,不可巧诈也,不可规虑也。智见者人为之谋,形见者人为之功④,众见者人为之伏,器见者人为之备。动作周还,倨句诎伸⑤,可巧诈者,皆非善者也。善者之动也,神出而鬼行,星耀而玄逐⑥;进退诎伸,不见朕垠⑦;鸾举麟振,凤飞龙腾;发如秋风,疾如骇龙⑧;当以生击死⑨,以盛乘衰,以疾掩迟,以饱制饥;若以水灭火,若以汤沃雪——何往而不遂?何之而不用达?⑩在中虚神,在外漠志,运于无形,出于不意。与飘飘往,与忽忽来⑪,莫知其所之;与条出,与间入,莫知其所集⑫。卒如雷霆⑬,疾如风雨;若从地出,若从天下;独出独入,莫能应圉⑭;疾如镞矢⑮,何可胜偶⑯?一晦一明,孰知其端绪?未见其发,固已至矣!⑰故善用兵者,见敌之虚,乘而勿假也⑱,追而勿舍也,迫而勿去也;击其犹犹,陵其与与⑲,疾雷不及塞耳,疾霆不暇掩目⑳。善用兵,若声之与响,若镗之与鞈,眯不给抚㉑,呼不给吸。当此之时,仰不见天,俯不见地,手不麾戈,兵不尽拔;击之若雷,薄之若风㉒;炎之若火,凌之若波。敌之静不知其所守,动不知其所为。㉓故鼓鸣旗麾,当者莫不废滞崩阤,天下孰敢厉威抗节而当其前者!㉔故凌人者胜,待人者败,为人杓者死。㉕

【今译】

　　有形迹的东西,天下人都能看得见它;记载在书籍文章里的内容,世人都能学习并能流传它。这些都是以形来取得胜利的,而高明者是不会效仿它们的。人们之所以看重"道",是在于"道"的无形。因为"无形",所以也就难以制迫它,也难以度量它,更不能用智巧来欺诈它,也无法来规划谋算它。一般而言,你的智慧表现出来,人家也就会用智谋对付你；你的形迹表现出来，人家也就会以相应的行为来对付你；你的部队稍有暴露，人家就会打埋伏；你的器械装备一亮出来，人家就会做好充分的防备。总之，动作周旋、曲直屈伸、使巧用诈，都不算是高明的。高明的人的行为是，神出鬼没，如星辰闪烁不定，像天体恢宏运行，进退屈伸，不留痕迹；像鸾鸟飞升、麒麟跳跃、凤凰飞翔、神龙腾空；发动时如飚风，而迅猛得又像闪电；以生动灵活的态势击败呆滞死板，以旺盛的气势驾驭暮气衰败，以迅猛有力压倒迟缓疲软，以饱满精神制迫萎靡不振，这就像以水灭火、用汤浇雪——这样的神兵哪能会不如愿以偿？哪能会不达到目的？在内心使精神虚静，对外界使物欲淡漠，运动不留痕迹，攻击出其不意。像飘忽的云风那样来往飘惚，谁也不知它要到哪里去；从缝隙中出入倏忽，谁也不知它在哪里停歇。突然得像雷霆，快速得像风雨；像从地下冒出，又像从天而降；独来独往，没有办法应对它；快得像飞箭，没有什么能与之相匹敌？忽暗忽明，谁知道它的头绪？还没看到它出发，但早就来到你跟前。所以善于用兵的人，看到敌方的弱点空虚，就紧紧抓住而不放过，穷追猛打而不舍弃，逼迫而消灭之，绝不让敌人逃离。用迅雷不及掩耳、闪电不及遮眼的气势，攻击及压倒犹豫不决之敌。善于用兵，如同回音的应和，击鼓发出响声，使敌人眼睛被灰尘迷着都来不及搓摸，上气不接下气。从天而降的神兵使敌人抬头看不见天、低头看不到地，完全没了方向，手不知挥动长矛，刀剑来不及拔出；攻击迅猛如雷鸣，逼迫气势如狂风；像火势一样蔓延，像波涛一样汹涌。这样使敌人静止时不知如何防守，行动时不知如何来操作。这样的部队一旦擂响战鼓，挥动军旗来开战，对方还没来得及抵挡就土崩瓦解，天底下还有谁敢向这样的部队扬威抗衡、阻挡它前进！所以，能够驾驭对方的部队必胜，消极待敌的部队必败，成为人家攻击目标的部队只有死路一条。

【注释】

①圹：界限。形圹：形迹。讼：通"公"。　②篇籍：书籍文章。③形：衍文。法：效法、效仿。　④见：现、表现。功：指行动、行

为。　⑤周还：周旋。佁：直。句：同"勾"，曲。诎：屈。　⑥玄逐：王念孙认为应作"玄运"。玄：天。　⑦垠：同"垠"。朕垠：形迹、痕迹、征兆。　⑧秋风：王念孙认为应作"焱风"。龙：应作"电"。⑨当：衍文。　⑩用：刘绩认为是衍文。　⑪飘飘、忽忽：形容飘忽不定。"飘飘、忽忽"，实际上就是"飘、忽"，与下文"条、间"相对为文。　⑫条：顾广圻认为应作"倏"。间：疑为"阒"。条、间：许匡一认为依原文理解则指窄狭处，缝隙、间隙。集：停止、停歇。　⑬卒：通"猝"，突然。　⑭围：通"御"，对抗、抵挡。　⑮镞矢：应为"镞矣"，飞箭。　⑯偶：相匹敌。　⑰固：已经、早就。　⑱假：放过、宽容。　⑲犹犹、与与：犹豫。"与"通"豫"。　⑳霆：闪电。㉑鞈：原注为"鼓鞈声"，指一种鼓声；和"鞳"一样，均为击鼓发出的响声。不给：来不及、顾不上。　㉒薄：逼迫。　㉓敌之：何宁认为"之"字应作"人"，两"其"字衍文。不知所守，不知所为：何宁认为："言善用兵者，神速猛厉，使敌人动静失常。"　㉔废：指房屋倒塌。陁：溃塌。这里的"废滞崩陁"是溃败崩塌。厉威：扬威。抗节：是指抗衡。　㉕杓：原注为"所击也"，攻击的目标、靶子。

【评析】

讲了那么多战争与政治的关系之后，作者开始转到战争的本义，即用兵上来了。对于用兵，作者强调"无形"，即智谋、意图、行动、装备不显露于外，这样就不易被人所度量、所制迫。而这其中最为重要的是"行动"不显露（无形），"善者之动也，神出而鬼行，星耀而玄逐，进退诎伸，不见朕垠"。具体说来，这军事行动是"发如秋风，疾如风雨，卒如雷霆"，来无踪去无影，飘飘忽忽，独出独人，像"鸾举麟振，凤飞龙腾"，这样可使敌人摸不着头脑，掌握不了方向，如"仰不见天，俯不见地"一样，直到"静不知所守，动不知所为"；而一旦神兵"从天而降，从地而出"，就可在敌人"手不麾戈，兵不尽拔"之际将其消灭。

作者还进一步指出，行动"无形"取决于行动快速、迅猛。只有"疾如镞矢"，"疾如骇龙"，使敌人"疾雷不及塞耳，疾霆不暇掩目"，在"昧不给抚,呼不给吸"之时将其消灭。要"击之若雷,薄之若风,炎之若火,凌之若波",在敌人还搞不清端绪之如何时,将其消灭。

作者进而指出,上述这些与军事指挥家所掌握"道体"相关联的;军事指挥家只有做到"在中虚神,在外漠志","贵道"才能"运于无形,出于不意",才能做到"以生击死,以盛乘衰,以疾掩迟,以饱制饥,以水灭火,以汤沃雪",战无不胜,攻无不克。

兵静则固,专一则威,分决则勇①;心疑则北,力分则弱。故能分人之兵,疑人之心,则锱铢有余②;不能分人之兵,疑人之心,则数倍不足。故纣之卒,百万之心;武王之卒,三千人皆专而一。故千人同心则得千人力,万人异心则无一人之用。将卒吏民,动静如身,乃可以应敌合战。故计定而发,分决而动。将无疑谋,卒无二心,动无堕容;口无虚言,事无尝试③,应敌必敏,发动必亟。故将以民为体,而民以将为心;心诚则支体亲刃,心疑则支体挠北④。心不专一,则体不节动⑤;将不诚心⑥,则卒不勇敢。故良将之卒,若虎之牙,若兕之角,若鸟之羽,若蚈之足⑦;可以行,可以举,可以噬,可以角;强而不相败,众而不相害,一心以使之也。故民诚从其令,虽少无畏;民不从令,虽众为寡。故下不亲上,其心不用;卒不畏将,其形不战。守有必固,攻有必胜,不待交兵接刃,而存亡之机固以形矣。⑧

【今译】

军队安定就稳固,上下一心就有威力,官兵职责确定就勇敢;部队里官兵相互不信任就会导致失败,兵力分散就会削弱战斗力。所以能分散敌军的兵力,使敌军内部产生疑惑,那么用少量的兵力对付敌军就绰绰有余了。反之,不能分散敌军兵力,不能使敌军内部产生疑惑,那么用数倍于敌的兵力去对付敌军也是不够用的。所以纣王的士卒,百万人是百万条心;武王的部队,三千人是拧成一股绳,凝成一颗心。这样,千人同心就能发挥千人力量,万人异心则抵不上一个人的作用。将帅和士卒、官吏和百姓如能同心同德,互相配合行动,像人体各器官那样协调,就可以对付敌军,与敌军决战。所以计划制定之后就要坚决执行,任务明确之后就要付诸实施。将帅计谋不犹豫、士卒思想无异心,行动就不会懈怠;将帅没有不切实际的口号,处事果断坚决,对付敌军就必定敏捷灵活,行动也必定快速。所以将帅将民众当作自己的身体,而民众把将帅看成是自己的心脏;心诚则肢体亲附心脏,心疑则肢体背离心脏;心不专一则躯体就不能有节奏地活动;将帅不诚信,士卒就不会勇敢。所以良将的士卒,就像老虎的牙齿、兕牛的犄角、鸟雀的羽毛、百脚虫的脚,能行、能飞、能咬、能顶;强劲而不互相抵斗、众多而不互相伤残,这是因为它们都受同一颗心的支配控制。所以如果民众都听从将帅的命令,那么即使兵力少也不必害怕;如果民众都不听众将帅的指挥,那么即使兵多将广也等于势单力薄。所以下层民众在战争期间不和上层将帅一条心,民众的心不能凝聚也就形成不了战斗力;下层的士卒不敬畏将帅,将帅没有威信也就不能使士卒奋勇作战乃至献出身躯。防守有它必定牢固的条件和因素,进攻也有它必定胜利的条件和因素,不必等到两军交战、刀枪相见时才分出胜负,胜败存亡的征兆早已就表现出来了。

【注释】

① 分决:确定职责。　② 锱铢:古代重量单位,一两的四分之一为锱,一两的二十四分之一为铢,即六铢为一锱。　③ 堕:通"惰",懈怠。虚言:不切实际的话。事无尝试:等于说处事不犹豫。④ 支:肢。刃:王念孙认为当为"韧","韧"同"靭",黏也,即亲暱;一曰"刃"通"仞",又作"韧",引申为亲固的意思。北:背离。　⑤ 节:节制、节奏。　⑥ 诚心:王念孙认为作"诚必"。　⑦ 蚈:百脚虫。⑧ 机:征兆,迹象。以:通"已"。形:表现。

【评析】

在这里,作者又撇开战争中的硬件(兵力、装备),而大谈军事上的人心背向这一问题。认为战争中如一方的部队能团结一致,精诚合作,千万人拧成一股绳,凝成一颗心,那么即使人员稀少,但照样能战胜强敌。反之,万人的部队不一条心,那么这万人部队等于是零。

由此,作者认为善用兵者就要把士卒与民众的积极性充分调动起来,做到"将卒吏民,动静如身","将以民为体,民以将为心",这样才可以"应敌合战"。这具体的做法是:"将无疑谋"则"卒无二心",将"口无虚言,事无尝试",卒"应敌必敏,发动必亟"。当然,要做到这些,前提还是一个,即部队的利益要与民众士兵的利益相一致,否则就不能达到"将卒吏民,动静如身"的状态。

兵有三势,有二权。有气势,有地势,有因势。将充勇而轻敌①,卒果敢而乐战,三军之众,百万之师,志厉青云,气如飘风,声如雷霆,诚积逾而威加敌人,此谓气势。硖路津关②,大山名塞,龙蛇蟠,却笠居③;羊肠道,发笥门④,一人守隘,而千人弗敢过也,此谓地势。因其劳倦怠乱、饥渴冻喝⑤,推其揞揞,挤其揭揭⑥,此谓因势。善用间谍,审错规虑,设蔚施伏⑦,隐匿其形,出于不意,敌人之兵无所适备,此谓知权。陈卒正,前行选⑧,进退俱,什伍搏,前后不相撚⑨,左右不相干,受刃者少,伤敌者众,此谓事权。权势必形⑩,吏卒专精,选良用才,官得其人,计定谋决,明于死生,举错得失⑪,莫不振惊。故攻不待冲隆云梯而城拔⑫,战不至交兵接刃而敌破,明于必胜之攻也⑬。故兵不必胜不苟接刃,攻不必取不为苟发。故胜定而后战,铃县而后动⑭。故众聚而不虚散,兵出而不徒归。唯无一动,动则凌天振地,抗泰山,荡四海,鬼神移徙,鸟兽惊骇,如此,则野无校兵国无守城矣!⑮

【今译】

　　用兵有"三势"和"二权"。"三势"是"气势"、"地势"和"因势"。将领充满勇气并且藐视敌人,士卒果断勇敢并且乐于参战,三军人马、百万雄师,壮志凌云、豪气冲天,声如雷霆,积聚忠诚之情,并在气势上压倒敌军,这就叫"气势"。山峡险道,渡口关卡,大山名塞,像龙蛇蟠踞,似斗笠排列;羊肠小道,像鱼笱似的险隘,一人把持隘口,千人莫想通过,这就叫"地势"。乘敌军劳累疲倦、松懈混乱、饥饿干渴、挨冻受热之机,将摇摇欲坠、动荡不安的敌军逼到死境,这就叫"因势"。善于使用间谍侦察敌情,使用反间之计,然后措施审慎周密,规划行动慎重,设置疑阵、布置伏兵,隐藏部队的形迹,行动出乎敌人的意料,使敌人的部队难以适应和防范,这就叫"智权"。排兵布阵严整,队列行军整齐,进退步调一致,队伍行距紧凑,前后不互相践踏,左右不互相干扰,使之受伤的少、杀敌的多,这就叫"事权"。"二权"和"三势"都充分表现出来,军官和士兵都忠诚精悍,选用良才,用人恰当,计划明确,谋划决断,知道如何保护自己避免牺牲,军事行动适应时势,这样的部队,没有谁不被震撼。所以进攻不一定非要冲车和云梯才能使敌城池被攻下,战斗不一定非要刀剑相接才能使敌军败退,只要掌握上述这些战争要素然后进攻就能必胜。所以战争没有必胜的把握就绝对不和敌军开战,进攻没有必胜的把握就绝对不发动进攻。因此一定要料定能胜才开战,不打无准备之仗,审度权衡之后才行动。这样,部队集积就不至于无功而散,部队出击就不至于空手而归。部队要么不行动,一旦行动就要惊天动地,能撼动泰山,翻荡四海,吓走鬼神,惊散鸟兽,这样的话,那就野外无露营的军队、国家无需要防守的城池了。

【注释】

　　① 轻敌:轻视、藐视。　② 硖:通"狭"。这里指山峡。　③ 却

笠居：王念孙认为应作"簦笠居"，《后汉书·杜笃传》注引作"簦笠居"。"簦笠"与"龙蛇"相对为文。簦笠：斗笠。形容山形如斗笠。 ④ 发笱：王念孙认为当作"鱼笱"，一种捕鱼用的竹篓，篓口编有逆插的竹片，鱼入篓后不能复出。发笱门：形容隘口险要，如张开口的竹篓，能进而不能出。 ⑤ 喝：受热中暑。 ⑥ 撘：王念孙认为"撘"当为"捂"，"捂"，古"摇"字。摇摇：摇摇欲坠。挤：排挤、推挤。揭揭：摇摆不定、动荡不安。 ⑦ 善用间谍：原注为"言军之反间也"。错，通"措"。审错：措施审慎周密。蔚：草木蕃盛曰蔚。设蔚：这里指设置疑阵。施伏：布置伏兵。 ⑧ 陈：阵。选：整齐。 ⑨ 搏：刘家立认为当作"抟"，这样"选"、"抟"、"撚"、"干"押韵。"抟"，集中、积聚的意思。撚：蹂蹈、践踏。《太平御览》作"蹍"。 ⑩ 权势：指"二权"、"三势"。 ⑪ 错：通"措"，举措、行动。失：王念孙认为应作"时"。 ⑫ 冲隆：古代攻城的器械，类似冲车。云梯：攻城用的长梯。 ⑬ 攻：王念孙认为是"数"，术数、要素。 ⑭ 铃：是"钤"字之误。"钤"通"权"。县：称也。钤县：权衡、量度。 ⑮ 校：宿舍、兵营。校兵：驻扎在营地的士兵。

【评析】

本节讲用兵中的"三势"和"二权"。这"三势"是"气势、地势和因势"；而"二权"则指"事权"和"智权"。

在这"三势"中，"地势"是有形的，部队对"地势"的掌握、占据，对战争的胜负尤为关键。如果一支部队占据"峡路津关、大山名塞"，一人守关万夫莫开，这也将预示着这场战争不会轻易失败。反之，敌军占据险要地势，那么要去进攻也就预示着这场战争不会轻易取胜；"气势"则是无形的，它实际上是一种精神面貌，它表现出的气概是要压倒一切敌人，而不被敌人所压倒。而按照"发于外而主于内"的原理来看，士卒们之所以有这种大无畏的气概，是在于他的内心世界之情感与这场正义战争相关联，他知道是在为自己的利益而奋战，也就必然壮志凌云、豪气冲天，"诚积愈而威加敌人"；"因势"则处在有形无形之间,就看你怎样把握对方的"劳倦怠乱、饥渴冻眄";又看你怎样"推其摇摇,挤其揭揭",将局势引向有利于自己的一方。

"二权"中的"事权",是针对自己部队的,它要求部队做到"陈卒正,前行选,进退俱,什伍抟,前后不相睹,左右不相干",以保证部队站稳阵脚、随时待命、准备行动,防止战争还未开始,就先乱了阵脚;而"智权"的表现则是为了使对方无所适备,它要求部队"善用间谍,审措规虑,设蔚施伏,隐匿其形,出于不意",这样就能打个敌人措手不及。

静以合躁,治以持乱①,无形而制有形,无为而应变,虽未能得胜于敌,敌不可得胜之道也。敌先我动,则是见其形也;彼躁我静,则是罢其力也。②形见则胜可制也,力罢则威可立也。视其所为,因与之化;观其邪正,以制其命;饵之以所欲,以罢其足;彼若有间,急填其隙③;极其变而束之,尽其节而仆之。敌若反静,为之出奇;彼不吾应,独尽其调。④若动而应,有见所为;彼持后节⑤,与之推移。彼有所积,必有所亏;精若转左,陷其右陂。⑥敌溃而走,后必可移。⑦敌迫而不动,名之曰奄迟⑧,击之如雷霆,斩之若草木,耀之若火电,欲疾以邀,人不及步销⑨,车不及转毂,兵如植木,弩如羊角⑩,人虽众多,势莫敢格⑪。诸有象者,莫不可胜也;诸有形者,莫不可应也。是以圣人藏形于无而游心于虚。风雨可障蔽,而寒暑不可开闭⑫,以其无形故也。夫能滑淖精微⑬,贯金石,穷至远,放乎九天之上,蟠乎黄卢之下⑭,唯无形者也。善用兵者,当击其乱,不攻其治,是不袭堂堂之寇,不击填填之旗。⑮容未可见,以数相持⑯;彼有死形,因而制之。敌人执数,动则就阴⑰;以虚应实,必为之禽⑱。虎豹不动,不入陷阱;麋鹿不动,不离置罘⑲;飞鸟不动,不絓网罗[20];鱼鳖不动,不擭唇喙[21]。物未有不以动而制者也。是故圣人贵静。静则能应躁,后则能应先;数则能胜疏,博则能禽缺。[22]

【今译】

　　以静对付躁,以治对付乱,用无形来制约有形,用无为来应付变化,这样即使不能战胜敌人,但也可使敌人不能取得胜利。敌方如先于我方行动,就会暴露他们的形迹;敌方如急躁而我方如宁静,这就会使他们精疲力尽。敌方形迹如暴露,那么我方就能取得战争的主动权;敌方如精疲力尽,那么我方就在此时发挥我军的威力。针对敌方的行动,我方也相应变化;观察敌方的"奇正"形势,来控制他们的命运;用敌方想要得到的东西作诱饵引他们上钩,并调动他们,使之疲于奔命;敌方如露出破绽,就要赶紧抓着机会、乘虚而入;让敌方的变化招数使尽,然后才束缚他们使之无法动弹;等敌方精疲力尽之时才想法将他们打倒。但反过来,敌人由运动返归宁静,那么我方就非得出奇招不可了;敌方如对我方奇招不理不睬,那么我方就可独自完成自己的调整;如果敌方有了反应,那么我们也就能在这当中观察到他们的意图了;如果敌方后于我们行动,控制了我方的行动,那么我方就要想尽一切办法在与他们周旋之中摆脱困境;敌方如集聚部队追打我方,那么他的后方也必定虚空;敌方的精锐部队在左方,那么我军就可攻击他的右方。如敌方溃败逃走,那么敌方的后阵必定可以击破。敌方如受我方的强大压力而龟缩不动,这就称之为淹留迟滞,我方就尽可用雷霆之势猛攻猛打,像割草伐木一样毫不留情地消灭他,像火烧雷击一样毫不留情地击穿烧毁他;这时的攻击行动务必神速,要使敌方都来不及开拔、战车来不及启动,兵器像插在地上的木头、弓弩像长在羊头上的角,来不及拔和来不及拿,这时敌方即使人多也无法抵挡着这攻势。只要有动向形迹表现出来的敌人,没有不能战胜的;只要暴露形迹,就有办法对付他。正因为这样,所以圣人就将自己隐藏在无形之中,并且让心神处于虚静之中。风雨可以遮挡,是因为它们有形,而寒暑无法关闭控制,是因为它们无形。能够薄滑柔和,精细隐微,贯穿金石,穷尽最遥远的区域,寄身于九天之上,蟠伏在黄泉之下的,只有那"无形"的道。善用兵者,必定会攻击那些阵脚混乱的敌军,但不会去攻击那些整肃的敌军,也不会去攻击那些气势威严的敌军,更不会去攻击那些阵容整齐的敌军。敌方的情况还未摸清之前,就用各种方法与之相持周旋;敌方一旦露出致命的弱点,就因势消灭他。敌方如果掌握术数、准备周密,我方妄动就是自寻凶险;敌方以"虚"来对付我方的"实",我军也必定会被敌军擒获。虎豹隐伏不乱跑是不会跌入陷阱的;麋鹿安详不乱动是不会触上罗网的;鸟儿停着不乱飞是不会被罗网系绊的;鱼鳖不乱游动是难以被钓钩钩上嘴唇的。万物无不因为妄动而被制约的。所以圣人贵"静"。因为"静"能制"动","后"能制"先";周密能够胜过疏漏,完备能够制服残缺。

【注释】

① 合:对付。持:王念孙认为是"待",对待,对付。　② 罢:通"疲"。　③ 隙:间隙,空隙。　④ 彼不吾应:即"彼不应吾"。独尽其调:原注为"言我之尽调以待敌也"。　⑤ 彼持后节:原注为"彼谓敌。持后节,敌在后,使先已",是说敌方后于我们行动,从而控制了我方的行动。　⑥ 精:敌军精锐部队。左:东方、东边。陷:攻。右:西方、西边。陂:边。这里指"西方,右方"。　⑦ 移:移动、动摇。这里指攻破、击破。　⑧ 奄迟:淹留迟滞。　⑨ 遬:疾、速。铟:王引之认为应是"趁"(趋)。马宗霍认为"铟"与"旋"音同,指小步,犹步旋。陈直认为古代涓(铟)、环、旋三字皆通用。章太炎认为"铟"为"蜎",《尔雅·释鱼》,"蜎,蠉也";"蠉,虫行也"(《说文》)。这里的"旋"、"蠉"、"环"均指步子小且打转,引申攻击行动神速,使敌方来不及开拔撤离。　⑩ 毂:车辆中心插入车轴的木头。植木:插在地上的木头。⑪ 格:抵挡。　⑫ 开:王念孙认为"开"当为"关"。　⑬ 淖:柔和。　⑭ 放:原注为"寄"。黄卢:黄泉。　⑮ 堂堂:指气势威严,仪容庄端。寇:敌军。填填:原注为"旗立卒端貌",指阵容整齐。　⑯

容：指敌方的情况。数：术数、方法。　⑰阴：凶险。　⑱禽：通"擒"。　⑲离：通"罹"，遭受，碰上，触上。　⑳绁：挂上，绊住。"系绊"的意思。　㉑摆：贯、穿，钩上。唇：应是"唇"。喙：口。　㉒数：密，和"疏"相对。博：俞樾认为应作"抟"，《说文·手部》，"抟，圜也"，"完备"的意思。禽：通"擒"，制服。

【评析】

本节作者继续深化战争军事原则，认为部队要克敌制胜就要"无形"，即不可将自己的战略战术意图过早地暴露给对方，用作者的话来说是"藏形于无而游心于虚"；反过来倒要了解对方的战略战术意图是什么，这样才有可能克敌制胜。作者将这种军事原则称之为"以后制先"。

那么，怎样才能做到"无形"呢？作者认为要做到"无形"，其关键是"静"，只有"静"才能勿"躁"，勿躁也就是不妄动；不妄动就不易被对方窥察到战略战术意图，也就不易被对方控制和制服。认为凡是在军事行动上被动挨打的，都是在于妄动，就像虎豹跌落陷阱、麋鹿遭受置罘、飞鸟系绊网罗都在于妄动一样。所以作者最后总结说："圣人贵静，静能应躁，后能应先。"

故良将之用卒也，同其心，一其力。勇者不得独进，怯者不得独退；止如丘山，发如风雨；所凌必破，靡不毁沮。①动如一体，莫之应圉。②是故伤敌者众，而手战者寡矣。③夫五指之更弹，不若卷手之一挃④；万人之更进，不如百人之俱至也。今夫虎豹便捷，熊罴多力，然而人食其肉而席其革者⑤，不能通其知而一其力也。夫水势胜火，章华之台烧⑥，以升勺沃而救之⑦，虽涸井而竭池，无奈之何也；举壶榼盆盎而以灌之⑧，其灭可立而待也。今人之与人，非有水火之胜也,而欲以少耦众⑨,不能成其功亦明矣。兵家或言曰:"少可以耦众。"此言所将,非言所战也。或将众而用寡者,势不齐也⑩;将寡而用众者,用力谐也。若乃人尽其才,悉用其力⑪,以少胜众者,自古及今未尝闻也。

【今译】
　　所以优秀的将帅带兵,能使士卒同心协力。优秀的将帅带兵能使勇敢的人不会只身逞强冲杀前进,也不使胆怯的人独自一人后退怯阵;优秀的将帅带兵,静止时像山丘那样纹丝不动,冲锋时又像风雨那样迅猛;遭到这样部队的攻击,也必定会溃不成军,没有不崩毁灭亡的。这样优秀的将帅带出的部队,行动时有如一个有机的整体,试想天下谁能抵挡得着! 所以是杀伤敌人的多,而遭遇短兵相接的情况少。五根手指交替着弹击,就不如重拳狠狠一击;一万个人一个一个地上去,不如一百号人一起临战。现在那虎豹虽然敏捷,熊罴虽然力大,但人还是能吃它们的肉,用它们的皮做垫席,这是因为它们之间不能互相沟通思想、统一力量。水是能够灭火的,但是当章华台楼失火时还用勺子、升子盛水来灭火,即使舀干深井大池里的水,这火还是难以扑灭;但如果用大盆般的容器盛水灭火,这火也就能立刻扑灭。现在人之间的差距尽管没有水火那样的性质差异,但却想以少胜多,那么不能取得胜利也是显而易见的。有的军事家说"少可以胜多",但要知道,这话是针对将帅如何带兵这一战略问题来说的,而不是指具体的每一次战斗。有些将帅统率的人多,但战斗力却很弱,这是因为没有将士兵的力量拧成一股绳;有些将帅带的兵并不多,但战斗力却很强,这是因为将士兵的力量协调一致的缘故。假若一支能协调众人力量的大部队,被一支小部队所打败,这大概是从古到今都没听说过的事。

【注释】
　　①靡:无。沮:败坏。　②圉:抵挡、抵御。　③手战:徒手交

战,等于说肉搏战。　④更:交替。卷:通"拳"。卷手:手握成拳头。挃:捣击。　⑤席:以……为席。作动词用。　⑥章华:春秋楚灵王造的高台。　⑦升勺:古代容量单位,十勺为一合,十合为一升。　⑧壶榼:古代盛酒或贮水的器具,与"升勺"相比,壶榼的容积就大得多。　⑨耦:同"偶",匹配、相对。以少耦众:是指以少胜多。　⑩用:利用。用寡:指利用率差、战斗力差。势:力。　⑪用:于鬯认为"用"字涉上文而衍。

【评析】

作者这里讲到另一个军事原则,即集中兵力。作者认为一个会带兵的将帅要明白这样的道理,那就是"五指之更弹,不若卷手之一挃";同样章华之台失火,若以"升勺沃而救之,虽涸井而竭池",也奈何不得这大火,但若以"壶榼盆盎而以灌之",这火就能马上被扑灭。这说明"集中"的重要性。反之,虎豹熊罴就是不知"集中",尽管"便捷、多力",但最终还是被人一个个地"食其肉,席其革"。由此引申到用兵打仗上,也要集中兵力;只有兵力集中,才能"发如风雨","所凌必破",无坚不摧。

当然,这里的"集中",不仅仅是人数量的集中,还是人数中的齐心协力的"集中",这样部队的战斗力才强劲,否则还会有可能出现人数虽"众",但"用寡",即战斗力不强的状况。同时,作者又指出,所谓"以少胜多"是对将帅如何发挥部队战斗力这一战略问题而言的,而对每一次具体战斗来说,则仍需要集中实力,这就是作者说的"万人之更进,不如百人之俱至"。

神莫贵于天,势莫便于地,动莫急于时,用莫利于人。凡此四者,兵之干植也①,然必待道而后行,可一用也。夫地利胜天时,巧举胜地利,势胜人。②故任天者可迷也,任地者可束也,任时者可迫也,任人者可惑也。夫仁勇信廉,人之美才也。然勇者可诱也，仁者可夺也，信者易欺也，廉者易谋也。将众者有一见焉，则为人禽矣。由此观之，则兵以道理制胜，而不以人才之贤，亦自明矣。是故为麋鹿者则可以罝罘设也③，为鱼鳖者则可以网罟取也，为鸿鹄者则可以矰缴加也④，唯无形者无可奈也。是故圣人藏于无原⑤，故其情不可得而观；运于无形，故其陈不可得而经⑥。无法无仪，来而为之宜；无名无状，变而为之象。深哉雎雎⑦，远哉悠悠；且冬且夏，且春且秋。上穷至高之末，下测至深之底⑧；变化消息，无所凝滞；建心乎窈冥之野，而藏志乎九旋之渊⑨。虽有明目，孰能窥其情？

【今译】
　　用兵打仗，精神没有比合天道更可贵的，形势没有比占据有利地形更便利的，行动没有比适宜时机更急切的，功用没有比得人和更有用的。以上四方面，是决定战争胜负的主要因素，但一定得依赖"道"才可起作用，才能发挥其中任何一种因素的作用。地形便利胜过天时，而巧妙行动又胜过地形，时势又胜过人和。所以专靠天时可能被"天"迷惘，专靠地形可能被"地"束缚，专靠人和可能被"人"迷惑，专靠时势可能受"时"逼迫。仁、勇、信、廉，是人的美好品质。但是勇敢的人可能被诱骗，仁慈的人可能被侵夺，诚信的人容易被欺骗，廉洁的人容易被谋算。统率大军的将帅一旦表现出以上四种美德的任何一种都有可能被人利用而制服擒获。由此看来，用兵打仗获取胜利，有它的内在规律，不仅仅只依靠人才的贤能，这是相当清楚的。因此部队如像麋鹿那样妄动就有可能被人用兽网捕获，部队如像鱼鳖那样游窜就有可能被人用渔网抓获，部队如像鸿鹄那样翱翔就有可能被人用飞箭射中。所以唯有不露痕迹——无形，才奈何不得它。因此圣人藏身于无源头的地方，这样他的真实面貌人们无法掌握和观察到；圣人就是行动也运行于无形之中，这样他的布阵用兵人们无法掌握和猜测到。没有法度没有规矩,事情临头才采取相应的措施;没有名称没有形状,事情变化了也跟着变化形态。深幽啊!玄妙难测。遥远呵!悠悠渺茫。从冬到夏、从春到秋,周而复始,没有尽头。上达最高顶峰,下探最深底层;变化更替,无所阻碍和凝滞;心神游荡于幽静渺茫的旷野,志趣藏匿进九旋回曲的深渊。即使有明亮的眼睛,又怎么能窥察到他的真情?

【注释】

①干:主干、主体。这里指决定战争胜负的主要因素。 ②势:时势。 ③罝罘:捕捉兽类的网。 ④矰缴:系有丝绳的箭。 ⑤无原:无源头。 ⑥陈:通"阵"。经:猜测、掌握。 ⑦瞒瞒:深远的样子。 ⑧测:尽、探。 ⑨建心:心神。志:志向、志趣。九旋:回旋、回曲。

【评析】

上文作者讲到"圣人藏形于无而游心于虚",本节作者换了一种讲法,即"圣人藏于无原,运于无形,建心乎窈冥之野,藏志乎九旋之渊"。这里讲法换了一下,但精神实质不变,即强调"无形"。唯有"无形",才不会像麋鹿、鱼鳖、鸿鹄那样因"有形"(麋鹿妄奔、鱼鳖游窜、鸿鹄飞翔)而被捕捉。

因为强调"无形",所以作者又进一步指出:无形不仅仅表现为不向对方过早地暴露战略战术意图,同时还表现为将领统帅的个人爱好和思想品质等都不可向对方泄露。因为即便是"仁勇信廉"这样的美德,一旦被对手所掌握,也有办法通过此来达到其军事目的,那就是"勇者可诱、仁者可夺、信者易欺、廉者易谋",更不用说将领统帅的弱点被对手所掌握了。如真的被对手所掌握,真有可能引出灾祸来,导致战争失败。《孙子兵法·九变篇》就讲到这种情况:"将有五危:必死可杀也;必生可虏也;忿速可侮也;廉洁可辱也;爱民可烦也。凡此五者,将之过也,用兵之灾也。"由此,作者是反复强调"无形"的重要性,认为"唯无形者无可奈也"。

兵之所隐议者天道也①,所图画者地形也,所明言者人事也,所以决胜者铃势也②。故上将之用兵也,上得天道,下得地利,中得人心,乃行之以机③,发之以势,是以无破军败兵。乃至中将,上不知天道,下不知地利,专用人与势,虽未必能万全,胜铃必多矣。④下将之用兵也,博闻而自乱,多知而自疑,居则恐惧,发则犹豫,是以动为人禽矣。今使两人接刃⑤,巧拙不异,而勇士必胜者何也？其行之诚也。夫以巨斧击桐薪⑥,不待利时良日而后破之；加巨斧于桐薪之上,而无人力之奉,虽顺招摇、挟刑德而弗能破者⑦,以其无势也。故水激则悍⑧,矢激则远。夫栝淇卫箘簵⑨,载以银锡,虽有薄缟之幨⑩,腐荷之赠,然犹不能独射也⑪。假之筋角之力,弓弩之势,则贯兕甲而径于革盾矣。⑫夫风之疾,至于飞屋折木；虚举之下大迟自上高丘⑬,人之有所推也。是故善用兵者,势如决积水于千仞之堤,若转员石于万丈之溪。⑭天下见吾兵之必用也,则孰敢与我战者！故百人之必死也,贤于万人之必北也,况以三军之众,赴水火而不还踵乎?⑮虽诮合刃于天下⑯,谁敢在于上者！

【今译】

用兵打仗要考虑这几个因素,即揆度谋虑天象、绘测地理图形、客观评议人事,而用来决定战争胜利的是权变和气势。所以高水平的将帅用兵是上得天道,下得地利,中得人心,再能运用机变,以气势因势来发动进攻,因此部队不会吃败仗。次一等的将帅用兵是既不懂天道又不懂地利,而只靠人和与气势因势,这不一定能保证全胜,但取胜的谋略却还是不少的。下等水平的将帅用兵是被道听途说的东西搅乱自己的正常思维，智谋多又不能决断、疑疑惑惑，平时患得患失、怕这怕那，战时又犹豫不决，这样稍有行动就被人窥破意图、被人擒获。现在让两人持刀相打，两人武艺不相上下，但勇敢的一方取得胜利，这是为什么呢？因为勇敢诚意，所以必胜。用斧砍伐小树，不待吉日良辰就能砍断劈开小树；如果只是将斧头放在树枝上，却不用力气去砍伐，即使现在北斗星柄指向吉日良辰，且又占阴阳刑德的变化有利条件，但还是不能砍断劈开，这是因为不用力气的斧头没有砍伐力。所以水流激荡就凶猛有力、箭被激发就射程远广。现在有了良箭，再涂饰银锡，但即使是薄绢做成的车帷，腐叶烂草做成的盾牌，这涂饰银锡的衣箭还是不能自动穿透它。但如果用上硬弓，再借助弓弩的弹力发射出去，那么即使是犀牛皮做成的铠甲、皮制的盾牌也能被射穿。那狂风的猛烈，能掀飞房顶、折断树木；然而空车脱离大路又上高坡，就要人来用力推动它。所以善于用兵的将帅，他所带出来的兵，其气势如冲开堤坝的积水从千仞高的决口奔腾而下，又像滚动的圆石冲下万丈深的溪谷。天下别的军队看到我军官兵这种气贯长虹的气势，还有谁敢与我军交战！所以百把号人抱着拼死的决心，就能击溃一万人心思不齐的军队，更何况拥有赴汤蹈火不回头的三军人马呢？即使向天下挑战寻找交战对手，又有谁敢挡在前面！

【注释】

①隐：揆度。议：谋虑。　②钤：通"权"。　③机：机变。④钤：权，谋。　⑤接刃：持刀相打。　⑥桐：通"童"。桐薪：小树木。　⑦招摇：星名，即北斗杓端第七星。顺招摇：顺着招摇星的运行方向，星相家认为这是一种吉利天象。挟：拥有、占有。刑德：刑，杀气，是指阴气；德，旺气，是指阳气。"刑德"指阴阳的消长变化。⑧悍：猛烈、凶猛。　⑨栝：箭栝，指箭末扣弦的部分。淇：通"棋"，地名，原注为"美箭所出地名也"（《原道训》注）。卫：箭羽。箘簬：刘文典、何宁认为"箘簬"二字原在注内，涉正文而衍，一曰"箘簬"为箭名

或竹名。这里"栝淇卫箘簵"代指良箭。 ⑩缟：细白的绢。幨：帷帐，这里指车帷。 ⑪荷：原注为"莲华也"。腐荷：这里指腐叶烂草之类的东西。橧：王念孙认为本作"橹"，盾牌。射：射穿。王念孙认为"射"本作"穿"。 ⑫径：穿过、穿透。 ⑬举：孙诒让认为"举"当作"舉"，同"舆"，车子。迟：迡，指四通八达的道路。自：这里当"又"讲。 ⑭仞：古代长度单位。员：通"圆"。 ⑮踵：脚后跟。 ⑯诶：《说文》"诶，相呼诱也"，《广雅·释诂》"诶，诱也"，指引诱、挑逗，这里指"挑战"。合刃：刀枪相接，交战。在于上：站在上路挡着道。

【评析】

作者强调战争中的天时、地利、人和的重要性："兵之所隐议者天道也，所图画者地形也，所明言者人事也。"但作者认为这些还不是决定战争胜负的主要因素，其主要因素是"势"——"所以决胜者铨势也"。所以，好的将帅是"上得天道，下得地利，中得人和"，再加上"行之以机，发之以势"，这样部队没有不打胜仗的。这"势"，除"气势、地势、因势"和"形势"外，还包括进攻中的"态势"，这就是作者在文中讲的："善用兵者，势如决积水于千仞之堤，若转圆石于万丈之溪。"这种强调用兵中的"势"，与《孙子兵法·势篇》一脉相承，演变到曹操、李靖那里也就理所当然地注重起"用兵任势"来了。

所谓天数者，左青龙，右白虎，前朱雀，后玄武。①所谓地利者，后生而前死，左牡而右牝。②所谓人事者，庆赏信而刑罚必，动静时举错疾。③此世传之所以为仪表者，固也④，然而非所以生。仪表者，因时而变化者也。是故处于堂上之阴而知日月之次序，见瓶中之冰而知天下之寒暑。夫物之所以相形者微，唯圣人达其至。故鼓不与于五音而为五音主⑤，水不与于五味而为五味调，将军不与于五官之事为五官督⑥。故能调五音者，不与五音者也；能调五味者，不与五味者也；能治五官之事者，不可揆度者也。③是故将军之心，滔滔如春，旷旷如夏⑧，湫漻如秋，典凝如冬⑨，因形而与之化，随时而与之移。

【今译】
　　所谓天数是指二十八宿的东方青龙，西方白虎，南方朱雀，北方玄武的天体运行规律。所谓地利是指处后则生处前则死，暴露（牡、阳）则凶隐蔽（牝、阴）则吉。所谓人事是指赏罚分明说到做到，行动要适时，措施贯彻要坚决。以上这些世代相传的东西被认为是军事法则，这当然没错，但这些还不能算作基本的军事法则。基本的军事法则应该是"因时而变化"。所以观察堂前的阴影移动而能知日月运行的位置，看到瓶中的水结冰而知天下寒暑的变化。事物各自形成、变化的迹象都是相当微妙的，只有圣人能够达到认清这种变化的程度。所以鼓不参与也不产生五音，但它却是五音的主宰；水没有味道，但却能与五味调和；将军不直接参与五官的事务，但却是五官的总督。所以能协调五音的是那奏不出五音的"鼓"；能调和五味的是那没有五味的"水"；能督促管理五官各自完成事务的，是难以揣度估量的"心"。因此将军的心，和暖如春，清朗如夏，寂寥如秋，凝固如冬，因顺形势变化而变化，随着时势推移而推移。

【注释】
　　① 古天文学家将二十八宿分为东西南北四方，每方七宿，分别命名为"青龙"、"白虎"、"朱雀"、"玄武"。原注为"角、亢为青龙，参、井为白虎，星、张为朱雀，斗、牛为玄武。用兵军者，右参、井，左角、亢，背斗、牛，向星、张，此顺北斗之铨衡也"。这"右、左、背、向"，即以面南为准，是右西左东、背（北）后向（南）前。　② 左牡代表阳，暴露的意思。右牝代表阴，阴蔽的意思。　③ 必：与"信"义近。举错：举措，措施。"错"通"措"。　④ 仪表：法则、标准。固：固然。　⑤ 与：参与。五

音：宫商角徵羽。　⑥ 五味：甜酸苦辣咸。五官：司马、尉官、军候、司空、军舆。　⑦ 揆度：揣度、估量。　⑧ 滔滔：和暖的样子。旷旷：清朗开阔的样子。　⑨ 湫漻：寂寥空虚。典：固，坚。

【评析】

作者指出，传统的军事观总认为天时、地利、人和是取得战争胜利的必备条件和因素。对此作者也认为这种观点实际上没错（"固也"）。但作者同时又指出，取得战争胜利和掌握战争主动权，除需要天时、地利、人和及"势"等因素外，更需要"因时而变化"；战争及战争过程从来就没有固定模式，认为战争有一定的"仪表"是不妥的。因为没有一定模式（"仪表"），因时而变化，所以它就像"水"一样"不与于五味而为五味调"，如"鼓"那样"不与于五音而为五音主"。反之谁将自己凝固于一定的模式（"仪表"），谁就会吃败仗。

由此推衍到带兵的将帅身上，不能心仪一种模式（"仪表"），而要将心保持在这样一种状态下，即"滔滔如春，旷旷如夏，湫漻如秋，典凝如冬"，"因形而与之化，随时而与之移"，这样带兵打仗就会掌握战争主动权。

夫景不为曲物直，响不为清音浊，观彼之所以来，各以其胜应之。是故扶义而动，推理而行，掩节而断割①，因资而成功；使彼知吾所出，而不知吾所入，知吾所举，而不知吾所集。始如狐狸，彼故轻来②；合如兕虎，敌故奔走。夫飞鸟之挚也俯其首③，猛兽之攫也匿其爪，虎豹不外其爪，而噬不见齿④。故用兵之道，示之以柔而迎之以刚，示之以弱而乘之以强，为之以歙而应之以张⑤，将欲西而示之以东。先忤而后合⑥，前冥而后明；若鬼之无迹，若水之无创⑦。故所乡非所之也，所见非所谋也⑧，举措动静莫能识也。若雷之击,不可为备;所用不复,故胜可百全;与玄明通,莫知其门。是谓至神。

【今译】

　　物体是曲的,影子就不可能是直的;声音是清脆的,回声就不可能是浊的。观察对方的行动意图,用我方的各种优势条件来对付他们。所以战争行动要靠正义来扶持、用事理来推动,打乱对方的部署使其失去主动权,依靠我方的优势条件去获得成功;让对方看到我方的出现,但却不让他们知道我将隐入何处;让对方知道我方的行动,但却不让他们知道我将怎样集聚。战争开始时要像狐狸那样细心弱小,于是对手就会轻率出战;一旦战争爆发,就要像猛虎那样凶猛,所以敌人就必溃退。那飞鸟准备攫取猎物时,总缩着脑袋装成若无其事,猛兽捕捉猎物时也总是藏匿着它的利爪,虎豹不轻易暴露它的利牙,噬狗也不随便外露它的利齿。所以用兵的策略,有时故意向敌方显示我军的柔弱,但真要开战时,就用刚强给予迎头痛击;有时故意向敌方暴露我军的弱小,但在关键时刻,就用强硬的势态将敌方压倒;有时故意向敌方示以收敛的姿态,但当对方进犯时,却大张旗鼓并配以强盛的气势给予敌方沉重的打击;有时想往西进,却故意制造成东去的假象。先处逆境,然后达到最终目的;先在黑暗中摸索,然后有光明的前途;用兵要像"鬼"那样来无踪去无影,又要像"水"那样渗透深入不留痕迹。所以军事上有这种情况,即外表上的趋向并不是他真要去的地方,表露出来的迹象并不代表他的真实意图,所以一举一动很难吃准这到底是为什么。由此就会导致这样的结果,像晴天炸雷,你没法防备;而且一定记着军事招数不可重复使用,这样才能稳操胜券;与精妙的境界相通,但却不知它的门径。这就叫做用兵如神。

【注释】

　　① 掩节而断割:原注为"掩,覆也。覆其节制断割也"。是指打乱敌方的军事步骤,使其失去主动权。　② 轻来:轻敌而来、轻率出

战。　③挚：攫取。　④爪：王念孙认为是"牙",以避免同上句"匿其爪"重复。噬：王念孙认为应是"噬犬",即"噬犬不见其齿",这样就能与上句"虎豹不外其爪"相对为文。　⑤乘：攻击、压倒。歙：收缩、收敛。　⑥忤：不顺、逆境。　⑦创：痕迹。　⑧乡：向。见：表现、表露。

【评析】

上文讲到将帅要"因时而变化",表现在这里就要根据对手的情况而不断变更,根据对手的招数而变化招数,这用作者的话来说,"景不为曲物直,响不为清音浊,观彼之所以来,各以其胜应之"。这当然还仅仅是对手出招后的应对。那么如果换到我方出招该怎样呢？按照作者的观点,就该出奇招,即用兵要机诈神秘,神出鬼没。所有行动要使对手"不知吾所入,不知吾所集";要"俯其首,匿其爪、不见齿",不暴露自己。有时要"兵不厌诈","示之以柔而迎之以刚,示之以弱而乘之以强,为之以歙而应之以张,将欲西而示之以东",搞得敌人头昏脑胀,七颠八倒,在还没缓过神来之际,给以致命的打击。

同时,作者认为所谓的"奇招",就是建筑在"所用不复"基础上的；因为不重复使用招数,所以每次使用的军事战术都是新招,新招亦即奇招。这样也就进一步强调了上述战无一定模式("仪表")的观点。作者认为如能达到这种境地,也就称之为用兵如神了。

兵之所以强者,民也；民之所以必死者,义也；义之所以能行者,威也。是故合之以文,齐之以武,是谓必取；威仪并行①,是谓至强。夫人之所乐者生也,而所憎者死也。然而高城深池,矢石若雨,平原广泽,白刃交接,而卒争先合者②,彼非轻死而乐伤也,为其赏信而罚明也。是故上视下如子,则下视上如父；上视下如弟,则下视上如兄。上视下如子,则必王四海；下视上如父,则必正天下。上亲下如弟③，则不难为之死；下视上如兄，则不难为之亡。是故父子兄弟之寇不可与斗者，积恩先施也。故四马不调，造父不能以致远④；弓矢不调，羿不能以必中⑤；君臣乖心，则孙子不能以应敌⑥。是故内修其政，以积其德；外塞其丑，以服其威；察其劳佚，以知其饱饥；故战日有期，视死若归。故将必与卒同甘苦、俟饥寒⑦，故其死可得而尽也。故古之善将者，必以其身先之；暑不张盖，寒不被裘，所以程寒暑也⑧；险隘不乘，上陵必下⑨，所以齐劳佚也；军食孰然后敢食⑩，军井通然后敢饮，所以同饥渴也；合战必立矢射之所及，以共安危也⑪。故良将之用兵也，常以积德击积怨，以积爱击积恨，何故而不胜？主之所求于民者二：求民为之劳也，欲民为之死也。民之所望于主者三：饥者能食之⑫，劳者能息之，有功者能德之。民以偿其二积⑬，而上失其三望，国虽大，人虽众，兵犹且弱也。若苦者必得其乐，劳者必得其利，斩首之功必全，死事之后必赏⑭，四者既信于民矣，主虽射云中之鸟而钓深渊之鱼，弹琴瑟，声钟竽，敦六博⑮，投高壶⑯，兵犹且强，令犹且行也。是故上足仰则下可用也，德足慕则威可立也。

【今译】

军队之所以强大，是在于得到民众的拥戴；民众之所以用牺牲自己来换取战争胜利，是在于这场战争的正义性；正义之所以能为民众信仰，是在于君王将帅具有崇高的威信，且与民众利益一致。所以用文德来团结人民，用勇武来整齐士兵，这样就能必定胜利；正义和威信同时发挥作用，这是最强大的。一般来说，人都是喜欢活着，憎恨死去的。但是，面对高高的城墙、深深的壕沟、矢箭如雨，平原广泽短兵相接厮杀时，士兵们仍然争先恐后抢在前面与敌军交战，不是他们不怕死、高兴受伤，而是因为君王将帅奖赏守信用、惩罚严明的缘故。所以君王如果将民众看成是自己的子女，那么民众就会将君王看成是自己的父亲；君王如果将民众看成是自己的兄弟，那么民众就会将君王看成是自己的兄长。君王如能将民众看成是自己的子女，那么也就必定能统治天下。民众将君王看成是自己的父亲，那么天下也就安定团结。君王将民众当作是自己的兄弟，那么民众就不会把为人民牺牲生命当作难事；民众将君王看成是自己的兄长，那么民众就不会把为君王牺牲生命当成难事。因此部队中官兵亲如父子兄弟，敌人就无法与之相斗的，因为这样的部队君王将帅平时就爱兵如子的。所以驷马动作不协调，即使有造父也无法驾车赶远路；弓和箭不相配，即使是羿也无法用来百发百中；君臣离心离德，即使是孙武也无法率领部队与敌交战。因此，君王一定要内修清明政治，广积恩德；外塞丑行恶迹，树立威信；体察民众的疾苦，以知道民众的生活状况。这样，一旦爆发战争，民众就会和君王将帅同心同德，面对残酷战争会视死如归。所以将帅真与士兵同甘苦、共饥寒，那么到战时士兵的牺牲精神就会体现出来，也使部队具有强大的战斗力。所以古代善于带兵打仗的将帅一定是身先士卒，各方面都起到表率作用；酷暑也与士兵一样不张伞盖，寒冬也与士兵一样不穿皮衣，以体察士兵的寒暑；遇险要关隘也不骑马，上山爬坡也必下车步行，以体验士兵的劳逸；部队饭菜做好后才敢用餐、部队水井凿通后才肯饮水，以体验士兵的饥渴；两军交战时也与士兵一样随时有可能被箭射中，这样与士兵共安危。所以良将用兵，常常以这种恩德来凝聚部队的战斗力去迎战怨气极盛的敌军的；又用仁爱去团结部队去迎战内部充满仇恨的敌军的。这样，哪有不取胜的道理？君王要求民众做到的是两条：要求民众为他辛劳，要想民众为他牺牲生命。而民众对君王的期望不过三点：饥者有食，劳者能息，有功者施予恩赏。假若民众已经履行了君王所要求的两条职责，而君王却没有满足民众的三点期望，那么，国家再大、人口再多，这军队的战斗力还是弱小的。假若辛苦者事后能就得到快乐，劳累者必能得到一定利益，立功者一定得到奖赏，为国牺牲者的后代一定得到抚恤，这四方面都能兑现、取信于民，那么君王即使去射猎云天的飞鸟、垂钓深渊的游鱼，弹琴奏瑟、鸣钟吹竽、掷六博、投高壶、安逸清闲万分，他的部队也照样强大，他的军令也照样能贯彻执行。这样，君王将帅令人景仰，下属百姓士兵随时听候使用；这说明德政施行的足以使人敬慕，那么这君王的威信也就随之树立。

【注释】

①仪：刘文典等认为应作"义"。 ②合：交战。 ③亲：王念孙认为当为"视"。 ④造父：周穆王时的善御者。 ⑤羿：传说中的善射者。 ⑥乖：乖背、乖离。孙子：春秋时齐人，古代著名军事家，名武，有《孙子兵法》。 ⑦俟：俞樾认为"俟"作"併"，并。并，同也。一曰"俟，候也"，"候其饥寒"。 ⑧程：宋本《太平御览》引"程"作"均"。这里"程"有估量、称量的意思，引申为"体验"。 ⑨上陵：上山爬坡。杨树达认为"上陵"为"丘陵"。 ⑩孰：通"熟"。 ⑪矢射：王念孙认为应作"矢石"。以共安危也：刘文典、王念孙认为应作"所以共安危也"。 ⑫食：给……食。 ⑬以：已。积：王念孙认为是"责"。 ⑭斩首之功：斩取敌人首级的功劳，这里泛指立功。全：如数兑现，这里指奖赏。死事：为国牺牲、捐躯。后：后嗣。原注为"死事，以军事死。赏其后子孙也"。 ⑮敦：掷。六博：古代一种博戏，共十二棋，六白六黑，二人参加，每人六子，故名"六博"。 ⑯投高壶：即投壶。古代一种游戏，常于宴会时游戏助兴，设壶居中，宾主投矢其中，以中多者为胜。

【评析】

本节主要讲"人和"。认为，"人和"表现在部队内部则是"上视下如子则下视上如父，上视下如弟则下视上如兄"。其结果是"上视下如子则必王四海，下视上如父则必正天下"；起码在枪林弹雨、白刃交接的残酷战争中能使士卒争先恐后，不怕牺牲而拼死作战。

作者进而深化这种"爱民拥军"的"人和"理论,认为"人和"就是要"善为将者,必以其身先之;暑不张盖寒不被裘,所以程寒暑也;险隘不乘上陵必下,所以齐劳佚也;军食孰然后取食、军井通然后取饮,所以同饥渴也;合战必立矢射之所及,所以共安危也"。也就是说,君王将帅只有真正地身先士卒,与士兵同甘共苦,才算真正做到"人和",否则只是一句空话。而真正做到"人和",部队就能"常以积德击积怨,以积爱击积恨",其战斗力是无法估量的,也是战无不胜的。

作者又认为,"人和"在一定条件下可以说是部队取得战争胜利的关键,就像驷马和合、弓矢相配对、造父驾驭、羿射飞箭相当关键一样。"人和"又叫"人合",即民众的期望能和君主的希望相合就能产生"人和"的结果来,也即"主之所求于民者二:求民为之劳,欲民为之死","民之所望于主者三:饥者能食之,劳者能息之,有功者能德之"。主与民能分别得到满足,这部队的战斗力强,也就能无往而不胜。

将者必有三隧①、四义、五行、十守。所谓三隧者,上知天道,下习地形,中察人情。所谓四义者,便国不负兵②,为主不顾身,见难不畏死,决疑不辟罪③。所谓五行者,柔而不可卷也,刚而不可折也,仁而不可犯也,信而不可欺也,勇而不可凌也。所谓十守者,神清而不可浊也,谋远而不可慕也④,操固而不可迁也,知明而不可蔽也;不贪于货,不淫于物,不嗑于辩⑤,不推于方⑥;不可喜也,不可怒也。是谓至于,窈窈冥冥,孰知其情!发必中铨⑦,言必合数;动必顺时,解必中揍⑧。通动静之机,明开塞之节;审举措之利害,若合符节;疾如𨏋弩⑨,势如发矢;一龙一蛇,动无常体。莫见其所中,莫知其所穷;攻则不可守,守则不可攻。

【今译】

将帅必须具备的条件有三隧、四义、五行和十守。所谓"三隧"是指将帅必须上知天道、下熟习地形、中体察人情。所谓"四义"是指将帅是为国家利益而不是依仗兵权谋私,是为君王尽忠而奋不顾身,面对危难而不怕牺牲,处理疑难问题时不怕承担责任。所谓"五行"是指将帅能柔软但不卷曲,能刚强但不折断,秉仁慈但不可侵犯,有信誉但不容欺骗,具勇敢但不可凌辱。所谓"十守"是指将帅神志清澈而不混浊、谋略深远而不易仿效、节操坚定而不迁移、智慧明达而不受蒙蔽、不贪钱财、不沉溺于物欲、不贪求花言巧语、不贪图名声、不易被引逗喜悦、不易被激怒。将帅如能做到上述这些,也可谓达到了深远奥妙的境界,有谁能知道他的真情!行动则必定符合明确的目标,言论则必定符合道理和规律;行为必定顺应时宜,分析必定有条有理。通晓动和静的奥妙,明白开和塞的时机;审察行动的利和害,如同符节相合;快得像发动满弦的弓箭,气势如同离弦的飞箭;像龙那样腾飞、像蛇那样游行,行动没有一定的形态。看不清所要攻击什么目标,也不知道最终的归宿是什么;要进攻时就使你无法防守,要防守时就使你攻不破。

【注释】

①隧:通"道"。 ②负:依仗、仗恃。一曰"负"为"员"也,"物数"的意思。 ③辟:通"避",逃避。不辟罪:不逃避罪责。这里指不怕承担责任。 ④慕:马宗霍认为"慕"当为"习",仿效的意思。 ⑤嗛:贪求。 ⑥方:刘文典认为《太平御览》引"方"作"名"。 ⑦铨:权,引申为标准、法则、目标。 ⑧腠:通"腠",肌肉的纹理,引申为事物的条理。 ⑨符节:古代朝廷用作凭证的信物,用竹木或金属做成,上书写文字,剖为两半,各执其一,用时,以两半吻合为验。彍:拉满弓、满弦的弓。

【评析】

作者由上节讲"人和",深入到此节叙述将帅应具备的素质。这将帅应具备的素质是"三隧"、"四义"、"五行"和"十守"。将帅如具备上述这些基本素质，那么他带出的兵将是"发必中铨，言必合数；动必顺时，解必中腠；通动静之机，明开塞之节；审举措之利害，若合符节；疾如䨥弩，势如发矢；一龙一蛇动无常体"。这样的部队使敌手搞不清他要攻击的目标是什么、他的归宿在哪里；对手攻不破他的防守，而他能攻破任何防守。

盖闻善用兵者，必先修诸己①，而后求诸人；先为不可胜，而后求胜。修己于人，求胜于敌，己未能治也，而攻人之乱，是犹以火救火，以水应水也，何所能制？今使陶人化而为埴②，则不能成盆盎③；工女化而为丝，则不能织文锦。同莫足以相治也，故以异为奇。两爵相与斗④，未有死者也，鹯鹰至⑤，则为之解，以其异类也。故静为躁奇，治为乱奇，饱为饥奇，佚为劳奇，奇正之相应，若水火金木之代为雌雄也。善用兵者，持五杀以应⑥，故能全其胜；拙者处五死以贪⑦，故动而为人擒。兵贵谋之不测也，形之隐匿也，出于不意，不可以设备也。谋见则穷，形见则制。故善用兵者，上隐之天，下隐之地，中隐之人。隐之天者，无不制也。何谓隐之天？大寒甚暑，疾风暴雨，大雾冥晦⑧，因此而为变者也。何谓隐之地？山陵丘阜⑨，林丛险阻，可以伏匿而不见形者也。何谓隐之人？蔽之于前，望之于后，出奇行陈之间，发如雷霆，疾如风雨，搴巨旗⑩，止鸣鼓，而出入无形，莫知其端绪者也。

【今译】

听说善于用兵的人，必定先从自我修养做起，然后才要求他人也能这样；先做到不可被战胜，然后才争取去战胜别人。自我都没修养好，还得依靠别人；自身的条件都不具备，却只想寄希望于敌人自己出乱子而取胜他，自己的部队混乱不堪却想乘敌人出乱之机去战胜他的做法，就像用火救火，用水堵水一样，哪里能制服？如果让陶工自己变为粘土，那么他就再也不可能用粘土来制造盆盎了；如果让女工自己变为丝线，那么她就不可能再用丝线织成锦缎了。这说明相同的东西是不能达到治理目的的，而只能用与众不同的奇招、异招才能制服对手。两只麻雀相斗，是不大可能出现其中一只将另一只斗死的，但一旦老鹰飞到，这问题就解决了，这是因为鹰和雀是两种不同的种类。所以用安静之兵对应急躁之兵就显示出奇异来了，用治理整齐之兵对付混乱之兵就显示出奇异来了，以饱食之兵来对付饥寒之兵就显示出奇异来了，以逸待劳也同样显示出奇异来了。奇正相对就像水火、金木相对一样，互相相克而显示出胜负来了。善于用兵者，就掌握着五行相克相生的道理来应对敌人，所以能取得胜利；而不善于用兵者，就不能掌握五行相生相克的道理，故常被人制服而被俘。所以，用兵贵在于谋略不被测度，部队行动隐藏不露，常常能出其不意使对手无法设防。这说明谋略如果被对手掌握，那么就要陷于困境；行动如果被对手掌握，那么就要陷入被动。所以真正能用兵的人是，上利用天象隐蔽自身，下利用地形藏匿自我，中发挥人的作用来隐蔽自身。如果用天象来隐蔽自我，就没有什么敌人不能被制服。那么什么叫利用天象隐蔽自我呢？就是利用大寒酷暑、狂风暴雨、大雾昏天这样一种天气条件来因顺变化、迷惑对方。那么什么叫利用地形隐蔽自我呢？就是利用山地丘陵、丛林险阻这些地形条件来藏隐部队以作埋伏袭击。又什么叫发挥人的作用来隐蔽自我呢？就是在敌手前进的道上埋伏，或尾随敌军跟踪观察，或出奇兵冲入敌军阵营，这攻击的迅猛如雷霆，推进的速度如风雨，一旦达到目的就偃旗息鼓悄然离去不见踪影、不留形迹，没有人知道他的来龙去脉。

【注释】

① 诸：之于。 ② 陶人：烧制陶器的工匠。埴：粘土。 ③ 盎：一种腹大口小的陶器。 ④ 爵：通"雀"，麻雀。 ⑤ 鹯：一种猛禽。 ⑥ 五杀：五行。金木水土火相生相克，克为"死"、"杀"，故曰"五杀"。 ⑦ 五死：五杀。水火金木土为"五杀"，火金木土水为"五死"。 ⑧ 甚暑：酷暑。冥晦：指天色昏暗。 ⑨ 阜：土山。 ⑩ 搴：这里指拔起、拔取。

【评析】

作者在这里继续阐述兵家理论。一是"以奇制胜"。认为战争中不出奇招、异招就不足以制服对手，因为"同类莫足以相治也"，就像以火救火、以水应水那样不能解决问题。只有以"奇"以"异"才能克敌制胜，这些"奇正"原则有："静为躁奇，治为乱奇，饱为饥奇，佚为劳奇，奇正之相应，若水火金木之代为雌雄。"二是"兵贵于隐"。认为"兵贵谋之不测，形之隐匿"，还可借助各种外物条件来达到自身的隐匿，如借助气候中的"大寒酷暑、狂风暴雨、大雾冥晦"来达到隐蔽自身，迷惑对方。借助地形中的"山陵丘阜、林丛险阻"来达到自身的隐匿以便能埋伏袭击敌方。再配以"蔽之于前，望之于后，出奇行阵之间，发如雷霆，疾如风雨"等手段，以达到战胜敌人的目的。

故前后正齐，四方如绳，出入解续①，不相越凌；翼轻边利②，或前或后，离合散聚，不失其伍：此善修行陈者也。明于奇正贲、阴阳、刑德、五行、望气、侯星、龟策、机祥③，此善为天道者也。设规虑，施蔚伏，见用水火④；出珍怪⑤，鼓噪军，所以营其耳也；曳梢肆柴，扬尘起堨，所以营其目者⑥：此善为诈伪者也。錞钺牢重，固植而难恐⑦，势利不能诱，死亡不能动：此善为充干者也⑧。剽疾轻悍，勇敢轻敌⑨，疾若灭没：此善用轻出奇者也。相地形，处次舍，治壁垒，审烟斥,居高陵,舍出处⑩:此善为地形者也。因其饥竭冻喝、劳倦怠乱、恐惧窘步,乘之以选卒⑪,击之以宵夜:此善因时应变者也。易则用车⑫,险则用骑;涉水多弓,隘则用弩⑬;昼则多旌,夜则多火,晦冥多鼓:此善为设施者也。凡此八者,不可一无也,然而非兵之贵者也。夫将者,必独见独知。独见者,见人所不见也;独知者,知人所不知也。见人所不见,谓之明;知人所不知,谓之神。神明者,先胜者也。先胜者,守不可攻,战不可胜,攻不可守,虚实是也。上下有隙⑭,将吏不相得,所持不直,卒心积不服,所谓虚也。主明将良,上下同心,气意俱起,所谓实也。若以水投火,所当者陷,所薄者移,牢柔不相通,而胜相奇者⑮,虚实之谓也。故善战者不在少,善守者不在小;胜在得威,败在失气。夫实则斗,虚则走;盛则强,衰则北。吴王夫差地方二千里,带甲七十万。南与越战,栖之会稽⑯;北与齐战,破之艾陵⑰;西遇晋公,擒之黄池⑱:此用民气之实也。其后骄溢纵欲,拒谏喜谀,侥悍遂过⑲,不可正喻,大臣怨怼⑳,百姓不附。越王选卒三千人,擒之干遂㉑,因制其虚也。夫气之有虚实也,若明之必晦也。故胜兵者非常实也,败兵者非常虚也。善者能实其民气以待人之虚也,不能者虚其民气以待人之实也。故虚实之气,兵之贵者也。

【今译】

所以队伍前后整齐严正、四面像墨线那般笔直,队伍进退有分有合、有散有聚,隔而不断,互不超越;两翼轻捷,四边便利,或前或后,离合散聚,不乱队形:这就是善于训练管理的行军队列和布阵。明白奇正、阴阳、刑德、五行、望气、占星、龟策、祭祀,这就是善于运用天道。

制定计划、布设埋伏、运用水攻、火攻;制造奇异假象,让士兵鼓噪呐喊来搅乱敌人的听觉;拖着树枝扬起尘土来迷乱敌人的视觉:这就是善于运用欺诈伪装战术。意志观念像锌钺那样坚定厚重,毫不动摇,难以恐吓倒,权势利益不能诱惑,死亡威胁吓不退:这就是善于鼓舞士气坚定信念。刚猛快速、英勇果断、藐视敌人、行动神速、瞬时一闪即逝:这就是善于运用轻骑兵来出奇制胜。观察选择地形,安排宿营地址,修筑军营围墙,审察查明路障,驻扎高坡山地,营地能进能退:这就是善于利用有利地形。利用敌军饥冻渴热,疲劳困倦,松懈混乱,恐惧困窘之机,派出精锐干练的部队,在深夜对敌人实现偷袭:这就是善于利用时机来应对变化的环境。平坦的地方用战车,险峻的地方用骑兵,渡水时用弓,险隘之处用弩,白天作战用旌旗壮大声势,夜晚作战用篝火营造气氛,阴暗多雾天气多用战鼓:这就是善于利用各种器械装备来为战争服务。以上总共八种战术方法,不能缺少一样,但这些还不是用兵打仗中最重要的方面。用兵打仗中主要的方面是,将帅一定要有独到的见解和胆识。所谓独到见解是指能够观察到别人观察不到的东西;所谓独到胆识是指能够知道别人不知道的东西。能够观察到别人观察不到的东西,这叫做"明";能够知道别人不知道的东西,这叫做"神"。这神明就是取得胜利的先决条件。如能这样,那么防守时就不易被攻破,交战时不易被打败,进攻时就容易取胜,这就是虚和实的关系道理。上下级之间有间隙矛盾,文官武将关系不融洽,处事不公正,士兵内心充满怨气,这就叫"虚"。反之,君王圣明,将领精良,上下同心,心往一处想,劲往一处使,这就叫"实"。如果像泼水灭火,敢抵抗的即将他攻陷,敢逼近过来的即将他迁移,这样刚柔显示出差别,战争的胜败也即表现出来,这就是虚实的不同。所以善于作战的部队不在于人少,善于防守的部队不在于城池狭小;取胜在于有无威势,失败在于丧失斗志。如果军队实力强就打,实力不济就走;气势旺盛部队战斗力就强,气势低落则必定败北。过去吴王夫差拥有方圆二千里的土地,统率步卒七十万,向南和越国开战,逼迫越王退守会稽山;向北和齐国交战,在艾陵击败齐军;向西能和晋国对阵,在黄池制服晋国国君,为什么能做到这样呢?是在于充分利用了人民士兵的士气和斗志这种实力。后来夫差骄横纵欲、拒绝劝谏、爱听奉承话又暴戾骁悍,从而铸成大错且不能及时醒悟悔过,这时大臣怨恨、百姓离心离德。越王勾践只率精兵三千就在干遂消灭了夫差,这就在于利用了吴王夫差及吴国整个虚弱的气势将他制服。这气势有虚有实,二者会转化,就像光明转向黑暗一样。所以胜利之师也不总是士气高昂、斗志昂扬的,败军也不总是士气低落的。这样,善于用兵的人就要鼓起自己民众的士气以等待敌军出现虚弱气势的时机,以便能击败他;反之不能用兵的人常常是挫伤自己民众士兵的斗志和士气以等待敌军气势旺盛。所以气势的"虚"与"实",是决定战争胜负的最重要的因素。

【注释】

① 解续:指队伍行进中既保持距离又保持联接,即有分有合。
② 翼:指队伍军阵的两侧、两边。边:即翼。轻、利:即轻捷、便利。
③ 正:陈观楼认为"正"是衍文。奇赍:阴阳奇秘之要,即军中奇秘之术。望气:观望云气以定吉凶,是古代一种占卜术。候星:观望星象以定吉凶,是古代一种占星术。龟策:龟壳和蓍草,是指古代占卜用具。古代卜用龟、筮用策。祝祥:祭祀鬼神以消灾求福的活动。
④ 见:吕传元认为"见"为衍文。 ⑤ 珍怪:指稀奇的行动。
⑥ 曳:拉、拖。梢:树梢,即小树枝。肆:放纵,这里指滚动。竭:尘埃。营:通"荧",惑乱、搅乱。与上文"营"同义。 ⑦ 锌:古代一种兵器。钺:斧。锌钺:这里借锌钺厚重来比喻意志坚定厚重。固植:意志坚定不移。 ⑧ 充干:充实坚强毫不动摇。 ⑨ 剽疾:刚猛快速。轻敌:藐视敌人。 ⑩ 处:安排。次舍:行军营地。壁垒:军垒,即军营围墙。烟:通"堙",堵塞、堵截。审烟斥:许匡一认为指观察驻宿处地形的交通状况,包括是否易守或易转移。出处:能进能退的地方。 ⑪ 喝:渴热而中暑。窘步:这里指因困窘而不能开拔。选卒:选出精锐干练之卒。 ⑫ 易:夷,平坦。 ⑬ 涉水多弓:指涉

水之时不便用机弩,故用弓。隘则用弩:指险要处不便用力,故用弩。 ⑭ 隙:间隙、裂缝。 ⑮ 薄:逼迫。牢:坚固、刚强。柔:软弱、柔弱。胜相奇者:杨树达认为应是"胜败相奇者"。奇:不同、差异。 ⑯ 栖之:逼迫他们退守。会稽:山名,在今浙江绍兴东南。 ⑰ 艾陵:春秋齐国地名,在今山东莱芜东北。 ⑱ 黄池:地名,在今河南封丘。 ⑲ 恌:同"骁"。遂过:酿成过错,铸成过错。 ⑳ 正喻:这里指对严正的劝喻不能醒悟。怼:怨恨。 ㉑ 干遂:地名,也作"干隧",在今江苏吴县。

【评析】

"善修行陈者,善为天道者,善为诈伴者,善用轻出奇者,善因时应变者,善为充干者,善为地形者,善为设施者",这是作者总结出的八种战术方法,认为"凡此八者"对战争来说"不可一无",是取得战争胜利的条件和因素。然而取得战争胜利的条件和因素不局限于这八种方法和战术,还应有其他方面,如作为将帅来说,还应具有"独见独知"的能力,以及军队内部的上下同心,斗志昂扬等。

作者将这些有关士气、斗志、气势等精神方面的东西也作为衡量部队战斗力的主要因素,认为"主明将良,上下同心,气意俱起,所谓实也";而反之"上下有隙,将吏不相得,所持不直,卒心积不服"则"所谓虚也"。因为这样,这"虚"与"实"也就决定了战争的胜与负。吴王夫差之所以能"南与越战,北与齐战,西遇晋公"并取得胜利,就是在于"用民气之实也",而后来失败就在于"民气之虚也"。将帅们要做到"能实其民气以待人之虚,不能虚其民气以待人之实","实则斗,虚则走"。最后归纳说:"虚实之气,兵之贵也。"

凡国有难,君自宫召将①,诏之曰:"社稷之命在将军,即今国有难,愿请子将而应之。"将军受命,乃令祝史太卜斋宿三日②,之太庙,钻灵龟③,卜吉日,以受鼓旗。君入庙门,西面而立;将入庙门,趋至堂下④,北面而立。主亲操铖,持头,受将军其柄,曰:"从此上至天者,将军制之。"复操斧,持头,授将军其柄,曰:"从此下至渊者,将军制之。"将已受斧铖,答曰:"国不可从外治也,军不可从中御也。二心不可以事君,疑志不可以应敌。臣既以受制于前矣,鼓旗斧铖之威,臣无还请,愿君亦以垂一言之命于臣也。⑤君若不许,臣不敢将;君若许之,臣辞而行。"乃爪鬋⑥,设明衣也⑦,凿凶门而出⑧。乘将军车,载旌旗斧铖,累若不胜。⑨其临敌决战,不顾必死,无有二心。是故无天于上,无地于下,无敌于前,无主于后;进不求名,退不避罪;唯民是保,利合于主,国之实也⑩,上将之道也。如此则智者为之虑,勇者为之斗,气厉青云,疾如驰骛⑪,是故兵未交接而敌人恐惧。若战胜敌奔,毕受功赏,吏迁官,益爵禄,割地而为调。决于封外,卒论断于军中。⑫顾反于国,放旗以入斧铖⑬,报毕于君曰:"军无后治。"⑭乃缟素辟舍⑮,请罪于君。君曰:"赦之!"退,斋服。大胜三年反舍⑯,中胜二年,下胜期年⑰。兵之所加者,必无道国也,故能战胜而不报⑱,取地而不反⑲,民不疾疫,将不夭死,五谷丰昌,风雨时节;战胜于外,福生于内。是故名必成而后无余害矣!

【今译】

　　凡是国家有危难,君王便在官中召见将帅,对他发出诏令:"社稷的命运托付给你,现在国家有危难,希望你能率兵应敌。"将帅接受了君令,就下令祝史、太卜斋戒三天,然后前往太庙,钻灵龟甲,卜定吉日来举行授旗仪式。授旗那天,君王进入太庙门以后,面朝西边站立;将帅进入太庙门,急步走到厅堂台阶下,面朝北站立。君王亲自拿着大钺，手持钺头将钺柄授给将帅，说："从现在起，上至苍天，都由将军控制。"君王又拿着大斧，手持斧头将斧柄交给将帅，说："从现在起，下至深渊，都由将军指挥。"将军接过斧钺后回答君王说："国家的政事不能由受命在外的武将治理，军队的事务不可由官廷来干预，臣如怀有二心是不能侍奉君王的，心志疑惑的将帅是不能出征应战的。臣既然已经在君王面前接受了任命，象征权力的鼓旗和斧钺已为臣所掌握，臣行使权力时就不必再回朝请示君王了，但愿君王以后再也不要对臣下达任何军事命令。君王如果不同意臣下的这一请求，臣就不敢率领军队出征。君王如果同意臣下的这一请求，臣就告辞出发。"于是剪短指甲，穿上"冥衣"，打开"凶门"，出城上路。将帅乘坐帅车，插着军旗、斧钺，神情凝重。当他面对敌人决战时，不顾一切，不怀二心。因此不怕天不怕地，不怕敌人在前头，不怕君王从后牵制；进攻打仗不是为了名利，后退撤离不逃避罪责；一心只想保卫人民，为君王争取利益，这才是国家的珍宝，也是将帅应具有的德行。将帅如能做到这些，那么有智慧的人就会替他出谋划策，勇敢的人就会替他英勇作战，气壮山河，疾速如同烈马奔驰，因此，两军尚未交战，敌军就恐惧害怕了。如果打了胜仗赶走敌人，全军上下都会受到奖赏，军吏也会得到升迁、增加爵禄，分割出土地来调配给立功军吏。在从境外凯旋前就作出赏罚，全部事情都在军中得到处理。率军返回国内以后，交还军旗和斧钺，向君王禀报战事结果，说："军中没有什么遗留的事要处理。"然后穿上素白衣服，离开府第居舍，向君王请没有完全尽责之罪。君王说："免罪。"于是将帅退下斋戒独居。取得重大胜利的将帅经三年后才返回府第居住，取得中等胜利的将帅则二年后才返回府第居住，取得小胜利的将帅则需一年后才返回府第居住。正义战争的矛头总是指向昏君统治的国家，所以能够做到战胜敌国而不遭敌国的报复，夺取土地而不会被敌国反攻，人民将不会有疾病瘟疫发生，将官将不会早死，五谷丰收，风调雨顺；在国外打了胜仗，为国家带来福祉。所以这样的战争必定给君王和将帅带来名声而不会留下祸害。

【注释】

①自:作"在"讲。 ②祝史:古代祭官名,祭祀时作辞向神祷告。太卜:官名,为卜筮官之长。斋宿:古人在祭祀时要遵守各种戒律,如沐浴更衣、不饮酒、不与妻妾同寝等,以示虔诚。 ③钻灵龟:古人以龟壳占卜吉凶,先在龟壳上钻洞,然后用火灼,以视龟壳的裂纹预测吉凶。 ④趍:趋,疾行、快步。 ⑤鼓旗斧钺:军队权力的象征物,代指军队的指挥权。还请:向朝廷请示。以:王念孙认为应作"无",这句是说"将在外君命有所不受"。 ⑥髡:同"剪"。原注为"送终之礼,去手足爪"。指剪短手指脚趾的指甲。 ⑦明:通"冥"。明衣:原注为"丧衣也。在于暗冥,故言明"。指古代丧礼中死者穿的衣服。这里剪指甲、穿冥衣均为表示以死报国的决心。 ⑧凶门:向北开的门户。古俗宅门不向北开,而将帅出征时凿开北门出发,以表示必死的决心。 ⑨累若不胜:指出征时心情沉重、神情凝重。 ⑩实:王念孙认为是"宝"字之误。 ⑪骛:马疾迅奔驰。 ⑫决:处理,决定。封:国境。卒:最终、全部。 ⑬顾反:返回。以:而。 ⑭后治:后事,指遗留事情。 ⑮缟:细白的绢。缟素:穿孝服。辟舍:离开原来居住的府第。 ⑯反舍:结束辟舍,回到原来住的地方。 ⑰期年:一周年。 ⑱报:这里指战败国的报仇。 ⑲不反:不归还、不收复。

【评析】

讲了不少战术之后,作者在这里开始描述起战争爆发之前的情景。认为当国家有难,人民处于危急关头,君王通过授旗仪式,赋予将帅之军权;在君王与将帅分别作出承诺之后,将帅为了保卫国家、报效社稷,率兵出征,讨伐无道。尽管将帅参与的是正义战争,率领的是正义之师,但按习俗,将帅仍然"爪髡,设明衣"和"凿凶门而出"以表示与敌决一死战的决心。

因为是一场"唯民是保,利合于主"的正义战争,所以部队士气和战斗力均使敌人恐惧。战争结果如是"战胜敌奔",那么全军上下均论功受赏,官吏得以升迁、获得爵禄。也因为是一场正义战争,所以无道国家被消灭之后是无能力反击和复仇的;而对本国来说,则是"民不疾疫,将不夭死,五谷丰昌,风雨时节",真是"战胜于外,福生于内",君王和将帅也因此名垂史册。

在这里,作者以对正义战争之始末的描述来呼应卷首,以突出本卷宗旨,使全卷前后呼应,首尾相接。

卷十六　说山训

【解题】

作者在这里借用大量的故事、寓言来喻说"道体"。按他自己的话来说是"《说山》者，所以窍窕穿凿百事之壅遏而通行贯扃万物之窒塞者也"。而这为了喻说"道体"而借用的故事和寓言又多得"委积如山"，所以本卷也就被称为《说山训》。

因为人们对百事均有壅遏处、窒塞者，这样使作者要在各个方面对这些壅塞处加以打通、说明，由此导致本卷所涉及的内容相当广泛；可以这么说，凡在《淮南子》其他篇章中出现过的问题和内容，均在这里被重复。当然这不是简单的重复，他是想打通这些壅塞处以解开人们思想上的"结细"和"抟困"（《要略》），从而使人们的思想得到提升，达到"道"的境界。

同样，因为是要喻说，"以领理人之意"（《要略》），所以本卷采取了"假譬取象"的方法，是想从"异类殊形"的事物中引申出"道"理来，以起到通俗易懂，使人明白的目的。这样使本卷呈现出一种箴言体的形式，并由每个相对独立的语段组成全章，而其中"假譬取象"的故事和寓言相当精彩，语言也相当精妙。

魄问于魂①曰："道何以为体？"曰："以无有为体。"魄曰："无有有形乎？"魂曰："无有。""何得而闻也？"魂曰："吾直有所遇之耳。②视之无形，听之无声，谓之幽冥。幽冥者，所以喻道而非道也。"魄曰："吾闻得之矣③，乃内视而自反④也。"魂曰："凡得道者，形不可得而见，名不可得而扬。今汝已有形名矣，何道之所能乎？"魄曰："言者，独何为者？""吾将反吾宗矣！"魄反顾魂，忽然不见，反而自存⑤，亦以沦于无形矣。

【今译】

　　魄问魂说:"道以什么作为自己的本体?"魂回答:"以'无'作为自己的本体。"魄又问:"'无'有形体吗?"魂说:"没有。"魄又问:"'无'既然没有形体,那么你又是怎么知道的?"魂回答:"我只是从我所遭遇中知道而已。那就是,看它时没有形状,听它时没有声响,真可谓幽冥。幽冥,只是用来比喻道,它本身不是道。"魄又说:"听你一说,我明白了'道'是让精神内视照察而返归本原的。"魂又接着说:"凡得道者,其形体就不能见到,名称就不能言说。现在你已经有了形体和名称,所以哪里还能得道?"魄于是说:"那么,你在说话,又怎么能说没有形体?"魂回答:"我就要返归我的本原了。"这时魄回头四顾,果然魂一下子不见了,消失得无影无踪,魄又转身察看自身,也隐没在无形之中了。

【注释】

　　① 魄、魂:能离开人形体而存在的精神叫魂,必须依附人体存在的精神叫魄。　② 直:仅,只。遇:遭遇。　③ 闻:王念孙认为是衍文。得:原注为"得犹知也"。　④ 内视:指自我照察内心。自反:返归本原。　⑤ 反顾:回过头来看。反:返,指转过身来。存:察也。

【评析】

在这里作者像上述一样用魂、魄对话来描述"道"之特征:视之无形,听之无声,谓之幽冥。并强调"无"要"无"到什么都没有,这才算是真正的"道",就像《道应训》中太清、无穷、无为、无始之间问说的那样:"道不可闻,闻而非也;道不可见,见而非也;道不可言,言而非也。孰知形之不形者乎?"

　　人不小学①,不大迷;不小慧,不大愚。

人莫鉴于沫雨,而鉴于澄水者②,以其休止不荡也。

詹公之钓③,千岁之鲤不能避;曾子攀柩车,引辅者为之止也④;老母行歌而动申喜,精之至也⑤。瓠巴鼓瑟而淫鱼出听⑥,伯牙鼓琴驷马仰秣⑦,介子歌龙蛇而文君垂泣⑧。故玉在山而草木润⑨,渊生珠而岸不枯⑩。蚓无筋骨之强,爪牙之利,上食晞堁。⑪下饮黄泉,用心一也。

清之为明,杯水见眸子;浊之为暗,河水不见太山。⑫视日者眩,听雷者聋。⑬

人无为则治,有为则伤。无为而治者,载无也。为者不能有也⑭,不能无为者不能有为也。人无言而神,有言者则伤;无言而神者载无,有言则伤其神。之神者⑮,鼻之所以息,耳之所以听,终以其无用者为用矣。⑯物莫不因其所有而用其所无。以为不信,视籁与竽。⑰

念虑者不得卧;止念虑,则有为其所止矣。⑱两者俱忘,则至德纯矣。

【今译】

　　人如果不仅仅只具有小觉悟,还能大彻大悟,就不会有大的迷惑和糊涂;人如果不仅仅只具有小聪明,还具有大智慧,就不会干出大的蠢事。

　　人是不能用混浊起沫的雨水照形的,而只能用清澈的河水当镜的,这是因为清澈河水静止而不荡漾。

　　詹何垂钓的技术,能使千年的鲤鱼精都无法逃脱;曾子攀伏在亲人的柩车上悲痛万分,使拉灵车的人都感动得停止了脚步;行乞的老母亲在街上行唱悲歌,触动了离散多年的申喜,使母子相见,这都是精诚所至的缘故。瓠巴奏瑟,使得江中的游鱼引颈倾听;伯牙鼓琴,使得驷马仰头嘶笑;介子推唱龙蛇之歌,使晋文公重耳为之流泪。所以出产玉的山中，草木必定滋润茂盛，出产珍珠的深渊，岸边草木必定不易枯萎。蚯蚓虽然没有强健的筋骨和锋利的爪牙，但却能上食干土、下饮黄泉，这是因为它用心专一的缘故。

清水透明，只须一杯清水就能照见到你的眼睛；浊水浑暗，就是有黄河那么大的水域也照映不出泰山来。望太阳使人眼花，听响雷使人耳鸣。

人无为则太平无事，有为则易受伤害。无为而治的人，思想上信奉"无"，行动上施"无为"。有为者就不能没有好憎情欲，有好憎情欲就不能恬憺静漠，有所作为。人闭口少言就能保全精神，爱说话者就容易损伤精神；人闭口少言保全精神而信奉"无"，爱说话会损伤精神而无法达到"道"的境界。鼻子之所以能呼吸，耳朵之所以能听音，是在于凭借着它们空空的又似乎无用的洞孔来发挥作用的。天下事物无不凭借着其中的空洞"无用"来发挥作用的，如果认为这种说法不真实，请看看籁和竽是怎样凭着这"管"的中空洞孔来发音的吧！

思念忧虑者是难以入睡的；要想不思念忧虑，就得想法来抑止它。如果这两者都抛开，去掉所有思念忧虑，那么就可达到纯粹的精神道德境界。

【注释】

① 学：《广雅·释诂》："学，觉也。"小学，小觉也。"小觉"与"大迷"相对，"小慧"与"大愚"相对。　② 鉴：照。沐雨：降雨后形成的混浊起沫的雨水。澄水：清澈平静的水。　③ 詹公：即詹何，传说中得道善钓者。詹何善钓之事见《列子·汤问》。　④ 曾子：春秋鲁国人，孔子弟子。辅：载灵柩的车子。"辅"又可称作"轫"。　⑤ 申喜：战国时楚人。幼年与母亲失散，及长，某日闻一老妇人唱歌行乞，心中有所感，出门一看，老妇人正是他母亲。事出《吕氏春秋·季秋纪·精通》，并可参见《谬称训》。　⑥ 瓠巴：原注为"瓠巴，楚人也。善鼓瑟。淫鱼喜音，出头于水而听之。淫鱼长头身相半，长丈余，鼻正白，身正黑，口在颔下，似鬲狱鱼，而身无鳞，出江中"。淫鱼：一曰游动的鱼。

一曰为"鳣鱼"、"流鱼"、"沉鱼",即"鲟鱼"。　⑦伯牙:春秋时人,以弹琴技艺高超闻名。仰秣:原注为"仰秣,仰头吹吐,谓马笑也"。马宗霍认为"秣"当作"沫",即口中水;原注中的吹谓吹气,吐谓吐涎,其状似笑,故原注说"谓马笑也"。杨树达认为"仰秣"指仰头食料、谛听的样子。可参阅。　⑧介子:即介子推,春秋晋国人。文君:即晋文公,名重耳,春秋晋国君。原注为"从晋文公重耳出奔翟,遭难绝粮,介子推割肌(股)啗之(给重耳吃)。公子复国,赏从亡者,子推独不及,故歌曰:'有龙矫矫而失其所,有蛇(喻介子)从之,而唼其口。龙既升云,蛇独泥处。'龙以喻文公,蛇以自喻。于是文公觉悟,求介子推不得而号泣之"。　⑨原注为"玉,阳中阴也。故能润泽草木"。　⑩原注为"珠,阴中之阳也,有光明,故岸不枯"。　⑪蚓:蚯蚓。晞:干。堁:尘土。晞堁:干燥坚硬的土。　⑫太山:泰山。　⑬聋:王念孙认为"听雷则未必聋",故"聋"校改"聥",耳鸣声。　⑭不能有也:王念孙认为本作"不能无为也"。　⑮之神者:许匡一认为是衍文。译文作衍文处理。一曰"之神者"乃起下之词,不连上句读。之,此也。言此神者,鼻之所以息,耳之所以听也。　⑯无用者:原注为"谓鼻耳中空处也"。　⑰籁竽:均管乐器名称,演奏时气流通过乐管中间的洞孔部分发音。作者以此证明虚空的作用。　⑱有为:何宁认为"有为谓止也,盖止之即为也。其,指止念虑者。止念虑,即有为于念虑,故曰'止念虑则有为其所止'也。有为其所止,亦一念虑,故下文曰:'两者俱忘'"。两者俱忘:即何宁说的"止念虑"为一,"念虑"为一,就是说思念忧虑为一,想不去思念忧虑又为一,合而为"两者"。

【评析】

《淮南子》中凡讲到"道体"的篇章,其格式总是先将"道体"列出,然后竭尽其能用历史故事或自然现象对"道体"作充分解释和印证,这就像《道应训》一样。在本卷《说山训》中,作者同样遵循这种格式,在卷首列出"道体"之后,就开始阐发"道体"。作者认为"道体"的根本特征是"清静无为"。这"清静"如同清澈静止之水,其用处远比混浊动荡之水要大；用它照鉴人体则形象清晰，用它喻说人心则要求人心宁静平和不受外物所累。它（清静）是人体获得道体过程中的必要阶段，也是获得道体之后的必然反映。

同样，这"无为"也是人获得道体必须的一种手段，这就像作者说的："无为而治者，载无也。"也即是说只有"无为而治"才能向"道体"逼近；而只有获得"道体"后才有可能在行为上表现为"无为"，两者的"体用"关系不可分割。这也是作者阐述"道体"的一贯格式，即讲"道"，总离不开"清静无为"；讲到"清静无为"也总离不开"道"。"清静无为"和"道体"这两者互为"体用"，不可分割。

圣人终身言治，所用者非其言也，用所以言也。① 歌者有诗，然使人善之者非其诗也。② 鹦鹉能言，而不可使长。③ 是何则？得其所言，而不得其所以言。故循迹者非能生迹者也。

神蛇能断而复续，而不能使人勿断也。神龟能见梦元王④，而不能自出渔者之笼。

四方皆道之门户牖向也⑤，在所从窥之⑥。故钓可以教骑，骑可以教驭，驭可以教刺舟。⑦

越人学远射，参天而发，适在五步之内，不易仪也。⑧ 世已变矣，而守其故，譬犹越人之射也。

月望，日夺其光，阴不可以乘阳也。⑨ 日出，星不见，不能与之争光也。故末不可以强于本，指不可以大于臂。下轻上重，其覆必易。一渊不两鲛。⑩

水定则清正，动则失平，故惟不动，则所以无不动也。

江河所以能长百谷者，能下之也，夫惟能下之，是以能上之。

天下莫相憎于胶漆⑪，而莫相爱于冰炭⑫。胶漆相贼，冰炭相息也。⑬

墙之坏,愈其立也;冰之泮⑭,愈其凝也:以其反宗⑮。

【今译】

圣人一辈子都在谈论治国修身平天下,但他实际上运用的并不是他说的那些言论,而是运用他说这些话时所依据的思想和精神。歌唱的人有诗句作歌诗,然而使人感到动听的并不是这些诗句而是那动人美妙的旋律。鹦鹉能说些简单的话语,但是不能让它讲有关教令法典方面的话,这是为什么呢?这是因为鹦鹉只能学舌效仿些人说的话,而它自己不具备语言的功能,也就不能达人意。所以只会循着人家脚印走路的人是不能走出自己的路来的。

神蛇能够在被砍断后重新再生复活,但是不能使人不再砍断它。神龟能在宋元王的梦中显灵而不被捉获,但是它却不能逃出渔人的笼子。

四面八方都有"道"的门和窗,就看你从哪个门窗中去观照"道"体。所以善于垂钓者可用钓鱼原理教人骑马,善于骑马者可用骑术教人驭术,善于驾驭者可用驭术教人撑船。

越人学习远射技艺,仰头望着天空发射,箭只落在五步之内的地方,这是因为他不懂射术的缘故。世道已经变化,如还守着老一套的东西,这就好比越人学射术。

月半时节月亮圆满,和太阳东西相望成直线,地球处处其中,太阳无法给月亮光亮,这时属阴的月亮驾驭不了这属阳的、发光的太阳。太阳出来,这星星就隐匿不见,这是因为不能和太阳争光。所以枝末是不可以强过根本的,手指是不可以粗过臂膀的。下轻上重,必然要倾覆。一个深渊中是不能同时有两条蛟龙的。

水静止时就清澈平稳,流动起来就失去平和。所以唯有不动,就能无所不动。

江河之水之所以能成为百谷之长,是因为它能处低洼之处,唯有能处低洼处,所以能为"上"。

天下没有比胶和漆更不能相容的了,没有比冰和炭更相爱的了。胶漆互相败坏而冰炭互相生息。

墙壁倒塌,比它立着更长久、自在;冰块溶解,比它凝固时更好,为什么?这是因为都返归根本的缘故。

【注释】

① 所以言:是指言论所依据的思想和精神。 ② 非其诗:原注为"善之者,善其音之清和也。不善其诗,故曰'非其诗'也"。 ③ 长:王念孙认为"长"下应有"言"字。"长言"是指一些教令法典方面的言语。俞樾认为"'长'犹'典'也。'不可使长言',犹曰不可使典言,谓不可使典主教令也"。 ④ 元王:春秋宋国君,名佐。原注为"宋元王夜梦见得神龟而未获也。渔者豫(余)且捕鱼得龟,以献元王,元王剥以卜,故曰'能见梦元王,而不能出渔者之笼'。"事载《庄子·外物篇》。 ⑤ 牖向:窗户。 ⑥ 所从窥:从哪个方向(门窗)去看。 ⑦ 御:驾驭车马。刺舟:撑船。原注对"钓、骑、御、刺"四者说:"此四术者,皆谨教加顺其道,故可以相教。" ⑧ 参:原注为"参犹望也"。适:仅仅,只是。易:改变。仪:法则。这里指射箭技术。这句是说越人习舟而不明射术。 ⑨ 望:每月十五叫"望"。日夺其光:指每月十五月亮和太阳成直线,地球处其中,遮挡着日光,故下句谓"阴不可以乘阳也"。乘,驾驭的意思。 ⑩ 王念孙认为"一渊不两鲛"下还应有"一栖不两雄;一则定,两则争"。录下供参阅。鲛:蛟。 ⑪ 相憎于胶漆:原注为"胶漆相持不解,故曰'相憎'。一说:胶入漆中则败,漆入胶亦败"。 ⑫ 相爱于冰炭:原注为"冰得炭则解归水,复其性,炭得冰则保其炭,故曰'相爱'"。 ⑬ 息:生息。 ⑭ 泮:溶解、融解。 ⑮ 宗:根本。

【评析】

此节主要强调要依归道体、归宗返本,不可舍本逐末、下轻上重、末强于枝、指粗于臂。为此作者还举了不少事例来说明如果舍本逐末其结果将会怎样？那就是"神蛇能断而复续、但不能使人勿断"，"神龟能见梦元王而不能自出渔者之笼"，"鹦鹉能言而不可使长"。由此，作者认为只有"以其反宗"，才能获得"道体"。而一旦获得"道体"，人们对事物的认识也就无"壅塞处"，就能"钓可以教骑，骑可以教驭，驭可以教刺舟"，"四方皆道之门户牖向也"。

泰山之容，巍巍然高，去之千里，不见埵堁①，远之故也。秋豪之末，沦于不测。是故小不可以为内者，大不可以为外矣。②

兰生幽谷，不为莫服而不芳；舟在江海，不为莫乘而不浮；君子行义，不为莫知而止休。

夫玉润泽而有光，其声舒扬，涣乎其有似也③；无内无外，不匿瑕秽④；近之而濡，望之而隧⑤。夫照镜见眸子，微察秋豪，明照晦冥。故和氏之璧、随侯之珠⑥，出于山渊之精。君子服之，顺祥以安宁⑦；侯王宝之，为天下正⑧。

陈成子恒之劫子渊捷也⑨，子罕之辞其所不欲而得其所欲⑩，孔子之见粘蝉者⑪，白公胜之倒杖策也⑫，卫姬之请罪于桓公⑬，子见子夏曰"何肥也"⑭，魏文侯见之反被裘而负刍也⑮，兒说之为宋王解闭结也⑯。此皆微眇可以观论者。

人有嫁其子而教之曰："尔行矣⑰，慎无为善。"曰："不为善，将为不善邪？"应之曰："善且由弗为⑱，况不善乎？"此全其天器者⑲。

拘囹圄者以日为修，当死市者以日为短。⑳日之修短有度也，有所在而短，有所在而修也，则中不平也。㉑故以不平

为平者,其平不平也。㉒

嫁女于病消者,夫死则后难复处也。㉓故沮舍之下不可以坐㉔,倚墙之傍不可以立㉕。

执狱牢者无病㉖,罪当死者肥泽㉗,刑者多寿㉘,心无累也。

良医者常治无病之病㉙,故无病;圣人者常治无患之患,故无患也。夫至巧不用剑㉚,善闭者不用关楗,淳于髡之告失火者㉛,此其类。

【今译】
　　泰山的容貌和形状,巍巍高耸,但离它千里之远望去,泰山不过是个小土堆,这是因为距离间隔得远的缘故。秋毫之末这样细微的东西,能够深入到无法测量的小空间。所以事物小可以小到没有内部极限、大可以大到没有外部边界。
　　兰草生长在幽深的山谷中,并不因为无人佩戴它而变得不芳香;小船停泊在江河上,并不因为无人乘坐它而不漂浮;君子行义,并不因为无人知道而停止下来。
　　美玉润泽有光彩,发出的声音都舒缓柔和,鲜明光亮与君子的秉性相似;无论内外,都不藏匿瑕疵污垢;靠近它则显得湿润,远望它则显得深沉。照镜能看得到眼珠子,秋毫之末能够明察,光明能够照亮黑暗。所以和氏之璧、隋侯之珠,由高山深渊的精纯之气孕育而成,君子佩戴它,和顺吉祥而安宁。侯王珍视它们,作为天下公正的象征。
　　陈成子桓胁迫子渊捷,子渊捷不屈从;子罕辞让他所不想要的宝玉,因而获得廉洁不贪的美名;孔子见到佝偻人粘蝉的技术,悟出精诚专一的道理;白公胜倒柱鞭杖穿刺了腮帮而无知觉;卫姬向齐桓公请罪救卫国;曾子见到子夏就问:"为什么长得这么胖";魏文侯看到过路人反穿皮衣而悟出毛依附皮的道理;兒说为宋王解开闭结的死结。这些事情都很微妙,但可以通过观察而弄清其中的道理。

有人出嫁女儿时告诫女儿说："你要出嫁了,到婆家后千万不要轻易做善事。"女儿问道："不做善事,那么要做不善的事吗?"父亲回答:"善事尚且不可做,更何况不善的事呢?"这位父亲讲的是保全自己因顺自然天性的道理。

囚禁在监牢里的人觉得时间长,判死刑而将要处死的人感到时间短。每日的时间是有一定标准的,处在一定境况下的人感到短,处在另一定境况下的人觉得长,这是由于心情不稳定的缘故。所以用不平稳的心态去看平正的事情,他所感觉到的自以为正确的公正印象,实际上是不正确和不公正的。

嫁给患消渴症男人的女子,丈夫死后其女子的日子就不好过:一是,傍人以为其女子为妨夫,不敢娶她;二是,该女子因丈夫患消渴症而死,会以为天下男子皆患消渴症而不敢复嫁。所以破毁的房屋下面坐不得,倾斜将倒的墙边站不得。

执掌牢狱的人不易得病,已判死刑的人反而养得肥胖红润,接受官刑的人长寿,这是因为到了此时他们反而没了任何杂念和情欲的拖累了。

良医总能够医治尚未显露症状的疾病,所以受治疗的人不易得病;圣人总能够及时治理隐患,所以社会不易爆发灾祸。最高明的工匠是不用钩绳度量的,善于锁门的人是不用门闩的,淳于髡告诉邻居提防失火,就是属于这一类情况。

【注释】

① 埵垜:土堆。　② 这是说事物小可以小到没有内部极限,大可以大到没有外部边界。　③ 舒扬:舒缓柔和。涣:光明鲜亮的样子。有似:原注为"似君子也"。　④ 无内无外:原注为"无内无外,表里通也"。匿:藏也。　⑤ 濡:沾润、湿润。隧:深沉。　⑥ 和氏之璧:传说中著名玉璧,春秋时楚人卞和发现,故名。随:隋。隋侯之珠:传说中宝珠名。　⑦ 服:佩。以:而。　⑧ 正:公正,无所阿私。　⑨ 陈成子恒:即田常,也即田成子。原注为"陈成子将弑齐简

公,使勇士十六人,胁其大夫子渊捷,欲与分国,捷不从,故曰劫之也"。事见《新序·义勇篇》,"十六人"作"六人","子渊捷"作"子渊楼。"
⑩ 子罕:春秋时宋国君。事载《左传·襄公十六年》:宋人得玉,献给子罕,子罕辞而不受。献者说此玉经过鉴定是珍宝,子罕说:"我以不贪为宝,尔以玉为宝,若以与我,皆丧宝也,不若人有其宝。" ⑪ 孔子之见粘蝉者:事见《庄子·达生篇》:孔子周游楚国,在树林见一佝偻者用竹粘蝉,技艺高超,从中悟出"用志不分,乃凝其神"的道理。
⑫ 白公胜:春秋时楚平王之孙,太子建之子。据说白公胜思虑替父报仇,倒拄马鞭,鞭梢的尖端刺穿面颊而不觉,也即《道应训》说的:"白公胜虑乱,罢朝而立,倒杖策,锐上贯颐,血流至地而弗知也。" ⑬ 卫姬:春秋齐桓公夫人,卫国人。她从齐桓公的神色里察觉桓公有伐卫之意图,便请求惩处她来赎卫国之罪。 ⑭ 子:曾子。春秋鲁人,孔子弟子。子夏:春秋卫人。孔子弟子。事见《韩非子·喻老篇》、《淮南子·精神训》等。何肥也:原注为"道胜,无情欲,故肥也"。 ⑮ 魏文侯:战国魏国君,名斯。事见《新序·杂事篇》:魏文侯出游,见路人反裘背柴草,不解其意,路人解释:"我爱其毛。"魏文侯说:"皮都磨破了,这毛又附在哪里呢?" ⑯ 兒说:人名,春秋宋国大夫,以善解结著称。事见《吕氏春秋·君守篇》。 ⑰ 子:女儿。行:这里指女儿出嫁。 ⑱ 由:通"犹",尚。 ⑲ 全:保全。天器:天性。 ⑳ 图圄:监狱。日:时间。修:长。死市:死刑。 ㉑ 中:心。 ㉒ 不平:第一个"不平"是指不平稳的心态。第二个"不平"是指反映事物不公正。 ㉓ 病:患……病。 消:即消渴,类似医学上的糖尿病。夫死则后难复处也:原注为"以女为妨夫,后人不敢娶,故难复嫁处也。一说:女以天下人皆消,不肯复嫁也"。金其源认为"消,弱也",弱则不能御妇人;嫁于不能御妇人者,虽嫁犹处女也。然而夫死后如嫁,不得复称处女,故曰"后难复处"也。这里录下供参阅。 ㉔ 沮舍:毁坏欲倒的房屋。 ㉕ 倚:倾斜。 ㉖ 执:掌管。执狱牢者无病:是说执掌牢狱的人掌握人之生死大权,就连厉鬼都畏惧他,所以不会因鬼魂所累而生病。 ㉗ 当死:判处死刑。肥泽:脸色红润、身

体肥胖。是说死刑犯知道要被处决,万念俱灭,这样尽情吃喝,反而肥泽。　㉘ 刑者:指受宫刑者。是说受宫刑者失去性欲,无性功能反而长得白胖长寿。　㉙ 无病之病:是指症状尚不明显的疾病,或指导致疾病的隐患。　㉚ 剑:王引之认为应改为"钩绳"。巧指巧匠。　㉛ 关键:门闩。淳于髡:原注为"淳于髡,齐人也。告其邻突将失火,使曲突徙薪。邻人不从,后竟失火。言者不为功,救火者焦头烂额为上客。刺不备豫。喻凡人不知豫闭其情欲,而思得人救其祸"。事见《汉书·霍光传》和桓谭《新论》。

【评析】

本节继续说山喻道。首先"道"是弥漫四方、无始无终,故"小不可以为内者,大不可以为外矣"。其次"道"又像"和氏之璧、隋侯之珠"那样"无内无外不匮瑕秽",能"镜见眸子,微察秋毫,明照晦冥",所以君子秉佩道体就能"顺祥以安宁"、"为天下正"。因为"道体"能"微察秋豪,明照晦冥",所以凡能从细微中认识事理者都应算秉有"道体",历史上的"孔子之见粘蝉者、卫姬之请罪于桓公、魏文侯见之反被裘、淳于髡之告失火者"等都应算秉有"道体",也"皆微眇可以观论者"。

同时,作者又进一步阐发"道体"之特征;"道体"是清静无为,去情欲,无心累。这种去情欲、无心累的极端表现则是"执狱牢者无病,罪当死者肥泽,刑者多寿",由此常人也可从中悟出去情欲、无心累的必要性。

　　以清入浊必困辱,以浊入清必覆倾。① 君子之于善也,犹采薪者见一芥掇之,见青葱则拔之。② 天二气则成虹,地二气则泄藏③,人二气则成病。阴阳不能且冬且夏。④ 月不知昼,日不知夜。

　　善射者发不失的,善于射矣,而不善所射⑤;善钓者无所失,善于钓矣,而不善所钓。故有所善,则不善矣。

钟之与磬也,近之则钟音充,远之则磬音章。⑥物固有近不若远,远不若近者。

今曰稻生于水,而不能生于湍濑之流;紫芝生于山⑦,而不能生于盘石之上;慈石能引铁⑧,及其于铜,则不行也。

【今译】

  德行清纯者陷进污浊物欲之中必定会受到困扰和侮辱,污浊的物欲侵入德行清纯者内心,清纯者必定遭覆灭。君子对于行善是一丝不苟,看到地上一棵小草便拾起,见到一棵青草也连根拔起。天上阴阳二气冲突便生成虹,地上阴阳相干犯就影响冬藏,人体内邪气侵犯正气则生病。阴气只可盛于冬天而不可盛于夏天,阳气只能旺于夏天则不可旺于冬天。月亮不知白昼,太阳不知黑夜。

  善于射箭的人发必中目标,这对于射技来说是好的,但对被射中的对象来说则是不好的;善于钓鱼的人总有收获,这对于钓术来说是好的,但对被钓上的鱼儿来说则是灾难。所以事物总是有所善,有所不善,有其正面也必有其负面。

  钟和磬相比较,近处听钟音洪亮,远处听则磬声清扬。所以事物总是存在着近不如远或远不及近的现象。

  现在人们说稻必须长在水田里,但不能长在湍急的水流中;紫芝生长在高山上,但却不能生在石头上;磁石能吸铁,但却不能吸铜。

【注释】

  ① 清、浊:作者这里以清喻德行清纯者,以浊喻污浊歪邪。② 芥:小草。掇:拾取。青葱:泛指青草。这句意思是说君子行善不因为善小而不为,君子是积小善为大德。 ③ 二气:阴阳二气冲突。泄藏:是指冬天阳气不藏而和阴气冲突,引起暖冬,不利万物闭藏。 ④ 这是指阴阳二气各有所司,各有所主,不能失常。 ⑤ 不善所射:是说对所射中的对象来说是不好的。这里善射的"善"是动

词,不善所射的"善"是形容词。　⑥磬:一种用玉或石做成的乐器。充:大。章:通"彰",显扬。原注为"磬,石也。音清明,远闻而章著也"。　⑦紫芝:菌类植物名。　⑧慈:通"磁"。

【评析】

本节强调得"道"者要明白事物各有物性,不可强求统一,如"钟之与磬也,近之则钟音充,远之则磬音章,物固有近不如远,远不若近者"。事物各有物性还包括对此事物来说是好的,那么对彼事物来说则不一定是好的,如"善射者发不失的,善于射矣而不善所射",所以是"有所善,则不善矣"。

同时作者又强调在明白事物各有物性外,还要因顺自然,不可逆物性自然:"稻生于水而不能生于湍濑之流,紫芝生于山而不能生于盘石之上;慈石能引铁,及其于铜则不行也。"如逆自然物性,就会出现"天二气则成虹,地二气则泄藏,人二气则成病"……这里讲述了不少引人深思的哲学道理。

水广者鱼大,山高者木修;广其地而薄其德,譬犹陶人为器也,揲挻其土而不益厚,破乃愈疾。①圣人不先风吹,不先雷毁,不得已而动,故无累。

月盛衰于上,则蠃蜟应于下②,同气相动,不可以为远③。执弹而招鸟,挥梲而呼狗,欲致之,顾反走。④故鱼不可以无饵钓也,兽不可以虚气召也。⑤

剥牛皮鞹以为鼓⑥,正三军之众,然为牛计者,不若服于轭也⑦。狐白之裘⑧,天子被之而坐庙堂,然为狐计者,不若走于泽。

亡羊而得牛,则莫不利失也。断指而免头,则莫不利为也。故人之情,于利之中则争取大焉,于害之中则争取小焉。

将军不敢骑白马⁹,亡者不敢夜揭炬,保者不敢畜噬狗⑩。

鸡知将旦,鹤知夜半,而不免于鼎俎。⑪

山有猛兽,林木为之不斩;园有螫虫,藜藿为之不采。⑫

为儒而踞里闾⑬,为墨而朝吹竽⑭,欲灭迹而走雪中,拯溺者而欲无濡,是非所行而行所非。

今夫暗饮者非尝不遗饮也,使之自以平⑮,则虽愚无失矣。是故不同于和而可以成事者,天下无之矣。

【今译】

　　水深而广的鱼长得大,山高林深的树木长得长;但一心想扩大领地却削弱了他的美德,这就像陶工制陶器,揉土持坯使之变薄,越薄越破得快。圣人不事先站在风口召风吹,也不事先待在雷易击的地方等雷击,圣人不得不动时才顺物而动,所以没有负累和灾祸。

　　月亮在天空上发生圆缺朔望的变化,下界的螺蚌就会相应地变化,这是因为它们同气相动的缘故,这种同气相动不会因为相隔天地之远而不发生。拿着弹弓要鸟儿飞过来,挥动着短棍来唤狗,本想要靠近它们,但反而是吓跑了它们。所以钓鱼没有鱼饵是不行的,捕兽不可以用空的猎具来捕捉。

　　剥下牛皮加工成皮革做成鼓,用鼓可以指挥三军将士,但站在牛的角度来看,不如让它套上轭头来服劳役。狐狸腋下的白毛做成皮衣,可供天子作礼服穿上坐在朝廷上,但替狐狸着想,不如让它自由奔跑在草泽上。

　　丢失了羊而得到了牛,那么就没有人不愿意丢失东西的了。断了手指而能保全性命,那么就没有人不愿意这样做的。所以人之常情是,总是在利益之中争取最大的利益,而对危害总力求降到最低限度。

　　将军不敢骑目标明显易召攻击的白马,逃亡的人夜里不敢举火把,酒家不敢豢养凶猛的恶狗。

公鸡知道报晓,仙鹤知道半夜鸣叫,但都免不了成为鼎锅砧俎上的佳肴。

山中有猛兽,林木因此不易被砍伐;园中有螫虫,藜藿因此不被采摘。

身为儒生却在街市胡闹,称为是墨家弟子却到朝歌去当吹竽手;想不留下脚迹却在雪地上行走,想要拯救溺水者却又不想沾湿衣服,这便是做的事情不是自己所想做的,而想做的事情又往往顾虑重重做不了。

现在那些在黑暗中饮酒的人没有不将酒溢出的,假若他能将此持平,那么即使是愚笨的人也不会有失误。所以,不能将一切保持平和的人,却能做成大事,这在天下还没听说过。

【注释】

① 陶人:制作陶器的工匠。揲:《说文》曰"揲,阅持也";"揲"音"舌"。挺:揉和。疾:速。　② 蠃:通"螺"。蚨:蚌蛤。这是说月的变化影响蠃蚨的变化,蚌肉的盈缩和月光刺激其性腺有关。　③ 动:感。这句是说月和螺蚨同属阴类,能互相感应,不因为相隔天地之远而不发生。　④ 顾:反而。梲:木棍。　⑤ 虚气:不放诱饵空的猎具。俞樾认为"气"当为"器"。召:招致。　⑥ 鞟:去毛的皮,皮革。　⑦ 軛:牛车上套在牛颈上的弯形部件。　⑧ 狐白之裘:用狐狸腋下白皮做成的皮衣,是珍贵的皮衣。　⑨ 白马:原注为"为见识者。一说:白,凶服,故不敢骑也"。　⑩ 亡:逃亡者。揭:举。炬:火把。保者:酒保,酒家。俞樾认为"保"为"保母(姆)",养恶狗"恐惊孺子"。　⑪ 鹤知夜半:原注为"鹤夜半而鸣"。鼎俎:鼎锅砧俎。　⑫ 螫虫:会螫人的昆虫。藜藿:粗劣的菜。　⑬ 踞:原指蹲坐。这里指不讲礼义而胡闹。里间:里巷,乡里。这里指街市。原注为"儒尚礼义,踞里间非也"。　⑭ 为墨而朝吹竽:原注为"墨道尚俭,不好乐,县名朝歌,墨子不入。吹竽,非也"。　⑮ 暗饮:指在黑暗处饮酒。非尝:未

尝。遗饮：指黑暗中将酒洒出杯外。自以平：是指将酒杯持平。

【评析】

本节涉及的内容和阐述的事理十分广泛和丰富。大体上说，作者认为秉持和具备"道体"的人都应明白、掌握以下这些事理，即"圣人不先风吹，不先雷毁"，不主动招祸致害；圣人还应明白许多事情不可走向极端，就像制陶摸挺土坯一样，越薄越易破损；知道事物相对性，"狐白之裘，天子被之而坐庙堂，然为狐计者，不若走于泽"；明白智者千虑必有一失，就像"鸡知将旦，鹤知夜半"，但"不免于鼎俎"。

同时，秉持道体者还要明白人都是"于利之中则争取大焉，于害之中则争取小焉"；明白有所得必有所失，"拯溺者而欲无濡"的事在天底下是没有的；还应感知自然，知道"月盛衰于上则蠃蛖应于下"的"同气相动"的道理……

诸如此类，不便一一列举。作者似乎也感觉到这种事物的特殊性、事理的丰富性也实在使人应接不暇，于是作者只得推出"平和无为"来应对："使之自以平"，"是故不同于和而可以成事者，天下无之矣"。

求美则不得美，不求美则美矣；求丑则不得丑，求不丑则有丑矣①；不求美又不求丑，则无美无丑矣，是谓玄同②。

申徒狄负石自沉于渊③，而溺者不可以为抗④，弦高诞而存郑⑤，诞者不可以为常。事有一应而不可循行。

人有多言者，犹百舌之声⑥；人有少言者，犹不脂之户也⑦。六畜生多耳目者不祥，谶书著之。⑧百人抗浮，不若一人挈而趋⑨。物固有众而不若少者。引车者二六而后之。⑩

事固有相待而成者。两人俱溺，不能相拯；一人处陆则可矣。故同不可相治，必待异而后成。⑪

千年之松,下有茯苓,上有兔丝⑫;上有丛蓍,下有伏龟⑬;圣人从外知内,以见知隐也。

喜武非侠也,喜文非儒也,好方非医也,好马非驵也⑭,知音非瞽也,知味非庖也⑮。此有一概而未得主名也。⑯

被甲者,非为十步之内也,百步之外则争深浅:深则达五藏⑰,浅则至肤而止矣。死生相去,不可为道里。⑱

楚王亡其猨⑲,而林木为之残;宋君亡其珠,池中鱼为之殚。故泽失火而林忧。上求材,臣残木;上求鱼,臣干谷;上求楫,而下致船⑳;上言若丝,下言若纶㉑;上有一善,下有二誉;上有三衰,下有九杀㉒。

大夫种知所以强越,而不知所以存身㉓;苌弘知周之所存㉔,而不知身所以亡。知远而不知近。

畏马之辟也不敢骑㉕,惧车之覆也不敢乘,是以虚祸距公利也㉖。

不孝弟者或詈父母㉗,生子者所不能任其必孝也㉘,然犹养而长之。范氏之败㉙,有窃其钟负而走者,铿然有声㉚,惧人闻之,遽掩其耳。憎人闻之,可也;自掩其耳,悖矣。

升之不能大于石也,升在石之中㉛;夜之不能修其岁也,夜在岁之中;仁义之不能大于道德也,仁义在道德之包㉜。

先针而后缕,可以成帷㉝;先缕而后针,不可以成衣。针成幕,蔂成城。㉞事之成败,必由小生,言有渐也。

染者先青而后黑则可,先黑而后青则不可;工人下漆而上丹则可,下丹而上漆则不可。万事由此,所先后上下,不可不审。

【今译】

人不美却要追求美是得不到美的,人美不用追求美自然是美的;人不丑却要丑化是丑化不了的,人丑却要说不丑还是丑的;不刻意追求美也不刻意追求丑,那么就无所谓美和丑,这才叫做与天道和合。

申徒狄背上石头自己沉入深渊,但不能认为凡是自溺的行为都是高尚的;弦高靠欺骗而保存了郑国,同样不能认为凡欺骗的事都是合理的。事情有时适用于一时但不能照此滥用。

有人非常饶舌,就像百舌鸟那样,这又有什么用呢?有些人沉默少言,就像转动灵活的门枢,开关不出声。六畜生下来多长了耳朵和眼睛,是不祥的征兆,这在预测吉凶的谶书中有记载。上百号人同举一只瓢,不如一个人拿着它走得快。事物本来就有多反而不如少来得好的情形。两部分人拉车,其中拉车的人多反而落在拉车的人少的后面。

事物本来就存在着相对立而相成的情形。两个都不会游水的人一起溺水,就不能互相救助;只有其中一人在岸上,才有办法救助落水者。所以同道同类的难以治理,一定要异道异类才能相治成功。

千年的古松,其地下根部必生有茯苓,地表上必长有兔丝草;地上长有丛生的蓍草,地下必藏伏着神龟;圣人就能从外表推知内里,根据显象推知隐情。

喜欢武术的人并不一定是侠士,爱弄墨舞文的并不一定就是儒生;爱好医方的人并不一定是医生,喜欢马匹的人并不一定就是驭手;懂得音律的人并不一定是乐官,会调味的人并不一定就是厨师。这些人都只是知道一些相关的知识和技能,并不具备那一行当的专业知识。

射披戴盔甲者的水平,在近距离之间是难以区分出来的,只有在百步开外才能比试出射手的高低水平:高水平的射手能射穿铠甲深入内脏,水平低的射手只伤及他人皮毛。这"生"和"死"的差别,是无法用里程来计算的。

楚庄王养的猿猴走失了,逃进树林里,楚庄王为了寻找这猿猴,将这片树林砍伐得乱七八糟;宋国国君的珍珠掉进了池塘里,国君为寻找珍珠,搅得池塘里的鱼不得安生。所以沼泽地失火,附近的林子就会担忧。君主要木料,下属的臣子就滥伐树木;君主要叫鲜鱼,下属的臣子就放干河水来捉鱼;君主找船桨,下属的臣子就早早地送上了船;君主说话像细丝,下属臣子的话就像丝绳;君主有一优点,下属的臣子就竭尽全力赞美。这真是"上之所好,下尤甚焉",故曰"上有三衰,下有九杀"。

越国大夫文种懂得怎样使越国强盛,但却不懂怎样保全自己;苌弘知道怎样保存周朝,但却不知道自己是怎样丧身的。这真是只知远大的事,不知身边细小的事。

因为害怕马惊狂奔而不敢骑马,又因为害怕车要颠覆而不敢乘车,这些都是用虚无的可能的祸患来拒绝这种公认的骑马乘车的便利。

不孝的子女有的会打骂父母,生育他们的父母没法一定保证子女尽孝道,但尽管这样,还是将他们育养长大。范氏被打败之时,有人偷了他家的钟,背着就走,但钟却发出铃铃声,这窃贼怕人听到,竟捂着自己的耳朵。怕别人听到钟声,这是可以理解的;但捂着自己的耳朵以为钟声不存在,则是相当荒谬和愚蠢的。

"升"之所以不比"石"大,是因为"升"包含在石之中;夜不能比年长,是因为夜包含在年之中;仁义的作用不比道与德大,是在于道与德是主宰包括仁义在内的一切事物。

先针后线,才能缝制帷帐;先线后针,就别想能缝成衣服。一针一针缝下去才能缝成帷帐;一筐一筐垒起来才能筑成城墙。事情的成败,都必须从小处开始,这就是说的量之积累而导致事物渐变的过程。

染织物时先染成蓝色后再改染成黑色是可以的,但如果已染成了黑色再要改染成蓝色便不可能了;漆匠在底色上漆上黑漆,然后再漆上红色是可以的;但如果底色漆红色,然后再漆上黑漆,这红色就被掩盖了。万事均是如此,它们都有一个先后、上下的次序,不能不搞清楚。

【注释】

① 求不丑：应作"不求丑"，这样能和上下文一致。　② 玄：天。玄同：与天道和合。　③ 申徒狄：原注为"申徒狄，殷末人也，不忍见纣乱，故自沉于渊"。　④ 抗：高，高尚。　⑤ 弦高：春秋时郑国商人。弦高矫郑伯之命，以十二牛犒劳秦师而使秦师却之，得以保护郑国。诞：欺骗。　⑥ 百舌：鸟名，善鸣叫，能效百鸟之声，且鸣叫声婉转。　⑦ 不脂之户：原注为"言其不鸣，故不脂之，喻无声也。一说：不脂之户难开闭，亦喻人少言语也"。以上两说均可，主要喻说少言的好处。不脂：指不滞涩，说门枢转动灵活，开关无声响。　⑧ 详：通"祥"，吉祥。谶书：预测吉凶的书。　⑨ 抗：举。浮：瓠也，即葫芦，瓢。挈：提起，拿着。　⑩ 引车者二六而后之：原注为"辕三人，两辕六人，故谓二六。一说：(二六)十二人"。一般而言，一部车二人拉，一人居中服车把，二人分居左右以绳拉相助。这里一部车由六人拉或十二人拉，因人多拉力分散，反而落在三人拉的车后面。这句是喻说人多反而不如人少。所以杨树达认为此句应断为："引车者二，六而后之。"　⑪ 待异而后成：原注为"同，谓君所谓可，臣亦曰可……犹以水济水，谁能食之，是谓同，故不可以相治。异，谓济君之可，替君之否，引之当道，是谓异也，故可以成事也"。这也就像《主术训》说的"君臣异道则治，同道则乱"。　⑫ 茯苓：原注为"千岁松脂也"。兔丝：原注为"兔丝生其上而无根，一名女萝也"。茯苓是寄生在松树根上的一种菌类植物，可入药。《博物志》引《神仙传》曰："松脂入地千年，化为茯苓。"下有茯苓，上有兔丝：王念孙认为应作"上有兔丝，下有茯苓"，这样圣人才能从外知内，以见知隐。　⑬ 蓍：一种草木植物，古代将这种植物用作占卜，称蓍草。"上有丛蓍，下有伏龟"，不知其中是否有必然联系。　⑭ 驺：古代替君王贵族掌管车马的人。　⑮ 瞽：盲人。古代乐师多由盲者担任。　⑯ 一概：一方面、某部分。　⑰ 争：比试出。藏：通"脏"，内脏。　⑱ 道：里，指路程、距离。　⑲ 楚王亡其猿：原注为"楚王，庄王旅也。猿捷躁，依木而处，故(庄王)残林以求之"。　⑳ 楫：桨。　㉑ 纶：原注为"纶，大缴也"。指

粗的丝绳。　㉒衰：减。杀：削减。原注为"衰、杀皆喻踰也"。踰（逾），更加、逾甚。　㉓种：文种。文种助越王勾践拯救国家，但功成后被赐剑自杀。　㉔苌弘：春秋周敬王大夫，因卷入公族王室间的内讧，周王室被迫杀苌弘。　㉕辟：指马受惊狂奔。　㉖虚祸：虚无的、尚不存在的祸害。距：通"拒"。公利：公认的便利。　㉗詈：辱骂。孝弟：孝悌。这里指孝。　㉘任：原注为"任，保"，保证。　㉙范氏之败：春秋晋国范吉射，为范会之玄孙，范鞅献子之子(范)昭子。一说赵简子伐范氏，或说智伯伐范氏。　㉚铃然：指钟声。"铃"原指金石发出的声音。　㉛升、石：均为古代容量单位。十升为一斗，十斗为一石，故曰"升在石之中"。　㉜仁义在道德之包：原注为"仁义小，道德大也。在道德包裹，犹升在斛之中，夜在岁之内也"。㉝缕：丝线或麻线。帷：帷帐。　㉞幕：帐幕、帷帐。蔂：盛土的筐或笼。

【评析】

本节作者开始讲一则故事后揭示一则事理，或提出一则事理后用故事、寓言证明之。如弦高靠欺骗使郑国免受浩劫，但不能以此认为凡欺骗之事都具有弦高那样的合理性，所以这事理是"事有一应而不可循行"；言多不若言少，"百人抗浮不若一人挈而趋"，所以世上常常是"物固有众而不若少者"；"事固有相待而成者"，所以人要明白这事理是"同不可相治，必待异而后成"，"异道则治，同道则乱"；由"针成幕"，由"蔂成城"，所以要知道"事之成败，必由小生，言有渐也"，即渐变到质变的飞跃过程；染匠操作的程序是"先青后黑则可，先黑后青则不可"，所以"万事由此，所先后上下，不可不审"；人也不能因车有颠覆的可能而永远拒绝乘车，如是这样，那就是"以虚祸而距公利也"；同样人要看到"楚王亡其猿"后导致的结果是"林木为之残"，所以这事理是"上有一善下有二誉，上有三衰下有九杀"，也即人们常说的"上之所好，下尤甚焉"。

作者在揭示这些事理之同时，还提出圣人应具备这些能力：其一圣人要有知远和知近的认知能力,不能像"苌弘知周之所存而不知身所以亡";其二圣人还要有"从外知内,以见知隐"的能力,要能从"上有兔丝"而知"下有茯苓"的知微能力。作者认为只有具备这些认知能力和明白上述这些事理的人,才算达到"玄同"的境界。

水浊而鱼噞,形劳则神乱。① 故国有贤君,折冲万里。② 因媒而嫁,而不因媒而成;因人而交,不因人而亲。③ 行合趋同,千里相从④;行不合趋不同,对门不通;海水虽大,不受氿芥⑤。日月不应非其气⑥,君子不容非其类也。

人不爱倕之手,而爱己之指⑦;不爱江、汉之珠,而爱己之钩⑧。

以束薪为鬼,以火烟为气。⑨ 以束薪为鬼,揭而走⑩;以火烟为气,杀豚烹狗⑪。先事如此,不如其后。⑫ 巧者善度,知者善豫。⑬ 羿死桃部,不给射⑭;庆忌死剑锋,不给搏⑮。

灭非者户告之曰:"我实不与。"我诶乱⑯,谤乃愈起。止言以言,止事以事,譬犹扬堁而弭尘⑰,抱薪而救火。流言雪污,譬犹以涅拭素也。⑱

矢之于十步贯兕甲,于三百步不能入鲁缟⑲;骐骥一日千里,其出致释驾而僵⑳。

大家攻小家则为暴,大国并小国则为贤。

小马非大马之类也㉑,小知非大知之类也。

被羊裘而赁㉒,固其事也;貂裘而负笼㉓,甚可怪也。

以洁白为污辱,譬犹沐浴而抒溷㉔,薰燧而负彘㉕。

治疽不择善恶丑肉而并割之㉖,农夫不察苗莠而并耘之,岂不虚哉!

坏塘以取龟,发屋而求狸,掘室而求鼠,割唇而治龋,桀跖之徒,君子不与。㉗杀戎马而求狐狸,援两鳖而失灵龟,断右臂而争一毛,折镆邪而争锥刀㉘,用智如此,岂足高乎!

宁百刺以针,无一刺以刀;宁一引重,无久持轻;宁一月饥,无一旬饿㉙;万人蹍之,愈于一人之隧㉚。

有誉人之力俭者,舂至旦,不中员呈㉛,犹谪之㉜。察之,乃其母也。故小人之誉人,反为损。东家母死,其子哭之不哀。西家子见之,归谓其母曰:"社何爱速死㉝,吾必悲哭社。"夫欲其母之死者,虽死亦不能悲哭矣;谓学不暇者,虽暇亦不能学矣。

【今译】

　　水浑浊则鱼群便露嘴出水面,形体劳累则精神迷乱。所以国家有贤君,就能决战胜于万里之外的敌人。靠媒人说亲而嫁娶,但嫁娶并不完全靠媒人来促成的;靠人介绍而与他人交往,但不完全靠介绍人才与他人结交亲密的。志趣性格相合,就是远隔千里也能亲密无间;志趣性格不相同,就是住在门对门也不来往、沟通;海水虽大,却还是不容纳丁点腐肉。日月不与不同气的事物感应,君子不容忍不同类的人。

　　人们不珍惜工倕灵巧的手而爱惜自己的手指;不珍惜江河里的珍珠而爱惜自己身上的玉钩。

　　有人将户外成束的柴火当作鬼,把野地里的火烟当作妖气。把束柴误以为鬼而吓得逃跑;把火烟误以为妖气,杀猪宰狗来祈福禳灾。不等弄清真相就做出这种事情,不如慢慢将事情弄明白。灵巧的人善于度量,聪明的人善于预见和预防。羿死于桃木杖下而来不及拔箭自卫,庆忌死于刀剑之下而来不及与刺客搏斗。

　　被人误解而遭人非议的人挨家挨户对人表白说:"我实际上没有参与干坏事。"他自己越想表白清楚,却越发引起人们的非议。用言论来制止别人的说三道四,用事端来平息事端,这就好像扬起尘土来平息尘土、抱着柴草去救火一样,只会越发坏事。用流言去消除洗刷污蔑,就好比将黑泥擦在白绢上。

箭在十步之内能射穿犀牛皮制成的铠甲,但在三百步开外就连细绢都无法射透;骐骥日行千里,但当它年老力衰之后,卸下套就倒地不起了。

大的家族攻打小的家族,这叫做行暴虐;但大的国家兼并无道的小国,这叫做贤明。

小马和大马属同类,但小聪明和大智慧就不可同日而言了。

穿着粗羊衣做苦工,似乎合于情理;但穿着名贵的貂皮大衣去背运土筐,就显得非常奇怪、不好理解了。

用洁白的手去做污秽的活,就好像沐浴干净之后又去清扫猪圈,又像刚薰过香气之后去扛猪。

治疗毒疮不分好肉烂肉一起剜掉,农夫不分禾苗杂草一起锄掉,这样做哪还会有实际的收获?

毁坏池塘来捕取龟鳖,掀掉房顶来捕捉狸猫,掘开内室来捕捉老鼠,割开嘴唇来治疗牙齿,不论是桀跖这样的凶暴者,还是谦谦君子都不会做这种蠢事的。累死战马而求得狐狸,为救两只鳖而丢失了神龟,折断右臂而去争夺一根毫毛,损坏了莫邪宝剑而去争夺一把小刀,像这样的"智慧",是不值得推崇的。

宁愿被小针刺一百下,也不愿被刀砍一下子;宁可提一下子重物,也不可长时间拿着轻东西;宁可一个月天天吃不饱,也不可连着十天挨饿;一万人跌倒,也比一个人从高处坠落好。

有人称赞别人做事力求俭省。有一次这人家里舂谷,舂了整个晚上都没完成定额指标,这人于是就责骂舂谷的人。被称赞的人就去打听了一下,原来舂谷者却是这人的母亲。所以口是心非的小人称赞别人,反而是在损坏别人的名誉。东家的母亲去世了,儿子虽是哭泣但不显悲伤。西家的儿子看到这种情况,回家对母亲说:"母亲,你为什么舍不得快点死?你死了,我一定会很悲伤地哭你的。"想要母亲早些死的人,母亲就是死了,也不会伤心痛哭的;说没有时间读书学习的人,即使给他时间他也不会好好学习的。

【注释】

① 唅:河中的鱼因缺氧等原因浮出水面,张嘴呼吸。　② 折:制服、折服。冲:冲车,这里指敌军。　③ 不因人而亲:原注为"以德亲也"。这是说尽管通过介绍人与人交往,但交往的亲密基于双方的行为品德志趣相一致,而不靠介绍人的介绍了。　④ 趋:同"趣"。
⑤ 胔:腐肉。芥:极细微的东西,如小草。　⑥ 日月不应非其气:指日月同气相应,如阳燧取火与日气相应;方诸取水与月气相应。
⑦ 倕:传说是黄帝时的巧匠,最早制造规矩准绳及耒耜等器具。
⑧ 钩:衣带钩,以玉为之。　⑨ 气:妖气。　⑩ 揭:离去、离开。
⑪ 豚:猪。杀豚烹狗:原注为"以火烟为吉凶之气,杀牲以禳之。惑也"。　⑫ 这是说人们误认束薪为鬼而率先作出"揭而走"和"杀豚烹狗"的反应,不如慢慢将事物判断清楚后再行动。　⑬ 豫:预防、预见。　⑭ 羿:神话中人物,以善射著称。桃部:《诠言训》作"桃棓",桃木棍。《孟子·离娄下》曰:"逢蒙系射于羿,尽羿之道,思天下惟羿为愈己,于是杀羿。"不及射:来不及拔箭射击自卫。传说逢蒙趁羿不备,用桃木棍将羿击倒。　⑮ 庆忌:春秋吴国王僚之子。吴阖闾派要离刺杀庆忌。不给搏:是说庆忌死于剑锋下,来不及与要离搏斗。
⑯ 谀:通"俞(愈)",越、益的意思。我:自己。　⑰ 堁:尘土。弭:息。　⑱ 涅:一种黑泥。一曰黑矿石。也可指黑的染料。素:白绢。
⑲ 兕:雌犀牛。鲁缟:鲁地出产的白绢,以精细著名。　⑳ 出致:马匹年老体力耗尽。释驾:卸套。僵:倒下。　㉑ 非:俞樾认为是衍文。　㉒ 羊裘:粗劣的羊皮衣。赁:受雇于人、被雇用。　㉓ 笼:装土的竹筐。　㉔ 抒:清扫。溷:猪圈。　㉕ 薰:一种香草。薰燧:焚香草以取香。豷:大猪。豚指小猪。这里泛指猪。　㉖ 疽:一种结成块状的毒疮。丑:杨树达认为是衍文;当删。　㉗ 与:为。
㉘ 镆邪:即莫邪宝剑。传说春秋吴国工匠干将为吴王铸剑,其妻莫

邪投身炉中以使铁汁出,遂成雌雄两剑,雌为莫邪,雄为干将。锥刀:小刀。　㉙ 饥:指轻度的饿。饿:饥之极点,没有食物吃进,生命垂危。《韩非子·饰邪》就说到:"家有常业,虽饥不饿。"说明"饥、饿"有差别。　㉚ 蹪:跌倒。愈:胜、超。隧:通"坠"。　㉛ 员呈:即员程,规定数量、定额指标。《说文》:"员,物数也。"程,为计人数、日数,有计算义。　㉜ 谪:责怒、责骂。　㉝ 社:原注为"江淮谓母为社"。

【评析】

以上作者提出不少事理和物性,指出不少常理,如"行不合趣不同,对门不通","不爱江汉之珠而爱己之钩",因为江汉之珠既不可望也不可及,而玉钩则为自己随身之物。又如"小智非大智之类也","流言雪污,譬犹以涅拭素",即对事情不必作反复说明,因为越说明越容易引起人的怀疑。还有,"被羊裘而赁,固其事也,貂裘而负笼,甚可怪也",人之行为和思想要符合常规,不可过激出格。

除此之外,作者还提出了人之行为和思想所要遵循的一般实用原则,即"宁百刺以针,无一刺以刀;宁一引重,无久持轻;宁一月饥,无一旬饿"。人更不可做"坏塘以取龟,发屋而求狸,掘室而求鼠,割唇而治龋"的蠢事。人的行为和思想不可好高骛远,要经济实惠,这符合"道体"的平和中见高明的原则、浅易处见深奥的特性。

见窾木浮而知为舟,见飞蓬转而知为车①,见鸟迹而知著书,以类取之。

以非义为义,以非礼为礼,譬犹倮走而追狂人②,盗财而予乞者,窃简而写法律,蹲踞而诵《诗》、《书》③。

割而舍之,镆邪不断肉④;执而不释,马牦截玉⑤。圣人无止,无以岁贤昔,日愈昨也。⑥

马之似鹿者千金,天下无千金之鹿;玉待碬诸而成器⑦,有千金之璧而无锱锤之碬诸⑧。

受光于隙照一隅,受光于牖照北壁,受光于户照室中无遗物,况受光于宇宙乎？天下莫不藉明于其前矣。⑨由此观之,所受者小则所见者浅,所受者大则所照者博。

江出岷山,河出昆仑,济出王屋,颍出少室,汉出嶓冢⑩,分流舛驰⑪,注于东海,所行则异,所归则一。通于学者若车轴,转毂之中,不运于己⑫,与之致千里,终而复始,转无穷之源。不通于学者若迷惑,告之以东西南北,所居聆聆⑬,背而不得,不知凡要。

寒不能生寒,热不能生热,不寒不热能生寒热。故有形出于无形,未有天地能生天地者也,至深微广大矣！

雨之集无能沾,待其止而能有濡⑭；矢之发无能贯,待其止而能有穿。唯止能止众止。⑮因高而为台,就下而为池,各就其势,不敢更为。⑯圣人用物,若用朱丝约刍狗,若为土龙以求雨⑰；刍狗待之而求福,土龙待之而得食⑱。

【今译】

人看到中间掏空的木头能浮在水面而明白了造船的原理,人看到了飞蓬随风转动而知道了造车的原理,人看到鸟的足迹而知道创造文字以著书,这些创造发明都是用类推的法则而取得的。

把不义当作义,把非礼当作礼,这就好像赤身裸体跑着去追赶疯子,又好像偷窃财物再去施舍给乞丐,还好像偷来竹简书写法律,还如同傲横无礼者诵读《诗》、《书》。

割一下就停下来,即使是莫邪宝剑也无法割下肉来；执著而不放弃,就是马尾也能截断玉石。圣人的修养无止境,使今年胜过往年,今日超过昨天。

长得像鹿样的马价值千金,但是天下没有价值千金的鹿；玉靠碱诸琢磨后才能做成玉器,但是没有价值锱锤的碱诸而只有价值千金的玉璧。

　　从缝隙里透射出的一束阳光能照亮一个角落,从窗户中照进的一片阳光能照亮整个北面墙壁,从门里照进的阳光能照亮整间房间中的所有东西,更何况从整个天地发射出的阳光呢?天下没有什么物件不是靠这种阳光照亮的。由此看来,接受阳光少的就照得浅些,接受阳光多的就照得广些。

　　长江发源于岷山,黄河发源于昆仑山,济水发源于王屋山,颍水发源于少室山,汉水发源于嶓冢山,它们分别奔腾流泻注入东海,它们所经过的地方、路线各不相同,所最终的归宿却是相同的。精通学习的人像车轴,安放在车毂中随轮子的转动而运行,他自己不动,却能和车轮车毂一块到达千里之外,终而复始,运转在无穷无尽的地方。不懂学习的人就像迷路客,人家告诉他东西南北时好像明白一切,但一转位置方向又分辨不出东西南北了,因为他不能掌握辨别方向的要领。

　　寒本身不能产生寒,热也本身不能产生热,不寒不热的东西才能产生寒和热。所以有形生于无形,未有天地时的混沌状态才能产生出天地来,这真是深奥微妙、广大无比。

　　雨在降落的时候是不会沾湿物体的,只有等它接触物体停止运动时才会湿润;箭发射过程中是不穿透物体的,只有等它触及物体,穿透物体时它的运动才告结束。只有静止不动才能够制约万物。利用高地修建高台,顺随洼地开掘池塘,各自依顺地势特点,不能违背因地制宜的原则而随心所欲。圣人利用外物,就像用红丝带束系"刍狗"来祭祀神灵,就像做成土龙来求雨;刍狗被用来向神灵求福佑,土龙被用来向天帝求保佑,能风调雨顺,五谷丰登。

【注释】

　　① 窾:空。飞蓬:草名,被风吹起,能滚动飞转。　② 倮:同"裸"。　③ 蹲踞:踞坐。这在古代被认为是一种不礼貌的坐相,不符合儒家礼仪。　④ 镆邪:莫邪宝剑。　⑤ 马牦:马尾。　⑥ 日愈胜也:原注为"贤、愈,犹胜也。言今岁胜于昔岁,今日胜于昨日。喻圣

人自修进也"。 ⑦ 磋诸：磨玉的石头。原注为"攻玉之石。言物有待贱而贵者也"。 ⑧ 锱锤：古代重量单位，六铢为锱，八铢为锤。这里指价值低微。 ⑨ 藉：凭借，凭靠。 ⑩ 这几句分别参见《地形训》注。 ⑪ 舛：违背。《说文》："舛，对卧也，从夕牛相背。" ⑫ 转毂之中，不运于己：是说车轴安在车毂中，自己不动随车轮滚动而动。 ⑬ 聆聆：原注为"犹了了，言迷解也"。 ⑭ 集：下，降落。沾：沾湿。濡：湿润。 ⑮ 第一个止是指停止、静止。中间的"止"是指控制、制约。末一个止是语尾助词。 ⑯ 更为：指不能随心所欲。 ⑰ 约：束。刍狗：草扎的狗，用于祭祀仪式。土龙：土塑的龙，用于祈神求雨。 ⑱ 刍狗待之而求福：原注为"求，犹得也，待刍狗之灵而得福也"。土龙待之而得食：原注为"土龙致雨，雨而成谷，故得待土龙之神而得谷食。一说：土龙待请雨之祈，得食酒肉者也"。

【评析】

本节所例举的多则故事含义各异，其中既讲到人之思维的"触类旁通"的，即"见窾木浮而知为舟"；也讲到"持之以恒"的道理，即"执而不释，马牦截玉"。更有讲到"江水分流舛驰，注于东海，所行则异，所归则一"的"殊途同归"及"因高而为台，就下而为池"的"因势利导"等道理。还有讲到"有形出于无形"的玄学道理……体现作者所掌握的知识相当广博，也因此导致《淮南子》一书的"杂荒"。

　　鲁人身善制冠，妻善织履，往徙于越而大困穷。以其所修而游不用之乡①，譬若树荷山上，而畜火井中。操钓上山，揭斧入渊，欲得所求，难也；方车而蹠越，乘桴而入胡②，欲无穷，不可得也。

　　楚王有白猿，王自射之，则搏矢而熙③；使养由基射之④，始调弓矫矢，未发而猿拥柱号矣，有先中中者也⑤。

　　呙氏之璧，夏后之璜⑥，揖让而进之以合欢；夜以投人，则为怨。时与不时。

画西施之面,美而不可说⑦;规孟贲之目⑧,大而不可畏:君形者亡焉⑨。

人有昆弟相分者,无量⑩,而众称义焉。夫惟无量,故不可得而量也。登高使人欲望,临深使人欲窥,处使然也。射者使人端,钓者使人恭,事使然也。⑪

曰杀罢牛可以赎良马之死,莫之为也。⑫杀牛,必亡之数,以必亡赎不必死⑬,未能行之者矣。

季孙氏劫公家,孔子说之⑭,先顺其所为,而后与之入政。曰:"举枉与直,如何而不得?举直与枉,勿与遂往。"⑮此所谓同污而异途者。⑯众曲不容直,众枉不容正。故人众则食狼,狼众则食人。欲为邪者必相明正,欲为曲者必相达直。公道不立,私欲得容者,自古及今,未尝闻也,此以善托其丑。⑰众议成林,无翼而飞⑱;三人成市虎⑲,一里能挠椎⑳。

夫游没者不求沐浴㉑,已自足其中矣。故食草之兽不疾易薮㉒,水居之虫不疾易水,行小变而不失常。信有非礼而失礼。㉓尾生死其梁柱之下,此信之非也㉔;孔氏不丧出母,此礼之失者㉕。曾子立孝,不过胜母之间㉖;墨子非乐,不入朝歌之邑㉗;曾子立廉,不饮盗泉㉘:所谓养志者也。纣为象箸而箕子唏㉙,鲁以偶人葬而孔子叹㉚,故圣人见霜而知冰。

【今译】

有个鲁国人自己会制作帽子,而他的妻子又会编织鞋子,他们搬迁到越国去谋生,结果陷入困境。这是因为他们的特长不能在那个地区得以发挥,所以导致生活窘迫,这就好比在山上种荷花,在井里保存火种一样。拿着钓鱼工具上山,扛着斧头入水潭,却要想得到鱼或柴,这是件困难的事;同样,驾着大车到越国,乘着筏到塞北,要想不走上绝路是不可能的。

楚王养了只白猿,他准备亲自射猿来取乐,但还没等楚王动手,这白猿已夺过箭和楚王嬉戏起来了;假若由神射手养由基来射这白猿,可能在养由基张弓搭箭、瞄准白猿而还没发射之前,这白猿就已经抱着柱子悲号起来了,这是由于养由基的非常专业且熟练的射箭架势将白猿吓住了。

和氏之璧、夏后氏的玉璜,恭恭敬敬献给人家,人家会非常高兴;但如果在夜里黑暗中将璧和玉璜掷抛给人家,人家就会受到惊吓而产生怨恨。这些就是合时和不合时而产生的不同结果。

画出的西施面容,虽然美丽但不动人;画出的孟贲眼睛,虽然大但没有神,这是因为这画仅仅是形似而无神韵的缘故。

有一家子,弟兄们分家,因为家中财产多得无法计算,众兄弟因此不计较分多少,人们也因此称赞他们讲信义。这是因为财产多得无法估计、没有限量,所以才不去计较每人所分得的多少。登上高处使人情不自禁地眺望,面临深渊使人不由自主地探望,这是由人所处的地位环境所决定的。同样,射箭要端正身体,钓鱼要态度恭谨,这是由人所做的什么事情决定的。

说杀死老弱的牛可以赎良马一死,那肯定没人会做这样的事。决定杀牛,是因为这牛是该杀;而拿必定要死的去换赎不一定会死的,这是没有人会这样做的。

季孙氏胁迫鲁定公,把持了国家政权,孔子做出高兴的样子先顺从季孙氏的所作所为,然后再找机会劝说季孙氏,要季孙氏将国政归还给鲁定公。后来有人评介这件事:"将奸邪之徒举荐给正直的人,奸邪之徒打着正直者的招牌,什么好处捞不到?把正直之人举荐给奸邪之徒,正直者终究不会跟随下去的。"这就叫做从不同的途径和邪恶同流合污。邪恶的势力坐大以后就容不得正直者的立足。所以会有这种现象：人多势众时就能消灭狼，而狼多时就会吃掉孤身的人。想要做邪恶之事的人，必定要表现得光明正大。想要做屈曲之事的人，也必定要表现得通达正直。公正之道树立不起来，却能防范私欲的事，这是从古到今都没听说过的事，这是由于奸邪之徒总是用伪装的善良来掩饰他的邪恶行径。众人的流言蜚语可以使平地成林，可以无翅而高飞；经过三个人的流言蜚语的传播，就足以使人相信街市上真有虎在行走，一村子人的流言蜚语的传播，就足以使人相信真有人能将铁椎头扭弯。

　　会游泳潜水的人是不求在澡盆里洗澡的，因为江河池塘已足以满足洗浴的要求了。所以以草为主食的动物是不担忧生活沼泽的改变的，生活在水中的动物是不担忧水域改变的，因为稍微的小变化是不会影响它们的生活习性的。信用有时候会出现差错，礼仪有时候会出现偏差。尾生为了履行信约而淹死在桥下，这就是错用信用导致的后果；子思儿子不为被子思休弃的母亲守孝，这就是礼仪出现偏差的事例。曾子坚持孝道，不肯路过胜母里的门口；墨子主张"非乐"，不肯进入朝歌的城市；孔子保持廉洁，口渴也不喝"盗泉"的水；他们这些人都是注重培养崇高志向的人。纣王用了象牙筷子，箕子由此叹息；鲁国用了木俑陪葬，孔子由此感叹。所以圣人是看到了秋霜便知道了冰天雪地的冬天将来临。

【注释】

　　① 修：专长，指制冠、织履。不用之乡：指越国天暖不需戴冠且常赤脚。　② 方车：大车。一曰两车并行叫"方车"。桴：竹木编成的舟，大叫筏，小叫桴。胡：北方游牧部落。这里泛指北方、塞北。　③ 熙：通"嬉"，嬉戏、玩耍。　④ 养由基：春秋楚国人，以善射著名。　⑤ 调：张。拥：抱。拥柱：抱柱。王念孙认为"拥柱"当为"拥树"。先中：指先于箭射中的东西。第二个"中"是指养由基的射箭架势吓住了猴子。　⑥ 咼："和"的古字。和氏之璧：古代楚国卞和所发现的玉璧。夏后：夏后氏。璜：一种形似半边的玉璧。　⑦ 西施：春秋

越国美女。说:悦。 ⑧ 规:画。孟贲:古代勇士。 ⑨ 君形者:指主宰形体的东西。这里指精神。亡:消亡、没有。 ⑩ 无量:原注为"多不可计"。 ⑪ 事使然:原注为"端然后中,恭然后得,故曰事使然"。 ⑫ 罢:通"疲"。莫之为:莫为之。 ⑬ 数:指定理、规律。必亡之数:原注为"牛者所以植谷者,民之命,是以王法禁杀牛。民犯禁杀之者诛,故曰'必亡之数'"。不必:不一定。 ⑭ 季孙氏:鲁国大夫季桓子斯,执掌鲁国国政。一曰指季康子肥。劫:胁迫,劫持。公家:鲁国君,指鲁定公。说:悦,取悦于季孙氏。又可理解为劝说。 ⑮ 举:用,把。枉:奸邪。直:正直。遂:最终、终究。往:跟随、顺随。 ⑯ 同污而异途:异途同污。 ⑰ 以善托其丑:以伪装的善来掩饰他的丑恶。 ⑱ 众议成林:原注为"众人皆议,平地生林"。无翼而飞:原注为"无翼之禽能飞,凡人信之,以为实然"。 ⑲ 三人成市虎:原注为"三人从市中来,皆言市中有虎,市非虎处,而人信以为有虎,故曰'三人成市虎'"。 ⑳ 一里能挠椎:原注为"挠,弱。一里之人,皆言能屈椎者,人则信之也"。"里"为古代居民基层组织,先秦以二十五家为里。这里的"里"相当于"村"。 ㉑ 游没者:指游泳,潜水的人。 ㉒ 疾:患,忧患,担忧。薮:草木茂盛的湖泽。 ㉓ 信有非礼而失礼:王念孙认为应是"信有非而礼有失"。 ㉔ 尾生:原注为"尾生,炔人,与妇人私期桥梁之下,故尊其誓,水至不去,没伙而死,故曰'信之非'也"。 ㉕ 孔氏:孔子的曾孙,名白,字子上,孔伋(子思)之子。丧:守丧。出母:被父亲休弃的生母为出母。按礼子女要为死去的生母(出母)服丧,但子思不让儿子子上为母亲守孝。这样不为出母守孝的风气也由此开始,故曰"礼之失"。 ㉖ 立孝:何宁认为应是"至孝"。胜母:古地名。有说是县名的,也有说是里名的。本书取后一种说法。曾子至孝,认为这个地名含有不敬母的意思,所以不路过此地的。 ㉗ 朝歌:地名,在今河南淇县,为殷商都城。 ㉘ 曾子:刘文典认为"曾子"应为"孔子"。盗泉:泉水名。许匡一认为:据《水经注》记载,在六城附近,今山东泗水县内。《文选·陆士衡猛虎行》注引《尸子》说:"孔子至于胜母,暮矣而不宿,过于盗泉,渴矣而不饮,恶其名也。" ㉙象箸:象牙做成的筷子。箕子:纣王叔父,封于箕,故名。啼:哀叹。原注为"(箕子)见象箸知当复作玉杯,有玉杯必有熊蹯豹胎,以极广侈,故箕子为之惊号啼也"。事见《韩非子·喻老》。 ㉚偶人:木偶人。《孟子·梁惠王上》曰:"仲尼曰:始作俑者,其无后乎!"这是指用偶人代替活人殉葬。

【评析】

作者继续叙述事理和常理,如"众议成林,无翼而飞,三人成市虎,一里能挠椎",以此引申出常言说的"人言可畏";"射者使人端,钓者使人恭",而之所以是这样,是在于事情的专业化决定了"射者使人端,钓者使人恭","事使然也";画画之好坏不在于形似,而在于神似之如何,所以"画西施之面,美而不可说;规孟贲之目,大而不可畏",是在于"君形者(神)亡焉";"众曲不容直,众枉不容正","人众则食狼,狼众则食人"的事理,由此引申出一个社会如"公道不立,私欲得容",邪道盛行,那么就会出现"狼众食人"的局面。

接下去,作者由对事理、常理、物性的叙述转向对哲理的叙述。如对人所处的空间位置来说,作者认为要注意它的特殊性,不考虑到人处空间位置的特殊性就会陷入困境,如"鲁人身善制冠,妻善织履,往徙于越而大困穷",这是因为"以其所修而游不用之乡"的缘故。正因为这样,就更不可"方车而蹠越,乘桴而入胡"。同时,作者还认为人处的空间位置不同,所以产生的观念和境界也不同,如"登高使人欲望,临深使人欲窥";又如对人所处的时间来说,很多事情是随着时间的变化而变化,作者举例说道:"和氏之璧,夏后之璜,揖让而进之以合欢,夜以投人则为怨",所以人对这"时与不时"要充分注意。

进而作者又讲到,所谓"义"与"不义"的提法,是与"条件"联系在一起的,如果家中的财物极多,兄弟之间的分家就会显得彼此十分客气和大度,这被旁人看来这一家人都十分"信义"。但如果这一家人的财物有限,兄弟之间的分家就会因财物不足而争吵,这样被旁人看来就是"不义"。所以很多事情随条件变化而变化的。

上述作者列举的故事和说明,反映出作者所要阐述的哲理就是:事物随时空、条件的变化而变化。作者认为一个秉有"道体"的人要明白这种哲理,必须具有"见霜而知冰"、"见象箸而箕子唏"的那种见微知著的认知能力。

有鸟将来,张罗而待之,得鸟者,罗之一目也①;今为一目之罗,则无时得鸟矣。今被甲者,以备矢之至;若使人必知所集,则悬一札而已矣②。事或不可前规,物或不可虑③,卒然不戒而至④,故圣人畜道以待时⑤。

髡屯犁牛⑥,既犐以犅⑦,决鼻而羁,生子而牺⑧,尸祝齐戒⑨,以沉诸河⑩。河伯岂羞其所从出⑪,辞而不享哉?

得万人之兵,不如闻一言之当⑫;得隋侯之珠,不若得事之所由;得呙氏之璧,不若得事之所适。

撰良马者,非以逐狐狸,将以射麋鹿;砥利剑者,非以斩缟衣,将以断兕犀⑬。故高山仰止,景行行止⑭,向者其人。见弹而求鸮炙⑮,见卵而求晨夜⑯,见麛而求成布⑰,虽其理哉,亦不病暮⑱。

象解其牙,不憎人之利之也;死而弃其招簪⑲,不怨人取之。人能以所不利利人则可。

狂者东走,逐者亦东走,东走则同,所以东走则异。溺者入水,拯之者亦入水,入水则同,所以入水者则异。故圣人同死生,愚人亦同死生。圣人之同死生,通于分理⑳;愚人之同死生,不知利害所在。徐偃王以仁义亡国,国亡者非必仁义㉑;比干以忠靡其体,被诛者非必忠也㉒。故寒颤,惧者亦颤。此同名而异实。

明月之珠,出于蚌蜃㉓;周之简圭,生于垢石㉔;大蔡神龟,出于沟壑㉕。万乘之主,冠铂锤之冠,履百金之车㉖;牛皮为贱,正三军之众㉗。

欲学歌讴者,必先徵羽乐风㉘;欲美和者,必先始于《阳阿》、《采菱》㉙。此皆学其所不学而欲至其所欲学者。

【今译】

　　鸟儿将要飞来,张开的罗网正等着它,鸟儿入网被捉拿,只是绊着一个网眼;但如果只编织一个网眼的网,那就不可能捕捉到鸟。现在人披戴铠甲,是为了防备箭射过来伤身体;假若能事先晓得箭会射中那个部位,那么只需在那个部位上挂一片铠甲就可以了。然而,很多事情是不能事先知道的,很多事物是不能预测的,往往是突然间没有防备的时候来临的,所以圣人是长时间修养好"道"以等待时机的到来。

　　丑陋的杂色牛,既无犄角、又无尾巴,穿上鼻子羁系着它,等它一旦生下牛犊就拿去作牺牲,尸祝斋戒以后,就将牛犊沉入河中。水神河伯哪里会嫌它是头丑陋的杂色牛所产而拒绝享祀呢?

　　得到上万人的军队,不如听到一句高明计策的话;得到隋侯之珠,不如懂得隋侯之珠是怎样产生的;得到和氏之璧,不如明白处事适宜的方法。

　　选择良马的目的,不是为了骑上它去猎取狐狸之类的小动物,而是要骑着它追射麋鹿;磨砺宝剑的动机,不是用它来斩割白绢衣裳,而是要用它来斩杀凶猛的犀牛。所以伟大人物受人敬仰,崇高品德被人效仿,人们向往的就是这种人品。看到弹弓,就马上想到能弹射下鸮鸟烤肉吃;看到鸡蛋,就马上想得到报晓的公鸡;看到粗麻就马上想到织成的布,虽然所想的事合乎情理,也终会实现,但未免太性急了些。

　　大象被取下象牙,但它不会憎恨人们贪得象牙之利;人死后抛弃的床垫木,不会有谁会去埋怨拾捡的人。人能够牺牲自己的某些利益来满足他人的某些利益,这是可以的。

疯子向东狂奔,追赶的人也顺着这方向穷追,大家都往东跑是相同的,但他们向东跑的原因却截然不同。溺水的人是掉在水里,救他的人也跳入水中,大家都在水里是一样的,但他们入水的原因却完全不同。所以圣人将生死看成一样,蠢人也把生死看得差不多。但圣人将生死看成一样是因为圣人悟出了生死分定的道理;而蠢人将生死看得差不多是因为蠢人不懂生、死和利、害的关系所在。徐偃王因为推行仁义而亡国,但导致亡国的并不都是因为推行仁义;比干因为赤胆忠心而遭纣王杀害,但被杀害的并不都是因为赤胆忠心。所以就颤抖来讲,寒冷也会颤抖、畏惧也会颤抖,这名称相同,但颤抖的实质相异。

明月之珠,出自蚌蛤;周朝的美玉,生自丑石;大蔡的神龟,出自深谷水沟;万乘大国的君主,戴的是很轻的皇冠,乘坐的是价值百金的车子。牛皮算得低贱了,但却可以做成战鼓整肃指挥三军。

想学习歌唱技术的人,一定得先学五音音律和音乐的教化作用;想演奏好高雅和谐的乐曲,一定得先从《阳阿》、《采菱》这样的乐曲练起。这些都是通过先学习那些不起眼的基本知识和技能来获得想要学到手的高超水平。

【注释】

① 目:罗网的网眼。　② 集:停止的部位。札:原指书写用的木片,也叫"牒"、"牍"。这里指铠甲上用金属或皮革制成的叶片。③ 虑:王念孙认为是"豫虑"。　④ 卒:通"猝",突然。　⑤ 畜道以待时:原注为"道能均化,无不禀受,故圣人畜养以待时,时至而应,若武王伐纣也"。　⑥ 髡屯:原注为"丑牛貌"。犁牛:毛色不纯的牛。⑦ 㹠:无角牛。王念孙认为"㹠"应为"科";杨树达认为"科"是"空"的意思,"空"即"空头",也指头上无角。犌:无尾牛。　⑧ 牺:用以祭祀的牛。　⑨ 尸祝:尸是祭祀时代表鬼神受享祭的人。祝为祭祀时传达鬼神言语的人。齐:通"斋"。　⑩ 以沉诸河:将牛沉入河里,以

祭祀河神。　⑪ 河伯：神话中的河神。河伯姓冯名夷，在河中溺水身亡，遂成河神。羞：以为羞耻。　⑫ 一言之当：原注为"当，谓明天时、地利、和人之言，可以不战屈人之兵也"。　⑬ 砥：磨砺。缟衣：精细白绢缝成的衣裳。兕：雌犀牛。　⑭ 语见《诗经·小雅·车辖》。高山：喻崇高伟大的人物。仰：敬仰。景行：大道。这里喻品行、品德崇高。行：喻效仿。止：语末助词。　⑮ 弹：弹弓。一说：弹丸。鸮：鸟名。鸮炙：烤熟的鸮肉。　⑯ 晨：通"辰"。晨夜：辰夜。　⑰ 縻：粗麻，可以织布。　⑱ 暮：迟。病暮：嫌迟，等不及。　⑲ 簀：床席。　⑳ 分理：分定的道理。　㉑ 徐偃王：周穆王时诸侯国君，行仁义，诸侯多尊之。后周穆王令楚国灭徐国。　㉒ 比干：纣王叔父，纣王淫乱，比干犯颜强谏，纣王发怒，将比干杀害。靡：靡烂，这里指遭杀害。比干被纣王剖心而杀害。　㉓ 蚨：蚌。　㉔ 简圭：原注为"大圭，美玉"。垢石：指玉含在石内，石头本身有污垢，故称为"垢石"。　㉕ 大蔡：地名，其地盛产元龟。　㉖ 万乘之主：指天子。锱锤：六铢为锱，八铢为锤，形容重量轻微。　㉗ 意谓牛皮低贱，但制成战鼓，可以整肃指挥三军。　㉘ 徵羽：指五音中的"徵"和"羽"音，这里泛指五音，并作动词用，即说练习五音音律。乐风：原注为"乐风者，上以风化下，下以风刺上，故曰风也"，这里指音乐的教化作用。于省吾认为"乐风"是歌曲名称。录下供参考。　㉙ 欲美和者：是指想演奏得好。《阳阿》、《采菱》：古代歌曲名称。原注为"阳阿、采菱，乐曲之和声"。

【评析】

《说山训》中的则则故事所揭示出的事理、常理、哲理是相当丰富的。如作者说到，对箭矢之至，人若能"必知所集"，那么人就只需在箭矢所至的部位挂一片铠甲就行了。但是事情并非那么简单、能一一对应，因为"事或不可前规，物或不可虑"。所以谁认为事情真能"前规"、"可虑"，一一对应、一网眼擒一鸟、一铠甲抵一箭，那么他必定是一个不懂事理和哲理的愚蠢者，也必定会将联系复杂的事物看成是一种相当简单、呈线性的东西。秉受道体的人就要从这种线性的观念中解脱出来,要看到事物联系的复杂性,如"徐偃王以仁义亡国",但"国亡者非必仁义","比干以忠靡其体",但"被诛者非必忠也"。

又如不少人"见弹而求鸮炙,见卵而求晨夜,见麑而求成布",这尽管合乎情理,但总不免太注重事物的结果。因为作为事物的发展来说,既要看到它的最终结果,也要看到事物发展的过程。有的时候,事物发展的过程要比事物发展的结果来得重要。当然,也有不少是只重结果不重过程的,如水神河伯就只重这牺牲的结果而不考虑这牺牲的由来过程的,这就如作者说的"河伯岂羞其所从出,辞而不享哉?"这"所从出"就是指事物的发展过程、发展由来。由此作者进一步强调事物的所出过程和发展由来:"得隋侯之珠不若得事之所由,得呙氏之璧不若得事之所适,得万人之兵不如闻一言之当。"

还有,作者强调凡事必从基础开始,"欲学歌讴者,必先徵羽乐风;欲美和者,必先始于阳阿、采菱"。凡物产出生成必以低微简易为基础,"明月之珠出于蚌蜃,周之简圭生于垢石,大蔡神龟出于沟壑;牛皮为贱,正三军之众"。

耀蝉者务在明其火①,钓鱼者务在芳其饵②。明其火者,所以耀而致之也;芳其饵者,所以诱而利之也。欲致鱼者先通水,欲致鸟者先树木。水积而鱼聚,木茂而鸟集。好弋者先具缴与矰,好鱼者先具罟与罛。③未有无其具而得其利。④

遗人马而解其羁⑤,遗人车而税其轙⑥,所爱者少而所亡者多。故里人谚曰:"烹牛而不盐⑦,败所为也。"

桀有得事,尧有遗道⑧;嫫母有所美,西施有所丑⑨。故亡国之法有可随者,治国之俗有可非者。

琬琰之玉,在污泥之中,虽廉者弗释⑩;弊箅甑瓾,在衽茵之上,虽贪者不搏⑪。美之所在,虽污辱,世不能贱;恶之所在,虽高隆,世不能贵。

春贷秋赋,民皆欣⑫;春赋秋贷,众皆怨。得失同,喜怒为别,其时异也。

为鱼德者,非挈而入渊⑬;为猿赐者,非负而缘木:纵之其所而已⑭。

貂裘而杂,不若狐裘而粹,故人莫恶于无常行。⑮

有相马而失马者,然良马犹在相之中。⑯

今人放烧⑰,或操火往益之,或接水往救之,两者皆未有功⑱,而怨德相去亦远矣。

郢人有买屋栋者,求大三围之木⑲,而人予车毂。跪而度之,巨虽可而修不足。

蘧伯玉以德化⑳,公孙鞅以刑罪,所极一也㉑。病者寝席,医之用针石,巫之用糈藉,所救钧也。㉒

狸头愈鼠㉓,鸡头已瘘㉔,虻散积血㉕,斫木愈龋㉖,此类之推者也。膏之杀鳖㉗,鹊矢中猬㉘,烂灰生蝇㉙,漆见蟹而不干,此类之不推者也。推与不推,若非而是,若是而非,孰能通其微?

天下无粹白狐,而有粹白之裘,掇之众白也。㉚善学者,若齐王之食鸡,必食其蹠数十而后足。㉛

刀便剃毛,至伐大木,非斧不克。物固有以克适成不逮者。㉜

视方寸于牛,不知其大于羊;总视其体,乃知其大相去之远。㉝

孕妇见兔而子缺唇,见麋而子四目。

小马大目,不可谓大马;大马之目眇,可谓之眇马。㉞物固有似然而似不然者。故决指而身死,或断臂而顾活㉟,类不可必推。

厉利剑者必以柔砥㊱,击钟磬者必以濡木㊲,毂强必以弱辐。两坚不能相和,两强不能相服。故梧桐断角,马牦截玉。㊳

媒但者非学谩也㊴,但成而生不信;立懂者非学斗争也,懂立而生不让㊵。故君子不入狱,为其伤恩也;不入市,为其佻廉也。㊶积不可不慎者也。

【今译】
　　夜间捕捉蝉,务必将火把烧得通明;河中钓鱼,务必将鱼饵调得芳香。将火把烧得通明,是要借火光来招引蝉自投罗网;将鱼饵调得芳香,是要借鱼饵引鱼上钩。要想引来鱼群,先得疏通河道;要想引鸟安家,先得种植树木。只有水得到积蓄,鱼儿才会来聚集;只有树木茂盛,鸟儿才会来安家。所以喜欢弋射的人总是先将生丝和矰箭准备好,喜欢捕鱼的人总是先将大小渔网准备好。还没有过不准备好器具就获得收益的事情呢!

　　送给人家马却又解下它的马笼头,送给人家车子却又拆下穿缰绳的环子,这正是车和马都送掉了,又何必舍不得这类笼头和缰绳的小东西呢?所以乡里人有这样的谚语:"烹制牛肉却不舍得放盐,这等于是糟蹋了这牛肉。"

　　夏桀虽然是个暴君,但也做过些有益的事情;尧帝尽管圣明,但也有失误之处;嫫母面貌尽管丑陋,但品行却贞正;西施尽管容仪光艳,但品行未必贞正。所以被灭掉的国家,其中也有好的东西(如法律)值得仿效;而政治清明的国家,其中也有些风俗习惯值得批评。

　　琬琰美玉,却处在污泥之中,但清廉的人见了也不会放弃;破旧的竹席甑带,就是放在华贵的毡褥上,贪婪的人见了也不会去夺取。美德存在，即使处在低贱的地位，但世人也不能贬低美德的价值；恶行满身，即使处在高贵的地位，但世人也不会尊重他。

青黄不接的春季放贷给农民，到秋季再收赋税，这样百姓就拥护、高兴；反过来春季青黄不接的时候就要征收赋税，而到秋天再放贷，这样百姓没有一个不怨恨的。这放贷和收税数量相同，但引起百姓的喜怒却相反，这是因为时节不同的缘故。

如要对鱼讲仁德，不是捕到鱼之后再放入河水中；如要对猿猴讲恩赐，也不是抓到以后再放它归山林；而是从一开始就不必捕捉它们，让它们各处该处的地方就行了。

毛色驳杂的貉裘还不如皮色纯一的狐裘，所以一个人没有比不具备坚定纯粹的行为节操更令人讨厌的。

有相马的，却不能识别出良马来，但是良马并不因此就不存在于这群被鉴别的马中。

现在如果有户人家失火，有的是拿着易燃的东西去助长火势，有的却是传递水桶去救火，尽管这两种人都没有达到各自的目的，但受火烧的人家对这两种人的憎恨和感激之情却有天壤之别。

楚国郢都有个人买房栋梁，想找一根"三围"粗的木料，有人卖给他一根车轴，他跪在地上量了量，粗细差不多，但长度不够。

蘧伯玉用道德感化了邻国不来侵犯，公孙鞅实行刑法治理秦国最后获罪被杀，他们治理好国家的结果是一样的，但实施的方法和各人的下场却又是不一样的。病人卧床不起，医生用针石治疗，巫婆用精米、草垫来赶疫鬼、求神保佑，他们的方法各异，而想拯救对象则是相同的。

狸猫的头可以治理好鼠瘘病，芡可以治疗好瘘病，牛虻能消散淤血，啄木鸟能治疗龋齿，这些都可以按照种类来推知。油膏能杀死鳖，喜鹊屎可以杀死刺猬，腐烂的垃圾堆能生出苍蝇来，油漆碰到螃蟹便不会干燥，这是不能按照种类来推知的。有些事情可以推究其中的原因，有些事情则不能推究其中的原因，好像对又好像不对，好像不对又好像对，谁能通晓这其中的奥妙呢？

天下没有纯白的狐狸,但有纯白的狐皮衣,这是选用了众多狐狸腋下白皮毛缝制而成的。善于学习的人就像齐王食鸡,一定要吃上数十只鸡脚掌才能满足。

利刀便于剃毛发,至于伐木,就非用斧头不能成功。事物本来就存在着某些长处又恰好成为另一方面的短处的情况。

如果从一寸见方的洞眼里看牛,就不知道它比羊大;总起来观察牛的全体,才知道牛的大小和羊相差甚远。

孕妇看了兔子,生下的孩子是缺嘴唇,看了麋,生下的孩子是四只眼睛。大马眼睛小,可以说是小眼睛马。事物本来就存在着好像是这么回事又不像这么回事的情形。所以有时候断一根指头倒导致死亡,而断了一条手臂倒能活下来,这说明事物不能按照这种类比推导的。

磨砺利剑一定要用细软的磨刀石,敲击钟磬一定要用柔软的木棒,车毂坚硬一定要用柔软的辐条。两个都是坚硬的东西就不能互相协调好,双方都强大就会互相不服帖。所以木质疏松的梧桐树倒可以击断兽角,纤细的马尾倒可以截断玉石。

媒人会说假话并不是受过专门的撒谎训练,但说假话一旦养成习性就会产生不诚实;培养勇敢精神并不是要学会争斗本领,但勇敢性格一旦形成就不会谦虚礼让。所以,君子不肯在监狱里面谋事做,因为管牢狱的事情会伤害到君子仁爱之心;同样君子不肯到街市里去做买卖,因为经商买卖会伤害到君子的廉洁品德。行为的积累是不能不审慎的。

【注释】

① 耀蝉:古代一种捕蝉的方法,利用蝉以阳明为趋的习性,于夜间燃火引蝉自投罗网。《荀子·致士篇》曰:"耀蝉者务在明其火。" ② 芳:使芳香。 ③ 弋:用绳系箭而射。缴:系在箭上的生丝绳。矰:短矢。罟:细网。罛:大渔网。 ④ 原注为"言未见君无道而能得民心也"。 ⑤ 遗:赠送;下句"遗"同此。羁:马笼头。 ⑥ 税:通"脱",脱下,解下,拆下。 ⑦ 盐:放盐。"盐"作动词用。 ⑧ 桀

有得事：原注为"谓若作瓦以盖屋，遗后世也"。尧有遗道：原注为"遗，失。谓不能放四凶，用十六相是也"。　⑨ 嫫母有所美：原注为"嫫母，古之丑女，而行贞正"。西施有所丑：原注为"西施，古之好女，虽容仪光艳，未必贞正"。　⑩ 琬琰：美玉。释：放弃、舍弃。　⑪ 弊：破旧。箅：放在甑底的竹席。甑：一种煮具，类似后世的蒸笼。瓾：甑带，是一种搭蒙在甑盖上和蒙塞在甑锅之间的布，以防热蒸汽漏散。祔茵：指一种毛毡坐褥。搏：取。　⑫ 春贷：春天青黄不接时借出钱粮。秋赋：秋天丰收时收税。　⑬ 挈：提、持。这里是说捕到鱼后再放入河中。　⑭ 其所：是指鱼、猿它们各处在该处的环境下。原注为"喻为政，官方定物，能文者居文官，能武者居武官，故曰：纵之其所而已"。　⑮ 常行：坚定不变的行为。　⑯ 失马：指不能识别出良马来。犹在相之中：是说良马并非不存在，它仍然在所鉴别的马群之中。　⑰ 放：刘文典认为应为"於"（于）。于烧：失火。　⑱ 接：杨树达认为应是"唼"，"唼"又可作"啑"，"唼和啑"均谓以口微吸之；这用口中微吸入的一点水去救火，火不能止，所以文中说"未有功"。　⑲ 郢：春秋楚国国都，在今湖北江陵。栋：房屋的正梁。围：量圆周的量词。　⑳ 蘧伯玉：春秋卫国大夫，名瑗，有贤名。原注为"赵简子将伐卫，使史默往视之，曰'蘧伯玉为政，未可以加兵'故曰'以德化'"。　㉑ 公孙鞅：即商鞅。著名法家。原注为"公孙鞅，卫公子叔痤之子，自卫奔秦，相孝公，制相坐法，故曰以刑罪。秦封为商君，因曰商鞅。商在京兆东南。瑗以德化，鞅以刑罪，故曰'所极一也'"。这里的"极"是指目标、结果。　㉒ 针石：古代中医治病工具。粝：祭祀用的精米。藉：茅草编成的草垫，祭祀时用来衬垫祭品。钧：同等，相同。　㉓ 狸头：狸猫的头。鼠：原注为"鼠齿人疮，狸愈之"。这是认为狸吃老鼠，能消灭传染病，《物类相应志》引许君注曰："狸能执（食）鼠，故愈之。"一说"鼠"为"瘋"，即"畏之病"是一种忧虑症。一说"鼠"即"瘋病"，为"寒热病"，大约指一种鼠疫传染的疾病。蒋伯超说："噎膈病有一种鼠膈者，酒食置无人处尚可下咽，有似鼠之畏人旋又吐也。治法以新生狸奴胞衣，焙制入药，或可冀痊。见吴仪洛医学述。"

㉔鸡头：即芡，一种水生植物名称，种子名芡实，可入药；其花托形似鸡头，故叫鸡头。已：止、治愈。瘘：原注为"颈肿疾"，颈部有肿块，即淋巴腺结核。　㉕虻：昆虫名，雌性的虻常叮咬人、畜以吸血；又常叮咬牛，故曰牛虻。　㉖斫木：又叫啄木鸟。龋：蛀牙。　㉗膏：油脂。　㉘鹊：喜鹊。矢：屎。中：杀。猬：刺猬。　㉙苍蝇产卵于腐物，然后孵化为蛆，故曰"烂灰生蝇"。　㉚掇：选取。　㉛蹞：鸡脚掌。十：杨树达认为"十"应改为"千"。　㉜克：指某物的长处。不逮：不及，这里指某物在另一方面的短处。　㉝大：王念孙认为是衍文。远：犹多。　㉞眇：小目，《说文》说"眇，一目小"。　㉟决：伤。顾：反而。这里译"倒能"。　㊱厉：砺，磨砺。砥：磨刀石。　㊲濡：柔软。濡木：软木。　㊳梧桐：木名，质地柔软。马牦：马尾。　㊴旦：通"诞"，欺骗。谩：欺骗，欺诈。这是说媒人为了促成婚姻讲了些不实之词，并非是想学说谎，但说假话一旦形成就会产生不诚实。　㊵懂：勇。　㊶垩：通"剚"，伤害、损害。

【评析】

《说山训》越接近尾声，其中例举故事寓言越丰富，所含的事理、哲理、常理常识和物性也越精彩。如作者提供的自然界的常理常识有："欲致鸟者先树木，欲致鱼者先通水"，"水积而鱼聚，木茂而鸟集"，"狸头愈鼠，鸡头已瘘，虻散积血，斫木愈龋"，"烂灰生蝇"等。

社会的常理常识有："琬琰之玉，在污泥之中，虽廉者弗释；弊箅甑瓴，在袵茵之上，虽贪者不搏"，这充分揭示了人之本性常情；相当一部分人主次不分、因小失大，即送人车马却解其羁、税其辕，车马这样的大东西都舍得送，却不舍得马笼头和车环之类的小东西等。

哲理方面，文中说到"桀有得事，尧有遗道；嫫母有所美，西施有所丑"，提醒大家要有一分为二的辩证观念，对人对事不可一概而论；从相对而相成的原理出发，指出"厉利剑者必以柔砥，击钟磬者必以濡木，榖强必以弱辐"，所以纤细的马尾能截断玉石，疏松的梧桐能撞断兽角，而"两坚不能相和，两强不能相服"。由此进一步引申出君臣异道相治的观念。

除此之外,作者还在方法论上提醒大家:有些事情是不能照此类推的,如"决指而身死",如照此类推,"断臂则必死",但现实世界上恰恰是"断臂而顾活"。所以作者指出,"物固有似然而似不然者也",有些可"类之推",有些则不可"类之推"。

还有作者指出,如观察事物的角度、立场不同,也会导致观察结果的不同,如"视方寸于牛,不知其大于羊;总视其体,乃知其大相去之远"。所以观察者要尽可能地客观观察对象,以便能得出符合实际的结论。

除这些常理事理哲理外,作者在文中还揭示不少物性,如"刀便剃毛,至伐大木,非斧不克"。这"物"是"固有以克适成不逮者"……

走不以手,缚手走不能疾;飞不以尾,屈尾飞不能远。物之用者必待不用者。故使之见者乃不见者也;使鼓鸣者乃不鸣者也。

尝一脔肉,知一镬之味①;悬羽与炭,而知燥湿之气②:以小明大。见一叶落,而知岁之将暮;睹瓶中之冰,而知天下之寒:以近论远。

三人比肩,不能外出户③;一人相随,可以通天下。

足蹍地而为迹,暴行而为影,此易而难。④

庄王诛里史⑤,孙叔敖制冠浣衣⑥;文公弃荏席,后霉黑,咎犯辞归⑦。故桑叶落而长年悲也。⑧

鼎错日用而不足贵⑨,周鼎不爨而不可贱⑩。物固有以不用而为有用者。⑪地平则水不流,重钧则衡不倾。⑫物之尤必有所感⑬,物固有以不用为大用者。

先祼而浴则可,以浴而祼则不可⑭;先祭而后飨则可,先飨而后祭则不可：物之先后各有所宜也。

祭之日而言狗生⑮，取妇夕而言衰麻⑯，置酒之日而言上冢，渡江、河而言阳侯之波⑰。

或曰知其且赦也而多杀人，或曰知其且赦也而多活人⑱，其望赦同，所利害异。故或吹火而然⑲，或吹火而灭，所以吹者异也。

烹牛以飨其里，而骂其东家母⑳，德不报而身见殆。

文王污膺㉑，鲍申佝背㉒，以成楚国之治。裨谌出郭而知，以成子产之事。㉓

朱儒问径天高于修人㉔，修人曰："不知。"曰："子虽不知，犹近之于我。"故凡问事，必于近者。

寇难至，躄者告盲者㉕，盲者负而走㉖，两人皆活，得其所能也。故使盲者语，使躄者走，失其所也。

郢人有鬻其母者㉗，为请于买者曰："此母老矣！幸善食之而勿苦。"㉘此行大不义而欲为小义者。

介虫之动以固㉙，贞虫之动以毒螫㉚，熊罴之动攫搏，兕牛之动以抵触：物莫措其所修而用其短也。

治国者若耨田㉛，去害苗者而已。今沐者堕发而犹为之不止，以所去者少，所利者多。

砥石不利而可以利金，檠不正而可以正弓㉜，物固有不正而可以正，不利而可以利。

力贵齐，知贵捷。㉝得之同，昭为上㉞；胜之同，迟为下。所以贵莫邪者，以其应物而断割也；䩞靡勿释，牛车绝辚㉟。

为孔子之穷于陈、蔡而废六艺㊱，则惑；为医之不能自治其病，病而不就药，则悖矣㊲。

【今译】

　　奔跑不需要用手,但是将两手绑起来就跑不快;飞行不需要用尾,但是将尾巴卷屈起来就飞不远。这说明事物产生功能的部分一定得依赖于不产生功能的部分。所以使你看见的是本身看不见的,使鼓鸣响的是本身不会鸣响的。

　　尝一小块肉,就可知道一锅肉的滋味;悬挂羽毛和木炭,就可知道空气的湿度:这是通过小来知道大的事例。看见一片叶子凋落,就可知道一年快到冬天了;看见瓶中的水结冰,就可知道天气已很冷了:这是以近来推知远的事例。

　　三人肩并着肩,是不能走出门的;其中一人跟在两人身后,就可以畅通无阻。

　　脚踩着地则出现足迹,在太阳下行走就形成身影,留下足迹和出现身影是容易的,而要使脚印正、影子不斜则是困难的。

　　楚庄王诛杀了佞臣里史,孙叔敖便刷净帽子、洗净衣裳准备复职上任;晋文公抛弃旧垫席,怠慢那些跟随他流亡过的、脸色黑瘦的人,咎犯见了便辞官隐退。所以桑叶凋落会引发那些长者悲叹时光的流逝。

　　小小的鼎锅因每天使用而不被人珍贵,周王室内的大鼎从来不用来煮饭做菜却被人重视,看成是传国宝鼎。事物本来就存在着以不用(无用)而来实现它的有用的情况。地势平坦则水不流,重量均等则不倾斜,物体一旦失去平衡就必定会有反应,也必定会被感应,事物本来就存在着以不用而被派大用场的情况。

　　先脱衣服然后洗澡是合乎情理的,但穿着衣服洗澡然后再脱衣服是违背常理的;先祭祀神祖然后吃祭品是合常规的,但先吃掉祭品然后再去祭祀祖宗神灵是不合常规的:事物总有一个先后次序、适当规矩。

　　严肃的祭祀之日却以恶语伤人,娶媳妇的美好良宵却说披麻戴孝之事,设宴喜庆之时却议论上坟的事,渡江涉水之时却说水神显灵:这些都是说话不分时宜的表现。

有的说,朝廷将要大赦,赶快多杀些死囚犯人;有的说,朝廷将要大赦,这下能赦免不少死囚犯人了。这希望赦免是相同的,但是这希望赦免当中所包含着各自的害人利人之心却是不相同的。这就好像有时吹火是越吹越旺,有时吹火却将火都吹灭,这是因为他们吹火的目的和方法不一样所导致的。

宰牛烹牛来宴请左右邻居,可是同时又辱骂东邻的母亲,这正是所施恩德都没来得及被报答,却又得罪了人家,这种做法本身就是一种危险的做法。

楚文王塌胸,鲍申驼背,但就是这样丑陋的长相却将国家治理得有条有理。裨谌在城里无法施展才智,子产将他带出城外共商国家大事,倒成就了他们的大事。

侏儒向高个子请教天有多高,高个子说:"我不知道。"侏儒说:"你虽然不知道天有多高,但总还是比我离天要近得多啊!"所以凡要请教问题,一定要找熟悉这问题的人。

战乱开始,兵寇将至,跛子将此消息告诉了瞎子,于是瞎子背着跛子逃跑,两人都幸免于难,这是因为他们二人取长补短,各自发挥自己的特长。反过来是由瞎子将此消息告诉跛子,跛子背着瞎子逃跑,那么就无法各自发挥特长。

楚都郢城有人要将母亲卖出,他对买主说:"这位老母亲年迈了,请你好好奉养她,别让她受苦。"这真是干了如此忤逆不孝的坏事却还装出假慈悲来宽慰自己的良心。

甲壳类动物凭借坚固的甲壳活动生存,细腰蜂等动物依靠毒螫活动生存,熊罴以蛮力来攫取食物,犀牛靠角抵来活动保存自己:这物类没有放弃自己的长处而用其短处的。

治理国家如同田间除草,要除去危害禾苗的杂草就是了。尽管洗头会掉不少头发,但人们仍然经常洗头,保持清洁,因为这样还是损失得少,获得好处的地方多。

磨刀石本身不锋利,但它能使刀磨快;檃本身不端正,但它能矫正弓弩。所以有不少事物是自身不正却能矫正别的事物,自身不锋利却能使其他事物锋利。

　　用力贵在突发迅猛,智慧贵在敏捷。两者强调的都是以迅速为上;要取胜的道理也一样,迟缓为下。人们之所以珍贵莫邪宝剑,因为它一接触物体就能使物体断裂;就是牛车如不停地摩擦门槛也能将门槛压断。

　　因为孔子曾在陈蔡遭受困厄,就不信孔子,废弃孔子传授的六艺,那就糊涂了。因为医生不能治好自己的疾病,就不看病,不服药,那就荒谬了。

【注释】

　　① 脔:切成小块的肉。镬:古代煮食物的大锅。原注为"有足曰鼎,无足曰镬"。　② 古人将羽毛或炭悬挂衡杆一边,另一边悬物,使之平衡,如气候干燥则炭轻;气候潮湿则炭重,以知燥湿之气。　③ 比肩:肩并肩。这是指门太小不容三人并肩通行。　④ 足蹴:脚踩、脚踏。暴:太阳照晒下。易而难:原注为"履地迹自成,行日中影自生,是其易;使迹正影直,是其难也"。　⑤ 庄王:春秋楚庄王。里史:楚庄王之佞臣。　⑥ 孙叔敖:楚庄王时的令尹。制:俞樾认为是"刷"字之误。原注为"恶人(里史)死,叔敖自知当见用,故制冠浣衣"。　⑦ 文公:晋文公。茬:衽。茬席:卧席。霉黑:指脸色瘦黑。咎犯:即狐偃,字子犯,晋文公舅父,故称咎(舅)犯。辞归:《韩非子·外储说左篇》说"文公反(返)国,至河,令笾豆捐(弃)之,席蓐捐之,手足胼胝、面目黧黑者后之。咎犯闻之,再拜而辞"。　⑧ 原注为"桑叶时将茹落,长年惧命尽,故感而悲也"。　⑨ 错:王引之认为"错"当为"锴","锴"字本在"鼎"字上。锴鼎,小鼎也,以供平时煮食物用。　⑩ 周鼎:指周王室的宝鼎,作为国家象征的大鼎。爨:炊。　⑪ 原注为:"不用,谓鼎不爨也。"有用:指周鼎象征国家政权。　⑫ 钧:同"均"。衡:指天平式的秤。　⑬ 尤:过,这里指秤失去平衡。　⑭ 以:同"已"。刘文典认为"以"为"先";"以浴"为"先浴"。　⑮ 狗生:杨树达认为"狗生"为骂人之辞。《后汉书·刘宽传》记刘宽骂客

苍头曰:"畜产。"此皆汉人以狗畜詈人之证。产,生同义,"狗生"犹言"畜产"也。 ⑯ 取:同"娶"。衰麻:古代丧服,以粗麻制成。 ⑰ 阳侯之波:原注为"阳陵国侯溺死,其神能为大波,为人作害,因号阳侯之波,舟人所不欲言"。 ⑱ 且:将要。也:语中助词。活:救活,让活着。 ⑲ 然:燃。 ⑳ 东家:东邻。 ㉑ 文王:春秋楚国君,名赀。污膺:胸部内陷。向宗鲁则认为"污膺,谓伏地受笞而污其膺也"。录下供参考。 ㉒ 鲍申:楚国国相。偃背:驼背。梁玉绳则认为"鲍申"即"葆申","偃背"即"笞背"。向宗鲁认为"偃背,谓行笞而俯其身也"。 ㉓ 神谌:原注为"神谌,郑大夫,谋于野则获,谋于国则否。郑国有难,子产载如野,与议四国之事,故曰'成子产之事'"。子产:春秋郑国大夫,曾执政郑国。 ㉔ 朱儒:侏儒。经:王念孙认为是衍文。修人:高个子的人。 ㉕ 寇:敌寇。躄:跛脚,跛子。 ㉖ 是说盲者负躄者,躄者导之,故可行走。 ㉗ 郢:楚国郢都。鬻:买。 ㉘ 幸:希望。食:供养。苦:使受苦。 ㉙ 介:甲。介虫:甲壳类动物。 ㉚ 贞虫:原注为"贞虫,细腰蜂蜾蠃之属,无牝牡之合曰贞,而有毒,故能螫。螫读解释之'释'"。 ㉛ 耨:除草。 ㉜ 檠:矫正弓弩的器具。 ㉝ 齐、捷:原注为"齐、捷皆疾"。齐读为"臡"(机)。 ㉞ 遨:速。 ㉟ 刂:摩擦。原注为"刂,切。楚人谓门切为轥,车行其上则断之"。轥:门槛、门切。 ㊱ 六艺:原注为"六艺,礼、乐、射、御、书、数";一曰"六经"(诗、书、乐、易、礼、春秋)为六艺。 ㊲ 药:俞樾认为通"疗",《说文·疒部》"疗,治也。或作疗",所以"不可救药"谓不就其疗治。勃:通"悖",谬,荒谬,谬误。

【评析】

作者在《说山训》的最后一节里,将还需说明的物性、事理统统列出,"解堕结细,说捍抟困,以明事垺"(《要略》)。

其中的物性,作者说到的有:"物之用者必待不用者","物固有以不用而为有用者","物固有以不用为大用者","物之先后各有所宜也","物莫措其所修而用其短也","物固有不正而可以正,不利而可以利"……

其中的事理有：祭之日不可"言狗生"，娶妇夕不可"言衰麻"，置酒时不可"言上冢"，渡江时不可"言波神"；如某"娶妇夕而言衰麻"，那就有些说话不分场合，有些傻乎乎了。既然"烹牛以飨其里"，那就没有必要再去与邻居发生冲突了；如是"烹牛以飨其里而骂其东家母"，那真的是既烧了香又得罪了菩萨，犯不着。还有，不要因为"医之不能自治其病"而拒绝看病吃药。

除此之外，作者还强调秉持"道体"的人要有"以小明大"、"以近论远"的认知能力，要有"桑叶落而长年悲"的感应能力，要有"咎犯见文公弃茬席后霉黑而辞归"的预知能力……

卷十七 说林训

【解题】

《说山训》下面就是《说林训》，两卷在内容和形式上都十分相似，就连题篇的名称也类似，《说山训》取"山"，以"委积如山"的故事、寓言来喻说"道"理、哲理和事理；这里的《说林训》则取"林"，以"若林之聚"的故事、寓言来喻说"道"理、哲理和事理。《说山训》和《说林训》这对孪生兄弟就是想以这种"喻说"来打通人在百事上的"壅塞处"，从而达到提升人境界的目的，为获得"道体"打下基础。

以一世之度制治天下，譬犹客之乘舟，中流遗其剑，遽契其舟桅①，薄暮而求之②，其不知物类亦甚矣！夫随一隅之迹，而不知因天地以游，惑莫大焉，虽时有所合，然而不足贵也。譬若旱岁之土龙，疾疫之刍狗，是时为帝者也。③曹氏之裂布④，蚗者贵之⑤，然非夏后氏之璜。

无古无今，无始无终，未有天地而生天地，至深微广大矣。

足以蹍者浅矣，然待所不蹍而后行⑥；智所知者褊矣，然待所不知而后明⑦。

游者以足蹶，以手抴⑧，不得其数，愈蹶愈败；及其能游者，非手足者矣。

鸟飞反乡，兔走归窟，狐死首丘，寒将翔水，各哀其所生⑨。

毋贻盲者镜，毋予躄者履，毋赏越人章甫⑩，非其用也。椎固有柄，不能自椓⑪；目见百步之外，不能自见其眦⑫。

狗彘不择甂瓯而食⑬,偷肥其体而顾近其死⑭;凤皇高翔千仞之上,故莫之能致。

月照天下,蚀于詹诸⑮;腾蛇游雾,而殆于蝍蛆⑯;乌力胜日,而服于雏礼⑰:能有修短也。莫寿于殇子,而彭祖为夭矣。⑱短绠不可以汲深⑲,器小不可以盛大,非其任也。

怒出于不怒,为出于不为。视于无形,则得其所见矣;听于无声,则得其所闻矣。至味不慊⑳,至言不文,至乐不笑,至音不叫;大匠不斫,大豆不具㉑,大勇不斗:得道而德从之矣,譬若黄钟之比宫、太蔟之比商,无更调焉㉒。

以瓦钲者全㉓,以金钲者跋㉔,以玉钲者发㉕。是故所重者在外,则内为之掘㉖。逐兽者目不见太山,嗜欲在外,则明所蔽矣。

听有音之音者聋,听无音之音者聪;不聋不聪,与神明通。

【今译】

　　用某个朝代的制度来治理多变的社会,这就好像外乡人乘船,船至江中,这位外乡人的剑掉入水中,他就赶快在剑掉落下的船舷部位刻上记号,等傍晚船靠岸后他就在所刻的记号处下水去找剑,这实际上反映了此人不懂事物已变化很多了。只知道在掉剑的船舷旁打转,而不知道因顺自然遨游,没有比这更糊涂的了,虽然有时偶然间有所合,但这种"合"不值得珍贵。就好像大旱之年求雨用的土龙,求神保佑疾病痊愈用的刍狗,只是暂时地在祭祀中起主宰作用。也就好像小孩用过的尿布,只有患蜡蛴疮的人视为宝贝,但是它终究不是夏后氏的玉璜。

　　没有古今,也没有始终,天地未分时的混沌状态能够产生天地,这就是最深奥又微妙且广大的道。

人走路时跨出的每一步都是有限的,但就是不停地跨步踩踏未曾踩踏过的地方才能走向远方;同样,人的智慧每次能掌握的事理也是有限的,但就是不断地认识未曾认识过的事理才能变越聪明。

初学游泳的人用脚乱扑腾、用手乱抓挖,没有掌握游泳的技艺,越扑腾、乱抓挖,越往下沉;而当人一旦掌握了游泳的技艺,就用不了手脚如此慌乱了。

鸟儿飞翔再远再高,也总得返回鸟巢;兔子跑得再快再远,也总得返回洞穴;狐狸死时,头总朝着巢穴;寒将水鸟总贴着水面飞翔,它们各自依恋着自己生存的环境。

不要给盲人送镜子,不要送鞋给跛子,不要送帽子给越国人,因为这些物件对他们来说是无用的。

木椎本来安着木柄,但它不能自我敲击;眼睛能看到百步开外,但看不到自己的眼眶。

猪狗不管这装食物的器具是什么,它们只顾进食,苟且贪生吃肥了自己,但这样反而是接近了死亡。凤凰高飞在千仞的高空,不随便栖息进食,所以也没什么人能诱它上钩自投罗网。

月亮能够照亮天下,却被蟾蜍所侵蚀;腾蛇能够腾云驾雾,却被蝍蛆所制服;乌鸦经得起太阳的灼热,却对付不了雏礼鸟:这说明它们各自的能耐有长有短。如果认为没有比未成年死而归天更长寿的了,那么彭祖活八百岁也算是短命的。短绳的汲水器不能汲取深井的水,容量小的器皿装不下大的东西,这是因为它们胜任不了。

愤怒出自不怒之时,有为出于没有作为之前。能看清无形,那么就能看清所有物体;能听见无声之声,那么天下就没有什么不能听到的了。最鲜美的味道尝着没有快感,最高深的语辞不讲究文饰,最大的快乐是无笑意,最高的声音不呼叫;最高明的工匠无须砍削,最高明的厨师无须陈列食具,最勇敢的人不以打斗取胜。这些均是掌握了"道","德"也就随着而来了,就像黄钟配宫音、大蔟配商音,不可更改这声音的调配。

用瓦器作赌注的人心定不慌,以黄金作赌注的人则心神不安,将美玉作赌注的人就内心焦虑。这是因为过于看重这些黄金和美玉这样的外物,导致内心世界的心智变得笨拙起来。这就好像追逐野兽猎物时,眼睛和心志一直盯着这猎物,导致连泰山都看不见了,眼睛被外物所蒙蔽了。

听有声之声会耳聋,听无声之声会耳灵;而"道"要求是不聋不聪,这样才能和"神明"相通。

【注释】

① 一世:某一时代。度制:制度。遽:迅速、赶快。契:刻。栈:王念孙认为应作"桤",指船舷。 ② 薄:靠岸。事见《吕氏春秋·察今篇》,即"刻舟求剑"的故事。 ③ 土龙:土塑的龙,用于天旱求雨的祭祀仪式。刍狗:用草扎的狗,用于祭祀仪式。帝:主宰。 ④ 氏:俞樾疑"氏"是衍文。曹:俞樾认为通"襂",《广雅·释器》曰"襂,褓也";"褓"为小儿的垫屎、垫尿的布。裂:通"烈",即余布,用过的布。 ⑤ 蛛:原注为"蜍蝼疮"。许匡一认为是"蛛蝎疮";被蛛蝎疮爬过的人体处会生疮,用尿布烧成灰敷患处可愈。 ⑥ 蹍:履、踩、踏。浅:少,指距离短。所不蹍:指脚还没有踩到的地方。 ⑦ 褊:狭隘、有限。待所不知:以不断地认为未曾认识的事理。 ⑧ 蹶:原指驴马跳起来用后肢向后蹬踢。这里指蹬踏、扑腾。抷:击打。这里指用手拍打、抓挖。马宗霍说:"游者入水,屈伸其足如踏弓,以手左右分水如张弓,故曰以足蹶以手抷矣。" ⑨ 寒将:一种水鸟。一曰寒将为寒蜇,是一种寒蝉。哀:通"爱"。俞樾认为通"依"。"爱"和"依"均可。 ⑩ 贻:赠送。蹩:跛。章甫:古代一种冠的名称。 ⑪ 椓:敲击。 ⑫ 眦:眼眶。 ⑬ 甂瓯:一种瓦制的盆盂。 ⑭ 偷:苟且,苟且取肥,故谓之"偷";又引申之,偷犹贪也,偷、贪双声字(马宗霍语)。顾:反而。近:接近、靠近。这是说狗猪肥了待宰杀,故曰"偷肥其体而顾近其死"。 ⑮ 詹诸:蟾蜍。这是按神话传说月中蟾蜍不断地在吃月亮,所以说(月)"蚀于詹诸"。 ⑯ 腾蛇:传说中一种会飞的蛇。

蜘蛆：一说为"蟋蟀"，一说为"蜈蚣"，蜈蚣爬上蛇身，咬汲蛇脑。《本草》中的"蜈蚣"亦名"蜘蛆"。殆：原注为"殆犹畏也"。 ⑰乌：传说中的太阳里的乌鸦，能经受得起太阳的酷热。雏礼：原注为"雏礼，《尔雅》谓'神荎'，秦人谓之祀祝。闻蚕时晨鸣人舍者，鸿鸟皆畏之"。

⑱殇：未成年而死。彭祖：传说中的人物，寿命长达八百岁。原注为"生寄，死归，殇子去所寄，归所安，故曰以为寿。彭祖盖楚先，寿八百岁，不早归，故以为夭"。"一说：彭祖盖黄帝时学仙者，言不如殇子早归神明矣"。按照生命不过是暂时寄身于人世的观点来看，活了八百岁的彭祖也算是短命的。为夭：短命、短寿。 ⑲绠：汲水器具上的绳索。 ⑳慊：满足、快感、快意。 ㉑斫：砍削。大豆不具：《吕氏春秋·贵公篇》作"大庖不具"。"具"，设置、陈列的意思。"不具"，按《吕氏春秋》高诱注为"不复自列簠簋笾豆"（之器）。这里"簠簋笾豆之器"泛指为食具。 ㉒比：配。更：改。 ㉓ 钰：通"注"，赌注。赌博时押下的财物。全：心定不慌。孙人和认为"全"当为"羍"，形近而误。"羍"即"翔"之省。吉祥字，古亦作"羊"。《吕氏春秋》"全"作"翔"，"翔"指安舒不迫之貌，也指心定不慌且安舒不迫。 ㉔跋：原注为"跋者，刺跋走"。指反身急走，有些慌忙。这里喻心神不安，因为下的赌注大的缘故。 ㉕发：原注为"发者，疾迅发"。这里喻内心焦虑，害怕输掉玉器。《吕氏春秋》中"跋"作"战"，"发"作"殆"。 ㉖内：内心。掘：通"拙"，笨拙。

【评析】

《说山训》中讲了那么多的事理、哲理和常理，似乎还未涉及"道"理。为了弥补这些不足，作者在《说林训》一开始就对"道"作了描述："无古无今，无始无终，未有天地而生天地，至深微广大矣"；以及"道"体是"至味不慊、至言不文、至乐不笑、至音不叫"。有了这些"道"体，作者又认为"德"会随从之（"得道而德从之"）。如果"道"与"德"统一在人身上，就会表现为"大匠不斫，大豆不具"，"视于无形则得其所见，听于无声则得其所闻"，"不聋不聪，与神明通"。

而一旦"与神明通",就不会被嗜欲蔽其明,就会通情达理,明白事理通晓哲理,就不会做出像"刻舟求剑"之类的蠢事,也不可能做出"赏越人章甫"这样的傻事,更不可能做出"偷肥其体而顾近其死"的憨事来。他更明白的是这些"物有修短"、"椎固有柄,不能自椓"、"襦有余布,蹶者贵之"、"短绠不可以汲深,器小不可以盛大"之类的事理和哲理。

卜者操龟,筮者端策①,以问于数②,安所问之哉! 舞者举节,坐者不期而抃皆如一③,所极同也④。

日出旸谷,入于虞渊⑤,莫知其动,须臾之间俛人之颈⑥。

人莫欲学御龙,而皆欲学御马;莫欲学治鬼,而皆欲学治人:急所用也。

解门以为薪,塞井以为臼⑦,人之从事,或时相似。

水火相憎,镬在其间⑧,五味以和;骨肉相爱,谗贼间之,而父子相危。

夫所以养而害所养,譬犹削足而适履,杀头而便冠。昌羊去蚤虱而来蛉穷⑨,除小虫而致大贼,欲小快而害大利。墙之坏也,不若无也,然逾屋之覆。⑩

璧瑗成器,磋诸之功⑪;镆邪断割,砥砺之力⑫。

狡兔得而猎犬烹,高鸟尽而强弩藏。

虻与骥致千里而不飞,无糗粮之资而不饥。⑬

失火而遇雨,失火则不幸,遇雨则幸也。故祸中有福也。

鬻棺者欲民之疾病也,畜粟者欲岁之荒饥也。⑭

水静则平,平则清,清则见物之形,弗能匿也,故可以为正。

川竭而谷虚,丘夷而渊塞⑮,唇竭而齿寒;河水之深,其壤在山。

钧之缟也,一端以为冠⑯,一端以为袜。冠则戴致之,袜则蹍履之⑰。

知己者不可诱以物,明于死生者不可却以危⑱,故善游者不可惧以涉。亲莫亲如骨肉,节族之属连也⑲;心失其制,乃反自害,况疏远乎?

圣人之于道,犹葵之与日也,虽不能与终始哉,其乡之诚也。⑳

宫池涔则溢,旱则涸㉑。江水之原,渊泉不能竭㉒。

盖非橑㉓,不能蔽日;轮非辐㉔,不能追疾。然而橑、辐未足恃也。

金胜木者,非以一刃残林也;土胜水者,非以一璞塞江也。㉕

【今译】

　　占卜者拿着龟壳,占筮者拿着蓍草,而要询问占卜的方术,这哪里是他们该问的呢!跳舞者合着节拍起舞,在座观赏的人不约而同地鼓起了掌,这是因为两者欣赏的观念相同、节拍一致的缘故。

　　太阳从旸谷升起,到虞渊落下,没有人知道它是怎么运行的,片刻之间就偏西了,人只须反转头颈就能看到。

　　人都不想学驾龙技术,而想学御马技术;都不想学习治理鬼的本领,而想学治理社会的本事,因为御马驾车、治人管理社会是急需的事。

　　将门板卸下劈了当柴烧,将水井堵塞作碓臼,人们有时做的蠢事就像这样。

　　水火不相容,但是装有水和食物的小鼎锅放在火上却能煮成五味俱全的美食；骨肉亲情，但被谗贼小人从中挑拨，父子都有可能互相危害。

为贪养生之物而伤害生命，这就好像削足适履，又好像削尖脑袋去带小帽子。菖蒲能除掉跳蚤和虱子，但却又招来蚰蜒害人，这真是除去小的害虫却招来大的害人虫，贪图小的快活而伤害大的利益。墙壁毁坏倒不如没有墙壁来得好，但总比房屋倒塌好得多。

璧瑗能成为玉器，是砻诸的功劳；莫邪宝剑削铁如泥，是砥砺的力量。

狡兔捕捉到手，猎犬就被烹煮；飞鸟射杀了，这强弓就被收藏起来了。

虻蝇叮咬在马身上，随马奔驰而不用飞动，没有干粮供应也不挨饿。

失火正好碰上下雨，失火是件不幸的事，但遇上了下雨却又是件幸事，所以说祸中有福。

卖棺材的老板希望大家都得不治之症，囤积粮食的奸商希望闹饥荒。

水静止就平正，平静就清澈，清澈就能映出物形，使它不能藏匿，所以静水可以作为镜子来帮助整饬衣冠。

川涧枯竭则溪谷空虚无水，山丘夷平则深渊填塞，嘴唇翻裂则牙齿受寒；河床之所以深，是水冲刷山崖泥土形成的。

将一块白绢分成两半，一半做成帽子，一半缝成袜子，帽子戴在头上，袜子却被踩在脚下。

有自知之明的人是不能拿物质来诱惑他的，明白生死由命这个道理的人是不能用危难来胁迫他的，所以会游泳的人是不可以用涉水渡河来吓唬他的。亲密关系莫过于骨肉相连，全身的关节筋络将它们紧紧相连；但如果心脏失去对人体的控制，人体的各个器官就会互相残害，更何况关系本身就疏远的事物呢？

圣人对于"道"，就好像葵花向太阳，虽然不能和太阳同始共终，但朝向仰慕太阳的心情是真诚的。

辟挖出来的水池,久雨积水就会漫溢,天旱就会干涸,而有源头的长江之水,却像深泉那样不会枯竭。

伞盖离开盖架的支撑便不能张开遮阳;车轮没有辐条便不能飞快奔驰。但是光靠盖架和辐条又是不行的。

说金能克木,并不是说一刀就能砍倒树木;说土能克水,并不是说一块土就能堵塞长江。

【注释】

① 卜者:从事占卜的人。古人用火灼烧龟甲取征兆,以预测凶吉。筮者:从事筮占的人。古人以蓍草占吉凶。这里的"策"指蓍草。操、端:均指拿着。 ② 数:占卜的术数、方术。 ③ 举节:指舞者合着节拍起舞。期:相约。拼:亦作"抃"和"抔",拊手、鼓掌的意思。 ④ 极同:节拍、观念相同。 ⑤ 旸谷:传说中太阳升起的地方。虞渊:传说中太阳落下的地方。 ⑥ 俛:反转的意思。俛人之颈:是说太阳西沉时,人只须反转过颈就能看到。 ⑦ 解:卸下劈开、剖开。臼:碓臼,舂米用具。 ⑧ 锜:一种锅鼎,用以烹饪。 ⑨ 昌羊:菖蒲,一种生于水边的草本植物,根茎可以入药,做香料。古人用以熏杀跳蚤等害虫。蚙穷:即蚰蜒,像蜈蚣一样的毒虫,多生于墙角烂草阴湿处,古人认为它会钻入人耳为害。 ⑩ 逾:强过、超过。 ⑪ 瑗:大孔的璧。碈诸:琢磨玉器的石。 ⑫ 镆邪:莫邪宝剑。砥砺:磨刀石。细者为砥,粗者为砺。 ⑬ 与:附着叮咬。糇:干粮。 ⑭ 鬻:卖。畜:同"蓄"。 ⑮ 夷:平。 ⑯ 钧:同"均",平分。缟:细白的生绢。 ⑰ 致:王念孙认为当为"㞢",《广韵》:"㞢,㞢戴物也",也是"戴"的意思,所以"致"字可删去。《太平御览·布帛部》六引此无"致"字。蹝:《太平御览·布帛部》六引此也无"蹝"字。 ⑱ 却:通"劫",说在《道应训》。"劫",胁迫的意思。 ⑲ 节:关节。族:簇,筋骨交错聚结处。属:连接。 ⑳ 乡:向、仰望。 ㉑ 宫池:开挖出来的水池。涔:多水。 ㉒ 原:源。 ㉓ 盖:车盖、伞盖。橑:盖架、盖弓。 ㉔ 辐:车轮中连接车轴和车轮的直木条。

㉕ 墣：土块。

【评析】
上文讲到在"与神明通"的前提下，人能够明白不少事理和哲理，可见"道"体对人的重要性。由此，本节强调"圣人之于道，犹葵之与日也"。认为，有了这"道"体，这"德"也会随之跟从；"道德"统一于人体，这人就不会"心失其制"，不会惑于物欲、怯于危难，更可明白世上不少事理和哲理。圣人明白"祸中有福，福中有祸"的哲理，也明白"唇竭而齿寒"的道理，更明白"狡兔得而猎犬烹"的事理。

同样，在"与神明通"的前提下，这人不会做出"欲小快而害大利"的傻事，也不会做出"解门以为薪，塞井以为臼"、"削足以适履"的蠢事来；对物之"两端"，"一端为冠戴头上，一端为袜履脚下"所表现出的强烈反差也能充分理解和容忍；对"蓄粟者欲岁之荒饥"也能充分理解和容忍，因为这世界就是这样丰富多彩、形形式式。

蹩者见虎而不走，非勇，势不便也。
倾者易覆也，倚者易軵也①，几易助也②，湿易雨也。
设鼠者机动，钓鱼者泛杭③，任动者车鸣也④。刍狗能立而不能行，蛇床似蘼芜而不能芳。⑤
谓许由无德，乌获无力，莫不丑于色⑥，人莫不奋于其所不足。
以兔之走，使犬如马⑦，则逮日归风⑧。及其为马，则又不能走矣。
冬有雷电，夏有霜雪，然而寒暑之势不易，小变不足以妨大节。
黄帝生阴阳⑨，上骈生耳目，桑林生臂手⑩，此女娲所以七十化也⑪。

终日之言，必有圣之事⑫；百发之中，必有羿、逢蒙之巧⑬。然而世不与也，其守节非也⑭。

牛蹄彘颅亦骨也，而世弗灼⑮，必问吉凶于龟者，以其历岁久矣。

近敖仓者不为之多饭⑯，临江河者不为之多饮，期满腹而已。

兰芝以芳，未尝见霜⑰；鼓造辟兵，寿尽五月之望⑱。

舌之与齿，孰先眷也？⑲锌之与刃，孰先弊也？⑳绳之与矢，孰先直也？㉑

今鳝之与蛇，蚕之与蠋㉒，状相类而爱憎异。晋以垂棘之璧得虞、虢，骊戎以美女亡晋国。㉓

聋者不歌，无以自乐；盲者不观，无以接物。

观射者遗其执㉔，观书者忘其爱。意有所在，则忘其所守。

古之所为不可更，则推车至今无蝉匷。㉕

使但吹竽，使氏厌窍㉖，虽中节而不可听，无其君形者也㉗。

与死者同病难为良医，与亡国同道难与为谋。

为客治饭而自藜藿㉘，名尊于实也。

乳狗之噬虎也㉙，伏鸡之捕狸也㉚，恩之所加，不量其力。

使景曲者，形也㉛；使响浊者，声也㉜。

情泄者中易测，华不时者不可食也。㉝

【今译】

跛子看到老虎不逃跑，不是他勇敢，而是他的腿脚不方便。

倾斜的东西容易倾覆，斜靠的东西容易推倒，饥饿者容易得到帮助，空气潮湿容易成雨。

捕捉老鼠靠机关发动，钓鱼则要看浮子的飘动，车轮转动则车子发出声响。刍狗能像狗一样站立但不能行走，蛇床草外表像蘼芜但没有芳香。

如果谁说许由缺德，说乌获不是大力士，那么他们必定脸色难看不高兴，人没有不竭力来弥补自己不足的。

按兔子奔跑的速度，如果让它长得像马那样大，这奔跑的速度一定能追上太阳、赶上风；但兔子真的变成马，就说不定奔跑的速度还不及兔子。

冬天有时会打雷闪电，夏天有时会降霜下雪，但这种偶然现象无法改变冬寒夏暑的基本规律，这说明小的变化不足以妨害大的常规法则。

黄帝化生阴阳两气，上骈造出耳目，桑林造出手臂，女娲所以能化生七十变而造出人类，靠的是众神的帮助。

从早说到晚，一定能说出通达圣明的话；上百次的射中目标，这其中必定有像羿和逢蒙那样的射箭技巧。尽管如此，世人并不认为他们就是圣者和神射手，因为他们并没有掌握真正的法度、技巧。

牛的蹄子和猪的头颅也是骨头，但世人就是不用它们来灼烧占卜，而一定要用龟甲来占卜凶吉，这是因为龟的年岁经历久远的缘故。

住在敖仓附近的人并不因为靠近粮仓而饭量特大，生活在江河边的人也不因为靠近河边而多饮水，他们只求吃饱喝足就行了。

兰草、白芷因为芳香，所以不到下霜的季节就被人摘掉了；世人有五月望作枭羹以避凶，所以枭鸟也就活不过五月五日。

舌头和牙齿，哪个先磨损？刀锌和刀锋，哪个先破损？缴绳和箭枝，哪个先折断？

鳝和蛇，蚕和蛾，形状相似，但人们对它们的一爱一憎，态度各异。晋国用垂棘之璧作诱饵而夺得了虞、虢两国，骊戎用美女嫁给晋献公而使晋国灭亡。

聋子不能唱歌,因此没法享受这其中的乐趣;盲人因为眼瞎,所以无法看到外物。

观看别人射箭的人忘记了自己所做的事,看书入迷者遗忘了自己的爱好。思想集中在某个地方,就会忘记自己所应持守的东西。

假如古代所做的一切不可更改,那么原始的椎轮车就可能一直使用到现在,也不可能有大辂车的出现。

让倡优吹竽,却叫乐工给他按发音孔,虽然能合节奏音调,但奏出的音调不好听,这是因为两人共奏一只乐器使之失去了主宰。

和死者患同一种毛病的医生是难以成为良医的,与灭亡的国家采用相同的治国之道是难以再产生新的治国方针的。

给客人准备饭菜而自己却吃野菜,这种人是将名声看得比实际更重要。

哺乳时期的母狗敢咬老虎,孵化小鸡的母鸡敢与狸猫斗,这是因为它们将一切都倾注在幼畜身上,而不考虑自己的力量能否斗得过老虎和狸猫。

使影子弯曲的是弯曲的物体,让回音浊重的是浊重的声音。

真情外露的人,他的内心世界容易测度;开花结果不合时宜的果实不可食用。

【注释】

① 倚:斜靠。轵:推倒。 ② 几:顾广圻说"几"当为"饥"。吴君高《越纽录》云:湿易雨,饥易助。 ③ 泛:钓鱼用的钓浮,俗称浮子。杭:飘动。 ④ 任:原注为"辇",古代人拉的车。 ⑤ 刍狗:用草扎的狗,用于祭祀仪式中。蛇床:一种植物名,果实蛇床子可入药,形似蘼芜,但无香味。蘼芜:也叫蘪芜,一种香草名。 ⑥ 许由:人名,传说尧要将天下让给他,他不受,遁隐于箕山之下耕作农田。乌获:先秦时大力士。丑:原注为"犹怒也。一曰,愧也",这里指因不高兴而脸色难看。 ⑦ 犬:是"大"字之误。 ⑧ 逮:追及。归:遗。高诱注"行速谓之遗风"。 ⑨ 黄帝:原注为"黄帝,古天神也。始造

人之时,化生阴阳"。　⑩ 上骈、桑林:皆为传说中神名。　⑪ 女娲:传说中神名,事迹有炼石补天及始造人类(见《览冥训》)。原注作这样解释:"女娲,王天下者也。七十变造化。此言造化治世,非一人之功也。"　⑫ 终日之言:是指长时间的说话。　⑬ 羿、逢蒙:皆为传说中人物,以善射著名。逢蒙为羿的学生,待学尽羿之射术后将羿杀害。⑭ 守节非:没有真正掌握其中的法度和技巧。节:法度和技巧。非:原注"非者,非其真也"。　⑮ 灼:灼烧。是指占卜时要灼烧甲骨显示征兆以定凶吉。　⑯ 敖仓:古代粮仓名。在今河南荥阳县东北敖山上。　⑰ 芝:王念孙认为应作"芷",古人言香草必称兰芷,芝非香草,不当与兰并称。隶书"止"与"之"相乱,故误而为"芝"。未尝见霜:是说因为是香草,所以不到秋天就被割摘掉。　⑱ 鼓造:朱芹认为"鼓造二字切音为枭,则作枭者是"。原注为"鼓造,盖谓枭。一曰:虾蟆"。辟:避。兵:代指"凶祸"。望:朱芹说"望,谓五月五日"。陈直认为"鼓造辟兵"者谓"鼓铸带钩"。录下供参考。　⑲ 砻:一种形状像磨,以去稻壳的木制器具。这里作"磨损"解释。　⑳ 镈:兵器下端的金属垫。弊:坏。　㉑ 绳:缴,箭上系的丝绳。矢:箭。直:何宁认为"直"当为"折"。《道藏》七卷本《文子》朱弁注:"齿刚先弊,矢直先折。"　㉒ 蠋:蛾之类的幼虫。　㉓ 垂棘:春秋晋国地名,其地产美玉。虞:春秋时国名,在今山西省平陆县。虢:周朝分封的诸侯国。晋曾以垂棘之璧为礼物向虞国借道伐虢,虞君贪利允许晋国借道,晋国却在灭虢以后顺路灭了虞。骊戎:古部族名。春秋晋献公伐骊戎,得骊姬及其娣,纳为夫人;后来骊姬进谗言逼死太子申生,使公子重耳、夷吾出奔他国,晋国陷入长期动乱之中。美女:即指骊姬。㉔ 射:射箭比赛。遗:忘。执:事。　㉕ 推车:椎车、椎轮。《散不足篇》曰"古者椎车无柔",大概指用整块圆木做车轮,故曰"椎轮"。蝉匷:车名。已有完整的辋圈、辐条、毂轴等部件的车子,即"大辂车"。《文选·序》说:"椎轮为大辂之始。"　㉖ 但:俞樾认为是"倡"字。氏:俞樾等认为是"工"的误字。厌:通"压",按的意思。　㉗ 君形者:主宰行为的精神。　㉘ 治饭:准备饭菜。藜藿:两种野菜名称。

㉙ 乳狗：哺乳的母狗。　㉚ 伏鸡：孵蛋的母鸡。狸：狸猫。㉛ 景：影。　㉜ 响：回声、回音。　㉝ 情：内心真情。华：瓜类的果实。原注为"华，实。若今八九月食晚瓜，令人病疟，此之类，故不可食。喻人多言，不时适，不可听用也"。

【评析】

作者继续用故事、寓言来喻说事理哲理，"以领理人之意"(《要略》)。用"晋以垂棘之璧得虞虢"来喻说人之贪欲千万不可过分的事理；用"兰芷以芳未尝见霜"的常识来喻说物因有用而早损的哲理；以"近敖仓者不为之多饭"的常理来喻说人之基本需求相当有限的道理；还从"古之所为不可更则椎车至今无蝉匷"的道理来说明变革应时的重要性……

作者更多地揭示一些常见的物理现象和自然现象，如"倾者易覆，倚者易轷"，"冬有雷电夏有霜雪，然而寒暑之势不易"，以及"华（实）不时者不可食也"，"蛇床似蘼芜而不能芳"和"与死者同病难为良医"等等。还用提问的方式来启发人们的思考："舌之与齿，孰先砻也？"以期起到"领理人之意"的目的。

蹠越者或以舟，或以车，虽异路，所极一也。① 佳人不同体，美人不同面，而皆悦于目。梨、橘、枣、栗不同味，而皆调于口。

人有盗而富者，富者未必盗；有廉而贫者，贫者未必廉。菎苗类絮②，而不可为絮；縻不类布③，而可以为布。

出林者不得直道，行险者不得履绳。④

羿之所以射远中微者，非弓矢也；造父之所以追速致远者，非辔衔也。⑤

海内其所出⑥，故能大；轮复其所过，故能远。

羊肉不慕蚁，蚁慕于羊肉，羊肉膻也⑦；醯酸不慕蚋，蚋慕于醯酸⑧。

尝一脔肉而知一镬之味⑨，悬羽与炭而知燥湿之气，以小见大，以近喻远。

十顷之陂可以灌四十顷，而一顷之陂可以灌四顷，大小之衰然。⑩

明月之光，可以望远而不可以细书⑪；甚雾之朝，可以细书，而不可以远望寻常之外⑫。

画者谨毛而失貌⑬，射者仪小而遗大⑭。治鼠穴而坏里间，溃小疱而发痤疽⑮，若珠之有颣⑯，玉之有瑕⑰，置之而全，去之而亏。

榛巢者处林茂⑱，安也；窟穴者托埵防⑲，便也。

王子庆忌足蹑麋鹿⑳，手搏兕虎，置之冥室之中，不能搏龟鳖，势不便也。

汤放其主而有荣名㉑，崔杼弑其君而被大谤㉒，所为之则同，其所以为之则异。

吕望使老者奋㉓，项托使婴儿矜㉔，以类相慕。

【今译】

到越国去的人，有的乘船、有的坐车，虽然交通工具和路线都不同，但是所要达到的目的地是一样的。佳人体态各异，美女脸蛋各不相同，但都招人喜欢。梨、橘、枣、栗味道各异，但是人们都喜欢吃。

有人是靠偷盗发财的，但发财的人并不一定是盗贼；有因为廉洁而清贫的，但清贫的人并不一定是廉洁的。芦荻花像棉花絮，但是不可以将它当棉花絮来使用；粗麻不是布，但是可以用它来织成布。

要穿出林子的人不可能走直道，在险要地方行走的人不可能走直线。

羿之所以射中远距离的细微目标,不只是凭着弓箭;造父之所以驾车跑得又快又远,不只是靠缰绳和马嚼子。

大海能容纳百川,所以是浩瀚无边;车轮能周而复始地不停转动,所以能走得远。

羊肉并没有引诱蚂蚁,是蚂蚁找上了羊肉,因为羊肉有膻味;酸醋并没有招惹蚊蚋,是蚊蚋叮上了酸醋,因为醋有酸味。

尝一小块肉,便能知道一鼎锅的肉味;悬挂羽毛和木炭能知道空气的湿度,这是从小可以见大,由近可以知远。

十顷大的池塘可以浇灌四十顷的农田,但一顷的池塘就不够灌溉四顷农田,这是因为有大小的差别。

明亮的月光,可以用它看到远处的物体,但不可以靠月光来写蝇头小字;大雾迷漫的早晨,可以看清蝇头小字,但却看不清几米以外的物体。

绘画者如果只注意到画好毛发这样的细节,就不可能画好人物的全貌;射箭者瞄准有微小的偏差,就会带来很大的差错。为了捉老鼠挖开鼠穴而破坏了宅院,为了挑破叮疱而引发毒疮,这就好像珍珠上有疵点、玉石上有斑点,这疵瑕斑点不去雕掉,珠玉也就完整无损,如去掉这些疵瑕斑点,这珠玉也就会弄残缺了。

在树木丛生的森林里筑巢的鸟儿,将巢筑在树林茂密的深处,因为那里安全。挖洞的小兽将洞穴建在堤防的高处,因为那里方便。

王子庆忌双脚能追上麋鹿,双手能搏杀犀牛和老虎,但如果将他关在黑暗的空房间里,恐怕就连龟鳖都捉不住,这是因为环境地势不方便他捉拿龟鳖。

商汤放逐夏桀而获得美名,而崔杼却因杀死齐庄公而受到他人的谴责,他们所做的事均为臣犯君主,但冒犯君主的原因却不一样。

吕望到晚年才大有作为,这样使得老年人也为之振奋;项托小时就难倒孔子而为孔子之师,这样使得少年们也为之骄傲;这都是因为同类互相仰慕的缘故。

【注释】

① 蹠：至、到。极：亦为"至"。　② 萈：一种形似芦苇样的草。"菅"作"荻"。　③ 黂：粗麻。　④ 绳：直线。　⑤ 造父：传说周穆王时的善御者。辔衔：马缰绳和马嚼子。　⑥ 内：同"纳"，容纳。　⑦ 膻：羊腥味。　⑧ 醯：醋。蚋：蚊。　⑨ 胾：切成块状的肉。镬：古代煮食物的大锅。　⑩ 陂：池塘。可以：王念孙认为当作"不可以"。王念孙认为："'可以灌四顷'当作'不可以灌四顷'。此言以十顷之陂可以灌四十顷例之，则一顷之陂，亦可以灌四顷。然而不可以灌四顷者，十顷大而一顷小，大则所灌者多，小则所灌者少，故曰大小之衰然也。"　⑪ 细书：指书写细小文字。　⑫ 寻常：古代长度单位，八尺为寻，十六尺为常。这里指稍远，几米之外。"远"字为衍文。　⑬ 原注为"谨悉微毛，留意于小，则失其大貌"。　⑭ 仪：弓弩瞄准用的标尺。遗：失误、偏差。　⑮ 痤疽：一种恶性脓疱。　⑯ 颣：珠之瑕疵。　⑰ 瑕：玉之斑点。　⑱ 榛：丛生的林木。林茂：茂林。　⑲ 埵防：原注为"埵防，高处隄防也"。　⑳ 王子庆忌：春秋吴王僚之子，以武勇著称。蹑：追上，"蹑"也可作"踩"解。　㉑ 汤：商汤王。商汤王伐夏，并放逐桀王。　㉒ 崔杼：春秋齐大夫。齐庄公与崔杼政见不合，又与崔杼妻私通，于是崔杼乘庄公入崔家勾引其妻时将庄公杀死。　㉓ 吕望：即姜太公吕尚。原注为"吕望鼓刀钓鱼，年七十始学读书，九十为文王作师，佐武王伐纣，成王封之于齐，故老者慕之而自奋励"。　㉔ 项托：春秋时人，原注为"项托年七岁，穷难孔子而为之作师，放使小儿之踌自矜大也"。矜：骄傲。

【评析】

本节中涉及的哲理和事理有：一、强调事物的差异性："佳人不同体，美人不同面"。二、指出事物有时是不可逆推的："人有盗而富者"，但"富者未必盗"。三、强调事物的曲折性："出林者不得直道，行险者不得履绳。"四、指出事物的等差性："十顷之陂可以灌四十顷，而一顷之陂不可以灌四顷，大小衰然也。"五、强调"势"对事物的重要性："王子庆忌足蹑麋鹿,手搏兕虎,置之冥室之中不能搏龟鳖,势不便也。"

六、指出手段和目的、效果和动机的差异性:商汤和崔杼一样冒犯君主,但目的各异,商汤是为正义而放逐夏桀,而崔杼则出于私利而"弑杀庄公",由此导致的后果也不一样——商汤有荣名而崔杼被大谤。

同时,作者在本节中还从常识常理中引申出不少哲理和事理。如从"海纳百川"中引申出"大"的观念,指出不可因小失大,"画家谨毛而失貌,射者仪小而遗大";还指出不可做出因小失大的事,如"治鼠穴而坏里闾,溃小疱而发痤疽"。

使叶落者风摇之,使水浊者鱼挠之。虎豹之文来射,猿狖之捷来乍。①

行一棋不足以见智,弹一弦不足以见悲。三寸之管而无当,天下弗能满②;十石而有塞③,百斗而足矣。

以篙测江,篙终而以水为测,惑矣。④

渔者走渊,木者走山,所急者存也;朝之市则走,夕过市则步,所求者亡也。⑤

豹裘而杂,不若狐裘之粹;白璧有考⑥,不得为宝:言至纯之难也。

战兵死之鬼憎神巫⑦,盗贼之辈丑吠狗⑧。

无乡之社,易为黍肉⑨;无国之稷,易为求福⑩。鳖无耳而目不可以蔽,精于明也⑪;瞽无目而耳不可以塞,精于聪也⑫。遗腹子不思其父,无貌于心也;不梦见像,无形于目也。

蝮蛇不可以为足,虎豹不可使缘木。马不食脂,桑扈不啄粟⑬,非廉也。

秦通崤塞而魏筑城也。⑭饥马在厩，寂然无声；投刍其旁，争心乃生。⑮

引弓而射，非弦不能发矢；弦之为射，百分之一也。

道德可常，权不可常。⑯故逾关不可复，亡羊不可再。⑰

环可以喻圆，不必以轮；绦可以为缯，不必以纼。⑱日月不并出，狐不二雄，神龙不匹⑲，猛兽不群，鸷鸟不双。

循绳而斲则不过，悬衡而量则不差，植表而望则不惑。⑳

损年则嫌于弟㉑，益年则疑于兄，不如循其理，若其当㉒。

人不见龙之飞举而能高者，风雨奉之。㉓

蠹众则木折，隙大则墙坏。悬垂之类，有时而隧㉔；枝格之属，有时而弛㉕。

当冻而不死者，不失其适；当暑而不喝者，不亡其适。㉖未尝适，亡其适㉗。

【今译】

使树叶飘落的是风在吹动，使水浑浊的是鱼在搅挠。虎豹因长着美丽的皮毛而招致捕杀，猿猴因动作敏捷而遭到刺伤。

走一步棋不足以显示智慧，弹拨一下琴弦不足以表达悲哀。三寸长的竹管如果没有底，那么天下再多的粮食也无法填满它；十石大的容器如果有底，那么一百斗粮食就可以盛满它。

用竹篙来测量江水的深度，如果竹篙没了顶就以为篙长等于水深，那就糊涂了。

渔夫在河边奔走，樵夫在山里兜转，因为他们所需要的东西在那里。早上赶集的人走得飞快，傍晚到集市的人则踱着方步，这是因为此时他要购买的货物集市上已没有了。

毛色驳杂的豹皮大衣不若毛色纯一的狐裘大衣;白璧有了污点裂缝,就不能变宝贝了:这是说绝对纯粹是困难的。

死于战争的人的鬼魂是讨厌神巫的,偷盗之徒是讨厌吠叫的狗的。

没有主的社神,随便弄些黍肉就可祭祀它;亡了国的谷神,容易向它祈求降福。鳖没有耳朵,但眼睛却蒙蔽不了,因为它没有了听觉,这视觉就变得特别灵敏;盲人没有了眼睛,但耳朵却无法闭塞,因为他失去了视觉,这听觉就变得特别灵敏。遗腹子不思念他的父亲,因为他心里原本就没有父亲的印象;他连做梦都不会梦见到父亲的形容,因为他从来就没见过父亲是什么样的。

蝮蛇不可以给它们添上脚,虎豹不可以让它们爬上树。马不吃油脂类的食物而只吃草料;桑扈鸟不啄食粟粒而爱吃油脂类的东西,它们不吃什么东西,并不表示它们廉洁。

秦国修通崤山要塞,魏国便筑起城墙加以防范。饿马待在马厩里安静无声,而一旦有草料出现在它们身旁,互相间的争夺就发生了。

拉弓射箭,没有什么弦箭射不出去;但弦箭的长度与射程相比,不到百分之一。

道和德是可以永恒不变的,但是权变就不能永远不变。所以从关卡处偷渡出去的,就再也难以重新来一次;越狱逃跑不可能会有第二次成功。

圆环可以用来比喻圆形,就用不着用车轮来比喻圆形了;绦带可以用来作饰鞋的丝带,就用不着用纵带了。太阳月亮不可能同时出现,一雌狐不能配两只雄狐,神龙没有配偶,猛兽不会群聚,猛禽不会成双。

照着墨绳弹出的墨线砍削就不会出差错,用秤来称量计算就没有误差,立圭表来观测就不会迷惑。

少报年龄就和弟弟相混淆,多报年岁就和哥哥难分清,不如老老实实遵循事理,顺随真情行事。

人看不见龙之飞举而能将龙高高托起的,是风雨的帮助。

蠹虫多了木头就会折断，缝隙大了墙就会倒塌。悬挂下垂的物体，时间长了就会坠落，长得长长的枝条一类的东西，时间长了也会脱落。

在冰天雪地里冻不死的人，有着他的适应能力；在酷暑高温下不中暑的人，有着他的适应能力。从来没有不适应的，也就不知道什么叫适应性。

【注释】

① 文：指美丽的毛皮。来：招致、招来。乍：王念孙认为通"措"，刺伤。　② 当：原注为"犹底也"。"当"，抵挡。　③ 石：容积为"石"的容器。塞：也指底。　④ 原注为"篙擿船，以篙渡江，篙没，因以江水为尽，故曰惑也"。　⑤ 亡：通"无"。　⑥ 考：原注为"考，衅污也"。这里指玉器上的裂缝。　⑦ 战：王念孙认为是衍文。"兵死"已包括了死于兵器、死于战争的人。原注为"兵死之鬼，善行病人，巫能祝劾杀之。憎，畏也"。　⑧ 丑：原注为"丑，犹恶也"。　⑨ 无乡之社：是指没有归属、荒废无人祭祀的社神。易为黍肉：是说长期无人祭祀社神，所以难得祭祀一次就容易满足，一般性的黍肉祭品即可。　⑩ 无国之稷：指亡国后留下的谷神。　⑪ 蔽：瞥。　⑫ 塞：察。　⑬ 脂：油膏，油脂。桑扈：原注为"桑扈，青雀，一名窃脂"。《尔雅·释鸟》郭璞注："俗谓之青雀，嘴曲，食肉，好盗脂膏，因名云。"桑扈习性与马相反，故曰"不啄粟"。　⑭ 崤塞：崤山，在今河南洛宁县北；其山险要，为秦与东方诸侯交往之要塞。魏筑城：原注为"魏徙都于大梁，闻秦通治崤关，知欲来东兼之，故筑城设守备也"。　⑮ 刍：牲口吃的草料。　⑯ 权：权变。　⑰ 遁关：指从关卡处偷逃。亡狂：从监狱里逃出。不可复、不可再：是说从关卡处逃遁和从监狱里逃出无一定规律，以说明"权不可常"。　⑱ 绦：丝带、丝绳。繶：古代装饰鞋子用的圆丝带。纮纼 圆形的细丝带。　⑲ 匹：配成双。　⑳ 衡：秤。表：测量用的圭表。　㉑ 损年：少报岁数。《三国志·魏书·马朗传》有"损年"二字："十二，试经为童子郎，监试者以其

身体壮大,疑(马)朗匿年,劾问。朗曰:'朗之内外,累世长大。朗虽稚弱,无仰高之风,损年以求早成,非志所为也。'"这里的"损年"即为少报岁数,与下文"益年",多报岁数相对。　㉒ 理:兄弟长幼次序。若:顺。当:原注为"犹实也",实际情况。　㉓ 奉:助。　㉔ 隧:坠。　㉕ 枝格:突出的长枝条。弛:脱落。　㉖ 暍:中暑。亡:原注为"亡,亦失之"。　㉗ 未尝适:王引之认为应作"未尝不适"。亡:通"忘"。忘其适:是说无须有心去适应。也即是说不知道什么叫适应。

【评析】

作者仍然以寓言、故事喻说事理,如以"遁关不可复,亡豻不可再"喻说"权不可常",即事物千变万化无一定常规的道理。又以"环喻圆"而"不必以轮"来喻说取一即可不必重复的道理。还以"损年嫌于弟,益年疑于兄"来说明循理顺情的重要性。

作者又讲到不少常理常识,如"遗腹子不思其父,无貌于心也","行一棋不足以见智,弹一弦不足以见悲","使叶落者风摇之,使水浊者鱼挠之","渔者走渊,木者走山,所急者存也","盗贼之辈丑吠狗"等等。这其中涉及的理论问题很多,如"遗腹子不思其父,无貌于心也"就涉及认识论问题;"盗贼之辈丑吠狗"就涉及心理学问题……

汤沐具而虮虱相吊,大厦成而燕雀相贺①,忧乐别也。柳下惠见饴曰"可以养老",盗跖见饴曰"可以粘牡"②。见物同而用之异。蚕食而不饮,二十二日而化③;蝉饮而不食,三十日而脱④;蜉蝣不食不饮,三日而死⑤。人食礜石而死⑥,蚕食之而不饥;鱼食巴菽而死⑦,鼠食之而肥。类不可必推。瓦以火成,不可以得火;竹以水生,不可以得水。

扬堁而欲弭尘,被裘而以翼翼⑧,岂若适衣而已哉?槁竹有火,弗钻不燃;土中有水,弗掘无泉。

蚝、象之病，人之宝也⑨；人之病，将有谁宝之者乎？

为酒人之利而不酤则竭⑩；为车人之利而不僦⑪，则不达；握火提人，反先之热⑫。

邻之母死往哭之，妻死而不泣，有所劫以然也。⑬

西方之倮国，鸟兽弗辟，与为一也。⑭

一膊炭燃，掇之则烂指⑮；万石俱燃，去之十步而不死：同气异积也⑯。大勇小勇，有似于此。今有六尺之席，卧而越之，下材弗难⑰；植而逾之，上材弗易：势施异也⑱。

百梅足以为百人酸，一梅不足以为一人和。

有以饭死者，而禁天下之食，有以车为败者，而禁天下之乘，则悖矣。⑲

钓者静之，罾者扣舟⑳，罩者抑之，罜者举之㉑：为之异，得鱼一也。

见象牙乃知其大于牛，见虎尾乃知其大于狸，一节见而百节知也。

小国不斗于大国之间，两鹿不斗于伉兕之旁。佐祭者得尝㉒，救斗者得伤。荫不祥之木㉓，为雷电所扑。

或谓冢，或谓陇㉔；或谓笠，或谓簦㉕。头虱与空木之瑟，名同实异也。㉖

日月欲明而浮云盖之，兰芝欲修而秋风败之。㉗

虎有子，不能捕攫者，辄杀之，为堕武也。㉘

龟纽之玺㉙，贤者以为佩；土壤布在田，能者以为富。予拯溺者金玉，不若寻常之缠索。㉚

视书，上有酒者，下必有肉；上有年者，下必有月：以类而取之。

【今译】

　　洗头的热水准备停当,头上的虮子虱子就会互相吊唁;大厦落成,燕雀就会互相庆贺可以筑巢了,这忧乐各不相同。柳下惠见到饴糖说:"可以用它来赡养老人。"而盗跖见了则会说:"用它可以来粘锁簧。"看到的物件相同,但所得出的观念却不一样。蚕只吃桑叶而不喝水,经二十一天后化为蛾子;蝉喝露水而不吃食物,经三十天后蜕化;蜉蝣既不吃也不喝,只三天就会去。人吃礜石会被毒死,而蚕吃了却不会饥饿;鱼食巴豆会死,而老鼠吃了巴豆却会长胖。事物的道理和缘由不一定弄得清,所以也无法以类相推。瓦是经过火烧后形成的,但直接用火干烧这瓦就会破裂;竹子是靠水生长的,但将竹浸泡在水中这竹子就会死掉。

　　以扬起尘埃来消除尘埃,穿着皮衣却又用扇子来散热,哪里比得上根据不同季节穿合适的衣裳?

　　枯竹能起火,但不钻就不会出火燃烧;地下有水,但不挖掘就不会出泉水。

　　给蚌蛤、大象带来灾难的是珍珠象牙,而这正是人类的宝物;而人的病痛、灾难又有谁当宝贝呢?

　　为了不让卖酒者获得更多的利就不去买酒,那就只好干渴着;为了不让驾车者获得更多的利就不去租车,那就不能到达远处目的地;手握火把去掷击人家,自己反倒烧伤。

　　邻居家的母亲死了前去哭吊,而自己的妻子死了却不掉泪,那是在一种怕被人说成溺于情色的胁迫下的表现。

　　西方的裸国,鸟兽也不回避人群,那是因为人和它们混和为一,习性相似。

　　一根燃烧着的炭,用手去拿,就会烫伤手指;一万石的炭放在一起燃烧,离它十步之外就烧不伤人,这是因为同是热气而聚散方式不同。大的勇气和小的勇气的情况与这种情况相似。现在有六尺宽的席子,平铺在地上,一般性的人越过它并不困难;但如果将席子竖立起来,就是弹跳力出众的人要跨越它也不是件容易的事;这是因为席子摆放的态势不一样。

百颗梅子足以调配一百人食用的酸汁，而一颗梅子就不足以调配一个人所需的食用酸汁。

如果因有人吃饭给噎着而禁止天下所有人吃饭，如果因有人坐车出车祸而禁止天下所有人乘车子，那就显得十分荒唐了。

钓鱼的静静地等待鱼儿咬钩，水中积柴捕鱼的扣舟惊鱼，用鱼罩的下罩捉鱼，用罾具的举罾得鱼：方法各异，但能捕获鱼则是一致的。

看到象牙便能知道象比牛要大，看到老虎的尾巴就能知道老虎比狸猫大，掌握了部分，整体也就能推断出来。

两小国不在大国面前争斗，两只鹿不在卧伏的犀牛旁争斗。帮助祭祀的人得以尝新，制止打斗的人却受了伤。在不吉祥的树荫下躲雨，会被雷电所击。

坟墓有叫"冢"的，有称"陇"的；竹帽有叫"笠"的，有称"簦"的，名称不同但实物一样。头上"虮子"的"虮"和空心木做的"琴瑟"的"瑟"，二字读音相同，但所指的物体却不同。

总想太阳月亮永远光明，但浮云就是遮盖它们的光；总希望兰芝四季生长，但秋风就是使它们枯萎。

老虎产下的虎子，如果不会搏击猎物，老虎就会将它们吃掉，因为这样传代下去会将虎的威武丧失殆尽。

装饰着龟钮的印章，贤者将它当作饰物来佩戴；土壤分散在田里，能干的人靠它致富。丢给溺水者黄金美玉，不如抛给他一段救命的绳索。

看书时，看到前有一个"酒"字，就知下面必有一个"肉"字；看到前有一个"年"字，就知下面必有一个"月"字：这是根据它们的类别而推知的。

【注释】

① 汤沐：洗澡用的热水。虮：虱子卵。吊：吊唁。这里指悲伤，因为要洗头，这对虮虱来说是一大灾难，故互相悲伤。燕雀相贺：指大厦落成可筑巢，所以燕雀互相庆贺。　② 柳下惠：春秋鲁国大夫，

名展禽，食邑于柳下，谥惠，故称柳下惠。饴：糖膏。盗跖：春秋时期的大盗，《庄子·盗跖》称盗跖为柳下惠之弟。牡：锁簧。指锁中可以插入和拔出的部分，拔出则锁开。这是说盗贼无钥匙，用饴糖粘出锁簧。　③二十二：何宁认为应作"二十一"。《齐民要术》五引《春秋考异邮》："蚕，阳物，大恶水，故蚕食而不饮。阳立于三春，故蚕三变而后消。死于七，三七二十一，故曰二十一日而茧。"　④脱：通"蜕"，指蝉蜕皮去壳。　⑤蜉蝣：一种寿命很短的昆虫。　⑥礜石：一种有毒的矿物。　⑦巴菽：巴豆，是一种泻药。　⑧堁：尘土、尘埃。弭：止。翣：扇子。翼：通"弋"，《说文通训定声》："翼，假借为弋"，有驱散之义。　⑨蜕：蚌。蜕、象之病：指蚌中生长的珍珠和象牙。　⑩酒人：卖酒人。酤：买酒。竭：渴。　⑪僦：租赁。这里指租车。原注对这两句作这样的解释："皆一介之人物，思自守者，不欲使酒人车人得利，不酤僦而先自竭、先不达，犹以火投人，先自热烂也。"　⑫提：掷击。热：指烧伤。　⑬劫：胁迫。旧时妻亡，丈夫不应当众哭泣，怕被人说成是溺于情色，故曰"有所劫以然也"。何宁认为：文当作"嫌独哀于情色，故曰有所劫迫之"。　⑭倮国：传说中西南方某国，其民皆裸体。辟：同"避"。一：同一，相似。　⑮一脯：原注为"一脯，一挺也"；"一挺"为一根，"挺"为量词。燢：烧烤。掇：拿取，拾取。　⑯气：热气。异积：是指热气聚散方式不同。　⑰卧：将席子平铺在地。下材：这里指一般性人。　⑱植：竖起直立。上材：指弹跳力好的人。势施：指席子摆放的姿势、态势。　⑲饭：王念孙认为应是"噎"。《吕氏春秋·荡兵篇》说："夫有以饐死者，欲禁天下之食，悖。"这里的"饐"同"噎"。悖：荒谬、荒唐。　⑳䍹：王念孙等认为"䍹"当为"罧"，是一种捕鱼方式，将柴积于河中，然后叩击船体惊鱼藏入柴下，再壅而取之。　㉑罩：一种捕鱼用的竹罩子。罜：王念孙认为"罜"非取鱼之具，应作"罾"，即用竹竿支架的方形渔网；其捉鱼方式是将罾沉入水中，隔一段时间举竹竿起网，俗称"扳鱼"。　㉒佐祭：帮助祭祀。尝：指祭祀时尝饮新酒及祭后分食祭品。　㉓荫：作动词，指居于树荫下。　㉔冢：坟墓。陇：通"垄"，也指坟墓。

㉕ 笠：斗笠，遮雨的竹帽。簦：指有长柄的笠。王念孙认为在"或谓簦"下应有"名异实同也"五字。　㉖ 原注为"'虱'与'瑟'音同，其实则异也"。　㉗ 修：长，指延长生长期。　㉘ 攫：搏击。堕：丧失。　㉙ 纽：指器物（如印）上用以提握的部分。玺：印章。　㉚ 拯：王念孙认为衍文。寻常：这里指"一段"。缠索：王念孙认为就是"缰"字，"索"是后人所加。缰：绳索。

【评析】

在本节的多则故事和寓言中，给人印象深刻的有以下几点：一、作者用了不少事例来说明事物的相对性。如同样是"饴"，柳下惠见了认为"可以养老"，而盗跖见了则认为"可以粘牡"。这同样是"饴"，因认识主体的不同，得出的结论也不同，具有相对性。又如，同样是"巴豆"，鱼食巴豆则死，鼠食巴豆则肥；同样是"珍珠"，对蚌蛤来说是"病"，对人来说是"宝"，诸如此类说明事物具有相对性。二、用了些事例来说明名实的非对称性。如"或谓豖，或谓豭；或谓笠，或谓簦"，这是名异而实同也；又如头虱之"虱"与空木之瑟的"瑟"，这是名同而实异也。三、提出了"一节见而百节知"的认识方法。如"见象牙乃知其大于牛，见虎尾乃知其大于狸"。四、还揭示一些现实生活中的荒谬处。如"为酒人之利而不酤则竭"，"有以饭死者而禁天下之食"等。

除此之外，作者还讲到不少常理和常识。如"两鹿不斗于伏兕之旁"，"兰芝欲修而秋风败之"，"土中有水，弗掘无泉"，等等。

蒙尘而眯，固其理也；为其不出户而堁之也。①

屠者羹藿②，为车者步行③，陶者用缺盆④，匠人处狭庐：为者不必用，用者弗肯为⑤。

毂立三十辐⑥，各尽其力，不得相害；使一辐独入，众辐皆弃，岂能致千里哉？

夜行者掩目而前其手，涉水者解其马载之舟⑦：事有所宜,而有所不施。

橘柚有乡,萑苇有丛⑧,兽同足者相从游,鸟同翼者相从翔。

田中之潦⑨,流入于海;附耳之言,闻于千里也⑩。

苏秦步,曰:"何故?"⑪趡,曰:"何趡驰?"⑫有为则议,多事固苛。⑬

皮将弗睹,毛将何顾!畏首畏尾,身凡有几!⑭

欲观九州之土,足无千里之行;心无政教之原,而欲为万民之上则难。

盷盷者获,提提者射⑮,故大白若辱,大德若不足⑯。

未尝稼穑粟满仓,未尝桑蚕丝满囊,得之不以道,用之必横。⑰

海不受流胔⑱,太山不上小人,旁光不升俎⑲,聊驳不入牲⑳。

中夏用箑快之㉑,至冬而不知去;褰衣涉水,至陵而不知下㉒:未可以应变。

有山无林,有谷无风,有石无金。㉓

满堂之坐,视钩各异,于环带一也。

献公之贤,欺于骊姬㉔;叔孙之智,欺于竖牛㉕。故郑詹入鲁,《春秋》曰:"佞人来!佞人来!"㉖

君子有酒,鄙人鼓缶㉗,虽不见好,亦不见丑。

人性便丝衣帛。或射之,则被铠甲,为其所不便,以得所便。

辐之入毂,各值其凿㉘,不得相通,犹人臣各守其职,不得相干。

尝被甲而免射者，被而入水；尝抱壶而渡水者，抱而蒙火㉙：可谓不知类也。

【今译】

　　蒙上灰尘就会眯起眼睛，这是理所当然的；但说他不出门就被尘土蒙眯了眼睛，这就不合情理了。

　　屠户杀猪宰羊却吃的豆叶羹，制造车辆的人却用脚步行，烧制陶器的人却用的缺口盆子，盖房造屋的人却住在狭窄简陋的小屋里：这些制造某物的人不一定自己使用，而使用这些物件的人又不从事这类工作。

　　车毂设置三十根辐条，各尽自己的力量，互不妨害；如果让一根辐条联接车毂，其余二十九根辐条都不用，这车哪能行走达到千里之外？

　　黑夜走路的人，眼睛就像被东西蒙住，只好伸手摸索着走；渡江涉水的人只得将原来骑的马装载到船上去：事物总有它适用的范围，也有它不适用的范围。

　　橘子和柚子都有自己的产地，荻草和芦苇各有自己的丛生处，兽类脚爪相同的在一起从游，鸟类翅翼相同的在一起翱翔。

　　田地里的积水最终流入大海；贴在耳边讲的悄悄话最终会传到千里之外。

　　像苏秦这样有争议的人物，他走得慢些，人家就会问："为什么走得这么慢？"他走得快了，人家也会问："为什么跑得这么快？"这说明有所为人家就要说三道四，好多事就会被别人吹毛求疵。

　　皮都要磨得差不多了，到哪里还能看到毛！畏首畏尾，那么身上还有多少是不怕的呢？

　　要想视察九州大地，但双脚又不作千里跋涉；内心没有治政教化的想法，却想身居万民之上，那就难了。

　　明眼看得见的东西容易抓获，暴露明显的目标容易射中，所以最洁白的东西容易污染，德行最高的人总像空虚不足。

　　未经过辛勤耕种就粮食满仓，未经过采桑养蚕就蚕丝满袋；东西来得不是正道,用起来也必定挥霍无度。

大海不接纳漂浮的腐肉,泰山不容许小人攀登,膀胱不能上俎案,杂色斑驳的马不能作牺牲。

盛夏季节使用扇子很凉快,但到了寒冬还不晓得放下扇子;提着衣裳蹚水过河,但上了岸还不知道放下:这样的人就显得相当呆板而不能适应变化着的形势。

有的山没有树林,有的山谷没有风,有的矿石不含金属。

满堂坐客,看看他们的衣带钩各不相同,但都用来环扣衣带却是一致的。

晋献公本来是很贤明的,可是后来被骊姬所蒙欺;叔孙如此聪明,却被竖牛耍弄,竟连自己的性命也不保,所以郑国的郑詹来到了鲁国,《春秋》就记载了"佞人来了,佞人来了"。

君子饮酒表示欢乐,鄙陋的人敲击瓦缶表示欢乐,这虽然不见得好,但也不见得丑。

人生性以穿丝帛来得舒适方便;但当有人用箭射他时,就以穿上铠甲为好了,这穿上铠甲尽管不轻便舒适,但却能换得防身保命的安全和方便。

车辐条插入车毂,各自正对着相应的孔凿口,互相不干扰,这就像臣子各守本职,不得互相干犯一样。

曾经因穿着铠甲而免遭箭伤,现在还以为穿着铠甲能到水中去游泳;曾经因有大瓠而得以渡过江,现在还以为抱着大瓠能挡着火:这些人真是叫不懂事物的类别的不同啊!

【注释】

① 为:谓。埃:指扬起的尘土蒙着了眼睛。王引之认为这句下面应补上"非其道也"几个字,这样与"固其理也"相对为文。 ② 藿:豆叶。 ③ 为车者:指制造车子的人。 ④ 陶者:制造陶器的人。 ⑤ 原注对此作这样的解释:"为者不得用,以利动也。用者不肯为,以富宠也。" ⑥ 毂:车轮中间可插入车轴的部件。辐:车轮中连接车

轴和车轮的直木条。　⑦ 前：作动词，指向前伸手。载之舟：载之于舟。　⑧ 薍：草名，指像芦苇样的荻。与"芦"同科。　⑨ 潦：积水。　⑩ 闻：这里指传到，使听到。　⑪ 苏秦：战国时著名的合纵家，尝游说六国联合抗秦，佩六国相印。故：俞樾认为应是"步"。　⑫ 趍：同"趋"，快走、急行。驰：驰乃马疾行之名，人行不得言驰，故王引之认为"驰"字非原文所有。　⑬ 原注为"苏秦为多事之人，故见议见苛也"。　⑭ 身凡有几：原注为"畏始畏终，中身不畏，凡有几何。言常畏也"。　⑮ 昐昐：原注为"昐昐，明也"。提提：与"昐昐"同义，皆明也。射、获：均指抓获目标。　⑯ 语见《老子·四十一章》。　⑰ 横：指放纵，挥霍无度。　⑱ 胔：腐烂的肉。　⑲ 旁光：同"膀胱"。　⑳ 䮻：同"骝"，赤色黑鬣黑尾的马。驳：通"駮"，指毛色不纯的马。古时不用毛色不纯的马作牺牲。　㉑ 箑：扇子。　㉒ 褰：撩起衣服，提起衣裳。陵：王念孙认为"陵"当为"陆"。　㉓ 原注为"林生于山，山未必皆有林；风出于谷，谷未必皆有风；金生于石，石未必皆有金。喻圣人出（于）众人，众人未必皆圣贤也"。　㉔ 献公：春秋晋国君。骊姬：骊戎国君之女。晋献公伐骊戎，得骊姬及其娣，纳为夫人，生下奚齐，其娣生卓子。后骊姬进谗言逼杀太子申生而立奚齐，逼重耳等出逃，使晋国陷于数世动乱之中。　㉕ 叔孙：春秋鲁国大夫叔孙穆子。竖牛：叔孙与路上遇见的女子私通所生子，深得叔孙宠爱。后竖牛擅用叔孙之令而得以控制叔孙穆子家族，用欺诈手段挑拨叔孙杀死自己二子（壬和丙）。后叔孙病重，竖牛将叔孙置于一室，不给叔孙食物，三天后叔孙饿死。　㉖ 郑詹：春秋郑国大夫，被视为卑微小人。　㉗ 鄙人：鄙陋之人。缶：瓦器，大肚小口。古代用作打击乐器。　㉘ 值：当，正。㽎：孔、口。　㉙ 壶：通"瓠"，即葫芦，成熟后晒干可做浮筒。

【评析】

作者不断地举例说明，从常见的现象深入到事物的本质，以期打通事物的壅塞处，让人通晓明白。

在这里,作者说道:"陶者用缺盆,匠人处狭庐",这是"为者不必用,用者弗肯为",按高诱注解是"为者不得用,以利动也。用者不肯为,以富宠也";"涉水者解其马载之舟",这是"事有所宜而有所不施",即是说事物总有它的适用范围和不适用地方,马行于陆、舟行于水,各有所宜所不宜;穿着铠甲是要比穿着丝衣帛要不方便得多,但正是这不方便使你在飞矢射来之时得以保全性命,所以是"为其所不便,以得所便";不付出辛勤劳动而获得"粟满仓、丝满囊"者,都会对财物挥霍无度,这是因为"得之不以道,用之必横";"中夏用扇至冬而不知去,褰衣涉水至陵而不知下"者,都是些应变能力差的人。而那些因有一次披甲免射的经验就披甲入水游泳者,又是些不懂物类差异的蠢货;原本以为"有山必有林,有谷必有风,有石必有金",但相反的是"有山无林,有谷无风,有石无金"。由此推出:原本以为悄悄话只在数人之间传播,但相反的是"附耳之言,闻于千里"。

作者最后又以车之毂与辐的关系来说明"各尽其力、各守其职"的道理,如"毂立三十辐,各尽其力,不得相害;使一辐独入,众辐皆弃,岂能致千里哉?"又如"辐之入毂,各值其凿,不得相通,犹人臣各守其职,不得相干"。

君子之居民上,若以腐索御奔马^①,若蹍薄冰蛟在其下,若入林而遇乳虎^②。善用人者,若蚈之足^③,众而不相害;若唇之与齿,坚柔相摩而不相败。

清酼之美,始于耒耜^④;黼黻之美,在于杼轴^⑤。

布之新,不如纻^⑥;纻之獘^⑦,不如布。或善为新,或恶为故。^⑧

靥䩋在颊则好,在颡则丑^⑨;绣以为裳则宜,以为冠则讥^⑩。

马齿非牛蹄,檀根非椅枝。^⑪故见其一本而万物知。

石生而坚,兰生而芳,少自其质,长而愈明。⑫

扶之与提,谢之与让,故之与先⑬,诺之与已也,之与矣相去千里⑭。

污准而粉其颡⑮;腐鼠在坛,烧薰于宫⑯;入水而憎濡,怀臭而求芳:虽善者弗能为工。

再生者不获,华大早者不胥时落。⑰

毋曰不幸,甀终不堕井。⑱抽簪招磷,有何为惊?⑲

使人无度河,可;中河使无度,不可。

见虎一文,不知其武;见骥一毛,不知善走。

水虿为螅⑳,孑孓为蚊㉑,兔啮为蟹㉒。物之所为,出于不意,弗知者惊,知者不怪。

铜英青㉓,金英黄,玉英白;䕲烛捔,膏烛泽也㉔。以微知明,以外知内。

象肉之味,不知于口;鬼神之貌,不著于目;捕景之说,不形于心。㉕

冬冰可折,夏木可结㉖,时难得而易失。木方茂盛,终日采而不知;秋风下霜,一夕而殚。㉗

病热而强之餐,救暍而饮之寒㉘,救经而引其索㉙,拯溺而授之石,欲救之,反为恶。

虽欲谨,亡马不发户辚㉚;虽欲豫,就酒不怀蓼㉛。孟贲探鼠穴,鼠无时死,必噬其指,失其势也。㉜

【今译】
　　君臣处在民众之上,这就像用腐烂的草绳驾驭奔驰的马;也就好像踩在薄冰之上,下面有蛟龙等着;也好像进入森林遇到哺乳的母虎。善于用人者,就像蚿虫之百脚,多而不会互相伤害;又好像嘴唇和牙齿,尽管柔软和坚硬经常摩擦,但并不互相伤害。

清醇的美酒,是来自于耕种后获得的谷物;艳丽华美的衣裳,是来自于纺织织布。

新的布帛不如纻麻织的夏布;而纻麻织的夏布破败之后又不如新的布帛。这正是有的东西新的好,有的东西旧的好。

酒窝儿长在面颊上很好看,但如果长到额头上那就丑陋不堪了;刺绣的丝织品用来做衣裳很合适,但用它来做帽子就要遭人讥笑了。

马的牙齿不是牛蹄,檀树根不是椅枝条。所以看到事物的本源,这各种事物也就能分别看清。

石头生来就坚硬,兰草生来就芳香,从幼小时就具备了美好的素质,长成后就越发鲜亮。

扶持和掷击,道歉和责备,得到和失去,许诺和拒请,相差十万八千里。

弄脏了鼻子而粉饰了额头;死老鼠在庭院的台阶上,却在室内薰香以驱恶臭;要入水中,却又怕沾湿衣服;揣着臭物,却去寻找芳草:这些即使是有能耐的人也无法做到的。

重新发芽生长的禾苗是不会有收获的;花开得太早就不会按季节凋谢。

不要说不走运,甑终究不会掉到水井里。抽下簪子时会摩出火花来,这没有什么可惊奇的。

让人不要渡江是可以的,也是可能的;但已经航行到江中却要人家不渡江,这是不可以的,也是不可能的。

只见虎皮上的一点斑纹是不会知道老虎的威武的;只看到骐骥身上的一根毛,是不会知道它善跑的。

水蛋变成蜻蜓,孑孓变成蚊子,兔啮变成虮虫。事物的变化出人意料,不理解的人惊奇,了解的人就不会感到奇怪了。

铜的光泽呈青色,金的光泽呈黄色,玉的光泽呈奶白色;麻杆火光昏暗,油脂灯光明亮。由微暗衬托明亮,由外表了解内质。

象肉的味道,谁也没有尝过;鬼神的模样,谁也没有亲眼见过;对鬼神的捕风捉影的讲法，是不可能在内心留下深刻印象的。

冬天的坚冰会消融，夏天的树木会衰败，时机难以掌握而容易失去。树木正茂盛时，即使整天采伐也不显衰败凋散；而秋风一刮，寒霜一打，一夜间树叶都落光。

患伤寒症的人被强迫进食，抢救中暑者却让他饮冷水，搭救自缢者时却又递给他绳索，拯救溺水者时却递给他石头，这本身想救助他人，但却反而害了他。

即使要谨慎，丢失马后也不必非得拆掉门槛来寻找；即使要预防，喝酒时也不必一定要抱着席子，以防醉倒时可以躺下。勇士孟贲用手掏鼠洞，老鼠虽然会随时被抓获，但也必定会咬伤勇士的手指，因为伸入鼠穴捉老鼠，使勇士本身的优势无法发挥出来。

【注释】

① 原注为"雍容恐失民之意"。　② 原注为"言常惊惧恐也，化不洽于民，民不附"。　③ 蚈：百脚虫。　④ 清酴：清醇的酒。耒耜：农具名称，这里指农田耕种。　⑤ 黼黻：古时礼服上绣绘的花纹，这里代指艳丽华美的衣裳。杼轴：织机上的部件，杼即梭，轴即机上卷布的滚筒。　⑥ 布：古代麻、苎、棉等物的通称。纻：指苎麻织成的布。　⑦ 獘：通"敝"，破败。　⑧ 恶：王念孙认为应作"善"。　⑨ 魇酺：颊边的酒窝。颡：额上。　⑩ 讥：王念孙认为"讥"本作"议"。　⑪ 檀：木名，一种木质坚硬的木材。椅：木名，其木质疏松，可用作打一些小家具。　⑫ 自：王念孙认为应作"有"。《文子·上德篇》作"少而有之，长而逾明"。　⑬ 提：掷击。谢：道歉。让：消让，指责备。故之与先：俞樾认为本作"得之与失"。　⑭ 诺：许诺。已：不许、拒请。之与矣：俞樾认为三字为衍文。　⑮ 准：鼻子。颡：额。　⑯ 坛：庭院的台阶。　⑰ 华："花"的古字。大：与"太"同。早：陈观楼认为当是"旱"。胥：须、待。陈观楼认为这句话的意思是："再生者不获，以其不及时也。华太早者先落，以其先时也。"　⑱ 甑：一种瓦制蒸器。　⑲ 磷：磷火。这里指火花，摩擦头发产生

的火花。　⑳水蚕：蜻蜓的幼虫。蟌：蜻蜓，是指生活在水中的水蚕经过多次蜕皮后爬出水面变成的。　㉑孑孓：蚊子的幼虫，今作孑孓。　㉒兔啮：一种虫名。一说兔子所啮草，灵在其心中，化为蟦。蟦：一种小虻虫。　㉓英：通"瑛"，指光泽。　㉔麋：麻。麋烛：麻杆点燃的灯火。挩：昏暗不明、暗昧不明。膏烛：用油脂点燃的灯火。泽：光明、明亮。　㉕景：同"影"。　㉖折：通"坼"，消解、消融。结：竭，衰竭、衰败。　㉗殚：尽。　㉘暍：中暑。　㉙经：上吊，自缢。　㉚户：何宁认为"户"字涉注文而衍。辚：门槛。　㉛豫：豫防、预防。就酒：饮酒、喝酒。怀蓐：指抱着垫席以防醉倒时可以随时卧躺。　㉜孟贲：古代勇士名字。无时：随时。噬：咬。

【评析】

作者在以故事和寓言喻说事理的过程中，其相对性的观念时常被突出出来。如本节中说到，同样是"屦酾"，"在颊则好，在颡则丑"；又说到所谓的"新旧、好坏"也都是相对的："布之新不如纻，纻之弊不如布；或善为新，或恶为故。"

同样，在以故事来喻说事理的过程中，还涉及不少作者的认识论观念。如在本节中，作者既强调"以微知明，以外知内"的认知方法，又强调认识与否都与实践相关连："象肉之味，不知于口；鬼神之貌，不著于目。"同时，又反对认识上的以点概面："见虎一文，不知其武；见骥一毛，不知善走。"

还有，作者在以故事和寓言喻说道理过程中，还涉及大量的自然常识和常理。如"再生者不获，华太早者不胥时落"，"水蚕为蟌，孑孓为蚊，兔啮为蟦，物之所为出于不意，弗知者惊，知者不怪"；"木方茂盛，终日采而不知，秋风下霜，一夕而殚"，"抽簪招磷，有何为惊"。

同时，在每节以故事和寓言来喻说事理的过程中，作者总会以几则故事和寓言来揭示一些乖悖事和荒谬处，表现在这里，作者指出："污准而粉其颡，入水而憎濡，怀臭而求芳，虽善者弗能为工"，"病热而强之餐，救暍而饮之寒，救经而引其索，拯溺而授之石，欲救之，反为恶"……

作者在以故事和寓言来喻说事理的过程中，还会不时地溢出"山"和"林"的范围，深入到社会治政上来，如讲到"君子之居民上，若以腐索御奔马，若蹑薄冰蛟在其下……善用人者，若蚈之足，众而不相害；若唇之与齿，坚柔相摩而不相败"。当然，更为主要的是，作者在以故事喻说事理过程中，还仍然念念不忘这"道"体根本："马齿非牛蹄，檀根非椅枝。故见其一本而万物知。"

山云蒸，柱础润①；伏苓掘，兔丝死②。一家失橨③，百家皆烧；谗夫阴谋，百姓暴骸。

粟得水湿而热，甑得火而液，水中有火，火中有水。④疾雷破石，阴阳相薄。⑤

汤沐之于河，有益不多⑥；流潦注海，虽不能益，犹愈于已⑦。

一目之罗，不可以得鸟⑧；无饵之钓，不可以得鱼；遇士无礼，不可以得贤。

兔丝无根而生，蛇无足而行，鱼无耳而听，蝉无口而鸣，有然之者也。⑨

鹤寿千岁以极其游，蜉蝣朝生而暮死而尽其乐。

纣醢梅伯，文王与诸侯构之⑩；桀辜谏者，汤使人哭之⑪。狂马不触木，猘狗不自投于河，虽聋虫而不自陷⑫，又况人乎？

爱熊而食之盐，爱獭而饮之酒⑬，虽欲养之，非其道。

心所说，毁舟为杕⑭；心所欲，毁钟为铎⑮。

管子以小辱成大荣，苏秦以百诞成一诚。⑯

质的张而弓矢集⑰，林木茂而斧斤入⑱，非或召之，形势所致者也。

待利而后拯溺,人亦必以利溺人矣。⑲

舟能沉能浮,愚者不加足⑳;骐骥驱之不进,引之不止,人君不以取道里。

刺我行者㉑,欲与我交;訾我货者㉒,欲与我市。

以水和水不可食,一弦之瑟不可听。

骏马以抑死,直士以正穷,贤者摈于朝,美女摈于宫。㉓

行者思于道,而居者梦于床;慈母吟于巷,适子怀于荆。㉔

赤肉悬则乌鹊集,鹰隼鸷则众鸟散。㉕物之散聚,交感以然。

食其食者不毁其器,食其实者不折其枝;塞其源者竭,背其本者枯。

交画不畅,连环不解,其解之不以解。㉖

临河而羡鱼,不如归家织网。

明月之珠,蚌之病而我之利;虎爪象牙,禽兽之利而我之害。

易道良马,使人欲驰㉗;饮酒而乐,使人欲歌。

是而行之,故谓之断;非而行之,必谓之乱。

矢疾不过二里也;步之迟,百舍不休,千里可致。㉘

【今译】

　　山中云雾蒸腾,柱子石墩湿润;伏苓被挖掘,兔丝草则枯死。一家失火,百家被烧;进谗者玩弄阴谋,百姓就暴尸荒野。

　　粟被水浸泡就会发热,甑在灶锅上受火烧煮就会冒汽滴水,水能生热,火能生水气。迅雷能劈开石头,这是阴阳二气相交的自然现象。

　　洗澡水倒入河中,会增加河水,但相当有限;雨水和积水注入大海,虽然无法使海水水位升高,但还是改变了原来的状态。

一个网眼的罗网是不可能捕到鸟儿的;没有鱼饵的垂钓是难以钓到鱼的;对待士人无礼是不能得到贤才的。

兔丝草无根而能生长,蛇无脚却能爬行,鱼没有耳朵却能听到声音,蝉不长嘴而能鸣叫,这些都有着它们的一定合理性和原由。

仙鹤寿长千年,因此能游遍天下;蜉蝣虽朝生暮死,却也能享尽生命乐趣。

纣王把梅伯剁成肉酱,周文王就和诸侯计划要推翻纣王统治;桀肢裂劝谏的忠臣,商汤就派人去吊唁。狂奔的马不会撞到树上去,疯狗不会自己跑入河里去,即使是最没有理性的兽类都不会自取灭亡的,更何况人呢?喜欢大熊却喂它吃盐,热爱水獭却让它喝酒,这真是想要饲养它们,却又违背事理。

心里喜欢就会毁掉船来做船舵;内心想要就会不惜毁熔大钟铸铃铎。

管子是忍受了无数次小的耻辱才得以成就大荣耀的;苏秦是说了无数次的谎话才实现"合纵"想法的。

箭靶一张开就招来箭矢射聚,树木一茂盛就招人砍伐,这并不是它们想召引人们,而是客观形势所致。

等得到好处以后才去救溺水者,那么时间一长,也必定有人以借溺水者而谋利。

一艘破损易沉的船只,就是连愚蠢者都不会去乘坐;一只赶它不前进、勒它不停止的千里马,那么君王是不会用它来赶路的。

讽刺我的品行的人,是想和我交往的;贬低我的货物的人,是想和我做生意的。

用白开水掺和白开水,是清淡无味没什么好吃的;单根弦的琴瑟是弹不出好听的曲子来的。

骏马因为受遏抑而死去,鲠直之士因为正直而受困窘;贤能的人被排挤在朝廷之外,美女则在宫内被冷落。

远行的人在旅途思念家人,家人则在睡梦中和远行者相会;慈母在北国燕地叹息,亲生儿子则在南方楚地怀念母亲。

新鲜的肉悬挂起来,乌鸦喜鹊就会纷纷飞来啄食;而老鹰鹞子搏击食物,众鸟就会四处逃散。物类的聚散,是互相感应造成的。

吃他的食物不会捣毁盛放食物的器皿,吃树上结的果实不会折断树枝;堵塞源头水流就会枯竭,损坏树枝树木就会枯死。

错综交叉的线条不流畅,连环相套的环子不易解,解开它的方法是不解。

临河羡鱼,不如回家织网以便打鱼。

明月之珠是蚌蛤的病害,却是我们的宝贝利益;虎爪象牙是禽兽的利器,却是我们的祸害。

平坦的道路,优良的骏马,使得人想骑马快鞭奔驰;喝酒喝得痛快时,使人禁不住引吭高歌。

认为是正确的就去做,所以这叫"决断";认为不对的,却还去做,这就叫做"乱来"。

箭矢飞快,但顶多也不过射到两里地远;步行虽慢,但走上上百天,也可达到千里之远。

【注释】

① 柱础:柱子下的石墩。 ② 伏苓:菌类植物,寄生在老松树根上,古人认为是松脂所化。兔丝:一种蔓生植物,缠于其他植物上。《说山训》讲到:"千年之松,下有茯苓,上有兔丝。" ③ 熛:火。 ④ 有:指产生。火:指热量,温度升高。火中有水:是说甑在蒸煮食物时水蒸气凝成水滴。 ⑤ 薄:逼迫。《天文训》说:"阴阳相薄,感而为雷。"这里指"相交"。王念孙认为"自然之势"四字非注文而是正文。 ⑥ 汤沐:洗澡用的热水。益:增加。 ⑦ 流潦:下雨时漫在地上的积水。愈:胜过、超过。已:止。 ⑧ 目:网眼。 ⑨ 然:原注为"然,如是也"。 ⑩ 醢:将人剁成肉酱。梅伯:纣王时大臣,数次劝谏纣王,被纣王杀害。构:图谋、计划。 ⑪ 辜:分裂人肢体的酷刑。哭:原注为"犹吊也"。 ⑫ 猘狗:疯狗。聋:无知。虫:这里指动

物。 ⑬獭：水獭。古人认为熊食盐，獭饮酒，会导致死亡。
⑭说：悦。杕：即舵。 ⑮铎：一种大铃，用于宣教政令。 ⑯管子：春秋齐国人。原注为"管子相(公)子纠，不能死，为鲁所囚，是其辱。卒相桓公，以至霸，是其大荣也"。苏秦：战国合纵家，游说诸侯联合抗秦。百诞：指不实、荒诞之词。诚：这里指"合纵"主张。
⑰质的：箭靶。集：这里指箭矢纷纷射向箭靶。 ⑱斧斤：斧头。这里指用斧砍伐。 ⑲利溺人：这里指从溺水者身上谋利。 ⑳能沉能浮：指船似沉似浮，船只性能不良。加足：置足。这里指坐船。
㉑刺：原注为"刺犹非也"。这里指非议、讽刺。 ㉒訾：诋毁、贬低。 ㉓抑：遏制，遏抑。正：正直。摈：摈弃。 ㉔吟：叹息。巷：王念孙认为"巷"当为"燕"。适子：适通"嫡"，适子即嫡亲儿子。
㉕赤肉：新鲜的肉，一曰赤肉为去皮毛的肉。隼：鸟名，性善飞凶猛。鸷：指鹰隼等猛禽搏击小鸟。 ㉖交画：交叉错综的线条。不以：杨树达认为应为"以不"。不以解：以不解。 ㉗易：平坦。 ㉘舍：古代军队住宿一夜叫"舍"。百舍：指很长时间，上百天的时间。

【评析】

作者仍然不厌其烦地谈哲理、说事理、讲常理，分析物性、叙述经验，"以明事埒"(《要略》)。作者头脑中的相对性观念根深蒂固，时不时地冒出来，这里仍以"明月之珠"为例来表述其相对性观念："明月之珠，蚌之病而我之利"，以说明世上无绝对的利也无绝对的害，无绝对的好也无绝对的恶。在此基础上，作者进一步认为凡物相对且有相成相融、互相渗透："水中有火，火中有水"，如"粟得水湿而热，甑得火而液"，是阴中有阳，阳中有阴；又如"阴阳相薄，疾雷破石"。因为"阴阳相薄"，所以会有自然界的交感现象。由此，作者反对无对立的单一物体："以水和水不可食，一弦之瑟不可听。"

在本节中，作者还强调物性自然："兔丝无根而生，蛇无足而行，鱼无耳而听，蝉无口而鸣，有然之者也。"由此作者提出，不可做违逆物性的事；而像"爱熊而食之盐，爱獭而饮之酒"之类就是违逆物性的事。

作者提醒大家要明白,对事物如"塞其源者竭,背其本者枯",要做到"食其食者不毁其器,食其实者不折其枝"。

作者还像以往那样提到不少自然常理和常识,如"山云蒸,柱础润","伏苓掘,兔丝死"等。但在这里,作者是以自然常理喻社会事理的,如"一目之罗不可以得鸟,无饵之钓不可以得鱼",比喻事理的是"遇士无礼不可以得贤"。又如"狂马不触木,猘狗不自投于河",比喻事理的是:动物都不自取灭亡,难道人就要自取灭亡?

在本节多则故事中还包含着作者揭示的社会事理,如"直士以正穷,贤者摈于朝,美女摈于宫","行者思于道,居者梦于床,慈母吟于巷,适子怀于荆"。与此同时,还掺杂着作者的人生经验,如"刺我行者,欲与我交;訾我货者,欲与我市"……

圣人处于阴,众人处于阳;圣人行于水,众人行于霜。①异音者不可听以一律,异形者不可合于一体。农夫劳而君子养焉②,愚者言而智者择焉③。

舍茂林而集于枯,不弋鹄而弋乌,难与有图。④

寅丘无壑⑤,泉原不溥⑥;寻常之壑,灌千顷之泽。见之明白,处之如玉石;见之暗晦,必留其谋⑦。以天下之大托于一人之才,譬若悬千钧之重于木之一枝。负子而登墙,谓之不祥,为其一人陨而两人伤。⑧善举事者,若乘舟而悲歌,一人唱而千人和。

不能耕而欲黍粱,不能织而喜采裳⑨,无事而求其功,难矣。

有荣华者,必有憔悴;有罗纨者,必有麻蒯。⑩

鸟有沸波者⑪,河伯为之不潮,畏其诚也。故一夫出死,千乘不轻。⑫

蝮蛇螫人，傅以和堇则愈⑬，物故有重而害反为利者。

圣人之处乱世，若夏暴而待暮⑭；桑榆之间，逾易忍也⑮。

水虽平，必有波；衡虽正，必有差；尺寸虽齐，必有诡。⑯非规矩不能定方圆，非准绳不能正曲直；用规矩准绳者，亦有规矩准绳焉。

舟覆乃见善游，马奔乃见良御。

嚼而无味者，弗能内于喉⑰；视而无形者，不能思于心。

兕虎在于后，随侯之珠在于前⑱，弗及掇者，先避患而后就利。逐鹿者不顾兔，决千金之货者不争铢两之价。⑲

弓先调而后求劲，马先驯而后求良，人先信而后求能。

陶人弃索，车人掇之⑳；屠者弃销，而锻者拾之㉑：所缓急异也。

百星之明，不如一月之光；十牖之开，不如一户之明。㉒矢之于十步，贯兕甲；及其极，不能入鲁缟。㉓太山之高，背而弗见；秋毫之末，视之可察。

山生金，反自刻㉔；木生蠹，反自食；人生事，反自贼㉕。

巧冶不能铸木，工巧不能斫金者㉖，形性然也。

白玉不琢，美珠不文，质有余也。㉗

故跬步不休，跛鳖千里㉘；累积不辍，可成丘阜㉙。城成于上，木直于下，非有事焉，所缘使然。

【今译】

圣人处在阴隐处，众人处在阳露处；圣人行于水而无迹，众人履霜雪而有迹。音律不同者是不能欣赏同一种旋律的；形制不同的东西是不能归为同一类体的。农夫辛勤劳动而官僚贵族从中得到供养；愚者七嘴八舌而智者从中选择有用的语言。

舍弃茂盛的大树不歇凉而停歇在枯树之下,不弋射天鹅而弋射乌鸦,这样的人是难以和他谋划大事的。大丘深山没有沟壑,是因为泉水的源头不广浔;而普通的沟壑水源不断,可以灌满千顷湖泽。看得明白,处事就能像玉石那样坚定明确;见识昏昧,则必定心存疑虑,行动犹豫。将天下大事托付给一个人的才能上,就好像将千钧重物悬挂在一根树枝上。背着孩子爬墙头,叫做不吉祥,因为一个人从墙头上跌下来却是两个人受伤。而善于处理事务的人是像乘船悲歌,一人唱歌而千人应和。

不能辛勤耕种却想收获黍粱,不善纺织却想穿着亮丽,不费功夫却想事业有成,这些都是困难的。

有繁荣的时候,也必有憔悴的日子;有穿罗衣绢服的时间,也必有披麻卧草的时候。

大雕展翅翱翔水面,扇起水波,河伯因此不敢弄潮,这是敬畏大雕的真诚。所以一个勇士敢于拼死决战,那么就是有千辆战车的大军也不可轻视他的勇气。

蝮蛇咬伤了人,敷上和堇就可治愈,事物本来就有大害反而变成大利的情况。

圣人处于乱世之中,就像盛夏处在正午烈日暴晒之下等待傍晚清凉降临;如果太阳已经西沉,那就容易熬过去。

水虽然平静,但也一定会起波纹;衡器虽然平正,但也一定会有误差;尺才虽然整齐划一,但也一定会有出入。没有规矩不能成方圆,没有准绳不能定曲直;使用规矩准绳的人,也必定有使用规矩准绳的法则。

船翻沉了才显示出游泳的水平,马惊奔时才显示出驾驭的优秀。

嚼着没有滋味的食物,不能咽进喉咙;看不见形象的东西,不会在心中留下回忆的印象。

犀牛和老虎在后边追着,即使前面有隋侯宝珠,也来不及弯腰拾取,因为首先是要避开可能被伤害的危险,然后才谈得上是不是有可能拾取隋侯宝珠。追捕鹿的猎人是看不上在身边跑的兔子;做价值千金货物生意的人是不会去计较铢两的价钱的。

弓先调好,然后才讲究它的强劲有力;马先驯服,然后才讲究它的品质优良;人首先要诚实,然后才看他是否能干。

陶人扔掉的绳索,车夫感到可用而拾回家;屠夫丢掉的生铁,而铁匠却把它拾起重新使用:这各人所急需的物件各不相同。

百颗星星的光明不如一牙月儿明亮;十扇敞开的窗户不如敞开一扇门亮堂。箭在十步之内,其力量可以穿透皮铠甲,但等到箭飞到极限,其力量连薄薄的细绢都穿透不了。泰山那么高,但背朝着它是什么都看不见的;秋毫的细端,如盯住它看就能看得一清二楚。

山出产金矿,也因为出产金矿,这山也就因此被不断挖掘,所以说山是自招挖掘;木头生出蛀虫,这木头反而被蛀虫蛀空。人爱没事找事,就会自己祸害自己。

不管怎样灵巧的冶炼工,他是不能熔铸树木的;不管怎样灵巧的木匠,他是不能砍削金属物的;这是由他们所从事的职业特点决定的。

洁白的玉不需雕琢,美丽的珍珠无须文饰,因为它们的质地够美好的了。

所以只要一步一步坚持下去,就是跛脚的鳖也能爬行千里;不断地积土筑土,就可以堆成山丘。高大的城墙是由一筐筐土筑成,高耸入云的大树靠它植入土中的根基,这些都不可能人为造成,而是由事物的必然规律所决定。

【注释】

① 行于水:原注为"水有形而不可毁,故圣人行之,无迹"。行于霜:原注为"霜雪履有迹,故众人行之也"。王念孙认为今本脱"无迹也"、"有迹也"六字,则文义不明。　② 养:指受供养。《汉书·严助传》载淮南王"谏救南越书"也有此语,颜注为"言农夫勤力于耕稼,所得五谷,以养君子也",说的就是这意思。　③ 原注为:"择可用者而用之也"。　④ 弋:指用带丝绳的箭射。图:图谋、谋划。　⑤ 寅:即"黄"的古字。"黄"有深远、大的意思。寅丘:大丘、深山。　⑥ 溥:

通"浡",涌流的意思。《原道训》:"原流泉浡,冲而徐盈。"原注"浡"为"涌也"。　⑦ 留其谋:指心存疑虑。　⑧ 陨:坠落、跌下。　⑨ 采裳:《太平御览》作"衣裳"。　⑩ 罗:指质地软柔的丝织品。纨:一种素白的细绢。这里的"罗纨"代指华贵的衣服。麻:麻织的布。蒯:指一种可织席的水草。这里的"麻蒯"指粗糙的衣服。　⑪ 鸟:原注为"大鹏",吴承仕认为注文"鹏"应为"雕"。沸波:是指大雕飞翔用翅膀扇起水波,令鱼出水面而可攫食之。　⑫ 出死:拼死决战。千乘:拥有战车千辆的军队。　⑬ 螫:刺人。傅:同"敷"。和堇:即乌头,有毒,可入药。　⑭ 暴:曝,暴晒。　⑮ 桑榆之间:古人房前屋后种植桑榆,"桑榆之间"指"太阳在桑榆之间",意谓太阳西沉将暮。逾:同"愈","愈易"即容易。　⑯ 诡:出入、差异。　⑰ 内:通"纳",入。　⑱ 随侯之珠:即隋侯之珠。相传隋侯救活大蛇,大蛇从江中衔大珠相报,故名隋侯之珠。　⑲ 铢:古代重量单位,一两的二十四分之一,形容极轻微。　⑳ 掇:拾取。　㉑ 销:生铁。锻:打铁工匠。　㉒ 牖:窗户。户:门。　㉓ 极:尽头,极限。鲁缟:鲁地产的薄薄的素白细绢。　㉔ 刻:挖掘。　㉕ 贼:害。　㉖ 工巧:孙诒让认为应为"巧匠",指木工。　㉗ 琢:雕刻玉石。文:文饰。余:足够。　㉘ 跬:半步,相当于今之一步,比喻步子小。　㉙ 辍:中止。

【评析】

本节作者通过故事和寓言,一讲做人道理,二谈物理物性,三叙事理常理。这做人道理是:首先,要"处于阴、行于水",阴隐自身,行动无迹,这样才能立足不败之地。其次,要"先信而后求能",注重道德信念是人立身之本。再次,要明白"有荣华者必有憔悴",即没有永不落的太阳,也没有永不凋谢的鲜花。还要明白"无事而求其功"是不可能的,"不能耕而欲黍粱,不能织而喜衣裳"是不切实际的。要时刻记着"利与命"中,"命"为重,"利"为轻,那就是即使隋侯之珠在前,但"咒虎在于后",这"隋侯之珠"也不得不舍弃。要明白"陶人弃索,车人掇之"的"缓急各异"的道理。要知道不可无端生事,多事之徒"反自贼"。还要学会"处于乱世"之时要能忍,如"夏暴而待暮"一样。不可做"舍茂林而集于枯,不弋鹄而弋乌"的蠢事。

这物理物性是"白玉不琢,美珠不文",这物"质有余也";"箭矢之极不能入鲁缟";"百星之明不如一月之光",等等。

除此之外,作者在本节中提到的事理常理有"累积不辍,可成丘阜";"用规矩准绳者,亦有规矩准绳焉";"蝮蛇螫人,傅以和堇则愈,物故有重而害反为利者也"……

凡用人之道,若以燧取火①,疏之则弗得,数之则弗中②,正在疏数之间。

从朝视夕者移,从枉准直者亏③;圣人之偶物也,若以镜视形,曲得其情④。

杨子见逵路而哭之⑤,为其可以南可以北;墨子见练丝而泣之⑥,为其可以黄可以黑。

趋舍之相合,犹金石之一调,相去千岁,合一音也。⑦

鸟不干防者,虽近弗射⑧;其当道,虽远弗释⑨。

酤酒而酸,买肉而臭,然酤酒买肉不离屠、沽之家⑩,故求物必于近之者。

以诈应诈,以谲应谲,若披蓑而救火,毁渎而止水,乃愈益多。⑪

西施、毛嫱⑫,状貌不可同,世称其好,美钧也;尧、舜、禹、汤,法籍殊类,得民心一也。

圣人者,随时而举事,因资而立功;涔则具擢对,旱则修土龙。⑬

临淄之女,织纨而思行者,为子悖戾。⑭室有美貌,缯为之纂绎。⑮

徵羽之操⑯,不入鄙人之耳;捴和切适⑰,举坐而善。

过府而负手者⑱,希不有盗心;故侮人之鬼者,过社而摇其枝⑲。

晋阳处父伐楚以救江⑳,故解捽者不在于捌格,在于批伉㉑。

木大者根㰘㉒,山高者基扶;蹠巨者志远,体大者节疏㉓。

狂者伤人,莫之怨也;婴儿詈老,莫之疾也:贼心亡㉔。尾生之信,不如随牛之诞㉕,而又况一不信者乎?

忧父之疾者子,治之者医;进献者祝,治祭者庖。㉖

【今译】
　　大凡用人之道,就好像用燧钻木来取火,钻得太慢、不连续不能出火,钻得太快过密又不容易钻准,最好是快慢疏密恰到好处。

　　从早上看晚上,太阳是移动了;用曲的东西来校正直的东西,这物体就残缺不全;圣人对待事物,像用镜子照物一样,能够周密精致地反映出事物的本来面貌。

　　杨朱看到四通八达的道路就哭泣起来,因为这道路既可通南也可通北;墨子看见洁白的生绢就掉泪,因为这绢既可以染成黄色也可以染成黑色。

　　人的取舍志向投合,就像金钟石磬一旦定形,音调也就固定,就是相隔千年还是发出当初一样的声音。

　　对于没有危害的鸟,即使栖息在家门口也不会去射杀它;但如果是危害人类的鸟,即使是远离人类,人也不会放过它们。

　　买邻近酒家的酒是酸的,买附近肉店的肉是臭的,但人们买酒买肉仍上这些店家,因为人们求得物件习惯是就近购取的。

　　用欺诈来对付欺诈,用诡谲来应对诡谲,这就好像披着蓑衣去救火,挖开河渠来堵水一样,只会乱上添乱。

西施和毛嫱模样不可能相同,但世上人都称道她们长得好,因为她们容貌美丽是相同的;尧、舜、禹、汤的治国法典是各不相同的,但他们的德政深得人心则是一致的。

圣人是顺应时势来做事的,根据自己的才能资质来建功立业的;多雨时准备好贮水器具,天旱时制作土龙以求雨。

临淄的女子,织绢时思念远行的亲人,因此将绢织得粗劣毛糙;家室中添了美貌的女子,织布的丝线也因此打结蓬乱。

徵和羽这样的高雅乐曲,却不为那些粗俗人欣赏;将中和的曲调转变为激切的音调,却获得满堂喝彩。

路过存放钱财的仓库时故意将手背在后面的人,很少没有偷盗之心的;所以致人生病的鬼魅,经过寺庙时总要摇动树枝作掩护。

晋国阳处父讨伐楚国来解救被围困的江国;所以平息打得不可开交的争斗,不在于掺在其中拉架劝阻,而在于打击其要害,使争斗者自动撒手停止争斗。

高大树木的根一定根系发达,高耸的山峰一定以宽厚牢固的土地作基础;脚掌宽大的人善走远路,个儿大的人血脉流畅。

疯子伤人,没人会埋怨;幼儿骂老汉,没人会嫉恨:这是因为他们并无害人之心。

像尾生那样守信,不如跟牛者弦高的欺诈有意义,更何况只是偶尔一次不讲信用呢?

忧虑父亲疾病的是子女,而能治病的是医生;求神时供奉祭品的是巫祝,而备办祭品的是厨师。

【注释】

①燧:古代用以取火的工具。　②疏:慢、稀。数:密、快。中:恰当、适当。　③枉:曲。准:校正。　④偶:通"耦",对待。曲:这里指精致周密。　⑤杨子:即杨朱,战国魏人,著名的思想家。主张"全性葆真,不以物累形"。逵路:四通八达的道路。　⑥墨子:先秦思想家,墨家学派的创始人,名翟。练丝:经过漂煮的柔软白丝。

⑦ 趣:通"趣",取。趣舍:取舍。金:指"钟"。石:指"磬"。"钟磬"音质经久不变,故曰"相去千岁,合一音也"。 ⑧ 干防:危害、妨碍。 ⑨ 当道:指危害人类。 ⑩ 酤:买酒。沽:商贩。 ⑪ 蓑:蓑衣,一种用草编成的雨具。渎:河渠、河川。 ⑫ 西施、毛嫱:均为古代美女。 ⑬ 涔:多雨。擢对:一种贮水器。土龙:泥塑的龙,以供天旱求雨时使用。 ⑭ 临淄:春秋战国时齐国国都,在今山东淄博市东北。纨:一种白色的细绢。悖戾:指织得粗劣毛糙。 ⑮ 缯:丝线。纂绎:指丝线蓬乱打结。 ⑯ 操:乐曲名称。 ⑰ 拎:转变,改变。切:激切。 ⑱ 府:储存财物的仓库。负手:手放在背后。 ⑲ 社:指寺庙。枝:树枝。 ⑳ 阳处父:春秋晋国大夫。江:春秋诸侯国名,在今河南省境内,被楚国消灭。 ㉑ 捽:冲突、斗殴、争斗。捌格:分解,这里指劝架将人拉开。批伉:即"批忼",《史记》作"批亢","亢"指要害部位。 ㉒ 擢:通"櫂",指树根盘曲分布很广的样子。 ㉓ 蹠:脚掌,足。志:王念孙认为"志"当为"走",言足大者举步必远。 ㉔ 詈:责骂。疾:恨。亾:陈观楼认为"亾"字当为"亡七"。"亡"通"无"。 ㉕ 尾生:战国鲁人,与女子约会于桥下,女子失约不来,值河水涨,尾生履约不肯离去,抱桥柱而被淹死。随牛:何宁认为"随牛"即"跟牛",也即指弦高;弦高将西贩牛,故曰"随牛"。 ㉖ 庖:厨师。

【评析】

这是《说林训》的最后几则故事和寓言,有些是反映人生经验的,有些是反映一般事理的。反映人生经验的有"过府而负手者,希不有盗心";劝架不在于掺入其中拉扯劝阻,而在于抓着他们的心理,击中他们的要害,使他们自动撒手停止争斗;尾生的守信远不如随牛弦高的谎言管用等。反映一般事理的有"木大者根擢,山高者基扶";"以诈应诈若披蓑而救火,乃愈益多";"尧舜禹汤,法籍殊类,得民心一也",等等。

卷十八　人间训

【解题】

作者似乎感到社会险恶,世事难料,所以专门著《人间训》一卷,以观人之祸福利害之变,察事物存亡得失之迹,析变化细微阴隐之处,目的是想使人明白诸如祸福、得失、利害、存亡等均能在一定条件下互相转化,以便使人能在这谗贼邪毒的社会中仰俯世事、周旋应对,而不至于被中伤击倒,能在这世事难料、险恶多变的社会环境中站稳脚跟。

由此,本卷以大量的篇幅叙述了社会中种种祸福相依、吉凶并存的现象,并指出了产生祸害的原因和避祸的方法。作者认为产生祸害的主观原因是在于人有贪欲,"祸之来也,人自生之";产生祸害的客观原因是在于人既不知"天",又不知"人",这样,祸害怎能不降至?基于这种祸害随时能降临的认识,作者提出避祸的方法。这方法首先是要注意"心"性修养,去掉贪欲,依归清静恬愉的本性;其次要注意"术",即要有预见力、策略、胆识,以能充分认识纷繁复杂的世事而加以处理;再次要注意按规律办事,要在知道事物的"所以然"之下,依"道"行事。作者认为具备了这"心"、"术"、"道"三者,便能在根本上防止祸害的产生。

同时,作者在论述这些祸福、凶吉、得失、存亡时还附有相应的史实加以印证,这使本卷既层次分明又有相当的说服力;而部分论述还颇具感情色彩,显然是作者对险恶社会有感而发。

　　清净恬愉,人之性也;仪表规矩,事之制也。①知人之性,其自养不勃②;知事之制,其举错不惑③。发一端,散无竟④,周八极,总一管⑤,谓之心。见本而知末,观指而睹归⑥,执一而应万,握要而治详,谓之术。居知所为,行知所之,事知所秉,动知所由⑦,谓之道。道者,置之前而不挚⑧,错之后而不轩⑨,内之寻常而不塞,布之天下而不窕⑩。是故使人高贤称誉己者⑪,心之力也;使人卑下诽谤己者,心之罪也。夫言出于口者不可止于人,行发于迩者不可禁于远。事者难成而易败也,名者难立而易废也。千里之堤,以蝼蚁之穴漏;百寻之屋,以突隙之烟焚。⑫《尧戒》曰:"战战栗栗,日慎一日。人莫蹪于山,而蹪于蛭。"⑬是故人皆轻小害,易微事,以多悔。⑭患至而后忧之,是犹病者已惓而索良医也⑮,虽有扁鹊、俞跗之巧⑯,犹不能生也。夫祸之来也,人自生之;福之来也,人自成之。祸与福同门,利与害为邻,非神圣人,莫之能分。⑰凡人之举事,莫不先以其知规虑揣度,而后敢以定谋⑱,其或利或害,此愚智之所以异也。晓自然以为智,知存亡之枢机,祸福之门户⑲,举而用之,陷溺于难者,不可胜计也。使知所为是者,事必可行,则天下无不达之涂矣。⑳是故知虑者,祸福之门户也;动静者,利害之枢机也。百事之变化,国家之治乱,待而后成。是故不溺于难者成㉑,是故不可不慎也。

【今译】

　　清静恬愉是人的本性;仪表规矩是处事的原则。知道人的本性,那么人自身的修养就不会悖谬;懂得处事的原则,那么人自身的行为就不会乱套。从一端出发,能散逸得无穷无尽,周游八极后又回归到它的中枢,这就叫"心"。看到事物的本原就能推知事物的未来,看到事物的指向就能预见事物的归宿,掌握要点能应对繁多,把握纲要能治理详繁,这种本领叫"术"。静居时知道在做什么、行动时知道该去哪里、办事时知道所依原则、举动时知道来历缘由,达到这种境界的叫"道"。"道",置搁前头它不会低伏,放在后面它不会翘起,纳入窄处它不显壅塞,散布天下它不留空隙。所以使别人推崇赞誉自己,这是"心"的功力;使人家轻视诽谤自己,这是"心"的罪过。话是从你口中说出的,别人无法阻止你;行为发生在你身上,远处的人无法禁止你。事情难以成功却容易失败,名声难以树立却容易毁坏。千里长堤,因为蝼蚁的洞穴渗水而决溃,百丈高楼,因为烟囱的裂缝冒出烟火而焚毁。《尧戒》上说:"战战栗栗,一天比一天谨慎。人不会被大山绊倒,而往往被小土堆绊倒。"所以,人们都往往轻视小事忽略小害,以致酿成大祸后才为之后悔。灾祸降临后再犯愁,这就好比到了病危后才去求良医,这时即使有扁鹊、俞跗这样的名医也难以治好病人的病。灾祸的降临是自己招引的;幸福的到来是自己促成的。这祸福同出一门,利害相近为邻,不是圣明的人是难以区分这其中的奥妙的。大凡人们要做某件事,都要先用他的智慧思考揣度一番,然后才根据思考的结论定下计划谋略,实践下来的结果,有人得利有人受害,这就是智者和蠢人的差别所在。但是那些自以为明白存亡之关键、祸福之由来的聪明人,在办事处事中还是陷入危难境地,这样的事例还真的数不胜数。假若大家能预先知道自己的主张正确,且行得通,那么天下也就没有什么不通的道路了。但事实上并非如此。由此可见,智虑思考是祸福的根由,行动举措是利害的关键。百事的变化、国家的治乱,都有待正确的思想和行动来完成。所以对此不可不审慎。

【注释】

① 制:原则、法度。　② 勃:通"悖",违逆、荒谬。　③ 错:通"措"。　④ 竟:尽。　⑤ 管:关键、中枢。　⑥ 指:指向、趋向。归:归宿。　⑦ 所秉:这里指所依原则。知:这里四个"知",道藏本、景宋本作"智"。这里的"知"作知道的"知",而非智慧之"智"。　⑧ 挚:通"轾",抵的意思,王引之《春秋名字解诂》说:"抵,即今低字。""轾"本指车子前低后高,引伸为"低"。　⑨ 错:置、放。轩:本指车子前高后低,引伸为"高",翘起。　⑩ 内:通"纳"。寻常:古代长度单位,八尺为寻,二寻为常,这里比喻窄小。窔:细小空隙。　⑪ 高、贤:这里指

推崇、赞誉。当动词用。　⑫ 突：烟囱。　⑬ 踬：颠仆、跌倒。蛭：应作"垤"，小土堆。　⑭ 易：轻视、忽略。　⑮ 惓：危重。　⑯ 扁鹊：战国时名医，原名秦越人。俞跗：传说是黄帝时期的名医，能"割皮解肌，扶脉结筋"。　⑰ 莫之能分：应为"莫能分之"。　⑱ 知：同"智"。揣度：估量、推测。　⑲ 许匡一根据王念孙意思将此句改为"晓然自以为知存亡之枢机、祸福之门户"。"然"在"自"前，"晓然"指明白的样子。"智"、"知"只可留一个，当"知道"讲。　⑳ 涂：通"途"。　㉑ 是故不溺于难者成：杨树达、何宁认为此八字为衍文。

【评析】

在这纷繁复杂的社会中，作者首先提出要知人、知事；只有"知人之性"，才能"自养不悖"，"知事之制"，才能"举措不惑"，而不至于被万恶的社会所吞噬。而这"人"与"事"相比，作者更看重人自身；因为在作者看来纷繁复杂的世事中，祸与福的到来，均由人自身引起："祸之来也，人自生之；福之来也，人自成之。"

那么，怎样才能避祸趋福呢？作者认为这与人的"心"、"术"、"道"相关，或者说掌握这"心"、"术"、"道"是人避祸趋福的根本和关键。首先，要明白这"发一端散无竟，周八极总一管"的"心"是人之主宰，所谓"使人高贤称誉己者"是"心"的作用，"使人卑下诽谤己者"也是"心"的作用；正因为这样，人就要对这"心体"作清洁，要使它"清静恬愉"，无贪欲，这样"自养不悖"也就可省却不少祸害。其次，要掌握"见本而知末，观指而睹归"的"术数"；这样一旦琐事杂事纷至沓来时就能用这种"术"使自己避祸而趋福。第三，能秉"道"行事处事，使自己"置之前而不轻，错之后而不轩"，不偏不倚，不至于在多种势力的夹击下左右为难，这样也能免却不少祸害。作者认为掌握这"心"、"术"、"道"三者是人避祸趋福的关键。

与此同时，作者还提出：凡是行动之前，必先要智虑一番、思量一通，方可行事；这种"以其智规虑揣度"也是一种避祸趋福的方法，"是故智虑者,祸福之门户也"。

天下有三危:少德而多宠,一危也;才下而位高,二危也;身无大功而受厚禄,三危也。故物或损之而益,或益之而损。何以知其然也?昔者楚庄王既胜晋于河、雍之间①,归而封孙叔敖,辞而不受②。病疽将死③,谓其子曰:"吾则死矣,王必封女。④女必让肥饶之地,而受沙石之间。⑤有寝丘者,其地确石而名丑。⑥荆人鬼,越人礼⑦,人莫之利也。"孙叔敖死,王果封其子以肥饶之地。其子辞而不受,请有寝之丘。楚国之俗,功臣二世而爵禄⑧,唯孙叔敖独存。此所谓损之而益也。何谓益之而损?昔晋厉公南伐楚⑨,东伐齐,西伐秦,北伐燕,兵横行天下而无所绁⑩,威服四方而无所诎⑪。遂合诸侯于嘉陵,气充志骄,淫侈无度,暴虐万民。内无辅拂之臣⑫,外无诸侯之助。杀戮大臣,亲近导谀。⑬明年,出游匠骊氏⑭,栾书、中行偃劫而幽之⑮。诸侯莫之救,百姓莫之哀,三月而死。夫战胜攻取,地广而名尊,此天下之所愿也。然而终于身死国亡。此所谓益之而损者也。夫孙叔敖之请有寝之丘沙石之地,所以累世不夺也;晋厉公之合诸侯于嘉陵,所以身死于匠骊氏也。

【今译】
　　天下有三种危险:缺少德行而尊宠却多,这是第一种危险;才能低下而地位尊贵,这是第二种危险;没有大的功劳却有丰厚的俸禄,这是第三种危险。所以事物有时候是损减它,结果却是补益它;有时候是补益它,结果却是损减它。怎么知道是这样呢? 以前楚庄王在河雍之间的邲地战胜了晋国,凯旋归来后庄王要封赏孙叔敖,孙叔敖辞谢而不接受。后来当孙叔敖患痈疽快要死时,他对儿子说:"我如果死了,楚王一定会封赏给你的,一定要推辞肥沃富饶的地方,只接受沙石之地。在楚、荆之间有个叫寝丘的地方,那儿土地贫瘠,所以地名也难听。当地的荆人和越人都信奉鬼神、讲究迷信,所以没人喜欢那里。"不久,孙叔敖去世了,楚庄王果然将肥沃富饶的领地封赏给孙叔敖的儿子,孙叔敖儿子谢绝了,而要求赏封寝丘之地。按楚国的法规,功臣的封禄传到第二代就要收回封禄,唯独孙叔敖一家保存了下来,这就是我们说的损减它,结果却是补益它。那么,什么叫补益它,结果却是损减它?从前晋厉公南伐楚国、东伐齐国、西伐秦国、北伐燕国,部队纵横天下,威震四方,没有阻碍也没有挫折。于是厉公在嘉陵会合诸侯,气横志骄、淫佚无度、残害百姓。国内无辅佐规谏的大臣,国外没有诸侯的援助。同时又杀戮忠臣,亲近小人。在会合诸侯的第二年,厉公出游宠臣匠骊氏的领地时,被栾书、中行偃劫持,囚禁起来;这时诸侯中没有一个来搭救他,百姓中也没有一个同情他,囚禁三个月后就一命呜呼了。每战必胜,每攻必克,然后扩展土地,提高威望,这是每个天下人都希望得到的利益。但晋厉公却因为这些而落得个身死国亡。这就是我们说的补益它,结果却是损减它。孙叔敖叮嘱儿子要求封赏寝丘之地,因为寝丘之地贫瘠,所以能代代相传;晋厉公在嘉陵会合诸侯以想称霸天下,结果死在匠骊氏的领地。

【注释】

① 楚庄王:春秋楚国国君。楚庄王十七年(公元前597年),晋楚大战于邲(今河南武陟东南),晋败,败兵渡河争船,自相残杀;时孙叔敖闻晋军渡河,欲还。嬖人伍参主战,庄王从之,遂大胜。　② 孙叔敖:楚国人,楚庄王时为令尹。　③ 病疽:患痈疽。将:快要。　④ 则:若。女:汝。　⑤ 间:地。　⑥《史记·正义》引《吕氏春秋》说:"孙叔敖将死,戒其子曰:'汝无受利地。荆、楚间有寝丘者,其为地不利,而前有妣(垢)谷,后有戾丘,其名恶,可长有也。'""寝"字自有恶、丑义,故名"寝丘",也即文中说的"名丑"。瘠:指土地贫瘠。

⑦ 礼：原注为"礼，祥也"。这里指预测吉凶，好迷信。 ⑧ 俗：王引之认为"俗"当为"法"。二世：第二代。爵：杨树达认为"爵者，尽也"；"功臣二世而爵禄"，谓功臣二世而尽其禄也。 ⑨ 晋厉公：春秋时晋国国君，名寿曼，在位八年。因骄侈无道，被栾书、中行偃杀死。 ⑩ 横：王念孙认为"横"字为后人所加。这样"兵行天下"和"威服四方"相对为文。绌：弯曲，这里指"挫折"。 ⑪ 诎：通"屈"。 ⑫ 拂：许匡一认为通"弼"，辅佐。 ⑬ 导：杨树达认为"导"通"谄"。 ⑭ 明年：第二年。匠骊氏：晋国大夫，为厉公的宠臣，这里指出游到匠骊氏的封地。 ⑮ 栾书：春秋晋国大夫。中行偃：即荀偃，字伯游，晋国大夫。幽：囚禁。

【评析】

作者认为很多事情是"祸福同门，利害为邻"的，就看你如何把握这些"祸福同门、利害为邻"的事情了。孙叔敖是"损之而益"，晋厉公是"益之而损"。那么，为何有这等祸福间的互相转化呢？按上述说来，还是在于如何把握人之"心"性的问题。孙叔敖因为对人之"心"性把握得较为恰当，即"清净恬愉"，不贪，所以能趋福；而晋厉公则对人之"心"性把握不怎么恰当，即既想"地广名尊"却又"气充志骄、淫侈无度"，所以导致福去而祸至，最后身死于匠骊氏的封地。由此看来，人之主观思想、心性修养往往是福来祸至的主观因素，如能"清静恬愉"则往往能省却不少祸患。

作者还在文中列出一个参照系，以让人对照借鉴，那就是人如"少德而多宠"、"才下而位高"、"身无大功而受厚禄"，那往往是祸害降临的前兆。

众人皆知利利而病病也①，唯圣人知病之为利，知利之为病也。夫再实之木根必伤，掘藏之家必有殃②，以言大利而反为害也。张武教智伯夺韩、魏之地而擒于晋阳③，申叔时教庄王封陈氏之后而霸天下④。孔子读《易》至《损》、《益》⑤，未尝不愤然而叹曰："益损者，其王者之事与？"⑥事或欲以利之适足以害之⑦，或欲害之乃反以利之。利害之反，祸福之门户，不可不察也。阳虎为乱于鲁⑧，鲁君令人闭城门而捕之，得者有重赏，失者有重罪。围三匝，而阳虎将举剑而伯颐⑨，门者止之曰："天下探之不穷⑩，我将出子。"阳虎因赴围而逐⑪，扬剑提戈而走，门者出之。顾反⑫，取其出之者，以戈推之⑬，攘袪薄腋⑭。出之者怨之，曰："我非故与子反也⑮，为之蒙死被罪⑯，而乃反伤我。宜矣，其有此难也！"⑰鲁君闻阳虎失，大怒，问所出之门，使有司拘之，以为伤者受大赏⑱，而不伤者被重罪。此所谓害之而反利者也。何谓欲利之而反害之？楚恭王与晋人战于鄢陵⑲。战酣，恭王伤而休。⑳司马子反渴而求饮。㉑竖阳谷奉酒而进之。㉒子反之为人也，嗜酒而甘之，不能绝于口，遂醉而卧。恭王欲复战，使人召司马子反，辞以心痛。㉓王驾而往视之，入幄中而闻酒臭。㉔恭王大怒，曰："今日之战，不谷亲伤㉕，所恃者司马也，而司马又若此，是亡楚国之社稷而不率吾众也㉖。不谷无与复战矣！"于是罢师而去之，斩司马子反为僇。㉗故竖阳谷之进酒也，非欲祸子反也，诚爱而欲快之也，而适足以杀之。此所谓欲利之而反害之者也。夫病湿而强之食，病喝而饮之寒㉘，此众人之所以为养也，而良医之所以为病也。悦于目，悦于心，愚者之所利也，然而有道者之所辟也。故圣人先忤而后合，众人先合而后忤也。㉙

【今译】

一般的人都只知道利就是利，弊就是弊，而只有圣人懂得弊可以转化为利,利可以转化为弊。两次结果实的树木,它的根必定受损伤;盗人家墓的人也必定有祸殃,这说的就是贪大利反而造成大害的事。张武唆使智伯夺取韩、魏两家的土地,结果反而使智伯在晋阳城被擒获;申叔时劝告楚庄王封立陈国的后代,结果使楚庄王称霸天下。孔子读《易经》,读到《损》卦和《益》卦时,未尝不喟然叹息道:"懂得益和损之间的关系的,应该是行王道的君王的事吧?"事情有时候想对它有利但却恰恰足以害了它,有时候想害它但却又恰恰对它有利。利和害向相反方面的转化,祸与福的缘由是不能不明察的呀!阳虎在鲁国作乱,鲁国君命令手下人关闭城门搜捕阳虎,宣布凡抓获阳虎者有重赏,放走阳虎者要处罚。追捕者将阳虎层层包围起来,阳虎只得举剑准备自刎,这时有位守门人劝阻他说:"天下大得很,可以逃生,何以自杀?我将放你出城去。"于是阳虎得以冲出重围,在后面的追兵紧追不舍的情况下,阳虎挥舞宝剑提着戈奔跑冲杀。那位守门人乘混乱之机放阳虎出了城门。阳虎出了城以后又折返回来,抓住那位守门人,举戈刺他,戈刺破袖子伤及腋部。这时守门人抱怨说:"我本来就和你非亲非友,为了救你我冒着被处死罪的风险,可你反而刺伤我。真是活该啊,会碰上这样的灾难。"鲁国国君听说阳虎逃出城,大怒,查问阳虎是从哪座城门逃脱的,并派主管官员拘捕有嫌疑的守门人。鲁国国君认定凡受伤的守门人是阻拦阳虎的,要重赏;而没有受伤的守门人可能是故意放走阳虎的,要重罚。而在受伤领赏的守门人中,放走阳虎的那位守门人也在其中,这真可说伤害他反而使他得利。那么,什么是想对人有利却反而害了他呢?楚恭王和晋国军队在鄢陵会战。战斗正紧张激烈之间,恭王受伤使战斗不得不停止。楚军中的司马子反口渴难忍而寻找饮料。这时侍从阳谷捧着酒献给子反。子反这人喜欢饮酒,见酒就乐不可支。子反接过阳谷递上的酒就喝个不停,没多久就喝得酩酊大醉,躺在帐篷里。恭王打算再与晋军开战,便派人去叫子反,子反谎称心痛病发作不受召令。恭王于是驾车亲往探望,一进军中帐篷便闻到一股酒气。这下恭王大怒,说:"今天这场恶战,我为了取胜而亲临战场,受了重伤,现在指望能派上司马子反的用场,可他却成了这副样子。他实在是心中没有国家社稷的地位,又不体恤我军士兵。我没法再与晋军打下去了。"于是下令收兵撤退,并以耽误战事的罪名杀子反示众。这侍从阳谷献上酒,并不是想要害子反,实在是爱护子反,想让子反快乐,但想不到恰恰是害了子反。这就是想对人有利结果却反而害了他。一定要患温热病的人进食,让中暑者喝冷水,这是一般人用来调治病人的方法,但良医却认为这样是加重病情。追求赏心悦目,这是蠢货、笨蛋所热衷于的事,但有"道"的聪明人却对此躲得远远的。所以圣明的人是先遭逆境而后顺遂;而一般性的人是先称心如意而后陷入困境。

【注释】

①利利:前一个"利"为动词,认为利就是利。病病:前一个"病"为动词,认为弊病就是弊病。 ②再实:一年两次结果实。藏:通"葬"。"掘藏"即盗墓。 ③张武:春秋末晋国大夫智伯的家臣。智伯:春秋末晋国大夫,为当时晋国最有势力、领地最多的大夫。智伯打算兼并赵、魏、韩三家,后反被三家联合战败于晋阳。晋阳:地名,在今山西太原西南。 ④申叔时:春秋时楚国大夫。公元前599年,陈国臣夏征舒杀陈灵公而自立,楚庄王伐陈,杀夏征舒,灭陈而为楚县,后听申叔时劝谏,复陈而迎立陈灵公子午为君。事见《左传·宣公十一年》。 ⑤《损》、《益》:《周易》的两个卦名。愤:王念孙认为应作"喟"。 ⑥王:行王道。这"行王道"是说在上位的君王做到损己而增益民众,这样民众就欣悦无限;在上统治者能施利于下层民众,这样的王道就能大放光芒(见益卦《象传》)。 ⑦以:王念孙认为"以"为衍文。这样"或欲利之"和"或欲害之"相对为文。 ⑧阳虎:人名,春秋鲁国人,字货,也叫阳货,鲁国贵族季氏的家臣,事奉季平子。平子死后,阳虎专权。后来阳虎发动叛乱,事败后出奔齐国。 ⑨伯:通"迫",逼迫、逼近。颐:面颊、腮帮子。举剑而迫颐:是说举剑准备自刎。 ⑩天下探之不穷:杨树达认为"天下探之不穷"是"谓天下甚大,可以逃生,无为自杀也"。 ⑪赴:冲。赴围:冲出重围。逐:这里

指士兵追逐阳虎。　⑫ 顾反:回头折返。　⑬ 推:刺,于省吾《诸子新证》说:"自内向外刺之曰推。"　⑭ 攘:通"攘",指用戈刺。袪:袖子。薄:迫,逼近。　⑮ 故:原本、本来。反:王念孙认为是"友"字。这是说门者与阳虎非亲非友。马宗霍认为"反"即"反叛",意思也通,即说门者不是和阳虎同为反叛者。　⑯ 蒙:冒着。　⑰ 许匡一认为这句话可做两种理解:一是埋怨阳虎恩将仇报,说他活该受围捕之难。二是门者自怨,怨自己看错了人,自讨苦吃。　⑱ 以为:认为、认定。　⑲ 楚恭王:春秋楚国君,名审。公元前 575 年楚国和晋国在鄢陵发生军事冲突,因楚恭王眼睛受箭伤,司马子反醉酒误事,楚国大败。晋人:晋厉公。　⑳ 恭王伤:指恭王被箭伤眼睛。休:休战。　㉑ 司马:古代官职,主管军事。子反:即楚公子侧子反,"子反"是他的字。㉒ 竖:小侍从。阳谷:人名。奉:捧。　㉓ 辞以心痛:即以心痛疾病发作为托辞。　㉔ 幄:帐篷。臭:气味。　㉕ 不谷:君主自称的谦词。㉖ 亡:通"忘"。率:通"恤",体恤。　㉗ 僇:通"戮",一种斩首示众的刑罚。一曰"僇"为行动迟缓。　㉘ 湿:王念孙认为应是"温",病温者不可以食,若作病湿则非其指矣。食:当为"餐",能与"寒"字为韵。喝:中暑。　㉙ 忤:违逆,引申为逆境、困境。

【评析】

本节作者通过二则故事具体诠释互相为邻的利与害是如何转化的,利与害的"枢机"是怎样的。得出的结论是"欲利之而反害之,欲害之而反利之",明确反对常人的"利即为利"、"害即为害"的机械理解。这也是作者想要努力揭示的事物间的隐微处,以告诫人们,社会世事纷繁复杂,不可简单直率。

　　有功者,人臣之所务也;有罪者,人臣之所辟也。①或有功而见疑②,或有罪而益信。何也? 则有功者离恩义③,有罪者不敢失仁心也。魏将乐羊攻中山,其子执在城中。④城中县其子以示乐羊。⑤乐羊曰:"君臣之义,不得以子为私。"攻之愈急。中山因烹其子,而遗之鼎羹与其首。⑥乐羊循而泣之⑦曰:"是吾子已!"⑧为使者跪而啜三杯。⑨使者归报中山曰:"是伏约死节者也,不可忍也。"⑩遂降之。为魏文侯大开地有功,自此以后,日以不信。⑪此所谓有功而见疑者也。何谓有罪而益信?孟孙猎而得麑⑫,使秦西巴持归烹之⑬。麑母随之而啼,秦西巴弗忍,纵而予之。孟孙归,求麑安在。秦西巴对曰:"其母随而啼,臣诚弗忍,窃纵而予之。"孟孙怒,逐秦西巴。居一年,取以为子傅⑭,左右曰:"秦西巴有罪于君,今以为子傅,何也?"孟孙曰:"夫一麑而不忍,又何况于人乎?"此所谓有罪而益信者也。故趋舍不可不审也,此公孙鞅之所以抵罪于秦而不得入魏也⑮;功非不大也,然而累足无所践者⑯,不义之故也。

【今译】

　　建功立业是每个做臣子的人所追求的目标;犯罪受罚又是每个做臣子的人所要避免的后果。但有时会出现这样的现象,即有了功劳却引起别人的猜疑,有了罪过却反而受人信任。这是为什么呢?这是因为为了追逐功名,有时人就不顾情义了;而犯了罪过的人却不敢再失去仁慈之心了。所以会出现上述的现象。魏国将领乐羊率部队攻打中山国。他的儿子被中山人抓起来扣押在城内。中山人将他的儿子绑着吊在城头上给乐羊看。乐羊看了后说:"为了君臣的情义,效忠君王,尽我做臣的职责,我不能为了儿子而有私情。"于是他所指挥的部队攻城越发猛烈。中山城里的人就将他的儿子烹煮了,还派人送给乐羊一鼎肉羹和他儿子的头颅。乐羊抚摸着头颅,哭泣着说:"这是我的儿啊!"说完向使者跪下,喝下一杯肉羹。使者回去报告:"乐羊是个不惜为节义献身的人,对他真的没有办法。"于是中山国只得向魏国投降。乐羊在这次战争中为魏文侯开拓了大片的土地，并因此立了大功。但谁知道，从此以后，魏文侯一天天地不信任乐羊。这就是有了功劳却反而引起别人的猜疑。那么，什么叫有了罪过却反而受人信任呢？孟孙打猎，得到了一头小鹿，于是让手下人秦西巴拿回家去烹煮。母鹿紧随着秦西巴哀啼不止，秦西巴不忍心伤害幼鹿，于是就放掉幼鹿还给母鹿。孟孙回到家后追问幼鹿的去向，秦西巴只得回答："这幼鹿的母亲在我身后不停地哀啼，我实在不忍心，于是自作主张放掉了幼鹿还给母鹿。"孟孙听后大怒，一气之下就赶走了秦西巴。过了一年，孟孙又将秦西巴召回来担任他儿子的老师。孟孙身边的人就问："秦西巴得罪过你，为什么现在又用他来做你儿子的老师？"孟孙回答说："连一头幼鹿都不忍心加以伤害，更何况对人呢？"这就是有了罪过却反而受人信任。所以人的取舍进退不可不谨慎，取舍不谨慎，正是公孙鞅在秦国获罪而又不能进入魏国避难的原因。公孙鞅的功劳不能算不大，可他就是无立足之地，寸步难行，这是由于他不义的缘故。

【注释】

①辟：避。　②见：引起。　③离恩义：这里是指为个人功名而拿亲友作交易，故曰"有功者离恩义"。　④乐羊：战国魏人，魏文侯的将领。中山：古国名，春秋战国时由狄人所建，建都于顾(今河北定县)，公元前406年被魏消灭。执：扣押。　⑤县：通"悬"。　⑥遗：送。　⑦循：通"揗"，抚摸。泣：为……而泣。　⑧已：通"矣"。　⑨啜：饮。三杯：杨树达认为"三杯"当作"一杯"。　⑩伏约死吊者：不惜为节义献身者。孙志祖疑"伏"为"仗"。忍：奈何。不可忍：指无可奈何，没有办法。　⑪日以：一天天地。　⑫孟孙：春秋时鲁国大夫。麑：小鹿、幼鹿。　⑬秦西巴：孟孙的家臣或侍从。　⑭傅：师傅，老师。　⑮公孙鞅：战国时卫人，姓公孙，名鞅，封于商，故称商鞅。曾为魏相公叔痤家臣，后被推荐给魏惠王，不被重用的情况下入秦，佐秦孝公变法。秦孝公死后，公子虔等攻击公孙鞅，鞅逃入魏国，魏拒绝收留，公孙鞅只得返秦，遭车裂而死。　⑯累足：指捆住脚。

累足无所践:是指无立足之地。

【评析】
作者认为,避免罪过、追求功名是每个正常人所为之奋斗的目标。但"避罪"、"务功"并非那样简单,有时反倒是"有功而见疑,有罪而益信"。其中的玄奥隐微处是对事物的取舍小心谨慎,不可大意,"趋舍不可不审也"。即凡事取舍还得看"义"与"不义"。秦西巴之所以在获罪一年之后又被召回委以重任,还在于秦西巴本身行事处事就注重仁义慈爱,所以在获罪一年之后被召回委以重任。由此可见,凡事遵循仁义慈爱原则、忠厚诚实,大致是不会错的,一定程度上还可避祸致福。

事或夺之而反与之,或与之而反取之。智伯求地于魏宣子①,宣子弗欲与之②。任登③曰:"智伯之强,威行于天下,求地而弗与,是为诸侯先受祸也。不若与之。"宣子曰:"求地不已,为之奈何?"任登曰:"与之使喜,必将复求地于诸侯,诸侯必植耳。④与天下同心而图之,一心所得者非直吾所亡⑤也。"魏宣子裂地而授之。又求地于韩康子⑥,韩康子不敢不予。诸侯皆恐。又求地于赵襄子⑦,襄子弗与。于是智伯乃从韩、魏围襄子于晋阳。⑧三国通谋,禽智伯而三分其国。⑨此所谓夺人而反为人所夺者也。何谓与之而反取之?晋献公欲假道于虞以伐虢⑩,遗虞垂棘之璧与屈产之乘⑪。虞公惑于璧与马,而欲与之道。宫之奇⑫谏曰:"不可!夫虞之与虢,若车之有轮⑬,轮依于车,车亦依轮。虞之与虢,相恃而势也。⑭若假之道,虢朝亡而虞夕从之矣。"虞公弗听,遂假之道。荀息伐虢⑮,遂克之。还反伐虞⑯,又拔之。此所谓与之而反取者也。

【今译】

有些事情还表现为：要夺取人家的反而被人家夺走，先给予别人反过来又夺取别人的。智伯向魏宣子索取土地，魏宣子不想给。这时任登说话了："智伯现在正强盛着，他的威势遍及天下，他开口要土地，如果不给，这无异是替其他诸侯先承担灾难，不如给他算了。"魏宣子接着说："如果智伯没完没了地向我们索取土地，那又该如何是好？"任登说："咱们魏家先给他一点土地，让智伯尝到一点甜头后，他会如法炮制继续向别的诸侯要土地的，诸侯们也只得竖起耳朵听从，但内心一定会产生怨恨的。到时我们就可和各诸侯同心协力来对付智伯了。这样一来，我们从中可获得的好处就不仅仅是我们丧失的那点东西了。"魏宣子听从了任登的话，割让了一些土地给智伯。智伯尝到甜头后果然向韩康子索要土地，韩康子不敢不给，诸侯们此时是一片恐慌。随后，智伯又向赵襄子索要土地，赵襄子回绝了他。于是智伯就胁迫韩、魏两家攻打赵襄子，并将赵襄子围困在晋阳城中。但此时的赵、韩、魏三家已暗中联络、合谋，共同行动，在晋阳打败了智伯的军队，还擒获智伯，并将智伯把持的晋国一分为三。这就是本想夺取人家的反而被人家夺走。那么，什么叫先给予别人反过来又夺取别人的呢？晋献公想向虞国借道去征伐虢国，于是就赠送给虞国君垂棘宝璧和屈产良马。虞国君看到这些宝璧和良马，心里有点动，想借道给晋献公。这时宫之奇就劝谏了："这可使不得！我们虞国和虢国的关系就像车轮和辅木的关系一样，辅木紧挨在车轮外侧，而车轮就依赖着辅木的保护。虞国和虢国现在正形成一种互相依赖的态势。假若借道给晋国，那么虢国早上亡国，当天晚上我们的虞国也随之灭亡。"这虞国君不听宫之奇的规劝，还是将道路借给了晋军。荀息率军灭了虢国。部队随即在回师的途中，又拿下了虞国。这就是先给予别人反过来又夺取别人的。

【注释】

① 智伯：春秋晋国大夫，为晋国六大家族之一，其势力最大，并

专权晋国。魏宣子：晋国大夫，六大家族之一。　②弗欲：俞樾、刘文典认为应是"欲弗"。　③任登：魏人。《国策》作"任章"，《说苑·权谋篇》作"任增"。　④植耳：原注为"竦耳而听也"。这里指竖起耳朵听从。　⑤一心：杨树达认为"一心"两字为衍文。直：仅仅。亡：失去、丧失。　⑥韩康子：晋国大夫，晋六大家族之一，名虎，晋韩厥的后代。　⑦赵襄子：晋国大夫，晋六大家族之一，名无(毋)恤，赵简子之子。　⑧从：跟从、跟随。这里指胁迫。　⑨禽：擒。三分其国：指将晋国分为韩、赵、魏三国。　⑩晋献公：春秋晋国君。假：通"借"。虞：春秋诸侯国名，在今山西省境内。虢：春秋诸侯国名，在虞国南面。　⑪遗：送。垂棘：其地产美玉，处春秋晋地。屈：晋国地名，其地产良马。乘：马。　⑫宫之奇：虞国大夫。　⑬辅：王念孙认为"轮"作"辅"，指车轮两外侧加的直木。　⑭而：杨树达认为应是"之"。　⑮荀息：晋国大夫，公元前658年，他率师借道于虞伐虢，是这次军事行动的主帅。　⑯还：通"旋"，随即。

【评析】

本节二则故事又分别说明与、夺关系并非简单：有时候是要夺取人家的反而被人家夺取，如智伯想夺取魏、韩、赵三家的土地，但最终反而被魏、韩、赵夺取，三家分晋。还有时候是先给予人家的但最终又夺走人家的，如晋献公以赠玉璧良马给虞而欲借道伐虢，但最终又在灭虢之后拿下虞国。所以，作者讲道："事或夺之而反与之，或与之而反取之。"

那么，这种复杂的与、夺关系难道就无法有效地把握了吗？从作者叙述的二则故事中来看，这种复杂的与、夺关系还是能够把握的，即如智伯不是一味地贪多，也就可能不会导致最终被人夺取；同样虞国君如不贪这玉璧和良马，晋国也就无法借道伐虢，也就没有顺道灭虞的后果。所以，讲着讲着，恐怕又得回到秉持"道"体的重要性了，即如心体"清净恬愉"，无贪欲，也就能免却不少祸害，也就不会有上述的事情发生，也就较容易地把握了这"与"、"夺"的关系了。

圣王布德施惠，非求其报于百姓也；郊、望、禘尝①，非求福于鬼神也。山致其高而云起焉②，水致其深而蛟龙生焉，君子致其道而福禄归焉。夫有阴德者必有阳报，有阴行者必有昭名。③古者沟防不修，水为民害，禹凿龙门，辟伊阙④，平治水土，使民得陆处。百姓不亲，五品不慎⑤，契教以君臣之义⑥、父子之亲、夫妻之辨、长幼之序。田野不修，民食不足，后稷乃教之辟地垦草⑦，粪土种谷，令百姓家给人足⑧。故三后之后⑨，无不王者，有阴德也。周室衰，礼义废，孔子以三代之道教导于世，其后继嗣至今不绝者，有隐行也。秦王赵政兼吞天下而亡⑩，智伯侵地而灭，商鞅支解，李斯车裂⑪。三代种德而王⑫，齐桓继绝而霸⑬。故树黍者不获稷，树怨者无报德。⑭昔者宋人好善者，三世不解。⑮家无故而黑牛生白犊，以问先生⑯，先生曰："此吉祥，以飨鬼神。"居一年，其父无故而盲。牛又复生白犊，其父又复使其子以问先生。其子曰："前听先生言而失明，今又复问之，奈何？"⑰其父曰："圣人之言先忤而后合。其事未究，固试往复问之。"其子又复问先生。先生曰："此吉祥也，复以飨鬼神。"归致命其父。⑱其父曰："行先生之言也。"居一年，其子又无故而盲。其后楚攻宋，围其城。⑲当此之时，易子而食，析骸而炊。丁壮者死，老病童儿皆上城，牢守而不下。楚王大怒。城已破，诸城守者皆屠之。此独以父子盲之故，得无乘城。⑳军罢围解，则父子俱视。夫祸福之转而相生，其变难见也。近塞上之人，有善术者，马无故亡而入胡。人皆吊之。㉑其父曰："此何遽不为福乎？"㉒居数月，其马将胡骏马而归。人皆贺之。其父曰："此何遽不能为祸乎？"家富良马，其子好骑，堕而折其髀。㉓人皆吊之。其父曰："此何遽不为福乎？"居一年，胡人大入塞，丁壮者引弦而战。近塞之人，死者十九。此独以跛之故，父子相保。故福之为祸，祸之为福，化不可极，深不可测也。

【今译】

圣王布施恩德给天下民众，并不是企望从民众那里得到报答；举行祭天地、日月山川和祖宗的仪式，并不是谋求鬼神能赐福。山达到一定高度，就自然会兴起云雨；河水深到一定程度，也自然会有蛟龙出现；君子修行达到一定道德境界，也必然会有福禄归属他们。那些暗中积德的人，必定会得到公开的好报；那些暗中施惠者，也必定会得到显耀的声望。古时候沟渠堤防失修，洪水成了人民的灾害，于是夏禹凿通龙门，开辟伊阙，平息洪水，整治土地，使百姓能在陆地上生活安居。百姓间不亲近、五种人伦关系不清顺，于是契就教育百姓知道君臣、父子、夫妇、兄弟之间的尊卑等次和相关礼节。田地荒芜，民众缺衣少粮，于是后稷就指导百姓民众开垦荒地，改良土壤，播种粮食，让百姓民众家家丰衣足食。所以这三位君王的后代无不成为帝王，这就是因为他们平时积阴德的缘故。周王室衰微，礼义废弃，孔子就用三代的道德教育世人，孔氏家族继嗣至今不绝，这就是孔子平时德行高的缘故。秦始皇赵（嬴）政用暴力兼并天下并很快灭亡，智伯侵占韩、魏、赵三家土地但最终反被消灭，商鞅实行苛政而遭肢解，李斯谋害忠良而遭车裂。夏、商、周三代君王施行道德而称王天下，齐桓公帮助弱国生存下去而成为霸主。种黍的不会收获稷，埋下怨恨的不会得到恩德的报答。从前宋国有一户好行善的人家，世代坚持不懈行善做好事。有一年，家里养的一头黑母牛产下一只纯白的牛犊，于是家里人就将这件怪事去请教术数先生。术数先生说："这是吉祥的征兆，用这纯白牛犊去祭祀鬼神吧。"又过了一年，这家的父亲无缘无故眼睛失明了。以后这母牛又产下一头纯白牛犊,于是父亲又让儿子去请教术数先生。儿子问道:"先前听了术数先生的话,父亲您的眼睛失明了,现在还去问他为什么?"父亲说了:"圣人的话常常是先好像不对,但以后会应验吻合的,而且这件事还没完,你就去试着问问吧!"儿子又去问术数先生这怪事。术数先生回答说:"这也同样是吉祥的征兆,还是用这纯白牛犊去祭祀鬼神吧!"儿子回家后将术数先生的话如实报告了父亲,父亲说:"那就按照先生的话去做吧!"又过一年,儿子的眼睛也无缘无故地失明了。后来楚国攻打宋国,包围了这户人家所居住的城邑。这时候,城里能充饥的东西都吃光了,人们只能交换孩子吃,并将枯骨劈开当柴烧。壮年人也全都战死,这样老人、病人、儿童上城楼防守,顽强抵御,使楚军迟迟攻克不下。这时楚王大怒,在城被攻破之后,将凡上城楼防守的人全部杀死。唯独这户人家因父子均失明而没上城楼防守,得以保全性命。当楚军撤走以后,父子两人的眼睛又复明了。这正是祸福互相转化互相促成,其中的变化难以明了。在靠近边塞的居民中,有一位精通术数的人,一次他家养的马无缘无故跑到胡人那里,邻居家的人都为此事来安慰他。他说:"这事难道就不能变成好事吗?"过了一段时间,跑走的马领着一群马回来了。邻居家的人又都来贺庆。他说:"这事难道就不可能变为坏事吗?"果然,因家有不少胡人养的好马,他儿子骑马玩时将大腿骨给摔断了。这样邻居又来安慰他。他又说:"怎么知道这事不会变成好事呢?"过了一年,胡人大举进攻边塞,青壮年男子都拿起武器参战,结果边塞附近的居民死去十分之九,唯独这户人家因儿子跛脚,父子性命都保住了。所以说福可变为祸,祸可变为福,这其中的变化难以捉摸,深不可测。

【注释】

①郊、望、禘尝:原注为"郊,祭天。望,祭日月星辰山川也。禘、尝,祭宗庙也"。 ②致:达到。云:王念孙认为应作"云雨",这样可与下文"蛟龙"相对。 ③阴行:王念孙认为应作"隐行",这样"阴与阳"相对,这里"隐与昭"相对。 ④龙门:龙门山,也叫禹门山。在今

山西河津县。伊阙：山名，在今河南洛阳。　⑤ 五品：五常、五伦，即指君臣、父子、兄弟、夫妇、朋友五种关系。慎：顺。　⑥ 契：人名。传说中商族始祖帝喾的儿子，曾帮助禹治水有功，舜任命他为司徒，封于商。　⑦ 后稷：周的祖先，名弃，别姓姬氏，担任尧的农官，封于邰，号后稷。垦草：开垦荒地。　⑧ 粪土：施肥，指改良土壤。给：足。　⑨ 三后：指禹、契、后稷。后：君主、君王。　⑩ 赵政：秦始皇，姓嬴，名政，秦之先祖本姓赵氏，故亦称赵政。　⑪ 智伯、商鞅：参见前注。李斯：战国末楚国上蔡人，入秦为客卿。秦统一中国后，以李斯为丞相。秦始皇死后，李斯遭诬陷而被处死。《史记·李斯列传》说李斯被腰斩于咸阳。　⑫ 种德：刘文典认为应是"积德"。　⑬ 齐桓：春秋齐国君，为春秋五霸之一。齐桓公曾救助过一些弱小国家免于异族之难，平息晋国内难，受到诸侯的拥护。继绝：指让一些将要灭绝的弱小国家生存传继下去。　⑭ 树怨者无报德："树怨者无报德"是在喻说"善有善报"的道理。　⑮ 好善者：应是"有好善者"，《论衡·福虚篇》作"宋人有好善行者"。解：通"懈"。　⑯ 先生：这里的"先生"因能"见本而知末，观指而睹归"，所以可称为"术数"先生。　⑰ 奈何：为什么。　⑱ 致命：这里指"复命"。　⑲ 楚攻宋：指春秋鲁宣公十四年（公元前 595 年）秋天楚庄王围宋，至次年夏天撤离，围攻宋都长达九个月。　⑳ 乘：登上。　㉑ 吊：慰问、安慰。　㉒ 不：王念孙认为应作"不能"。　㉓ 髀：大腿骨。

【评析】

出现在本节《人间训》中的"塞翁失马"的故事是作者想要通过此来表述这样的观点，即"福之为祸，祸之为福，化不可极，深不可测"。这与上文讲到的"利之而反害，害之而反利"、"益之而损，损之而益"同出一辙，即事物有隐微处，也真是令人不可不审、不可不测；但这些关系有时也的确难以把握，于是作者退守最后一道防线，即强调秉持道体、保持心体"清净恬愉"、无贪欲来避祸趋福。

在这里，作者进一步深化这一观念，提出要人"布德施惠"，做好事行善事,认为这样也能避祸趋福。历史上的三王、近世的孔子均因做过好事、行过善事而得以继嗣不绝,有昭名而福禄归;反之那些遭肢解、遇车裂的都在于不做好事、行恶事而致此的。同时,作者还举例到一家三代行善不懈而避祸致福的事例来说明:这祸和福最终还是能掌握的,祸之来福之来均由"人自生之、人自成之",也即说多做好事善事总不会错,因为"阴德者必有阳报,阴性者必有昭名",人一旦达到这种程度、境地,这福与禄也就必归附。而谁要想不行善事就要有好报,这是不可能的,也就像"树黍者不获稷,树怨者无报德"一样。

或直于辞而不害于事者①,或亏于耳以忤于心而合于实者②。高阳魋将为室③,问匠人。匠人对曰:"未可也。木尚生④,加涂其上⑤,必将挠⑥。以生材任重涂⑦,今虽成,后必败⑧。"高阳魋曰:"不然。夫木枯则益劲,涂干则益轻。以劲材任轻涂,今虽恶,后必善。"匠人穷于辞,无以对,受令而为室。其始成,竘然善也⑨,而后果败。此所谓直于辞而不可用者也。何谓亏于耳、忤于心而合于实?靖郭君将城薛⑩,宾客多止之,弗听。靖郭君谓谒者⑪曰:"无为宾通言。"齐人有请见者曰:"臣请道三言而已。⑫过三言,请烹。"靖郭君闻而见之。宾趋而进,再拜而兴,因称曰:"海大鱼!"⑬则反走。⑭靖郭君止之曰:"愿闻其说。"宾曰:"臣不敢以死为熙。"⑮靖郭君曰:"先生不远道而至此⑯,为寡人称之。"宾曰:"海大鱼,网弗能止也,钓弗能牵也。荡而失水,则蝼蚁皆得志焉。⑰今夫齐,君之渊也。⑱君失齐,则薛能自存乎?"靖郭君曰:"善。"乃止,不城薛。此所谓亏于耳、忤于心而得事实者也。⑲夫以"无城薛"止城薛,其于以行说⑳,乃不若"海大鱼"。

【今译】

　　有时辞语顺当却不切合实事,有时言辞难听不合心意但却切合实际。宋国人高阳魋准备建造房子,他采伐了木材等建房材料后去征求匠人的意见。匠人对他说:"现在还不能开工,因为木料还没干透;在湿木头上涂上泥浆,时间一长,这木头会变形。用湿木料承受重泥,即使现在造好房子,往后房子一定会倒塌。"高阳魋听了后说:"不对。木料干了就更坚硬,泥浆干了就变轻。用坚硬的木料承受变轻了的泥浆,眼前虽然不好,往后就一定坚固。"匠人听了后一时也没有话说,便只好按照吩咐造房子。没多久,房子落成,显得非常高大结实,十分壮观。但不久这房子果然倒塌。这就是所谓的辞语顺当但却不切合实事。那么,什么叫辞语难听不合心意却切合实际呢?靖郭君打算在他的封地薛修筑城墙,他手下的宾客、门人都纷纷劝阻,靖郭君不听。靖郭君对传达官说:"不要替来访的客人传话通报了。"这时有位齐国人要求会见靖郭君,说:"我只说三个字,多说一个字,我情愿受烹刑。"靖郭君听到后表示愿意接见这位齐国人。那齐国人快步走到靖郭君跟前,拜了二次,然后起身说:"海大鱼。"说完就转身往外走。靖郭君连忙喊着那齐人:"我想听听你的高见。"那齐国人煞有介事地说道:"我可不敢拿自己的性命开玩笑。"靖郭君说:"先生你不顾路途遥远来到我这里,有意见但说无妨,我很想听听。"那齐国人就说:"大海里的大鱼,渔网都捕捉不到它,钓钩更钓不到它。但是它一旦跃出水面落在岸边,那蝼蛄和蚂蚁都可以随心所欲地咬食它。如今,齐国就是你的大海,若是失去了齐国,这薛地还能独自存在吗?"靖郭君听了后一下子醒悟,说:"先生你讲得真好。"于是靖郭君马上取消了在薛地筑城的计划。这就是辞语难听且不合人心的却切合实际。用硬邦邦"不要在薛地筑城"的话来劝止靖郭君薛地筑城的计划,对于劝说的实际效果来说,还不如用"海大鱼"三个字来得管用。

【注释】

　　① 害:王念孙认为是"周"字。周,"合"的意思。　② 亏:指违

逆不顺、难听的话。忤：违逆、不合的意思。　③ 高阳魋：宋国大夫。　④ 生：湿，不干。　⑤ 涂：指用泥浆涂在屋顶或墙壁。　⑥ 挠：通"桡"，曲木的意思，引申为弯曲变形。　⑦ 任：承受。　⑧ 败：毁坏。　⑨ 昫然：高大结实的样子。　⑩ 靖郭君：战国时齐人，姓田名婴，齐威王的儿子，孟尝君田文的父亲。薛：地名，在今山东滕县南。城薛：在薛地修筑城墙。　⑪ 谒者：负责通报传话、接待宾客的侍者。　⑫ 言：字。一字为一言，如"万言书"。　⑬ 趋：快步走，古代要求在尊者面前应小步快走，以示尊敬。兴：起来。称：说、道。海大鱼：鲸鱼一类。　⑭ 反：返。　⑮ 熙：戏，开玩笑。　⑯ 远：以为遥远。"不远道"等于说"不远千里"。　⑰ 荡：跳跃。得志：指随心所欲地咬食。　⑱ 渊：杨树达认为"渊"当作"海"。　⑲ 得：合。　⑳ 以：许匡一疑是衍文。

【评析】

可说明世界纷繁复杂的事情多得很，这里作者又列举二则故事来说明这世界的纷繁复杂。按作者看来，人有时说的话听起来蛮有道理，但实施起来却不切实际，根本行不通，如本文所举的第一则故事就说明这点；人有时说的话听起来既不顺耳也不称人心，但倒能行得通，切合事实，文中所列举的第二则故事就说明这点。所以，人"或直于辞而不害于事者，或亏于耳以忤于心而合于实者"。作者是想说明这世界的纷繁复杂和世事的隐微玄奥，人在这个世界上处事行事就非得小心谨慎不可，千万不能大意，因为有时候一句话的闪失都有可能导致大祸患。

故物或远之而近，或近之而远；或说听计当而身疏，或言不用、计不行而益亲。何以明之？三国伐齐，围平陆。①括子以报于牛子②曰："三国之地不接于我，逾邻国而围平陆，利不足贪也。然则求名于我也。请以齐侯往。"③牛子以为善。括子出,无害子入。牛子以括子言告无害子。无害子曰:"异乎臣之所闻。"④牛子曰:"国危而不安,患结而不解,何谓贵智?"⑤无害子曰:"臣闻之,有裂壤土以安社稷者,闻杀身破家以存其国者,不闻出其君以为封疆者。"⑥牛子不听无害子之言,而用括子之计,三国之兵罢,而平陆之地存。自此之后,括子日以疏,无害子日以进。故谋患而患解,图国而国存,括子之智得矣。无害子之虑无中于策,谋无益于国,然而心调于君⑦,有义行也。今人待冠而饰首,待履而行也,冠履之于人也,寒不能暖,风不能障,暴不能蔽也⑧,然而冠冠履履者⑨,其所自托者然也。夫咎犯战胜城濮,而雍季无尺寸之功,然而雍季先赏而咎犯后存者,其言有贵者也。⑩故义者,天下之所赏也。⑪百言百当,不如择趋而审行也。⑫

【今译】

　　所以事情有时候是,疏远它反而亲近它,接近它反而疏远它;还有些事情是,说的话被采纳,而且计谋恰当,但自身却反而被疏远;说的话不被接受,而且计谋行不通,但自身却反而被亲近。怎么说明这点呢?魏、韩、赵三国攻打齐国,包围了齐国的平陆这地方。括子向牛子报告:"魏、韩、赵三国和我们齐国不接壤,他们越过邻国包围平陆,没有什么实际可以贪图的利益。他们这样做只是想从我们齐国获取某种名声而已,既然这样,就叫齐侯前去和他们讲和算了。"牛子听了后认为这是好主意。括子走后,无害子随即进来。牛子就将括子的话告诉给无害子听。无害子只是说:"这跟我所听说的不一样。"牛子见无害子不说出具体的意见,就用话来刺激无害子:"国家危害却又无能耐安定它,祸患缠身又无办法解脱,还尊重谋士干什么?"这下无害子才说出自己的看法:"我听说过有以割让土地来使国家安定的,我也听说过以牺牲生命、毁掉家园来保存国家的,但我就是没有听说过让自己的君主去求和受辱来保住疆土的。"牛子当然不会听从无害子这种议论的,而采用了括子的计谋,使三国军队顺利撤走,平陆也就安全保住了。可是,从那天起,括子一天天被齐侯疏远,而无害子却日益被齐侯看重得以晋升。所以,用谋虑来解除祸患,祸患也就被解除,用谋略来挽救国家,国家也就得以保存,这括子的智谋就是这样管用而实际,但却受到疏远;而无害子的想法根本不合乎策略,对国家也无实际好处,可是他就是掌握君主的心意,顺着君主的心意,从行为上看有忠义的表现,所以日益受到齐侯的看重。这就好像人用帽冠做头饰、穿鞋子便于行一样,这帽冠和鞋子对人来说,天寒不能保温、刮风不能挡风、烈日下不能遮阳,但人们还是戴帽穿鞋,这是因为人的头脚需要帽鞋作依托。咎犯在城濮打了胜仗,而雍季却无半点功劳,但到论功行赏时,雍季首先得到赏赐,而咎犯只得到安抚,为什么呢?这是因为雍季说的话中有它可贵之处。"义",正是天下所赏识、珍贵的东西,所以说句句话管用,不如瞅准势头,摸透人的心意然后谨慎行事。

【注释】

①三国:指魏、韩、赵三国。平地:战国齐地,在今山东汶上县西北。 ②括子:齐国大臣。牛子:齐国大臣,但按文字看当时的牛子应是主帅。 ③求名:指求得某种名声,如齐国归顺三国等名声。以齐侯往:让齐侯亲自去和三国求和。 ④乎:于。无害子:齐国大臣。 ⑤而:这里的"而"是表示转折关系,不是并列关系。谓:通"为"。智:智者、谋士。这句话的意思是说,国家危难却又无能耐安定它,祸患缠身又无办法解脱它。那么,还尊重谋士干什么呢?也即说之所以尊重谋士是因为谋士可以出计谋解救国家的忧患;如果谋士不能出计谋解除国家的忧患,就用不着尊重他。 ⑥封疆:指疆土。 ⑦调:和合。这里指称齐侯的心意。 ⑧暴:暴晒。 ⑨冠冠:第一个"冠"是动词,指将冠置于头上,戴帽。履履:第一个"履"是动词,指穿草鞋。 ⑩咎犯:春秋晋国大夫狐偃,字子犯,是晋文公

的舅舅,故又称舅犯。城濮:地名,在今山东范县西南一带,公元前632年,晋国和楚国在城濮交战,楚败。咎犯(咎同舅)在这次战争中任晋军上军副将。雍季:晋文公的小儿子,即公子雍。 ⑪ 赏:王念孙认为是"贵"字。 ⑫ 何宁认为"夫咎犯战胜城濮"以下五十四字,可能是错简。因为这段文字与上下不相属,叙述城濮战争使行文层次混乱。录下供参考。

【评析】

作者继续揭示人说话中的隐微奥妙处。作者认为,有时候人说话,尽管说得在理、可行,但却没有好结果,如文中括子的话能使国家危难解除,却使他和君王的关系日益疏远。而有些话尽管不起任何实际作用,但它就是顺人心意,反而有好的效果,如文中无害子的话就是如此。

由此,作者认为人说话还得讲究艺术性。那么,是不是光讲好听话就行呢?在作者看来还是不行。作者认为,除说话讲究艺术性外,这话语中还得有它的实质内容,即如无害子话语中有忠义的内容才行。这样,作者在这里揭示出一个说话的规律,即说话者对受话者表示"忠"或"义"总不会错的,这就如作者文中说的"无害子之虑无中于策,谋无益于国,然而心调于君,有义行也"。这样也就不易出现"说听计当而身疏"的现象,这人说话中的隐微处也算被作者揭露少许。

或无功而先举,或有功而后赏。何以明之?昔晋文公将与楚战城濮,问于咎犯①曰:"为奈何?"咎犯曰:"仁义之事,君子不厌忠信②;战陈之事,不厌诈伪③。君其诈之而已矣!"辞咎犯,问雍季。雍季对曰:"焚林而猎,愈多得兽,后必无兽;以诈伪遇人,虽愈利,后无复。④君其正⑤之而已矣。"于是不听雍季之计,而用咎犯之谋,与楚人战,大破之。还归,赏有功者,先雍季而后咎犯。左右曰:"城濮之战,咎犯之谋也。君行赏,先雍季,何也?"文公曰:"咎犯之言,一时之权也;雍季之言,万世之利也。吾岂可以先一时之权而后万世之利也哉?"⑥智伯率韩、魏二国伐赵,围晋阳,决晋水而灌之,城下缘木而处,县釜而炊。⑦襄子谓张孟谈⑧曰:"城中力已尽,粮食匮乏,大夫病⑨,为之奈何?"张孟谈曰:"亡不能存,危不能安,无为贵智士。臣请试潜行,见韩、魏之君而约之。"乃见韩、魏之君,说之曰:"臣闻之,唇亡而齿寒。今智伯率二君而伐赵,赵将亡矣。赵亡,则君为之次矣⑩。及今而不图之,祸将及二君。"二君曰:"智伯之为人也,粗中而少亲。⑪我谋而泄⑫,事必败。为之奈何?"张孟谈曰:"言出君之口,入臣之耳,人孰知之者乎?且同情相成,同利相死。君其图之!"二君乃与张孟谈阴谋,与之期。⑬张孟谈乃报襄子。至其日之夜,赵氏杀其守堤之吏,决水灌智伯。⑭智伯军救水而乱。韩、魏翼而击之,襄子将卒犯其前,大败智伯军,杀其身而三分其国。襄子乃赏有功者,而高赫为赏首。群臣请曰:"晋阳之存,张孟谈之功也。而赫为赏首,何也?"襄子曰:"晋阳之围也,寡人国家危,社稷殆,群臣无不有骄侮之心者。唯赫不失君臣之礼,吾是以先之。"由此观之,义者,人之大本也。虽有战胜存亡之功,不如行义之隆。故君子⑮曰:"美言可以市尊,美行可以加人。"⑯

【今译】

　　有时候没有功劳却先得到荐举,有时候有功劳却后得到赏赐。怎么说明这点呢?以前晋文公要在城濮和楚军交战,文公征询咎犯的意见,问咎犯:"这仗该怎样打?"咎犯说:"如果是做仁义的事,那就不该讨厌忠诚守信用；如果是和敌军开战，那最好是兵不厌诈。现在既然是和楚军交战，君王你就只管使用欺诈就可。"文王辞别咎犯后，又去请教雍季，雍季回答说："放火来焚烧山林，尽管暂时能打获到很多野兽，但是最终会到无兽可猎的地步；用欺诈手段对付人，虽然一时能获得很多利益，但到最后一定会无利可图。所以君王还是正大光明行事为好。"文王没有听从雍季的话，而是采纳了咎犯的计策，和楚军开战时用计大败楚军。回国以后，嘉奖有功人员，首先是奖赏雍季，然后才奖赏咎犯。这时晋文公身边的人就说了："我们之所以能在城濮之战中获胜，靠的是咎犯的计策。君王论功行赏为何将雍季放在最前面，这是为什么？"文公回答说："咎犯的诈术，只是权宜之计，适用于一时战争需要；而雍季的忠信观点，则是符合长远的利益，我怎么能只看重权宜之计而轻视长远利益呢？"还有一事例，智伯率领韩、魏两家攻打赵家，包围了晋阳城，并挖开晋水灌淹晋阳城，导致城中的军民爬上树来避水，悬挂着锅来烧饭。这时赵襄子找张孟谈商量："晋阳城里人力已经耗尽，粮食也十分缺乏，官兵们也缺医少药，你看如何是好？"张孟谈说："国家面临危亡而不能保全它，那真的是算白养了我们这批谋士了。现在让我偷偷试着涉水出城，去会会魏、韩二家君，是否有可能搞个协议共同对付智伯。"于是张孟谈暗中出城会见魏、韩两君，劝说道："人们常说唇亡齿寒。今天智伯胁迫你们两家来攻伐我们赵家，眼看赵家保不住。可是按智伯的个性，赵家一灭亡，他就非得挨个地来收拾你们两家。所以现在假若我们不共同想法对付智伯的话，灾难也就很快要落到你们两家头上了。"韩、魏两家君说："智伯这个人，暴戾骄横而少恩寡情。我们的计谋如果泄露，事情就坏了，这如何是好？"张孟谈马上说："话从二位君口中出，进是进入到我的耳中，谁还会知道？再说，处境一样、情况相同、利益一致的人应该互相成全、生死与共。请二君仔细考虑吧！"于是韩、魏二君与张孟谈谋划商定举事日期，并约定其他事项。张孟谈随即潜回城里向赵襄子回报。到了约定的日期，趁着黑暗，赵襄子派人杀了看守堤防的官兵，挖开大堤使水倒灌进智伯的军营，智伯军队一片慌乱，连忙堵水。这时韩军和魏军从两翼攻打过来,赵襄子又率军队从正面出击,将智伯的军队打得落花流水,智伯也被杀死,又将智伯的封地一分为三,从此晋国也就分为韩、魏、赵三国。等到胜利凯旋归来,赵襄子奖赏有功人员时,最先受奖赏的是高赫。大臣们提出问题:"晋阳之所以能保住,全仗张孟谈的功劳。可现在却是高赫获首赏,这是什么缘故?"赵襄子回答:"当晋阳被围困的时候,我的国家危难的时候,众多大臣很少不对我流露出轻侮骄傲的神情,唯有高赫仍然不失君臣礼节,所以我首先奖赏他。"由此看来,"义"才是做人的根本。即使战胜敌人,挽救国家,也比不上施行忠义来得高贵。所以《老子》说:"美好的言辞可以博得尊重,美好的德行可以超越众人。"

【注释】

①城濮、咎犯:见前注。 ②君子:刘文典说:"君子"二字疑衍。 ③陈:"阵"的古字。 ④愈:俞樾认为通"愉","愉"有"偷"义。愉利即偷利。后无复:吕传元认为应是"后亦无复",这样与上文"后必无兽"相对为文。 ⑤正:指一种正当手段。 ⑥此句王念孙认为本作"吾岂可以一时之机,而先万世之利也哉!" ⑦智伯率韩、魏伐赵,事在公元前455年,见前注。晋水:水名,源出山西太原西南,东流入汾河;智伯决晋水灌晋阳事在公元前453年。县:悬。 ⑧襄子:赵襄子,晋国卿。张孟谈:赵襄子谋臣。 ⑨乏:王念孙认为是衍文。大夫:应作"武、大夫"。武即"士"。 ⑩君:王念孙认为应为"二君"。次:次序、挨个、紧接着。 ⑪粗:粗当读为"怚",《说文》"怚,骄也",骄横的意思。亲:情。 ⑫而:如果。 ⑬阴谋:暗中策划商定。期:约定举事的时间和方法等。 ⑭其日:俞樾认为应是"期日"。智伯:王念孙认为应是"智伯军"。 ⑮君子:应是"老子"。 ⑯语见《老子·六十二章》。

【评析】

作者继续讲那些事物的乖悖和隐微处,这里的二则故事说的是

"无功而先举、有功而后赏"的怪事情。那么,为什么会这样呢? 推其原因还在于是否讲"仁义"和"忠信",如讲究仁义忠信,即使"无功"也能靠它"先举";反之,如不讲仁义忠信,即使"有功"也被"后赏"。所以,这仁义忠信在作者看来仍是人之安身立命的根本,平时能靠它"无功而先举","义者,人之大本也。虽有战胜存亡之功,不如行义之隆"。而到特殊时期,靠仁义忠信就能使人避祸趋福。

所以对诸如祸福转化这样的事物隐微处,说不好掌握也确是不好掌握,但说它好把握也真的好把握,那就是从诸多的事例中透露出这样的信息,即如果认为这事物的隐微处不好把握的话,那就退守最后一条防线,就是从人之本性上做到一是不贪、二是仁义忠信,这样也就能防止祸患的发生,使祸福、得失朝着对自身有利的方向转化。

或有罪而可赏也,或有功而可罪也。西门豹治邺①,廪无积粟,府无储钱,库无甲兵②,官无计会③。人数言其过于文侯。④文侯身行其县,果若人言。文侯曰:"翟璜任子治邺而大乱。⑤子能道则可⑥;不能,将加诛于子。"西门豹曰:"臣闻王主富民,霸主富武,亡国富库。今王欲为霸王者也,臣故稸积于民。⑦君以为不然,臣请升城鼓之⑧,甲兵粟米可立具也。"于是乃升城而鼓之。一鼓,民被甲括矢操兵弩而出⑨;再鼓,负辇粟而至⑩。文侯曰:"罢之。"西门豹曰:"与民约信,非一日之积也。一举而欺之,后不可复用也。燕常侵魏八城⑪,臣请北击之,以复侵地。"遂举兵击燕,复地而后反。此有"罪"而可赏者也。解扁为东封⑫,上计而入三倍⑬,有司请赏之。文侯曰:"吾土地非益广也,人民非益众也,入何以三倍?"对曰:"以冬伐木而积之,于春浮之河而鬻之。"⑭文侯曰:"民春以力耕,暑以强耘,秋以收敛⑮,冬閒无事⑯,以伐林而积之,负轭而浮之河,是用民不得休息也⑰。民以敝矣⑱,虽有三倍之入,将焉用之?"此有"功"而可罪者也。

【今译】
　　有时候有罪过却得到嘉奖,有时候有功绩却引来责罚。西门豹治理邺县时,粮仓里没有积蓄的粮食,钱库里没有储备的钱币,兵库里没有兵械存放,官府里没有总计收入的账簿。这样就有人多次在文侯面前议论过西门豹的这些过失。于是魏文侯就亲临邺县检查工作,看到的现象果然和人们议论的相一致。魏文侯于是召见西门豹说:"翟璜推荐你来治理邺县,你却将这里治理得如此混乱。你能说清这些事的缘由也就罢了,否则就要严加追究。"西门豹解释说:"我听说实行王道的君王使人民富足;实施霸道的君王使士富足;只有亡国之君才使各种府库充足。如今你魏文侯是要实施王霸之道,所以为臣就将粮食、兵器、钱财都积贮在民间。你如果不信的话,让我登上城楼击鼓,这时铠甲兵器和粮食就会马上齐备。"于是西门豹登上城楼开始击鼓,第一阵鼓声结束,只见百姓纷纷披挂铠甲,带着弓箭,手持兵器从家里出来;第二阵鼓声结束,只见又有许多百姓背着或用车装着粮食纷纷来到。看到这些后,魏文侯说:"行了,行了。"西门豹说:"我和百姓守约讲信用,这可不是一天就能形成的。有一次欺骗他们,以后就别再想调动他们。燕国曾经侵犯我国,占据我国八座城市;现在让我指挥军民向北攻打燕国,收复失地。"于是西门豹率兵攻打燕国,收复了失地后返回邺城。这就是有罪过反而得到嘉奖的事例。还有,解扁担任魏东部边境官员,有一次年终上报账目,地方财政收入增加了三倍,主管财政的官员提请上级嘉奖解扁。而魏文侯却质疑说:"我的国土没有增扩,人口也没增多,为何解扁的地方财政却增加三倍?"主管官员解释说:"解扁在当地下令百姓冬天砍伐树木积存起来,到来年春天再从河道运出去卖掉,所以这样积聚了不少钱财。"魏文侯听了说:"百姓春天努力耕种,夏天勉力耘耕锄草,秋天又忙着收割敛藏,只有冬天才有空闲,现在要他们冬天伐木积贮树木,又驾车运到河边,这样一来,百姓哪有时间休养生息。他们已经疲惫不堪,就是收入增加三倍,这又有什么用呢?"这就是有功绩却反而引招责备的事例。

【注释】

　　① 西门豹:战国魏人,复姓西门,名豹。魏文侯时任邺令。邺:古地名,在今河北临漳县西。　② 廪:专指粮仓。府:专指储存钱财的仓库。库:专指储藏兵甲器械的仓库。　③ 官:官府。计会:指记录财政收支的账簿。　④ 过:过失、错误。文侯:魏文侯,战国时魏国君。　⑤ 翟璜:战国时魏文侯臣,曾推举西门豹为邺令。　⑥ 道:是指解释清楚。　⑦ 稸:蓄积。　⑧ 升:登上。　⑨ 被:披。括矢:泛指箭。　⑩ 负:以背扛物。辇:用车运物。　⑪ 燕:战国时国名,在魏东北方。常:通"尝",曾经。　⑫ 解扁:人名,战国魏臣。东封:东部边境的官员。　⑬ 上计:年终呈报账目。入:收入。　⑭ 以:在。浮:从河道漂流运出。鬻:卖。　⑮ 力:努力、用力、尽力。暑:夏。强耘:勉力耕耘。　⑯ 閒:闲。　⑰ 负轭:驾车。是用:是以、因此,这样一来。　⑱ 以:通"已"。敝:疲惫。

【评析】

这里,从作者所列举的二则故事中透露出作者所强调的民本思想,即给民以休养生息和蓄积于民。也正是站在这个民本思想的角度来看西门豹的"蓄积于民"的罪过,也就不是真正的罪过,所以魏文侯仍给西门豹有所嘉奖,"有罪而可赏也"。同样,解扁以牺牲百姓冬天休养生息来伐木积钱的做法,也就并非是真正的有功,所以魏文侯还是怪罪了解扁,"有功而可罪也"。这"有罪"和"有功"站在民本思想的角度来看,都应打上引号。

　　贤主不苟得,忠臣不苟利。何以明之?中行穆伯攻鼓①,弗能下。馈闻伦②曰:"鼓之啬夫③,闻伦知之,请无罢武大夫④,而鼓可得也。"穆伯弗应。左右曰:"不折一戟,不伤一卒,而鼓可得也,君奚为弗使?"⑤穆伯曰:"闻伦为人佞而不仁。⑥若使闻伦下之,吾可以勿赏乎?若赏之,是赏佞人。佞人得志,是使晋国之武⑦,舍仁而后佞⑧,虽得鼓,将何所用之?"攻城者,欲以广地也。得地而不取者,见其本而知其末也。秦穆公使孟盟举兵袭郑⑨,过周以东⑩。郑之贾人弦高、蹇他相与谋⑪曰:"师行数千里,数绝诸侯之地,其势必袭郑。⑫凡袭国者,以为无备也。今示以知其情,必不敢进。"乃矫郑伯之命⑬,以十二牛劳之。三率⑭相与谋曰:"凡袭人者,以为弗知。今已知之矣,守备必固,进必无功。"乃还师而反。晋先轸举兵击之,大败之殽。⑮郑伯乃以存国之功赏弦高。弦高辞之曰:"诞而得赏⑯,则郑国之信废矣。为国而无信,是俗败也。赏一人而败国俗,仁者弗为也;以不信得厚赏,义者弗为也。"遂以其属徙东夷⑰,终身不反⑱。故仁者不以欲伤生,知者不以利害义。圣人之思修,愚人之思叕。⑲

【今译】

贤明的君主不苟且获得,忠诚的臣子不苟且得利。怎么说明这点呢?中行穆伯进攻鼓地,一时攻不下。这时馈闻伦说:"鼓地方上的啬夫,我认识他。我有办法不劳顿我们的军队就能把鼓这个地方弄到手。"穆伯没有理会馈闻伦说的话。穆伯身边的人就说了:"按馈闻伦说来我们可以不断一戟、不伤一卒就可以将鼓地拿到手,你为什么不派馈闻伦去做这件事呢?"穆伯说:"馈闻伦是个奸邪不仁的小人。如果派他去完成这件任务,夺得鼓地,到时我能不奖赏他吗?如果奖赏他,也就等于是奖赏奸邪不仁小人,让这种奸邪小人得志,也就会使整个晋国的人都会舍弃仁义而追求奸佞。这样即使得了鼓地,又有什么用呢？"攻夺城池，本想是扩展领土，但有时本可轻易获得的土地却不去获得，这是因为这样的人已看清了事物的本源而推知它发展的后果了。秦穆公派遣孟盟率军去偷袭郑国。孟盟率领部队通过东周国境后向东进发。郑国的商人弦高和蹇他商议："秦国军队行军数千里，疾速穿过其他诸侯国境，看他们那副架势，一定是来袭击我们郑国的。凡是偷袭别国的，都是以为对方没有防备的。现在如果我们有个办法让秦军知道郑国已有防备，他们就一定不敢前来袭击我国了。"于是弦高就假托郑穆公的命令拿出十二头牛犒劳秦军。秦军三位将领商量说："凡是偷袭别国的，总以为别人是不知道自己的军事行动的。现在郑国派人来慰劳我军，这说明对方已经知道我军的意图，他们的防备一定很严密，我们继续执行原军事行动，看来难以成功。"于是秦军就只好往回撤。而晋国的先轸又率军在途中伏击他们，在崤山大败秦军。郑国的国君郑伯认为弦高保全国家有功，就要奖赏弦高。弦高却推辞说："我欺诈了别人而得到奖赏，那么郑国原本的信义原则就要受到败坏。一个国家的治理无信义原则，就会败坏整个风气习俗。那么，为了奖赏我一人而败坏整个国家的风气习俗，一个稍有仁德良知的人是不肯这样做的；用欺诈行为换取奖赏，一个稍讲道义的人也是不会这样做的。"弦高在推辞了奖赏后就带着他的宗族迁徙到东夷地区安家，以后终身都没有回到过郑国。所以，讲仁德的人是不会为满足私欲而去伤害天性的，聪明的人是不会因贪利而去损害道义的。圣人深谋远虑，蠢货目光短浅。

【注释】

① 中行穆伯：春秋晋国大夫，也称中行穆子。鼓：北狄。狄是春秋期间活动在齐、鲁、晋、卫、宋之间的古族。"鼓"当是狄人据有的地方。　② 馈闻伦：晋国人。　③ 啬夫：古代官名，司空的属官。　④ 罢：通"疲"。武大夫：指围攻鼓的官兵。　⑤ 奚：何。使：使之。　⑥ 佞：指奸邪。　⑦ 武：士。这里泛指晋国人。　⑧ 后：繁体字为"後"，俞樾认为："後"字乃"從"字之误。　⑨ 秦穆公：春秋秦国君。

孟盟：又作孟明。公元前628年秦穆公令孟明、白乙、西乞率军东袭郑国。　⑩ 周：东周。以：而。东：向东进发。　⑪ 弦高：郑国商人。蹇他：弦高的伙伴。弦高、蹇他到周做生意，在滑与秦军相遇。相与：一起。　⑫ 绝：穿过。　⑬ 矫：假托、伪称。郑伯：郑穆公。公元前627年至公元前606年在位。　⑭ 三率：三帅，即孟明、白乙、西乞。　⑮ 先轸：春秋晋文公臣。崤：山名，在今河南洛宁县北，为古代著名要塞。　⑯ 诞：欺诈、欺骗。　⑰ 东夷：古代对东方诸民族的总称。　⑱ 反：返。　⑲ 殁：短。

【评析】

本节作者通过二则故事继续强调仁德信义为"人之大本"的观点，即按中行穆伯看来，"若赏（馈闻伦）佞人"，就会使整个晋国之士"舍仁而从佞"，这样风气被败坏，国家领土扩展得再大"将何所用之"？所以这被作者归纳为是"贤主不苟得"。无独有偶，郑国商人弦高也是这样认为，若奖赏了像弦高那样靠欺诈获成功的人，即"以不信而得厚赏"，就会使整个"郑国之信废矣"，这样"赏（我弦高）一人而败国俗，仁者弗为也"，从而拒绝领受奖赏，率其属迁移东夷终身不返。这同样被作者看来是"忠臣不苟利"。从上述多则故事叙述中不断强调"仁德信义"这点来看，作者在信奉道家思想的背后，却隐藏着对儒教学说的摄取和利用。

忠臣者务崇君之德，谄臣者务广君之地。何以明之？陈夏征舒弑其君，楚庄王伐之①，陈人听令。庄王以讨有罪，遣卒戍陈②，大夫毕贺。申叔时使于齐，反还而不贺。③庄王曰："陈为无道，寡人起九军以讨之④，征暴乱，诛罪人，群臣皆贺，而子独不贺，何也？"申叔时曰："牵牛蹊人之田⑤，田主杀其人而夺之牛，罪则有之，罚亦重矣⑥。今君王以陈为无道，兴兵而攻，因以诛罪人⑦，遣人戍陈。诸侯闻之,以王为非诛罪人也,贪陈国也。盖闻君子不弃义以取利。"王曰:"善!"乃罢陈之戍,立陈之后。诸侯闻之,皆朝于楚。此务崇君之德者也。张武为智伯谋曰:"晋六将军,中行文子最弱⑧,而上下离心,可伐以广地。"于是伐范、中行⑨,灭之矣。又教智伯求地于韩、魏、赵,韩、魏裂地而授之,赵氏不与,乃率韩、魏而伐赵,围晋阳三年。三国阴谋同计以击智氏,遂灭之。此务为君广地者也。夫为君崇德者霸,为君广地者灭。故千乘之国,行文德者王,汤武是也;万乘之国,好广地者亡,智伯是也。非其事者勿仞也,非其名者勿就也⑩,无故有显名者勿处也,无功而富贵者勿居也。夫就人之名者废,仞人之事者败,无功而大利者后将为害。譬犹缘高木而望四方也,虽愉乐哉⑪,然而疾风至,未尝不恐也。患及身,然后忧之,六骥追之⑫,弗能及也。是故忠臣之事君也,计功而受赏,不为苟得;积力而受官⑬,不贪爵禄。其所能者,受之勿辞也;其所不能者,与之勿喜也。辞所能则匮⑭,欲所不能则惑;辞所不能而受所能则得,无损堕之势而无不胜之任矣。昔者智伯骄,伐范、中行而克之,又劫韩、魏之君而割其地。尚以为未足,遂兴兵伐赵。韩、魏反之,军败晋阳之下,身死高梁之东,头为饮器⑮,国分为三,为天下笑。此不知足之祸也。《老子》曰:"知足不辱,知止不殆,可以修久。"⑯此之谓也。

【今译】

　　忠诚的臣子是竭力促成君王品行高尚,而谄佞的臣子是致力于拓展君王的领土。怎么说明这点呢?陈国的夏征舒杀害了他的国君陈灵公,犯下了弑君之罪,楚庄王于是发兵讨伐,陈国人也听从楚军的命令,协助楚庄王讨贼。庄王讨伐有罪之人以后,留下一支部队驻扎在陈国,楚国的大夫们都纷纷来向庄王庆贺,并称赞这一措施。当时申叔时正出使到齐国去,等他回国以后却没有向庄王庆贺和表示赞同在陈国驻军的做法。这时楚庄王就问申叔时:"陈国叛臣大逆不道,我发动大军讨伐他们,平息了暴乱,惩处了罪人,群臣都来庆贺和表示赞许,唯独你不庆贺也不赞许,什么道理?"申叔时说:"有人牵牛踩踏了别人家的田,那田的主人杀了牛主又抢走了他的牛。牵牛人的罪过是明显的,但是既杀牛主又抢走他的牛,这样的惩处也显得太过分了。今天君王你认为陈国弑君者大逆不道,发兵征讨,诛杀了罪臣,但却还派兵驻扎在陈国不走,这样使其他诸侯们认为你君王发兵征讨的目的不在诛杀罪臣,而是在贪图人家的国家,我听说君子是不抛弃道义来谋取利益的。"楚庄王一听,感到有道理,说:"你讲得好。"于是便从陈国撤走部队,并立了陈国国君的后代为新的国君。诸侯们知道这件事后,都来朝拜楚国楚庄王。这就是忠诚的臣子是竭力促成君王品行高尚。张武替智伯出主意,说:"晋国的六大将军中,中行文子最弱小,而且他们内部又离心离德、上下不团结,现在正好可以讨伐他们来扩展我们的领土。"智伯于是听从张武的计谋发兵攻打了范氏、中行氏,并将他们消灭。之后,张武又唆使智伯向魏、韩、赵三家索要土地。韩家和魏家息事宁人就割让了土地,而赵家不肯割让。智伯于是胁迫韩、魏两家一起攻打赵家,并包围晋阳达三年之久。后来赵、魏、韩三家暗中联合,秘密商议,一同用计进攻智伯,最终消灭智伯家族。这就是那些臣子致力于扩展君王的领土。竭力促成君王的品德高尚,君王终于称霸天下;致力于扩展君王的领土,最终使君王被人家消灭。所以,就是千辆兵车的诸侯小国,但只要实行德政就能称王天下,像商汤和周武王就是这样;但反过来,即使是万辆兵车的大国,如果喜欢扩展领地,最终还是导致灭亡,像智伯就是一个典型的事例。不是自己分内的事不要去主动认揽,不该自己获得的名声就不要去接受。无故而获得名声,这种名声还是不要的好;无功而获得富贵,这种富贵不占有为好。追求人之虚名,虚名难留;揽搭他人的事,这事难成功;没有功劳却得大利,终将会被大利所累成祸害。这就好比攀上树的高处眺望四方,虽然一时心旷神怡,可是大风骤起,就不能不惊慌害怕。一旦到了祸患殃及自身后再后悔,那么即使驾上六匹骏马也难以追回。所以忠臣事奉君王,要算准自己有多少功劳后才接受相应的奖赏,不能苟且贪得多占;衡量自己有多少才能再接受官职,不能贪图爵位利禄。自己能胜任的事,接受下来就不必推辞;自己不能胜任的事,给了你也不必沾沾自喜。推辞自己能胜任的事就有些假客气,不能算坦诚正直;勉强做自己做不了的事就会把事情搞乱;推辞自己不能胜任的事、接受自己能胜任的事就很得体,也就不会出现损毁坏事的可能,也就没有什么不能胜任的事。以前智伯骄横,攻打范氏、中行氏;得手以后又要韩、魏两家的土地。还认为不够,又发动攻打赵家。而一旦魏、韩反戈一击,三家联手,智伯的军队就打不过韩、魏、赵三家,最终兵败晋阳,智伯自己死在高梁东面,他的头颅也被做成尿壶,他所把持的晋国也被瓜分,这样的下场一直被天下人耻笑。这所有一切都是在于贪心不足造成的祸害!所以《老子》说:"知道满足就不会遭到困辱,知道适可而止就不会遭到危险,这样就可以保持长久。"说的就是这个意思。

【注释】

①陈:春秋时国名。夏征舒:陈国大夫。《左传》记载:陈国君陈灵公和孔宁、仪行父与夏征舒之母夏姬私通。公元前599年陈灵公和孔宁到夏征舒家饮酒,并取笑夏征舒,夏征舒大怒,杀陈灵公,自立为陈侯。孔宁和仪行父出奔楚国。第二年楚庄王借诛乱臣之名征讨陈国,杀夏征舒,并想吞并陈国。 ②遣卒戍陈:派遣军队留守陈国,即灭陈变为楚国领土。 ③反:王念孙认为应是"及",是谓大夫毕贺之时,申叔时尚未还,及其还而独不贺也。申叔时为楚庄王大夫。 ④九军:《太平御览》"九军"作"六军"。这里指军队。 ⑤蹴:践踏。 ⑥申叔时语见《左传·宣公十一年》。 ⑦兴兵而攻:王念孙认为本作"兴兵而政之","政"与"征"同。因以:即"以","因"字为衍文。 ⑧张武:春秋末晋国大夫智伯家臣。六将军:指晋国最有势

力的六位国卿：智伯、赵、韩、魏、范氏、中行氏。中行文子：指晋国卿中行寅，荀寅。"中行"本指晋国步兵的编制；若分三军，就有中行、右行、左行。自从荀林父被任为"中行"之将以后，荀氏就以"中行"为氏，有中行文子(荀寅)、中行桓子(荀林父)、中行偃(荀偃)、中行穆伯(荀吴)等。　⑨ 范：范氏，指晋国卿范吉射。《史记·晋世家》记载：范氏、中行氏作乱，被攻灭，公元前458年，智伯、赵、魏、韩四家分范氏、中行氏地为邑。　⑩ 仞：通"认"，认可、承担。就：追求、接受。　⑪ 愉：古"偷"字。　⑫ 骥：千里马。　⑬ 积：王念孙认为应为"量"。　⑭ 匿：通"慝"，指不坦诚。　⑮ 高梁：春秋晋地。饮器：尿壶。《战国策·赵一》："及三晋分智氏，赵襄子最忌智伯，而将其头以为饮器。"　⑯ 语见《老子·四十四章》。修：长。

【评析】

本节作者继续强调仁德信义，认为一个国家如讲仁德信义，就能避祸趋福，如历史上的汤武就是如此；因为崇德讲信义，所以由一个千乘小国发展成万乘大国，并称王于天下，这就是作者在文中说的："千乘之国，行文德者王，汤武是也。"而这"仁德信义"表现在楚庄王身上就是不过分贪图利益，不做既杀牛主又夺其牛的贪婪事，也即不做"弃义以取利"的贪婪事，这样也能为国家免却祸患，带来福祉。

一个国家是如此，一个人也是如此，要讲仁德信义，不可贪图名利爵禄；如贪图名利爵禄，就会出现这种情况："就人之名者废，仞人之事者败，无功而大利者后将为害。"所以一个人要"计功而受赏，量力而受官"，这样也就无大患、无大碍。千万不可像智伯那样不知足，最终惹引祸患，身死高梁之东而引起天下耻笑。所以作者最后用了《老子》的话说："知足不辱，知止不殆，可以修长。"也即是说这"知足"是解开上述事物隐微处的钥匙，也是人避祸趋福的法宝。

或誉人而适足以败之，或毁人而乃反以成之。何以知其然也？费无忌复于荆平王①曰："晋之所以霸者，近诸夏也②；而荆之所以不能与之争者，以其僻远也。楚王若欲从诸侯③，不若大城城父④，而令太子建守焉⑤，以来北方⑥，王自收其南。是得天下也。"楚王悦之。因命太子建守城父，命伍子奢傅之。⑦居一年，伍子奢游人于王侧⑧，言太子甚仁且勇，能得民心。王以告费无忌。无忌曰："臣固闻之，太子内抚百姓，外约诸侯，齐、晋又辅之，将以害楚，其事已构矣。"⑨王曰："为我太子，又尚何求？"曰："以秦女之事怨王。"⑩王因杀太子建而诛伍子奢。此所谓见誉而为祸者也。何谓毁人而反利之？唐子短陈骈子于齐威王⑪，威王欲杀之。陈骈子与其属出亡，奔薛。孟尝君闻之，使人以车迎之。⑫至，而养以刍豢黍粱五味之膳，日三至。⑬冬日被裘罽，夏日服绤绤。⑭出则乘牢车，驾良马。孟尝君问之曰："夫子生于齐，长于齐，夫子亦何思于齐？"对曰："臣思夫唐子者。"孟尝君曰："唐子者，非短子者邪？"曰："是也。"孟尝君曰："子何为思之？"对曰："臣之处于齐也，粝粱之食，藜藿之羹。⑮冬日则寒冻，夏日则暑伤。自唐子之短臣也，以身归君，食刍豢，饭黍粱，服轻暖，乘牢良。臣故思之。"此谓毁人而反利之者也。是故毁誉之言不可不审也。

【今译】

　　有时候赞誉人家却恰恰足以败坏他，有时候诋毁人家却反而成全了他。这话怎么说呢？费无忌对楚平王说："晋国之所以能够称霸，是因为它靠近诸夏各国；楚国之所以不能与晋国争霸，是因为我们楚国处在稍偏远的南方。君王如果想要诸侯服从归顺自己，不如扩建城父城，派太子建驻守在那里，以便使北方诸侯能归服楚国。君王自己则亲自收服治理南方。这样就可以称霸天下。"平王听了很高兴,于是派太子建驻守城父城,并命令伍子奢担任太子建的师傅。过了一年,伍子奢派人到平王游说,说太子建非常仁慈,又非常勇武,深得民心。平王听了这些话后就将这些赞誉太子建的话告诉了费无忌。费无忌说:"臣对此早有所闻。太子建在城父,对内安抚百姓,对外结交诸侯,齐、晋两国又辅助他,这将会危害到楚国,而且这事已经酝酿很久了。"平王听了说:"太子建是我们的太子,他还要求什么呢?"费无忌说:"他一定是为秦女的事怨恨君王呢!"于是,楚平王一怒之下就将太子建杀了,还杀了伍子奢。这就是赞誉人家却反而祸害了他。那么,什么是诋毁人家却反而成全了他?唐子在齐威王面前说陈骈子的坏话,齐威王要杀陈骈子。陈骈子就带着他的亲属逃往薛地。孟尝君听说此事,就派人用车子迎接陈骈子一行人。陈骈子到后,孟尝君用肉食米饭奉养他,一天三顿美味佳肴。冬天给陈骈子穿皮衣,夏天给陈骈子穿葛麻。出门不是乘牛车就是骑良马。有一回孟尝君问陈骈子:"你生在齐国,长在齐国,你对齐国还思念吗?"陈骈子回答说:"我思念那位叫唐子的人。"孟尝君说:"那位唐子不就是讲你坏话的那个人?"陈骈子说:"是的。"孟尝君问道:"你为什么要思念这种人呢?"陈骈子回答道:"我在齐国的那阵子,吃的是糙米饭,喝的是野菜羹。冬天挨饿,夏天受热。自从唐子说我坏话以后,我投奔到你门下,吃的是细粮肉食,穿的是轻暖衣服,乘的是牛车良马。就凭这些,我就忘不掉这个唐子。"这就是诋毁别人却反而给别人带来好处。所以说诋毁和赞誉的话,千万得慎重,不能随便说的。

【注释】

① 费无忌:楚平王时的大臣。荆平王:即楚平王,春秋时楚国国君,名弃疾,一名居。公元前528年至公元前516年在位。他是诈杀楚灵王和子比后自立为王的。　② 诸夏:指周王室分封的在中原地区的诸侯国。　③ 从:使服从归顺。　④ 城:修建城池。城父:春秋楚邑。　⑤ 太子建:楚平王的太子,名建。　⑥ 北方:楚北面的

中原诸侯国。来北方：是指使北方的诸侯国归服。这里的"来"是使动用法。　⑦伍子奢：伍子胥的父亲，被平王诛杀。楚平王死后十年，伍子胥率吴军攻入楚都城郢，发掘坟墓鞭打楚平王尸体。傅：做师傅。　⑧游人：指伍子奢派往楚平王处进言的人。　⑨构：谋划、酝酿。　⑩秦女之事：楚平王替太子建娶秦女，秦女貌美，费无忌进言劝楚平王自娶，平王自娶后生子壬而疏远太子建。费无忌又用此事来挑拨楚平王和太子建的关系，导致太子建和伍子奢被诛杀。⑪唐子：战国齐大臣。短：说别人坏话。陈骈子：也叫田骈，战国哲学家，著有《田子》二十五篇。已散佚。齐威王：战国齐国君。公元前356年到公元前320年在位。　⑫孟尝君：战国齐国卿，分封于薛地，好养士。　⑬刍豢：泛指肉类食品。黍粱：指精美细粮。日三至：指一日三顿饮食。　⑭裘：皮衣。罽：一种毛织品。缔：细葛布。纻：苎麻织的布。　⑮粝粱：指粗糙的食物。藜藿：两种野菜的名称。这里泛指野菜。

【评析】

上文作者指出人说话中有"或说听计当而身疏"、"或直于辞而不害于事"的现象存在，由此希望人说话一定要小心谨慎，不可随便，因为言语稍有闪失就有可能引出麻烦事。这里，作者继续揭示人说话中的隐微奥妙处，并以二则历史故事分别指出人说话中会有"誉人而为祸、毁人而反利"的现象存在；因为有这种现象存在，所以说话一定要谨慎，尤其对人作毁誉品评时更要注意，"毁誉之言不可不审也"。

也大概是这毁誉之言难以把握，所以到魏晋之际，名士们对人物的品评都十分谨慎，如司马徽就"辄言皆佳"，阮籍就"口不臧否"；并有不少名士提出要管好自己的口与舌，认为如能管好自己的口与舌，也就能远离祸患、灾难。

或贪生而反死，或轻死而得生；或徐行而反疾。何以知其然也？鲁人有为父报仇于齐者，刲其腹而见其心①，坐而正冠，起而更衣，徐行而出门，上车而步马，颜色不变。其御欲驱，抚②而止之曰："今日为父报仇以出死，非为生也。今事已成矣，又何去之！"③追者曰："此有节行之人，不可杀也。"解围而去之。④使被衣不暇带⑤，冠不及正，蒲伏而行⑥，上车而驰，必不能自免于千步之中矣⑦。今坐而正冠，起而更衣，徐行而出门，上车而步马，颜色不变，此众人所以为死也，而乃反以得活。此所谓徐而驰，迟于步也。⑧夫走者，人之所以为疾也；步者，人之所以为迟也。今反乃以人之所为迟者反为疾⑨，明于分也。有知徐之为疾、迟之为速者，则几于道矣。故黄帝亡其玄珠，使离朱、捷剟索之⑩，而弗能得之也，于是使忽恍，而后能得之⑪。

【今译】

　　有时候人贪生怕死反而丧命，有时候人视死如归反而得生；有时候人慢行反而是速达。怎么知道这样呢？鲁国有个人到齐国去为他父亲报仇，他将仇人杀死以后，剖腹挖心，然后坐下端正帽子，又站起更换了血衣，缓步走出仇家大门，登上马车以后让马夫慢慢驱赶马走，脸上的神色一点不变。马夫这时倒想将马赶得快些，他却按住马夫说："我今日来为父亲报仇，早已将生死置之度外，并不打算活着回去。现在父亲的仇已报了，哪用得着快走逃命？"而来追赶的人看到这种情景后说："这是位有节操的士人，不能追杀。"于是散开包围，放那人离开。假使这报仇者换血衣时慌得顾不上束腰带，又来不及端正帽冠，跌跌撞撞，连滚带爬地逃跑，一上车后又催马急驰，那么他恐怕走不了十步就被人抓住杀死了。现在他又是坐下端正帽子，站起身更换血衣，缓步走出仇家大门，上车后又让马慢行，脸上神色不变，诸如此类都被人家以为是一种自寻死路的行为，但这报仇者就是靠这些行为反而生存了下来。这就说明有时候缓慢徐行反而比快奔急驰还要快。奔跑，人们总以为是快的；步行，人们总以为是慢的。今天这报仇者却反而将人们认为迟慢的变成了快速的，这是因为他明白了自己的生与死。而懂得慢能变快、徐缓可以转化为疾速这个道理的人，也就离道不远了。所以黄帝丢失了玄珠，叫离朱、捷剟两人去寻找，他们没能找到，于是让善忘的忽恍去寻找，忽恍居然寻找到了。

【注释】

①刳：从中间剖开。 ②抚：按。 ③去：离开逃命。 ④去之：放他离开。 ⑤被：杨树达认为应为"彼"。 ⑥蒲伏：通"匍匐"。用膝爬行，形容跌跌撞撞、连滚带爬的狼狈相。 ⑦千：杨树达认为应为"十"。 ⑧徐：刘文典认为应是"走"，跑。徐而驰：顾广圻认为"徐而驰"，有脱。疑作"徐疾于走"，承"徐行"言之，"驰迟于步"，承"步马"言之。 ⑨这句王念孙认为应作"今乃反以人之所以为迟者为疾"。"反乃"应作"乃反"。又脱一"以"字，衍一"反"字。 ⑩离朱：原注为"离朱明目"，传说是黄帝手下视力极好的人。捷剟：原注为"捷剟疾利搏，善拾于物"，传说也是黄帝手下的人，善于拾物。 ⑪忽恍：原注为"忽恍，黄帝臣也。忽恍善忘之人"。

【评析】

按常理来说，黄帝所遗失的玄珠本应由明目的离朱和善拾物的捷剟来寻得，但实际结果却由善忘的、糊里糊涂的忽恍寻到。在这里，作者用这一事例来说明事物的隐微玄奥。

正因为这样，所以就《人间训》的大部分内容来说，作者花的大量笔墨说的就是这类现象："欲利之反害之，欲害之反利之"、"见誉而为祸，毁人而反利"、"有罪而可赏，有功而可罪"、"无功而先举，有功而后赏"、"夺之而反与之，与之而反取之"、"有功而见疑，有罪而益信"……

在这里作者仍然继续这一内容，即指出"贪生而反死，轻死而得生"的现象，并从中得出"徐之为疾、迟之为速"的结论，认为如懂得这一道理,那么他就是一个知"道"的人。

圣人敬小慎微,动不失时,百射重戒,祸乃不滋。①计福勿及,虑祸过之②;同日被霜,蔽者不伤;愚者有备,与智者同功。夫爝火在缥烟之中也③,一指所能息也;唐漏若鼷穴④,一墣之所能塞也⑤。及至火之燔孟诸而炎云台⑥,水决九江而渐荆州⑦,虽起三军之众,弗能救也。夫积爱成福,积怨成祸,若痈疽之必溃也,所浼者多矣。⑧诸御鞅复于简公⑨曰:"陈成常、宰予二子者⑩,甚相憎也,臣恐其构难而危国也。君不如去一人。"简公不听。居无几何,陈成常果攻宰予于庭中,而弑简公于朝。此不知敬小之所生也。鲁季氏与郈氏斗鸡。⑪郈氏介其鸡⑫,而季氏为之金距⑬。季氏之鸡不胜,季平子怒,因侵郈氏之宫而筑之。⑭郈昭伯怒,伤之鲁昭公⑮曰:"祷于襄公之庙⑯,舞者二人而已⑰,其余尽舞于季氏。季氏之无道无上久矣,弗诛,必危社稷。"公以告子家驹。⑱子家驹曰:"季氏之得众,三家为一,其德厚,其威强,君胡得之?"⑲昭公弗听,使郈昭伯将卒以攻之。仲孙氏、叔孙氏相与谋曰:"无季氏,死亡无日矣。遂兴兵以救之。郈昭伯不胜而死,鲁昭公出奔齐。故祸之所从生者,始于鸡定⑳;及其大也,至于亡社稷。故蔡女荡舟,齐师大侵楚。㉑两人构怨,廷杀宰予㉒,简公遇杀,身死无后,陈氏代之,齐乃无吕㉓。两家斗鸡,季氏金距,郈公作难㉔,鲁昭公出走㉕。故师之所处,生以棘楚。㉖祸生而不蚤灭,若火之得燥,水之得湿㉗,浸而益大㉘。痈疽发于指,其痛遍于体。故蠹啄剖梁柱,蚊虻走牛羊㉙,此之谓也。

【今译】
　　圣人谨小慎微,行为举动适合时宜。对于社会纷繁复杂的现象百般预备,重重戒防,这样灾祸就不会产生。对"福"不必想得过多,对祸要多加防备;同时受到霜打,有遮蔽的就不易受伤;愚钝的人有了防备,就和聪明人一样有同等功效。那小火把在刚刚点燃时的缥缈火星,只需用一根手指就能按熄;池塘堤坝的漏洞只有像老鼠洞那么大时,只需一块土块就可堵塞。但等到火势烧及孟诸泽、蔓延的范围有云梦泽那么大一片,洪水从九江决口、泛滥淹没整个荆州,那时即使调动全国所有军队也都无法扑灭堵塞。积累仁爱则带来福祉,积聚怨恨则酿成祸患,这就如同痈疽必然要溃烂,并污染很多地方一样。诸御鞅向齐简公报告:"陈成常和宰予,他们两人互相憎恨,积怨很深,我怕他们两人会作乱而殃及国家。君王你不如除掉他们其中一个。"简公不听。没过多久,陈成常果然在庭院里杀死宰予,并在朝廷上杀死齐简公。这就是不懂得谨慎处理小事而造成的祸害。鲁国的季氏和郈氏两家斗鸡,郈氏给鸡披上铠甲,而季氏则给鸡装上金属尖爪。季氏的鸡斗输了,季平子非常恼火,便乘机侵占了郈家的宅院,还修建了房屋、围墙。郈昭伯也怒气冲天,在鲁昭公面前攻击季平子:"祭祀襄公庙堂时,季氏只用两人舞,其余的都去为季氏祖庙起舞了。季氏大逆不道、目无君王的时间已很长了,如不杀季平子,以后一定会危及国家利益。"鲁昭公将郈昭伯的话告诉了子家驹。子家驹说:"季氏家族深得民众支持,而且季氏三兄弟又联合成一体,他们德高望重,实力强大,你君王又怎么对付得了?"鲁昭公不听,硬派郈昭伯率军去攻打季氏。仲孙氏和叔孙氏一起商量:"如果无季平子,我们两家不用多久就会灭亡。"于是兴兵去救助季平子。战争的结果是,郈昭公战败被杀死,鲁昭公也为之出逃到齐国去避难。这场灾难的起因开始于斗鸡之类的小事,祸事闹大以后,竟然会导致国家灭亡。蔡姬在船上摇晃嬉闹,使齐桓公受了惊吓,由此引起齐国侵攻楚国。陈成常和宰予结下怨仇,造成宰予被杀于朝廷中,齐简公也为此遭了殃。齐简公死后无继承者,陈氏取而代之,齐国从此不再为吕家所有了。季氏和郈氏斗鸡,季氏为鸡装上金属尖爪,引起郈昭伯发难,鲁昭公出逃。所以战争一旦发生,军队所到之处,到处是荆棘杂草、人烟稀少、田地荒芜。祸患的苗子不及时扑灭,就会像火碰上干燥物、水遇上低湿处一样,蔓延扩散开来,以至不可收拾。痈疽虽然长在手指上,但它引起的疼痛却会遍及全身;蛀虫咬啮,会裂损毁坏房梁柱子;蚊虫牛虻的叮咬,会引起牛羊痛得乱蹦乱跑。所有这些都是说的这种道理:小害引起大害。

【注释】

①射:预,备。滋:产生。 ②勿及:指对"福"不可贪求。过之:超过限度,指对"祸"多加防备。 ③爝火:一种用芦苇做成的火把。在缥烟之中:指小火把点燃时,火苗飘忽不定。 ④唐:塘,池塘堤坝。鼹:一种小老鼠。鼹穴:鼠穴。 ⑤墣:土块。 ⑥燔:烧。孟诸:古代宋国的大泽名。炎:烧,指蔓延。云台:杨树达认为应是"云梦";《尔雅·释地》说:"宋有孟诸,楚有云梦。" ⑦九江:指长江水系的各支流。渐:侵、淹。荆州:古代九州之一。 ⑧痈疽:恶疮名。浼:污染。 ⑨诸御鞅:春秋时齐国大夫。复:报告。简公:齐简公。 ⑩陈成常:即田常,也称田成子,春秋齐大夫,专齐国政,公元前481年杀齐简公,立平公,自任齐相。宰予:李哲明"按,陈成常即陈恒,与之相憎者为阚止,事见哀公十四年《左传》。阚止字子我,《传》文数称子我。宰予亦字子我,后人遂误以为宰予耳……又阚止之乱,陈恒执简公于舒州,寻弑之。《传》文甚晰,非即弑于朝也。"何宁说:历史上的王应麟等人也认为"宰予"即为"阚止"。 ⑪季氏:春秋时鲁国贵族中最强的家族。郈:鲁国大夫。 ⑫介:甲,指为鸡披上铠甲。一说"介",指将芥末涂在鸡翅上。 ⑬为:安放。金距:指给鸡安装上金属尖爪。 ⑭筑:修筑房屋与围墙。季平子:季氏三家之一,又称季孙。 ⑮郈昭伯:郈氏之一。鲁昭公:春秋鲁国君,公元前541年至公元前510年在位。 ⑯祷:刘文典疑"祷"为"禘",《说文·示部》:"禘,祭也。"襄公:鲁襄公,名午,昭公父。 ⑰二人:当作"二八",亦即二佾。古代乐舞的行列,每行固定为八人,叫

一佾。按古礼,天子用八佾,诸侯用六佾,大夫用四佾;襄公为诸侯,该用六佾。但季氏专鲁国政,僭用乐舞,给襄公只用二佾,表现出对鲁公室的不敬。《论语·八佾》说季氏曾以八佾舞于庭,孔子对这种越礼行为表示极大愤慨:"是可忍也,孰不可忍也。" ⑱ 子家驹:鲁国大夫。⑲ 三家:指孟氏、叔孙、季氏。胡:何。得:对待、对付。 ⑳ 鸡定:鸡足。㉑ 蔡女:指齐桓公夫人蔡姬,乃蔡穆侯的妹子。《左传》记载齐桓公和蔡姬在苑囿水池中泛舟游嬉,蔡姬摇晃小舟使桓公受到惊吓,桓公一怒之下送蔡姬回蔡国,但未休弃。但蔡君竟将蔡姬改嫁他人。于是桓公兴兵攻蔡,蔡大败,桓公又顺道伐蔡的邻国楚国,打到召陵议和。 ㉒ 构怨:结仇。 ㉓ 吕:指吕氏,春秋齐开国君王姜太公。齐乃无吕:是说齐国的政权被人篡夺,齐国从此就不再是吕氏所有了。 ㉔ 邱公:俞樾认为应是邱氏,即邱昭伯。 ㉕ 鲁昭公:应为昭公,这样上下皆四字句式。 ㉖ 师:军队。棘楚:荆棘、杂草。"楚"通"荆"。 ㉗ 蚤:通"早"。蚤灭:早灭。燥:干燥物。湿:低湿处。 ㉘ 浸:蔓延扩散。 ㉙ 蠹:蛀虫。啄:咬啮。剖:破裂。走:这里指蚊虻叮咬牛羊,导致牛羊奔跑。

【评析】

为了掌握事物的隐微玄奥处,做到避祸趋福,作者除了强调人"心"体"清净恬愉"、不贪之外,这里还提出要人"谨小慎微"、"动不失时",对有些不好的苗子要百般预防,层层戒备,这样灾祸也就不易产生。人要多些忧患意识,少些盲目乐观;人对"福"不可想得太多、追求过分,而对"祸"的发生则可多作假设以便防备,这样就可减少灾祸患难的发生。

那么,怎样才算是对"祸"多作防备呢?作者认为对那些足以酿成大祸的东西要及早扑灭,不要等到其势蔓延扩散开来时再去扑灭,人要明白这样的道理,即"爝火在缥烟之中,一指所能息也;唐漏若鼷穴,一墣之所能塞也。及至火之燔孟诸而炎云梦,水决九江而渐荆州,虽起三军之众,弗能救也"。所以人一定要做到防微杜渐,防患未然,居安思危,这样才可将祸患发生的可能性降至最低点,也就能有效地掌握这同出一门的"祸福"的转化,做到避祸趋福。

人皆务于救患之备而莫能知使患无生。夫使患无生易于救患,而莫能加务焉,则未可与言术也。晋公子重耳过曹,曹君欲见其骈胁①,使之袒而捕鱼②。釐负羁③止之曰:"公子非常也。从者三人④,皆霸王之佐也。遇之无礼,必为国忧。"君弗听。重耳反国,起师而伐曹,遂灭之。身死人手,社稷为墟,祸生于袒而捕鱼。齐楚欲救曹,不能存也。听釐负羁之言,则无亡患矣。今不务使患无生,患生而救之,虽有圣知,弗能为谋耳。患祸之所由来者,万端无方。是故圣人深居以避辱,静安以待时。小人不知祸福之门户,妄动而维罗网,虽曲为之备⑤,何足以全其身?譬犹失火而凿池,被裘而用箑也。⑥且唐有万穴,塞其一,鱼何遽无由出?⑦室有百户,闭其一,盗何遽无从入?夫墙之坏也于隙;剑之折必有啮⑧;圣人见之密⑨,故万物莫能伤也。太宰子朱侍饭于令尹子国⑩,令尹子国啜羹而热,投卮浆而沃之⑪。明日,太宰子朱辞官而归。其仆曰:"楚太宰未易得也,辞官去之,何也?"子朱曰:"令尹轻行而简礼,其辱人不难。"明年,伏郎尹而笞之三百。⑫夫仕者先避之⑬,见终始微矣。夫鸿鹄之未孚于卵也⑭,一指蔑之⑮,则靡而无形矣⑯。及至其筋骨之已就而羽翮之既成也⑰,则奋翼挥䎒⑱,凌乎浮云,背负青天,膺摩赤霄,翱翔乎忽荒之上⑲,析惕乎虹霓之间⑳,虽有劲弩、利矰、微缴、蒲且子之巧㉑,亦弗能加也。江水之始出于岷山也,可搴衣而越也。㉒及至乎下洞庭,鹜石城,经丹徒㉓,起波涛,舟杭一日不能济也㉔。是故圣人者常以事于无形之外,而不留思尽虑于成事之内,是故患祸弗能伤也。

【今译】

　　人都竭力做到对祸患的防备和阻止,但却没有人懂得怎样使祸患从根本上不发生。使祸患从根本上不发生,要比制止祸患容易,可是没有人在这上面花工夫下力气,对这样的人就无法与他们谈论道术。晋公子重耳流亡途中经过曹国,曹国君想看看重耳生的骈生肋骨,就有意让重耳裸露着上身下河去捉鱼。这时釐负羁劝说道:"公子重耳是位非常人物,跟随他的三位随从也都是有辅佐霸王的才能。如果今天对他们无礼,将来必定会给咱们曹国带来后患的。"曹国君不听劝告。后来重耳返回晋国取得了君位,果然对曹国发起了攻击,还灭亡了曹国。曹国君也身死于他人之手,曹国变为一片废墟,而这灾祸正是由让重耳袒露骈生肋骨下水捉鱼引起。齐、楚两大国想救曹国,也救不了它。但反过来说,当初如果听了釐负羁的劝告,这曹国也许就不会有这样的灾祸发生。现在是不致力于使祸患不发生,而是等到祸患发生了再去挽救,这样你再有圣明的智慧,也是无计可施的。这祸患的由来,遍及四面八方,防不胜防。所以圣明的人常常是以深居简出来避免一些不必要的麻烦事,以免取辱,静心安适以等待时机。而小人不知道祸福产生的由来,常常是轻举妄动自投罗网,有时尽管千方百计加以防范,但又怎能保全得了自身?这就好像失了火再去开凿池塘取水,穿着皮衣摇扇取凉一样。况且,池塘堤坝有一万只洞,你塞着其中一个,鱼还有其他洞好逃生。房屋有一百处门,你关闭其中一扇,盗贼还是有其他门洞好进来。大墙的倒塌往往起因于一条小小的裂缝;剑的折断常常是因为它本身已有缺损处了。所以圣人能及早预见预防祸患的由来,这样也就没有什么东西可以伤害他。楚国的太宰子朱侍候令尹子国用餐,令尹子国尝了一口羹汤后感到汤太烫,就拿杯子里的汤水往子朱浇去。第二天,太宰子朱便辞去了太宰的职务,回家去了。他的仆人就问:"楚国太宰的职务不易谋得,你为何辞官离去?"子朱解释说:"令尹子国的行为轻浮,傲慢无礼,他要想侮辱人是非常容易的。"第二年,子国果然找岔制服了郎尹,还打了郎尹三百大板。所以说,明察事理的人总是预先避免着,并善于从事情的细微不好的苗子中预料到事物发展的结果。那鸿鹄还没从卵中孵化出来的时候,只需用一根手指头一戳,它就溃破而变得无影无踪。但等到它筋骨生成,羽毛翅膀丰满,它就会振动翅翼,挥动羽毛,飞上浮云,背负青天,胸贴着红霞,翱翔在无边无际的天空,徜徉在彩虹之间,这时虽有强弩利箭,细缴长丝,再加上有蒲且子这样的神射手,也对付不了它。长江发源于岷山时,人可以提着衣裳涉水淌过。但等到它奔流到洞庭湖、流向石头城,经过丹徒镇时,就形成了波涛汹涌之势,这时你乘船航行一天也不能渡过。所以圣人总是在事物尚未形成之时便关注留意它,而不是等到事物已形成危害之势时才去留心注意它,所以这祸患往往难以伤及他。

【注释】

① 曹:曹国。曹君:曹共公。公元前652年至公元前618年在位。骈胁:指肋骨粘连,有些畸形。 ② 袒:裸露上身。 ③ 釐负羁:曹国大夫。又作"僖负羁"。 ④ 从者三人:指跟随重耳流亡的咎犯(狐偃)、赵衰、胥臣。在重耳返晋国后,他们均成为晋重臣。 ⑤ 絓:绊。这里指自投罗网。 ⑥ 箑:扇。 ⑦ 唐:通"塘",堤防。遽:遂。 ⑧ 龁:缺损处。 ⑨ 密:陈观楼认为:"密"当为"蚤",通"早"。 ⑩ 太宰:官名,掌管膳馔。子朱:人名,时任楚太宰。令尹:官名,相当于宰相。子国:人名,时任楚国令尹。 ⑪ 啜:尝饮。投:王念孙认为"投"应为"援",引、拿。卮:盛酒的容器,杯子一类的容器。沃:浇、灌。 ⑫ 伏:使屈服、使服输。郎尹:主管郎官的官。笞:用竹板或荆条抽人的刑罚。 ⑬ 仕:察。 ⑭ 孚:同"孵"。 ⑮ 摏:指"戳"。 ⑯ 靡:溃灭。 ⑰ 翮:指鸟的翅膀。 ⑱ 翼:鸟羽茎的末端。这里指鸟翅膀。 ⑲ 膺:胸。赤霄:指红色的云霞。忽

荒：指无边无际的天空。　　⑳ 析惕：庄逵吉认为是"徜徉"两字。霓虹：古人认为虹有雌雄之别，色泽鲜艳者为"虹"、为"雄"，色泽暗淡者为"霓"、为"雌"。　　㉑ 矰：系有生丝以射鸟的箭矢。缴：系在箭上的丝绳。蒲且子：古代楚国善射者。　　㉒ 搴：同"褰"，指以手提衣。㉓ 骛：奔驰，这里指水奔流。石城：原注说"石城在丹阳"。丹徒：即指江苏镇江市丹徒镇。　　㉔ 杭：通"航"。济：渡。

【评析】

作者继续讲对那些足以酿成大祸的东西要趁早扑灭，如不早灭，其势就会蔓延扩散，如"火之得燥，水之得湿"，到时再去扑灭就麻烦了；为了说明这个道理，作者举例说道："鸿鹄之未孚于卵也，一指蔍之，则靡而无形矣。及至其筋骨之已就而羽翮之既成也，则奋翼挥䎝，凌乎浮云，背负青天，膺摩赤霄，翱翔乎忽荒之上，析惕乎虹霓之间，虽有劲弩利矰微缴，蒲且子之巧，亦弗能加也。"

然而，这种救患之备的做法不能从根本上解决问题，因为这"救患"的祸患不管它是多么微小，但总还是祸患。由此作者提出：最好的救患方法是使祸患无从生起；祸患无从生起，那么也就用不着救患之备时的"留思尽虑"、手忙脚乱和慌慌张张。而且，这种使祸患无从生起的做法远比去阻止业已形成的祸患容易，即"使患无生易于救患"。作者为此还举鳌负羁的事例加以说明。但是，世上很多人不知道从这方面下功夫，却常常在"患生而救之"上下功夫，所以也就不能从根本上免除祸患。

那么，怎样才能从根本上免除祸患，使祸患无从生起呢？作者认为鉴于"患祸之所由来者，万端无方"，所以圣人是常常深居简出以避其辱，静心安处以待时机；他根本不像小人那样不知"祸福之门户"，妄动而绖罗网；他也从来不做"失火而凿池、披裘而用筹"的蠢事；他还常常能明察秋毫，"见终于始微"；他更能"常以事于无形之外"。由于这样，所以这祸患就无从生起，也根本伤害不着他。

人或问孔子曰："颜回何如人也？"①曰："仁人也。丘弗如也。""子贡何如人也？"②曰："辩人也。丘弗如也。""子路何如人也？"③曰："勇人也。丘弗如也。"宾曰："三人皆贤夫子，而为夫子役④，何也？"孔子曰："丘能仁且忍⑤，辩且讷⑥，勇且怯⑦。以三子之能易丘一道，丘弗为也。"孔子知所施之也。秦牛缺径于山中而遇盗，夺之车马⑧，解其橐笥⑨，拖其衣被⑩。盗还反顾之，无惧色忧志⑪，欢然有以自得也⑫。盗遂问之曰："吾夺子财货，劫子以刀，而志不动，何也？"秦牛缺曰："车马所以载身也，衣服所以掩形也。圣人不以所养害其养。"⑬盗相视而笑曰："夫不以欲伤生，不以利累形者，世之圣人也。以此而见王者，必且以我为事也。"⑭还反杀之。⑮此能以知知矣，而未能以知不知也⑯；能勇于敢，而未能勇于不敢也⑰。凡有道者，应卒而不乏⑱，遭难而能免，故天下贵之。今知所以自行也，而未知所以为人行也⑲，其所论未之究者也⑳。人能由昭昭于冥冥，则几于道矣。《诗》曰："人亦有言，无哲不愚。"㉑此之谓也。

【今译】

有人问孔子："颜回是个怎样的人？"孔子回答说："是个仁慈的人。我不如他。"有人又问："子贡是个怎样的人？"孔子回答说："是个善于辞令的人。我不如他。"又问："子路是个怎样的人？"孔子回答说："是个勇敢的人。我不如他。"那位客人就说了："他们三个人都比你行，可是都成为你的学生，听你教诲，这又是为什么呢？"孔子说："但我孔丘是既能仁慈又能下决断的，既善于辩说又有时显得嘴笨，既勇敢又胆怯的。拿他们三个人的长处换我这种处世之道，我还不情愿呢。"孔子懂得该怎样来运用他自己的长处和短处的。秦牛缺路过一座山，遇到了一群强盗,强盗抢走了他的车马,解开他的口袋和竹箱,还夺走了他的衣被。强盗离去的时候回过头来看秦牛缺,只看见秦牛缺非但没有恐惧、忧伤的神情,反而还显得很高兴的样子,有点悠然自得。强盗们于是问秦牛缺:"我们抢了你的财物,用刀胁迫你,但你却面不改色心不跳,这是为什么呢?"秦牛缺回答说:"车马是用来供人装载和乘骑的,衣裳是用来掩遮体形的,圣人是不会因为顾惜这些养身护身的财物而去伤害自己的身心的。"强盗们听了这番高见后相视而笑,说:"这人知道不以物欲伤害身心,不为利益拖累身体,是当今的圣人。如果这样的人以这样的高论去见君王而被重用后,他必定会对我们作认真处理解决的。"于是这群强盗又折回来杀死了秦牛缺。这位秦牛缺能够凭他的智慧来显示自己什么都懂,但却不能以聪明而掩其聪明、装糊涂以避杀身之祸;这位秦牛缺敢于表现自己勇敢,却不敢于表现自己"柔弱"。凡是有道之人,都能应付仓猝事变而不会显得束手无策,遇到祸患总能化解,所以天下人都看重他。如果现在只知道自己做某事的缘由,而不知道别人做某事的缘由,知己不知彼,那么这样的人对纷繁复杂的事还远远没有研究透。人如果能由原本的明白精明进入到混沌高明的境界,那么他就离道不远了。《诗经》上说:"人们说过这样的话,哲人无不愚。"说的就是这道理。

【注释】

① 颜回:春秋鲁人,孔子弟子,为人好学,安贫乐道,以仁德著称。 ② 子贡:春秋卫人,姓端木,名赐,孔子弟子,能言善辩。 ③ 子路:春秋卞人,名仲由,孔子弟子,有勇力。 ④ 贤夫子:指比孔子行。役:指学生门徒。 ⑤ 忍:指有决断能力。 ⑥ 讷:指言语迟钝,嘴笨。 ⑦ 怯:胆怯。 ⑧ 秦牛缺:战国时秦人牛缺,原注为"牛缺,隐士"。径:通"经"。之:他(秦牛缺)的。 ⑨ 橐:盛物的口袋。笥:一种装衣物或食物的小竹器。 ⑩ 拖:原注为"夺"。 ⑪ 志:神情。 ⑫ 欢然:高兴的样子。 ⑬ 所养:应为"所以养",指用来养育生命的东西,即文中讲的车马、衣物。其养:应为"所养",

指"身体"。　⑭ 以我为事：会对我们作认真处理解决的,指惩治盗贼。　⑮ 反：返。　⑯ 知知：凭智慧显示什么都知道。第一个"知"指"智慧"；第二个"知"指知道事情。　⑰ 不敢：指"怯"、"柔弱"。　⑱ 卒：通"猝",突然的意思。　⑲ 所以为人行：应是"所以人行",这样与上文"所以自行"相对为文。　⑳ 未之究：未究之。是指没有研究透彻。　㉑ 语见《诗经·大雅·抑》。"无"作"靡"。"愚"指"大智若愚"的"愚"。

【评析】

上文作者讲到圣人用"深居以避辱,静安以待时"来使祸患无从生起,"常以事于无形之外"来避祸趋福。

当然,能使祸患无从生起是最好也不过的了。但是,有时候这"万端无方"的祸患会不召自来、仓猝而至,就像秦牛缺走着走着就遇上(强盗)祸患一样,到时那将该如何来应对呢？于是,作者就在本节深化了圣人应对仓猝而至的祸患的方法。作者认为,应对这种仓猝而至的祸患,人最好像孔子"仁且忍、辩且讷、勇且怯"那样具有多重性,即以昭与冥的统一、仁与忍的统一、辩与讷的统一、勇与怯的统一、智与愚的统一来应对这仓猝而至的祸患,这样就可避免祸患；千万不可像秦牛缺那样以单一的特性(如只知勇而不知怯、只以智而不以愚、只以刚而不以柔)来应对仓猝而至的祸患。如果只以单一的特性来应对祸患,就会像秦牛缺那样将原本可以避免的祸患主动地招揽过来,导致被杀遇害。

同样,如果只以单一的东西去应对祸患,也就会不断地印证作者反复强调指出的"欲利之而反害之"、"欲益之而反损之"的现象；也会不断地证实作者所说的事物有隐微处的特征。从而导致人们始终认为这纷繁复杂的人世间实在不可把握。

然而,人要做到以多重的特性来应对祸害,却并不是很容易的；需要不断地提高自身素质,起码要做到"知所以自行"和"知所以人行",

即知己又知彼,这样才有可能免却祸患。但是,在作者看来,大部分人是做不到这种"昭与冥"的统一、"智与愚"的统一、知己又知彼的;就像秦牛缺那样就做不到这点,他只"能以知知而未能以知不知"、"能勇于敢而未能勇于不敢",所以也就必然被恶势力吞噬。反之,谁要能做到这点,那么他也就达到了"道"的境地,也是个"有道者";而"有道者",这祸患是不易伤及他的。

事或为之适足以败之,或备之适足以致之。何以知其然也?秦皇挟录图,见其传①曰:"亡秦者,胡也。"因发卒五十万,使蒙公、杨翁子将筑修城。②西属流沙③,北击辽水④,东结朝鲜。中国内郡挽车而饷之。⑤又利越之犀角、象齿、翡翠、珠玑。⑥乃使尉屠睢发卒五十万,为五军:一军塞镡城之岭⑦,一军守九疑之塞⑧,一军处番禺之都⑨,一军守南野之界⑩,一军结余干之水⑪。三年不解甲弛弩。使监禄无以转饷⑫,又以卒凿渠而通粮道⑬,以与越人战,杀西呕君译吁宋⑭。而越人皆入丛薄中,与禽兽处⑮,莫肯为秦虏。相置桀骏以为将⑯,而夜攻秦人,大破之,杀尉屠睢,伏尸流血数十万。乃发谪戍以备之。⑰当此之时,男子不得修农亩,妇人不得剡麻考缕⑱;羸弱服格于道⑲,大夫箕会于衢⑳;病者不得养,死者不得葬。于是陈胜起于大泽,奋臂大呼,天下席卷,而至于戏。㉑刘项兴义兵随,而定若折槁振落。㉒遂失天下,祸在备胡而利越也。欲知筑修城以备亡,不知筑修城之所以亡也;发谪戍以备越,而不知难之从中发也。夫鹊先识岁之多风也㉓,去高木而巢扶枝㉔。大人过之则探鷇㉕,婴儿过之则挑其卵。知备远难而忘近患。故秦之设备也,乌鹊之智也。

【今译】

　　事情有时候人为地去做了,却恰恰是败坏了它;有时候有意去防范它,却恰恰是招致它。怎么知道是这样呢?秦始皇得到一册录图,发现上面的解说文字写着:"亡秦者,胡也。"于是秦始皇便征调五十万军队,命令蒙恬、杨翁子率领去修筑长城,以防"胡人"。这修筑的长城西起流沙,北接辽水,东连朝鲜。从中原内地派人拉车输送军饷粮食以供修筑长城。除此之外,秦始皇还贪图越地的犀牛角、象牙、翡翠和珍珠。于是又派尉屠睢率兵五十万,分成五路大军:一路大军扼守镡城山岭,一路大军守卫九嶷要塞,一路驻守番禺城邑,一路大军防守南野边界,一路大军集结在余干河畔。各路大军三年之内不解铠甲,不松弓弩。监禄无法输运军粮,于是令士兵凿挖河道以运军粮,靠这来和越人作战,杀了越族西呕人的君主译吁宋。越人全部逃进莽莽丛林中,和禽兽共处,不肯做秦军的俘虏。西呕人推选出勇猛强悍的人做将领,深夜攻打秦军,把秦军打败,并杀了尉屠睢,其时尸横遍野,血流成河。秦始皇此时只得派囚徒来防守南疆边界。在这段时间内,战争使得全国各地男子不能安心在田里耕种,妇女无法静心在家削麻纺织;老弱病残者都出外拉车运送军粮给养,官吏们则拿着箕畚公开在路口搜刮钱财;病者得不到治疗,死者得不到掩埋。于是陈胜在大泽乡举事起义,他振臂一呼,各地反秦人马纷纷响应,顿时席卷天下,义军一下子打到戏城。这时刘邦和项羽也兴义兵跟随在陈胜之后,他们夺取城池,消灭秦军,其势如折断枯枝,振落枯叶,锐不可当。秦就这样丢失了天下,而祸根在于秦始皇为防"胡"人和贪图越人的地财。秦始皇原本修筑长城是为了防止灭亡,谁知恰恰是修筑长城导致了秦王朝的灭亡;秦始皇调动囚徒防守边疆,谁知恰恰是从这中间爆发了灾难。那乌鸦、喜鹊知道一年中哪个季节多风暴,于是将原本在高大树端上的巢迁到低矮路旁的树枝上安巢,但谁知这样一来,路人就可随手掏到雏鸟,小孩顺路就可挑破鸟蛋。乌鸦和喜鹊只知道预防遥远的祸患,却不知这样一来,又造成了眼前的灾难。以此来看秦始皇的所谓防备,只是像乌鸦、喜鹊之类的小智慧。

【注释】

① 秦皇：秦始皇。挟：得到、拥有。录图：谶纬之类的书；《史记·秦始皇本纪》载："燕人卢生使入海还，以鬼神事，因奏录图书。"传：录图上面的解说文字。　② 蒙公：秦国将领蒙恬。杨翁子：华阴杨氏。修城：长城。　③ 属：建接，这里指"起"。流沙：指我国西北沙漠地区。西属流沙：原注为"起陇西临洮县"。　④ 击：顾广圻认为"击"(擊)当为"繋"(系)。"系"、"属"、"结"皆同义。辽水：这里指辽东地区。　⑤ 中国：中原。挽：拉车。饷之：为之供应粮饷。　⑥ 利：贪利。越：秦汉时期散居在江浙粤闽一带的部族。翡翠：硬玉。珠玑：珍珠。圆的叫珠，不圆的叫玑。　⑦ 尉屠睢：秦朝将领。塞：扼守。镡城：古县名，在今湖南靖县西南。　⑧ 九疑：山名，"疑"即"嶷"，在今湖南宁远县南。　⑨ 番禺：秦置县名，在广东省。原注为："番禺，南海。"都：城。　⑩ 南野：秦置县名，在今江西省。　⑪ 余干：地名，在今江西余干县。　⑫ 监禄：秦朝将领。"禄"是其名，"监"是官名。无以：无法。转饷：运输粮食。　⑬ 渠：指监禄主持开凿的河。　⑭ 西呕：越族的一支，秦时居岭南一带。译吁宋：西呕部族首领、君主。　⑮ 丛薄：指草木丛生的地方。　⑯ 桀骏：这里指勇猛强悍的杰出人才，"骏"同"俊"。　⑰ 适戍：以罪被罚戍边的人，指派囚徒防守边疆。　⑱ 剡：削、刮。考：成。缕：线。这里的"考缕"指纺织。　⑲ 羸弱：瘦弱老病。服格：泛指拉车。这里的"格"通"輅"，指安装在车辕上用以拉车的横木。　⑳ 箕会：原注为"以箕于衢会敛"，指在路口用箕畚收敛钱财，也即说聚敛钱财。衢：四通八达的道路。　㉑ 陈胜：农民起义领袖，字涉。秦二世元年，与吴广率领戍卒九百人揭竿起义。大泽：大泽乡，在今安徽宿县西南。戏：地名，在今陕西临潼县东，陈胜部将周章率兵打到此地。　㉒ 刘：刘邦。项：项羽。　㉓ 鹊：王念孙认为应是"乌鹊"，这样和下文一致。　㉔ 扶：旁、侧边。　㉕ 鷇：孵出后得母鸟哺食的幼鸟；孵出后能自己进食的幼鸟叫雏。这里指雏鸟。

【评析】

要防止祸患发生实在不容易,按作者说来,这人既要"知所以自行",也要"知所以人行";既要"昭冥"统一,又要"智愚"综合;既要"常以事于无形之外",又要"深居以避辱";既要"谨小而慎微",也要"动不失时,百射重戒";既要"清净恬愉",又要"知足不贪";既要"仁德信义",还要"布德施惠"……

在这里,作者还提出要防止祸患发生,人还须要"知备远难"和能"知近患"。否则,这祸患还是会发生,如秦始皇就只"知筑修城以备亡,不知筑修城之所以亡",由此导致秦王朝覆灭。如果只"知备远难而忘近患"的话,那么就会像乌鹊那样尽管"识岁之多风,去高木而巢扶枝",但最终这"巢"却被"大人过之则探觳,婴儿过之则挑其卵",祸患终于发生。

这"知备远难而忘近患"而导致祸患发生,说明这祸患除了在空间上万端无方、随处可能发生外,这祸患在时间上还表现为"远难"是防备了,但"近患"却发生了,或"近患"是防止了,但"远难"却潜伏着。这祸患经作者方方面面的叙述、时间空间的规定,被编织成一只大而无形的罗网,随时随地笼罩着人们,由此使人们深感祸福难料。

或争利而反强之①,或听从而反止之。何以知其然也?鲁哀公欲西益宅,史争之,以为西益宅不祥。②哀公作色而怒,左右数谏不听。乃以问其傅宰折睢③,曰:"吾欲益宅,而史以为不祥。子以为何如?"宰折睢曰:"天下有三不祥,西益宅不与焉。"④哀公大悦而喜。顷,复问曰:"何谓'三不祥'?"对曰:"不行礼义,一不祥也;嗜欲无止,二不祥也;不听强谏,三不祥也。"哀公默然深念,愤然自反⑤,遂不西益宅。夫史以争为可以止之,而不知不争而反取之也。智者离路而得道,愚者守道而失路。夫兒说之巧⑥,于闭结无不解,非能闭结而尽解之也,不解不可解也。至乎以弗解解之者,可与及言论也⑦。

【今译】
　　事情有时候是这样的,拿利害关系去劝阻人家,被劝的人反而硬要坚持下去;有时表面上听从,反倒可以制止他。怎么知道是这样呢?鲁哀公想往西边扩建住宅,史官极力劝谏他,认为向西扩建宅院不吉利,鲁哀公沉下脸来发脾气,不听身边的人多次规劝。后来鲁哀公将这件事拿去询问太傅宰折睢:"我想往西扩展住宅,史官说不吉利,你认为怎样?"宰折睢说:"天下有三件不吉利的事,但向西扩展修建宅院不在其中。"鲁哀公听了很高兴,喜形于色。过了片刻,鲁哀公又追问:"那么,什么叫三件不吉利的事呢?"宰折睢说:"不行礼义是一不吉利的事,嗜欲无止境是二不吉利的事,不听忠谏是三不吉利的事。"哀公听了后默默沉思,感慨地反省自我,终于停止向西扩建宅院的事。史官以为只要力争强谏就可以阻止哀公向西扩建宅院事,却不懂得不力争强谏反而会被采纳接受。聪明人离开了大路却得到了便道,愚蠢者死守大道却失去了捷径。那兒说灵巧,人们都说他没什么结不能解开的,其实他并不是任何死结都能解开,他只是不去解那些解不开的死结罢了,以至于人们误认为他什么死结都能解开。只有那些能够以"不解"来"解"结的人,才可以和他谈论"道"。

【注释】
　　①争利:争之以利。争:按下文内容来看,这里的"争"是指极力劝止,故也可称为"诤"。　②西益宅:往西扩建住宅。不祥:刘文典说《艺文类聚》引《风俗通义》说:"宅不西益。俗说西者为上,上益宅者,妨家长也。"但《新序》及《家语·正论解》又说"东益宅不祥"。录下供参考。　③傅:太傅,官名。宰折睢:人名。《太平御览》百八十引皆作"曼折睢"。　④与:参与。这里是"在"的意思。焉:其中。　⑤愤:喷、唱。愤然:喷然,于省吾认为"喷然系伤感之义"。　⑥兒

说：宋国大夫，以善解死结闻名。　⑦及：许匡一疑"及"是"之"的误字。

【评析】

人的行为稍许不注意就会生出祸患，人的言语稍许不谨慎就会引起麻烦。作者反反复复说的就是这些。在这里，作者又提醒世人要注意说话的技巧和艺术，不可直于辞、争于辩，愣头愣脑；人要知道有时候稍"离路反得道"，而硬"守道则失路"，将此用到人的说话上，也同样适用。

或明礼义推道体而不行①，或解构妄言而反当②。何以明之？孔子行游，马失③，食农夫之稼，野人怒，取马而系之④。子贡往说之，卑辞而不能得也。孔子曰："夫以人之所不能听说人，譬以大牢享野兽⑤，以《九韶》乐飞鸟也⑥。子之罪也，非彼之过也。"乃使马圉往说之。⑦至，见野人曰："子耕于东海，至于西海，吾马之失，安得不食子之苗？"野人大喜，解马而与之。说若此其无方也而反行⑧，事有所至而巧不若拙。故圣人量凿而正枘。⑨夫歌《采菱》，发《阳阿》⑩，鄙人听之，不若此《延路》阳局⑪，非歌者拙也，听者异也。故交画不畅，连环不解，物之不通者，圣人不争也。

【今译】

有时候对人阐明礼义、讲述大道反而不行，但用些荒诞胡乱的话来解决纠纷反而效果好。何以见得呢？孔子一次出游，马跑失了，走进一块田里吃了人家的庄稼，那户田的主人看了大发脾气，捉住马就将它拴了起来。子贡就前去请求田主放马，说了很多谦恭的话都没使田主放马。回去后孔子对子贡说："你用人家不喜欢听的话去请求人家放马,这就好像用太牢祭享野兽,以《九韶》古乐去取悦飞鸟。马没被放回来,是你的过失,不是田主的责任。"于是孔子就派马夫去讨马,马夫到了那田主那里说:"你田主耕种的田是从东头一直耕到老远的西头,我的马跑失后没人照料,怎么能不吃没人看管的禾苗呢?"田主一听,十分高兴,就解开系着的马还给了马夫。这位马夫劝说田主的话看起来不成体统,但反而一说就行,事情也真有它的极致处,灵巧的语言还不如拙笨的话语管用。所以圣人是量度好榫眼的大小、形状来校正榫头的。你唱《采菱》、《阳阿》这样的歌曲,粗俗的人听了感到还不如《延路》这样通俗的歌曲来得顺耳好听,这并不是唱歌的人唱的不好,而是听歌的人的欣赏能力不同。所以交错画的线条不流畅,连着的玉环不易解;对于那些隐微不通的事物,圣人是不去争辩的。

【注释】

①体:何宁认为当为"理"。推道理:讲述道理。 ②解:解决。构:纠纷。妄言:荒诞胡乱的语言。 ③失:王念孙认为"失"与"佚"同。 ④野人:指农夫、田主。系:拴。 ⑤大牢:太牢;盛牲的食器叫牢,大的就称太牢,太牢盛放牛、羊、猪三牲;祭祀时享用牛、羊、猪三牲俱全叫太牢。享:祭祀。 ⑥《九韶》:传说中的虞舜时的乐曲名。乐:取悦,愉悦。 ⑦马圉:马夫、养马者。 ⑧无方:指说话随便。 ⑨凿:榫眼。枘:榫头。 ⑩《采菱》、《阳阿》:古代乐曲名,较通俗。 ⑪《延路》:民间更通俗的乐曲名。阳局:王念孙认为应作"以和",李善注《吴都赋》《月赋》《舞赋》《长笛赋》《七启》时说到"不若《延露》以和"。和:指曲调顺耳好听。

【评析】

此节作者继续讲说话的艺术和技巧。指出说话者要看对象来说话,如不注意受话者的具体特殊性,说话就起不到实际效果,就会像子贡对田主那样:"明礼义推道理而不行。"作者将看对象而说话比喻为

"量凿而正枘"。

　　仁者,百姓之所慕也;义者,众庶之所高也。为人之所慕,行人之所高,此严父之所以教子,而忠臣之所以事君也。然世或用之而身死国亡者,不同于时也。①昔徐偃王好行仁义,陆地之朝者三十二国。②王孙厉谓楚庄王③曰:"王不伐徐,必反朝徐。"王曰:"偃王,有道之君也,好行仁义,不可伐。"王孙厉曰:"臣闻之,大之与小,强之与弱也,犹石之投卵,虎之啗豚④,又何疑焉!且夫为文而不能达其德,为武而不能任其力,乱莫大焉。"楚王曰:"善!"乃举兵而伐徐,遂灭之。知仁义而不知世变者也。申菽、杜茝⑤,美人之所怀服也,及渐之于滫⑥,则不能保其芳矣。古者五帝贵德,三王用义,五霸任力。⑦今取帝王之道而施之五霸之世,是由乘骥逐人于榛薄,而蓑笠盘旋也。⑧今霜降而树谷,冰泮而求获⑨,欲其食则难矣。故《易》曰"潜龙勿用"者⑩,言时之不可以行也。故"君子终日乾乾,夕惕若厉,无咎"⑪。"终日乾乾",以阳动也;"夕惕若厉",以阴息也。因日以动,因夜以息,唯有道者能行之。夫徐偃王为义而灭,燕子哙行仁而亡⑫,哀公好儒而削⑬,代君为墨而残⑭。灭亡削残,暴乱之所至也,而四君独以仁义儒墨而亡者,遭时之务异也。⑮非仁义儒墨不行,非其世而用之,则为之擒矣。⑯夫戟者所以攻城也,镜者所以照形也;宫人得戟则以刈葵⑰,盲者得镜则以盖卮⑱,不知所施之也。故善鄙不同⑲,诽誉在俗;趋舍不同,逆顺在君⑳。狂谲不受禄而诛㉑,段干木辞相而显㉒,所行同也,而利害异者,时使然也。故圣人虽有其志,不遇其时,仅足以容身,何功名之可致也!

【今译】

　　仁是百姓所仰慕的,义是民众所推崇的;做百姓所仰慕的事,行民众所推崇的事,这正是严父用来教育子女、忠臣用来事奉君王的内容。然而,世上却有施行仁义而身死国亡的,这是因为仁义实行不合时宜。从前徐偃王喜欢施行仁义,这样使天下三十二个国家朝拜他。这时王孙厉就对楚文王说:"君王如果不讨伐徐国,那过不了多久,我们反过来就要去朝拜他了。"文王就说:"徐偃王是位有道之君,他喜欢施行仁义,我们不好讨伐他。"王孙厉就接着说:"强国对付弱国,大国对付小国,这就如同用石击卵、虎吃猪一样,大王有什么好犹豫的。再说实施文治却不能实现德政,奉行武道又不能显示出实力,那么祸乱没有比这更大的了。"听了这席话,文王说:"好!"于是就发兵攻打徐国,并很快将徐国消灭了。这样,徐偃王就成为一个只知实施仁义却不知世道已变的人了。申荍、杜茝是美人所喜欢佩戴的香草,但这香草一旦被臭水所沾污,就再也无法保持它的芳香了。古时候五帝崇尚仁德,三王施行道义,五霸依靠武力。现在如果拿五帝、三王的道德仁义用到五霸这时代,这就好像骑着千里马在莽莽丛林中追逐,只会像斗笠打转盘旋。如果在霜降以后再种谷子,到来年冰化时就想收获,这样来求粮食就难了。所以《易经》上说:"潜龙勿用。"这句话说的就是时势不可妄动。因此,"君子白天兢兢业业,夜里仍需谨慎警惕,这样即使身临险境,灾祸也不会降临"。"白天兢兢业业"是顺阳气而动;"夜里谨慎警惕"是随阴气安息。昼动而夜息这种规律,只有得道之人才能做得到。徐偃王因为施仁义而亡,燕王哙因为行仁义而灭,鲁哀公因为好儒子而弱残,代国君因为奉行墨学而遭害。这灭、亡、削、残一般说来都是由于暴虐才会招致,而这四位君主却因施行仁义儒墨而招致灭亡,原因就在于他们遭逢的时势不同。这当然并不是讲仁义儒墨不好,只是说世道已经变化,再去实施推行,就会因此受害。戟是用来攻城的,镜是用来照人的。但宫中太监拿到戟,就只会用它来割葵菜;瞎子拿到镜,就只会用它当杯盖。这是因为他们不知道怎样来用戟和镜。所以好坏相同的人和事,是受到赞誉还是被诽谤,不取决于这人和事的本身,而取决于人们的习俗。人取舍志向相同,是走运还是倒霉,不取决于人取舍志向本身,而取决于遇上怎样的时势。狂谲不接受俸禄,以清高隐居而被杀害;段干木辞去相位,不图利禄名声而出了名。这两人的品性、德行相同,一个得益一个得害,这是时势造成的。所以圣人即使有好的志向情操,但如果没有碰上好世道,那么他充其量只能保全性命,哪还谈得上实现什么功名!

【注释】

①同:合、和。 ②徐偃王:相传是周穆王时的徐国君,好施仁义,诸侯尊他为王,周穆王令楚出兵灭徐国。陆地:指海内。 ③王孙厉:楚臣。楚庄王:向宗鲁认为应为"楚文王",徐国是为楚文王所灭。《说山训》说:"徐偃王以仁义亡国。"高注为:"居衰乱之世,修行仁义,为楚文王所灭。" ④啗:食。 ⑤申菽、杜茝:均为香草。顾广圻疑"申菽"为"申椒"。 ⑥美人:美女。渐:浸。潞:臭水、臭汁。 ⑦五帝:《史记》以黄帝、颛顼、喾、尧、舜为五帝。三王:指夏、商、周三代开国君王。五霸:有以齐桓、晋文、楚庄、吴阖闾、越勾践为五霸。 ⑧榛薄:指草木丛生。蓑笠:斗笠、竹帽。 ⑨泮:溶化、融化。 ⑩语见《周易·乾·九三》爻辞。 ⑪乾乾:兢兢业业,勤勉努力。惕:警惕。厉:危险。咎:灾害。 ⑫燕子哙:燕国王,名哙,公元前320年至公元前312年在位。《战国策·燕策》记载,燕子哙听从苏代、鹿毛寿进言,摹仿尧舜禅让,让君位于相国子之,三年,燕大乱,齐趁机伐燕,杀燕子哙、子之,立太子平为君,是为燕昭王。 ⑬哀公:春秋鲁国鲁哀公,他出奔到越,死于非命。儒:儒家学说。 ⑭代:赵国境内的小国,在今河北蔚县一带,后被赵襄子所灭。墨:墨家学说。 ⑮时之务:指时务,也可指时势。 ⑯擒:指受到伤害。 ⑰宫人:指宦官。刘:割。葵:一种植物名。 ⑱卮:古代盛酒的器具。 ⑲不:王念孙认为是衍文。 ⑳不:王念孙认为是衍文。

君：何宁认为应作"时"。　㉑ 狂谲：原注为"狂谲，东海之士人也。耕田而食，让不受禄，太公以为饰虚乱民而诛"。　㉒ 段干木：战国时魏隐士，不受官禄而受到魏文侯敬重。

【评析】

本节中诸如"（徐偃王）知仁义而不知世变"的话语也曾在《氾论训》中出现过，它是要人"应时偶变"，不可循旧；谁如果不知应时偶变，那么这灾祸就有可能随时降临，像徐偃王就因"只知仁义不知时"（《氾论训》）而被诛杀。由此，作者得出这样的结论，即这祸福也与时世相关连，诸如徐偃王、燕子哙、哀公、代君只因"遭时之务异"，所以连得信奉儒墨学说都会遭致杀身，那就更不要说其他了。

所以，作者提出，人要避祸趋福就非得认清形势、应时偶变不可，只有"因时变而制宜适"，方可无咎。这样，也就绝对做不得"霜降而树谷、冰泮而求获"那样的蠢事。作者似乎感到这不怎么容易操作，于是就为大家设计了一套最笨却最有效的方法，那就是不管什么时间，你得"终日乾乾，夕惕若厉"，这样也就可保无事；这整天如此，尽管十分累人，但比祸患降临总要好过得多。这也是作者没有办法的办法。

知天之所为，知人之所行，则有以任于世矣。①知天而不知人，则无以与俗交；知人而不知天，则无以与道游。单豹倍世离俗②，岩居谷饮，不衣丝麻③，不食五谷，行年七十，犹有童子之颜色，卒而遇饥虎，杀而食之。张毅好恭④，过宫室廊庙必趋⑤，见门闾聚众必下，厮徒马圉，皆与伉礼⑥。然不终其寿，内热而死。⑦豹养其内而虎食其外，毅修其外而疾攻其内。故直意适情⑧，则坚强贼之；以身役物⑨，则阴阳食之⑩。此皆载务而戏乎其调者也。⑪得道之士，外化而内不化。外化所以入人也，内不化所以全其身也。故内有一定之操而外能诎伸、赢缩、卷舒⑫,与物推移,故万举而不陷。所以贵圣人者,以其能龙变也。今捲捲然守一节⑬,推一行,虽以毁碎灭沉犹且弗易者⑭,此察于小好而塞于大道也⑮。

【今译】
　　既了解天意如何,又了解人间时尚怎样,就能够在这世界上实行你的志向。如果只了解天意而不了解人间风俗时尚,就无法与世俗交往;如果只知道人间时尚风俗而不知天意,就无法与道周游。单豹远离尘世,隐居山岩之中,以饮谷水为生,不穿丝帛衣服和不食五谷,年过七十还保持着童颜。可是,有一次遇到饿虎,被活活咬死吞食。张毅好恭敬,每次经过官室庙堂,必定以碎步疾行;看到里巷门口聚集人群,必定下车步行;他对杂役马扶,也以礼相待。但就是这样的好人,却没有享尽天年,得内热病死了。单豹修养心性,心性修养得不错,不料被老虎吃了他的身子;张毅注重修饰行为礼仪,外表修饰得讲究礼仪,但疾病侵入他的体内。所以内心世界调节得十分和谐,随顺本性,但外界的坚物却伤害了他;而自身受外物所累的人,就更容易被失调的阴阳二气所吞食。这些都在于有负累而不能将外形与心性协调。得"道"的人是外形变化而内心不变的。变化外形是为了适应世俗,内心不变是为了保全自身。所以一个人如果内心有固定操守,外表又能屈能伸、能盈能缩、能卷能舒,与物推移周旋,那么干什么都不会陷入困境。世人之所以推崇圣人,是因为圣人能像龙那样变幻无穷。反过来看,有些人只勉力于细枝末节,死守于一种行为,虽然已经因此碰得头破血流,被证明行不通,但还是不知道改弦易辙。这些人就只盯着眼前的一些小的好处,而对大道是一窍不通。

【注释】
　　① 任:王念孙认为"任"当为"径"。"径",行也。　② 单豹:古代隐士。倍:同"背"。　③ 麻:刘家立认为"麻"当为"帛"。　④ 张

毅：古代好礼之人。　⑤趋：以一种恭敬的小步快走。　⑥厮徒：杂役，马圉：马扶。伉礼：指施行相同的礼仪。　⑦内热：一种疾疾，大概指体内热毒致病。　⑧直意适情：指内心调节和谐，随顺本性。　⑨役：被役使，受外物所累。　⑩阴阳：阴阳二气。　⑪载务：负累，所累。戏：顾广圻认为是"亏"字。因为"戏"(戲)和"亏"(虧)二繁体字形似。调：协调、调和。　⑫诎：通"屈"。赢：盈、满。　⑬捲捲然：形容勉力于某种东西。　⑭以：通"已"。毁碎：毁坏破碎。灭沉：灭亡沉没。毁碎灭沉：等于说碰得头破血流。易：改变。　⑮察：这里指盯着看。塞：不通。

【评析】

作者讲述人生一世，行善不懈、忠信仁义、广施惠德总不会错，它对避祸趋福大有益处。但是，由于徐偃公等就因"遭时之务异"，所以连得广施惠德、忠信仁义也会招惹祸患，这说明这广施惠德、忠信仁义也未必能免却祸患；即使免却外祸，也会招致内患，就像张毅一样。这下，麻烦事又出现了，那就是到底以什么东西来避祸趋福呢？

这样，作者就只得又回到"道"体上来，认为只有以"道"应之才能避祸趋福，即所谓"得道之士，内有一定之操而外能屈伸、赢缩、卷舒，与物推移故万举而不陷"。这种屈伸、盈缩、卷舒，即能屈能伸、能盈能缩、能卷能舒，也就是上述的能昭能冥、能智能愚、能勇能怯、能辩能讷、能仁能忍，设想以这种"道"体来应对一切，还有什么祸患不能避免？就像以"龙变"来对待一切，还有什么不能应对呢？

由此作者反对那些"察于小好而塞于大道"的人，认为他们只蜷守于一隅、死守于一长，以此来应对纷繁复杂的事务，怎会不碰到祸患、麻烦？这"毁碎灭沉"是必然的。在这个意义上说，人要避祸趋福就必定要既知天也知人，只有这样才能与"道"周游，方可避祸趋福。

赵宣孟活饥人于委桑之下①，而天下称仁焉；荆佽非犯河中之难不失其守②,而天下称勇焉。是故见小行则可以论大体矣。田子方见老马于道③,喟然有志焉④,以问其御曰:"此何马也?"其御曰:"此故公家畜也。老罢而不为用,出而鬻之。"⑤田子方曰:"少而贪其力,老而弃其身,仁者弗为也。"束帛以赎之。⑥罢武闻之⑦,知所归心矣。齐庄公出猎⑧,有一虫举足将搏其轮,问其御曰:"此何虫也?"对曰:"此所谓螳螂者也。其为虫也,知进而不知却,不量力而轻敌。"⑨庄公曰:"此为人,而必为天下勇武矣!"⑩回车而避之。勇武闻之,知所尽死矣。⑪故田子方隐一老马而魏国载之⑫,齐庄公避一螳螂而勇武归之。汤教祝网者,而四十国朝⑬;文王葬死人之骸,而九夷归之⑭;武王荫暍人于樾下⑮,左拥而右扇之,而天下怀其德;越王勾践一决狱不辜,援龙渊而切其股⑯,血流至足以自罚也,而战武士必其死⑰。故圣人行之于小,则可以覆大矣;审之于近,则可以怀远矣。孙叔敖决期思之水⑱,而灌雩娄之野⑲,庄王知其可以为令尹也⑳;子发辩击剧而劳佚齐㉑,楚国知其可以为兵主也。此皆形于小微而通于大理者也。

【今译】

　　赵宣孟在桑树的树荫下救下了一个饥饿万分的人,天下人就此知道他的仁慈;楚伉非江中遇难,以剑保持自己的操守,天下人就此称赞他的勇敢。因此,看人的一个细小的表现行为就可以断定他为人的大概。田子方在路上遇到一匹老马,由此产生感触,便问赶马人说:"这是谁家的马?"赶马人说:"这原是公家王室的牲口,因为老病不中用了,便被牵出来卖了。"听了此话后,田子方感慨地说:"这马壮年的时候,人们拼命地使用它的力气,老了病了就抛弃了它。仁慈的人是不应该这样做的。"于是便用一束帛赎回这匹老马。魏国的老弱武士听说此事后，由此产生联想，从此也就从内心拥戴了田子方。齐庄王外出打猎，路上有一只小虫，伸出前肢要挡齐庄王的车轮滚动，齐庄王见了后问赶车人："这是什么虫呀？"赶车人说："这就是人们常说的螳螂。这种昆虫只知前进不知退却，从不计量自己的力量，且轻视对方敌手。"庄公听了后说："如果它是人的话，肯定是一位天下勇士。"说完便让车子绕道避开了螳螂。齐国的勇士听说此事后，由此联系自身，都感到应归附齐庄公。田子方怜惜一匹老马使得魏国人都拥戴他，齐庄公避开一螳螂使勇士们都归附他。商汤叫人网开三面，祈祝猎物"无入吾网"，使天下四十个诸侯来朝拜他；周文王礼葬死者的骨骸而使九夷归服了他；周武王将一位中暑者安置在树荫之下，左手拥抱着他，右手用扇给他扇凉，使天下人都归顺了他。越王勾践偶然一次错判了案子，冤枉了无辜，就拿出宝剑刺割自己的大腿，血流满地，以示自责，听到这些消息，战士们在战斗中不惜生命拼死作战。所以说圣人从小处入手做事，就能产生大的影响；谨慎处理身边小事，就能感化安抚远方的人们。孙叔敖用期思之水浇灌雩娄良田，楚庄王以此看出孙叔敖治理国家的才能，便任命孙叔敖为楚国令尹；子发训练军队赏罚分明，使劳逸齐同，楚国人便知道他是个帅才。这些都是从细微之处显露出大道理的例证。

【注释】

① 赵宣孟：即赵盾，谥号宣子，春秋晋国灵公的正卿。《左传·宣公二年》记载：赵宣孟在首阳山打猎，看见饥民灵辄饿倒在路旁，赵宣孟就用饭肉将他救活，还准备了食物让灵辄带回家给挨饿的老母亲。后来晋灵公要诱杀赵宣孟，被已经成为灵公的卫兵灵辄救出。桑：桑树。委桑：作"翳桑"，指桑树的荫凉处。 ② 楚伙非：楚国人伙非。《道应训》说伙非得剑于干遂，还返渡江时阳侯之波两蛟龙挟绕其船，伙非持剑赴江斩蛟龙，使船中人尽活。河：王念孙认为应为"江"。 ③ 田子方：战国魏人，魏文侯的老师。道：通。道与通皆道路之名。 ④ 有志：有感触。焉：于之，即对此事。 ⑤ 公家：指

王室公家。罢：通"疲"，这里指马老病了。鬻：卖。 ⑥ 束帛：古代聘问的礼物，五匹帛为一束。 ⑦ 罢：通"疲"。罢武：指老弱的武。 ⑧ 齐庄公：春秋齐国君，公元前794年至公元前731年在位。 ⑨ 此为"螳臂当车"。见《庄子·人间世》。 ⑩ 勇武：勇士。 ⑪ 尽死：以死报效。 ⑫ 隐：怜悯。载：通"戴"，拥戴。 ⑬ 汤：商汤。祝：祈祷。《史记·殷本纪》说："汤出，见野张网四面，祝曰：'自天下四方皆入吾网。'汤曰：'嘻，尽之矣。'乃去其三面，祝曰：'欲左左欲右右，不用命乃入吾网。'诸侯闻之，曰：'汤德至矣，及禽兽。'" ⑭ 文王：周文王。传说周文王修灵台，挖出了死人骨骸，夜里梦见有人请他安葬尸骨，第二天清晨文王就以礼安葬了尸骨。 ⑮ 武王：周武王。暍：中暑。樾：树荫。 ⑯ 勾践：战国越国君。决狱：判决诉讼。不辜：无辜、无罪。龙渊：宝剑名。 ⑰ 战武士必其死：陈观楼说，"士"字"其"字皆后人所加。 ⑱ 孙叔敖：春秋楚国令尹。期思：孙叔敖所造陂塘，也即芍陂。孙叔敖曾开芍陂灌田四万顷。 ⑲ 雩娄：春秋吴地，在今河南固始县。 ⑳ 庄王：楚庄王。 ㉑ 子发：人名，战国楚将领。辩：原注为"次第"，这里指治理、训练。击剧：原注为"次第罢劳之赏"，这里指训练中赏罚分明。佚：通"逸"。齐：同也。

【评析】

要避祸首先要知祸；知祸在何处，也就必研究事物的细小隐微处。因为这事物的细小隐微处在作者看来是"通于大理"的，所以知祸福在何处就必须研究这事物的细小隐微处，其方法也被称为"见小行则可以论大体"，如孙叔敖"决期思之水灌雩娄之野"，庄王以此"知其可以为令尹"；又如子发"辩击剧而劳佚齐"，楚国人以此"知其可以为兵主"。

这种"细小隐微而通于大理"，还表现在一个细微的行动可以引出意想不到的（祸福）后果，如齐庄公避一螳螂这一小事可以引出"勇武归之"的大福事；又如田子方隐一老马这一小事可以引出"魏国戴之"的大好事。

正因为"形于小微而通于大理"，"见小行则可以论大体"，所以要想避祸趋福就必须注意事物的细小隐微处。

圣人之举事,不加忧焉,察其所以而已矣。今万人调钟,不能比之律①;诚得知者,一人而足矣;说者之论亦犹此也,诚得其数,则无所用多矣。夫车之所以能转千里者,以其要在三寸之辖。②夫劝人而弗能使也,禁人而弗能止也,其所由者非理也。昔者卫君朝于吴③,吴王囚之,欲流之于海。说者冠盖相望而弗能止。④鲁君闻之⑤,撤钟鼓之县,缟素而朝⑥。仲尼入见,曰:"君胡为有忧色?"鲁君曰:"诸侯无亲,以诸侯为亲;大夫无党,以大夫为党。⑦今卫君朝于吴王,吴王囚之,而欲流之于海,孰意卫君之仁义而遭此难也?吾欲免之而不能,为奈何⑧?"仲尼曰:"若欲免之,则请子贡行。"鲁君召子贡,授之将军之印。⑨子贡辞曰:"贵无益于解患,在所由之道。"敛躬而行。⑩至于吴,见太宰嚭。⑪太宰嚭甚悦之,欲荐之于王。子贡曰:"子不能行说于王⑫,奈何吾因子也?"太宰嚭曰:"子焉知嚭之不能也?"子贡曰:"卫君之来也,卫国之半曰:'不若朝于晋。'其半曰:'不若朝于吴。'然卫君以为吴可以归骸骨也,故束身以受命。⑬今子受卫君而囚之,又欲流之于海,是赏言朝于晋者而罚言朝于吴也。且卫君之来也,诸侯皆以为蓍龟兆⑭,今朝于吴而不利,则皆移心于晋矣。子之欲成霸王之业,不亦难乎?"太宰嚭入,复之于王。⑮王报⑯出令于百官曰:"比十日而卫君之礼不具者⑰,死!"子贡可谓知所以说也。

【今译】
　　圣人办事,不自寻烦忧,只弄清事情的所以然就是了。如果上万个人来调整乐钟,就不可能合音律,假若有懂行的专家,只需一个人调整就够了。游说也是这样的道理,如果说在理上,用不着话多。车子之所以能运行千里,关键在于那三寸长的车辖。劝说人家,人家不按你说的去做,禁止人家又禁止不住,原因在于你讲的理由不在理上。过去卫国国君到吴国去朝拜,吴王夫差将卫君拘囚起来,还打算将他流放到海岛上去。劝阻吴王的人车子络绎不断,车盖都能互相看得见,但就是改变不了吴王的主意。鲁哀公知道这件事以后,撤去了悬挂着的钟鼓,穿着素服上朝。孔子上朝拜见哀公,问道:"君王为什么面有忧虑的神色?"鲁哀公说:"诸侯们互相不亲爱,卫君主动去亲近诸侯;大夫们互相不团结,卫君主动去团结他们。现在卫君去吴国朝见,被吴王囚禁了起来,还打算将他流放到海岛上去。卫君如此仁义,竟然遭到这样厄运。我想解救他,可又做不到,真不知怎么办好?"孔子听了后说:"要想解救卫君,那就请子贡去一趟吧。"于是哀公叫来子贡,授给他将军印。子贡推辞不受,解释说:"尊贵的地位无益于消除卫君的灾难,要靠正确的方法才行。"子贡于是悄悄地上路,前往吴国去了。到了吴国,他先去见太宰伯嚭。太宰伯嚭对子贡的到来感到十分高兴,将准备推荐给吴王。子贡说:"你在吴王面前讲话不起作用,我又怎么能靠你引见呢?"太宰伯嚭说:"你怎么知道我讲话不起作用呢?"子贡说:"卫君来朝拜吴王的时候,卫国有一半的人说:不如去朝拜晋国。卫国的另一半人则说:不如去朝拜吴国。但是卫君认定要来吴国,并认为来了后可以得到善终,所以就绑着自己来吴国听吴王发落。现在你们不但将卫君囚禁了起来,还打算将他流放到海岛上去,这等于有意奖励卫国中主张朝拜晋国的人,而有意打击卫国中主张朝拜吴国的那部分人。再说,卫君来吴国的时候,诸侯都为卫君占卜过凶吉,现在卫君朝拜吴国非但没有得到好处,反而受难,这样就使诸侯们的心要向着晋国了。你想帮助吴王完成霸主的事业不就很难了吗?"太宰伯嚭进宫就将这番话原原本本地报告给吴王听,吴王听后马上下令:"十天之内如果对卫国君的礼仪还没完备的话,就处死。"子贡可真叫懂得如何游说劝谏的。

【注释】

①比：合。律：音律。　②辖：车轴端固定车轮不使脱落的销钉。　③卫君：春秋卫国国君，名辄。公元前492年至公元前481年在位。　④冠盖：指车子。　⑤鲁君：春秋鲁哀公。　⑥县："悬"的古字，"挂"的意思。缟衣：素衣。撤钟鼓之悬和穿上素衣，表示出现了哀伤的事情。　⑦党：朋、群。这里指不团结。　⑧为奈何：为之奈何。　⑨印：何宁认为"印"当为"节"。节，符节，乃使者所执以示信。　⑩敛躬：指敛迹，悄悄地进行。　⑪太宰嚭：太宰伯嚭，太宰为官名。伯嚭为春秋楚人，后奔吴，得到吴王夫差的宠信。夫差破越后，伯嚭受贿劝夫差答应与越和，终使吴为越所灭，伯嚭也被越诛杀。　⑫不能行说于王：指在吴王面前说话不起作用。　⑬归骸骨：指能归老家，活着回去。束身：绑着自己。　⑭蓍龟：用蓍草和龟甲占卜。兆：原注为"以为蓍龟，以卜朝吴之吉凶也"。　⑮复：报告。　⑯报：发布命令。　⑰比：等到，及。

【评析】

作者继续强调说话的艺术性。认为话语不在于多，而在于能说在理上、击中要害，这就像运转千里的车子其关键在于"三寸之辖"一样。文中列举子贡的话语之所以能击中要害，是抓住了吴王欲称霸天下的思想实质，并以卫君朝拜吴国是体现吴王霸主地位的事实来使吴王明白：现在吴国拘囚卫君实际上是要把诸侯们的向心力推移到晋国去，这是不利于吴王称霸天下的，这样也就打动了吴王，从而释放了卫君。

从这事例中可以看出，讲究说话的艺术性，表现在优秀的外交辞令上，它就能起到良好的政治效果，也能在一定程度上消除战争的可能性。设想如果子贡不能说服吴王释放卫君的话，那么作为卫国的盟国鲁国就有可能因帮助卫国，在向吴国要人时引发出一场战争来。

鲁哀公为室而大，公宣子①谏曰："室大，众与人处则哗,少与人处则悲。愿公之适。"公曰:"寡人闻命矣。"筑室不辍。②公宣子复见曰:"国小而室大,百姓闻之必怨吾君,诸侯闻之必轻吾国。"鲁君曰:"闻命矣。"筑室不辍。公宣子复见曰:"左昭而右穆,为大室以临二先君之庙,得无害于子乎?"③公乃令罢役除版而去之。④鲁君之欲为室诚矣,公宣子止之必矣。然三说而一听者,其二者非其道也。夫临河而钓,日入而不能得一鯈鱼者⑤,非江河鱼不食也,所以饵之者非其欲也。及至良工执竿,投而摆唇吻者⑥,能以其所欲而钓者也。夫物无不可奈何,有人无奈何。铅之与丹,异类殊色,而可以为丹者,得其数也。故繁称文辞,无益于说,审其所由而已矣。

【今译】

　　鲁哀公修建宫殿,规模很大,公宣子劝谏说:"宫殿造了太大,很多人聚在一起就会很喧闹,而人少时又会显得很凄清。所以我希望君王你造宫殿最好是恰如其分。"哀公说:"我听你的指教。"但说管说、做管做,修造大宫殿的工程并没停下来。这样,公宣子又去拜见哀公,说:"咱们国家是个小国家,如果宫殿造了大了,老百姓知道了会埋怨君王的,诸侯知道了会看不起我们的。"鲁哀公说:"已经听到过这样的指教了。"但是工程仍然在继续。公宣子只得第三次去见哀公,说:"新宫殿的左边是昭庙,右边是穆庙,修造这样大的宫殿正好靠近两位先君的庙堂,这样不有损你作为孝子的形象吗?"听到这席话,鲁哀公才下令停止施工,拆除板筑。鲁哀公要修建宫殿的想法是十分坚决的,公宣子要阻止这件事的决心也是十分坚定的。但是公宣子劝了三次,第三次才使鲁哀公接受意见,停止施工。这三次中,前二次讲得不得要领,没有击中要害,所以鲁哀公根本听不进去。有人面对河水垂钓,一整天还钓不到一条小白鱼,这不能怪河中的鱼不上钩,而是在于钩上的鱼饵鱼不喜欢吃。而那些钓鱼的高手就不是这样了,他们所拿的鱼竿线绳钩儿一下子就能钩着鱼儿的嘴,是因为这钩上的鱼饵是鱼喜欢吃的东西。事情没办法对付,是在于人对这事情不了解,所以无法对付。铅和丹种类不同、颜色各异,但铅可以炼成丹,因为人们掌握了其中的关键技术。所以繁琐的话语、漂亮的辞藻,无助于劝说别人,只要抓住其中问题的缘由就可以。

【注释】

①公宣子:鲁国大夫。 ②辍:停止。 ③昭、穆:先君之宗庙。古代宗法制度,宗庙的次序是,始祖居中,而后双数世系如二世、四世位于始祖的左方,称为"昭";单数世系如三世、五世位于始祖的右方,称为"穆",以此来分别宗族内的长幼、亲疏等关系。子:刘文典认为"子"当为"孝"。 ④罢:停止。役:事,这里指修建宫殿之事。版:筑墙的夹板。 ⑤鯈:小白鱼。 ⑥擐:贯、穿。这里指钩钩着鱼。

【评析】

此节深化上节内容,上节讲人的话语不在于多,而在于说在理上、击中要害;此节接着说:人的话语不但要讲在理上,还要中听,让人容易入耳接受。如文中的公宣子的话语尽管说得在理上:"国小而室大,百姓闻之必怨吾君,诸侯闻之必轻吾国",但因不中听,所以鲁哀公不接受。第三次公宣子换个角度,结合鲁哀公自身特点进言:"左昭而右穆,为大室以临二先君之庙,得无害于子乎?"这下使鲁哀公听进入耳,采纳了公宣子的劝谏,停止修建宫殿的工程。由此,作者指出,这说话要使人接受,也像钓鱼一样,一定要将这鱼饵调得美味可口,这样鱼儿才肯吞食上钩。

物类之相摩①,近而异门户者,众而难识也。故或类之而非,或不类之而是;或若然而不然者,或不若然而然者。②谚曰:"鸢堕腐鼠,而虞氏以亡。"③何谓也?曰:虞氏,梁之大富人也。④家充盈殷富,金钱无量,财货无赀。⑤升高楼,临大路,设乐陈酒,积博其上。⑥游侠相随而行楼下。博上者射朋张,中⑦,反两而笑⑧,飞鸢适堕其腐鼠而中游侠。游侠相与言曰:"虞氏富乐之日久矣,而常有轻易人之志。⑨吾不敢侵犯,而乃辱我以腐鼠。如此不报,无以立务于天下。⑩请与公僇力一志,悉率徒属,而必以灭其家⑪。"此所谓类之而非者也。何谓非类而是?屈建告石乞⑫曰:"白公胜将为乱。"⑬石乞曰:"不然。白公胜卑身下士,不敢骄贤。其家无管籥之信⑭,关楗之固⑮。大斗斛以出,轻斤两以内。⑯而乃论之以不宜也?"屈建曰:"此乃所以反也。"居三年,白公胜果为乱,杀令尹子椒、司马子期。⑰此所谓弗类而是者也。何谓若然而不然?子发为上蔡令⑱,民有罪当刑,狱断论定,决于令尹前⑲,子发喟然有凄怆之心⑳。罪人已刑而不忘其恩。此其后,子发盘罪威王而出奔。㉑刑者遂袭恩者㉒,恩者逃之于城下之庐㉓。追者至,踹足而怒㉔,曰:"子发视决吾罪而被吾刑㉕,怨之憯于骨髓,使我得其肉而食之,其知厌㉖乎?"追者以为然而不索其内,果活子发。此所谓若然而不然者。何谓不然而若然者?昔越王勾践卑下吴王夫差㉗;请身为臣,妻为妾;奉四时之祭祀,而入春秋之贡职㉘,委社稷,效民力;隐居为蔽㉙,而战为锋行;礼甚卑,辞甚服。其离叛之心远矣。然而甲卒三千人以擒夫差于姑胥㉚。此四策者㉛,不可不审也。夫事之所以难知者,以其窜端匿迹㉜,立私于公,倚邪于正,而以胜惑人之心者也㉝。若使人之所怀于内者与所见于外者若合符节㉞,则天下无亡国败家矣！夫狐之捕雉也㉟，必先卑体弥耳㊱，以待其来也。雉见而信之，故可得而擒也。使狐瞋目植睹㊲，见必杀之势，雉亦知惊惮远飞以避其怒矣。夫人伪之相欺也，非直禽兽之诈计也。物类相似若然，而不可从外论者，众而难识矣，是故不可不察也！

【今译】
　　纷繁复杂的事物紧密联系着，可是又不同门类，这种现象随处可见，又难以识别。所以有些事物的现象看来相似，但却又不一样；有时有些事物的现象看似不一样，但却又是一样。有时候好像是这回事却又不是这回事；有时候好像不是这回事却实际上正是这回事。谚语说："老鹰嘴里掉下了死腐鼠，富户虞家要遭灭亡了。"这话怎么讲呢？它说的是这样一个故事：那虞氏家族原是梁地的大富人家，家里富足殷实，钱财多得无法计算。虞家在大道路口边修建了一座高楼，经常在楼上设置酒席，摆排乐舞，宴请宾客，玩弈棋游戏。有一次一群游侠结伴而行，经过楼下，楼上玩博棋游戏的人，下注赌博，有人获胜而大笑。正在这时，一只飞翔着的老鹰将嘴里叼着的一只死腐鼠掉落下来，正好落在一个游侠头上。游侠们听到楼上的喧哗声，以为是虞家人故意扔下死鼠来戏弄他们。那位被死腐鼠击中头顶的游侠就对同伴说："虞家富贵享乐的时间已很长了，平时对人常轻慢无礼，还有一种侮辱人的心志。我们平时不敢冒犯他们。今天虞家竟然用死鼠来侮辱我们。此仇不报，我们就无法在天下树立我们的英勇之名。让我们齐心协力，率领众兄弟，一定要消灭虞家。"当晚，众游侠合力攻打虞家宅院，把虞家给消灭了。这就是看似相似，但实际上却并不一样。那么，什么是看似不一样，但实际却又是一样？屈建对石乞说："白公胜将要闹事作乱。"石乞说："不会。白公胜平时谦恭下士，从不敢在贤人面前骄慢，他家没有牢固门闩的防备，也没有可靠的锁钥。他平时大斗斛卖出，以小秤买入。你怎么反而用这种言论非议他？"屈建说：

"这正是他要谋反的迹象。"过了三年,白公胜果然发动叛乱,杀死了令尹子椒、司马子期。这就是看似不像,实际上就是这样子。那么,什么是好像是这回事却又不是这回事呢?子发担任上蔡县令,有人犯了罪应依法判刑。案子审判定当,在子发面前执行,其时子发感叹着、流露出凄怆的神色。犯人受了刑后忘不了子发怜悯他的恩情。在这以后,子发得罪了楚惠王而被迫出逃。恰巧在出逃途中碰到那位受刑者,这人掩护了子发,让子发躲进城墙下的一间小屋内。追捕子发的公差赶到,那位受刑者故意跺脚发怒叫骂:"子发亲自判决审定我的罪又让我受了刑,我对他是恨之入骨,现在就是吃了他的肉,还难解我心头之恨。"追捕者看到这番情景也就信以为真,也就不再进小屋搜查了。这就是好像是这回事却又不是这回事。那么,什么是好像不是这回事却实际上正是这回事? 以前越王勾践对吴王夫差表现得卑躬屈膝、低三下四:既请求要做吴王的臣子,又愿意让妻子做吴王的小妾;还向吴王进奉四季的祭祀用品,承担春秋两季的贡品;将自身及至国家都交给了吴王,还让全国百姓为吴王效劳;平时隐蔽不抛头露面,打起仗来则充当先锋;对吴王的礼节很恭敬,言辞用语很驯服,根本看不出有反叛之心。然而最后还是率领三千士兵在姑苏山上擒获了夫差,并消灭了吴国。以上四种情况,是不能不审察的。事物难以认识清楚,就是在于事物的头绪和踪迹总是被藏匿起来,而且人们有时又混私于公、倚邪于正,还以纷乱的现象迷惑人。假若人的内心世界和外表完全一致,就像符节这样吻合,那么天下的事就简单得多,也就不会常发生家破亡国的悲剧了。那狐狸在攻击野鸡时,总是先卑伏着身子、按敛着体毛,等待着野鸡的到来。野鸡见狐狸这副缩头缩脑的样子,也就信以为真,不加防范,所以让狐狸得以捕捉到野鸡。假使狐狸圆睁怒眼,耸毛竖尾,摆出一副捕捉野鸡的架势,野鸡见此架势也必惊怕而远走高飞避开凶神恶煞的狐狸了。况且人又不像禽兽那么简单,人还好互相欺骗虚伪狡诈;这就提醒我们,事物看似相同,但决不可从表面上来判断,这种情况是又多又难识别,因此就不能不谨慎审察一切。

【注释】

①摩：接近、联系。 ②不若然而然：王引之认为当作"若不然而然"。 ③鸢：鹞鹰。 ④梁：地名。 ⑤赀：计量、计算。 ⑥积：庄逵吉认为应作"击"。击博：一种弈棋游戏。 ⑦博上者：庄逵吉说应作"楼上博者"，即在楼上击博的人。射：赌赛，投郑、下赌注。朋：两串贝为一朋，这里指贝玉一类的财物。朋张：许匡一认为似指大的赌注。中：指下赌注猜中。 ⑧反两：原注为"上棋中之，以一反两也"。许匡一解释为"似指中的一次，得到连走两次或连走两子的机会"。一说"反两"，"翻得两点"（见《六博经》）。 ⑨轻易：轻视。 ⑩务：王引之认为"务"当为"矜"，"矜"与势、勇同义。 ⑪僇力：尽力、协力。灭其家：王念孙认为这儿叙事未毕，应补上"其夜乃攻虞氏，大灭其家"。 ⑫屈建：春秋时楚国大夫。石乞：白公胜的党徒。《道应训》作白乙。 ⑬白公胜：春秋楚平王太子建之子，名胜，封于白，故称。公元前479年，白公胜作乱，杀令尹子西、司马子期，劫楚惠王，自立为王，后被叶公打败，自缢死。 ⑭管：钥匙。籥：锁钥。 ⑮关楗：锁门的工具。横的门闩叫关，竖的门闩叫楗。 ⑯斗斛：容量单位名称，也是量器的名称。十斗为一斛。出：卖出，也指粜出、借出。内：通"纳"，买入，也指籴入、收还。 ⑰子椒、子期：原注为"皆白公之季父"。孙志祖说"子椒当作子西"，见《左传》。 ⑱子发：战国楚国将领。上蔡：古邑名。在今河南上蔡县西南。 ⑲尹：王念孙认为"尹"字后人所加。"决于令前"，谓决于上蔡令之前，非谓令尹也。 ⑳凄怆：《太平御览》引"凄怆"作"惨怆"。 ㉑盘：俞樾疑"盘"本作"服"，负。 ㉒袭：掩护。 ㉓庐：简陋的小屋。 ㉔踹：跺脚、顿足。 ㉕视：王念孙认为应为"亲"。 ㉖厌：满足。 ㉗事见《国语·越语上》。 ㉘四时：春夏秋冬四季。贡职：贡物。 ㉙隐居为蔽：王念孙认为应是"居为隐蔽"。 ㉚姑胥：即姑苏山，今苏州虎丘。 ㉛四策：是指以上四种情况。 ㉜窜：隐藏。 ㉝胜：蒋礼鸿认为"胜"当作"务"，借用为"瞀"，纷乱的意思。 ㉞见：现。符节：古时用作凭证的信物，用竹木或金属做

成,上书文字,剖分为二,各执其一,用时以两半相合为验。　㉟ 捕:王念孙认为是"搏"。　㊱ 弥:王念孙认为"弥"当为"弭"。弭,按的意思。弭耳:王念孙认为是"弭毛"。弭毛:按敛其体毛。　㊲ 植:通"直",指耸立起毛。植睹:顾广圻认为"植睹"似当作"植尾",指竖立起尾巴。

【评析】

作者以四则故事分别指出四种情况,即"或类之而非,或不类之而是,或若然而不然,或若不然而然"。以此说明事物难以识辨,人稍有不慎就有可能犯错,引出些不必要的麻烦事。之所以会出现这类现象,主要在于事物间有时候"物类相摩"、"窜端匿迹"、"立私于公"、"倚邪于正",迷惑人心,使人难以识辨。由此,作者以事物喻人物,认为人物与事物相比是更加狡诈虚伪,善于伪装,所以生活在世间中的人就更加要小心谨慎,仔细审视观察你周围的一切。作者强调:对于人类和物类的"相似若然,不可从外论者,众而难识矣,是故不可不察也"。

卷十九　修务训

【解题】

本卷一开始就认为"无为"不是消极简单的"寂然无声,漠然不动,引之不来,推之不往",如按"寂然无声,漠然不动"的无为观来处事,这历史上的神农、尧、舜、禹、汤就不可能有所作为,也无法建功立业。要想"四肢不动,思虑不用,事治求澹",这是不可能的。在此基础上作者提出他自己的无为思想,那就是"吾所谓无为者,私志不得入公道,嗜欲不得枉正术,循理而举事,因资而立功,权自然之势而曲故不得容"。这也就是说,所谓"无为"在作者看来是:行事中不得纳入"私志",处事中不得掺杂"嗜欲",要遵循自然规律,顺应自然之势,在此基础上建功立业。这样,经过作者的诠释,原本道家的"无为"观也就被输入了新的内容。而这正是本卷中最具价值的内容。

作者由这种颇具积极意义的无为观出发,推及到人的学习修养上,认为人也应积极努力、刻苦专心、持之以恒地学习,以便提高品行修养,增加才干,为建功立业创造主观条件。在作者反复叙述学习修养的意义和重要性之下,使本卷又具有了汉代"劝学篇"的性质。

然而,就在作者以质朴的语言,摆史实、批谬误、讲道理、叙述学习修养的重要性过程中,却还流露出些不协调的观念,那就是作者在叙述学习的重要意义时,又将人分为不需学习的"圣人"和不可改造的"愚人"及须加强学习的"众人"三种,这也使得本卷"劝学"的意义稍打折扣。

或曰:"无为者,寂然无声,漠然不动;引之不来,推之不往。如此者,乃得道之像。"①吾以为不然。尝试问之矣:"若夫神农、尧、舜、禹、汤,可谓圣人乎?"有论者必不能废。②以五圣观之，则莫得无为，明矣。古者，民茹草饮水③，采树木之实，食蠃蚌之肉④，时多疾病毒伤之害。于是神农乃始教民播种五谷⑤，相土地宜⑥、燥湿肥垅高下⑦，尝百草之滋味、水泉之甘苦，令民知所辟就⑧。当此之时，一日而遇七十毒。尧立孝慈仁爱，使民如子弟。西教沃民⑨，东至黑齿⑩，北抚幽都⑪，南道交趾⑫。放讙兜于崇山⑬，窜三苗于三危⑭，流共工于幽州⑮，殛鲧于羽山⑯。舜作室，筑墙茨屋⑰，辟地树谷，令民皆知去岩穴，各有家室。南征三苗，道死苍梧。⑱禹沐浴霪雨，栉扶风⑲，决江疏河，凿龙门，辟伊阙，修彭蠡之防⑳，乘四载㉑，随山栞木㉒，平治水土，定千八百国㉓。汤夙兴夜寐，以致聪明㉔；轻赋薄敛，以宽民氓㉕；布德施惠，以振困穷；吊死问疾，以养孤孀㉖。百姓亲附，政令流行。乃整兵鸣条，困夏南巢㉗，谯以其过，放之历山㉘。此五圣者，天下之盛主，劳形尽虑，为民兴利除害而不懈。奉一爵酒不知于色㉙，挈一石之尊则白汗交流㉚，又况赢天下之忧㉛，而海内㉜之事者乎？其重于尊亦远也！且夫圣人者，不耻身之贱，而愧道之不行；不忧命之短，而忧百姓之穷。是故禹之为水，以身解于阳盱之河㉝；汤旱，以身祷于桑山之林㉞。圣人忧民，如此其明也，而称以"无为"，岂不悖哉？㉟

【今译】

有人说："所谓无为，就是寂然无声，漠然不动；拉他他不来，推他他不去。像这样子，才叫把握道的原则。"我则不是这样认为。试问："像那神农、尧、舜、禹、汤，可以称圣人了吧？"明白道理的人肯定不会作否定的回答。从这五位圣人身上，可以看出他们不可能是"无为"

的,这是十分清楚的。远古时候,人民吃野菜、喝生水,采树上的果实充饥,吃生的螺蚌肉果腹,经常得疾病和受到有毒食物的伤害。在这种情况下,神农便开始教导人民播种五谷,观察土壤的干燥潮湿、肥沃贫瘠、地势高低,看它们各适宜种什么样的农作物,神农还品尝百草的滋味、泉水的甜苦,让人民知道怎样避开有害的东西、趋就有益的事物。这个时候,神农一天之中要遭受七十余次的毒害。尧帝确立奉行孝慈仁爱,对待人民就如同对待自己的子女。他亲自西临沃民国,东至黑齿国,北到幽都,南达交趾。他将谨兜流放到崇山,把有苗迁徙到三危,把共工流放到幽州,又在东方的羽山将鲧处死。舜帝建造了房屋,修筑了土墙,用茅草、芦苇盖屋顶,使人民不再住野外穴洞,都有了房屋家室。他又去南方征讨作乱的三苗,死在去苍梧的途中。夏禹冒着暴雨、顶着狂风,疏导江河,凿通龙门,开辟伊阙,修筑彭蠡湖堤防,乘坐四种交通工具,奔忙在河道、平原、丘陵、沼泽,随着山势砍削树木作记号,平整土地、治理水域,这样安定了一千八百个国家。商汤起早摸黑,用尽智慧思考国家大事;减轻赋税,使人民能过得宽松富裕;布施德惠,以救济贫困;凭吊死者,又宽慰病人,供养孤儿寡妇。因此人民亲附汤王,使政令能顺利执行。在这样的德政下,汤王在鸣条整治军队,把夏桀围困在南巢,谴责夏桀的罪行,然后把他流放到历山。这五位圣王,都是天下威望很高的君王,他们劳累身体,绞尽脑汁思虑国事,为人民兴利除害不敢有丝毫的松懈。捧一爵酒,脸上不会显出吃力的样子,但要提起一石重的酒樽,就非得出汗不可,更何况现在是承担天下的忧虑、担负海内外的事情呢? 这一副担子要比一樽酒重得多啊! 再说,作为圣人又不以自己低贱为耻辱,而倒是为不能实行"道"而惭愧;作为圣人不以自己寿命短而忧虑,而倒是忧虑人民百姓的穷苦困窘。所以夏禹治水,是拿自己的身体为牺牲,在阳盱河边祈祷神灵消除灾难;商汤时干旱,汤王在桑山之林祈祷,愿意以自己的身体为牺牲求苍天降雨。圣人忧虑人民的疾苦的事明摆在那里,还要说他们"无为",这难道不荒谬吗?

【注释】

① 傪：法则、原则。　② 废：指否定的意思。　③ 茹：吃。　④ 蠃：通"螺"。蚳：蚌蛤。　⑤ 五谷：指菽、麦、黍、稷、稻。　⑥ 相土地宜：王念孙认为应是"相土地之宜"。　⑦ 垎：指土壤坚硬贫瘠。　⑧ 辟：通"避"。就：趋就。　⑨ 沃民：传说中西方国名。《山海经·大荒西经》说："有沃之国，沃民是处。沃之野，凤鸟之卵是食，甘露是饮。凡其所欲，其味尽存。"　⑩ 黑齿：《山海经·海外东经》说："黑齿国在其北，为人黑(齿)，食稻啖蛇。"　⑪ 幽都：即幽州，在雁门以北。　⑫ 交趾：泛指两广以南地区。　⑬ 讙兜：传说是尧时的佞臣。崇山：原注为"南极之山"。　⑭ 三苗：即有苗，古部落名，生活在今长江中游以南一带。三危：山名，约在甘陕一带。　⑮ 共工：相传是尧的大臣。　⑯ 殛：杀。鲧：相传是夏禹之父，尧时治水无功，被尧杀于羽山。羽山：原注为"东极之山"。　⑰ 茨：用茅草、芦苇盖房顶。　⑱ 苍梧：即九嶷山，在今湖南宁远。舜南巡死在此地。　⑲ 霪雨：淫雨。栉：梳理头发。扶风：疾风。浴：王念孙认为是衍文。　⑳ 伊阙：山名，在今洛阳市南。辟伊阙：原注为"禹开截山体，令伊水得北过入洛水，故曰阙也"。彭蠡：原注为"彭蠡，泽名，在豫章彭泽县西"。防：堤。　㉑ 四载：原注为"四载：山行用檋，水行用舟，陆行用车，泽行用輴。　㉒ 栞：同"刊"字，砍削的意思。本指行走山林时以砍削树木作标记以便行走。　㉓ 定千八百国：原注为"四海之内凡万国，禹定千八百国"，这里的"国"不同于日常说的"国家"之国。　㉔ 致聪明：用尽智慧。　㉕ 宽：使宽裕。民氓：泛指人民百姓。"氓"原指不开化的野民。　㉖ 孤：幼而无父曰孤。孀：寡妇。　㉗ 鸣条：地名，相传商汤伐夏桀的地方。南巢：地名，相传商汤流放夏桀的地方，在今安徽巢县。　㉘ 谯：责备、斥责、谴责。历山：历阳之山，夏桀曾流放于此。　㉙ 奉：通"捧"。爵：古代一种酒杯。不知于色：指轻松不费力。　㉚ 挈：提起。石：古代容量单位，十斗为一石。尊：通"樽"，古代一种较大容量的盛酒器。　㉛ 赢：担、负。　㉜ 海内：王念孙认为"海内"上脱"任"字，这样"任海内"和"赢天下"对

文。　㉝以身解于阳盱之河：原注为"解,祷以身为质。解读解除之解。阳盱河盖在秦地"。　㉞汤旱：王念孙认为应是"汤若旱",这样与"禹为水"相对为文。桑山之林：《主术训》曰"汤以身祷于桑林之际"。原注为"桑山之林能兴云致雨,故祷之"。　㉟悖：谬。

【评析】

本节一开始,作者就反对这种"寂然无声,漠然不动,引之不来,推之不往"的"无为"观,认为如按这种"无为"观来处事,历史上的神农、尧、舜、禹、汤就不可能有所作为和建功立业,也就不会有历史的进步。历史发展到今天,也就是人们积极进取所致。这里,作者对道家"无为"观作了新的解释。作者认为圣人忧民、为民也是其不可或缺的内容之一。

且古之立帝王者,非以奉养其欲也；圣人践位者,非以逸乐其身也。为天下强掩弱①,众暴寡,诈欺愚,勇侵怯,怀知而不以相教,积财而不以相分,故立天子以齐一之②；为一人聪明而不足以遍照海内,故立三公九卿以辅翼之③；绝国殊俗④、僻远幽闲之处,不能被德承泽,故立诸侯以教诲之。是以地无不任,时无不应,官无隐事,国无遗利,所以衣寒食饥⑤,养老弱而息劳倦也。若以布衣徒步之人观之,则伊尹负鼎而干汤⑥,吕望鼓刀而入周⑦,百里奚转鬻⑧,管仲束缚⑨,孔子无黔突,墨子无暖席⑩。是以圣人不高山,不广河⑪,蒙耻辱以干世主,非以贪禄慕位,欲事起天下利⑫,而除万民之害。盖闻传书曰："神农憔悴,尧瘦臞,舜黴黑,禹胼胝。"⑬由此观之,则圣人之忧劳百姓甚矣！故自天子以下,至于庶人,四肢不动,思虑不用,事治求澹者⑭,未之闻也。

【今译】

　　且说古代拥立帝王，不是为了奉养其物欲；圣人登上君位，也不是为了自身的安逸享乐。这是因为天下出现以强凌弱、以多欺少、以诈骗愚、以勇侵怯、满腹经纶不肯指导别人、积财满堂不肯给济别人的现象，所以才拥立帝王来使天下团结平等；又因为天子帝王的聪明才智不足以普及遍照天下海内，所以又设置三公、九卿来辅佐帝王天子；还因为遥远异邦、偏僻地区无法承受到帝王天子的德泽，所以又分封诸侯来教诲那里的民众。以尽量做到地势无不利用、天时无不协调、官吏无不尽职、国家无不获益，所以使饥寒的百姓得以温饱，老弱病残得以供养，劳累疲倦得以休息。如果再从平民百姓出身的人来观察，可以发现：伊尹曾以烹调技术取得商汤的重用，吕望是由操刀屠牛入仕周朝，百里奚曾多次被转卖为奴，管仲曾被捆绑拘捕过，孔子长年周游列国，家中的烟灶也没熏黑过，墨子四处奔走，炕席都从没坐暖过。这些说明，圣人们不怕山高河宽，甘愿吃苦蒙受耻辱来谋得君王的信用，他们并不是为了贪图利禄、羡慕地位，而是一心想要为民谋利、为民除害。曾听说过古书上这样说："神农憔悴，尧帝清瘦，舜帝脏黑，而禹王手足长茧。"由此看来，圣人君王为百姓忧虑劳累也实在厉害。所以从天子帝王到平民百姓，想不动手不抬脚，不费心思不用思虑就能将事情办好，欲望得到满足，这还从来没有听说过。

【注释】

　　① 掩：这里指"凌"。　② 齐一：原注为"齐，等。一，同也"。③ 辅翼：原注为"辅，正也。翼，佐也"。　④ 绝：远。殊：异。⑤ 衣寒食饥：指给饥寒的人有衣食。　⑥ 布衣徒步：指平民百姓。伊尹：商汤之臣，名挚。鼎：烹调用的锅。干：取、求。原注为"伊尹处于有莘之野，执鼎俎和五味以干汤，欲调阴阳行其道"。相传伊尹向汤陈说政见无门路，便以充当厨师接近汤。　⑦ 吕望：周初人，姜姓吕氏名尚。鼓刀：操刀。吕尚曾操刀屠牛于朝歌。原注为"吕望姜姓，四岳之后。四岳佐禹治水有功，赐姓曰姜氏。吕望其后，居殷，乃

屠于朝歌,故曰鼓刀。入周,自殷而往。为文王太师,佐武王伐纣,成王封之于齐也"。 ⑧百里奚:春秋时虞国大夫,晋献公灭虞时被俘,作陪嫁之臣送入秦国,后出逃楚国,被楚人俘获,秦穆公闻其贤,以五张雄黑羊皮赎回,任为相。 ⑨管仲:春秋时齐桓公相。早年辅佐齐公子纠,后因有难出奔鲁国,被鲁国束缚押送回齐,齐桓公(公子小白)任管仲为相。 ⑩黔:黑。突:烟囱。"孔子无黔突"是形容孔子经常流离辗转,不做饭,连烟囱都没熏黑过。 ⑪是句原注解释为"圣人盖谓禹、稷。不以山为高,不以河为广,言必逾渡之"。 ⑫事:致力于。 ⑬传书:指史书典籍。臞:消瘦。黴:同"霉","霉黑"指脏黑。胼胝:手掌、脚掌上长茧。 ⑭澹:满足。

【评析】

本节进一步深化圣人"忧民"、"为民"的内容,指出诸如伊尹、吕望、孔子、墨子、管仲、百里奚等人不辞劳苦,蒙受耻辱,为的是"兴天下百姓之利,除天下万民之除",所以会出现史书上"神农憔悴,尧瘦臞,舜黴黑,禹胼胝"的说法,这些都是他们为了忧劳百姓而造成的。也正是在这个意义上说,要想"四肢不动,思虑不用"就能"事治求澹",这是不可能的。由此也就进一步强调了作者认为的"寂然无声,漠然不动"的"无为"是不可能做成任何事情的观点。

也正因为有这些圣人君主为民忧民,才使社会历史得以进步;就连历史社会中的帝王天子、诸侯百官的产生和设置,在作者眼里看来,也是为民忧民的产物:"为天下强掩弱,众暴寡,诈欺愚,勇侵怯,怀知而不以相教,积财而不以相分,故立天子以齐一之;为一人聪明而不足以遍照海内,故立三公九卿以辅翼之;绝国殊俗,僻远幽闲之处,不能被德承泽,故立诸侯以教诲之。"

诸如这些帝王天子、诸侯百官的设置和上述讲及的农业水利的兴建、问疾养孤的政策等均证明都是忧民为民的产物;而要想为民忧民就不可能"寂然无声,漠然不动",也不可能"四肢不动,思虑不用",这绝对的"无为"是万万行不通的。

从上述这些论述中可以看出,作者的这些观点是有合理性的。

夫地势,水东流,人必事焉,然后水潦得谷行①;禾稼春生,人必加功焉,故五谷得遂长②。听其自流,待其自生,则鲧禹之功不立,而后稷之智不用。若吾所谓"无为"者,私志不得入公道,嗜欲不得枉正术,循理而举事,因资而立③,权自然之势,而曲故不得容者④,事成而身弗伐⑤,功立而名弗有;非谓其感而不应,攻而不动者⑥。若夫以火熯井⑦,以淮灌山,此用己而背自然,故谓之有为。若夫水之用舟,沙之用鸠⑧,泥之用輴⑨,山之用蔂⑩,夏渎而冬陂⑪,因高为田,因下为池,此非吾所谓为之。

【今译】
依着西高东低的地势,所以江河流水也都是由西向东流入大海,但这必须经过人对江河的治理疏导,才能使水顺着河道向东奔流;禾苗庄稼在春季生长发育,但必须要人加以耕耘管理,到秋天五谷才能丰收。假若听任水自流,待苗自长,那么鲧和禹的功绩也就无从建立,后稷的智慧也就无用。所以我所说的"无为"是指个人的意志思想不能掺杂到普遍真理之中,个人的嗜欲不能影响干扰正确规律之中,人要遵循事理来做事,根据实际情况来成就事业,权衡依顺自然之势,而巧伪奸诈不得参与其中,事情成功了不夸耀,功业树立了不占为己有;并不是说感触你也毫无反应,有压力也无动于衷。而那种用火去烘烤井水,将淮河水引上山岗浇灌,这些都只是根据自己的意愿而违背的是自然规律,所以这也被称之为人为做作。而像在水中乘船,在沙地行走用鸠车,在沼泽地行走用輴,在山地行走用蔂,夏天疏通沟渠,冬天开挖池塘,顺高地造田,在低洼处开掘河塘,这些做法就不是我所指的人为做作。

【注释】

① 这句原注解释为"水势虽东流,人必事而通之,使得循谷而行也"。潦:大的水流。谷行:指水沿河道流行,不泛滥为灾。 ② 遂:原注为"成也"。 ③ 资:凭藉,这里指实际情况。立:王念孙认为"立"下应有"功"字,即"因资而立功"。 ④ 曲故:这里指一种巧伪奸诈的智巧。 ⑤ 伐:夸耀功劳称为"伐"。 ⑥ 攻:王念孙认为"攻"当为"敀",即今"迫"字。 ⑦ 熯:用火烘烤。 ⑧ 鸠:一种在沙地上行走的车子。 ⑨ 輴:一种在泥泞沼泽地上行走的工具。 ⑩ 虆:登山时乘坐的交通工具。 ⑪ 渎:这里指疏通沟渠。陂:池塘。

【评析】

这里,作者在反对"寂然无声,漠然不动"的"无为"观的同时,提出了自己的无为观点,那就是"吾所谓无为者,私志不得入公道,嗜欲不得枉正术,循理而举事,因资而立功,权自然之势而曲故不得容者"。这种"无为"就是遵循规律、顺应自然。所谓遵循规律就是在做事行事中不得掺入嗜欲私志,所谓顺应自然就是在处事举事中不得容纳曲故智巧。以"水之东流"为例,由于地势是西高东低,所以这往低处流的"水"必定是顺地势而东流。但这种顺应自然并非是"听其自流,待其自生",还必须由人在这当中起积极作用,即"人必事焉,人必加功焉",就像"水东流,人必事焉","然后水潦得谷行"一样。但作者又怕一讲"人必事"的积极作用时又忘了遵循规律这一点,又特地提醒人们:在"人必事"而"用己"过程中,决不可做出"以火熯井,以淮灌山"的"背自然"的做法。

这样,经过作者方方面面的解释和规定,作者在这里向人们呈现出的"无为"观是一种遵循规律、顺应自然的积极的无为观。

圣人之从事也,殊体而合于理①,其所由异路而同归;

其存危定倾若一②,志不忘于欲利人也。何以明之？昔者楚欲攻宋,墨子闻而悼之③,自鲁趋而十日十夜足重茧而不休息④,裂衣裳裹足,至于郢,见楚王⑤,曰:"臣闻大王举兵将攻宋,计必得宋而后攻之乎？亡其苦众劳民,顿兵挫锐⑥,负天下以不义之名⑦,而不得咫尺之地⑧,犹且攻之乎？"王曰:"必不得宋,又且为不义,曷为攻之？"⑨墨子曰:"臣见大王之必伤义而不得宋。"王曰:"公输⑩,天下之巧士,作云梯之械⑪,设以攻宋,曷为弗取？"墨子曰:"令公输设攻,臣请守之。"于是公输般设攻宋之械,墨子设守宋之备,九攻而墨子九却之,弗能入。于是乃偃兵,辍不攻宋。⑫段干木辞禄而处家,魏文侯过其闾而轼之。⑬其仆曰:"君何为轼？"文侯曰:"段干木在,是以轼。"其仆曰:"段干木布衣之士,君轼其闾,不已甚乎？"文侯曰:"段干木不趋势利,怀君子之道,隐处穷巷,声施千里,寡人敢勿轼乎？段干木光于德,寡人光于势⑭；段干木富于义,寡人富于财。势不若德尊,财不若义高,干木虽以己易寡人不为⑮,吾日悠悠惭于影⑯,子何以轻之哉？"其后秦将起兵伐魏,司马庚⑰谏曰:"段干木贤者,其君礼之,天下莫不知,诸侯莫不闻,举兵伐之,无乃妨于义乎？"于是秦乃偃兵,辍不攻魏。夫墨子跌蹄而趋千里以存楚、宋⑱,段干木阖门不出以安秦魏。夫行与止也,其势相反,而皆可以存国,此所谓异路而同归者也。今夫救火者,汲水而趋之,或以瓮瓴,或以盆盂⑲,其方圆锐椭不同,盛水各异,其于灭火钧也⑳。故秦、楚、燕、魏之歌也,异转而皆乐㉑；九夷八狄之哭也㉒,殊声而皆悲,一也。夫歌者乐之征也,哭者悲之效也㉓,愤于中则应于外,

故在所以感㉔。夫圣人之心，日夜不忘于欲利人，其泽之所及者，效亦大矣。㉕

【今译】

　　圣人处事，具体行为虽不同，但都合于事理，他们所采取的路数方法各不相同，但目的结果都相同；他们挽存危亡安定倾覆的目的是一致的，心里总是不忘记为人谋利。怎么知道这一点呢？过去楚国要攻打宋国，墨子听说以后很哀伤，就从鲁国出发赶路十天十夜，脚上打起一层层的老茧也不肯休息，撕下衣衫布包裹一下又向前赶路，到达楚都郢城，马上拜会楚王，说："我听说大王您要兴兵攻打宋国，您是估计一定能攻占宋国后才决定攻打的呢？还是要使民众劳苦、损兵折将、蒙受被天下指责为不义的名声、却得不到尺寸之地，仍还进攻的呢？"楚王说："如果必定占领不了宋国，又要蒙受不义之名声，我为什么还要进攻呢？"墨子说："我看您大王一定是既得不到宋国又必定是名誉受损的。"楚王又说："公输现在是天下有名的工匠，由他来制造云梯这种器械来攻宋城，为什么不能取胜？"墨子回答说："请让公输假设来攻城，我来防守，演习一下。"于是公输般摆开器械来攻城，墨子也摆出守城的阵式和装备，公输般连攻九次城，被墨子打退九次，始终攻不进城内。这样使得楚王只得息兵，停止对宋的进攻。段干木辞退官职隐居在家，魏文侯乘车经过段干木居住的里巷门外时总要起身扶轼表示敬意。文侯的仆人就问了："我们每次经过这个地方，大王您为什么要这样起立扶轼表示敬意？"魏文侯回答说："因为段干木居住在这里，所以我要起立扶轼表示敬意。"仆人说："段干木只是一个平头百姓，大王您这样表示敬意，不是有些过分了吗？"魏文侯回答说："段干木不追求权势名利，胸怀君子之道，却隐居在这鄙陋的巷子里，而他的名声又传遍天下，我怎么敢不起立扶轼表示敬意呢？段干木因拥有高尚德行而扬名，我却靠君王的权势而荣耀；段干木富于正义，我却富于财物。但地位权势比不上高尚品德，财物也比不上正义。现在让段干木拿德行道义来换我的权势财物，他是不愿意的。我都每次闷闷不乐对着自己的影子而忧思惭愧,你怎么能轻视他呢?"后来,秦国打算兴兵攻打魏国,司马庚劝告秦王说:"段干木是位有名的贤人,魏文侯以礼对待他,天下人没有不知道的,诸侯也没有不听说的,现在我们发动军队去攻打魏国,岂不是妨害了道义?"于是秦王只得息兵,停止攻打魏国。墨子疾行千里,为的是楚、宋两国安定;段干木闭门不出,也为的是安定秦、魏两国。他们一个是千里奔走、一个是隐居不出,表现出的行为路数各异而目的相同,即保存国家,这就叫做殊途同归。现在人们去救火,提水往失火地点赶去,有的人用瓮,有的人用瓴,有的用盆,有的用盂,其工具的形状也各异,或圆、或方、或尖、或椭,提水的数量也不一样,但赶着去灭火的目的是一致的。所以,秦、楚、燕、魏四地的歌曲音调不同,但都令人快乐;九夷八狄各族人的哭喊,声音不同,但表达的悲哀却相同。这唱歌表达欢乐,哭泣反映悲伤,这都是内心世界积郁着的感情的外在流露,也一定有什么东西触发了他们。而圣人内心日夜思念着为民谋利,故他的恩泽遍及也必定功效很大。

【注释】

① 体:行。　② 存危:使危亡的事物得以保存。定倾:使覆倾的事物得以安定。　③ 悼:哀伤。　④ 趋:奔走。　⑤ 郢:楚国都城,在今湖北江陵。楚王:指楚惠王。　⑥ 亡:于省吾认为"亡"乃转语,即转折语,还是、抑或的意思。一曰"亡"通"忘",指不顾。顿:损伤。兵:兵器,这里指士兵。挫:通"剉",挫折。锐:精锐,指部队。　⑦ 负:受。　⑧ 咫尺:形容距离极近,八寸为咫。　⑨ 曷:何。　⑩ 公输:姓公输,名般,春秋时鲁人,著名工匠,亦称鲁班。　⑪ 云梯:古代一种攻城兵器,装在车上的梯子高入云霄,故曰云梯。　⑫ 偃:息。辍:停止。　⑬ 段干木:战国魏人,辞官禄隐居在家。魏文侯:战国魏国君。间:里巷之门。轼:指乘车时站立神情专注,手扶着车箱前横木以示敬意。另有,手扶车箱前横木,低头看着拉车之马的尾巴以示谦恭,如《礼记·曲礼》说:"轼视马尾。"　⑭ 光:马宗霍认为两"光"字当读为《书·尧典篇》"光被四表"之"光"。"光"有"充"、

"广"之义,即充裕、拥有的意思。　⑮ 已:指段干木自己。易:交换。　⑯ 悠悠:忧虑、忧思。　⑰ 司马庚:司马为官名,司马庚为秦国人,任司马,名庚。　⑱ 跌蹄:王引之认为应是"跌蹄",疾行的意思。于省吾认为应是"跌跎",形容奔走千里而踏顿颠仆的样子。　⑲ 汲:取水。瓮、瓴、盆、盂:均指盛水容器。　⑳ 钧:同"均",同等、相同。　㉑ 转:原注为"音声",这里指歌声婉转动听。乐:欢乐、快乐。　㉒ 九夷:古代称东方部族为夷,传说夷有九种。八狄:古代称北方部族为狄,传说狄有八种。这里泛指各部族为"九夷八狄"。　㉓ 征:表现、表达。效:反映。　㉔ 愤:积聚、积郁。感:原注为"发也"。　㉕ 效:功效。

【评析】

在这里,作者指出,圣人的忧民和为民具体表现为是"志不忘于欲利人",也即是说"为民谋利"是圣人忧民为民的主要内容和最终目的。以墨子和段干为例,这"墨子跌蹄而趋千里以存楚宋,段干木阖门不出以安秦魏",尽管"殊体、异路",但目的是一致的,即"存危定倾若一,志不忘于欲利人也";他们就像汲水趋之的救火者,尽管拿盆拎桶盛水各异,但为了灭火这个目的则是相同的。

这种"为民谋利"的圣人之志,并不是光说说而已;这种"为民谋利"的"志"实在是圣人的心志,是发自内心的"心志",是"愤于中而应于外"的"心志"。正因为圣人始终怀着这颗"欲利人"的心志,所以当他一旦发挥这一"心志"时,其功效和恩泽也必然相当深厚。这就是文中所说的:"圣人之心,日夜不忘于欲利人,其泽之所及者,效亦大矣。"

世俗废衰,而非学者多①:"人性各有所修短,若鱼之跃,若鹊之驳②,此自然者,不可损益。"吾以为不然。夫鱼者跃,鹊者驳也,犹人马之为人马,筋骨形体,所受于天,不可变。以此论之,则不类矣。③夫马之为草驹之时④,跳跃扬蹄,翘尾而走,人不能制,龁咋足以噆肌碎骨⑤,蹶蹄足以破卢陷匈⑥。及至圉人扰之⑦,良御教之,掩以衡扼,连以辔衔⑧,则虽历险超堑弗敢辞⑨。故其形之为马,马不可化;其可驾驭,教之所为也。马,聋虫⑩,而可以通气志,犹待教而成,又况人乎?且夫身正性善,发愤而成仁,帽凭而为义⑪,性命可说⑫,不待学问而合于道者,尧、舜、文王也;沉湎耽荒,不可教以道,不可喻以德,严父弗能正,贤师不能化者,丹朱、商均也⑬。曼颊皓齿,形夸骨佳⑭,不待脂粉芳泽而性可说者,西施、阳文也⑮;啳䁝哆呀⑯,蘧蒢戚施⑰,虽粉白黛黑弗能为美者,嫫母、仳倠也⑱。夫上不及尧、舜,下不及商均,美不及西施,恶不若嫫母,此教训之所谕也,而芳泽之所施。⑲且子有弑父者,然而天下莫疏其子,何也?爱父者众也。儒有邪辟者,而先王之道不废,何也?其行之者多也。今以为学者之有过而非学者,则是以一饱之故⑳,绝谷不食,以一蹪之难㉑,辍足不行,惑也。今有良马,不待策錣而行㉒,驽马,虽两錣之不能进,为此不用策錣而御,则愚矣。夫怯夫操利剑,击则不能断,刺则不能入,及至勇武,攘捲一捣,则摺胁伤干㉓,为此弃干将、莫邪而以手战,则悖矣㉔。所谓言者,齐于众而同于俗。今不称九天之顶,则言黄泉之底㉕,是两末之端议,何可以公论乎?夫橘柚冬生,而人曰冬死㉖,死者众;荠麦夏死,人曰夏生㉗,生者众。江、河之回曲,亦时有南北者,而人谓江、河东流;摄提镇星日月东行㉘,而人谓星辰日月西移者:以大氐为本㉙。胡人有知利者,而人谓之駤㉚;越人有重迟者,而人谓之诊㉛:以多者名之。若夫尧眉八彩,九窍通洞㉜,而公正无私,一言而万民齐;舜二瞳子,是谓重明㉝,作事成法,出言成章;禹耳参漏㉞,是谓大通,兴利除害,疏河决江;文王四乳,是谓大仁㉟,天下所归,百姓所亲;皋陶马喙㊱,是谓至信,决狱明白,察于人情;禹生于石㊲,契生于卵㊳;史皇产而能书㊴,羿左臂修而善射㊵。若此九贤者,千岁而一出,犹继踵而生。今无五圣之天奉㊶,四俊之才难㊷,欲弃学而循性,是谓犹释船而欲蹍水也㊸。夫纯钩、鱼肠之始下型㊹,击则不能断,刺则不能入;及加之砥砺,摩其锋锷㊺,则水断龙舟,陆刜犀甲。明镜之始下型㊻,朦然未见形容;及其粉以玄锡㊼,摩以白旃㊽,鬓眉微豪可得而察。夫学,亦人之砥锡也,而谓学无益者,所以论之过。

【今译】

世俗日益颓废衰败,非议学习的人也很多,他们认为"人生性各有长短,就像鱼能腾跃、喜鹊羽毛斑驳一样,这都是自然生成的,不能减少也不能增加"。但我倒不是这样认为的。鱼能腾跃、喜鹊羽毛斑驳,就像人是人、马是马,筋骨形体都是天生的,确实无法改变。但以此论证事物不能改变就似乎有些不伦不类。当马还是马驹未加调教之时,它是扬蹄蹦跳,翘起尾巴奔跑,人不能控制它,它用牙咬人足以咬烂人的肌肉、骨头,用蹄踢人足以踢破人的头颅、胸膛。但等到养马人驯服它后,优秀驭手调教驾驭它后,给它套上轭头、系上缰绳后,那么就是让它经历险境、跨越壕沟,它都无法躲避。所以它作为马的形状是无法变成其他牲畜;但经过驾驭、调教,那就可以改变它的野性。这无意识的马尚且能通过人意志的贯彻,经过调教而改变它的野性,使之驯服有用,更何况有意识的人呢?再说那天生正直、本性善良、发愤而成就仁德、慷慨而成全正义、天性令人喜悦,不必学习便可和道相合,这样的人也只是尧舜、文王少数几位;而那些沉湎于荒淫之中、无法用道德来教化、不可以德仁来晓喻、严父都不能使他正派、良师都不能使他感化,这样的人也只是丹朱、商均少数几个。肤色细腻、牙齿洁白、体态柔美、骨架均称、不施粉脂就能让姿态容貌迷人的,也只有西施和阳文。而缺牙斜眼歪嘴、鸡胸驼背,即使用白粉扑面、黛青画眉也不能变美的,也只有嫫母和仳倠。而大部分的人是上不及尧舜那样圣明崇高,下也不至于像商均那样卑鄙不屑,漂亮也比不上西施,说丑也不至于像嫫母,这些芸芸众生都是能教化开导的,训导美化的。而且,虽然有儿子杀父亲的逆子存在,但天下的父母并不因此疏远自己的孩子,这是为什么呢?因为杀父亲的还只是少数,大多数子女还是敬爱父母的。同样,儒生中也有邪僻之人,但先王之道却始终不曾废弃,这是为什么呢?因为躬行先王之道的人还是多数。现在如果因为学习者有过错而就此非议求学之人,这就好像一次被饭噎住便永远拒绝进食,一次绊倒摔疼就一辈子不走路那样,这是糊涂的表现。现在对良马,不需马鞭、马刺,它也能行走;而对驽马,你即使用两副马刺它也不前进。如果因为这样而不用马鞭、马刺来驾驭所有的马匹,那就愚蠢了。那懦夫手持利剑,砍也砍不断、刺也刺不深;而等到勇士上阵,只需将袖挥拳一击,便会将对手打得肋骨折断、身体受伤,因此就抛弃干将、莫邪这样的宝剑而空手搏斗,那就荒唐了。所谓这些说法,应该是符合大多数人的习性的。现在如果不是说到天上,就是说到地下,这就叫走极端的偏激之言,这样论述问题,哪里还能做到公正公平?亭历是冬天生长,但人们都说植物冬天枯死,这是因为冬天枯死的植物多;荠麦是夏天枯死,但人们都说植物夏天生长,这是因为夏天生长的植物多。长江、黄河曲曲弯弯,有时向南有时向北,但人们总还是说长江、黄河向东流;摄提(岁星)、镇星(土星)、日、月向东行,但人们总说它们向西移:这是根据大概的情况而说的。胡人中也有聪明灵巧的,但人们总说胡人横蛮不讲理;越人中也有愚钝的,但人们总说越人灵敏轻巧:这是就大多数而言的。再说,尧眉间呈八种色彩,九窍畅达而公正无私,只需说一句话就能使万民齐心;舜眼中有两瞳仁,因而有特异的眼力和判断力,所以做事有法度,出口成章;禹的耳朵有三个孔道,因而他无所不通,所以能兴水利除水灾,疏通黄河,引导长江;文王生有四乳,这是仁爱的表现,所以天下归顺他,百姓亲附他;皋陶生着马嘴,这是诚实的象征,所以他判案决断清楚公正,明察人间真情;启从母亲所化的石头中生出,契从鸟蛋中产生,苍颉生下来就能写字,羿左臂修长而善于射箭。像这九位贤人,隔千年才出现一个,但人们还是希望他们能一个接一个地降生出现。现在有不少人既无"五圣"那样的天赋,又无"四俊"那样的才能,却想放弃学习而只靠本性天赋,这就好像丢弃船只靠踩水渡江渡河一样。那纯钩、鱼肠宝剑刚出模子的时候,砍东西都砍不断、刺东西也刺不进;但等到在磨刀石上磨过之后,宝剑的锋刃就锐利了,可以下水砍断龙舟,上岸刺死犀牛。明镜刚从模子里出来的时候,也朦朦胧胧照不出容貌身影来;但等到用玄锡拭擦,白毡磨亮后,人的鬓发、眉毛、毫发都能照得清清楚楚了。那学习,也正是人的细磨石和玄锡,然而有人却说学习无用,这种说法的根据是错误的。

【注释】

① 非:非议、责难。　② 驳:指羽毛颜色相杂不纯。　③ 不类:指不属同一范畴。　④ 草驹:初生的、未加调教的小马。"草"有"初始"义,"草"还可引申为"野"。　⑤ 龁咋:咬的意思。嚼:指咬破、咬穿。　⑥ 蹄:用脚蹬踢。卢:通"颅",头盖骨。匈:"胸"的古字。⑦ 圉人:养马人。扰:驯服。　⑧ 掩:按上、套上。衡:车辕前头的横木。扼:通"轭",搁放在牛马颈上的弯木。辔:驾驭牲口的缰绳。衔:嚼子,放在牛马口中,以制驭行止。　⑨ 堑:壕沟。　⑩ 蠢虫:指无知的动物。　⑪ 帽:王念孙认为"帽"当为"㦖"。"㦖",慷慨。㦖凭:原注为"盈满积思之貌"。　⑫ 性命:这里指天性。说:悦。⑬ 丹朱:传说是尧之子,傲慢无礼,尧禅位于舜而不传丹朱,说丹朱"顽凶"。见《史记·五帝本纪》。商均:舜之子,舜传位给禹而不传商均,《史记·五帝本纪》说"舜子商均亦不肖"。　⑭ 曼:皮肤细腻美好。颊:脸颊。夸:通"姱",美好。　⑮ 芳泽:古代妇女用以润发的

油。性：指姿态容貌。说：通"悦",迷人的意思。西施、阳文：皆古代美女。 ⑯ 咥：缺齿或牙齿不整齐。䁯：杨树达认为是"瞵"字,指眼斜视。哆：张口的样子。吻：口不正,歪嘴。 ⑰ 籧篨：指前胸凸起不能前弯低俯之病态。戚施：指驼背不便后仰之病态。 ⑱ 黛：一种青黑色的颜料,用以画眉。嫫母、仳倠：古代丑女。 ⑲ 下不及：王念孙认为"下不及"当为"下不若"。所谕：指可以教化开导的。所施：指可以美化的。 ⑳ 饱：王念孙认为"饱"是"馤"字之误,"馤"同"噎"。 ㉑ 蹎：跌倒、摔倒。 ㉒ 策：马鞭。錣：马鞭末端的针刺。 ㉓ 武：士。攘：抒。捲：通"拳"。捣：击。摺：折断。干：躯体。 ㉔ 干将、莫邪：皆宝剑名,相传是春秋时吴人干将及其妻莫邪所铸,故用其夫妻之名命名。悖：荒谬、荒唐。 ㉕ 九天：传说天分九重。九天之顶：指极高处。黄泉之底：指极低处。 ㉖ 橘柚：两种果树名称,形相似,实际是柚大而橘小。王念孙认为"橘柚"本作"亭历"。冬死：泛指一般植物冬天凋谢枯死。 ㉗ 荠：荠菜。《天文训》"五月为小刑,荠、麦、亭历枯,冬生草木必死",是说麦、荠这类越冬植物是冬天生发春天成长到夏天枯死。 ㉘ 摄提：岁星。镇星：土星。古人测得土星二十八年周天一次,每年经一宿,就像逐年镇压二十八宿,故将土星称为镇星。 ㉙ 大氐：大抵,大概。本：根据。 ㉚ 知：通"智"。利：灵巧、敏捷。駤：横蛮不讲理。原注为"念戾恶理不通达"。 ㉛ 诊：敏捷、轻巧。 ㉜ 尧眉八彩：原注为"尧母庆都,盖天帝之女,寄伊长孺家,年二十无夫。出观于河,有赤龙负图而至,曰赤龙受天下之图。有人赤衣、光面、八彩,髯髯长。赤帝起,成元宝,奄然阴云。赤龙与庆都合而生尧,视如图。故尧眉有八彩之色"。九窍：指眼耳口鼻及前后阴。通洞：通达顺畅。 ㉝ 重明：指有特异的眼力。 ㉞ 参：三。耳参漏：耳有三个孔道。 ㉟ 大仁：原注为"乳所以养人,故曰'大仁'"。 ㊱ 皋陶：舜之大臣,掌刑狱之事。喙：口。马喙：嘴长得像马嘴。原注为"喙若马口,出言皆不虚,故曰'至信'"。 ㊲ 禹：应改为启。禹生于石：禹妻化为石而生启。 ㊳ 契：商族之祖,传说乃帝喾之子。契母吞燕卵而生契。 ㊴ 史皇：即苍颉,传说生而见鸟迹,感而发明文字。　㊵ 羿:传说中的善射者。　㊶ 五圣:尧、舜、禹、文王、皋陶。天奉:指天赋。　㊷ 四俊:指启、契、史皇、羿。才难:指才能。　㊸ 蹑:履。　㊹ 纯钩、鱼肠:皆宝剑名。王念孙认为"钩"应作"钧","纯钩"即"淳钧"或"淳均"。型:铸造器物的模子,用木做的叫木模。　㊺ 砥砺:磨刀石,细者为砥,粗者为砺。摩:磨。鄂:通"锷",刀剑之刃。　㊻ 刉:割。犀甲:用犀牛皮制成的铠甲。镜:铜镜。　㊼ 粉以玄锡:王念孙认为应是"扢以玄锡"。《广雅》说"扢,摩也。""摩"同"磨"。玄锡:一曰"玄锡"为"铅",如陈直说:"玄锡谓铅也。"一曰"玄锡"为水银和锡化合而成的液体,今称锡汞合剂,作抛光之用(陈广忠说)。　㊽ 白旃:白毡。"旃"同"毡"。

【评析】

也正如前面说的那样,作者由颇具积极意义的无为观出发,推及到人的学习修养上,强调人也应该积极努力地学习,并批判那种认为"人性自然、不可损益",无法教化的观点,认为人之教化就像马之驯化一样,是可能的也是可以的。那种认为人性不可损益的非学观念,实在是一种"以一噎之故而绝谷不食"的糊涂荒唐观念;想"弃学而循性"的做法,也是一种"释船而欲蹑水"渡河的愚蠢做法。由此,作者强调指出,人只有通过学习才能知书达理,所以这学习对人的重要,就像这砥砺对刀剑之刃的重要一样。

但是,作者在强调人之学习教化的重要性之同时,却又认为是有那么些少数人是"不待学问而合于道"的,这部分人就是作者在文中讲到的"尧、舜、文王"等圣人。而这部分人之所以"不待学问而合于道",是在于他们天生与众人不同,如"尧眉八彩、舜二瞳子、禹耳参漏、文王四乳、皋陶马喙",所以不学习也能"身正性善、发愤成仁、憘凭成为义"、"公正无私、作事成法"。然而作者又指出,常人可千万不要看到这些人"不待学问而合于道"后就跟着"弃学而循性",这样就犯了将"个别"取代"一般"的逻辑错误,这是因为你是"常人"、"众人",不具有像"五圣"和"四俊"那样的"天奉"和"才难",所以你就非得学习不可。又认为有一小部分人是不可教化、愚钝不化的,就像丹朱和商均那样,整天"沉湎耽荒,不可教以道,不可喻以德",就是严父、贤师都不能使他们"正"、使他们"化"。在这里,作者的观点是错误的。

接着,作者又怕常人、众人以丹朱这样的邪僻者为榜样,也跟着不去学习而非议学习,于是作者赶紧开导常人:不要因为"儒有邪僻者"而就此废除先王之道,如是这样的话,又是犯了以偏概全的逻辑错误;如"以学者之有过而非学者",那么就像"因噎废食"那样可笑和不可取。

经过作者方方面面的规定,剔除"不待学问而合于道"的尧舜和"不可教以道不可喻以德"的丹朱等少数人,剩下的众人则是作者认为的教育对象,也是上述作者反复强调学习重要性的载体,而众人也正是需要积极努力学习,来完善自我。

作者进而认为,抓住了大部分人的学习问题,似乎就抓住了问题的根本和大抵,这就像客观世界那样,对现象的把握都是"以多者名之"的,如"江河之回曲,时有南北,而人谓江河东流",也如"胡人有知利者而人谓之駤,越人有重迟者而人谓之訬"都是"以多者名之"的。

知者之所短,不若愚者之所修①;贤者之所不足,不若众人之有余②。何以知其然?夫宋画吴冶③,刻刑镂法④,乱修曲出⑤,其为微妙,尧、舜之圣不能及;蔡之幼女⑥,卫之稚质⑦,梱纂组⑧,杂奇彩,抑墨质,扬赤文⑨,禹、汤之智不能逮。夫天之所覆,地之所载,包于六合之内,托于宇宙之间⑩,阴阳之所生,血气之精,含牙戴角,前爪后距,奋翼攫肆⑪,蚑行蛲动之虫⑫,喜而合,怒而斗,见利而就,避害而去,其情一也。虽所好恶,其与人无以异。然其爪牙虽利,筋骨虽强,不免制于人者,知不能相通,才力不能相一也,各有其自然之势,无禀受于外,故力竭功沮。⑬夫雁顺风以爱气力⑭,衔芦而翔以备矰弋⑮。蚁知为垤,獾貉为曲穴⑯,虎豹有茂草,野彘有艽莦槎枥⑰;堀虚连比⑱,以像宫室,阴以防雨,景以蔽日⑲:此亦鸟兽之所以知,求合于其所利。今使人生于辟陋之国⑳,长于穷檐漏室之下,长无兄弟,少无父母,目未尝见礼节,耳未尝闻先古,独守专室而不出门㉑,使其性虽不愚,然其知者必寡矣。昔者苍颉作书㉒,容成造历㉓,胡曹为衣㉔,后稷耕稼㉕,仪狄作酒㉖,奚仲为车㉗。此六人者,皆有神明之道、圣智之迹,故人作一事而遗后世;非能一人而独兼有之,各悉其知,贵其所欲达,遂为天下备。今使六子者易事,而明弗能见者何?万物至众,而知不足以奄之。㉘周室以后,无六子之贤而皆修其业;当世之人,无一人之才而知其六贤之道者何?教顺施续而知能流通。㉙由此观之,学不可已㉚,明矣!

【今译】

聪明人的短处,就不如蠢人的长处;贤人的不足,就不如众人的有余。怎么知道是这样呢?那宋国的绘画、吴国的冶炼,刻型雕镂技法,错综的纹理,精巧的文饰,别具匠心,其中的微妙就是尧舜这样的圣人都望尘莫及。蔡地的少女、卫地的姑娘,编织红色绶带,相杂奇异的色彩,隐抑的墨黑底色,突显着红色花纹,这种手工艺,就是禹汤的智慧也比不上。苍天覆盖着、大地承载着,包含在天地四方之内、寄托于时空之中,由阴阳两气化生出的各种动物,都含有血气精华。它们有的长着利齿,有的长着犄角,有的长着前爪和后趾,有的振翅飞翔,凶猛搏击,有的用足行走,有的蠕动爬行。它们高兴时就结聚在一起,恼怒时又互相撕咬争斗;它们看到有利就屈就,遇到灾害就躲避。这些情况都是差不多的。虽然它们各有自己的好恶,但它们的求生本能、趋利避害的特点则与人类没什么两样。然而,尽管它们爪牙锋利,筋骨强健,但仍然不免被人类控制,其原因就在于它们的知识不能沟通,它们的力量不团结,各自只具备着那些自然形成的本能而无法再接受后天、外界所给予的东西(如教育学习),所以在与其他生物体(如人)较量、竞争时常常是力气用尽而导致败亡。大雁是顺着风向飞行以爱惜自己的体力,衔着芦苇飞翔来防备带有丝绳的飞箭的袭击;蚂蚁知道打洞堆成土堆,獾貉会挖掘曲折的洞穴,虎豹知道栖身在茂密的丛林中,野猪的窝内有草垫着,用树枝掩遮着;它们的洞穴一处挨着一处,就像人的房屋鳞次栉比;它们用这些洞穴来阴天避雨、晴天蔽日:这就是鸟兽们的智慧,以求得符合它们生存的利益。现在如果让一个人生在偏僻落后的边远地区,又长在穷困破烂的人家,成年了没见过兄长,儿少时就失去父母,也从没见过礼节,更没听过有什么先贤古事,独自困守在破烂的小屋里足不出户,这样即使他天性并不愚笨,但他所知道的事情必少得可怜。过去苍颉发明文字、容成制定历法、胡曹创制衣服、后稷耕种庄稼、仪狄首创酿酒、奚仲发明车子。这六个人都有各自神奇的本领,又有圣明聪慧的事迹,所以每人都有一项创造发明留传后世;但他们不能做到一人就兼有六项发明,只是因为他们只是各发挥自己的才智,重视发挥他们各自的专长,并竭力想完成他们各自的目标,这样就终于成功了,也为天下人带来了生活便利。现在如果让他们六位发明家换调他们所从事的工作,那么他们的专长和聪明才智就无法显示出来。这是为什么呢?这是因为世界上的物类太多,一个人的智力无法覆盖、驾驭一切。周王朝以后,就没有再出现过像六位古人那样的贤才,但是很多人都在学习研究他们开创的行业;当代的人,没有一人具备像六位古人那样的贤才,但人们都懂得六位贤才的技艺和方法,这又是什么道理呢?这是由于通过教导学习训练代代相传,使得六位贤才的知识技能能流传下去、传播开来。由此看来,学习是不能停止的,这是不言而喻的道理。

【注释】

① 修:长。　② 有余:王念孙认为应是"所有余"与"所不足"相

对为文。　③ 宋画吴冶：指宋国人的画,吴国人的冶炼。　④ 刑：通"型"。　⑤ 乱修曲出：原注为"乱理之文,修饰之巧,曲出于不意也"。于省吾说："乱修与曲出对文,言所修者乱,所出者曲,极言其文理之繁缛也。"　⑥ 蔡：周诸侯国名,在今河南上蔡。幼女：少女。　⑦ 卫：周诸侯国名,在今河南、河北之间。稚质：也指少女。　⑧ 梱：通"捆",指编织时叩击敲打使整齐牢固。纂组：赤色绶带。　⑨ 墨质：墨黑的底色。扬：突显。赤文：红色花纹。　⑩ 六合：天地四方。宇宙：时空。《齐俗训》说："往古来今谓之宙,四方上下谓之宇。"　⑪ 距：雄鸡足后突出的尖骨。攫：指猛禽用爪搏取食物。肆：指肆杀。　⑫ 蛲动：应是蠕动。　⑬ 沮：失败。　⑭ 顺风：王念孙认为应是"顺风而飞",与"衔芦而翔"相对为文。爱：爱惜。　⑮ 芦：原注说："未秀曰芦,已秀曰苇。"赠弋：系有丝绳以射鸟的短箭。衔芦而翔以备赠弋：原注为"衔芦所以令缴不得截其翼也"。许匡一"疑衔芦是避出声免于被发觉,好像人行军'衔枚'一样"。　⑯ 垤：指蚂蚁在洞口筑起的小土堆,以防水浸渗入洞巢里。獾：一种哺乳动物。貉：一种似狸的哺乳动物。曲穴：指挖掘曲折的洞穴以防敌害。　⑰ 芄：禽兽洞穴中杂乱的垫草。槎枒：指一种木栅栏,以拦截野兽入内,这里指野猪用树枝掩遮巢穴。　⑱ 堀：通"窟",洞穴。虚：墟。窟虚：是指因洞穴紧挨相连,有如墟落,所以称"窟虚"(许匡一说)。比：挨着、连接。　⑲ 景：王引之认为"景"当为"晏",指天晴无云,与"阴"相对。　⑳ 辟：通"僻"。陋：指边远狭小。　㉑ 专室：小室。　㉒ 苍颉：黄帝的史官,发明文字。书：文字。　㉓ 容成：黄帝的大臣,始创历法。　㉔ 胡曹：黄帝的大臣,始制衣服。　㉕ 后稷：相传是舜的农官,始教民稼穑。　㉖ 仪狄：夏禹时发明酿酒术的人。　㉗ 奚仲：夏朝的车正。　㉘ 知：通"智"。奄：覆盖。　㉙ 顺：训。施续：连续,指代代相传。流通：流传。　㉚ 已：止。

【评析】

本节作者进一步深化与人之教育相关的内容。

首先，作者指出人与动物最根本的差别在于动物是"知不能相通，才力不能相一"，所以尽管"各有其自然之势"，禀赋锐利的爪牙、强健的筋骨，但仍不免被人制服。而人就不是这样，尽管他可能视力不如鹰、嗅觉不如狗，但他靠智力和知识，在整体上优于动物，从而制服动物。而这"智力和知识"的获得就靠教育和学习来完成，这就是作者指出的，人是可以而且可能"禀受于外"，而动物则"无禀受于外"；这"禀受于外"就是指后天的教育和学习。也正是通过这教育和学习，使社会的知识技能得以传播和推广，使古代的知识技能得以传授和继承。当世之人为何能知道懂得古代贤人的知识学问和技能，就是在于"教顺施续而知能流通。由此，作者强调"学不可已"，指出学习的重要性。

其次，作者又指出，尽管人能通过教育和学习，掌握知识学问和技能，但因人各有其特殊性，所以人是不可能掌握所有的知识、学问和技能的，由此也必然会出现这样的现象，即"知者之所短不若愚者之所修，贤者之所不足不若众人之有余"；反之谁想"一人而独兼有之"（所有的知识），这只是痴心妄想，根本不可能，就连苍颉、容成、胡曹、后稷、仪狄、奚仲这样的"有神明之道、圣智之迹"的人也只能"人作一事而遗后世"，不可能以一人之智而"奄万物至众"。由此，人要想掌握更多的知识和技能，也就必然要不断学习，这样"学无止境"的结论也就必然推导出来："学不可已，明矣。"

再次，作者认为人学习和教育的环境条件是相当重要的，作者假设："今使人生于僻陋之国，长于穷檐漏室之下，长无兄弟，少无父母，目未尝见礼节，耳未尝闻先古，独守专室而不出门，使其性虽不愚，然其知者必寡矣。"

综上所述，可以看出作者对学习教育的认识是相当深刻的，又且相当合理，至今仍有借鉴意义。

今夫盲者，目不能别昼夜，分白黑，然而搏琴抚弦，参弹复徽①,攫援摽拂②,手若蔑蒙③,不失一弦;使未尝鼓瑟者,虽有离朱之明,攫掇之捷,犹不能屈伸其指④。何则?服习积贯之所致。⑤故弓待檠而后能调,剑待砥而后能利。⑥玉坚无敌,镂以为兽,首尾成形,磋诸之功⑦;木直中绳,揉以为轮,其曲中规,檃括之力⑧。唐碧坚忍之类⑨,犹可刻镂,揉以成器用⑩,又况心意乎?且夫精神滑淖纤微⑪,倏忽变化,与物推移,云蒸风行,在所设施⑫。君子有能精摇摩监⑬,砥砺其才,自试神明⑭,览物之博,通物之壅,观始卒之端⑮,见无外之境,以逍遥仿佯于尘埃之外⑯,超然独立,卓然离世:此圣人之所以游心。若此而不能,闲居静思,鼓琴读书,追观上古;及贤大夫,学问讲辩⑰,日以自娱;苏援世事,分白黑利害,筹策得失⑱,以观祸福;设仪立度,可以为法则,穷道本末,究事之情,立是废非,明示后人;死有遗业,生有荣名:如此者,人才之所能逮。然而莫能至焉者,偷慢懈惰,多不暇日之故。⑲夫瘠地之民多有心者,劳也;沃地之民多不才者,饶也。⑳由此观之,知人无务,不若愚而好学。自人君公卿至于庶人,不自强而功成者,天下未之有也。《诗》云:"日就月将,学有缉熙于光明。"㉑此之谓也。

【今译】

　　那些盲人,眼睛不能分别白天黑夜,不能辨别白色黑色,但是盲乐师弹琴拨弦,有时并弦双弹,有时上下移手,有时一张一弛,有时抹拂挥拨,动作飞快,指法纯熟,不会弹错一弦;如果换上从未弹奏过琴瑟的人,即使有离朱那样的好眼力,有攫掇那样的灵敏双手,面对琴瑟也不知怎样摆弄手指。这是为什么呢?这是因为长期的练习使音乐师熟能生巧的结果。所以弓靠檠矫正以后才得以协调,剑靠磨石磨砺以后才锋利无比。坚硬无比的玉,可以被雕镂成各种动物,有头有尾,形态逼真,靠的就是磋诸的作用;笔直的木头被弯曲成车轮,其圆曲弯度又符合圆规的要求,靠的就是隐括的作用。诸如像唐碧髻力之类的硬石都可以刻镂制作成有用的器物,又何况人的思想呢?况且人的思想精神纤微而畅和,能够迅速变化,随着外物的变化而变化,就像云腾风行一样,你想怎样运用就能怎样运用。而君子又能够精益求精不断磨炼拭擦自己的心境,砥砺自己的才干,使精神修养到与道相通的境界,以便观览万物,贯通事物的壅塞处,看清弄明白事物的发展线索,将目光投向无边无际的太空,逍遥遨游于尘世之外,超然脱俗地离世独立:这就是圣人精神活动的境界。如果不能达到这种程度和境界,那么还可以做到安闲幽处,宁静思虑,鼓琴读书,追思观察上古先王之道;与贤才为友,研讨论辩,每天以此为自娱;探索人间世事,分辨曲直是非,衡量得失,以此来观察祸福的由来变化;设立仪表法度,作为效法的原则,穷究"道"之本末,推究事物的实情,确立正确观念、废除错误观点,让后人有明确的是非观念;死后留下功业,活着有荣耀的名声。像这样的学习修养境界,一般人都能做到的。然而就是这种境界也没人能做到,则是因为这些人偷懒松懈、不学荒废的缘故。贫瘠地区的人大多有心计,这是因为长期的辛劳却又难以脱贫造成的;肥沃地区的人大多不成才,这是因为太安逸而不发奋的缘故。由此可见,聪明人无所作为,倒不如笨人勤奋好学。从君王、公卿到普通百姓,不自强不息而能事业有成的事情,在天底下还没发生过。《诗》就这么说:"天天奋进,月月奉行,日积月累地勤奋学习,一直通向光明之境。"说的就是这种情况。

【注释】

① 参弹:原注为"并弦",何宁认为"并弦"即双弹,一按一散得声。复徽:原注为"上下手也",许匡一认为指手指上下移动,准确地按在音位标志上。这"徽"就是指琴瑟上指示音位的标志。 ② 擥

援：原注为"掇"，指一种弹奏指法，用指挑弦，使琴声张弛有序。摽拂：原注为"敷也"，指一种弹奏指法，用手指挥拂琴弦。　③ 蔑蒙：原注为"言其疾也"，这里指手指动作飞快。　④ 离朱：传说是黄帝时代视力极好的人，能在百步之外看清秋毫之末。攫掇：传说是黄帝时代动作敏捷疾速者。　⑤ 服习：长期反复练习。积贯：积累久了，熟能生巧。　⑥ 檠：同"㯓"，指一种校正弓的器具。砥：磨刀石。⑦ 碬诸：治玉之石。　⑧ 中绳：指木材笔直。揉：指使木材变形、弯曲。檃括：矫正竹木弯曲的工具。　⑨ 唐碧：一种类似玉的硬石。坚忍：杨树达认为是"竖刃"，即"玲璁"，《说文·玉部》："玲璁，石之次玉者"，与"唐碧"同类。一曰"唐碧坚忍之类"为"唐硜坚刃之类"。⑩ 揉：衍文。杨树达认为"揉"字因上文"揉以为轮"而衍。　⑪ 滑淖：畅和。　⑫ 倏忽：迅速。施：用。　⑬ 精摇：指精神进取。摩监：《要略》作"靡览"，这里比喻反复磨炼。　⑭ 自试：向宗鲁、杨树达认为应作"自诚"。　⑮ 壅：塞。始卒之端：指事物的来龙去脉、发展线索。　⑯ 仿佯：徘徊、游荡、遨游。尘埃：世俗。　⑰ 及：向宗鲁、杨树达认为应是"友"。讲辩：论辩。　⑱ 苏：通"搜"，原注为"苏犹索"。援：引、征引。分：应是"分别"。筹策：筹划、谋划，这里指"衡量"。　⑲ 不：俞樾、向宗鲁认为"不"为衍文。"多暇日"者，谓其人偷慢懈惰而不学，故多暇日也。　⑳ 饶：安逸。　㉑ 语见《诗经·周颂·敬之》。就：往、进。将：行。也有释"就、将"为"久、长"的。缉熙：持续勤奋。此诗为周成王自戒警示之诗。故"敬"通"儆"和"警"。

【评析】

作者继续讲人之学习教育的可能性和重要性。

为了说明人之学习教育的可能性，作者喻说道："唐碧坚忍之类"的东西都可以被刻镂改造成有用的器物，那么，人又何尝不能通过学习教育成为有用之才？同样为了说明人之学习教育的重要性，作者又喻说道："木直中绳"被"揉以为轮"、弯曲成规，靠的是"檃括之力"，那么，人要成为有用之才，靠的则是学习教育，而想"不自强而功成"，这实际上是不可能的。所以这学习教育对人的重要性,就像砥砺对刀刃的重要性一样。

正因为学习教育对人来说相当重要,所以通过读书学习、讲辩教育,人起码能达到这种程度,即"追观上古、苏援世事、筹策得失、以观祸福、穷道本末、究事之情、立是废非、明示后人、分别白黑利害、设仪立度以为法则"。如果再进一步,则能达到与"道"相通的境界,即超然卓然,能"览物之通、通物之壅、观始卒之端、见无外之境"。

然而,作者又指出,世上有不少人是非常"偷慢懈惰"的,是根本不想通过学习教育来提高自己的修养和境界的,所以就连上述讲到的那种一般人都能达到的程度,不少人也是达不到的。作者将这种情况归结为人太"饶"(安逸)的缘故:"沃地之民多不才者,饶也。"基于此,作者严正地向世人指出:"自人君公卿至于庶人,不自强而功成者,天下未之有也";如果人不学习,就是天资再好,也"不若愚而好学"。

名可务立,功可强成。① 故君子积志委正,以趣明师②;励节亢高③,以绝世俗。何以明之?昔者南荣畴耻圣道之独亡于己④,身淬霜露,敕蹻跌⑤,跋涉山川,冒蒙荆棘,百舍重跰⑥,不敢休息,南见老聃⑦,受教一言,精神晓泠⑧,钝闻条达⑨,欣然七日不食,如飨太牢⑩。是以明照四海,名施后世,达略天地⑪,察分秋豪⑫;称誉叶语⑬,至今不休。此所谓名可强立者⑭。吴与楚战,莫嚣大心抚⑮其驭之手曰:"今日距强敌⑯,犯白刃,蒙矢石⑰,战而身死,卒胜民治,全我社稷,可以庶几⑱乎?"遂入不返,决腹断头,不旋踵运轨而死。⑲申包胥竭筋力以赴严敌⑳,伏尸流血,不过一卒之才,不如约身卑辞,求救于诸侯㉑。于是乃赢粮跣走,跋涉谷行㉒,上峭山,赴深溪,游川水,犯津关㉓,蹦蒙笼,蹶沙石㉔,

蹠达膝,曾茧重胝㉕,七日七夜,至于秦庭。鹤跱而不食㉖,昼吟宵哭,面若死灰,颜色霉黑,涕液交集,以见秦王㉗,曰:"吴为封豨修蛇㉘,蚕食上国㉙,虐始于楚。寡君失社稷,越在草茅。㉚百姓离散,夫妇男女不遑启处。㉛使下臣告急。"秦王乃发车千乘,步卒七万㉜,属之子虎㉝,踰塞而东,击吴浊水之上㉞,果大破之,以存楚国。烈藏庙堂,著于宪法。㉟此功之可强成者也。

夫七尺之形,心知忧愁劳苦,肤知疾痛寒暑,人情一也。圣人知时之难得,务可趣也㊱,苦身劳形,焦心怖肝㊲,不避烦难,不违危殆。盖闻子发之战㊳,进如激矢,合如雷电,解如风雨;员之中规,方之中矩;破敌陷阵,莫能壅御㊴;泽战必克,攻城必下。彼非轻身而乐死,务在于前,遗利于后,故名立而不堕。㊵此自强而成功者也。是故田者不强,困仓不盈㊶;官御不厉,心意不精㊷;将相不强,功烈不成;侯王懈惰,后世无名㊸。《诗》云:"我马唯骐,六辔如丝。载驰载驱,周爰咨谋。"㊹以言人之有所务也。

【今译】

名誉可以经过努力来确立,功业可以通过奋斗来成就。所以君子有志于正道,趋访明师;激励气节以使高尚,脱去世间的俗气。怎么能说明这点呢?从前鲁国的南荣畴为圣人之道偏偏在自己身上衰亡而感到羞耻,于是不顾霜露的沾湿,穿着草鞋奔跑,跋山涉水,披荆斩棘,行走千里,脚上磨出厚厚的老茧也不敢休息,到南方拜见老子,接受老子的一句教诲,精神豁然开朗,茅塞顿开,高兴得如同饿汉得到猪羊牛美食一样。从此以后,他的思想光辉照明四海,名誉流传后世,豁达得能容下天地,锐利得能明察秋毫;称颂他的美言,世代传扬。这就叫名誉可以经过努力来确立。吴王阖闾和楚昭王在柏举开战,楚国的一个叫大心的莫敖官,按着他的驭手的手说:"今天我们抗御强敌,冒着利剑和箭石的袭击,奋勇作战乃至牺牲生命,终究会取得胜利的,能让人民太平、国家保全,我看这是可以做到的吧?!"说完就命令驾驭手驾车冲入敌阵,不打算生还,最终被敌军剖了腹,砍了头,就这样义无反顾地为国壮烈牺牲。申包胥看到大心这样子,心想:如果像大心这样竭尽力气冲入敌阵,就是杀得敌军伏尸血流,也不过只起到一个士卒的作用;不如屈辱身份,言辞卑恭,向诸侯求救。于是就身背干粮,赤脚上路,登上陡峭的山峰,趟过深溪,泅渡湍急的河流,越过津关,翻越蒙笼山,又在沙石滩里艰难行走,走得从脚掌到膝盖都磨起厚厚的老茧,七天七夜赶到秦国朝廷。他在朝廷外不吃不睡,独自站着,昼夜不停地啼哭,弄得脸色昏黑,泪水纵横,终于见到秦王,对秦哀公说:"吴王像凶残贪婪的野猪和长蛇,正在慢慢地吞食中原各国,他的暴虐计划从楚国开始实施。我国的国君已经丢失了都城社稷,在野外避祸。老百姓们流离失所,男女老少都不能安居乐业了。楚王特派我来向大王告急。"秦哀公于是出兵车一千辆,步兵七万,交子虎率领,越过关塞向东进发,在浊水之北攻打吴军,果然大败吴军,保存了楚国。申包胥的功绩被保存在庙堂之内、记载于楚国大法之中。这就是叫功业可以通过奋斗来成就。

身高七尺的人,心里知道忧愁劳苦,肌肤又能感知冷暖疼痛,在这点上,人的性情大致相同。而圣人知道时机难得,事业可以追求,所以他们身心劳累,诚惶诚恐,不避烦难,不惧危险。听说子发率兵作战,前进如同离弦之箭,聚集如同雷鸣闪电,分散如同清风飘雨;圆阵中规,方阵中矩;破敌攻阵,没人能抵挡得了。野战必胜,攻城必克。他并不是轻身而乐死,而是前面有事业在召唤他,于是也就将利害生死抛于脑后,所以他树立起来的威名也就不易废弃。这就是自强不息而终于成功的表现。因此,耕田者不勉力,谷仓就不会盈满;官吏不勤奋,思想就不会专一;将相不图强,功业就不会成功;侯王如懈怠,死后就不会有好名声。《诗经》就这么说:"我驾上青黑骏马,六根缰绳柔软如丝,不停地奔跑驰骋,忠诚地讨教良谋。"这说的是人有所追求。

【注释】

①务：努力。强：勉力、奋斗。　②积志：指有志于某事。委正：指投身正道。趣：趋。　③励：激励。节：气节。亢高：使高尚。　④南荣畴：鲁国人，传说是庚桑楚的弟子。《庄子·庚桑楚》作"南荣赿"。"畴"有时又作"俦"、"跦"。亡：失。　⑤淬：浴，引申为"沾湿"、"浸湿"。敕：原注为"敕犹著也"。跻：原注为"履"，"跻"通"屦"，草鞋。趹：原注为"趹，趣也"，即趋、疾行、奔走。　⑥舍：百里一舍。胼：王念孙认为应是"趼"，指脚掌因走路摩擦生成的老茧。　⑦老聃：老子，春秋楚苦县人，道家学说的创始人。　⑧泠：原注为"犹了也"。陶方琦认为："泠"同"聆"，有明了、解悟的意思。　⑨钝闻：迟钝昏昧。条达：畅通。"钝闻条达"可译为"茅塞顿开"。　⑩飨：通"享"。太牢：牛、羊、猪三牲。　⑪达：明达、豁达、通达。略：原注为"犹数也"，许匡一认为"略"有"通"义。　⑫秋毫：鸟兽在秋天长出的毫毛，极纤细微小。　⑬叶：王念孙认为应是"华"，指称誉、赞美的话。　⑭强立：俞樾认为"强立"本作"务立"。　⑮吴与楚战：原注为"吴王阖闾与楚昭王战于柏举"。莫嚣：又作"莫敖"，楚国官名，原注为"主大众之官"。庄逵吉引钱大昕的说法："莫嚣即莫敖，能矢石者。"大心：原注为"楚卿大夫，大心，楚成得臣子玉之孙"。梁玉绳认为"大心见僖二十八年，即为子玉之孙，至定四年死难，计百二十余年，足知别一大心也"，即认为另有一个叫大心的莫敖官，作为子玉之孙的大心到柏举之战时(定公四年)，已一百二十余岁，"安得有距强敌，犯白刃，蒙矢石，遂入不返之事?"(王绍兰考证语)。抚：安抚。　⑯距：通"拒"。　⑰犯：冒。矢石：箭与石。　⑱庶几：差不多，表示一种愿望，指"可以"、"有希望"。　⑲旋踵：转身，指退却。运轨：调转车头后撤。　⑳申包胥：春秋楚大夫，与伍子胥是朋友。后伍子胥为报楚昭王杀父杀兄之仇，助吴王攻楚，申包胥赴秦求救，秦出兵败吴军。楚昭王返国后奖赏申包胥，申包胥避而不受。事见《左传·定公四年》。俞樾认为"竭筋力"以下，皆申包胥之言也。申包胥下当有"曰吾"二字。　㉑约身：降低身份，屈辱身份。　㉒赢：

担负。赢粮：指身背（负）粮食。跣：赤脚。 ㉓游：渡。犯：越。津关：设在水路要冲的关口。 ㉔躐：践踏，这里指"翻越"。蒙笼：山名。一"蒙笼"为"茂密的草木"。蹶：也指践踏。 ㉕蹠：足，这里指脚掌。曾：层。曾茧重胝：指一层层厚厚的茧。 ㉖鹤跱：原注为"跱之貌"，言不动。 ㉗洟液：泪水。秦王：指秦哀公，公元前536年至公元前501年在位。 ㉘封豨：大野猪。 ㉙上国：中原之国。 ㉚越：远离。在草茅：指楚昭王在柏举战败后逃难到随地。 ㉛遑：空暇。启处：原注为"启，跪。处，安也"，这里的"启处"是指起居，一种正常生活。 ㉜步卒七万：许匡一解释"古代一辆兵车跟从步卒七十人，所以千乘兵车有步卒七万人"。王绍兰引《左传·定公五年》说："申包胥以秦师至，秦子蒲、子虎帅车五百乘以救楚。"认为"发车千乘、步卒七万"数字不确。 ㉝子虎：秦国将领。 ㉞塞：原注为"塞，函谷。一曰：武关塞也"。浊水：水名，原注为"浊水盖江水"。 ㉟烈：功绩。藏：保存、记载。宪法：国家大法。 ㊱务：事务、事业。 ㊲怵肝：原注为"怵肝犹戒慎"。焦心怵肝：指一种诚惶诚恐的样子。 ㊳子发：楚国将领。 ㊴壅御：抵御、抵挡。 ㊵堕：废弃。 ㊶囷：古代一种圆形的粮仓。 ㊷官御：官吏。厉：振奋、勤奋。精：专一。 ㊸后世：身后，也即指死后。 ㊹诗引《诗经·小雅·皇皇者华》。唯：无实义，语气词。骐：青黑色的马。辔：马缰绳。如丝：指缰绳柔和如丝。周：忠信、忠诚。爰：于。谟：又作"谋"。咨谋：讨教计谋、讨教良谋。吴承仕认为"此诗之意，言遇有患难，当驰驱而往，尽忠信以谋之也"。

【评析】

本节作者首先讲通过学习达到的一种境界状况，如南荣畴历经辛苦，"南见老聃，受教一言"后，"精神晓冷，钝闻条达，欣然七日不食，如飨太牢，是以明照四海，名施后世，达略天地，察分秋毫"。

其次作者由上述提倡积极努力学习转到提倡一种积极奋进、自强不息的精神，认为只有通过自强不息才能功成名就。谁要想不出力而求成功,这是不可能的。"是故田者不强,困仓不盈;官御不厉,心意不精;将相不强,功烈不成;侯王懈惰,后世无名。"这样使作者又回到批判那种"漠然不动,思虑不用"的消极无为观上来了。

通于物者,不可惊以怪;喻于道者,不可动以奇①;察于辞者,不可耀以名②;审于形者,不可遁以状③。世俗之人,多尊古而贱今,故为道者必托之于神农、黄帝而后能入说。④乱世暗主,高远其所从来⑤,因而贵之⑥;为学者蔽于论而尊其所闻⑦,相与危坐而称之,正领而诵之⑧。此见是非之分不明。夫无规矩,虽奚仲不能以定方圆⑨;无准绳,虽鲁般不能以定曲直⑩。是故钟子期死,而伯牙绝弦破琴,知世莫赏也⑪;惠施死,而庄子寝说言⑫,见世莫可为语者也。夫项托七岁为孔子师⑬,孔子有以听其言也。以年之少,为闾丈人说,救敲不给⑭,何道之能明也?昔者,谢子见于秦惠王⑮,惠王说之,以问唐姑梁⑯。唐姑梁曰:"谢子,山东辩士,固权说,以取少主。"⑰惠王因藏怒而待之。后日复见,逆而弗听也。非其说异也,所以听者易。夫以徵为羽,非弦之罪;以甘为苦,非味之过。楚人有烹猴而召其邻人,以为狗羹也而甘之⑱;后闻其猴也,据地而吐之,尽写其食⑲:此未始知味者也。邯郸师有出新曲者,托之李奇⑳,诸人皆争学之;后知其非也,而皆弃其曲:此未始知音者也㉑。鄙人有得玉璞者㉒,喜其状,以为宝而藏之;以示人,人以为石也,因而弃之:此未始知玉者也。故有符于中㉓,则贵是而同今古㉔;无以听其说㉕,则所从来者远而贵之耳。此和氏之所以泣血于荆山之下㉖。

【今译】

　　精通事物的人,是不能用诡怪来惊吓他的;明白道理的人,是不能用奇异来惊动他的;明察言辩的人是不能用虚名来迷惑他的;审察物形的人,是不能用假象蒙骗他的。世俗之人,大多是崇古而贱今的,所以为了宣传自己的学说主张的人,一定要假托神农、黄帝的名义然后才能让人们乐意接受他们的学说主张。乱世的昏庸君主,总要将自己所有一切的由来粉饰得高深莫测,以此来抬高自己;而求学者被他们的观点所迷惑蒙蔽,尊崇他们听到的传闻,便聚在一起正襟危坐地称道着,挺直颈脖诵读着。这就说明这些人分辨是非的界限不明确。没有了规矩,即使是奚仲也无法凭他的技艺来确定方圆;没有了准绳,即使是鲁班也无法凭他的技术来确定曲直。所以钟子期死了,伯牙就拉断琴弦、砸破琴瑟,因为这世上再也没有人能欣赏他的琴技乐曲了;惠施死后,庄子就停止了辩论,因为这世上再也没有人能同庄子谈论了。项托七岁就做了孔子的老师,孔子则也有听项托说话的气度。假如项托这样年龄的少年,向乡里的长者发表议论,那恐怕他躲避长者的拐杖敲打都来不及,哪里还能说明发表自己的主张? 过去,墨家信徒谢子会见秦惠王,秦惠王听了谢子的话后很高兴,他去征求唐姑梁的意见,唐姑梁说:"谢子,这人是山东地区有名的巧辩之士,他有意以诡辩学说来讨好太子。"秦惠王信以为真,便心怀怒气等着改日见谢子。第二天,秦惠王和谢子又见面了,但就是听不进谢子的进言。谢子前后两次说话的内容一样,秦惠王听不进谢子的进言,说明秦惠王听话的前后心态不一样了。弹琴的人把徵音变成了羽音,这不是琴弦的过错;品味的人将甜味当成苦味,这不是味道的过错。楚国有个人煮了猴肉请邻居来吃肉,邻居家都以为是狗肉,吃得都十分香美;后来听说是猴肉,就纷纷蹲在地上呕吐起来,把吃进的猴肉都吐了出来;这说明这些人根本不知狗肉和猴肉的味道之区别。邯郸有个乐师创作了一首新歌,假托是李奇创作的,人们也就纷纷跟着学唱,后来了解下来不是李奇创作的,也就不再去唱了;这说明这些人根本是不懂音乐的。有位鄙陋之人得到一块玉璞,喜欢它的形状,以为是宝贝将它收藏起来；后来又拿给别人看，别人以为是块普通石块，于是这位鄙陋之人就将这块璞玉扔了：这说明他根本就不懂玉与石的差别。所以心中有是非标准，就会尊重实情，将古今看成一样的实情来辨别；心中没有辨别是非的标准，就会只把来历久远的东西当宝贝。这就是卞和在荆山下为人们不识美玉而啼哭出血的缘故。

【注释】

① 喻：明白。奇：原注为"非常曰奇"。 ② 名：原注为"虚实之名"。 ③ 遁：欺骗。状：原注为"貌"，这里指假象。 ④ 为道：指传道，传播学说。入说：原注为"入其说于人，人乃用之"，是说学说被人接受。 ⑤ 暗：昏昧、昏庸。高远：使高深莫测。所从来：指来历。 ⑥ 贵之：使尊贵，指抬高身价。 ⑦ 蔽：蒙蔽。尊：尊重、尊崇。 ⑧ 危坐：端坐。领：指颈脖子。诵：诵读。 ⑨ 奚仲：夏朝的车正，始造车辆。 ⑩ 鲁般：鲁班，也即公输般，春秋鲁国人，古代著名工匠。 ⑪ 钟子期：春秋时人，精通音律。原注为"钟，官氏。子，通称。期，名也。达于音律"。伯牙：楚人，精于琴艺。传说伯牙鼓琴，唯有钟子期能理解琴意。钟子期死后，伯牙以为世无有知音，故"绝弦破琴"。 ⑫ 惠施：战国宋人，名家代表人物，是庄子的好朋友，尝相与论辩。庄子：名周，亦称庄周，战国宋人，道家代表人物。寝：止息。 ⑬ 项托：春秋时人，相传年七岁就为孔子师。 ⑭ 闾：里。丈人：长者、老人。救：逃避、躲避。敲：指老人用拐杖敲打小孩的头。不给：不暇，来不及。 ⑮ 谢子：原注为"谢，姓也。子，通称"。秦惠王：即秦惠文王，战国秦国君，公元前337年至公元前311年在位。 ⑯ 说：悦。唐姑梁：秦国大夫。《吕氏春秋·去宥》记载此事，称"唐姑梁"为"唐姑果"；称谢子为"东方之墨者谢子"，唐姑梁为"秦之墨者"。 ⑰ 权：王引之认为"权"本作"奋"。说：诡辩巧言。取：取悦。少主：指秦惠王太子。 ⑱ 甘：指好吃。 ⑲ 据地：蹲在地下。写：泻。这里指呕吐。 ⑳ 李奇：赵国著名音乐家。 ㉑ 未始知音者：何宁说《意林》引作'邯郸有吹者，托名李奇，人年高之。后知其

非(知非李奇所作),皆弃其曲。未始知音也'"。　㉒ 鄙人:指鄙陋无知的人。玉璞:指未经雕琢加工的玉石。　㉓ 符:原注为"验"。这里指一种经过验证过的是非标准。　㉔ 贵:看重、尊重。是:原注为"实也"。这里指一种实情。同今古:指不论古今,只要认定是正确的实情,就同等看待。　㉕ 无以听其说:是指心中没有判断辨别是非的标准。　㉖ 和氏:即卞和,春秋楚人。卞和曾在荆山之下发现一块璞玉,先后将璞玉献给楚厉王和楚武王,都被认为是以石头来欺君而被砍去左右脚。楚文王即位,卞和复献之,并以泣血证明这璞玉是宝,文王使人剖璞加工,果然是块宝玉,因号为和氏之璧。事见《韩非子·和氏》。荆山:山名,在今湖北漳县南。

【评析】

本节作者强调读书学习教育的作用,认为如果通过读书学习教育,有了知识,就可做到:"通于物者,不可惊以怪;喻于道者,不可动以奇;察于辞者,不可耀以名;审于形者,不可遁以状。"而那些"托之于神农黄帝而后能入说"的"为道者"和将其神秘化("高远其所从来")的乱世暗主,之所以能在社会上混迹,并被人普遍"尊敬",是因为世俗之人往往读书不多而被蒙骗所致;也就是说这些"为道者"和乱世暗主是利用了世俗之人读书不多这一特点,从而做成了他们的这些邪事坏事。

在作者看来,读书不多常常会产生"尊古而贱今"的思想,读书不多还常常会"蔽于论而尊其所闻"(如鄙人得玉后听人说是"石"而弃之)。同样,因读书不多还常常会产生从众心理(如诸人皆争学"托之李奇"的歌曲)和易受心理暗示(如秦惠王逆而弗听谢子之说和邻人闻其猴肉"尽泻其食")……诸如此类,均容易为社会上的"为道者"和乱世暗主所利用,从而使他们的阴谋得逞。

由此,作者强调读书学习的重要性,认为通过读书学习后掌握了知识,也就使自己"有符于中",也就不会出现"尊古贱今"的思想而会"贵是,同今古";通过读书学习后掌握了知识,也就使自己内心世界有了"规矩和准绳",也就不会像鄙人"尊其所闻"弃璞玉而会像卞和那样认定宝玉后不放弃,既不"尊其所闻"也不屈服于"乱世暗主",最终使"和氏之璧"重见天下。

正因为这样,作者认为这通过学习而获得的知识对人来说是必不可少的,就像"准绳"对鲁班来说是必不可少的一样,能帮助人除迷解惑。

今剑或绝侧嬴文①,啮缺卷铤②,而称以顷襄之剑③,则贵人争带之;琴或拨剌枉桡④,阔解漏越⑤,而称以楚庄之琴,侧室争鼓之⑥。苗山之铤⑦,羊头之销⑧,虽水断龙舟,陆刜兕甲,莫之服带⑨;山桐之琴,涧梓之腹⑩,虽鸣廉修营⑪,唐牙莫之鼓也⑫。通人则不然。服剑者期于恬利⑬,而不期于墨阳、莫邪⑭;乘马者期于千里,而不期于骅骝、绿耳⑮;鼓琴者期于鸣廉修营,而不期于滥胁、号钟⑯;诵《诗》、《书》者期于通道略物,而不期于《洪范》、《商颂》⑰。圣人见是非,若白黑之于目辨,清浊之于耳听⑱。众人则不然。中无主以受之,譬若遗腹子之上陇,以礼哭泣之而无所归心。⑲故夫李子之相似者⑳,唯其母能知之;玉石之相类者,唯良工能识之;书传之微者㉑,唯圣人能论之。今取新圣人书,名之孔、墨,则弟子句指而受者必众矣。㉒故美人者,非必西施之种;通士者,不必孔墨之类。晓然意有所通于物,故作书以喻意,以为知者也㉓;诚得清明之士,执玄鉴于心㉔,照物明白,不为古今易意,摅书明指以示之,虽阖棺亦不恨矣㉕。昔晋平公令官为钟,钟成而示师旷。㉖师旷曰:"钟音不调。"平公曰:"寡人以示工,工皆以为调,而以为不调㉗,何也?"师旷曰:"使后世之无知音者则已,若有知音者,必知钟之不调。"故师旷之欲善调钟也,以为后之有知音者也。

【今译】

现在有一种磨去棱边花纹、卷曲了锋刃的宝剑,如果有人声称此剑曾是楚顷襄王佩带过的古剑,那么社会上尊贵人士也必定拿着佩带;现在有一种琴声走调、琴身歪斜破损的琴,如果有人声称此琴曾是楚庄王弹奏过的古琴,那么社会上富贵人家的妻妾就会争着弹奏。苗山出产的羊头刀矛,虽能在水中砍断龙舟、在陆地能刺穿犀皮铠甲,但就是没人佩带它;山中桐木制成的琴瑟、山涧梓木做成的琴身,虽然音色雅正优美,音调清脆和谐,但师堂、伯牙这样的名乐师就是不愿弹奏。通达事理的圣人就不是这样。他们佩带宝剑只期望它锋利,而不期望它是墨阳、莫邪那样的名剑;他们骑马只期望它日行千里,而不期望它是骅骝、绿耳那样的名马;他们弹琴只期望琴声雅正和谐,而不期望它是滥胁、号钟那样的古琴;他们诵读《诗》、《书》只在于能通晓事理、明白道理,而不一定非选《洪范》、《商颂》这样的古籍。圣人对是非的分辨就像眼睛对黑白的分辨,耳朵对清浊音的分辨一样。众人就不是这样。他们心中没有任何主见而盲目接受,就好比没有见过父亲的遗腹子给父亲上坟,只是按照礼节哭祭父亲,内心世界却不会产生对父亲的哀悼。所以孪生兄弟长相一样,也只有当母亲的才能分清;同样,玉和石头,也只有优秀的工匠才能鉴别;书传这样的典籍,也只有圣人能够阐发其中的微言大义。而现今如果拿当代圣贤的著述,托名是孔、墨的经典,那么那些读书不多的弟子们就会恭恭敬敬地去学习和接受。所以,美女并非一定要像西施一类的,通达之士也并非一定要像孔、墨之类的。只要能明白事理、通晓事物,因而能著述阐明自己的思想体会,以能启发世人的智慧即可;如果能得到头脑清楚明白的士人,心中有高明透彻的见解,能观照各种事物,不以古今的差异来改变自己的主见,并能将书中的宗旨思想阐述清楚明白以指示他人,那么即使死去了也没什么好遗憾的了。从前晋平公命令乐官铸造一口乐钟,钟铸成以后拿给师旷鉴定。师旷鉴定后说:"这钟音不调和。"晋平公说:"我拿给乐师们看过,他们都说钟音协调,你却认为不调和,这是为什么?"师旷回答道:"如果将来真的无人懂音律乐理,这钟是否音调协和也就会被放在一边,但如果将来有人懂音律乐理,那么也就一定能鉴别出这钟音是不调和的。"所以师旷希望要把这钟音调好,这是因为他认为后世一定有人懂音律乐理的。

【注释】

① 绝:无。侧:指剑的棱边、棱角。赢:磨损、毁坏。文:花纹。 ② 啮缺:指刀刃缺口,如同被啃咬过。铔:同"刃"。卷铔:指锋刃卷起。 ③ 顷襄:战国楚顷襄王。一曰"顷襄"是指"善为剑人名"。 ④ 拨剌:原注为"不正",一曰"拨剌"为象声词,指琴声变音走调。枉桡:原注为"曲弱",一说"枉桡"指发音不准的琴声。 ⑤ 阔解:原注为"坏",损坏。漏:穿。越:琴和瑟在制作时,"肩下底中有长方孔曰龙池,尾前底中有长方孔曰凤沼,池和沼统称为越"(何宁语),所以"漏越"是指琴身歪斜破损。 ⑥ 楚庄:春秋楚国君。侧室:原注为"则侧室之宠人争鼓之也。侧室,或作庙堂也"。俞樾认为"侧室争鼓之"本作"则尚士争鼓之","尚"与"上"通,"尚士"即"上士"。而"尚士"二字误合为"堂"。"则"字又被后人改为"庙"。后又因古本实是"则"字,遂改"堂"字为"室"字,而加人旁于"则"字之左,使成"侧"字。这就是原注"侧室"的由来。 ⑦ 苗山:楚国山名。铤:《说文》"铤,小矛也";一曰"铤"为"铤",指铜铁矿石,《说文》:"铤,铜铁朴也",指铜铁的坯料。 ⑧ 销:同"削",刀也。羊头之销:是指一种柄端有羊头形的小刀。这里的"铤"、"销"是指刀矛,而不是指一种铜铁矿石,因为有人训"铤"为铜铁矿石,"销"为生铁。 ⑨ 龙舟:大船。刿:割。兕:雌犀牛。 ⑩ 山桐:山里的桐树木。涧梓:山涧中的梓树木。腹:琴身,琴身中间部分。 ⑪ 鸣廉:原注为"鸣声有廉隅",这里指琴声雅正。修营:原注为"音清凉,声和调",指琴声优美和谐。 ⑫ 唐牙:唐通"堂",师堂和伯牙,古代善鼓琴者。《韩诗外传》记载孔子曾向师

堂学习鼓琴。　⑬服：通"佩"。恬：通"銛"，锐利的意思。　⑭ 墨阳、莫邪：皆宝剑名。　⑮骅骝、绿耳：皆骏马名。　⑯滥胁、号钟：皆为著名古琴名。梁元帝《纂要》以为是齐桓公所用之琴。"滥"又作"蓝"。　⑰《洪范》：《尚书》的篇名，相传是箕子依据《洛书》所阐发的九种治政大法。《商颂》：《诗经》三颂之一。这里用《洪范》、《商颂》来代表古老的典籍。　⑱清浊：指清浊之音。　⑲遗腹子：父亲死后出生的人。上陇：上坟。归心：指动心，内心世界产生的悲哀之情。　⑳孪子：双胞胎。　㉑微：隐微不显的，这里指书传典籍中含有的"微言大义"。　㉒句指：一曰"句指"为毕恭毕敬的样子。另，"疑指'句读'，由老师圈点断句传授"(许匡一语)。　㉓喻：明。　㉔玄鉴：这里指一种高明的见解。原注为"玄，水也。鉴，镜也。皆以自见……"　㉕摅：抒发、阐发。指：通"旨"。阖棺：喻死亡。　㉖晋平公：春秋晋国君。师旷：晋平公乐师，以善辨音乐而著名。　㉗而：汝，你的意思。

【评析】

作者继续揭批社会上的"尊古"现象，那就是"今剑或绝侧嬴文，啮缺卷铚，而称以顷襄之剑，则贵人争带之；琴或拨剌枉桡，阔解漏越，而称以楚庄之琴，侧室争鼓之"。这些人"尊古"还尊得这种现象发生："今取新圣人书，名之孔墨则弟子句指而受者必众矣。""尊古"也就必然"贱今"。于是作者又揭批这些"贱今"现象，那就是"山桐之琴，涧梓之腹，虽鸣廉修营，唐牙莫之鼓；苗山之铤，羊头之销，虽水断龙舟，陆刿兕甲，莫之服带"。这些现象形成的原因当然是在于那些世俗之人读书不多。

与这些读书不多的世俗之人完全不一样的是"通人"，他们因通过学习教育掌握知识，从而使内心世界有主见和有是非判断能力，所以这些"通人"是以"贵是"(实事实情)为原则，表现为"服剑者期于恬利而不期于墨阳莫邪，乘马者期于千里而不期于骅骝绿耳，鼓琴者期于鸣廉修营而不期于滥胁号钟"。这也就是作者说的"清明之士，执玄鉴于心,照物明白,不为古今易意"。也正因为这些"通人"通过读书学习掌握知识,所以也就能像良工辨别玉石那样,辨别社会上的良莠和善恶。

由此,作者强调通过学习可使知识得以传授、掌握和继承,如师旷的音乐知识通过学习也必定会被人继承、掌握;这一点连师旷自己都知道,所以作者说:"师旷之欲善调钟也,以为后之有知音者也。"

三代与我同行,五伯与我齐智①,彼独有圣智之实,我曾无有闾里之闻②、穷巷之知者何?彼并身而立节,我诞谩而悠忽。③今夫毛嫱、西施,天下之美人。若使之衔腐鼠,蒙猬皮④,衣豹裘,带死蛇,则布衣韦带之人,过者莫不左右睥睨而掩鼻⑤。尝试使之施芳泽,正娥眉⑥,设笄珥,衣阿锡,曳齐纨⑦,粉白黛黑,佩玉环揄步⑧,杂芝若,笼蒙目视⑨,冶由笑,目流眺⑩,口曾挠,奇牙出⑪,靥酺摇⑫,则虽王公大人有严志颉颃之行者,无不惮悇痒心而悦其色矣⑬。今以中人之才,蒙愚惑之智,被污辱之行,无本业所修,方术所务⑭,焉得无有睥面⑮掩鼻之容哉!今鼓舞者,绕身若环,曾挠摩地⑯,扶旋猗那⑰,动容转曲⑱,便娟拟神⑲,身若秋药被风⑳,发若结旌,骋驰若骛㉑。木熙者㉒,举梧槚,据句枉㉓。猿自纵,好茂叶,龙夭矫,燕枝拘㉔;援丰条,舞扶疏㉕;龙从鸟集,搏援攫肆,蔑蒙踊跃㉖。且夫观者莫不为之损心酸足㉗,彼乃始徐行微笑,被衣修擢㉘。夫鼓舞者非柔纵㉙,而木熙者非眇劲㉚,淹浸渍渐靡使然也㉛。是故生木之长,莫见其益,有时而修;砥砺礛坚㉜,莫见其损,有时而薄。藜藿之生,蠓蠓然日加数寸㉝,不可以为栌栋㉞;梗楠豫章之生也㉟,七年而后知,故可以为棺舟。夫事有易成者名小,难成者功大。君子修美,虽未有利,福将在后至。故《诗》云:"日就月将,学有缉熙于光明。"㊱此之谓也。

【今译】
　　夏、商、周三代开国君主和我德行相同,春秋五霸和我智力相等,他们偏偏享有名实相符的"圣智"声誉,而我却在乡里穷巷中无人知晓,这是为什么呢?原因在于他们专心致志修炼学习树立情操气节,而我们这些人是放荡散漫、悠惚蹉跎。现在如果让毛嫱、西施这样的天下美女嘴里衔着腐鼠、身上蒙着刺猬皮、穿上豹皮衣、腰间缠着长长一条死蛇,那么就是那些身穿普通衣服的平民百姓路过她们身边时,也不会对她们正视一眼却掩鼻而过。现在试让她们洒上香油、容姿妩媚、戴上发簪耳环、穿着精致的丝织衣裳、披着齐地生产的细绢、面敷脂粉、眉涂青黛、佩戴玉环、步态轻盈、佩持香草、眼传秋波、抿然一笑、目光流转、张口欲笑、皓齿微露、酒窝颤动,这时即使是些庄重严傲的王公大人,也无不花心萌动,被她们的姿色所惊喜。而如今那些才智一般的人,却又蒙受愚惑之智和玷污不良品行,不学习本业和钻研道术,这怎么能够没有令人掉头捂鼻的丑态呢!现在那些踩着鼓点的跳舞者,身体旋转如同轮环,弯绕磨地,盘旋柔美,动作随曲转而变化,轻盈美丽如同仙女下凡;身段像飘风中的秋药那样纤弱、乌黑的长发像旌旗在风中卷曲和舒展,舞步疾速如同惊飞的仙鹤。那些表演爬竿技艺的杂技高手,有人在下举着梧桐槚树的木竿,其他人跃攀上木竿,在弯曲的支竿上表演。有时像猿猴那样腾空纵跃到另一支竿,有时像蛟龙那样屈伸自如,有时像飞燕那样飞落枝头;杂技高手手持大木条,盘旋起舞,像飞龙腾云驾雾,似飞鸟集积树林;搏击抓取,极尽变化,疾速跳跃,眼花缭绕。这时观众无不为他提心吊胆,心惊脚软,他们却慢慢下来,面带微笑,更换衣服再表演擢舞。这些跳舞者并不是天生有着柔软身段,这些杂技者也不是生来就身手轻捷矫健,而是经过长期训练积累慢慢纯熟才达到这种出神入化的程度的。这就像树木的生长,每天是看不出它增高长大的,但时间一长就会发现它长高变粗了。磨石能磨砺坚硬的金属物,但看不出磨石自身的磨损,但时间一长则发现磨石变薄了。藜和藿的生长,每天能看到它像虫那样在蠕动,长高,但长得如此快的藜和藿却不能用来做栋梁;而那些檃木、楠木、豫章,需要七年时间才能发现它们长高粗大了,但就是这些长得如此慢的檃楠豫章却能用来做棺材和舟船。所以有些事情容易成功却不易出名成名,而有些事情难以成功但却可出大名立大业,这对人来说也是这样。君子修养美德和才干,虽然眼前不能一时收益见效,但时间一长,幸福也必将会到来。所以《诗》就这么说:"天天奋进,月月奉行,日积月累地勤奋学习,一直通向光明之境。"说的就是这种情况。

【注释】

①五伯:即春秋五霸。我:指作者时代的"众人"。 ②曾:则。 ③并:指"专心"。节:气节,节操。诞谩:放荡散漫。悠忽:指游荡消磨时光。 ④猬:刺猬。 ⑤韦:经过加工的熟皮革。布衣韦带:指普通老百姓。睥睨:斜着看人,多表示瞧不起人。 ⑥尝试:尝试着,有假设的含义。芳泽:古代妇女用以润肤润发的香油。娥眉:形容姿色妩媚。 ⑦笄:发簪。珥:耳饰,耳环一类。阿锡:一种精致的丝织细布,原注为"阿,细縠。锡,细布"。曳:拖着或披着。纨:白色的细绢。齐纨:一种齐地出产的白色细绢。 ⑧黛:古代妇女用以画眉的一种青黑颜料。揄步:原注为"体摇动,挠足行",这里指苗条女子步态轻盈。 ⑨杂:原注为"佩"。芝:王念孙认为应改为"芷"。"芷、若"均为香草名。笼蒙:原注为"笼蒙犹眇目视"。这里的"眇"指偷看一眼,许匡一解释为"暗送秋波"的眼神儿。视:王念孙认为是衍文,因为"目"即"视"。所以刘绩又认为"目"是衍文。 ⑩冶由笑:这里指"抿然一笑"。流眺:指目光流转,一曰"转动眼珠斜着看"。 ⑪曾:则,表示转折。挠:原注为"挠,弱也"。口曾挠:原注为"口则弱挠,冒若将笑",指一副欲笑的样子。奇牙:原注为"好牙",指牙齿整齐洁白,原注为"冒若将笑,故好齿出"。 ⑫靥酺:脸颊边的酒窝。 ⑬严志:指态度庄重。颉颃:倨傲、倔强、坚毅。惮

悰：金其源认为"惮悰者，惊喜也"，原注为"贪欲也"。痒心：指惊喜其色后就心向慕之。　⑭ 中人：平常，一般的人。本业：指本身从事的行业。方术：道术。　⑮ 睥面：吕传元认为"睥"字下脱"睨"，"面"当为"而"，故应为"睥睨而掩鼻"，此承上文"左右睥睨而掩鼻"而言。这里的"睥睨"指斜视，表示看不起，引申为"掉头不看"。　⑯ 鼓舞：指踩着鼓点、合乐起舞。绕身若环：舞姿旋转如轮环。曾：乃。挠：指弯绕。摩地：因身体旋转，脚不断地移动，有似磨地。　⑰ 扶旋："扶"同"蟠"。"蟠旋"即"盘旋"。猗那：即"婀娜"，柔软美好。　⑱ 动容：动荡、摇荡。这里指动作变化。转曲：原注为"更曲"，即一乐曲结束再更换一曲，也即是"曲转"。　⑲ 便媚：王念孙认为"便媚"为"便娟"。《楚辞·大招》曰"丰肉微骨，体便娟只"。这"便娟"当指轻盈美丽的样子。　⑳ 秋药：指香草，如白芷。被风：指香草被风吹拂，原注为"言其弱也"。身若秋药被风：指身段像飘风中的秋药那样纤弱。　㉑ 发：头发。结旌：指旗子在风中被飘动得时屈时舒。骛：王念孙认为应是"惊"，这样"惊"与上文的"神"、"旌"为韵。张衡《西京赋》说"舞"是"纷纵体而迅赴，若惊鹤之群罢"。　㉒ 熙：通"戏"。木熙：木戏，即一种攀援高竿的杂技，并在高竿上完成各种惊险的动作。　㉓ 梧槚：指梧桐树木和槚树木。句枉：勾枉，指弯曲的树枝条或弯曲的支竿。　㉔ 夭矫：屈伸自如的样子。燕枝拘：原注为"言其著树如燕附枝也"，指像飞燕那样飞落枝头。这几句是以猿、龙、燕来比喻杂技者在树干上的表演。　㉕ 援：持。丰条：粗大的枝条。扶疏：原注为"盘跚貌"，这里指盘跚起舞、姿势优美。　㉖ 搏、援、攫：这里指搏击抓捕。肆：极尽。蔑蒙：指动作疾速。踊跃：跳跃。　㉗ 损心：心惊害怕。酸足：因害怕而腿脚发软。　㉘ 被衣：换装。修擢：原注为"修擢舞，为后曲也"，这里的"擢舞"指舞曲名称。　㉙ 柔纵：柔软委纵。　㉚ 眇：通"㱰"，"㱰"是指轻捷。劲：矫健有劲。　㉛ 淹：久。浸：渍。渐靡：慢慢熟练。　㉜ 砥砺：磨刀石。礛：磨，这里作动词用，指磨砺坚硬的东西。　㉝ 藜藿："藋"，王念孙认为应是"藋"。"藜藋"这两种野生植物"皆一茎直上，形似树而（木）

质不坚"(王念孙语),如果是"藿"就不是这样了。蝡蝡:蠕动的样子,这是指植物向上生长的样子。　㉞ 栌:为梁上短柱。俞樾认为应作"庐","庐栋"。　㉟ 梗、楠、豫章:均树木名。"章"同"樟"。《文选·养生论》注引许注:"豫章与枕木相似,须七年乃可别。"　㊱ 诗引《诗经·周颂·敬之》。见前注。

【评析】

在本卷的最后一节,作者仍然喋喋不休地强调学习训练的重要性,认为学习能改变人。这学习能改变人,就像西施毛嫱经过衣饰打扮后吸引人一样,如果西施毛嫱"蒙猵皮,衣豹裘,带死蛇"这会吸引人吗?所以,要使自己成为一个不被人"睥睨而掩鼻"的人,就必须要学习,要修本业、务方术,诸如文中提到的"木熙者"和"鼓舞者"哪个不是通过学习训练而成的?要知道"鼓舞者"并非生来就"柔纵"、"木熙者"也并非生来就"眇劲"。

同时作者又指出这人之学习、修本业、务方术又不是一朝一夕之事,而是一个长期的过程,如"鼓舞者"和"木熙者"就是经过长期"淹浸渍渐靡使然"的。谁想通过一朝一夕的学习训练就能"日加数寸"功力,这实际上是不可能的,最终也不可能成为"栌栋"之才的;只有坚持数年的学习训练,才能成功,这就像诸如"梗楠豫章"之类的栋梁之材的生长就是"七年而后知"的。所以,要坚持长期的学习训练,因为事情"易成者必名小","难成者必功大"。坚持长期学习训练,到时收获,也必定功大名声大。

卷二十　泰族训

【解题】

本卷是全书的最后一卷,作者似乎觉得也该将全书聚集成族,有个总结,于是起篇名为"泰族"。对此曾国藩解释道:"族,聚也,群道众妙之所聚萃也。泰族者,聚而又聚者也。"所以,本卷实际上是全书精要内容和观点的总结篇。正因为这样,所以在前面各卷中,凡被作者认为需要强调的观点和内容,均在本卷《泰族训》中或多或少地得到再现和重复。

然而,究其作者强调的观点和内容,主要还是落实在无为处世、治政之道上。如作者从"天之与人有以相通"和感化这点出发,强调圣人治国也要以至诚至精的心去感化百姓,以达到自然无为而治,而要达到这种自然无为而治,还需因循物性和顺应时变(规律);又强调圣人治国还离不开仁义慈爱和对民众的礼义教化,这反映出作者对儒道的融合。而这仁爱和对民众的教化又必须辅之于法制;还指出,圣人治国又离不开对贤才的任用和圣人自身的修养与学习……

综上所述,又可看出本卷《泰族训》实际上又是《淮南子》全书政治主张的集中表现。站在这个角度来看原注的题解也十分恰当,即"泰言古今之道,万物之指(旨),族于一理,明其所谓也,故曰泰族"。

天设日月,列星辰,调阴阳,张四时。①日以暴之②,夜以息之,风以干之,雨露以濡之。其生物也,莫见其所养而物长;其杀物也,莫见其所丧而物亡。此之谓神明。圣人象之,故其起福也,不见其所由而福起③;其除祸也,不见其所以而祸除。远之则迩,延之则疏;稽之弗得,察之不虚;日计无算,岁计有余。④夫湿之至也,莫见其形,而炭已重矣;

风之至也,莫见其象,而木已动矣;日之行也,不见其移;骐骥倍日而驰,草木为之靡⑤;县烽未转,而日在其前⑥。故天之且风,草木未动而鸟已翔矣;其且雨也,阴曀未集而鱼已唸矣⑦:以阴阳之气相动也。故寒暑燥湿,以类相从;声响疾徐,以音相应也。故《易》曰:"鸣鹤在阴,其子和之。"⑧高宗谅暗⑨,三年不言,四海之内,寂然无声;一言声然⑩,大动天下:是以天心呿唫者也⑪。故一动其本而百枝皆应,若春雨之灌万物也,浑然而流,沛然而施,无地而不澍⑫,无物而不生。故圣人者,怀天心,声然能动化天下者也。故精诚感于内,形气动于天,则景星见⑬,黄龙下,祥凤至,醴泉出,嘉谷生,河不满溢,海不溶波⑭。故《诗》云:"怀柔百神,及河峤岳。"⑮逆天暴物,则日月薄蚀,五星失行,四时干乖⑯,昼冥宵光,山崩川涸,冬雷夏霜。《诗》曰:"正月繁霜,我心忧伤。"⑰天之与人,有以相通也。故国危亡而天文变,世惑乱而虹霓见,万物有以相连,精祲有以相荡也。⑱

【今译】

　　天上设置日月,陈列星辰,调节阴阳,布设四季。白天由阳光照耀,晚上让它们休息,用风来吹干,用雨露来润湿。上天化育万物,却看不到是怎样养育,但万物倒茁壮成长了;上天杀灭万物,却看不到是怎样杀灭,但万物倒凋落死亡了。这种无形的生灭手段,叫做神明。圣人仿效大自然,所以他在给人们带来福祉时,看不见他有什么行动,但幸福却降临了;他在为人们除去祸害时,看不见他在采取什么措施,但祸害却消除了。这正是远离之却靠近之,延迟之却疏远之。稽查它们得不到踪影,观察它们却又不虚妄。每天算计,效果甚微;长年累月则功效卓著。湿气降临,看不见它的形状,但木炭却已增加了重量;风将吹临,看不见它的形象,但树叶却已摆动了;时光的推移,不留明显的痕迹,但草木却随着时光的推移而枯萎;千里马日夜兼程奔驰传递着,而烽火台上的烽燧并不见它的传递,但传到下一站的时间,总在驿马之前。所以,天将要起风,草木还没有反应,而鸟儿却已经从树上飞离;天将要降雨,乌云还没有聚集遮盖天空,而鱼儿却已经浮出水面喘气了,这是阴阳二气互动交感的缘故。因此,寒暑、燥湿,按照类别而相随从;声音回响的疾速、缓慢,按照音类而相呼应。所以《易经》说:"鹤在树荫里鸣叫,它的同类小鹤在附近应和着。"殷高宗武丁居丧,三年内闭口不言,四海之内随之寂然无声;但一旦他发布号令,便震撼天下,这是遵循天意而使天下像呼和吸那样感应。所以,一旦触动根本,百枝万叶都会随之摇晃,如同春雨浇灌万物,浑浑然流淌,源源不断地施泽着,没有什么地方不受润滋,没有什么植物不被养育。所以圣人顺应天意,一出声音就震动天下。因此人的内心世界如果感发起至精至诚的情感,那么他的形体之气就会感化天,随之就会有吉祥的瑞星出现、神龙也会降临、吉祥的凤凰也会翔临、甘泉也会自地涌流、五谷未布而生长、江河不会泛滥、大海不会肆虐。所以《诗经》说:"祭祀安抚众神,并顾及黄河五岳。"如果违逆天意,暴虐万物,就会出现日食、月食,五星也会偏离它的正常运行轨道,四季就会与时令相违背,白天昏暗、夜晚放光、山峰崩塌、河流枯涸、冬天响雷、夏天打霜。《诗经》上说:"六月繁霜,令我心忧。"上天和人事,是有相通之处的。所以国家危亡而天象变异,世道混乱则虹霓呈现,万物是相互联系着的,灾异之气是会互相激荡相通的。

【注释】

① 张:张设、布设。　② 暴:曝、晒、照。　③ 所由:所以。马宗霍认为"由"、"以"一声之转,"由"即"以"。　④ 日计无算,岁计有余:《俶真训》说"日计之不足,而岁计之有余",语见《庄子·庚桑楚》,即是说短时间里见不到功效,时间长了就功效卓著。　⑤ 这句按许匡一改定为"日之行也,不见其移,而草木为之靡;骐骥倍日而驰,县烽

未转,而日在其前"。　⑥县:通"悬"。烽:边疆告急报警的烟火信号,一般是夜里举火报警叫"烽",白天放烟报警叫"燧"。县烽:是指古代边疆地区相隔一段距离设一烽火台,有警时或举火或举烟,后一烽火台见前台举烟火,也要点燃烟火,以次传递警报。未转:指不用从一处传递到另一处,凭瞭望知道烽燧。日:指传递到另一处的时间。其:指骐骥。　⑦瞕:指风雨时天色阴沉。唅:鱼在水面呼吸,说明下雨时水缺氧,故鱼浮出水面呼吸。　⑧语见《易经·中孚》九二爻辞。阴:荫,树荫。和:应和。　⑨高宗:殷王武丁。谅暗:指天子、诸侯居丧。　⑩一言声然:马宗霍认为"一言声然"犹言"一言震然","震则动,故下文云'大动天下',又云'声然能动化天下者也'"。　⑪呿唫:李哲明认为"呿唫谓开闭",这里指呼吸。　⑫澍:润湿、润泽。　⑬景星:瑞星。古人认为此星出现将给人带来祥瑞。见:"现"的古字。下文提到的"黄龙、祥凤、醴泉"等均指祥瑞物。　⑭醴泉:甘美的泉水。嘉谷:古代的"粟"为嘉谷。溶:杨树达认为"溶"当为"涌",涌动。溶波:指大海翻浪涌动,形成灾难。　⑮语见《诗经·周颂·时迈》。怀柔:安抚。峤岳:高山。　⑯薄蚀:指日食、月食。干乖:违逆、违背。何宁认为"干乖"当为"干乘",是指阴阳陵犯。录下供参考。　⑰语见《诗经·小雅·正月》。正月:许匡一认为指"六月"。陈子展《诗经直解》认为是"四月",据《竹书》,幽王四年夏四月陨霜。　⑱精祲:指由阴阳二气相侵而形成的不祥之气。荡:激荡相通。

【评析】

自然界化育生杀万物无形无为,不见形著、不留痕迹。它化育万物时是"莫见其所养而物长",它摧杀万物时是"莫见其所丧而物亡"。如天人相通中的"人"要效法自然的话,也应该是"起福也,不见其所由而福起;除祸也,不见其所以而祸除"。这按传统的讲法是叫"无为而治"。

自然界化育生杀万物尽管不见形著、不留痕迹,但总还有细微处可把握,如"湿之至也,莫见其形而炭已重矣;风之至也,莫见其象而木已动矣";"天且风,草木未动而鸟已翔矣;天且雨,阴曀未集而鱼已噞矣"。这被作者看来是自然界的阴阳二气相动的缘故。由"相动"又形成"相感相应",如"寒暑燥湿以类相从,声响疾徐以音相应"。

而"相感相应"的现象,在作者看来不局限于寒暑、燥湿、声响、疾徐之间,它应是自然界的普遍现象,乃至于在天与人之间也有相感相应,如"圣人者怀天心,声然能动化天下者。故精诚感于内,形气动于天则景星见,黄龙下,祥凤至,醴泉出,嘉谷生,河不满溢,海不溶波";反之如人"逆天暴物,则日月薄蚀,五星失行,四时干乖,昼冥宵光,山崩川涸,冬雷夏霜"。这些被作者总结为"天之与人有以相通也,故国危亡而天文变,世惑乱而虹霓见,万物有以相连,精祲有以相荡也"。这是"天人感应"思想在作者身上的反映。

故神明之事,不可以智巧为也,不可以筋力致也。天地所包,阴阳所呕①,雨露所濡,化生万物②;瑶碧玉珠,翡翠玳瑁,文彩明朗,润泽若濡,摩而不玩③,久而不渝,奚仲不能旅④,鲁般不能造⑤:此之谓大巧。

宋人有以象为其君为楮叶者⑥,三年而成,茎柯豪芒,锋杀颜泽⑦,乱之楮叶之中而不可知也。列子曰:"使天地三年而成一叶,则万物之有叶者寡矣。"⑧夫天地之施化也,呕之而生,吹之而落,岂此契契哉?⑨故凡可度者小也,可数者少也。至大非度之所能及也,至众非数之所能领也。故九州不可顷亩也,八极不可道里也⑩;太山不可丈尺也,江海不可斗斛也⑪。故大人者,与天地合德,日月合明,鬼神合灵,与四时合信。故圣人怀天气,抱天心,执中含和,不下庙堂而衍四海⑫,变习易俗,民化而迁善,若性诸己⑬,能以神化也。《诗》云："神之听之,终和且平。"⑭夫鬼神视之无形,听之无声,然而郊天望山川⑮,祷祠而求福,雩兑而请雨⑯,卜筮而决事⑰。《诗》云："神之格思,不可度思,矧可射思?"⑱此之谓也。

【今译】

　　所以神灵之事,是不能凭智巧去做的,是不能靠筋力去力求的。天地包容着、阴阳化育着、雨露滋润着,这样便产生万物;那翡翠玳瑁、瑶碧玉珠是文彩明朗、滋润光滑,抚摩它不会损缺,历久而不变形,天成自然是奚仲无法摹仿的,鲁班不能复制的:天地自然造化万物的本领就是这样神奇,我们把此称为"大巧"。

　　宋国有人用象牙为国君雕刻了楮树树叶,花了三年时间才雕刻成功,叶的脉络细如微芒,叶子的厚薄、颜色都十分逼真,将它放在真的楮树叶中分不出真假。列子说:"假若天地自然也要花三年时间才能长成一片树叶的话,那么万物中有叶子的就太少了。"那天地自然化育万物,抚育它们,它们则很快生长;寒风吹刮它们,它们则很快凋零,哪会像人工雕刻那样费劲辛苦? 所以凡可以度量的都是微不足道的,凡可以计数的都是有限的。而最大的东西是无法度量的,极多的东西是数字无法统计的。所以九州是不能用顷亩来计算的,八极是不能用"道里"来计算的,泰山是无法用丈尺来尺量的,海水是无法用斗斛来量度的。所以大气慨的人和天地合德、日月合明、鬼神合灵,并和四季相协调。所以圣人怀着天一样的气概,有着天一样的心怀,持执着中和之气,不出庙堂便能恩泽施行四海,移风易俗,感化民众使之从善,却像出自他们的本性,这就是精神感化。《诗》中说到:"慎守自然,和顺又平安。"那鬼神,看它不见形体,听它不闻声音,然而每年祭祀上天,祭祀山川,祈求上天、山川之神降福,每逢旱灾,举行雩祭以祈求降雨,消除灾难以占卜来决定事宜。《诗》中说:"神灵的到来,是无法揣度的,又怎么可以厌弃神呢?"说的就是这种情况。

【注释】

①呕：化育、抚育。　②化生万物：王念孙认为本作"雨露所濡,以生万殊","瑶碧玉珠"本在"翡翠玳瑁"之下。　③玩：通"刓",缺损、磨损。　④奚仲：夏代的车正,车的发明者。旅：俞樾疑"放"字之误,摹仿,仿效；金其源认为"旅",施也,谓奚仲不能施工也。　⑤鲁般：鲁班,春秋时鲁国的巧匠。　⑥象：象牙。褚：树名,落叶乔木,叶似桑叶。为褚叶：为作动词,这里指雕刻。　⑦茎柯：指叶脉。豪芒：细毛微芒。锋：刘文典认为是"丰"。丰杀：犹言肥瘦、厚薄。颜泽：颜色光泽。　⑧列子：即列御寇,战国郑人。引文见《列子·说符》。　⑨呕：抚育。契契：辛苦的样子。　⑩九州：中国。顷亩：指用顷亩作计量单位来计算。八极：八方极远处,指地的尽头。道里：指里程,是说以里程来计量。　⑪太山：泰山。丈尺：指用丈尺来计量。斗斛：指用斗斛来度量。十斗为一斛。　⑫衍：施行、延及、推广。　⑬性：通"生"。　⑭语见《诗经·小雅·伐木》。神：应释为"慎"。神之听之：指慎守自然。　⑮郊、望：指祭祀。　⑯祷祠：祈求、祈祷。雩：古代求雨的一种祭祀仪式。兑：通"说",一种祭礼的名称,《周礼·春官·大祝》："掌六祈以同鬼神示：一曰类,二曰造,三曰禬,四曰禜,五曰攻,六曰说。"这里的"说"是祈求、诉说的意思。　⑰卜筮：两种占卜法,用龟占叫卜,用蓍草占叫筮。　⑱诗引《诗经·大雅·抑》。格：至、来。思：语气词。度：揣度、测度。矧：何。射：厌弃。

【评析】

以上讲到天地自然化育生灭万物不见形著、不留痕迹,即"不见其所养而物长,不见其所丧而物亡",作者将此称之为自然力的"神明"作用。本节接着讲这种"神明之事",认为这种"神明之事"是"不可以智巧为也,不可以筋力致也"；指出谁要想"智巧为"、"筋力致",充其量像宋人用象牙"为褚叶"一样,只能是"以假乱真",不可能做成真正的"大巧"。由此,作者提出"凡可度者小也,可数者少也,至大非度之所能及也,至众非数之所能领也"的事理。

联系到圣人处事举事,作者认为要想做成大事,也就一定要明白"九州不可顷亩、八极不可道里、泰山不可丈尺、江海不可斗斛"这样的道理,抛弃"智巧为、筋力致",做到"与天地合德、与四时合信","与日月合明、与鬼神合灵","怀天气抱天心、执中含和",这样就能在不知不觉中变化对象,在不知不觉中改造民众,使民众"变习易俗,民化迁善"。作者将此称之为"神化",即"无为而治"的另一种表现形式。

天致其高,地致其厚,月照其夜,日照其昼,阴阳化,列星朗①,非其道而物自然②。故阴阳四时,非生万物也;雨露时降,非养草木也。神明接,阴阳和,而万物生矣。故高山深林,非为虎豹也;大木茂枝,非为飞鸟也;流源千里,渊深百仞③,非为蛟龙也④。致其高崇,成其广大,山居木栖,巢枝穴藏⑤,水潜陆行,各得其所宁焉。夫大生小,多生少,天之道也。故丘阜不能生云雨,潆水不能生鱼鳖者⑥,小也。牛马之气蒸生虮虱,虮虱之气蒸不能生牛马。故化成于外,非生于内也。夫蛟龙伏寝于渊而卵割于陵⑦,螣蛇雄鸣于上风⑧,雌鸣于下风而化成形,精之至也。故圣人养心莫善于诚,至诚而能动化矣。今夫道者,藏精于内,栖神于心,静漠恬淡,讼缪胸中⑨,邪气无所留滞。四枝节族⑩,毛蒸理泄⑪,则机枢调利,百脉九窍莫不顺比⑫,其所居神者得其位也,岂节拊而毛修之哉⑬!

【今译】

　　天达到它的高度,地达到它的厚度,月亮照耀着夜空,太阳照耀着白昼,阴阳化生,众星明亮,这些自然现象并不是人有意造成的,而是遵循规律,自然而然这样的。所以阴阳四时变化,并不是为了生育万物;雨露按时降落,并不是为了养育草木。神明接触,阴阳融合,万物自然而然产生。所以高山深林也不是为着虎豹而设置的;大树繁枝也不是为着飞鸟而生成的;江河千里渊深百仞也不是为着蛟龙而形成的。山达到一定高度,森林长成一定广度,鸟兽们自会在山中居住、在树枝上栖留、在穴巢中安身、在洞穴里藏身、在溪谷里潜泳、在旱陆地行走,各自找到适宜于自身的处所安身生存。大的产生小的、多的产生少的,这是天地自然规律。所以小山丘不可能兴起云雨,小水坑不可能产生鱼鳖,这是因为它们太小的缘故。牛马身上产生的热气蒸发会生成虱子,但虱子之气蒸发不可能产生牛马。所以养育变化是从外而生,不是生成于事物内部。那蛟龙藏匿于深渊,而它的产卵孵化却在岸上进行;螣蛇雄的在上风鸣叫,而螣蛇雌的却在下风鸣叫便可以受孕孵化成幼蛇,这是精之感应而造成的。所以圣人修养心性没有比修炼精诚更好的了,如达到至精至诚的境界,就能感动化育对象。现在那得道的人,内身藏着至精至诚,精神栖安于心中,虚静恬淡,胸怀悦穆,邪气就没有滞留的地方。四肢关节协调,全身肌肤蒸发汗污,内脏散泄浊气,这样心脏机枢调和轻松,全身经脉九窍便无不顺畅连通,这是因为精神处在了自己应处的居所,这哪里是关节的抚慰、毛发的保养所能办到的!

【注释】

① 阴阳化,列星朗:王念孙认为应是"列星朗,阴阳化",《文子·精诚篇》就作"列星朗,阴阳和"。　② 非其道而物自然:《文子·精诚篇》作"非有为焉,正其道而物自然"。　③ 流源:王念孙认为应是"源流"。渊深:王念孙认为应是"深渊"。"深渊"和"源流"相对为文。　④ 蛟龙:杨树达认为应作"龙蛟",这样"蛟"与上文的"豹、鸟"为韵,作"蛟龙"则失其韵。　⑤ 枝:俞樾认为"枝"乃"妓"字之误。这样"巢妓"、"穴藏"相对成义。巢高故言妓,穴深故言藏。　⑥ 丘阜:指小山丘。荥水:小水。《说文》:"荥,绝小水也。"《韩诗外传》:"荥泽之水,无吞舟之鱼。"　⑦ 割:王念孙认为"割"当为"剖"。"剖"谓剖卵而出。

⑧ 螣蛇：传说中的神蛇。　　⑨ 讼：王引之认为应是"说"，即"悦"。缪：与"穆"同。"穆"又和"悦"相同。　　⑩ 四枝：四肢。节：关节。族：指骨肉交错聚结的部位。　　⑪ 毛：向宗鲁认为"毛"通"袤"，外表的意思。理：向宗鲁认为当作"里"（裏）。毛蒸理泄：犹谓"外蒸内泄"。　　⑫ 机枢：指身体关键部位，这里指心脏。百脉：指身体的经脉。九窍：眼耳口鼻及前后阴。顺：通畅。比：连通。　　⑬ 节：关节。拊：抚慰。毛修：毛发的修理、保养。

【评析】

所谓天地自然无为，作者认为应理解为万物自然而然，其中并无人为因素、有意成分，就像"高山深林非为虎豹，大木茂枝非为飞鸟，深渊百仞非为蛟龙"一样；所以"天致其高，地致其厚，月照其夜，日照其昼"都是"物自然而非有为"的。正因为这样，所以自然界中的一切"山居木栖、巢枝穴藏、水潜陆行"，也都是"各得其所宁"，自然而然，强求不得。

圣主在上，廓然无形，寂然无声；官府若无事，朝廷若无人；无隐士，无轶民①；无劳役，无冤刑；四海之内，莫不仰上之德，象主之指②；夷狄之国，重译而至③：非户辩而家说之也，推其诚心，施之天下而已矣。《诗》曰："惠此中国，以绥四方。"④内顺而外宁矣。太王亶父处邠⑤，狄人攻之，杖策而去，百姓携幼扶老，负釜甑⑥，逾梁山，而国乎岐周⑦：非令之所能召也。秦穆公为野人食骏马肉之伤也⑧，饮之美酒⑨，韩之战，以其死力报：非券之所责也⑩。宓子治亶父⑪，巫马期往观化焉，见夜渔者得小即释之⑫：非刑之所能禁也。孔子为鲁司寇，道不拾遗，市买不豫贾⑬，田渔皆让长，而辩白不戴负⑭：非法之所能致也。夫矢之所以射远贯牢者,弩力也;其所以中的剖微者,正心也⑮。赏善罚暴者,政令也;其所以能行者,精诚也。故弩虽强不能独中,令虽明不能独行,必自精气所以与之施道。⑯故戴道以被民⑰,而民弗从者,诚心弗施也。

【今译】

圣明的君王处在君位上,空廓没有形象,寂静没有声响;官府像无事可做,朝廷像久无人迹;民间没有隐居之士、没有避世佚民;百姓没有劳役,刑狱没有冤屈;四海之内,没有人不仰慕君王的德行,依照君王的旨意;夷狄这样的国家,通过重重翻译来朝见:这种情景并不是靠挨家挨户地劝说宣传实现的,而是靠君王将精诚之心推广施行于天下来实现的。《诗》这么说:"恩惠施加给中国本土,这样可以安抚四方的诸侯。"内部事情治理顺畅,四方诸侯、夷狄自然安宁。过去太王亶父在邠地的时候,狄人经常来攻打,亶父率家族离开邠地,百姓们携幼扶老,背着锅甑跟随着他,翻越梁山,在岐周建立起周国:这情景不是靠硬性命令所能做到的。秦穆公为了不让山野人吃了骏马肉而伤胃生病,便送好酒给山野人喝,后来在同晋国打仗时,这些山野人就拼死报效秦穆公:这情景就不是像以契约索还债务那样所能做到的。宓子贱治理单父,巫马期前去考察他的教化效果,看见夜晚捕鱼者都将捕到的小鱼放掉:这情景就不是靠刑罚所能禁止的。孔子担任鲁国的司寇时,国内道路上没有拾取他人遗失的物件,集市上没有哄抬物价的情况,耕田、捕鱼时人都谦让年长者,老人不用背扛肩负重物:这情景就不是单凭法令所能做到的。那箭之所以射得远并能穿透硬坚物,是靠的弓弩的力量;但箭之所以能射中靶心,则靠的是人的心智。奖赏好人惩罚残暴,要靠政令;但政令之所以能贯彻执行,则是靠执政者的精诚。所以说,弓弩虽然强硬有力,但不能独自来射中目标;法令虽然严明,但不能独自施行:一定得需要精诚之气之神来帮助弓弩、法令发挥它们的作用。所以详细地阐明道理要百姓接受,但百姓就是不听从接受,这是由于在上位的人的精诚之心没有施用到百姓身上去。

【注释】

①轶:通"逸"、"佚"。 ②象:依照、依从。指:通"旨"。 ③夷狄:古代对边远地区异族的称呼,东方叫夷,北方叫狄。重译:辗转翻译,多次翻译。 ④诗引《诗经·大雅·民劳》。惠:恩惠。绥:安抚。 ⑤太王亶父:周文王祖父;周族原居豳,因北方狄族入侵,亶父率周人迁到岐(今陕西岐山县)立国。邠:豳。 ⑥釜:锅。甑:一种瓦制的煮蒸器具。 ⑦国:建国。 ⑧秦穆公:事见《氾论训》。 ⑨饮:给喝。 ⑩券:契据、契约。责:这里指索还债务。 ⑪密子:宓子贱,孔子弟子,曾任单父县令。亶父:单父,在山东单县。 ⑫巫马期:人名,孔子弟子。 ⑬司寇:一种主管刑狱的官名。豫:变动。贾:通"价"。不豫贾:是说不哄抬物价。 ⑭辩白:原注为"头有白发"。"辩白"也即"斑白",指老人。 ⑮剖微者:穿破细小的物体。正心:王念孙认为应作"人心"。 ⑯自:《群书治要》引"自"作"有"。与:参与、帮助。之:指"弓弩"、"法令"。施:施行、发挥。道:指"弓弩"、"法令"的作用。 ⑰摅:抒发、阐发。被:及、到。

【评析】

由上节"自然无为"讲到本节的"无为而治",即"圣主在上,廓然无形,寂然无声",从而导致"官府若无事,朝廷若无人;无隐士,无轶民;无劳役,无冤刑;四海之内,莫不仰上之德,象主之旨"。而之所以能"无为而治",作者认为是在于推行施用"无为"的人怀有"精诚之心"。因为怀有"精诚之心",所以能感动化育对象,就如上文说的那样:"至诚而能动化。"

作者为了说明这种"至诚能动化",就举了多则事例证明之,如孔子为司寇而道不拾遗买不豫贾、亶父迁都百姓民众携幼扶老而追随等,这些均在于圣贤的"精诚之心"施于百姓民众而使之化育感动,从而跟随、顺从、接受之。这"精诚之心"起到了刑法和政令所起不到的作用。

那么,怎样才能有这种"精诚之心"赋于心胸呢?按作者看来,这人平时就要"藏精于内,栖神于心,静漠恬淡,讼缪胸中",这样"邪气"就无从入侵留滞,时间一长就能养出浩然之气、精诚之心。有了"精诚之心"就能化育感动对象,天地也会出现瑞祥之景相呼应,这样社会也就会达到无为而治。

天地四时,非生万物也,神明接,阴阳和,而万物生之;圣人之治天下,非易民性也,拊循其所有而涤荡之。^①故因则大^②,化则细矣^③。禹凿龙门,辟伊阙,决江浚河^④,东注之海,因水之流也。后稷垦草发菑^⑤,粪土树谷,使五种各得其宜,因地之势也。汤武革车三百乘^⑥,甲卒三千人,讨暴乱,制夏商^⑦,因民之欲也。故能因则无敌于天下矣。夫物有以自然,而后人事有治也。故良匠不能斫金,巧冶不能铄木^⑧,金之势不可斫,而木之性不可铄也。埏埴而为器,窬木而为舟^⑨,铄铁而为刃,铸金而为钟,因其可也;驾马服牛,令鸡司夜^⑩,令狗守门,因其然也。民有好色之性,故有大婚之礼;有饮食之性,故有大飨之谊^⑪;有喜乐之性,故有钟鼓管弦之音;有悲哀之性,故有衰绖哭踊之节^⑫。故先王之制法也,因民之所好而为之节文者也。因其好色而制婚姻之礼,故男女有别;因其喜音而正雅颂之声,故风俗不流;因其宁家室、乐妻子,教之以顺^⑬,故父子有亲;因其喜朋友而教之以悌,故长幼有序。然后修朝聘以明贵贱,飨饮习射以明长幼^⑭,时搜振旅以习用兵也^⑮,入学庠序以修人伦⑯。此皆人之所有于性,而圣人之所匠成也。⑰故无其性不可教训,有其性无其养不能遵道。茧之性为丝,然非得工女煮以热汤而抽其统纪⑱,则不能成丝;卵之化为雏,非慈雌呕暖覆伏⑲,累日积久,则不能为雏;人之性有仁义之资,非圣人为之法度而教导之,则不可使乡方⑳。故先王之教也,因其所喜以劝善,因其所恶以禁奸,故刑罚不用而威行如流,政令约省而化耀如神。故因其性则天下听从,拂其性则法县而不用。㉑

【今译】

　　天地四时,并不能直接产生万物,神明接交阴阳融合而使万物产生;圣人治理天下,并不是要强行改变人民的品性,而是依从人民已经所具有的品性,涤荡其中的污浊部分,引导他们向好的素质转化。所以因循规律办事,效果就显著;人为操作,不按循规律,收效就细微。夏禹开凿龙门,辟开伊阙,疏导长江黄河,使它们向东流入东海,这是依循水从高处向低处流的水性。后稷开垦荒地,改良土壤,施肥种谷,让五谷各自得到适宜生长的环境,这是按照土地的地形、肥瘠的特性来做的。商汤、周武王率领兵车三百辆、甲兵三千人,讨伐暴乱,分别制服了夏桀和商纣,这是顺应了人民的愿望来完成的。所以能够遵循自然规律,就能无敌于天下。万物都有其自然规律,人只有按客观规律,才能从事治理。所以优秀的木匠是不能砍斫金属物的,灵巧的冶工是不能熔毁木材的,这是因为金属的特点决定了不能砍斫,木材的特性决定了不能熔毁。调和泥土制成陶器、挖空木头做成舟船、熔化金属铸造刀剑、熔铸金属造成钟,这都是依循它们的各自特性而做成的;驾驭牛马拉车、让公鸡报晓、让狗守门护宅,这都是顺应了它们的本能特性。人有情欲的本性,所以制定隆重的婚姻礼节;人有食欲的本性,所以规定了宴会的礼仪;人有喜乐的特性,所以有钟鼓管弦的乐器和音乐;人有悲哀的本性,所以制定服孝哭丧的礼节。所以先王制定法令、礼仪,都是根据人的爱好来节制修饰的。根据人有情欲的本性,制定了婚礼,因而界定男女有别;根据人有喜乐的特性,制定了雅颂之音,因而风俗不至于放荡;根据人民珍惜家室安宁、妻儿快乐的愿望特点,教导人们和睦孝顺,因而父子间有亲情;根据人有喜交朋友的特点,教导人们敬重长者,因而长幼有序。在做到上述这些以后,再制定朝见天子聘礼诸侯的礼节,用以分别贵贱;规定宴酒习射的礼节,用以明确长幼次序;定时检阅车马、整顿军队,来学习军事;让子弟进学堂学习,来提高人伦道德修养。这些做法全都是依循人的特性来制定的,然后再由圣人来加以教导培养,使人能成才。所以如果人没有这方面的本性,就难以加以教导;而人有了这方面的本性而没有对此加以教养引导,也不能使人走上正道。这就好像蚕茧有抽丝的特性,但不经过女工的煮熬、牵丝,就不能成为丝线;这也好像禽卵孵化成雏,如不经过雌禽长时间的孵抱温暖,就不能变成雏。这就说明人具有仁义的天性,就非得要经过圣人立出法度来加以教导,否则就不能使他们归入正道。所以先王进行教化,是依循人们喜善的特点来引导勉励人们向善行善;是依循人们厌恶的特点来禁绝奸邪;因此刑罚不动用,威势就能畅行如流水;政令简约,感化照耀如神灵。所以,依循人的天性则天下人就听从;违逆人的本性则法令公布都无济于事。

【注释】

① 拊循:依循、依从。　② 因:顺因,这里指遵循规律。③ 化:王念孙认为"化"当为"作"。向宗鲁认为"化"可读"为"(伪)。"作"和"为"均指人为。　④ 浚:疏通河道。　⑤ 垦草:开垦地。菑:初耕的田地,泛指荒地。　⑥ 革车:兵车。　⑦ 制:是指汤制夏桀、武王制纣王。　⑧ 斫:砍削。铄:销熔。　⑨ 埏:用水和土。埴:粘土。窬:挖空木头。　⑩ 司夜:报晓。　⑪ 飨:宴请宾客。谊:通"仪",礼仪。　⑫ 衰:服丧时披在胸前的麻布条。绖:服丧时系在头上或腰间的麻布条。哭踊:指悲痛至极捶胸顿足。衰绖哭踊:指服孝哭丧。　⑬ 教:马宗霍认为"教"上补"而"字,这样就和上下文

语气一致。顺：《群书治要》引作"孝",如作"顺",则与下文"悌"字义重复。 ⑭飨：王念孙认为"飨"当为"乡",《经解·射义》说："乡饮酒之礼,所以明长幼之序。" ⑮搜：马宗霍、陶方琦认为应是"蒐",演阅车马。振旅：整顿军队。 ⑯庠序：古代学堂名。 ⑰匠成：培养造就。 ⑱统纪：丝绪。 ⑲呕：抚育。 ⑳乡：通"向",向往、归入。 ㉑拂：违背、违逆。县：通"悬",公布、颁立的意思。

【评析】

天地自然无为除指天地万物自然而然,即"物自然而非有为"外,还指遵循物性自然,如"金之势不可斫,木之性不可铄"。由金与木的物性决定"良匠不能斫金,巧冶不能铄木"。反之如不遵循物性就不能做成事情,所以作者指出"夫物有以自然,而后人事有治也"。也因为遵循物性自然、"因水之流",所以"禹凿龙门,辟伊阙,决江浚河,东注之海";同样也因为遵循物性自然、"因地之势",所以"后稷垦草发菑,粪土树谷,使五种各得其宜"。由此可见,遵循物性自然的重要性。

接下作者又由遵循物性自然转而讲到遵循人伦之性从而达到无为而治,如社会中的圣人就是见"民有好色之性",故制定婚姻之礼的;见"民有饮食之性",故设定大飨之仪的;见"民有喜乐之性",故制定钟鼓管弦之音的;见"民有悲哀之性",故设定衰绖哭踊之节的。由此,作者指出,社会之所以能得到治理,是由于圣人根据"人之所有于性",然而制定各种礼仪法规、从而达到治理的。换言之,圣人的作用也就是在人之各种特性基础上加以引导和教化,使民众归入正道。

所以,天地自然无为的要害是在于遵循物性自然,而社会无为而治的要点则是遵循人之本性,谁要是"拂人之性",就是不断地高悬颁布法令礼仪,也是达不到社会无为而治的,这就是作者在本节中想要阐明的观点。

昔者,五帝三王之莅政施教,必用参五。① 何谓参五?

仰取象于天，俯取度于地，中取法于人。乃立明堂之朝，行明堂之令②，以调阴阳之气，以和四时之节，以辟疾病之菑③。俯视地理，以制度量，察陵陆水泽肥墩高下之宜④，立事生财，以除饥寒之患。中考乎人德，以制礼乐，行仁义之道，以治人伦而除暴乱之祸。乃澄列金木水火土之性，故立父子之亲而成家⑤；别清浊五音六律相生之数⑥，以立君臣之义而成国；察四时季孟之序⑦，以立长幼之礼而成官：此之谓参。制君臣之义、父子之亲、夫妇之辨、长幼之序、朋友之际，此之谓五。乃裂地而州之⑧，分职而治之，筑城而居之，割宅而异之，分财而衣食之⑨，立大学而教诲之⑩，夙兴夜寐而劳力之⑪：此治之纲纪也。然得其人则举，失其人则废。尧治天下，政教平，德润洽⑫，在位七十载，乃求所属天下之统⑬，令四岳扬侧陋⑭。四岳举舜而荐之尧。尧乃妻以二女⑮，以观其内；任以百官⑯，以观其外。既入大麓⑰，烈风雷雨而不迷。乃属以九子⑱，赠以昭华之玉⑲，而传天下焉，以为虽有法度，而朱弗能统也⑳。

【今译】

过去五帝三王临朝执政实行教化，一定要采用"参五"的方法。什么叫"参五"呢？上效法天象、下效法地理、中取法人事。于是就设立明堂朝廷，颁布明堂政令，以调阴阳之气，协和四时之节，辟除疾病之灾。俯视地理，制定度量制度，考察山岗平原水域及土地肥沃贫瘠高低各种条件以适宜种植何种谷物，安排生产创造财富，以消除饥寒之祸患。中考核人的品德，以制定礼乐，推行仁义之道，理顺人与人之间的伦理关系，从而清除暴乱的祸根。还阐明金木水火土的特性，来确立父子之情从而建立家庭；分辨清浊五音六律相生的原则，来确立君臣之义从而形成国家；审察四时季孟的先后次序，来确立长幼间的礼节从而设置百官等级：以上三方面的考察及制定叫做"参"。规定君臣之间的节义、父子之间的亲情、夫妇之间的区别、长幼之间的次序、朋友之间的交际原则，这就叫做"五"。还分割土地使民众分属各州、分派职官治理、修筑城市让人们居住、划分宅地区分不同的地域和家族、分配财物使民众有穿有吃、设置学堂教育子弟，让他们早晚勤于民事；这是治理天下的纲纪。然而这些纲纪要有适当的人才来推行贯彻才行，如用人不当就会废驰纲纪。尧帝治理天下，政教平和，德泽滋润融洽人民，他在君位七十年，便开始物色寻求能继承帝统君位的人，命令掌管四方的诸侯举荐那些处在卑微地位而有才德的人。于是四方诸侯举荐了舜，并把舜推荐给尧帝。尧帝就将自己的两位女儿娥皇、女英许配给舜作妻子，以考察他治家理家的能力和态度；还把管理百官的重任交给他，来考察他治国外交的才能。又派舜深入林麓之中，狂风雷雨也没使舜迷失方向和道路。于是尧帝就将自己的九个儿子托付给舜，并赠给舜昭华美玉，正式将君位传授给舜。尧帝如此慎重地挑选继承者，是因为尧认识到虽然自己制定了不少法度，但自己的儿子丹朱因凶顽不贤而难以胜任统治天下的重任。

【注释】

① 莅：到、临。莅政：临朝执政。参五：也作"参伍"，本指错综比较、验证等，这里指"三"和"五"。 ② 明堂：古代帝王宣布政令的地方。 ③ 菑：通"灾"。 ④ 陵：土山、山岗。墝：指土地贫瘠。 ⑤ 澄：清，指分辨清楚。故：王念孙认为应作"以"，这样能与下文相对。 ⑥ 五音：古代音乐的五个音价，即宫商角徵羽。六律：是说十二音律分为阴阳各六律。五音六律相生理论见《天文训》。 ⑦ 季：每季的末月称"季"。孟：每季的头月称"孟"。一季三月分别称为"孟仲季"。 ⑧ 裂：割。州：古代地方行政区域,周代以二千五百家为一州。州之：这里的"州"用作动词。 ⑨ 衣食：这里的"衣食"也用作动词，指给穿给吃。 ⑩ 大："太"的古字。太学：这里指古代贵族子弟接受教育的学堂。 ⑪ 劳力：马宗霍认为即"劳来"，即《孟子·

滕文公篇上》说的"放勋曰劳之来之"。《尔雅·释诂》:"劳、来,勤也"。所以本文"夙兴夜寐而劳力之",是说早夜勤于民事也。　⑫ 德润:德泽。洽:融洽。　⑬ 属:嘱托,托付。天下之统:指治理统治天下的帝统,这里是指君位、君权。　⑭ 四岳:指掌管四方的诸侯。扬:举荐。侧陋:指有才德却处卑微地位的人。　⑮ 二女:尧的两位女儿,即娥皇、女英。　⑯ 任:向宗鲁认为"任"当作"仕","仕"又与"事"通。　⑰ 麓:山林。既入大麓:原注为"林属于山曰麓,尧使舜入林麓之中,遭大风雨不迷也"。　⑱ 属:嘱托、托付。九子:指尧有九子。　⑲ 昭华:玉名。　⑳ 朱:指尧之子丹朱。

【评析】

本节作者讲述为实现社会治理,统治者是如何莅政施教的。与上述圣人根据"人之所有于性"而制定各种礼仪法规相对应的是,在这里,统治天下的五帝三王是根据(效法)天象、地理、人事来制定各种制度和关系的,如仰观天象"以调阴阳之气、以和四时之节、以辟疾病之菑",俯视地理"以制度量、察陵陆水泽肥墽高下之宜、立事生财以除饥寒之患",中考乎人德"以制礼乐、行仁义之道以治人伦而除暴乱之祸"。

同时,统治天下的五帝三王还根据"金木水火土之性以立父子之亲而成家",根据"清浊五音六律相生之数以立君臣之义而成国",根据"四时季孟之序以立长幼之礼而成官";以及"裂地而州之、分职而治之、筑城而居之、割宅而异之、分财而衣食之"……作者是想通过对社会各种制度、关系确立的考察,来说明社会人伦制度的确立都不是凭空而起的,也是有它的内在合理性和根据的。

夫物未尝有张而不弛、成而不毁者也,惟圣人能盛而不衰,盈而不亏。神农之初作琴也,以归神及其淫也,反其天心。①夔之初作乐也②,皆合六律而调五音,以通八风;及其衰也,以沉湎淫康,不顾政治③,至于灭亡。苍颉之初作书④,以辩治百官,领理万事,愚者得以不忘,智者得以志远⑤;至其衰也,为奸刻伪书,以解有罪,以杀不辜⑥。汤之初作囿也,以奉宗庙鲜轿之具⑦,简士卒,习射御,以戒不虞⑧;及至其衰也,驰骋猎射,以夺民时,罢民之力⑨。尧之举禹、契、后稷、皋陶,政教平,奸宄息⑩,狱讼止,而衣食足,贤者劝善⑪,而不肖者怀其德;及至其末,朋党比国,各推其与⑫,废公趋私,内外相推举⑬,奸人在朝,而贤者隐处。故《易》之失也卦,《书》之失也敷,《乐》之失也淫,《诗》之失也辟,《礼》之失也责,《春秋》之失也刺。⑭天地之道,极则反,盈则损。五色虽朗,有时而渝;茂木丰草,有时而落;物有隆杀,不得自若。⑮故圣人事穷而更为,法弊而改制,非乐变古易常也,将以救败扶衰,黜淫济非⑯,以调天地之气,顺万物之宜也。

【今译】
　　事物没有只张不驰、只成不毁的,唯有圣人的事业能够长盛不衰、盈满不亏。神农氏最初发明琴是为了集聚归化人心于神明,杜绝性情的淫乱;但到了后来,有人就放纵于音乐,不知返归本性,淫而好色,以至于亡国。夔当初创作音乐,都符合五音、六律,并和八风相通;但到了后来衰世时期,人就沉湎于过度的欢乐享受之中,不顾政事以至于灭亡。苍颉最初创造文字,用来管理官吏,处理各种日常事务,使愚笨者不至于忘事,聪明者能记录下久远的事情;但到了后来衰世时期,就有人利用文字私自刻写伪造骗人的文书,为有罪者开脱,捏造虚假的文字以杀害无辜者。汤当初建造园囿,是为了供奉宗庙祭祀用的鲜肉干肉祭品,以及训练士兵射箭和驾驭以防不测事件;但等到后来衰世时期,这园囿就被贵族用来驰骋猎射,以至耽误百姓的农时,使人精疲力竭。尧帝推举禹、契、后稷、皋陶,使政事教化平和,消除邪奸恶人,诉讼的事也不发生,人民丰衣足食,贤能的人勉力向善,不贤者也被君王的德政所感化;但到了后来末世,人们就结党营私,各自推举同党占据要位,废弃公心而追逐私利,朝廷内外,同党互相吹捧抬举,这时奸邪掌握朝政,贤德者只得隐居山野。所以,天地自然运行的规律总是这样的:凡物发展到极点就会走向反面、凡物盈满了就会有亏损。五光十色虽然明亮,但时间一长就要消褪;茂盛的草木,到一定的季节就要凋零;凡物都有它的兴与衰,不可能老是一个样子。所以圣人在事情实在行不通时总要改弦易辙,法规弊旧时就要改革,这并不是他们喜欢改变古制和常规,而是因时世变了只有通过改革才能挽救破败振兴衰落、革除淫邪纠正错误,来调整天地社会之气,使万事万物在适宜的生存环境下得以发展。

【注释】

① 以归神及其淫也,反其天心:王念孙认为本文本作"神农之初作琴也,以归神杜淫,反其天心;及其衰也,流而不反,淫而好色,至于亡国"。本译文从王说。　② 夔:传说是尧舜的典乐官。　③ 淫康:醉心于享乐之中。政治:政事。　④ 苍颉:古代传说中始创文字的人。　⑤ 志远:王念孙认为应是"志事"。《文子》作"智者以记事"。"志"作"记"。　⑥ 解:开脱。　⑦ 囿:放养禽兽以供捕猎的园地。鲜:鲜肉。𦞦:干肉。　⑧ 简:训练、检阅。不虞:不测。　⑨ 罢:通"疲"。罢民之力:王念孙认为应是"以罢民力",与以上"以解有罪,以杀不辜"相一致。　⑩ 契:传说是帝喾之子,舜时助禹治水。皋陶:舜之臣,掌刑狱。宄:偷盗或作乱的坏人。　⑪ 狱讼:以罪名相告为狱,有关财物的争执为讼。劝:勉力。　⑫ 与:指同类、同党。　⑬ 内外:何宁认为应作"外内"。推:王念孙认为是衍文。　⑭《易》之失也卦:王念孙认为"此六句非《淮南》原文,乃后人取《诠言训》文附入,而加以增改者也"。故译文从王说,删去这六句。　⑮ 自若:保持老样子。　⑯ 黜:革除。济:纠正。

【评析】

作者一开始就提出天下事物从来就没有张而不弛、成而不毁的，并举多则事例来证明这一观点，如"苍颉之初作书，以辩治百官，领理万事，愚者得以不忘，智者得以志远；至其衰也，为奸刻伪书，以解有罪，以杀不辜"……在举例说明完后，作者总结说："天地之道，极则反，盈则损。"就这点来说，作者提出的事物均有一个产生发展衰亡的变化过程的观点，是有合理性的。

正因为事物均有一个变化过程，所以圣人君王要使自己治理的社会盛而不衰、盈而不亏，就需要对社会中一切落后于时代变化发展的东西进行改革，这就是作者在文中指出的："圣人事穷而更为，法弊而改制"；而圣人的"变古易常"并不是为了好玩，也不是凭着兴趣，他"变古易常"的改革是为了"救败扶衰，黜淫济非"，也即为了社会的治理发展。

圣人天覆地载，日月照，阴阳调，四时化，万物不同，无故无新，无疏无亲，故能法天。天不一时，地不一利，人不一事，是以绪业不得不多端，趋行不得不殊方。①五行异气，而皆适调；六艺异科②，而皆同道。温惠柔良者，《诗》之风也；淳庞敦厚者，《书》之教也；清明条达者，《易》之义也；恭俭尊让者，《礼》之为也；宽裕简易者，《乐》之化也；刺几辩义者③，《春秋》之靡也④。故《易》之失鬼⑤，《乐》之失淫，《诗》之失愚⑥，《书》之失拘⑦，《礼》之失忮⑧，《春秋》之失訾⑨。六者圣人兼用而财制之。⑩失本则乱，得本则治；其美在调，其失在权。⑪水火金木土谷，异物而皆任⑫；规矩权衡准绳，异形而皆施⑬；丹青胶漆，不同而皆用⑭：各有所适，物各有宜。轮圆舆方，辕从衡横⑮：势施便也。骖欲驰，服欲步⑯；带不厌新，钩不厌故：处地宜也。《关雎》兴于鸟⑰，而君子美之，为其雌雄之不乖居也⑱；《鹿鸣》兴于兽，君子大之⑲，取其见食而相呼也。泓之战⑳，军败君获，而《春秋》大之，取其不鼓不成列也；宋伯姬坐烧而死㉑，《春秋》大之，取其不逾礼而行也。成功立事，岂足多哉？方指所言，而取一概焉尔！㉒

【今译】
　　圣人如同天覆地载，如同日月照耀，如同阴阳调和，如同四季变化，对于各种不同的事物，不分新旧、不论亲疏，都能一视同仁、温暖普照，所以圣人是效法天道。天时不可能只有一个季节，大地也不可能只有一种利益，人也不可能只有一种本事，因此圣人的事业不能不是头绪繁多，旨趣行为不能不是多方面的。代表着五行的不同气质，尽管相异但都适宜协调；不同门类的六艺，尽管不同但它的本质却是一致的。温惠柔良，是《诗》的风格；淳庞敦厚，是《书》所教诲的；清明条达，是《易》的要义；恭俭尊让，是《礼》的行为准则；宽裕简易，是《乐》的教化；刺讥辩义，是《春秋》的优点。所以《易》的过失是在于隐秘难测；《乐》的失误是在于导致淫逸；《诗》的过失是在于使人怨愚；《书》的失误是在于使人拘泥旧法；《礼》的过失是在于使卑尊者互相嫉恨；《春秋》的失误是在于使人互相诋毁。但这六种经典圣人却是兼取并用，通过剪裁取其精华。失去本旨就会混乱，掌握本旨就能得到治理；这其中的精华在于协调好各种关系，而其失误在于权变本旨和要义。水火金木土和谷，属于不同的物类，但却都可被利用；规矩权衡和准绳，形制各异而都能适用于对象；丹青和胶漆性质不同，但各有各的用途：这说明事物均有它适用的范围和对象。车轮是圆的，车厢则是方的，车辕是直的，车衡则是横的：形状不同但均出于使用的方便。骖马喜欢奔跑，服马喜爱缓行，带不厌新，钩不厌旧：这是因为它们所处的环境地位的不同的缘故。《关雎》篇以鸟鸣起兴，君子从中得到美感，这是因为雎鸠鸟雌雄有别不杂居；《鹿鸣》篇用鹿鸣起兴，君子从中得到尊崇美，这是因为鹿群有发现食物互相呼唤共同享用的美德。在泓水之战中，宋军惨败，宋襄公被俘，但《春秋》却尊崇宋襄公，这是因为看重宋襄公不攻击还没排好阵列的军队的仁义思想；宋伯姬坐在堂前不下堂而被火活活烧死，《春秋》仍然尊崇宋伯姬，这是因为看重宋伯姬不超越礼节行事的品行。成就事业，建立功名，哪里用得着做很多事情，只须抓着本旨根本就行。典籍所记载的也只是某人某事的某方面而已。

【注释】

① 绪业：事业。趋行：旨趣行为。　② 六艺：指《诗》、《书》、《易》、《乐》、《礼》、《春秋》这六部儒家经典。　③ 几：通"讥"。义：通"议"。　④ 靡：美好。　⑤ 鬼：指隐秘难测。　⑥ 愚：原注为"诗人怒，怒近愚"。庄逵吉认为"怒"当为"怨"，"怨愚"的意思。　⑦ 拘：原注为"《书》有典谟之制，拘以法也"，指拘泥旧法。　⑧ 忮：原注为"礼尊尊卑卑，尊不下卑，故忮也"。这里指"嫉恨"。　⑨ 訾：诋毁。　⑩ 财：通"裁"，裁断。　⑪ 权：权变。　⑫ 谷：既指"山谷"，又指"五谷"。任：任用。　⑬ 规：圆规。矩：画方形的器具。权：秤锤。衡：秤杆。准：测水平的器具。绳：量垂直线的墨线。　⑭ 丹青：指丹砂和青䨼，可提炼颜料的两种矿石。胶漆：指粘合剂和涂料。《说山训》说"胶漆相贼"，指胶漆不相容。　⑮ 舆：车厢。辕：车前驾牲口的直木。从：通"纵"。衡：车辕前端的横木。　⑯ 骖：指马车两侧的马。因为车两侧的马不驾辕，束缚小，故曰"骖欲驰"。服：指马车中间驾辕的马。因为服马居中驾辕，受车辕约束，负担重，故曰"服欲步"。　⑰《关雎》：《诗经·国风·周南》的一首诗。兴：起兴，一种诗歌表现手法。兴于鸟：由鸟起兴而发。　⑱ 乖：王念孙认为"乖"当为"乘"，"匹配"的意思。　⑲《鹿鸣》：《诗经·小雅》中的一篇。大：尊崇，崇敬。　⑳ 泓之战：泓，水名，在今河南柘城县西北。公元前638年宋襄公与楚军在此交战，宋襄公自称为"仁义之师"，要

等到楚军渡过泓水,摆好阵势后再开战,不允许如司马所建议的,在楚军渡河之际开战,结果被楚军打败,宋襄公也大腿受伤,不久去世。事见《左传·僖公二十二年》。　㉑ 宋伯姬坐烧而死:原注为"伯姬,宋共公夫人。夜失火,待傅母不至,不下堂,而及火死之也"。　㉒ 方:指方策,引申为史书典籍。方指:指史书典籍的旨意。一概:指一个方面。

【评析】

本节讲到客观事物是千差万别、丰富多彩的;但既然这些事物是天地自然生成,那么它们就必然地存在着合理性和效用性,就如"水火金木土谷,异物而皆任","规矩权衡准绳,异形而皆施"。正因为这样,所以人们对待这些客观事物就不能厚此薄彼,用这弃那,如只取其"一概"就必成不了大事;由此作者提出"圣人兼用"的观点。

那么,怎样才能"兼用"事物呢?作者认为,从主观方面来说,就必须具备"无故无新、无疏无亲"的兼容并蓄的观念;从客观事物方面来说,就要看到事物的特性,如"轮圆舆方,辕从衡横,势施便也;骖欲驰服欲步,带不厌新,钩不厌故,处地宜也"。

这样,一方面人有兼容并蓄的观念,另一方面这客观事物也确有可被人"兼容并蓄"的效用性,于是就有了作者所说的"兼用"观。作者认为,只有这样才能"成功立事"。

　　王乔、赤松去尘埃之间①,离群慝之纷②,吸阴阳之和,食天地之精,呼而出故,吸而入新,蹀虚轻举③,乘云游雾,可谓养性矣,而未可谓孝子也。周公诛管叔、蔡叔,以平国弭乱④,可谓忠臣也,而未可谓弟也⑤。汤放桀,武王伐纣,以为天下去残除贼,可谓惠君,而未可谓忠臣矣。乐羊攻中山,未能下,中山烹其子,而食之以示威,可谓良将,而未可谓慈父也⑥。故可乎可,而不可乎不可;不可乎不可,而可乎可。舜、许由异行而皆圣⑦,伊尹、伯夷异道而皆仁⑧,箕子、比干异趋而皆贤⑨。故用兵者,或轻或重,或贪或廉,此四者相反,而不可一无也。轻者欲发,重者欲止,贪者欲取,廉者不利非其有。⑩故勇者可令进斗而不可令持牢⑪,重者可令埴固而不可令凌敌⑫,贪者可令进取而不可令守职,廉者可令守分而不可令进取,信者可令持约而不可令应变⑬。五者相反,圣人兼用而财使之。⑭夫天地不包一物,阴阳不生一类。海不让水潦以成其大,山不让土石以成其高。夫守一隅而遗万方,取一物而弃其余,则所得者鲜,而所治者浅矣。

【今译】

　　王乔、赤松子远离尘世,脱离人间邪恶纠纷,吸取阴阳融和之气,食取天地之精华,吐故纳新,踏虚升飞,乘云游雾,可以称为养性者,但是不能称为孝子。周公诛管叔、蔡叔,以安定国家、平息叛乱,可以称为忠臣,但是不能算是爱护兄弟。商汤放逐夏桀,武王讨伐纣王,为天下铲除残暴奸贼,可以称为仁惠的君主,但不能算是忠臣。乐羊攻打中山城,久攻不下,中山人烹了他的儿子,乐羊竟尝了中山人送来的他儿子的肉羹,以显示自己的威武强势,这可称得上良将,但是不能算作是慈父。所以,事物均有多面性,要肯定值得肯定的一面,否定不值得肯定的一面;否定值得否定的一面,肯定值得肯定的一面。虞舜和许由的行为尽管各异,但均是圣人;伊尹和伯夷走的道路尽管不同,但都是仁者;箕子和比干的行动尽管不一样,但都是贤者。所以将士中有的轻捷、有的重缓、有的贪心、有的清廉,这四种将士的性格特点各异,但在战争打仗中缺一不可。轻捷者好动,重缓者好静,贪心者好取,清廉者则不贪求非分的利益。所以勇猛敏捷者可让他们冲锋搏击,而不可让他们固守;重缓者可让他们固守,倒不适宜让他们冲锋搏击;贪心者可让他们积极攻取,而不可让他们安守本职;清廉者可让他们安守本职，倒不适宜让他们积极攻取；忠诚守信者可让他们持守约定联盟，而不能要他们也随机应变。这五种人的性格相反，但圣人却能对他们兼容并蓄而用之。这说明天地自然不只是容纳一种事物，阴阳两气的交融也不只能产生一种物类。海水只有不推辞小的积水才能成就它的博大；山只有不拒绝土石才能成就它的崇高。如果持守一角就会抛弃遗漏万方世界，如果取用一物就会舍弃其他事物，这样就必定获得的很少，所能治理的范围也一定很浅窄。

【注释】

① 王乔、赤松：传说中两仙人的名字。《齐俗训》作"赤诵子"。② 愿：恶。③ 蹀：踏。举：升飞。④ 周公：姬旦，周武王弟。管叔、蔡叔：皆周武王弟，分封管、蔡，故称。武王死后，成王年幼，管、蔡与纣王子武庚作乱，周公率军东征，诛管叔，放逐蔡叔。弭：平息。⑤ 弟：孙诒让认为应作"悌弟"。⑥ 乐羊：战国时魏国将领。中山：战国诸侯国。乐羊食用儿子肉羹之事见《战国策·魏一》。⑦ 许由：尧时隐士，尧将天下传给他，他不受。⑧ 伊尹：商汤王之臣，辅佐汤伐夏桀，被尊为宰相。伯夷：商孤竹君之子，因不受君位，与弟叔齐一起逃入周。⑨ 箕子：商纣王诸父，封国于箕，故称箕子。比干：商纣王诸父，因纣王暴虐，比干屡次犯颜强谏，激怒纣王，被剖心而死。⑩ 利：贪得利益。⑪ 勇：俞樾认为应作"轻"，这样才和上文相一致。⑫ 填：坚固。凌：进取、进攻、进犯。⑬ 信者可令持约而不可令应变：俞樾认为这十二字是后人窜入的，《淮南》本无此句。下文的"五者"亦应作"四者"。⑭ 财：通"裁"。

【评析】

如同物质世界中的"水火金木土谷"等物各有所宜、"规矩权衡准绳"各有所适一样，社会中的人物也是"各有所适、各有所宜"的，如"周公诛管蔡以平国弭乱，可谓忠臣而未可谓弟也；汤放桀以为天下去残除贼，可谓惠君而未可谓忠臣"。而且，社会中的人也像自然中的物一样千差万别、丰富多彩,如就"用兵者"来说,就有"或轻或重、或贪或廉"的。

正因为社会中的人千差万别、丰富多彩,各有所适、各有所宜,所以圣人就要根据丰富多彩的人之所宜所适来合理使用他们,如对"用兵者",就要"轻者可令进斗而不可令持牢,重者可令填固而不可令凌敌,贪者可令进取而不可令守职,廉者可令守分而不可令进取"。作者认为只有对社会中的人"兼用而财使之",圣人才能"成功立事";如对人只"取一概"、只"守一隅",就不可能治理好社会。

作者进而认为,圣人就要从"天地不包一物、阴阳不生一类"这样的自然现象中引申出"圣人兼用"的观念来。所以说,本节是上节作者"圣人兼用"观的继续和深化。

治大者道不可以小,地广者制不可以狭;位高者事不可以烦,民众者教不可以苛。夫事碎难治也,法烦难行也,求多难澹也。①寸而度之,至丈必差;铢而称之,至石必过。②石秤丈量,径而寡失③;简丝数米,烦而不察④。故大较易为智⑤,曲辩难为慧。故无益于治而有益于烦者,圣人不为;无益于用而有益于费者,智者费行也。故功不厌约,事不厌省,求不厌寡。功约易成也,事省易治也,求寡易澹也。众易之,于以任人,易矣!孔子曰:"小辩破言,小利破义,小艺破道;小见不达,必简。"⑥河以逶蛇⑦,故能远;山以陵迟⑧,故能高;阴阳无为,故能和⑨;道以优游,故能化。夫彻于一事,察于一辞,审于一技,可以曲说⑩,而未可广应也。蓼菜成行⑪,瓯有菳⑫,秤薪而爨⑬,数米而炊,可以治小,而未可以治大也。员中规,方中矩,动成兽,止成文⑭,可以愉舞,而不可以陈军⑮。涤杯而食,洗爵而饮,盥而后馈⑯，可以养少，而不可以飨众。今夫祭者，屠割烹杀，剥狗烧豕，调平五味者，庖也⑰；陈簠簋⑱，列樽俎⑲，设笾豆者，祝也⑳；齐明盛服，渊默而不言，神之所依者，尸也㉑。宰、祝虽不能，尸不越樽俎而代之。故张瑟者，小弦急而大弦缓；立事者，贱者劳而贵者逸。舜为天子，弹五弦之琴，歌《南风》之诗，而天下治。周公肴臑不收于前㉒，钟鼓不解于悬，而四夷服。赵政昼决狱而夜理书㉓，御史冠盖接于郡县，覆稽趋留㉔，戍五岭以备越，筑修城以守胡㉕，然奸邪萌生，盗贼群居，事愈烦而乱愈生。

【今译】

　　治理大国的治术不能琐碎，国土辽宽的管理制度不能偏狭；处在高位的人处事不能烦琐，百姓众多的政治教化不能苛细。事务琐碎就难以治理，法令烦杂就难以推行，欲求多就难以满足。一寸一寸地量，量到一丈时就一定会有误差出现；一铢一铢地称，称到一石时就一定会有差错出现。反之用石和丈为单位来称量，既简单又少失误。挑选丝头、细数米粒，是既麻烦又不精确。所以从大的方面入手就容易运用智慧，纠缠于细曲枝节就难以发挥智慧。所以对那些无益于治理，只会增添麻烦的事，圣人是不会去做的；对那些不实用，只会浪费精力的事，聪明人是不会去做的。所以要做成大事只有简约，要做好大事也只有俭省，欲求要满足只有欲求少；这说明功业简约则容易完成，事情俭省容易办到，欲求寡少容易满足。容易办成的事情，拿来交给人家办理，也就容易办成。孔子说："太烦琐的论证辩说只会损害真理，太计较蝇头小利只会妨害大义，太卖弄雕小技艺只会破坏大道术，太小的见识是无法产生通达观念的；要想通达大度，就必须要简约。"黄河因为曲折连绵，所以能流向远方；高山因为绵延深长，所以能既高又大；大道因为悠游，所以能化育万物。只通晓一类事，明了一种说法，掌握一门技艺，可以对某些事物有精到的认识，但不可能广泛应对所有事物。办事处事像蓼菜成行那样有条不紊,像甀瓯有底座那样稳当可靠,秤着柴来烧灶,数着米来做饭,这样谨小慎微的人只能做些小事情,而做不了大事情。圆符合圆规的要求,方符合矩尺的要求,行动起来能仿效兽类,停止下来能相当文静,能够指挥这样列队的人可以愉舞娱乐,但不能指挥军队。洗洁杯子再盛食物,洗好酒器再盛酒,洗净手后摆食品,这样的人可以负责几个人的饮食,但不能管理三军的伙食。现在祭祀的时候,屠宰烹煮、杀狗烧猪、调和滋味,这是厨师的事;陈设簠簋、排列樽俎、放置笾豆,这是巫祝的事情;斋戒严肃、穿着礼服、仪态深沉、闭口不谈,神灵以此为代表,这是尸主的任务。厨师和巫祝即使不称职,尸主也不能越过樽俎去代替他们。所以弹瑟的时候,总是小弦急促而大弦舒缓;处理事务则是贱者劳碌而贵者闲逸。舜当天子时,只是弹奏着五弦琴,歌唱着《南风》诗,天下就得到了治理。周公饭菜摆在案前,钟鼓悬挂在架上伴奏,四方异族就归顺降服了。秦始皇赵政白天判断案子,夜里处理文书,还派出监察御史到各个郡县视察,忙忙碌碌,又派兵戍守五岭以防越人,修筑长城以防胡人,但是奸邪还是不断产生,盗贼成群结队,这正是政务越烦杂乱子就越多。

【注释】

①澹:通"赡",满足。 ②铢:古代重量单位,一两的二十四分之一。石:古代计量单位,一百二十斤为一石。 ③径:直接、简便。 ④简:检阅、挑选。原注为"言事当因大法,如简阅丝数米,则烦而无功也"。 ⑤大较:大法。 ⑥必简:王念孙认为"必简"上当更有"达"字。《文子·仁篇》作"道小必不通,通则必简",是其证。所引孔子语出自《大戴礼记·小辨篇》。 ⑦逶蛇:指道路或河道弯曲延绵。 ⑧陵迟:指山坡逐渐延斜。 ⑨阴阳无为,故能和:王念孙认为此二句为后人所加。如加这二句,则与"逶蛇、陵迟、优游"之义不相比附。 ⑩彻:通。曲说:指某一事物的片面认识。 ⑪蓼菜:一种水草名,生在水边。 ⑫甀瓯:一种瓦制的阔口盆。莫:《诠言

训》作"堤",指甀瓯的底座。此段文字与《诠言训》相重复。 ⑬ 爨：炊。 ⑭ 动成兽，止成文：《诠言训》作"行成兽，止成文"。 ⑮ 愉舞：指一种娱乐的舞蹈。陈军：指挥军队。 ⑯ 爵：古代的一种酒器。盥：洗手。馈：进献物品。 ⑰ 庖：厨师。 ⑱ 簠簋：古代祭祀时盛放物品的器具。一般用来盛放稻粱、黍稷的。 ⑲ 樽：祭祀时用来盛放酒水的器具。俎：用来盛放肉类的器具。 ⑳ 笾：古代祭祀时用来盛放果品的竹编器具。祝：祭祀时传达鬼神言辞旨意的人。 ㉑ 齐：通"斋"。尸：古代祭祀时代表鬼神受祭的人。 ㉒ 肴：鱼肉一类的荤菜。膳：这里指膳食。 ㉓ 赵政：即秦始皇，名政，秦始皇生于赵，故姓赵氏；一曰秦先祖赵姓，故姓赵氏。 ㉔ 御史：秦官名，掌管监察、弹劾。冠盖：代指官吏。覆稽：反复稽查视察。趋：急走。趋留：形容忙忙碌碌。 ㉕ 五岭：五岭有以"镡城之岭、九嶷之塞、番禺之都、南野之界、射干之水"为五岭的，有以"越城、都庞、萌渚、骑田、大庾"为五岭的，说法不一。越：指古时居住在江浙粤闽等地的部族。胡：指北方及西域地区的游牧部族。

【评析】

以上作者讲"圣人兼用"，这里讲圣人治政要省约简易，不可琐碎烦杂；还要着眼大处，不可偏窄狭小。认为如处事治事琐碎烦杂必难以做成事情，即所谓"事碎难治，法烦难行"，只有省约简易才有可能功成事治，即所谓"功不厌约，事不厌省，求不厌寡。功约易成，事省易治，求寡易澹"。正因为这样，所以作者强调"无益于治而有益于烦者，圣人不为；无益于用而有益于费者，智者弗行"。作为智者和圣人，"省约简易"是他们的行事处事原则。

作者还认为圣人治政还要着眼大处，不可偏窄狭小；偏窄狭小必做不成事情，即如孔子所说"小辩破言，小利破义，小艺破道"；谁要是"秤柴而爨、数米而炊"，那只能"治小而未可以治大也"。所以，圣人和智者着眼大处，不偏窄狭小又是他们行事处事的原则。

故法者,治之具也,而非所以为治也,而犹弓矢①,中之具,而非所以中也。黄帝曰:"芒芒昧昧②,因天之威,与元同气。"故同气者帝,同义者王,同力者霸,无一焉者亡。故人主有伐国之志,邑犬群嗥,雄鸡夜鸣,库兵动而戎马惊③;今日解怨偃兵,家老甘卧,巷无聚人,妖菑不生:非法之应也,精气之动也。故不言而信,不施而仁,不怒而威,是以天心动化者也;施而仁,言而信,怒而威,是以精诚感之者也;施而不仁,言而不信,怒而不威,是以外貌为之者也。故有道以统之,法虽少,足以化矣;无道以行之,法虽众,足以乱矣。治身,太上养神,其次养形;治国,太上养化,其次正法。神清志平,百节皆宁,养性之本也;肥肌肤,充肠腹,供嗜欲,养生之末也。④民交让争处卑,委利争受寡,力事争就劳,日化上迁善而不知其所以然,此治之上也⑤;利赏而劝善,畏刑而不为非,法令正于上而百姓服于下,此治之末也。上世养本而下世事末,此太平之所以不起也。⑥夫欲治之主不世出,而可与兴治之臣不万一⑦,以万一求不世出⑧,此所以千岁不一会也⑨。

水之性淖以清⑩,穷谷之污⑪,生以青苔⑫,不治其性也。掘其所流而深之,茨其所决而高之⑬,使得循势而行,乘衰而流⑭,虽有腐髊流渐⑮,弗能污也。其性非异也,通之与不通也。风俗犹此也。诚决其善志,防其邪心,启其善道,塞其奸路,与同出一道,则民性可善,风俗可美也。所以贵扁鹊者,非贵其随病而调药,贵其摩息脉血⑯,知病之所从生也。所以贵圣人者,非贵随罪而鉴刑也,贵其知乱之所由起也。若不修其风俗,而纵之淫辟,乃随之以刑,绳之以法⑰,虽残贼天下,弗能禁也。禹以夏王⑱,桀以夏亡;汤以殷王,纣以殷亡:非法度不存也,纪纲不张,风俗坏也。

　　三代之法不亡,而世不治者,无三代之智也;六律具存,而莫能听者,无师旷之耳也。⑲故法虽在,必待圣而后治;律虽具,必待耳而后听。故国之所以存者,非以有法也,以有贤人也;其所以亡者,非以无法也,以无贤人也。晋献公欲伐虞,宫之奇存焉⑳,为之寝不安席,食不甘味,而不敢加兵焉。赂以宝玉骏马,宫之奇谏而不听,言而不用,越疆而去。荀息伐之,兵不血刃,抱宝牵马而去。故守不待渠堑而固㉑,攻不待冲降而拔㉒,得贤之与失贤也。故臧武仲以其智存鲁㉓,而天下莫能亡也;蘧伯玉以其仁宁卫㉔,而天下莫能危也。《易》曰:"丰其屋,蔀其家,窥其户,阒其无人。"㉕无人者,非无众庶也,言无圣人以统理之也。

【今译】

　　所以法只是治国的工具,而不是治国的根本,就像弓和箭,只是射中目标的工具,而不是射中靶的关键。黄帝说:"茫茫昧昧,凭借着上天的神威,与天地元气相通。"所以与元气同一相通者可以称帝、与道义同一者可以称王、与强力同一者可以称霸,这三方面都不具备的,就只能灭亡。所以国君如有侵犯征伐别国之心,邑城里的狗便会成群吠叫,雄鸡就会半夜啼鸣,兵库里的器械就会响动,战马就会躁动震惊。一旦和敌国消除仇怨,停止战争,家中的父老乡亲就能睡得香甜,巷里就没有聚集的人群议论纷纷,妖害就不会产生:这不是法令施行的效果,而是精诚之气感化的结果。所以不用言说便显示诚信、不施恩惠就显示仁慈、不必动怒就显示威严,这是以天之心来感动变化的;施舍恩惠才体现仁慈、言说以后才显示诚信、发怒了才显示威严,这是用人之精诚来感化的;施舍了恩惠还不显仁慈、信誓旦旦还不显诚信、大发雷霆还无威严，这是做表面文章造成的。所以用"道"来统帅，法令即使很少，也足以感化民众；没有以"道"来统帅，法令即使很多，也不足以安定民众，反而不断地出乱子。修身，最重要的是修养精神，其次才是修养形体；治理国家，最重要的是形成感化，其次才是严明法令。精神清明，心志平和，全身血脉都安顺，这才是养性的根本；养得肌肤肥胖、脂膏满腹还嗜欲不断，这是养生的末节。人民互相谦让、争处卑下地位、分配利益时争着拿少的一份，并努力工作争着做辛苦的事，每天向善上进却不知怎么变化的，这才是上等的统治；用物质利益来激励人，并经常宣传说教劝人向善，使百姓畏惧刑法而不敢妄为，上面执法严明，下面百姓服服帖帖，这是下等的统治术。上古时代注重养性根本，而末世则注重枝末细节，这就是太平世道难以重现的根本原因。想治理好社会的圣主并不是每个世代都会出现的，而那些能够辅佐圣主治理社会的贤臣也是万人中难觅一个；万人中难觅一个的贤臣要想碰上不是每世代都出现的圣主，那就更困难了，所以说贤臣和圣主的结合真的是千载难逢。

水性柔和而清澈，那些幽谷中不流动的积水会长满青苔，这是因为没有疏理水的本性而造成的。如果挖深谷口水道，使之通畅，并用土堵塞不必要的水潭，使之不让积水，这样，谷水就能顺高势向下流动，这样即使有杂物和腐骨浸泡，也不会使水质污染。水的本性没有改变，这水的混浊变质和水的清澈甘甜，其原因在于这水是流通还是不流通。社会风俗也是如此。如果开导疏通民众的善良天性，防止人们萌生邪恶的念头，开启他们向善从善的正道，堵塞其邪道，使之朝着一条正道上发展前进，这民性就会善良，社会风气就美好。因此人们之所以看重扁鹊，不是看重扁鹊根据病情调配药方，而是看重扁鹊他以切脉息而了解病因知道病根。同样，人们之所以看重圣人，不是看重圣人根据罪行来量刑，而是看重圣人了解这产生动乱祸害的缘由这一点。如果不治理社会风气培养良好风尚，放纵邪恶泛滥，而到了邪恶泛滥之时再动用所谓的刑法去惩治，这刑法即使能铲除奸贼邪恶，但仍无法从根子上禁绝邪恶。禹用了夏朝的法度，称王天下；桀也是用了夏朝的法度,却遭灭亡;汤用了殷代的法度,称王天下;纣王也用了殷代的法度,却遭灭亡:这不是因为法度有还是没有的原因,而是纪纲没有得以伸张,社会风俗已经败坏的原因。

夏、商、周三代的法度并没有亡佚,但后来的世道却不能治理好,这是因为以后没有三代圣王那样的智慧;音乐中的六律仍然存在,但没人能够听得懂,这是因为没有师旷那样的耳朵。所以,法度虽然存在,但一定得等到圣人出现以后才能治理好天下;音律虽然没有变,但一定得由名乐师去辨别它。所以国家之所以存在,并不是没有法,而是社会中有了贤人;国家之所以灭亡,也并不是没有法,而是社会中没有贤人。晋献公想讨伐虞国,但宫之奇在那里,晋献公为此寝食不安,因而不敢轻易派兵攻打虞国。后来晋献公用宝玉和骏马来贿赂虞国国君,向虞国借路讨伐虢,宫之奇知道其中有诈,劝谏虞君,虞君贪宝玉和骏马不听宫之奇的劝谏。宫之奇见自己的劝阻无效,就越出国境逃走了。荀息在灭掉了虢国以后顺路又将虞国灭掉了,这样兵不血刃又将宝玉和骏马带回晋国。所以防守不仅仅依靠壕堑的坚固,攻城不单单凭借冲车的高大,而是取决于是否得到贤人来辅佐。因此,臧武仲用他的智慧保住了鲁国,使天下诸侯无法灭掉鲁国;蘧伯玉用他的仁爱安宁了卫国,使天下诸侯无法危害卫国。《易经》说:"空旷一间屋,草席盖顶,从门缝往里看,空寂无人。"所谓"无人",并不是说没有普通百姓,而是说没有圣人统理。

【注释】

① 而犹:王念孙认为"而犹"当为"亦犹"。　② 芒:通"茫"。
③ 原注为"戎马,兵马也。鸡夜鸣而兵马起,气之感动也"。　④ 养生之末:《道藏》本"生"字作"性"字。"生"、"性"相通。　⑤ 治之上:王念孙认为"治之上"当为"治之本"。这样与下文"治之末"相对为文。
⑥ 起:兴起、出现。　⑦ 兴:俞樾认为"兴"字衍文也。　⑧ 万一:王念孙认为应是"不万一",是承上句言之。　⑨ 会:合,机会。
⑩ 淖:柔和。　⑪ 穷谷:幽谷。污:这里指不流动的水。　⑫ 青

苔：原注为"水垢也"，这里指生长在阴暗潮湿地方的一类植物。 ⑬ 茨：原注为"茨，积土填满之也"，这里指"堆积"或"堵塞"。所以马宗霍认为"茨"盖"垼"之借字，《说文·土部》："垼，以土增大道上。"意为用土堆积堵塞因积水冲蚀成的洞穴和水潭，使积水流动。决：冲缺的洞穴或水潭。 ⑭ 衰：俞樾认为"衰乃等衰之衰。水之从高流下，必有次弟，故曰'乘衰而流'"。 ⑮ 腐骴：带腐肉的尸骨。渐：浸泡。 ⑯ 扁鹊：战国时名医。厣：以指按捺。血：何宁认为是"而"字之误。《盐铁论·轻重篇》说"扁鹊抚息脉而知疾所由生"，即语本《淮南子》。 ⑰ 绳之以法：刘文典本作"绳之法法"。王念孙认为"绳之法法"，文不成义，故改"绳之以法"。 ⑱ 夏：夏朝的法度。 ⑲ 听：这里指欣赏。师旷：春秋晋国乐师，目盲但善辨声音。 ⑳ 晋献公：春秋晋国君，公元前676年至公元前651年在位。虞：春秋诸侯国名。宫之奇：春秋虞国大夫。 ㉑ 渠堑：壕沟、护城河。 ㉒ 冲降："冲隆"之误，即冲车。 ㉓ 臧武仲：又称臧孙纥，春秋鲁国大夫，历仕鲁成公、鲁襄公几朝，以足智多谋著称。 ㉔ 璩伯玉：即蘧伯玉。春秋卫国大夫。 ㉕ 语见《周易·丰卦》上六爻辞。丰：大，这里指空旷。蔀：指用草铺盖屋顶。阒：空寂。

【评析】

本节三个段落讲的是一个意思，即治理国家不仅仅是靠法律政令，更重要的是依靠圣贤、君臣合力对民众实施教化。作者认为靠刑法政令治理的社会只能是"利赏而劝善，畏刑而不为非，法令正于上而百姓服于下"。而靠圣贤、君臣合力对民众实施教化所达到的社会状况则是最好的社会状况，即"民交让争处卑，委利争受寡，力事争就劳，日化上迁善而不知其所以然"。

由此引出圣贤、君臣如何合力对百姓民众实施教化的问题，作者回答道：实施教化是疏与堵的结合、决与防的统一，即一方面要不断地疏通开启民性中的善志，另一方面则不断地堵塞防止民性中的邪心，用作者的话来说是"决其善志、防其邪心，启其善道、塞其邪路"，这就好像对"水""使得循势而行、乘衰而流"一样,只有这样才能使"民性可善,风俗可美"。当然,这一切在作者看来都需要在圣贤、君臣的合力实施教化之下才能完成的。

然而,作者又认为这种圣贤、君臣合力实施教化的事又是千载难逢的,用作者的话来说是"欲治之主不世出,而可与治之臣不万一,以不万一求不世出,此所以千岁不一会也"。但是,尽管难觅圣贤人才,总还能寻觅得到,如文中讲的夏禹、商汤、宫之奇、蘧伯玉等均是这样的圣贤人才。

这种圣贤人才按上述讲来本身就"藏精于内、栖神于心、神清志平、静穆恬淡",养得至精至诚,所以也就能在施行教化中以精诚之心感化民众,做到"施而仁、言而信、怒而威";更能"解怨偃兵",使"家老甘卧,巷无聚人,妖菑不生";还能像宫之奇、蘧伯玉那样以"智仁"安家宁国。站在这个角度,作者认为有无圣贤远比有无法令来得重要:尽管有法,但"必待圣而后治";尽管有法,但无圣贤,也照样会灭亡,如"禹以夏王,桀以夏亡;汤以殷王,纣以殷亡:非法度不存也,纪纲不张,风俗坏也"。

作者就是这样强烈地宣传圣贤教化民众的作用。

民无廉耻,不可治也。非修礼义,廉耻不立。民不知礼义,法弗能正也。非崇善废丑,不向礼义。无法不可以为治也,不知礼义不可以行法。法能杀不孝者,而不能使人为孔、曾之行①;法能刑窃盗者,而不能使人为伯夷之廉。孔子弟子七十,养徒三千人,皆入孝出悌,言为文章②,行为仪表,教之所成也。墨子服役者百八十人③,皆可使赴火蹈刃,死不还踵,化之所致也④。夫刻肌肤,镵皮革,被创流血,至难也,然越为之以求荣也。⑤圣王在上,明好恶以示之,经诽誉以导之⑥,亲贤而进之,贱不肖而退之,无被创流血之苦,而有高世尊显之名,民孰不从?

古者法设而不犯,刑错而不用⑦,非可刑而不刑也,百工维时⑧,庶绩咸熙⑨,礼义修而任贤德也。故举天下之高以为三公⑩,一国之高以为九卿⑪,一县之高以为二十七大夫⑫,一乡之高以为八十一元士⑬。故智过万人者谓之英,千人者谓之俊,百人者谓之豪,十人者谓之杰。明于天道,察于地理,通于人情,大足以容众,德足以怀远,信足以一异⑭,知足以知变者⑮,人之英也。德足以教化,行足以隐义⑯,仁足以得众,明足以照下者,人之俊也。行足以为仪表,知足以决嫌疑,廉足以分财,信可使守约,作事可法,出言可道者,人之豪也。守职而不废,处义而不比⑰,见难不苟免,见利不苟得者,人之杰也。英俊豪杰,各以小大之材处其位,得其宜。由本流末,以重制轻,上唱而民和⑱,上动而下随,四海之内,一心同归,背贪鄙而向义理,其于化民也,若风之摇草木,无之而不靡。今使愚教知,使不肖临贤⑲,虽严刑罚,民弗从也,小不能制大,弱不能使强也。故圣主者举贤以立功,不肖主举其所与同。文王举太公望、召公奭而王⑳;桓公任管仲、隰朋而霸㉑:此举贤以立功也。夫差用太宰嚭而灭㉒,秦任李斯、赵高而亡㉓,此举所与同。故观其所举而治乱可见也,察其党与而贤不肖可论也。

【今译】

民众如果没有廉耻之心,就无法治理他们;如果不修治礼义,廉耻之心就无法树立起来。民众不知礼义,法令也无法使他们走正道。不推崇好的风尚,废除丑恶现象,民众就不会遵循礼义。没有法当然难以治理国家,但民众不懂礼义,这法也无法推行实施。刑法能杀掉不孝之人,但却不能使人像孔子、曾子那样讲孝道;刑法能惩治偷盗者,但却不能使人做得像伯夷那样廉洁。孔子的弟子中有贤人七十人,学生有三千人,这些人都是在家讲孝道、出门讲敬爱的,言辞都符合礼义法度,行为都规规矩矩可作表率的,这些都是教育形成的。墨子有门徒一百八十人,都能够为义赴火蹈刃,义无反顾,这些都是教化造成的。刻肌肤、刺皮肉、受伤流血,是最难做到的,可是越人就以刻字文身来求得荣耀。圣王处君位,明确好恶的是非标准并公布于众,规定诽誉的标准并加以引导,亲近贤才并举用他们,轻视不贤者并黜退他们,人们没有受伤流血的痛苦,而有出人头地、尊贵显达的名声,这谁不想听从呢?

古时候法令颁布,却无人去触犯它,刑罚设置,却无人去使用它,这不是本该用刑而不去用刑,而是因为百官都想着做好自己的本职工作,使各项工作都兴盛成功,礼得以建立并任用贤能有德之士,使刑法没有可用之处。所以推举天下的高才来担任三公,举荐一国的高才来担当九卿,选举一县的高才来做二十七大夫,推荐一乡的高才为八十一元士。因此,智慧超过万人的称之为"英"、智慧超过千人的称之为"俊"、智慧超过百人的称之为"豪"、智慧超过十人的称之为"杰"。明了天道、审察地理、通晓人情,心胸博大足以容纳众人、德行足以使远方的人归附、诚信足以统一差异、智慧足以应付变通,这种人就是人中的"英"。德行足以实施教化、行为足以暗合道义、仁慈足以得人爱戴、英明足以照耀下层,这种人就是人中的"俊"。行为足以为人师表、智慧足以决断疑难、廉洁足以公平分配财物、诚信足以遵守信约,做事值得效法、说话符合道理,这种人就是人中的"豪"。坚守本职工作而不荒废、为人正义而不结党营私、遇见危难而不苟且躲避、看到利益而不贪得,这种人就是人中的"杰"。英、俊、豪、杰各以他们自己的才能大小安处在恰当的位置,各得所宜。这样就能由本流末、以重制轻,在上位的倡导什么、下面的民众就应和什么,上面行动什么、下面的民众就追随什么,四海之内,人心所向,背弃贪鄙而向往义理,这样来教化民众,就如同风吹草木,草木随之伏倒一样。现在反过来让愚者去教化民众、让不贤者凌驾贤者之上,即使刑法酷严,民众也不会服帖,因为小不能制大、弱不能使强。所以,圣明的君王举用贤能者来建立功业,无能的君主则任用和自己一样的人。周文王举用太公望、召公奭而称王天下;齐桓公任用管仲、隰朋而称霸天下:这都是举用贤能建立功绩的事例。夫差信用太宰嚭而招致亡国,秦帝王任用李斯、赵高而导致灭亡,这就是任用与自己相同类型的奸佞之徒的例子。所以只要看帝王君主举用何种人才就可知道社会治乱的状况了,只要观察这些人和何种人结党就可知道他们是贤还是不贤了。

【注释】

①孔、曾:指孔子和曾子。 ②悌:敬爱兄长,这里泛指敬爱。文章:指言辞符合法度礼仪。 ③墨子:春秋战国墨家学派的创始者。 ④踵:脚后跟。 ⑤镵:刺。皮革:皮肉。越:王念孙认为是"越人"。 ⑥经:划分、规定、衡量。 ⑦错:通"措",设置。 ⑧百工:这里指百官。维:思维、思虑。 ⑨庶:众多。绩:业绩。咸:都。熙:兴盛、兴旺。 ⑩三公:指周代的太师、太傅、太保。 ⑪九卿:这里指九个高级官职。 ⑫二十七:许匡一认为是实数二十七。大夫:指郡县一级的官吏。 ⑬元士:指春秋时期最低层的统治者。 ⑭怀远:这里指安抚远方的人,使远方的人归附。一异:统一差异。 ⑮知:智慧。 ⑯隐:度。隐义:这里指暗合道义。 ⑰比:比周,结党营私。 ⑱唱:倡,倡导。 ⑲临:凌驾。 ⑳太公望:即姜太公吕尚。召公奭:即姬奭,封于召,成王时与周公旦分陕而治。 ㉑桓公:齐桓公,春秋五霸之一。管仲:齐国齐桓公相,助桓公完成霸业。隰朋:春秋齐国大夫。 ㉒夫差:春秋末吴国君。太宰嚭:吴王夫差的宠臣,曾受贿许越和,使吴国灭亡。 ㉓李斯:秦王朝丞相,秦始皇死后,参与矫诏杀扶苏、立胡亥,后被赵高杀害。赵高:秦王朝宦官,秦始皇死后矫诏杀扶苏,专秦朝国政,后被秦王子婴所杀。

【评析】

作者仍然强调有无圣贤远比有无法令来得重要的观念,如在本节中说到:"法能杀不孝者,而不能使人为孔曾之行;法能刑窃盗者,而不能使人为伯夷之廉";"文王举太公望、召公奭而王;桓公任管仲、隰朋而霸:此举贤以立功也"。

有了这种观念,剩下要做的就是竭尽全力去寻觅圣贤人才。作者又将圣贤人才作分析归类,认为圣贤人才大致可分为"英、俊、豪、杰"四类:"明于天道,察于地理,通于人情,大足以容众,德足以怀远,信足以一异,知足以知变者,人之英也。德足以教化,行足以隐义,仁足以得众,明足以照下者,人之俊也。行足以为仪表,知足以决嫌疑,廉足以分财,信可使守约,作事可法,出言可道者,人之豪也。守职而不废,处义而不比,见难不苟免,见利不苟得者,人之杰也。"作者认为可按照这四种分类去寻觅"英、俊、豪、杰"之人才,"各以小大之材处其位、得其宜",这样就能"由本流末,以重制轻,上唱而民和,上动而下随,四海之内,一心同归,背贪鄙而向义理,其于化民也"。

夫圣人之屈者以求伸也,枉者以求直也。故虽出邪辟之道,行幽昧之途,欲将以直大道①,成大功,犹出林之中不得直道,拯溺人不得不濡足也②。伊尹忧天下之不治,调和五味,负鼎俎而行③,五就桀,五就汤,将欲以浊为清,以危为宁也。周公股肱周室④,辅翼成王,管叔、蔡叔奉公子禄父而欲为乱⑤,周公诛之以定天下,缘不得已也。管子忧周室之卑⑥,诸侯之力征,夷狄伐中国,民不得宁处,故蒙耻辱而不死⑦,将欲以忧夷狄之患,平夷狄之乱也。孔子欲行王道,东西南北,七十说而无所偶⑧,故因卫夫人、弥子瑕而欲通其道⑨。此皆欲平险除秽,由冥冥至炤炤⑩,动于权而统于善者也。夫观逐者于其反也,而观行者于其终也。故舜放弟,周公杀兄,犹之为仁也;文公树米⑪,曾子架羊⑫,犹之为知也⑬。当今之世,丑必托善以自为解,邪必蒙正以自为辟。游不论国,仕不择官,行不辟污,曰伊尹之道也。分别争财⑭,亲戚兄弟构怨,骨肉相残,曰周公之义也。行无廉耻,辱而不死,曰管子之趋也。行货赂,趣势门,立私废公,比周而取容,曰孔子之术也。此使君子小人纷然淆乱,莫知其是非者也。故百川并流,不注海者不为川谷;趋行蹎驰⑮,不归善者不为君子。故善言归乎可行,善行归乎仁义。田子方、段干木轻爵禄而重其身,不以欲伤生,不以利累形。⑯李克竭股肱之力,领理百官,辑穆万民⑰,使其君生无废事,死无遗忧,此异行而归于善者。张仪、苏秦家无常居,身无定君,约从衡之事,为倾覆之谋,浊乱天下,挠滑诸侯,使百姓不遑启居⑱,或从或横,或合众弱,或辅富强,此异行而归于丑者也。故君子之过也,犹日月之蚀,何害于明!小人之可也,犹狗之昼吠,鸱之夜见⑲,何益于善!夫知者不妄发⑳,择善而为之,计义而行之,故事成而功足赖也,身死而名足称也。虽有知能,必以仁义为之本,然后可立也。知能蹎驰,百事并行,圣人一以仁义为之准绳,中之者谓之君子,弗中者谓之小人。君子虽死亡其名不灭,小人虽得势其罪不除。使人左据天下之图而右刎喉,愚者不为也,身贵于天下也。死君亲之难,视死若归,义重于身也。天下,大利也,比之身则小;身之重也,比之义则轻。义所全也。《诗》曰:"恺悌君子,求福不回。"㉑言以信义为准绳也。

【今译】

　　圣人常常是以曲求伸、以枉求直的。所以有时候他们尽管行走在邪僻幽暗的路上，但那是为了振兴大道、完成事业，这就如同穿过深山密林不能走直道、拯救落水者不能不打湿脚一样。伊尹忧虑天下不安宁，于是充当起厨师，调和五味，背着鼎锅和砧板四处奔波，曾五次去见桀，五次去见商汤，为的是要把混浊的世界变得清澈起来，将危亡的社会变得安定起来。周公作为周王朝的股肱大臣，辅佐成王，管叔和蔡叔协同纣王之子禄父图谋作乱，周公为了捍卫王室，诛杀了他们以平天下，这当然是出于不得已。管仲担忧周王室衰败，诸侯国之间互相攻打，夷狄异族侵犯中原，人民不得安生，所以他蒙受囚禁的耻辱而不自杀，是因为担忧夷狄异族的祸患和想要平定夷狄异族的暴乱。孔子要想实行王道，东南西北地不停奔走，游说了七十位君王都没有一个愿意采纳他的主张，所以想通过卫灵公夫人南子和卫灵公宠臣弥子瑕的门路来实行自己的主张。他们这些人都是想要平定危亡、铲除污秽、使冥暗社会走向光明，所以行为尽管属于变通的，但都以美好的理想作统帅的。观察赛跑的人，要看他返回时的状况；考察行走的人，要看他到达终点的样子。虞舜尽管流放了兄弟，周公尽管杀掉了兄长，但他们仍不失为仁者；晋文公尽管闹过种米而欲长苗的笑话，曾子尽管做过给羊戴枷不让牴人的蠢事，但他们仍不失为智者。当今世界上，丑恶的人必定假托善行来为自己辩解，邪僻的人必定披上正直的外衣来为自己开脱。他们游说不看是什么国家，求官不论是什么官职，行为也从不避污浊，还说这符合伊尹之道。分家时争夺财物，亲戚兄弟为此结怨，骨肉互相残害，还说这符合周公之义。行动不讲廉耻，为了活着宁愿受辱，还说这符合管仲志向。施行贿赂，巴结权势，立私废公，结党拉派，博取上层欢心以求宠幸，还说这符合孔子之术。这样就使君子、小人界限混淆不清，无法弄清谁是谁非。所以百川并流，不能东注入海的就不能算河流；都在经营忙碌，不归善良的就不能算君子。所以好的理论是看它是否能实践，好的行为是看它是否合仁义。田子方、段干木轻视爵禄而珍重自身，不因嗜欲而伤害生命、不以利益而拖累身形。李克竭尽全力辅佐国君,统领管理百官,使万民和穆,使国君活着时没有废弃不办的事、死后也没有遗留的忧虑。这就是具体行为各异而目的都想归向善道的事例。张仪、苏秦家庭没有固定的住处,自身也没有固定的君王来事奉,干出的是合纵连横、颠覆他国的事情和阴谋,将社会搞得翻天覆地、乌烟瘴气、混浊不堪,使诸侯晕头转向、无方向,使人民百姓无法安生休息。或者合纵,或者连横,或者联合众多弱小国家,或者辅佐几个富强的国家。这些具体做法不同,但归属于邪恶则是相同的。所以君子的过失,就像日月亏蚀,怎么能伤害其本身的光明呢!小人也有可取之处,但这就像狗在白天吠叫,猫头鹰黑夜能看见,这对善行有什么益处!所以智者不盲目行动,选择了善事去做,考虑到合义才去行动,所以事情办成功后这功效足以依赖,人死去后这名声足以能称道。所以即使有聪明才智,也必定得以仁义为根本,然后才能发挥聪明才智干出一番事业来。聪明能干的人都在经营忙碌,种种事情纷纷涌现,而圣人只能拿仁义作唯一标准来衡量这些人和事,符合的叫做君子,不符合的称作小人。是君子的即使死去,他的名声都不会灭破;是小人的即使得势,他的罪恶都无法抹去。假若让人左手拿着天下的版图,而右手拿着刀刎颈自杀,这样即使是傻子都不会去做,因为生命远比据有天下来得珍贵。但是如果有人为了君亲之难而牺牲生命、视死如归的话,那又是值得称道的,因为道义比生命更珍贵。据有天下这利益与生命相比,这利益又显得相当小;生命是贵重的,但与道义相比,这生命又显得相当轻。人们敢于抛弃生命,正是为了保全道义。《诗经》上说:"平易近人的君子,追求幸福不违背正道。"说的就是君子要以诚信正义来作为处世的准绳。

【注释】

①直:王念孙认为应是"兴","兴大道,成大功",这样文义正相比附。　②濡:浸湿。　③鼎:古代烹饪用的大锅。俎:斩肉用的砧板。是谓伊尹因向汤王陈说政见无门而充当厨师以接近商汤。　④股肱:大腿和胳膊。这里用作动词,做周王室的股肱大臣。

⑤ 公子禄父：商纣王之子。　⑥ 管子：管仲。　⑦ 蒙耻辱而不死：指管仲早年佐公子纠与公子小白争君位，失败后被囚禁押回齐国之事。　⑧ 偶：合。　⑨ 卫夫人：卫灵公夫人南子。孔子曾拜见卫夫人南子，事见《论语·雍也》。弥子瑕：原注为"卫之嬖臣"。　⑩ 炤炤：同"昭昭"，明亮、光明。　⑪ 文公树米：原注为"文公，晋文公也，树米而欲生之也"，是说晋文公尝种米于田地，希望能长出米来。⑫ 曾子：曾参。架：同"枷"。曾子架羊：是指曾子曾给羊戴枷，以防触人。一曰"架"同"驾"，"曾子架羊"是说曾子驾羊而不知羊不可驾以致远。　⑬ 知：智。　⑭ 分别：指兄弟间分家。　⑮ 踖：小步。踖驰：小步奔走，这里指忙忙碌碌。　⑯ 田子方：战国魏人。段干木：战国魏人。段干木不受官禄，魏文侯路过其门必扶轼向段干木致敬，见《人间训》。　⑰ 李克：李悝，魏国魏文侯相，曾废除世卿世禄，发展生产，使魏国强盛。辑穆：和睦。　⑱ 挠滑：指扰乱。遑：闲暇。不遑：这里指"无法"。启居：安居休息。　⑲ 鸱：猫头鹰。　⑳ 知者不妄发：《群书治要》作"知者不妄为，勇者不妄发"。　㉑ 语见《诗经·大雅·旱麓》。恺悌：平易近人。回：邪僻。

【评析】

以上作者讲到圣贤难以寻觅，即如上文说的那样："欲治之主不世出，而可与治之臣不万一。"而之所以圣贤者难以寻觅，在作者看来是在于社会中的小人太多。"当今之世，丑必托善以自为解，邪必蒙正以自为辟。游不论国，仕不择官，行不辟污，曰伊尹之道也。分别争财，亲戚兄弟构怨，骨肉相残，曰周公之义也。行无廉耻，辱而不死，曰管子之趋也。行货赂，趣势门，立私废公，比周而取容，曰孔子之术也。此使君子小人纷然淆乱，莫知其是非者也。"这样圣贤君子纷然淆乱，所以使得真圣贤、真君子难以寻觅。

因为世上小人实在太多，所以即使寻觅到圣贤君子，这圣贤君子推广道德仁义也变得不怎么容易起来，往往要"以屈求伸，以枉求直"。这按作者的话来说是："圣贤虽出邪辟之道，行幽昧之途，欲将以直大道,成大功,犹出林之中不得直道,拯溺人不得不濡足也。"

但即便是这样,这圣贤君子出于本性还是"一以仁义为之准绳",欲行王道,堪忧天下,并不惜委屈自我、牺牲自身。"伊尹忧天下之不治,调和五味,负鼎俎而行,五就桀,五就汤,将欲以浊为清,以危为宁也。周公股肱周室,辅翼成王,管叔蔡叔奉公子禄父而欲为乱,周公诛之以定天下,缘不得已也。管子忧周室之卑,诸侯之力征,夷狄伐中国,民不得宁处,故蒙耻辱而不死,将欲以忧夷狄之患,平夷狄之乱也。孔子欲行王道,东西南北,七十说而无所偶,故因卫夫人、弥子瑕而欲通其道。"这些圣贤君子的做法,照作者看来,都是为了"平险除秽",使冥冥社会走向昭昭。

欲成霸王之业者,必得胜者也。能得胜者,必强者也。能强者,必用人力者也。能用人力者,必得人心者也。能得人心者,必自得者也。故心者身之本也,身者国之本也。未有得己而失人者也,未有失己而得人者也。故为治之本,务在宁民;宁民之本,在于足用;足用之本,在于勿夺时;勿夺时之本,在于省事;省事之本,在于节用①;节用之本,在于反性。未有能摇其本而静其末,浊其源而清其流者也。故知性之情者,不务性之所无以为;知命之情者,不忧命之所无奈何。故不高宫室者非爱木也,不大钟鼎者非爱金也,直行性命之情,而制度可以为万民仪。②今目悦五色,口嚼滋味,耳淫五声③,七窍交争以害其性,日引邪欲而浇其身④。夫调身弗能治,奈天下何?⑤故自养得其节,则养民得其心矣。

【今译】

想要完成霸王功业的人,必定是能获得胜利的人。能获得胜利的人,必定是个强者。能有强大力量的人,必定是善于利用人力的人。善于利用人力的人,必定是个得人心的人。能够得人心的人,必定是个自身修养有收获的人。所以人心性的修养是自我修养的根本,自我修养又是治国平天下的根本。世上没有自我修养有所收获而失去人心的,也没有放弃自我修养却得人心的。所以治国的根本,务必在于安定民生;安定民生的根本又在于使人民财物充足;而财物充足的根本在于不能侵夺农时;不侵夺农时取决于减少徭役兴建之类的事;而减少这类的事又取决于人的节欲观念。而节欲观念的形成建筑于人对清淡恬静天性的返归。没有摇动了树的根部而树梢却静止的事,也没有弄浑浊了水源而让流水清澈的事。所以了解人性真情的人是不会去做人性所不允许做的事;懂得命运实情的人是不会忧虑命运中无可奈何的东西的。所以不修建高大宫室,原因不是爱惜木材;不铸造大型钟鼎,原因不是珍惜铜铁等金属,只不过是遵循天性命运的真情来做事而已,这样的制度就可以成为万民的榜样。现在人是眼睛爱看五色、嘴巴爱尝五味、耳朵沉溺于五音,这眼、耳、鼻、口争着享受、舒服,以至伤损了人的本然天性,每天产生邪念来摧残自己的身体。自己身体都治理修养不好,又能把天下怎么样?所以将自身的修养掌握好了,那么教化民众就可以得民心。

【注释】

① 节用:王念孙认为应是"节欲"。《诠言训》中有"省事之本,在于节欲,节欲之本,在于反性"。　② 直:只。仪:榜样,标准。　③ 嚼:品尝。淫:沉溺。　④ 浇:浇薄,指伤害身体。　⑤ 调:许匡一认为"调"是衍文。

【评析】

在作者看来,这能"平险除秽"的圣贤君子也不是好当的,他必须是要注重自我修养的,只有将心性修养得像上述说的"静漠恬淡、神清志平",然后才能治国平天下。作者将这种修养到"静漠恬淡、神清志平"的心性状态称之为"自得"或"返性"。

为了起到强调作用,作者还用逆向递推的方法来证明这点:"欲成霸王之业者,必得胜者也。能得胜者,必强者也。能强者,必用人力者也。能用人力者,必得人心者也。能得人心者,必自得者也";作者继续逆向递推:"故为治之本,务在宁民;宁民之本,在于足用;足用之本,在于勿夺时;勿夺时之本,在于省事;省事之本,在于节用;节用之本,在于返性。"

那么如果顺向推导:就是个人的心性修养好坏决定国家、家庭的治与乱;而圣贤君子就是因为个个心性修养得"静漠恬淡、神清志平",养得心至诚至善,所以能治国平天下。

正因为这样,所以作者强调社会个人的心性修养,认为"未有能摇其本而静其末、浊其源而清其流"这样的事,即这根本的人之心性修养都没掌握好,哪会有治家治国平天下这样的事?

所谓有天下者,非谓其履势位、受传籍、称尊号也①,言运天下之力而得天下之心。纣之地,左东海,右流沙,前交趾,后幽都②,师起容关,至浦水③,士亿有余万④,然皆倒矢而射,傍戟而战⑤。武王左操黄钺、右执白旄以麾之⑥,则瓦解而走,遂土崩而下。纣有南面之名,而无一人之德⑦,此失天下也。故桀、纣不为王,汤、武不为放。周处酆镐之地方不过百里⑧,而誓纣牧之野⑨,入据殷国,朝成汤之庙⑩,表商容之闾,封比干之墓⑪,解箕子之囚,乃折枨毁鼓⑫,偃五兵,纵牛马,搢笏而朝天下⑬,百姓歌讴而乐之,诸侯执禽而朝之⑭,得民心也。阖闾伐楚,五战入郢⑮,烧高府之粟,破九龙之钟⑯,鞭荆平王之墓,舍昭王之宫⑰。昭王奔随,百姓父兄携幼扶老而随之,乃相率而为致勇之寇⑱,皆方命奋臂而为之斗⑲。当此之时,无将卒以行列之⑳,各致其死,却吴兵,复楚地。灵王作章华之台㉑,发乾谿之役,外内搔动㉒,百姓罢敝,弃疾乘民之怨而立公子比㉓,百姓放臂而去之㉔,饿于乾谿,食莽饮水,枕块而死㉕。楚国山川不变,土地不易,民性不殊,昭王则相率而殉之,灵王则倍畔而去之㉖,得民之与失民也。故天子得道,守在四夷;天子失道,守在诸侯。诸侯得道,守在四邻㉗;诸侯失道,守在四境。故汤处亳七十里,文王处鄷百里,皆令行禁止于天下。周之衰也,戎伐凡伯于楚丘以归。㉘故得道则以百里之地令于诸侯,失道则以天下之大畏于冀州。㉙故曰:无恃其不吾夺也,恃吾不可夺。行可夺之道,而非篡弑之行,无益于持天下矣。

【今译】

　　所谓拥有天下,不是说只拥有天子君位权势、得到传国玉玺和图籍、获得帝王之尊号,而是说还要能够充分运用天下的力量并得到民众的支持。纣王掌握的地域国土,东到东海,西至流沙,南到交趾,北至幽都,军队从容关可以布防到浦水,士卒达十万之多,可是这些士兵最终调转弓箭、倒戟攻打纣王。周武王左手握着黄钺,右手掉动白旄指挥士兵,纣王的部队就土崩瓦解,败逃投降。纣王徒有南面称王的虚名,却无王者君主应有之德,这就是纣王失去天下的原因。所以站在这个角度看,桀、纣算不上是真正的王,汤、武赶他们下台也不算是放纵犯上。周国处在鄷、镐之地,面积不过百里,可是在牧野誓师讨伐纣王,攻占殷都朝歌,朝拜成汤的庙堂,旌表商容的故里,修固比干的坟墓,将箕子从囚禁中释放出来,推翻纣王的统治以后就折断鼓槌,毁坏战鼓,收起各种兵器,放走从军的战马和解放运输的牛,使之能用到生产劳动中去,插上笏板而治理天下,老百姓纵情歌唱庆贺,诸侯带着珍禽前来朝贡,这就是由于周武王得民心的缘故。吴王阖闾征伐楚国,五次攻入楚都郢城,焚烧粮仓中的粟米,砸破刻有九龙的编钟,鞭打楚平王的坟墓,阖闾还住进了楚昭王的宫殿。昭王随之逃亡随国,国内的百姓父老兄弟们扶老携幼跟着昭王逃难,于是大家互相鼓励与敌人吴军对抗,同心协力为昭王拼命战斗。在这个时候,没有将领来统帅布阵指挥,百姓们都各自拼死搏击,最终击退吴军,收复失地。楚灵王修筑章华台,发动乾谿战役,引起国内外震动,百姓疲惫不堪,王子弃疾利用了百姓怨声载道的机会,拥立公子比为楚王,百姓们都甩手背离了楚灵王,楚灵王在乾谿挨饿,只得吃野草、喝路边的污水,最终倒在田野里死去。楚国的江山没有改变,土地面积也没有缩小,百姓的性情也无大的改变,在楚昭王统治时代,人们愿为昭王这样的君主献身,但在灵王统治时期,人们却背弃了灵王离开了他,这是因为一个得民心一个不得民心的缘故。所以如果天子得道,这边远的四夷都成为天子的藩卫;如果天子失道,就以诸侯国为边防了。如果诸侯得道,四周的邻国也都会保护他;如果诸侯失道,就只能以自己的边境为边防了。所以商汤处在亳这个地方时,土地方圆只有七十里,文王处在酆这个地方时,面积不过百里,但他们都能使天下人令行禁止。到了周王室衰败的时候,戎族敢在楚丘攻打凡伯,并掳劫凡伯而去。所以得道的君王能凭借仅有的百里地盘对诸侯发号施令;失道的君王就是占据整个天下还会害怕像冀州这样的一个州的诸侯。所以说,别指望人家不侵夺你的天下,如自己站稳了,你所治理的社会就不易被人侵夺。反过来说,你自己走的是一条通向绝亡的道路,却还要非议别人的反抗行为是篡位弑君作乱,这对保护天下到底有何益处呢?

【注释】

　　① 势位:指权势地位。传籍:代表君权的传国玉玺和图籍。
② 这方位是面南背北、左东右西。东海:相当于今东海北部及黄海全部范围。流沙:指我国西北沙漠地区。交趾:五岭以南地区。幽

都：即幽州，在今辽宁及河北北部。　③ 容关：地名。浦水：水名。　④ 亿：十万为亿。　⑤ 傍：于省吾认为"傍"读为"方"。"方"作"负"，背的意思。"方戟而战"即"背(倒)戟而战。　⑥ 旄：旄牛尾装饰的旗帜。麾：通"挥"。　⑦ 南面：古代以坐南面为尊者，后以南面代指天子。一人：指帝王。　⑧ 酆：地名，周国都城。镐：地名，周武王时将国都迁于此，地在今陕西西安西南。　⑨ 誓：为伐纣而誓师。牧之野：即牧野，在今河南淇县南，武王讨伐纣时曾在此誓师。　⑩ 殷国：指商都城殷。成汤：为商代开国之君。　⑪ 表：指刻有褒扬铭识的柱碑。商容：传说是商代的贤者。封：用土修筑坟墓。　⑫ 解：释放。箕子佯狂，被纣王囚禁，武王灭纣王后释放箕子。桴：鼓槌。　⑬ 偃：停息。五兵：这里泛指兵器，如以矛、戟、钺、楯、弓矢为五兵器。搢：插。笏：古代大臣朝会时所执用以记事的手板。　⑭ 执禽：指古代诸侯朝见天子时以一些珍贵飞禽为见面礼。　⑮ 阖闾：春秋吴国公子，公元前514年刺杀吴王僚而自立为君。郢：楚国都城，在今湖北江陵北。　⑯ 高府：指国家储藏粮食的仓库。九龙之钟：指刻有九龙图案的编钟。　⑰ 荆：楚。荆平王：楚平王。平王杀伍奢及其长子伍尚，次子伍子胥逃往吴国，助阖闾夺取王位，后率军攻楚并占领郢都，伍子胥从坟墓里挖出楚平王尸体，鞭尸以报杀父兄之仇。昭王：楚平王之子，公元前516年至公元前489年在位。　⑱ 随：春秋诸侯国名，为楚的附庸国，在今湖北随县。相率：指互相招呼。寇：指吴军。　⑲ 方命：指同心协力。　⑳ 将卒：王念孙认为应是"将率"。　㉑ 灵王：楚灵王。公元前541至公元前529在位。章华之台：相传为楚灵王所造之高台，在今湖北监利县西北。　㉒ 乾谿：地名，在今安徽亳县东南。《史记·楚世家》："(楚灵王)十一年伐徐，以恐吴，灵王次于乾谿以待之。"是说楚灵王攻伐徐国以威胁吴国，灵王率军驻扎在乾谿，时雨雪连绵，民众怨恨。　㉓ 弃疾：即楚平王，楚共王幼子，灵王弟。公元前529年，弃疾趁灵王在乾谿之机，与公子比、公子黑肱(子晢，三人均灵王弟)杀灵王太子禄，立公子比为王，不久弃疾又逼吓子比、子晢自杀，自立为王。　㉔ 放臂：甩臂。指不管而离去。　㉕ 莽：草。刘文典认为应是"菱"。　㉖ 倍：通"背"。畔：通"叛"。　㉗ 四邻：四方邻国。　㉘ 凡伯：周王室卿士。原注为"凡伯，周大夫，使于鲁，而戎伐之楚邱"。楚丘(邱)，在今山东曹县东南有楚丘亭。戎伐凡伯事见《春秋·隐公七年》。　㉙ 冀州：古九州之一，地域包括今山西、河北及河南北部、辽宁西部一带。

【评析】

本节作者用多则故事说明心性修养得"至诚至善"、"静漠恬淡、神清志平"的圣贤君子之所以能治国平天下，是在于得天下之心和得天下之道；如得天下之心，作者讲道："周处酆镐之地方不过百里，而誓纣牧之野，入据殷国，朝成汤之庙，表商容之闾，封比干之墓，解箕子之囚，乃折枹毁鼓，偃五兵，纵牛马，搢笏而朝天下，百姓歌讴而乐之，诸侯执禽而朝之，得民心也。"反之不得民心者如"灵王作章华之台，发乾谿之役，外内搔动，百姓罢敝，弃疾乘民之怨而立公子比，百姓放臂而去之，饿于乾谿，食莽饮水，枕块而死"。

对于得天下之道，作者讲道："天子得道，守在四夷；天子失道，守在诸侯。诸侯得道，守在四邻；诸侯失道，守在四境。"

讲完这些内容后，作者问道，那些自身修养极差且又不得民心和失道的君主又怎能怨别人的反抗呢？又怎可将这些反抗称之为"篡弑之乱"呢？在作者看来，社会动乱的主要原因还在于统治者自身失民心和失道。

凡人之所以生者，衣与食也。今囚之冥室之中，虽养之以刍豢、衣之以绮绣，不能乐也①，以目之无见，耳之无闻。穿隙穴，见雨零，则快然而叹之②，况开户发牖③，从冥冥见炤炤乎！从冥冥见炤炤，犹尚肆然而喜，又况出室坐堂，见日月光乎！见日月光旷然而乐，又况登泰山，履石封④，以望八荒，视天都若盖⑤，江河若带，又况⑥万物在其间者乎！其为乐岂不大哉！且聋者，耳形具而无能闻也；盲者，目形存而无能见也。夫言者，所以通己于人也；闻者，所以通人于己也。喑者不言⑦，聋者不闻，既喑且聋，人道不通。故有喑聋之病者，虽破家求医，不顾其费。岂独形骸有喑聋哉？心志亦有之。夫指之拘也，莫不事申也⑧；心之塞也，莫知务通也：不明于类也。夫观六艺之广崇，穷道德之渊深，达乎无上，至乎无下，运乎无极，翔乎无形，广于四海，崇于太山，富于江河，旷然而通，昭然而明，天地之间无所系戾⑨，其所以监观，岂不大哉！人之所知者浅而物变无穷，曩不知而今知之⑩，非知益多也，问学之所加也。夫物常见则识之，尝为则能之。⑪故因其患则造其备⑫，犯其难则得其便。夫以一世之寿，而观千岁之知，今古之论，虽未尝更也，其道理素具，可不谓有术乎？人欲知高下而不能，教之用管准则说⑬；欲知轻重而无以⑭，予之以权衡则喜；欲知远近而不能，教之以金目则快射⑮；又况知应无方而不穷哉⑯，犯大难而不慑，见烦缪而不惑，晏然自得，其为乐也，岂直一说之快哉！夫道，有形者皆生焉，其为亲亦戚矣；享谷食气者皆受焉，其为君亦惠矣⑰；诸有智者皆学焉，其为师亦博矣⑱。射者数发不中，人教之以仪则喜矣，又况生仪者乎！人莫不知学之有益于己也，然而不能者，嬉戏害人也。⑲人皆多以无用害有用，故智不博而日不足。以凿观池之力耕，则田野必辟矣；以积土山之高修堤防，则水用必足矣；以食狗马鸿雁之费养士，则名誉必荣矣；以弋猎博弈之日诵《诗》读《书》，闻识必博矣。⑳故不学之与学也，犹喑聋之比于人也。

【今译】
　　人所以能生存,是依赖于衣和食。现在将一个人囚禁在一间黑暗的房间里,即使用美味佳肴来供养他,用秀丽的衣服给他穿,他也不会欢乐,因为他眼睛看不到任何东西,耳朵也听不到任何声音,寂寞无聊。假若在黑暗的房间里挖个小孔,能让他看见外面下雨的雨点滴落,他都会快乐地笑起来,更何况敞开房门打开窗户,让他能看到光明世界呢!从原本一片黑暗中看到外界的光明世界都喜不自胜,更何况让他从黑暗的房间里走出来到敞亮的厅堂上,看到日月的光辉呢!见到日月的光辉都心情开朗快乐,更何况登上泰山,站在石封上,眺望八方极远的地方,仰望犹如车盖的天穹,俯视犹如彩带的江河,万物尽收眼底,这样的快乐难道不是更大吗!那聋子,长着耳朵却不能听见声响;那盲人,生有眼睛却看不到物形。语言,是用来向别人传达自己思想情感的;听闻,是让自己了解他人思想情感的。哑巴不能说话,聋子听不见声响,又哑又聋,就无法和人们交流沟通。所以患有聋哑病的人,即使是倾家荡产出钱求医也在所不惜。难道现在只有身体上的聋哑者吗?不,实际上人的心志思想上也有聋哑的表现。手指痉挛弯曲,没有人不想将它弄直的;可是有些人心眼思想上有堵塞、聋哑,却没有人设法将它打通:这种人就是不知道以类相推的方法。观察研究六艺的广博崇高,又详细穷尽道德的深邃妙旨,让自己的思想境界达到无上顶点,下至无底的界限,远达无际的极限,翱翔在无形之中,比四海广宽,比泰山崇高,比江河更丰富,旷然而通,昭然而明,天地间无所乖隔,怀着这样的胸襟眼界来看世界,哪能不伟大!人所知道的事情很肤浅,而事物的变化又是无穷的,以前不知道的事情现在知道了,这并不是智慧增长的缘故,而是通过学问增加知识的缘故。事情经常见到就能认识它,事情经常做就可以学会它。所以经常被祸患所困扰就懂得如何防范它,经常遭受困难就知道如何处理它。一个人能够在短暂的一生里学到千年的知识、通达古今,虽然这些知识从未改变过、历来如此,但是我们能够说这些掌握千年知识、通达古今者是没有道术的人?人想知道高低但又无法知道高低,这时你教他使用管状水平仪来测量高低,他就会很高兴;人想知道轻重但又无法知道轻重,这时你教他使用秤来称轻重,他就会很高兴;人想知道远近但又无法知道远近,这时你教他使用望远镜,他就会很快活;更何况能应付万方而不穷尽、遇到大难而不惧怕、碰到烦缪而不迷惑,晏然自在,这样的快乐高兴,又哪里是一丁点的快乐所能比拟的。那"道",有形的事物都由它产生,它如同万物之父母,与物关系密切;世上吃谷、食气者都受"道"的支配,它如同明君,给予的恩惠实在是多;诸多的聪明人都学习"道",它如同良师,给人的知识实在渊博。射箭者多次射箭都射不中,这时人教他使用瞄准仪,他就会很愉快,更何况制造生产仪器的人呢!人没有谁不知道学习是有好处的,但就是不去做,这是因为平时的嬉戏娱乐害成这样子。人又大都以无用的事来妨害有用的事,所以才智无法广博且一天天贫乏起来。如果用开凿养鱼池的力气去耕辟田地,这田野也一定会开辟得很好;如果用堆土积山,修筑高台的功夫去修建堤防,这水也一定会治理得很好;如果以饲养狗马鸿雁的巨资来供养士人,这名声也一定相当荣耀;如果以平时射猎博弈的时间来诵读《诗》《书》,这学问知识一定相当广博。所以说,学习与不学习相比,就像正常人和聋哑人相比一样,差距甚大。

【注释】

① 刍豢:食草的牲畜叫刍,食谷的牲畜叫豢,这里指猪羊牛之类的肉食。绮:指一种织纹起花的丝织物,这里的"绮绣"指华丽的服饰。　② 零:落。叹:王念孙认为应是"笑"。之:王念孙认为是衍文。　③ 牖:窗户。炤:昭。　④ 石封:登泰山封禅刻石记功,仪式有金册石函之封(许匡一说)。　⑤ 八荒:八方极远处。天都:天空。盖:车盖。　⑥ 又况:王念孙认为"又况"因上文"又况"而衍。⑦ 喑:哑。　⑧ 拘:指手指弯曲痉挛,不能伸直。申:通"伸"。⑨ 系戾:马宗霍认为"系(繋)戾"犹"擊(击)戾","击戾"犹"乖隔"。"无所击戾"即无所乖隔。　⑩ 曩:以前,从前。　⑪ 尝:通"常"。⑫ 因:俞樾认为"因"乃"困"字之误。　⑬ 管准:管状水平仪。说:

悦。⑭无以：无所依凭。⑮金目：梁玉绳说"金目似即今之千里眼镜，故注云'深目'"；金其源认为"金目者，一目也。盖射者取准，如木工审曲，只用一目，故曰'金目'"。录下供参考。射：陈观楼认为是衍文。⑯知、哉：俞樾认为此两字为衍文。⑰享谷：指一般凡人。食气：指求仙的人。君：君王、君主。⑱焉：之，指"道"。⑲害人：王念孙认为"害人"本作"害之"。⑳弋：射箭。博：古代一种赌博游戏。闻识：刘文典认为"闻识"前应有"则"字。

【评析】

本节作者认为圣贤君子的自身修养离不开学习。人之生存除必须有衣和食之外，还必须接受外界知识。人如不学习、不接受外界知识，就像"囚之冥室之中"一样，尽管"养之以刍豢，衣之以绮绣"，但仍然无法高兴起来。这是因为他"目之无见，耳之无闻"，这"目形存而无能见，耳形具而无能闻"是一件多么痛苦的事啊！因此，人按其本性是乐于接受外界知识、学习新事物的，这就像一个"囚之冥室之中"的人渴望见到光明一样，他会对看到外界"雨零"都会"快然而笑之"的。

这种乐于接受知识的本性还表现在当"人欲知高下而不能"时，你"教之用管准"就会使他高兴起来；同样，当"人欲知轻重而无以"时，你"予之以权衡"也会使他快活起来；再有，当"人欲知远近而不能"时，你"教之以金目"也能使他欢乐起来。这些都充分说明人的本性是乐于接受知识，也是善于学习的。

那么，为什么现实世界中的人又往往表现得不乐于学习和不勤于读书呢？作者认为这是由于日常生活中太多的嬉戏事、娱乐事导致人们疏于读书和学习。"人莫不知学之有益于己也，然而不能者，嬉戏害之也"。只要将花在"弋猎博弈"上的时间用到诵《书》读《诗》上，就必会变得闻识广博；如果再将"凿观池、修堤防"般的力气用到读书学习上，那就更不得了了。

作者进而指出，对于学习、掌握知识来说，并不困难，只要"物常见则识之,尝为则能之",也即多实践必知之,必能之,就像"困其患则造其备,犯其难则得其便"一样;而且通过"学与问"也必使"曩不知而今知之"。

作者还认为,人除了学习掌握如何"知高下、轻重、远近"一类的具体知识外,还得学习掌握一些超越具体物象的知识,诸如"道"。这"道"的知识广崇和渊深,它"达乎无上,至乎无下,远乎无极,翔乎无形,广于四海,崇于太山,富于江河",学习掌握"道"后能"旷然而通,昭然而明";它能使人眼界开阔,只觉得"天地之间无所系戾","万物在其间";它还能使人"应无方而不穷,犯大难而不慑,见烦缪而不惑",晏然自得;它更能使人愉悦高兴,这愉悦高兴就像人登泰山、"履石封、望八极、视天都如盖江河如带"一样心旷神怡、愉悦高兴。正因为这样,所以这世上的"智者"、"能人"、"享谷食气者"都纷纷学习以求掌握"道"。在这个意义上说,你能轻视这"道"吗?从这个角度来看,你能对"道者""可不谓有术乎?"再在这个意义上说,你不学习"道"行吗?

通过作者层层剖析阐述,我们可以看到,作者想要强调的是:作为圣贤君子就要既学习有关具体物象的知识(如六艺),又要学习掌握超越具体物象的抽象"道"理。认为只有这样,圣贤君子才能治国平天下。

凡学者能明于天人之分,通于治乱之本,澄心清意以存之,见其终始,可谓知略矣。天之所为,禽兽草木;人之所为,礼节制度,构而为宫室,制而为舟舆是也。治之所以为本者,仁义也;所以为末者,法度也。凡人之所以事生者,本也;其所以事死者,末也。本末,一体也,其两爱之,一性也。①先本后末,谓之君子;以末害本,谓之小人。君子与小人之性非异也,所在先后而已矣。②草木,洪者为本③,而杀者为末;禽兽之性,大者为首,而小者为尾。末大于本则折,尾大于要则不掉矣。④故食其口而百节肥,灌其本而枝叶美。天地之性也,天地之生物也有本末⑤,其养物也有先后,人之于治也,岂得无终始哉?故仁义者,治之本也,今不知事修其本,而务治其末,是释其根而灌其枝也。且法之生也,以辅仁义,今重法而弃义⑥,是贵其冠履而忘其头足也。故仁义者,为厚基者也,不益其厚而张其广者毁,不广其基而增其高者覆。赵政不增其德而累其高⑦,故灭;智伯不行仁义而务广地⑧,故亡其国。《语》⑨曰:"不大其栋,不能任重。重莫若国,栋莫若德。"⑩国主之有民也,犹城之有基,木之有根,根深则本固⑪,基美则上宁⑫。五帝三王之道,天下之纲纪,治之仪表也。今商鞅之《启塞》⑬,申子之"三符"⑭,韩非之《孤愤》⑮,张仪、苏秦之从衡⑯,皆掇取之权,一切之术也⑰,非治之大本、事之恒常、可博闻而世传者也⑱。子囊北而全楚,北不可以为庸⑲;弦高诞而存郑,诞不可以为常⑳。今夫《雅》、《颂》之声,皆发于词,本于情,故君臣以睦,父子以亲。故《韶》、《夏》之乐也㉑,声浸乎金石,润乎草木。今取怨思之声,施之于弦管,闻其音者,不淫则悲。淫则乱男女之辩㉒,悲则感怨思之气,岂所谓乐哉!赵王迁流于房陵㉓,思故乡,作为《山水》之呕㉔,闻者莫不殒涕。荆轲西刺秦王,高渐离、宋意为击筑㉕,而歌于易水之上㉖,闻者莫不瞋目裂眦,发植穿冠㉗。因以此声为乐而入宗庙,岂古之所谓乐哉!故弁冕辂舆㉘,可服而不可好也;大羹之和,可食而不可嗜也;朱弦漏越㉙,一唱而三叹,可听而不可快也。故无声者,正其可听者也;其无味者,正其足味者也。吠声清于耳㉚,兼味快于口,非其贵也。故事不本于道德者,不可以为仪;言不合乎先王者,不可以为道；音不调乎《雅》、《颂》者，不可以为乐。故五子之言㉛，所以便说掇取也，非天下之通义也。

【今译】
　　凡是学习的人都能够明白天人关系，通晓治乱之根本，用平和的心态、清静的头脑来思考，观察事物的来龙去脉，这样也可谓掌握了事物的要略了。天地自然所营造化育的是禽兽草木；人类社会所制定的是礼节制度，还建造了房屋官室，制作了舟船车辆一类的器具。作为治国的根本是仁义；作为统治的枝末则是法度。凡是人们用来求得生存的是根本，而那些促使人们走向衰败的则是枝末。本和末是结成一体的，对两者都珍惜是人之天性。将"本"放在首要地位，把枝末放在次要位置的人可算是君子；而用枝末的东西损害根本的东西的人称之为小人。君子和小人在其天性上没什么差别，不同的只是一个"先本后末"，一个则是"以末害本"。草木常常以粗大的为根本，细小的为枝末；禽兽又常常以大的为头、小的为尾。草木如果枝末比根本粗大，就会折断；禽兽如果尾大于腰，这尾巴就摇摆不动。所以动物从口中进食就会全身肥壮；草木灌溉它们的根部，就会枝繁叶茂。天地自然化育万物是有本有末，养育它们又是有先有后，人对于社会的治理难道就能够没有头绪？所以仁义是治国安民的根本，现在如果人们不懂得致力于根本，却致力于枝末的话，那就等于是放弃对树根的浇灌而去浇灌枝叶，做的是一件蠢事。再说法度的产生是用来辅助仁义的，现在如果我们看重法度而轻视仁义，那就好像看重鞋子帽子而忘记头足，做的也是一件蠢事。所以仁义是治国安民的厚实基础，想不加厚基础就扩建房屋，这房屋是要毁坏的；想不加宽基础就增高房屋，这房屋是要倾倒的。秦始皇赵政不增强德政却在一些枝末事上积累加码，所以被推翻；智伯不施行仁义却致力于拓展地盘，所以也被消灭。《国语》上说："不加强它的栋梁，就承受不住重压。没有比国家更重的了，也没有比德更大的栋梁。"—国君主和他的臣民的关系，就像城墙和墙基的关系，又像树木和根基的关系，根扎得深这树木就牢固，墙基砌得好这城墙就坚实。五帝三王的治国之道,是普天下适用的法则,是治国的准绳。现在看来,商鞅的《启塞》,申不害的"三符",韩非子的《孤愤》,张仪、苏秦的纵横说,都是一些随手捡取的权宜之术,适用于一时,不是治国统治的根本方针,不反映社会世事的一般规律,也无法被人广博采纳和广泛流传的。楚国令尹子囊以败逃保全了楚国,但是败逃不能成为保全国家的一般规律;弦高以欺诈保全了郑国,但欺诈不能成为保卫国家的常用手法。现在那《雅》、《颂》等诗歌,其诗的辞言都是人在真纯情感基础上抒发写成的,所以君臣学习它们便能和睦相处,父子学习它们便能亲密相处。所以那《韶》、《夏》等古乐,其乐声浸泽金石、滋润草木。现在如果取用怨思之声,用管弦乐器弹奏出来,听的人不是淫乱就是悲凄。这淫乱就打乱了男女界限、悲凄就感染了悲思气氛,这哪里好称得上是音乐呢!赵王迁被俘虏后流放到房陵深山中,因思念故乡而创作了《山木》这首诗歌,听了这诗歌的人无不落泪流涕。荆轲西去秦国行刺秦始皇,高渐离、宋意为他击筑,在易水之滨慷慨悲歌,听的人无不两眼圆睁、怒发冲冠。如果因此就将这类诗歌作为乐歌在宗庙里演唱,这哪里算是古代说的雅乐呢!所以皮弁冠冕和大车,可以使用而不宜过分喜爱;大羹的味道,可以食用但不宜过分嗜好;红色丝弦穿底的琴瑟弹奏出的乐曲,一唱而三叹,可以听而不宜沉浸在欢快之中。所以无声的乐音是用来修正悦耳的乐曲的;无味的清水是用来调和味重的食品的;放荡的音乐虽然听起来悦耳清新,美味的食品虽然吃起来爽口舒服,但这些都不值得珍贵。所以不以道德为本的事,是不能拿来做榜样仪表的;不符合先王之道的言论,是不能拿来作真理的;和《雅》、《颂》不协调的音乐,是不能当作正乐的。所以商鞅、申不害、韩非子、张仪、苏秦五位的言论,只是一些便于巧辩而随手拾取的、适宜一时的权宜之术,算不上放之四海而皆准的通义。

【注释】

① 一:王念孙认为"一"是衍文。此言本末兼爱,人性皆然。
② 所在:王念孙认为"所在"当作"在所"。　③ 草木:刘家立认为

"草木之性"六句,相对为文,今本"草木"下脱"之性"二字,文义不完。洪:粗大。 ④ 要:"腰"的古字。掉:摇摆。有成语"尾大不掉"。 ⑤ 生:通"性",故作"天地之性物也有本末"。 ⑥ 弃义:王念孙认为应是"弃仁义"。因为"上下文皆言仁义,无但言义者"。 ⑦ 赵政:即秦始皇。 ⑧ 智伯:春秋末晋国大夫荀瑶。公元前453年,赵、魏、韩三家消灭智伯,晋国从此一分为三。 ⑨ 语:王念孙认为上句的"国"与此相连,即《国语》。所以应是"故亡"为句,《国语》"为句。上句的"其"字为衍文。 ⑩ 语见《国语·鲁语上》。原文为"不厚其栋,不能任重。重莫如国,栋莫如德"。 ⑪ 本:王念孙认为应是"木"。 ⑫ 基美则上宁:杨树达认为应是"基美则城坚,民安则上宁",这样文义才算完整。今本脱去五字。 ⑬ 商鞅:战国卫人,姓公孙名鞅。为秦相十九年,助秦孝公变法;秦孝公死后,商鞅被诬谋反,遭车裂而死。《启塞》:即商鞅《商君书》第七篇《开塞》。见蒋礼鸿《商君书锥指·开塞第七》题解。原注为"启之以利,塞之以禁,商鞅之术也"。 ⑭ 申子:申不害,战国郑人,入韩为相,实施法家主张。三符:原注为"申不害治韩,有三符验之术"。 ⑮ 韩非:战国韩人,法家思想家,著有法家理论著作《韩非子》。《孤愤》:《韩非子》中的一篇。原注为"韩非说孤生之愤志"。 ⑯ 张仪、苏秦:战国纵横家。从:通"纵"。从衡:合纵连横学说。 ⑰ 掇取:拾取、捡取。权:一时的权宜之计。 ⑱ 大本:何宁认为"大"字即"本"字之误而衍。恒常:何宁说"本书讳'恒'为'常',恒、常义复,'恒'字乃后人所加"。闻:何宁认为"闻"乃"内"字之误。"内"即"纳"字。"博内而世传",谓广博采纳而世传之也。 ⑲ 子囊:春秋楚庄王之子,共王之弟公子贞,在楚共王、康王时任令尹。北:败北,遁走,败逃。庸:常也。"子囊北而全楚"事见《吕氏春秋·高义》。 ⑳ 弦高:春秋郑国商人。诞:欺骗。"弦高诞而存郑"参见《人间训》。 ㉑《韶》:古乐曲名,相传为舜所作。《夏》:即《大夏》,夏禹时代的乐舞名。 ㉒ 辩:通"辨",区别、界限。 ㉓ 赵王迁:战国赵国国君。公元前228年秦攻赵国俘虏赵王迁,将他流放到房陵。房陵:地名,在汉中。 ㉔《山水》：王念孙认为应是"《山木》"。《史记·赵世家》裴骃集解和张守节正义及《文选·恨赋》注引此并作"山木"。 ㉕ 荆轲：战国时为燕太子丹宾客，受命入秦刺杀秦王，未遂被杀。高渐离：为燕太子丹宾客。宋意：亦为燕太子丹宾客。《水经·易水注》作"宋如意"。筑：古代一种似筝样的乐器。 ㉖ 歌：即"风萧萧兮易水寒，壮士一去兮不复还"。易水：水名，在今河北易县境内。"荆轲西刺秦王"详见《战国策·燕策》。 ㉗ 瞋目：怒目。眦：眼眶。裂眦：形容两眼圆睁，愤怒万分。植：立、竖。《文选·养生论》注引作"荆轲为燕太子丹刺秦王，高渐离、宋如意为击筑，而歌于易水之上，荆轲瞋目裂眦，发植冲冠"。 ㉘ 弁冕：古代男子所戴的帽子名称。辂：古代天子乘坐的车子。舆：指车子。 ㉙ 朱弦：红色琴弦。漏越：高诱注为"漏越，音声散"，见《修务训》注；许慎注为"漏，穿；越，琴瑟两头也"。 ㉚ 吷：王念孙认为应是"咲"，同"咬"，指淫声，如《广韵》："咬，於交切，淫声。" ㉛ 五子：指商鞅、申不害、韩非、苏秦、张仪。

【评析】

作者指出，天地自然化生万物是分本末的，如树根是"本"，树梢是"末"；同样天地自然养育万物也是分本末的，如"灌其本（树根）则枝叶美"，反之如"末（树梢）大于本（树根）则折"。植物是如此，动物也是这样。自然界的"禽兽之性，大者为首而小者为尾"，如"尾大于腰则不掉矣"。

由自然界推导到社会领域，这社会治理中也有本和末，用作者的话来说是："（社会）治之所以为本者，仁义也；所以为末者，法度也。"在作者看来，抓着了这个"仁义之本"，社会就得以治理，反之就动乱。而抓着不抓着这个"仁义之本"还是划分君子和小人的分界线，即"先本后末谓之君子，以末害本谓之小人"。正是站在这个意义上来看，历史上的"商鞅之《启塞》、申子之'三符'、韩非之《孤愤》、张仪苏秦之从衡，皆掇取之权一切之术也，非治之本"。

正因为圣贤君子"先本后末"，所以这历史上的"五帝三王"就能治理好社会。因为他们懂得这"本"的重要性,就像只有"根(本)深"才能"木固",只有"基(本)美"才能"城坚"一样,只有以仁义为"本",才能"民安上宁"。在这个意义上说:"仁义者,为厚基者也。"反之那些小人就因为不懂"不益其厚而张其广者毁、不广其基而增其高者覆"的道理,所以遭受失败,如"赵政不增其德而累其高,故灭;智伯不行仁义而务广地,故亡"。

联系到作者所处的时代,也有不少人不懂得这"本和末"的关系,用作者的话来说:"今不知事修其本而务治其末,是释其根而灌其枝也。且法之生也,以辅仁义,今重法而弃义,是贵其冠履而忘其头足也。"

同时作者还强调指出,这种崇"本"的观念并非是狭窄的,它要在社会各个领域中得以体现,这社会才能治理好。如音乐,并非只是能感染情绪、渲染气氛就算好音乐,还要看它是否与社稷宗庙的精神实质相一致,如不相一致,仍不能算正宗音乐,因为它不利于社会的治理,如"赵王迁流于房陵,思故乡作为《山木》之呕,闻者莫不殒涕;荆轲西刺秦王,高渐离、宋意为击筑,而歌于易水之上,闻者莫不瞋目裂眦,发植穿冠",但"因以此声为乐而入宗庙,岂古之所谓乐哉!"所以作者说"音不调乎《雅》《颂》者,不可以为乐"……在作者看来,只有在社会各个领域均"崇本",这社会才能治理得好。

圣王之设政施教也,必察其终始,其县法立仪①,必原其本末,不苟以一事备一物而已矣。见其造而思其功②,观其源而知其流,故博施而不竭,弥久而不垢③。夫水出于山而入于海,稼生于田而藏于仓,圣人见其所生,则知其所归矣。故舜深藏黄金于崭岩之山④,所以塞贪鄙之心也;仪狄为酒⑤,禹饮而甘之,遂疏仪狄而绝旨酒,所以遏流湎之行也⑥。师延为平公鼓朝歌北鄙之音⑦,师旷⑧曰:"此亡国之乐也。"大息而抚之⑨,所以防淫辟之风也。故民知书而德衰,知数而厚衰,知券契而信衰,知械机而实衰也。⑩巧诈藏于胸中,则纯白不备,而神德不全矣。琴不鸣⑪,而二十五弦各以其声应;轴不运,而三十辐各以其力旋。弦有缓急小大然后成曲⑫,车有劳逸动静而后能致远。使有声者,乃无声者也;能致千里者,乃不动者也。故上下异道则治,同道则乱。⑬位高而道大者从,事大而道小者凶。故小快害义,小慧害道,小辩害治,苛削伤德。大政不险,故民易道⑭;至治宽裕,故下不相贼;至忠复素,故民无匿情⑮。商鞅为秦立相坐之法,而百姓怨矣⑯;吴起为楚减爵禄之令,而功臣畔矣⑰。商鞅之立法也,吴起之用兵也,天下之善者也。然商鞅之法亡秦,察于刀笔之迹⑱,而不知治乱之本也。吴起以兵弱楚,习于行陈之事,而不知庙战之权也。⑲晋献公之伐骊,得其女,非不善也⑳,然而史苏叹之㉑,见其四世之被祸也。吴王夫差破齐艾陵,胜晋黄池㉒,非不捷也,而子胥忧之,见其必擒于越也㉓。小白奔莒㉔,重耳奔曹㉕,非不困也,而鲍叔、咎犯随而辅之㉖,知其可与至于霸也。勾践栖于会稽,修政不殆,谟虑不休㉗,知祸之为福也。襄子再胜而有忧色㉘,畏福之为祸也。故齐桓公亡汶阳之田而霸㉙,智伯兼三晋之地而亡㉚。圣人见祸福于重闭之内,而虑患于九拂之外者也。㉛

【今译】
圣明的君主在实施政治教化时,必定审察事情的来龙去脉。在颁布法令确立规范时,也必定弄清事物的本末关系,不只是依据一事防备一物就算了。看到事物的开始就考虑到它的成功,观察到事物的源头就掌握它的流变,所以能够广泛实施而不会枯竭,又历时久远而不受污损。河水发源于山中而流入大海,庄稼生于田野而储藏在仓库,圣人看见事物的产生便知道了它们的归宿了。所以虞舜把黄金深藏在险峻的山里,是为了堵塞人们贪婪卑鄙的欲念。仪狄酿造出酒,禹品尝以后觉得味道甘美,于是放逐了仪狄并且禁绝美酒,禹王这样做是为了制止沉溺美酒的风气流行。师涓为晋平公演奏朝歌北鄙的歌曲,师旷听了在一旁说"这是纣王时的亡国之音",并叹息着按住师涓的手不让继续弹奏下去,这是为了防止淫邪风气的流传。所以人民读懂了书,道德就会衰败;懂得了术数,纯厚就会变薄;知道利用券契,信用就会衰退,掌握了智巧,诚恳就会衰亡。巧诈藏于胸中,纯白洁净的品性就不完备、神圣清静的德行就不完整。琴瑟本身不发乐声,但它的二十五根弦则各按自己的音调而应和;车轴自己不运转,但车轮的三十根辐条则各用自己的力量使车轮运转。琴瑟的弦有它的粗细紧松,这样才能弹奏出动听的乐曲;车子的各部位有它的劳逸动静的功效,这样才能使车子长时期运转。使琴弦奏出声音的是不发声的琴身,使车子运转于千里之外的是不转动的车轴。以此推理到社会,君臣异道各司其职,这国家就得以治理;君臣同道职责不分,这社会就会混乱。地位高道术深的,臣民就服从;责任重道术浅的,就有凶险。所以贪图小的快乐伤害义,玩弄小的聪明损害道,小的巧辩危害治,苛刻凶狠伤害德。而伟大的德政无凶险,所以百姓民众容易遵循;最好的统治宽松缓裕,所以下层百姓不相争斗残害;最精诚的忠实返回朴素,所以民众不奸邪。商鞅为秦国设置犯罪株连的法令,因而百姓们怨声载道;吴起为楚国制定削减爵禄的法令,因而功臣们纷纷背叛。商鞅之立法、吴起之用兵都是天下最杰出的。但就是商鞅的严刑苛法使秦王朝灭亡,这是因为商鞅只知道依靠法令的条条框框这样的文字来执法,而不懂得治与乱的根本之所在。同样,就是吴起的军事用兵削弱了楚国,这是因为吴起只熟悉布阵打仗的事,而不懂得宫廷的权谋。晋献公攻打骊戎得到他的女儿,这骊姬不是不美艳,但史苏就为此事而感叹,这是因为他已预见到晋国四代将要蒙难。吴王夫差在艾陵打败齐国,又在黄池战胜晋国,这不能不算捷报频传,但伍子胥就为此忧虑,这是因为他预见到夫差必被越王所擒获。齐国公子小白逃亡莒城,晋公子重耳流亡曹国,不能不算困窘,可鲍叔跟着小白,咎犯跟随重耳,并辅佐他们,这是因为鲍叔和咎犯知道小白和重耳终有一天能称霸诸侯。越王勾践退守栖身会稽山修政处事毫不松懈,谋划复兴从不停止,这是因为勾践知道祸会向福转化。赵襄子伐狄连胜两场却面露忧色,这是因为襄子担忧这福会转变成祸。所以齐桓公丢失汶阳却反而称霸,智伯兼并晋国却反遭败灭。圣人能从重重叠叠的现象背后看到祸福的转化,并能考虑到曲折乖戾处的祸患。

【注释】

①县:通"悬",指颁布法令。 ②造:起始。 ③垢:污损。 ④崭岩:险峻的样子。 ⑤仪狄:夏禹时发明酿酒的人。 ⑥疏:刘文典认为是"流",右半相同而误。旨:美味。流湎:指沉溺于酒。 ⑦师延:应是师涓,春秋卫灵公的乐官原注说"卫灵公宿于濮水之上,闻琴音,召师涓而写之,盖师延所为纣作朝歌北鄙之音也"。平公:晋平公。鼓:指演奏乐器。朝歌:地名,殷都城,西周时卫国亦建都于此。鄙:边境。 ⑧师旷:春秋晋国乐师,目盲而善辨音律。《韩非子·十过》记载:卫灵公访晋,途中听人弹奏歌曲,便叫随从乐官师涓记录下来并练习演奏。抵晋后,卫灵公令师涓向晋平公弹奏路上记录下的歌曲,曲"未终,师旷抚止之,曰:'此亡国之声,不可遂也。'平公曰:'此道奚出?'师旷曰:'此师延之所作,与纣为靡靡之乐也。及武王伐纣,师延东走,至于濮水而自投。故闻此声者,必于濮水之上。先闻此声者,其国必削,不可遂。'" ⑨抚:《韩非子·十过》作"抚止之"。 ⑩实:蒋礼鸿认为应作"空",悾也,形容诚恳。 ⑪琴:王念孙认为当是"瑟",与下文"二十五弦"合。 ⑫成曲:王念孙认为此两字上应补"能"字。这样"能成曲"与"能致远"相对为文。 ⑬上下异道:是指君无为而臣有为。同道:是指"下有为也,上亦有为也"(《庄子·天道篇》)。 ⑭道:遵循。 ⑮相、情:王念孙认为是衍

文。这样"贼"与"匿"为韵。匿：通"慝"，奸邪。　⑯ 相坐之法：一人犯法，株连他人的法律。　⑰ 吴起：战国时军事家、政治家，卫国人，曾在魏为将，后奔楚实施改革，触犯贵族大臣的利益；楚悼王死后，吴起被楚宗室大臣杀害。畔：通"叛"。　⑱ 刀笔：这里指文字。⑲ 行陈：指布阵打仗。庙战：指在朝廷上制定克敌制胜的计谋。⑳ 晋献公：春秋晋国君，公元前676年至公元前651年在位。骊：古代西戎之一支。晋献公伐骊得骊姬，纳为夫人，宠幸有加，从而引发晋国四世动乱。　㉑ 史苏：晋国太史，名苏，主管占卜和记事。《国语·晋语一》曰："献公卜伐骊戎，史苏占之，曰：'胜而不吉。'公曰：'何谓也？'对曰：'遇兆，挟以衔骨，齿牙为猾'"，又"史苏告大夫曰：'有男戎必有女戎。若晋以男戎胜戎，而戎亦必以女戎胜晋，其若之何'！"这是说后来骊姬在献公面前搬弄是非，即"谗口之为害"，导致晋国四世内乱，应验了史苏说的"戎必以女戎胜晋"的话。　㉒ 艾陵：地名，一说"艾陵"在山东莱芜县东，一说"艾陵"在山东泰安县南六十里。《左传·哀公十一年》记载，公元前484年吴军在艾陵大败齐军。黄池：地名。公元前482年，吴王夫差与诸侯在黄池会盟，与晋争霸。㉓ 子胥：即伍子胥。　㉔ 小白：即齐桓公，春秋齐襄公弟。莒：西周诸侯国名，地处今山东莒县。齐襄公暴虐荒淫，其弟恐祸及己身，纷纷逃往国外；小白逃亡莒，后在齐襄公被杀回国为君。　㉕ 曹：春秋诸侯国名，公元前487年被宋所灭。重耳流亡期间到过曹国，发生过曹共公不礼重耳而观其骈胁之事。　㉖ 鲍叔：即鲍叔牙。春秋齐国大夫，随小白出奔莒，后辅佐小白回国即位，小白成齐桓公后任命鲍叔牙为宰，鲍叔辞让并推荐管仲任此职。咎犯：亦称舅犯，即狐偃，重耳的舅父，随重耳流亡十九年，为重耳主要谋士，又辅佐重耳回国即位，使晋文公成为春秋五霸之一。　㉗ 勾践：春秋末越国王，公元前494年，吴王夫差大举进攻越国，越大败，勾践以五千残军退守会稽山，后以屈辱求和，得以休整养息，经二十年努力，终于在公元前473年消灭吴国，逼吴王夫差自杀。会稽：山名，在今浙江绍兴东南。殆：通"怠"，懈怠。谟：谋。　㉘ 襄子：赵襄子，战国初赵国君。再胜：原注为"赵襄子再胜,谓伐狄、胜二邑"。襄子再胜而有忧色:事见《国语·晋语九》:"赵襄子使新稚穆子伐狄,胜左人、中人,遽人来告,襄子将食,寻饭有恐色。侍者曰:'狗(新稚穆子名)之事大矣,而主之色不怡,何也?'襄子曰:'吾闻之:德不纯而福禄并至,谓之幸。夫幸非福,非德不当雍,雍不为幸,吾是以惧。'"　㉙　汶阳:指今山东汶河以北泰安县西南一带。原注为"鲁庄公使曹子(曹刿)劫(齐)桓公,取汶阳之田,桓公不背信,诸侯朝之也"。　㉚　智伯:春秋末晋大夫荀瑶。三晋:指春秋末魏赵韩三家分晋,史称三晋。　㉛　九拂:原注为"九曲,是折投拂不见处也"。吴承仕认为"折投拂"中"投"字衍。"折拂犹云曲戾"。

【评析】

本节作者讲述君王在设政施教过程中所需注意的几个问题。首先,君王在设政施教过程中必须要做到无为而治、君臣异道,这样才能治理好社会。"弦有缓急小大然后成曲,车有劳逸动静而后能致远",那么,由物理推出事理,这社会也只有君无为臣有为、君臣异道才能运转和得以治理。否则,这社会就乱。

其次,君王在设政施教过程中必须具有预知能力,即要能"观其源而知其流"、"见其所生则知其所归",否则也难以治理好社会。而像舜禹这样的圣明君王之所以能很好地治理社会就在于具备这种预知能力,如"舜深藏黄金于崭岩之山,所以塞贪鄙之心也;仪狄为酒,禹饮而甘之,遂疏仪狄而绝旨酒,所以遏流湎之行也"。就是一般性的政治家也应具有这种预知能力,如"晋献公之伐骊,得其女,非不善也,然而史苏叹之,见其四世之被祸也。吴王夫差破齐艾陵,胜晋黄池,非不捷也,而子胥忧之,见其必擒于越也"。

这种预知能力的具备,在作者看来,最大的好处是能把握人世间的祸福转化,如"勾践栖于会稽,修政不殆,谟虑不休,知祸之为福也。襄子再胜而有忧色,畏福之为祸也"。所以说,要治理好社会,像君王这样的政治家就必须在处事治理上具有前瞻性。

再次，作者认为君王在设政施教过程中还必须将民众教化得纯白德全，那些不好的东西一定不可让民众接触，因为"民知书而德衰，知数而厚衰，知券契而信衰，知械机而实衰"，更不要说那些巧诈、淫辟、歪邪的东西了。如一旦淫辟、歪邪、"巧诈藏于胸中，则纯白不备而神德不全"，到时就难治理了。

原蚕一岁再收①，非不利也，然而王法禁之者，为其残桑也。离先稻熟②，而农夫耨之，不以小利伤大获也。家老异饭而食③，殊器而享，子妇跣而上堂④，跪而斟羹，非不费也，然而不可省者，为其害义也。待媒而结言⑤，聘纳而取妇⑥，初绋而迎亲⑦，非不烦也，然而不可易者，所以防淫也。使民居处相司⑧，有罪相觉，于以举奸，非不掇也⑨，然而伤和睦之心，而构仇雠之怨⑩。故事有凿一孔而生百隙⑪，树一物而生万叶者。所凿不足以为便，而所开足以为败；所树不足以为利，而所生足以为浼。⑫愚者惑于小利，而忘其大害。⑬昌羊去蚤虱而人弗席者⑭，为其来蛉穷也⑮；狸执鼠而不可脱于庭者⑯，为搏鸡也。故事有利于小而害于大，得于此而亡于彼者。故行棋者或食两而路穷，或予踦而取胜。⑰偷利不可以为行，而智术不可以为法。故仁、知、人材之美者也。所谓仁者，爱人也；所谓知者，知人也。爱人则无虐刑矣，知人则无乱政矣。治由文理，则无悖谬之事矣；刑不侵滥，则无暴虐之行矣。上无烦乱之治，下无怨望之心，则百残除而中和作矣。此三代之所昌。⑱故《书》曰："能哲且惠，黎民怀之，何忧讙兜，何迁有苗！"⑲智伯有五过人之材⑳，而不免于身死人手者，不爱人也。齐王建有三过人之巧㉑,而身虏于秦者,不知贤也㉒。故仁莫大于爱人,知莫大于知人;二者不立,虽察慧捷巧,劬禄疾力㉓,不免于乱也。

【今译】

　　原蚕一年可以收获两次,这不是说不想两次获利,但国家法令明文规定禁止这样做,因为两次收获会影响桑树的正常生长。离谷比稻谷先成熟,但是农夫就是锄掉它们,这是因为不要因获小利而影响大的收获。家里老人吃不同的饭菜,用不同的餐具进食,小辈儿媳赤脚送食物到厅堂,跪着给老人长者斟倒羹汤,这样做不是不费功夫,但就是不省略这些礼节,这是因为省略这些礼节就会伤害义理。由媒人说媒订婚约,男女双方聘纳礼品后才能娶走媳妇,男方家人还得穿着礼服去迎亲,这样做不是不烦琐,但就是不能变更这些礼仪,这是因为用这些礼仪来防止淫乱的。让百姓们互相暗中监视,谁犯法便马上报告,用这种方法来举报案情,这样的做法不是不好采用,但就是不采用这种方法,这是因为采用这种方法会损伤到百姓间的和睦关系,并使仇怨由此结下而无法解开。所以有些事情一旦开凿一小孔就会导致由此产生的百处缝隙,这就好像种下一树苗便会长出千枝万叶来一样。开凿出一小孔不足以会引出什么事来,但随之引出的百余处缝隙就足以将整个事情搞坏;栽下一树苗不足以有什么收益,但随之生出的繁枝则足以引起麻烦。愚蠢者常常被小利所迷惑,从而忘记有可能带来的祸害。菖蒲虽然能除去跳蚤和虱子,但人们不用它来编席子,因为它会招引蛉穷虫;狸猫能捉老鼠,但人们不会让它在院子里挣脱跑开,因为它会吃掉鸡子。所以有些事利小而危害大,有些事是这里有所得而那里有所失。因此有时候下棋,贪吃了对方两子,反而使自己无路可走,但有时候让对方一着棋,反而取胜了。贪利占小便宜的行为是不可以算作德行的,同样,依靠智巧心计办事也不能算作法则的。所以仁和智是人的美好资质。所谓仁,就是爱人;所谓智,就是了解人。爱人,就不可能滥用酷刑;知人,就不易引发动乱。根据礼仪法度治国,就不会发生荒谬之事;不滥用刑法,就不会有暴虐的行为。上面没有烦琐杂乱的管理,下面没有怨声载道的情绪,那么社会各种灾害容易被消除,而中正平和的局面就会兴起。这就是三代昌盛的原因。所以《书》说:"能够既圣明又惠仁,黎民百姓就缅怀追随他,哪用为讙兜忧虑,哪用迁徙有苗!"智伯有五种过人的才能,但仍免不了死在他人手里,这是因为他对人不仁爱。齐王建有三种过人的技巧,但仍被秦国俘虏,这是因为他不了解贤能。所以没有比爱人更伟大的,智没有比了解他人更大的;仁和智都不具备,即使审察聪慧敏捷灵巧,勤劳辛苦,也不免出乱子。

【注释】

① 原:再。收:王念孙认为应作"登";刘文典认为应作"熟";何宁认为应是"升";三字义相通。原蚕:指夏季第二次孵化的蚕。 ② 离:谷穗落地,第二年自生的禾叫"离"。 ③ 家老:指家中的老人。异饭:指特地做给老人吃的饭菜。 ④ 跣:赤脚。 ⑤ 结言:指订婚约。 ⑥ 取:"娶"的古字。 ⑦ 初:孙诒让认为"初"当为"衲",指纯色。绖:通"冕"。衲绖:指玄色礼服。 ⑧ 司:通"伺"。相司:指互相暗中监视。 ⑨ 掇:取用,采用。 ⑩ 然而:王念孙认为"然而"下脱去"不可行者为其"六字。怨:王念孙认为应是"怨也"。据《群书治要》所引而改。 ⑪ 生百隙:俞樾认为"生百隙"本作"开百隙"。 ⑫ 渉:通"秽",害。 ⑬ 而忘其大害:《群书治要》引此下有"不可以为法也"。 ⑭ 庠:王念孙认为"庠"当为"席"。昌羊:菖蒲。一种水草。 ⑮ 蛉穷:蚰蜒,一种似蜈蚣样的毒虫,栖息于阴暗墙角、烂草堆中。《说林训》注说此虫能"入耳"害人。 ⑯ 狸:猫。执:捕捉。 ⑰ 食两:吃对方两子。踦:单。予踦:指让对方一棋。 ⑱ 此三代之所昌:《群书治要》所引作"此三代之所以昌也"。 ⑲ 语见《尚书·皋陶谟》。讙兜:传说是尧舜时期的恶人,被放逐到崇山。有苗:古代部落名,生活在今长江中游以南一带。舜将三苗迁徙到三危。《道藏》本注曰:"讙兜、有苗,舜所放佞人也。" ⑳ 智伯有五

过人之材：原注为"智伯美鬓长大,一材也;射御足力,二材也;材艺毕给,三材也;攻文辩慧,四材也;强毅果敢,五材也"。　㉑ 齐王建：战国齐最后一位国君。公元前 221 年为秦所房。三过人之巧：原注为"力能引强,走先驰马,超能越高"。　㉒ 不知贤：原注为"任用后胜之计,不用淳于越之言"。　㉓ 知莫：智莫。察慧：审察聪慧(惠)。劬：通"拘"、"鉤"。禄：通"录"。劬录：马宗霍认为"犹言勤劳。劬与勤,录与劳,皆双声字"。疾力：辛苦。

【评析】

作者指出,诸如仁义、礼法等对于社会统治来说是必不可少的,如为了社会生产能持续下去,法律上就规定原蚕不可"一岁再收";又如为了社会的稳定,尊老养老的礼法是不可省略的;还如为了民风的淳朴和睦,那种让民众相伺相觉的特务手段是不能采用的……

而最为根本的,必须要有"仁"和"智"。仁者爱人、智者知人,这样才能做到"爱人则无虐刑,知人则无乱政"。而历史上诸多的失败者,不是在于他们没有能力和才干,而是在于没有"仁"和"智",如"智伯有五过人之材而不免于身死人手者,不爱人也。齐王建有三过人之巧而身房于秦者,不知贤也"。作为社会统治来说,"仁"和"智"两者如果不立,即使是"察慧捷巧,劬禄疾力",仍还"不免于乱也"。

同时,作者又提醒社会统治者,不可"惑于小利而亡其大害",也即不可只顾当前利益而忘记长久利益,处事要有辩证观念,因为很多事情是"有利于小而害于大,得于此而亡于彼"的。

卷二十一　要略

【解题】

在著述了以上二十卷后，作者感到有必要对这"刘氏之书"作个说明介绍，于是就著述了有似"自序"性质的《要略》卷，对著书的目的和意义、写作的原则和方法、语言的风格和特点作了说明；并对各卷的内容和旨意作了概括；还对全书的结构、各卷的次序作了分析介绍……作者认为，这样有利于读者"睹凡得要，诚通手二十篇之论"。因此，原题解说《要略》是"略数其要，明其所指，序其微妙，论其大体"，是恰当的。

　　夫作为书论者①，所以纪纲道德②，经纬人事③，上考之天，下揆之地④，中通诸理。虽未能抽引玄妙之中才⑤，繁然足以观终始矣⑥。总要举凡，而语不剖判纯朴，靡散大宗⑦，惧为人之惛惛然弗能知也⑧；知多为之辞，博为之说，又恐人之离本就末也。故言道而不言事，则无以与世浮沉⑨；言事而不言道，则无以与化游息⑩。故著二十篇，有《原道》，有《俶真》，有《天文》，有《地形》，有《时则》，有《览冥》，有《精神》，有《本经》，有《主术》，有《缪称》，有《齐俗》，有《道应》，有《氾论》，有《诠言》，有《兵略》，有《说山》，有《说林》，有《人间》，有《修务》，有《泰族》也。

【今译】

　　著书立说的目的是为了阐发道德，规划人事，上考察天道，下揆度地理，中贯通各种事理。本书虽然未能从中提炼抽取出深奥的真谛，但详尽的叙述也足以使人观察到了事物发展的全过程了。如果只是提纲挈领,而不能详细地分析事物的初始状态、剖析事物的原始本质,就担心人们昏昏然不能理解其实质;如果还只是反复叙述、广泛论说,又害怕人们偏离根本而趋于枝末。所以只讲大道而不谈世事,就无法将道融化到人间世事中去;反过来,如果只就事论事而不阐述大道,那就无法与宇宙造化相融通。所以著述二十篇,有《原道》、《俶真》、《天文》、《地形》、《时则》、《览冥》、《精神》、《本经》、《主术》、《缪称》、《齐俗》、《道应》、《氾论》、《诠言》、《兵略》、《说山》、《说林》、《人间》、《修务》、《泰族》。

【注释】

① 书论:著述。 ② 纪纲:整理、整治,这里指"阐发"。 ③ 经纬:规划治理。 ④ 考:考察。揆:测度、揆度。 ⑤ 抽引:抽取、提取、提炼。才:质。中才:许匡一认为"中才"当指"事物的本质,等于说'真谛'"。刘家立、马宗霍、蒋礼鸿等认为"才"在句末,通"哉",同"载"、"材";马宗霍认为"'才'在句末,初无意义。然句首有'虽'字,则是转语。转语之末著'哉'字,不徒助本句之语势,兼以起下文"。
⑥ 繁:通"樊",《说文·系部》作"緐",训"马髦饰也",引申为"緐多、緐乱"之称。这里的"繁然",指繁多,是说繁复、详尽的文字叙述。
⑦ 总要举凡:这里指"提纲挈领"。剖判:详细地分析。靡散:指分解剖析。纯朴、大宗:原注为"纯朴,太素也。大宗,事本也",这里指事物的初始状态和原始本质。 ⑧ 为:俞樾认为是衍文,何宁则认为"俞说非也"。惧:何宁认为"惧"当为"则",全句应为"总要举凡,而语不剖判纯朴,靡散大宗,则为人之惛惛然弗能知也"。录下供参考。惛惛:指迷糊不清、糊里糊涂。 ⑨ 浮沉:顺波逐流,这里指与人间世事融合融通。 ⑩ 化:造化。游息:指与造化相伴融通。

【评析】

作为全书的序,就要对著书的目的、全书的内容、写作的方法等作些说明,在这里,作者做到了这点。

对于著书的目的,作者认为是"纪纲道德,经纬人事"。由此也决定了全书必然以"道德"和"人事"作为其基本内容,即常常用历史的人和事印证道和德,以想用道和德来贯穿现实的人和事。

对于全书的写作方法,作者指出是"言事和言道"的结合。因为若"言道和言事"(理论和实际)相脱离,就会造成"无以与世浮沉"、"无以与化游息"的局面,使人"惛然弗知"和"离本就末"。

作者还怕后人真的说《淮南子》芜杂繁复和无中心思想,于是就将此话说在前头,即"(《淮南子》)虽未能抽引玄妙之中才,繁然足以观终始矣"。为此,"用丰富的材料和铺张的语言来弥补理论的不足"(许匡一语)。

《原道》者,卢牟六合①,混沌万物,象太一之容②,测窈冥之深,以翔虚无之轸③。托小以苞大④,守约以治广,使人知先后之祸福,动静之利害。诚通其志,浩然可以大观矣。欲一言而寤⑤,则尊天而保真;欲再言而通,则贱物而贵身;欲参言而究⑥,则外物而反情。执其大指,以内洽五藏⑦,瀸濇肌肤,被服法则⑧,而与之终身,所以应待万方,览耦百变也⑨,若转丸掌中,足以自乐也。

《俶真》者,穷逐终始之化,嬴垺有无之精⑩,离别万物之变;合同死生之形,使人遗物反己,审仁义之间,通同异之理,观至德之统,知变化之纪,说符玄妙之中,通回造化之母也⑪。

《天文》者,所以和阴阳之气,理日月之光,节开塞之时⑫,列星辰之行,知逆顺之变,避忌讳之殃,顺时运之应,法五神之常⑬,使人有以仰天承顺,而不乱其常者也。

《地形》者,所以穷南北之修,极东西之广,经山陵之形,区川谷之居⑭,明万物之主,知生类之众,列山渊之数,规远近之路,使人通回周备,不可动以物,不可惊以怪者也。

《时则》者,所以上因天时,下尽地力,据度行当,合诸人则⑮,形十二节,以为法式,终而复始,转于无极;因循仿依,以知祸福,操舍开塞,各有龙忌⑯,发号施令,以时教期⑰,使君人者知所以从事。

《览冥》者,所以言至精之通九天也,至微之沦无形也;纯粹之入至清也,昭昭之通冥冥也;乃始揽物引类,览取挢掇⑱,浸想宵类⑲。物之可以喻意象形者,乃以穿通窘滞,决渎壅塞⑳,引人之意,系之无极,乃以明物类之感,同气之应,阴阳之合,形埒之朕㉑,所以令人远观博见者也。

《精神》者,所以原本人之所由生㉒,而晓寤其形骸九窍取象与天㉓,合同其血气,与雷霆风雨㉔,比类其喜怒,与昼宵寒暑并明㉕;审死生之分,别同异之迹,节动静之机,以反其性命之宗,所以使人爱养其精神,抚静其魂魄,不以物易己,而坚守虚无之宅者也。

《本经》者,所以明大圣之德,通维初之道,埒略衰世古今之变㉖,以褒先世之隆盛,而贬末世之曲政也,所以使人黜耳目之聪明,精神之感动㉗,樽流遁之观㉘,节养性之和,分帝王之操,列小大之差者也。

《主术》者,君人之事也,所以因作任督责㉙,使群臣各尽其能也。明摄权操柄,以制群下,提名责实㉚,考之参伍,所以使人主秉数持要,不妄喜怒也。其数直施而正邪,外私而立公㉛，使百官条通而辐辏㉜，各务其业，人致其功，此主术之明也。

《缪称》者，破碎道德之论㉝，差次仁义之分㉞，略杂人间之事，总同乎神明之德㉟。假象取耦㊱，以相譬喻；断短为节，以应小具，所以曲说攻论㊲，应感而不匮者也。

《齐俗》者，所以一群生之短修，同九夷之风气；通古今之论，贯万物之理，财制礼义之宜㊳，擘画人事之终始者也㊴。

《道应》者，揽掇遂事之踪㊵，追观往古之迹，察祸福利害之反，考验乎老、庄之术而以合得失之势者也。

《氾论》者，所以箴缕缭繺之间㊶，攕揳唲齵之郄也㊷，接径直施，以推本朴，而兆见得失之变㊸，利病之反；所以使人不妄没于势利，不诱惑于事态，有符曬晲㊹，兼稽时势之变，而与化推移者也。

《诠言》者，所以譬类人事之指，解喻治乱之体也，差择微言之眇㊺，诠以至理之文，而补缝过失之阙者也。

《兵略》者，所以明战胜攻取之数，形机之势㊻，诈谲之变，体因循之道，操持后之论也㊼，所以知战阵分争之非道不行也，知攻取坚守之非德不强也。诚明其意，进退左右无所失击危㊽，乘势以为资，清静以为常，避实就虚，若驱群羊。此所以言兵者也。

《说山》、《说林》者，所以窍窕穿凿百事之壅遏㊾，而通行贯扃万物之窒塞者也㊿。假譬取象，异类殊形，以领理人之意，解堕结细(51)，说捍抟囷(52)，而以明事埒事者也(53)。

《人间》者，所以观祸福之变，察利害之反，钻脉得失之迹㊴,标举终始之坛也㊿,分别百事之微,敷陈存亡之机,使人知祸之为福,亡之为得,成之为败,利之为害也。诚喻至意,则有以倾侧偃仰世俗之间㊱,而无伤乎谗贼螫毒者也。

《修务》者,所以为人之于道未淹㊲,味论未深㊳,见其文辞,反之以清静为常,恬淡为本,则懈堕分学㊴,纵欲适情,欲以偷自佚⑥⓪,而塞于大道也。今夫狂者无忧,圣人亦无忧。圣人无忧,和以德也;狂者无忧,不知祸福也。故通而无为也,与塞而无为也同㉑,其无为则同,其所以无为则异。故为之浮称流说其所以能听㉒,所以使学者孳孳以自几也㉓。

《泰族》者,横八极,致高崇,上明三光,下和水土;经古今之道,治伦理之序,总万方之指㉔,而归之一本,以经纬治道,纪纲王事㉕。乃原心术,理性情,以馆清平之灵㉖,澄彻神明之精㉗,以与天和相婴薄㉘。所以览五帝三王,怀天气,抱天心,执中含和,德形于内,以苦凝天地㉙,发起阴阳,序四时,正流方;绥之斯宁,推之斯行㉚,乃以陶冶万物㉛,游化群生。唱而和,动而随,四海之内,一心同归。故景星见,祥风至,黄龙下㉜,凤巢列树,麟止郊野。德不内形,而行其法籍,专用制度,神祇弗应,福祥不归,四海不宾,兆民弗化。故德形于内,治之大本。此《鸿烈》之《泰族》也。

【今译】

　　《原道》,考察天地四方,探索万物混沌状态,描摹太一元气形象,探测窈冥大道的幽深,以翱翔于虚无的境界。精神寄托于小处却能包容广博世界,行为持守简约却能治理广泛的事物,使人懂得祸福的先后次序、动静的利害关系。人们如果确实通达上述那些旨意,就可以胸怀宽阔,眼光远大,透彻地观察事物。如果想要用一句话来参悟其中的道理,那就是尊崇天道、保持真纯;如果想用第二句话来说明其中的道理,那就是轻视物欲、珍惜身体;如果再想用第三句话来探究其中的道理,那就是摒弃外物、返归本性。把握这些要领旨意,就能用它们来沾润五脏、浸润肌肤,接受运用这些法则,并持守终身,就可以用来应付四面八方千头万绪的事物,观览迎合各种各样的事物变化,这就好像手中玩弄小弹丸那样,足以自得其乐。

《俶真》是极力透彻地探求事物从头到尾的演变过程,细致周密地深究事物从无到有的精深道理,详尽辨别事物的变化规律;合同生死形态,使人能遗忘外物返归本性,审视仁义的真谛,通晓事物的异同,从中认识"至德"的统率地位、了解流变的法则。解说玄妙的符验,通达造化的本原。

《天文》是用来论述调和阴阳二气、理顺日月光辉,掌握开启闭塞的时令,排列星辰的运行轨迹,知晓顺行逆行的变化,避开忌讳的灾祸,顺应天时的感应,效法五方之神的法则,使人能够仰承天意,顺应天道而不乱常规。

《地形》是用来探究穷极天地南北的长度、东西的广度,划分出山林、河谷的分布和地势,明确万物的主宰,了解生物的种类,罗列山渊的数量,规划道路的远近,使人能通达详知,不会因地方上的怪异而受惊吓。

《时则》是使人能向上顺应天时,向下能尽量利用地力,依据自然法则,行为恰当,与人体结构相合,制定十二月份,以形成法式,终而复始,运行无穷;因循仿效,以了解祸福的由来,把握取舍开闭的原则,明白各种鬼神禁忌,正确地发号施令,按时节特点来教化民众,使君主知道施政做事的依据。

《览冥》是用来说明最纯至精的精神能上通九天,最细微奥妙的道能进入到无形之中,最纯粹的道德是最清纯的,光明是可以通向幽深的;于是总揽万物,引取同类,广泛搜集,仔细思考相似物类的微妙处。对其中可以使人理喻并能描绘其形状的,就疏通阻滞、排除疑难,引导人的思想意识与无限的世界联系相通,以明了物类因同类同气相感应、阴阳两气相汇合、事物界域间的征兆形迹,这样就能让人能看得远看得广。

《精神》这篇章是用来探究人类生命的本质,从而领悟人体形骸九窍都是仿效大自然的,人的血气运行就如同雷霆风雨一样,人的喜怒之情就像昼夜寒暑那样;弄清生死的自然现象,辨明事物的异同迹象,从而控制人的动静行为的要害,让人返回性命之根本,这样来爱护颐养人自己的精神,安定自己的魂魄,不因外物的诱惑而改变自己的天性,从而持守虚无本性不动摇。

《本经》这一卷是用来阐明神圣之德、通晓初始之道,分辨列述道德由盛到衰的历史变化,以褒扬古圣先王世道的兴盛,同时又贬斥末世社会的邪恶政事,从而使人能废除耳目的聪明,避免精神魂魄因外物的刺激而动荡,抑制使人精神逸散飘荡的物欲,调节怡养本性的中和之气,分清帝王各种不同的操守,并区别出这种操守的高低差别。

《主术》卷说的是君主统治人事的方法,是用来告诫帝王君主如何因循法则任用群臣,监督他们履行职责,使他们各尽其能。说明帝王君主要总揽权柄,以驾驭群臣,抓着其职责,要求其完成本职事务,做到名实相符;并加考核验证、反复比较,以使帝王君主掌握驾驭臣下的术数要领,不随意表露喜好或厌恶之情。这种术数就是要使邪曲变得正直、弃私心而立公心,使百官群臣有条不紊地如同车辐凑聚车轴那样围绕在帝王君主身边,各尽其职,人人努力工作、建功立业,这就是帝王君主统治术的高明之处。

《缪称》篇章剖析了关于道德的理论,区分了仁义的次序,并略为涉及人间事务,归总到神明的道德上。借助各种现象利用个别事例作比喻;裁取短节,逐节缕析,以适应详细阐述的需要,这样剖析论证,使人所感知到的现象都能在其中得到解释。

《齐俗》这一卷是用来阐述齐同众生之长短、九夷之习俗的;通达古今理论、贯穿万物事理,使裁制的礼义适宜各个不同的时代和地区,从而描绘出世事发展的概况。

《道应》篇收集拾取以往的事,追溯回顾古人走过的路,考察祸福利害关系的转换现象,来印证老庄学说,以趋附得失变化的形势。

《氾论》篇章是用来缝缀人们思想上的缝隙,填补人们心灵上的不足,将曲径变成直径,以推究事物的本原,从而预见得失利害的变化、反复;这样使人不淹没于势利的欲海中,不被外界世俗之事诱惑,这样既能符合天道,又能适应时势的变化,从而与宇宙造化一起推移运转。

《诠言》篇通过譬喻推论人间事务的要旨,剖析解说社会治乱的本原,精选微妙的言辞,用最根本的道理加以诠释,从而弥补人们思想行为上的过失和差错。

《兵略》篇是用来阐明战必胜、攻必克的战争术数和阐明形成战机的势态;《兵略》篇还是用来叙述诡诈的战争手段,体现因循之道和持守后发制人的理论的。以此来懂得战场上的争斗是不能离开"德"的,以此来明白战争要取得胜利离开"德"是不行的。如果能明白上述这些意思,就能在战争上进退自如,并可以凭借"气势"、持守"清静",避实击虚,使驾驭战争如同驾驱羊群那样得心应手。这就是《兵略》篇论说"兵"的意图。

《说山》和《说林》两篇旨在凿通各种事物的壅塞处,从而使万物贯通起来。两篇著述通过借用譬喻、掇取物象,并涉及各种不同事物,以想引导人们的思想意识来解开其中的疑团和死结,从而明白各类事物的征兆和特性。

《人间》卷中观察了祸福的变化、考察了利害的反复、研究和探索了得失的变化轨迹、揭示了事物的演变过程、辨析了事物的隐微处,还陈述了存亡的关键;这些都是想使人知道祸可以转化为福,失可以转变成得,成功可以变化成失败,利益可以转化成害处的道理。如果人们能明白上述这些道理,那么就有能力周旋俯仰于世俗之间,从而不会被这谗佞人螫毒者所伤害。

《修务》篇说到社会中的人对"道"一知半解,只按字面理解:将"清静"当成常规,把"恬淡"当成根本,以此用到学习上则导致懈怠懒惰、废弃学习、放纵欲念、只图舒适,并想要苟且闲逸,从而对道的真谛一无所知。现在那些疯子和圣人一样无忧虑,但圣人没有忧虑是因为他用道德保持着内心的平和;而疯子无忧虑是因为他根本不知道祸福的关系。所以说通达"道"而无为和不懂"道"而无为看似相同,但实际上为什么要无为和怎样无为则完全不同的。因此针对这种情形,本卷用了深入浅出的解说来使人们理解接受,以使人在学习上孜孜不倦,从而能接近大道。

《泰族》篇论述了"道"横贯八方极远的领域,它上达至高无上的顶点,它使日月星辰大放光明,它使水土和顺安宁;贯穿着古今发展的全过程,安排着社会伦理的总次序,总括了万事万物的旨意,归结到这道的本原上,从而筹划治国之道,整治天下大业。于是探索思想的本原、理顺人的性情,以容纳清净纯和的灵魂,使圣明的精神清澄透彻,与大自然的和顺之气拥抱迫近。观览五帝三王的业绩,他们怀抱着自然之气、秉受着自然之旨意,持守本性执掌蕴含着中和,使道德在内心修炼而成,从而凝结在天地之间,发起阴阳之气,使四季井然有序,物类运行正规;安抚它们则天下安宁,推动它们则天下流行,于是化育万物、感化群生。君王倡导、万民应和;君王行动、百姓跟随;四海之内,万众一心。因此福星高照、和风吹拂、黄龙降临,凤凰筑巢于庭院的树上,麒麟来到于都城的郊外。假使道德不能在内心修炼而成,就凭借着实施法籍,利用制度,这神灵是不可能会感应出现的,这福祉也是不可能降临的,四海也不会宾服的,万民也不会感化的。所以道德在内心修炼而成,是治理好天下的根本条件。以上这些就是《鸿烈》中的《泰族》篇的主要内容。

【注释】

① 卢牟:原注为"卢牟,犹规模也"。马宗霍认为"卢牟"为"胪眸"之借字,犹言明察也。"明察六合"与下文"浩然可以大观矣"相应。

② 象:描摹。　③ 轸:通"畛",界限、境界。　④ 苞:包容。

⑤ 寤:悟。　⑥ 参:同"叁",三。　⑦ 指:通"旨"。洽:沾润。藏:通"脏",内脏,五脏。　⑧ 潐:王念孙认为"潐"当为"潢";"瀱、潢"义

同,如《说文》曰:"瀸,渍也";故"瀸渍"即"渐渍",指浸润。被服:接受、感受。 ⑨ 览耦:观览迎合。 ⑩ 赢:原注为"赢,绕匝也"。埒:原注为"靡烦"。这里的"赢埒"有"周密细致"的意思(按许匡一说)。于省吾认为"赢"通"盈","盈"又通"形";"赢埒"即"形埒","形埒有无之精",犹言"兆朕有无之精"。录下供参考。 ⑪ 回:王念孙认为是"迴",与"通"义同;"通迴造化之母",谓通乎造化之原也。造化之母:造化之本原。 ⑫ 节:节制、掌握。开塞:开启和闭塞;春夏生长为"开",秋冬收藏为"塞"。时:季节。 ⑬ 五神:指东南西北中五方之神,参见《时则训》。 ⑭ 经、区:指量度、划分。 ⑮ 度:法则、准则。行当:行为恰当。人则:指人体结构。合诸人则:指与人体结构相合,如《天文训》说"天有九重,人有九窍;天有四时以制十二月,人亦有四肢以使十二节……" ⑯ 龙忌:鬼神的忌日。 ⑰ 期:俞樾认为"期"读为"惎","教"的意思。以时教期:以时教惎。 ⑱ 捃掇:拾取、搜集。 ⑲ 浸想:仔细思考。宵:通"肖",相似。 ⑳ 寋:困迫、凝积。滞:阻塞不通。寋滞:指阻滞不通。决渎:蒋礼鸿认为当作"决渍"。这里的"穿通"、"决渎"均指疏通。 ㉑ 形埒:界限、界域。朕:征兆形迹。 ㉒ 原本:指推究本原、本质。 ㉓ 取象:仿效、模仿。 ㉔ 与:如同。 ㉕ 宵:夜。并明:王念孙认为"并明"为后人妄加。 ㉖ 埒略:于省吾认为有"等差类别之义"。 ㉗ 黜:废除、废弃。感动:指精神受外物刺激而动荡。 ㉘ 樽:通"撙",有节制、抑止的意思。流遁:逸散。 ㉙ 作:王念孙认为是衍文。"因作任督责"当作"因任督责",意思是"因任其臣而督责其功",也即如《主术训》说的:"因循而任下,责成而不劳。" ㉚ 提:挈、抓。责:求。 ㉛ 直施:使邪曲变正直。外:指扔弃。 ㉜ 辐辏:指车辐聚集于车轴。 ㉝ 破碎:解析、剖析。 ㉞ 差次:指区分次序。 ㉟ 总同:归总、归结。 ㊱ 假:借。耦:同"隅",角落,这里指个别例子。 ㊲ 攻:马宗霍疑为"巧"。曲说巧论:许匡一认为"曲说巧论"仅就写法而言,不能理解成"片面之说"、"巧辩之论"。 ㊳ 财:通"裁"。 ㊴ 擘画:描绘的意思。 ㊵ 揽掇:拾取。遂事:已完成的事,即往事。 ㊶ 箴:

同"针"。缕:丝线。箴缕:针线,这里作动词用,缝缀的意思。綵缝:缝隙,指衣帛缝制中的接线口处,有时衣物破也称为綵缝。 ㊷ 攕:通"櫼",楔子。揳:塞也。呪龋:指牙齿参差不齐、多缝隙。攕揳呪龋:是指用楔子等东西填塞牙齿间的缝隙,引申为填补人们思想心灵上的缺陷和不足。 ㊸ 兆见:预见。 ㊹ 符:符合、应验。晘睨:太阳运行的轨道,这里指天道。马宗霍认为"日行不失次谓之晘睨"。 ㊺ 指:通"旨"。差择:选择。眇:通"妙",微妙、精妙的意思。 ㊻ 形机:形成战机的势态。 ㊼ 持后:即道家的不敢为先、后发制人的观点。 ㊽ 失:王念孙认为是衍文。击:应为"系"。危:通"诡"。系诡:指"违碍也,谓进退左右,无所违碍也"(王念孙语)。 ㊾ 窈窕:这里作动词用,"贯通"的意思。穿凿:亦是"贯通"的意思。壅遏:阻塞。 ㊿ 贯扃:贯穿、打通。 ㊿ 堕:脱落。细:王念孙认为"细"当为"纽"。解堕结细:解脱结纽。 ㊿ 说:通"脱"。捊:王念孙认为是"择"字之误,"择"又与"释"同。抟囷:卷束。说捊抟囷:解脱卷束(疑团)。 ㊿ 事坪:事物的征兆。王念孙认为"明事坪事"的下"事"字因上"事"字而衍。 ㊿ 钻脉:钻研、探索事理。 ㊿ 标举:揭示。坛:通"嬗",演变、变迁。 ㊿ 倾侧偃仰:俯仰周旋。 ㊿ 淹:深入理解,精通。 ㊿ 味:体会理解。 ㊿ 分:离。分学:脱离学习。 ㊿ 偷:苟且。佚:通"逸"。 ㊿ 同:王念孙认为"同"是衍文。 ㊿ 浮称流说:指深入浅出的解说。 ㊿ 孳孳:同"孜孜"。几:接受。 ㊿ 指:通"旨"。 ㊿ 经纬:规划、筹划。纪纲:治理、整治。 ㊿ 馆:舍,用作动词,使住宿。 ㊿ 澄彻:清澄透彻。 ㊿ 婴:原注为"婴,绕抱也"。薄:迫近、靠近。 ㊿ 莙凝:凝结。 ㊿ 绥:安抚。斯:则。 ㊿ 陶冶:创造化育。 ㊿ 景星:指一种预兆祥瑞的星。祥风:和顺之风。黄龙:传说中一种在太平盛世出现的龙。

【评析】

本节长长的一大段文字是作者对全书二十篇章的内容和旨意逐

篇逐章所作的概括和总结。但由于作为全书叙目的《要略》是由一位道家执笔的(徐复观语),所以站在道家立场上的执笔者在概括和总结各篇章的内容和旨意时,有些篇章的内容和旨意概括得较为准确,而有些篇章的内容和旨意概括得就较为含混。因此,从《要略》这段文字中去把握"全书(各篇章)的精神、脉络"是困难的(参阅徐复观《两汉思想史》卷二《淮南子与刘安的时代》),还须仔细阅读各卷,领会其旨意。

凡属书者,所以窥道开塞①,庶后世使知举错取舍之宜适②,外与物接而不眩,内有以处神养气,宴炀至和③,而已自乐所受乎天地者也。故言道而不明终始,则不知所仿依;言终始而不明天地四时,则不知所避讳;言天地四时而不引譬援类,则不知精微;言至精而不原人之神气,则不知养生之机;原人情而不言大圣之德,则不知五行之差;言帝道而不言君事,则不知小大之衰④;言君事而不为称喻,则不知动静之宜;言称喻而不言俗变,则不知合同大指⑤;已言俗变而不言往事,则不知道德之应;知道德而不知世曲,则无以耦万方⑥;知氾论而不知诠言⑦,则无以从容;通书文而不知兵指⑧,则无以应卒⑨;已知大略而不知譬喻,则无以推明事;知公道而不知人间⑩,则无以应祸福;知人间而不知修务⑪,则无以使学者劝力;欲强省其辞,览总其要,弗曲行区入⑫,则不足以穷道德之意。故著书二十篇,则天地之理究矣,人间之事接矣,帝王之道备矣。

【今译】
大凡著书立说的目的,是要探究道的开启和闭塞,希望后世知道举止取舍怎样才适宜,与外界事物接触而不至于迷惑,对内则有办法安神养气,安详平易而达到祥和的境界,使自己能够在禀受天地之本性中得到快乐。所以只论述"道"而不阐述它的来龙去脉,便不知道仿效依据;只谈论事物的发展过程而不明白天文地理四季,就无法知道如何避讳;只讲述天地四时运行而不加以类比譬喻,就无法知道事物间的精细微妙;只叙述事物间精细微妙的现象而不探究人的精神气血,就无法掌握养生之秘诀;只推究人的精气性情而不谈论伟人的圣德,就不知五行的差别;只论述帝王之道而不阐述君主治国之术,就无法知道治术的大小等级;只叙述君主之事而不引证譬喻,就无法知道动静如何适宜;只引证譬喻而不谈世俗的变迁,就无法知道与世相处的原则旨意;只谈世俗的变迁而不谈以往的事情,就无法知道道德的应验;只懂得道德而不知世事的曲折,就无法应付大千世界;只知道广泛的叙述而不详细诠释,就无法做到从容完整;只通晓典籍文书而不知军事用兵,就无法应对突发事件;只知道一些大略要旨而不知加以譬喻引证,就无法真正理解事理;只知一些空洞的大道理而不知人间琐碎杂事,就无法应对祸福间的转换;只知道人间祸福而不知修业务实,就无法使人勤奋努力;如果想要勉强省略全书的言辞、篇幅,只是概述要旨,而不婉转曲折地叙述行文,就不能说尽道德的真正意蕴。所以,著述二十篇,这样天地之理得以探究,人间世事得以联系结合,帝王之道得以完备。

【注释】

① 窥:探究。 ② 庶:希望。错:通"措"。 ③ 宴炀:章太炎认为"宴,安也",炀借为荡。《诗·南山传》:"荡,平易也。""宴炀"即安详平易。 ④ 衰:指等级。 ⑤ 指:旨。 ⑥ 耦:对、合。 ⑦ 诠言:指《诠言》。 ⑧ 兵指:指《兵略》。 ⑨ 卒:突发事件。 ⑩ 人间;指《人间》。 ⑪ 修务:指《修务》。 ⑫ 曲行区入:指《淮南子》一书婉转曲折的叙述方法。

【评析】

本节作者用简略的语言、层层推进环环紧扣的手法,将全书各篇勾连起来,以想说明《淮南子》各篇间均存在着内在联系,不可缺少一个环节,如缺少一个环节,其书的"天地之理究、人间之事接、帝王之道备"就不可能形成一个整体。

然而,作者在完成这个各篇勾连、内在联系的全书整体结构时,不少地方是牵强的,有形式主义的痕迹。

但就是这个牵强的全书结构序言,使得读者从中获得这样的信息,即你要么不读此书,要读此书就非得从头读到底,要层层推进环环紧扣;如不层层推进环环紧扣、从头读到底,就会出现这种情况:"言道而不明终始则不知所仿依,言终始而不明天地四时则不知所避讳,言天地四时而不引譬援类则不知精微……知道德而不知世曲则无以耦万方,知氾论而不知诠言则无以从容,通书文而不知兵指则无以应卒,已知大略而不知譬喻则无以推明事,知公道而不知人间则无以应祸福,知人间而不知修务则无以使学者劝力……"尽管实际情况并非像作者说的那样;但如此一来,当作者在《要略》这个序言中自夸其书的繁复宏伟整体之时,也就吓跑了一些无多大耐心读书的读者,其中包括像汉武帝这样的人,也只能将刘安献的此书——《淮南子》束之高阁。

由此也说明了这一点,理论观点要使人理解接受,就要精少管用,不可繁琐"宏大"。

其言有小有巨,有微有粗;指奏卷异①,各有为语。今专言道,则无不在焉,然而能得本知末者,其唯圣人也。今学者无圣人之才,而不为详说,则终身颠顿乎混溟之中②,而不知觉寤乎昭明之术矣。今《易》之《乾》、《坤》,足以穷道通意也③,八卦可以识吉凶、知祸福矣④,然而伏羲为之六十四变⑤,周室增以六爻⑥,所以原测淑清之道,而捃逐万物之祖也⑦。夫五音之数,不过宫、商、角、徵、羽,然而五弦之琴不可鼓也，必有细大驾和⑧，而后可以成曲。今画龙首，观者不知其何兽也，具其形，则不疑矣。今谓之道则多，谓之物则少，谓之术则博，谓之事则浅，推之以论，则无可言者。所以为学者，固欲致之不言而已也⑨；夫道论至深，故多为之辞以抒其情，万物至众，故博为之说以通其意。辞虽坛卷连漫，绞纷远缓⑩，所以洮汰涤荡至意⑪，使之无凝竭底滞，捲握而不散也⑫。夫江河之腐胔不可胜数，然祭者汲焉，大也；一杯酒白，蝇渍其中⑬，匹夫弗尝者，小也。诚通乎二十篇之论，睹凡得要，以通九野，径十门⑭，外天地，挥山川⑮，其于逍遥一世之间，宰匠万物之形⑯，亦优游矣。若然者，挟日月而不烑⑰，润万物而不秏⑱。曼兮洮兮⑲，足以览矣；藐兮浩兮，旷旷兮⑳，可以游矣！

【今译】

　　本书的语言叙述，有纤细之处也有粗犷之处，有精微之处也有简略之处；各篇卷的旨趣不同，因而语言的风格也各不相同。如果就专门论述道来看，这"道"是无所不在，然而能够掌握这"道"的根本又能知道各种事物的细微末节处，那就只有圣人才能做到。如今的学者并没有圣人的这种才能，如果不为他们详细解说，那么他们就只能在黑暗中跌跌撞撞一辈子，而不能领悟到通向光明的途径、方法。《周易》的《乾》卦和《坤》卦，足以说明"道"的旨意了，八卦也足以预测吉凶祸福的了，然而伏羲就要将八卦演化成六十四卦，文王就要将三爻增加到六爻，他们这么做为的是进一步探究那清明纯净之"道"，追溯万物之起源。五音的数目，只不过是宫、商、角、徵、羽，所以五个音的五弦琴是不能弹奏好曲调的，只有将更多的粗细不同的弦相配合相应和，才能弹奏出好的曲调。这就像画龙一样，只画龙的头，观赏者还不知这画的是什么兽类，而只有将龙的体形和龙的头全部画出来，观赏者就不会怀疑这是龙了。今天如果谈论"道"的言论很多、而引证物类的论述很少,谈论"术"的言论很多、而引述事例的话语很少,这样推之以论,就没有多少话好讲了。当然,学习的最高目标是想达到用极少的语言掌握最重要的旨意,乃至达到只有体会、无须论述的境界;但是由于"道"的学问太深奥,所以只能多用言辞来阐发它的实质,又由于物类实在是多,所以也只能广泛例述来通晓它们的含义。本书的文辞语言虽然曲卷连漫、纷繁舒缓,但这是为了清理并揭示出精深的旨意,使之无凝滞壅塞,便于传播理解,使人们能掌握这精深的旨意而不至于散逸。江河中的尸骨腐肉数不胜数,但是祭祀的人们仍然从中汲水取用,这是因为江河水深博大;而一杯纯净的酒水,苍蝇浸泡其中,那么一般人就不会去品尝,这是因为杯小酒少,污染迅速的缘故。如果真的通晓全书二十篇章的旨意,掌握其中的要领,就可以通达九野,经历十门,不受天地之束缚,摒弃山以之羁绊,这样无拘无束遨游一生,主宰着有形的物体,亦可以优游自在。如果能这样,就能感得精神充扩日月天宇而无处不在、滋润万物而用之不尽。那漫茫的大地啊,足够观览的;那浩渺空旷的天宇啊,足够遨游的!

【注释】

①指:通"旨"。奏:通"趣"。"指奏"即旨趣。 ②顿:白宗鲁认为"顿"当为"顊",同"陨"。颠陨:指跌撞。 ③《乾》《坤》:《周易》中的《乾》卦象征天、君、阳、父亲;《周易》中的《坤》卦象征地、臣、阴、母亲,已具备了天地自然社会的基本要素,所以说"足以穷道通意也"。 ④八卦:《周易》中的八种符号,由阳爻"—"和阴爻"- -"两种基本的符号排列组成,每卦含三爻,有乾(☰)、坤(☷)、震(☳)、巽(☴)、坎(☵)、离(☲)、艮(☶)、兑(☱)八种。 ⑤六十四变:指在八卦基础上,通过自迭、互迭而演变成的六十四卦。这样每卦由原来的三爻变成了六爻,所以下文讲"周室增以六爻"。 ⑥周室:指周文王。周室增以六爻:相传周文王囚于羑里时演八卦。 ⑦原测:指探究作为本原的"道"。淑清:清明纯净。捃:拾取,这里指追溯寻原。

⑧鼓：弹奏、演奏。细大：细粗大小。驾：通"襄"，《尔雅·释言》"襄，驾也"。"驾和"犹相应和。 ⑨句谓如果光论述"道"和"术"，不联系具体事例加以印证发挥，那么可讲的话实在有限。 ⑩坛卷连漫，绞纷远缓：按李哲明说来这是描写"其词之曲折而广搏也"。 ⑪洮汰：淘汰。淘汰和涤荡都有清除、清理的意思。 ⑫底：通"抵"，指阻塞、壅塞。捲握：把握、掌握。 ⑬酒白：俞樾认为应是"白酒"；王念孙认为应是"酒甘"。渍：浸泡。 ⑭九野：指八方及中央。径：经。十门：八方及上下。 ⑮外：离开，到天地之外。捭：原注为"捭，屏去也"，即摒弃。 ⑯宰匠：主宰。 ⑰挟：指容纳、充盈。姚："窔"之借字，空隙的意思。 ⑱耗：通"耗"。 ⑲曼、洮：指漫茫宽广。 ⑳藐：通"邈"，空旷广远的样子。

【评析】

作者认为语言是为思想旨意服务的，有什么样的思想旨意，就有什么样的语言。因为思想旨意各不相同，所以语言也就"有小有巨，有微有粗；指奏卷异，各有为语"。而作为本书《淮南子》是"旨近老子"道术的，原本是无须用语言详说的，但在作者看来，现今社会中能充分理解接受不详说的"道术"的人实在有限，就像能从"龙首"而知"龙"的人不多一样，所以就必须对"道术"进行详细阐述；再加上"道术"本身就至深至奥，非得联系物类加以论证发挥不可，非得多用辞语"抒其情"不可，非得"博为之说以通其意"不可，这样也就导致《淮南子》一书的语言特征是"坛卷连漫，绞纷远缓"，表现得较为纷繁重复。

接下，作者认为唯有如此，读者才能从这二十篇《淮南子》中"睹凡得要"；而一旦"睹凡得要"，人就能"通九野，径十门，外天地，捭山川，其于逍遥一世之间，宰匠万物之形，亦优游矣"。这是作者在阐述了全书的语言特征之后的又一自夸。

文王之时，纣为天子，赋敛无度，杀戮无止，康梁沉湎，宫中成市①,作为炮烙之刑,刳谏者,剔孕妇②,天下同心而苦之,文王四世累善③,修德行义,处岐周之间,地方不过百里,天下二垂归之④。文王欲以卑弱制强暴,以为天下去残除贼而成王道,故太公之谋生焉。⑤文王业之而不卒⑥,武王继文王之业,用太公之谋,悉索薄赋⑦,躬擐甲胄,以伐无道而讨不义,誓师牧野⑧,以践天子之位。天下未定,海内未辑,武王欲昭文王之令德⑨,使夷狄各以其贿来贡,辽远未能至,故治三年之丧,殡文王于两楹之间⑩,以俟远方。武王立三年而崩,成王在襁褓之中,未能用事,蔡叔、管叔辅公子禄父而欲为乱。周公继文王之业,持天子之政,以股肱周室,辅翼成王,惧争道之不塞,臣下之危上也,故纵马华山,放牛桃林,败鼓折枹,搢笏而朝⑪,以宁静王室,镇抚诸侯。成王既壮,能从政事,周公受封于鲁,以此移风易俗。孔子修成、康之道⑫,述周公之训,以教七十子,使服其衣冠,修其篇籍,故儒者之学生焉。墨子学儒者之业,受孔子之术,以为其礼烦扰而不说⑬,厚葬靡财而贫民,服伤生而害事⑭,故背周道而用夏政。禹之时,天下大水,禹身执虆垂⑮,以为民先,剔河而道九岐,凿江而通九路⑯,辟五湖而定东海⑰。当此之时,烧不暇撌,濡不给扢⑱,死陵者葬陵,死泽者葬泽,故节财、薄葬、闲服生焉⑲。齐桓公之时,天子卑弱,诸侯力征,南夷北狄,交伐中国,中国之不绝如线。⑳齐国之地,东负海而北障河,地狭田少而民多智巧。桓公忧中国之患,苦夷狄之乱,欲以存亡断绝,崇天子之位,广文、武之业,故《管子》之书生焉。㉑齐景公内好声色,外好狗马,猎射亡归㉒,好色无辩㉓,作为路寝之台,族铸大钟[24]，撞之庭下，郊雉皆呴[25]，一朝用三千钟赣[26]，梁丘据、子家哙导于左右[27]，故晏子之谏生焉[28]。晚世之时，六国诸侯，溪异谷别，水绝山隔，各自治其境内，守其分地，握其权柄，擅其政令，下无方伯[29]，上无天子，力征争权，胜者为右，恃连与国，约重致[30]，剖信符，结远援，以守其国家，持其社稷，故纵横修短生焉[31]。申子者，韩昭釐之佐[32]；韩，晋别国也[33]。地墽民险[34]，而介于大国之间，晋国之故礼未灭，韩国之新法重出，先君之令未收，后君之令又下，新故相反，前后相缪，百官背乱，不知所用，故刑名之书生焉[35]。秦国之俗，贪狼强力[36]，寡义而趋利，可威以刑，而不可化以善，可劝以赏，而不可厉以名[37]；被险而带河[38]，四塞以为固，地利形便，畜积殷富；孝公欲以虎狼之势而吞诸侯，故商鞅之法生焉[39]。

若刘氏之书[40]，观天地之象，通古今之事，权事而立制，度形而施宜；原道之心，合三王之风，以储与扈冶[41]；玄妙之中，精摇靡览，弃其畛挈[42]，斟其淑静，以统天下，理万物，应变化，通殊类，非循一迹之路，守一隅之指，拘系牵连之物而不与世推移也，故置之寻常而不塞，布之天下而不窕。

【今译】

周文王那时候，殷纣王是天子。纣王横征暴敛、滥杀无辜、荒淫无度，沉溺于酒色之中，宫中经常设宴作乐，热闹得如集市，还制作了炮烙酷刑，挖出进谏大臣比干的心脏，剖开孕妇的腹部挑出胎儿，天下人都感到痛苦不堪。周文王从祖父太王到儿子武王，四代人积善行善，修德行义，尽管处在岐周之间，方圆不过百里，但天下三分之二的诸侯归向他。文王立志要凭借着卑弱的地位和弱小的力量来制服纣王的强暴,为天下百姓除去祸害,成就王道大业,由此姜太公的谋略也就应运而生了。文王所创建的王道大业才开始不久,文王就去世了,这时周武王就继承了文王的王道大业,运用姜太公的谋略,动员了国内有限的兵力,亲自披挂铠甲,率兵讨伐无道残暴的纣王,在牧野誓师一举消灭了不义之徒,登上天子宝座。当时天下还没安定,海内还未和平,武王为了彰明文王的美德,让夷狄各自带着礼物前来进贡,然而夷狄居处辽远未能前来,所以武王为文王守孝三年,还将文王的灵柩停放在厅堂的楹柱之间,以此来感化远方异族。武王立为天子三年后就驾崩了,成王这时还在襁褓之中,不能掌权处理天下事,蔡叔和管叔又辅佐殷公子禄父准备叛乱。周公于是继承文王的王道事业,摄行天子职权,以扶助周王室,辅佐成王,周公害怕争夺天下的事情制止不住,臣下会危害君王,所以将战马放到华山下,把运输军事物资的牛放入桃林,并毁掉战鼓,折断鼓槌,于是腰插笏板上朝,以此来安定王室、镇抚诸侯。而当成王成年后,能执政处理政事了,周公就还政给成王,受封于鲁国,以此来移风易俗。孔子整理研究周成王、周康王的治国理论,追述周公的训导,以此来教育七十弟子,让他们穿戴先王规定的衣冠、学习先王制定的礼法,由此就产生了儒家学说。墨子原本是学儒家理论、接受孔子学说的,但学了以后认为儒家的礼仪太烦琐且不易做到,如儒家提倡厚葬就太浪费钱财、使人贫困,又如主张长期服丧则容易伤害身体且耽误正事,所以要背弃周朝的礼法而采用夏朝的制度。夏禹的时候,天下洪水泛滥,禹王亲自挑箩筐背竹篓,手拿锹子,带头治理洪水,疏通了黄河,引导了多条黄河支流,开凿了长江和疏通了多条长江支流,开辟了五湖,使水东流入海。在那个时候,因为忙于治水,烧饭的灰烬都来不及清除,淋湿的身子都顾不上擦干,死在山地上的人就被埋在山上,死在沼泽地里的人就被埋在沼泽地里,于是节省钱财、简朴埋葬、三月服丧的习俗就形成了。齐桓公的时候,天子地位衰弱,诸侯们凭武力互相征讨,东夷北狄交相侵略中原,中原各国危急,只存一线生机。而此时齐国的国土,东临大海、北靠障河、地窄田少而人多智巧。齐桓公忧虑中原各国的祸患,苦于夷狄之乱,想要保存危亡的国家,使将要绝灭的宗族得以延续,提高天子的地位,弘扬周文王、周武王的事业,因此反映时代特征的《管子》一书得以问世。齐景公在宫内喜欢音乐美色,外出爱好骏马猎犬,有时外出打猎打得忘了回家,而见到美女就想得到手,修筑了路寝高台,集中大量金属铸造了大钟,在庭院里撞击大钟,引得效外的雉鸟一起齐鸣,一早上就用了三万斛的粮食赏赐给手下的人,佞臣梁丘据、子家哙在齐景公身边诱导他做这样的事,于是晏子的谏言就产生了。近代的时候,六大诸侯国地形各异,水绝山隔,各自治理着自己的国家,守卫着自己的领地,把持权柄,控制政令,下无霸主,上无天子,各国凭借武力争夺天下,胜者就受尊敬,倚仗同盟,缔结条约,分掌信符,交结远方的支援者,以此来保卫自己的国家,支撑着社稷宗祀,这时说长论短的纵横术就应运而生了。申不害是韩昭侯的佐臣,而韩国又是从晋国分离出来的。这时的韩国土地贫瘠,人心险恶,夹在大国间生存,晋国的旧礼制又没完全废除,韩国的新法又不断颁布;这真是前代国君的政令尚未作废、后代国君的政令又下达了,新旧政令互相对立,前后矛盾,大臣百官混乱一气,不知执行何种政令为好,这时候申不害的刑名之学产生了。秦国的风俗,原就是贪婪凶狠好讲武力,又不讲道义追求利益;所以这样的风俗可以用刑罚来震慑压服,而难以用仁慈善行来感化;可以用奖赏来激励,而不能用名声来激励。秦国所处的地形又是覆盖着险要的山川、绕环着汹涌的黄河,四处都有关塞作屏障,地形是相当易于防守,物资储备又相当充裕,这时的秦孝公就想用虎狼般的气势吞并各诸侯国,由此商鞅的法治思想就产生了。

像我刘氏这部《淮南子》,考察天文地理,通览古今大事,权衡事宜后确定制度,估计形势后制定措施;探究大道的真谛,符合三王的传统,从而褒大宽广;在玄妙的领域里,精神自由运行,没有什么细微的东西观览不到,抛弃界限的限止,酌取清澈宁静,以此统领天下、治理万物、应对变化、沟通异类,而不是只走一条路,守一隅之见,拘泥于某一事物而不知随世事的变化而变化。因此,将本书的思想学说放置在窄狭处则不显得壅塞,布散于整个天下则不留空隙,没有什么地方不适合的。

【注释】

① 康梁：原注为"康梁，耽乐也"，指沉溺于淫乐之中。成市：原注为"言集者多也"。② 炮烙：纣王所用的一种酷刑。刳：剖开。③ 四世：原注为"太王、王季、文王、武王，凡四世也"。④ 垂：分。二垂：指三分为二。⑤ 故太公之谋生焉：原注为"太公为周陈阴符兵谋也"。⑥ 业：始，指创始。卒：终。⑦ 薄：少。赋：这里指"兵"。古时按田地征调兵车。⑧ 牧野：地名，在今河南淇县。⑨ 辑：安定、和平。令德：指美德。⑩ 楹：厅堂的前柱。古代大堂有东西两柱，叫"楹"。两楹：原注为"堂柱之间，宾主夹之"。⑪ 华山：山名，今陕西华阴县南。桃林：地名。枹：鼓槌。搢：插。笏：古代上朝时所执手板，用以记事。⑫ 成康：即周成王和他的儿子康王。⑬ 说：通"悦"，简易。⑭ 服伤生：王念孙认为"服伤生"前应加"久"，这样"久服伤生"与"厚葬靡财"相对为文。⑮ 虆：盛土的笼子。垂：王念孙认为当为"臿"，即铁锹。"虆"又通"蔂"，箩筐、篓子一类的器具。⑯ 剔：疏通。岐：通"歧"，指岔道、分支。九路：原注为"江水通别为九"。⑰ 辟：开辟。⑱ 攈：原注为"排去也"，这里指排除、清除。扤：擦拭。⑲ 闲：通"简"。"简服"是指简易的三月服丧制度。⑳ 线：原注为"细丝"。㉑《管子》：书名，战国齐管仲撰。㉒ 亡：通"忘"。㉓ 辩：别。㉔ 路寝：天子诸侯的正室。族：通"簇"，聚集。㉕ 雉：野鸡。呴：同"雊"，指雄雉鸣。这句意思是说钟声如雷，雄雉以为是春雷，故引颈长鸣。㉖ 赣：赐。钟：古代容量单位，十斛为一钟。㉗ 梁丘据、子家哙：二人皆为齐景公佞臣。导：诱。㉘ 晏子：晏婴，齐景公相。晏子劝谏齐景公的言论和事迹，后人编成《晏子春秋》一书。㉙ 方伯：一方诸侯之长。㉚ 右：古代以右为尊。连与：结成联盟的诸侯国。国：王念孙认为是衍文。致：通"质"，指一种买卖券契。㉛ 修短：长短，指战国纵横家的学说。刘家立认为"纵横修短"下当有"之说"二字，这样才与上

下文相合。　㉜ 申子：即申不害，战国时期法家。在韩国推行法治，使韩国国治兵强。韩昭釐：韩国君。　㉝ 晋别国：指韩国从晋国分离出来。　㉞ 墩：贫瘠。险：邪恶。　㉟ 刑名：形名，战国法家中的一派，以申不害为代表，主张"循名责实"等观点。　㊱ 贪狼：贪婪凶狠。　㊲ 厉：通"励"。　㊳ 带：环绕。　㊴ 商鞅：法家代表人物，姓公孙名鞅，卫国人。受秦孝公封于商邑，故称商鞅。　㊵ 刘氏之书：原注为"淮南王自谓也"。　㊶ 储与扈冶：《俶真篇》高诱注为"储与扈冶，褒大意也"。　㊷ 精摇：原注为"楚人谓精进为精摇"。靡览：原注为"靡小皆览之"。挈：杨树达认为"挈"当读为"界"，"挈、界"古音同，故可通用。畛界：指界限、境界。

【评析】

本节作者通过列举史实来说明一定的学说、思想和策略都是一定时代的产物，如"文王欲以卑弱制强暴，以为天下去残除贼而成王道，故太公之谋生焉"；又如"禹之时，天下大水，禹身执蔂垂，以为民先，剔河而道九岐，凿江而通九路，辟五湖而定东海；当此之时，烧不暇撌，濡不给扢，死陵者葬陵，死泽者葬泽，故节财、薄葬、闲服生焉"。

这特定时代的学说、思想和策略一旦定型，它反过来就能为这个特定的时代服务，如"晏子之劝谏"就是为了防止齐景公进一步被像"梁丘据、子家哙"这样的人"导于左右"；又如"纵横修短之论"的产生就是为了使各诸侯国能"守其国家，持其社稷"；同样"商鞅之法"的产生对秦国的"贪狼强力"能进行"可威以刑，可劝以赏"。

作者讲了一通颇具唯物史观的色彩的话后，紧接着就将话语转到自己主编的《淮南子》一书上来。按其上述的观点来标榜这"刘氏之书"，即也是时代的产物，"非循一迹之路、非守一隅之指"而是兼容各家自成体系，且又能反过来"与世推移"，为时代服务，能"置之寻常而不塞，布之天下而不窕"，能"挟日月而不桃，润万物而不耗"。

主要参考书目

1. 《淮南鸿烈解》　　　　　　　　　民国十八年《涵芬楼》本
2. 《淮南鸿烈解》〔明〕茅一桂　　　1979 年台湾鼎文书局影印本
3. 《淮南鸿烈解》〔清〕庄逵吉
   　　　　1986 年上海古籍出版社缩印浙江书局《二十二子》本
4. 《淮南鸿烈解》　　　1989 年上海古籍出版社《道藏要籍选刊》本
5. 《读淮南子杂志》〔清〕王念孙
   　　　　　　　　1983 年北京中国书店《读书杂志》本
6. 《淮南子杂记》〔清〕王绍兰
   　　　　　　1988 年中华书局学术笔记丛刊《读书杂记》本
7. 《经义述闻》〔清〕王引之　　　1985 年江苏古籍出版社本
8. 《淮南子平议》〔清〕俞樾　　1988 年上海书店影印《诸子平议》本
9. 《读淮南子札记》〔清〕陶鸿庆　1959 年中华书局《读诸子札记》本
10. 《淮南子札迻》〔清〕孙诒让　　1989 年中华书局《札迻》本
11. 《淮南子札记》〔近代〕章太炎
    　　　　1982 年上海人民出版社《章太炎全集·膏兰室札记》本
12. 《校淮南子》〔近代〕于鬯　　1963 年中华书局《香草续校书》本
13. 《淮南鸿烈集解》〔现代〕刘文典　　　　1989 年中华书局本
14. 《淮南旧注校理》〔现代〕吴承仕　1985 年北京师范大学出版社本
15. 《淮南集证》〔现代〕刘家立　　　　民国十三年中华书局本
16. 《淮南旧注参正》〔现代〕马宗霍　　　1984 年齐鲁书社本
17. 《淮南子新证》〔现代〕于省吾
    　　　　　　1962 年中华书局《双剑誃诸子新证》本
18. 《淮南了证闻》〔现代〕杨树达　　1985 年上海古籍出版社本
19. 《淮南子校记》〔现代〕蒋礼鸿
    　　　　　　1986 年上海古籍出版社《怀任斋文集》本

20.《淮南子管见》〔现代〕金其源　　　1957年上海商务印书馆《读书管见》本
21.《读淮南子》〔现代〕陈直　　　　　1981年齐鲁书社《摹庐从著七种》本
22.《淮南子集释》〔现代〕何宁　　　　1998年中华书局本
23.《淮南子译注》〔现代〕王维庭、吴则虞　1962年中华书局本
24.《淮南子译注》〔现代〕陈广忠　　　1990年吉林文史出版社本
25.《淮南子校释》〔现代〕张双棣　　　1997年北京大学出版社本
26.《淮南子校注译》〔现代〕陈一平　　1994年广东人民出版社本
27.《淮南子全译》〔现代〕许匡一　　　1993年贵州人民出版社本
28.《〈吕氏春秋〉与〈淮南子〉思想研究》〔现代〕牟钟鉴
　　　　　　　　　　　　　　　　　　1987年齐鲁书社本
29.《淮南子书录》〔现代〕吴则虞　　　中华书局《文史》第二辑本
30.《老子校释》〔现代〕朱谦之　　　　1984年中华书局本
31.《庄子集释》〔清〕郭庆藩　　　　　1961年中华书局本
32.《吕氏春秋校释》〔现代〕陈奇猷　　1984年学林出版社本
33.《韩非子浅解》〔现代〕梁启雄　　　1960年中华书局本
34.《商君书锥指》〔现代〕蒋礼鸿　　　1986年中华书局本
35.《荀子集解》〔清〕王先谦　　　　　1988年中华书局本
36.《晏子春秋集释》〔现代〕吴则虞　　1962年中华书局本
37.《墨子闲诂》〔清〕孙诒让　　　　　1986年中华书局本
38.《孙膑兵法校理》〔现代〕张震泽　　1984年中华书局本
39.《诗经直解》〔现代〕陈子展　　　　1983年复旦大学出版社本
40.《国语直解》〔现代〕来可泓　　　　2000年复旦大学出版社本
41.《论语译注》〔现代〕杨伯峻　　　　1980年中华书局本
42.《孟子译注》〔现代〕杨伯峻　　　　1984年中华书局本
43.《列子集释》〔现代〕杨伯峻　　　　1979年中华书局本
44.《山海经校注》〔现代〕袁珂　　　　1980年上海古籍出版社本
45.《说文解字注》〔清〕段玉裁　　　　1981年上海古籍出版社本

46.《周易古经今注》〔现代〕高亨　　　　　　1984年中华书局本
47.《文子要诠》〔现代〕李定生、徐慧君　　1988年复旦大学出版社本
48.《文选》〔梁〕萧统编、〔唐〕李善注　　　1986年上海古籍出版社本
49.《史记》、《汉书》、《后汉书》　　　　　　　中华书局标点本

图书在版编目(CIP)数据

淮南子直解：上下册/刘康德撰. —上海：复旦大学出版社,2024.6
(中华经典直解)
ISBN 978-7-309-17216-4

Ⅰ.①淮… Ⅱ.①刘… Ⅲ.①《淮南子》-注释②《淮南子》-译文 Ⅳ.①B234.4

中国国家版本馆 CIP 数据核字(2024)第 023444 号

淮南子直解(上下册)
刘康德 撰
责任编辑/顾 雷
复旦大学出版社有限公司出版发行
上海市国权路 579 号 邮编：200433
网址：fupnet@ fudanpress.com http://www.fudanpress.com
门市零售：86-21-65102580 团体订购：86-21-65104505
出版部电话：86-21-65642845
上海盛通时代印刷有限公司

开本 890 毫米×1240 毫米 1/32 印张 34.875 字数 906 千字
2024 年 6 月第 1 版
2024 年 6 月第 1 版第 1 次印刷

ISBN 978-7-309-17216-4/B・797
定价：168.00 元

如有印装质量问题,请向复旦大学出版社有限公司出版部调换。
版权所有 侵权必究